潜江龙湾

1987~2001年龙湾遗址发掘报告

上

湖北省潜江博物馆
湖北省荆州博物馆

文 物 出 版 社

封面设计：张希广

责任校对：孙　雷　安倩敏

责任印制：陆　联

责任编辑：张庆玲

图书在版编目（CIP）数据

潜江龙湾：1987～2001年龙湾遗址发掘报告／湖北省潜江博物馆、湖北省荆州博物馆．

－北京：文物出版社，2005.10

ISBN 7-5010-1658-5

Ⅰ．潜…　Ⅱ．湖…　Ⅲ．楚文化－文化遗址－研究

－潜江市　Ⅳ．K878.04

中国版本图书馆 CIP 数据核字（2004）第 088793 号

潜　江　龙　湾

1987～2001年龙湾遗址发掘报告

湖北省潜江博物馆
湖北省荆州博物馆

＊

文 物 出 版 社 出 版 发 行

（北京五四大街 29 号）

http://www.wenwu.com

E-mail：web@wenwu.com

北 京 安 泰 印 刷 厂 印 刷

新 华 书 店 经 销

889×1194　1/16　印张：44.5　插页：6

2005 年 10 月第一版　2005 年 10 月第一次印刷

ISBN 7-5010-1658-5/K·857　（全二册）　定价：580.00 元

Longwan of Qianjiang

Excavation Report of the Longwan Site 1987 – 2001

(I)

(WITH AN ENGLISH ABSTRACT)

Museum of Qianjiang, Hubei Province
Museum of Jingzhou, Hubei Province

Cultural Relics Publishing House

目　录

表 格 目 录

插 图 目 录

序

邹　衡

一

　　自1987年至2000年，我先后到湖北潜江龙湾遗址考察过三次。第一次是1987年5月，考察地点是遗址东区放鹰台1号宫殿基址。当时正值荆州博物馆陈跃钧带领荆州博物馆和潜江博物馆的几位专业人员在放鹰台遗址东侧进行试掘，试掘面积很小，但高出地面2米多、貌似红砖墙体的第三层高台东壁及巨型台壁方柱洞、东侧门和贝壳路等已初露端倪。我当时感到很吃惊，楚人不是"辟在荆山"、"跋涉山林"吗？怎么会在如此低洼的江汉平原湖区修建有如此大型的宫殿呢？看来对楚人的活动区域要重新审视。当时我鼓励荆州和潜江的同志说："湖北的楚文化研究已进行了几十年，一直未发现楚国的大型宫殿建筑，你们从发现到试掘仅用了几年时间就把楚国大型宫殿挖出来了，这对楚文化研究是一个了不起的贡献。你们的这些发现，都是楚文化遗存的重要发现，具有很高的学术价值。"

　　第二次考察是1999年12月，应潜江市人民政府的邀请，我专程前往考察龙湾遗址楚宫殿基址群中的放鹰台1号宫殿基址发掘现场。遗址现场的发掘面积共1428平方米（含1987年试掘面积），宫殿建筑基址为三层台的层台建筑，第三层高台建筑面积467.5平方米，高出一层台1.2～3.5米，台周壁分布有28个大型方壁柱洞，台内分布有纵横交错的地沟及柱洞。二层台位于三层高台西侧，仅暴露小部分，面积约58.59平方米。一层台环绕二、三层台，台上分布有东、西侧门，东、南、西三面环高台的贝壳路，高台南侧的两个大台阶、内曲廊、天井、回廊、地下排水管道及水池等，建筑基址宏伟，结构复杂，布局奇特。据陈跃钧介绍，在方圆2×2平方公里范围内共勘探出夯土台基22座，面积达30余万平方米。在"湖北潜江龙湾楚宫殿基址学术论证会"上，与会专家一致认定，龙湾宫殿基址群是我国春秋战国时期楚国的重要宫殿建筑群，根据基址的年代、地理位置、建筑风格和史书记载等方面综合考查，该宫殿基址群当属楚"章华台"基址群。同时专家们还认为龙湾宫殿基址群的面积之大、建筑规格之高、建筑风格之奇特、保存之完好，在全国东周宫殿基址中当属首次发现。在论证会上我提出，既然龙湾宫殿基址群是楚国春秋时期修建的行宫，那么早于战国时期楚郢都纪南城的春秋楚国都城当距行宫不会很远。这样，就提出了寻找早期楚都的问题。此后，潜江的同志又将工作重点转移到了对龙湾遗址西区黄罗岗遗址的考古调查研究中。

第三次考察是 2000 年 8 月，我应潜江市人民政府的邀请，专程前往黄罗岗遗址进行考察。黄罗岗周代遗址位于放鹰台宫殿基址群西南，两者相距约 9 公里，它的西北面距荆州楚纪南城约 40 公里，北临汉水，南濒长江。专家组考察认为，黄罗岗遗址的地形地貌与东区章华台宫殿基址群完全一样，地理上连成一片；两遗址的时代完全一致，即自西周中晚期至战国中期，两地出土的陶器风格也完全一样。从地面观察，黄罗岗古城的轮廓基本清楚。调查勘探的情况表明，黄罗岗古城垣呈长方形，四角斜切。由于试掘面积太小，城垣的宽度、构造及建筑年代尚不清楚，对城内的建筑遗迹情况也尚未调查勘探，对整个黄罗岗古城的调查、勘探和试掘工作还有待于进一步开展。

通过潜江博物馆考古人员锲而不舍的探索和艰苦细致的工作，我们对龙湾遗址的认识较之上世纪 80 年代有了很大的深化。首先，遗址的规模大。经过长期调查勘探，目前遗址的面积为 108 平方公里，跨张金、龙湾两镇，它的面积比荆州楚郢都纪南城大好几倍（纪南城面积为 16 平方公里），在楚国遗址中是面积最大的，在全国的东周遗址中也是少见的。其次，龙湾遗址的规格高。东区的楚章华台宫殿基址群，二十二座宫殿基址连成一片，而且还有多座层台建筑。西区为黄罗岗古城遗址群，虽然目前尚未勘探发掘，但估计建筑基址的规格是很高的，整个遗址的规格呈现出了楚国王公贵族中心居住区的面貌，而不是一般平民的居址群。再次，龙湾遗址的时代早、延续时间长。龙湾遗址的时代上限为西周中晚期，下限为战国中期，延续时间达五百余年，跨越了楚国历史的大部分时段。

在江汉平原腹地的江河湖区发现面积如此之大、规格如此之高、时代如此之早的楚国大遗址，在发现之初，在遗址全貌不甚清晰的情况下，实感惊奇。当遗址的时代、文化内涵和面积都较为清楚之后，再对龙湾遗址进行历史考查，这个问题就比较明白了。初步判断，自楚"熊渠甚得江汉间民和"[①] 始，至楚灵王建章华宫，即自西周中晚期至战国早期，特别是自春秋早期以后，该遗址就成为楚国的中心居址，是楚国王室成员活动的中心区域，是楚国政治、经济、文化、军事的中心。遗址东区已基本认定属"楚章华台宫苑群落基址"；遗址西区的黄罗岗古城遗址，其时代早于荆州战国楚郢都纪南城，为探索早期楚郢都遗址提供了重要线索。

龙湾遗址的发现、发掘与研究，是楚国历史、文化研究中的一件大事，对楚文化研究具有开创性的贡献。在研究的空间方面，将过去以荆山山脉为轴线寻找早期楚郢都的探索活动，转到了"江汉间"，开辟了楚文化研究的新地域。在研究的时段方面，突破了以往以战国时期的出土文物为主要研究对象的情况，开始转向对西周至春秋时期出土遗物的研究，将楚文化的考古学研究在时段上向前推进了一大步。在研究的文化内涵方面，突破了以往以墓葬出土文物为主要研究对象的情况，开始注重研究遗址中出土的遗物和遗迹，从对楚人地下世界的研究转到对楚人的地上世界的考查。随着龙湾遗址研究工作的深入，地上世界楚文化的研究，将取得突破性进展。

---

① 《史记·楚世家》，中华书局，1959 年。

二

《潜江龙湾》发掘报告，是楚文化考古学研究中第一本遗址发掘报告。在几十年的楚文化考古学研究中，楚墓发掘报告已多达数十部，几乎占据着楚文化考古学的整个研究领域，而楚遗址的发掘资料却很少面世。《楚都纪南城的勘查与发掘》①虽对纪南城的勘探情况和几个发掘点的考古资料进行了报道，但对总体资料未进行综合研究，对纪南城年代的上下限未作出明确判断。龙湾楚宫殿基址资料的发表，对楚文化遗址的研究是一个重大突破，同时也为楚宫殿的研究提供了重要资料。

该报告的第一个特点是对龙湾遗址东区的楚宫殿基址群的四个发掘区，即Ⅰ区、Ⅲ区、ⅩⅣ区、ⅩⅥ区出土的陶容器和瓦类进行了综合研究，将主要陶容器及瓦类分为六期十二段，即自西周晚期至战国中期，每期分早晚两段，为楚国遗址考古学的分期断代提供了一个较为可信的参考尺度。

该报告的第二个特点是资料翔实。报告对周代遗址全部探方的出土遗物均分探方、分地层发表，这在以往考古发掘报告中是仅见的，为以后遗址发掘报告的编写开了一个好头。

报告的另一特点是对所有遗迹遗物资料都作了详尽的报道，特别是对放鹰台1号宫殿基址的一、二、三层台上的宫殿建筑遗迹进行了逐项研究，对1号基址的建筑布局和建筑风格进行了初步探讨，这为楚国宫殿、特别是楚国的层台建筑的研究，提供了珍贵的资料。

《潜江龙湾》发掘报告，从资料整理到报告编写完成，用了不到两年的时间，这确实是一个"大跃进"的速度。在整理、编写过程中，陈跃钧采用办培训班的形式，对十余名考古专业知识不多的年轻人进行了系统培训，放手让青年人在学中干、干中学，在边干边学的过程中，在较短的时间内，就将几十万字的报告完成了，这在专业人员少，且专业素质不高的县市级博物馆，无疑是一种出成果的最好形式，是出人才的最佳途径。

《潜江龙湾》发掘报告的面世，是楚文化研究中的一件大事，对楚文化研究将产生深远影响。但报告的出版对龙湾遗址而言，只是一个阶段性的成果，整个龙湾遗址的考古学研究仍将是任重而道远，正如本报告结语中所言，龙湾遗址是从事楚文化研究学者的梦想大舞台，在这个舞台上有两个梦，第一个是楚章华台梦，此梦已圆。第二个是早期楚郢都梦，目前此梦只是见到了一线曙光，还有大量的工作要做。望湖北考古界同仁和潜江的学者们继续努力、坚持下去，你们的梦圆，我将感到莫大的欣慰。

---

① 湖北省博物馆《楚都纪南城的勘探与发掘》，《考古学报》1981年3、4期。

第一章 概述

第一节 区域概况及自然环境演变

一 地理位置与自然条件

龙湾遗址位于湖北省江汉平原中西部，在潜江市城区西南约 30 公里处，分布区域跨龙湾、张金两镇，西北距楚故都纪南城 50 公里，南距长江 50 公里，北濒汉水 35 公里。中心地理位置坐标为东经 112°12′，北纬 30°14′（图一）。这里公路交通发达，是湖北省的东西交通要地，318 国道和襄（樊）岳（阳）国道在遗址边经过。

这里的气候属北亚热带季风湿润气候，四季分明，夏热冬寒，热量和雨量充足，无霜期较长。年平均温度为 15.9℃～16.1℃，年平均最高气温为 17℃，最低气温为 15.4℃。年最高气温 36.5℃～37.8℃，极端最高气温为 38.7℃，最低气温为零下 5℃～7℃。年平均降水量为 972～1115 毫米，降水量最多的年份为 1741.3 毫米（1980 年），最少的年份为 713.4 毫米（1966 年）。春夏两季是降雨量最多的季节，一般占全年降雨量的 70％，易形成洪涝灾害。

区域内的河流有西荆河、万福河、东干渠、龙湾河和熊口河，河流由北向南经遗址所在区域流入白露湖。区域周边湖泊连珠，北有张家湖，西有三湖，东有喇塌湖，南有白露湖。区域内的湖泊有东湖、西湖、化家湖、冯家湖、毛家湖、郑家湖和太仓湖等（图二）。

遗址周围及其区域内的土壤主要是水稻土，土层深厚，酸碱度适中，起源于湖积母质，由长江、汉水运积而成。遗址所处地势较高，因水势、水文、脱沼过程和潴育过程等差异而呈同心圆分布，即从湖心到湖边地势增高，地下水位降低，土壤类型则由沼泽土向潜育型、潴育型水稻土过渡。区内自然植被均为次生植被，主要是草地、水生植被和沼泽植被。人工植被主要是农作物植被和人工林。草地植被以白茅（茅草）、狗牙根（拌根草）、牛筋草、莎草（回头青）和青嵩等居多。水生植被为菰（茭草）、荷、菱、芡实（鸡头苞）、水蓼、黄丝草等。沼泽植被有芦苇、荻（岗柴）等。农作物植被有水稻、棉花、小麦、油菜、豆、蔴等。人工林以落叶阔叶林为主，有旱柳、枫杨、苦楝、重阳树、奎竹。引进树木有水杉、法桐、白树等。

遗址地处江汉油田腹地，矿产资源丰富，石油、天然气、卤水、岩盐的储量均居全省首位。

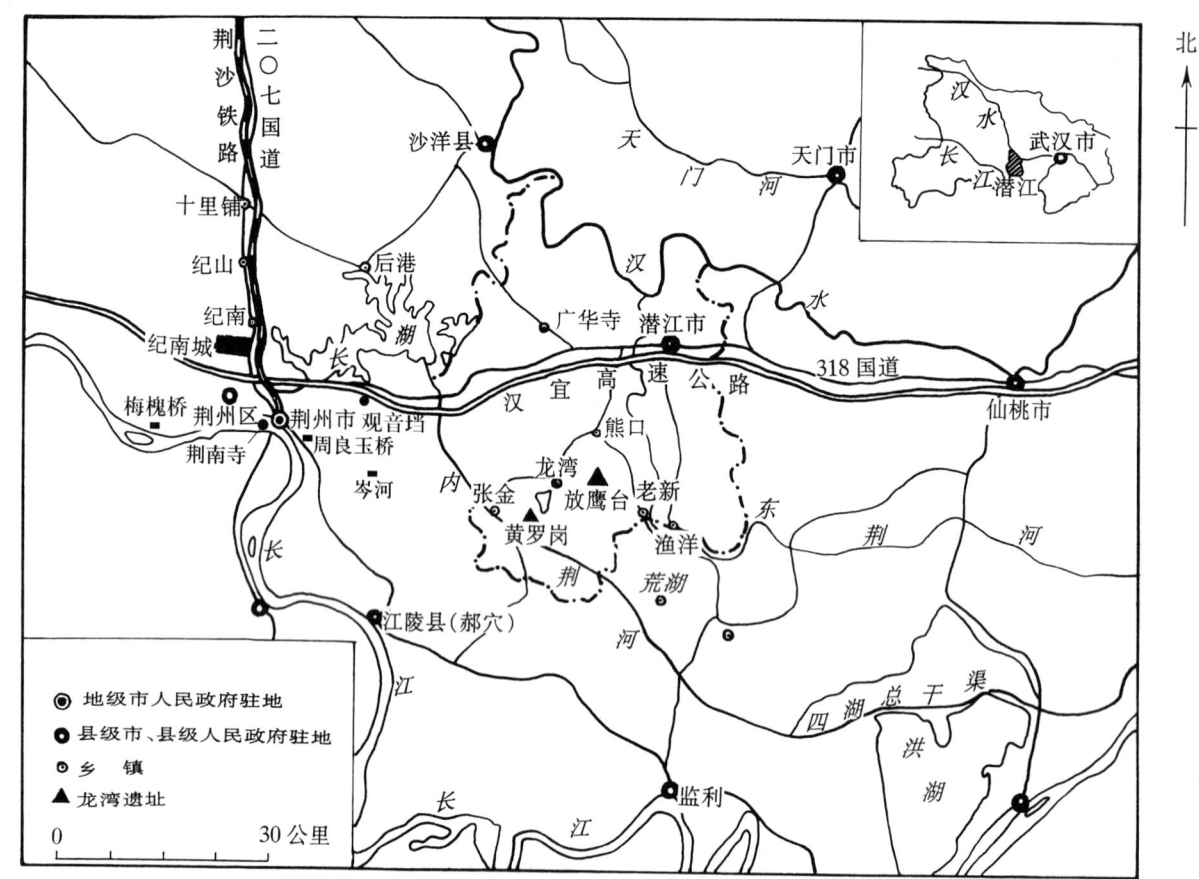

图一　龙湾遗址地理位置图

龙湾陶土储量达 10 万立方米。

　　遗址地处洪灾多发区。1544 年至 1643 年（明嘉靖二十三年至崇祯十六年），一百年中约有三十年发生洪灾，平均三至四年一遇；1644 年至 1795 年（清顺治元年至乾隆六十年），一百五十二年中有八十一年有洪灾，平均不到二年一遇；1796 年至 1911 年（嘉庆元年至宣统三年），一百一十六年中有九十六年遭洪灾，平均三年二遇。特别是 1935 年 7 月，汉江右岸沙洋决堤四处，江陵德胜寺至堆金台江堤决口 50 余丈，江陵麻布拐决堤 80 余丈，全县受灾面积达 1113 平方公里，灾民二十三万。民间流传："沙洋倒口十八年，淤了三湖种白田（旱田）。"

二　历史沿革

　　遗址区域周围的江汉平原上分布有大批新石器时代遗址，其南的监利县有柳关、福田等新石器时代大溪遗址，它们均覆盖在 5 米多深的砂层下；其东南的洪湖市有鸟林、新堤等新石器时代大溪、屈家岭遗址；其东的仙桃市有月洲湖新石器时代遗址；其西的原江陵县有鸡公山旧石器时代晚期遗址及朱家台、观音垱等大批新石器时代遗址。在遗址区域内，已发现新石器时代遗址多处，如塔章台、长章台、张家台等，其时代约为大溪文化至石家河文化，说明江汉平原在远古时期

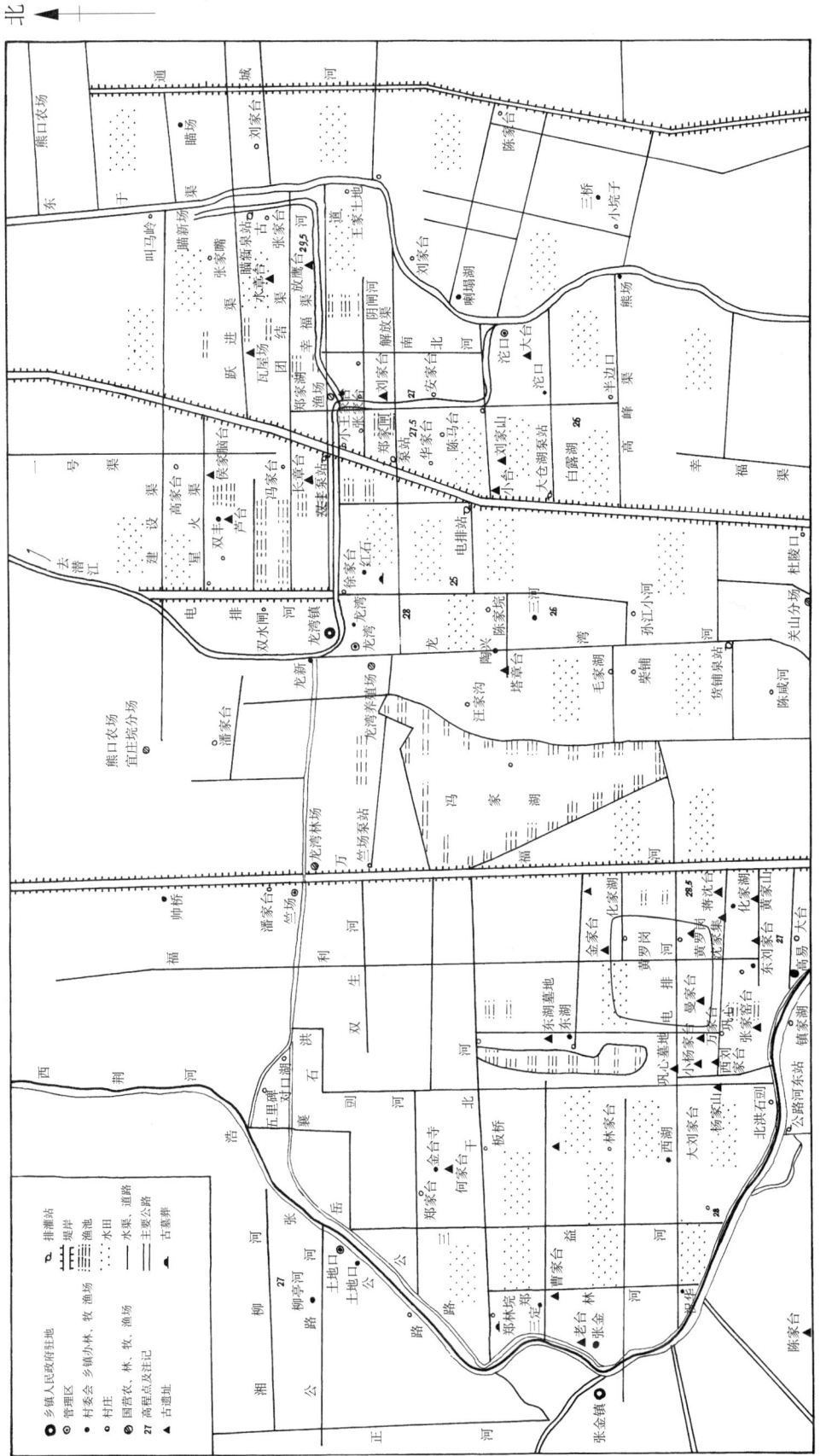

图二　龙湾遗址环境示意图

就是人类繁衍生息的理想之地。进入夏商周时代，在遗址区域以西的荆州市有周良玉桥、荆南寺、梅槐桥等商周遗址以及观音垱、岑河等地出土的大型商代青铜器（图一），表明这一时期江汉平原西隅的夏商周文化亦相当发达。这一时期，由于长江、汉水河床逐渐升高，地下水位上升，加上两河泛滥，遗址区域附近逐渐由丘陵岗地变成了"云梦泽"的西北隅，变成丘陵、高地与湖泊相间的地貌。从西周中晚期至战国中期，楚国在此修建了行宫章华台及黄罗岗城，这里成为楚王活动的中心区域和楚国政治、经济、文化的中心（图三）。秦置竟陵县，汉置华容县，宋乾德三年（965 年），取"汉出为潜"之意（分汉江水入长江），命名此地为潜江县，隶属江陵府。

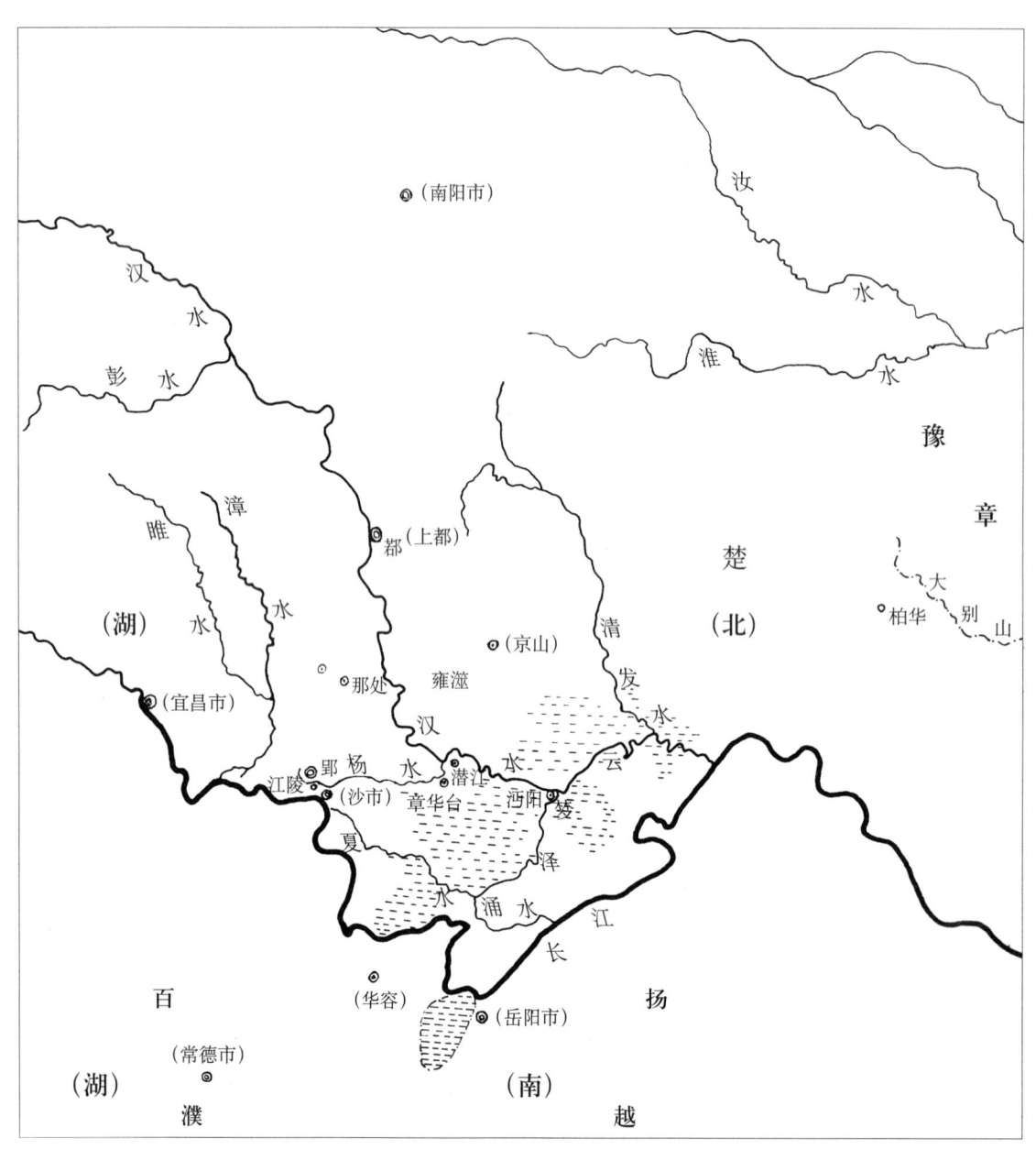

图三　春秋战国时期潜江地区环境示意图

三 地质构造、地貌格局及其成因

（一）地质构造

区域内的地质构造属江汉盆地的一部分，由该盆地的次一级构造单元潜江凹陷、丫角至新沟低凸起组成。

在三叠纪（距今约 2.25～1.8 亿年）以前漫长的地质时期里，这里为海相沉积地层。三叠纪中期的印支运动使地壳上升，海水退出形成陆地。到了侏罗纪（距今约 1.8～1.35 亿年），这里属内陆湖盆，开始陆相沉积。侏罗纪末期的燕山运动在这里反映强烈，地壳上升，产生褶皱（背斜和向斜），断层发育成为断陷盆地的组成部分。白垩纪（距今约 1.35～0.7 亿年），燕山运动加剧，断裂活动增强，形成了巨厚的滨湖—浅湖沉积。到了新生代的第三纪（距今约 7000～200 万年），又形成了较厚的咸水湖泊相的灰绿色砂泥岩、膏盐沉积，其中下第三系沉积，生油岩系发育，转化条件适宜，为油气的生成、运移和聚集提供了有利条件。在新老第三纪之间发生的喜马拉雅造山运动，使这里的地层构造基本形成，接受第四系（第四纪从 200 万年前至今）沉积，终于形成表层岩相。目前，这里的地壳仍有活动，处于微弱上升阶段。

在侏罗纪到第四纪的地质时期内，这里共沉积了约 4000～12000 米厚的陆相地层。其中第四系为滨湖—浅湖湖相沉积，表层岩性由下而上为砂砾层、松砂层和黏土层，厚度约 50～150 米。

（二）地貌格局及其成因

区域内呈现出河渠交积，堤防纵横，垸田低平，精养鱼池成片，大小湖泊星罗棋布的水乡平原景观。区域内平均海拔高度为 24～25 米，最高海拔为 26.7～27 米，高差仅 1.3～3 米。区域内以湖积平原为主，冲积平原、冲积—湖泊平原为辅，其成因是江水长期复合冲积和湖水缓慢沉积。

四 历史环境变化及对人类活动的影响

（一）新石器时代的历史环境与文化

江汉陆相地层形成于第四纪（距今约 200 万年前），其地质构造为滨湖—浅湖湖相沉积，是长江与汉水的分水岭。新石器时代（距今约 8000～4000 年前），这里的地貌属丘陵岗地。有长江和汉水支流等流经该地，亦有少量湖泊分布其间。这里气候温暖（我国气候以距今 8000 年至 2500 年最为温暖，约高于现在 2℃～4℃），是人类和各种动植物繁衍的适宜地带。这一时期，由于长江、汉水的河床较低，水涝灾害也很少。约距今 7000 年至 4000 多年前，区域内分布有较密集的新石器时代遗址，是江汉平原新石器时代文化最发达的地区。

（二）先秦时期的历史环境与文化

夏商周时期，这里是"云梦泽"的西北部。地貌为岗地、台地、丘陵与平原、泽地共生。据司马相如《子虚赋》描述，"云梦者，方九百里"，南部"则有平原广泽，缘以大江"。这个平原广泽当指江汉间的平原湖泽地带，即"云梦"中的泽区部分（图三）。这一时期是该区域继新石器时代之后又一文化发展的繁荣期，区域内及其周边分布着大批商周时期的遗址，特别是西周后期至战国时期，这里分布有几十处东周遗址、宫殿基址和古城址，从而证实了它是楚文化的重要发祥地，是楚王的游猎区和休闲地，是楚国政治、经济、文化的中心。

（三）秦汉以后的历史环境与人类活动

秦汉时代，遗址区域的西边，长江在江陵以东的沙市（古称夏首）继续通过夏水、涌水分流分沙，使荆江三角洲不断向东向南发展，形成更广袤的荆江三角洲。同时汉水及其支流杨水的泛滥也使竟陵平原进一步扩展，使汉水冲积平原与南面的荆江三角洲陆地连成一片。汉代在荆江三角洲夏水北岸自然堤上的章华台附近，设置华容县；随着荆江三角洲的南移，西晋时分华容县东南境，于涌水自然堤上增设监利县。东汉末年至三国时期，原来的云梦泽主体——江汉间的丘陵、岗地仍继续存在。

根据考古调查、勘探和发掘资料，区域内的丘陵、泽地地貌一直延续到隋唐，淤沙（河相）和淤泥（湖相）堆积是宋以后形成的。其成因是长江、汉水河床的升高与摆动，使江北和汉南沿岸的面积逐年扩大。由于地貌升高，原本为江汉分水岭的地势较高的陆地，相对而言变为低洼平地，从而形成江汉盆地。放鹰台 1 号宫殿基址东侧与古河道之间的宋明清时代的堆积层厚 2～3 米，其下为东周地层，宋为淤沙堆积（古河道沉积），明清为淤泥堆积（湖相沉积）。长章台、郑家湖、水章台，在宋明清时的淤泥层堆积厚度达 1.1～1.5 米，其下为周代或新石器时代文化层。又据《潜江县志·堤防志》记载，公元 907 年（五代后梁开平元年），荆南节度使高季昌主持修筑汉江右岸河堤，总长 65 公里，后称高氏堤。据《江陵县志·堤防志》记，公元 345 年（东晋永和元年）筑万城堤，这是文献所记最早的江汉堤防，表明从东晋五代开始，长江、汉水河床的高度与两岸地面高度已相差无几，已无法通过洪汛期河水的流量。长江、汉水防汛大堤修筑以后，又出现多次溃口。1458 年（明天顺二年），"芦荻河右岸高家垴堤决，洪涛奔腾，冲成悬河"。这是潜江历史上最早的堤防决口记录。由于江、汉河床持续升高和堤防多次决口，大约在明清时期，遗址区所在的江汉盆地沦为湖泊，致使原为高低起伏的丘陵地带淤为平地。19 世纪 60 年代以后，遗址区内实施围湖垦荒工程，开挖纵横渠道，使遗址区域内变成渠道纵横交错、河湖港汊遍布、精养鱼池成片的水产养殖区。

由于地理环境的巨变，人类赖以生存的土地被淹。宋明以来，这里人口稀少，农耕基本停止，少量渔业游民栖息高地，宋明以前的人类生存环境完全被破坏。宋明以后，这里的动植物资源匮乏，人类活动基本停止。人类与环境相互依存的关系在遗址区域内表现得尤为明显。

第二节 区域内文化遗迹的分布状况

一 遗迹分布的总体情况

龙湾遗址的遗迹分布范围东西长约 12 公里，南北宽约 9 公里，面积约 108 平方公里。分布有遗址和墓地 40 余处，其中新石器时代遗址 6 处、周代遗址 26 处、西汉至宋代遗址 8 处、东周墓地 5 处。以周代楚文化遗址和墓地数量较多，内涵最丰富。

遗址分为东、西两区，东区以龙湾镇放鹰台宫殿基址群为主体，由 22 个夯土台基组成龙湾楚宫殿基址群。西区以张金镇黄罗岗古城址为主体，结合附近周代遗址和墓地，组成黄罗岗周代楚文化遗址群。东、西两区为冯家湖相隔，但地质、地貌及文化内涵完全一致，是一个统一的文化体（图二）。

二 黄罗岗（遗址西区）遗迹分布情况

黄罗岗遗址位于张金镇东约 5 公里，东邻冯家湖，南接化家湖村，北临东湖村，海拔高度 28.5 米，周围海拔高度 25～26 米。西区遗址面积约 45 平方公里。黄罗岗城址平面略呈长方形，斜切角，方向 14°，城垣四角与南垣高于城内地面约 1 米。考古勘探表明，东垣长 1250 米，南垣长 1300 米，西垣长 1335 米，北垣长 1265 米，城址面积约 1.7 平方公里。墙体宽 70～80 米，黄土夯筑，在南城垣上叠压有战国时期的灰坑和房基。从城内渠道断面观察，西部地势较高，分布有大片夯土台基，城内其他地点发现有大量西周至春秋时期的灰坑。

南城垣外约 40 米处地势低洼，经勘探为护城河，开口 30 米左右，深 2 米以上。在城南的化家湖村，西南的巩心村，西北的东湖村均发现了大片周代遗址、墓地。

各遗迹的具体情况详见表一。

表一 黄罗岗（遗址西区）遗迹分布表

序号	名称	地点	时代	面积（米）	文化层厚度（米）	保存情况
1	黄罗岗遗址	化家湖村	周代	1250×1300	1～2.2	较好
2	西刘家台遗址	化家湖村	新石器—东周	100×80	0.2～1.1	较好
3	东刘家台遗址	化家湖村	新石器—东周	100×80	0.3～0.8	较好
4	金家台遗址	东湖村	周代	300×200	1～2	较差
5	万家台遗址	巩心村	周代	300×400	0.5～1	较好
6	沈家集遗址	化家湖村	周代	300×200	1～2	较好
7	曹家台遗址	三定村	周代	100×100	0.5～1	较好
8	何家台遗址	金台寺村	周代	200×100	1～1.5	较好
9	张家窑台遗址	巩心村	周代	300×450	1～1.5	较好
10	蒋沈台墓地	化家湖村	东周			较好
11	巩心村墓地	巩心村	东周			较好
12	东湖墓地	东湖村	东周			较好
13	小杨家台遗址	巩心村	东汉	60×80	0.7～1	较好
14	曼家台遗址	化家湖村	东汉	300×700	1～1.5	较好
15	老台遗址	张金村	东汉	90×100	1～1.5	较好
16	杨家山遗址	巩心村	东汉	60×80	0.7～1	较好
17	黄家山遗址	化家湖村	东汉	50×100	0.5～1.5	较差
18	陈家台遗址	铁匠沟莲台湾村	东汉	400×900	1～1.5	较好

三　放鹰台（遗址东区）遗迹分布情况

放鹰台遗址位于龙湾镇东约 4 公里处，地理坐标为东经 112°45′、北纬 30°14′，最高海拔高度为 32 米，一般地面海拔高度为 25～26 米。东区遗址面积约 63 平方公里，据初步调查和勘探，遗址内分布有新石器时代至东周时期的遗址 22 处，主要分布在放鹰台基址群以西、冯家湖以东、沱口以北、熊口农场以南（图二）。遗址面积大，且分布密集，证实了遗址所在地是江汉平原原始文化和楚文化的重要发祥地。

各遗址的具体情况详见表二。

表二　　　　　　　　　　　　　　放鹰台（遗址东区）遗迹分布表

序号	名称	地点	时代	南北长×东西宽（米）	文化层厚度（米）	保存情况
1	放鹰台遗址	瞄新村	周代	319×250	1.5～4	较好
2	塔章台遗址	陶兴村	新石器时代	250×250	0.5～3.5	较好
3	长章台遗址	双丰村	新石器时代	200×150	0.5～1.5	较差
4	张家台遗址	郑家湖村	新石器时代	100×90	0.6～1.2	较好
5	刘家台遗址	郑家湖村	周代	130×220	0.5～1	完好
6	打鼓台遗址	郑家湖渔场	周代	170×120		很差
7	荷花台遗址	郑家湖渔场	周代	95×83	0.5～2.5	很差
8	无名台遗址	郑家湖渔场	周代	170×93	1～1.35	很差
9	古湖台遗址	郑家湖渔场	周代	155×90	0.4～1.1	很差
10	瓦屋场遗址	瞄新村	周代	200×90	2～3	完好
11	水章台遗址	瞄新村	周代	180×150	0.3～1.2	较好
12	郑家湖遗址	郑家湖村	周代	190×200	0.3～1.5	较差
13	娘娘坟遗址	郑家湖村	周代	350×340	0.35～1.5	完好
14	小黄家台遗址	郑家湖村	周代	300×500	1～1.5	较好
15	小黄家台墓地	郑家湖村	战国	220×150		较好
16	长章台遗址、墓地	双丰村	新石器、周代	100×130		较好
17	古河道遗址	瞄新村	周—唐	约 5000×100	1～4	较好
18	侯家脑遗址	双丰村	周代	180×200	0.5～3	较好
19	小台遗址	沱口鸭业场	周—东汉	30×50	0.5～1.2	较好
20	芦台遗址	双丰村	周—唐	30×30	0.5～1	较好
21	刘家山遗址	沱口鸭业场	西汉—宋	100×80	0.5～1.2	较差
22	大台遗址	沱口村	西汉	60×50	1～1.5	较差

四　放鹰台（遗址东区）夯土台基分布情况

经勘探和部分试掘，遗址东区为以放鹰台为主体建筑的宫殿基址群，在东西长 1675、南北宽 1563 米的范围内，发现夯土台基 22 座，总面积近 30 万平方米。发现古河道 1 条及墓地 1 处。二十二座夯土台基自东向西，自北向南可分为四大群体（图四）。（1）放鹰台宫殿基址群，含 6 个夯土台基，台基呈南北走向，台基之间有道路连接（图五）。1 号台基位于台基群东南部，面积13000 平方米，为三层台高台建筑。（2）打鼓台夯土台基群，含 4 个夯土台基，即荷花台、打鼓台、徐公台、无名台。该基址群位于放鹰台基址群以南，有道路与放鹰台基址群相连，台基群似呈院落组合。（3）瓦屋场夯土台基群，含 4 个夯土台基，即瓦屋场、水章台 1 号和 2 号台基、古台湖。台基群位于（1）、（2）组台基群西侧，自北向南排列。（4）娘娘坟夯土台基群，含 8 个夯土台基，即郑家台 1、2 号台基，娘娘坟 1、2、3 号台基，刘家台 1、2 号台基，小黄家台夯土台基。该组台基位于（3）组台基西侧，自北向南排列（图四）。四组台基群之间有较大的空间，空间地带的文化层堆积较厚，遗迹现象较为丰富。四组台基群分布较有规律，从放鹰台 1、3 号台试掘情况判断，以 1 号高台建筑为中心的（1）、（2）组台基群含十座台基，它们层台起伏，长廊环绕，可视为宫苑式建筑群体。（3）、（4）组台基，均为南北走向的低台（一层台）建筑，可能为殿堂式建筑。随着勘探、试掘工作的进一步开展，夯土台基的数量可能还会增加。各夯土台基的具体情况及各发掘区情况详见表三。

第三节　考古发现、勘探、发掘、室内整理与报告的编写

一　发现

在 20 世纪 80 年代以前，潜江湖泊遍布，被认为是无古可考的水窝子县，考古人员很少涉足。1984 年湖北省开展文物普查，潜江普查队由原潜江县博物馆馆长罗仲全带队，原荆州地区博物馆阎频为业务指导。田野调查前，罗仲全在查阅潜江历史沿革、了解古迹分布情况时，发现复旦大学教授、历史地理学家谭其骧 1980 年 8 月在《云梦与云梦泽》[①]一文中写到：“以方位道里计之，则（章华）台与（华容）故址当在潜江县西南。”根据查阅史料情况，普查队决定把潜江西南定为文物普查重点区，查找春秋时期楚国行宫章华台及早期楚都遗址。1984 年 4 月 1 日，普查队一行八人进驻熊口，查了十余天，无所收获。4 月 12 日，普查队转战龙湾镇。4 月 14 日中午，普查队员胡正平在幸福渠边捡到了第一块绳纹陶片，经阎频鉴定为东周遗物。随后全队人员进一步扩大调查范围，在放鹰台、打鼓台、荷花台、水章台等地一连调查了七天，在约 4 平方公里的范围内，发现了大量东周时期的瓦片和鬲、盂、罐、豆等残片。根据遗址规模和文物时代，初步确定该遗址可能就是楚章华台遗址群。

二　勘探

1999 年秋冬、2000 年冬和 2001 年春夏，共计约八个月时间，在对龙湾遗址进行考古发掘的

---

① 谭其骧：《云梦与云梦泽》，《复旦学报》社会科学版 1980 年增刊。

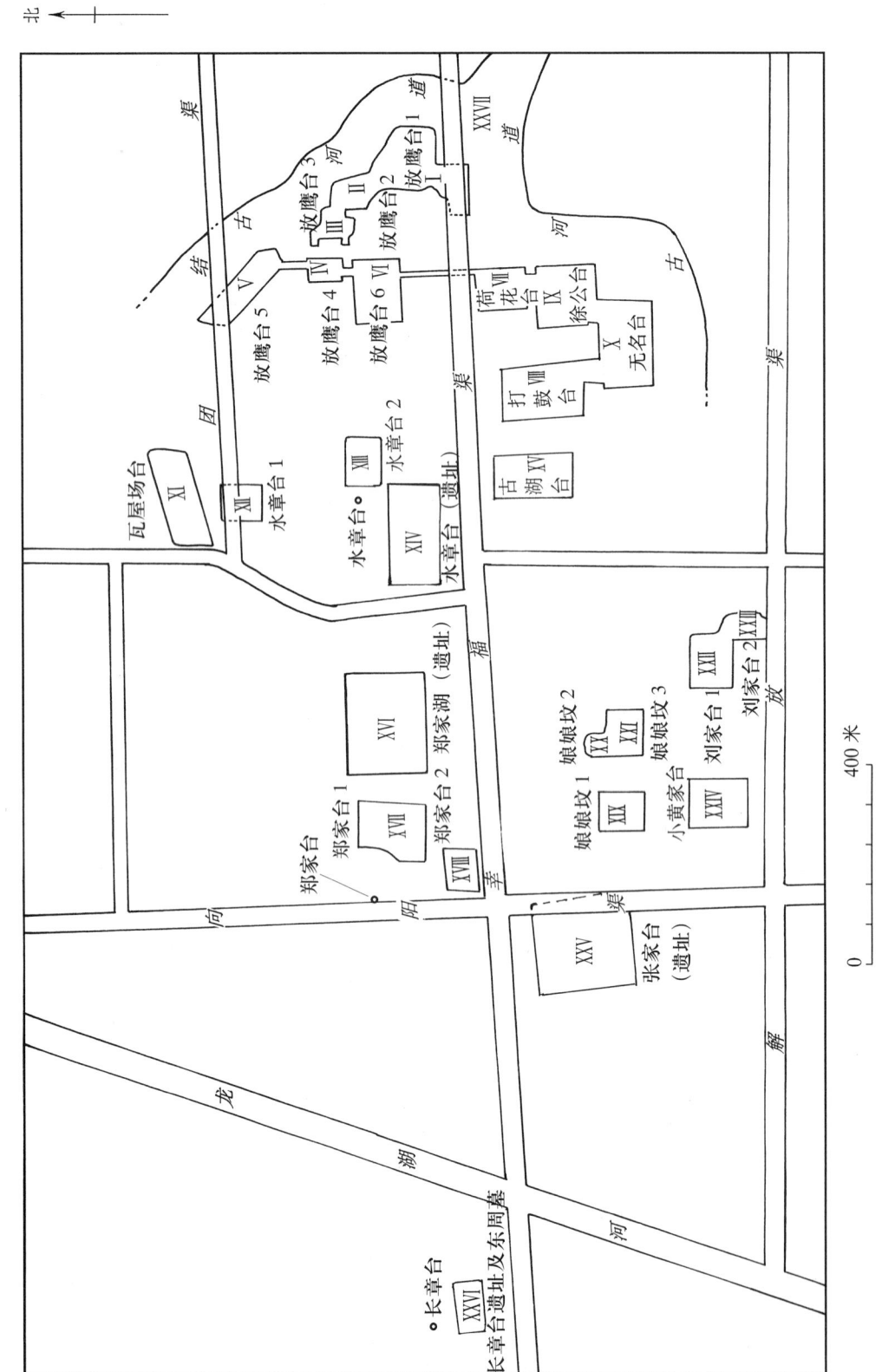

图四　龙湾楚宫殿基址及发掘区分布图

图五　放鹰台Ⅰ～Ⅵ号台台基地形图

表三　　　　　　　　放鹰台（遗址东区）夯土台基及发掘区概况表

顺序号	发掘区编号	台名	时代	面积（平方米）	考古工作情况	保存情况
1	I	放鹰台1号台基	周代	13000	发掘面积3608平方米，发现三层台夯土台基及大量遗迹、遗物	较好
2	II	放鹰台2号台基	周代	4000	勘探，标本采集	完好
3	III	放鹰台3号台基	周代	4225	发掘面积100平方米，发现基址的回廊、天井和早期灰坑、水井等	较好
4	IV	放鹰台4号台基	周代	2250	勘探，标本采集	较好
5	V	放鹰台5号台基	周代	17100	勘探，标本采集	较好
6	VI	放鹰台6号台基	周代	38250	勘探，标本采集	较好
7	VII	荷花台台基	周代	7885	勘探，标本采集	破坏严重
8	VIII	打鼓台台基	周代	22440	勘探，标本采集	破坏严重
9	IX	徐公台台基	周代	14175	勘探，标本采集	破坏严重
10	X	无名台台基	周代	16461	勘探，标本采集	破坏严重
11	XI	瓦屋场台基	周代	18000	勘探，标本采集	较好
12	XII	水章台1号台基	周代	5250	勘探，标本采集	较好
13	XIII	水章台2号台基	周代	7665	勘探，标本采集	较好
14	XV	古湖台台基	周代	13795	勘探，标本采集	破坏严重
15	XVII	郑家台1号台基	周代	14300	勘探，标本采集	较好
16	XVIII	郑家台2号台基	周代	5100	勘探，标本采集	较好
17	XIX	娘娘坟1号台基	周代	27300	勘探，标本采集	较好
18	XX	娘娘坟2号台基	周代	14000	勘探，标本采集	较好
19	XXI	娘娘坟3号台基	周代	3500	勘探，标本采集	较好
20	XXII	刘家台1号台基	周代	12000	勘探，标本采集	较好
21	XXIII	刘家台2号台基	周代	4500	勘探，标本采集	较好
22	XXIV	小黄家台台基及墓地	周代	32000	勘探出夯土台基面积及战国墓葬33座，发掘10座	较好
23	XIV	水章台遗址	周代	27000	发掘面积148平方米	较好
24	XVI	郑家湖遗址	周代	37050	发掘面积470平方米	破坏严重
25	XXVI	长章台遗址及墓地	新石器～唐宋	13000	发掘面积600平方米，发现新石器时代的房子、灰坑、水井、墓葬	较好
26	XXV	张家台遗址	新石器时代	10000	勘探，标本采集	较好
27	XXVII	古河道	周～宋	约60000	勘探	较好

同时，还组建了十至十五人的考古勘探队，由潜江市博物馆副馆长丁声祥和专业人员陈方林负责龙湾遗址的全面勘探工作。勘探采用正方向坐标（南北方向布点），分区勘探的方法。勘探工作包括绘制探孔分布图，标明探孔层位及深度，写出探孔记录，采集探孔及遗迹内标本。勘探采用普探和专项勘探相结合的方法。对遗址采用普探，孔距一般为 10×10 米；对墓葬采用专项勘探，孔距为 5×5 米，中间加梅花眼，深度至墓口。勘探总面积达 2000×2000 米，即 400 万平方米。在勘探前能确定为夯土台基的仅放鹰台 1 号台基。经过八个多月的勘探，共探得夯土台基 22 座（图四）、古河道 1 条、墓地 1 处，探明战国墓 33 座。

三　发掘

1987 年发掘情况：

发掘时间：1987 年 3 至 6 月；10 至 12 月。

发掘地点：分两处。即Ⅰ区（放鹰台 1 号宫殿基址），ⅩⅥ区（郑家湖）。Ⅰ区的发掘是为了配合湖北省考古学会在潜江召开"楚章华台学术讨论会"而进行的一次小规模试掘，发掘点选在高台东侧（图六），两次共布 10×10 米大方 11 个，挖 5×5 米小方 19.5 个，发掘面积 487.5 平方米（图六）。发现了 1 号基址的一、三层台及贝壳路、东侧门、三层台的大型方柱洞等。ⅩⅥ区的发掘是一次抢救性清理。当时，郑家湖渔场要将郑家湖（荒湖）开挖成精养鱼池，在推掉 0.9～1.1 米淤泥后，发现湖底有周代文化层，考古人员在文化层分布较厚的 4 号鱼池，布 5×5 米探方 18 个、2×10 米探沟 1 条，发掘面积 470 平方米，发掘出 13 个灰坑，并出土了一批铁器、青铜器和大量陶容器等。

参加发掘的人员为，领队：陈跃钧；专业人员：院文清、张正发、陈新平、陈方林（荆州博物馆），徐黎明、罗正松、丁声祥（潜江博物馆）。

1988 年发掘情况：

发掘时间：1988 年 3 月。

发掘地点：ⅩⅩⅣ区（小黄家台墓地）。此次发掘是一次抢救性清理。小黄家台农民在精养鱼池清淤时，暴露楚墓 6 座，其中有三座墓遭推土机严重破坏，三座墓的棺椁保存较好。我们随即进行了清理，出土文物有陶鼎、簠、壶、豆、盘、匜等。

参加发掘的人员为，领队：陈跃钧；专业人员：罗正松。

1998 年发掘情况：

发掘时间：1998 年 10 至 11 月。

发掘地点：ⅩⅩⅥ区（长章台）。此次发掘是一次抢救性清理。长章台农民在低洼地带开挖精养鱼池，在 0.9～1.2 米的淤泥层下发现了新石器时代文化层堆积。我们布 10×10 米探方 6 个，5×40 米探沟 1 条。实际发掘 10×10 米探方 4 个，5×40 米探沟 1 条，面积 600 平方米。发现新石器时代灰坑 4 个，水井 1 口，房子 1 座及东周墓葬 1 座。

参加发掘的人员有，领队：陈跃钧；专业人员：罗正松、罗德胜、丁声祥、李兵、刘锦鸣、陈方林。

1999 年发掘情况：

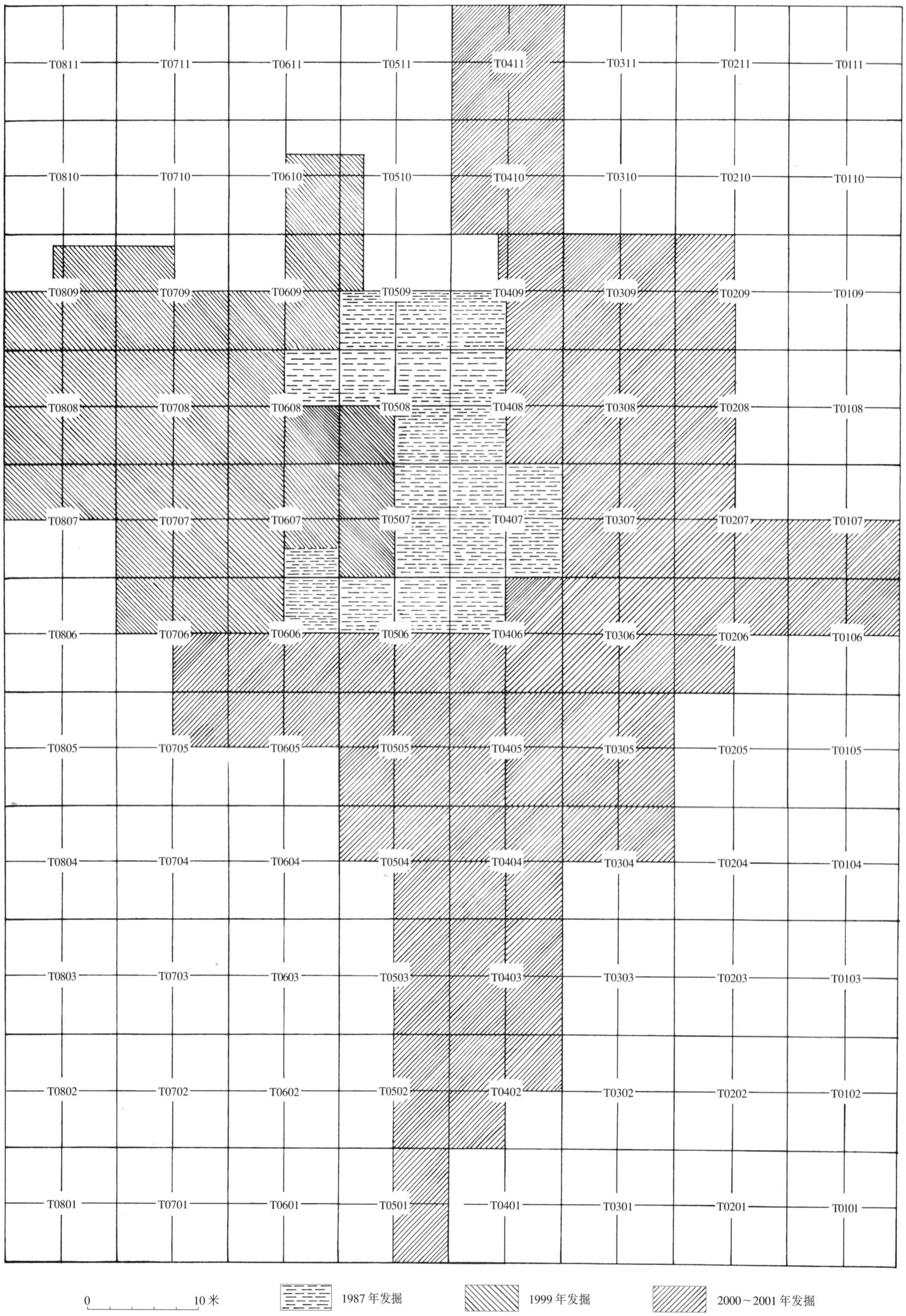

图六　1987至2001年Ⅰ区探方平面图

发掘时间：1999 年 4 至 5 月；1999 年 11 月至 2000 年 1 月。

发掘地点：3 处。

1999 年 4 至 5 月，发掘地点 2 处，即Ⅲ区（放鹰台 3 号台基）和ⅪⅤ区（水章台）。Ⅲ区的发掘是一次抢救性试掘，发掘地点位于放鹰台 3 号台至 4 号台之间的四支渠边上，布 5×5 米探方 4 个，发掘面积 100 平方米。发现了 3 号台的回廊和天井局部及早期灰坑 2 个，水井 1 口。ⅪⅤ区的发掘也是一次抢救性清理，在水章台新建居民点南面鱼池边和池底，发现了一批未挖完的灰坑及大量绳纹陶片，随即布 7×7 米探方 2 个、5×5 米探方 2 个，发掘面积 148 平方米。发现灰坑 9 个，灰沟 1 条，水井 1 口。

1999 年 11 月至 2000 年 1 月，发掘地点 1 处，即放鹰台 1 号宫殿基址，发掘点在高台及其西、北（图六）。共布 10×10 米探方 14 个，挖 5×5 米小方 36.5 个（布大方，挖小方），面积 940.5 平方米（扩方 28 平方米）。全部揭露出了 1 号宫殿基址的第三层高台，局部揭露出了第一、二层，发现的遗迹有高台西、南的贝壳路，大台阶，内曲廊，西侧门和墙，回廊和天井，地下排水管道和水坑等。一座三层台的高台建筑初露端倪。1999 年 12 月 11 日，国家文物局文物保护司杨志军专程到龙湾考古工地视察，并指示请北京考古专家对龙湾遗址进行论证。12 月 25 日北京专家视察了考古工地现场（彩版一，1、2），12 月 26 日"潜江龙湾楚宫殿基址学术论证会"在潜江召开（彩版二，1），参加会议的专家有：国家文物局专家组组长、原国家文物局副局长黄景略，北京大学考古学系邹衡教授、高崇文教授，原中国历史博物馆馆长、湘鄂豫皖四省楚文化研究会会长俞伟超教授，中国社会科学院考古研究所杨鸿勋研究员等。专家们一致认为龙湾楚宫殿基址群的建筑面积之大、规格之高、建筑形式之独特、保存之完好，在我国先秦建筑史上独领风骚。将龙湾楚宫殿基址的考古资料结合历史地理文献资料考证，该宫殿基址群应定名为"楚章华台宫苑群落"居址。

参加发掘的人员有，领队：陈跃钧；专业人员：罗正松、罗德胜、丁声祥、邓蔚兰、李兵、陈方林、张世松、刘锦鸣、丁家元。

2000 年至 2001 年发掘情况：

发掘时间：2000 年 12 月 4 日至 6 月 4 日。

发掘地点：Ⅰ区（放鹰台 1 号台基）和ⅩⅩⅣ区（小黄家台墓地）。

对Ⅰ区的发掘是为了弄清高台、贝壳路以东的建筑遗迹及 1 号台与东侧古河道之间的关系。发掘区选在 1 号台东侧与古河道之间（图六）。2000 年 12 月 4 日至 2001 年 6 月，在高台东北、东南侧布 10×10 米大方 31 个，挖 5×5 米小方 87 个（每个大方分四个小方发掘），发掘面积 2180 平方米（扩方 5 米）。发现一条南北长 105 米的外曲廊，并在廊南段西侧又发现一条与之平行、长 48.5 米的东内廊。东内廊的北端通向东侧门及东贝壳路，南端向西拐弯。在东内廊西侧还发现一道灰红色土墙及一排与之相连的柱洞。另外还发现高台南门庭、3 个灰坑（未发掘完）和一些零散柱洞。

2001 年 5 月，在ⅩⅩⅣ区，即小黄家台墓地，发掘一椁一棺墓 4 座，即 M25、M26、M27、M32。出土了一批青铜器、仿铜陶礼器和漆木器等。

发掘人员有，领队：陈跃钧；专业人员：罗正松、罗德胜、丁声祥、徐黎明、邓蔚兰、李兵、陈方林。

以上累计发掘面积 4926 平方米，其中放鹰台 1 号宫殿基址 3608 平方米，其余发掘区的发掘面积 1318 平方米。

四　室内整理与报告的编写

室内整理及报告的编写工作由荆州博物馆研究馆员、潜江市博物馆名誉馆长陈跃均主持。在考古发掘、资料整理和编写报告过程中得到了潜江市委、市政府领导的高度重视和大力支持，市委书记刘雪荣、市长王敦胜多次到遗址考察指导（彩版二，2）。副市长罗厚泽、文化局长郑学国、文物局长刘钢、博物馆馆长徐德英、郑爱平在组织领导等方面做了大量工作。

整理内容包括自 1987 年至 2001 年共五次发掘的龙湾遗址东区所有居住址和墓葬的全部资料，并对全部居住址和墓葬资料进行了通盘整理和比较研究。

本报告编写的指导思想是尽可能多地发表资料，所有居住址的文化遗物基本上均已发表（对一个单位出土数量较多的器类发标本）。周代探方资料详尽到分地层发表，墓葬资料详尽到分墓发表。但对遗物中的瓦类，由于数量极多，且多破碎，只能选出各单位的器物标本发表。

报告的编写工作分工如下：

第一章：陈跃钧。第二章：罗德胜。第三章第一节，一，（一）、（二）、（三）：陈跃钧。（四）：罗正松（陶生活用器）、徐黎明（陶筒瓦）、刘锦鸣（陶瓦当）、李兵（铁器、青铜器、石器、陶板瓦、工具及其他）。（五）：刘锦鸣。第一节，二，（一）：徐黎明（一层台及 29 个探方）、刘锦鸣（二层台及 4 个探方）、罗德胜（三层台及 12 个探方）。（二）、（四）：罗正松。（三）：邓蔚兰。第三章第二节：丁声祥。第四章：陈跃钧。附录：罗正松。另有叶和玉、杨宁参加了 I、III 两区资料的部分整理工作。

报告的统一修改、定稿：陈跃钧。绘图：杜绍良、陈方林、文必华。描图：杜绍良、陈方林、刘明怀。器物摄影：余乐。工地摄影：金陵、徐黎明、丁声祥、余乐、罗正松。陶器修补：禹佳美、刘祖梅、邓蔚兰。文字打印：杨宁。插图编排：罗正松、徐黎明。

在发掘与整理过程中我们曾得到国家文物局、中国社会科学院考古研究所、北京大学考古学系、湖北省文化厅、湖北省文物局、湖北省考古研究所、武汉大学考古学系等有关专家的指导帮助，在此一并致谢。

第二章　新石器时代（石家河文化）

ⅩⅩⅥ区（长章台）新石器时代遗址原为一片水稻田，农民推鱼池施工时发现，遗址已遭到严重破坏，布方的部位位于鱼池北部的底层，暴露遗址面积约2200平方米。布5×40米的探沟1条和10×10米的探方20个，分别以西南角为基点，编号为探沟T1，探方AT1～AT5、BT1～BT5、CT1～CT5、DT1～DT5。根据破坏程度，实际发掘面积仅600平方米（T1、BT1、CT1、DT1以及DT3、BT2、BT5局部）（图七；彩版三，1）。

第一节　文化堆积与文化遗迹

一　文化堆积

长章台遗址的第1、2、3层及4层大部分在推鱼池施工中被推去，现根据鱼池挖土工程留下的土墩来统一说明第1、2、3层的文化堆积。

第1层：耕土层。土质松软，有黏性。厚10～15厘米。

第2层：淤泥层。灰黄土，土质稀软，有黏性。深10～15、厚20～50厘米[①]。出土明清瓷片。

第3层：灰红土，土质较板结。深30～55、厚10～35厘米。包含有唐宋时期的瓷碗片等。

本次发掘的探方地层为遗址的第4、5、6层。

（一）ⅩⅩⅥT1

ⅩⅩⅥT1北壁剖面长40米，现分四段描述，由西向东每10米为一段，分别编号为ⅩⅩⅥT1a、ⅩⅩⅥT1b、ⅩⅩⅥT1c、ⅩⅩⅥT1d。

ⅩⅩⅥT1a北壁文化层（图八，1）

第4层：分布于全探沟。红黄土，土质较坚硬板结。深约70、厚13～25厘米。包含陶片较多，可辨器形有中口罐、釜、碗、豆、器盖、纺轮以及石斧等。

---

① 深度指本层层面距地表深度（最浅的与最深的）。厚度指本层自身厚度（最薄的和最厚的）。

北

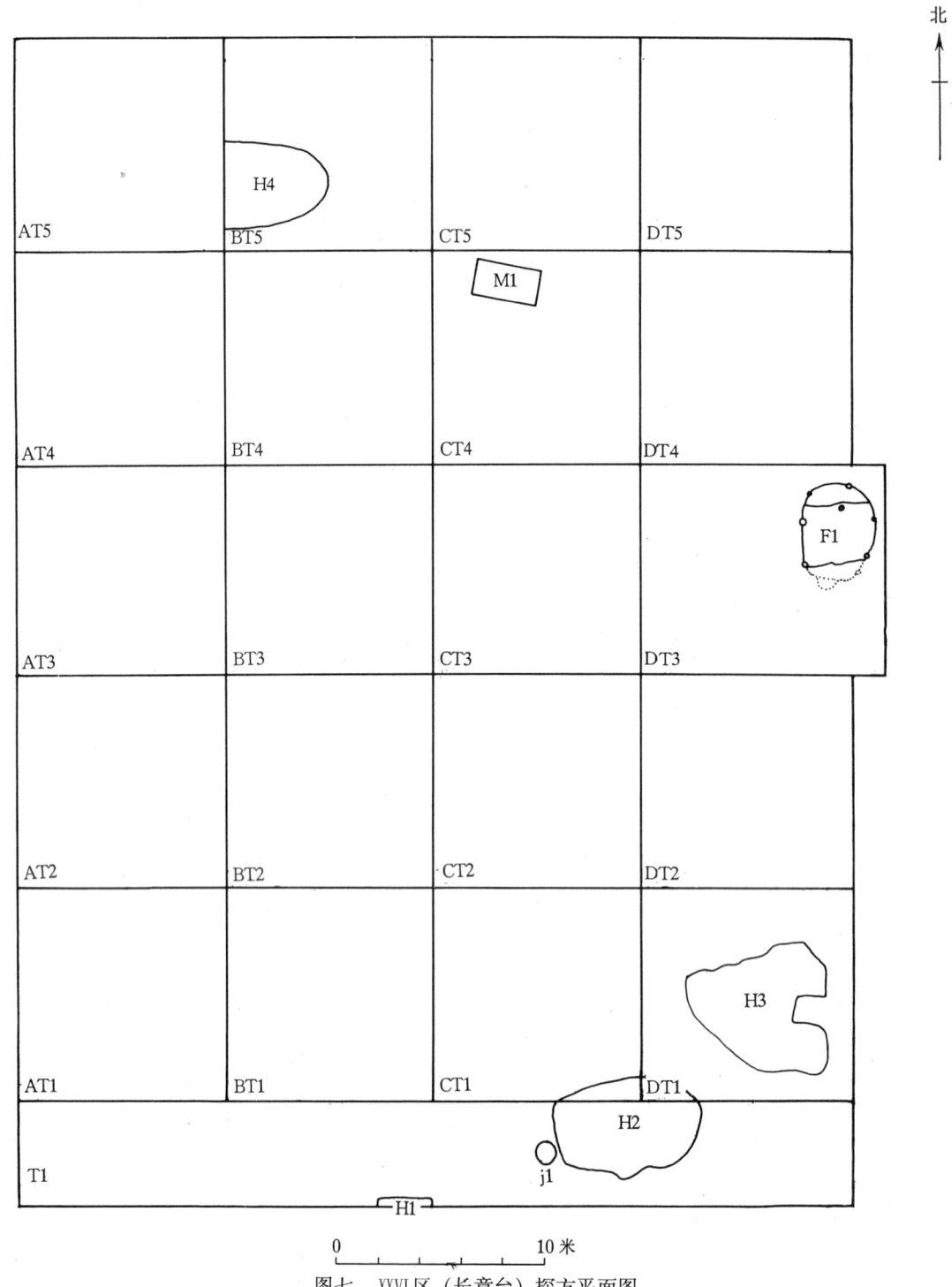

0   10 米

图七   ⅩⅩⅥ区（长章台）探方平面图

第5层：分布于全探沟。灰土，夹杂有较多红烧土，土质坚硬板结。深约83～95、厚0～25厘米。出土较零星的碎陶片，可辨器形者较少。

ⅩⅩⅥ T1b北壁文化层（图八，2）

第4层：分布于全探沟。红黄土，土质较坚硬板结。深约70、厚5～25厘米。包含陶片较多，其中可辨器形者有中口罐、釜、碗、豆、器盖、纺轮等。

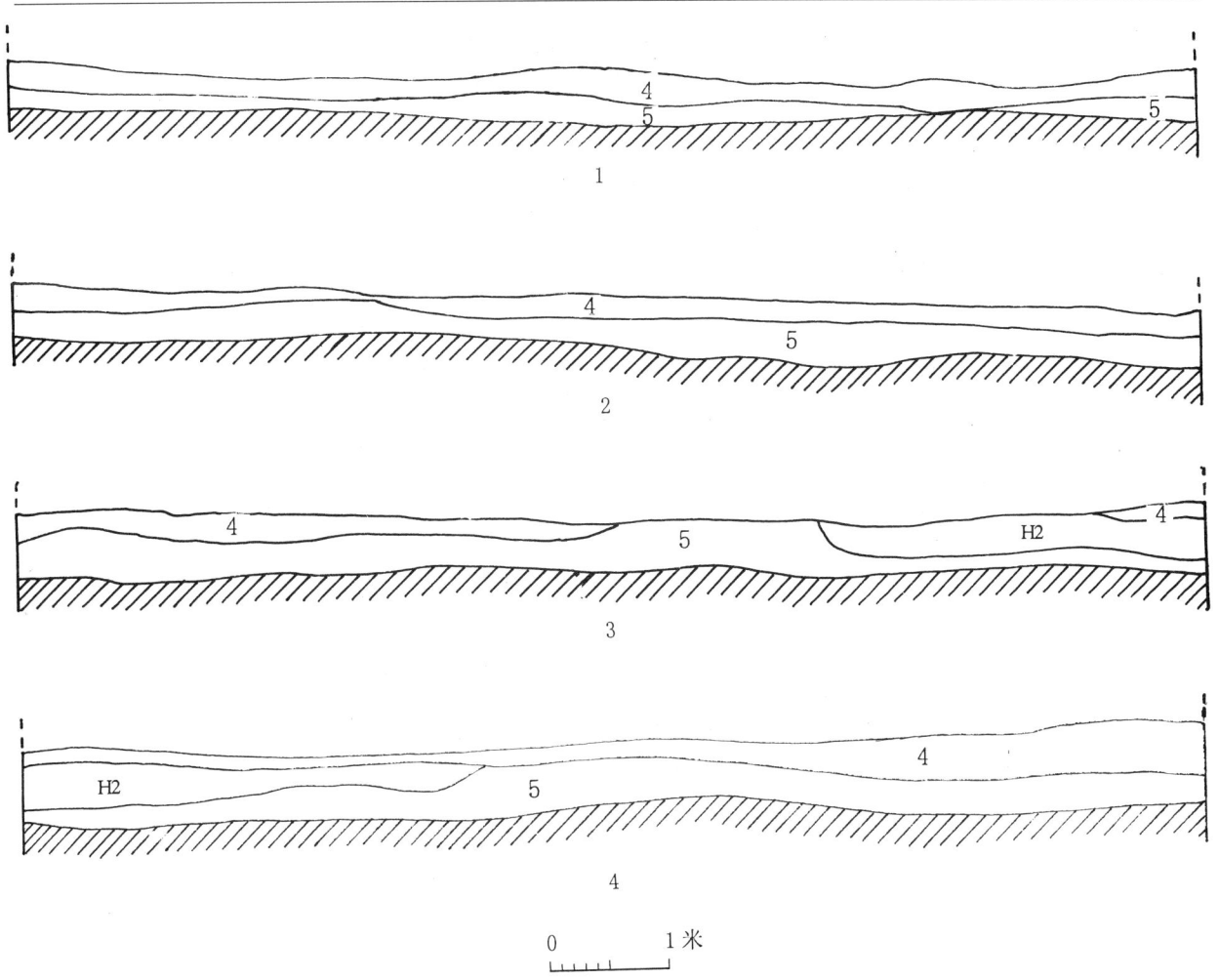

图八　ⅩⅩⅥ T1a、ⅩⅩⅥ T1b、ⅩⅩⅥ T1c、ⅩⅩⅥ T1d 北壁剖面图

1.ⅩⅩⅥ T1a　2.ⅩⅩⅥ T1b　3.ⅩⅩⅥ T1c　4.ⅩⅩⅥ T1d

第5层：分布于全探沟。灰土，夹杂有较多红烧土，土质坚硬板结。深约75～95、厚15～40厘米。出土零星陶片，可辨器形者较少。

ⅩⅩⅥ T1c 北壁文化层（图八，3）

第4层：分布于探沟的东、西两侧。红黄土，土质较坚硬板结。深约70、厚0～25厘米。包含陶片较多，其中可辨器形者有中口罐、釜、碗、豆等。

第5层：分布于全探沟。灰土，夹杂有较多红烧土，土质坚硬板结。深约70～95、厚12～45厘米。出土零星陶片，可辨器形者较少。

ⅩⅩⅥ T1d 北壁文化层（图八，4）

第4层：分布于全探沟。红黄土，土质较坚硬板结。深约60～70、厚0～45厘米。包含陶片较多，其中可辨器形者有中口罐、釜、碗、豆、器盖、纺轮等。

第5层：分布于全探沟。灰土，夹杂有较多红烧土，土质坚硬板结。深约70～110、厚10～45厘米。出土遗物较零散，可辨器形者较少。

（二）XXVIBT1

东壁文化层（图九，1）

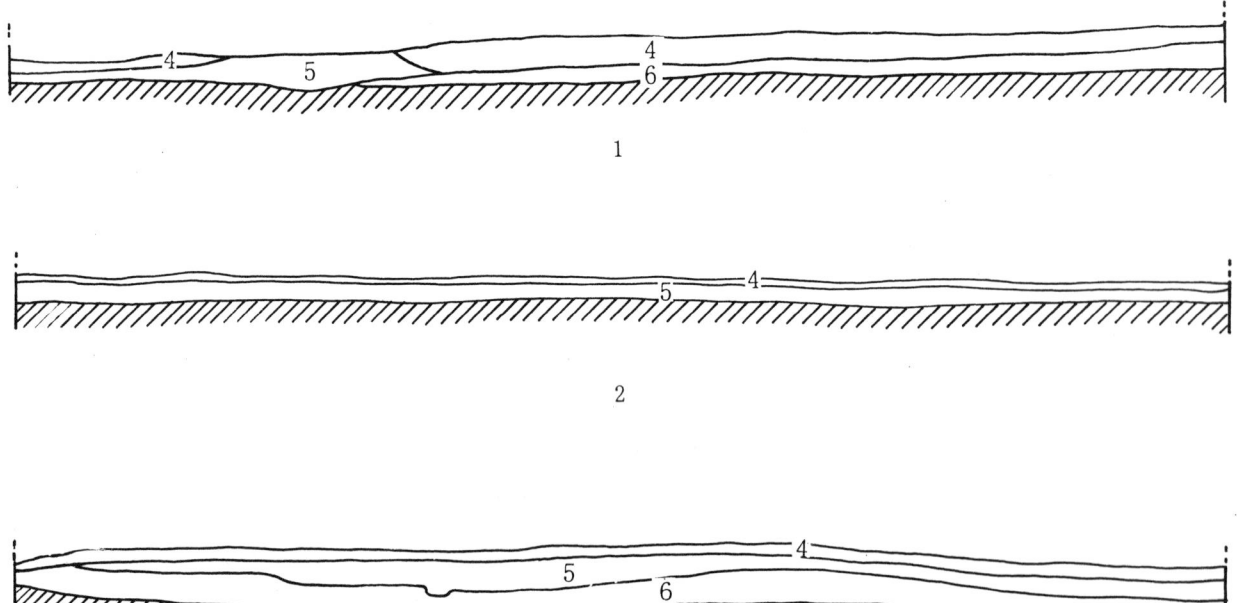

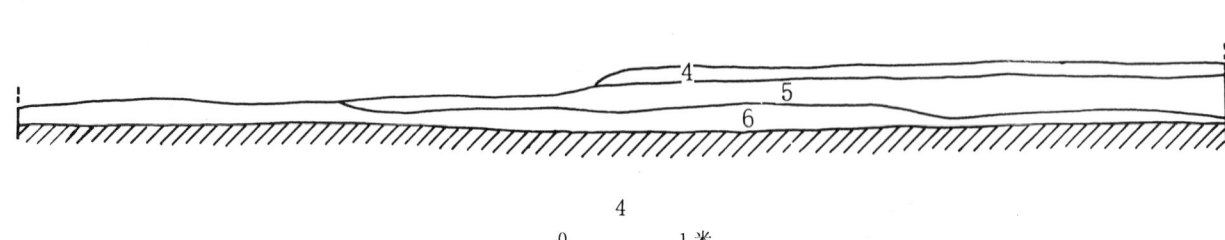

图九　XXVIBT1 东壁、XXVIBT2 南壁、XXVICT1 北壁、XXVIDT1 东壁剖面图

1. XXVIBT1 东壁　2. XXVIBT2 南壁　3. XXVICT1 北壁　4. XXVIDT1 东壁

第4层：分布在探方南、北部。红黄土，土质较坚硬板结。深约 70、厚 0~25 厘米。出土陶片较多，但小而零散，可辨器形者较少。

第5层：分布于探方北部。灰土，夹杂有较多红烧土，土质坚硬。深约 70~95、厚 0~25 厘米。出土陶片较多，可辨器形者有小口罐、中口罐、喇叭形杯、碗，并出有石斧等。

第6层：局部分布。灰白土。深约 80~95、厚 0~20 厘米。出土陶片较少。

（三）XXVIBT2

南壁文化层（图九，2）

第 4 层：分布全方。红黄土，土质较坚硬板结。深约 70、厚 5～10 厘米。出土陶片较少。

第 5 层：分布于全探方。灰土，夹杂有较多的红烧土，土质坚硬。深约 75～85、厚 10～15 厘米。出土器物有陶盘、纺轮等。

（四） XXVICT1

北壁文化层（图九，3）

第 4 层：分布全方。红黄土，土质较坚硬板结。深约 70、厚 5～10 厘米。出土器物有陶中口罐、碗、钵、纺轮、器盖等。

第 5 层：分布于探方的大部分。灰土，夹杂有较多红烧土块，土质较坚硬。深 75～80、厚 0～30 厘米。出土陶片较多，可辨器形者有鬶、钵、高圈足杯、纺轮等。

第 6 层：分布全方。灰白土，土质细腻。深约 80～110、厚 12～30 厘米。出土陶片较少。

（五） XXVIDT1

东壁文化层（图九，4）

第 4 层：分布于探方的东部。红黄土，土质较坚硬。深约 70、厚 0～12 厘米。出土器物有陶中口罐、钵、单把杯、喇叭形杯、壶形器、碗、纺轮，并出有石斧等。

第 5 层：分布于探方的东部。灰土，夹杂有红烧土块，较板结。深 80～85、厚 0～35 厘米。出土器物有陶高圈足杯、器盖等。

第 6 层：分布于全方。灰白土，土质细腻。深 95～110、厚 5～20 厘米。出土陶片较少。

上述地层中第 4、5、6 层的包含物为新石器时代石家河文化遗存。发掘点位于鱼池底部的北面，南面是灰黑色淤泥堆积，因此原始地表呈坡状，北高南低，北面为一台地，南为低洼地。

二 文化遗迹

已发现的遗迹有灰坑 4 个、房子 1 座、水井 1 口。详见表四。

（一）灰坑

XXVI H1

位于探沟 XXVI T1 的中南部。南部被南隔梁所压，未发掘。开口于第 4 层下。已发掘平面呈长方形，斜直壁，平底。口长 270、宽 55、深约 78 厘米。底长 250、宽 45、自深 50 厘米。坑内堆积灰黑土，较板结，有黏性。出土器物有陶罐等（图一〇）。

XXVI H2

位于 XXVI T1 东北部，跨 XXVI CT1 东南部和 XXVI DT1 西南角。开口于第 4 层下，平面呈不规则椭圆形，斜壁，平底。口长 715、宽 461、深约 70～85 厘米，底长 660、宽 445、自深 35 厘米。坑内堆积灰黑土，内含少量草木灰烬。出土器物有陶罐、钵、豆、甑、纺轮，石刀等（图一一）。

表四　　　　　　　　　　　　　　XXVI区遗迹登记表

遗迹	所在探方	形　状		尺寸（厘米）						层位关系	备注
		口形	壁底状况	口			底				
				长	宽	深	长	宽	自深		
H1	T1	长方形	斜直壁，平底	270	55	78	250	45	50	4→H1→5	未发掘完
H2	T1、CT1、DT1	不规则椭圆形	斜壁，平底	461～715	70～85		660	445	35	4→H2→5	
H3	DT1	不规则圆形	浅斜壁，底高低不平	760	614	80			20	4→H3→5→6	
H4	BT5	半椭圆形	浅斜壁，平底	481	395	70			30	4→H4→6	未发掘完
F1	DT3	椭圆形	浅半地穴式	340～522					27	4→F1→6	
J1	T1	圆形	斜直壁，平底	100（径）			65（径）		130	4→J1→5→6	

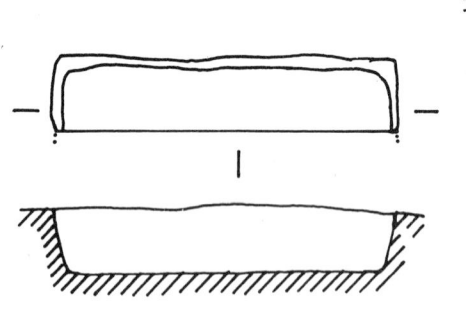

北

图一〇　XXVI H1 平、剖面图

XXVI H3

位于XXVI DT1 中部。开口于第 4 层下，平面呈不规则圆形，浅斜壁，底高低不平。口长 760、宽 614、深约 80厘米，自深 20 厘米。坑内堆积为灰黑土，夹杂有红烧土和草木灰烬。出土器物有陶罐、盘、杯、拍等（图一二）。

XXVI H4

位于XXVI BT5 西南角，西部已被破坏。开口于第 4 层下。平面呈半椭圆形，浅斜壁，平底。口长 481、宽 395、深约 70 厘米，自深 30 厘米。坑内堆积灰土。出土器物有陶器盖、盘等（图一三）。

（二）房子

XXVI F1

位于XXVI DT3 东部，是一座半地穴式建筑。穴壁残高 0～27 厘米。房基周围有六个呈椭圆形分布的圆形柱洞。柱洞直径 20～40 厘米，深 8～22 厘米。门道朝南，已遭破坏。房基南北残长430～522，东西宽 309～340 厘米，内有一层灰白土的生活面。房基北部有圜形生土二层台，高出生活面 15 厘米，最长 330、宽 80 厘米。在靠近二层台南侧边缘中部有一个直径 20 厘米、深 5 厘米的柱洞，此柱洞可能是用于支撑房顶的中柱洞（彩版三，2）。房子中部还出土有陶壶形器、瓶、高圈足杯、豆和石锛等 6 件较完整的器物（图一四；彩版四，1）。

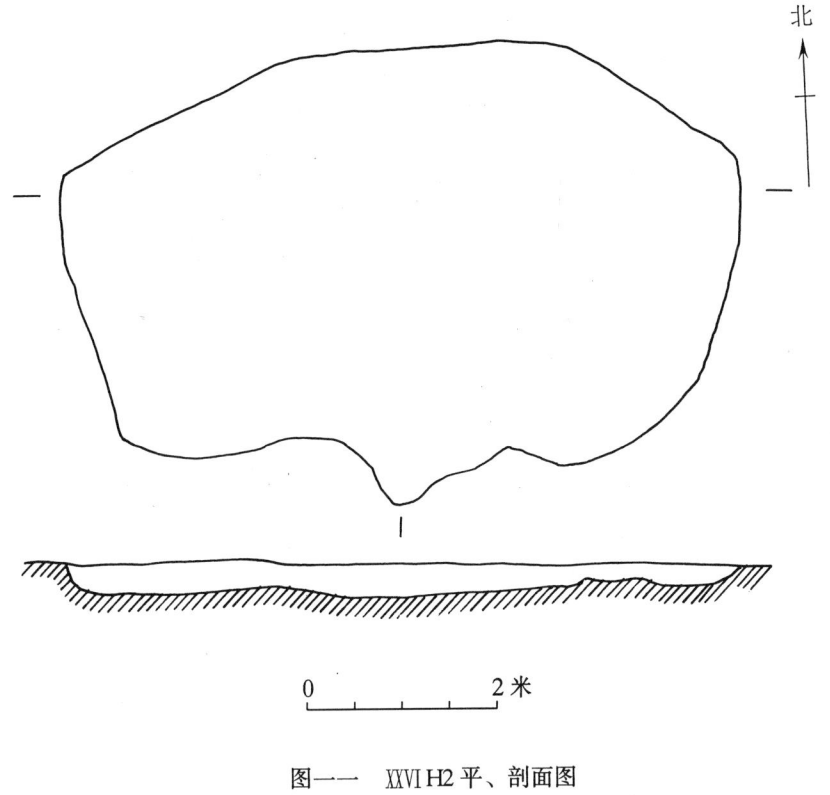

图一一　ⅩⅩⅥH2 平、剖面图

（三）水井

ⅩⅩⅥJ1

位于ⅩⅩⅥT1 的东部，在 H2 西侧。开口在 4 层下。圆形。斜直壁，平底。口径 100、底径 65、深约 80、自深 130 厘米。井内堆积为青灰淤泥。出土陶盆残片（图一五；彩版四，2）。

第二节　文化遗物

ⅩⅩⅥ 区新石器时代遗址，出土遗物以陶容器为主，相伴出土的还有陶纺织工具和石器等。从陶质上看，以泥质陶为主，夹砂陶较少。在泥质陶中，以灰陶为主，其次为橙黄陶和黑陶，少量红陶；在夹砂陶中，以夹砂橙黄陶为主，少量夹砂灰陶。从纹饰上看，以素面为主，占 75% 以上；其次为篮纹、旋纹和附加堆纹等。其他纹饰还有镂孔、戳印纹、压印纹等，菱形纹和绳纹少见。详见表五至表一二。

出土陶器的制作方法为手制和轮制，其中中小型器物多为轮制，器物内壁有清晰可见的轮制痕迹；而较大型器物多为手制，如缸片，胎体厚薄不均，还有用手按压的痕迹。同时还有分体制作后组合起来的器物，如圈足器的圈足就是分体制作后拼接上去的，拼接面上还留有便于拼接的刻划槽痕。

表五　　　　　　　XXVI T1 第4层陶器陶质、陶色、纹饰统计表

数量　　陶质／陶色　　纹饰	泥质					夹砂					合计	百分比
	灰	红	橙黄	黑	灰褐	灰	红	橙黄	黑	灰褐		
素面	346	12	37	17	54	41	75	62	20		664	81.9
附加堆纹	8		1			3					12	1.5
篮纹	59		6	2	5	7	20	1		4	104	12.8
旋纹	26		2		1						29	3.6
绳纹												
镂孔						1				1	2	0.2
戳印纹												
压印纹												
菱纹												
合计	439	12	46	19	60	52	95	63		25	811 片	
	576					235						
百分比	54.1	1.5	5.7	2.3	7.4	6.4	11.7	7.8		3.1	100	
	71					29						

表六　　　　　　　XXVI BT1 第4层陶器陶质、陶色、纹饰统计表

数量　　陶质／陶色　　纹饰	泥质					夹砂					合计	百分比
	灰	红	橙黄	黑	灰褐	灰	红	橙黄	黑	灰褐		
素面	182	3	15	25	6	2	2			8	243	85
附加堆纹												
篮纹	11		3	1	1					1	17	5.9
旋纹	15			8						1	24	8.4
绳纹												
镂孔	1		1								2	0.7
戳印纹												
压印纹												
菱纹												
合计	209	3	19	34	7	2	2			10	286 片	
	272					14						
百分比	73.1	1.05	6.6	11.9	2.45	0.7	0.7			3.5	100	
	95.1					4.9						

表七   XXVI BT1 第 5 层陶器陶质、陶色、纹饰统计表

数量 纹饰 ＼ 陶质／陶色	泥质					夹砂					合计	百分比
	灰	红	橙黄	黑	灰褐	灰	红	橙黄	黑	灰褐		
素面	1335	24	51	144	76	29	156	21		46	1882	86.3
附加堆纹	17		2	1			1				21	1
篮纹	67	7	10	10	5	6	32	11		8	156	7.15
旋纹	68		1	14	4	1					88	4
绳纹		1									1	0.05
镂孔	16		1	10	1		1			1	30	1.4
戳印纹	1										1	0.05
压印纹												
菱纹	3										3	0.1
合计	1507	32	65	179	86	36	190	32		55	2182 片	
	1869					313						
百分比	69.1	1.5	3	8.2	3.9	1.6	8.7	1.5		2.5	100	
	85.7					14.3						

表八   XXVI BT2 第 5 层陶器陶质、陶色、纹饰统计表

数量 纹饰 ＼ 陶质／陶色	泥质					夹砂					合计	百分比
	灰	红	橙黄	黑	灰褐	灰	红	橙黄	黑	灰褐		
素面	340	12	28	20	28	14	20	13		9	484	91.5
附加堆纹						1					1	0.2
篮纹	16		4	3	1	3	5	1			33	6.2
旋纹	10										10	1.9
绳纹												
镂孔	1										1	0.2
戳印纹												
压印纹												
菱纹												
合计	367	12	32	23	29	18	25	14		9	529 片	
	463					66						
百分比	69.4	2.3	6	4.3	5.5	3.4	4.7	2.7		1.7	100	
	87.5					12.5						

表九　　　　　　　　　XXVI CT1 第 4 层陶器陶质、陶色、纹饰统计表

数量 陶色 纹饰 \ 陶质	泥质					夹砂					合计	百分比
	灰	红	橙黄	黑	灰褐	灰	红	橙黄	黑	灰褐		
素面	971	13	101	74	31	3	11	68	18	33	1323	85.6
附加堆纹	10		2	1	1			4		3	21	1.4
篮纹	97		2	5	2		2	13		6	127	8.2
旋纹	51		2	4	2		2	1			62	4
绳纹												
镂孔	7			4			1	1			13	0.8
戳印纹												
压印纹												
菱纹												
合计	1136	13	107	88	36	3	16	87	18	42	1546 片	
	1380					166						
百分比	73.5	0.8	7	5.7	2.3	0.2	1	5.6	1.2	2.7	100	
	89.3					10.7						

表一〇　　　　　　　　　XXVI CT1 第 5 层陶器陶质、陶色、纹饰统计表

数量 陶色 纹饰 \ 陶质	泥质					夹砂					合计	百分比
	灰	红	橙黄	黑	灰褐	灰	红	橙黄	黑	灰褐		
素面	386	13	49	8	23		4	36	6	20	545	87.3
附加堆纹	7				1						8	1.3
篮纹	24		5				6	2	1		38	6.1
旋纹	19			1	2						22	3.5
绳纹					1					1	2	0.3
镂孔	4			4	1						9	1.4
戳印纹												
压印纹												
菱纹												
合计	440	13	54	13	28		10	38	7	21	624 片	
	548					76						
百分比	70.5	2.1	8.6	2.1	4.5		1.6	6.1	1.1	3.4	100	
	87.8					12.2						

表一一　　　　　　　　　XXVI DT1 第 4 层陶器陶质、陶色、纹饰统计表

数量 陶质/陶色 纹饰	泥质					夹砂					合计	百分比
	灰	红	橙黄	黑	灰褐	灰	红	橙黄	黑	灰褐		
素面	700	37	78	61	89	1	24	175	17	30	1212	89.4
附加堆纹	2							1		1	4	0.3
篮纹	19		2	1	11		6	21	2	7	69	5
旋纹	45		2	4	15						66	4.9
绳纹												
镂孔	3						1				4	0.3
戳印纹												
压印纹	1										1	0.1
菱纹												
合计	770	37	82	66	115	1	31	197	19	38	1356 片	
	1070					286						
百分比	56.8	2.7	6	4.9	8.5	0.1	2.3	14.5	1.4	2.8	100	
	78.9					21.1						

表一二　　　　　　　　　XXVI DT1 第 5 层陶器陶质、陶色、纹饰统计表

数量 陶质/陶色 纹饰	泥质					夹砂					合计	百分比
	灰	红	橙黄	黑	灰褐	灰	红	橙黄	黑	灰褐		
素面	46	2	9		16		2	2	6		83	74.8
附加堆纹												
篮纹	13	1	10								24	21.6
旋纹	2	1	1								4	3.6
绳纹												
镂孔												
戳印纹												
压印纹												
菱纹												
合计	61	4	20		16		2	2	6		111 片	
	101					10						
百分比	55	3.6	18		14.4		1.8	1.8	5.4		100	
	91					9						

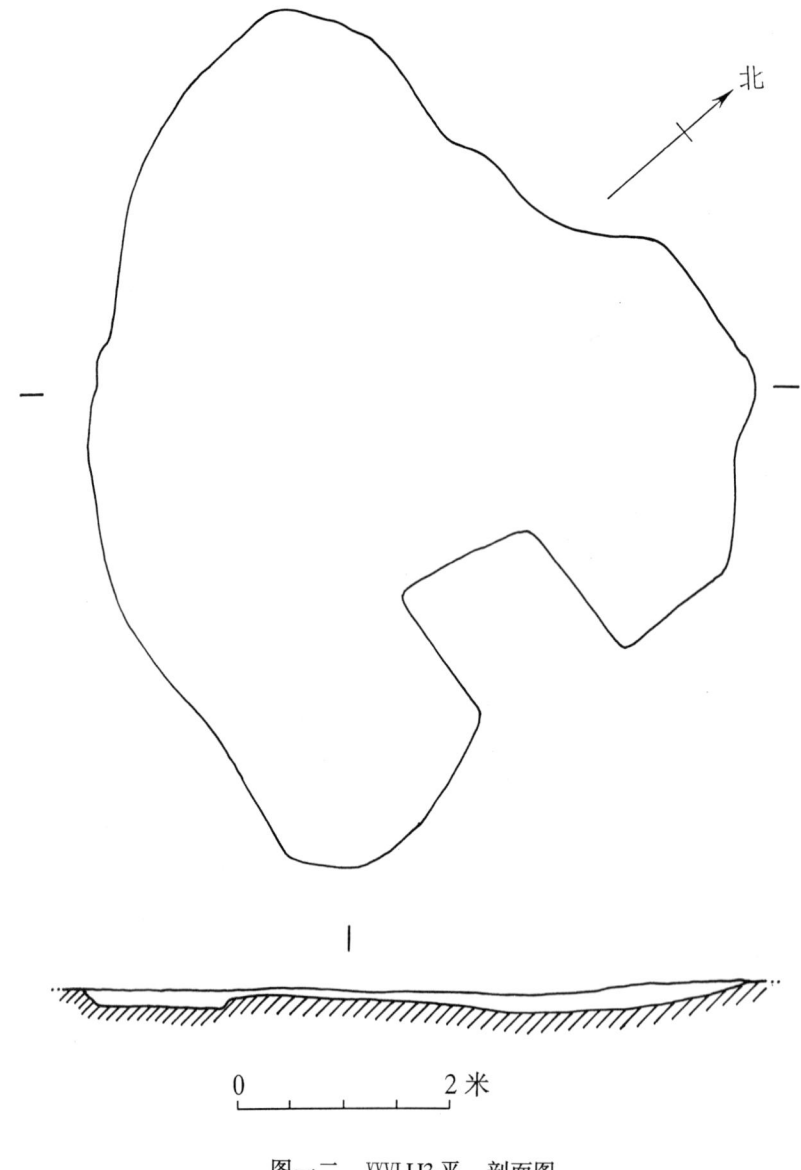

图一二　ⅩⅩⅥ H3 平、剖面图

常见陶器有小口罐、中口罐、碗、钵、杯、高圈足杯、豆、釜、器盖、鬶、斧等，石器主要有锛。

现以探方、灰坑、房址、水井为单位叙述如下：

一　探方文化遗物

（一）ⅩⅩⅥ T1 文化遗物

陶器

①生活用具

中口罐

ⅩⅩⅥT1④：5，口沿部。泥质橙黄陶。敞口，仰折沿，圆唇，束颈，斜肩。肩部饰篮纹。口径19.6、残高4.8厘米（图一六，1）。ⅩⅩⅥT1④：2，泥质灰陶。敞口，仰折沿微凹，圆唇，束颈，斜肩。残存口及肩部。肩部饰篮纹。口径24.8、残高10厘米（图一六，2）。

豆

标本ⅩⅩⅥT1④：6，器形完整。泥质灰陶。敞口，平沿，斜弧腹较深，圜底，喇叭形座。素面。口径20、足径12.4、高14厘米（图一六，5；图版一，1）。

釜

标本ⅩⅩⅥT1④：4，口沿部。夹砂橙黄陶。敞口，沿面内凹，仰折沿，圆唇，腹壁直。素面。口径20、残高6.8厘米（图一六，4）。

碗

ⅩⅩⅥT1④：13，泥质灰陶。敞口，沿面外弧，唇外侈，沿外侧饰二道旋纹，弧腹。底残。素面。口径21.5、残高5.6厘米（图一六，6）。ⅩⅩⅥT1④：1，泥质橙黄陶。敞口，仰折沿，沿面饰三道凹旋纹，方唇，圆弧腹。底残。素面。口径21、残高6厘米（图一六，7）。ⅩⅩⅥT1④：12，泥质灰褐陶。口微敞，平折沿，尖唇外侈，圆弧腹。底残。素面。口径19.8、残高4.8厘米（图一六，8）。

器盖

标本ⅩⅩⅥT1④：10，纽残。泥质红陶。"丫"字形纽，喇叭形盖。素面。盖径5.5、高6厘米（图一六，3；图版一，2）。

②生产用具

纺轮

ⅩⅩⅥT1④：11，器形完整。泥质橙黄陶。圆饼状，正中穿孔，边沿较直。素面。直径3.6、厚0.6厘米（图一七，1；图版二，1）。ⅩⅩⅥT1④：7，器形完整。泥质灰陶。圆饼状，正中一孔，边沿较直。素面。直径3.6、厚0.7厘米（图一七，2）。ⅩⅩⅥT1④：8，边沿残。泥质橙黄陶。圆饼状，正中有孔，直边。素面。直径3.8、厚0.6厘米（图一七，3；图版二，2）。

斧

ⅩⅩⅥT1④：9，刃部残。夹砂灰褐陶。质量较轻，平面近似长方形，顶圆弧，有琢痕，双面刃，弧刃有使用痕迹。素面。长8.8、宽5.6、厚2厘米（图一八，1；图版三，1）。

（二）ⅩⅩⅥBT1文化遗物

陶器

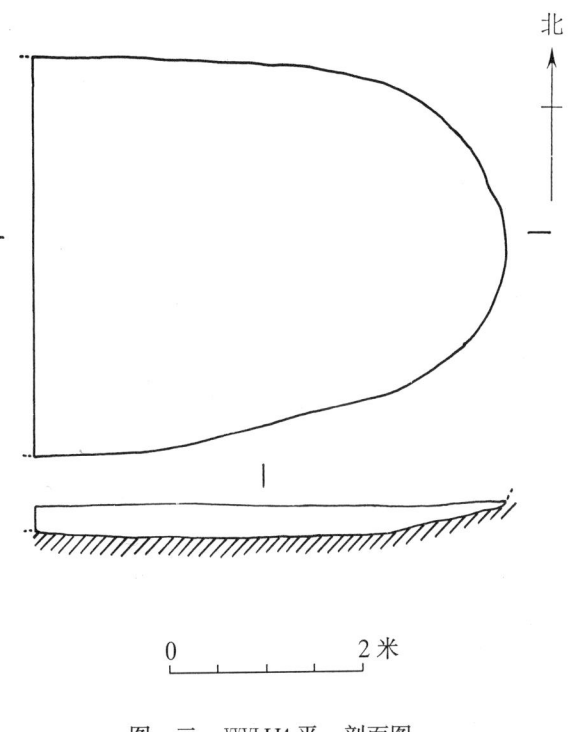

北

图一三　ⅩⅩⅥH4平、剖面图

0　　　　　2米

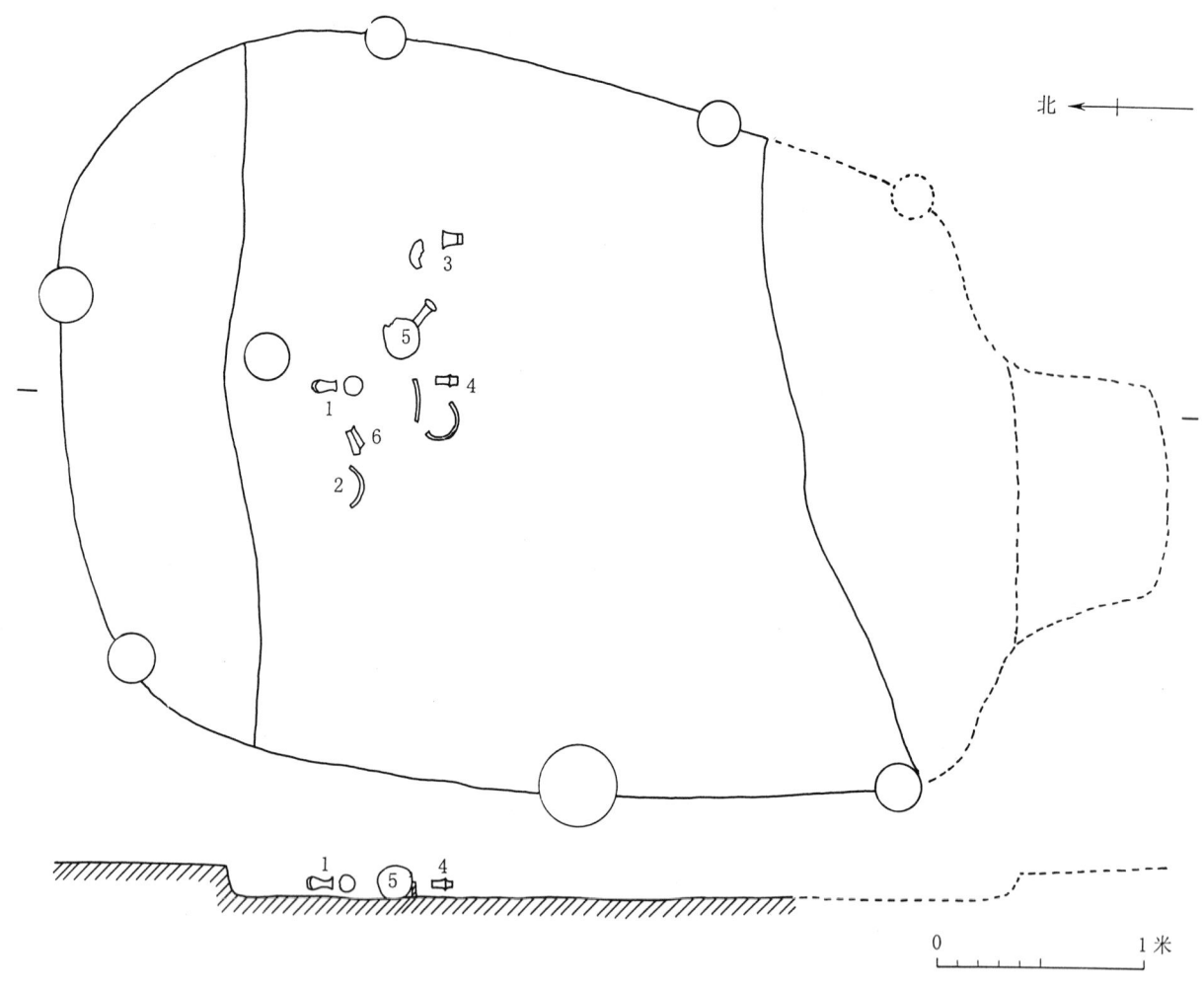

图一四 ⅩⅩⅥF1平、剖面图

1.陶瓶 2.陶壶形器 3、4.陶高圈足杯 5.陶豆 6.石碴

①生活用具

小口罐

标本ⅩⅩⅥBT1⑤:3,口沿部。泥质灰陶。口微敞,沿面上仰内凹,斜直领,广肩。素面。口径15.2、残高5.6厘米(图一九,1)。

中口罐

标本ⅩⅩⅥBT1④:1,口沿、腹部。泥质灰陶。仰折沿,圆唇下勾,斜肩。素面。口径26、残高16厘米(图一九,2)。标本ⅩⅩⅥBT1⑤:9,口沿部。泥质灰褐陶。仰折沿,沿面微凹,圆唇。颈部饰篮纹。口径20.8、残高4.8厘米(图一九,3)。

釜

ⅩⅩⅥBT1⑤:5,口沿部。夹砂黑陶。仰折沿,方圆唇,直腹微内收。腹部饰篮纹。口径44、残高10.8厘米(图一九,4)。

碗

ⅩⅩⅥBT1⑤：1，口沿部。泥质灰陶。敞口，卷沿外翻，尖唇外侈，斜弧腹。素面。口径22、残高5厘米（图一九，5）。ⅩⅩⅥBT1⑤：10，泥质灰陶。口微敛，沿外斜，尖唇，斜弧腹。下残。口径27、残高3.6厘米（图一九，6）。

喇叭形杯

ⅩⅩⅥBT1⑤：4，杯座部。泥质红陶。杯座呈喇叭状。素面。座径3.2、残高5.2厘米（图一九，7）。

②生产用具

斧

ⅩⅩⅥBT1⑤：7，器形完整。泥质灰褐陶。长方形，顶部弧形，有琢痕，双面弧刃有使用痕迹。长11.6、宽5、厚1.8厘米（图一八，2；图版三，2）。

（三）ⅩⅩⅥBT2 文化遗物

1. 陶器

①生活用具

盘

ⅩⅩⅥBT2⑤：4，泥质灰陶。口微敛，圆唇，斜弧腹。下残。肩部饰一道凸旋纹。口径33.2、残高6厘米（图一九，8）。

②生产用具

纺轮

ⅩⅩⅥBT2⑤：1，器形完整。泥质橙黄陶。圆饼形，两面平，圆弧边。直径3.3、厚0.6厘米（图一七，4；图版二，3）。

2. 石器

生产用具

锛

ⅩⅩⅥBT2⑤：2，器形完整。灰白石，通体磨光。下宽上窄，体近梯形，平顶，背弧形，单面刃，刃两端二次磨制。长2.9、宽3.1、厚1厘米（图一七，10；图版三，4）。ⅩⅩⅥBT2⑤：3，器形完整。灰白石，大部分磨光。体近长方形，平顶，顶部有琢痕，背呈弧形，单面斜刃有使用痕迹。长4.7、宽3.5、厚1.5厘米（图一七，12；图版三，3）。

（四）ⅩⅩⅥCT1 文化遗物

陶器

①生活用具

中口罐

ⅩⅩⅥCT1④：5，口沿部。泥质黑陶。敞口，沿面凹，高颈。颈下残。素面。口径20、残高4.4厘米（图二〇，1）。ⅩⅩⅥCT1④：8，泥质灰陶。沿面上仰，微凹，圆唇，溜肩。下腹残。肩部饰隐

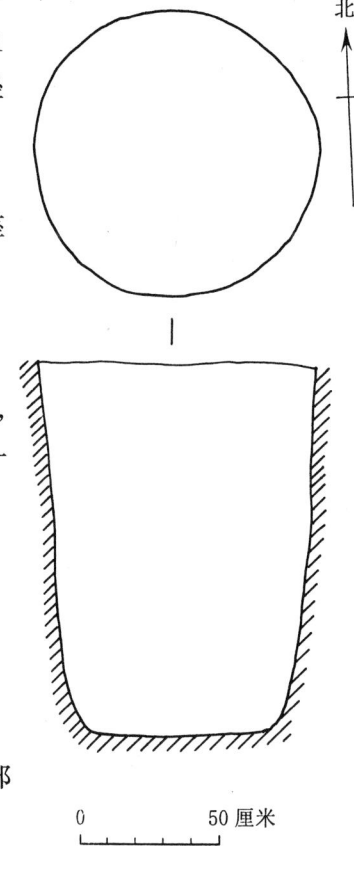

图一五　ⅩⅩⅥJ1 平、剖面图

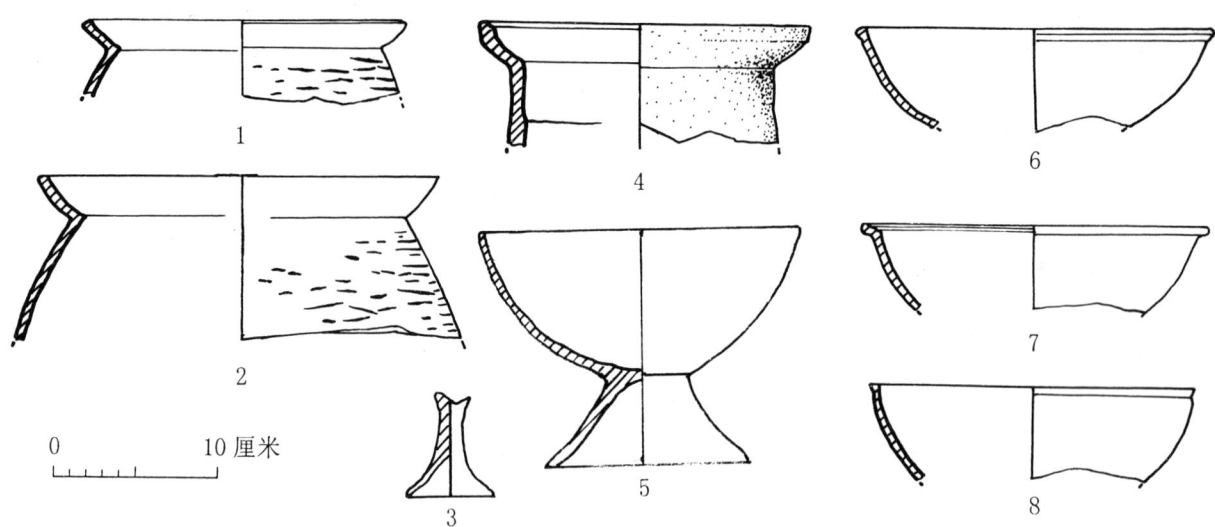

图一六　ⅩⅩⅥT1 出土陶中口罐、器盖、釜、豆、碗

1、2. 中口罐（ⅩⅩⅥ T1④:5、ⅩⅩⅥ T1④:2）　3. 器盖（ⅩⅩⅥ T1④:10）　4. 釜（ⅩⅩⅥ T1④:4）　5. 豆（ⅩⅩⅥ T1④:6）

6～8. 碗（ⅩⅩⅥ T1④:13、ⅩⅩⅥ T1④:1、ⅩⅩⅥ T1④:12）

形篮纹。口径 19.6、残高 14.4 厘米（图二〇，4）。

碗

ⅩⅩⅥ CT1④:2，泥质灰陶。敞口，圆唇，腹壁内斜，折腹。下残。素面。口径 20.4、残高 8 厘米（图二〇，2）。ⅩⅩⅥ CT1④:7，泥质灰陶。窄平沿，圆唇，斜弧腹。下残。素面。口径 18.4、残高 4 厘米（图二〇，3）。

钵

ⅩⅩⅥ CT1④:1，器形完整。夹砂灰陶。口微敛，圆唇，圆弧腹，平底上凹。素面。口径 14.8、底径 6.5、高 6.9 厘米（图二〇，6；图版一，3）。

鬶

标本 ⅩⅩⅥ CT1⑤:6，器残。泥质红陶。细长颈，直口有流。素面。残高 11.6 厘米（图二〇，9）。标本 ⅩⅩⅥ CT1⑤:7，器残。泥质红陶。细长颈，直口有流。素面。残高 14 厘米（图二〇，10）。

高圈足杯

ⅩⅩⅥ CT1⑤:1，夹砂红陶。敞口，方唇外斜，颈微束，腹壁直，平底。圈足残。腹部饰直列细绳纹。口径 7、残高 8.8 厘米（图二〇，7；图版一，4）。ⅩⅩⅥ CT1⑤:2，泥质灰陶。敛口，束颈，腹下垂，杯底上凹，镂孔高圈足。杯口及圈足残。最大腹径 10、残高 10.4 厘米（图二〇，8）。

器盖

ⅩⅩⅥ CT1④:6，喇叭形盖残。泥质灰陶。柱状纽。素面。残高 5 厘米（图二〇，5）。

②生产用具

纺轮

ⅩⅩⅥ CT1⑤:4，器形完整。泥质灰陶。圆饼状，沿边直，两面平，正中一孔。直径 3.6、厚 0.5 厘米（图一七，5；图版二，4）。ⅩⅩⅥ CT1⑤:3，器形完整。泥质红陶。圆饼状，正中一孔，一

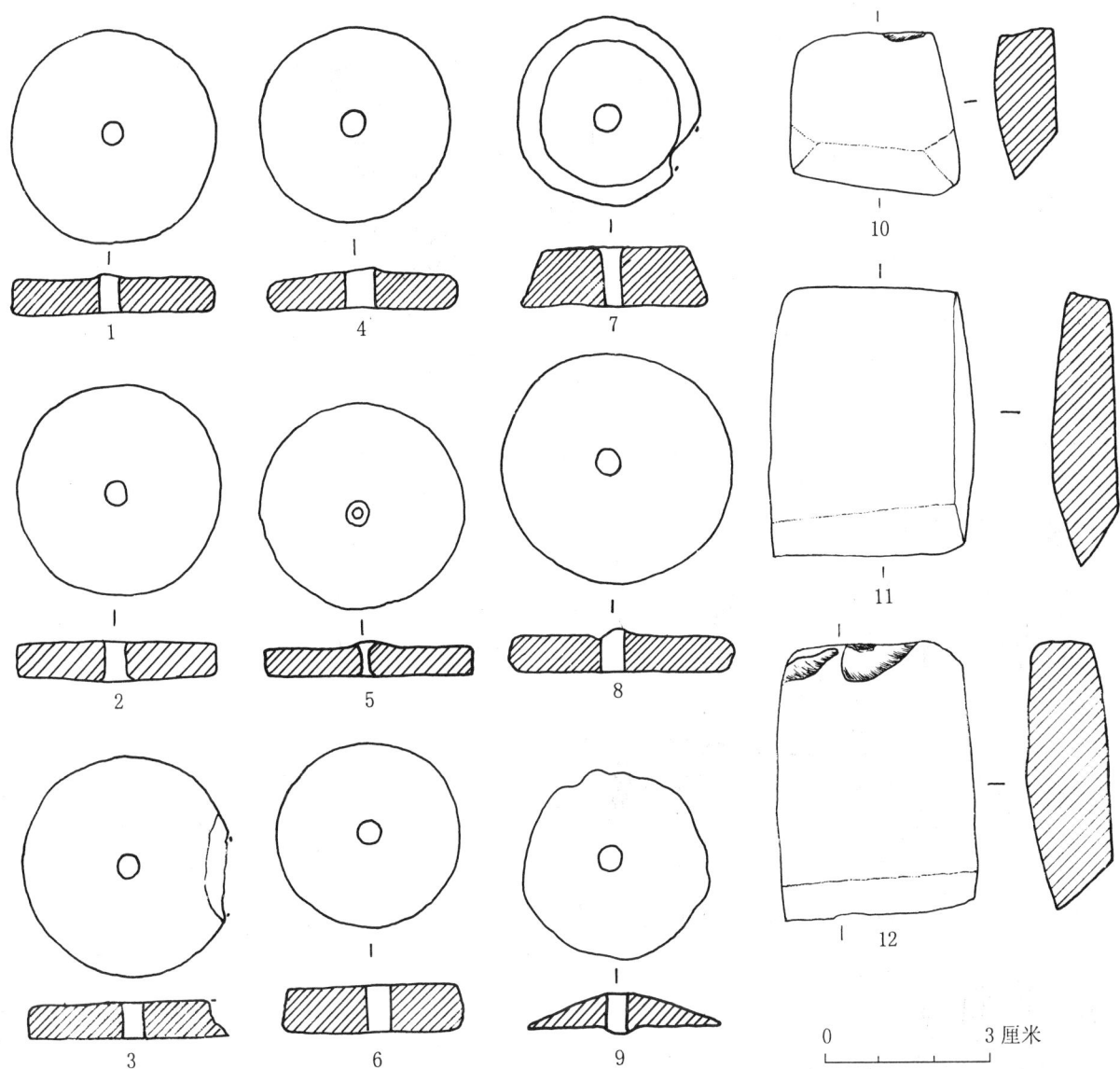

图一七 ⅩⅩⅥT1、ⅩⅩⅥBT2、ⅩⅩⅥCT1、ⅩⅩⅥDT1 出土陶纺轮，石锛

1~9.纺轮（ⅩⅩⅥT1④:11、ⅩⅩⅥT1④:7、ⅩⅩⅥT1④:8、ⅩⅩⅥBT2⑤:1、ⅩⅩⅥCT1⑤:4、ⅩⅩⅥDT1④:12、ⅩⅩⅥH2:1、ⅩⅩⅥDT1④:11、ⅩⅩⅥCT1⑤:3） 10~12.石锛（ⅩⅩⅥBT2⑤:2、ⅩⅩⅥF1:6、ⅩⅩⅥBT2⑤:3）

面平，一面隆起，边呈刃状。直径3.4、厚0.6厘米（图一七，9；图版二，5）。

（五）ⅩⅩⅥDT1 文化遗物

陶器

①生活用具

中口罐

ⅩⅩⅥDT1④:1，口沿部。泥质灰陶。口微敞，沿面微凹，圆唇，高直颈外斜，广肩。素面。口径16.8、残高6厘米（图二一，1）。ⅩⅩⅥDT1④:15，口沿部。泥质橙黄陶。仰折沿，束颈，斜肩。

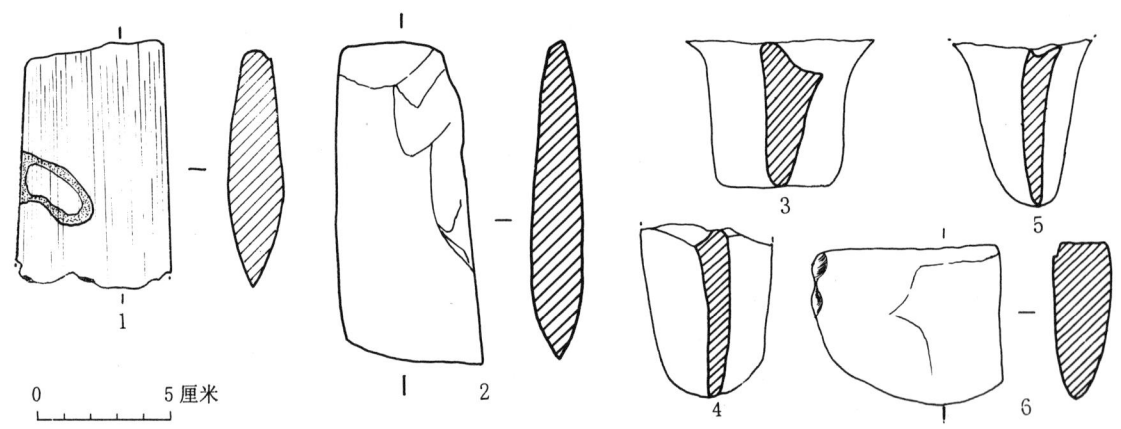

图一八　XXVI T1、XXVI H2、XXVI H3、XXVI DT1、XXVI BT1 出土陶斧、鼎足、刮削器

1、2.斧（XXVI T1④:9、XXVI BT1⑤:7）　3~5.鼎足（XXVI DT1④:5、XXVI H2:9、XXVI H3:3）

6.刮削器（XXVI DT1④:13）

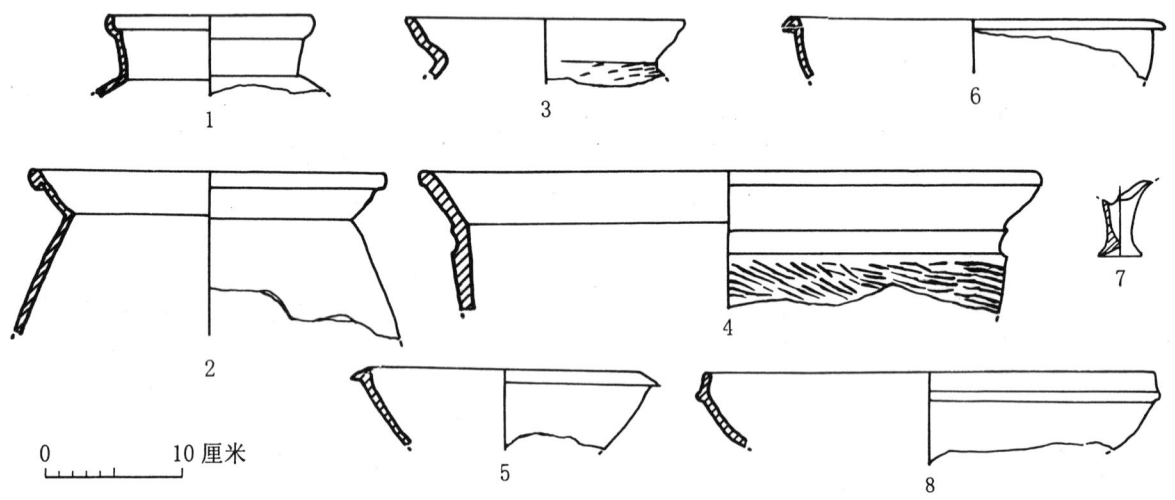

图一九　XXVI BT1 出土陶小口罐、中口罐、釜、碗、喇叭形杯、盘

1.小口罐（XXVI BT1⑤:3）　2、3.中口罐（XXVI BT1④:1、XXVI BT1⑤:9）　4.釜（XXVI BT1⑤:5）

5、6.碗（XXVI BT1⑤:1、XXVI BT1⑤:10）　7.喇叭形杯（XXVI BT1⑤:4）　8.盘（XXVI BT2⑤:4）

唇面有一道凹旋纹，肩部饰四道凸旋纹。口径 20、残高 6.4 厘米（图二一，2）。

碗

XXVI DT1④:6，器形完整。泥质灰陶。敞口，斜方唇，折腹，圜底下凹，矮圈足。素面。口径 21、底径 10.4、高 10 厘米（图二一，3；图版四，1）。XXVI DT1④:16，泥质橙黄陶。敞口，圆唇外翻，内斜腹。下残。素面。口径 21、残高 6.8 厘米（图二一，4）。

钵

XXVI DT1④:2，口沿部。泥质灰陶。口微敛，圆唇，腹壁内弧。唇下饰附加堆纹。口径 29、残高 6 厘米（图二一，5）。

喇叭形杯

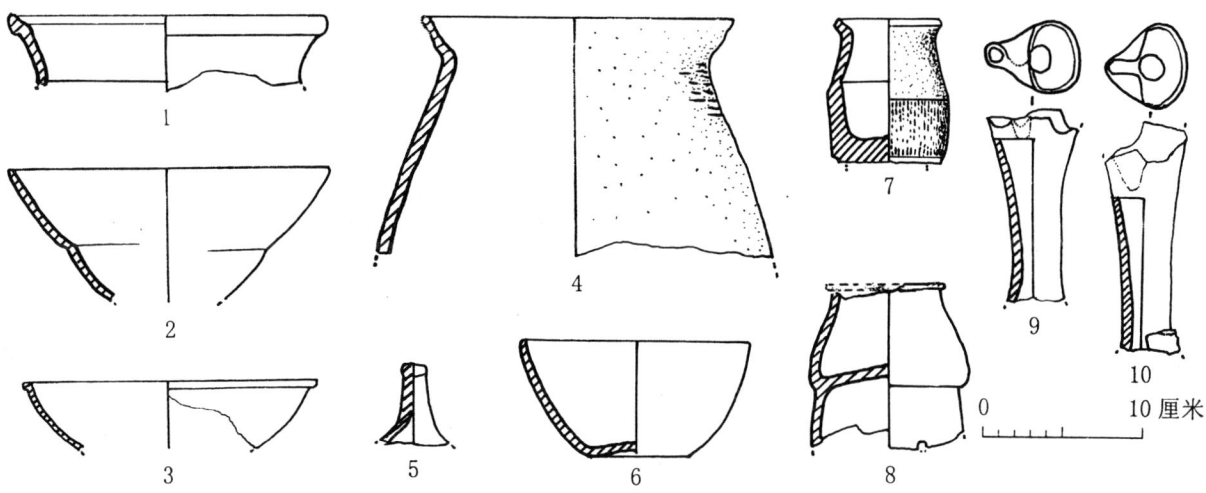

图二〇　ⅩⅩⅥCT1 出土陶中口罐、碗、器盖、高足杯、鬹

1、4.中口罐（ⅩⅩⅥCT1④:5、ⅩⅩⅥCT1④:8）　2、3.碗（ⅩⅩⅥCT1④:2、ⅩⅩⅥCT1④:7）　5.器盖（ⅩⅩⅥCT1④:6）

6.钵（ⅩⅩⅥCT1④:1）　7、8.高圈足杯（ⅩⅩⅥCT1⑤:1、ⅩⅩⅥCT1⑤:2）　9、10.鬹（ⅩⅩⅥCT1⑤:6、ⅩⅩⅥCT1⑤:7）

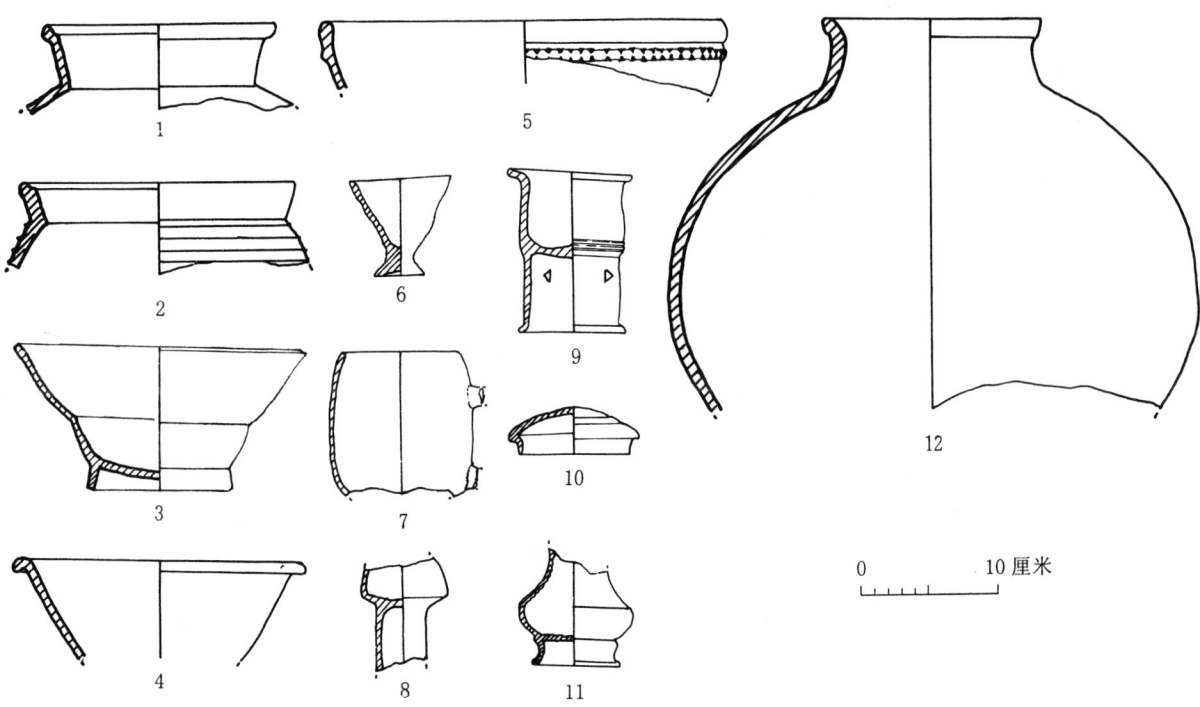

图二一　ⅩⅩⅥDT1 出土陶中口罐、碗、钵、单把杯、喇叭形杯、高圈足杯、壶形器、器盖

1、2.中口罐（ⅩⅩⅥDT1④:1、ⅩⅩⅥDT1④:15）　3、4.碗（ⅩⅩⅥDT1④:6、ⅩⅩⅥDT1④:16）　5.钵（ⅩⅩⅥDT1④:2）　6.喇叭形杯（ⅩⅩⅥDT1④:14）　7.单把杯（ⅩⅩⅥDT1④:4）　8、9.高圈足杯（ⅩⅩⅥDT1⑤:1、ⅩⅩⅥDT1⑤:2）　10.器盖（ⅩⅩⅥDT1⑤:3）11.壶形器（ⅩⅩⅥDT1④:8）　12.小口罐（ⅩⅩⅥH1:1）

　　ⅩⅩⅥDT1④:14，器形完整。泥质灰陶。敞口，形似喇叭状，杯座较矮，喇叭足，平底内凹。素面。口径7.2、足径3.2、高6.8厘米（图二一，6；图版四，2）。

单把杯

ⅩⅩⅥDT1④：4，底和鋬残。泥质黑陶。杯筒状，口微敛，腹外弧。素面。口径 8.4、残高 10 厘米（图二一，7）。

高圈足杯

ⅩⅩⅥDT1⑤：1，口沿及圈足残。泥质红陶。腹下垂，圈足较高。素面。杯径 6、残高 7 厘米（图二一，8）。ⅩⅩⅥDT1⑤：2，器形完整。泥质灰陶。卷沿微仰，腹微下垂，圜底下凹，高圈足。腹下部饰三道旋纹，圈足饰三个三角形镂孔。口径 8.8、圈足径 7.6、高 11.2 厘米（图二一，9；图版四，3）。

壶形器

ⅩⅩⅥDT1④：8，口残。泥质灰陶。斜肩，鼓腹，平底，圈足较矮。素面。腹径 8、足径 6、残高 8 厘米（图二一，11）。

器盖

ⅩⅩⅥDT1⑤：3，器形完整。泥质灰陶。盖似蘑菇状，子口。盖顶中部饰一圈凸陵（已脱落）。盖口径 8、残高 3.2 厘米（图二一，10；图版四，4）。

鼎足

ⅩⅩⅥDT1④：5，夹砂红陶。正面宽扁状，似铲形。素面。宽 5、高 5.5 厘米（图一八，3）。

②生产用具

纺轮

ⅩⅩⅥDT1④：12，器形完整。泥质红陶。体厚，两面平，圆饼状，边沿斜，正中一孔。直径 3.2、厚 0.8 厘米（图一七，6；图版二，6）。ⅩⅩⅥDT1④：11，器形完整。夹砂红陶。两面平，正中一孔，边沿圆弧。直径 4.1、厚 0.7 厘米（图一七，8；图版五，2）。

刮削器

ⅩⅩⅥDT1④：13，器形完整。夹砂橙黄陶。质地较坚硬，重量较轻。体呈直角扇形，弧刃，有使用痕迹，柄端较平。长 7、宽 5.6、厚 2 厘米（图一八，6；图版三，5）。

二　灰坑文化遗物

（一）ⅩⅩⅥH1 文化遗物

陶器
生活用具
小口罐

ⅩⅩⅥH1：1，泥质灰陶。卷沿，口微侈，束颈较高，圆弧肩，鼓腹。下腹、底残。素面。口径 15.8、残高 26.8 厘米（图二一，12）。

（二）ⅩⅩⅥH2 文化遗物

1. 陶器
①生活用具

中口罐

XXVI H2：8，口沿部。泥质灰陶。仰折沿，沿面内凹，尖唇，直颈较高。素面。口径 18.8、残高 7.2 厘米（图二二，1）。XXVI H2：12，口沿部。泥质灰陶。仰折沿，沿面微凹，圆唇，束颈，溜肩。素面。口径 20、残高 9.6 厘米（图二二，2）。XXVI H2：6，口沿部。泥质橙黄陶。仰折沿，沿面饰四道凹旋纹，束颈，斜肩。肩部饰篮纹。口径 24.8、残高 4.4 厘米（图二二，3）。XXVI H2：10，口沿部。泥质灰陶。仰折沿，沿面内凹，圆唇，束颈，斜肩。肩下部饰篮纹。口径 24.8、残高 7.6 厘米（图二二，4）。

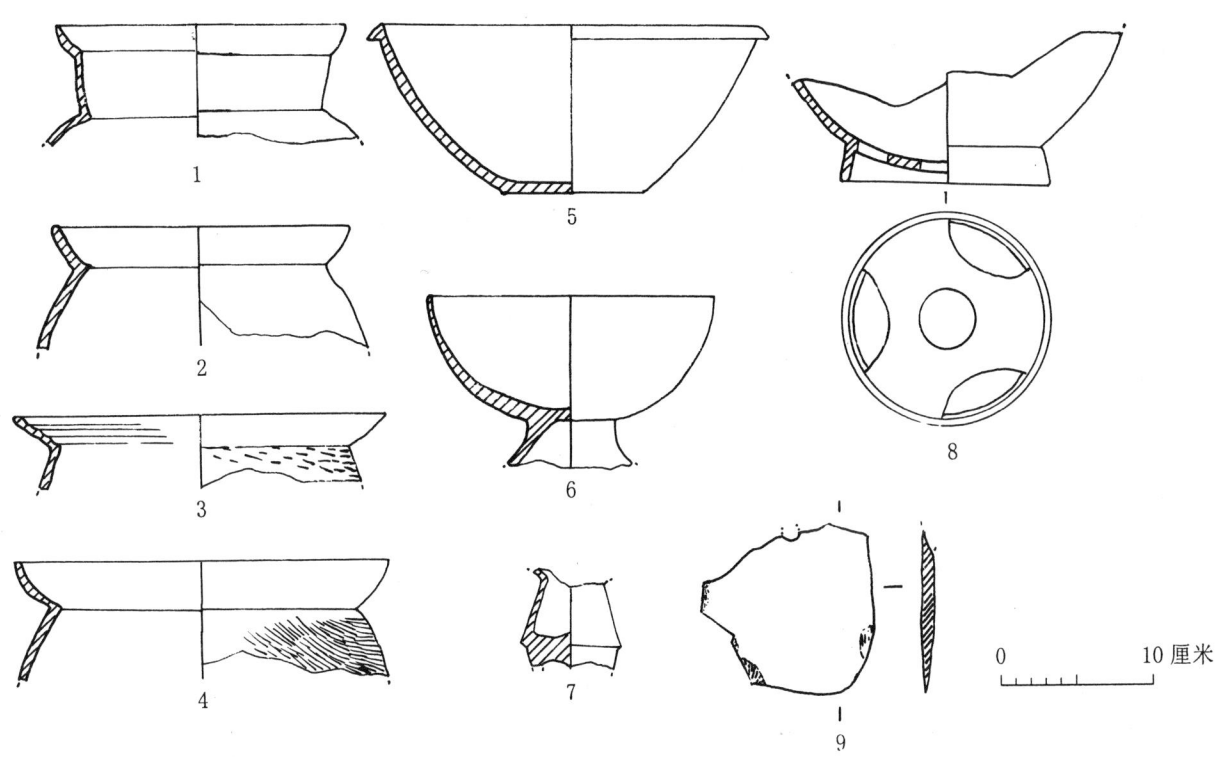

图二二　XXVI H2 出土陶中口罐、钵、豆、高圈足杯、甑，石刀

1～4.陶中口罐（XXVI H2：8、XXVI H2：12、XXVI H2：6、XXVI H2：10）　5.陶钵（XXVI H2：4）　6.陶豆（XXVI H2：5）　7.陶高圈足杯（XXVI H2：7）　8.陶甑（XXVI H2：2）　9.石刀（XXVI H2：3）

钵

XXVI H2：4，器形完整。泥质灰陶。敞口，外斜沿，尖唇，壁内弧，平底。素面。口径 26.4、底径 9.2、高 10.8 厘米（图二二，5；图版五，1）。

豆

XXVI H2：5，豆盘部。泥质灰褐陶。口微敛，深腹，圆弧壁，圜底，喇叭形柄。圈足残。素面。口径 19、残高 11.2 厘米（图二二，6）。

高圈足杯

XXVI H2：7，泥质灰陶。斜壁，腹下垂，底上凸。口及圈足残。素面。腹径 6.4、残高 6.4 厘米（图二二，7）。

甑

ⅩⅩⅥ H2：2，下腹、底部。泥质灰陶。下腹内收，圜底下凹，矮圈足，底正中有圆形箅孔，边沿有三个半圆箅孔。素面。圈足直径 14、残高 10 厘米（图二二，8）。

鼎足

ⅩⅩⅥ H2：9，夹砂红陶。足正面扁平，侧面呈鸭嘴形。素面。长 6.2、宽 4.8 厘米（图一八，4）。

②生产用具

纺轮

ⅩⅩⅥ H2：1，边沿残。泥质红陶。圆饼形，正中一孔，两面平，边呈斜面。直径 3.2、厚 1 厘米（图一七，7；图版五，3）。

2．石器

生产用具

刀

ⅩⅩⅥ H2：3，青石。体较薄，上部残，中部有一圆孔，两面刃。残长 10.8、宽 11.2、厚 0.8 厘米（图二二，9）。

（三）ⅩⅩⅥ H3 文化遗物

陶器

①生活用具

中口罐

ⅩⅩⅥ H3：2，口沿部。泥质红陶。仰折沿，束颈，斜方唇内凹，斜肩。唇部饰一道凹旋纹。口径 19.8、残高 3.2 厘米（图二三，1）。

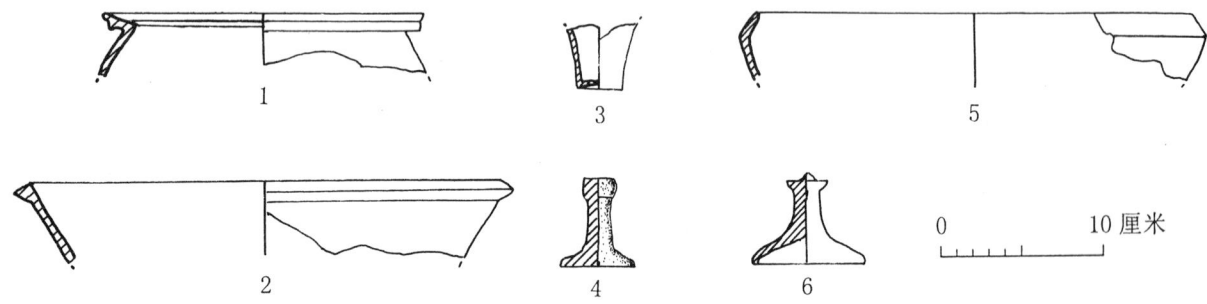

图二三　ⅩⅩⅥ H3、ⅩⅩⅥ H4 出土陶中口罐、盘、斜腹杯、拍、器盖

1．中口罐（ⅩⅩⅥ H3：2）　2、5．盘（ⅩⅩⅥ H3：5、ⅩⅩⅥ H4：2）　3．斜腹杯（ⅩⅩⅥ H3：4）

4．拍（ⅩⅩⅥ H3：1）　6．器盖（ⅩⅩⅥ H4：1）

盘

ⅩⅩⅥ H3：5，泥质灰褐陶。敞口，沿面外斜，尖唇，斜弧腹。下残。素面。口径 31、残高 4.4 厘米（图二三，2）。

斜腹杯

ⅩⅩⅥ H3：4，泥质红陶。斜腹，平底上凸。口残。素面。底径 2.9、残高 3.7 厘米（图二三，3）。

鼎足

XXVI H3：3，夹砂橙黄陶。足正面扁平，侧面呈鸭嘴形。素面。长 5.9、宽 4.9 厘米（图一八，5）。

②生产用具

拍

XXVI H3：1，器形完整。夹砂红陶。拍纽呈乳头状，拍面平，圆形。素面。拍径 4.6、高 5.2 厘米（图二三，4；图版六，1）。

（四）XXVI H4 文化遗物

陶器

生活用具

器盖

XXVI H4：1，器形完整。泥质红陶。母口，斜腹，柱形纽较高，纽上端呈圆饼形，中部一凸纽。素面。盖径 6.8、高 5.2 厘米（图二三，6；图版六，2）。

盘

标本 XXVI H4：2，口沿部。泥质灰陶。敛口，圆唇，折肩。素面。口径 27.2、残高 4 厘米（图二三，5）。

三　房子文化遗物

XXVI F1 文化遗物

1. 陶器

①生活用具

壶形器

XXVI F1：2，器形完整。泥质灰陶。直口微侈，细长颈，圆鼓腹，高圈足，内壁有轮制痕迹。颈部饰细旋纹。口径 3.2、腹径 7.4、底径 4.8、高 12 厘米（图二四，1；图版六，3）。

瓶

XXVI F1：1，泥质灰陶。折腹，平底。口、颈均残。素面。底径 5.6、腹径 8 厘米（图二四，2）。

高圈足杯

XXVI F1：4，泥质红陶。仰折沿，圆唇，腹壁斜直，腹下垂，杯底上凸。圈足残。素面。口径 6.4、残高 6.1 厘米（图二四，3）。XXVI F1：3，泥质红陶。侈口，尖唇，束颈，腹下垂，杯底上凸。圈足残。素面。口径 6.2、残高 10 厘米（图二四，4）。

豆

XXVI F1：5，器形完整。泥质灰陶。敞口，圆唇外翻，弧腹内收，圜底，粗柄，喇叭形圈足。豆盘下壁饰三道凸旋纹。口径 18.6、圈足径 13.2、高 17.2 厘米（图二四，5；图版六，4）。

2. 石器

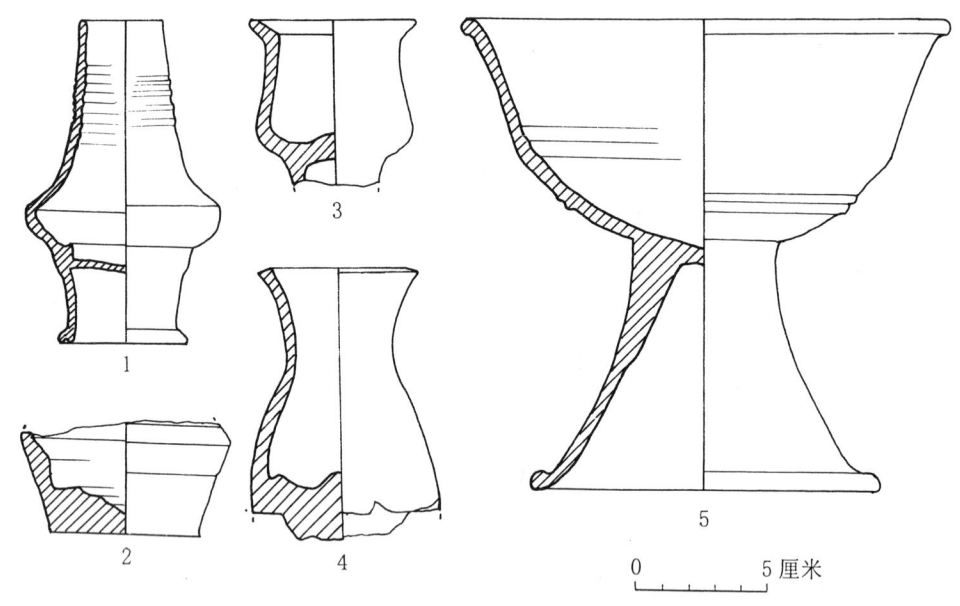

图二四　XXVI F1 出土陶壶形器、高圈足杯、豆

1. 壶形器（XXVI F1:2）　2. 瓶（XXVI F1:1）　3、4. 高圈足杯（XXVI F1:4、XXVI F1:3）　5. 豆（XXVI F1:5）

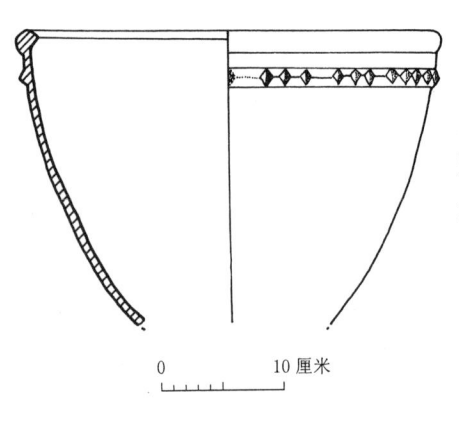

图二五　XXVI J1 出土陶深腹盆
（XXVI J1:1）

生产用具

锛

XXVI F1:6，器形完整。青砂石，通体磨光。体呈长方形，弧形背，平顶，平面刃，刃部有使用痕迹。长 4.7、宽 3.7、厚 1.1 厘米（图一七，11；图版五，4）。

四　水井文化遗物

XXVI J1 文化遗物

陶器
生活用具

深腹盆

XXVI J1:1。黑灰陶。口微敛，折沿，圆唇，斜腹内收，深腹。底残。沿下饰一条菱形附加堆纹。口径 35.2、残高 23.2 厘米（图二五）。

第三节　小结

XXVI区（长章台）新石器时代遗址，虽然破坏比较严重，但从出土遗物的型式来看，属石家河早期文化遗存，特别是细颈鬶、小口罐、中口罐、斜壁杯、高圈足杯等都与天门肖家脊石家河早期文化遗存相似^①，同时，还相伴出土了折腹碗、折腹豆等具有屈家岭文化特征的器物。说明屈家岭文化在该遗址中还有少量遗存。该遗址的发现与发掘进一步证实龙湾遗址文化古老、历史悠久。

---

①　石家河考古队：《肖家屋脊》，文物出版社，1999 年。

第三章　西周、春秋、战国时代——楚文化

第一节　遗址

在考古勘探过程中，我们对发现的各文化遗存都进行了统一编号，作为发掘区号。每个夯土台基、每个遗址及墓地都编一个号，现编号Ⅰ至ⅩⅩⅦ号（图二六），但实际仅发掘六个区，即Ⅰ区（放鹰台1号基址）、Ⅲ区（放鹰台3号基址）、ⅩⅣ区（水章台）、ⅩⅥ区（郑家湖）、ⅩⅩⅣ区（小黄家台台基及墓地）、ⅩⅩⅥ区（长章台新石器时代遗址及东周墓地）。以上各区均有周代楚文化遗存。一个区中，既有遗址又有墓葬的只给一个区号，如ⅩⅩⅣ区（小黄家台）墓地与夯土台交错重合、ⅩⅩⅥ区（长章台）楚墓打破新石器时代遗址。在勘探中发现的楚文化居住址分为两类，一类是夯土台基，目前已发现22座；另一类是台基之间的一般地层堆积和灰坑、水井等遗迹，可能是建筑基址群周围的废弃物堆积区。

一　综述

（一）发掘区位置与面积

1. Ⅰ区

位于放鹰台遗址群东端，东临古河道，北面连接Ⅱ号台，西北距水章台（ⅩⅢ号台基）约530米，南临幸福渠。Ⅰ区面积约13000平方米，发掘面积3608平方米（图四）。Ⅰ区中心地理坐标为东经112°42′，北纬30°14′，海拔高31.1米（图五）。分三次发掘。发掘前放鹰台呈小丘状，土丘上长满构树（彩版五）。1987年发掘487.5平方米。发掘区位于台基东侧，沿高台东壁南北方向布方。布10×10米大方11个，挖5×5米小方19.5个（彩版六，1、2）〔T0406（1/4）[①]、T0407、T0408（2/4）、T0409（1/4）、T0506（2/4）、T0507（2/4）、T0508（3/4）、T0509（2/4）、T0606

---

① 即1/4大方，亦即一个小方，以下简写为1/4、2/4、3/4。

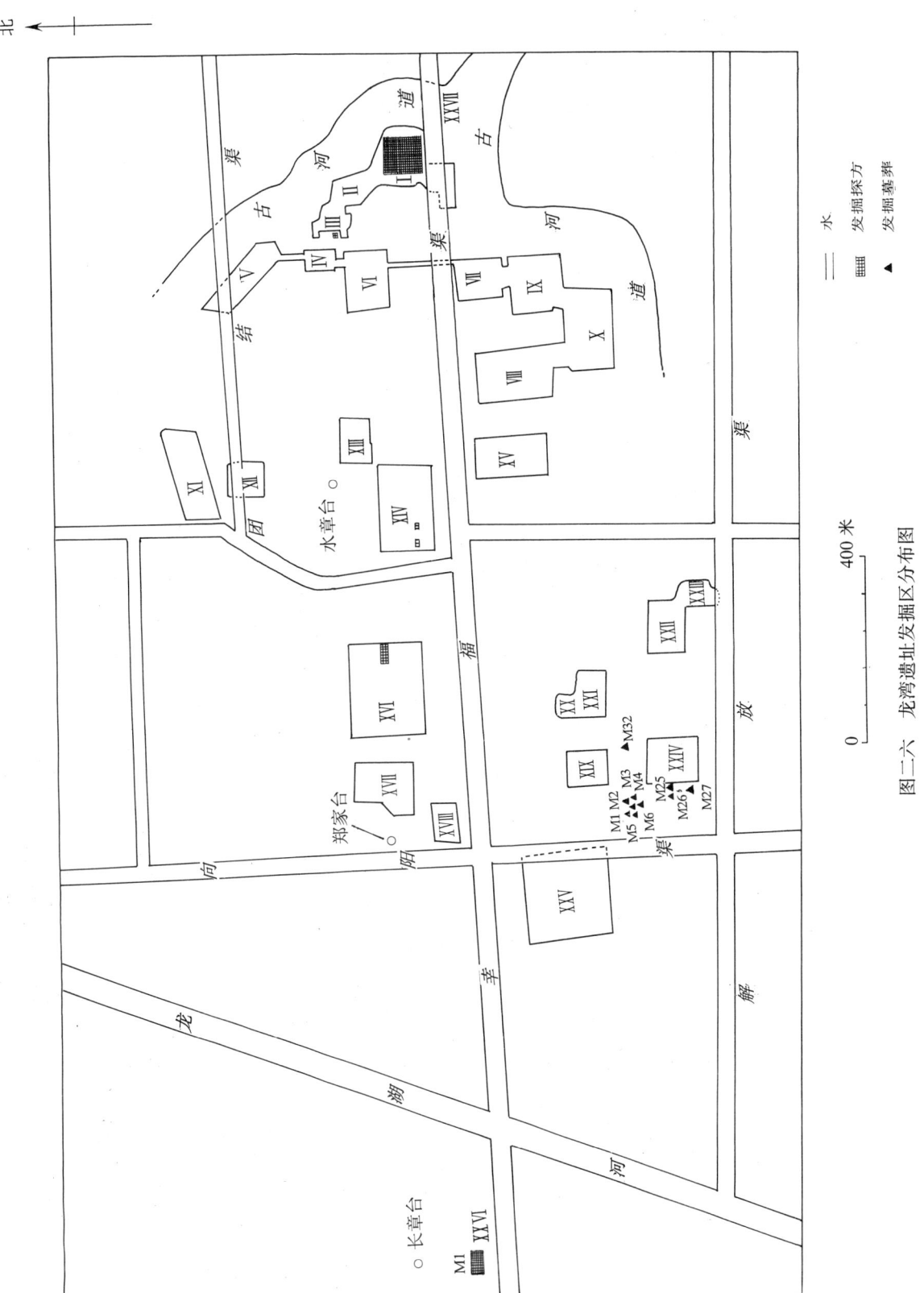

图二六　龙湾遗址发掘区分布图

（1/4）、T0607（1/8）、T0608（1/4）]。暴露出宫殿基址东侧遗迹。1999 年发掘面积 940.5 平方米，发掘区位于第三层台中西部及其西北侧（彩版七），布 10×10 米大方 14 个，挖 5×5 米小方 36.5 个（1000＋扩方 28 平方米）。[T0507（2/4）、T0508（1/4）、T0606（1/4）、T0607（7/8）、T0608（3/4）、T0609（3/4）、T0610（1/4）、T0706（2/4）、T0707、T0708、T0709（3/4）、T0807（2/4）、T0808、T0809（3/4）]。揭露出第三层高台全部（彩版八）和第一、二层台局部。2000 年 12 月至 2001 年 6 月发掘面积 2180 平方米，发掘区位于高台东北侧（彩版九，1、2）和高台东南侧（彩版一○）。揭露出外曲廊北段、中段、南段及东内廊、东墙等遗迹（彩版一一）。两次共布 10×10 米大方 31 个，挖 5×5 米小方 87 个（另扩方 5 平方米）[T0106（2/4）、T0107（2/4）、T0206（3/4）、T0207（3/4）、T0208（2/4）、T0209（2/4）、T0304（2/4）、T0305、T0306、T0307、T0308、T0309、T0402（3/4）、T0403、T0404、T0405、T0406（3/4）、T0408（2/4）、T0409（2/4）、T0410、T0411、T0501（2/4）、T0502（2/4）、T0503（2/4）、T0504（3/4）、T0505、T0506（2/4）、T0605（2/4）、T0606（2/4）、T0705（1/4）、T0706（1/4）]。三次共布 10×10 米大方 45 个（T0106、T0107；T0206、T0207、T0208、T0209；T0304、T0305、T0306、T0307、T0308、T0309；T0402、T0403、T0404、T0405、T0406、T0407、T0408、T0409、T0410、T0411；T0501、T0502、T0503、T0504、T0505、T0506、T0507、T0508、T0509；T0605、T0606、T0607、T0608、T0609、T0610；T0705、T0706、T0707、T0708、T0709；T0807、T0808、T0809）。挖 5×5 米小方 143 个，另加扩方面积 33 平方米，共计发掘面积 3608 平方米（图六、二七）。

2. Ⅲ区

位于水章台东约 530 米处。1999 年发掘，发掘 5×5 米探方 4 个。探方编号为 T1～T4，发掘面积 100 平方米（图二六、二八；彩版一二，1）。

3. ⅩⅣ区

位于水章台西南约 200 米处，西接南北向土路，南临幸福渠。1999 年发掘，布 7×7 米探方 2 个、5×5 米探方 2 个，共计发掘面积 148 平方米（图二六、二九；彩版一三，1）。

4. ⅩⅥ区

位于郑家台东约 370 米，南临幸福渠 160 米。1987 年发掘，在文化层较丰富的 4 号鱼池东南按东西向分 A、B、C 三排，布 5×5 米探方 18 个、2×10 米探沟 1 条，发掘面积 470 平方米（图二六、三○；图版七）。

（二）文化层概说与典型文化层

四个发掘区的情况不尽相同，Ⅰ、Ⅲ区为宫殿建筑基址，文化层堆积较复杂，堆积较厚；ⅩⅣ、ⅩⅥ区为一般文化层堆积，文化层较薄，但均以周代文化层堆积最为丰富。

以下即简要概述各区文化层，并对典型探方举例说明。

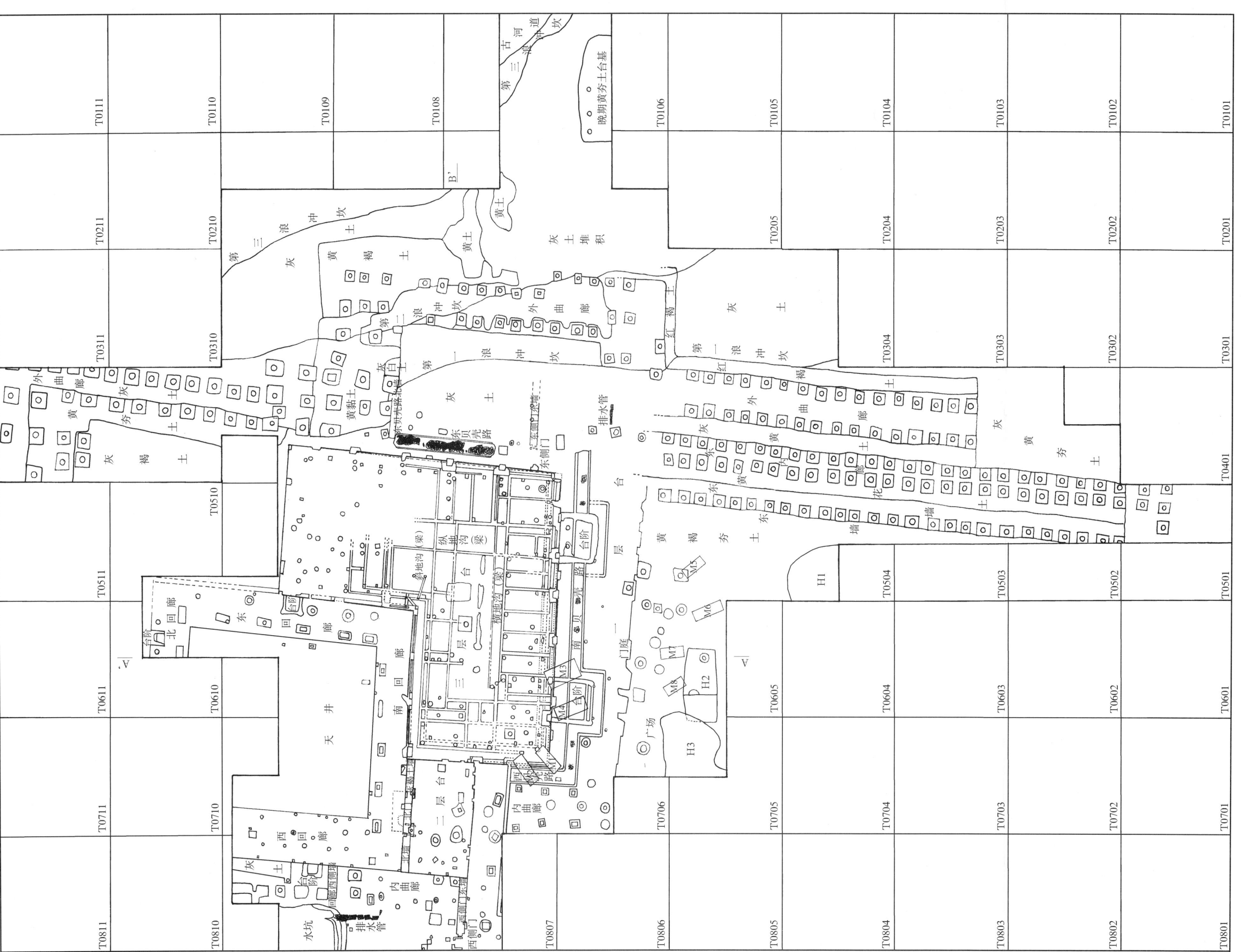

图二七　I区探方遗迹分布图

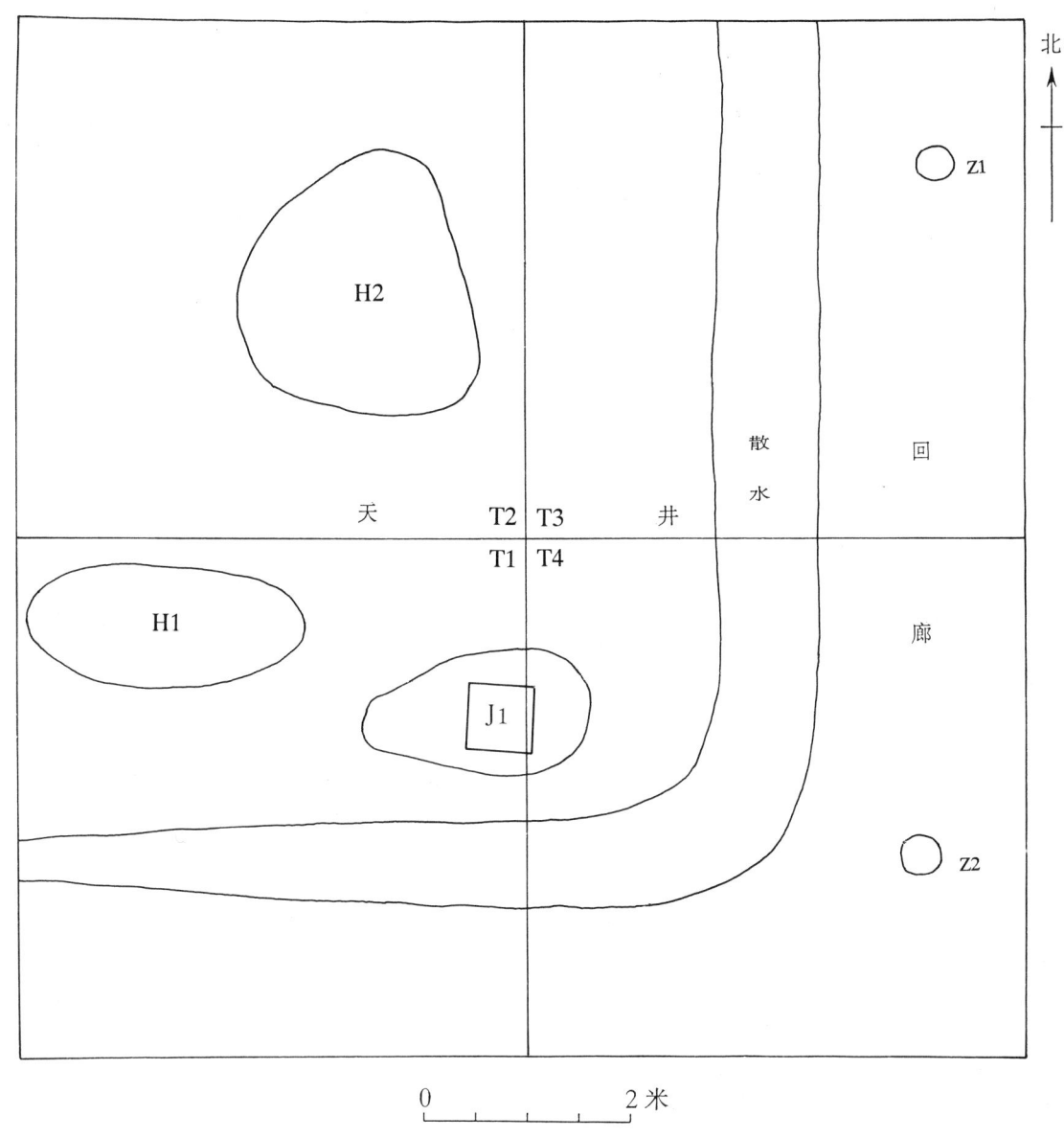

图二八　Ⅲ区探方遗迹分布图

1.Ⅰ区

Ⅰ区即放鹰台1号宫殿基址群，文化层堆积较为复杂，1号宫殿基址为三层台建筑，一层台上的文化堆积较厚，有明清层、唐宋层、战国层（彩版一三，2），并有多座明墓打破夯土台基，此外还有早于晚期夯土台基的早期夯土台基及文化层。二、三层台上的文化堆积较薄，在耕土层、明清层下即见夯土台基。Ⅰ区的发掘均未挖至生土，大部分挖到晚期夯土台基，小部分挖至早期夯土台基。各探方的层位关系见表一三。

以下即以IT0306为例说明：

IT0306

东壁文化层（图三一）

第1层：耕土层。厚15～30厘米。

第2层：分布全方。青灰色淤泥，黏性大。深15～30、厚26～55厘米。出土青花瓷片、瓷碗底及少量绳纹陶片。

表一三 Ⅰ区探方层位关系表

方号	层 位 关 系 （晚→早）	备注
T0106	①→②→③→④→⑥	
T0107	①→②→③→④→⑥	
T0206	①→②→③→④→⑥	
T0207	①→②→③→④→⑤	
T0208	①→②→③→④→⑤	
T0209	①→②→③→④→⑤	
T0304	①→②→③→④→⑤	
T0305	①→②→③→④→⑤	
T0306	①→②→③→④→⑤→⑥	
T0307	①→②→③→④→⑤	
T0308	①→②→③→④→⑤	
T0309	①→②→④→⑤	
T0402	①→②→④→⑤	
T0403	①→②→⑤	
T0404	①→②→④→⑤	
T0405	①→②→③→④→⑤	
T0406	①→②→③→④→⑤	
T0407	①→②→④→⑤	
T0408	①→②→④→⑤	
T0409	①→②→④→⑤	
T0410	①→②→③→④→⑤	
T0411	①→②→③→④→⑤	
T0501	①→②→③→⑤	
T0502	①→②→③→④→⑤	
T0503	①→②→③→④→⑤	
T0504	①→②→③→④⟶⑤→⑥ （H1）	
T0505	①→②⟶M6→③→④→⑤ （M5）	
T0506	①→②→③→④→⑤	
T0507	①→②→④→⑤	
T0508	①→②→④→⑤	

续表一三

方号	层 位 关 系　（晚→早）	备注
T0509	①→②→④→⑤	
T0605	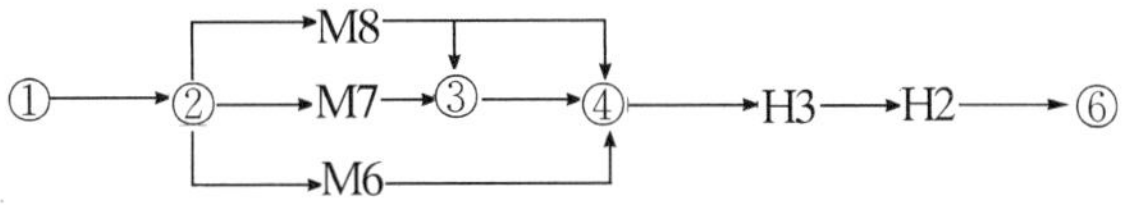 ①→②→M8/M7→③→④→H3→H2→⑥，M6	
T0606	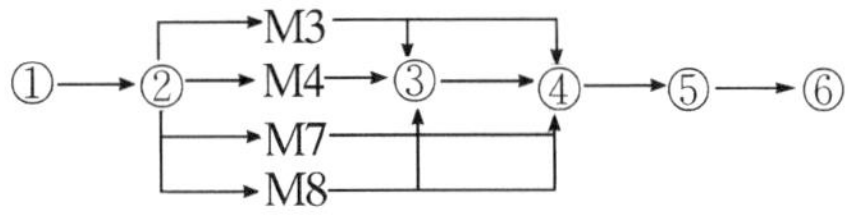 ①→②→M3/M4→③→④→⑤→⑥，M7，M8	
T0607	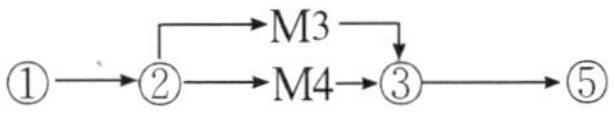 ①→②→M3/M4→③→⑤	
T0608	①→②→④→⑤	
T0609	①→②→③→④→⑤	
T0610	①→②→③→④→⑤	
T0705	①→②→③→④→H3→H2→⑥	
T0706	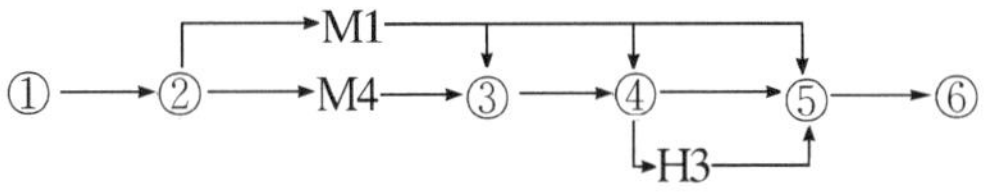 ①→②→M1/M4→③→④→⑤→⑥，H3	
T0707	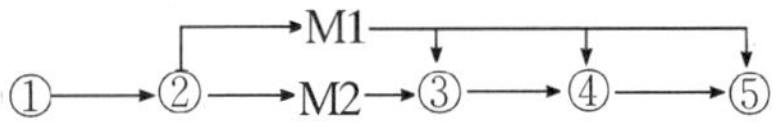 ①→②→M1/M2→③→④→⑤	
T0708	①→②→③→④→⑤	
T0709	①→②→③→④→⑤	
T0807	①→②→③→④→⑤	
T0808	①→②→③→④→⑤	
T0809	①→②→③→④→⑤	

　　第 3 层：局部分布。锈红色土，土质较板结，属于水冲的浪渣层。深 45～80、厚 5～35 厘米。出土大量瓷片、绳纹陶片、青铜箭镞、铜削刀和黑釉碟等。

　　第 4 层：局部分布。灰褐土，土质较松，内含炭灰和红烧土块。深 70～90、厚 0～35 厘米。出土数量较多的绳纹陶片及石斧，铜削刀、箭镞（见文化遗物部分）。

　　第 5 层：分布在探方西部。花斑黄夯土，未发掘。

　　第 6 层：分布在探方东部。褐色夯土，为早期夯土台基。深 82～110、发掘厚度 15～20 厘米。出土器物有陶筒瓦、板瓦。

　　2. Ⅲ区

　　本区发掘探方 4 个，面积 100 平方米。发掘目的在于了解放鹰台第 3 号夯土台基周边的文化层堆积情况，为夯土台基断代寻找地层依据。发掘表明，第 1 至 4 层为现代至唐宋文化层，第 5～

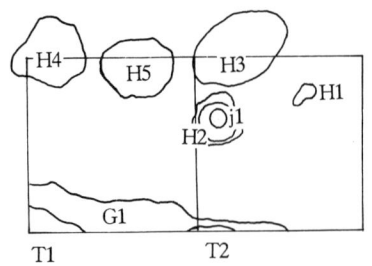

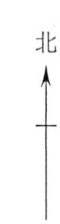

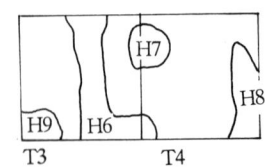

图二九　XIV区探方遗迹分布图

9层为东周文化层，第10层为西周文化层（彩版一二，2）。在夯土台基下，叠压有西周至春秋时期的灰坑、水井等遗存。各探方层位关系见表一四。

以下即以Ⅲ T1 为例说明：

表一四　　　　　　　　　　　　　　Ⅲ区探方层位关系表

方号	层 位 关 系　　（晚→早）
T1	①→②→③→④→⑤→⑥→⑦→⑧→⑨⇄⑩（H1→⑩，J1→）
T2	①→②→③→④→⑤→⑥→⑦→⑧→H2→⑨
T3	①→②→③→④→⑤→⑥→⑦→⑧→⑨→⑩
T4	①→②→③→④→⑤→⑥→⑦→⑧→⑨→J1→⑩

Ⅲ T1

西壁、北壁文化层（图三二）

第1层：耕土层。厚15～20厘米。

第2层：分布全方。灰褐土，土质松软。深15～20、厚20～40厘米。出土青花瓷片、陶瓦等。

第3层：分布全方。灰黄土，土质较硬，内含红烧土块。深35～55、厚15～25厘米。出有青瓷片、陶瓦等。

第4层：分布全方。黑灰土，土质松软，内含草木灰。深60～80、厚12～30厘米。出土青瓷

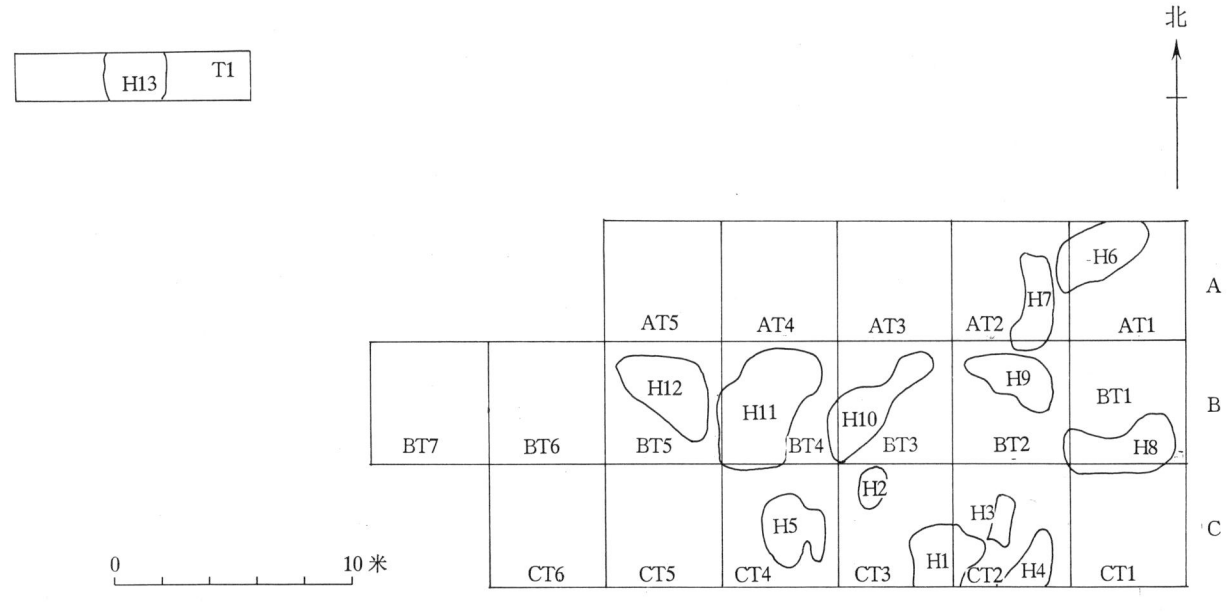

图三〇　XVI探方遗迹分布图

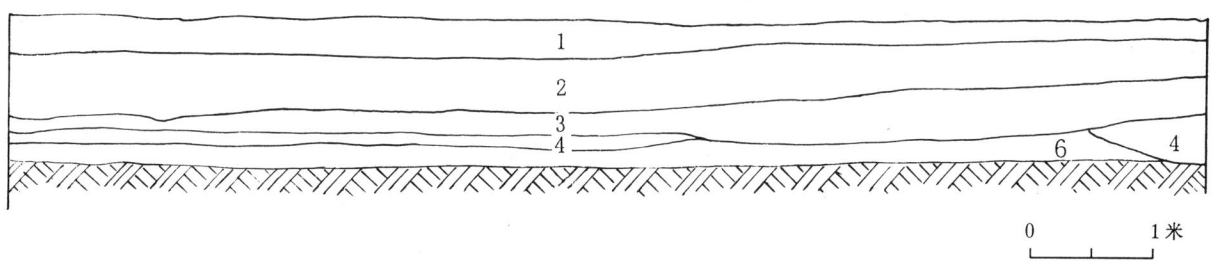

图三一　IT0306东壁剖面图

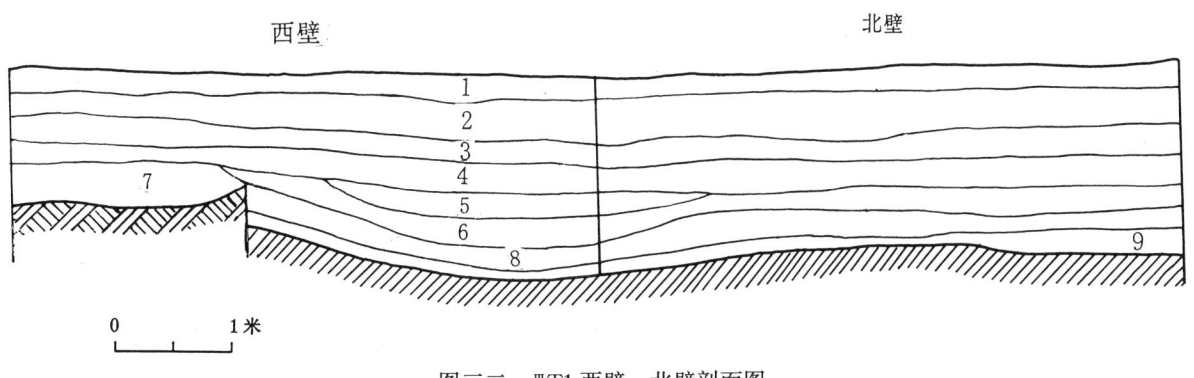

图三二　ⅢT1西壁、北壁剖面图

盘、碗、碟、豆等器物残片。

第5层：局部分布。灰褐土，土质较硬易散。深85～100、厚0～25厘米。出土陶鬲、盂、罐、豆、盆、甑等器物残片。

第6层：局部分布。此层为瓦片层，属夯土台基的天井部分。深75～115、厚0～25厘米。出土大量陶瓦片。

第 7 层：局部分布。黄色夯土，此层属夯土台基的回廊部分，未发掘。

第 8 层：分布全方。灰白土，土质较硬易散。深 90～140、厚 10～50 厘米。出土陶鬲、罐、豆、甑、盆等器物残片。

第 9 层：局部分布。灰黄土，土质较硬且黏，内含草木灰。深 112～160、厚 8～20 厘米。出土陶豆等器物残片。此层下叠压 H1、J1。

第 10 层：分布于东南部。黄褐土，土质较硬易散，内含红烧土颗粒。深 120～170、厚 5～15 厘米。无出土物。此层被 J1 打破，下压褐色生土层。

3．XIV区

本区文化层较薄，而且地层破坏较严重。发掘目的是要了解宫殿基址外一般生活区的地层堆积情况。发掘结果表明，此区地下遗存的时代以周代文化层为主，与宫殿基址的时代基本一致。第 1、2 层为耕土层、近代层；第 3 层为战国早中期，以下叠压东周各时代灰坑（彩版一三，1）。各探方层位关系见表一五。

以下即以 XIV T3 为例说明：

表一五　　　　　　　　　　　　　　　　　XIV 区探方层位关系表

方号	层 位 关 系　（晚→早）	备注
T1	①→②→③→H4 / G1 / H5	
T2	①→②→③→H2→J1 / H3 / H1 / G1	
T3	①→②→③→H6 / H7 / H9	
T4	①→②→③→H6 / H7 / H8	

XIV T3

西壁、南壁文化层（图三三）

第 1 层：淤泥层。厚 20 厘米。

第 2 层：分布全方。淤泥层，灰黑土，土质板结且有黏性。深 0～20、厚 0～54 厘米。出土绳纹陶片和瓷片等。

第 3 层：分布全方。黄红土，土质较硬。深 0～72、厚 5～30 厘米。出有陶鬲、盂、豆、瓮及

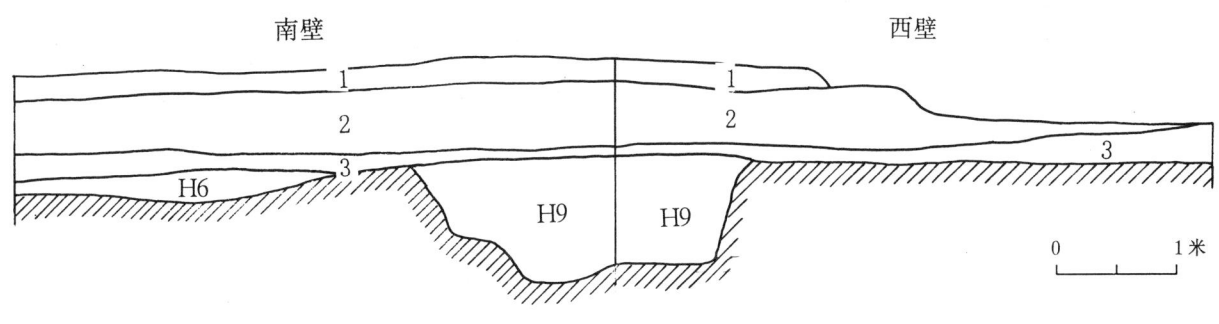

图三三　XIVT3 西壁、南壁剖面图

瓦片等器物残片。此层下叠压 H6、H7、H9 及生土。

4. XVI 区

本区发掘 5×5 探方 18 个，2×10 探沟 1 条，面积 470 平方米。发掘结果表明，地层堆积较简单。其中，第 2 层很薄，时代为春秋晚期至战国中期。第 3 层也较薄，时代为西周晚期至春秋中期。各探方层位关系见表一六。

表一六　　　　　　　　　　　　XVI 区探方层位关系表

方号	层　位　关　系　　（晚→早）	备注
AT1	①→②→③→H6	
AT2	①→②→③→H6 　　　　　→H7	
AT3	①→②→③	
AT4	①→②→③	
AT5	①→②→③	
BT1	①→②→③→H8	
BT2	①→②→③→H7 　　　　　→H8 　　　　　→H9	
BT3	①→②→③→H10	
BT4	①→②→③→H10 　　　　　→H11	
BT5	①→②→③→H11 　　　　　→H12	

续表一六

方号	层 位 关 系 （晚→早）	备注
BT6	①→②→③	
BT7	①→②→③	
CT1	①→②→③→H8	
CT2	①→②→H4 / H1 / H3→③	
CT3	①→②→H2 / H1→③	
CT4	①→②→③→H5 / H11	
CT5	①→②→③	
CT6	①→②→③	
T1	①→②→③→H13	

以下即以 AT1、AT2、BT1、CT2、CT4 为例说明：

ⅩⅥ AT1

北壁、东壁文化层（图三四）

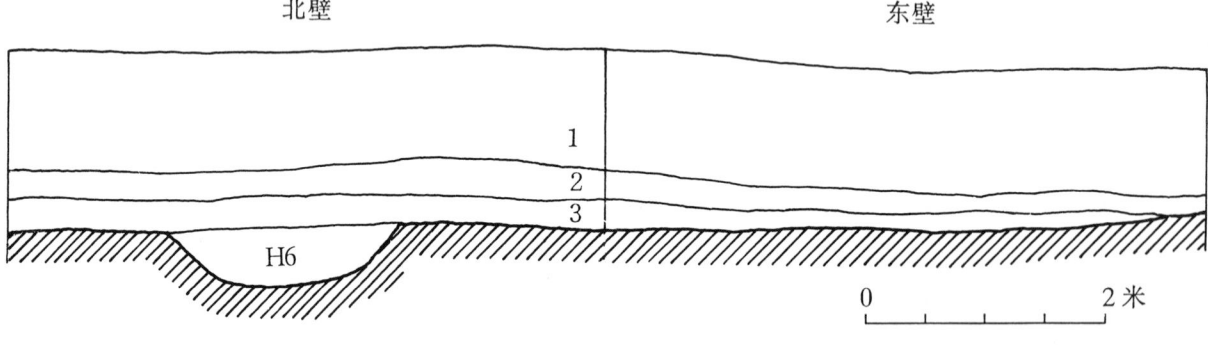

图三四　ⅩⅥ AT1 北壁、东壁剖面图

第 1 层：淤泥层。厚 90～100 厘米。

第 2 层：分布全方。灰黑土，土质较硬。深 90～100、厚 10～30 厘米。出土陶甑、瓮、罐等器物。

第 3 层：局部分布。灰褐土，土质较硬易散。深 115～125、厚 0～25 厘米。出土陶鬲、盂、豆等器物残片。此层下叠压 H6 及生土。

ⅩⅥ AT2

东壁、北壁文化层（图三五）

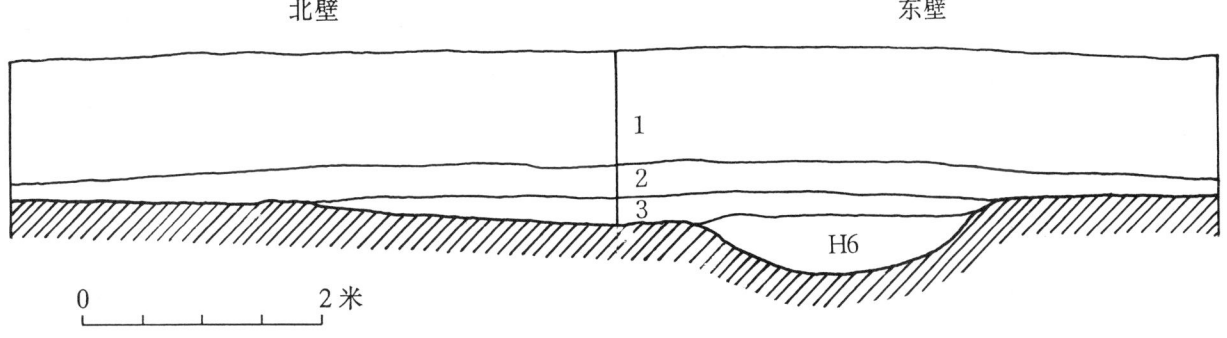

北壁　　　　　　　　　　　　　　　　东壁

图三五　ⅩⅥAT2 东壁、北壁剖面图

第1层：淤泥层。厚95～100厘米。

第2层：分布全方。灰黑土，土质较硬。深95～100、厚12～27厘米。出土陶盂、豆、甗、甑、瓮、盆等器物残片。

第3层：局部分布。灰褐土，土质较硬易散。深118～125、厚0～23厘米。出土陶鬲、盂、盆等器物残片及纺轮（见综述文化遗物部分）。此层下叠压 H6、H7 和生土。

ⅩⅥBT1

北壁文化层（图三六）

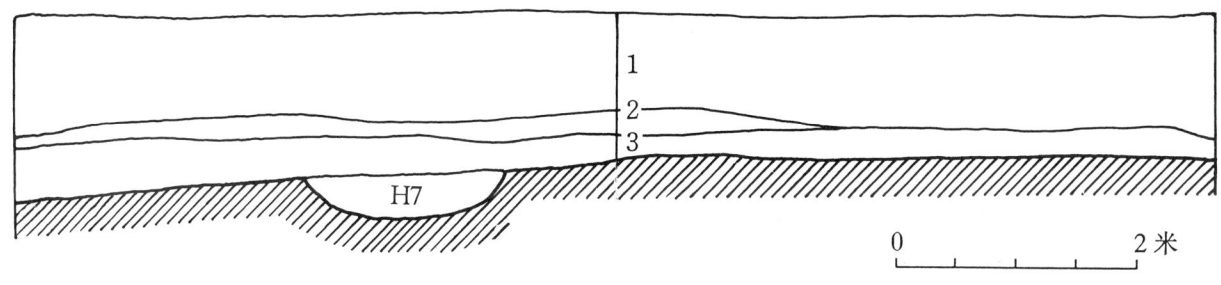

图三六　ⅩⅥBT1（右）、BT2（左）北壁剖面图

第1层：淤泥层。厚72～95厘米。

第2层：局部分布。灰黑土，土质较硬。深72～95、厚0～20厘米。出土陶甑、瓮、鬲足等器物残片。此层部分叠压生土。

第3层：局部分布。灰黄土，土质较硬易散。深85～103、厚0～25厘米。出土遗物有陶鬲、盂、罐等器物残片及纺轮（见综述文化遗物部分）。此层下叠压 H8 及生土。

ⅩⅥCT2

东壁、北壁文化层（图三七）

第1层：淤泥层。厚90～115厘米。

第2层：分布全方。黑灰土，土质较硬。深90～115、厚10～18厘米。出土陶盂、豆、甑、鬲足等器物残片。此层下叠压 H1、H3、H4 及第3层。

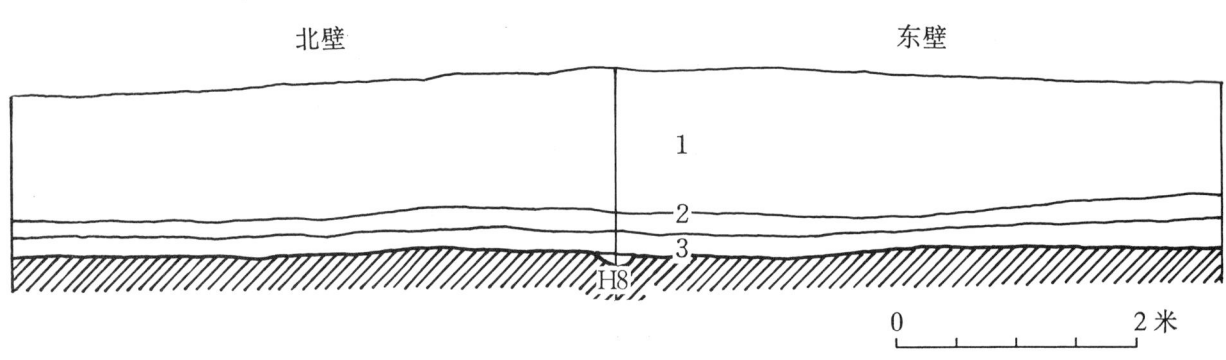

图三七　ⅩⅣ CT2 北壁、东壁剖面图

第3层：局部分布。灰黑土，土质较硬易散。深 105～130、厚 15～20 厘米。出土陶鬲、盂、罐、瓮等器物残片。此层下叠压生土。

ⅩⅥ CT4

北壁、东壁文化层（图三八）

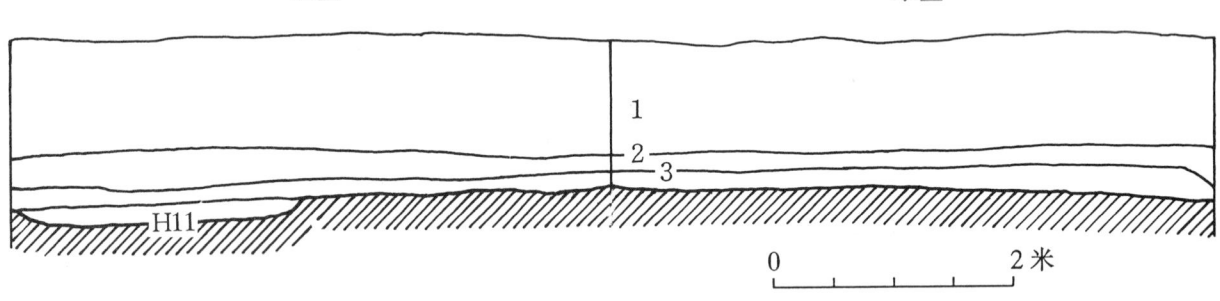

图三八　ⅩⅥ CT4 北壁、东壁剖面图

第1层：淤泥层。厚 90～100 厘米。

第2层：分布全方。灰黑土，土质较硬。深 90～100、厚 15～30 厘米。出土陶盂、罐、豆、甄、鬲足等器物残片。

第3层：分布全方。灰黄土，土质较硬易散。深 105～125、厚 12～25 厘米。出土陶鬲、盂、罐、豆、瓮、甄、鼎足等器物残片。此层下叠压 H5、H11 及生土。

（三）文化遗迹

各区所见楚文化遗迹共 32 个，主要有宫殿基址、水井、灰坑。下面分类概述。

1. 宫殿基址

共 2 座，分别位于Ⅰ区和Ⅲ区。均为局部发掘，故对建筑群体的全貌尚不清楚。Ⅰ F1 的总建筑面积约为 13000 平方米，发掘面积 3608 平方米，揭露出一、二层台局部和三层台全部。一层台上的建筑遗迹有外曲廊、东内廊、东墙、贝壳路、东侧门、西侧门、内曲廊、天井、回廊、地下排水管道和水池等；二层台只进行了部分发掘，遗迹有四壁及大型壁柱洞、北墙和北门、台内柱洞等；三层台遗迹有四壁、大型壁柱洞、台周方木壁带凹槽、台内纵横地梁沟和柱洞、四周护壁沟槽等（图二七；彩版一三，2）。ⅢF3 勘探面积为 4225 平方米，发掘面积 100 平方米，揭露出的建筑遗迹仅有回廊和小部分天井（图二八）。

2．水井

共 2 口，分别见于Ⅲ区和ⅩⅣ区（表一七）。ⅢJ1 为方井，深约 790 厘米，方形井壁上部置木井圈，下部为藤条编织的井圈，底部呈锅底状，土质较硬（彩版一四，1）。井下部堆满淤泥，出土了大量陶汲水罐、豆残片和一件铜锛。ⅩⅣJ1 为圆井，井壁内置藤条编织的井圈（彩版一四，2）。因地下水位高，井壁坍塌严重，未能发掘到底，仅出土少量陶器残片。

表一七　　　　　　　　　　　　各区水井统计表

区号	井号	所在探方	形状		尺寸（厘米）						层位关系	期别
			口形	壁底状况	口			底				
					长	宽	深	长	宽	自深		
Ⅲ	J1	T4	方形	壁近直，光平，底呈锅底状	70	70	200	70	70	790	①→②→③→④→⑤→⑥→⑦→⑧→⑨→J1→⑩	西周晚期～春秋早期
ⅩⅣ	J1	T2	圆形	壁上部近直，光平	直径 80		20	直径 80		410（已挖）	①→②→③→H2→J1	春秋中期

3．灰坑

共计 27 座（表一八～二二）。除八座（探方外部分）未发掘完，整体形状不明外，其余十九座可分为四型：

表一八　　　　　　　　　　　　各区灰坑统计表

发掘时间（年）	区号	椭圆形				不规则圆形		不规则长方形		弧线三角形		形状不明	合计
		规则		不规则									
		直	坡	直	坡	直	坡	直	坡	直	坡		
2001	Ⅰ								1			2	3
1999	Ⅲ			1					1				2
1999	ⅩⅣ		1				5					3	9
1987	ⅩⅥ		1				1		6		2	3	13

表一九　　　　　　　　　　Ⅰ区灰坑统计表

遗迹	所在探方	形状		尺寸（厘米）						层位关系	期别
		坑口	坑壁，坑底	口			底				
				长	宽	深	长	宽	自深		
H1	IT0504	不明	陡壁，圜底	475	470	40～65	350	345	90	①→②→③→④→H1→⑥	战国中期
H2	IT0605	不规则长方形	斜壁，平底	635	270	140～200	580	240	35	①→②→③→④→H3→H2	战国中期
H3	IT0705	不明	斜壁，圜底	540	500	125～155	516	460	70	①→②→③→④→H3→H2	战国中期

表二〇　　　　　　　　　　Ⅲ区灰坑统计表

遗迹	所在探方	形状		尺寸（厘米）						层位关系	期别
		坑口	坑壁，坑底	口			底				
				长	宽	深	长	宽	自深		
H1	T1	椭圆形	缓坡壁，圜底	276	120	40			80	①→②→③→④→⑤→⑥→ ┌H1┐ ⑦→⑧→⑨→⑩ └J1┘	西周晚期
H2	T2	不规则长方形	缓坡壁，底较平	270	240	40			50	①→②→③→④→⑤→ ⑥→⑦→⑧→H2→⑨	春秋早期

表二一　　　　　　　　　　ⅩⅣ区灰坑统计表

遗迹	所在探方	形状		尺寸（厘米）						层位关系	期别
		口形	坑壁，坑底	口			底				
				长	宽	深	长	宽	自深		
H1	T2	不规则圆形	缓坡壁，底较平	96	97	95	44	60	35	①→②→③→H1	春秋早期
H2	T2	不规则圆形	陡坡壁底较平	205	190	残	190	160	20	①→②→③→H2→J1	战国早期
H3	T2	不规则圆形	缓坡壁，微圜底	430	250	残			40	①→②→③→H3	春秋晚期～战国早期

续表二一

遗迹	所在探方	形状		尺寸（厘米）						层位关系	期别
				口			底				
		口形	坑壁，坑底	长	宽	深	长	宽	自深		
H4	T1	不规则圆形	缓坡壁，微圜底	320	284	残			30	①→②→③→H4	战国早期
H5	T1	椭圆形	坡壁，圜底	310	264	90			62	①→②→③→H5	战国早期
H6	T3、T4	不明	坡壁，底较平	500	310	85			44	①→②→③→H6	春秋晚期
H7	T3、T4	不规则圆形	坡壁，底较平	200	200	20			28	①→②→③→H7	春秋晚期
H8	T4	不明	缓坡壁，底较平	380	130	105			35	①→②→③→H8	战国早期
H9	T3	不明	坡壁，底较平	170	110	100	90	20	85	①→②→③→H9	战国早期

表二二　　　　　　　　　　　　　　ⅩⅥ区灰坑统计表

遗迹	所在探方	形状		尺寸（厘米）						层位关系	期别
				口			底				
		口形	坑壁，坑底	长	宽	深	长	宽	自深		
H1	CT2、CT3	不明	缓坡壁，底较平	335	256	110			40	①→②→H1→③	战国中期
H2	CT3	椭圆形	缓坡壁，底较平	170	120	100	105		36	①→②→H2→③	春秋晚期战国早期
H3	CT2	不规则长方形	缓坡壁，底较平	196	95	110	120	70	20	①→②→H3→③	战国早期
H4	CT2	不明	缓坡壁，底平	228	70~210	110			30	①→②→H4→③	战国中期
H5	CT4	不规则圆形	坡壁，底平	320	235	135			35	①→②→③→H5	西周晚期
H6	AT1、AT2	不规则长方形	坡壁，底平	434	186	135	300	98	50	①→②→③→H6	春秋早期

续表二二

遗迹	所在探方	形状		尺寸（厘米）						层位关系	期别
		口形	坑壁，坑底	口			底				
				长	宽	深	长	宽	自深		
H7	AT2、BT2	不规则长方形	坡壁，底较平	360	120	145			45	①→②→③→H7	春秋晚期
H8	BT1、BT2、CT1	不规则长方形	缓坡壁，底较平	470	150	115			38	①→②→③→H8	春秋中期
H9	BT2	弧线三角形	坡壁，底较平	390	200	125			32	①→②→③→H9	春秋晚期
H10	BT3、BT4	不规则长方形	缓坡壁，底平	565	200	105			37	①→②→③→H10	春秋中期
H11	BT4、BT5、CT4	不规则长方形	坡壁，底较平	578	340	130			46	①→②→③→H11	春秋早期
H12	BT5	弧线三角形	坡壁，底平	490	270	130			36	①→②→③→H12	春秋中期
H13	T1	不明	坡壁，圜底	257	200	140			85	①→②→③→H13	战国早期

不规则圆形坑，6座。坑壁均为坡形，不甚规整，未经加工修理。

椭圆形坑，3座。规则形2座，不规则形1座，坑壁均为坡形，未经加工修理。

不规则长方形坑，8座。坑口形状不规则，坑壁为坡形，坑底高低不平。

弧线三角形坑，2座。均为坡壁，底较平，坑壁未修理。

4．灰沟

1条。形状不规整，宽窄不一，沟壁呈斜坡状且不规则，底部较平（表二三）。

表二三　　　　　　　　　　　　　　　ⅩⅣ区灰沟统计表

遗迹	所在探方	形状		尺寸（厘米）						层位关系	期别
		口形	沟壁，沟底	口			底				
				长	宽	深	长	宽	自深		
G1	T1、T2	不规则长方形	斜壁，平底	990	10~144	90	900	5~64	65	①→②→③→G1	战国早期～战国中期

（四）文化遗物

遗址中出土了大量的文化遗物①，其中最大量的是建筑材料瓦类，出土了近 10 万件，主要出自第Ⅰ、Ⅲ发掘区。陶容器残片也不少，主要出自Ⅲ、ⅩⅣ、ⅩⅥ发掘区。另外在遗址中还出土了一定数量的铁器、青铜器、石器和陶制工具等。现分类叙述。

1．陶器

包括生活用具、房屋建筑用材、生产用具及其他。

①生活用具

多为陶质器皿残片，完整器较少，共 2589 件。分别出自第Ⅰ、Ⅲ、ⅩⅣ、ⅩⅥ发掘区。其中第ⅩⅥ发掘区出土的容器种类最为丰富，数量亦最多。生活用具可分为日用陶器和仿铜陶器两类，仿铜陶器数量较少。两类均为生活实用器。

生活用具主要包括炊器、食器、水器、贮藏器等。器类有鬲、盂、罐、豆、甗、甑、壶、盆、瓮等。仿铜陶礼器仅有鼎。

陶质可分为泥质陶和夹砂陶两类，后者数量较少。泥质陶以食器、水器和贮藏器为主，器类有盂、罐、壶、豆、盆、瓮等；夹砂陶主要有炊器，器类有鬲、甑、甗、鼎等。鬲、甗的口沿多数不含砂或含砂较少，底部和足部含砂较多。火候均较高，质地坚硬。

陶色主要有褐、红、红黄、浅灰、深灰等。无论是泥质陶或夹砂陶，均以褐、红、红黄陶居多，浅灰、深灰陶较少。

纹饰主要有绳纹和旋纹。绳纹是常见纹饰，多饰于器身和器底；旋纹一般饰于器肩和口沿，还有少量拍印纹、刻划纹、射线纹及附加堆纹等。

制法以轮制为主，少量器物辅以手制。圆形器皿一般以轮制为主，部分器皿的附件系手制后再安接，如鬲、鼎等器的足、耳等附件。

鬲

数量多，大部分为残片。共 527 件。均为夹砂陶，制法以轮制为主，手制为辅。陶色大多为红、红黄、浅灰色，少量为深灰或褐色。根据鬲口沿的大小和腹部深浅可分为三型。即口径大于、等于腹径或略小于腹径的为 A 型（罐形，大口）鬲，口径小于腹径的为 B 型（罐形，小口）鬲，腹部很浅的盆形鬲为 C 型鬲。

A 型（罐形大口鬲）　　448 件。多为口沿片，完整器仅 11 件。器形较大，罐形，深腹，连弧裆，三柱足较高。根据口沿、颈、腹及足部变化分为十一式。

Ⅰ式　5 件。夹砂褐陶，胎较厚。体较高，沿与腹的夹角大。敞口，卷沿，宽沿面上仰，宽而薄的内斜方唇紧贴沿外侧，高颈微束，溜肩，上腹微鼓。裆较高，足窝较深，三柱足较细矮，有削痕，向内撇，略呈兽蹄状。肩以下饰直列粗绳纹，间拍印纹和凹旋纹。

---

① 凡在综述中叙述了的文化遗物，在分述中的"文化遗物"部分（该器物出土单位）不再重述。凡在综述《表》中登记了的文化遗物，在分述"文化遗物"部分，仅列举标本。

标本ⅩⅥH5:1，裆下残。口径38、高35.2、腹径37.2厘米（图三九，1；图版八，1）。

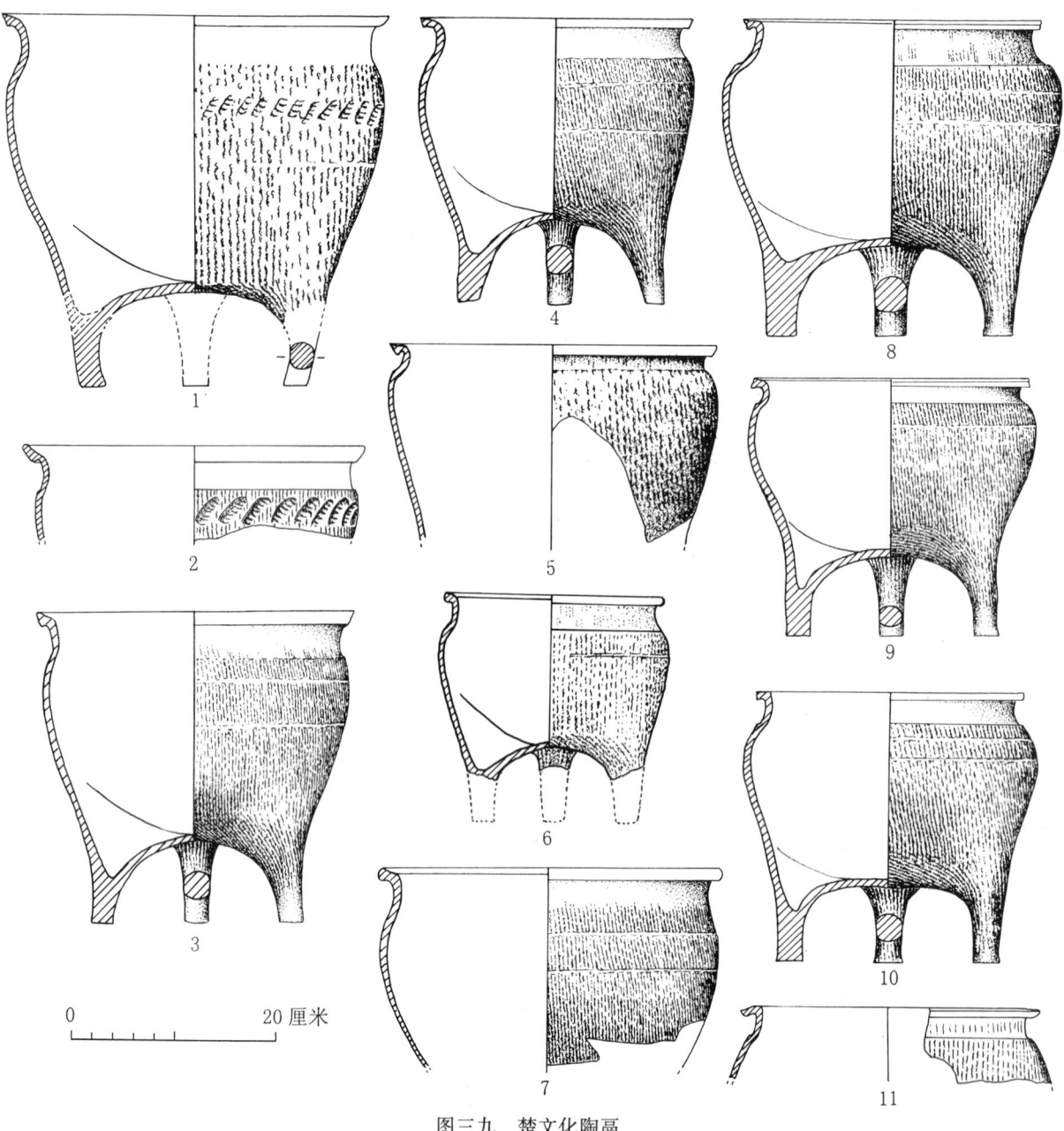

图三九　楚文化陶鬲

1.Ⅰ式（ⅩⅥH5:1）　2.Ⅱ式（ⅢT4⑨:2）　3.Ⅲ式（ⅩⅥH11:6）　4.Ⅳ式（ⅩⅥH11:10）　5.Ⅴ式（ⅩⅥCT5③:1）　6.Ⅵ式（ⅩⅥH8:27）　7.Ⅶ式（ⅩⅥCT5③:7）　8.Ⅷ式（ⅩⅥCT4③:2）　9.Ⅸ式（ⅩⅥAT2②:1）　10.Ⅹ式（ⅩⅥCT2②:25）　11.Ⅺ式（ⅩⅥAT3②:8）

Ⅱ式　28件。均存口沿片。夹砂褐陶。

标本ⅢT4⑨:2，胎较薄。敞口，卷沿，口径大于腹径，沿与腹夹角大。口沿上仰内凹，沿面较Ⅰ式窄，沿与腹的夹角较Ⅰ式小，宽而薄的内斜方唇紧贴沿面，颈较高，溜肩。上腹饰直列中绳纹间椭圆形拍印纹。口径33.6、残高9.2厘米（图三九，2）。

Ⅲ式 39件。多存口沿部。夹砂褐陶。胎较薄。口径大于腹径，沿与腹夹角较大。

标本 ⅩⅥ H11：6，器形完整。侈口，卷沿，沿面内凹，内斜方唇，束颈较高，溜肩，深腹微鼓，弧裆较高，足窝较深，三柱足略外撇。器表饰直列中绳纹，颈、足部绳纹稍抹，肩部饰二道浅凹旋纹，足下部有刮削痕迹。口径31.2、高29.6、腹径31.2厘米（图三九，3；图版八，2）。

Ⅳ式 67件。多存口沿部。夹砂褐陶或红陶。腹径略大于口径。沿与腹夹角较大。

标本 ⅩⅥ H11：10，器形完整。侈口，卷沿，内斜方唇，束颈较Ⅲ式矮，溜肩，深腹微鼓，弧裆较高，三柱足稍外撇，足窝较深。肩以下通饰直列中绳纹，裆部饰横列中绳纹，腹部加饰二道浅凹旋纹。足根部有刮削痕迹。口径26.4、高27.2、腹径26.8厘米（图三九，4；图版八，3）。

Ⅴ式 39件。多残存口沿部。夹砂褐陶或红陶。腹径略大于口径。沿与腹夹角小。

标本 ⅩⅥ CT5③：1，侈口，卷沿，内斜方唇下勾，束颈较矮，溜肩微凸，下腹内收。器表饰直列中绳纹，颈部绳纹稍抹。口径32、残高19、腹径32.4厘米（图三九，5）。

Ⅵ式 58件。多存口沿部。夹砂红陶。腹径略大于口径。沿与腹夹角小。

标本 ⅩⅥ H8：27，口微侈，仰折沿，方唇微下勾，束颈，溜肩，腹微鼓，弧裆较高。三足残。口沿下饰直列粗绳纹，裆部饰斜粗绳纹，颈部绳纹稍抹，肩部饰二道凹旋纹。口径22、残高17.2、腹径22.8厘米（图三九，6；图版八，4）。

Ⅶ式 42件。多存口沿、腹部。夹砂红陶或红黄陶。腹径略大于口径。沿与腹夹角小。口微侈，仰折沿，沿面微凹，方圆唇，束颈，溜肩，腹微鼓。

标本 ⅩⅥ CT5③：7，裆足残。颈以下通饰直列细绳纹，腹部饰二道浅凹旋纹。口径34、残高18.8、腹径32.8厘米（图三九，7）。

Ⅷ式 120件。多存口沿、腹部。夹砂红黄陶或浅灰陶。腹径大于口径。沿与腹夹角小。侈口，仰折沿较窄，沿面微凹，双叠唇下勾，束颈，弧肩外凸，腹微鼓，弧裆较高，裆近平，足窝较浅，三足直立。

标本 ⅩⅥ CT4③：2，器形完整。器表通饰直列中绳纹，上腹部饰二道凹旋纹。足饰绳纹至根部。口径29.2、腹径33.2、高30厘米（图三九，8；图版九，1）。

Ⅸ式 21件。多存口沿、腹部。夹砂红黄陶或浅灰陶。腹径略大于口径。沿与腹夹角小。

标本 ⅩⅥ AT2②：1，器形完整。口微侈，仰折沿近平，沿面微凹，外斜方唇微下勾，唇面有凹槽，矮束颈，溜肩，上腹微鼓，下腹收，弧裆，足窝较深，三柱足直立。肩饰一道凹旋纹，肩以下饰直列中绳纹，足根部饰绳纹。口径26.8、高24.4、腹径28厘米（图三九，9；图版九，2）。

Ⅹ式 21件。多存口沿、腹部。夹砂浅灰陶或深灰陶。腹径略大于口径。沿与腹夹角小。

标本 ⅩⅥ CT2②：25，器形完整。口微敞，平折窄沿，方唇，矮颈，溜肩，上腹微鼓，下腹内收，裆较高，足窝较浅，三柱足直立。肩以下满饰直列粗绳纹，肩部饰二道浅凹旋纹。足根部施绳纹。口径26.2、高26、腹径28.8厘米（图三九，10；图版九，3）。

Ⅺ式 8件。均残存口沿部。夹砂浅灰陶或深灰陶。

标本 ⅩⅥ AT3②：8，口微侈，折沿外翻，矮颈，圆唇，溜肩。颈部饰隐纹，腹饰直列粗绳纹。口径29.2、残高6.8厘米（图三九，11）。

通过对四百余件大口甂的分式排比，可以看出大口甂的演变规律大致是，陶色由褐→红→红黄→浅灰→深灰；口沿由卷沿→仰折沿→平折沿→折沿外翻；唇部由宽而薄的内斜方唇→斜方唇下勾→方唇下勾或双叠唇下勾；颈由高到矮，口沿与颈的夹角由大到小；腹由深到较深；裆由高弧裆到弧裆较矮，再到裆近平。

B 型（罐形小口甂）　78 件。口径均小于腹径。依各部位演变规律分为十式。

Ⅰ式　4 件。均存口沿部。夹砂褐陶。沿与腹夹角大。

标本ⅩⅥT1③:4，口微侈，卷沿，沿面微凹，内斜方唇中凹且微下勾，束颈较高，溜肩，腹微鼓。腹部饰直列中绳纹，腹上部饰一道凹旋纹。口径 18、残高 10.8 厘米（图四〇，1）。

Ⅱ式　11 件。多存口沿部。夹砂褐陶或红陶。沿与腹夹角大。陶质较硬，含砂重。

标本ⅢH2:9，器形完整。侈口，卷沿，内斜方唇下勾，束颈较高，溜肩，深腹微鼓，弧裆较高，三柱足外撇。器表饰直列中绳纹，上腹部饰二道凹旋纹，颈部绳纹稍抹。口径 14.2、高 22、腹径 19.6 厘米（图四〇，2；图版九，4）。

Ⅲ式　15 件。多存口、腹部。夹砂褐陶或红陶。口与腹夹角较小。

标本ⅩⅥH12:4，侈口，卷沿，圆唇，束颈，溜肩，深腹微鼓。器身通饰斜中绳纹，上腹部饰一道凹旋纹。口径 13.7、残高 9.4 厘米（图四〇，3）。

Ⅳ式　11 件。多存口沿部。夹砂红陶。体较瘦高。口与腹夹角较小。

标本ⅩⅥH8:9，器形完整。口微侈，卷沿，方唇，束颈，溜肩，深腹，上腹微鼓，弧裆较高，足窝较浅，三柱足略外撇。器表通饰直列粗绳纹，颈部绳纹稍抹，足下部有削痕。口径 14、高 21.2、腹径 17.2 厘米（图四〇，4；图版一〇，1）。

Ⅴ式　9 件。多存口沿部。夹砂红陶或红黄陶。体较瘦高。口与腹夹角较小。

标本ⅩⅥH7:55，器形完整。口微侈，仰折沿，内斜方唇，束颈，肩微凸，深腹微鼓，弧裆较高，足窝较深。器表饰直列中绳纹，腹饰二道凹旋纹，颈部绳纹稍抹，足根部有削痕。口径 15.6、高 26.4、腹径 20.4 厘米（图四〇，5；图版一〇，2）。

Ⅵ式　10 件。多存口沿部。夹砂红黄陶。口沿与腹夹角小。

标本ⅩⅥAT4③:6，器形完整。口微敛，平折窄沿，双叠唇，束颈，肩微凸，腹微鼓，弧裆较高，足窝较深。器表通饰直列中绳纹，颈部绳纹稍抹，腹部饰二道浅凹旋纹，足根部有削痕。口径 14、高 23.2、腹径 19.2 厘米（图四〇，6；图版一〇，3）。

Ⅶ式　7 件。多存口沿部。夹砂红黄陶或浅灰陶。口沿与腹夹角小。

标本ⅩⅥH2:10，器形完整。口微侈，平折窄沿，尖唇，矮束颈，腹微鼓，弧裆较高，三柱足微外撇，足窝较深。颈、上腹绳纹稍抹，下腹饰直列粗绳纹，裆部饰交错绳纹，足根部有削痕。口径 10.8、高 15.6、腹径 14.8 厘米（图四〇，7；图版一〇，4）。

Ⅷ式　4 件。多存口沿部。夹砂浅灰陶或深灰陶。口沿与腹夹角小。

标本ⅩⅣH5:86，器形完整。口微敛，仰折沿，圆唇，矮束颈，溜肩，平裆，三柱足残。腹饰粗绳纹，上腹饰二道浅凹旋纹。口径 14.8、高 25.2、腹径 20.4 厘米（图四〇，8；图版一一，1）。

Ⅸ式　6 件。多存口沿部。夹砂深灰陶。口沿与腹夹角小。

标本ⅩⅣG1:13，器形完整。口微侈，平折窄沿，内斜方唇，束颈，肩微凸，上腹微鼓，平裆，足窝较浅，三柱足略外撇。器表通饰直列中绳纹，颈、肩绳纹稍抹，上腹饰一道浅凹旋纹。口径

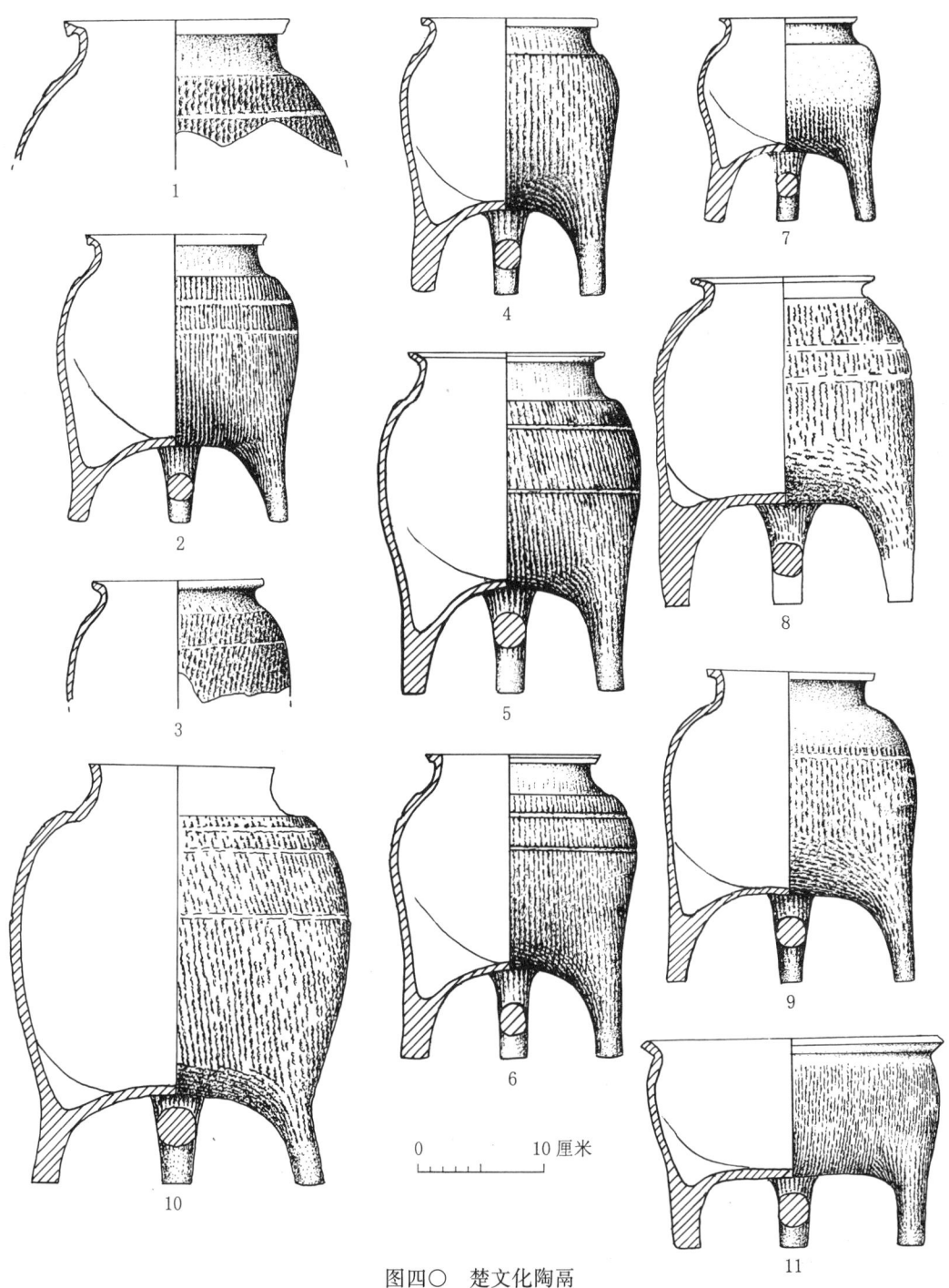

图四〇　楚文化陶鬲

1.B型Ⅰ式（ⅩⅥT1③:4）　2.B型Ⅱ式（ⅢH2:9）　3.B型Ⅲ式（ⅩⅥH12:4）　4.B型Ⅳ式（ⅩⅥH8:9）　5.B型
Ⅴ式（ⅩⅥH7:55）　6.B型Ⅵ式（ⅩⅥAT4③:6）　7.B型Ⅶ式（ⅩⅥH2:10）　8.B型Ⅷ式（ⅩⅣH5:86）　9.B型Ⅸ
式（ⅩⅣG1:13）　10.B型Ⅹ式（ⅩⅥH4:4）　11.C型（ⅩⅥH7:29）

13.6、高 24、腹径 20 厘米（图四〇，9；图版一一，2）。

Ⅹ式　1件。器形完整。

ⅩⅥH4：4，夹砂深灰陶。直口微敞，平沿，直颈微束较高，凸弧肩，腹微鼓，弧裆近平，三柱足外撇，足窝较浅。肩以下通饰直列粗绳纹，裆部饰交错粗绳纹，肩、腹部饰三道浅凹旋纹，足部饰绳纹。口径 14.4、高 32.4、腹径 27.2 厘米（图四〇，10；图版一一，3）。

B 型（罐形小口）Ⅰ式至Ⅷ式鬲的演变规律基本与 A 型（罐形大口）Ⅲ式至Ⅹ式鬲相同，B型Ⅸ式、Ⅹ式鬲的形制较晚，不见于 A 型（罐形大口）鬲。

C 型（盆形鬲）　1件。

ⅩⅥH7：29，夹砂红黄陶。体偏矮，口大于腹径，浅腹。敞口，卷沿上仰，外斜方唇，矮束颈，溜肩，腹微鼓，平裆较矮，三柱足直立。颈以下饰直列细绳纹，颈、足根部绳纹稍抹。口径 24.4、高 16、腹径 23.6 厘米（图四〇，11；图版一一，4）。

鬲足

639 件。以夹砂褐红陶为大宗，夹砂灰陶较少。依其演变规律分为八式。

Ⅰ式　79件。夹砂褐陶。深足窝，柱足矮小，足根圆形，略呈蹄状。素面。

标本ⅩⅥAT4③：30，残高 8.9 厘米（图四一，1）。标本ⅩⅥH5：10，残高 11.2 厘米（图四一，2）。

Ⅱ式　91件。夹砂褐陶。深足窝，柱足矮细，略呈马蹄状，足根呈不规则圆形。通饰刮削痕。

标本ⅩⅥAT4③：32，残高 12 厘米（图四一，3）。标本ⅩⅥAT3③：38，残高 10 厘米（图四一，4）。

Ⅲ式　111件。夹砂红陶。柱足较矮，足窝较深，足根呈不规则圆形。柱足上部约二分之一段饰绳纹，下部有刮削痕迹。

标本ⅩⅥT1③：41，残高 9.2 厘米（图四一，5）。标本ⅩⅥBT3③：22，残高 9.2 厘米（图四一，6）。

Ⅳ式　105件。夹砂红陶。足窝较深，柱足根呈棱形。足上部约三分之二段饰绳纹，足根部有刮削痕迹。

标本ⅩⅥAT4③：3，残高 14.8 厘米（图四一，7）。标本ⅩⅥAT3③：26，残高 13.2 厘米（图四一，8）。

Ⅴ式　127件。夹砂红黄陶。足窝较深，柱足根呈棱形。足内侧有削痕，外侧饰绳纹。

标本ⅩⅥH7：26，残高 12 厘米（图四一，9）。标本ⅩⅥH7：27，残高 12 厘米（图四一，10）。

Ⅵ式　73件。夹砂红黄陶。足窝较深，柱足根呈棱形。柱足先刮削，后满饰绳纹。

标本ⅩⅥCT3③：20，残高 10 厘米（图四一，11）。标本ⅩⅥBT5②：6，残高 14 厘米（图四一，12）。

Ⅶ式　30件。夹砂红黄陶或浅灰陶。柱足细长，足窝浅。柱足满饰绳纹。

标本ⅩⅥH3：8，残高 14 厘米（图四一，13）。标本ⅩⅥH3：9，残高 14.4 厘米（图四一，14）。

Ⅷ式　23件。夹砂浅灰陶或深灰陶。圆形高柱足，柱足外裹一层云母砂粒，足窝浅。柱足满饰绳纹。

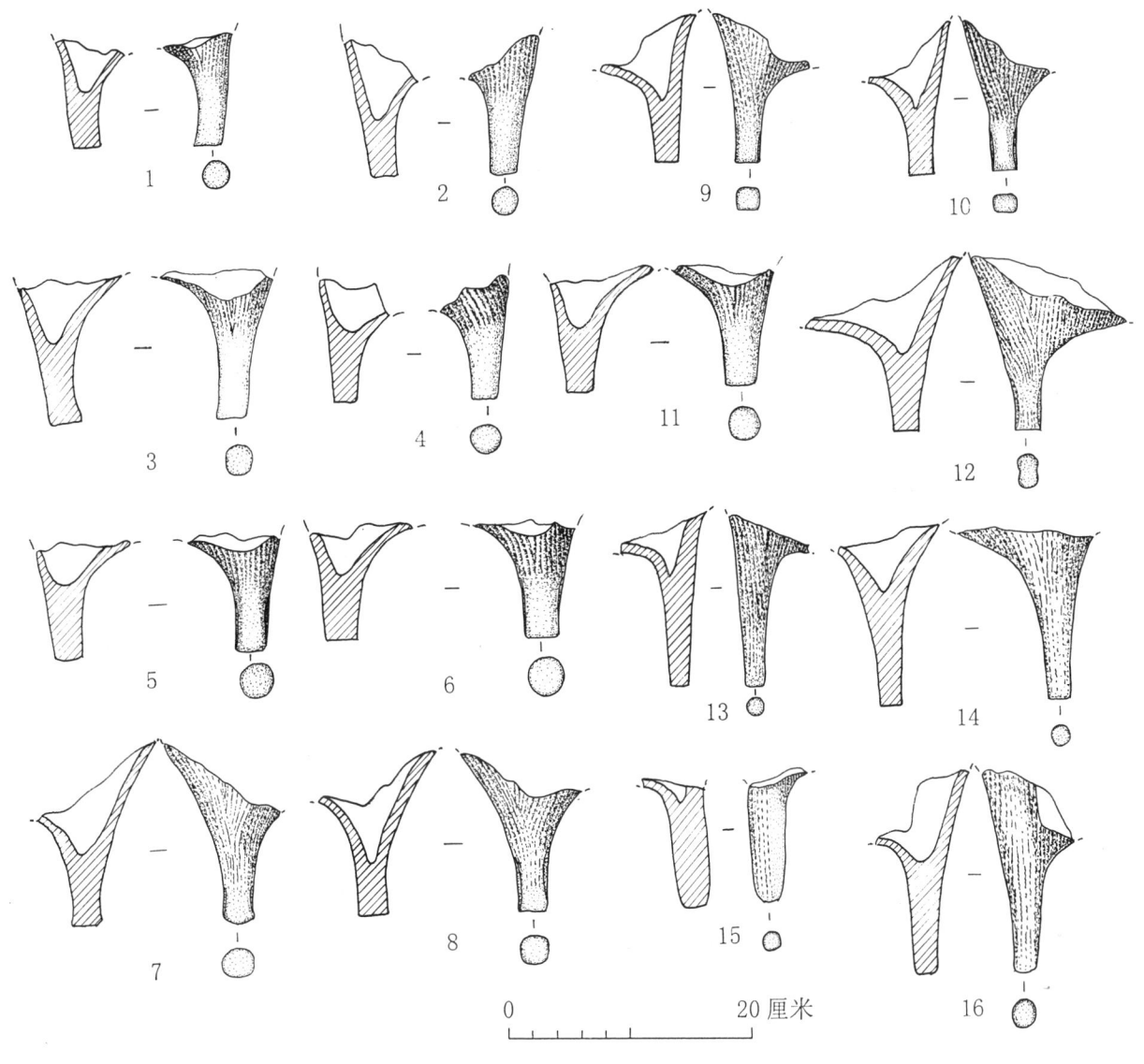

图四一　楚文化陶鬲足

1、2. Ⅰ式（ⅩⅥAT4③:30、ⅩⅥH5:10）　3、4. Ⅱ式（ⅩⅥAT4③:32、ⅩⅥAT3③:38）　5、6. Ⅲ式（ⅩⅥT1③:41、ⅩⅥBT3③:22）
7、8. Ⅳ式（ⅩⅥAT4③:3、ⅩⅥAT3③:26）　9、10. Ⅴ式（ⅩⅥH7:26、ⅩⅥH7:27）　11、12. Ⅵ式（ⅩⅥCT3③:20、ⅩⅥBT5②:6）
13、14. Ⅶ式（ⅩⅥH3:8、ⅩⅥH3:9）　15、16. Ⅷ式（ⅩⅥCT5②:7、ⅩⅥH1:6）

标本ⅩⅥCT5②:7，残高 10.4 厘米（图四一，15）。标本ⅩⅥH1:6，残高 16.4 厘米（图四一，16）。

鬲足的出土数量最多，其演变规律明显，即形体从细矮蹄足至柱状足，由较矮小的柱状足至粗高的柱状足。足窝由深至浅。柱足纹饰由素面至通体有削痕；至上二分之一段饰绳纹，下二分之一段有削痕；至上三分之二段饰绳纹，足跟有削痕；至内侧有削痕，外侧饰绳纹；至全足满饰绳纹。柱足根由圆形至不规则棱形再至圆形。以上规律可能代表了楚式鬲的整个演变过程。从排列研究中，还发现楚式鬲是由鬲下袋足和模制柱足两部分组合而成，接缝清晰可见。

鬲足所分八式与 A、B 型鬲的完整器对照，发现Ⅰ式鬲足的形制早于 A 型Ⅰ式鬲的足，Ⅱ式鬲足的形制同 A 型Ⅰ式鬲的足。Ⅲ式鬲足的形制同 A 型Ⅲ式鬲的足。Ⅳ式鬲足的形制同 A 型Ⅳ式、B 型Ⅱ式鬲的足。Ⅵ式鬲足的形制同 B 型Ⅵ式鬲的足。Ⅶ式、Ⅷ式鬲足的形制同 A 型Ⅸ式、A 型Ⅹ式、B 型Ⅹ式、B 型Ⅺ式鬲的足。

盂

盂是日用生活器皿中常见的器皿之一，出土数量较多，共 297 件，其中较完整的 40 件，均为实用器。陶质陶色以泥质褐红陶和红黄陶为主，浅灰陶、深灰陶次之。侈口，圜底上凹。器体一般较大。纹饰中有绳纹和旋纹。绳纹一般饰于腹部和底部，以直列中绳纹居多，粗绳纹或细绳纹较少；旋纹多饰于肩部。依口、颈及腹部变化分为十二式。

Ⅰ式　4 件。均残存口、腹部。泥质褐陶。颈高，沿与腹夹角大。

标本ⅩⅥH5:12，敞口，卷沿，宽沿面上仰，沿面内凹，宽薄内斜方唇紧贴沿外侧，高颈微束，溜肩，腹微鼓。肩部饰一道凸旋纹，腹饰直列粗绳纹。口径 31.6、残高 10 厘米（图四二，1）。

Ⅱ式　9 件。多残存口沿部。泥质褐陶。颈高，沿与腹夹角大。

标本ⅩⅥH6:13，器形较完整。侈口，卷沿，沿面上仰微内凹，内斜方唇，高束颈，溜肩，腹微鼓，下腹内收。肩部饰一道凹旋纹，腹饰横粗绳纹。底残。口径 19.4、残高 12.8 厘米（图四二，2；图版一二，1）。

Ⅲ式　21 件。多残存口沿部。泥质褐陶。颈高，沿与腹夹角大。

标本ⅩⅥH6:4，器形较完整。侈口，卷沿，双叠唇微下勾，高颈微束，溜肩，上腹微鼓，下腹内收。底残。肩部饰一道浅凹旋纹，腹饰直列粗绳纹。口径 27.6、腹径 28.8、残高 18.8 厘米（图四二，3；图版一二，2）。

Ⅳ式　16 件。多残存口沿、腹部。泥质红陶。颈较矮，沿与腹夹角较大。

标本ⅩⅥCT5③:5，器形较完整。侈口，卷沿，内斜方唇微下勾，束颈，溜肩，上腹微鼓，下腹内收，圜底上凹。肩部饰三道凹旋纹，上腹饰直列粗绳纹，下腹及底部饰斜线交错粗绳纹。口径 30、腹径 30、高 21.2 厘米（图四二，4；图版一二，3）。

Ⅴ式　24 件。多存口沿、腹部。泥质红陶。颈较矮，沿与腹夹角较大。依形体变化分二个亚式。

Ⅴa式　11 件。口微侈，卷沿，方唇微下勾，束颈，溜肩，上腹微鼓，下腹内弧收。

标本ⅩⅥBT7③:1，器形较完整。颈部绳纹稍抹，肩部饰数道浅凹旋纹，器表通饰中绳纹。底残。口径 28.4、腹径 29.6、残高 21.6 厘米（图四二，5；图版一二，4）。

Ⅴb式　13 件。口微侈，窄卷沿上仰，圆弧唇，束颈较高，溜肩微凸，下腹弧内收。

标本ⅩⅥH8:6，底残。上腹饰直列中绳纹，下腹饰横列中绳纹，肩部饰数道浅凹旋纹。口径 18.4、腹径 18.8、残高 15.2 厘米（图四二，6；图版一三，1）。

Ⅵ式　11 件。泥质红黄陶。颈较高，沿与腹夹角较大。均残存口、腹部分。侈口，仰折沿，沿面微凹，内斜方唇下勾，束颈较高，肩微凸，腹弧内收。

标本ⅩⅥH9:29，下腹和底残。下腹饰直列粗绳纹。口径 32.4、残高 11.6 厘米（图四二，7）。

Ⅶ式　72 件。多存口沿、腹部。泥质红黄陶。颈较矮，沿与腹夹角小。依口沿的不同分三个亚式。

Ⅶa式　23 件。侈口，仰折沿，沿面较宽，双叠唇，颈较矮，溜肩，上腹微鼓，下腹内收。

图四二 楚文化陶盂

1．Ⅰ式（ⅩⅥH5∶12） 2．Ⅱ式（ⅩⅥH6∶13） 3．Ⅲ式（ⅩⅥH6∶4） 4．Ⅳ式（ⅩⅥCT5③∶5） 5．Ⅴa式（ⅩⅥBT7③∶1） 6．Ⅴb式（ⅩⅥH8∶6） 7．Ⅵ式（ⅩⅥH9∶29） 8．Ⅶa式（ⅩⅥAT4③∶5） 9．Ⅶb式（ⅩⅥH7∶11） 10．Ⅶc式（ⅩⅥCT4③∶1） 11．Ⅷa式（ⅩⅥH2∶7） 12．Ⅷb式（ⅩⅥCT5③∶4） 13．Ⅸ式（ⅩⅥH13∶18） 14．Ⅹ式（ⅩⅥH3∶6） 15．Ⅺ式（ⅩⅥT1②∶5）

标本ⅩⅥAT4③:5,底残。肩部饰四道凹旋纹,腹部饰直列中绳纹,下腹饰横列中绳纹。口径30.8、腹径32、残高20厘米(图四二,8;图版一三,2)。

Ⅶb式　37件。体较矮。侈口,仰折窄沿,沿面微凹,方唇,颈较矮,溜肩,上腹微鼓,下腹内收,圜底上凹。

标本ⅩⅥH7:11,器形完整。肩部饰一道凹旋纹,下腹饰横粗绳纹。口径20.4、腹径20.8、高11.6厘米(图四二,9;图版一三,3)。

Ⅶc式　12件。口微侈,仰折沿,方唇,矮束颈,溜肩,上腹微鼓,下腹斜收。一般肩部饰一至数道凹旋纹,腹部饰粗绳纹。

标本ⅩⅥCT4③:1,底残。口径26、腹径27.2、高19.2厘米(图四二,10;图版一三,4)。

Ⅷ式　88件。泥质红黄陶或浅灰陶。多存口沿、腹部。颈矮,沿与腹夹角小。依口沿的不同分二个亚式。

Ⅷa式　51件。口微侈,平折沿,双叠唇下勾,矮束颈,肩微凸,上腹微鼓,下腹内收。一般肩部饰一至数道浅凹旋纹,上腹饰直列粗绳纹,下腹饰横列和斜列粗绳纹,有的沿面还饰数道浅凹旋纹。

标本ⅩⅥH2:7,底残。口径18.8、腹径19.2、残高12.4厘米(图四二,11;图版一四,1)。

Ⅷb式　37件。口微侈,平折窄沿,窄斜方唇,矮束颈,溜肩,上腹微鼓,下腹收。圜底上凹,一般肩部饰一至数道凹旋纹,下腹及底部饰横列粗绳纹。

标本ⅩⅥCT5③:4,器形完整。口径18.8、腹径19.2、高12.4厘米(图四二,12;图版一四,2)。

Ⅸ式　11件。多存口沿、腹部。泥质红黄陶或浅灰陶。颈矮,沿与腹夹角小。侈口,窄折沿,沿面微下翻,方唇,矮颈,溜肩,上腹微鼓,下腹内收,圜底上凹。一般肩部饰一至数道浅凹旋纹,下腹及底饰交错粗绳纹。

标本ⅩⅥH13:18,器形完整。口径28.8、腹径31.2、高20.8厘米(图四二,13;图版一四,3)。

Ⅹ式　14件。多存口沿、腹部。泥质浅灰陶或深灰陶。颈矮,沿与腹夹角小。口微侈,窄折沿勾,束颈,溜肩,深腹,上腹微鼓,下腹内收,圜底上凹。一般肩部饰数道凹旋纹,腹及底部饰横列或交错粗绳纹。

标本ⅩⅥH3:6,器形完整。口径27.6、腹径30、高20厘米(图四二,14;图版一四,4)。

Ⅺ式　9件。多存口沿部。泥质浅灰陶或深灰陶。颈矮,沿与腹夹角小。口微侈,翻折沿,圆尖唇,矮颈,溜肩,深腹,上腹鼓,下腹斜收。上腹一般饰直列细绳纹,下腹饰横列或交错细绳纹,有的沿面饰数道浅凹旋纹。

标本ⅩⅥT1②:5,器形完整。口径25.2、腹径30.8、高22.8厘米(图四二,15;图版一五,1)。

Ⅻ式　18件。泥质深灰陶或浅灰陶。多存口沿部。颈矮,沿与腹夹角小。根据口沿和腹部的不同分二个亚式。

Ⅻa式　12件。均存口沿、腹部。薄胎。体较扁矮,口微敞,窄折沿外翻,尖圆唇,矮束颈,肩外凸,上腹鼓,下腹内收。有少部分口沿沿面饰数道凹旋纹,一般肩部饰数道凹旋纹,腹部饰横列粗绳纹。

标本ⅩⅥBT2②：6，腹较深。底残。口径20.8、腹径21.2、残高8.8厘米（图四三，1；图版一五，2）。

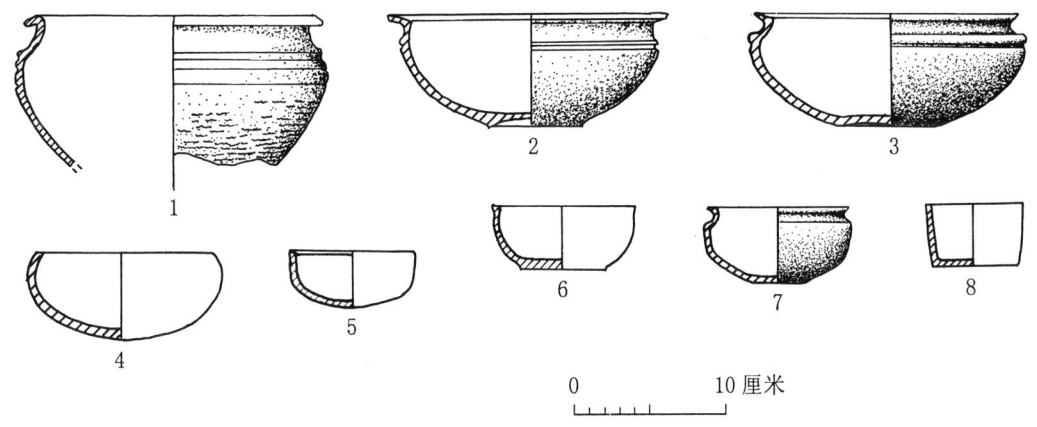

图四三　楚文化陶盂、小盂

1.Ⅻa式盂（ⅩⅥBT2②：6）　2.Ⅻb式盂（ⅩⅥH1：2）　3.Ⅻb式盂（ⅩⅥH1：1）　4.Ⅰ式小盂（ⅩⅥH11：9）
5.Ⅱ式小盂（ⅩⅥCT5③：8）　6.Ⅲ式小盂（ⅩⅥAT4③：13）　7.Ⅳ式小盂（ⅩⅥH7：8）　8.Ⅴ式小盂（ⅩⅥH7：56）

Ⅻb式　6件。侈口，仰折沿，斜方唇，矮颈微束，溜肩，浅弧腹内收，圜底上凹。一般肩部饰一至数道凹旋纹，余素面。

标本ⅩⅥH1：2，器形完整。浅腹。口径18.4、腹径17.2、高7.2厘米（图四三，2；图版一五，3）。标本ⅩⅥH1：1，器形完整。口径小于腹径。侈口，仰折窄沿，尖唇，矮颈，凸肩，浅弧腹，底微上凹。肩部饰一道凹旋纹，余素面。口径17.6、腹径18.4、高7.2厘米（图四三，3；图版一五，4）。

盂的发展规律基本上是体由高大到扁矮，口沿的演变规律与鬲的演变规律大致相同，即由卷沿→仰折沿→平折沿→翻折沿；口与腹的夹角由大变小，颈由高至矮；腹由深至浅。

小盂

6件。器形均完整。泥质褐红陶。与盂相类，唯体小扁矮，直口，多数无沿。素面。依器形演变情况分五式。

Ⅰ式　1件。

ⅩⅥH11：9，泥质褐陶。敛口，平沿，圆腹，圜底。素面。口径12、高5.6厘米（图四三，4，图版一六，1）。

Ⅱ式　2件。泥质红陶。口微侈，沿面向内，直腹壁，圜底。素面。

标本ⅩⅥCT5③：8，口径8.4、高3.6厘米（图四三，5；图版一六，2）。

Ⅲ式　1件。

ⅩⅥAT4③：13，泥质红陶。敛口，唇外侈，尖唇，腹微鼓，下腹斜收，矮平底。素面。口径9.2、高4厘米（图四三，6；图版一六，3）。

Ⅳ式　1件。

ⅩⅥH7：8，泥质红黄陶。口微侈，平折窄沿，尖唇，束颈较矮，肩微突，上腹微鼓，下腹内收，小平底。素面。口径 9.6、腹径 10、高 4.8 厘米（图四三，7；图版一六，4）。

Ⅴ式　1件。

ⅩⅥ H7∶56，泥质红黄陶。圆筒形，口略大于底。平沿，斜直腹，平底。素面。口径 6.4、高 4、底径 5.6 厘米（图四三，8；图版一七，1）。

罐

239 件。均系生活实用器。依形体不同可分为三型。

A 型（高领罐）　共 200 件，其中完整器 14 件。均为泥质陶，褐陶和红陶居多，浅灰陶、深灰陶较少。高领，椭圆腹，凹圜底。绳纹是其主要纹饰。依器体各部位变化情况分为十二式。

Ⅰ式　4件。泥质褐陶。二件完整。沿面与颈部夹角大。颈粗长。敞口，窄卷沿，内斜方唇微内凹。紧贴沿外侧，束颈，溜肩，椭圆腹微鼓，凹圜底。器表一般通饰直列、交错细绳纹，颈、腹饰数道凹旋纹。

标本Ⅲ J1②∶8，器形完整。口径 16、腹径 19.6、高 27.2 厘米（图四四，1；图版一七，2）。

Ⅱ式　14件。其中二件为完整器。泥质褐陶。颈粗长。形体基本与Ⅰ式相似。侈口，窄卷沿，方唇，溜肩，椭圆腹微鼓。器表一般通饰直列和横列交错中绳纹，上腹部饰数道浅凹旋纹。

标本Ⅲ J1②∶3，口径 16.8、腹径 21.6、高 27.6 厘米（图四四，2；图版一七，3）。

Ⅲ式　28件。泥质红陶。多存口、腹部。颈粗长。依口沿不同分为二个亚式。

Ⅲa式　25件。口微侈，卷沿，方唇，领较高，溜肩，深腹微鼓，圜底上凹。颈及上腹部饰直列中绳纹，下腹及底饰斜交错中绳纹。

标本Ⅲ J1②∶2，器形完整。口径 17.2、腹径 22.8、高 27.2 厘米（图四四，3；图版一七，4）。

Ⅲb式　3件。口微侈，平折沿，沿面内外侧各起一周凸棱，沿面内凹，斜方唇下勾，直颈较高，溜肩，腹微鼓，圜底上凹。器身通饰直列及斜交错细绳纹，颈部绳纹稍抹，上腹部饰数道凹旋纹。

标本Ⅲ J1②∶1，口径 14、腹径 20、高 24.4 厘米（图四四，4；图版一八，1）。

Ⅳ式　18件。泥质红陶或红黄陶。均存口沿和腹部。颈较粗高。分为二个亚式。

Ⅳa式　11件。敞口，卷沿，双唇下勾，高颈微束，溜肩，上腹微鼓。颈部绳纹稍抹，器表一般通饰交错绳纹。

标本Ⅲ H1∶4，口径 18、残高 16 厘米（图四四，5）。

Ⅳb式　7件。形制基本与Ⅳa式相似，仅沿面较宽，内凹，窄斜方唇。颈部绳纹稍抹，器表一般通饰直列粗绳纹，肩部饰数道凹旋纹。

标本ⅩⅥ H11∶14，口径 16、残高 11.6 厘米（图四四，6）。

Ⅴ式　12件。泥质红黄陶或红陶。侈口，卷沿，沿面上仰，内斜方唇微凹，束颈较高，溜肩，上腹微鼓，下腹弧收，圜底上凹。一般颈饰隐绳纹。

标本ⅩⅥ H9∶30，器形完整。口径 12、腹径 16.4、高 20.8 厘米（图四四，7；图版一八，2）。

Ⅵ式　28件。多存口、腹部。泥质红黄陶。侈口，仰折窄沿，方唇下勾，束颈细高，溜肩，腹微鼓，圜底上凹。一般上腹饰直列粗绳纹，下腹及底部饰横列粗绳纹。

标本ⅩⅥ H9∶31，器形完整。口径 13.4、腹径 18、高 20.8 厘米（图四四，8；图版一八，3）。

Ⅶ式　26件。多存口沿、腹部。泥质红黄陶。侈口，仰折沿，沿面微凹，沿边有凸棱，方唇，

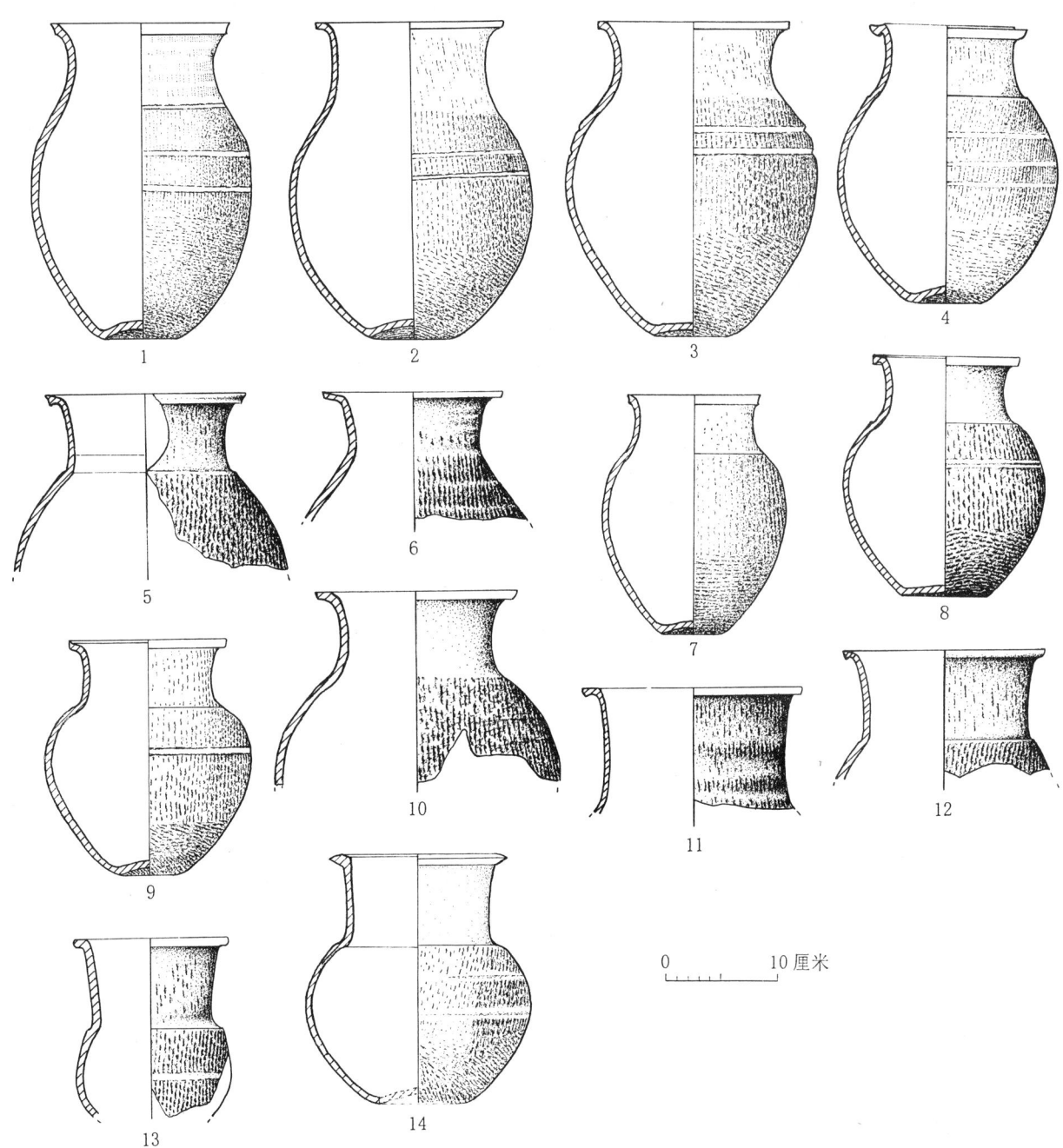

图四四 楚文化陶罐

1. Ⅰ式（ⅢJ1②:8） 2. Ⅱ式（ⅢJ1②:3） 3. Ⅲa式（ⅢJ1②:2） 4. Ⅲb式（ⅢJ1②:1） 5. Ⅳa式（ⅢH1:4） 6. Ⅳb式（ⅩⅥH11:14） 7. Ⅴ式（ⅩⅥH9:30） 8. Ⅵ式（ⅩⅥH9:31） 9. Ⅶ式（ⅩⅥH2:10） 10. Ⅷ式（ⅩⅥH2:11） 11. Ⅸ式（ⅩⅥAT4②:5） 12. Ⅹ式（ⅩⅥCT3②:14） 13. Ⅺ式（ⅩⅥAT3②:3） 14. Ⅻ式（ⅩⅥAT4②:3）

束颈较高，凸肩，腹微鼓，圜底上凹。一般颈部饰隐绳纹，上腹饰直列粗绳纹，下腹饰交错绳纹。

标本ⅩⅥH2:10，器形完整。口径14、腹径18.4、高20.4厘米（图四四，9；图版一八，4）。

Ⅷ式 11件。均残存口沿、腹部。泥质红黄陶。侈口，平折沿较宽，斜方唇，束颈较高，溜肩，腹微鼓。一般腹部饰直列中绳纹。

标本ⅩⅥH2:11，下腹及底残。口径18、腹径25.6、残高17厘米（图四四，10）。

Ⅸ式　12件。均残存口沿部。泥质浅灰陶或红黄陶。侈口，平折沿，沿面较宽，斜方唇微下勾，束颈较高。颈饰隐绳纹。

标本ⅩⅥAT4②:5，口径20、残高10.4厘米（图四四，11）。

Ⅹ式　13件。残存口沿部。泥质浅灰陶。侈口，平折窄沿，斜方唇微勾，颈细高，溜肩。颈部饰隐绳纹，器表一般饰中绳纹。

标本ⅩⅥCT3②:14，口径18、残高11.2厘米（图四四，12）。

Ⅺ式　32件。均残存口沿和腹部。泥质浅灰陶或深灰陶。敞口，平折沿，圆唇，颈细高。肩微凹，腹微鼓。颈部饰隐绳纹，器表一般通饰直列中绳纹，腹部饰一道浅凹旋纹。

标本ⅩⅥAT3②:3，口径14、残高15.6厘米（图四四，13）。

Ⅻ式　2件。残存口沿、腹部。泥质深灰陶。侈口，折沿外翻，尖唇，颈细高，直高颈外敞，肩微凸，圆鼓腹。肩以下饰斜细绳纹，腹部饰数道浅凹旋纹。

标本ⅩⅥAT4②:3，口径16、腹径20、高21.6厘米（图四四，14；图版一九，1）。

B型（矮领罐）　36件。矮颈，圆鼓腹，凹圈底。依各部位变化情况分为八式。

Ⅰ式　1件。

ⅢT1⑨:12，泥质褐陶。侈口，卷沿上仰，沿面与颈夹角大。沿面内凹，斜方唇中凹且紧贴沿外侧。束颈较高，溜肩，深腹微鼓。底残。上腹饰直列中绳纹，下腹饰斜列中绳纹，腹中部饰二道浅凹旋纹。口径19.2、腹径25.2、残高28.4厘米（图四五，1；图版一九，2）。

Ⅱ式　4件。残存口沿部。泥质褐陶。侈口，卷沿，沿面上仰内凹，沿与颈夹角较Ⅰ式小，宽斜方唇微勾，束颈较高，溜肩。

标本ⅩⅥH6:24，颈部饰隐绳纹，腹饰直列中绳纹。口径17.6、残高9.6厘米（图四五，2）。

Ⅲ式　4件。残存口沿、腹部。泥质褐陶或红陶。侈口，卷沿，窄斜方唇。

标本ⅩⅥH11:13，颈部饰隐绳纹。口径16、残高4.4厘米（图四五，3）。

Ⅳ式　3件。多存口沿部。泥质红陶或红黄陶。侈口，仰折沿，沿面微内凹，薄方唇，矮束颈，肩微凸，上腹鼓，下腹内弧。

标本ⅩⅥH10:26，底残。上腹饰直列粗绳纹和二道凹旋纹，下腹饰交错粗绳纹。口径16.8、腹径24、高22.4厘米（图四五，4；图版一九，3）。

Ⅴ式　5件。多存口沿部。泥质红陶或红黄陶。侈口，折沿微仰，斜方唇下勾，束颈较矮，肩微凸，圆鼓腹。肩以下一般饰交错斜列中绳纹，上腹饰一道浅凹旋纹。

标本ⅩⅥH8:21，底略残。口径15.3、腹径22、高20.4厘米（图四五，5；图版一九，4）。标本ⅩⅥH8:20，口沿残。直颈，溜肩，鼓腹，圈底上凹。上腹饰一道凹旋纹及直列中绳纹，下腹及底饰交错绳纹。腹径20.4、残高19.9厘米（图四五，6）。

Ⅵ式　7件。多存口沿部。泥质红陶或红黄陶。口微侈，平折窄沿，双叠唇，颈较矮，上腹鼓，下腹内收。一般颈部饰隐绳纹，上腹饰直列中绳纹，下腹饰交错绳纹，肩部饰一道浅凹旋纹。

标本ⅩⅥT1③:6，底残。口径13.8、腹径20、高19.6厘米（图四五，7；图版二〇，1）。

Ⅶ式　5件。多存口沿部。泥质红陶或红黄陶。口微侈，窄折沿外翻，斜方唇，束颈较矮，肩微凸，上腹微鼓，下腹弧收。一般颈部饰隐绳纹，器身通饰直列及横列中绳纹。

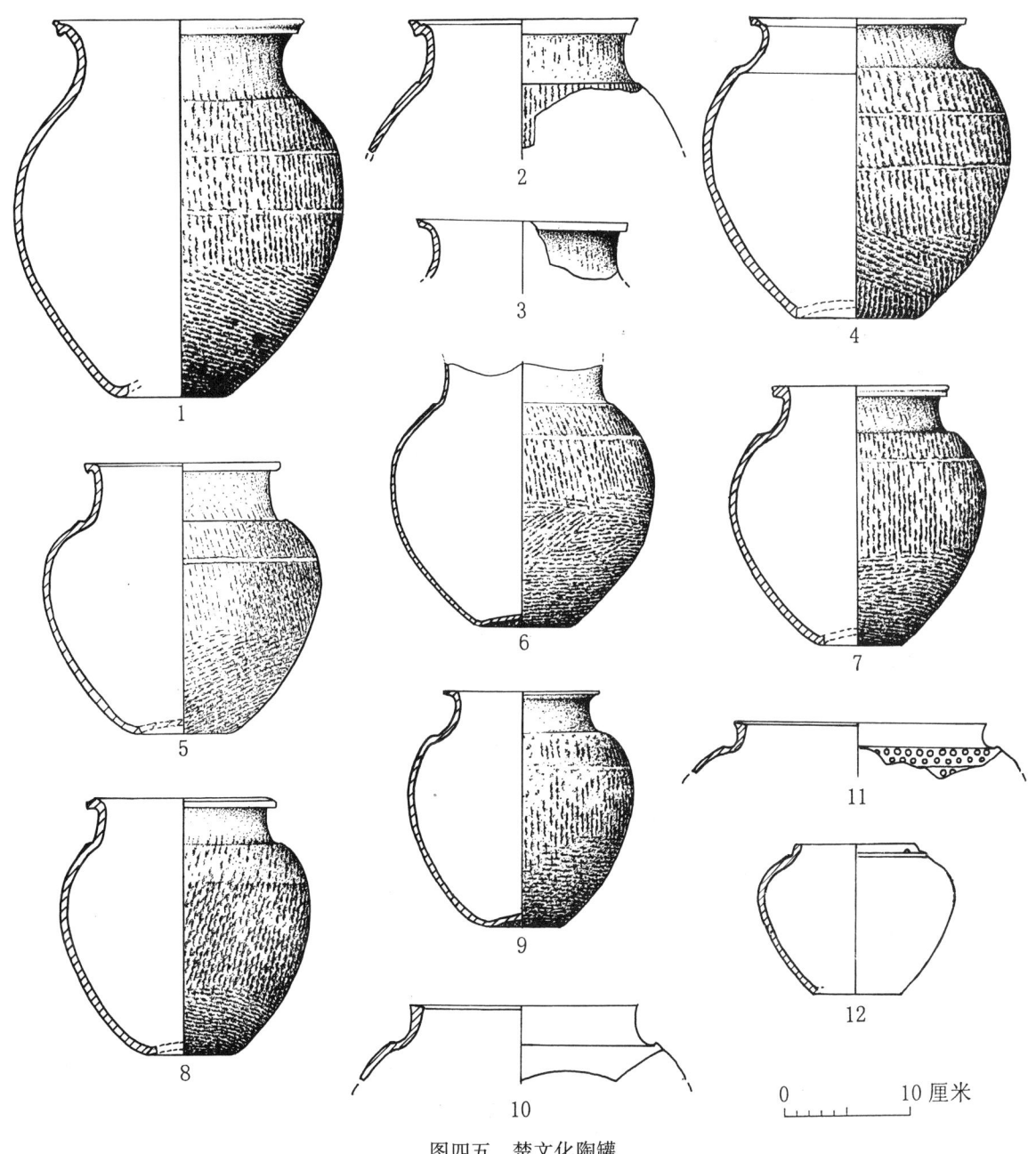

图四五　楚文化陶罐

1.B型Ⅰ式（ⅢT1⑨:12）　2.B型Ⅱ式（ⅩⅥH6:24）　3.B型Ⅲ式（ⅩⅥH11:13）　4.B型Ⅳ式（ⅩⅥH10:26）　5、6.B型
Ⅴ式（ⅩⅥH8:21、ⅩⅥH8:20）　7.B型Ⅵ式（ⅩⅥT1③:6）　8.B型Ⅶ式（ⅩⅥH7:24）　9.B型Ⅷ式（ⅩⅥCT5②:8）　10～
12.C型（ⅩⅥT1②:9、ⅩⅥBT7②:2、ⅩⅣT1③:12）

标本ⅩⅥH7:24，底残。口径14.8、腹径19.4、残高19.4厘米（图四五，8；图版二〇，2）。

Ⅷ式　7件。多存口沿部。泥质红黄陶或浅灰陶。口微侈，平折沿，薄方唇，矮束颈，肩微
凸，上腹鼓，下腹弧收，圜底上凹。

标本ⅩⅥCT5②:8，器形完整。上腹饰直列中绳纹和一道凹旋纹，下腹饰横列中绳纹。口径
12、腹径17.6、高17.9厘米（图四五，9；图版二〇，3）。

C型 3件。直口，矮束颈。

ⅩⅥT1②:9，口沿部。泥质红陶。口微敞，平沿，沿面向内斜，尖唇，矮颈微束，耸肩。口径17.6、残高5.6厘米（图四五，10）。ⅩⅥBT7②:2，口沿部。泥质红陶。口微侈，平沿微向内斜，尖唇，矮颈微束，耸肩。腹上部饰三排圆圈纹。口径19.6、残高4厘米（图四五，11）。ⅩⅣT1③:12，器形完整。浅灰釉陶，薄胎，口敛，矮颈，广肩，上腹鼓，下腹内收。颈部残存一个小圆孔。素面。口径9.2、腹径15.2、高11.2厘米（图四五，12；图版二〇，4）。

罐是常见的日用生活器皿之一，出土数量较多，型式也较多，其演变规律大致为：A型罐的口沿由卷沿→仰折沿→平折沿→翻折沿；颈由粗矮→细高；腹由椭圆→微鼓。B型罐的演变规律是，口沿、唇部的变化与A型罐基本相同；颈的变化则与A型罐相反，即由粗高→较粗高→细矮。

豆

384件，完整器较多。均泥质陶，以褐红陶居多，红黄陶次之，浅灰陶较少。浅盘，细柄，喇叭形座。一般为素面，少量盘内有射线暗纹。依器体各部位演变规律分为十一式。

Ⅰ式 20件。器形多完整。泥质褐陶。侈口，盘较深，圆唇，圈壁，柄较粗矮，高喇叭座，座面较高，内弧，座沿上翻，有的柄下部中空，有的中空至盘底。素面。

标本ⅩⅥH6:11，器形完整。盘径12.8、高12厘米（图四六，1；图版二一，1）。

Ⅱ式 21件。器形多完整。泥质褐陶或红陶。敞口，盘较深，圆唇，弧壁斜收，矮柄上细下粗，高喇叭座，座面稍内弧，座沿微上翻，柄内中空至盘底。素面。

标本ⅩⅥH8:1，器形完整。盘径13、高12.4厘米（图四六，2；图版二一，2）。

Ⅲ式 31件。多存口沿、圈足部。泥质红陶或褐陶。侈口，盘较浅，弧腹壁近折，柄较矮，喇叭形座，座面微内弧，座沿微上翘，柄内中空至盘底。素面。

标本ⅢT1⑨:1，器形完整。盘径12.4、高11.2厘米（图四六，3；图版二一，3）。

Ⅳ式 47件。多存口沿、圈足部。泥质红陶和红黄陶。盘较深，敞口，圆唇，弧壁斜收，柄较矮，喇叭座较矮，座面微内弧，座沿有的微上翘，有的呈圈足状，柄内中空至盘底。素面。

标本ⅩⅥAT2③:1，器形完整。盘径12.8、高11.2厘米（图四六，4；图版二一，4）。

Ⅴ式 34件。多存口沿、圈足部。泥质红黄陶。盘较深，侈口，圆唇，圈腹壁，柄较矮，其中少数柄上粗下细，喇叭座较矮，座面微内弧，座沿微呈圈足状，柄内中空至盘底。素面。

标本ⅩⅥAT1③:5，器形完整。盘径12、高12厘米（图四六，5；图版二二，1）。

Ⅵ式 28件。多存口沿和柄部。泥质红黄陶或浅灰陶。盘较深，敞口，圆唇，圈腹壁，粗柄较矮，喇叭座较矮，座面上鼓，座沿呈圈足状，柄内中空至盘底。素面。

标本ⅩⅥAT4③:2，器形完整。盘径11.6、高10.4厘米（图四六，6；图版二二，2）。

Ⅶ式 35件。多存柄和圈足部。泥质红黄陶或浅灰陶。盘较深。圆唇，圈腹壁，细柄较高，喇叭座较高，座面上鼓（有少数喇叭座较大，座面微内弧），座沿呈圈足状，柄中空。素面。

标本ⅩⅥH13:8，器形完整。盘径14、高13.4厘米（图四六，7；图版二二，3）。

Ⅷ式 41件。多存柄和圈足部。泥质浅灰陶或红黄陶。盘较浅，敞口，圆唇，圈腹壁，细柄较高，喇叭座较高，座面微内弧，柄实或柄内中空至盘底，座沿微呈圈足状。

标本ⅩⅥAT1②:1，器形完整。盘径13.4、高18厘米（图四六，8；图版二二，4）。

图四六 楚文化陶豆、盖豆

1. Ⅰ式豆（ⅩⅥH6：11） 2. Ⅱ式豆（ⅩⅥH8：1） 3. Ⅲ式豆（ⅢT1⑨：1） 4. Ⅳ式豆（ⅩⅥAT2③：1） 5. Ⅴ式豆（ⅩⅥAT1③：5）
6. Ⅵ式豆（ⅩⅥAT4③：2） 7. Ⅶ式豆（ⅩⅥH13：8） 8. Ⅷ式豆（ⅩⅥAT1②：1） 9. Ⅸ式豆（ⅩⅥAT4②：14） 10. Ⅹ式豆（ⅩⅥCT3②：8） 11. Ⅺ式豆（ⅩⅥH1：4） 12. Ⅰ式盖豆（ⅩⅥT1③：1） 13. Ⅱ式盖豆（ⅩⅥCT4③：1） 14. Ⅲ式盖豆（ⅩⅥH3：7） 15. Ⅳ式盖豆（ⅩⅥAT4②：21） 16. 豆盖（ⅩⅥCT5②：1）

Ⅸ式 39件。多存柄和圈足部。泥质浅灰陶。浅盘，敞口，圆唇，圜腹壁，细柄较高，喇叭座较矮，座面斜直，座沿微外弧，柄下部中空。素面。

标本ⅩⅥAT4②：14，器形完整。盘径12.4、高12.4厘米（图四六，9；图版二三，1）。

Ⅹ式 57件。多存柄和圈足部。泥质浅灰陶或深灰陶。浅盘，敞口，圆唇，弧腹壁，细柄较高，矮喇叭座，座面斜直，座沿外弧，柄内中空。素面。

标本ⅩⅥCT3②：8，器形完整。盘径15.6、高22.8厘米（图四六，10；图版二三，2）。

Ⅺ式　31件。多存柄和圈足部。泥质深灰陶或浅灰陶。浅盘，敞口，圆唇，圜腹壁，细高柄，柄下端有一周凸棱，矮喇叭座，座面上鼓，柄实或下部中空。多素面，有的盘内饰放射状暗纹。

标本ⅩⅥH1：4，器形完整。盘径13.4、高21.6厘米（图四六，11；图版二三，3）。

豆的发展规律基本为：形体由矮到高；盘由深到浅；腹由圜腹到折腹到弧腹；柄由空、粗、矮到实、细、高及外饰凸棱；座由高到矮，座壁由内弧到外弧，座面由沿面外翘到座面上鼓再到"八"字形。

盖豆

13件。以泥质红黄陶或浅灰陶为主。深盘，有盖，粗柄，喇叭形座。素面或饰旋纹。依器形变化分为四式。

Ⅰ式　4件。泥质红黄陶。口敛，圆鼓腹，器盖与座不存。上腹饰数道凹旋纹。

标本ⅩⅥT1③：1，口径19.6、腹径22.4、残高13.2厘米（图四六，12）。

Ⅱ式　4件。

标本ⅩⅥCT4③：1，泥质红黄陶。敛口，腹较深，上腹微鼓，下腹内收。柄与座残。上腹饰二道浅凹旋纹。口径19.2、残高11.2厘米（图四六，13）。

Ⅲ式　3件。

标本ⅩⅥH3：7，器形完整。泥质浅灰陶。盘较浅，子口承盖（盖不存），折腹壁。圜底近平，矮柄较粗，矮座弧壁外凸，柄内中空至盘底。素面。口径12.8、高10厘米（图四六，14；图版二三，4）。

Ⅳ式　2件。

标本ⅩⅥAT4②：21，泥质浅灰陶。盘残。盘底圜，柄较细高，柄下端有二道凸棱，弧形喇叭座较高，柄内中空至盘底。素面。残高16、座径13.2厘米（图四六，15）。

豆盖　2件。

标本ⅩⅥCT5②：1，器形完整。泥质浅灰陶。盖顶圆弧形，喇叭形钮。素面。口径15、高6.4厘米（图四六，16；图版二四，1）。

瓮

168件。以泥质褐陶、红陶、红黄陶为大宗，有少量浅灰陶和深灰陶。器身一般饰绳纹，少数器身或口沿饰浅凹旋纹。形体较大，胎一般较厚。依形体各部位演变规律分十二式。

Ⅰ式　1件。

ⅩⅥH6：32，器形完整。泥质褐陶。侈口，卷沿，沿面上扬，外斜方唇，矮束颈，溜肩，腹椭圆，圜底。器表通饰直列交错中绳纹。口径22.8、腹径46.8、高56厘米（图四七，1；图版二四，2）。

Ⅱ式　23件。均残存口沿部。泥质褐陶或红陶。依形制变化分为二亚式。

Ⅱa式　21件。侈口，卷沿，沿面上仰内凹（有的沿面饰数道凹旋纹），内斜方唇，束颈较高，广肩。一般颈部饰隐绳纹，腹饰斜粗或中绳纹。

标本ⅩⅥCT3③：6，口沿部。口径20.8、残高6.2厘米（图四七，2）。

Ⅱb式　2件。侈口；卷沿，内斜方唇，束颈较高。

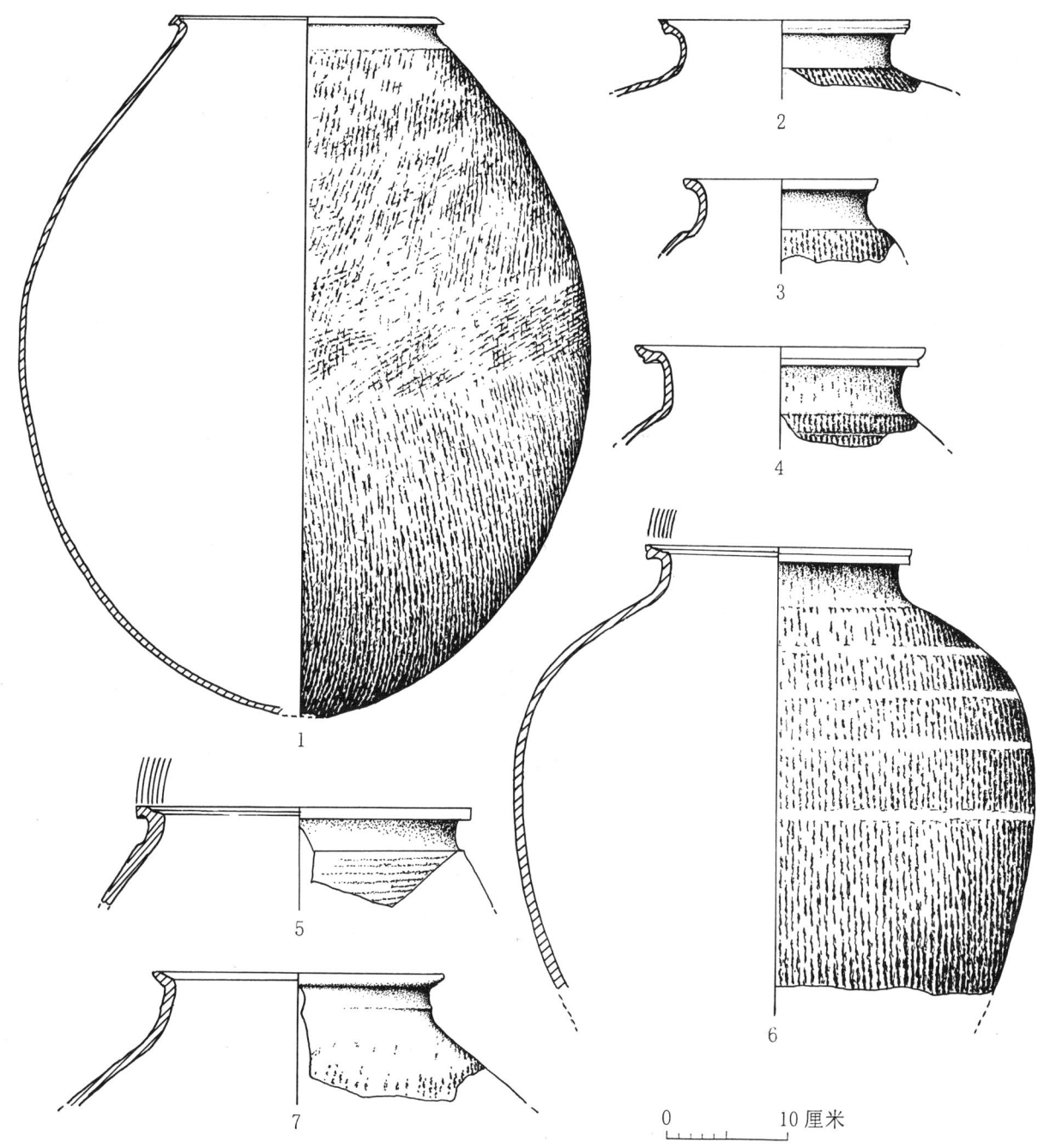

图四七 楚文化陶瓮

1. Ⅰ式（ⅩⅥH6：32） 2. Ⅱa式（ⅩⅥCT3③：6） 3. Ⅱb式（ⅩⅥH6：5） 4. Ⅲ式（ⅩⅥBT7③：8）
5. Ⅳ式（IT0506④：26） 6. Ⅴa式（ⅩⅥH7：2） 7. Ⅴb式（ⅩⅥH7：3）

标本ⅩⅥH6：5，口沿部。口径16、残高6.4厘米（图四七，3）。

Ⅲ式 15件。残存口沿部。泥质红陶或褐陶。侈口，卷沿，沿面上仰内凹，双叠唇（有少数下勾），束颈较高，广肩。一般颈部饰隐绳纹，腹部饰斜中绳纹，腹上部饰一道浅凹旋纹，少数腹部饰交错绳纹。

标本ⅩⅥBT7③：8，口沿部。口径24、残高8厘米（图四七，4）。

Ⅳ式　6件。残存口沿部。泥质红陶或红黄陶，厚胎。敛口，卷沿，沿面上仰，方唇，束颈较高，溜肩。一般沿面和肩部饰数道凹旋纹，腹饰直列中绳纹。

标本IT0506④:26，腹、底残。口径27.6、残高8厘米（图四七，5）。

Ⅴ式　15件。均残存口、腹部。泥质红黄陶或红陶。依口沿变化分为二亚式。

Ⅴa式　8件。侈口，仰折沿，沿面内凹，饰一至三道凹旋纹，双叠唇，束颈较高，广肩，上腹鼓，下腹内收。器表一般通饰直列粗绳纹，腹部饰数道浅凹旋纹。

标本ⅩⅥH7:2，器残。口径22、腹径42.8、残高35.2厘米（图四七，6；图版二四，3）。

Ⅴb式　7件。侈口，仰折窄沿，尖唇，束颈较高，广肩。一般肩饰斜中绳纹，颈部饰一道凸旋纹。

标本ⅩⅥH7:3，腹、底残。口径24、残高10厘米（图四七，7）。

Ⅵ式　5件。残存口沿部。泥质红黄陶。口微侈，折沿微仰，沿面较宽，双叠唇下勾，直颈较高，广肩。一般腹饰粗绳纹，肩部饰一道凹旋纹。

标本ⅩⅥCT3③:4，口径24、残高12厘米（图四八，1）。

Ⅶ式　18件。均残存口沿部。泥质红黄陶或浅灰陶。口微侈，平折窄沿，斜方唇下勾，颈较高，广肩。一般颈部饰隐绳纹，肩部饰直列中绳纹间数道浅凹旋纹。

标本ⅩⅥBT3②:2，口径23.2、残高7.2厘米（图四八，2）。

Ⅷ式　16件。均残存口沿部。泥质浅灰陶和红黄陶。口微侈，平折窄沿，圆唇，束颈较高，溜肩。一般颈部饰隐绳纹，腹饰斜粗绳纹。

标本ⅩⅥH13:17，口径24、残高6.8厘米（图四八，3）。

Ⅸ式　19件。残存口沿、腹部。泥质浅灰陶或红黄陶。口微侈，平折沿，有的沿面饰数道旋纹。斜方唇下勾，直颈较高，溜肩，鼓腹。器表一般通饰斜粗绳纹，颈部饰隐绳纹，腹上部饰数道凹旋纹。

标本ⅩⅥCT5②:9，口径23.2、残高26.4厘米（图四八，4）。

Ⅹ式　11件。残存口沿部。泥质浅灰陶或深灰陶。敛口，平折沿，斜方唇，颈较高，广肩。肩一般饰中绳纹。

标本ⅩⅥH4:10，口径24、残高4.4厘米（图四八，5）。

Ⅺ式　28件。残存口沿、腹部。泥质浅灰陶或深灰陶。依口沿变化分二亚式。

Ⅺa式　16件。敛口，平折沿，斜方唇或斜弧唇，矮束颈，广肩。器表一般通饰斜中绳纹，颈部饰隐绳纹，肩部饰数道浅凹旋纹。

标本ⅩⅥH1:9，口径24、残高7.5厘米（图四八，6）。

Ⅺb式　12件。敛口，平折沿，圆唇，矮束颈，溜肩，鼓腹。一般肩部饰数道浅凹旋纹，腹饰横列凹旋纹。

标本ⅩⅥBT5②:8，口径23.6、残高9.6厘米（图四八，7）。

Ⅻ式　11件。口沿部。泥质深灰陶或浅灰陶。敛口，翻折沿，尖圆唇，矮束颈，广肩。肩饰直列粗绳纹。

标本ⅩⅥAT5②:4，口径26、残高4.4厘米（图四八，8）。

瓮的演变规律为形体由椭圆→圆鼓；口沿由卷沿→仰折沿→平折沿→翻折沿；沿面由窄→宽；

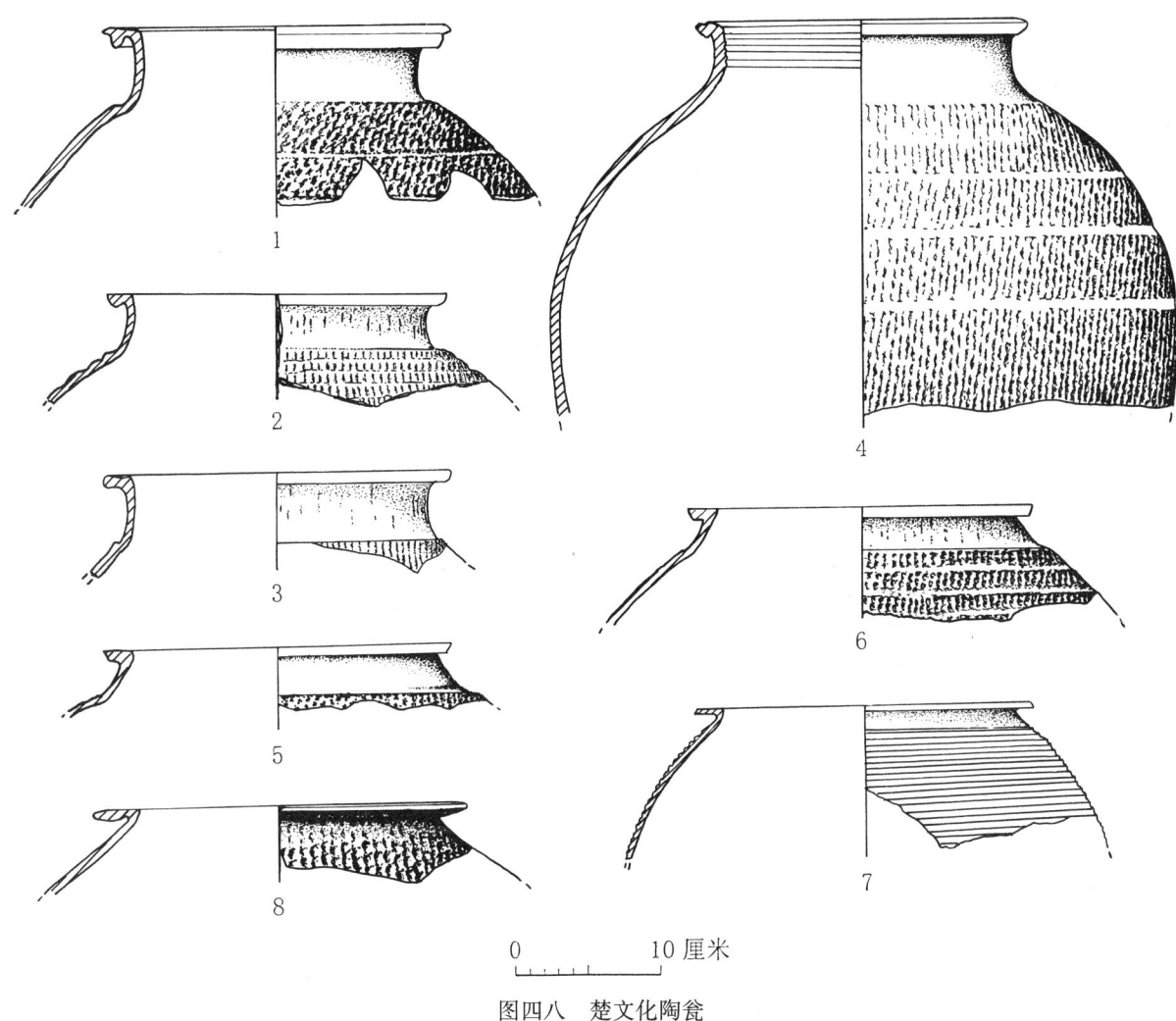

图四八　楚文化陶瓮

1. Ⅵ式（ⅩⅥCT3③:4）　2. Ⅶ式（ⅩⅥBT3②:2）　3. Ⅷ式（ⅩⅥH13:17）　4. Ⅸ式（ⅩⅥCT5②:9）　5. Ⅹ式（ⅩⅥH4:10）
6. Ⅺa式（ⅩⅥH1:9）　7. Ⅺb式（ⅩⅥBT5②:8）　8. Ⅻ式（ⅩⅥAT5②:4）

颈由矮→高→矮；肩由溜肩→广肩。

盆

59件。大部分为口沿部。以泥质浅灰陶为主，少量泥质红陶或红黄陶。纹饰主要有旋纹和绳纹，少数为素面。盆的出土数量较少，且均出残片。其主要特征大致是宽沿，沿面多饰旋纹，矮颈，上腹外弧且多饰旋纹或素面，下腹饰绳纹。依各部位变化情况分为八式。

Ⅰ式　9件。口沿部。泥质红陶。口微敛，卷沿，沿面上扬，内斜方唇，颈较高，溜肩，上腹微鼓。沿面、颈部饰数道旋纹。

标本ⅩⅥBT5③:17，口径38.8、残高6.8厘米（图四九，1）。

Ⅱ式　9件。口沿部。泥质红黄陶或红陶。口直或微敛，仰折沿，沿面较宽，尖弧唇。沿面饰数道旋纹，颈部饰隐绳纹，少数盆的肩部有一道凸棱，肩饰斜中绳纹。

标本ⅩⅥH7:14，口径39、残高6.8厘米（图四九，2）。

Ⅲ式　13件。口沿部。泥质红黄陶或浅灰陶。口微敛，仰折沿，圆弧唇或尖弧唇，颈较高，

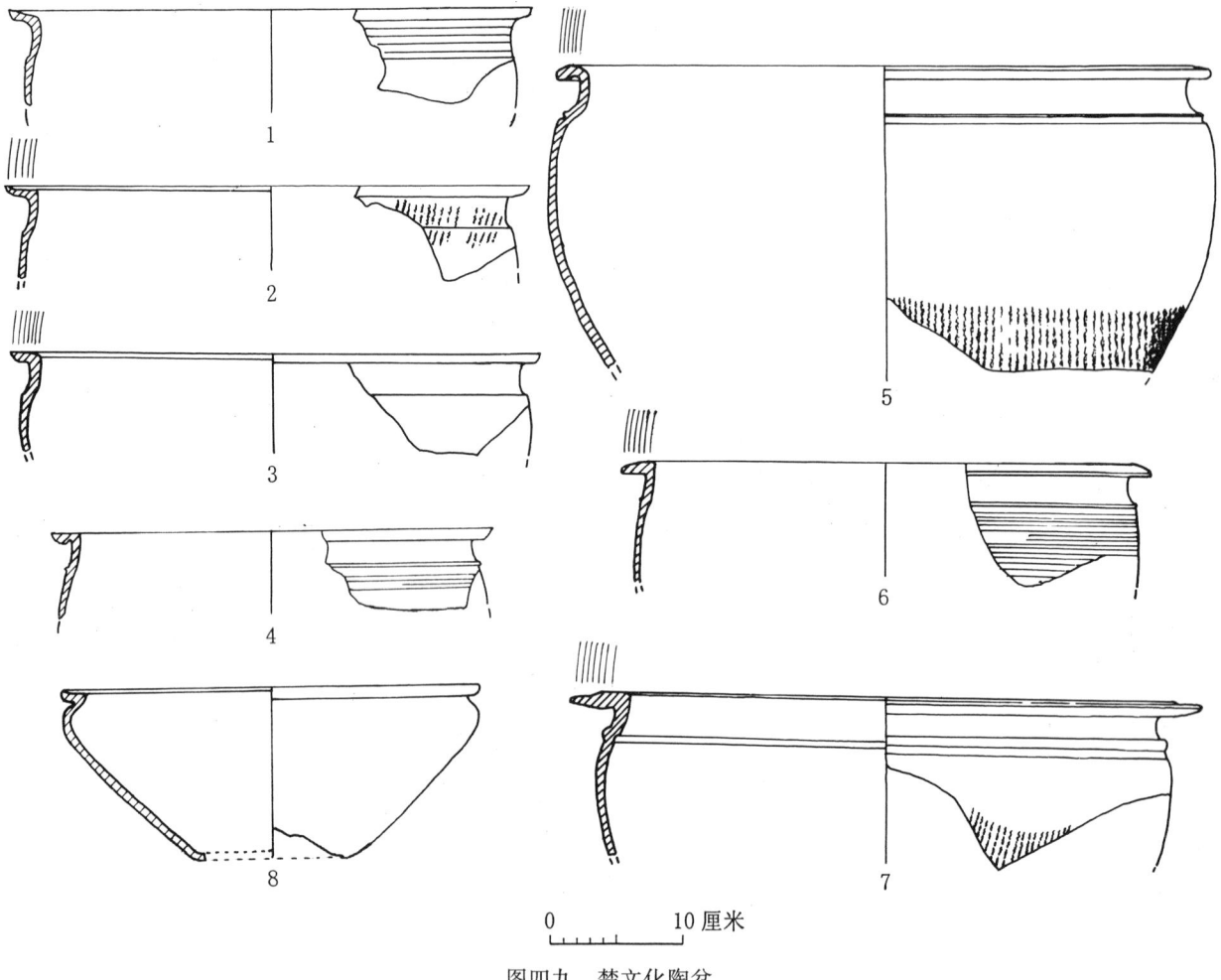

图四九　楚文化陶盆

1. Ⅰ式（ⅩⅥBT5③:17）　2. Ⅱ式（ⅩⅥH7:14）　3. Ⅲ式（ⅩⅥAT4②:9）　4. Ⅳ式（ⅩⅥAT4②:8）　5. Ⅴ式（ⅩⅥH2:3）

6. Ⅵ式（ⅩⅥAT4②:10）　7. Ⅶ式（ⅠT0808④:1）　8. Ⅷ式（ⅩⅥAT1②:5）

溜肩，腹微鼓。一般沿面饰数道凹旋纹。

　　标本ⅩⅥAT4②:9，口径39.5、残高7.2厘米（图四九，3）。

　　Ⅳ式　7件。口沿部。泥质浅灰陶或红黄陶。口微敛，平折窄沿，斜弧唇内勾，颈较矮，上腹微鼓。沿面一般饰数道凹旋纹，颈部饰隐绳纹，肩部饰数道旋纹或绳纹。

　　标本ⅩⅥAT4②:8，口径32.7、残高6厘米（图四九，4）。

　　Ⅴ式　8件。泥质浅灰陶或红黄陶。口微侈，折沿外翻，沿面上弧，圆唇，矮束颈，肩微突，上腹鼓，下腹收。一般沿面饰数道凹旋纹，肩部饰一道凸棱或凹旋纹，下腹部饰直列中绳纹。

　　标本ⅩⅥH2:3，下腹及底残。口径49、腹径50、残高22厘米（图四九，5）。

　　Ⅵ式　6件。泥质浅灰陶。直口，折沿微翻，沿面上弧，尖唇，颈较矮，肩微突，上腹微鼓。一般口沿及肩部饰数道凹旋纹。

　　标本ⅩⅥAT4②:10，下腹及底残。口径39.4、残高8.8厘米（图四九，6）。

　　Ⅶ式　6件。泥质浅灰陶和深灰陶。口微敛，翻折沿，圆唇，矮颈微束，溜肩（有的肩部饰一道凹旋纹），上腹微鼓，下腹内收。一般沿面饰数道凹旋纹，腹饰交错绳纹，肩部饰一道凸棱。

标本 IT0808④：1，下腹及底残。口径 47.2、残高 12.4 厘米（图四九，7）。

Ⅷ式　1件。泥质深灰陶。

ⅩⅥAT1②：5，敛口，仰折沿，沿边起棱，圆弧唇，矮束颈，突肩，腹下斜收。底残。素面。口径 31.6、残高 12.4 厘米（图四九，8；图版二四，4）。

甑

167 件，多存口沿部。以泥质浅灰陶为大宗，少量泥质红陶或红黄陶。旋纹和绳纹是该器的常见纹饰。甑的残片较多，完整器很少。其主要特征是，口沿较窄，部分沿面饰旋纹，颈较矮，腹较深，底部有孔。器表自颈部至下腹饰绳纹。依各部位演变规律分为九式。

Ⅰ式　7件。口沿部。泥质红陶。口微敛，仰折沿，少数沿面上弧，沿边起棱，双叠唇或内斜方唇，颈较矮，溜肩。一般沿面饰数道凹旋纹，颈饰隐绳纹，腹饰斜细绳纹。

标本 ⅩⅥBT5③：14，口径 35.6、残高 5.2 厘米（图五〇，1）。

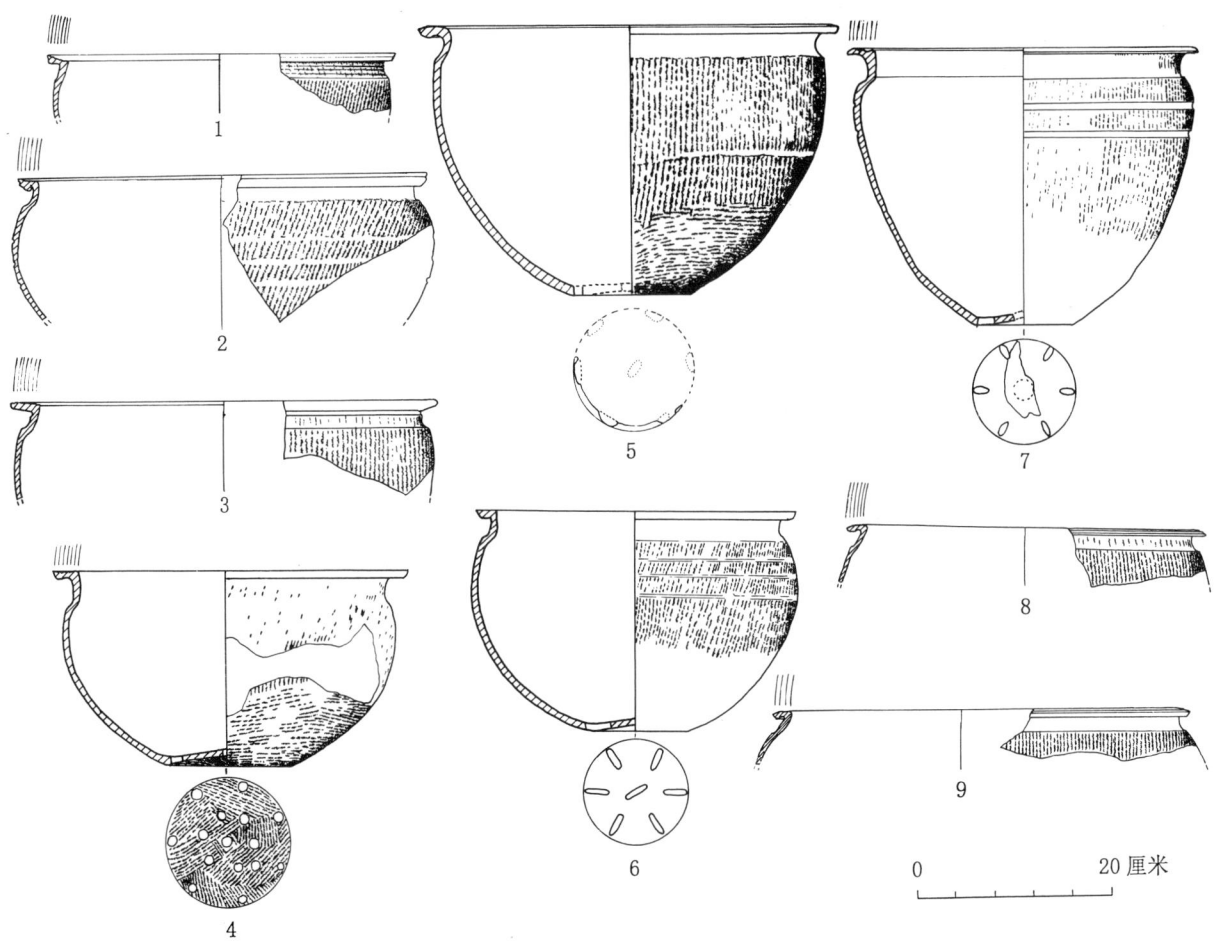

图五〇　楚文化陶甑
1.Ⅰ式（ⅩⅥBT5③：14）　2.Ⅱ式（ⅢT3⑧：8）　3.Ⅲ式（ⅩⅥBT5③：10）　4.Ⅳ式（ⅩⅣH3：15）　5.Ⅴ式（ⅩⅣH3：19）
6.Ⅵ式（ⅩⅣG1：11）　7.Ⅶ式（ⅩⅣH5：88）　8.Ⅷ式（ⅩⅥH1：11）　9.Ⅸ式（ⅩⅥH1：12）

Ⅱ式　13件。口沿部。泥质红陶或红黄陶。口微侈，仰折沿，双叠唇下勾或内斜方唇，束颈较矮，溜肩，腹微鼓。一般沿面饰数道凹旋纹，颈饰隐绳纹或素面，腹饰斜列粗绳纹及数道凹旋纹。

标本Ⅲ T3⑧：8，腹、底残。口径42、残高14.8厘米（图五〇，2）。

Ⅲ式　15件。均残存口沿部。泥质红黄陶或红陶。敛口，仰折沿，沿面较宽，部分沿面上弧，尖圆唇，颈较矮，肩微凸，腹微鼓。一般沿面饰数道凹旋纹，颈部饰隐绳纹，器身通饰直列中绳纹。

标本ⅩⅥ BT5③：10，口径44、残高9.6厘米（图五〇，3）。

Ⅳ式　9件。多存口沿部。泥质红黄陶或浅灰陶。口微侈，平折沿较宽，圆弧唇，束颈较高，溜肩，腹较浅，凹圜底。上腹饰隐绳纹，下腹饰交错绳纹。

标本ⅩⅣ H3：15，器形完整。底正中一圆孔。中部及周边分别饰二圈各七个等距离排列的小圆形箅孔。口径36.4、高19、箅孔直径0.8厘米（图五〇，4）。

Ⅴ式　37件，多存口沿部。泥质红黄陶或浅灰陶。口微侈，折沿微外翻，沿面微上弧，外端起棱，方唇或斜方唇下勾，束颈较矮，溜肩，腹较深，上腹微鼓，下腹内收，底边缘有椭圆形箅孔。少数沿面饰数道凹旋纹，腹上部饰直列粗绳纹间凹旋纹，下腹饰交错粗绳纹。

标本ⅩⅣ H3：19，器形完整。底正中一个、周边饰六个椭圆形箅孔。口径43.2、腹径40、高27.6厘米（图五〇，5；图版二五，1）。

Ⅵ式　26件。多存口沿部。泥质浅灰陶或红黄陶。口微敞，平折沿，内斜方唇，束颈较矮，溜肩，腹较深，圆鼓腹，圜底上凹。少数沿面饰旋纹，颈部饰隐绳纹，腹上部饰直列或斜列的中细绳纹及浅凹旋纹，下腹素面。

标本ⅩⅣ G1：11，器形完整。底部中间有一个、周边有六个椭圆形箅孔。口径32.4、腹径33.6、高22厘米（图五〇，6；图版二五，2、3）。

Ⅶ式　10件。多存口沿部。泥质浅灰陶或深灰陶。侈口，平折沿较宽，尖圆唇，束颈较高，肩微凸，深腹较瘦长，圜底上凹，底周边有多个对称的椭圆形箅孔。一般沿面饰旋纹，颈饰隐绳纹或素面，上腹饰直列中绳纹，下腹素面。

标本ⅩⅣ H5：88，器形较完整。底部正中一孔，周边有六个椭圆形箅孔。口径36、腹径35.2、高27.6厘米（图五〇，7；图版二六，1、2）。

Ⅷ式　32件。多存口沿部。泥质深灰陶或浅灰陶。口微敛或微侈，翻折沿，尖圆唇，矮领，溜肩。一般沿面饰数道凹旋纹，颈饰隐绳纹，腹饰直列中绳纹或细绳纹。

标本ⅩⅥ H1：11，口径37.2、残高5.6厘米（图五〇，8）。

Ⅸ式　18件。均残存口沿部。泥质深灰陶。口微敛，翻折沿，斜方唇下弧勾，矮束颈，溜肩。一般沿面饰数道凹旋纹，肩饰斜细绳纹。

标本ⅩⅥ H1：12，口径43.2、残高5.2厘米（图五〇，9）。

鼎

22件，其中鼎足15件，完整器5件，残口沿2件，皆实用器。以夹砂红陶为主，少量夹砂灰陶。多饰绳纹。依形制不同分二型。

A型　7件，完整器4件。夹砂红陶。器身似双耳盘，底部饰蹄形鼎足。据各部位演变规律分为四式。

Ⅰ式　1件。

　　ⅩⅥCT2③：2，器形完整。夹砂红陶。敛口，沿面向内，深腹盘，上腹圜，下腹斜内收，腹上部两侧饰对称环纽，圜底，腹下部饰对称三实蹄足，足稍外撇。上腹饰数道凹旋纹，下腹饰横列粗绳纹。口径32.8、盘深12.6、通高14厘米（图五一，1；图版二六，3）。

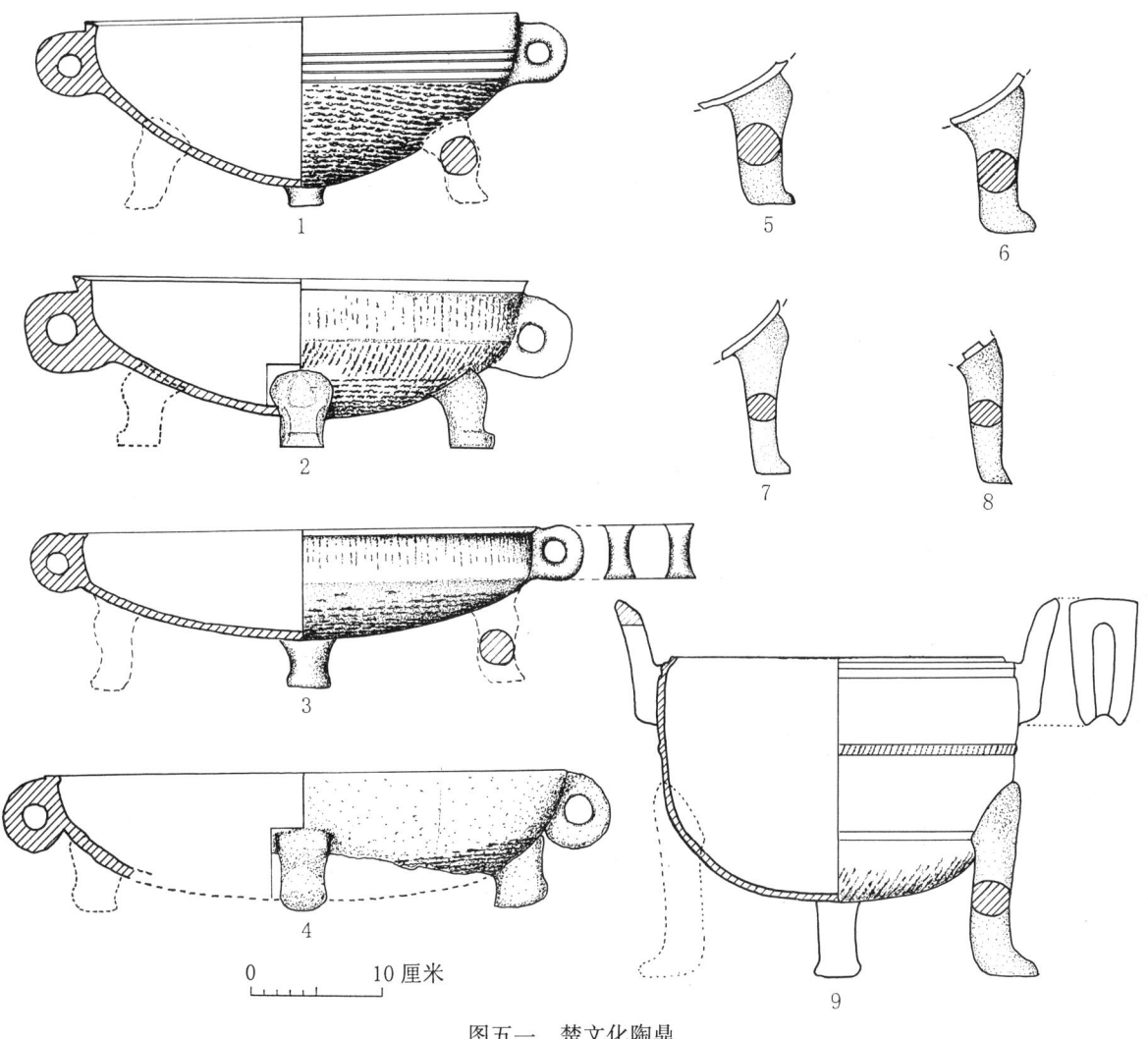

图五一　楚文化陶鼎

　　1.A型Ⅰ式（ⅩⅥCT2③：2）　2.A型Ⅱ式（ⅩⅥH7：20）　3.A型Ⅲ式（ⅩⅥH13：27）　4.A型Ⅳ式（ⅩⅣG1：23）　5、6.B型Ⅰ式（ⅩⅥBT3③：21、ⅩⅥH7：6）　7.B型Ⅱ式（ⅩⅥH9：33）　8、9.B型Ⅲ式（ⅩⅥCT4③：20、ⅩⅥAT4③：1）

　　Ⅱ式　2件。夹砂红陶。口微敞，折沿微仰，沿面内斜，盘较浅，腹壁折，圜底下凹，腹部两侧饰对称环纽，腹下部有对称三矮实蹄足。上腹饰直列粗绳纹，腹底饰横粗绳纹。

　　标本ⅩⅥH7：20，器形完整。口径34.4、盘深10、通高11.6厘米（图五一，2；图版二六，4）。

　　Ⅲ式　1件。

　　ⅩⅥH13：27，器形完整。夹砂红黄陶。口微敛，沿面平，浅盘，折腹，上腹两侧饰对称环纽，圜底，腹底饰对称的三瘦高实蹄足。腹上部饰直列中绳纹，底饰交错绳纹。口径34.4、腹深8、通高11.6厘米（图五一，3；图版二七，1）。

　　Ⅳ式　3件。夹砂浅灰陶。敛口，平沿，盘较浅，圜底，上腹两侧饰对称环纽，腹底饰对称的三矮实蹄足。腹底施绳纹。

标本ⅩⅣG1:23，器底残。口径39.5、腹深9.2、通高10.4厘米（图五一，4；图版二七，2）。

B型　仿铜陶鼎。共15件，其中完整器1件，鼎足14件。依足之变化分为三式：

Ⅰ式　2件。鼎足。夹砂红黄陶。粗矮实蹄足。素面。

ⅩⅥBT3③:21，残高11.1厘米（图五一，5）。ⅩⅥH7:6，残高12.2厘米（图五一，6）。

Ⅱ式　3件。鼎足。夹砂红黄陶。圆实马蹄足较高较细。大部分素面，个别足上部有戳印纹。

标本ⅩⅥH9:33，残高12.8厘米（图五一，7）。

Ⅲ式　10件。九件为鼎足，一件完整。夹砂浅灰陶。

标本ⅩⅥCT4③:20，鼎足。瘦高实蹄足，足上端与腹为榫卯结合。素面。残高10.8厘米（图五一，8）。标本ⅩⅥAT4③:1，器形较完整。敛口，深腹，直腹壁稍内收，上腹壁两侧饰对称长方耳，圜底，下腹饰对称三高圆实马蹄足。腹中部饰一道凸棱，凸棱上有刻划纹，下腹饰浅凹旋纹，腹底饰斜中绳纹。器身有烟垢痕。口径25.6、腹深18、通高27.8厘米（图五一，9；图版二七，3）。

长颈壶

4件。出土数量较少，多为口沿部。以泥质红陶、红黄陶居多，少量浅灰陶。依各部位变化规律分为三式。

Ⅰ式　1件。

ⅩⅥH9:25，口沿部。泥质红黄陶。喇叭口，卷沿，斜方唇微下勾。颈部饰隐绳纹及一道凹旋纹。口径18、残高7.2厘米（图五二，1）。

Ⅱ式　1件。

ⅩⅥH7:21，器形完整。泥质红黄陶。喇叭口，卷沿，沿面外斜，方唇，长颈，溜肩，鼓腹，圜底上凹。颈部及腹中部饰数道细浅凹旋纹，下腹及底饰粗交错绳纹。口径20.8、腹径26、高33.6厘米（图五二，2；图版二七，4）。

Ⅲ式　2件。

均为口沿、颈部残片。泥质浅灰陶。喇叭口，翻折沿，内斜方唇下勾或双叠唇。

ⅩⅥH13:6，颈部饰二道凹旋纹。口径20、残高9.2厘米（图五二，3）。ⅩⅥH13:5，喇叭口，长颈。颈部饰二组（每组二道）凹旋纹。口径22、残高11.2厘米（图五二，4）。

子母口壶

4件。口沿或器盖部。多泥质红陶，少数浅灰陶。

ⅩⅥT1③:43，口沿、颈部。泥质红陶。子口承盖（盖不存），矮颈微束，溜肩，腹微鼓。肩部饰二道凹旋纹。口径12、残高11.2厘米（图五二，5）。ⅩⅥBT7③:12。口沿、颈部。泥质红陶。子口承盖（盖不存），束颈较高。颈部饰二组凹旋纹（每组三道）及针刺细点纹。口径14、残高12厘米（图五二，6）。ⅢT1⑧:3，口沿、颈部。泥质浅灰陶。母口，颈较粗高。颈饰二道旋纹及二道圆圈纹。口径17.7、残高8.8厘米（图五二，7）。ⅩⅥH1:5，壶盖。泥质红陶。圆形，顶部上弧。盖顶饰数道凹旋纹。素面。口径15.7、高5厘米（图五二，8；图版二八，1）。

碟

2件。ⅩⅥH8:5，器形完整。泥质红陶。敞口，尖唇外侈，斜腹内收，小平底。素面。口径12.8、高3.2厘米（图五二，9；图版二八，2）。ⅩⅥH7:40，器形完整。泥质浅灰陶。浅盘，敞

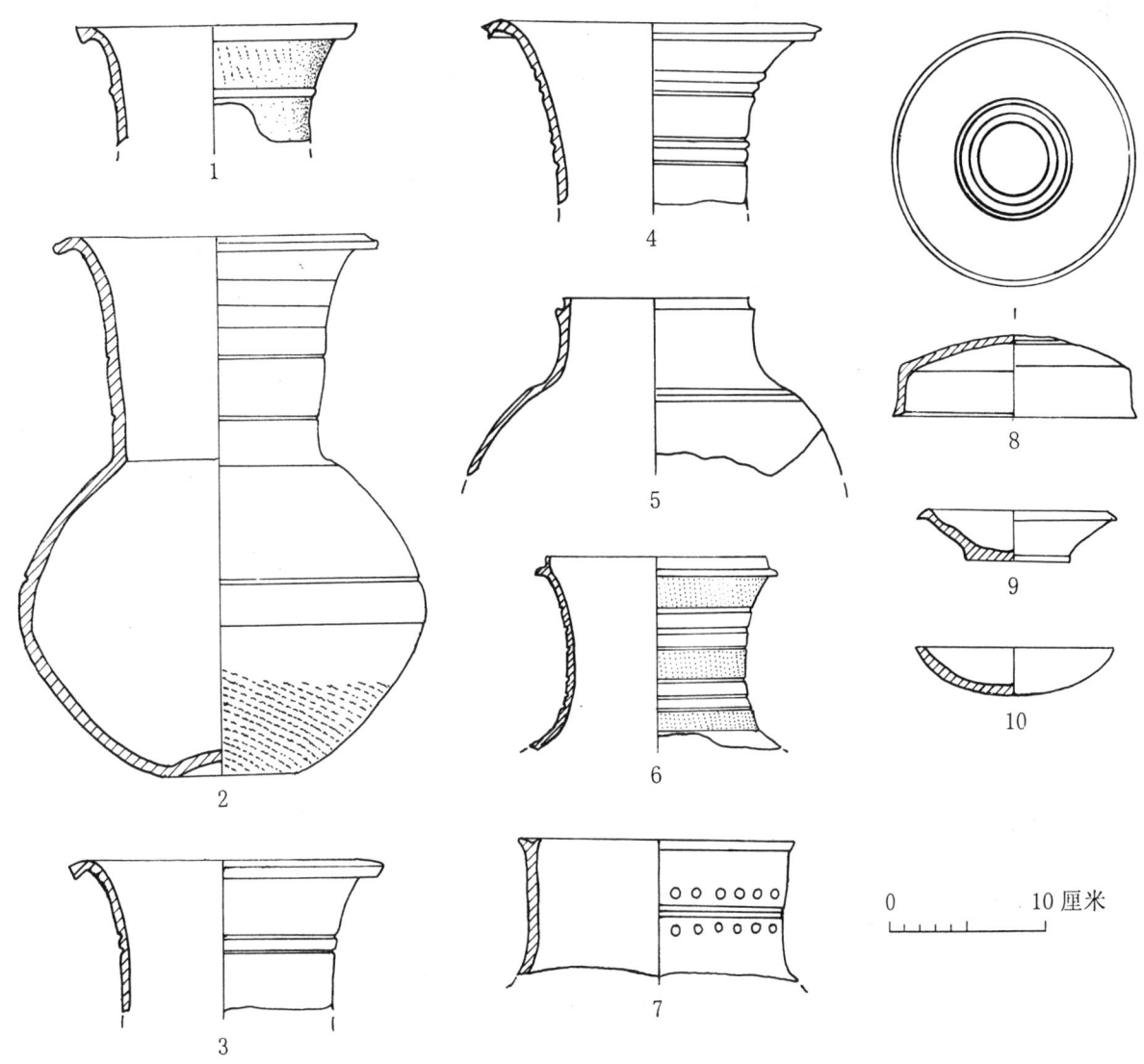

图五二　楚文化陶长颈壶、子母口壶、碟

1. Ⅰ式长颈壶（ⅩⅥH9：25）　2. Ⅱ式长颈壶（ⅩⅥH7：21）　3、4. Ⅲ式长颈壶（ⅩⅥH13：6、ⅩⅥH13：5）　5～7. 子母口壶（ⅩⅥ
T1③：43、ⅩⅥBT7③：12、ⅢT1⑧：3）　8. 壶盖（ⅩⅥH1：5）　9、10. 碟（ⅩⅥH8：5、ⅩⅥH7：40）

口，平沿，尖唇，圜腹壁，圜底。素面。口径12.8、高2.8厘米（图五二，10；图版二八，3）。

　　甗

　　53件。包括甗口沿、箅和腰部。以泥质红陶、红黄陶居多，少量浅灰陶。绳纹是其主要纹饰。依口沿变化情况分为九式。

　　Ⅰ式　3件。口沿、腹部。泥质红陶。敞口，卷沿，沿面上仰，内斜方唇。沿面饰凹旋纹，下腹饰绳纹。

　　标本ⅢT4⑨：3，口径27.6、残高8.6厘米（图五三，1）。

　　Ⅱ式　5件。口沿、腹部。泥质红陶。口微侈，卷沿，沿面平，内斜方唇微下勾或斜方唇，颈较高，溜肩，上腹微鼓。上腹部饰斜列中绳纹。

　　标本ⅢT4⑨：1，口径38.3、残高9.6厘米（图五三，2）。

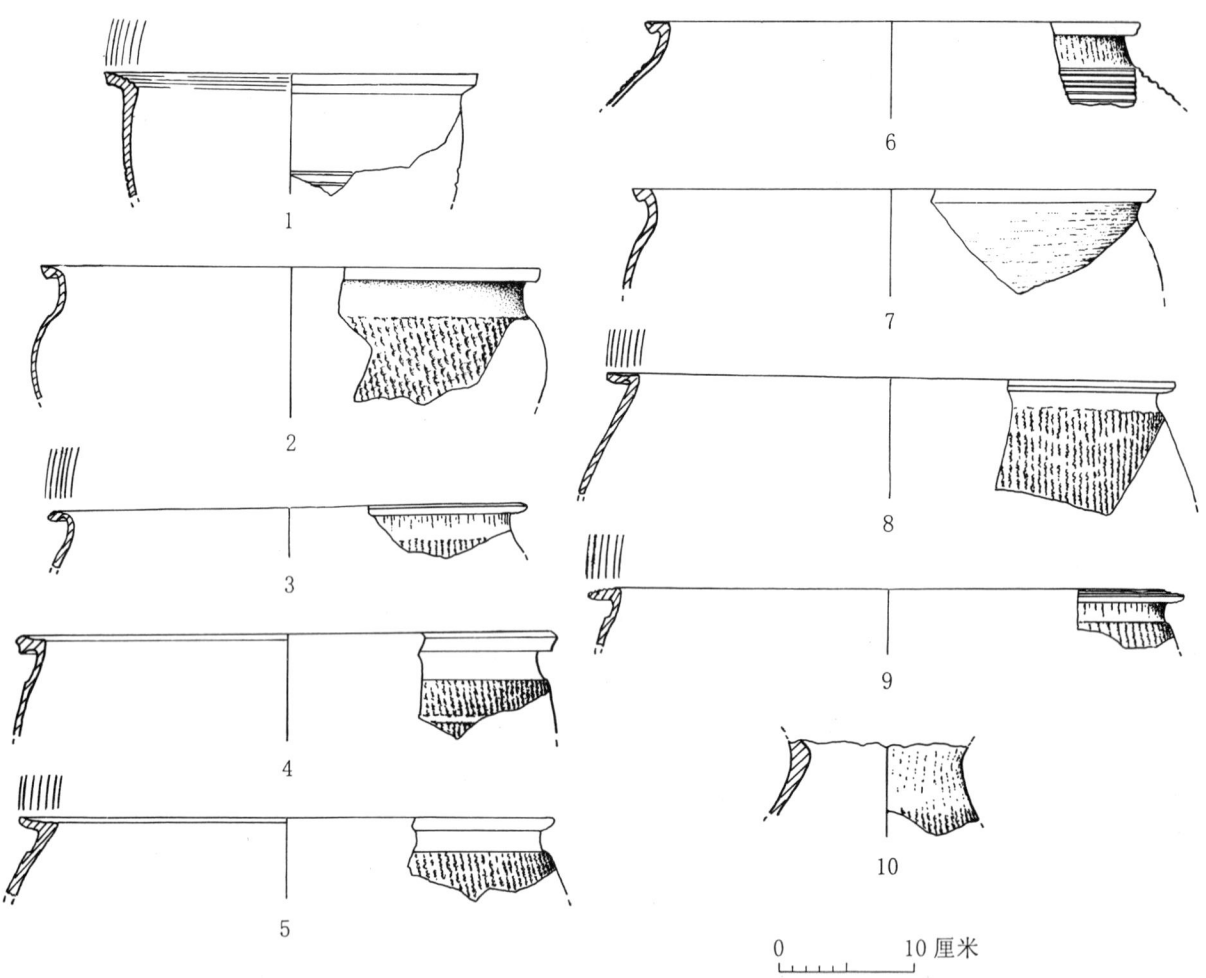

图五三　楚文化陶瓹

1. I式（ⅢT4⑨:3）　2. II式（ⅢT4⑨:1）　3. Ⅲ式（ⅢT4⑧:19）　4. Ⅳ式（ⅩⅥCT4③:23）　5. Ⅴ式（ⅩⅥCT3②:10）　6. Ⅵ式
（ⅩⅥAT4②:34）　7. Ⅶ式（ⅩⅥCT3②:11）　8. Ⅷ式（ⅩⅥH4:15）　9. Ⅸ式（ⅢT4⑤:21）　10. 瓹腰（ⅢH2:12）

　　Ⅲ式　3件。口沿部。泥质红陶或红黄陶。口微侈，卷沿外斜，尖唇，唇下沿颈部有小凹槽，颈较高，溜肩。一般沿面饰数道凹旋纹，颈部饰隐绳纹，腹饰斜中绳纹。

　　标本ⅢT4⑧:19，口径35.6、残高4厘米（图五三，3）。

　　Ⅳ式　5件。口沿部。泥质红黄陶或红陶。敛口，仰折沿，沿面微内凹，内斜方唇下勾或斜方唇，颈较高，溜肩。一般沿面饰数道凹旋纹，颈饰隐绳纹，腹饰直列中绳纹。

　　标本ⅩⅥCT4③:23，口径40、残高7.6厘米（图五三，4）。

　　Ⅴ式　3件。口沿部。泥质红黄陶或浅灰陶。敛口，仰折沿，沿面较宽，尖唇，颈较矮，溜肩。沿面饰数道凹旋纹，腹饰直列粗绳纹。

　　标本ⅩⅥCT3②:10，口径40、残高6厘米（图五三，5）。

　　Ⅵ式　6件。口沿部。泥质红黄陶或浅灰陶。口微敛，平折沿，沿面有凹槽，斜方唇下勾，颈较高，溜肩或广肩。一般颈饰隐绳纹，上腹满饰浅凹旋纹。

　　标本ⅩⅥAT4②:34，口径37、残高6厘米（图五三，6）。

Ⅶ式　7件。口沿部。泥质浅灰陶或红黄陶。口微侈，平折窄沿，方唇或斜方唇，颈较矮，溜肩，腹微鼓。颈饰隐绳纹。

标本ⅩⅥCT3②：11，口径38.8、残高7.6厘米（图五三，7）。

Ⅷ式　6件。口沿、腹部。泥质浅灰陶。口微敛，平折沿，沿面微下凹，斜方唇，唇下沿颈部有小凹槽，矮颈，溜肩，腹微鼓。一般沿面饰数道凹旋纹，腹饰斜中绳纹。

标本ⅩⅥH4：15，口径42.6、残高9.6厘米（图五三，8）。

Ⅸ式　7件。口沿部。泥质浅灰陶或深灰陶。口微侈，折沿外翻，圆唇或斜方唇，矮颈，溜肩。一般沿面施数道凹旋纹，颈饰隐绳纹，腹饰直列粗绳纹。

标本ⅢT4⑤：21，口径44、残高4.4厘米（图五三，9）。

甑腰

3件。泥质红陶。束腰，腰上、下均残。器表饰斜粗绳纹。

标本ⅢH2：12，腰径12.4、残高6.8厘米（图五三，10）。

甑箅

5件。依形制不同分为三式。

Ⅰ式　1件。

ⅩⅥBT2③：3，器形完整。泥质红陶。体呈倒扣盂形，顶为圆弧状，口折沿多侈，箅中及底部有六个椭圆形孔。素面。箅径10.8、高3.6厘米（图五四，1；图版二八，4）。

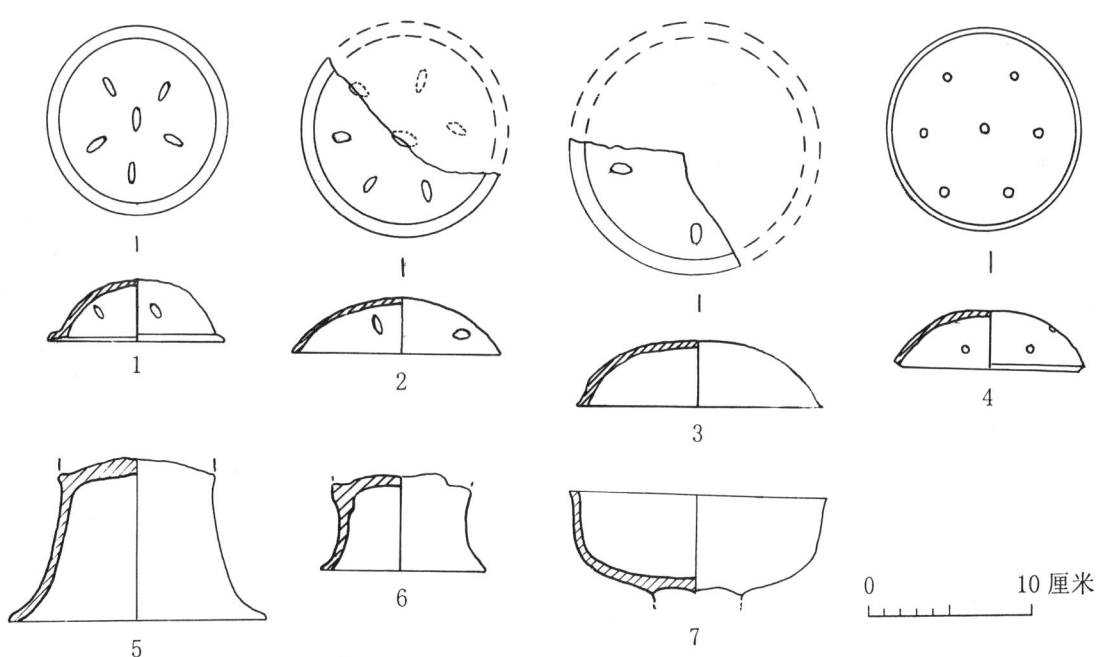

图五四　楚文化陶甑箅、簋

1. Ⅰ式甑箅（ⅩⅥBT2③：3）　2、3. Ⅱ式甑箅（ⅩⅥAT5③：3、ⅩⅥBT2③：4）　4. Ⅲ式甑箅（ⅩⅥH10：15）　5、6. 簋座（ⅩⅥCT4③：26、ⅢT1⑧：18）　7. 簋盘（ⅩⅥBT7③：9）

Ⅱ式　3件。均残。泥质红陶。体呈倒扣浅盂形，顶部弧形，饰六至七个椭圆形孔。素面。

标本ⅩⅥAT5③：3，箅径12.8、高3.2厘米（图五四，2；图版二八，5）。标本ⅩⅥBT2③：4，

算径 15.2、高 4 厘米（图五四，3）。

Ⅲ式　1件。

ⅩⅥH10：15，器形完整。泥质浅灰陶。体呈倒扣浅盂形，中间一孔，周边有六个对称的圆孔。素面。算径 11.6、高 3.2 厘米（图五四，4；图版二八，6）。

簋

3件。残存座或盘。均泥质红陶。素面。

簋座

2件。喇叭形。

ⅩⅥCT4③：26，座径 16、残高 9.2 厘米（图五四，5）。ⅢT1⑧：18，座径 10、残高 5.8 厘米（图五四，6）。

簋盘

1件。口微侈，平沿，圜腹较深，圜底。座残。

ⅩⅥBT7③：9，口径 15.9、残高 5.6 厘米（图五四，7）。

②房屋建筑用材

龙湾遗址Ⅰ、Ⅲ发掘区出土了大量陶质瓦类，主要有筒瓦、瓦当和板瓦。另外在ⅩⅣ、ⅩⅥ区也发掘出土了一定数量的绳纹瓦片。Ⅰ、Ⅲ、ⅩⅣ、ⅩⅥ发掘区出土的瓦片总数达 79618 件。其中Ⅰ区 74624 件，Ⅲ区 3975 件，ⅩⅣ区 874 件，ⅩⅥ区 145 件。出土瓦片中板瓦为 53050 件，占瓦片总数的 66.7%；筒瓦为 26568 件，占瓦片总数的 33.3%。所出瓦片均为泥质，陶色分为红陶系（包括褐、红、红黄色）和灰陶系（包括浅灰、深灰色）。泥质红陶中，板瓦为 17327 件，筒瓦为 5724 件，占瓦片总数的 29%。泥质灰陶中，板瓦为 35723 件，筒瓦为 20844 件，占瓦片总数的 71%。瓦片中另有部分饰红、黑彩的板瓦、筒瓦和瓦当，即彩色瓦。

所出瓦片的凸面均饰有绳纹，其中饰粗绳纹的板瓦为 3313 件、筒瓦为 1297 件，占绳纹瓦片的 5.8%；饰中绳纹的板瓦为 48617 件、筒瓦为 24219 件，占绳纹瓦片的 91.5%；饰细绳纹的板瓦为 1120 件、筒瓦为 1052 件，占绳纹瓦片的 2.7%。瓦当正面多为素饰，少量有彩绘及模印纹，反面素饰。

瓦片凹面多为素饰，有少部分模印方格纹、篮纹、菱形纹、麻点纹、麻绳纹和戳印纹等。凹面素饰的板瓦为 48147 件、筒瓦为 21559 件，占瓦片总数的 87.55%；凹面饰方格纹的板瓦为 703 件、筒瓦为 1235 件，占瓦片总数的 2.43%；凹面饰篮纹的板瓦为 821 件，筒瓦为 683 件，占瓦片总数的 1.89%；凹面饰菱形纹的板瓦为 1125 件、筒瓦为 848 件，占瓦片总数的 2.48%；凹面饰麻点纹的板瓦为 2140 件、筒瓦为 2072 件，占瓦片总数的 5.29%；凹面饰麻绳纹的板瓦为 89 件、筒瓦为 12 件，占瓦片总数的 0.13%；凹面饰戳印纹的板瓦为 25 件、筒瓦为 159 件，占瓦片总数的 0.23%。方格纹中有粗方格纹（图版二九，1）、中方格纹（图版二九，2）、细方格纹（图版二九，3）；菱形纹中有大菱形纹（图版二九，4、7）、中菱形纹（图版二九，5）、小菱形纹（图版二九，6）；麻点纹中有大麻点纹（图版三〇，1）、小麻点纹（图版三〇，2）、圆形麻点纹（图版三〇，3）。此外还有麻绳纹（图版三〇，4）和篮纹（图版三〇，5、6）。依据凹面纹饰和制作过程中留下的痕迹，瓦分为手制和模制两种。手制瓦的凸、凹面均凹凸不平，留有手抹痕迹，部分瓦上可清晰地看到泥条盘制痕迹

（图版三一，1）。模制瓦的凸凹面均较平，凹面有各种模具留下的纹饰痕迹。

瓦分为筒瓦、瓦当、板瓦。其中又各有部分异形瓦，如筒瓦中的有孔瓦、有孔有钉瓦，板瓦中的有孔瓦。

筒瓦

筒瓦呈半圆筒状，由圆筒泥坯两分切割制成。其中第Ⅰ发掘区出土数量最多，计 24797 件；第Ⅲ发掘区出土 1425 件；第ⅩⅣ发掘区出土 233 件；第ⅩⅥ发掘区出土 113 件，总数为 26568 件。根据陶色可分为泥质褐红陶瓦和泥质灰陶瓦两大系。其中褐红陶系瓦 5724 件，占筒瓦的 21.5%；灰陶瓦 20844 件，占筒瓦的 78.5%。筒瓦的形制较复杂，有无孔无钉瓦、有孔瓦、有钉瓦、有孔有钉瓦。另有部分带瓦当的筒瓦。无孔无钉的普通筒瓦占筒瓦的绝大多数，其他筒瓦发现数量较少。

筒瓦的瓦身凸面饰绳纹，依据绳纹的粗细，可将筒瓦分为粗绳纹瓦、中绳纹瓦和细绳纹瓦三类。其中，粗绳纹瓦为 1297 件，占筒瓦总数的 5%；中绳纹瓦为 24219 件，占筒瓦总数的 91%；细绳纹瓦为 1052 件，占筒瓦总数的 4%。筒瓦的凹面多为素面，部分瓦饰有模印的方格纹、篮纹、菱形纹、麻点纹、戳印纹和绳纹。其中素面瓦为 21559 件，占筒瓦总数的 81.1%；方格纹瓦为 1235 件，占筒瓦总数的 4.6%；篮纹瓦为 683 件，占筒瓦总数的 2.6%；菱形纹瓦为 848 件，占筒瓦总数的 3.2%；麻点纹瓦为 2072 件，占筒瓦总数的 7.8%；戳印纹瓦为 159 件，占筒瓦总数的 0.6%；绳纹瓦为 12 件，占筒瓦总数的 0.1%（表二四）。

由于放鹰台遗址群毁于大火，在倒塌过程中瓦大多破残，废弃后又遭扰乱，今天发掘整理的完整筒瓦仅有近 30 件。因此，我们将有瓦头的瓦和有孔与钉的瓦挑选出来，共计 2760 件。根据瓦身有无孔、钉，将筒瓦分为 A 型（普通瓦）和 B 型（有孔瓦、有孔有钉瓦）（表二五）。

A 型（普通瓦）

共 2693 件。根据瓦头的长短，口沿、唇、颈、肩的变化规律分为十二式。

Ⅰ式　2 件。泥质红陶。瓦头与瓦身分界不明显。瓦身凸面饰绳纹，凹面素饰。

标本ⅢT4⑨:19，瓦头、身部。泥质红陶。口微侈，沿面平，无唇。瓦身凸面饰细绳纹，凹面素饰。瓦宽 14、残长 40，厚 0.8～1 厘米（图五五，1）。

Ⅱ式　15 件。均存瓦头部。泥质褐陶或红陶。瓦头和瓦身有明显分界，一般瓦头长 3.5～4 厘米，罐形口，矮弧肩。瓦身凸面饰绳纹，凹面素饰。

标本 IT0308④:5，瓦头部。泥质褐陶。口微侈，沿面平且微外斜，唇微侈，直颈内敛，矮弧肩。瓦身凸面饰直列中绳纹，凹面素饰。瓦头长 3.6 厘米，瓦残长 14.7、厚 0.4～0.8 厘米（图五五，2）。

Ⅲ式　67 件。均存瓦头部。泥质褐陶或红陶。瓦头较长，一般在 4 厘米左右，罐形口沿，弧肩较Ⅱ式高。瓦身凸面饰绳纹，凹面素饰。

标本 IT0408④:2，瓦头部。泥质褐陶。罐形口，口微侈，沿面外斜，尖唇，颈内敛，弧肩较高。瓦头及肩部凸面饰隐绳纹；瓦身凸面饰粗绳纹，凹面抹光。瓦头长 4.2 厘米，瓦残长 28、肩宽 12.5、厚 0.6～1 厘米（图五五，3）。

Ⅳ式　177 件。多存瓦头部。泥质红陶或红黄陶。斜弧肩较矮，颈微敛，罐形口沿。瓦身凸面饰绳纹，凹面多素饰。

表二四　　　　　　　　　　筒瓦的陶质、陶色、纹饰统计表

项目 数量 探方	陶质 泥质	陶色 红陶（褐、红、红黄）	陶色 灰陶（浅灰、深灰）	凸面纹饰 粗绳纹	凸面纹饰 中绳纹	凸面纹饰 细绳纹	凹面纹饰 素面	凹面纹饰 方格	凹面纹饰 篮纹	凹面纹饰 戳印纹	凹面纹饰 菱形纹	凹面纹饰 麻点纹	凹面纹饰 绳纹
IT0106	132		132		132		102	4	4	20		2	
IT0107	114		114		112	2	114						
IT0206	1984	50	1934	98	1830	56	1526	222	70	78	8	80	
IT0207	1348	70	1278		1346	2	1142	150	21	23		12	
IT0208	502	2	500		502		416	50	28		4	4	
IT0209	273		273	33	235	5	219	17	6	2	9	20	
IT0304	80	10	70		80		50	10				20	
IT0305	49	3	46	4	35	10	43	3	1		1	1	
IT0306	492	52	440	20	462	10	314	46	29	9	20	63	11
IT0307	260	16	244	6	252	2	220	32	2			6	
IT0308	1564	2	1562		1564		1076	166	124		110	88	
IT0309	368		368	40	322	6	272	62		20	10	4	
IT0402	55	4	51	4	47	4	41	6	4			4	
IT0405	238	20	218	44	194		172	14	8		4	40	
IT0406	1670	180	1490	196	1250	224	1536	10	26		12	86	
IT0407	2650	718	1932	106	2535	9	2288	22	18		76	246	
IT0408	2244	950	1294	44	1900	300	1816	62	92		84	190	
IT0409	1372		1372	20	1280	72	1222	92	46		10	2	
IT0410	404	100	304		400	4	388	16					
IT0411	1444	68	1376	10	1428	6	1420	6	4		4	10	
IT0502	65		65	1	62	2	54	5	1		2	3	
IT0503	69	13	56	2	65	2	57	4	3		3	2	
IT0504	222	10	212	8	212	2	204	10	2		2	4	
IT0505	130		130	8	116	6	110	6	4	3	1	5	1
IT0506	1429	881	548	92	1217	120	524	27	66		197	615	
IT0507	54	6	48	10	44		34				14	6	
IT0508	20	8	12		20		20						

续表二四

项目 数量 探方	陶质	陶色		纹饰									
				凸面纹饰			凹　面　纹　饰						
	泥质	红陶 (褐、红、 红黄)	灰陶 (浅灰、 深灰)	粗绳纹	中绳纹	细绳纹	素面	方格	篮纹	戳印纹	菱形纹	麻点纹	绳纹
IT0509	440	228	212	150	290		364		4		16	56	
IT0605	46	4	42	2	44		32	6	2			6	
IT0606	95	43	52	7	75	13	75	3	3		5	9	
IT0608	2347	1282	1065	119	2152	76	2156	46	15		89	41	
IT0609	194	103	91	9	181	4	159	4	2		5	24	
IT0610	137	44	93	10	117	10	115	6	3		4	9	
IT0705	126	6	120	6	120		82	20		4	4	16	
IT0706	112	42	70	6	104	2	94	2				16	
IT0707	226	112	114	14	210	2	170	14			22	20	
IT0708	174	43	131	5	166	3	149	5	2		3	15	
IT0709	554	154	400	16	536	2	462	2			6	84	
IT0807	163	26	137	5	153	5	112	5	3		6	37	
IT0808	408	58	350	26	364	18	342				10	56	
IT0809	164	43	121	21	139	4	145	5	2		3	9	
IH1	123	25	98	7	112	4	96	11	5		4	7	
IH2	96	26	70	2	94		74	4	2		2	14	
IH3	107	31	76		107		82	11	3			11	
IF1	53	9	44		53		38	3	4		3	5	
ⅢF3	708	91	617	85	582	41	570	21	27		46	44	
ⅢT3	368	47	321	19	344	5	315	9	14		18	12	
ⅢT4	349	26	323	18	321	10	294	8	11		7	29	
ⅩⅣT4	156	53	103	11	138	7	116	6	9		10	15	
ⅩⅣH5	77	21	56	6	69	2	55	1	5		5	11	
ⅩⅥH12	18	7	11	2	16		14		2			2	
ⅩⅥAT1	19	9	10		19		16		1			2	
ⅩⅥBT3	18	4	14		18		15		1		1	1	
ⅩⅥBT4	24	11	13	3	21		18		1		2	3	
ⅩⅥBT5	21	7	14	1	20		9	1	3		4	4	
ⅩⅥBT6	13	6	7	1	12		10					3	
合计	26568	5724	20844	1297	24219	1052	21559	1235	683	159	848	2072	12
百分比	100	21.5	78.5	5	91	4	81.1	4.6	2.6	0.6	3.2	7.8	0.1

表二五　　　　　　　　　　**筒瓦型式统计表**

| 探方 | A型 | | | | | | | | | | | | B型 | | |
	I式	II式	III式	IV式	V式	VI式	VII式	VIII式	IX式	X式	XI式	XII式	Ba型 有孔	Bb型 有钉	Bb型 有孔有钉
IT0106						10			2	2	2				
IT0107						7			3	5	1				
IT0206			11	13	8	29	28	38	47	62	22	10	4		3
IT0207		3	4	24	35	37	46	50	48	9	10	16	3	1	4
IT0208			6			6		7	4	8		2			
IT0209			7			5		3	3	9					
IT0304			2			3				7					
IT0305						2		2	3	3					
IT0306			4	4	9	10	2	2	15	10		4			
IT0307				10	6			14		24	8				
IT0308		5	2	14	21	10	26	16		14		12	6	1	3
IT0309			20	6	10	18	24	18	38	12	8		2		
IT0402									6	4					
IT0405			4	8	12	12	8	6	4	12					
IT0406						27	10		3						
IT0407		3				38	74	98	150		6		2		3
IT0408		2		18	48	30		9	4		8		3		
IT0409				12		10	29	17	8	8	13	19			
IT0410				4	1				2	4	2		2		
IT0411	3	10	28	15		10		4			3		3		
IT0502				3	5			6							
IT0503				1	2	2			3						
IT0504		2	14			3	8	2	3	4	9		2		
IT0505		5	2	5	7		3	6	7	9			6		
IT0506			8	4	18	17	8		6	5			3		2
IT0507							6								
IT0508						3									
IT0509						16		12							
IT0605		4			3						8				
IT0606			7	4		2	2	2	2						
IT0608						23	8		3						

续表二五

探方 \ 型式（数量）	A型												B型		
	I式	II式	III式	IV式	V式	VI式	VII式	VIII式	IX式	X式	XI式	XII式	Ba型 有孔	Bb型 有钉	有孔有钉
IT0609						7	8		9	3					1
IT0610							2	2							
IT0705			3		3	2	14	4	6				3		
IT0706			1		3	2	12		6				3		
IT0707			2				12	11	12	4					
IT0708							13			3					
IT0709			3			13		7	4	5	7				
IT0807					3	6	12	16	12						
IT0808			2		9	9	21	32	54	18					
IT0809			6	3		3		16	12			3			
IF1							9	13	6	7	4				
IH1								5	9	16			1		
IH2								2	3				1		
IH3									3	7					2
IIIT1															
IIIT2															
IIIT3							7								
IIIT4	2					2	3						1		
IIIF3							3	5							
XIVH5											3				
XIVT4						1									
XVIAT4						4									
XVIBT3										1					
XVIH11				2											
XVIBT5				2									2		
XVIBT6							1		2						
XVIT1			3												
合计	2	15	67	177	174	364	432	442	481	303	136	100	47	2	18
百分比		0.5	2.4	6.4	6.3	13.2	15.7	16	17.4	11	4.9	3.6	1.7		

标本ⅩⅥBT5③:23，器形完整。泥质红陶。口微侈，沿面微外斜，矮斜肩。瓦头及肩部凸面饰隐绳纹；瓦身凸面饰中绳纹，凹面抹光。瓦头长4.1厘米，瓦长35.5、宽15.3～16.3、厚0.8～1厘米。瓦尾接圆瓦当，已脱落（图五五，4；图版三一，2）。

Ⅴ式　174件，多存瓦头部。泥质红陶或红黄陶。瓦头较短，折肩矮斜，颈微束，罐形口。瓦身凸面饰绳纹，凹面素饰。

标本IT0306④:29，器形完整。泥质浅灰陶。沿面平，颈微敛，口微侈，圆唇。肩部凸面抹光，瓦尾稍抹；瓦身凸面饰斜线细绳纹，凹面高低不平。瓦头长2.8厘米，瓦长41.5、宽14.5～15.5、厚0.6～1.2厘米（图五五，5；图版三一，3）。

Ⅵ式　364件。多存口沿部。泥质红黄陶或浅灰陶。尖唇，直颈内斜，侈口，瓦头较长，折肩矮斜。瓦身凸面饰绳纹，凹面多素饰，部分饰麻点纹。

标本ⅩⅥAT4③:38，器形完整。泥质浅灰陶。口微侈，尖唇，直颈内斜，矮斜折肩。肩部凸面饰隐绳纹；瓦身凸面饰弧线中绳纹，凹面抹平。瓦头长3.2厘米，瓦长45.6、宽13.5～14.8、厚0.8～1.4厘米（图五五，6；图版三一，4）。

Ⅶ式　432件。多存口沿部。泥质红黄陶或浅灰陶。口微侈，尖唇，颈微束，斜折肩较矮。

标本IT0808⑤:28，器形完整。浅灰陶。瓦头凸面饰隐绳纹；瓦身凸面饰中绳纹，凹面素饰。该瓦出自第5层，即埋在黄色夯土台内做排水管使用。瓦头长2.8厘米，瓦长49.2、宽14.2、厚0.8～1.2厘米（图五五，7；图版三二，1）。

Ⅷ式　442件。多存口沿部。泥质浅灰陶。口微侈，尖唇，矮直肩，颈内斜。

标本IT0808④:18，器形完整。泥质浅灰陶。瓦头凸面及肩部饰隐绳纹；瓦身凸面饰中绳纹，瓦尾绳纹微抹。瓦头长3厘米，瓦长45、宽13.6、厚0.8～1厘米（图五六，1；图版三二，2）。

Ⅸ式　481件。多存口沿部。泥质浅灰陶或深灰陶。口微侈，尖唇，颈内斜，直肩较高。瓦身凸面饰绳纹，凹面多饰麻点纹、方格纹等。

标本ⅩⅥBT6②:3，器形完整。泥质浅灰陶。瓦尾微外翘，凹面有削痕。瓦头及肩部凸面饰隐绳纹；瓦身凸面饰中绳纹，瓦尾饰零散绳纹，凹面饰麻点纹。瓦头长2.5厘米，瓦长46、宽12、厚0.8～1厘米（图五六，2；图版三二，3）。

Ⅹ式　303件。均存瓦头部。泥质浅灰陶或深灰陶。口微侈，尖唇，颈微内斜，直肩较高。瓦身凸面饰绳纹，凹面饰麻点纹、方格纹等。

标本IT0505④:10，泥质深灰陶。直颈内斜。瓦头及肩部凸面饰隐绳纹；瓦身凸面饰中绳纹，凹面饰方格纹。瓦头长2.2厘米，瓦残长24、宽14、厚0.4～0.8厘米（图五六，3）。

Ⅺ式　136件。多存瓦头部。泥质深灰陶。颈内斜，口微侈，尖唇，高直肩内凹，瓦头较短。瓦身凸面饰绳纹，凹面多饰方格纹。

标本IT0506④:3，泥质深灰陶。瓦头及肩部凸面饰隐绳纹；瓦身凸面饰中绳纹，凹面饰方格纹。瓦头长2厘米，瓦残长24.8、宽12.2、厚0.8～1厘米（图五六，4）。

Ⅻ式　100件。均存瓦头部。泥质深灰陶。口微侈，圆唇，直颈，高肩，肩面内凹较深。

标本IT0809④:8，瓦头部。泥质深灰陶。瓦头及肩部凸面饰中绳纹，凹面饰麻点纹。瓦头长2.5厘米，瓦残长15、宽12、厚0.8～1厘米（图五六，5）。

经过对A型瓦的排列对比，初步看出筒瓦的陶色、形制等方面的演变发展情况：

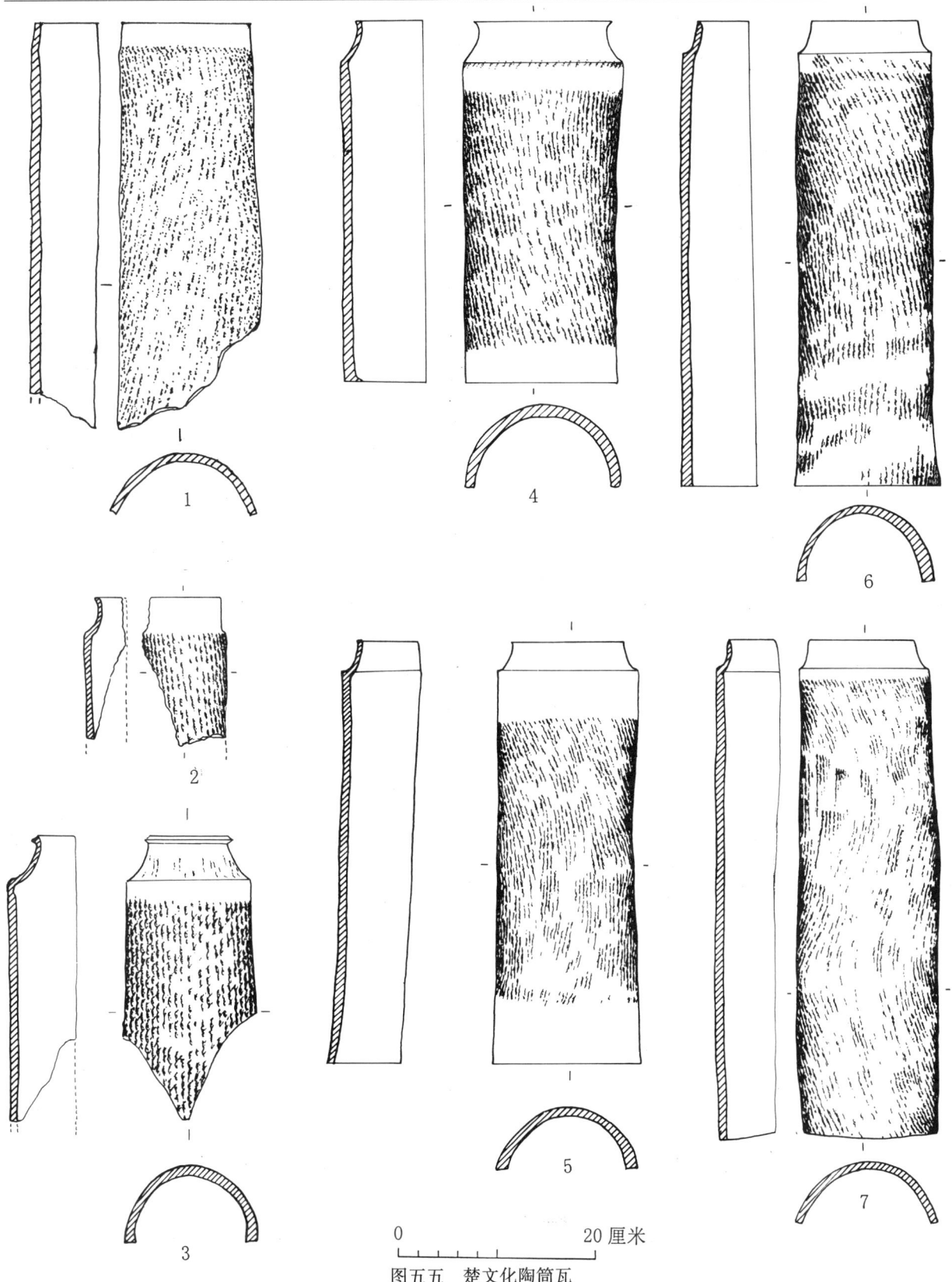

图五五　楚文化陶筒瓦

1.A型Ⅰ式（ⅢT4⑨:19）　2.A型Ⅱ式（IT0308④:5）　3.A型Ⅲ式（IT0408④:2）　4.A型Ⅳ式（ⅩⅥBT5③:23）

5.A型Ⅴ式（IT0306④:29）　6.A型Ⅵ式（ⅩⅥAT4③:38）　7.A型Ⅶ式（IT0808⑤:28）

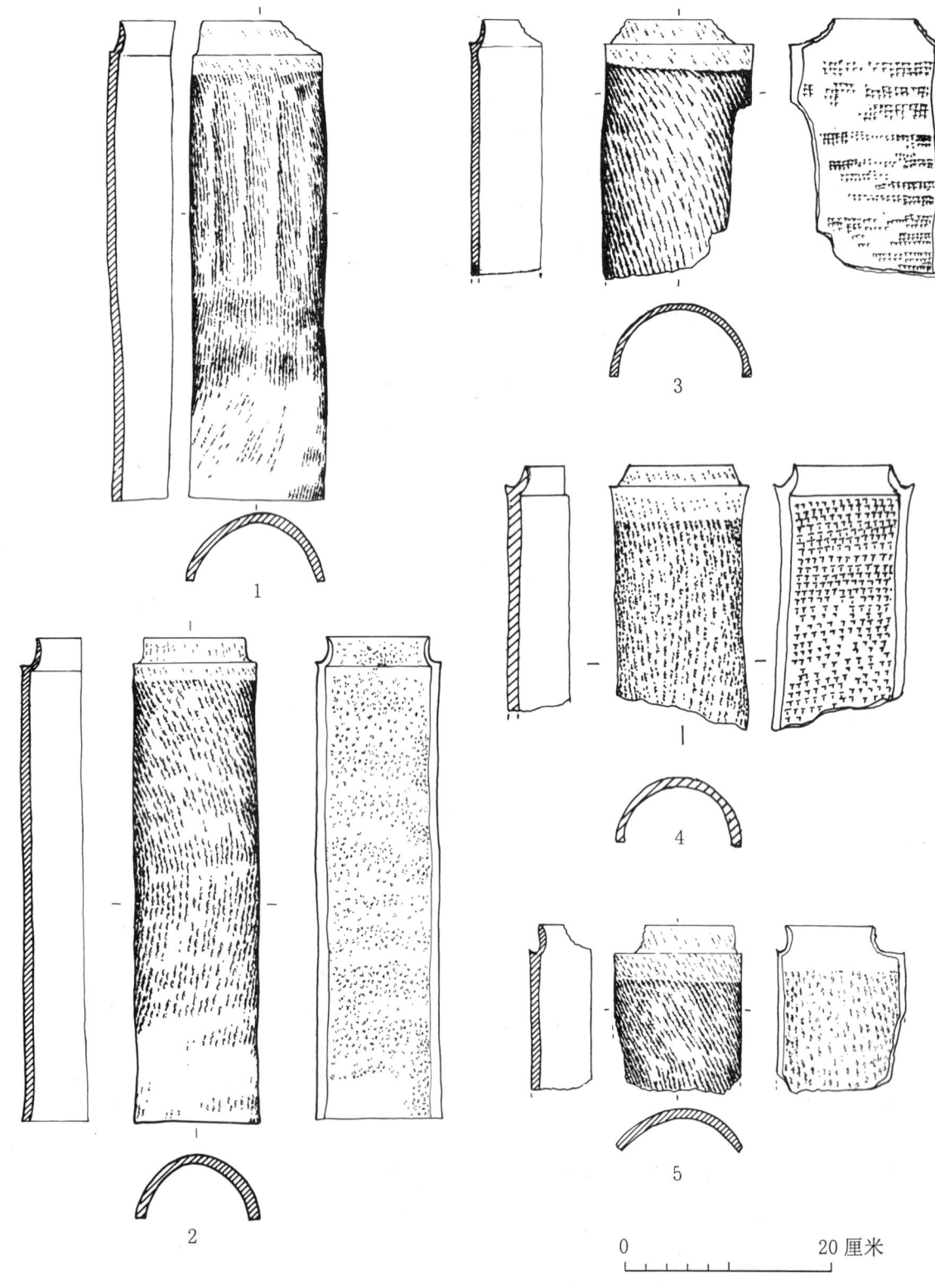

图五六　楚文化陶筒瓦

1.A型Ⅷ式（IT0808④:18）　　2.A型Ⅸ式（ⅩⅥBT6②:3）　　3.A型Ⅹ式（IT0505④:10）

4.A型Ⅺ式（IT0506④:3）　　5.A型Ⅻ式（IT0809④:8）

A 型筒瓦的陶色是由褐红陶→红陶→红黄陶→浅灰陶→深灰陶。Ⅴ式以前的筒瓦以褐陶、红陶居多，浅灰陶较少。Ⅴ式至Ⅸ式筒瓦以浅灰陶为主，红陶、深灰陶次之。Ⅹ式至Ⅻ式筒瓦，以深灰陶居多，浅灰陶较少。

A 型筒瓦的瓦头是从无到有，Ⅰ式筒瓦的头与身没有明显的分界，从Ⅱ式起瓦头由长变短（约从 4 厘米左右至 2 厘米左右）。口沿由罐形口变为直口，Ⅱ式至Ⅴ式筒瓦为罐形口，Ⅵ式至Ⅻ式筒瓦为直口。颈从束颈变为直颈内斜。肩由矮弧肩→高弧肩→矮折斜肩→高折斜肩→矮直肩→高直肩→高直肩内凹。

B 型（有孔瓦、有钉瓦、有孔有钉瓦）

67 件，大多为残片。其主要特征是：瓦身凸脊靠近瓦头一端有一至二个大小不等的圆形孔，孔径在 0.8~2 厘米之间的瓦定为有孔瓦。瓦身凸脊凹面有钉的瓦定为有钉瓦。瓦身凸脊上有一至二个圆形孔，凹面又有钉的瓦定为有孔有钉瓦。有孔有钉瓦的瓦钉安装在筒瓦凸脊的凹面，与瓦孔在一条直线上。目前发现的瓦钉有两种不同的形式，一种呈锥状，向下斜勾；另一种是在瓦的凹面安装一个纽，纽中间有一圆形孔。为叙述方便，我们将有孔瓦定为 Ba 型，有钉瓦、有孔有钉瓦定为 Bb 型。

Ba 型（有孔瓦）

47 件。残存瓦头的 28 件，余皆形制不清。其形制同 A 型筒瓦，分式与 A 型筒瓦相同，因其数量少，故分式不全。

Ⅰ式　1 件。

ⅢT4⑨:10，器形完整。泥质红黄陶。距瓦头 28.5 和 19.2 厘米的凸脊中间有二个直径 0.8 厘米的圆孔，二孔之间距为 10.5 厘米（图版三二，4）。

Ⅲ式　2 件。

ⅠT0207④:2，瓦头部。泥质红黄陶。距瓦头 7 厘米处有一向上凸的圆孔，已残。圆孔外凸。残高 2.5、外凸孔径 2.5、凹面内径 3.5 厘米。圆孔内外抹光。瓦头长 4.2 厘米，瓦残长 18、残宽 12、厚 0.8 厘米（图五七，1；图版三三，1）。ⅠT0504④:27，瓦头部。泥质红陶。距瓦头 7 厘米处有一圆孔，已残。圆孔直径约 1.8 厘米。瓦头长 3.5 厘米，瓦残长 9、残宽 9.5、厚 0.8 厘米（图版三三，2）。

Ⅳ式　2 件。

ⅩⅥBT5③:25，器形完整。泥质红陶。距瓦头 8.8 厘米处的脊部有一直径 2 厘米的圆孔，肩部凸面饰三条凸旋纹，凹面抹光。瓦尾有半圆瓦当。瓦头长 3.5 厘米，瓦长 36、肩部宽 17.5、尾宽 15、厚 1~1.5 厘米（图五七，2；图版三三，3）。ⅠT0411④:2，瓦头部。泥质红陶。距瓦头 6.8 厘米处的凸脊中央有一直径 0.8 厘米的圆孔。瓦头长 3.6 厘米，瓦残长 12.2、厚 1 厘米（图五七，4；图版三三，4）。

Ⅴ式　1 件。

ⅠT0505④:6，瓦头部。泥质红陶。距瓦头 8 厘米处脊部有一不规则三角形圆孔，孔径边长 1.4 厘米。瓦身凸面饰中绳纹，凹面饰麻点纹。瓦头长 2.4 厘米，瓦残长 24、厚 1 厘米（图五七，3；图版三三，5）。

Ⅵ式　3 件。

标本 ⅠT0206④:31，瓦头部。泥质浅灰陶。距瓦头 8 厘米处脊部有一直径 1.3 厘米的圆孔。瓦

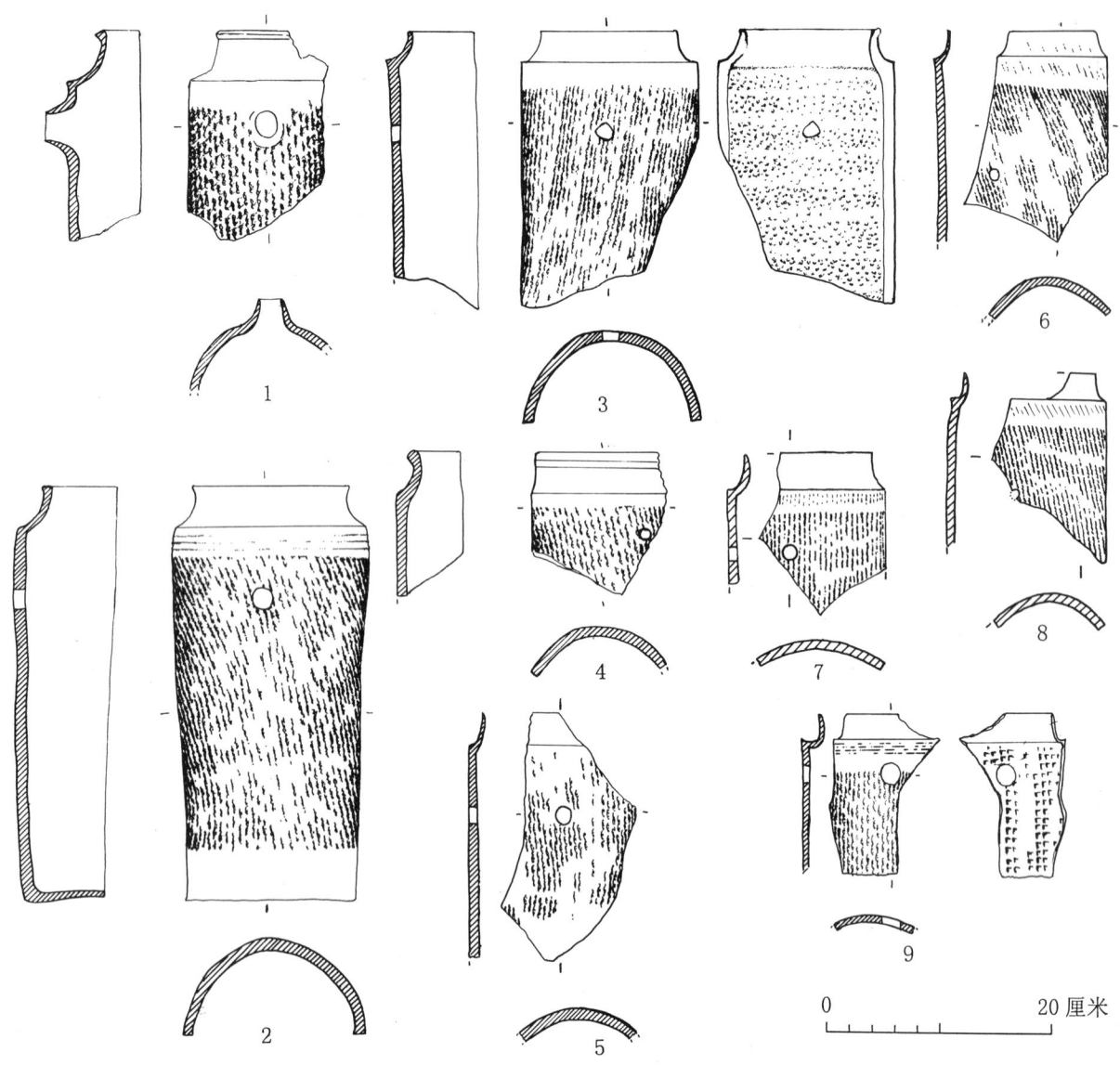

图五七　楚文化陶筒瓦

1.Ba 型Ⅲ式（IT0207④:2）　2、4.Ba 型Ⅳ式（ⅩⅥ BT5③:25、IT0411④:2）　3.Ba 型Ⅴ式（IT0505④:6）　5.Ba 型Ⅵ式（IT0206
④:31）　6.Ba 型Ⅶ式（IT0308④:23）　7.Ba 型Ⅷ式（IT0705④:2）　8.Ba 型Ⅹ式（IT0706④:10）　9.Ba 型Ⅻ式（IT0206④:35）

头长 2.8 厘米，瓦残长 21.5、厚 0.8～1.2 厘米（图五七，5；图版三三，6）。

　　Ⅶ式　2 件。

　　标本 IT0308④:23，瓦头部。泥质浅灰陶。距瓦头 12 厘米处有一直径 0.8 厘米的圆孔。瓦头
及肩部凸面饰隐绳纹，瓦身凸面饰细绳纹。瓦头长 2.2 厘米，瓦残长 18.2、厚 0.8 厘米（图五七，
6；图版三四，1）。

　　Ⅷ式　1 件。

　　IT0705④:2，瓦头部。泥质浅灰陶。距瓦头 5.6 厘米处有一直径 1.2 厘米的圆孔。肩部凸面
饰隐绳纹，瓦身凸面饰中绳纹。瓦头长 2.5 厘米，瓦残长 14、厚 0.4～0.6 厘米（图五七，7）。

Ⅹ式 4件。

标本 IT0706④：10，瓦头部。泥质深灰陶。距瓦头 6 厘米处有一直径 1.5 厘米的圆孔（已残）。瓦头及肩部凸面饰隐绳纹，瓦身凸面饰细绳纹。瓦头长 2.2 厘米，瓦残长 16、厚 0.6～0.8 厘米（图五七，8）。

Ⅺ式 9件。

标本 IT0506④：1，完整器。泥质深灰陶。距瓦头 5.5 厘米处有一直径 1.3 厘米的圆孔。瓦头及肩部凸面饰隐绳纹；瓦身凸面饰中绳纹，凹面饰方格纹。瓦头长 2 厘米，瓦长 28、宽 12、厚 0.8～1 厘米（图版三四，2）。

Ⅻ式 3件。

标本 IT0206④：35，瓦头部。泥质深灰陶。距瓦头 4.5 厘米处有一直径 1.5 厘米的圆孔。肩部凸面饰旋纹和隐绳纹；瓦身凸面饰中绳纹，凹面饰方格纹。瓦头长 2.5 厘米，瓦残长 14、厚 0.6 厘米（图五七，9；图版三四，3）。

另有 19 件有孔瓦的形制不清。

Bb 型（有钉瓦、有孔有钉瓦）

20件。有孔有钉瓦 18 件，有钉瓦 2 件。其中残存瓦头的瓦仅 2 件，18 件瓦形制不清。此类瓦的形制与 A 型瓦相同，因数量少，瓦片残，故未分式。

标本 IT0207④：121，残存瓦孔和瓦钉部分。泥质浅灰陶。瓦凸面脊部有二个直径 0.8 厘米的圆孔，两孔相距 13 厘米。瓦的凹面在二孔中间的直线上有一瓦钉，呈锥状，向下勾。瓦钉已残。瓦钉距上孔 5 厘米，距下孔 7 厘米。瓦身凸面饰中绳纹，凹面饰麻点纹。瓦残长 22、残宽 13、厚 0.6～0.8 厘米（图五八，1；图版三四，4）。

标本 IT0206④：40，残存瓦孔和瓦钉部分。泥质红陶。瓦凸面脊部有二个直径 0.8 厘米的圆孔，两孔相距 11.5 厘米。凹面有一瓦钉位于二孔之间，与二孔成一条直线，钉呈扁圆锥状，向下勾，尖端已残。瓦钉距上孔 5.4 厘米，距下孔 4.2 厘米。凸面饰中绳纹，凹面饰细绳纹。瓦残长 17、残宽 12、厚 0.8 厘米（图五八，2；图版三四，5）。

标本 IT0308④：54，残存瓦钉部分。泥质浅灰陶。瓦的凸脊凹面有一完整的瓦钉，长 2 厘米，尖端呈锥状，向下斜勾。距瓦钉下勾方向 6.5 厘米处有一直径 0.8 厘米的圆孔。瓦凸面饰细绳纹，凹面素饰。瓦残长 10、宽 8、厚 0.8 厘米（图五八，3；图版三四，6）。

标本 IT0506④：55，仅存瓦钉部分。泥质浅灰陶。一勾形瓦钉已残。瓦钉下勾方向 3.6 厘米处有一残缺的圆孔，直径 0.8 厘米。瓦孔与钉在一条直线上。瓦凸面饰中绳纹，凹面素饰。瓦残长 7、残宽 6、厚 0.6 厘米（图五八，4；图版三五，1）。

标本 IT0506④：54，残存瓦钉部分。泥质红陶。瓦钉保存完好，呈锥状，向下勾，长 1 厘米。距瓦钉 3 厘米处有一圆孔，已残。瓦凸面饰中绳纹，凹面素饰。瓦残长 9、厚 0.8 厘米（图五八，5；图版三五，2）。

标本 IT0407④：372，残存瓦身中部。泥质浅灰陶。瓦的凸脊凹面有一瓦钉，向下勾，尖端呈锥状。距瓦钉下勾方向 11 厘米处有一残缺圆孔，瓦钉与圆孔在一条直线上。瓦凸面饰中绳纹，凹面素饰。瓦残长 14.8、厚 1 厘米（图五八，6；图版三五，3）。

标本 IT0207④：41，残存瓦头和瓦钉部分。泥质浅灰陶。距瓦头 6.5 厘米处的凸脊凹面有一个

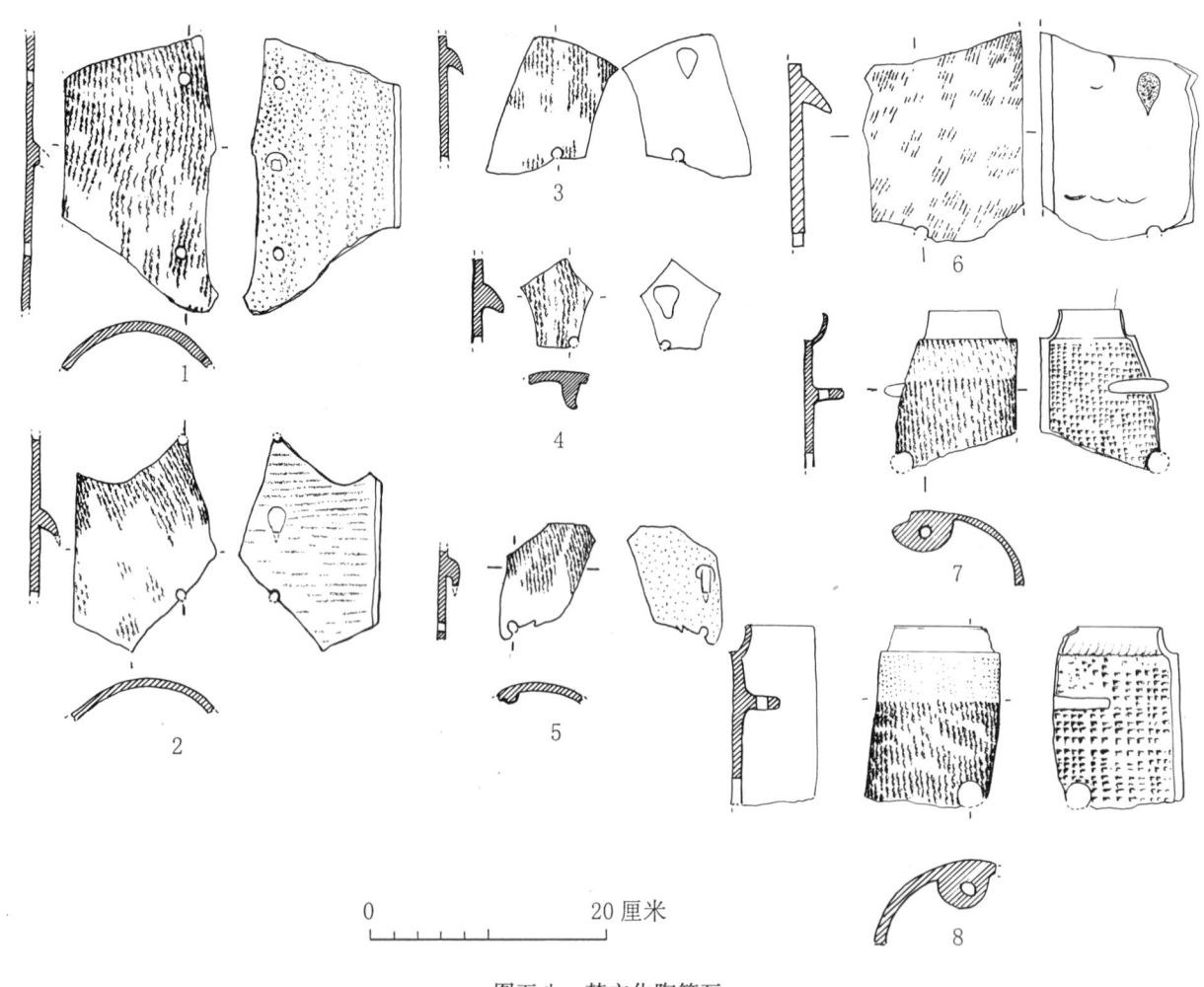

图五八　楚文化陶筒瓦

1~6.Bb 型（IT0207④:121、IT0206④:40、IT0308④:54、IT0506④:55、IT0506④:54、IT0407④:372）

7、8.Bb 型Ⅸ式（IT0207④:41、ⅠH3:1）

圜形纽，纽中部有一圆孔，圜形纽直径 4 厘米，孔内径 0.8 厘米，纽厚 1.2 厘米。瓦尾方向与纽相距 5.5 厘米处有一圆形孔，已残缺。纽与孔在一条直线上。瓦凸面饰细绳纹，凹面饰方格纹。瓦头长 2.5 厘米，瓦残长 13、厚 0.5~0.8 厘米（图五八，7；图版三五，4）。标本ⅠH3:1，残存瓦头和纽部。泥质浅灰陶。瓦凸脊距口沿 10 厘米处有一直径 2 厘米的圆孔，凹面距口沿 6 厘米处有一纽状瓦钉，纽中部一圆孔，孔内径 0.9、深 1 厘米，两面抹平，纽与孔在一条直线上。瓦肩部凸面饰隐绳纹；瓦身凸面饰中绳纹，凹面饰方格纹。瓦头长 2.1 厘米，瓦残长 14.4、厚 0.8 厘米（图五八，8；图版三五，5）。

Ba 型、Bb 型筒瓦的孔和钉，应用于屋脊、屋檐和屋面拐角等重要部位，瓦钉和孔应起防止脱落的作用（表二五）。

瓦当

有的筒瓦上有瓦当，总数为 193 件（表二六），瓦当上的瓦大多已脱落，少量仍保存完好。

表二六　　　　　　　　　　　　　　　　瓦当统计表

编号	器物号	型	式	陶质	陶色	纹饰	色彩	直径（厘米）	保存情况
1	IT0504④:14	A	I	泥	褐	印纹	黑红	11.2	残
2	IT0505④:29	A	I	泥	灰			不清	残
3	IT0504④:53	A	I	泥	灰			11	残
4	ⅢT4⑨:10	B	I	泥	灰	印纹	红黄	14	残
5	IT0504④:54	A	II	泥	灰			13	残
6	IT0308④:64	A	II	泥	灰			14.1	残
7	IT0308④:65	A	II	泥	红	印纹	黑	14	完整
8	IT0505④:28	A	II	泥	灰	模印纹	黑红	13.4	完整
9	IT0504④:47	A	II	泥	红			不清	残
10	IT0308④:55	A	II	泥	红	模印纹	黑	13	完整
11	IT0206⑥:7	A	II	夹砂	红			13.2	残
12	IT0505④:41	A	II	泥	灰	印纹	黑	13.2	完整
13	IT0206⑥:36	A	II	泥	灰	印纹	红	不清	残
14	IT0308④:67	A	II	泥	灰			11.1	完整
15	IT0504④:15	B	II	泥	灰			14.4	完整
16	IT0505④:25	B	III	泥	红	印纹		14	残
17	IT0207④:141	A	III	泥	灰			12	残
18	IT0408④:32	A	III	泥	红	印纹		不清	残
19	IT0506④:87	A	III	泥	红黄	模印纹		13	残
20	IT0606④:54	A	III	泥	灰	印纹	红	12.3	残
21	IT0609④:68	A	III	泥	灰			14.4	残
22	IT0411④:42	A	III	泥	红			13.7	残
23	IT0207④:124	A	III	泥	红			13.4	残
24	IT0207④:125	A	III	泥	红			12.8	残
25	IT0207④:126	A	III	泥	灰	印纹		11.4	残
26	IT0606④:61	A	III	泥	红	印纹		不清	残
27	IT0609④:31	A	III	泥	灰	同心圆绳纹	黑红	11.6	残
28	IT0407④:381	A	III	泥	灰	印纹		12.2	残
29	IT0609④:69	A	III	泥	红			13	残
30	ⅩⅥBT5③:25	B	IV	泥	红		黑	15	残
31	IT0308④:56	A	IV	泥	灰	印纹	黑	12.5	完整

续表二六

编号	器物号	型	式	陶质	陶色	纹饰	色彩	直径（厘米）	保存情况
32	IT0309④:57	A	Ⅳ	泥	灰			11	残
33	IT0309④:50	A	Ⅳ	泥	灰		红	不清	残
34	IT0505④:45	A	Ⅳ	泥	灰			12.5	残
35	IT0308④:69	A	Ⅳ	泥	红	印纹		不清	残
36	IT0308④:70	A	Ⅳ	泥	灰	印纹		13.5	残
37	IT0411④:41	A	Ⅳ	泥	红	印纹		15	残
38	IT0409④:53	A	Ⅳ	泥	红		黑	11.4	残
39	IT0308④:57	A	Ⅳ	泥	灰	印纹		12.4	完整
40	IT0505④:30	A	Ⅳ	泥	灰	印纹		13	完整
41	IT0206④:37	A	Ⅳ	泥	红			12.2	完整
42	IT0505④:42	A	Ⅳ	泥	灰			13.5	残
43	IT0505④:43	A	Ⅳ	泥	灰			13.3	残
44	IT0308④:72	A	Ⅳ	泥	红			14.4	残
45	IT0209④:11	A	Ⅳ	泥	红			11.7	残
46	IT0505④:26	A	Ⅳ	泥	红	印纹		12.4	完整
47	IT0706④:51	A	Ⅳ	泥	灰	印纹		12.4	残
48	IT0407④:376	A	Ⅳ	泥	黄		红	11.5	完整
49	IT0706④:56	A	Ⅳ	泥	灰		黑	13	残
50	IT0308④:73	A	Ⅳ	泥	灰			12	残
51	IT0308④:74	A	Ⅳ	泥	灰	印纹		14.5	残
52	IT0309④:54	A	Ⅳ	泥	灰	印纹		12	残
53	IT0506④:103	A	Ⅴ	泥	灰			12.5	残
54	IT0207④:118	A	Ⅴ	泥	灰	细绳纹		11.2	完整
55	IT0206④:73	A	Ⅴ	泥	灰			10.5	残
56	IT0506④:88	A	Ⅴ	泥	灰	细绳纹		11.2	残
57	IT0207④:128	A	Ⅴ	泥	灰	细绳纹		12	残
58	IT0206④:74	A	Ⅴ	泥	灰	细绳纹		11.5	残
59	IT0506④:89	A	Ⅴ	泥	灰			12.5	残
60	IT0206④:75	A	Ⅴ	泥	灰	细绳纹		10.5	残
61	IT0409④:25	A	Ⅴ	泥	灰	印纹	黑	12	完整
62	IT0506④:90	A	Ⅴ	泥	灰			11	完整

续表二六

编号	器物号	型	式	陶质	陶色	纹饰	色彩	直径（厘米）	保存情况
63	IT0207④:129	A	V	泥	灰			不清	残
64	IT0207④:130	A	V	泥	灰	细绳纹		12	残
65	IT0206④:76	A	V	泥	红	印纹		11	残
66	IT0207④:131	A	V	泥	灰	细绳纹		11.8	残
67	IT0207④:115	A	V	泥	灰	模印纹		11.2	残
68	IT0206④:77	A	V	泥	灰	细绳纹		11.7	残
69	IT0506④:104	A	V	泥	灰			不清	残
70	IT0207④:114	B	V	泥	灰	印纹	黄	11.2	完整
71	IT0309④:53	A	V	泥	灰			11.6	残
72	IT0308④:60	A	V	泥	灰	印纹		12.5	完整
73	IT0207④:133	A	Ⅵ	泥	灰			11	残
74	IT0409④:52	A	Ⅵ	泥	灰	印纹		13	残
75	IT0207④:105	A	Ⅵ	泥	灰	同心圆绳纹	黑	12.5	残
76	IT0207④:134	A	Ⅵ	泥	红		黑	12	残
77	IT0506④:92	A	Ⅵ	泥	灰			12.5	残
78	IT0409④:24	A	Ⅵ	泥	红	同心圆绳纹	黑	13	残
79	IT0207④:101	A	Ⅵ	泥	灰	印纹		11.5	残
80	IT0206④:78	A	Ⅵ	泥	红	同心圆绳纹		11	残
81	IT0207④:135	A	Ⅵ	泥	灰			不清	残
82	IT0506④:93	A	Ⅵ	泥	灰			不清	残
83	IT0207④:117	A	Ⅵ	泥	灰	直绳纹	黄	10.4	完整
84	IT0707④:52	A	Ⅵ	泥	灰			不清	残
85	IT0707④:53	A	Ⅵ	泥	灰			13	完整
86	IT0504④:49	A	Ⅵ	泥	灰	直绳纹		10.5	残
87	IT0504④:14	A	Ⅵ	泥	红			11	残
88	IT0506④:94	A	Ⅵ	泥	灰			不清	残
89	IT0606④:55	A	Ⅵ	泥	灰	同心圆绳纹		12	残
90	IT0506④:6	A	Ⅵ	泥	灰	印纹		12.5	残
91	IT0707④:50	A	Ⅵ	泥	灰			不清	残
92	IT0707④:51	A	Ⅵ	泥	灰			不清	残
93	IT0707④:46	A	Ⅵ	泥	灰	同心圆绳纹		11.4	完整

续表二六

编号	器物号	型	式	陶质	陶色	纹饰	色彩	直径（厘米）	保存情况
94	IT0506④:95	A	Ⅵ	泥	灰			11.5	残
95	IT0707④:54	A	Ⅵ	泥	灰		黑	12.5	残
96	IT0506④:97	A	Ⅵ	泥	灰	印纹		12	残
97	IT0707④:55	A	Ⅵ	泥	红	印纹		11	残
98	IT0408④:60	A	Ⅵ	泥	红	印纹	黑	12	残
99	IT0409④:51	A	Ⅵ	泥	灰			11.5	残
100	IT0606④:57	A	Ⅵ	泥	灰		黑	12.5	残
101	IT0408④:65	A	Ⅵ	泥	灰			不清	残
102	IT0707④:56	A	Ⅵ	泥	灰			13.8	残
103	IT0606④:58	A	Ⅶ	泥	红	印纹		不清	残
104	IT0606④:56	A	Ⅶ	泥	灰			14.5	残
105	IT0411④:45	A	Ⅶ	泥	灰	印纹	黄	15.2	残
106	IT0606④:60	A	Ⅶ	泥	灰			14	残
107	IT0606④:59	A	Ⅶ	泥	灰			14	残
108	IT0408④:61	A	Ⅶ	泥	灰	印纹		12.5	残
109	IT0506④:105	A	Ⅶ	泥	灰	印纹		14	残
110	IT0506④:98	A	Ⅶ	泥	灰			13.2	残
111	IT0609④:59	A	Ⅶ	泥	灰	模印纹		11.5	残
112	IT0605④:13	A	Ⅶ	泥	红			14	残
113	IT0309④:56	A	Ⅶ	泥	灰	细绳纹	红	15	残
114	IT0208④:41	A	Ⅷ	泥	灰	印纹		14.5	残
115	IT0504④:26	A	Ⅷ	泥	灰	印纹		15.7	残
116	IT0411④:53	A	Ⅷ	泥	灰	印纹	红	不清	残
117	IT0407④:382	A	Ⅷ	泥	红	印纹		16.7	残
118	IT0107④:7	A	Ⅷ	泥	红	印纹		13.5	残
119	IT0407④:386	A	Ⅷ	泥	灰	印纹		14	残
120	IT0208④:41	A	Ⅷ	泥	灰	印纹		13.5	残
121	IT0208④:40	A	Ⅷ	泥	红	印纹		13	残
122	IT0407④:375	A	Ⅷ	泥	灰	印纹		12.7	残
123	IT0208④:29	A	Ⅷ	泥	红	印纹		15.2	残
124	IT0206④:73	A	Ⅷ	泥	红	印纹	黄	14	残

续表二六

编号	器物号	型	式	陶质	陶色	纹饰	色彩	直径（厘米）	保存情况
125	IT0208④:10	A	Ⅷ	泥	灰			14	残
126	IT0208④:42	A	Ⅷ	泥	灰	印纹		13	残
127	IT0208④:32	A	Ⅷ	泥	灰			不清	残
128	IT0609④:60	A	Ⅷ	泥	红	绳纹		14.4	完整
129	IT0705④:28	A	Ⅸ	泥	灰	印纹		17	残
130	IT0505④:27	A	Ⅸ	泥	红			15	残
131	IT0308④:57	A	Ⅸ	泥	灰	印纹		不清	完整
132	IT0708④:26	A	Ⅸ	泥	红	绳纹		13.9	完整
133	IT0506④:100	A	Ⅸ	泥	红	印纹		15.5	残
134	IT0609④:57	A	Ⅸ	泥	红	卷云绳纹		不清	残
135	IT0609④:30	A	Ⅸ	泥	灰	印纹		15.8	完整
136	IT0707④:45	A	Ⅸ	泥	红	印纹		14	残
137	IT0610④:48	A	Ⅹ	泥	灰	印纹		14	残
138	IT0206④:72	A	Ⅹ	泥	红	印纹	红	16	完整
139	IT0610④:58	A	Ⅹ	泥	红	印纹		12.5	完整
140	IT0506④:5	A	Ⅹ	泥	灰	印纹	黑	15.7	残
141	IT0506④:4	A	Ⅹ	泥	灰	印纹		不清	残
142	IT0308④:61	A	Ⅹ	泥	灰	印纹		15	完整
143	IT0408④:63	A	Ⅹ	泥	灰	印纹		13.8	残
144	IT0408④:64	A	Ⅹ	泥	灰	印纹		14.4	残
145	IT0408④:30	A	Ⅹ	泥	灰	印纹	黄	14.8	完整
146	IT0306④:4	B	Ⅹ	泥	红	印纹		14	残
147	IT0407④:373	A	Ⅹ	泥	灰	印纹		不清	残
148	IT0505④:17	A	Ⅺ	泥	灰	印纹		11.8	完整
149	IT0410④:12	A	Ⅺ	泥	灰			不清	残
150	IT0410④:14	A	Ⅺ	泥	灰	印纹		12.5	残
151	IT0411④:36	A	Ⅺ	泥	灰	印纹		12	残
152	IT0506④:2	A	Ⅺ	泥	灰	印纹		11.5	完整
153	IT0506④:3	B	Ⅺ	泥	灰	印纹		11.5	残
154	IT0506④:99	A	Ⅺ	泥	灰	印纹		11.4	残

续表二六

编号	器物号	型	式	陶质	陶色	纹饰	色彩	直径 （厘米）	保存 情况
155	IT0207④:88	A	XI	泥	灰	印纹		11.2	残
156	IT0207④:102	A	XI	泥	灰	印纹		11.5	残
157	IT0410④:13	A	XI	泥	灰	印纹		12	残
158	IT0410④:15	A	XI	泥	灰			12	残
159	IT0410④:1	B	XI	泥	灰	印纹	红黄	12	完整
160	IT0705④:2	A	XII	泥	灰			10.5	完整
161	IT0206④:83	A	XII	泥	灰	印纹		12	残
162	IT0207④:104	A	XII	泥	灰	印纹		10.5	残
163	IT0206④:84	A	XII	泥	灰	印纹		11	残
164	IT0207④:137	A	XII	泥	灰	印纹		11	残
165	IT0405④:55	A	XII	泥	灰	印纹		11.5	完整
166	IT0206④:85	A	XII	泥	灰	印纹		11.3	残
167	IT0206④:86	A	XII	泥	灰	印纹		11.0	残
168	IT0504④:50	A	XII	泥	灰	印纹		11.7	残
169	IT0207④:116	A	XII	泥	灰	印纹	黄	10.8	完整
170	IT0207④:139	A	XII	泥	灰			10.2	残
171	IT0207④:140	A	XII	泥	灰			11	残
172	IT0207④:141	A	XII	泥	灰			10.3	残
173	IT0308④:58	不清	不清	泥	红	印纹		不清	残
174	IT0609④:54	不清	不清	泥	红			不清	残
175	IT0609④:56	不清	不清	泥	红			不清	残
176	IT0406④:61	不清	不清	泥	红			不清	残
177	IT0406④:62	不清	不清	泥	灰			不清	残
178	IT0406④:63	不清	不清	泥	红			不清	残
179	IT0609④:58	不清	不清	泥	红			不清	残
180	IT0706④:50	不清	不清	泥	灰			不清	残
181	IT0706④:52	不清	不清	泥	灰		黑	不清	残
182	IT0411④:51	不清	不清	泥	红			不清	残
183	IT0409④:55	不清	不清	泥	灰			不清	残

续表二六

编号	器物号	型	式	陶质	陶色	纹饰	色彩	直径（厘米）	保存情况
184	IT0411④:54	不清	不清	泥	红			不清	残
185	IT0408④:26	不清	不清	泥	灰			不清	残
186	IT0508④:53	不清	不清	泥	灰			不清	残
187	IT0402④:5	不清	不清	泥	灰			不清	残
188	IT0707④:49	不清	不清	泥	灰			不清	残
189	IT0707④:46	不清	不清	泥	灰			不清	残
190	IT0506④:91	不清	不清	泥	灰			不清	残
191	IT0309④:55	不清	不清	泥	灰			不清	残
192	IT0506④:96	不清	不清	泥	灰			不清	残
193	IT0508④:54	不清	不清	泥	灰			不清	残

瓦的形制与 A 型筒瓦完全一样，不再重复叙述，本节重点介绍瓦当部分。

瓦当大部分出土于放鹰台 1 号宫殿基址的一、二、三层夯土台基的废弃堆积层内，特别是三层台周边台基垮塌堆积中出土最多。瓦当的质地均为细泥质，陶色有褐、红、红黄、浅灰、深灰等。

纹饰　瓦当正面多饰有很浅的模印纹，常见的纹饰有绳纹、方框纹及饰于方框内外和瓦当边轮的动物纹饰。模印绳纹有旋涡状细绳纹（彩版一五，1）、旋涡状平行粗绳纹（彩版一五，2）及平行宽带条状绳纹（彩版一五，3）。方框纹居于瓦当正中，分长方形（彩版一五，4）、正方形（彩版一六，1）两种，以正方形居多，长方形较少。瓦当模印纹构图布局大致是，在瓦当边轮一周多饰连续的细小龙纹，正中模印或彩绘方框纹，方框中的主体纹饰一般是大凤鸟和细小的动物图案，在边轮小龙纹与方框之间一般饰连续龙凤纹。

彩绘　在为数较多的瓦当正面有黑、红、黄等彩绘。瓦当烧制后，一般以黑彩为底色，以红、黄等色绘主体图案。彩绘主体纹饰分两种情况，一是在印有绳纹的黑地上直接彩绘，此类瓦当早期较多；二是在浅而模糊的动物印纹上彩绘，此类瓦当早、中、晚期都有，晚期较多。

制法　瓦当均模制，做工较精致。瓦当制成后，先晾成半干，再与筒瓦对接，连接处用手捏紧固定，然后进行烧制，最后在烧制好的正面模印纹饰上进行彩绘。

因为是烧后上彩，在阳光和雨水的长期侵蚀下，彩色容易变色和脱落，再加上宫殿遭大火焚毁，所以瓦当上的彩绘图案基本无存，只剩下零星的红、黄、黑等色彩。但可根据楚国漆器、丝织品彩绘图案的用彩进行复原。

瓦当可分为二种不同形制，即圆瓦当（A 型）和半圆瓦当（B 型）。

A 型（圆瓦当）

164 件。根据陶色、形制、纹饰等变化情况并参考 A 型筒瓦的分式，将 A 型瓦当分为十二式。

Ⅰ式 3 件。均残。泥质褐陶或红陶。瓦当薄，体小。

标本 IT0504④:14，残存半边。泥质褐陶。瓦当周边纹饰模糊，中间的方框隐约可见，方框内外有凹凸不平的浅印纹。瓦当正面饰红、黑彩。直径 11.2、厚 0.8 厘米（图五九，1；彩版一六，2）。

Ⅱ式 10 件。五件完整。其中泥质褐陶或红陶 4 件，浅灰陶 6 件。

标本 IT0505④:28，器形完整。泥质浅灰陶。瓦当薄，形体较Ⅰ式大。周边小龙纹隐约可见。中间的方框较周边低，方框轮廓线基本清晰。方框内外有凹凸不平的印纹，饰黑、红彩。直径 13.4、厚 0.8 厘米（图五九，2；彩版一六，3）。

Ⅲ式 13 件。均残。泥质褐陶或红陶 9 件，浅灰陶 5 件。瓦当较薄，形体较Ⅱ式大。瓦当正面有印纹及彩绘。

标本 IT0609④:31，残存大半。泥质浅灰陶。正面周边可见一条小龙纹，正中无方框，整个瓦当正面印有一组构图严谨的旋涡状细绳纹，整个图案仿佛一只旋飞的大凤鸟。饰黑、红彩。残径 11.6、厚 0.8 厘米（图五九，3；彩版一五，1）。

Ⅳ式 22 件。六件完整。其中泥质红黄陶 8 件，浅灰陶 14 件。瓦当较厚，体小。

标本 IT0505④:26，器形完整。泥质红陶。正面边轮小龙纹不清晰，正中无方框，饰有宽带纹及凹凸不平的印纹。彩绘已全部脱落。直径 12.4、厚 0.9 厘米（图五九，4；彩版一六，4）。

Ⅴ式 19 件。四件完整。其中泥质红陶 1 件，浅灰陶 18 件。形体较Ⅳ式厚。

标本 IT0207④:118，器形完整。泥质浅灰陶。周边小龙纹不清晰。正中方框较周边低，正面饰涡状细绳纹。其他纹饰及彩绘不清。直径 11.2、厚 1 厘米（图五九，5；彩版一七，1）。

Ⅵ式 30 件。三件完整。其中泥质红陶 4 件，浅灰陶 26 件。纹饰以粗绳纹为主，形体较Ⅴ式小。

标本 IT0207④:117，器形完整。泥质浅灰陶。正面饰平行粗绳纹，左侧边轮隐约可见小龙纹。饰黄彩。直径 10.4、厚 1 厘米（图五九，6；彩版一五，3）。

Ⅶ式 11 件。三件完整。其中泥质红陶 2 件，浅灰陶 8 件。体薄，瓦当较大。

标本 IT0411④:45，残存半边。泥质浅灰陶。体较Ⅵ式大。周边小龙纹不清晰，正中方框较模糊，饰凹凸不平的印纹。饰黄彩。直径 15.2、厚 0.7 厘米（图五九，7；彩版一七，2）。

Ⅷ式 15 件。一件完整。其中泥质红陶 8 件，浅灰陶 7 件。体薄，瓦当大。

标本 IT0206④:73，器形基本完整。泥质红陶。周边隐约可见数条小龙纹，正中无方框，瓦当正面饰一组旋涡状粗绳纹，左下方贴有细泥条，右下方仿佛可见凤头。饰黄彩。直径 14、厚 0.8 厘米（图五九，8；彩版一五，2）。

Ⅸ式 8 件。三件完整。其中泥质红陶 6 件，深灰陶 2 件。瓦当较大，较厚。

标本 IT0609④:30，残存小半。泥质深灰陶。当面周边饰一条隐约可见的小龙纹，中间方框残存四分之一，框边线清晰，框内饰凹凸不平的模印纹。边轮与方框之间似有两组图案，近边轮一组似龙纹，头向左；近方框一组似凤纹，头亦向左。彩绘已脱落。直径 16、厚 1.2 厘米（图五九，9；彩版一七，3）。

Ⅹ式 10 件。四件完整。其中泥质红黄陶 1 件，深灰陶 9 件。瓦当较薄，模印纹发达，饰彩

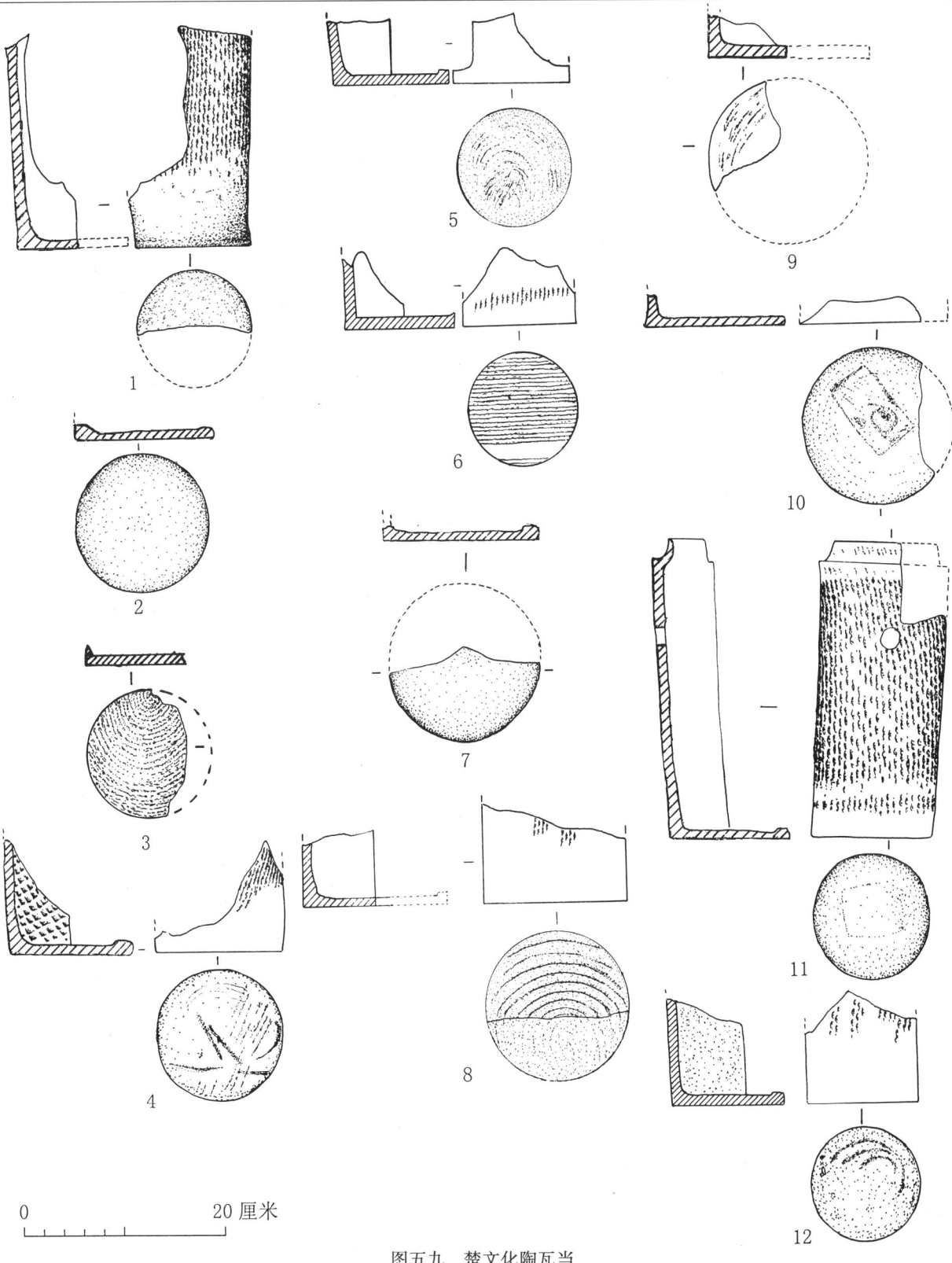

图五九　楚文化陶瓦当

1. A型Ⅰ式（IT0504④:14）　　2. A型Ⅱ式（IT0505④:28）　　3. A型Ⅲ式（IT0609④:31）　　4. A型Ⅳ式（IT0505④:26）　　5. A
型Ⅴ式（IT0207④:118）　　6. A型Ⅵ式（IT0207④:117）　　7. A型Ⅶ式（IT0411④:45）　　8. A型Ⅷ式（IT0206④:73）　　9. A型
Ⅸ式（IT0609④:30）　　10. A型Ⅹ式（IT0408④:30）　　11. A型Ⅺ式（IT0506④:2）　　12. A型Ⅻ式（IT0207④:116）

绘，但彩色多已脱落。

标本 IT0408④:30，边残。泥质深灰陶。边轮的小龙纹隐约可见，当面中间的长方框线条清晰，方框内印有一只大肚高冠凤鸟，左下侧似有一只小凤鸟，右上侧似有小龙纹。在方框与小龙纹之间似有龙凤纹。饰黄彩。直径 14.8、厚 0.8 厘米（图五九，10；彩版一七，4）。

Ⅺ式　10 件。二件完整。均为泥质深灰陶。瓦当较小，较薄。

标本 IT0506④:2，器形完整。泥质深灰陶。瓦当接 A 型Ⅺ式筒瓦。当面周边小龙纹隐约可见，中间模印方框清晰，框内及周边饰凹凸不平的印纹。彩绘已脱落。直径 11.5、厚 0.8 厘米（图五九，11；彩版一八，1）。

Ⅻ式　13 件。三件完整。均为泥质深灰陶。瓦当较小，较厚。

标本 IT0207④:116，器形完整。泥质深灰陶。正面周边小龙纹隐约可见，中间方框较清晰，框内及其周边饰凹凸不平的印纹。饰黄彩。直径 10.8、厚 1 厘米（图五九，12；彩版一八，2）。

B 型（半圆瓦当）

8 件。其形制是圆瓦当的一半。依圆瓦当的分式，将八件半瓦当分式如下。

Ⅰ式　1 件。

ⅢT4⑨:10，残存大半。泥质红黄陶。瓦当接 B 型Ⅰ式筒瓦。瓦当薄，形体较大。当正面半边方框内外饰凹凸不平的印纹。饰红、黄彩。直径 14、厚 0.8 厘米（图六〇，1；图版三五，6）。

Ⅱ式　1 件。

IT0504④:15，器形完整。泥质浅灰陶。瓦当薄，形体较大。正面素饰。直径 14.4、厚 0.8 厘米（图六〇，2；图版三六，1）。

Ⅲ式　1 件。

IT0505④:25，器形完整。泥质红陶。瓦当下部隐约可见半边方框，周边小龙纹不清晰，方框内外饰凹凸不平的印纹。彩绘已脱落。直径 13.6、厚 0.8 厘米（图六〇，3；图版三六，2）。

Ⅳ式　1 件。

ⅩⅥBT5③:25，器残缺。泥质红陶，饰黑彩，大部脱落。当面下部有半方框纹。直径 15、厚 0.7 厘米（图版三六，3）。

Ⅴ式　1 件。

IT0207④:114，器形完整。泥质浅灰陶。瓦当下部有半方框纹，似方框，方框内外施凹凸不平的印纹。饰黄彩。直径 11.2、厚 1 厘米（图六〇，4）。

Ⅹ式　1 件。

IT0306④:4，器形残缺。泥质红陶。瓦当下部有半个方框，周边纹饰不清，方框内及周边饰凹凸不平的印纹。彩绘已脱落。直径 14、厚 1 厘米（图六〇，5；彩版一八，3）。

Ⅺ式　2 件。

标本 IT0410④:1，器形完整。泥质深灰陶。瓦当正面周边饰二条模糊的小龙纹，下部半方框隐约可见，框内外饰凹凸不平的印纹。饰红、黄彩。直径 12、厚 1 厘米（图六〇，6；彩版一八，4）。

另有 21 件瓦当，因残破形制不清。

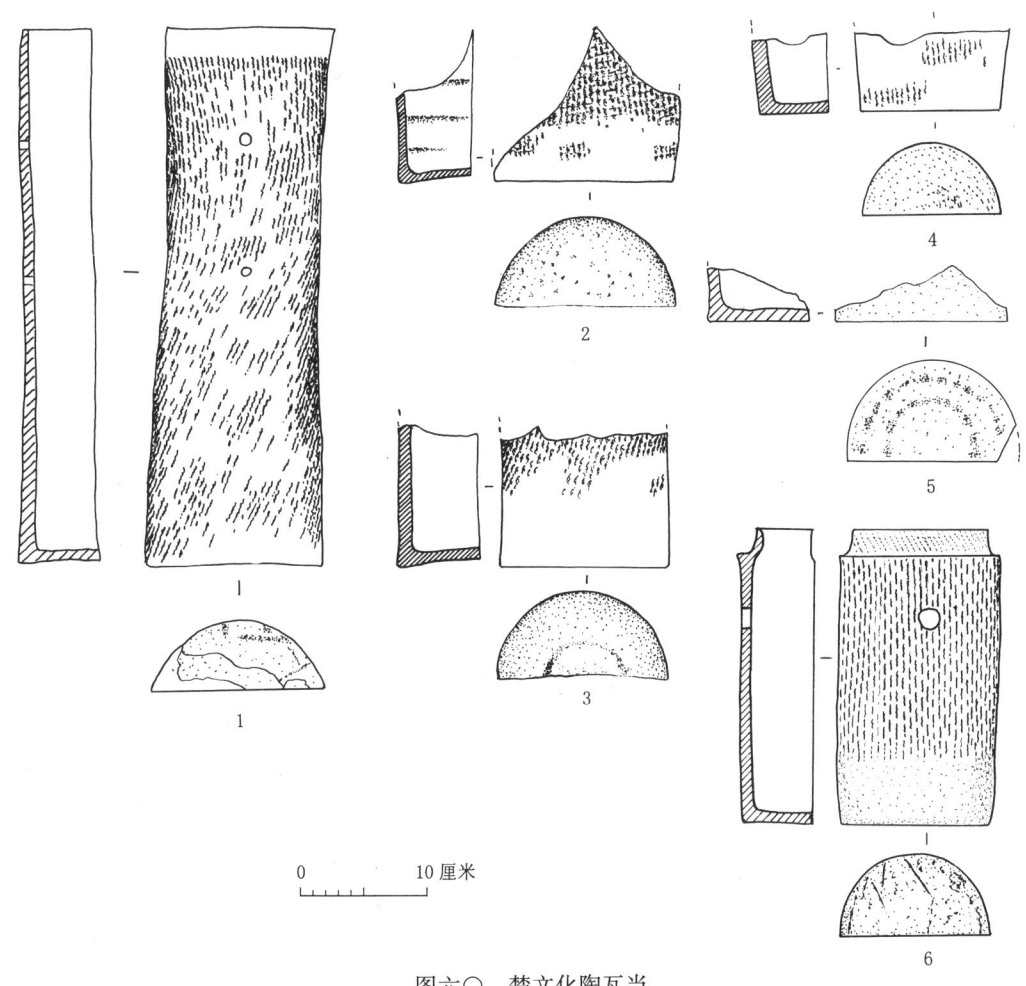

图六〇 楚文化陶瓦当

1.B型Ⅰ式（ⅢT4⑨:10） 2.B型Ⅱ式（IT0504④:15） 3.B型Ⅲ式（IT0505④:25） 4.B型Ⅴ式（IT0207
④:114） 5.B型Ⅹ式（IT0306④:4） 6.B型Ⅺ式（IT0410④:1）

本次出土的瓦当数量在遗址发掘中是最多的，同时保存情况也较好。在对这一百九十三件瓦当，主要是A型（圆瓦当）进行分型分式的排比研究中发现，其陶色的演变序列大致是，由褐、红、红黄色至浅灰、深灰色。在形制变化方面，形体由小而薄至大而厚至小而薄。在纹饰方面，Ⅰ式至Ⅴ式以模印绳纹居多，Ⅵ式至Ⅻ式以模印龙凤纹为主。在彩绘方面，Ⅰ式至Ⅴ式在平面绳纹地上彩绘的较多，Ⅵ式至Ⅻ式在凹凸不平的龙凤纹上彩绘的居多。在烧制火候方面，早期火候较低，陶质较软；晚期火候较高，陶质较硬，色彩不易渗透，故晚期瓦当很少见到彩绘。

瓦当的印纹不仅图案复杂，且布局规范，主题突出。目前发现的动物纹饰均为龙凤纹，特别是方框中的大凤鸟更是突显主题。动物印纹的另一特点是图案模糊不清，一般只能观察到瓦当面凹凸不平。究其原因是所有印纹的边沿均没有清楚的边线，即所有凸起部分均无底线，加上图案分布密集，相互连续，所以只能见到凹凸不平的瓦当面，这是楚国瓦当印纹与东周他国瓦当印纹的最大不同。之所以会有这样的区别是因为楚国瓦当在印纹之上还有彩绘，图案的轮廓线是彩绘出的，彩绘脱落后，图案就不清楚了。从另一个方面讲，楚国瓦当的印纹似乎是专给美工描摹用的，而不是供观赏的，因为如果不彩绘，这种印纹图案就不会有观赏效果。从这一方面也可以看出楚人重彩绘图案，轻模印纹饰。

楚国瓦当以往以"素面"著称，与东周时期中原各国的印纹瓦当相比，自愧不如。这次在瓦当整理研究中，取得了重大突破，不仅发现了印纹，而且对凹凸不平的印纹还进行了初步破译，同时发现了彩绘，证实了楚国瓦当不仅有印纹，而且是轻印重彩。放鹰台1号宫殿是章华台中的主体建筑，大量印纹彩绘瓦当的发现，使二千五百多年前修建的章华台更加光彩夺目。

板瓦

板瓦的形体较宽大，平面呈长方圆弧形，由圆筒泥坯四分切割而成，在出土瓦片中数量最多，但完整器很少。

板瓦在第Ⅰ发掘区出土49827件，第Ⅲ发掘区出土2550件，第ⅩⅣ发掘区出土641件，第ⅩⅥ发掘区出土32件，总数为53050件。所出板瓦均为泥制。陶色分为泥质红陶（包括褐、红、红黄色）和泥质灰陶（包括浅灰、深灰色）两大系。红陶系为17327块，占板瓦总数的32.7%；灰陶系为35723块，占板瓦总数的67.3%。

板瓦瓦身凸面饰绳纹，依据纹饰的粗细，可分为粗绳纹、中绳纹、细绳纹三类。粗绳纹瓦为3313件，占板瓦总数的6.2%；中绳纹瓦为48617件，占板瓦总数的91.7%；细绳纹瓦为1120件，占板瓦总数的2.1%。板瓦的凹面多为素饰，部分瓦饰有方格纹、篮纹、菱形纹、麻点纹、戳印纹和绳纹。其中素饰瓦为48147件，占板瓦总数的90.7%；方格纹瓦为703件，占板瓦总数的1.3%；篮纹瓦为821件，占板瓦总数的1.6%；戳印纹瓦为25件，占板瓦总数的0.05%；菱形纹瓦为1125件，占板瓦总数的2.1%；麻点纹瓦为2140件，占板瓦总数的4.1%；麻绳纹瓦为89件，占板瓦总数的0.2%。板瓦体型较大，破损严重，完整器很少，主要出土于Ⅰ、Ⅲ发掘区。根据无孔和有孔的区别，分为A型和B型（表二七、二八）。

A型

2148件。瓦身无孔。根据瓦头长短，口沿及唇的变化分为十二式。

Ⅰ式　32件。多存瓦头部。泥质褐陶或红陶。瓦头与瓦身没有明显分界，瓦头上扬。

标本IT0207④:119，器形完整。泥质褐陶。瓦头与瓦身没有明显分界，瓦头上扬，直口。瓦身凸面饰中绳纹，凹面饰麻点纹。瓦头长2厘米，瓦长37、厚0.6~1.2厘米（图六一，1；图版三六，4）。

Ⅱ式　63件。多存瓦头部。泥质褐陶或红陶。瓦头与瓦身有明显分界。

标本IT0207④:122，器形完整。泥质褐陶。瓦头和瓦身有明显的分界线。瓦头微上扬。瓦头凸面饰隐绳纹；瓦身凸面饰中绳纹，凹面素饰。瓦头长4.8厘米，瓦长39.2、厚0.8~1.2厘米（图六一，2；图版三六，5）。

Ⅲ式　101件。多存瓦头部。泥质红陶或红黄陶。

标本IT0505④:29，泥质红黄陶。瓦头上扬，瓦头较Ⅱ式短。瓦头凸面饰隐绳纹；瓦身凸面饰中绳纹，凹面泥条盘制痕清晰可见，并饰拍印细绳纹。瓦头长4厘米，瓦残长40、厚0.8厘米（图六一，3）。

Ⅳ式　66件。均存瓦头部。泥质红陶、红黄陶或浅灰陶。

表二七 板瓦的陶质、陶色、纹饰统计表

项目 数量 探方	陶质	陶色		纹饰									
				凸面纹饰			凹面纹饰						
	泥质	红陶	灰陶	粗绳纹	中绳纹	细绳纹	素面	方格	菱纹	篮纹	麻点	麻绳	划纹
IT0106	47	13	34	1	46		41	1	1	1	3		
IT0107	42	19	23	2	40		37		1	2	2		
IT0206	4120	140	3980	386	3663	71	3709	39	15		275	61	21
IT0207	1800	124	1676	6	1794		1754	24	2	2	18		
IT0208	964	20	944		964		918	4			42		
IT0304	223	40	183	14	194	15	203	10			10		
IT0305	73		73	10	53	10	56		3		14		
IT0306	581	61	520	24	513	44	490	21			50	20	
IT0307	416	56	360	18	396	2	384	10	2	2	18		
IT0308	4388	18	4370		4388		4376		2	2	8		
IT0309	406	48	358	68	332	6	350	20	4	2	30		
IT0402	363	114	249	24	330	9	327	1	9	13	13		
IT0405	256	10	246	46	210		220	4	6	8	18		
IT0406	4175	2387	1788	368	3664	143	3749	2	104	133	187		
IT0407	15147	5429	9718	607	14540		14309	144	305	109	280		
IT0408	2490	1718	772	70	2080	340	1954	186	110	73	167		
IT0409	1560	48	1512	6	1472	82	1458	58	12	10	22		
IT0410	260	60	200		260		256				4		
IT0411	972	512	460		970	2	972						
IT0502	49	5	44		48	1	39	4		2	4		
IT0503	11		11		11		9	1		1			
IT0504	160	24	136	4	152	4	132	4	9	4	7		4
IT0505	149	51	98	7	141	1	137	1	2	2	5	2	
IT0506	2616	2295	321	648	1659	309	1831	122	146	232	285		
IT0507	36		36	4	32		32	2		2			
IT0508	456	260	196	10	446		440	2	8	2	4		

续表二七

项目\数量\探方	陶质	陶色		纹 饰									
				凸面纹饰			凹面纹饰						
	泥质	红陶	灰陶	粗绳纹	中绳纹	细绳纹	素面	方格	菱纹	篮纹	麻点	麻绳	划纹
IT0509	1398	836	562	576	814	8	1164	2	72	60	100		
IT0605	183	39	144	6	174	3	157	7	4	6	9		
IT0606	378	182	196	16	362		360	2		2	14		
IT0608	1524	1028	496	82	1422	20	1318	6	52	34	114		
IT0609	250	150	100	30	220		240				10		
IT0610	102	36	66	22	80		72		20		10		
IT0705	154	2	152	10	144		120	6			28		
IT0706	110	36	74	8	102		84		6		20		
IT0707	230	120	110	20	208	2	190		26	2	12		
IT0708	86	34	52	4	82		68		8	8	2		
IT0709	2702	940	1762	62	2638	2	2572	2	68	24	36		
IT0807	128	34	94	7	120	1	113	2	4	1	8		
IT0808	484	212	272	62	404	18	432		22	8	22		
IT0809	266	91	175	11	251	4	247	3	6	3	7		
IF1	31	7	24	1	28	2	23	1	3		4		
ITH2	17	2	15	1	16		8		2	3	4		
ITH3	24	2	22	2	21	1	9		3	1	8	3	
ⅢF3	1209	32	1177	34	1168	7	1009		57	30	110	3	
ⅢT3	635	18	617	18	615	2	554		2	11	68		
ⅢT4	706	24	682	14	687	5	609	3	21	24	49		
ⅩⅣH5	256	17	239	2	251	3	233	6	4		13		
ⅩⅣH8	184	14	170	1	180	3	176	1		1	6		
ⅩⅣH9	201	16	185	1	200		189	2	1	1	8		
ⅩⅥAT4	9	1	8		9		6		1		2		
ⅩⅥBT3	16	2	14		16		7		1		8		
ⅩⅥBT4	7		7		7		4		1		2		
合计	53050	17327	35723	3313	48617	1120	48147	703	1125	821	2140	89	25
百分比	100%	32.7	67.3	6.3	91.6	2.1	90.7	1.3	2.1	1.6	4.1	0.17	0.05

表二八　　　　　　　　　　　　　　板瓦型式统计表

探方＼型式数量	A型												B型					
	Ⅰ式	Ⅱ式	Ⅲ式	Ⅳ式	Ⅴ式	Ⅵ式	Ⅶ式	Ⅷ式	Ⅸ式	Ⅹ式	Ⅺ式	Ⅻ式	Ⅰ	Ⅱ	Ⅲ	Ⅳ	Ⅴ	Ⅵ
IT0206	12	17	36		22	48	6	64	54	28	20	18		2	3			2
IT0207	3	3			14	18	20	32	49	27	14							
IT0208	3	6		7	11	10	16	16		19	22							
IT0304		2	3		4			18	11		10							
IT0305						1				3								
IT0306		9		7	4	4		9	14	12	5							
IT0307						3	4	7	6	4	4							
IT0308	8	24		28	9	16	24	47		28	11					3		
IT0309	4					18	27	24	23	22								
IT0402									2		3							
IT0405					3			3	9									
IT0406										3								
IT0407			39		4	4		8		97	122	60						
IT0408			3	4		4				8	16	4				4	2	
IT0409						4	2	8	8	4	5							
IT0411	2			6	9		5	6	3		6	6						
IT0502								3	4									
IT0504						2		3	2	4	8	2					3	
IT0505			7			3			2	2	6	2						
IT0506						4			6	17	23	6						
IT0507										3								
IT0508										2								
IT0509								4	6	5	8	2						
IT0605		2	4	2						3	5							
IT0606			3							4	2							
IT0608			3							10	4							
IT0609								2	4	8	12	4						
IT0610			5							8	6							
IT0705						3		2			7							
IT0706			3					3	6	2	9	5						

续表二八

型式\数量\探方	A型												B型					
	I式	II式	III式	IV式	V式	VI式	VII式	VIII式	IX式	X式	XI式	XII式	I	II	III	IV	V	VI
IT0707										3	14	17						
IT0708										8	8							
IT0709								7		4	9	7						
IT0807								19		6	7	3						
IT0808							7	12		41	28	6						
IT0809				4		5		8	9	32	23							
IH2								3										
IH3								4	3									
IF1		3				2			8		3	2						
IIIT3					3													
IIIT4								3		3								
IIIF3							3	2										
XIVH5							1											
XIVH8								3										
XIVH9						4	2											
合计	32	63	101	66	83	150	123	264	268	431	413	154	2	7	5	3	2	
百分比	1.5	2.9	4.7	3	3.8	6.9	5.7	12.2	12.4	19.9	19	7.1	0.1	0.35	0.2	0.15	0.1	

标本 IT0610④:72。瓦头部。泥质浅灰陶。瓦头微上扬，较Ⅲ式短。瓦头凸面饰隐绳纹；瓦身凸面饰中绳纹，凹面素饰。瓦头长 3.8 厘米，瓦残长 18、厚 1.2 厘米（图六一，4）。

Ⅴ式　83 件。均存瓦头部。泥质红陶、红黄陶或浅灰陶。瓦头上扬，饰多道旋纹。

标本 IT0405④:8，瓦头部。泥质红黄陶。平沿，唇外侈。瓦头凸面饰多道凹旋纹；瓦身凸面饰中绳纹，凹面素饰。瓦头长 4.8 厘米，瓦残长 19.6、厚 0.8~1 厘米（图六一，5）。

Ⅵ式　150 件。均存瓦头部。泥质红陶或浅灰陶。瓦头饰多道旋纹。

标本 IT0207④:51，瓦头部。泥质红陶。瓦头微上扬，直口，平沿，唇外侈。瓦头凸面饰多道凹旋纹；瓦身凸面饰中绳纹，凹面素饰。瓦头长 3.2 厘米，瓦残长 18、厚 1 厘米（图六一，6）。

Ⅶ式　123 件。均存瓦头部。泥质红黄陶或浅灰陶。瓦头饰隐旋纹。

标本 IT0207④:56，瓦头部。泥质红陶。瓦头微上扬，平沿，唇外侈。瓦头凸面饰绳纹和隐旋纹；瓦身凸面饰中绳纹，凹面素饰。瓦头长 3.2 厘米，瓦残长 20.8、厚 0.6~1 厘米（图六一，7）。

Ⅷ式　264 件。均存瓦头部。泥质浅灰陶。瓦头上扬，饰多道旋纹。

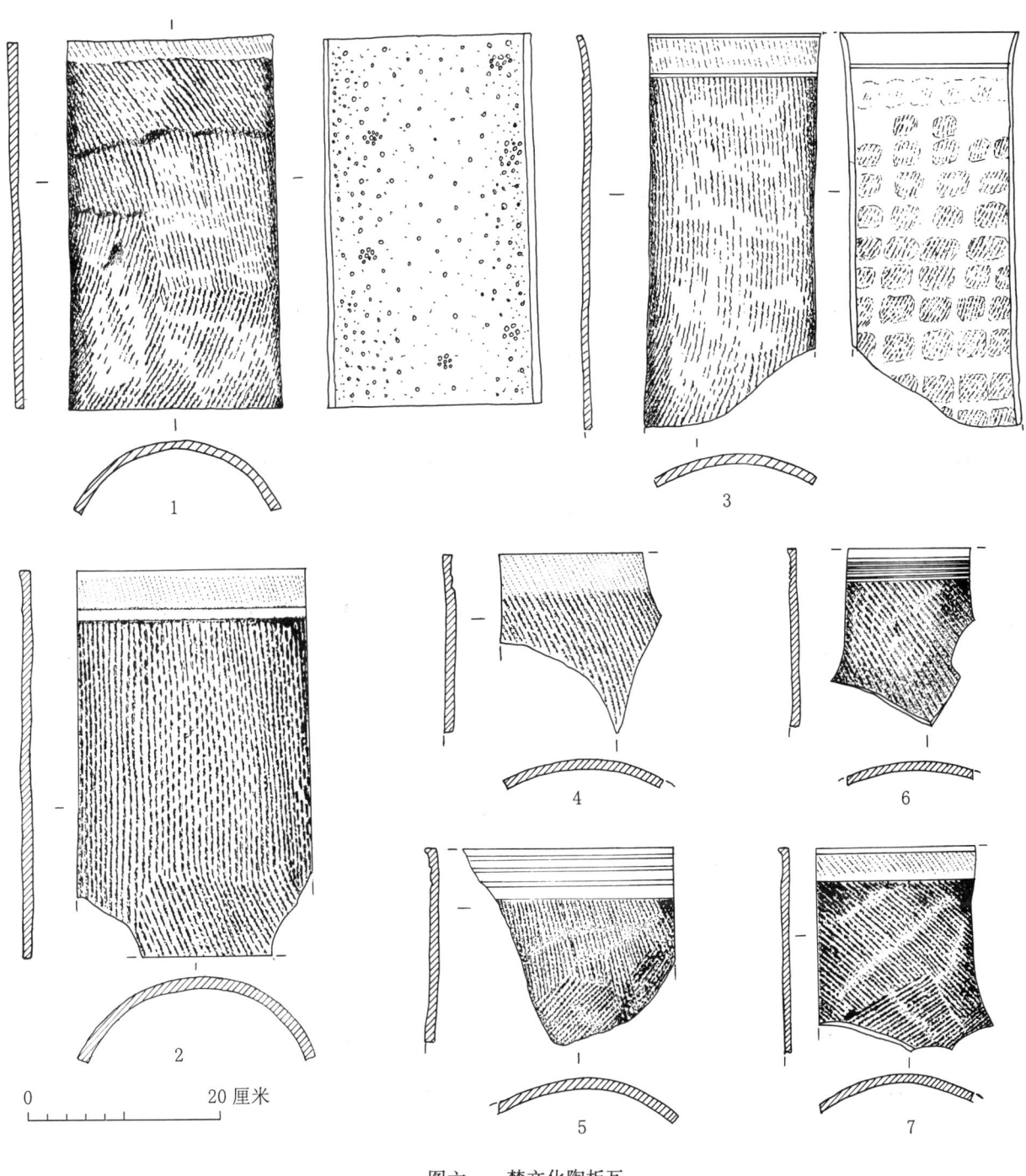

图六一　楚文化陶板瓦

1.A型Ⅰ式（IT0207④:119）　2.A型Ⅱ式（IT0207④:122）　3.A型Ⅲ式（IT0505④:29）　4.A型Ⅳ式（IT0610④:72）

5.A型Ⅴ式（IT0405④:8）　6.A型Ⅵ式（IT0207④:51）　7.A型Ⅶ式（IT0207④:56）

　　标本 IT0206④:72，瓦头部。泥质浅灰陶。瓦头上扬，直口，平沿，唇外侈。瓦头凸面饰四道旋纹；瓦身凸面饰中绳纹，凹面素饰。瓦头长 3.8 厘米，瓦残长 20、厚 0.8～1.2 厘米（图六二，1）。

　　Ⅸ式　268 件。均存瓦头部。泥质浅灰陶或深灰陶。瓦头饰多道旋纹。

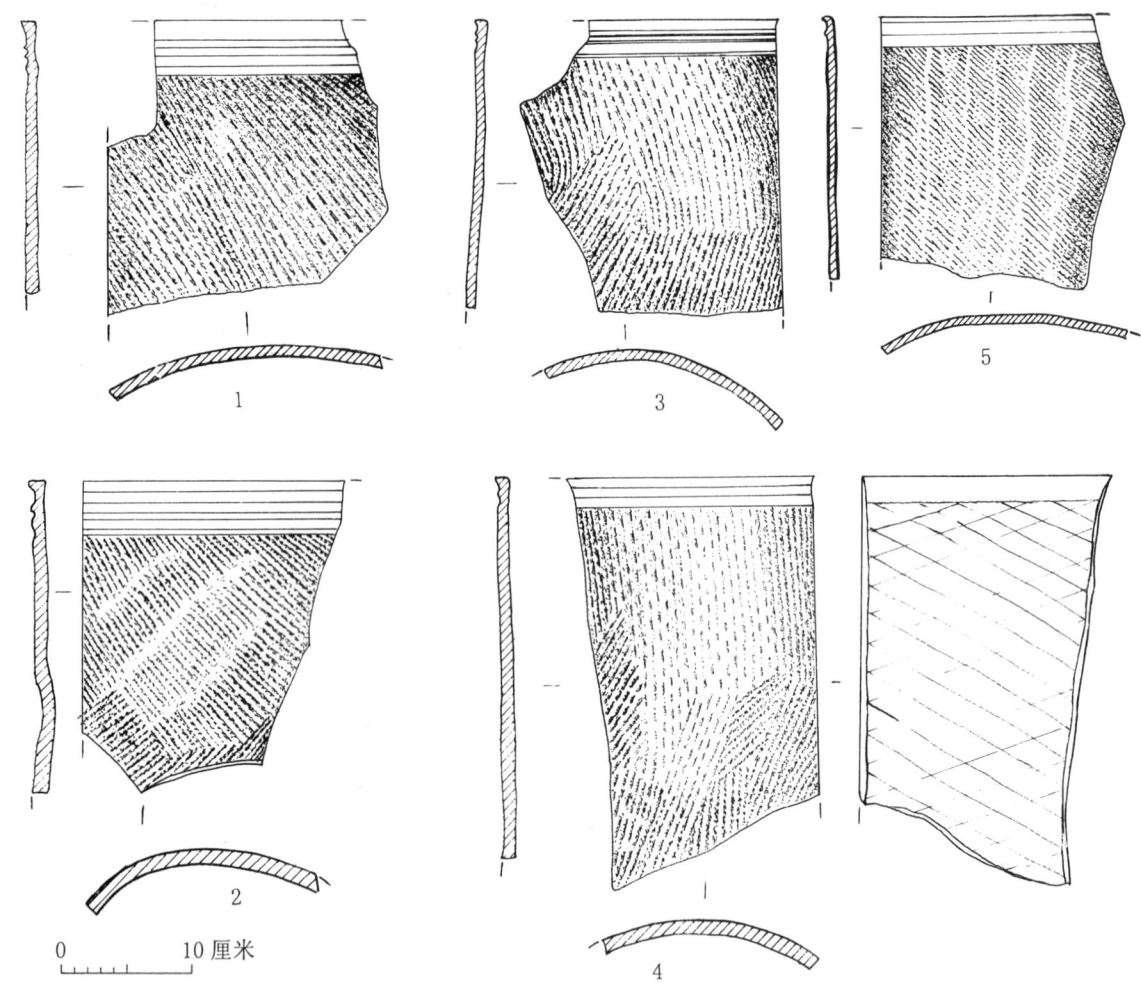

图六二　楚文化陶板瓦

1.A型Ⅷ式（IT0206④:72）　2.A型Ⅸ式（IT0405④:9）　3.A型Ⅹ式（IT0505④:40）　4.A型Ⅺ式
（IT0609④:67）　5.A型Ⅻ式（IT0505④:41）

标本 IT0405④:9，瓦头部。泥质浅灰陶。直口，平沿，圆唇外侈，口微敛。瓦头凸面饰二道凸旋纹；瓦身凸面饰中绳纹，凹面素饰。瓦头长 4 厘米，瓦残长 22.8、厚 0.8~1.2 厘米（图六二，2）。

Ⅹ式　431 件。均存瓦头部。泥质浅灰陶或深灰陶。瓦头饰二至三道旋纹。

标本 IT0505④:40，瓦头部。泥质深灰陶。平沿，尖唇外侈，口微敛。瓦头凸面饰二道凸旋纹；瓦身凸面饰中绳纹，凹面素饰。瓦头长 2.8 厘米，瓦残长 21.6、厚 0.8 厘米（图六二，3）。

Ⅺ式　413 件。均存瓦头部。泥质深灰陶。瓦头饰一至二道旋纹。

标本 IT0609④:67，瓦头部。泥质深灰陶。平沿，尖唇外侈，口微敛。瓦头凸面饰一道凸旋纹；瓦身凸面饰粗绳纹，凹面饰菱形纹。瓦头长 2.2 厘米，瓦残长 30、厚 1 厘米（图六二，4）。

Ⅻ式　154 件。均存瓦头部。泥质深灰陶。瓦头饰一至二道旋纹。

标本 IT0505④:41，瓦头部。泥质深灰陶。尖唇外侈。瓦头凸面饰二道凹旋纹；瓦身凸面饰中绳纹，凹面素饰。瓦头长 2.2 厘米，瓦残长 20、厚 0.6 厘米（图六二，5）。

经过整理，发现 A 型瓦从 I 式到 XII 式有一定的发展规律。就陶色而言，I 式至 V 式以泥质褐陶、红陶为主，泥质浅灰陶很少；VI 式至 IX 式以泥质浅灰陶居多，泥质红陶、深灰陶较少；X 式至 XII 式以泥质深灰陶居多，泥质浅灰陶较少。就纹饰而论，I 式至 V 式瓦凸面凹凸不平，多饰较深的粗绳纹，凹面多素饰；VI 式至 IX 式，瓦凸面较平，多饰中绳纹，凹面多素饰，同时出现了麻绳纹、麻点纹、篮纹等；X 式至 XII 式，瓦凸面多饰中绳纹，凹面多饰菱形纹、方格纹和麻点纹等。就瓦头变化规律而言，I 式至 XII 式，瓦头大致从无瓦头到长瓦头再到短瓦头；口沿唇部大致是从平沿无唇（I 式～IV 式）到平沿尖唇外侈（V 式～XII 式）。瓦头纹饰从素饰到多道旋纹再发展到少或无旋纹（表二八）。

B 型

19 件，瓦身上有圆孔。目前所见圆孔都在瓦头的左右两侧。B 型瓦的形制与 A 型瓦相同，因数量太少，分式不全。

II 式　2 件。

标本 IT0206④:71，瓦头部。泥质褐陶。瓦头和瓦身有明显的分界线，瓦头上扬。瓦头左上角有一圆孔，直径 2 厘米。瓦头凸面饰绳纹；瓦身凸面饰中绳纹，凹面素饰。残长 7.2、厚 0.8 厘米（图六三，1；图版三七，1）。

III 式　6 件。

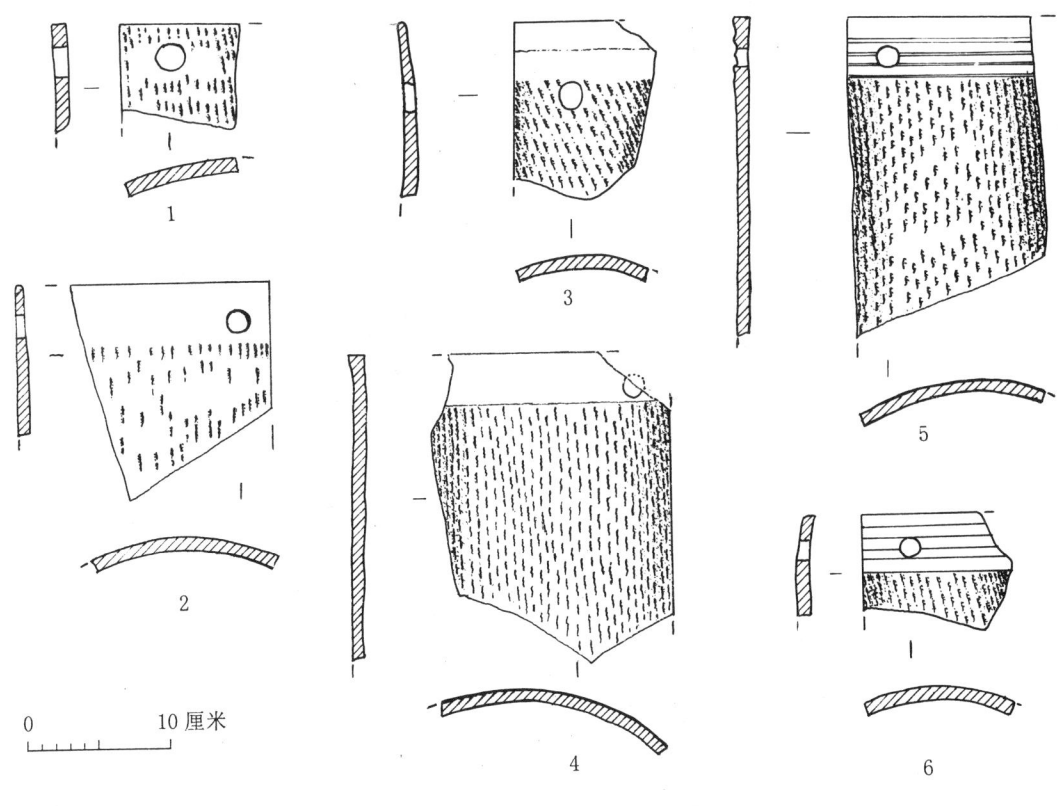

图六三　楚文化陶板瓦

1. B 型 II 式（IT0206④:71）　　2、3. B 型 III 式（IT0206④:45、IT0206④:46）　　4. B 型 IV 式（IT0408④:43）

5. B 型 V 式（IT0504④:13）　　6. B 型 VI 式（IT0206④:47）

标本 IT0206④：45，瓦头部。泥质红陶。瓦头上扬。瓦头右上角有一圆孔，直径 1.6 厘米。瓦身凸面饰粗绳纹，凹面素饰。残长 14.8、残宽 14、厚 0.4～0.8 厘米（图六三，2；图版三七，2）。标本 IT0206④：46，瓦头部。泥质浅灰陶。瓦头上扬。瓦头左上角有一圆孔，直径 1.6 厘米。瓦身凸面饰粗绳纹，凹面素饰。残长 12、厚 0.4～0.8 厘米（图六三，3；图版三七，3）。

Ⅳ式　5 件。

标本 IT0408④：43，瓦头部。泥质红陶。瓦头微上扬，平沿，尖唇微外侈。瓦头右上角有一圆孔（残），直径 1.6 厘米。瓦身凸面饰中绳纹，凹面素饰。残长 21.2、厚 0.9 厘米（图六三，4；图版三七，4）。

Ⅴ式　4 件。

标本 IT0504④：13，瓦头部。泥质红黄陶。直口，平沿，尖唇微外侈。瓦头左上角有一圆孔，直径 1.6 厘米。瓦头凸面饰多道旋纹；瓦身凸面饰粗绳纹，凹面素饰。残长 22、厚 1 厘米（图六三，5；图版三七，5）。

Ⅵ式　2 件。

标本 IT0206④：47，瓦头部。泥质浅灰陶。瓦头微敛。瓦头左上角有一圆孔，直径 1.6 厘米。瓦头凸面饰五道凹旋纹；瓦身凸面饰粗绳纹，凹面素饰。残长 8.4、厚 1 厘米（图六三，6；图版三七，6）。

彩色瓦

目前发现数量较少，仅见黑彩，在筒瓦和板瓦中均有发现。它是在烧制好的瓦上饰彩。在瓦当中除发现黑彩外，还见到红彩和黄彩。目前发现饰黑彩的筒瓦 79 件、板瓦 93 件、瓦当 34 件，饰红彩的瓦当 7 件，饰红黄彩的瓦当 2 件，饰黄彩的瓦当 6 件，施黑红彩的瓦当 3 件，施黑彩的瓦当 16 件（表二六）。下面各举一例：

标本 IT0207④：131（A 型 X 式筒瓦），瓦头部。泥质红陶，饰黑彩。侈口，尖唇，直颈内斜，高直肩，肩面微内凹。瓦身凸面饰中绳纹，凹面素饰（图版三八，1、2）。

标本 IT0506④：5（A 型 X 式瓦当），残存瓦尾及圆瓦当（残缺）。泥质灰陶。瓦当较大，胎较薄。瓦身及瓦当正反两面均饰黑彩（图版三八，3、4）。

标本 IT0308④：62（A 型 X 式板瓦），瓦头部。泥质灰陶，饰黑彩。直口，唇外侈。瓦头凸面饰一道凸旋纹；瓦身凸面饰中绳纹，凹面素饰（图版三八，5、6）。

③生产工具及其他

生产工具有纺轮、碾轮、网坠。其他类有环和陶塑动物等。

纺轮

7 件。泥质红陶居多，泥质灰陶较少。素面。依轮面不同情况分为二式：

Ⅰ式　3 件。

标本 ⅩⅥAT3③：30，器形完整。泥质灰陶。圆形，壁周边起折棱，体厚，中间有直径 0.5 厘米的圆孔。素面。直径 3.6、厚 2 厘米（图六四，1；图版三九，1）。标本 ⅩⅥBT4③：11，器形完整。泥质红陶。圆形，两面平，体较薄，中间有直径为 0.5 厘米的圆孔，轮壁周边折棱较矮。素面。

直径 2.8、厚 1.4 厘米（图六四，2；图版三九，2）。

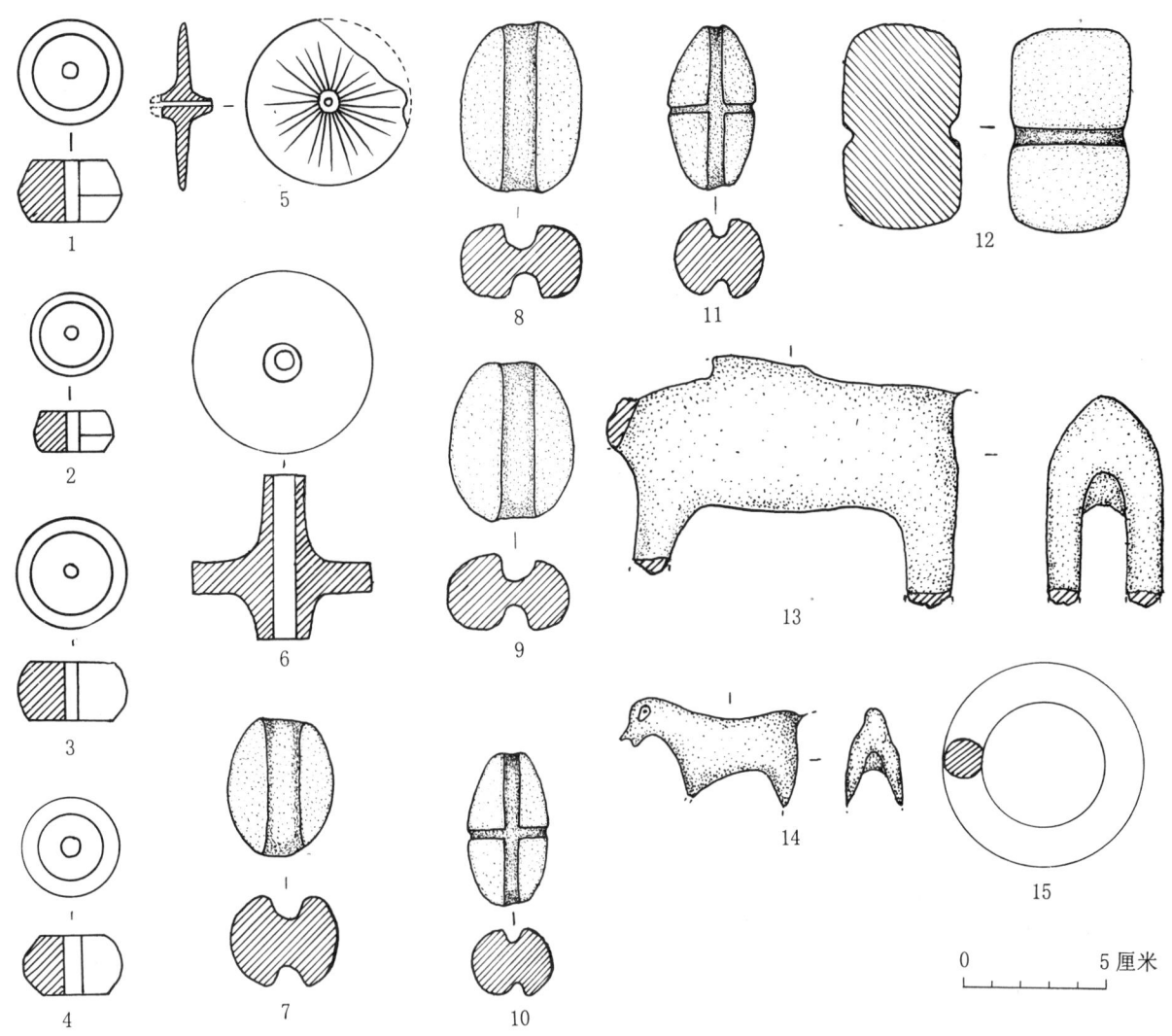

图六四 楚文化陶纺轮、碾轮、网坠、马、环

1、2.Ⅰ式纺轮（ⅩⅥAT3③:30、ⅩⅥBT4③:11） 3、4.Ⅱ式纺轮（ⅩⅥAT2③:2、ⅩⅥBT1③:4） 5、6.碾轮（ⅩⅥH9:23、ⅩⅥH8:12） 7~9.Ⅰ式网坠（ⅩⅥH11:21、ⅩⅥH5:19、ⅩⅥH5:18） 10、11.Ⅱ式网坠（ⅩⅥH6:112、ⅩⅥH5:20） 12.Ⅲ式网坠（ⅩⅥH5:17） 13、14.马（ⅩⅥCT5③:23、ⅩⅣH6:139） 15.环（ⅩⅥH5:21）

Ⅱ式 4件。

标本ⅩⅥAT2③:2，器形完整。泥质红陶。圆形，两面平，体厚，中间有直径为 0.6 厘米的圆孔，轮壁周边外弧。素面。直径 3.8、厚 2 厘米（图六四，3；图版三九，3）。标本ⅩⅥBT1③:4，器形完整。泥质红陶。圆形，两面平，体厚，中间有直径为 0.8 厘米的圆孔，轮周边呈弧形。素面。直径 3.4、厚 2 厘米（图六四，4；图版三九，4）。标本ⅩⅥCT1②:4，泥质红陶。圆形，两面平，体薄，中间有直径 0.3 厘米的圆孔，轮周边呈弧形。素面。直径 3.6、厚 0.4 厘米（图版三九，5）。

碾轮

2件。泥质灰陶。圆形，中间厚，往外渐薄，轮中间有一圆孔，孔两面各伸出一圆筒形轴。

ⅩⅥH9:23，边沿残。泥质红陶。圆孔两面有突出轮面的圆筒形轴，圆轮两面刻划射线纹。轴残。轴残长1.8厘米，孔径0.2厘米，轮径5.8、厚0.25～0.5厘米（图六四，5；图版三九，6）。

ⅩⅥH8:12，器形完整。泥质红陶。两面平，中间有一圆孔，两面孔周边有突出轮面的圆筒状轴。素面。轴长5.5厘米，孔径0.8厘米，轮径6.2、厚2厘米（图六四，6；图版四〇，1）。

网坠

8件。多泥质红陶，灰陶少见。依不同形状分为三式：

Ⅰ式　4件。泥质红陶。椭圆形，中间有凹槽。

标本ⅩⅥH11:21，器形完整。长4.6、径3.8厘米（图六四，7；图版四〇，2）。标本ⅩⅥH5:19，器形完整。泥质红陶。长5.8、径4.2厘米（图六四，8；图版四〇，3）。标本ⅩⅥH5:18，器形完整。长5.4、径4.2厘米（图六四，9；图版四〇，4）。

Ⅱ式　4件。器形完整。泥质红陶。椭圆形，坠体两面有"十"字形凹槽。

标本ⅩⅥH6:112，长5.2、径2.8厘米（图六四，10；图版四〇，5）。标本ⅩⅥH5:20，长5.6、径3厘米（图六四，11；图版四〇，6）。

Ⅲ式　1件。

ⅩⅥH5:17，器形完整。泥质褐陶。平面呈圆角长方形，体较大，横截面亦呈圆角长方形，中部有一周凹槽。长7、径4.2厘米（图六四，12；图版四一，1）。

马

2件。泥质红陶。

ⅩⅥCT5③:23，头已残，腿残存前后各一只。素面。残长12.4、残高7.4厘米（图六四，13；图版四一，2）。ⅩⅣH6:139，腿部残。素面。长6.4、残高2.8厘米（图六四，14；图版四一，3）。

环

1件。ⅩⅥH5:21，器形完整。泥质红陶。扁圆体，径实。素面。环内径4.3、径粗1.4厘米（图六四，15；图版四一，4）。

2. 石器

8件。均为生产工具。种类有斧、凿、锛、铲、镰，主要出自第Ⅰ、ⅩⅣ、ⅩⅥ区。

斧

4件。通体磨光。刃部微弧，双面刃。

IT0605④:13，上部残。灰石，通体磨光。平面呈长方形，制作精致，双面刃，刃平微弧。残长8、刃宽2.4厘米（图六五，1）。IT0306④:22，器形完整。灰砂石，全身磨光。平面呈长方形，上窄下宽，刃部微弧，双面刃。长7、刃宽6.6厘米（图六五，2；图版四一，5）。ⅩⅥH5:25，器形完整。灰石，通体磨光。平面呈长条形，上窄下宽，双面刃，刃外弧。长9.2、刃宽5.3厘米（图六五，3；图版四一，6）。IT0606④:10，器形完整。灰石，通体磨光。平面呈长方形，上窄下宽，刃弧，双面刃。长11.2、刃宽5厘米（图六五，4；图版四二，1）。

凿

1件。ⅩⅥH5:24，器形完整。青石，磨制精细。平面呈椭圆形，刃尖，两侧磨制成双面刃。

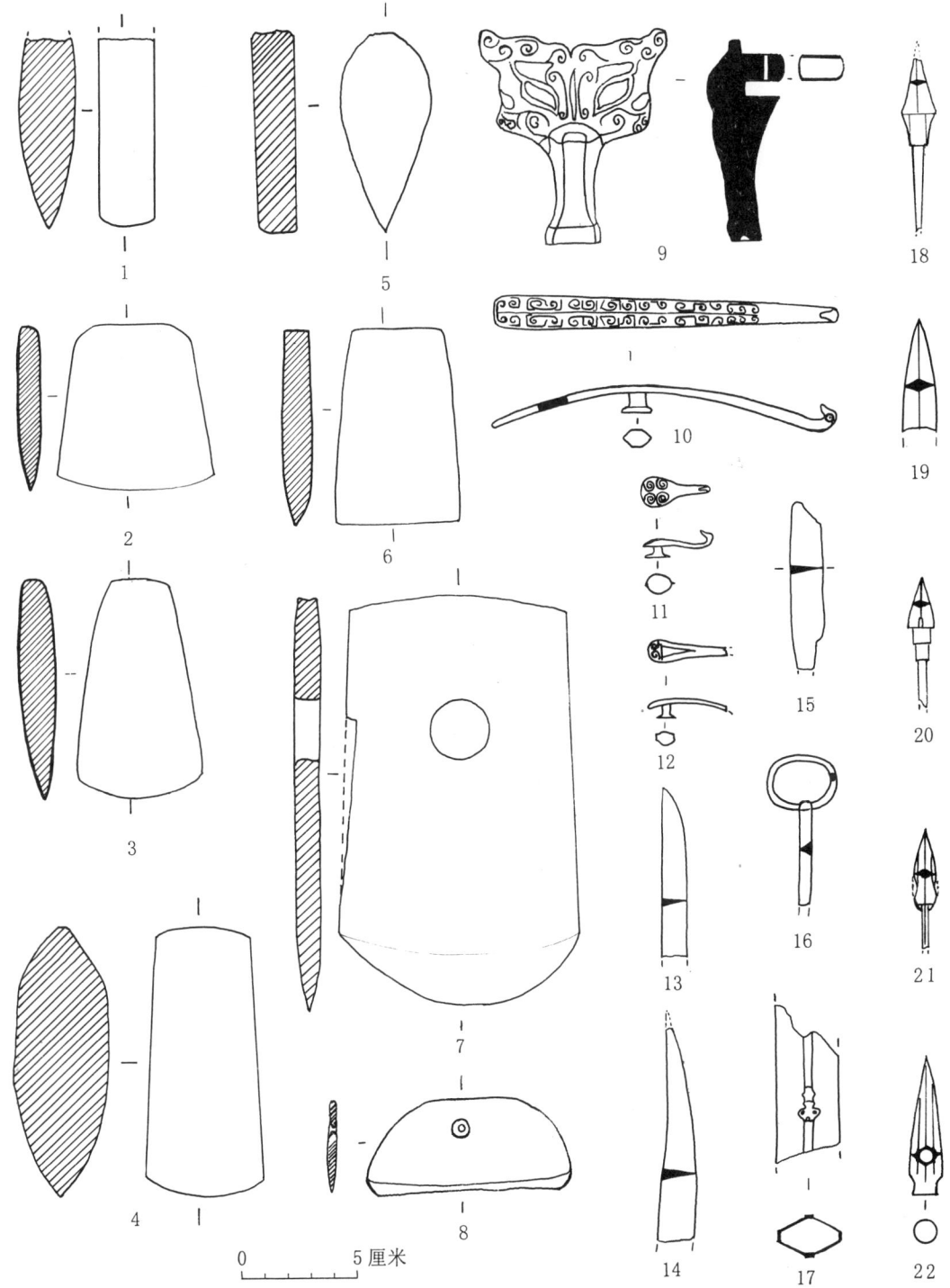

图六五　楚文化石斧、凿、锛、铲、镰，铜器足、带钩、削刀、矛、箭镞

1~4.石斧（IT0605④:13、IT0306④:22、ⅩⅥH5:25、IT0606④:10）　5.石凿（ⅩⅥH5:24）　6.石锛（ⅩⅥH11:27）
7.石铲（ⅩⅥH5:23）　8.石镰（ⅩⅥH11:26）　9.铜器足（ⅩⅥBT5③:4）　10.Ⅰ式铜带钩（ⅩⅥBT5③:1）　11、
12.Ⅱ式带钩（ⅩⅥBT5③:2、ⅩⅥBT5③:3）　13~15.铜削刀（ⅩⅥH11:25、ⅩⅥH5:22、IT0306④:1）　16.铜削刀柄
（ⅩⅣH5:103）　17.矛（ⅩⅣH6:140）　18~20.Ⅰ式铜箭镞（IT0306④:2、IT0606④:11、ⅩⅥH3:81）　21、22.Ⅱ式
箭镞（IT0506④:13、ⅩⅥH2:13）

长 8.4、体宽 4 厘米（图六五，5；图版四二，2）。

锛

1 件。ⅩⅥ H11：27，器形完整。青石，磨制精细。平面呈长方形，上窄下略宽，单面刃，刃平。长 8.2、刃宽 5.2 厘米（图六五，6；图版四二，3）。

铲

1 件。ⅩⅥ H5：23，边沿残缺。青灰石。平面呈长方形，体较薄，上窄下略宽，薄弧刃，上中部有一圆孔。长 17.2、刃宽 10.4 厘米（图六五，7；图版四二，4）。

镰

1 件。ⅩⅥ H11：26，青石，系用自然石片磨制而成。平面呈半月形，背弧形，单面刃近平。中部有一圆孔。长 3.8、刃宽 8.8 厘米（图六五，8；图版四二，5）。

3．青铜器

52 件。计有斧、锛、门环、削刀、鱼钩、鼎、箭镞、砝码、矛、案足、镜、带钩等。分别出自Ⅰ、Ⅲ、ⅩⅣ、ⅩⅥ区。按用途可分为生活用具、生产工具、衡器、兵器及其他，均为实用器。现分别叙述如下：

①生活用具

12 件。生活用具有鼎、器足、镜、带钩。

鼎足

3 件。均残。

IT0505④：41，足完整。蹄足较高，截面呈六棱形，内填充铸砂。素面。残高 18、粗 4～4.8 厘米（图六六，1）。ⅩⅥ H10：24，足残。足上部宽厚，内填充铸砂。饰卷云纹组成的兽面纹。残高 16、足上部粗 5～8 厘米（图六六，2，图版四二，6）。IT0505④：42，残存下部。矮实蹄足，截面近圆形，内填充铸砂。素面。残高 4.8、足根粗 3.6 厘米（图六六，3）。

鼎盖

1 件。IT0406④：20，器形完整。盖上有二圈凸棱，外圈凸棱上饰三个对称环，中部一鼻，鼻中套环。盖径 40、高 10 厘米（图六六，4；图版四三，1）。

鼎口沿、腹部残片

1 件。IT0606④：14，存口沿、腹部。口微敛，口腹之间向外伸出一周长方形凸棱，沿面微外斜，腹壁较直。素面。同出的鼎腹片中，有二块内侧阴刻铭文，共有八个字，即："差"（左）、"器"（敔）、"膓"（𦎧）、"佋"、"棠"，另有三字已残，不可释（彩版一九，1；图版四三，3、4）。口径 75.6、残高 13.2 厘米（图六六，5；图版四三，2）。

器足

1 件。ⅩⅥ BT5③：4，棱柱状蹄形足，足上部宽厚，内侧有凹形榫槽，外侧饰兽面纹。足高 9、径 1.6 厘米（图六五，9；彩版一九，2）。

镜

出土 2 件残片。

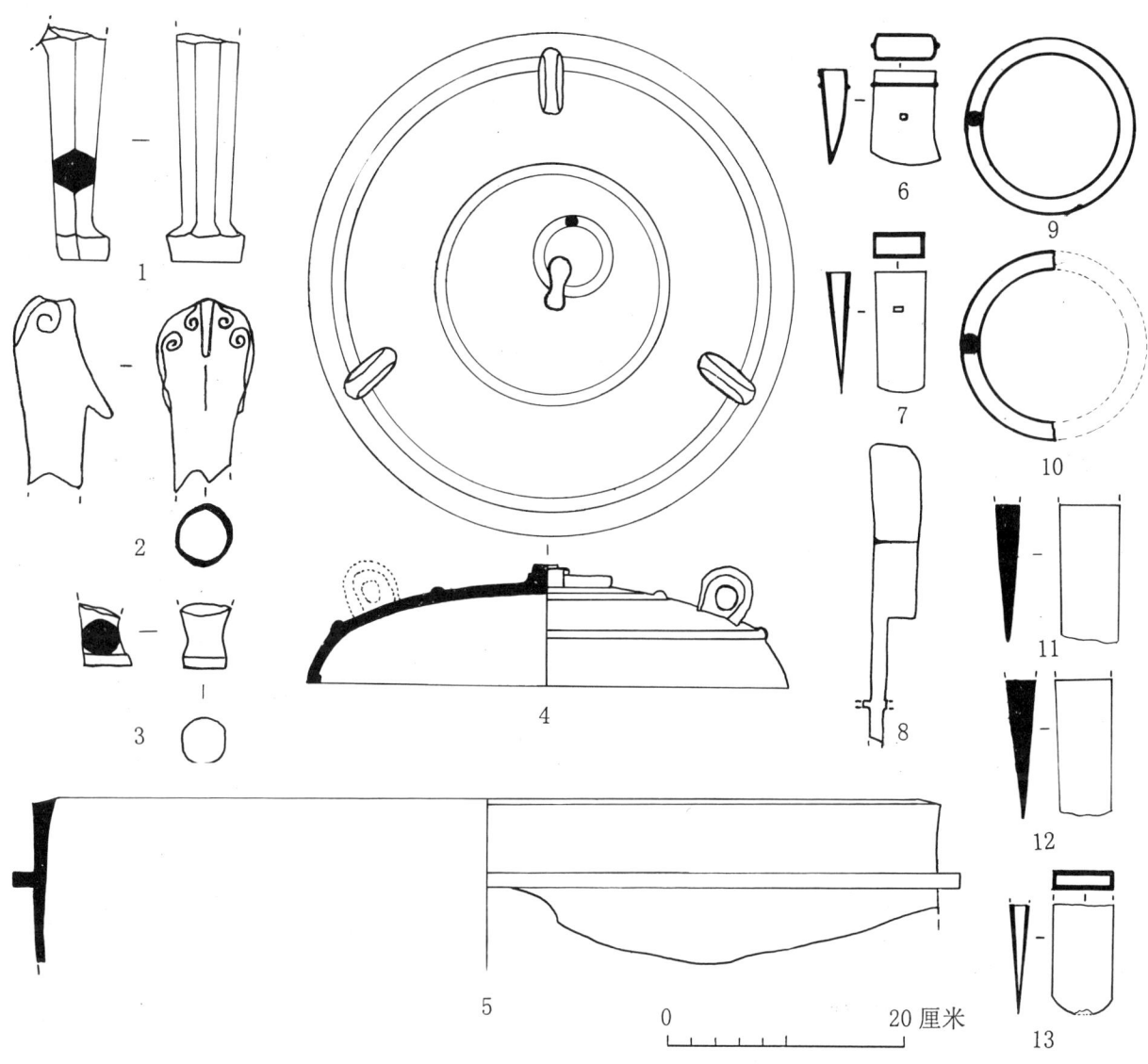

图六六　楚文化铜斧、门环、刀、鼎腿、鼎盖、鼎口沿，铁斧

1~3.铜鼎足（IT0505④:41、ⅩⅥH10:24、IT0505④:42）　4.铜鼎盖（IT0406④:20）　5.铜鼎口沿（IT0606④:14）　6.铜锛
（ⅩⅥH10:25）　7.铜斧（Ⅲj1:15）　8.铜削刀（ⅩⅥBT2③:9）　9、10.铜门环（IT0408④:41、IT0506④:53）　11~13.铁斧
（ⅩⅥH1:26、ⅩⅥH3:10、ⅩⅣH3:83）

标本 IT0708④:28，残片。做工精致。镜中部较厚，呈梯形向周边渐薄，花纹细腻。镜背面饰云雷纹、菱形纹。残长3.2、残宽2.4、厚0.1~0.2厘米（图六七，1）。

带钩

3件。依各部位形状，分为二式：

Ⅰ式　1件。

ⅩⅥBT5③:1，器形完整。整器呈弧线长条形，器身扁平宽厚，钩端呈鸟首状，背面有一梯形纽。器身饰卷云纹。长14.8、宽0.6~1.4厘米（图六五，10；彩版一九，3）。

Ⅱ式　2件。

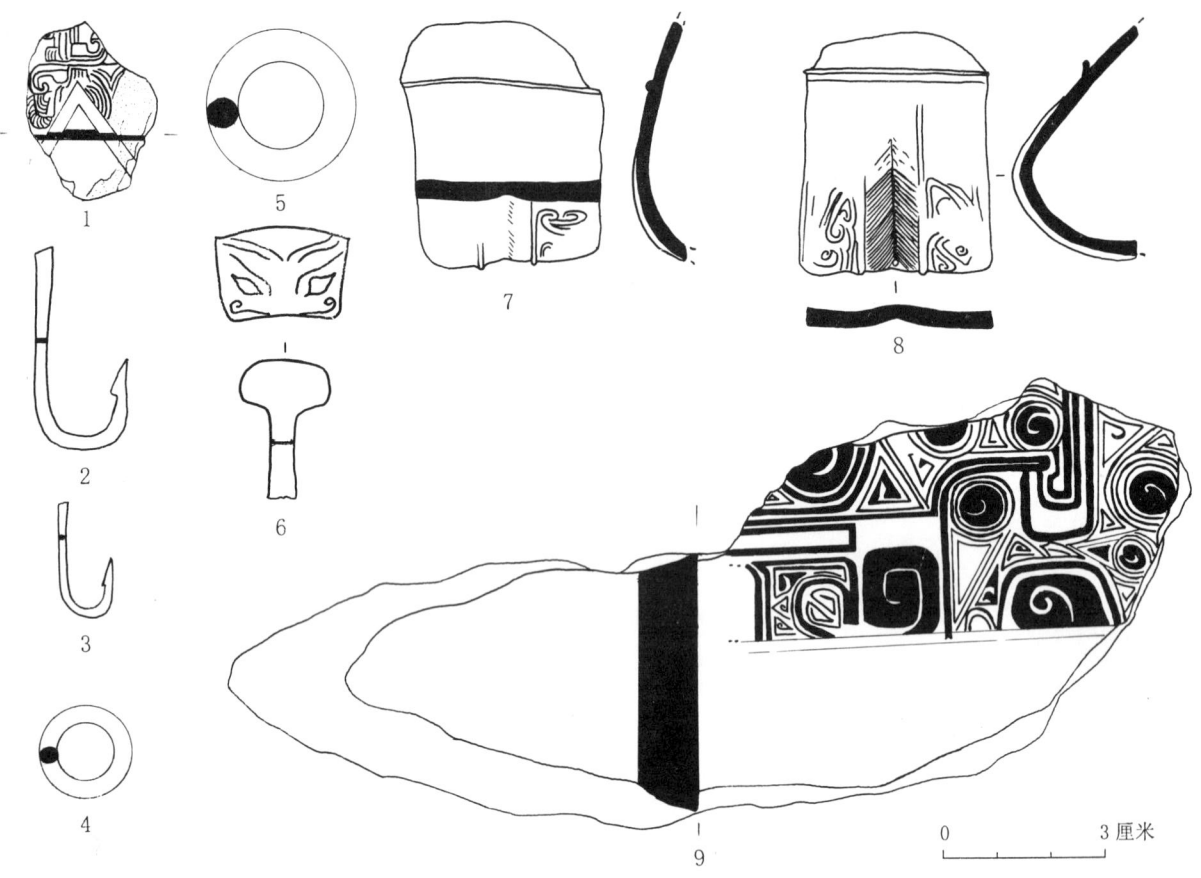

图六七 楚文化铜鱼钩、砝码、插销、镜、残片

1. 镜残片（IT0708④:28） 2. I 式鱼钩（ⅩⅥ H5:104） 3. II 式鱼钩（ⅩⅥ H12:12） 4、5. 砝码（ⅪⅤ T1③:24、

ⅪⅤ T1③:38） 6. 铜插销（IT0808④:79） 7～9. 残片（IT0506④:51、IT0506④:50、IT0505④:42）

ⅩⅥ BT5③:2，器形完整。形体较小，呈琵琶形，钩端呈鸟首状，腹背面有一凸纽。腹面饰涡旋纹。长 3、宽 0.4～1.2 厘米（图六五，11；图版四三，5）。ⅩⅥ BT5③:3，钩端残，形体小，器身呈琵琶形，腹背面有一梯形纽。腹面饰卷云纹和三角纹。残长 3.4、宽 0.4～1 厘米（图六五，12；图版四四，1）。

②生产用具

20 件。有锛、斧、削刀、鱼钩。

锛

1 件。ⅩⅥ H10:25，器形完整。平面呈长方形，顶部有銎。侧视呈"V"形。体上端有一圈凸棱，中部有一穿孔。刃一面平，一面弧形，有磨痕。通体黄褐色。銎长 4.8、宽 2 厘米，内深 6.8 厘米，体长 7.6、上宽 4.8、下宽 6 厘米（图六六，6；图版四四，2）。

斧

1 件。Ⅲ J1:15，器形完整。平面呈长方形，有銎，中部两面对穿一孔，对称双面弧刃。銎长 4、宽 1 厘米，内深 8 厘米，通长 9.7、宽 4、厚 2 厘米。出土时銎内装有木柄，木柄残长 6.6 厘米

（图六六，7；图版四四，3）。

削刀

共5件。ⅩⅥH11:25，残存刀身。前锋及刃呈弧形，微上翘，刀背平直，刃前部微弧。残长6.9、宽1.6、厚0.5厘米（图六五，13；图版四四，4）。ⅩⅥH5:22，残存刀身。前锋残，刀背厚而微下弧，刃部弧形。残长8.6、宽1.2、厚0.3厘米（图六五，14）。IT0306④:1，柄部残，前锋亦残。刀背较厚，刃部平直，刃近柄一端微外弧，柄呈长条形，残。残长6.7、宽1.3、厚0.55厘米（图六五，15）。ⅩⅥBT2③:9，器形完整，形体宽大，较薄。刀前锋及刃部呈弧形，刀背向右侧呈折角，形成长条形背面，刀身前端略宽，后端与柄垂直。刀柄扁平窄长，柄末端上下伸出对称的两凸纽，便于固定木柄，刀前锋及刃部较锋利，有使用痕迹。长24、宽4.5厘米，柄残长10厘米（图六六，8；图版四四，5）。

削刀柄

1件。ⅩⅣH5:103，刀柄横截面呈三棱形，柄末端有椭圆环。残长6、环径2×3厘米（图六五，16）。

鱼钩

12件。形状与现代鱼钩相同。根据大小的不同分为二式：

Ⅰ式　2件。形体粗大。

标本ⅩⅥH5:104，器形完整。钩柄顶端粗，下端细，断面扁平。钩尖细小锋利，内侧有倒钩。长3.7、径0.2～0.3厘米（图六七，2；彩版二〇，1）。

Ⅱ式　10件。形体细小。

标本ⅩⅥH12:12，器形完整。钩柄顶端粗，下端细，断面扁平。钩尖细小锋利，内侧有倒钩。长2.1、径0.1厘米（图六七，3；彩版二〇，2）。标本ⅩⅥH5:105，器形完整。钩柄顶端粗，下端细，断面扁平。钩尖锋利，内侧有倒钩。长2.2、径0.1×0.25厘米（图版四四，6）。

③衡器

2件。仅砝码一类。扁圆环形。形体较小。

ⅩⅣT1③:24，器形完整。制作精制。内外径1.7、内径0.3厘米（图六七，4；图版四五，1）。ⅩⅣT1③:38，器形完整。制作精致。环外径2.8、内径0.55厘米（图六七，5；图版四五，2）。

④兵器

6件。有矛和箭镞。

矛

1件。ⅩⅣH6:140，仅存甬部一部分。菱形筒状，两正面各凸出一棱，凸棱上各饰兽面纹。残长6.6、宽2.8厘米（图六五，17；图版四五，3）。

箭镞

5件。根据形状的不同分为二式。

Ⅰ式　3件。

IT0306④:2，双刃，中脊起棱，横断面呈菱形。锋部已残，铤部平，尾残。残长7厘米（图六五，18）。IT0606④:11，双刃，中脊起棱，横截面呈菱形。铤及尾部已残。残长 4.4 厘米（图六五，19）。ⅩⅥH3:81，双刃，中脊起棱，横截面呈菱形，铤部由细到粗呈节状。尾残。长 5.2 厘米（图六五，20；图版四五，4）。

Ⅱ式　2件。

IT0506④:13，三角刃，中脊横截面呈圆形，铤为三棱柱状。尾残。残长 4.9 厘米（图六五，21；图版四五，5）。ⅩⅥH2:13，三角刃，中脊内空，横截面呈三棱形，铤内空、呈圆形。尾残。残长 5.8 厘米（图六五，22；图版四五，6）。

⑤其他

12件。有门环、插销、残片。

门环

7件。圆环形，素面。

IT0408④:41，器形完整。器表有绿锈。实环径。素面。环径 14、环粗 1.2 厘米（图六六，9；彩版二〇，3）。IT0408④:42，器形完整。器表有绿锈，实环径。素面。环径 15.6、环粗 1.2 厘米（彩版二〇，4）。IT0506④:53，残存一半。器表有绿锈，实环径。素面。环径 15.6、环粗 1.6 厘米（图六六，10；图版四六，1）。IT0506④:54，残存一半。器表有绿锈，实环径。素面。环径 14.5、环粗 1.8 厘米（图版四六，2）。IT0409④:40，残存二小段。器表有绿锈，实环径。素面。环径 14、环粗 1.5 厘米（图版四六，3）。IT0508④:5，器形完整。器表有绿锈，实环径。素面。环径 14.8、环粗 1.7 厘米（图版四六，4）。IT0509④:17，器形完整。器表有绿锈，实环径。素面。环径 14.5、环粗 1.4 厘米（图版四六，5）。

插销

1件。IT0808④:79，销头部。销头平面呈方形，销扁平，长条形。销头饰兽面纹。残长 2.5 厘米（图六七，6；图版四六，6）。

残片

4件。IT0506④:51，变体方形，中部凹。正面局部饰卷云纹。残长 4.3、宽 3.6 厘米（图六七，7；图版四七，1）。IT0506④:50，变体方形，中部凹。正面饰麦穗状纹，两边饰变形窃曲纹。残长 4.4、宽 3.5 厘米（图六七，8；图版四七，2）。IT0505④:42，不规则长条形。正面饰云雷纹、卷云纹、三角形纹等多种纹样。残长 18.1、残宽 6.5、厚 1.1 厘米（图六七，9；图版四七，3）。IT0506④:52，不规则方形，面饰乳钉纹和卷云纹。残长 5、宽 4.5、厚 0.8～1.5 厘米（图版四七，4）。

4. 铁器

5件。其中三件较完整。仅铁斧一类，出自ⅩⅣ、ⅩⅥ区。

ⅩⅥH1:26，銎部已残。平面呈长方形，双面刃，全身生满铁锈。残长 11、刃宽 4.8 厘米（图六六，11；图版四七，5）。ⅩⅥH3:10，銎部已残。平面呈长方形，双面刃，全身生满铁锈。残长 11.2、刃宽 4 厘米（图六六，12；图版四七，6）。ⅩⅣH3:83，顶部已残。銎长 5.2、宽 1.2 厘米。斧正面呈长方形，侧视呈"Ⅴ"形，双面刃呈圆弧形，全身生满铁锈。残长 8.6、刃宽 4.8 厘米

（图六六，13；图版四七，7）。

5．泥质垂线球

142 件（表二九）。集中分布于放鹰台 1 号宫殿基址第三层夯土台基上的柱洞和地沟周围的红烧土堆积中，以及三层台周边垮塌的红烧土层中。第一、二层台上分布很少，也都出自红烧土堆积内。还有一部分直接出自第三层台的柱洞和地沟内，与红烧土、瓦片同出。球体为细泥质，体呈四棱锥形，大小高矮不等。底部平，呈四方形，尖端呈四棱锥形。球体四面各呈三角形，都有拴绳的痕迹，每边线痕的系数不等，在一至六道之间，每条线痕的粗细为 0.1～0.2 厘米左右。

表二九　　　　　　　　　　　泥质垂线球统计表

编号	器物号	式	泥色	底（厘米）	高	系痕条数	痕径	保存情况
1	IT0208④:27	Ⅰa	红	9×10	9.5	4～5	0.1	残
2	IT0506④:57	Ⅰa	红	8×7.8	10.7	4	0.15～0.2	残
3	IT0506④:58	Ⅰa	红	8.3×5.4	11	5～6	0.1	较好
4	IT0506④:61	Ⅰa	红	8.5×7	12.2	4	0.1～0.5	较好
5	IF1③B25:3	Ⅰa	红	10.2×9.5	9	5～6	0.1	残
6	IT0506④:59	Ⅰa	红	9.5×10	8.5	4	0.15	残
7	IT0506④:60	Ⅰa	红	8×7.8	9.3	3～4	0.1～0.15	残
8	IT0809④:51	Ⅰa	红	7.6×8.2	残8.8	4	0.15	残
9	IT0506④:62	Ⅰa	红	8.3×7.5	11.6	4	0.1	较好
10	IT0506④:63	Ⅰa	红	9×7.8	8	6	0.1～0.15	残
11	IT0506④:64	Ⅰa	红	9.7×10	8	不清	不清	残
12	IT0506④:67	Ⅰa	红	8.8×9	10.6	3	0.15	较好
13	IF1③B24:2	Ⅰa	红	9.6×11.3	10	4	0.1～0.15	较好
14	IF1③B24:3	Ⅰa	红	8×9	8.4	3	0.15	残
15	IT0506④:65	Ⅰa	红	7.5×8.7	11.4	4	0.15	较好
16	IT0506④:66	Ⅰa	红	8×8.2	10.3	5	0.15	残
17	IT0610④:49	Ⅰa	灰	6.3×6.3	8.5	3	0.15	较好
18	IF1③h14:2	Ⅰa	红	8×7.6	10	5	0.1	较好
19	IT0308④:77	Ⅰa	红	7.4×7.6	10.4	不清	0.15	较好
20	IF1④h6:3	Ⅰa	红	7.2×8.4	10.6	5	0.1	较好
21	IT0506④:68	Ⅰa	红	7.4×10	11.4	5	0.1	较好
22	IT0506④:69	Ⅰa	红	7.8×8.4	14	不清	不清	残
23	IT0505④:47	Ⅰa	红	8.8×7	13	3	0.15	较好

续表二九

编号	器物号	式	泥色	底（厘米）	高	系痕条数	痕径	保存情况
24	IT0208④：43	Ⅰa	红	8.8×7.6	10.6	4	0.15	较好
25	IT0208④：44	Ⅰa	红	7.4×9	10.6	不清	不清	较好
26	IT0506④：70	Ⅰa	灰	7.5×8.4	10.5	不清	0.1	较好
27	IT0308④：62	Ⅰa	红	7.8×8.2	9.8	不清	0.1～0.15	较好
28	IT0208④：45	Ⅰa	红	10.8×6.8	10.2	45	0.1	较好
29	IT0706④：56	Ⅰa	灰	8.2×8	11	4	0.15	较好
30	IT0506④：71	Ⅰa	红	8.7×7.8	9	6	0.1	残
31	IT0208④：46	Ⅰa	红	9×7	9	3	0.15	较好
32	IT0506④：72	Ⅰa	红	8.4×9.4	8	不清	不清	残
33	IT0506④：73	Ⅰa	红	9×9	9	不清	0.1	较好
34	IF1③h14：5	Ⅰa	红	7×8.4	10	不清	0.1	较好
35	IT0308④：78	Ⅰa	红	9×8.4	12	不清	0.1～0.15	较好
36	IT0809④：56	Ⅰa	灰	9×8.6	10.6	不清	0.15	较好
37	IT0707④：47	Ⅰa	红	7.5×9.5	12	3～4	0.1	较好
38	IT0809④：52	Ⅰa	红	8.8×8	10	不清	不清	较好
39	IT0308④：50	Ⅰa	红	6.4×8.8	13	不清	0.1～0.15	残
40	IF1③B5：2	Ⅰa	红	5.8×7.5	12	不清	0.1	较好
41	IT0405④：51	Ⅰa	红	7.4×8.3	11	不清	0.1	较好
42	IT0308④：49	Ⅰa	红	8.3×9	10.2	不清	0.1	较好
43	IT0809④：57	Ⅰa	红	7.4×8	10.8	不清	不清	残
44	IT0709④：46	Ⅰa	红	7.4×10	10	4～5	0.1	残
45	IT0809④：60	Ⅰa	红	8.7×9	11	4	0.1	较好
46	IF1③B7：3	Ⅰa	红	9.5×9.6	11.4	不清	0.1	残
47	IT0706④：55	Ⅰa	红	9×8.6	10	不清	0.1	残
48	IT0705④：57	Ⅰa	红	10×9.7	9	4～5	0.1	残
49	IT0809④：58	Ⅰa	红	9.2×8.8	10	不清	0.1	较好
50	IT8090④：53	Ⅰa	红	7.8×9	14.2	5～6	0.1	残
51	IT0506④：74	Ⅰa	灰	7.6×11.8	12	5～6	0.1	较好
52	IT0506④：78	Ⅰa	红	9.2×7.8	11	不清	0.15	较好
53	IT0809④：59	Ⅰa	红	7.3×7.3	10	不清	0.15	残

续表二九

编号	器物号	式	泥色	底（厘米）	高	系痕条数	痕径	保存情况
54	IT0506④:39	Ⅰa	红	8×8.4	10.8	3	0.1~0.15	较好
55	IT0405④:53	Ⅰa	红	8×8.7	9	不清	0.15	残
56	IT0506④:79	Ⅰa	红	9.8×11	9.2	不清	0.15	较好
57	IT0405④:52	Ⅰa	红	9.7×7	11	不清	0.1	较好
58	IT0506④:80	Ⅰa	红	8×7.8	10.4	不清	不清	较好
59	IT0708④:25	Ⅰa	红	6.4×12	12.2	5~6	0.1	较好
60	IF1③B7:2	Ⅰa	红	9×8.6	9.5	5	0.15	较好
61	IT0707④:51	Ⅰa	灰	8.4×8)	10	不清	0.1	残
62	IT0506④:75	Ⅰa	红	8.3×8.6	9	不清	0.1	较好
63	IT0505④:30	Ⅰa	红	7×9	10.6	不清	0.1	较好
64	IT0505④:31	Ⅰa	红	9.2×9.2	11.2	不清	0.15	较好
65	IF1③B9:4	Ⅰa	红	8.1×9	11	不清	0.15	较好
66	IT0506④:76	Ⅰa	红	6.8×7.8	8.4	不清	0.1	残
67	IF1③B7:1	Ⅰb	红	8.2×8.4	6.4	不清	不清	残
68	IF1③B7:4	Ⅰb	灰	7.4×8	10	2	0.15	残
69	IF1③Y15:1	Ⅰb	红	6.5×7.8	11.5	2	0.15	较好
70	IF1③B12:3	Ⅰb	红	7×6.6	10	2~4	0.1	较好
71	IT0610④:50	Ⅰb	红	8×7.4	10.8	2~4	0.15	较好
72	IT0610④:51	Ⅰb	红	8×8.3	9.4	3~4	0.1~0.15	较好
73	IT0610④:59	Ⅰb	红	8×7.1	10.1	4	0.15	较好
74	IF1③B25:8	Ⅰb	红	7.1×7	9.3	不清	0.15	较好
75	IF1③B4:2	Ⅰb	红	8×7.9	9	2	0.15	较好
76	IF1③B5:3	Ⅰb	红	6.7×7.6	10.2	4	0.15	较好
77	IF1③B5:4	Ⅰb	红	8.5×7.4	7	3	0.15	残
78	IT0707④:59	Ⅰb	红	8×7.1	8.9	不清	不清	残
79	IF1③Y16:1	Ⅰb	红	7.3×8	10.3	不清	不清	残
80	IF1③B6:1	Ⅰb	红	7×6.9	9	不清	不清	残
81	IT0705④:57	Ⅰb	红	7.4×7.1	9.6	不清	不清	残
82	IT0610④:60	Ⅰb	红	7.2×6.8	8.4	不清	不清	残
83	IF1③B12:5	Ⅰb	红	7.1×7.4	11	3	0.15	残

续表二九

编号	器物号	式	泥色	底（厘米）	高	系痕条数	痕径	保存情况
84	IT0705④:56	Ⅰb	红	8.6×7.5	10	2~3	0.15	较好
85	IF1③Y24:1	Ⅰb	红	7.8×7.9	9.4	不清	不清	较好
86	IT0706④:57	Ⅰb	红	6.7×7.4	8	2	0.15~0.25	较好
87	IF1③B1:2	Ⅰb	红	8×7.8	9	1	0.25	较好
88	IT0707④:41	Ⅰb	红	6×6.5	9.2	1	0.3	较好
89	IT0405④:50	Ⅰb	灰	7.2×7.6	9	不清	不清	残
90	IF1③B6:2	Ⅰb	红	7.6×8	8.6	3~4	0.1~0.2	较好
91	IF1③B8:6	Ⅰb	红	6.8×7.2	8	2	0.1~0.15	较好
92	IT0809④:50	Ⅰb	红	7×6.5	7.6	不清	不清	残
93	IF1③B6:4	Ⅰb	红	7.6×7.4	9	3	0.15	残
94	IF1③B6:5	Ⅰb	红	8×8.2	9.8	2~3	0.1~0.15	较好
95	IT0610④:52	Ⅰb	红	7.8×7	8.8	不清	不清	残
96	IF1③B8:1	Ⅰb	红	8×8.6	7	2~3	0.1~0.15	残
97	IF1③B8:3	Ⅰb	红	6.7×7.3	10.5	4~6	0.1	较好
98	IF1③B6:3	Ⅰb	红	7.8×8.9	9.4	2	0.15	较好
99	IT0610④:53	Ⅰb	红	6.7×6.2	8.8	不清	不清	较好
100	IF1③B9:2	Ⅰb	红	7.5×7.5	9.3	不清	不清	较好
101	IT0707④:44	Ⅰb	红	5×6.3	10.6	不清	0.1~0.15	较好
102	IT0207④:143	Ⅰb	红	6×5.2	11	2	0.1~0.15	较好
103	IF1③B23:8	Ⅱ	红	12.1×10	12	5	0.1~0.15	较好
104	IF1③B5:1	Ⅱ	红	8×8.6	10	不清	0.1~0.15	残
105	IT0306④:29	Ⅱ	红	10.8×9.6	10.3	不清	0.1	较好
106	IT0107④:8	Ⅱ	红	8.8×8.3	10	5~6	0.1~0.15	残
107	IT0505④:38	Ⅱ	灰	6.4×8.4	10	不清	不清	残
108	IT0706④:53	Ⅱ	红	8.8×8.5	11.5	不清	0.1	较好
109	IF1③B5:6	Ⅱ	红	9.3×7.5	10	5~6	0.1	较好
110	IF1③B6:8	Ⅱ	红	9×9.4	12.5	不清	0.15	较好
111	IT0107④:9	Ⅱ	红	7.5×7	9	不清	0.1	较好
112	IT0706④:12	Ⅱ	红	8×7.7	11	不清	0.1	较好
113	IT0206④:90	Ⅱ	红	6.6×6	8.5	不清	0.1	残
114	IT0610④:56	Ⅱ	红	8.5×8	9.5	不清	不清	残
115	IF1③B5:8	Ⅱ	红	8×8.6	9	不清	0.15	较好

续表二九

编号	器物号	式	泥色	底（厘米）	高	系痕条数	痕径	保存情况
116	IT0207④:51	Ⅱ	红	7.5×7	8.2	3	0.1	较好
117	IF1③h11:2	Ⅱ	红	8.5×6.5	7.5	不清	0.1	较好
118	IT0809④:54	Ⅱ	红	6.4×5.2	9	不清	不清	较好
119	IF1③h12:4	Ⅱ	红	7×6	8.8	不清	0.1~0.15	残
120	IF1③B8:5	Ⅱ	红	8×7.8	10	不清	0.15	残
121	IT0707④:43	Ⅱ	红	10×6.8	10.4	5~6	0.1~0.15	较好
122	IF1③h11:5	Ⅲ	红	8.6×5	10	不清	0.1	残
123	IF1③h6:4	Ⅲ	红	7×10.2	10.4	不清	0.15~0.2	残
124	IF1③B3:5	Ⅲ	红	7.8×10	9.4	不清	0.15	较好
125	IT0506④:82	Ⅲ	红	9.8×9.6	8.4	不清	0.1	较好
126	IT0506④:100	Ⅲ	红	9.5×9.5	10.7	不清	0.15	较好
127	IF1③B23:5	Ⅲ	红	10.4×8	12.8	不清	0.1	残
128	IF1③B23:6	Ⅲ	红	8×13	11	5~6	0.1	残
129	IT0506④:81	Ⅲ	红	7.4×8	10	不清	0.15	残
130	IT0208④:28	Ⅲ	红	6.7×8	11.5	不清	0.1	残
131	IF1③B7:6	Ⅲ	红	9.8×9	10	不清	0.1	较好
132	IT0707④:42	Ⅲ	红	10.8×7.2	12	4~5	0.15	较好
133	IT0705④:61	Ⅲ	红	5.6×8.6	8.5	不清	0.1~0.15	残
134	IT0610④:54	Ⅲ	红	8.6×8.2	8.7	不清	0.15	残
135	IT0705④:62	Ⅲ	红	8×6	8.8	5	0.1	残
136	IT0706④:54	Ⅲ	红	5.5×8.5	10	不清	0.15	较好
137	IF1③B22:2	Ⅲ	红	7.4×8.5	9.5	4	0.15	较好
138	IF1③B7:7	Ⅲ	红	9×10.4	12	不清	0.15~0.2	较好
139	IF1③B1:4	Ⅲ	红	7.8×8	11.3	4~5	0.1	较好
140	IT0610④:55	Ⅲ	红	10.2×7.5	10.8	不清	0.1	较好
141	IT0709④:44	Ⅲ	红	6.3×6.3	残6.4	不清	0.1	残
142	IT0506④:35	Ⅲ	红	10.8×7.2	10.5	3~4	0.1-0.15	较好

　　垂线球的制作方法是先用细泥捏制成形，球体成形后再系绳。其做工粗糙，并有一定的随意性。所系的每条绳都经过球锥体尖端系向球体的四个侧面，最后在球体底面汇合。使用时，锥尖向下，系绳拴于立柱、墙壁等建筑部件上，以测定木柱、墙体等是否垂直。因垂线球制作简单，系就地取材，且不易保存，所以使用后大多被遗弃在夯土台基内。因宫殿毁于大火，这些埋在台内的垂线球也被高温烧烤，变成了坚硬结实的陶制品。大多数垂线球呈红色，也有个别为灰色。

出土时，绝大部分垂线球保存完整，仅少数残破。根据其形体大小和顶部形状，可分为三式。

Ⅰ式　102件。其特点是顶端呈四棱尖状。依其形状大小分为二亚式。

Ⅰa式　66件。形体较大。红色。四棱锥体，底部平整，顶端呈尖锥状。

标本IT0506④：39，四边均有数道并列的系绳痕。绳痕径0.1～0.15、底宽8×8.4、高10.8厘米（图六八，1；彩版二一，1）。

Ⅰb式　36件。形状较小。红色。四棱锥体，顶端呈尖锥状。

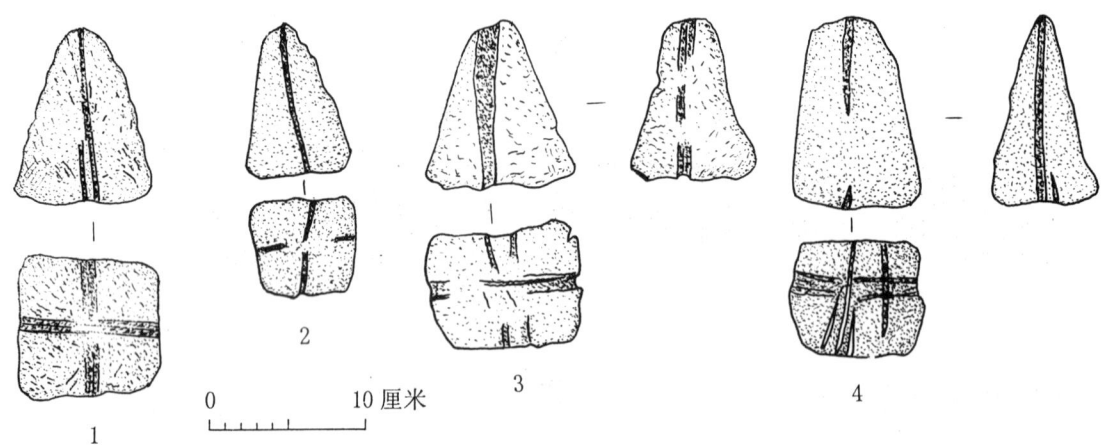

图六八　楚文化泥制垂线球

1.Ⅰa式（IT0506④：39）　2.Ⅰb式（IT0707④：41）　3.Ⅱ式（IT0707④：43）　4.Ⅲ式（IT0707④：42）

标本IT0707④：41，四边有一道系绳痕。绳痕径0.3、底宽6×6.5、高9.2厘米（图六八，2；彩版二一，2）。

Ⅱ式　19件。多数为红色，少量呈灰色。四棱锥体，尖端呈圆锥状。

标本IT0707④：43，红色。顶部呈圆锥状，四边都有五至六道系绳痕相交于球底。绳痕径0.1～0.15、底宽10×6.8、高10.4厘米（图六八，3；彩版二一，3）。

Ⅲ式　21件。红色。球体外形与Ⅰ式、Ⅱ式基本一样，仅球体尖端似"一"字形斧刃状。

标本IT0707④：42，红色。底部平整，顶端呈斧刃状，四边都有数道系绳痕在底部相交。绳径0.15、底宽10.8×7.2、高12厘米（图六八，4；彩版二一，4）。

垂线球在以往遗址的发掘中尚无发现。在本次发掘的Ⅲ区（放鹰台3号宫殿基址）、ⅩⅣ区（水章台遗址）、ⅩⅥ区（郑家湖遗址）也未发现。再从它集中出土于Ⅰ区第三层高台上及其周围垮塌堆积中的情况看，古建筑专家确认，此锥体确系当时的建筑工人在修建土木结构高台时，用以检测立柱和墙壁等是否垂直的器具。也就是说，只有营造土木结构高台时，才用垂线球。它是目前金属垂线球的鼻祖。垂线球的发现，一方面说明楚国的建筑技术已有了很高的水平，另一方面也说明第三层台确实很高。

二　分述

（一）Ⅰ区（放鹰台1号宫殿基址）

根据土质土色及其包含物，Ⅰ区的地层堆积暂划分为六层（因均未挖至生土）。第1层为耕土层；第2层为明清文化层；第3层为唐宋文化层；第4层为台基倒塌物及战国中晚期堆积层；第5层为晚期夯土台基，含一、二、三台；第6层为早期夯土台基或早期地层。第1、2层各方均有分布，其中台的西、南、北三面分布的是明清时期人类活动形成的文化层，台的东南面为这一时期台基受洪水冲击后由泥沙沉积形成的自然地层。第3层分布于台的西、南、北三面，为唐宋文化层；台东面是这一时期湖水的沉淀堆积。第4层高台垮塌物主要分布在高台四周；战国中晚期堆积层较薄，分布于高台四周以外探方。第5层为晚期夯土台基，基本上未发掘。第6层在台的东面和南面，因洪水冲击，有个别探方已显露出文化层。

1. 探方

IT0106

北壁文化层（图六九）

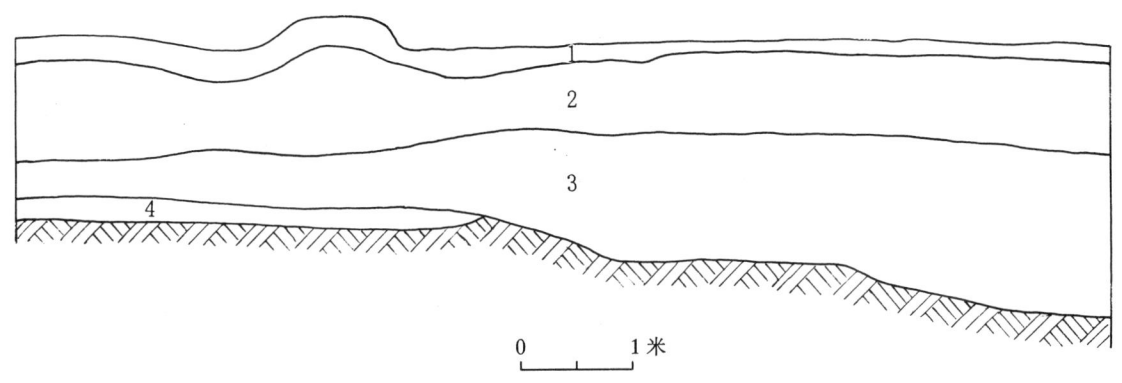

图六九 IT0106北壁剖面图

第1层：耕土层。厚8～25厘米。

第2层：分布全方。青灰色淤泥，土质松软较黏。深8～25、厚45～95厘米。包含有少量陶瓦片，白瓷、青花瓷片，以及陶罐、钵残片等。

第3层：分布全方。锈红色土，土质较坚硬，为浪渣、泥沙沉积形成。深75～120、厚30～140厘米。包含物有较丰富的陶瓦，陶盆、缸，影青瓷碗和釉瓷碗等残片。

第4层：分布于探方西北部。灰黄土，土质坚硬，内含炭灰和红烧土。深135～165、厚0～20厘米。包含物有陶筒瓦残片。此层下叠压早期夯土台基。

第4层文化遗物

陶器

筒瓦

标本IT0106④:1（A型Ⅵ式），瓦头部。泥质浅灰陶。口微侈，尖唇，直颈内斜，矮斜肩。瓦头及肩部凸面饰隐绳纹；瓦身凸面饰中绳纹，凹面素饰（图七〇，1）。

标本IT0106④:2（A型Ⅸ式），瓦头部。泥质浅灰陶。口微侈，圆唇，直颈内斜，直肩较高。瓦头凸面饰隐绳纹；瓦身凸面饰中绳纹，凹面素饰（图七〇，2）。

标本IT0106④:3（A型Ⅹ式），瓦头部。泥质深灰陶。口微侈，圆唇，直颈，高直肩。瓦身凸

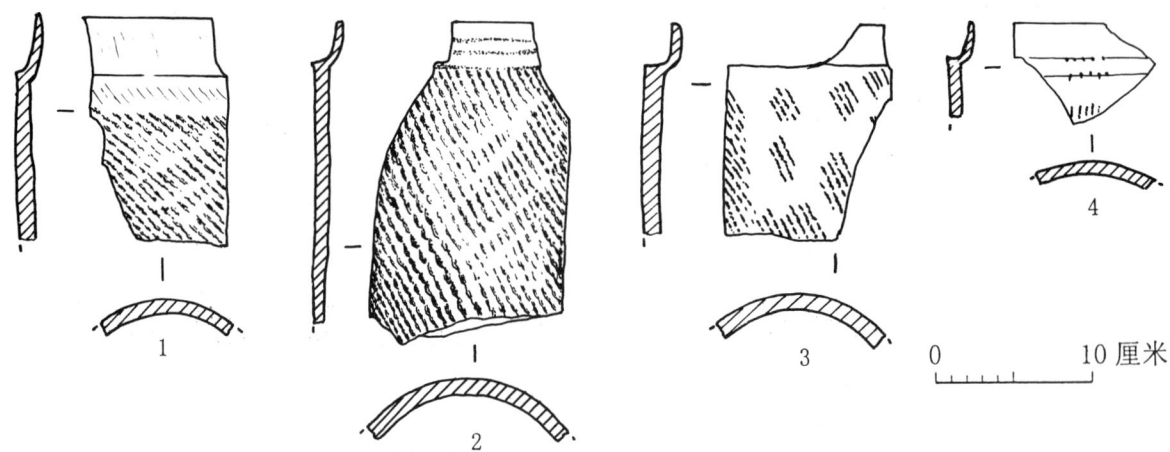

图七〇　IT0106 出土陶筒瓦

1.A型Ⅵ式（IT0106④:1）　2.A型Ⅸ式（IT0106④:2）　3.A型Ⅹ式（IT0106④:3）　4.A型Ⅺ式（IT0106④:4）

面饰中绳纹，凹面素饰（图七〇，3）。

标本 IT0106④:4（A型Ⅺ式），瓦头部。泥质深灰陶。口微侈，尖唇，直颈内斜，高直肩，肩部内凹。瓦身凸面饰一道旋纹和绳纹，凹面素饰（图七〇，4）。

IT0107

北壁文化层（图七一）

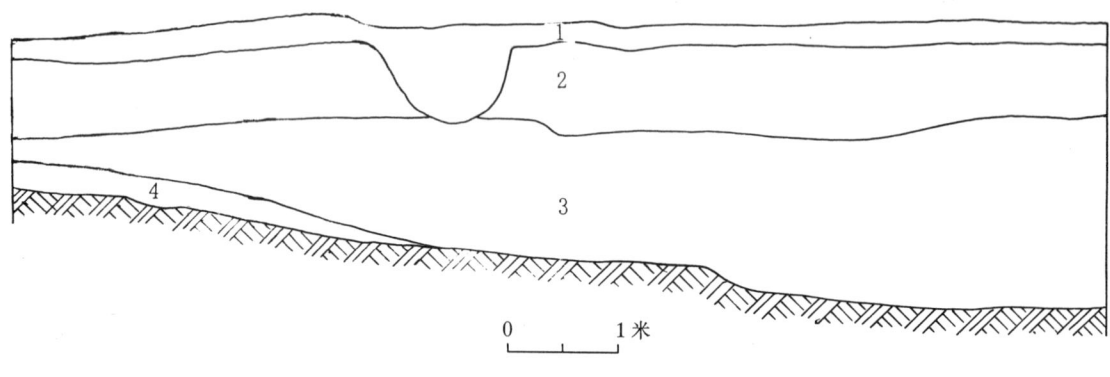

图七一　IT0107 北壁剖面图

第1层：耕土层。厚15～25厘米。

第2层：分布全方。清灰色淤泥，土质松软较黏。深15～25、厚60～80厘米。包含物有少量陶瓦片、白瓷片、釉陶片。

第3层：分布全方。锈红色土，土质较坚硬易散，为浪渣、泥沙沉积而成。深80～100、厚15～165厘米。包含物有陶瓦，陶钵，青瓷碗、碟残片等。

第4层：分布于探方中部。灰黄土，土质较坚硬，内含木炭和红烧土。深105～185、厚0～20厘米。包含物有陶筒瓦片、瓦当，泥质垂线球等。此层下叠压早期夯土台基。

第4层文化遗物

陶器

筒瓦

标本 IT0107④:4（A型Ⅵ式），瓦头部。泥质浅灰陶。侈口，尖唇，直颈内斜，矮斜肩。瓦身凸面饰中绳纹，凹面素饰（图七二，1）。

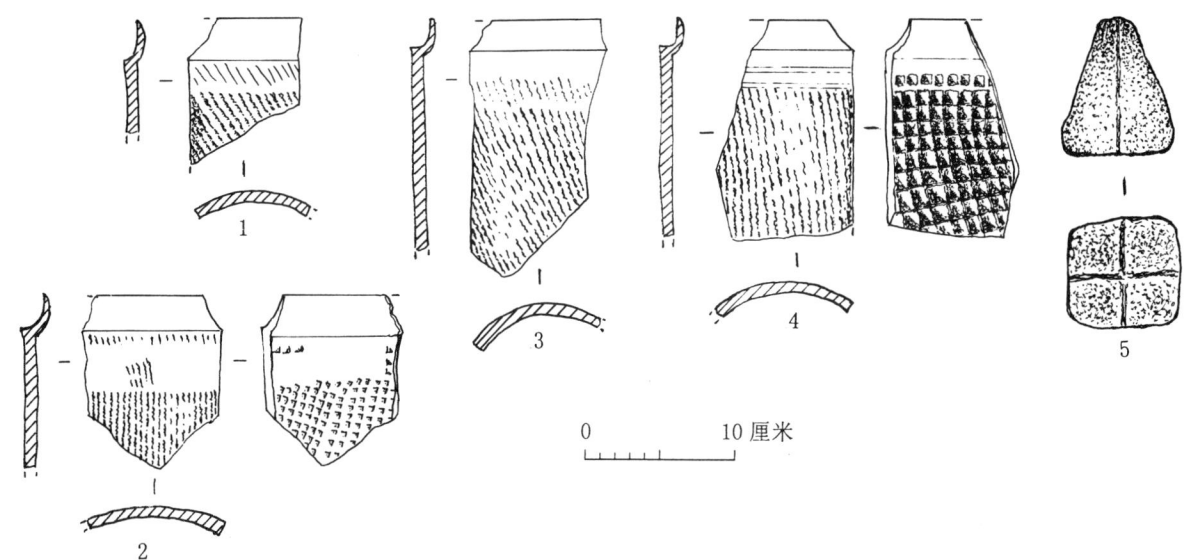

图七二　IT0107 出土陶筒瓦、泥质垂线球

1.A型Ⅵ式陶筒瓦（IT0107④:4）　2.A型Ⅸ式陶筒瓦（IT0107④:5）　3.A型Ⅹ式陶筒瓦（IT0107④:6）

4.A型Ⅺ式陶筒瓦（IT0107④:13）　5.Ⅱ式垂线球（IT0107④:9）

标本 IT0107④:5（A型Ⅸ式），瓦头部。泥质浅灰陶。侈口，尖唇无沿，直颈内斜，直肩较高。瓦身凸面饰中绳纹，凹面饰方格纹（图七二，2）。

标本 IT0107④:6（A型Ⅹ式），瓦头部。泥质深灰陶。直颈微内斜，高直肩。瓦身凸面饰中绳纹，凹面纹饰较模糊（图七二，3）。

IT0107④:13（A型Ⅺ式），瓦头部。泥质深灰陶。尖唇，直颈，高直肩微凹。瓦身凸面饰细旋纹和中绳纹，凹面饰方格纹（图七二，4）。

瓦当

标本 IT0107④:7（A型Ⅷ式），器残。泥质浅灰陶。瓦当较大。瓦当中间微凹，略显方块形纹饰，模印纹较浅，图案不清（彩版二二，1）。

泥质垂线球

标本 IT0107④:9（Ⅱ式），器形完整。红色。四棱锥形，尖端呈圆锥形，底部方形，较平整，四面和底部有系绳痕（图七二，5）。

IT0206

北壁文化层（图七三）

第1层：耕土层。厚20～30厘米。

第2层：分布全方。青灰淤泥，土质松软较黏。深20～30、厚35～85厘米。包含物有少量陶

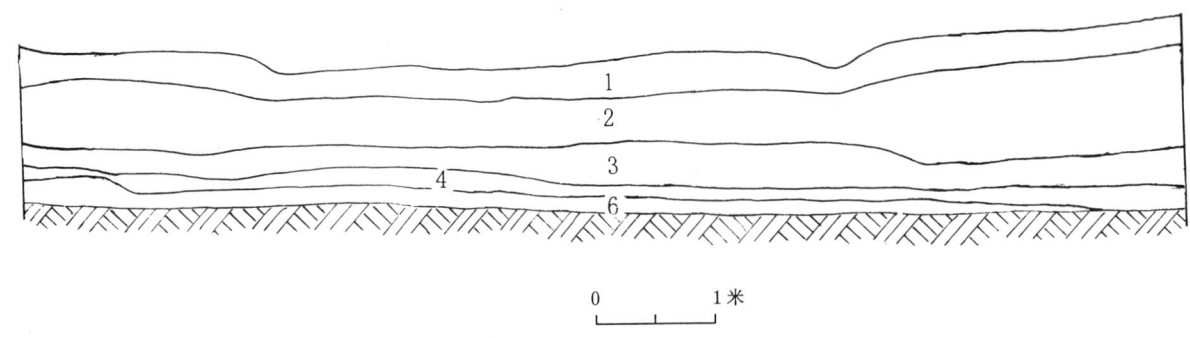

0　　　　　1米

图七三　IT0206 北壁剖面图

瓦片和青花瓷片等。

第3层：分布全方。锈红色土，土质坚硬，含红烧土块和粗砂，为浪渣、泥沙沉积而成。深60～105、厚15～35厘米。包含物有陶瓦片，影青瓷片，瓷高足碗底，陶罐、盆残片等。

第4层：分布全方。灰黄土，土质较坚硬，含炭灰和红烧土。深85～135、厚5～20厘米。包含物有陶筒瓦、板瓦、瓦当，陶豆、罐，泥质垂线球等残片。

第6层：分布全方。灰褐土，土质较坚硬。深100～145，发掘厚度0～20厘米。包含物为陶筒瓦、板瓦、瓦当等。

第4层文化遗物

陶器

罐

IT0206④:44（A型Ⅹ式），口沿部。泥质深灰陶。侈口，平折沿，圆唇，斜直颈较高。沿下饰二道细旋纹，颈部饰细绳纹（图七四，1）。

豆

IT0206④:42（Ⅴ式），器座。泥质红陶。柄较高，喇叭形座内弧，柄下部中空。素面（图七四，2）。

IT0206④:43（Ⅹ式），器盘。泥质深灰陶。浅盘，圆唇，弧腹壁。素面（图七四，3）。

筒瓦

标本IT0206④:17（A型Ⅶ式），瓦头部。泥质浅灰陶。口微侈，尖唇，直颈内斜，斜肩较高。瓦身凸面饰中绳纹，凹面素饰（图七四，4）。

标本IT0206④:7（A型Ⅷ式），瓦头部。泥质浅灰陶。口微侈，尖唇，直颈内斜，矮直肩。瓦头及肩部凸面饰隐绳纹；瓦身凸面饰斜中绳纹，凹面饰细绳纹（图七四，5）。

标本IT0206④:11（A型Ⅸ式），瓦头部。泥质浅灰陶。口微侈，尖唇，直颈内斜，直肩较高。瓦身凸面饰斜中绳纹，凹面素饰（图七四，6）。

标本IT0206④:23（A型Ⅹ式），瓦头部。泥质深灰陶。口微侈，尖唇，直颈微内斜，高直肩，肩面微内凹。瓦身凸面饰中绳纹，凹面素饰（图七四，7）。

标本IT0206④:27（A型Ⅺ式），瓦头部。泥质深灰陶。口微侈，尖唇，直颈内斜，高直肩内凹。肩部凸面饰四道旋纹间绳纹；瓦身凸面饰中绳纹，凹面素饰（图七四，8）。

标本IT0206④:29（A型Ⅻ式），瓦头部。泥质深灰陶。口微侈，圆唇，直颈，高直肩内凹较

图七四 IT0206 第 4 层出土陶罐、豆、筒瓦、板瓦、瓦当，泥质垂线球

1.A 型 Ⅹ 式罐（IT0206④:44） 2.Ⅴ 式豆（IT0206④:42） 3.Ⅹ 式豆（IT0206④:43） 4.A 型 Ⅶ 式筒瓦（IT0206④:17） 5.A 型 Ⅷ 式筒瓦（IT0206④:7） 6.A 型 Ⅸ 式筒瓦（IT0206④:11） 7.A 型 Ⅹ 式筒瓦（IT0206④:23） 8.A 型 Ⅺ 式筒瓦（IT0206④:27） 9.A 型 Ⅻ 式筒瓦（IT0206④:29） 10.Ba 型 Ⅸ 式筒瓦（IT0206④:33） 11.A 型 Ⅶ 式板瓦（IT0206④:57） 12.A 型 Ⅷ 式板瓦（IT0206④:60） 13.A 型 Ⅸ 式板瓦（IT0206④:58） 14.A 型 Ⅹ 式板瓦（IT0206④:64） 15.A 型 Ⅺ 式板瓦（IT0206④:63） 16.A 型 Ⅻ 式板瓦（IT0206④:66） 17.A 型 Ⅳ 式瓦当（IT0206④:37） 18.A 型 Ⅴ 式瓦当（IT0206④:76） 19.A 型 Ⅻ 式瓦当（IT0206④:86） 20.Ⅱ 式泥质垂线球（IT0206④:90）

深。瓦头凸面肩部饰二道凹旋纹；瓦身凸面饰细绳纹，凹面素饰（图七四，9）。

标本 IT0206④:33（Ba 型Ⅸ式），瓦头部。泥质深灰陶。口微侈，尖唇，直颈微内斜，高直肩。瓦头肩下 3.5 厘米处的凸脊中间有一圆孔，已残，直径约 1.2 厘米。瓦头及肩部抹光；瓦身凸面饰中绳纹；凹面素饰（图七四，10）。

瓦当

标本 IT0206④:37（A 型Ⅳ式），器形完整。泥质红陶。圆形。瓦当正面饰细绳纹，模印纹不清晰；反面素饰（图七四，17）。

标本 IT0206④:76（A 型Ⅴ式），边沿残。泥质红陶。较小，微变形。中间方块形纹较明显，具体图案不清，底纹为细绳纹（图七四，18）。

标本 IT0206④:72（A 型Ⅹ式），泥质红陶，胎较厚，饰红彩。较大。瓦当正面有方框形纹，周边有模印纹（图版四八，1）。

标本 IT0206④:86（A 型Ⅻ式），器残。泥质深灰陶，胎较薄。瓦当较小。正面有划痕和模印纹痕，纹饰模糊（图七四，19）。

板瓦

标本 IT0206④:57（A 型Ⅶ式），瓦头部。泥质红陶。瓦头微上扬，尖唇外侈。瓦头凸面饰数道旋纹；瓦身凸面饰中绳纹，凹面饰细篮纹（图七四，11）。

标本 IT0206④:60（A 型Ⅷ式），瓦头部。泥质浅灰陶。直口，圆唇外侈。瓦头凸面饰多道旋纹；瓦身凸面饰中绳纹，凹面饰较粗的篮纹（七四，12）。

标本 IT0206④:58（A 型Ⅸ式），瓦头部。泥质浅灰陶。直口，沿面平，圆唇外侈。瓦头凸面饰一道凸旋纹和绳纹；瓦身凸面饰粗绳纹，凹面素饰（图七四，13）。

标本 IT0206④:64（A 型Ⅹ式），瓦头部。泥质深灰陶。直口，平沿，尖唇外侈。瓦头凸面饰二道凸旋纹；瓦身凸面饰粗绳纹，凹面抹光（图七四，14）。

标本 IT0206④:63（A 型Ⅺ式），瓦头部。泥质深灰陶。直口，平沿，尖唇外侈。瓦头饰一道凸旋纹；瓦身凸面饰细绳纹，凹面饰方格纹（图七四，15）。

标本 IT0206④:66（A 型Ⅻ式），瓦头部。泥质深灰陶。平沿，尖唇。瓦头饰一道凸旋纹；瓦身凸面饰中绳纹，凹面饰篮纹（图七四，16）。

泥质垂线球

标本 IT0206④:90（Ⅱ式），较完整。红色。四棱锥形，尖端呈圆形，底座较平，四面有数道系绳痕迹（图七四，20）。

第 6 层文化遗物

陶器

筒瓦

标本 IT0206⑥:1（A 型Ⅲ式），瓦头部。泥质红陶。罐形口，口微侈，沿面外斜，斜尖唇，直颈内敛，斜弧肩较高。瓦身凸面饰粗绳纹，凹面素饰（图七五，1）。

标本 IT0206⑥:4（A 型Ⅳ式），瓦头部。泥质红陶。罐形口，口微侈，沿面平，尖唇外侈，颈内束，斜弧肩较高。瓦身凸面饰粗绳纹，凹面素饰（图七五，2）。

标本 IT0206⑥:3（A 型Ⅴ式），瓦头部。泥质红陶。罐形口，口微侈，颈微束，斜折肩较高。

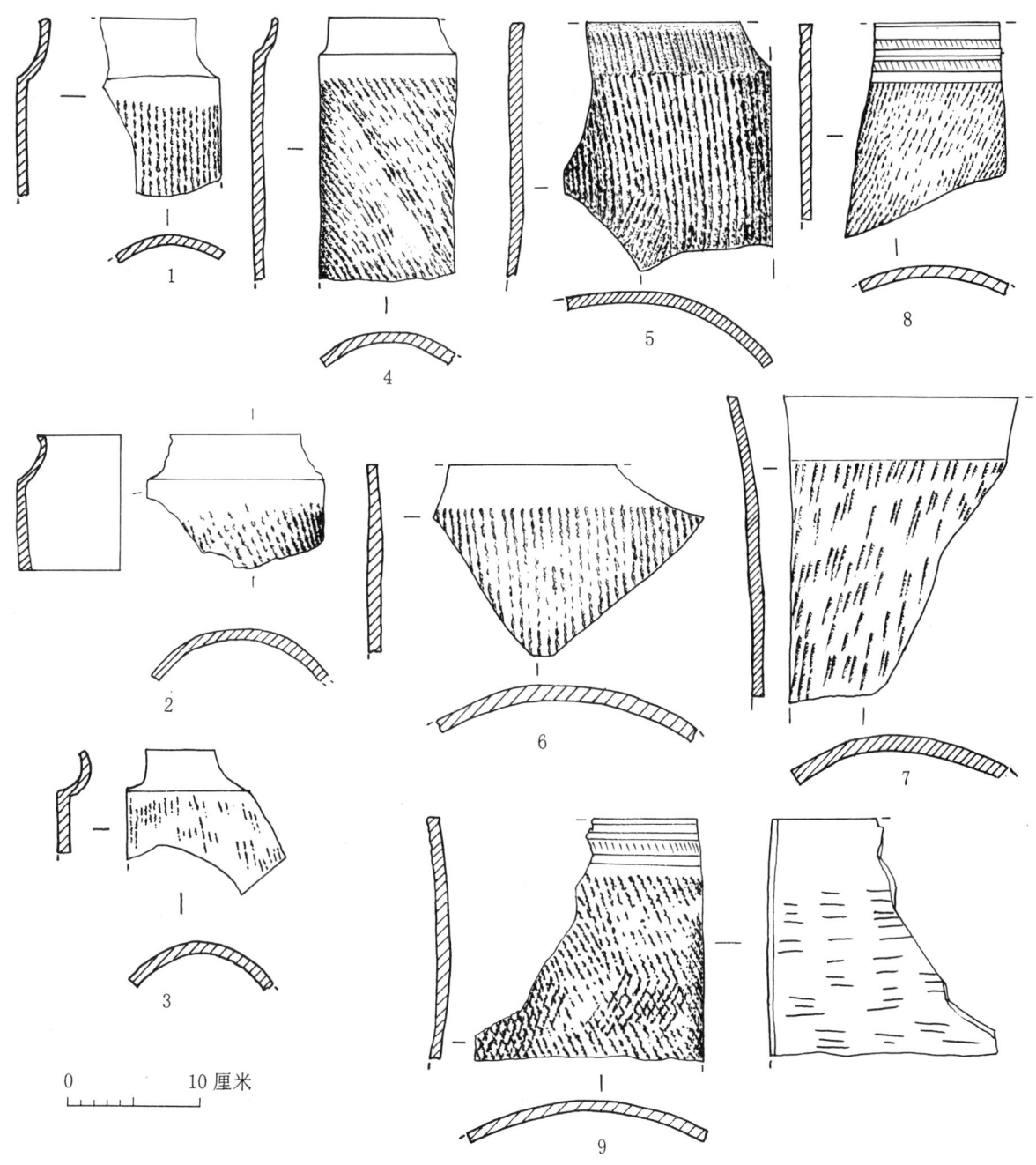

图七五 IT0206 第 6 层出土陶筒瓦、板瓦

1.A 型Ⅲ式筒瓦（IT0206⑥：1） 2.A 型Ⅳ式筒瓦（IT0206⑥：4） 3.A 型Ⅴ式筒瓦（IT0206⑥：3） 4.A 型Ⅵ式筒瓦
（IT0206⑥：5） 5.A 型Ⅰ式板瓦（IT0206⑥：9） 6.A 型Ⅱ式板瓦（IT0206⑥：26） 7.A 型Ⅲ式板瓦（IT0206⑥：19） 8.A
型Ⅴ式板瓦（IT0206⑥：15） 9.A 型Ⅵ式板瓦（IT0206⑥：16）

瓦身凸面饰中绳纹，凹面素饰（图七五，3）。

标本 IT0206⑥：5（A 型Ⅵ式），瓦头部。泥质浅灰陶。口微侈，直颈内斜，矮斜肩。瓦身凸面饰粗绳纹，凹面素饰（图七五，4）。

瓦当

标本 IT0206⑥：7（A 型 Ⅱ 式），残存半边。泥质红陶。较薄。正面中间微凹，隐约可见凹凸不平的方框纹，具体图案不清；反面素饰（图版四八，2）。

板瓦

标本 IT0206⑥：9（A 型 Ⅰ 式），瓦头部。泥质红陶。直口，瓦头和瓦身没有明显分界。瓦身凸面饰粗绳纹，凹面素饰（图七五，5）。

标本 IT0206⑥：26（A 型 Ⅱ 式），瓦头部。泥质红陶。瓦头和瓦身有明显分界，瓦头上扬。瓦身凸面饰粗绳纹，凹面素饰（图七五，6）。

标本 IT0206⑥：19（A 型 Ⅲ 式），瓦头部。泥质红陶。瓦头上扬。瓦身凸面饰中绳纹，凹面素饰（图七五，7）。

标本 IT0206⑥：15（A 型 Ⅴ 式），瓦头部。泥质红陶。瓦头微上扬，饰多道旋纹间绳纹；瓦身凸面饰细绳纹，凹面素饰（图七五，8）。

标本 IT0206⑥：16（A 型 Ⅵ 式），瓦头部。泥质红陶。瓦头上扬，直口。瓦头凸面饰凸旋纹间绳纹；瓦身凸面饰粗绳纹，凹面饰篮纹（图七五，9）。

IT0207

东壁文化层（图七六）

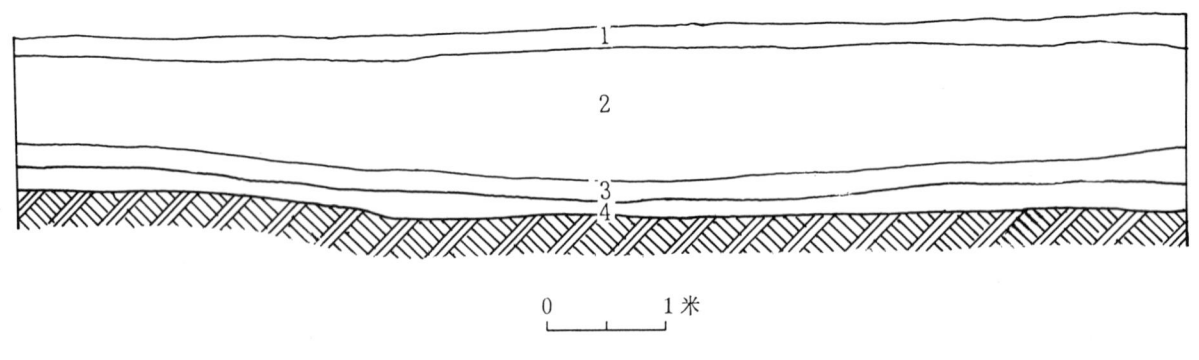

图七六　IT0207 东壁剖面图

第 1 层：耕土层。厚 15～25 厘米。

第 2 层：分布全方。青灰色淤泥，土质松软较黏。深 15～25、厚 70～105 厘米。包含物有少量陶瓦片，青花瓷片，陶缸、钵、罐残片等。

第 3 层：分布全方。锈红色土，土质较坚硬易散，含红烧土和粗砂。深 85～125、厚 15～25 厘米。包含物有陶板瓦，筒瓦残片，青瓷和影青瓷片等。

第 4 层：分布全方，灰黄土，土质较坚硬，内含炭灰和红烧土。深 105～145、厚 10～25 厘米。包含物有陶筒瓦、瓦当、板瓦等残片，陶豆、盆、罐等残片。此层下叠压晚期夯土台基。

第 4 层文化遗物

陶器

罐

IT0207④：123（A型Ⅸ式），口沿部。泥质深灰陶。侈口，折沿，沿面上仰微内凹，方圆唇外侈，束颈较高，溜肩。颈部饰斜线隐绳纹，肩部饰直线中绳纹（图七七，1）。

盆

IT0207④：122（Ⅴ式），口沿部。泥质红陶。敛口，折沿稍外翻，斜方唇，唇面微内凹，束颈较矮，肩微凸，上腹微鼓。沿面和颈部饰多道旋纹，肩下饰中绳纹（图七七，2）。

豆

IT0207④：124（Ⅴ式），器盘。泥质红陶。侈口，圆唇，弧腹壁，盘较深，柄部中空。素面（图七七，3）。

IT0207④：125（Ⅷ式），器柄座。泥质红陶。柄较高，喇叭座较矮，柄下部中空。素面（图七七，4）。

IT0207④：126（Ⅸ式），器柄座。泥质红陶。柄较细，矮喇叭座，柄部中空。素面（图七七，5）。

筒瓦

标本 IT0207④：3（A型Ⅱ式），瓦头部。泥质红陶。罐形口，口微侈，颈微内敛，矮弧肩。瓦身凸面饰中绳纹，凹面素饰（图七七，6）。

标本 IT0207④：6（A型Ⅲ式），瓦头部。泥质红陶。口微侈，沿面平，尖唇外侈，弧肩较高。瓦身凸面饰粗绳纹，凹面素饰（图七七，7）。

标本 IT0207④：9（A型Ⅳ式），瓦头部。泥质红陶。口微侈，沿面平，斜弧肩较矮，直颈。瓦身凸面饰中绳纹，凹面素饰（图七七，8）。

标本 IT0207④：15（A型Ⅴ式），瓦头部。泥质红陶。侈口，唇微侈，斜肩较矮，直径。瓦身凸面饰中绳纹，凹面素饰（图七七，9）。

标本 IT0207④：14（A型Ⅵ式），瓦头部。泥质浅灰陶。口微侈，尖唇，直颈内斜，矮斜肩。瓦头及肩部凸面饰隐绳纹；瓦身凸面饰中绳纹，凹面饰麻点纹（图七七，10）。

标本 IT0207④：21（A型Ⅶ式），瓦头部。泥质浅灰陶。直颈，斜肩较矮。瓦身凸面饰中绳纹，凹面素饰（图七七，11）。

标本 IT0207④：22（A型Ⅷ式），瓦头部。泥质浅灰陶。尖唇，矮直肩，直颈。瓦身凸面饰粗绳纹，凹面素饰（图七七，12）。

标本 IT0207④：13（A型Ⅸ式），器形完整。泥质浅灰陶。尖唇，直颈内斜，直肩较高，瓦尾内削，微上翘。瓦头及肩部凸面饰隐绳纹和三道凸旋纹；瓦身凸面饰中绳纹，凹面素饰（图七七，13；图版四八，3）。

标本 IT0207④：44（A型Ⅺ式），瓦头部。泥质深灰陶。口微侈，尖唇，直颈，高直肩内凹。瓦头及肩部凸面饰隐绳纹；瓦身凸面饰中绳纹，凹面饰方格纹（图七七，14）。

标本 IT0207④：39（A型Ⅻ式），瓦头部。泥质深灰陶。矮束颈，高直肩内凹，肩部凸面饰旋纹。瓦身凸面饰中绳纹，凹面饰篮纹（图七七，15）。

标本 IT0207④：127（Ba型Ⅹ式），瓦头部。泥质深灰陶。瓦头特征与Aa型Ⅹ式相同，瓦身距瓦肩4厘米处的凸脊中间有一直径1.8厘米的圆孔。瓦身凸面饰中绳纹，凹面素饰（图七七，16）。

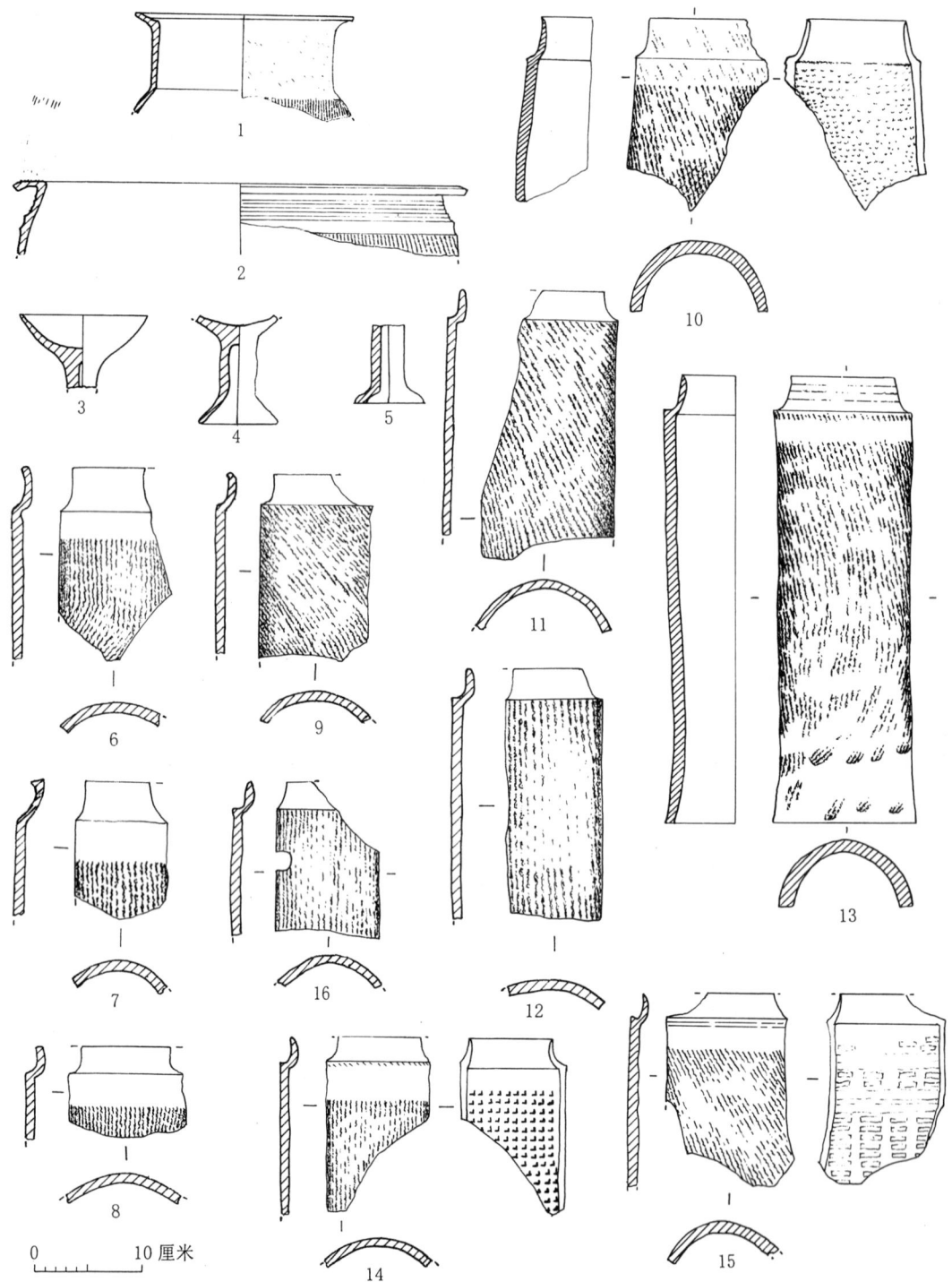

图七七　IT0207 出土陶壶、盆、豆、筒瓦

1．A型Ⅸ式罐（IT0207④：123）　2．Ⅴ式盆（IT0207④：122）　3．Ⅴ式豆（IT0207④：124）　4．Ⅷ式豆（IT0207④：125）　5．Ⅸ式豆（IT0207④：126）　6．A型Ⅱ式筒瓦（IT0207④：3）　7．A型Ⅲ式筒瓦（IT0207④：6）　8．A型Ⅳ式筒瓦（IT0207④：9）　9．A型Ⅴ式筒瓦（IT0207④：15）　10．A型Ⅵ式筒瓦（IT0207④：14）　11．A型Ⅶ式筒瓦（IT0207④：21）　12．A型Ⅷ式筒瓦（IT0207④：22）　13．A型Ⅸ式筒瓦（IT0207④：13）　14．A型Ⅺ式筒瓦（IT0207④：44）　15．A型Ⅻ式筒瓦（IT0207④：39）　16．Ba型Ⅹ式筒瓦（IT0207④：127）

　　标本 IT0207④:128（Bb 型），瓦钉部。泥质浅灰陶。瓦凹面有一长 3 厘米的钩状瓦钉。凸面饰中绳纹，凹面饰麻点纹（图版四八，4）。

　　瓦当

　　标本 IT0207④:125（A 型Ⅲ式），残存一半。泥质红陶。瓦当较小。正面中间微凹，反面素饰（图七八，1）。

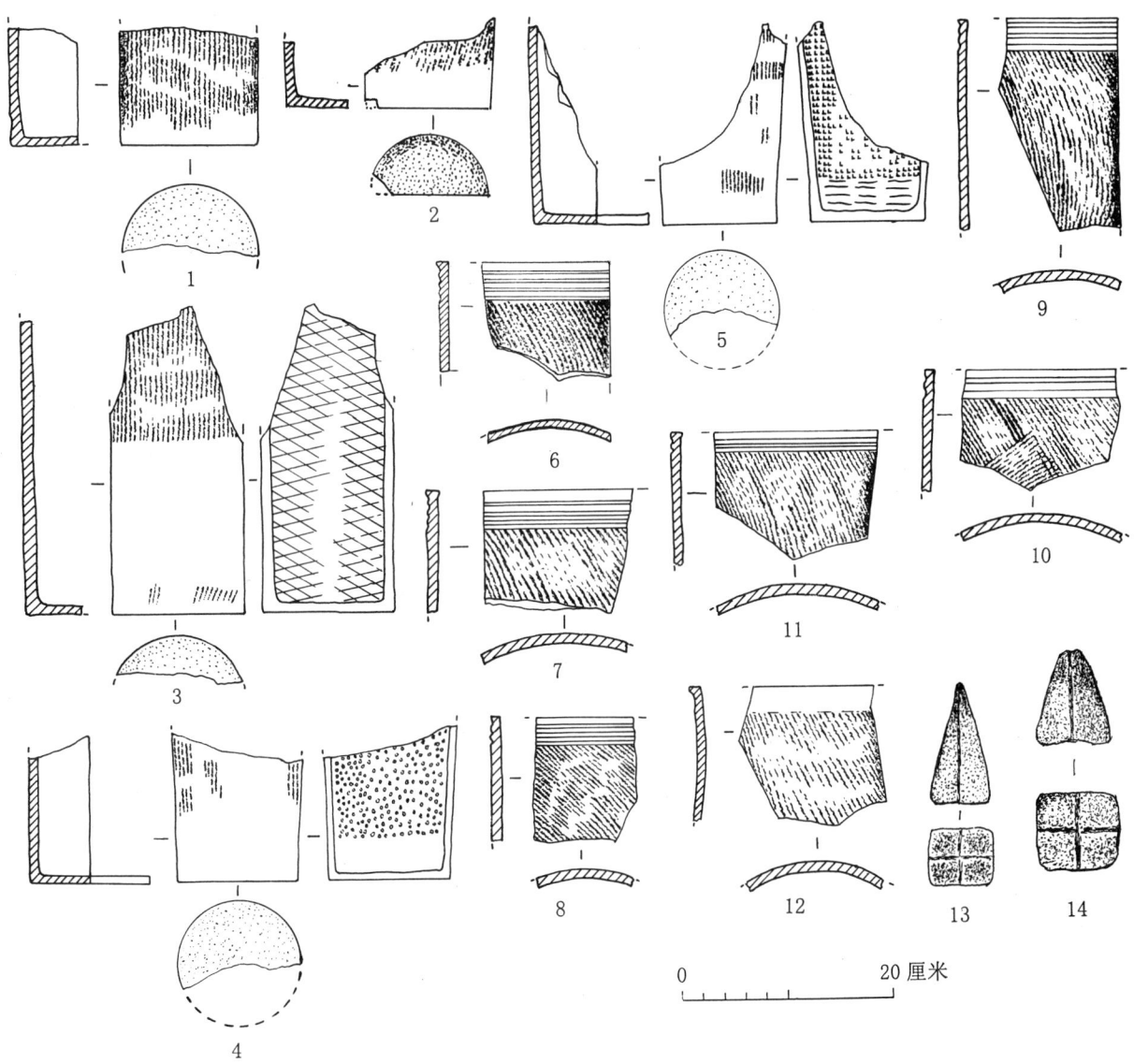

0　　　　　　　　20 厘米

图七八　IT0207 出土陶板瓦、瓦当，泥质垂线球

1.A 型Ⅲ式瓦当（IT0207④:125）　2.A 型Ⅴ式瓦当（IT0207④:115）　3.A 型Ⅵ式瓦当（IT0207④:135）　4.A 型Ⅺ式瓦当（IT0207④:102）　5.A 型Ⅻ式瓦当（IT0207④:104）　6.A 型Ⅴ式板瓦（IT0207④:53）　7.A 型Ⅵ式板瓦（IT0207④:47）　8.A 型Ⅶ式板瓦（IT0207④:64）　9.A 型Ⅷ式板瓦（IT0207④:60）　10.A 型Ⅸ式板瓦（IT0207④:63）　11.A 型Ⅹ式板瓦（IT0207④:62）　12.A 型Ⅺ式板瓦（IT0207④:66）　13.Ib 式泥质垂线球（IT0207④:143）　14.Ⅱ式泥质垂线球（IT0207④:51）

　　标本 IT0207④:115（A 型Ⅴ式），残存一半。泥质浅灰陶。形体较大。中间微凹，当面凹凸不平（图七八，2）。

标本 IT0207④:135（A 型Ⅵ式），残存少半。泥质浅灰陶。形体较大。正面饰凹凸不平的模印纹（图七八，3）。

标本 IT0207④:102（A 型Ⅺ式），残存一半。泥质深灰陶。形体较小。当面较厚。正面素饰（图七八，4）。

标本 IT0207④:104（A 型Ⅻ式），残存多半。泥质深灰陶。形体较小，正面中间有模印方框，图案不清（图七八，5）。

板瓦

标本 IT0207④:53（A 型Ⅴ式），瓦头部。泥质红陶。瓦头上扬，沿面平，唇外侈。瓦头凸面饰多道旋纹；瓦身凸面饰中绳纹，凹面素饰（图七八，6）。

标本 IT0207④:47（A 型Ⅵ式），瓦头部。泥质红陶。瓦头微上扬，尖唇外侈。瓦头凸面饰三道凸旋纹；瓦身凸面饰粗绳纹，凹面素饰（图七八，7）。

标本 IT0207④:64（A 型Ⅶ式），瓦头部。泥质红陶。瓦头微上扬，沿平，唇外侈。瓦身凸面饰中绳纹，凹面素饰（图七八，8）。

标本 IT0207④:60（A 型Ⅷ式），瓦头部。泥质浅灰陶。直口，平沿，尖唇外侈。瓦头凸面饰多道旋纹；瓦身凸面饰中绳纹，凹面素饰（图七八，9）。

标本 IT0207④:63（A 型Ⅸ式），瓦头部。泥质浅灰陶。直口，平沿，唇外侈。瓦头凸面饰二道旋纹；瓦身凸面饰中绳纹，凹面素饰（图七八，10）。

标本 IT0207④:62（A 型Ⅹ式），瓦头部。泥质深灰陶。直口，平沿，圆唇外侈。瓦头凸面饰多道旋纹；瓦身凸面饰中绳纹，凹面素饰（图七八，11）。

标本 IT0207④:66（A 型Ⅺ式），瓦头部。泥质深灰陶。口微侈，沿面平，圆唇外侈。瓦身凸面饰中绳纹，凹面素饰（图七八，12）。

泥质垂线球

标本 IT0207④:143（Ⅰb 式），器形完整。红色。四棱锥体，顶端呈尖状，四面及底部均有并列的系绳痕，底部呈方形（图七八，13）。

标本 IT0207④:51（Ⅱ式），器形完整。红色。四棱锥体，顶端较平，底部较平整，四面及底部均有系绳痕（图七八，14）。

IT0208

东壁文化层（图七九）

第 1 层：耕土层。厚 10～15 厘米。

第 2 层：分布全方。青灰色淤泥，土质松软较黏。深 10～15、厚 50～70 厘米。包含物有少量陶瓦片、白瓷碗和釉陶缸残片等。

第 3 层：分布全方。锈红色土，土质坚硬易散，内含红烧土和粗砂，为浪渣、泥砂沉积形成。深 70～85、厚 15～70 厘米。包含物有陶瓦片、青瓷片和影青瓷片等。

第 4 层：分布于探方西南部。灰黄土，土质较坚硬，内含炭灰和红烧土。深 100～140、厚 0～20 厘米。包含物为陶筒瓦和板瓦残片、泥质垂线球等。此层下叠压晚期夯土台基。

第 4 层文化遗物

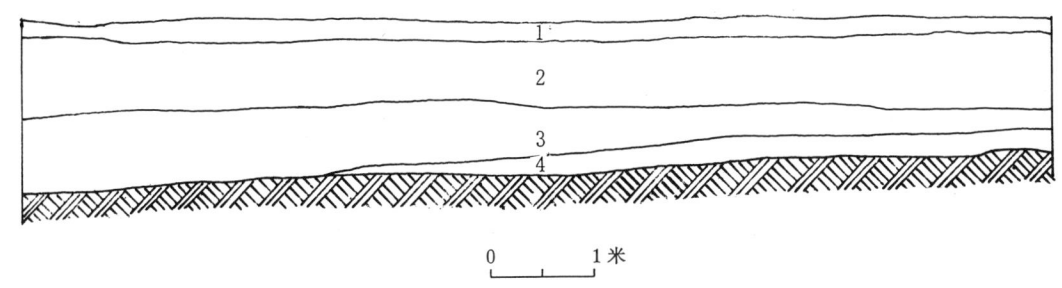

图七九　IT0208 东壁剖面图

陶器

筒瓦

标本 IT0208④:1（A 型 Ⅳ 式），瓦头部。泥质红陶。颈微束，口微侈，沿面外斜，斜尖唇，斜弧肩。瓦身凸面饰中绳纹，凹面素饰（图八〇，1）。

标本 IT0208④:9（A 型 Ⅵ 式），瓦头部。泥质浅灰陶。直颈内斜，口微侈，尖唇，矮斜肩。瓦身凸面饰中绳纹，凹面素饰（图八〇，2）。

标本 IT0208④:7（A 型 Ⅷ 式），瓦头部。泥质浅灰陶。尖唇，直颈内斜，矮直肩。瓦身凸面饰中绳纹，凹面饰篮纹（图八〇，3）。

标本 IT0208④:16（A 型 Ⅸ 式），瓦头部。泥质浅灰陶。直颈内斜，直肩较高。瓦身凸面饰中绳纹，凹面素饰（图八〇，4）。

标本 IT0208④:14（A 型 Ⅹ 式），瓦头部。泥质深灰陶。颈微内斜，高直肩。肩部饰隐绳纹；瓦身凸面饰中绳纹，凹面饰方格纹（图八〇，5）。

标本 IT0208④:15（A 型 Ⅻ 式），瓦头部，泥质深灰陶。斜直颈，高直肩内凹较深。瓦身凸面饰中绳纹，凹面饰方格纹（图八〇，6）。

瓦当

标本 IT0208④:29（A 型 Ⅷ 式），器残。泥质红陶。瓦当较大。瓦当正面有凹凸不平的模印纹。中间微凹，呈方框形。有彩绘痕迹（图版四八，5）。

板瓦

标本 IT0208④:18（A 型 Ⅰ 式），瓦头部。泥质红陶。瓦头与瓦身没有明显分界。口沿部分微抹。瓦身凸面饰中绳纹，凹面素饰（图八〇，7）。

标本 IT0208④:20（A 型 Ⅱ 式），瓦头部。泥质红陶。瓦头与瓦身有明显分界，瓦头上扬。瓦身凸面饰中绳纹，凹面素饰（图八〇，8）。

标本 IT0208④:22（A 型 Ⅳ 式），瓦头部。泥质红陶。瓦头与身分界不清。瓦头上扬，沿面平。瓦头饰隐绳纹；瓦身凸面饰细绳纹，凹面素饰（图八〇，9）。

标本 IT0208④:21（A 型 Ⅴ 式），瓦头部。泥质红陶。瓦头上扬，尖唇微外侈。瓦头饰多道旋纹；瓦身凸面饰中绳纹，凹面素饰（图八〇，10）。

标本 IT0208④:19（A 型 Ⅵ 式），瓦头部。泥质红陶。瓦头上扬，平沿，尖唇。瓦头饰凸旋纹；瓦身凸面饰中粗绳纹，凹面素饰（图八〇，11）。

标本 IT0208④:17（A 型 Ⅶ 式），瓦头部。泥质浅灰陶。瓦头微上扬，平沿，尖唇。瓦头凸面

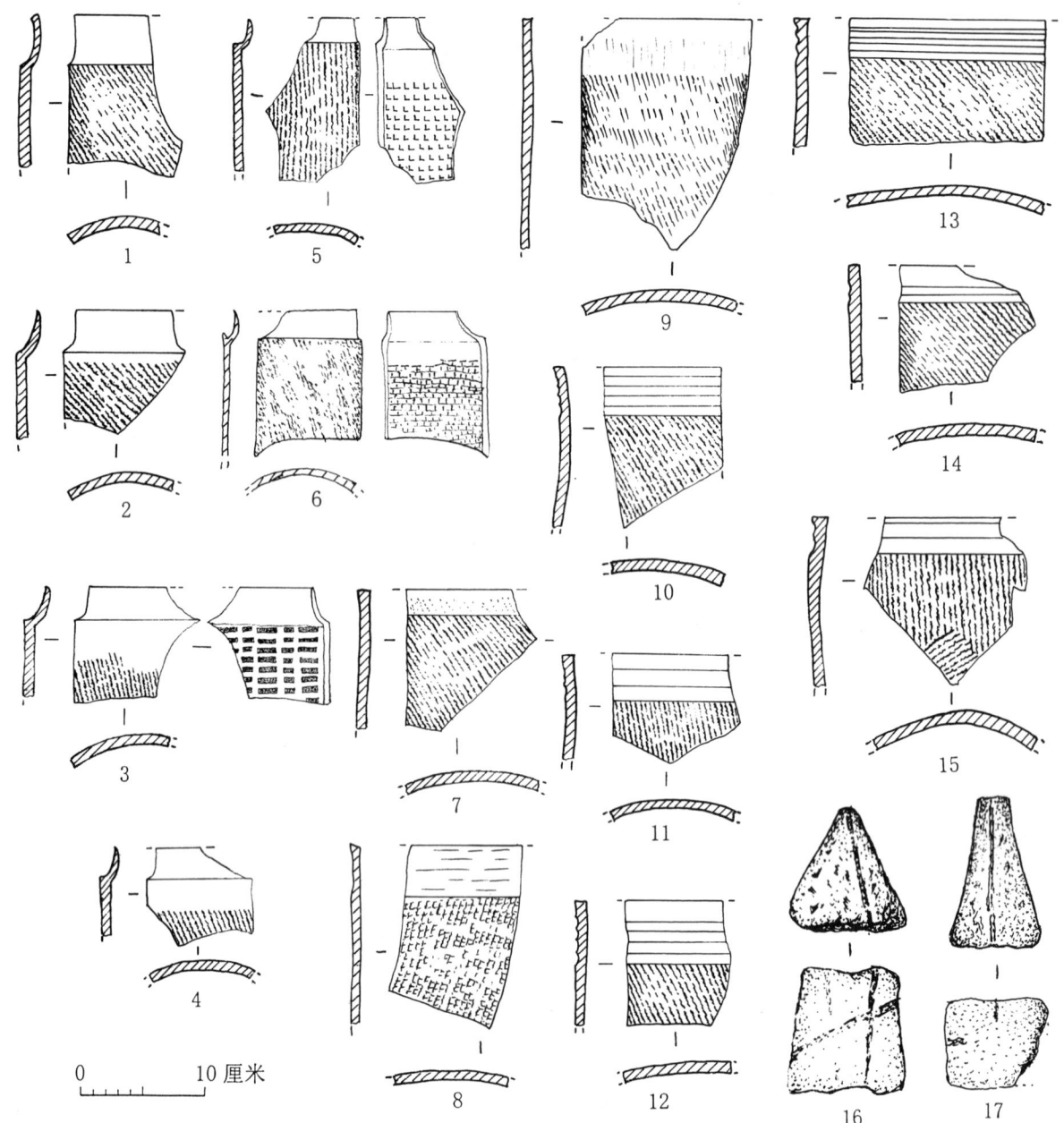

图八〇　IT0208 出土陶筒瓦、板瓦，泥质垂线球

1.A 型Ⅳ式筒瓦（IT0208④:1）　2.A 型Ⅵ式筒瓦（IT0208④:9）　3.A 型Ⅷ式筒瓦（IT0208④:7）　4.A 型Ⅸ式筒瓦（IT0208④:16）　5.A 型Ⅹ式筒瓦（IT0208④:14）　6.A 型Ⅻ式筒瓦（IT0208④:15）　7.A 型Ⅰ式板瓦（IT0208④:18）　8.A 型Ⅱ式板瓦（IT0208④:20）　9.A 型Ⅳ式板瓦（IT0208④:22）　10.A 型Ⅴ式板瓦（IT0208④:21）　11.A 型Ⅵ式板瓦（IT0208④:19）　12.A 型Ⅶ式板瓦（IT0208④:17）　13.A 型Ⅷ式板瓦（IT0208④:24）　14.A 型Ⅹ式板瓦（IT0208④:25）　15.A 型Ⅺ式板瓦（IT0208④:23）　16.Ⅰa式泥质垂线球（IT0208④:27）　17.Ⅲ式泥质垂线球（IT0208④:28）

饰多道旋纹；瓦身凸面饰中绳纹，凹面素饰（图八〇，12）。

标本 IT0208④:24（A 型Ⅷ式），瓦头部。泥质浅灰陶。瓦头直，平沿，尖唇外侈。瓦头凸面饰多道旋纹；瓦身凸面饰中绳纹，凹面素饰（图八〇，13）。

标本 IT0208④:25（A 型 X 式），瓦头部。泥质深灰陶。直口。瓦头凸面饰二道旋纹；瓦身凸面饰中绳纹，凹面素饰（图八〇，14）。

标本 IT0208④:23（A 型 XI 式），瓦头部。泥质深灰陶。瓦头微敛，平沿，尖唇外侈。瓦头凸面饰一道凸旋纹；瓦身凸面饰中绳纹，凹面素饰（图八〇，15）。

泥质垂线球

标本 IT0208④:27（Ⅰa 式），器形完整。红色。四棱锥形，较规整，锥端残，底呈四方形，四面有数条系绳的痕迹（图八〇，16；图版四九，1、2）。

标本 IT0208④:28（Ⅲ式），底残。红色。四棱锥形，锥端呈斧刃状，四面有系绳的痕迹，底边残（图八〇，17）。

IT0209

东壁文化层（图八一）

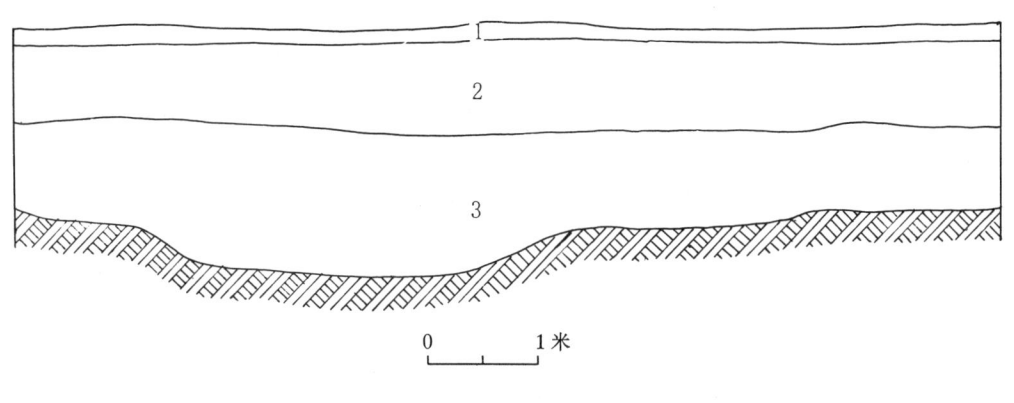

图八一　IT0209 东壁剖面图

第 1 层：耕土层。厚 10～15 厘米。

第 2 层：局部分布。青灰色淤泥，土质松软较黏。深 10～15、厚 60～80 厘米。包含物有陶瓦片，白瓷、青花瓷片等。

第 3 层：分布全方。锈红色土，土质较坚硬，内含红烧土和粗砂。深 80～100、厚 70～125 厘米。包含物有陶瓦片、影青瓷片和黑釉壶残片等，同时出土一枚"绍元通宝"钱。

第 4 层：分布于探方中部。灰黄土，土质较坚硬，含炭灰和红烧土。深 155～170、厚 0～20 厘米。包含有陶筒瓦残片。此层下叠压晚期夯土台基。

第 4 层文化遗物

陶器

筒瓦

标本 IT0209④:2（A 型 Ⅳ 式），瓦头部。泥质红陶。口微侈，颈内束，口微侈，沿面外弧，斜弧肩较高。瓦身凸面饰中绳纹，凹面素饰（图八二，1）。

标本 IT0209④:3（A 型 Ⅵ 式），瓦头部。泥质浅灰陶。尖唇，直颈内斜，矮折斜肩。瓦身凸面饰中绳纹，凹面素饰（图八二，2）。

标本 IT0209④:5（A 型 Ⅷ 式），瓦头部。泥质浅灰陶。尖唇，直颈内斜，矮直肩。瓦身凸面饰

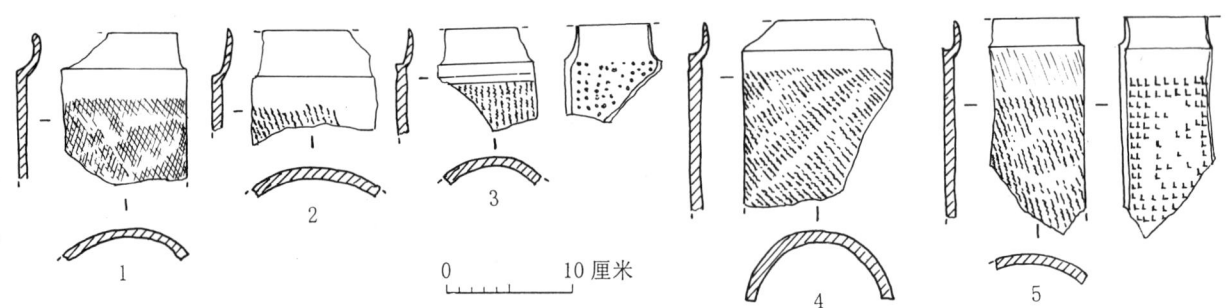

图八二　IT0209 出土陶筒瓦

1. A 型Ⅳ式（IT0209④:2）　2. A 型Ⅵ式（IT0209④:3）　3. A 型Ⅷ式（IT0209④:5）

4. A 型Ⅸ式（IT0209④:6）　5. A 型Ⅹ式（IT0209④:8）

中绳纹，凹面饰麻点纹（图八二，3）。

标本 IT0209④:6（A 型Ⅸ式），瓦头部。泥质浅灰陶。尖唇，直颈，直肩较高。瓦身凸面饰中绳纹，凹面素饰（图八二，4）。

标本 IT0209④:8（A 型Ⅹ式），瓦头部。泥质深灰陶。尖唇，直颈，高直肩微凹。瓦身凸面饰中绳纹，凹面饰方格纹（图八二，5）。

IT0304

北壁文化层（图八三）

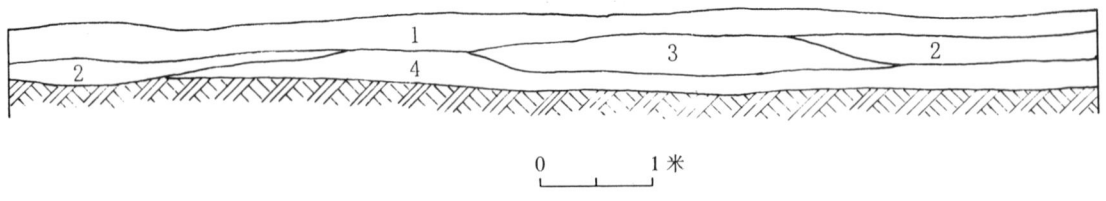

图八三　IT0304 北壁剖面图

第 1 层：耕土层。厚 15～30 厘米。

第 2 层：零星分布。青灰色淤泥，土质松软。深 15～30、厚 0～25 厘米。包含物有少量陶瓦片，白瓷片等。

第 3 层：分布于探方中部。锈红色土，土质较坚硬。深 15～40、厚 0～35 厘米。包含物有陶瓦片、青瓷片等。

第 4 层：分布于探方大部。灰黄土，土质较坚硬，内含炭灰和红烧土。深 25～55、厚 0～30 厘米。包含物有陶筒瓦、板瓦残片。此层下叠压晚期夯土台基。

第 4 层文化遗物

陶器

筒瓦

标本 IT0304④:1（A 型Ⅲ式），瓦头部。泥质红陶。罐形口微侈，沿面外斜，圆唇，直颈，斜弧肩较高，瓦身凸面饰中绳纹。凹面素饰（图八四，1）。

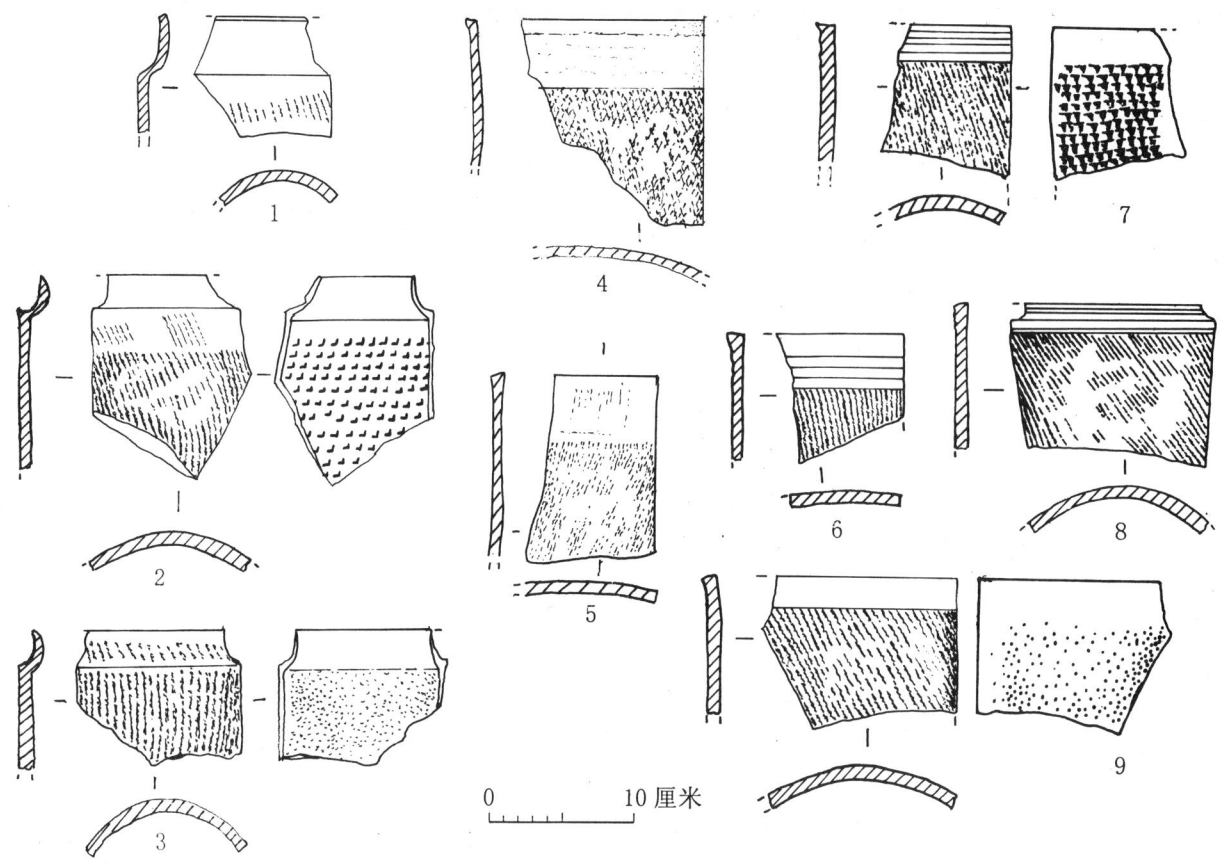

图八四　IT0304 出土陶筒瓦、板瓦

1.A型Ⅲ式筒瓦（IT0304④:1）　2.A型Ⅺ式筒瓦（IT0304④:4）　3.A型Ⅶ式筒瓦（IT0304④:2）　4.A型Ⅱ式板瓦（IT0304④:
6）　5.A型Ⅲ式板瓦（IT0304④:7）　6.A型Ⅴ式板瓦（IT0304④:8）　7.A型Ⅸ式板瓦（IT0304④:9）　8.A型Ⅹ式板瓦
（IT0304④:10）　9.A型Ⅻ式板瓦（IT0304④:14）

标本 IT0304④:2（A型Ⅶ式），瓦头部。泥质浅灰陶。口微侈，尖唇，直颈，矮折斜肩。瓦头及肩部凸面饰隐绳纹；瓦身凸面饰中绳纹，凹面饰麻点纹（图八四，3）。

标本 IT0304④:4（A型Ⅺ式），瓦头部。泥质深灰陶。颈内斜，高直肩内凹。瓦头及肩部凸面饰隐绳纹；瓦身凸面饰中绳纹，凹面饰方格纹（图八四，2）。

板瓦

标本 IT0304④:6（A型Ⅱ式），瓦头部。泥质红陶。瓦头与瓦身有明显分界，瓦头上扬。瓦身凸面饰中绳纹，凹面素饰（图八四，4）。

标本 IT0304④:7（A型Ⅲ式），瓦头部。泥质红陶。瓦头上扬，直口。瓦头凸面饰隐绳纹；瓦身凸面饰中绳纹，凹面素饰（图八四，5）。

标本 IT0304④:8（A型Ⅴ式），瓦头部。泥质红陶。瓦头微上扬，直口，唇外侈。瓦头饰多道旋纹；瓦身凸面饰中绳纹，凹面素饰（图八四，6）。

标本 IT0304④:9（A型Ⅸ式），瓦头部。泥质浅灰陶。尖唇外侈。瓦头凸面饰二道旋纹；瓦身凸面饰中绳纹，凹面饰方格纹（图八四，7）。

标本 IT0304④:10（A型Ⅹ式），瓦头部。泥质深灰陶。瓦头凸面饰一道旋纹；瓦身凸面饰中绳纹，凹面素饰（图八四，8）。

标本 IT0304④:14（A 型ⅫⅠ式），瓦头部。泥质深灰陶。瓦头上扬，唇外侈。瓦身凸面饰中绳纹，凹面饰麻点纹（图八四，9）。

IT0305

北壁文化层（图八五）

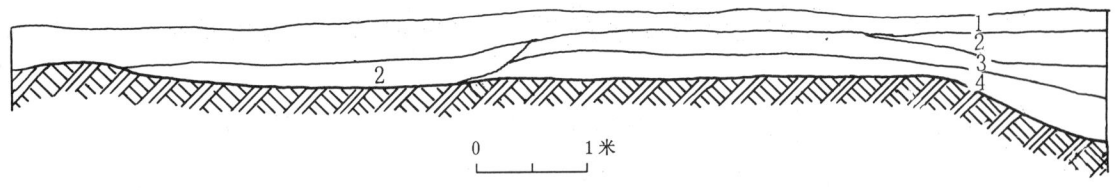

0   1米

图八五　IT0305 北壁剖面图

第 1 层：耕土层。厚 10～35 厘米。

第 2 层：局部分布，青灰色淤泥，土质松散较黏。深 10～35、厚 0～30 厘米。包含物有陶瓦片、青花瓷片、粉彩瓷片和陶盆等。

第 3 层：分布于探方东北部。锈红色土，土质坚硬，内含红烧土和粗砂。深 10～45、厚 0～25 厘米。遗物有陶瓦片和青瓷片。

第 4 层：分布于探方东北部。灰黄土，土质较坚硬，内含炭灰和红烧土。深 33～75、厚 0～38 厘米。包含物有陶筒瓦、板瓦和陶豆残片。此层下叠压晚期夯土台基。

第 4 层文化遗物

陶器

豆

IT0305④:7（Ⅺ式），器柄部。夹砂深灰陶。粗高柄，上粗下细，矮喇叭座，座面斜直，柄下部中空。素面（图八六，1）。

筒瓦

标本 IT0305④:1（A 型Ⅵ式），瓦头部。泥质浅灰陶。口微侈，尖唇，直颈，矮斜肩。瓦身凸面饰中绳纹，凹面素饰（图八六，2）。

标本 IT0305④:2（A 型Ⅷ式），瓦头部。泥质浅灰陶。口微侈，尖唇，直颈内斜，矮直肩。肩部饰隐绳纹；瓦身凸面饰中绳纹，凹面素饰（图八六，3）。

标本 IT0305④:3（A 型Ⅸ式），瓦头部。泥质浅灰陶。口微侈，尖唇，直颈内斜，直肩较高。瓦头及肩部凸面饰隐绳纹；瓦身凸面饰中绳纹，凹面饰麻点纹（图八六，4）。

标本 IT0305④:4（A 型Ⅺ式），瓦头部。泥质深灰陶。口微侈，圆唇，颈内斜，高直肩内凹。瓦身凸面饰粗绳纹，凹面微抹，有泥条盘痕（图八六，5）。

板瓦

标本 IT0305④:5（A 型Ⅵ式），瓦头部。泥质浅灰陶。平沿，口内敛。瓦头凸面饰多道旋纹；瓦身凸面饰粗绳纹，凹面素饰（图八六，6）。

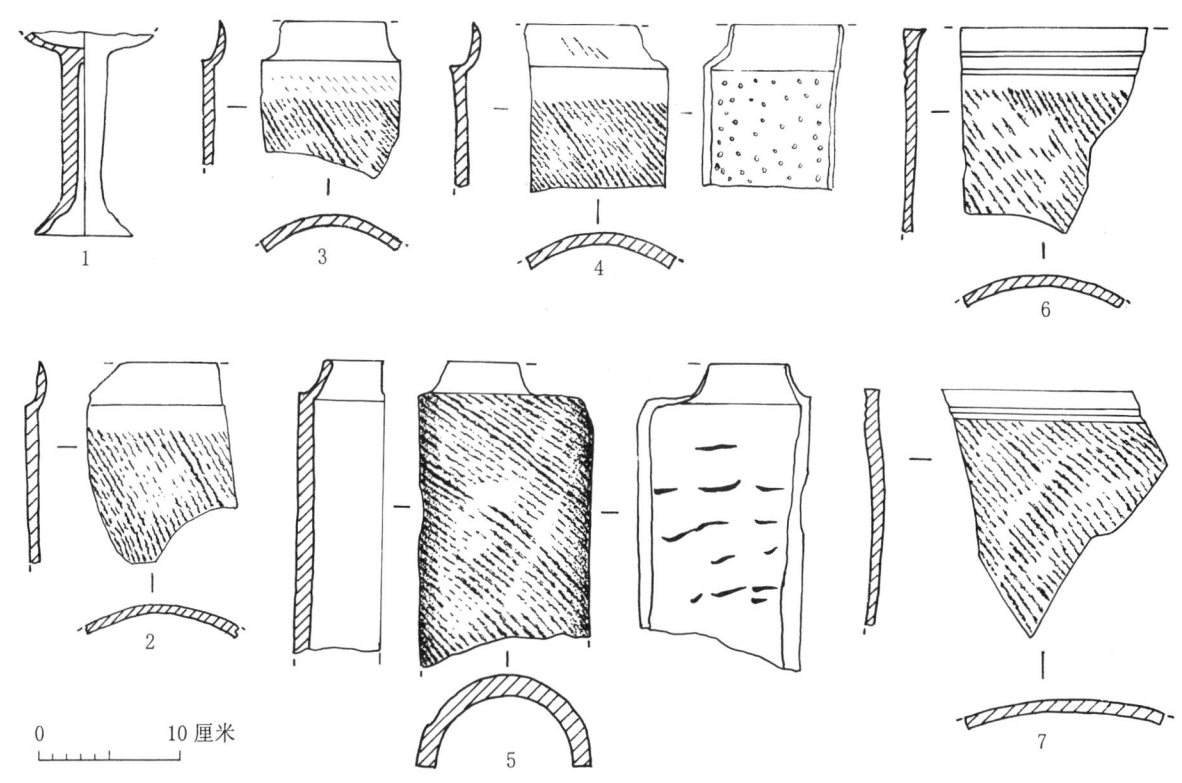

图八六　IT0305 出土陶豆、筒瓦、板瓦

1. XI式豆（IT0305④：7）　2. A型VI式筒瓦（IT0305④：1）　3. A型VIII式筒瓦（IT0305④：2）　4. A型IX式筒瓦（IT0305④：3）
5. A型XI式筒瓦（IT0305④：4）　6. A型VI式板瓦（IT0305④：5）　7. A型XI式板瓦（IT0305④：6）

标本 IT0305④：6（A 型 XI 式），瓦头部。泥质深灰陶。尖唇微侈。瓦头凸面饰二道凹旋纹；瓦身凸面饰粗绳纹，凹面素饰（图八六，7）。

IT0306

文化层见综述部分。

第 4 层文化遗物

陶器

鬲足

IT0306④：22（VI式），夹砂红陶。柱足呈椭圆形。足窝较深，满饰绳纹（图八七，1）。

豆

IT0306④：26（V式），器柄座。泥质红陶。柄较矮，上细下粗，矮喇叭座，座壁内弧，柄下部中空。素面（图八七，2）。

IT0306④：25（VII式），器柄座。泥质浅灰陶。粗柄较矮，矮喇叭座略内弧，柄下部中空。素面（图八七，3）。

IT0306④：24（X式），器柄座。泥质深灰陶。柄较高，矮喇叭座略外鼓，柄下部中空。素面（图八七，4）。

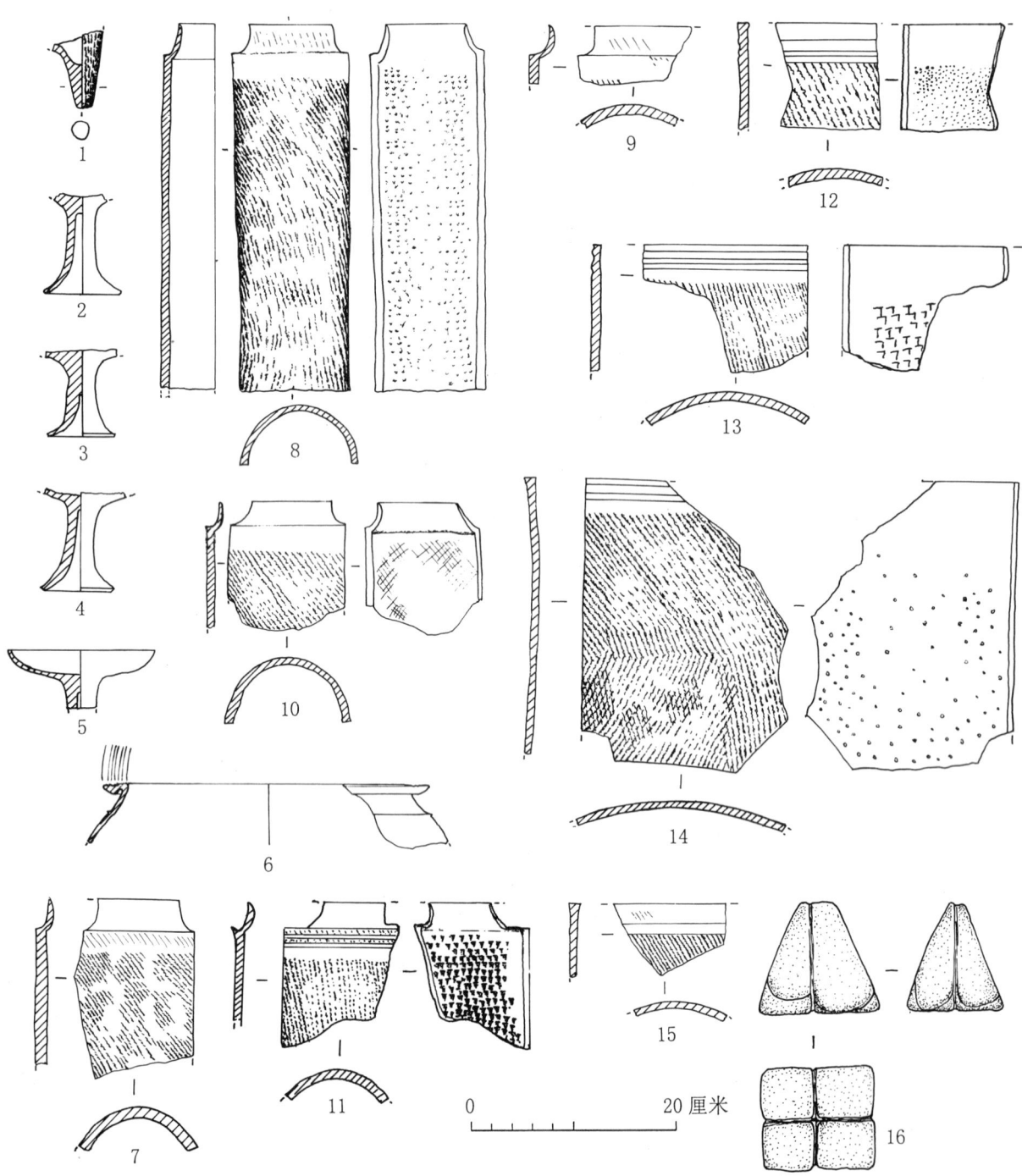

图八七　IT0306 第 4 层出土陶鬲足、豆、瓮、筒瓦、板瓦，泥质垂线球

1. Ⅵ式鬲足（IT0306④:22）　2. Ⅴ式豆（IT0306④:26）　3. Ⅶ式豆（IT0306④:25）　4. Ⅹ式豆（IT0306④:24）　5. Ⅺ式豆（IT0306④:23）　6. Ⅻ式瓮（IT0306④:28）　7. A型Ⅶ式筒瓦（IT0306④:2）　8. A型Ⅷ式筒瓦（IT0306④:3）　9. A型Ⅸ式筒瓦（IT0306④:5）　10. A型Ⅹ式筒瓦（IT0306④:6）　11. A型Ⅻ式筒瓦（IT0306④:10）　12. A型Ⅷ式板瓦（IT0306④:21）　13. A型Ⅸ式板瓦（IT0306④:19）　14. A型Ⅹ式板瓦（IT0306④:18）　15. A型Ⅺ式板瓦（IT0306④:17）　16. Ⅱ式泥质垂线球（IT0306④:29）

IT0306④:23（Ⅺ式），豆盘。泥质深灰陶。浅盘，圆唇，粗柄。素面（图八七，5）。

瓮

IT0306④:28（Ⅻ式），口沿部。泥质深灰陶。敛口，折沿外斜，沿面较宽，尖圆唇下勾，唇面与肩部夹角较小，广肩。沿面饰三道凹旋纹（图八七，6）。

筒瓦

标本 IT0306④:2（A型Ⅶ式），瓦头部。泥质浅灰陶。口微侈，尖唇，直颈内斜，斜肩较高。肩部饰隐绳纹；瓦身凸面饰中绳纹，凹面素饰（图八七，7）。

标本 IT0306④:3（A型Ⅷ式），瓦尾残。泥质浅灰陶。直颈内斜，矮直肩。瓦头凸面饰隐绳纹；瓦身凸面饰中绳纹，凹面饰麻点纹（图八七，8）。

标本 IT0306④:5（A型Ⅸ式），瓦头部。泥质浅灰陶。口微侈，尖唇，直颈内斜，直肩较高。瓦头和肩部凸面饰隐绳纹，凹面素饰（图八七，9）。

标本 IT0306④:6（A型Ⅹ式），瓦头部。泥质深灰陶。口微侈，尖唇，直颈，高直肩。瓦身凸面饰中绳纹，凹面饰斜线方格纹（图八七，10）。

标本 IT0306④:10（A型Ⅻ式），瓦头部。泥质深灰陶。尖唇，颈内斜，高直肩内凹较深。肩部饰二道凹旋纹及隐绳纹；瓦身凸面饰中绳纹，凹面饰方格纹（图八七，11）。

板瓦

标本 IT0306④:21（A型Ⅷ式），瓦头部。泥质浅灰陶。瓦头微长扬。瓦头凸面饰多道旋纹；瓦身凸面饰粗绳纹，凹面饰麻点纹（图八七，12）。

标本 IT0306④:19（A型Ⅸ式），瓦头部。泥质浅灰陶。瓦头直，平沿，尖唇微外侈。瓦头饰凸旋纹；瓦身凸面饰中绳纹，凹面饰方格纹（图八七，13）。

标本 IT0306④:18（A型Ⅹ式），瓦头部。泥质深灰陶。直口，平沿，尖唇外侈。瓦头凸面饰二道凹旋纹；瓦身凸面饰粗绳纹，凹面饰麻点纹（图八七，14）。

标本 IT0306④:17（A型Ⅺ式），瓦头部。泥质深灰陶。口微敛，平沿，尖唇外侈。瓦头凸面饰一道凹旋纹及隐绳纹；瓦身凸面饰中绳纹，凹面素饰（图八七，15）。

泥质垂线球

标本 IT0306④:29（Ⅱ式），器形完整。红色。体呈锥形，四侧面呈三角形，底部方形，顶部平头锥形，四面有绳痕（图八七，16）。

第6层文化遗物

筒瓦

标本 IT0306⑥:2（A型Ⅲ式），瓦头部。泥质红陶。罐形口，口微侈，沿面平，尖唇外侈，斜弧肩较高，颈内敛。瓦头凸面饰隐绳纹；瓦身凸面饰粗绳纹，凹面素饰（图八八，1）。

标本 IT0306⑥:3（A型Ⅳ式），瓦头部。泥质红陶。口微侈，沿面平，折斜肩，直颈内斜。瓦身凸面饰中绳纹，凹面素饰（图八八，2）。

标本 IT0306⑥:1（A型Ⅴ式），瓦头部。泥质红陶。斜折肩较高，口微侈，束颈。瓦头及肩下凸面饰细绳纹，凹面素饰（图八八，3）。

标本 IT0306⑥:4（A型Ⅵ式），瓦头及身部。泥质浅灰陶。口微侈，尖唇，直颈内斜，矮斜肩。肩部凸面饰隐绳纹；瓦身凸面饰中绳纹，凹面饰麻点纹（图八八，4）。

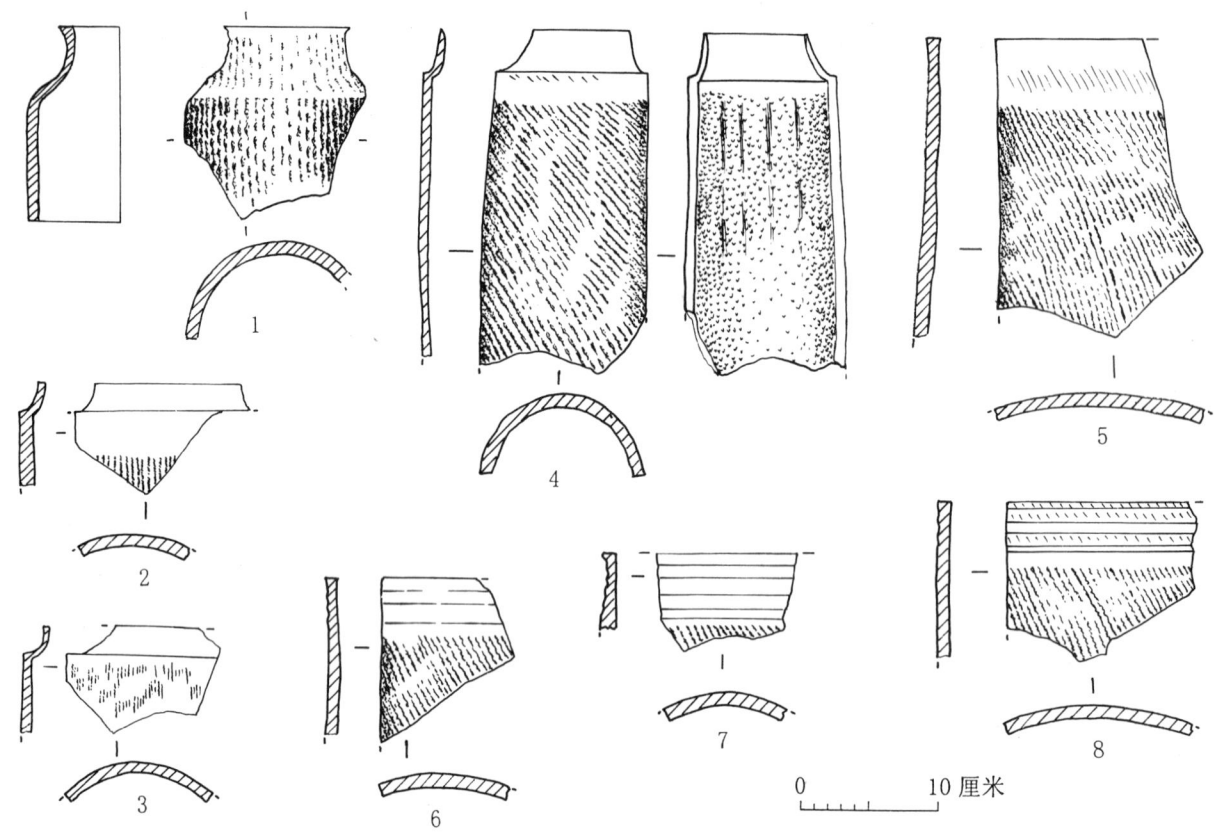

图八八　IT0306 第 6 层出土陶筒瓦、板瓦

1. A型Ⅲ式筒瓦（IT0306⑥:2）　2. A型Ⅳ式筒瓦（IT0306⑥:3）　3. A型Ⅴ式筒瓦（IT0306⑥:1）　4. A型Ⅵ式筒瓦（IT0306⑥:4）　5. A型Ⅱ式板瓦（IT0306⑥:5）　6. A型Ⅳ式板瓦（IT0306⑥:7）　7. A型Ⅴ式板瓦（IT0306⑥:8）　8. A型Ⅵ式板瓦（IT0306⑥:9）

板瓦

标本 IT0306⑥:5（A型Ⅱ式），瓦头部。泥质红陶。瓦头上扬，瓦头和瓦身有明显分界。瓦头凸面饰隐绳纹；瓦身凸面饰中绳纹，凹面素饰（图八八，5）。

标本 IT0306⑥:7（A型Ⅳ式），瓦头部。泥质红陶。瓦头上扬，尖唇微外侈。瓦头凸面饰三道旋纹；瓦身凸面饰中绳纹，凹面素饰（图八八，6）。

标本 IT0306⑥:8（A型Ⅴ式），瓦头部。泥质红陶。瓦头微上扬，平沿，尖唇外侈。瓦头凸面饰五道凹旋纹；瓦身凸面饰中绳纹，凹面素饰（图八八，7）。

标本 IT0306⑥:9（A型Ⅵ式），瓦头部。泥质浅灰陶。瓦头凸面饰多道旋纹间隐绳纹；瓦身凸面饰中绳纹，凹面素饰（图八八，8）。

IT0307

东壁文化层（图八九）

第 1 层：耕土层。厚 5～30 厘米。

第 2 层：分布全方。青灰色淤泥，较黏。深 5～30、厚 45～65 厘米。包含物有青花瓷片、灰

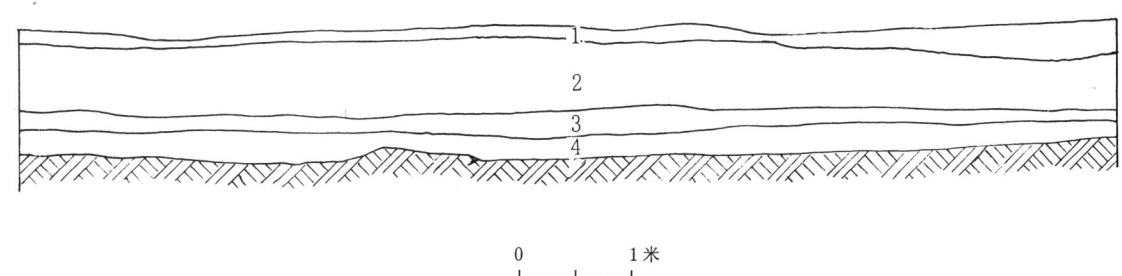

图八九　IT0307 东壁剖面图

白瓷片及少量绳纹瓦片。

第3层：分布全方。锈红色土，土质较坚硬易散。深65～75、厚6～25厘米。包含物有陶瓦片和青瓷片。

第4层：分布全方。灰黄土，土质较坚硬，内含炭灰和红烧土。深80～100、厚10～25厘米。包含有陶筒瓦、板瓦残片。此层下叠压晚期夯土台基。

第4层文化遗物

陶器

筒瓦

标本 IT0307④:13（A型Ⅴ式），瓦头部。泥质红陶。口微侈，矮斜弧肩，束颈。瓦身凸面饰中绳纹，凹面素饰（图九〇，1）。

标本 IT0307④:15（A型Ⅵ式），瓦头部。泥质浅灰陶。口微侈，尖唇，直颈，矮折斜肩。肩部凸面饰隐绳纹；瓦身凸面饰中绳纹，凹面素饰（图九〇，2）。

标本 IT0307④:16（A型Ⅷ式），瓦头部。泥质浅灰陶。颈微束，矮直肩。肩部饰隐绳纹；瓦身凸面饰中绳纹，凹面素饰（图九〇，3）。

标本 IT0307④:18（A型Ⅹ式），瓦头部。泥质深灰陶。直颈内斜，高直肩微内凹。肩部凸面饰隐绳纹；瓦身饰中绳纹，凹面素饰（图九〇，4）。

标本 IT0307④:17（A型Ⅺ式），瓦头部。泥质深灰陶。直颈，直肩内凹。瓦身凸面饰中绳纹，凹面饰方格纹（图九〇，5）。

板瓦

标本 IT0307④:1（A型Ⅵ式），瓦头部。泥质红陶。瓦头微上扬，平沿，尖唇外侈。瓦身凸面饰中绳纹，凹面素饰（图九〇，6）。

标本 IT0307④:4（A型Ⅶ式），瓦头部。泥质浅灰陶。瓦头微上扬，饰凹旋纹；瓦身凸面饰中绳纹，凹面素饰（图九〇，7）。

标本 IT0307④:3（A型Ⅷ式），瓦头部。泥质浅灰陶。直口。瓦头凸面饰凹旋纹；瓦身凸面饰中绳纹，凹面素饰（图九〇，8）。

标本 IT0307④:5（A型Ⅸ式），瓦头部。泥质浅灰陶。直口，平沿，尖唇外侈。瓦头凸面饰凹旋纹；瓦身凸面饰中绳纹，凹面素饰（图九〇，9）。

标本 IT0307④:8（A型Ⅹ式），瓦头部。泥质深灰陶。圆唇外侈。瓦头凸面饰一道凹旋纹；瓦身凸面饰中绳纹，凹面素饰（图九〇，10）。

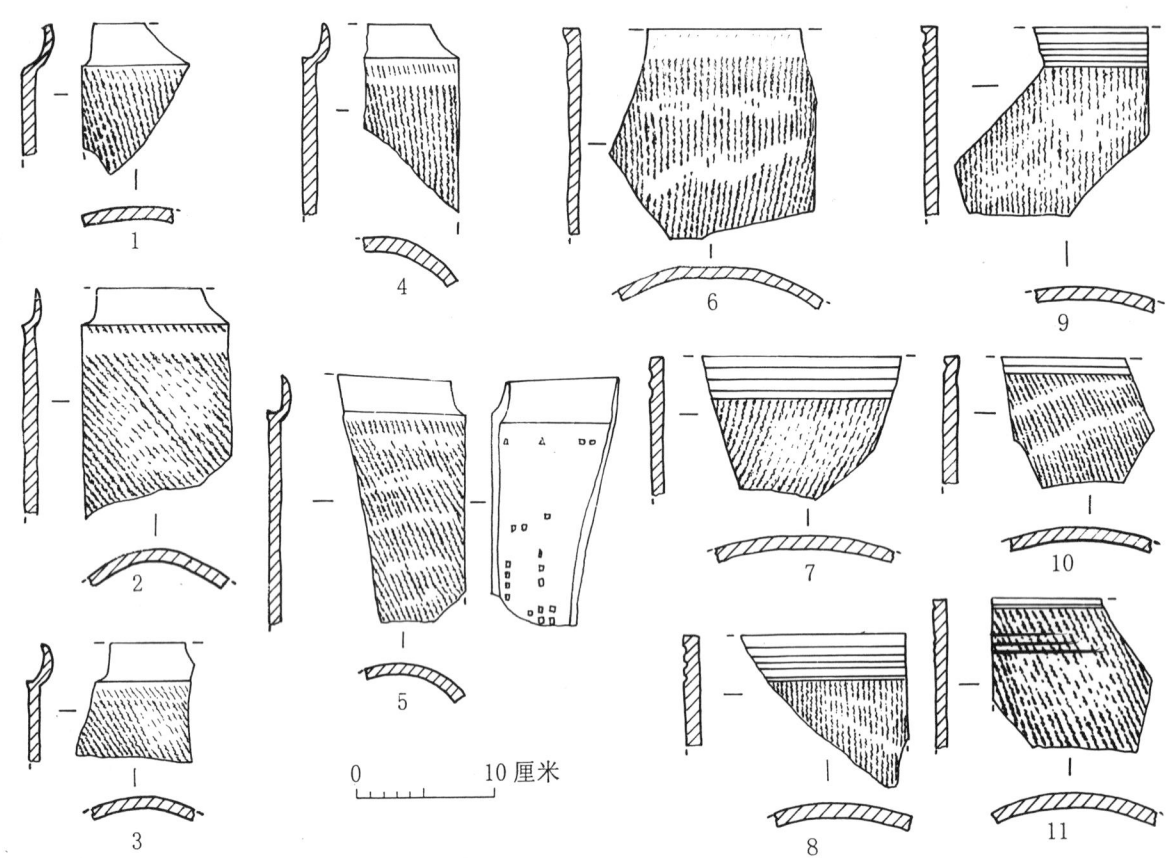

图九〇 IT0307出土陶筒瓦、板瓦

1.A型Ⅴ式筒瓦（IT0307④:13） 2.A型Ⅵ式筒瓦（IT0307④:15） 3.A型Ⅷ式筒瓦（IT0307④:16） 4.A型Ⅹ式筒瓦（IT0307④:18） 5.A型Ⅺ式筒瓦（IT0307④:17） 6.A型Ⅵ式板瓦（IT0307④:1） 7.A型Ⅶ式板瓦（IT0307④:4） 8.A型Ⅷ式板瓦（IT0307④:3） 9.A型Ⅸ式板瓦（IT0307④:5） 10.A型Ⅹ式板瓦（IT0307④:8） 11.A型Ⅺ式板瓦（IT0307④:10）

标本 IT0307④:10（A型Ⅺ式），瓦头部。泥质深灰陶。直口，平沿。瓦头凸面饰一道凹旋纹；瓦身凸面饰粗绳纹，凹面素饰（图九〇，11）。

IT0308

东壁文化层（图九一）

第1层：耕土层。厚10～18厘米。

第2层：分布全方。青灰色淤泥，较黏。深10～18、厚50～70厘米。包含物有白瓷片及少量陶瓦片。

第3层：分布全方。锈红色土，土质较坚硬，内含红烧土和粗砂，易散。深65～90、厚10～30厘米。包含物有陶瓦片，青瓷、影青瓷片，陶壶、钵残片。

第4层：分布于探方东部。灰黄土，土质较坚硬，内含红烧土和炭灰。深85～115、厚0～20厘米。包含物有陶筒瓦、瓦当、板瓦，泥质垂线球等残片。此层下叠压晚期夯土台基。

第4层文化遗物

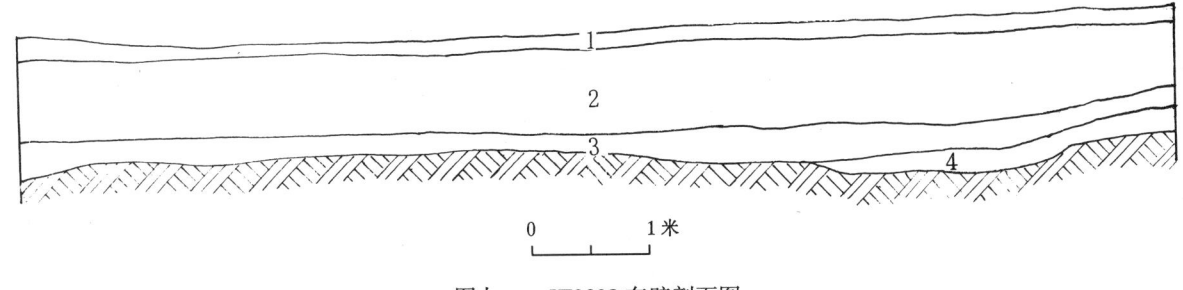

图九一　IT0308东壁剖面图

陶器

筒瓦

标本 IT0308④:12（A 型Ⅱ式），瓦头部。泥质红陶。口微侈，沿面外斜，唇微侈，直颈微束，矮弧肩。瓦身凸面饰细绳纹，凹面素饰（图九二，1）。

标本 IT0308④:2（A 型Ⅲ式），瓦头部。泥质红陶。口微侈，沿面外斜，尖唇，束颈，弧肩较高。瓦身凸面饰中绳纹，凹面素饰（图九二，2）。

标本 IT0308④:8（A 型Ⅳ式），瓦头部。泥质红陶。圆唇外侈，颈微束，斜弧肩较矮。瓦身凸面饰斜线绳纹，凹面素饰（图九二，3）。

标本 IT0308④:9（A 型Ⅴ式），瓦头部。泥质红陶。口微侈，沿面外斜，唇微侈，斜折肩，束颈。瓦身凸面饰中绳纹，凹面素饰（图九二，4）。

标本 IT0308④:49（A 型Ⅵ式），瓦头部。泥质浅灰陶。口微侈，尖唇，直颈微内斜，矮斜折肩。瓦身凸面饰中绳纹，凹面饰菱形纹（图九二，5）。

标本 IT0308④:18（A 型Ⅶ式），瓦头部。泥质浅灰陶。直颈，尖唇，折斜肩较矮。瓦身凸面饰中绳纹，凹面素饰（图九二，6）。

标本 IT0308④:26（A 型Ⅷ式），瓦头部。泥质浅灰陶。口微侈，尖唇，直颈内斜，高斜肩。瓦身凸面饰中绳纹，凹面饰篮纹（图九二，7）。

标本 IT0308④:50（A 型Ⅹ式），瓦头部。泥质深灰陶。口微侈，尖唇，直颈内斜，高直肩。瓦身凸面饰中绳纹，凹面饰方格纹（图九二，8）。

标本 IT0308④:54（A 型Ⅻ式），瓦头部。泥质深灰陶。口微侈，圆唇，直颈微内斜，高直肩内凹。瓦头及肩部凸面饰隐绳纹；瓦身凸面饰中绳纹，凹面素饰（图九二，9）。

瓦当

标本 IT0308④:55（A 型Ⅱ式），器形完整。泥质红陶。瓦当较大，胎较薄。正面饰凹凸不平的模印纹和黑彩（图九二，20）。

标本 IT0308④:56（A 型Ⅳ式），器形完整。泥质浅灰陶，胎较薄。瓦当较小。正面中部微凹，施黑彩（图九二，21）。

标本 IT0308④:60（A 型Ⅴ式），器形完整。泥质浅灰陶。正面饰较浅的模印纹，具体图案不清（彩版二二，2）。

标本 IT0308④:57（A 型Ⅸ式），器形完整。泥质浅灰陶。瓦当较大，胎较厚。正面中间方框图案明显，微内凹，瓦当上有模印纹，具体纹饰不清（图九二，22）。

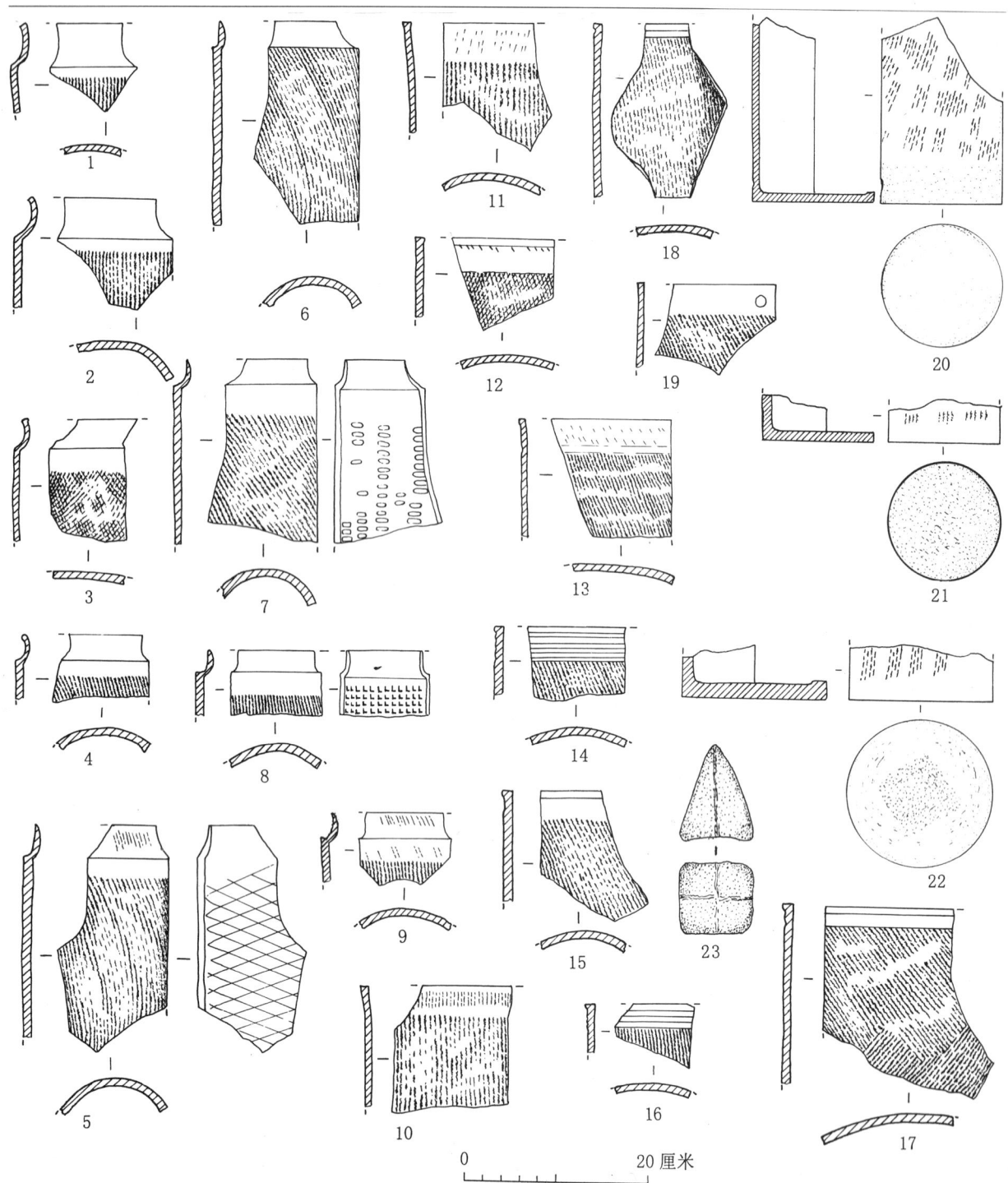

图九二　IT0308 出土陶筒瓦、板瓦、瓦当，泥质垂线球

1.A 型 Ⅱ 式筒瓦（IT0308④:12）　2.A 型 Ⅲ 式筒瓦（IT0308④:2）　3.A 型 Ⅳ 式筒瓦（IT0308④:8）　4.A 型 Ⅴ 式筒瓦（IT0308④:9）　5.A 型 Ⅵ 式筒瓦（IT0308④:49）　6.A 型 Ⅶ 式筒瓦（IT0308④:18）　7.A 型 Ⅷ 式筒瓦（IT0308④:26）　8.A 型 Ⅹ 式筒瓦（IT0308④:50）　9.A 型 ⅩⅡ 式筒瓦（IT0308④:54）　10.A 型 Ⅰ 式板瓦（IT0308④:30）　11.A 型 Ⅱ 式板瓦（IT0308④:31）　12.A 型 Ⅳ 式板瓦（IT0308④:32）　13.A 型 Ⅴ 式板瓦（IT0308④:29）　14.A 型 Ⅵ 式板瓦（IT0308④:37）　15.A 型 Ⅶ 式板瓦（IT0308④:39）　16.A 型 Ⅷ 式板瓦（IT0308④:34）　17.A 型 Ⅹ 式板瓦（IT0308④:44）　18.A 型 Ⅺ 式板瓦（IT0308④:48）　19.B 型 Ⅳ 式板瓦（IT0308④:53）　20.A 型 Ⅱ 式瓦当（IT0308④:55）　21.A 型 Ⅳ 式瓦当（IT0308④:56）　22.A 型 Ⅸ 式瓦当（IT0308④:57）　23.Ia 式泥质垂线球（IT0308④:62）

标本 IT0308④:61（A 型 X 式），器形完整。泥质浅灰陶。瓦当较小，正面中间方块图案明显，模印纹较深，具体纹饰不清（彩版二二，3）。

板瓦

标本 IT0308④:30（A 型 I 式），瓦头部。泥质红陶。瓦头和瓦身没有明显的分界。瓦头上扬，微抹；瓦身凸面饰粗绳纹，凹面素饰（图九二，10）。

标本 IT0308④:31（A 型 II 式），瓦头部。泥质红陶。瓦头和瓦身有明显的分界。瓦头上扬，饰隐绳纹；瓦身凸面饰粗绳纹，凹面素饰（图九二，11）。

标本 IT0308④:32（A 型 IV 式），瓦头部。泥质红陶。瓦头微上扬，饰隐绳纹和隐旋纹；瓦身凸面饰中绳纹，凹面素饰（图九二，12）。

标本 IT0308④:29（A 型 V 式），瓦头部。泥质红陶。瓦头微上扬，圆唇微外侈。瓦头凸面饰隐绳纹和旋纹；瓦身凸面饰中绳纹，凹面素饰（图九二，13）。

标本 IT0308④:37（A 型 VI 式），瓦头部。泥质浅灰陶。平沿，唇外侈。瓦头凸面饰多道旋纹；瓦身凸面饰中绳纹，凹面素饰（图九二，14）。

标本 IT0308④:39（A 型 VII 式），瓦头部。泥质浅灰陶。瓦头微上扬，平沿，唇外侈。瓦头饰一道旋纹；瓦身凸面饰中绳纹，凹面素饰（图九二，15）。

标本 IT0308④:34（A 型 VIII 式），瓦头部。泥质浅灰陶。直口，平沿，唇外侈。瓦头凸面饰多道旋纹；瓦身凸面饰中绳纹，凹面素饰（图九二，16）。

标本 IT0308④:44（A 型 X 式），瓦头部。泥质深灰陶。直口，平沿，唇外侈。瓦头凸面饰一道凸旋纹；瓦身凸面饰中绳纹，凹面素饰（图九二，17）。

标本 IT0308④:48（A 型 XI 式），瓦头部。泥质深灰陶。直口，平沿，唇外侈。瓦头凸面饰一道凸旋纹；瓦身凸面饰中绳纹，凹面素饰（图九二，18）。

标本 IT0308④:53（B 型 IV 式），瓦头部。泥质红陶。瓦头右上角有一直径 1.2 厘米的圆孔。瓦身凸面饰中绳纹，凹面素饰（图九二，19）。

泥质垂线球

标本 IT0308④:62（I a 式），器形完整。红色。四棱锥形，顶端呈尖状，四面为三角形，底呈方形，四面及顶部、底部都有系绳痕（图九二，23）。

IT0309

西壁文化层（图九三）

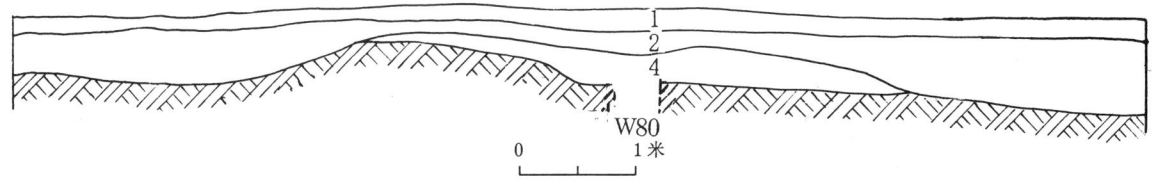

图九三　IT0309 西壁剖面图

第 1 层：耕土层。厚 6～15 厘米。

第 2 层：分布全方，青灰土，土质淤泥，黏性大。深 6～15、厚 8～63 厘米。包含物有瓷碗底，碗底款书"白玉屋"、"清雍"字样。

第 4 层：分布于探方中西部。灰黄土，土质较坚硬，内含红烧土和炭灰。深 25～60、厚 0～32 厘米。遗物有陶筒瓦、瓦当、板瓦残片。此层下叠压晚期夯土台基。

第 4 层文化遗物

陶器

筒瓦

标本 IT0309④:33（A 型Ⅳ式），瓦头部。泥质红陶。口微侈，沿面弧，圆唇微侈，斜弧肩较矮，颈微束。肩部凸面饰隐绳纹；瓦身凸面饰中绳纹，凹面素饰（图九四，1）。

标本 IT0309④:10（A 型Ⅴ式），瓦头部。泥质红陶。口微侈，沿面外斜，唇微侈，斜折肩，束颈。瓦身凸面饰中绳纹，凹面素饰（图九四，2）。

标本 IT0309④:27（A 型Ⅵ式），瓦头部。泥质浅灰陶。口微侈，尖唇，直颈内斜，矮斜肩。瓦身凸面饰中绳纹，凹面素饰（图九四，3）。

标本 IT0309④:23（A 型Ⅶ式），瓦头部。泥质浅灰陶。口微侈，尖唇，直颈内斜，斜折肩较高。瓦身凸面饰中绳纹，凹面素饰（图九四，4）。

标本 IT0309④:6（A 型Ⅷ式），瓦头部。泥质浅灰陶。尖唇，直颈内斜，矮斜肩。瓦身凸面饰中绳纹，凹面饰篮纹（图九四，5）。

标本 IT0309④:7（A 型Ⅸ式），瓦头部。泥质浅灰陶。颈内斜，直肩较高。瓦身凸面饰粗绳纹，凹面饰篮纹（图九四，6）。

标本 IT0309④:22（A 型Ⅹ式），瓦头部。泥质深灰陶。口微侈，尖唇，直颈微内斜，高直肩。瓦头凸面饰隐绳纹；瓦身凸面饰中绳纹，凹面素饰（图九四，7）。

标本 IT0309④:1（A 型Ⅺ式），瓦头部。泥质深灰陶。颈内斜，高直肩内凹。肩部凸面饰隐绳纹和旋纹；瓦身凸面饰粗绳纹，凹面饰方格纹（图九四，8）。

标本 IT0309④:5（A 型Ⅻ式），瓦头部。泥质深灰陶。束颈，高直肩内凹。肩部凸面饰隐绳纹；瓦身凸面饰粗绳纹，凹面素饰（图九四，9）。

标本 IT0309④:17（Ba 型Ⅺ式），瓦头部。泥质深灰陶。尖唇，直颈微内斜，高直肩。距肩部 3.5 厘米的凸脊处有一直径 1.6 厘米的圆孔，已残缺。瓦身凸面饰粗绳纹，凹面饰方格纹（图九四，10）。

瓦当

标本 IT0309④:57（A 型Ⅳ式），器残。泥质浅灰陶。瓦当较小，胎较薄，中间微凹，周围有模印痕迹，纹饰不清（图九四，17）。

标本 IT0309④:53（A 型Ⅴ式），边沿残。泥质浅灰陶。瓦当较小。正面中间微凹，纹饰不清（图九四，18）。

标本 IT0309④:56（A 型Ⅶ式），器残。泥质深灰陶。瓦当较大，胎较厚。中间微凹。饰红彩（图九四，19）。

板瓦

标本 IT0309④:47（A 型Ⅰ式），瓦头部。泥质红陶。没有明显的瓦头。瓦头上扬，直口。口沿部微抹；瓦身凸面饰粗绳纹，凹面素饰（图九四，11）。

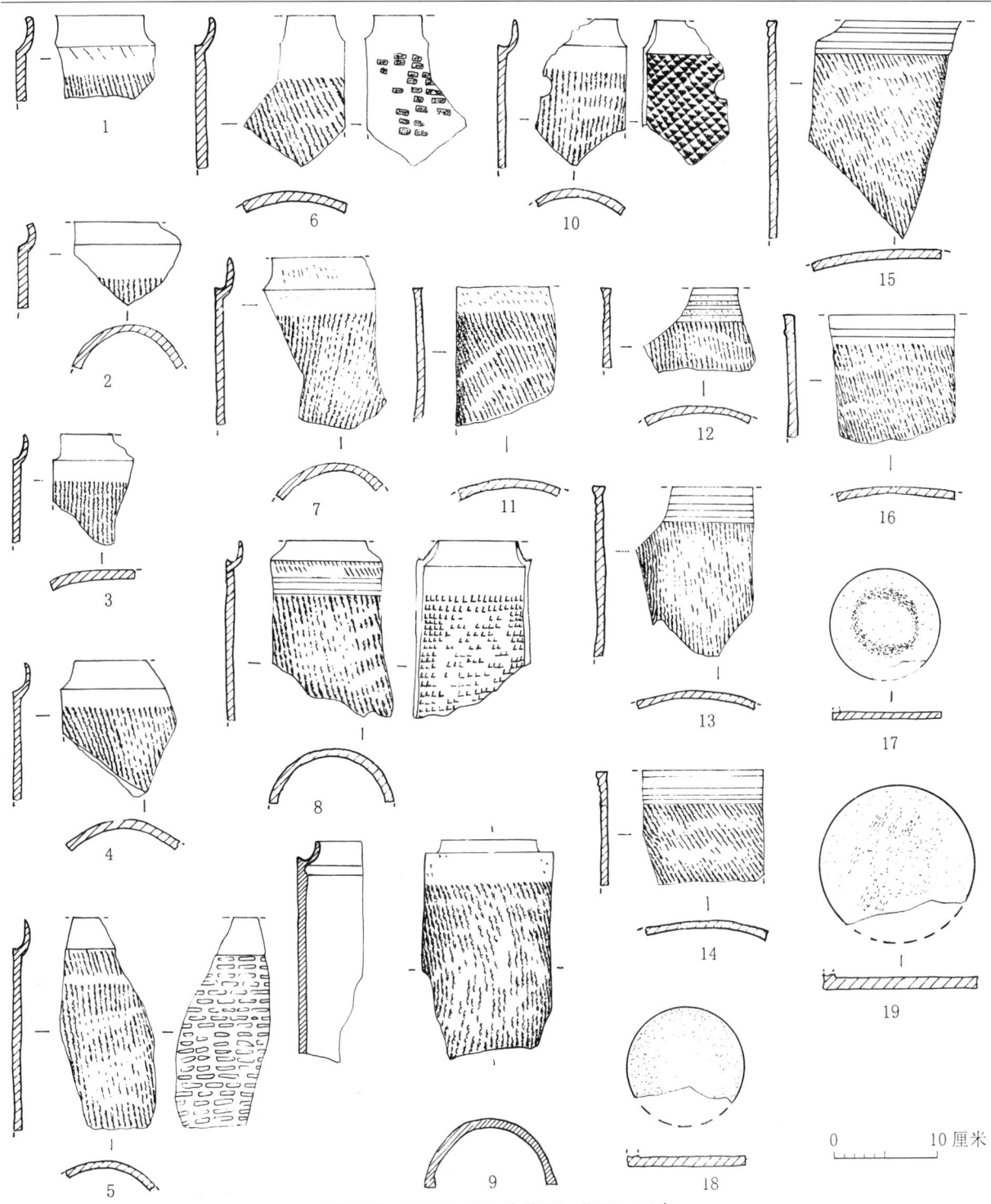

图九四　IT0309 出土陶筒瓦、板瓦、瓦当

1.A型Ⅳ式筒瓦（IT0309④:33）　2.A型Ⅴ式筒瓦（IT0309④:10）　3.A型Ⅵ式筒瓦（IT0309④:27）　4.A型Ⅶ式筒瓦（IT0309④:23）　5.A型Ⅷ式筒瓦（IT0309④:6）　6.A型Ⅸ式筒瓦（IT0309④:7）　7.A型Ⅹ式筒瓦（IT0309④:22）　8.A型Ⅺ式筒瓦（IT0309④:1）　9.A型Ⅻ式筒瓦（IT0309④:5）　10.Ba型Ⅺ式筒瓦（IT0309④:17）　11.A型Ⅰ式板瓦（IT0309④:47）　12.A型Ⅵ式板瓦（IT0309④:39）　13.A型Ⅶ式板瓦（IT0309④:43）　14.A型Ⅷ式板瓦（IT0309④:45）　15.A型Ⅸ式板瓦（IT0309④:41）　16.A型Ⅹ式板瓦（IT0309④:46）　17.A型Ⅳ式瓦当（IT0309④:57）　18.A型Ⅴ式瓦当（IT0309④:53）　19.A型Ⅶ式瓦当（IT0309④:56）

标本 IT0309④:39（A 型 Ⅵ 式），瓦头部。泥质红陶，胎较薄。瓦头上扬，平沿，尖唇外侈。瓦头凸面饰隐绳纹和隐旋纹；瓦身凸面饰中绳纹，凹面素饰（图九四，12）。

标本 IT0309④:43（A 型 Ⅶ 式），瓦头部。泥质红陶。直口，平沿，唇外侈。瓦头凸面饰多道凸旋纹；瓦身凸面饰中绳纹，凹面素饰（图九四，13）。

标本 IT0309④:45（A 型 Ⅷ 式），瓦头部。泥质红陶。直口，平沿，唇外侈。瓦头凸面饰多道凸旋纹；瓦身凸面饰中绳纹，凹面素饰（图九四，14）。

标本 IT0309④:41（A 型 Ⅸ 式），瓦头部。泥质浅灰陶。直口，平沿，圆唇外侈。瓦头凸面饰二道凸旋纹；瓦身凸面饰中绳纹，凹面素饰（图九四，15）。

标本 IT0309④:46（A 型 Ⅹ 式），瓦头部。泥质深灰陶。直口，平沿，唇外侈。瓦头凸面饰二道凹旋纹；瓦身凸面饰中绳纹，凹面素饰（图九四，16）。

IT0402

西壁文化层（图九五）

第 1 层：耕土层。厚 15~30 厘米。

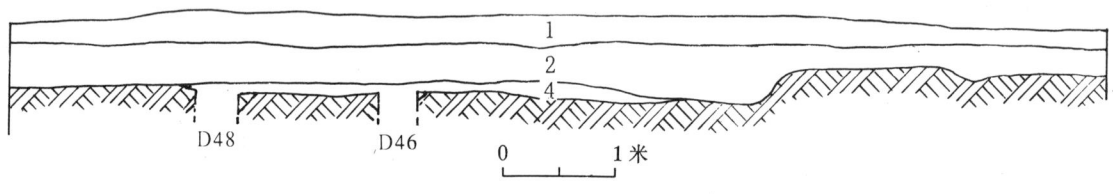

图九五　IT0402 西壁剖面图

第 2 层：分布全方。灰黑土，土质较松散，内含草木灰。深 15~30、厚 20~50 厘米。包含物有白瓷碗、盘残片，陶缸、罐及少量绳纹瓦片。

第 4 层：分布于探方中西部。灰黄土，土质较坚硬，内含红烧土及炭灰。深 55~70、厚 0~15 厘米。包含物有陶筒瓦、瓦当、板瓦，陶豆等残片。此层下叠压晚期夯土台基。

第 4 层文化遗物

陶器

豆

标本 IT0402④:6（Ⅶ 式），器座。泥质红陶。粗柄，矮喇叭座，座壁斜直。素面（图九六，1）。

筒瓦

标本 IT0402④:3（A 型 Ⅸ 式），瓦头部。泥质浅灰陶。尖唇，直颈微束，高直肩。瓦身凸面饰中绳纹，凹面饰方格纹（图九六，2）。

标本 IT0402④:2（A 型 Ⅹ 式），瓦头部。泥质深灰陶。直颈内斜，唇微侈，高直肩微凹。瓦身凸面饰中绳纹，凹面素饰（图九六，3）。

瓦当

标本 IT0402④:5，器残。无法分型式。泥质深灰陶。体较小。素面（图九六，6）。

板瓦

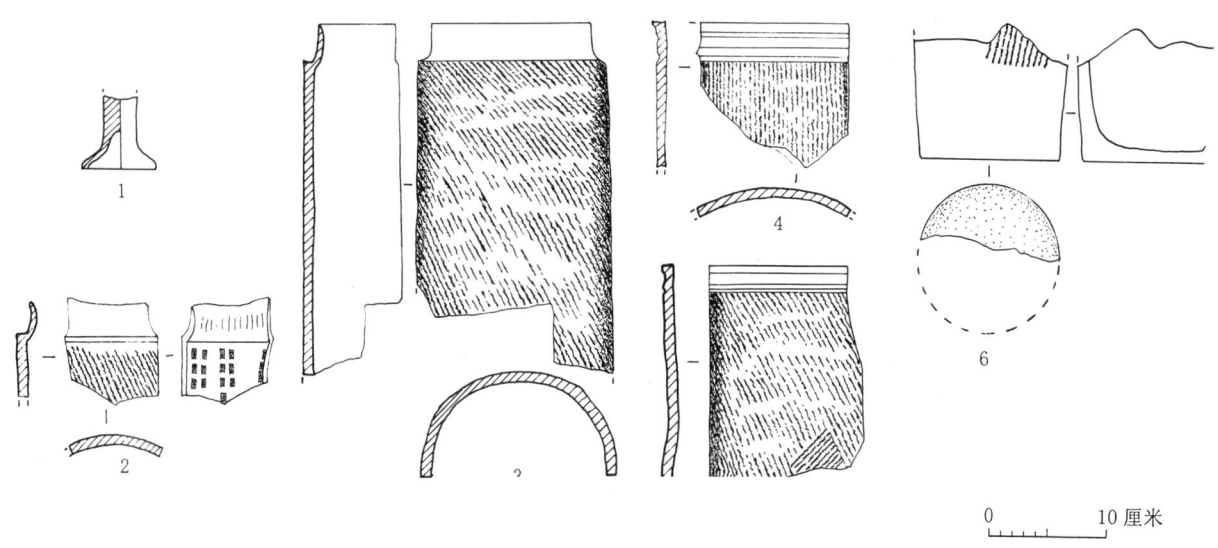

图九六 IT0402 出土陶豆、筒瓦、板瓦、瓦当

1. Ⅶ式豆（IT0402④:6）　2. A型Ⅸ式筒瓦（IT0402④:3）　3. A型Ⅹ式筒瓦（IT0402④:2）　4. A型Ⅸ式板瓦（IT0402④:1）
5. A型Ⅺ式板瓦（IT0402④:4）　6. 瓦当（IT0402④:5）

标本 IT0402④:1（A型Ⅸ式），瓦头部。泥质浅灰陶。直口，平沿，圆唇外侈。瓦头凸面饰二道凹旋纹；瓦身凸面饰中绳纹，凹面素饰（图九六，4）。

标本 IT0402④:4（A型Ⅺ式），瓦头部，泥质深灰陶。直口，平沿，圆唇外侈。瓦头凸面饰二道凹旋纹；瓦身凸面饰细绳纹，凹面素饰（图九六，5）。

IT0403

西壁文化层（图九七）

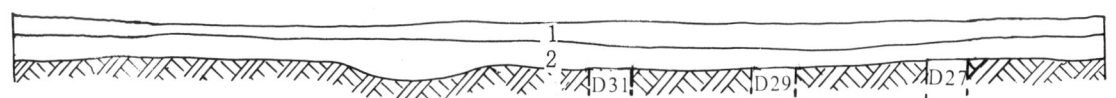

图九七 IT0403 西壁剖面图

第1层：耕土层。厚10～20厘米。

第2层：分布全方。灰黑土，土质较松散。深10～20、厚10～35厘米。遗物有白瓷片，陶缸、罐残片和瓦片。此层下叠压晚期夯土台基。

IT0404

西壁文化层（图九八）

第1层：耕土层。厚10～25厘米。

第2层：分布于探方西部。灰黑土，土质较松散。深10～25、厚15～40厘米。遗物有青花瓷片，陶缸、盆残片及瓦片。

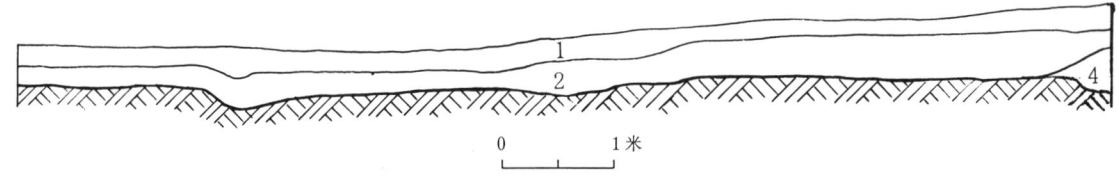

图九八　IT0404 西壁剖面图

第 4 层：分布于探方北角。灰黄土，土质较坚硬。内含红烧土和炭灰。深 35～55、厚 0～35 厘米。遗物仅有零星碎陶瓦片。此层叠压晚期夯土台基。

IT0405

西壁文化层（图九九）

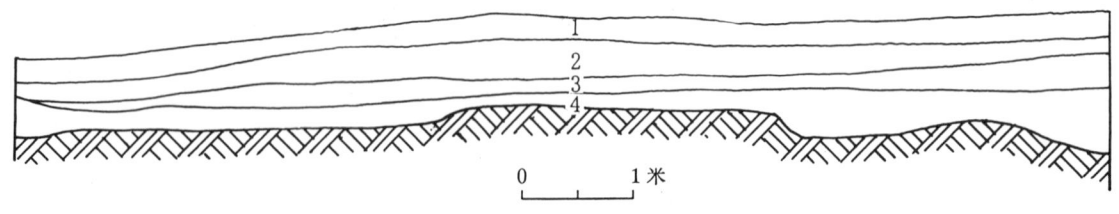

图九九　IT0405 西壁剖面图

第 1 层：耕土层。厚 15～20 厘米。

第 2 层：分布全方。灰黑土，土质较松散，内含草木灰。深 15～20、厚 10～35 厘米。包含物有陶瓦片，陶缸、罐，瓷碗、盘残片。并出土一枚"康熙通宝"铜钱。

第 3 层：分布于探方西部。灰褐土，土质松散。深 35～60、厚 0～30 厘米。包含物有陶瓦片，影青瓷片和釉陶片等。

第 4 层：分布于探方中西部。灰黄土，土质较坚硬，内含炭灰和红烧土。深 35～70、厚 10～55 厘米。遗物有陶筒瓦、瓦当、板瓦残片及泥质垂线球等。此层下叠压晚期夯土台基。

第 4 层文化遗物

陶器

筒瓦

标本 IT0405④:9（A 型Ⅲ式），瓦头部。泥质红陶。口微侈，沿面平，直颈，矮斜弧肩。瓦身凸面饰中绳纹，凹面素饰（图一〇〇，1）。

标本 IT0405④:6（A 型Ⅳ式），瓦头部。泥质红陶。直颈微束，斜弧肩。瓦身凸面饰中绳纹，凹面素饰（图一〇〇，2）。

标本 IT0405④:4（A 型Ⅴ式），瓦头部。泥质红陶。束颈，口微侈，矮斜弧肩，圆唇外侈。瓦身凸面饰中绳纹，凹面素饰（图一〇〇，3）。

标本 IT0405④:5（A 型Ⅵ式），瓦头部。泥质浅灰陶。尖唇，直颈内斜，斜折肩较矮。瓦身凸面饰中绳纹，凹面饰麻点纹（图一〇〇，4）。

标本 IT0405④:10（A 型Ⅶ式），瓦头部。泥质浅灰陶。口微侈，尖唇，直颈内斜，斜折肩。

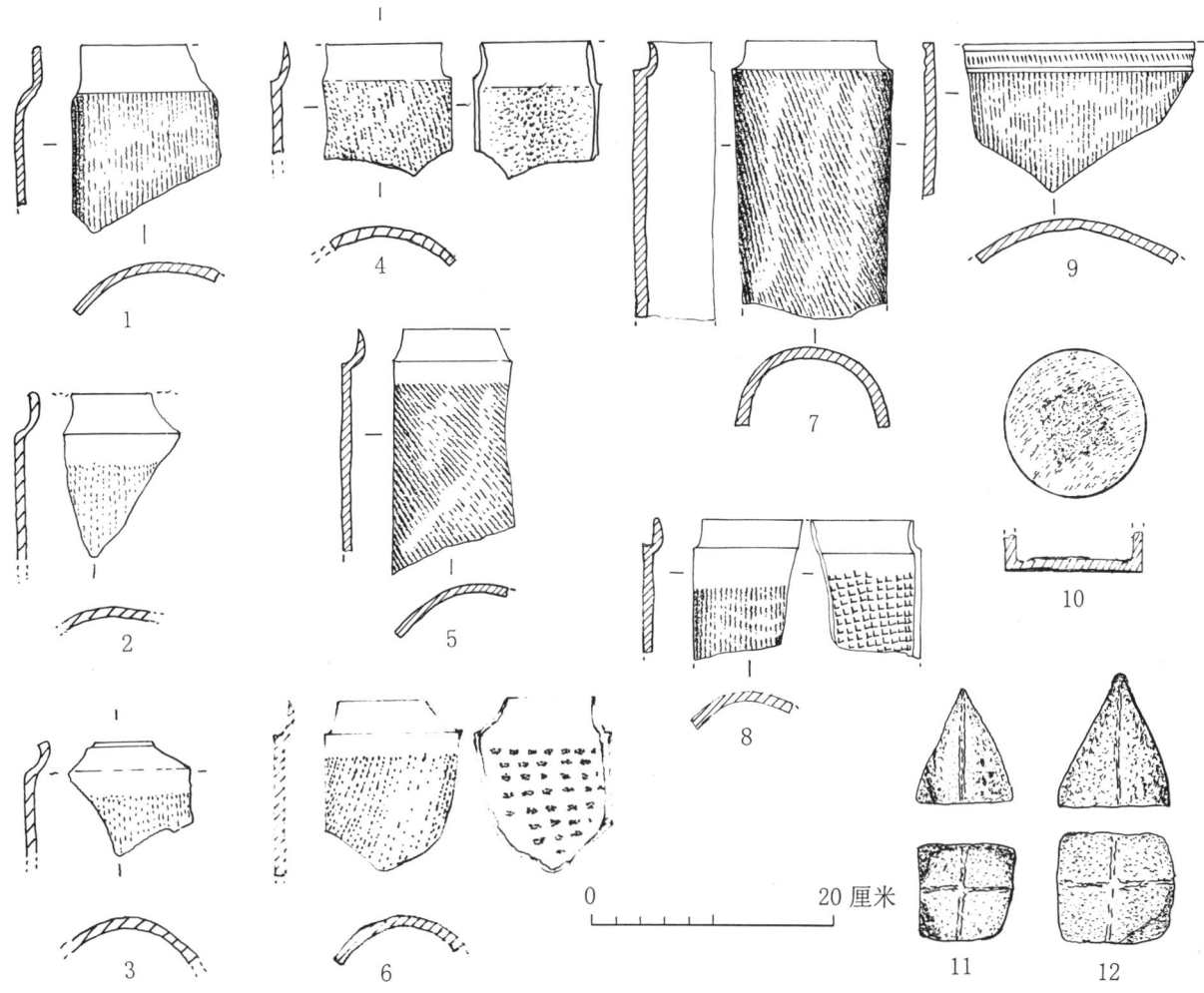

图一〇〇　IT0405 出土陶筒瓦、板瓦，泥质垂线球

1.A 型Ⅲ式筒瓦（IT0405④:9）　2.A 型Ⅳ式筒瓦（IT0405④:6）　3.A 型Ⅴ式筒瓦（IT0405④:4）　4.A 型Ⅵ式筒瓦（IT0405④: 5）　5.A 型Ⅶ式筒瓦（IT0405④:10）　6.A 型Ⅷ式筒瓦（IT0405④:8）　7.A 型Ⅸ式筒瓦（IT0405④:14）　8.A 型Ⅹ式筒瓦（IT0405④:16）　9.A 型Ⅷ式板瓦（IT0405④:18）　10.A 型Ⅻ式瓦当（IT0405④:55）　11.Ⅰb 式泥质垂线球（IT0405④:50）　12.Ⅰa 式泥质垂线球（IT0405④:52）

瓦身凸面饰中绳纹，凹面素饰（图一〇〇，5）。

标本 IT0405④:8（A 型Ⅷ式），瓦头部。泥质浅灰陶。尖唇，直颈微内斜，矮直肩。瓦身凸面饰中绳纹，凹面饰篮纹（图一〇〇，6）。

标本 IT0405④:14（A 型Ⅸ式），瓦头部。泥质浅灰陶。尖唇，直颈，直肩较高。瓦身凸面饰中绳纹，凹面素饰（图一〇〇，7）。

标本 IT0405④:16（A 型Ⅹ式），瓦头部。泥质深灰陶。直颈，高直肩微内凹。瓦身凸面饰中绳纹，凹面饰方格纹（图一〇〇，8）。

瓦当

标本 IT0405④:55（A 型Ⅻ式），器形完整。泥质深灰陶。瓦当较小，中间微凹，有模印纹，印纹图案模糊（图一〇〇，10）。

板瓦

标本 IT0405④:18（A 型Ⅷ式），瓦头部。泥质浅灰陶。瓦头微上扬，直口，平沿，唇外侈。瓦头凸面饰二道凹旋纹和隐绳纹；瓦身凸面饰细绳纹，凹面素饰（图一〇〇，9）。

泥质垂线球

标本 IT0405④:52（Ia 式），器形完整。红色。四棱锥形，形体较大，顶部呈尖状，四面呈三角形，底部方形。四面及顶、底部有绳痕（图一〇〇，12）。

标本 IT0405④:50（Ib 式），器形完整。红色。四棱锥形，形体较小，顶端呈尖状，底方形，四周呈三角形。四面及顶、底有绳痕（图一〇〇，11）。

IT0406

南壁文化层（图一〇一）

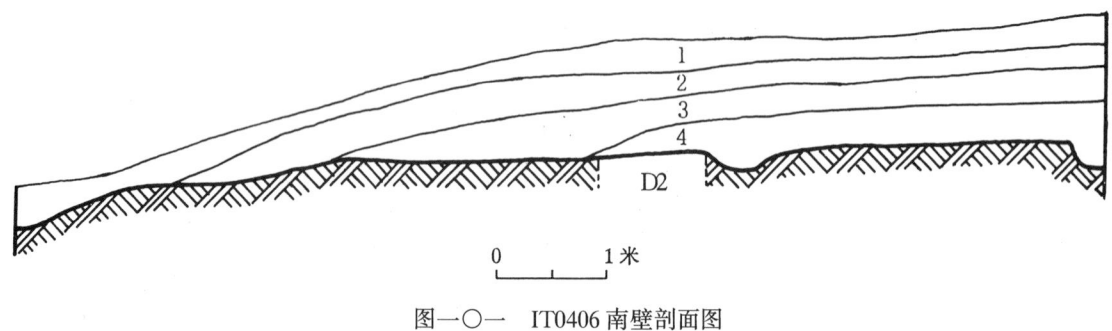

图一〇一　IT0406 南壁剖面图

第 1 层：耕土层。厚 10～35 厘米。

第 2 层：局部分布。灰黄土，土质较疏松。深 10～30、厚 0～35 厘米。包含物有青花瓷碗等残片。

第 3 层：局部分布。灰红土，土质坚硬。深 40～50、厚 0～40 厘米。出土宋代青瓷碗残片等。

第 4 层：零星分布于柱洞和晚期夯土台基的低洼地带。黄红土，土质较板结。深 60～95、厚 0～53 厘米。包含物有红烧土块和陶筒瓦、板瓦片及一件铜鼎盖（见综述文化遗物部分）。此层下叠压晚期夯土台基。

第 4 层文化遗物

陶器

筒瓦

标本 IT0406④:9（A 型Ⅶ式），瓦头部。泥质浅灰陶。侈口，尖唇，直颈内斜，矮折斜肩。瓦身凸面饰中斜绳纹，凹面饰麻点纹（图一〇二，1）。

标本 IT0406④:1（A 型Ⅶ式），瓦头部。泥质红陶。口微侈，尖唇，直颈，矮折斜肩。瓦身凸面饰直列中绳纹，凹面饰菱形网格纹（图一〇二，2）。

标本 IT0406④:3（A 型Ⅷ式），瓦尾残。泥质浅灰陶。口微侈，尖唇，直颈，矮直肩。肩部凸面饰隐绳纹；瓦身凸面饰中绳纹，凹面素饰（图一〇二，3）。

标本 IT0406④:8（A 型Ⅷ式），瓦头部。泥质红陶。口微侈，尖唇，直颈，直肩较矮。肩部凸面饰隐绳纹；瓦身凸面饰细绳纹，凹面素饰（图一〇二，4）。

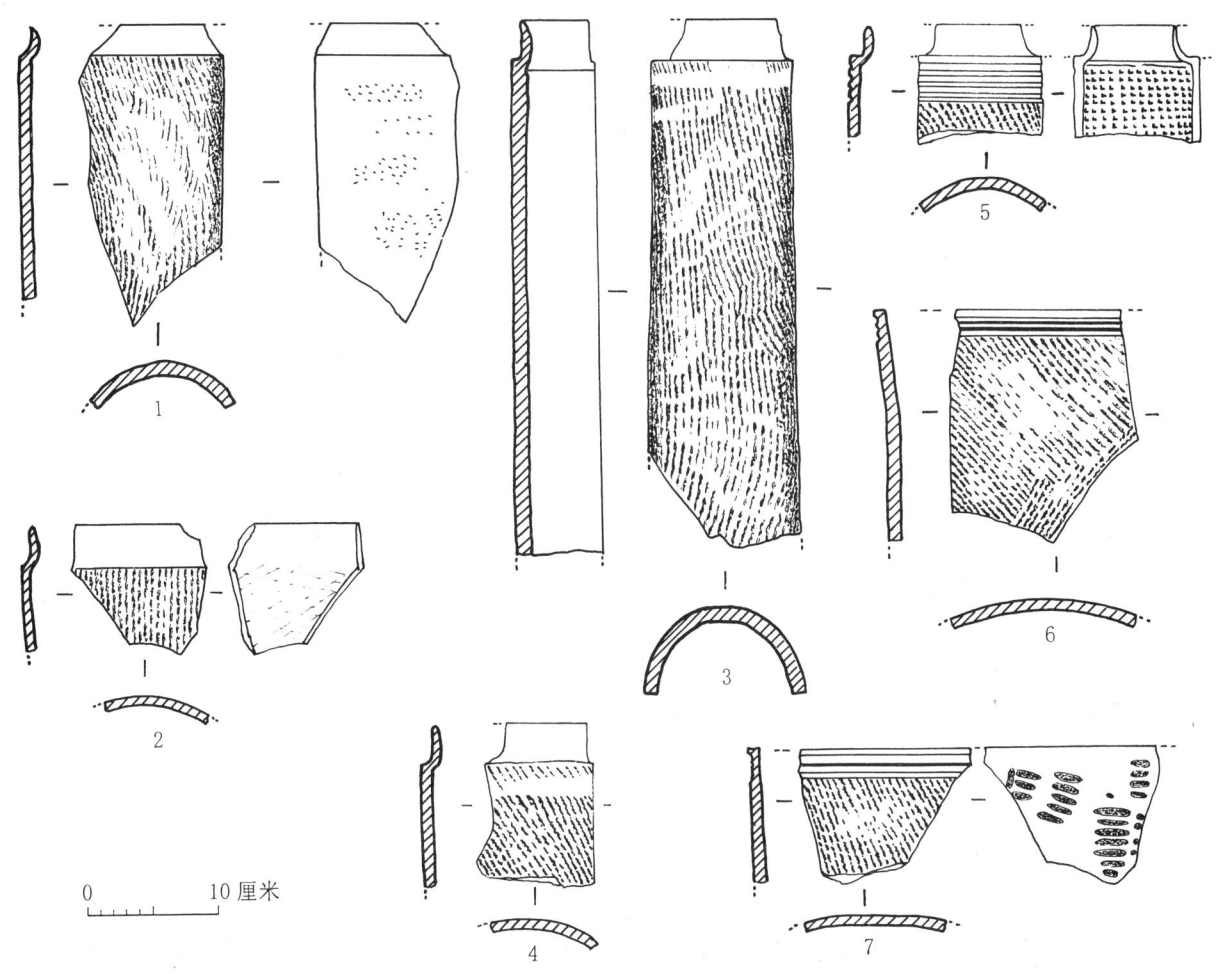

图一〇二　IT0406 出土陶筒瓦、板瓦

1、2.A 型Ⅶ式筒瓦（IT0406④:9、IT0406④:1）　3、4.A 型Ⅷ式筒瓦（IT0406④:3、IT0406④:8）　5.A 型Ⅹ式筒瓦
（IT0406④:10）　6、7.A 型Ⅺ式板瓦（IT0406④:16、IT0406④:15）

标本 IT0406④:10（A 型Ⅹ式），瓦头部。泥质深灰陶。口微侈，尖唇，直颈，高直肩。肩部凸面饰四道凹旋纹；瓦身凸面饰中绳纹，凹面饰方格纹（图一〇二，5）。

板瓦

标本 IT0406④:16（A 型Ⅺ式），瓦头部。泥质红陶。直口外仰，平沿，圆唇外侈。瓦头凸面饰三道凹旋纹；瓦身凸面饰斜中绳纹，凹面素饰（图一〇二，6）。

标本 IT0406④:15（A 型Ⅺ式），瓦头部。泥质红陶。直口，平沿，圆唇外侈。瓦头凸面饰三道凹旋纹；瓦身凸面饰中绳纹，凹面饰篮纹（图一〇二，7）。

IT0407

南壁文化层（图一〇三）

第 1 层：耕土层。厚 10～20 厘米。

第 2 层：局部分布。灰黄土，土质较疏松。深 10～20、厚 10～40 厘米。包含物有青花瓷片、

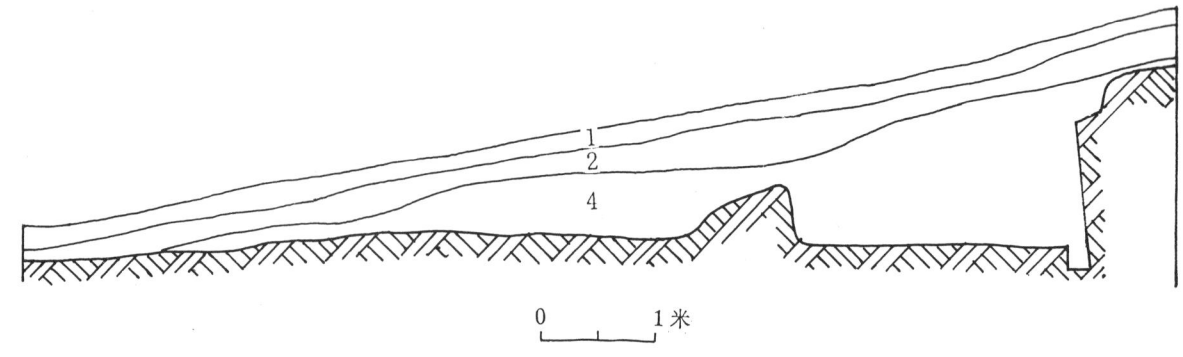

图一〇三　IT0407南壁剖面图

陶瓦片等。

第4层：分布于探方东部。黄红土，土质较板结，内含大量红烧土块。深25～55、厚0～155厘米。出土陶筒瓦、瓦当、板瓦片等。此层下叠压晚期夯土台基。

第4层文化遗物

陶器

筒瓦

标本IT0407④:30（A型Ⅲ式），瓦头部。泥质浅灰陶。罐形口，口微侈，斜尖唇，束颈，弧肩较高。瓦身凸面饰中绳纹，凹面素饰（图一〇四，1）。

标本IT0407④:99（A型Ⅵ式），瓦头部。泥质浅灰陶。口微侈，圆唇，直颈，矮折斜肩。瓦身凸面饰斜细绳纹，凹面素饰（图一〇四，3）。

标本IT0407④:10（A型Ⅶ式），瓦头部。泥质浅灰陶。口微侈，尖唇，直颈内斜，矮斜肩。瓦身凸面饰中绳纹，凹面素饰（图一〇四，4）。标本IT0407④:55（A型Ⅶ式），瓦头部。泥质浅灰陶。口微侈，尖唇，直颈微束，矮斜肩。肩部饰隐绳纹；瓦身凸面饰斜中绳纹，凹面素饰（图一〇四，5）。

标本IT0407④:134（A型Ⅷ式），瓦头部。泥质浅灰陶。口微侈，尖唇，直颈内斜，矮直肩。瓦头凸面饰隐绳纹；瓦身凸面饰细绳纹，凹面素饰（图一〇四，6）。标本IT0407④:206（A型Ⅷ式），瓦头部。泥质浅灰陶。口微侈，尖唇，直颈，矮直肩。瓦身凸面饰斜中绳纹，凹面素饰（图一〇四，7）。标本IT0407④:142（A型Ⅷ式），瓦头部。泥质浅灰陶。口微侈，尖唇，直颈，矮直肩。瓦身凸面饰中绳纹，凹面饰棱形方格纹（图一〇四，8）。

标本IT0407④:11（A型Ⅸ式），瓦头部。泥质浅灰陶。口微侈，尖唇，直颈内斜，矮直肩。肩部饰隐绳纹；瓦身凸面饰中绳纹，凹面素饰（图一〇四，10）。

标本IT0407④:211（A型Ⅺ式），瓦头部。泥质深灰陶。口微侈，尖唇，直颈，高直肩。肩部凸面饰隐绳纹；瓦身凸面饰中绳纹，凹面饰方格纹（图一〇四，11）。

标本IT0407④:225（A型Ⅻ式），瓦头部。泥质深灰陶。口微侈，圆尖唇，直颈，高直肩内凹。瓦身凸面饰中绳纹，凹面素饰（图一〇四，12）。

标本IT0407④:1（B型Ⅵ式），瓦头部。泥质浅灰陶。口微侈，尖圆唇，直颈，矮折斜肩。距肩部5厘米处有一直径为1厘米的圆孔，凹面距圆孔3厘米处有一残瓦钉。肩部凸面饰隐绳纹；

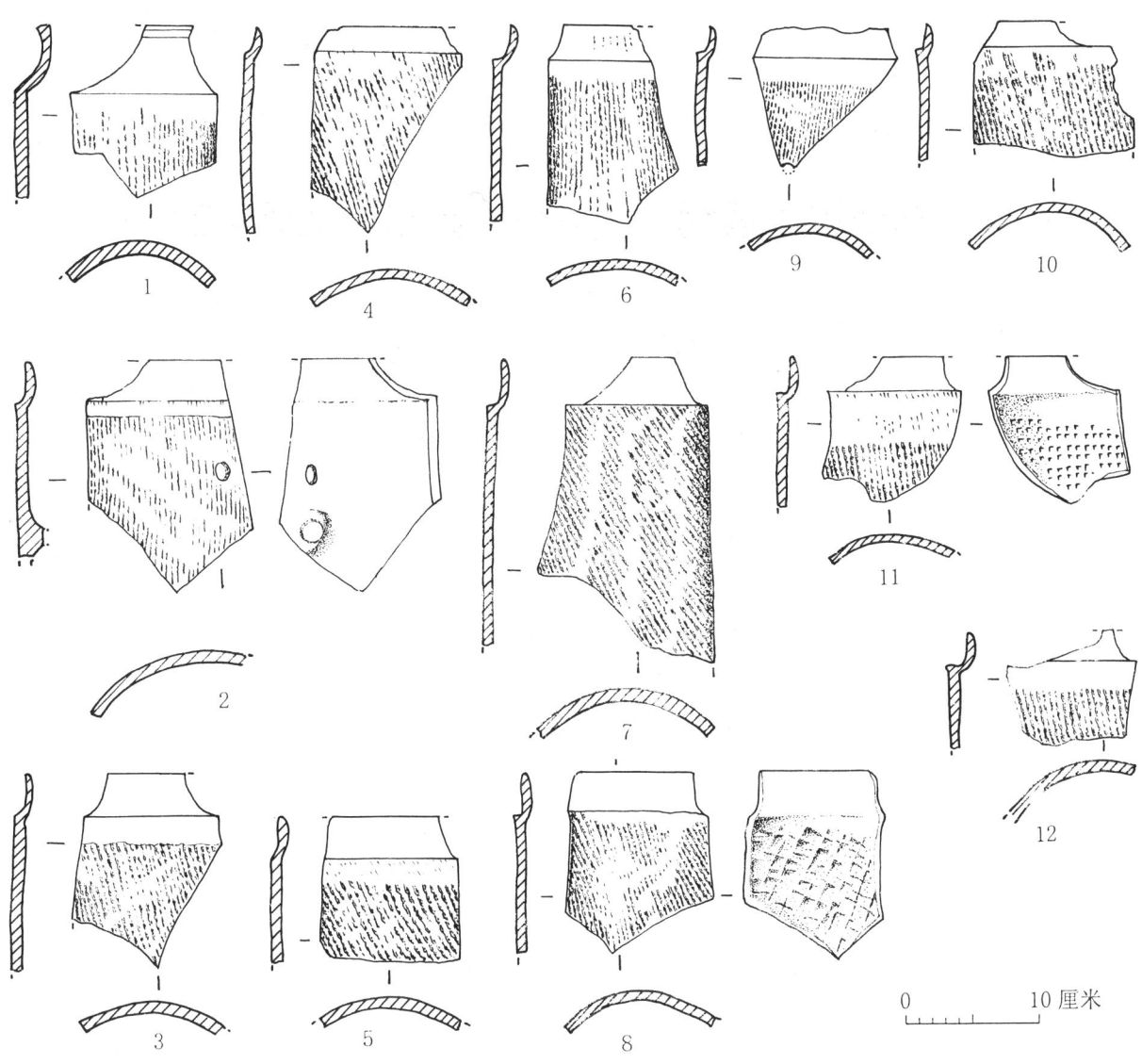

图一〇四　IT0407 出土陶筒瓦

1.A 型Ⅲ式（IT0407④:30）　2.B 型Ⅵ式（IT0407④:1）　3.A 型Ⅵ式（IT0407④:99）　4、5.A 型Ⅶ式（IT0407④:10、IT0407④:55）　6～8.A 型Ⅷ式（IT0407④:134、IT0407④:206、IT0407④:142）　9.B 型Ⅸ式（IT0407④:4）　10.A 型Ⅸ式（IT0407④:11）　11.A 型Ⅺ式（IT0407④:211）　12.A 型Ⅻ式（IT0407④:225）

瓦身凸面饰细绳纹，凹面素饰（图一〇四，2）。

标本 IT0407④:4（B 型Ⅸ式），瓦头部。泥质红陶。口微侈，尖唇，直颈，矮直肩，距肩 8 厘米处有一残瓦孔，直径 0.7 厘米。瓦身凸面饰直列细绳纹，凹面素饰（图一〇四，9）。

瓦当

标本 IT0407④:381（A 型Ⅲ式），残存一半。泥质浅灰陶。瓦当较小，较薄。边缘饰凹凸不平的印纹，纹饰不清，中部有半个方框印迹，框内凹凸不平（图一〇五，1）。

标本 IT0407④:376（A 型Ⅳ式），器形完整。泥质红黄陶。当部较小，较厚。当面饰凹凸不平的模印纹（彩版二二，4）。

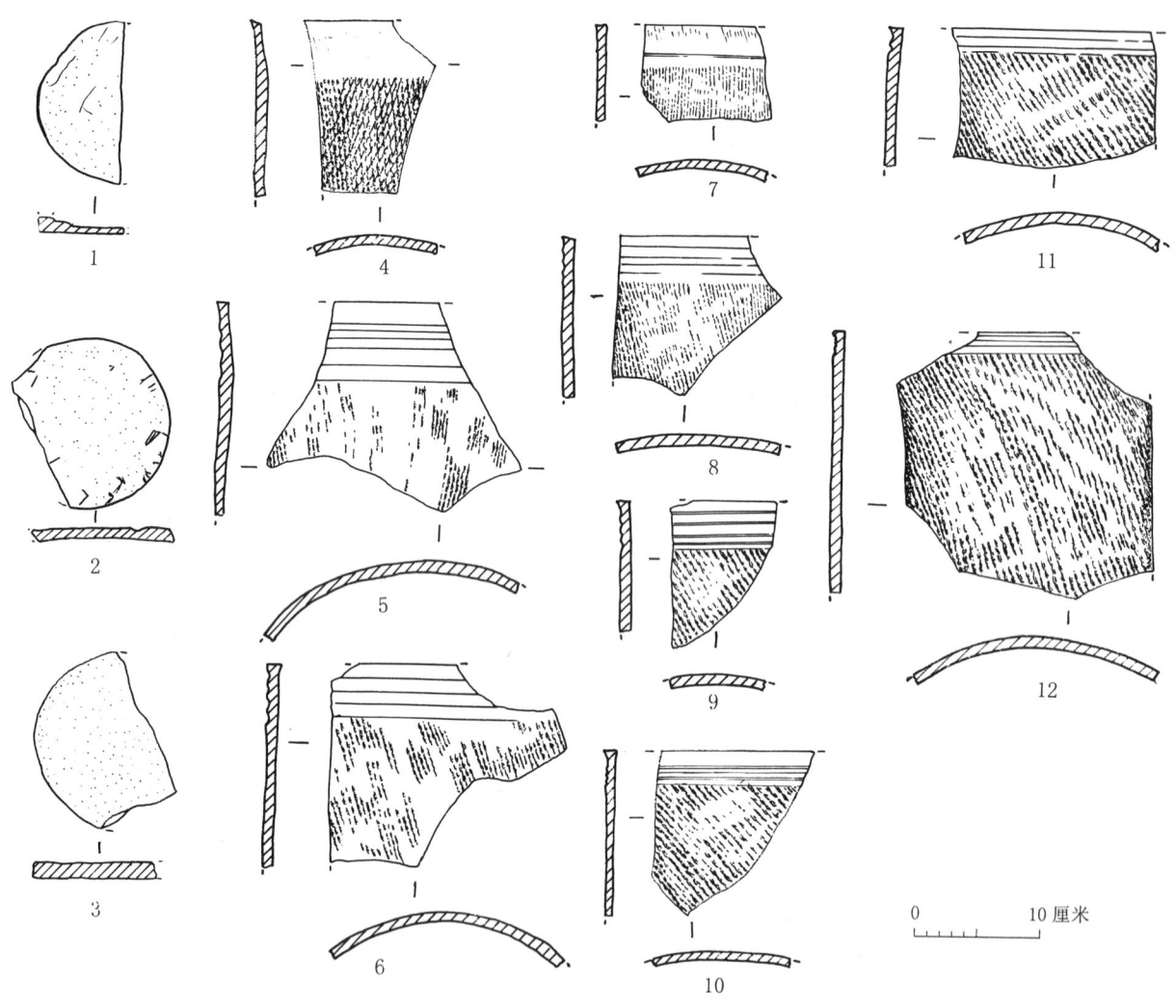

图一〇五　IT0407 出土陶瓦当、板瓦

1.A 型Ⅲ式瓦当（IT0407④：381）　2.A 型Ⅷ式瓦当（IT0407④：375）　3.A 型Ⅹ式瓦当（IT0407④：373）　4.A 型Ⅲ式板瓦
（IT0407④：18）　5、6.A 型Ⅴ式板瓦（IT0407④：21、IT0407④：22）　7、8.A 型Ⅵ式板瓦（IT0407④：14、IT0407④：17）　9.A
型Ⅷ式板瓦（IT0407④：16）　10.A 型Ⅹ式板瓦（IT0407④：15）　11.A 型Ⅺ式板瓦（IT0407④：23）　12.A 型Ⅻ式板瓦（IT0407
④：24）

　　标本 IT0407④：375（A 型Ⅷ式），器残缺。泥质浅灰陶。当面较大，较薄。当面边缘和中部饰
凹凸不平的模印纹（图一〇五，2）。

　　标本 IT0407④：373（A 型Ⅹ式），器残缺。泥质深灰陶。当面较大，较厚。素饰（图一〇五，
3）。

　　板瓦

　　标本 IT0407④：18（A 型Ⅲ式），瓦头部。泥质浅灰陶。瓦头上扬，口外敞，尖唇外侈。瓦身
凸面饰交错中绳纹，凹面素饰（图一〇五，4）。

　　标本 IT0407④：21（A 型Ⅴ式），瓦头部。泥质浅灰陶。瓦头上扬，口外侈，平沿，尖唇外侈。
瓦头凸面饰四道凹旋纹；瓦身凸面饰细绳纹，凹面素饰（图一〇五，5）。标本 IT0407④：22（A 型

Ⅴ式），瓦头部。泥质浅灰陶。直口，平沿，尖唇外侈。瓦头凸面饰四道凹旋纹；瓦身凸面饰中绳纹，凹面素饰（图一〇五，6）。

标本 IT0407④:14（A 型Ⅵ式），瓦头部。泥质红陶。瓦头直，直口，平沿。瓦头凸面饰隐绳纹和旋纹；瓦身凸面饰细绳纹，凹面素饰（图一〇五，7）。标本 IT0407④:17（A 型Ⅵ式），瓦头部。泥质浅灰陶。瓦头直，尖唇，直口，内斜沿。瓦头凸面饰四道凹旋纹；瓦身凸面饰细绳纹，凹面素饰（图一〇五，8）。

标本 IT0407④:16（A 型Ⅷ式），瓦头部。泥质浅灰陶。直口，平沿，尖唇外侈。瓦头凸面饰四道凹旋纹；瓦身凸面饰斜粗绳纹，凹面素饰（图一〇五，9）。

标本 IT0407④:15（A 型Ⅹ式），瓦头部。泥质深灰陶。直口，平沿，尖唇外侈。瓦头凸面饰三道凹旋纹；瓦身凸面饰斜中绳纹，凹面素饰（图一〇五，10）。

标本 IT0407④:23（A 型Ⅺ式），瓦头部。泥质深灰陶。口微敛，平沿，尖唇外侈。瓦头凸面饰二道凹旋纹；瓦身凸面饰斜中绳纹，凹面素饰（图一〇五，11）。

标本 IT0407④:24（A 型Ⅻ式），瓦头部。泥质深灰陶。直口，平沿，尖圆唇外侈。瓦头凸面饰三道凹旋纹；瓦身凸面饰中绳纹，凹面素饰（图一〇五，12）。

IT0408

南壁文化层（图一〇六）

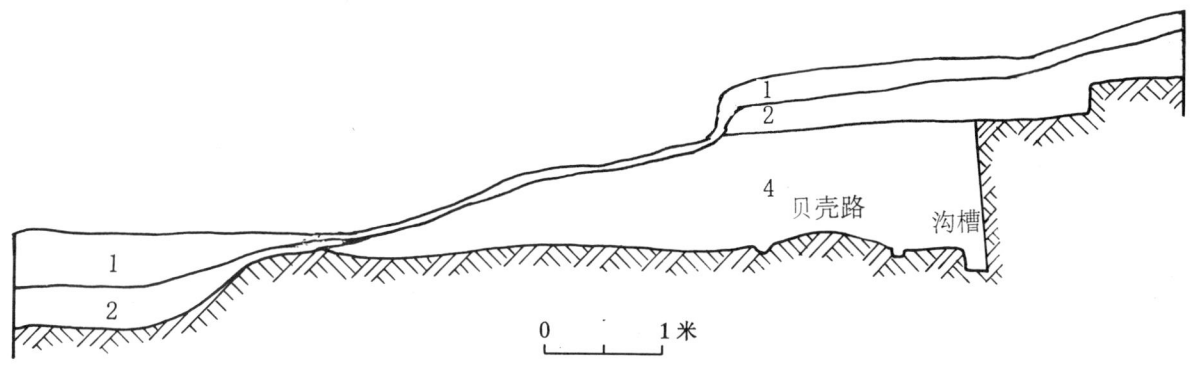

图一〇六　IT0408 南壁剖面图

第 1 层：耕土层。厚 6～40 厘米。

第 2 层：灰黄土，土质较疏松。局部分布。深 6～40、厚 6～45 厘米，包含有青花瓷碗片等。

第 4 层：分布于探方南部。黄红土，土质较板结。内含大量红烧土块。深 6～50、厚 0～120 厘米。包含物有陶筒瓦、板瓦，豆等和 2 件铜门环（见综述文化遗物部分）。此层下叠压晚期夯土台基。

第 4 层文化遗物

陶器

豆

IT0408④:39（Ⅴ式），残存柄和座。泥质浅灰陶。细矮柄，喇叭形座内弧，柄内中空至盘底。素面（图一〇七，1）。

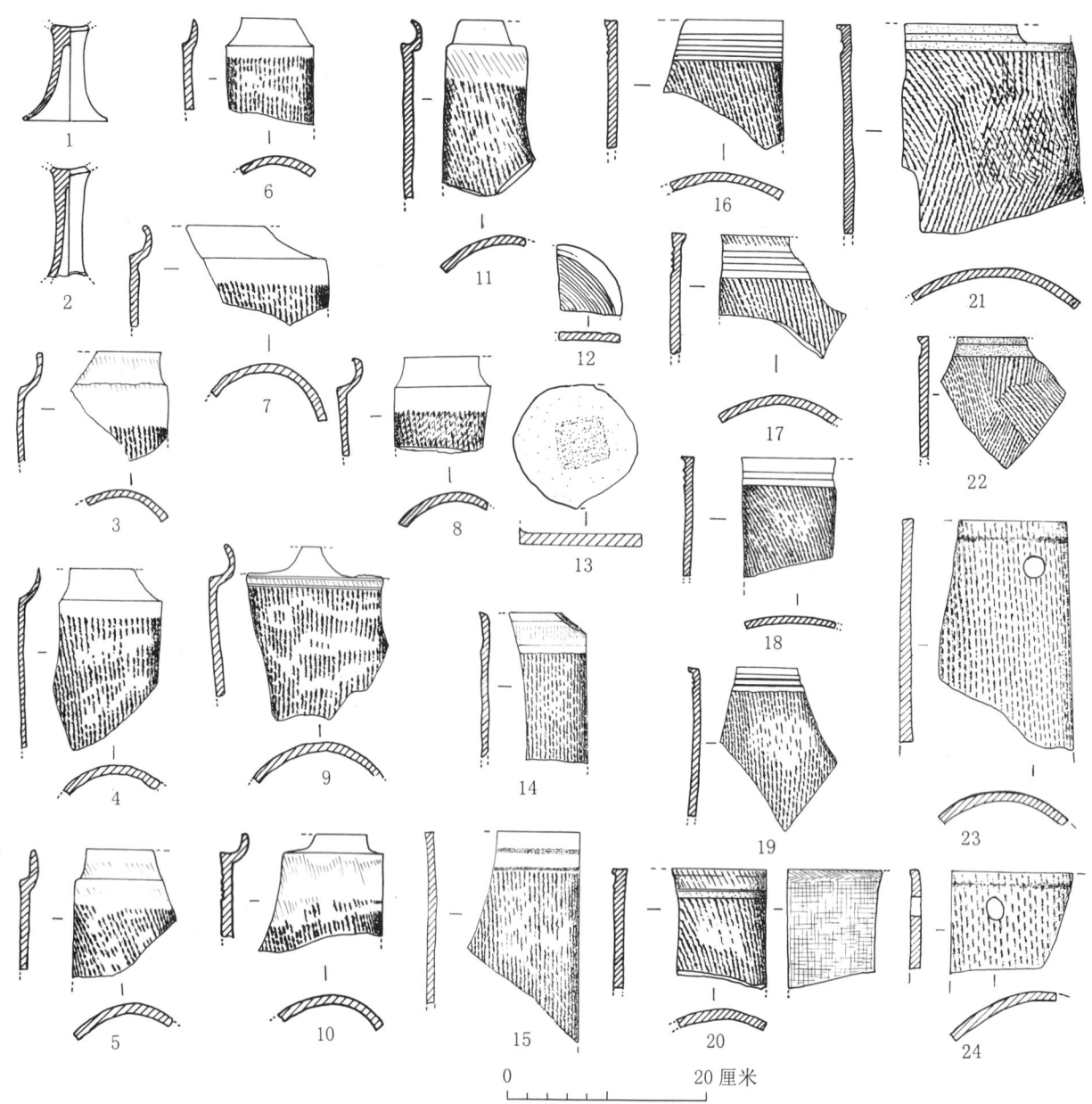

图一○七　IT0408出土陶豆、筒瓦、板瓦

1.Ⅴ式豆（IT0408④:39）　2.豆（IT0408④:41）　3.A型Ⅴ式筒瓦（IT0408④:15）　4.A型Ⅵ式筒瓦（IT0408④:3）　5～7.A型Ⅶ式筒瓦（IT0408④:23、IT0408④:24、IT0408④:4）　8、9.A型Ⅸ式筒瓦（IT0408④:7、IT0408④:25）　10.A型Ⅹ式筒瓦（IT0408④:28）　11.A型Ⅻ式筒瓦（IT0408④:27）　12.A型Ⅲ式瓦当（IT0408④:32）　13.A型Ⅶ式瓦当（IT0408④:61）　14.A型Ⅲ式板瓦（IT0408④:42）　15.A型Ⅳ式板瓦（IT0408④:43）　16、17.A型Ⅵ式板瓦（IT0408④:38、IT0408④:36）　18～20.A型Ⅹ式板瓦（IT0408④:35、IT0408④:44、IT0408④:37）　21.A型Ⅺ式板瓦（IT0408④:34）　22.A型Ⅻ式板瓦（IT0408④:45）　23、24.B型Ⅲ式板瓦（IT0408④:65、IT0408④:66）

IT0408④:41，残存豆柄。泥质浅灰陶。细高柄，柄内中空至盘底。素面（图一○七，2）。

筒瓦

标本IT0408④:15（A型Ⅴ式），瓦头部。泥质红陶。口微侈，沿面平，圆唇，直颈，矮弧肩。

瓦头及肩部凸面饰隐绳纹；瓦身凸面饰中绳纹，凹面素饰（图一〇七，3）。

标本 IT0408④:3（A 型Ⅵ式），瓦头部。泥质浅灰陶。口微侈，尖唇，矮折斜肩，颈微内斜。瓦身凸面饰中绳纹，凹面素饰（图一〇七，4）。

标本 IT0408④:23（A 型Ⅶ式），瓦头部。泥质浅灰陶。口微侈，尖唇，直颈，矮折斜肩。瓦头及肩部凸面饰隐绳纹；瓦身凸面饰中绳纹，凹面素饰（图一〇七，5）。标本 IT0408④:24（A 型Ⅶ式），瓦头部。泥质红陶。口微侈，尖唇，直颈微内斜，矮折斜肩。瓦身凸面饰中绳纹，凹面素饰（图一〇七，6）。标本 IT0408④:4（A 型Ⅷ式），瓦头部。泥质浅灰陶。口微侈，圆唇微侈，直颈，斜肩较高。瓦身凸面饰中绳纹，凹面素饰（图一〇七，7）。

标本 IT0408④:7（A 型Ⅸ式），瓦头部。泥质浅灰陶。口外侈，沿面外弧，颈外斜，直肩较高。瓦身凸面饰中绳纹，凹面素饰（图一〇七，8）。标本 IT0408④:25（A 型Ⅸ式），瓦头部。泥质浅灰陶。侈口，颈外斜，直肩较高。肩部饰二道凹旋纹；瓦身凸面饰细绳纹，凹面素饰（图一〇七，9）。

标本 IT0408④:28（A 型Ⅹ式），瓦头部。泥质深灰陶。口微侈，直颈内斜，高直肩。肩部凸面饰隐绳纹；瓦身凸面饰中绳纹，凹面素饰（图一〇七，10）。

标本 IT0408④:27（A 型Ⅻ式），瓦头部。泥质深灰陶。侈口，圆唇，颈外斜，高直肩，肩面内凹。肩部饰隐绳纹；瓦身凸面饰斜粗绳纹，凹面素饰（图一〇七，11）。

标本 IT0408④:26（B 型Ⅺ式），器形完整。泥质深灰陶。距瓦头 7 厘米处有一直径 1.5 厘米的圆孔，瓦尾接一瓦当（图版四九，4）。

瓦当

标本 IT0408④:32（A 型Ⅲ式），器残。泥质红陶。形体较小，较薄。中部饰同心圆旋涡纹（图一〇七，12）。

标本 IT0408④:60（A 型Ⅵ式），残存一半。泥质红陶。形体较小，较薄。正面饰细绳纹。饰黑彩（彩版二三，1）。

标本 IT0408④:61（A 型Ⅶ式），器残。泥质灰陶。当部较大，较厚。当正面饰模印纹，正中饰方框纹（图一〇七，13）。

标本 IT0408④:64（A 型Ⅹ式），器残。泥质灰陶。形体较大，较厚。当正面饰模印纹，中部饰一方框，框内隐约可见凤鸟纹（彩版二三，2）。

板瓦

标本 IT0408④:42（A 型Ⅲ式），瓦头部。泥质红陶。瓦头上扬，口外侈。瓦头凸面饰隐绳纹；瓦身凸面饰中绳纹，凹面素饰（图一〇七，14）。

标本 IT0408④:43（A 型Ⅳ式），瓦头部。泥质浅灰陶。瓦头上扬，直口。瓦头凸面饰隐旋纹；瓦身凸面饰中绳纹，凹面素饰（图一〇七，15）。

标本 IT0408④:38（A 型Ⅵ式），瓦头部。泥质浅灰陶。直口，平沿，唇外侈。瓦头凸面饰五道凹旋纹；瓦身凸面饰中斜绳纹，凹面素饰（图一〇七，16）。标本 IT0408④:36（A 型Ⅵ式），瓦头部。泥质红陶。口内敛。瓦头凸面饰四道凹旋纹及隐绳纹；瓦身凸面饰中绳纹，凹面素饰（图一〇七，17）。

标本 IT0408④:35（A 型Ⅹ式），瓦头部。泥质深灰陶。直口，平沿，尖唇外侈。瓦头凸面饰三道凹旋纹；瓦身凸面饰斜中绳纹，凹面素饰（图一〇七，18）。标本 IT0408④:44（A 型 X 式），瓦头部。泥质深灰陶。侈口，平沿，唇外侈。瓦头凸面饰凹旋纹；瓦身凸面饰中绳纹，凹面素饰（图一〇七，19）。标本 IT0408④:37（A 型 X 式），瓦头部。泥质深灰陶。直口，平沿，方唇外侈。瓦头凸面饰一道凹旋纹及绳纹；瓦身凸面饰中绳纹，凹面饰方格纹（图一〇七，20）。

标本 IT0408④:34（A 型 XI 式），瓦头部。泥质深灰陶。直口，平沿，方唇外侈。瓦头凸面饰二道凹旋纹及隐绳纹；瓦身凸面饰交错中绳纹，凹面素饰（图一〇七，21）。

标本 IT0408④:45（A 型 XII 式），瓦头部。泥质深灰陶。直口，平沿，方唇外侈。瓦头凸面饰一道凹旋纹及隐绳纹；瓦身凸面饰交错中绳纹，凹面素饰（图一〇七，22）。

标本 IT0408④:65（B 型 III 式），瓦头部。泥质浅灰陶。直口，平沿，瓦头右上角有一圆孔，直径 2 厘米。瓦头、瓦身凸面饰中绳纹，凹面素饰（图一〇七，23；图版四九，3）。标本 IT0408④:66（B 型 III 式），瓦头部。泥质浅灰陶。直口，微上仰，平沿外斜，瓦头左上角有一直径 2 厘米的圆孔。瓦头、瓦身凸面饰中绳纹，凹面素饰（图一〇七，24；图版四九，5）。

IT0409

南壁文化层（图一〇八）

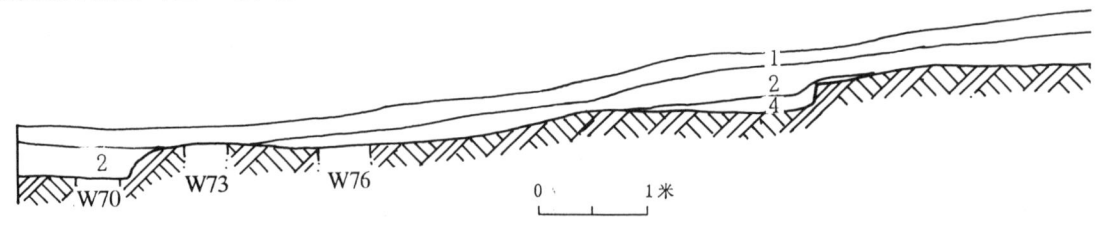

图一〇八 IT0409 南壁剖面图

第 1 层：耕土层。厚 10～20 厘米。

第 2 层：局部分布。灰黄土，土质较疏松。深 10～20、厚 0～25 厘米。包含物有青花瓷片，陶瓦片等。

第 4 层：零星分布于探方的东南部。黄红土，土质较板结，内含红烧土块。深 25～40、厚 0～15 厘米。出土有陶筒瓦、板瓦，陶鬲残片和铜门环（见综述文化遗物部分）。此层叠压晚期夯土台基。

第 4 层文化遗物

陶器

鬲足

IT0409④:35（III 式），夹砂红陶。矮细柱足，足窝较深。足上部饰绳纹，下部有削痕（图一〇九，1）。

IT0409④:33（IV 式），夹砂红陶。柱足较粗高，足窝较深。足上部饰绳纹，足根有削痕（图一〇九，2）。

筒瓦

标本 IT0409④:20（A 型 IV 式），瓦头部。泥质浅灰陶。口微侈，矮斜肩，颈微束。瓦身凸面

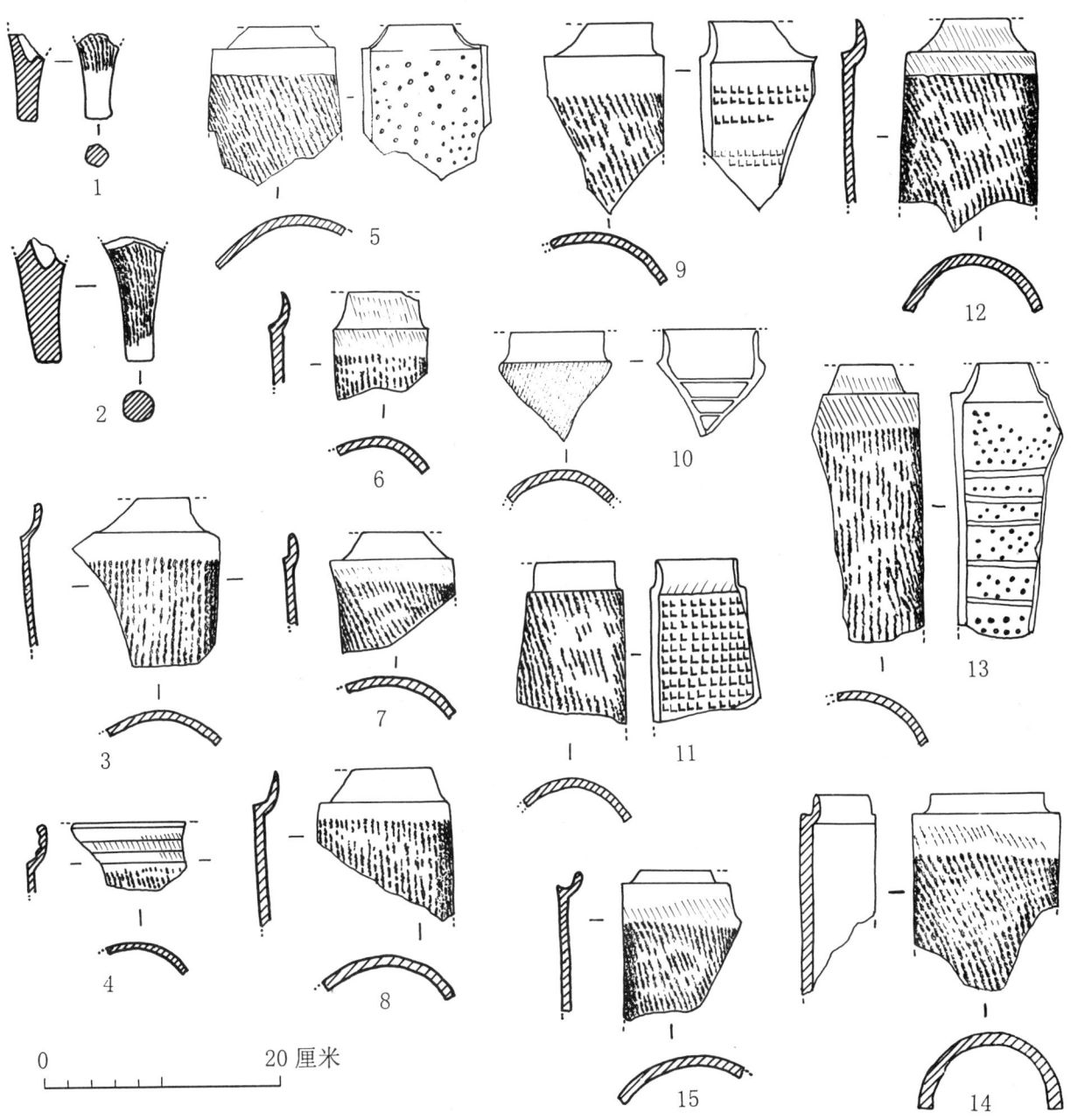

图一〇九 IT0409 出土陶鬲足、筒瓦

1. Ⅲ式鬲足（IT0409④:35） 2. Ⅳ式鬲足（IT0409④:33） 3、4. A型Ⅳ式筒瓦（IT0409④:20、IT0409④:22） 5、6. A型Ⅵ式筒瓦（IT0409④:17、IT0409④:18） 7. A型Ⅶ式筒瓦（IT0409④:16） 8、9. A型Ⅷ式筒瓦（IT0409④:7、IT0409④:13）
10. A型Ⅸ式筒瓦（IT0409④:9） 11、12. A型Ⅹ式筒瓦（IT0409④:10、IT0409④:12） 13. A型Ⅺ式筒瓦（IT0409④:6） 14、
15. A型Ⅻ式筒瓦（IT0409④:1、IT0409④:2）

饰直列中绳纹，凹面素饰（图一〇九，3）。标本 IT0409④:22（A型Ⅳ式），瓦头部。泥质浅灰陶。口微侈，圆唇，矮斜肩。瓦头、肩部凸面饰隐绳纹及三道凹旋纹；瓦身凸面饰斜中绳纹，凹面素饰（图一〇九，4）。

标本 IT0409④:17（A型Ⅵ式），瓦头部。泥质浅灰陶。口微侈，尖唇，直颈内斜，矮斜肩。

瓦身凸面饰中斜绳纹，凹面饰麻点纹（图一○九，5）。标本IT0409④：18（A型Ⅵ式），瓦头部。泥质浅灰陶。侈口，尖唇，直颈微束，矮斜肩。瓦头及肩部凸面饰隐绳纹；瓦身凸面饰中斜绳纹，凹面素饰（图一○九，6）。

标本IT0409④：16（A型Ⅶ式），瓦头部。泥质浅灰陶。口微侈，圆唇，直颈，矮斜肩。瓦身凸面饰中斜绳纹，凹面素饰（图一○九，7）。

标本IT0409④：7（A型Ⅷ式），瓦头部。泥质浅灰陶。口微侈，尖唇，直颈内斜，矮直肩。瓦身凸面饰中绳纹，凹面素饰（图一○九，8）。标本IT0409④：13（A型Ⅷ式），瓦头部。泥质浅灰陶。口微侈，尖唇，直颈，矮直肩。瓦身凸面饰中斜绳纹，凹面饰方格纹（图一○九，9）。

标本IT0409④：9（A型Ⅸ式），瓦头部。泥质浅灰陶。口微侈，尖唇，直颈内斜，直肩较高。瓦身凸面饰细绳纹，凹面饰旋纹（图一○九，10）。

标本IT0409④：10（A型Ⅹ式），瓦头部。泥质深灰陶。口微侈，尖唇，直颈微内斜，高直肩。瓦身凸面饰中斜绳纹，凹面饰方格纹（图一○九，11）。标本IT0409④：12（A型Ⅹ式），瓦头部。泥质深灰陶。口微侈，尖唇，直颈，高直肩。瓦头及肩部凸面饰隐绳纹；瓦身凸面饰粗绳纹，凹面素饰（图一○九，12）。

标本IT0409④：6（A型Ⅺ式），瓦头部。泥质深灰陶。口微侈，尖唇，直颈内斜，高直肩内凹。瓦头及肩饰隐绳纹；瓦身凸面饰粗弧线绳纹，凹面饰麻点纹间旋纹（图一○九，13）。

标本IT0409④：1（A型Ⅻ式），瓦头部。泥质深灰陶。口微侈，尖圆唇，直颈，高肩内凹。肩部饰隐绳纹；瓦身凸面饰中斜绳纹，凹面素饰（图一○九，14）。标本IT0409④：2（A型Ⅻ式），瓦头部。泥质深灰陶。口微侈，圆唇，颈内斜，高肩内凹较深。肩部凸面饰隐绳纹；瓦身凸面饰中绳纹，凹面素饰（图一○九，15）。

瓦当

标本IT0409④：53（A型Ⅳ式），器残。泥质红陶。瓦当面较大，较厚。正面边缘及中心饰凹凸不平的模印纹，饰黑彩（彩版二三，3）。

IT0409④：25（A型Ⅴ式），器形完整。泥质灰陶。瓦当较大，较厚。瓦当正面中间凹，呈方框形，边缘饰凹凸不平的模印纹，中部饰斜细绳纹（彩版二三，4）。

标本IT0409④：24（A型Ⅵ式），器残。泥质红陶。瓦当较大，较厚。瓦当正面边缘饰凹凸不平的模印纹，中部饰同心圆绳纹，饰黑彩（彩版二四，1）。

板瓦

标本IT0409④：26（A型Ⅵ式），瓦头部。泥质红陶。瓦头上扬，沿斜，唇外侈。瓦头凸面饰三道凹旋纹；瓦身凸面饰直列粗绳纹，凹面素饰（图一一○，1）。标本IT0409④：27（A型Ⅵ式），瓦头部。泥质浅灰陶。直口，平沿，尖唇。瓦头凸面绳纹稍抹并饰五道凹旋纹；瓦身凸面饰中斜绳纹，凹面素饰（图一一○，2）。

标本IT0409④：28（A型Ⅶ式），瓦头部。泥质红陶。直口。瓦头凸面饰旋纹及隐绳纹；瓦身凸面饰直列中绳纹，凹面素饰（图一一○，3）。

标本IT0409④：29（A型Ⅷ式），瓦头部。泥质浅灰陶。直口，平沿，尖唇外侈。瓦头凸面饰三道凹旋纹；瓦身凸面饰中斜绳纹，凹面素饰（图一一○，4）。标本IT0409④：31（A型Ⅷ式），瓦头部。泥质浅灰陶。直口，平沿，圆唇内侈。瓦头凸面饰四道凹旋纹；瓦身凸面饰中斜绳纹，

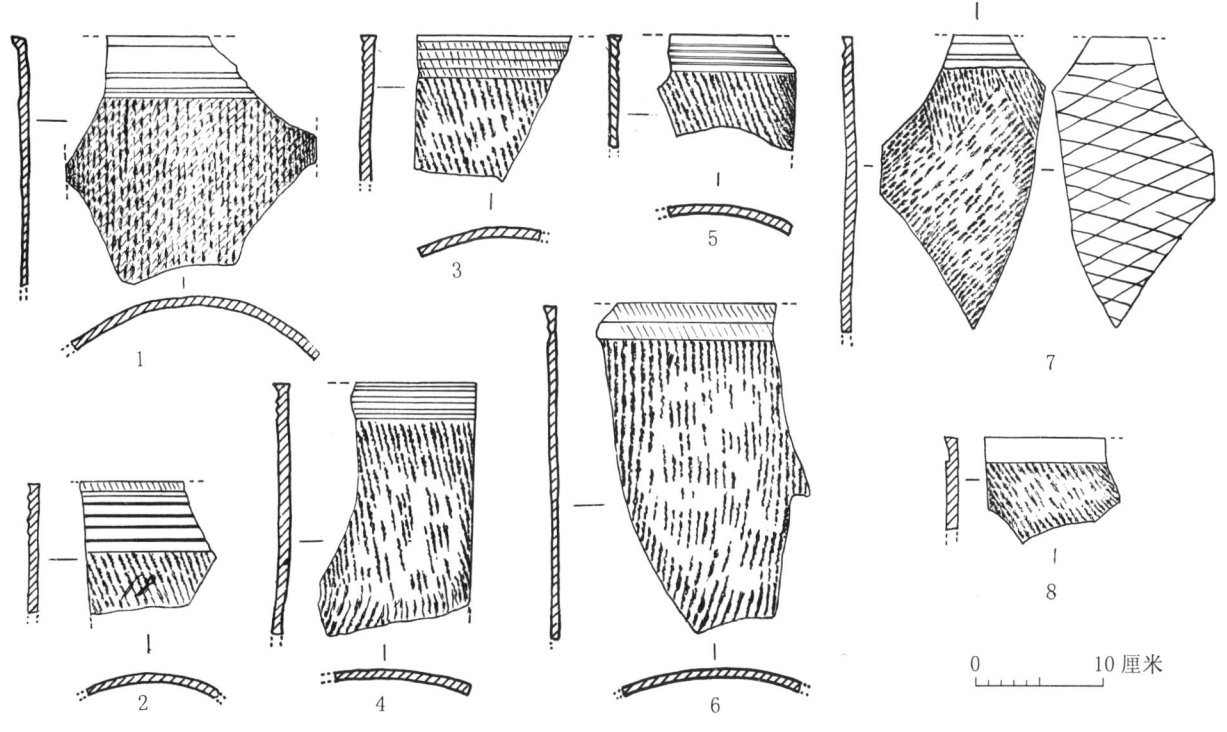

图一一〇　IT0409 出土陶板瓦

1、2.A 型Ⅵ式（IT0409④：26、IT0409④：27）　3.A 型Ⅶ式（IT0409④：28）　4、5.A 型Ⅷ式（IT0409④：29、IT0409④：31）

6.A 型Ⅸ式（IT0409④：32）　7.A 型Ⅹ式（IT0409④：39）　8.A 型Ⅺ式（IT0409④：38）

凹面素饰（图一一〇，5）。

标本 IT0409④：32（A 型Ⅸ式），瓦头部。泥质浅灰陶。直口，平沿，唇外侈。瓦头凸面绳纹稍抹，饰二道凹旋纹；瓦身凸面饰粗绳纹，凹面素饰（图一一〇，6）。

标本 IT0409④：39（A 型Ⅹ式），瓦头部。泥质深灰陶。直口，平沿，圆唇。瓦头凸面饰二道凹旋纹；瓦身凸面饰中交错绳纹，凹面饰网状菱形纹（图一一〇，7）。

标本 IT0409④：38（A 型Ⅺ式），瓦头部。泥质深灰陶。瓦头上扬，直口，平沿，唇外侈，矮直肩。瓦身凸面饰中斜绳纹，凹面素饰（图一一〇，8）。

IT0410

南壁文化层（图一一一）

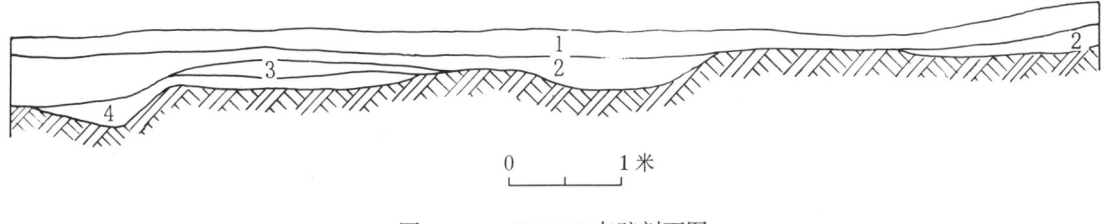

图一一一　IT0410 南壁剖面图

第 1 层：耕土层。厚 10～20 厘米。

第2层：局部分布。青灰土，土质松软较黏。深10～20、厚0～45厘米。包含物有青花瓷碗、"大明成化年制"碗底和陶瓦等。

第3层：分布于探方中部。锈红色土，土质较坚硬，内含粗砂和红烧土。深20～35、厚0～15厘米。包含物有陶筒瓦、瓦当、板瓦，酱釉瓷，陶壶、盆残片等。

第4层：分布于探方中南部。灰黄土，土质较板结，内含红烧土和炭灰。深30～60、厚0～25厘米。包含物有陶豆、鬲，筒瓦、瓦当（见综述文化遗物）等残片。此层下叠压晚期夯土台基。

第4层文化遗物

陶器

豆

IT0410④:5（Ⅵ式），豆盘。泥质红陶。盘较深，敞口，圆唇，圜腹壁，粗柄。素面（图一一二，1）。

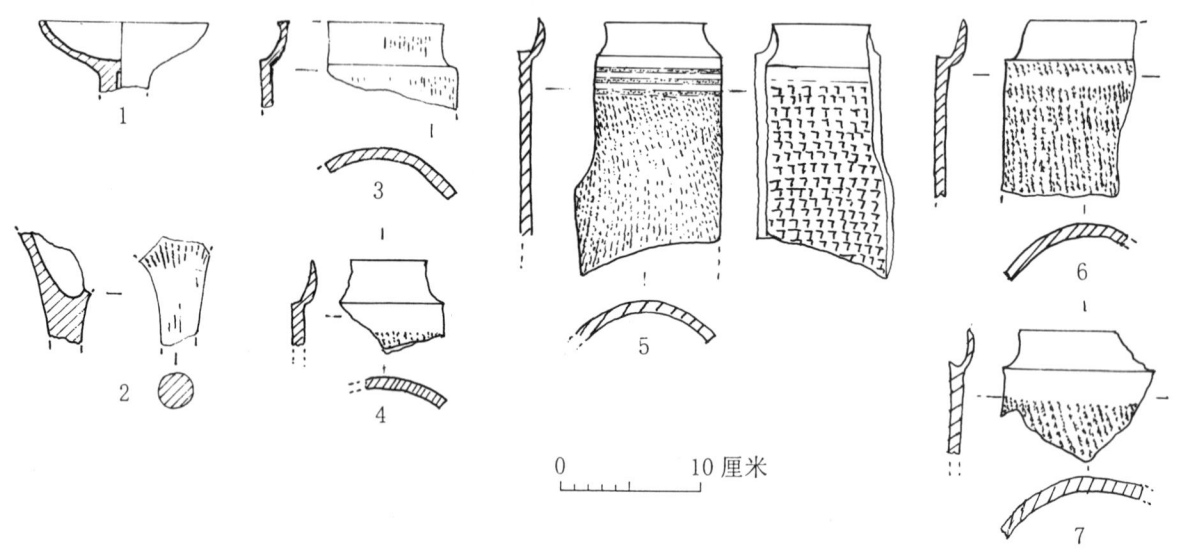

图一一二　IT0410出土陶豆、鬲足、筒瓦

1.Ⅵ式豆（IT0410④:5）　2.Ⅵ式鬲足（IT0410④:4）　3.A型Ⅴ式筒瓦（IT0410④:3）　4.A型Ⅵ式筒瓦（IT0410④:7）
5.A型Ⅹ式筒瓦（IT0410④:8）　6.A型Ⅺ式筒瓦（IT0410④:9）　7.A型Ⅻ式筒瓦（IT0410④:2）

鬲足

IT0410④:4（Ⅵ式），足跟残。夹砂红陶。柱足，足窝较浅。饰绳纹（图一一二，2）。

筒瓦

标本IT0410④:3（A型Ⅴ式），瓦头部。泥质红陶。罐形口，口微侈，沿面平，唇微侈，折斜肩，颈微束。瓦头及肩部凸面饰隐绳纹，凹面素饰（图一一二，3）。

IT0410④:7（A型Ⅵ式），瓦头部。泥质浅灰陶。直颈内斜，尖唇，折斜肩。瓦身凸面饰中绳纹，凹面素饰（图一一二，4）。

标本IT0410④:8（A型Ⅹ式），瓦头部。泥质深灰陶。尖唇，直颈内斜，高直肩。肩部凸面饰旋纹间绳纹；瓦身凸面饰中绳纹，凹面饰方格纹（图一一二，5）。

标本 IT0410④:9（A 型 XI 式），瓦头部。泥质深灰陶。颈内斜，高直肩内凹。瓦身凸面饰中绳纹，凹面素饰（图一一二，6）。

标本 IT0410④:2（A 型 XII 式），瓦头部。泥质深灰陶。高直肩内凹较深，直颈微束。瓦身凸面饰粗绳纹，凹面素饰（图一一二，7）。

IT0411

南壁文化层（图一一三）

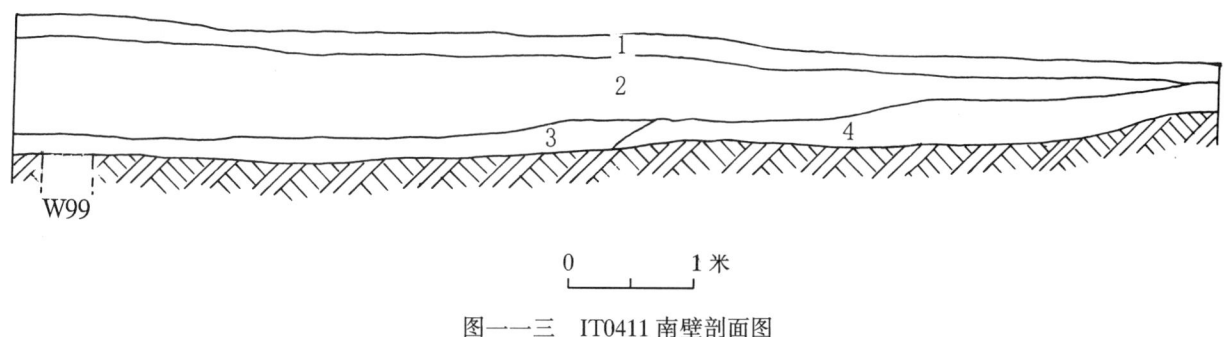

图一一三　IT0411 南壁剖面图

第 1 层：耕土层。厚 10～15 厘米。

第 2 层：分布全方。青灰土，土质松软较黏。深 10～15、厚 0～75 厘米。包含物有少量陶瓦片，青花瓷碗、釉陶罐等残片。

第 3 层：分布于探方西北部。锈红色土，土质较硬易散，含粗砂及红烧土，由浪渣堆积而成。深 65～90、厚 0～25 厘米。包含物有陶瓦片，陶罐、高足碗和影青瓷片等。

第 4 层：分布于探方中部和东南部。灰黄土，土质板结，含炭灰和红烧土。深 12～85、厚 0～35 厘米。包含物有陶筒瓦、瓦当、板瓦等残片。此层下叠压晚期夯土台基。

第 4 层文化遗物

陶器

筒瓦

标本 IT0411④:2（A 型 II 式），瓦头部。泥质红陶。口微侈，沿面外弧，直颈微束，矮弧肩。瓦头凸面饰隐绳纹；瓦身凸面饰中绳纹，凹面素饰（图一一四，1）。

标本 IT0411④:7（A 型 III 式），瓦头部。泥质红陶。口微侈，沿面平，圆唇外侈，弧肩较高。瓦身凸面饰中绳纹，凹面素饰（图一一四，2）。

标本 IT0411④:12（A 型 IV 式），瓦头部。泥质红陶。口微侈，沿面外斜，圆唇，颈微束，弧肩较高。瓦身凸面饰中绳纹，凹面素饰（图一一四，3）。

标本 IT0411④:27（A 型 V 式），瓦头部。泥质红陶。沿面外弧，唇外侈，束颈，弧肩。瓦身凸面饰中绳纹，凹面素饰（图一一四，4）。

标本 IT0411④:34（A 型 VII 式），瓦头部。泥质浅灰陶。尖唇，直颈内斜，斜肩较矮。瓦身凸面饰中绳纹，凹面素饰（图一一四，5）。

标本 IT0411④:31（A 型 IX 式），瓦头部。泥质浅灰陶。尖唇，直颈内斜，直肩较矮。肩部凸

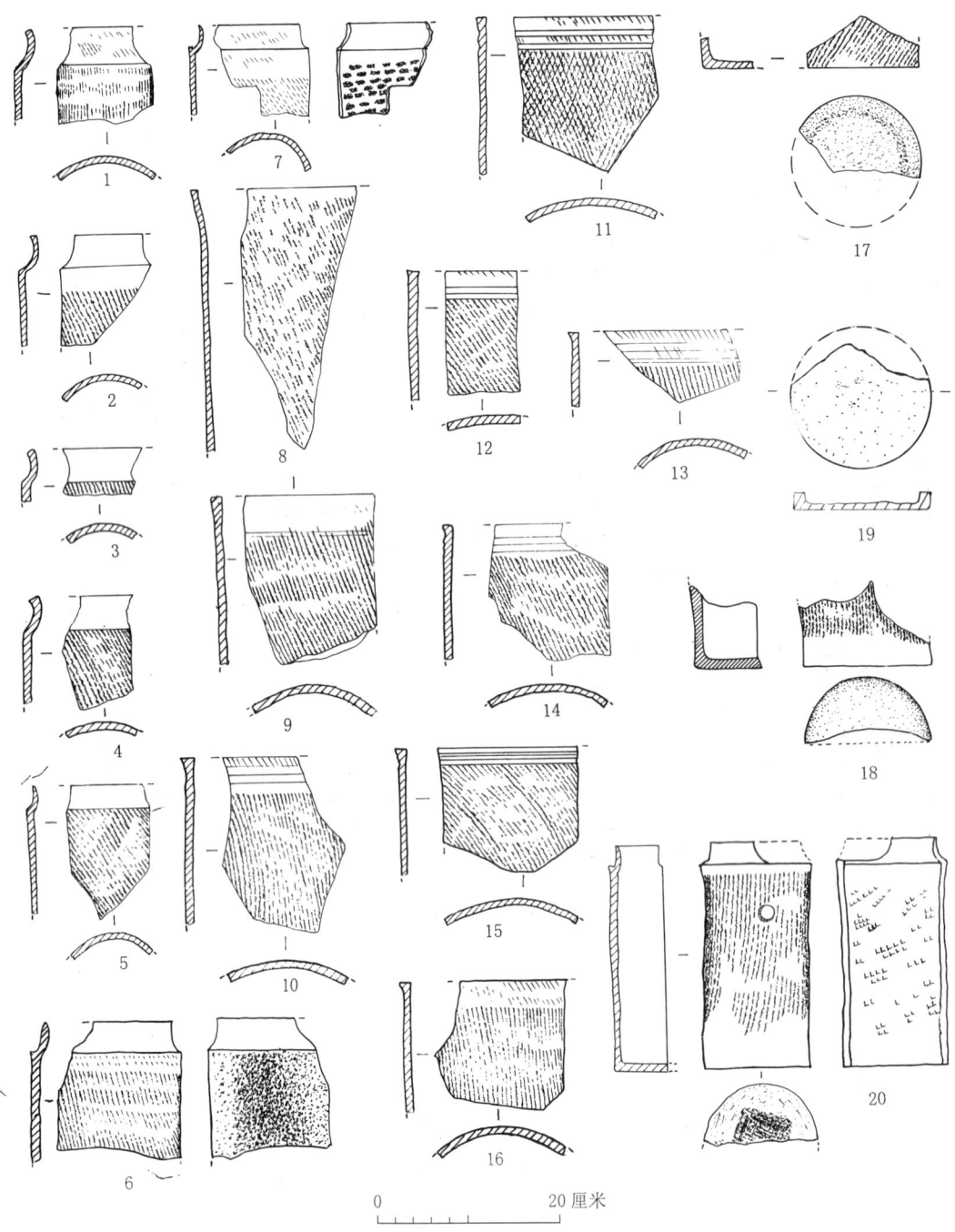

图一一四　IT0411出土陶筒瓦、板瓦、瓦当

1.A型Ⅱ式筒瓦（IT0411④:2）　2.A型Ⅲ式筒瓦（IT0411④:7）　3.A型Ⅳ式筒瓦（IT0411④:12）　4.A型Ⅴ式筒瓦（IT0411④:27）　5.A型Ⅶ式筒瓦（IT0411④:34）　6.A型Ⅸ式筒瓦（IT0411④:31）　7.A型Ⅻ式筒瓦（IT0411④:32）　8.A型Ⅰ式板瓦（IT0411④:57）　9.A型Ⅳ式板瓦（IT0411④:47）　10、11.A型Ⅴ式板瓦（IT0411④:55、IT0411④:48）　12.A型Ⅶ式板瓦（IT0411④:54）　13.A型Ⅷ式板瓦（IT0411④:52）　14.A型Ⅸ式板瓦（IT0411④:46）　15.A型Ⅺ式板瓦（IT0411④:49）　16.A型Ⅻ式板瓦（IT0411④:51）　17.A型Ⅲ式瓦当（IT0411④:42）　18.A型Ⅳ式瓦当（IT0411④:41）　19.A型Ⅷ式瓦当（IT0411④:53）　20.A型Ⅺ式瓦当（IT0411④:36）

面饰隐绳纹；瓦身凸面饰中绳纹，凹面饰麻点纹（图一一四，6）。

标本 IT0411④:32（A 型 XII 式），瓦头部。泥质深灰陶。口微侈，圆唇，束颈，高直肩内凹。瓦头及肩部凸面饰隐绳纹；瓦身凸面饰中绳纹，凹面饰篮纹（图一一四，7）。

瓦当

标本 IT0411④:42（A 型 III 式），瓦当残。泥质红陶。较薄，正面纹饰不清（图一一四，17）。

标本 IT0411④:41（A 型 IV 式），瓦当残。泥质红陶。印纹痕迹模糊，具体图案不清（图一一四，18）。

标本 IT0411④:53（A 型 VIII 式），瓦当残。泥质浅灰陶。瓦当较大，中间较薄。正面较平，有凹凸不平的模印纹，图案不清。施红彩（图一一四，19）。

标本 IT0411④:36（A 型 XI 式），瓦当残。泥质深灰陶。瓦头特征与 A 型 XI 式同，瓦身凸脊中间有一圆孔，孔径 1.6 厘米。瓦当连接筒瓦仅残存一半。当面正中有模印方框纹，当面略凹凸不平，纹饰不清（图一一四，20）。

板瓦

标本 IT0411④:57（A 型 I 式），瓦头部。泥质红陶。瓦头上扬，与瓦身没有明显分界，直口。瓦头口沿部微抹；瓦身凸面饰中绳纹，凹面素饰（图一一四，8）。

标本 IT0411④:47（A 型 IV 式），瓦头部。泥质红陶。瓦头微上扬。瓦身凸面饰中绳纹，凹面素饰（图一一四，9）。

标本 IT0411④:55（A 型 V 式），瓦头部。泥质红陶。瓦头上扬，平沿，尖唇外侈。瓦头凸面饰隐绳纹间二道旋纹；瓦身凸面饰中绳纹，凹面素饰（图一一四，10）。标本 IT0411④:48（A 型 V 式），瓦头部。泥质红陶。瓦头上扬，平沿，尖唇外侈。瓦头凸面饰隐旋纹和隐绳纹；瓦身凸面饰交叉中绳纹，凹面素饰（图一一四，11）。

标本 IT0411④:54（A 型 VII 式），瓦头部。泥质浅灰陶。瓦头直，平沿，尖唇微侈。瓦头凸面饰三道凸旋纹及隐绳纹；瓦身凸面饰中绳纹，凹面素饰（图一一四，12）。

标本 IT0411④:52（A 型 VIII 式），瓦头部。泥质红陶。瓦头微上扬，平沿，尖唇微侈。瓦头凸面饰三道凹旋纹和隐绳纹；瓦身凸面饰中绳纹，凹面素饰（图一一四，13）。

标本 IT0411④:46（A 型 IX 式），瓦头部。泥质浅灰陶。瓦头直，平沿，尖唇外侈。瓦头凸面饰二道凸旋纹；瓦身凸面饰中绳纹，凹面素饰（图一一四，14）。

标本 IT0411④:49（A 型 XI 式），瓦头部。泥质深灰陶。直口，平沿，尖唇外侈。瓦头凸面饰二道旋纹；瓦身凸面饰中绳纹，凹面素饰（图一一四，15）。

标本 IT0411④:51（A 型 XII 式），瓦头部。泥质深灰陶。平沿，唇外侈。瓦头凸面饰隐绳纹；瓦身凸面饰中绳纹，凹面素饰（图一一四，16）。

IT0501

西壁文化层（图一一五）

第 1 层：耕土层。厚 10~25 厘米。

第 2 层：分布全方。灰黑土，土质较松散。深 10~25、厚 15~35 厘米。包含物有陶瓦片和白瓷片。

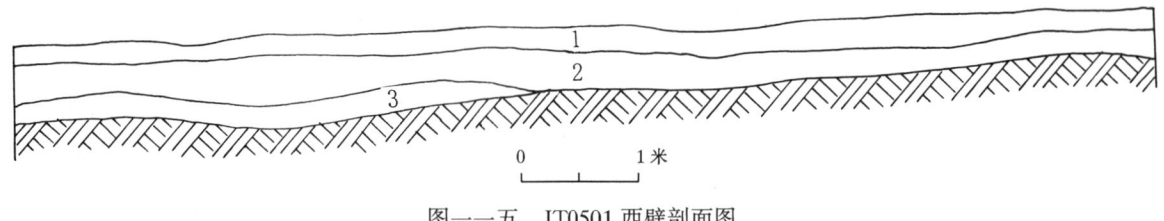

图一一五　IT0501 西壁剖面图

第 3 层：分布于探方西南部。灰褐土，土质较松散，内含少量草木灰。深 40～55、厚 0～20 厘米。包含物有陶瓦片、高足碗和影青瓷片。此层下叠压晚期夯土台基。

IT0502

西壁文化层（图一一六）

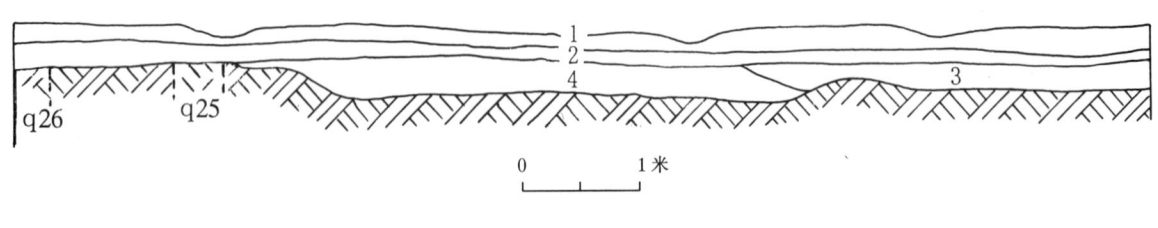

图一一六　IT0502 西壁剖面图

第 1 层：耕土层。厚 5～20 厘米。

第 2 层：分布全方。灰黑土，土质较松散。深 5～20、厚 5～20 厘米。包含物有白瓷片、釉陶片等。

第 3 层：分布于探方西北部。灰褐土，土质较板结、易散，内含草木灰。深 18～30、厚 0～25 厘米。包含物有陶瓦片、黑釉陶片和影青瓷片。

第 4 层：分布于探方西部。灰黄土，土质较板结，内含炭灰和红烧土。深 20～50、厚 0～35 厘米。包含物有陶筒瓦和板瓦残片。此层下叠压晚期夯土台基。

第 4 层文化遗物

陶器

筒瓦

标本 IT0502④:4（A 型 V 式），瓦头部。泥质红陶。口微侈，沿面平，斜肩较矮，颈内斜。瓦身凸面饰中绳纹，凹面素饰（图一一七，1）。

标本 IT0502④:6（A 型 VI 式），瓦头部。泥质浅灰陶。口微侈，圆唇，颈内斜微束，矮斜肩。瓦身凸面饰中绳纹，凹面素饰（图一一七，2）。

标本 IT0502④:13（A 型 IX 式），瓦头部。泥质深灰陶。口微侈，尖唇，直颈内斜，直肩较高。瓦头及肩部凸面饰隐绳纹，凹面素饰（图一一七，3）。

板瓦

标本 IT0502④:40（A 型 VIII 式），瓦头部。泥质浅灰陶。直口，平沿，唇外侈。瓦头凸面饰旋纹和隐绳纹；瓦身凸面饰中绳纹，凹面素饰（图一一七，4）。

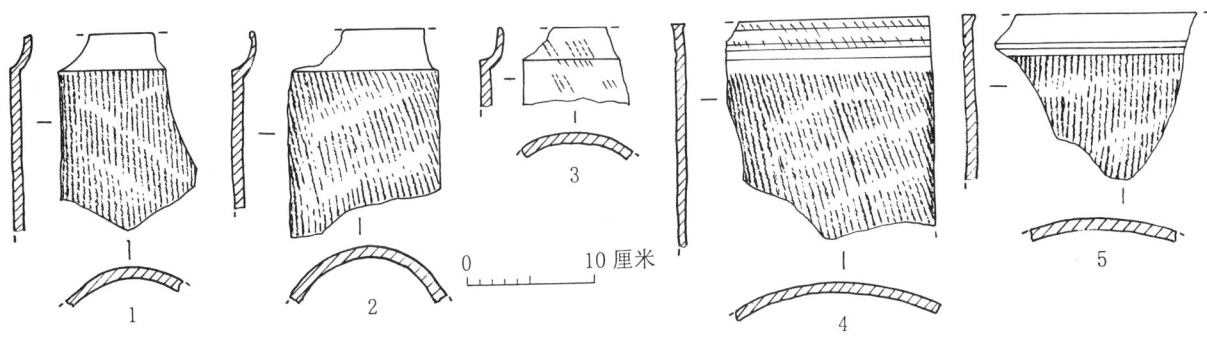

图一一七　IT0502 出土陶筒瓦、板瓦

1.A 型 V 式筒瓦（IT0502④:4）　2.A 型 Ⅵ式筒瓦（IT0502④:6）　3.A 型 Ⅸ式筒瓦（IT0502④:13）　4.A 型 Ⅷ式板瓦
（IT0502④:40）　5.A 型 Ⅸ式板瓦（IT0502④:42）

标本 IT0502④:42（A 型 Ⅸ式），瓦头部。泥质浅灰陶。口微敛，圆唇。瓦头凸面饰二道凸旋纹；瓦身凸面饰中绳纹，凹面素饰（图一一七，5）。

IT0503

西壁文化层（图一一八）

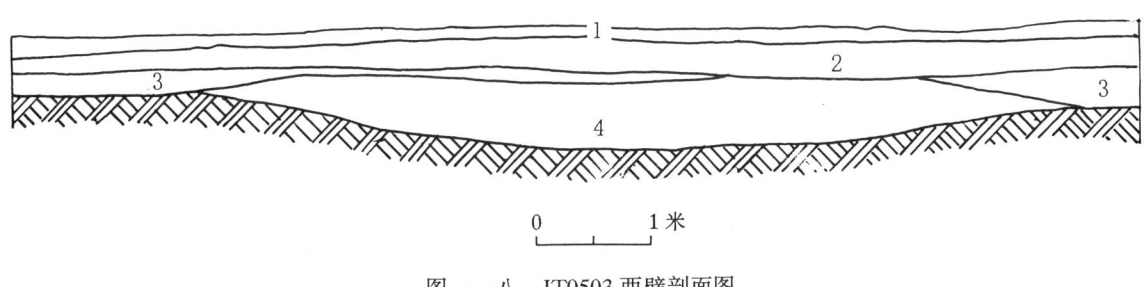

图一一八　IT0503 西壁剖面图

第 1 层：耕土层。厚 8～15 厘米。

第 2 层：分布全方。灰黑土，土质较松散。深 8～15、厚 10～30 厘米。包含物有陶瓦和青花瓷碗残片。

第 3 层：分布于探方西部。灰褐土，土质较松散。深 25～40、厚 0～35 厘米。包含物有釉陶罐、钵及影青瓷片。

第 4 层：分布于探方中北部。灰黄土，土质较板结，内含炭灰和红烧土。深 30～75、厚 0～55厘米。出土遗物有陶豆，陶筒瓦、瓦当、板瓦残片。此层下叠压晚期夯土台基。

第 4 层文化遗物

陶器

豆

IT0503④:2（Ⅵ式），器残。泥质红陶。短粗柄，矮喇叭座，座壁斜直，柄下部中空（图一一九，1）。

筒瓦

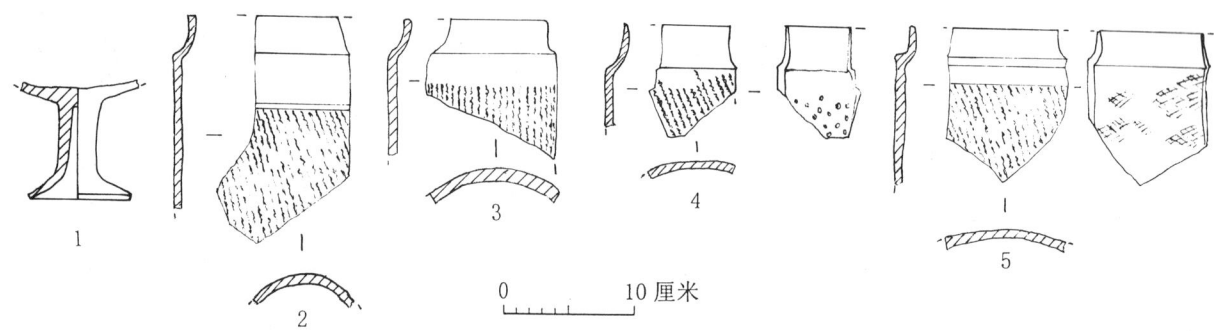

图一一九　IT0503 出土陶豆、筒瓦

1.Ⅵ式豆（IT0503④:2）　2.A型Ⅳ式筒瓦（IT0503④:4）　3.A型Ⅴ式筒瓦（IT0503④:5）　4.A型Ⅵ式筒瓦

（IT0503④:7）　5.A型Ⅸ式筒瓦（IT0503④:9）

标本 IT0503④:4（A型Ⅳ式），瓦头部。泥质红陶。口微侈，沿面外斜，唇外侈，直颈微内束，斜弧肩。瓦身凸面饰中绳纹，凹面素饰（图一一九，2）。

标本 IT0503④:5（A型Ⅴ式），瓦头部。泥质红陶。口微侈，颈微束，斜弧肩较矮。瓦身凸面饰中绳纹，凹面素饰（图一一九，3）。

标本 IT0503④:7（A型Ⅵ式），瓦头部。泥质浅灰陶。尖唇，直颈内斜，矮斜肩。瓦身凸面饰中绳纹，凹面饰圆圈形麻点纹（图一一九，4）。

标本 IT0503④:9（A型Ⅸ式），瓦头部。泥质浅灰陶。尖唇，直颈，直肩较高。瓦身凸面饰中绳纹，凹面饰菱形纹（图一一九，5）。

IT0504

北壁文化层（图一二〇）

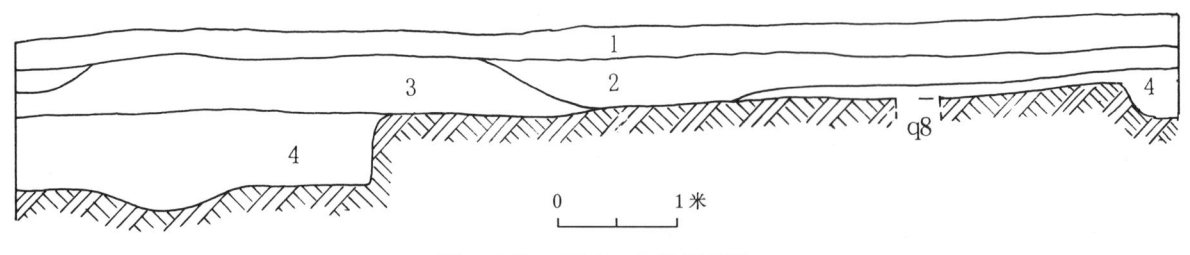

图一二〇　IT0504 北壁剖面图

第1层：耕土层。厚 20～25 厘米。

第2层：分布于探方东北部。灰黑土，土质较坚硬。深 20～25、厚 0～40 厘米。包含物有青花瓷碗，釉陶罐和钵等器物残片。

第3层：分布于探方西北角。灰褐土，土质较松散，内含草木灰和红烧土。深 20～60、厚 0～45 厘米。包含物有陶瓦，釉陶罐和影青瓷碗等器物残片。

第4层：分布于探方东北角。灰黄土，土质较松散，内含红烧土和炭灰。深 45～65、厚 0～80 厘米。包含物有陶豆，筒瓦、瓦当残片。此层下叠压 IH1 和早晚期夯土台基。

第 4 层文化遗物

陶器

豆

IT0504④:23（Ⅱ式），柄座部。泥质红陶。矮柄，喇叭座较高，座壁内弧，座沿上翘，柄内中空至盘底。素面（图一二一，1）。

IT0504④:20（Ⅲ式），器座部。泥质浅灰陶。喇叭座壁内弧，座沿微上翘，柄下部中空。素面（图一二一，2）。

IT0504④:21（Ⅵ式），器柄、座部。泥质浅灰陶。矮粗柄，矮喇叭座壁外弧，柄下部中空。素面（图一二一，3）。

筒瓦

标本 IT0504④:2（A 型Ⅲ式），瓦头部。泥质红陶。罐形口微侈，沿面平，尖唇外侈，斜弧肩较高，直颈微束。瓦头及肩部凸面饰隐绳纹；瓦身凸面饰中绳纹，凹面素饰（图一二一，4）。

标本 IT0504④:1（A 型Ⅳ式），瓦头部。泥质红陶。罐形口微侈，沿面平，颈微束，斜弧肩较矮。瓦头及肩部凸面饰隐绳纹；瓦身凸面饰中绳纹，凹面素饰（图一二一，5）。

标本 IT0504④:5（A 型Ⅶ式），瓦头部。泥质红陶。口微侈，尖唇，直颈内斜，斜肩较高。肩部凸面饰旋纹（图一二一，6）。

标本 IT0504④:7（A 型Ⅷ式），瓦头部。泥质浅灰陶。直颈内斜，矮直肩。瓦头及肩部凸面饰隐绳纹；瓦身凸面饰中绳纹，凹面饰麻点纹（图一二一，7）。

标本 IT0504④:3（A 型Ⅸ式），瓦头部。泥质红陶。直颈，直肩较高。瓦身凸面饰中绳纹，凹面素饰（图一二一，8）。

标本 IT0504④:8（A 型Ⅹ式），瓦头部。泥质深灰陶。直颈，高直肩。瓦身凸面饰中绳纹，凹面饰方格纹（图一二一，9）。

标本 IT0504④:6（A 型Ⅺ式），瓦头部。泥质深灰陶。口微侈，尖唇，直颈，高直肩内凹。瓦身凸面饰中绳纹，凹面素饰（图一二一，10）。

标本 IT0504④:10（A 型Ⅻ式），瓦头部。泥质深灰陶。直颈，高肩内凹较深。肩部凸面饰旋纹；瓦身凸面饰中绳纹，凹面饰方格纹（图一二一，11）。

瓦当

标本 IT0504④:47（A 型Ⅱ式），器残。泥质红陶。瓦当较大，胎较薄。正面凹凸不平（图一二一，18）。

标本 IT0504④:14（A 型Ⅵ式），器残。泥质红陶。形体较小较薄。瓦当周边隐约可见模印纹（图一二一，19）。

标本 IT0504④:26（A 型Ⅷ式），泥质浅灰陶。形体较大较薄。模印纹较浅，图案较模糊（图一二一，20）。

标本 IT0504④:50（A 型Ⅻ式），器残。泥质深灰陶。瓦当较小，正面中间方块纹较明显，具体纹饰较模糊（彩版二四，2）。

板瓦

标本 IT0504④:13（A 型Ⅵ式），瓦头部。泥质红陶。直口，平沿。瓦头凸面饰多道旋纹和隐

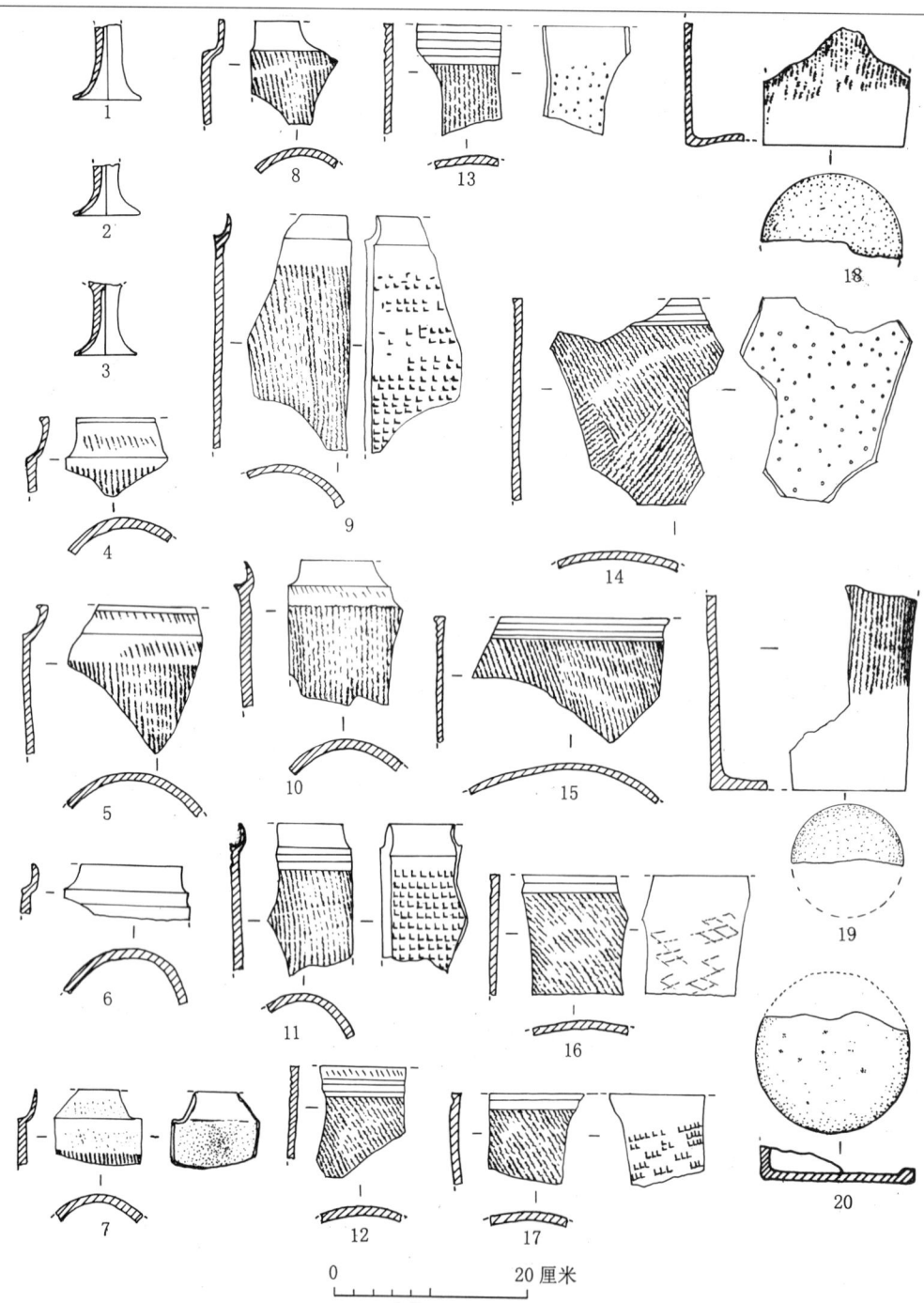

图一二一　IT0504 出土陶豆、筒瓦、板瓦、瓦当

1.Ⅱ式豆（IT0504④：23）　2.Ⅲ式豆（IT0504④：20）　3.Ⅵ式豆（IT0504④：21）　4.A 型 Ⅲ式筒瓦
（IT0504④：2）　5.A 型Ⅳ式筒瓦（IT0504④：1）　6.A 型Ⅶ式筒瓦（IT0504④：5）　7.A 型Ⅷ式筒瓦（IT0504
④：7）　8.A 型Ⅸ式筒瓦（IT0504④：3）　9.A 型Ⅹ式筒瓦（IT0504④：8）　10.A 型Ⅺ式筒瓦（IT0504④：6）
11.A 型Ⅻ式筒瓦（IT0504④：10）　12.A 型Ⅵ式板瓦（IT0504④：13）　13.A 型Ⅷ式板瓦（IT0504④：19）
14.A 型Ⅸ式板瓦（IT0504④：16）　15.A 型Ⅹ式板瓦（IT0504④：12）　16.A 型Ⅺ式板瓦（IT0504④：11）
17.A 型Ⅻ式板瓦（IT0504④：18）　18.A 型Ⅱ式瓦当（IT0504④：47）　19.A 型Ⅵ式瓦当（IT0504④：14）
20.A 型Ⅷ式瓦当（IT0504④：26）

绳纹；瓦身凸面饰中绳纹，凹面素饰（图一二一，12）。

标本 IT0504④:19（A 型Ⅷ式），瓦头部。泥质浅灰陶。直口，平沿，尖唇外侈。瓦头凸面饰三道凸旋纹；瓦身凸面饰中绳纹，凹面饰麻点纹（图一二一，13）。

标本 IT0504④:16（A 型Ⅸ式），瓦头部。泥质浅灰陶。直口，平沿，圆唇外侈。瓦头凸面饰二道旋纹；瓦身凸面饰中绳纹，凹面饰麻点纹（图一二一，14）。

标本 IT0504④:12（A 型Ⅹ式），瓦头部。泥质深灰陶。直口，唇外侈。瓦头凸面饰二道旋纹；瓦身凸面饰中绳纹，凹面素饰（图一二一，15）。

标本 IT0504④:11（A 型Ⅺ式），瓦头部。泥质深灰陶。直口，唇外侈。瓦头凸面饰一道旋纹；瓦身凸面饰中绳纹，凹面饰菱形纹（图一二一，16）。

标本 IT0504④:18（A 型Ⅻ式），瓦头部。泥质深灰陶。圆唇外侈。瓦头凸面饰一道旋纹；瓦身凸面饰中绳纹，凹面饰方格纹（图一二一，17）。

IT0505

北壁文化层（图一二二）

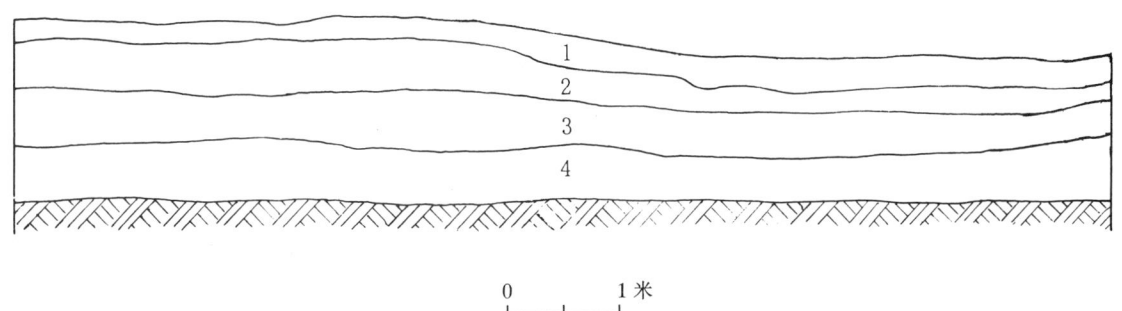

0　　　　1米

图一二二　IT0505 北壁剖面图

第 1 层：耕土层。10～30 厘米。

第 2 层：分布全方。灰黑土，土质较松散，内含草木灰。深 10～30、厚 15～45 厘米。包含物有陶擂钵、罐；青花瓷碗等器物残片。该层下叠压 M5、M6，两墓打破第 3 层和第 4 层。

第 3 层：分布全方。灰褐土，土质较疏松，内含草木灰和红烧土。深 38～65、厚 25～50 厘米。包含物有"开元通宝"铜币，夹砂擂钵，陶筒瓦、板瓦，石碾等器物残片。

第 4 层：分布全方。红褐土，土质紧密坚硬，内含大量红烧土块。深 70～115、厚 35～50 厘米。包含物有铜鼎足残片（见综述文化遗物部分），陶盆、豆、小盂和筒瓦、板瓦残片。此层下叠压晚期夯土台基。

第 4 层文化遗物

陶器

盆

IT0505④:32（Ⅱ式），口沿部。泥质浅灰陶。薄胎，敛口，仰折沿，沿面微上弧，尖圆唇，颈较高，溜肩。颈、腹部饰旋纹和绳纹（图一二三，1）。

豆

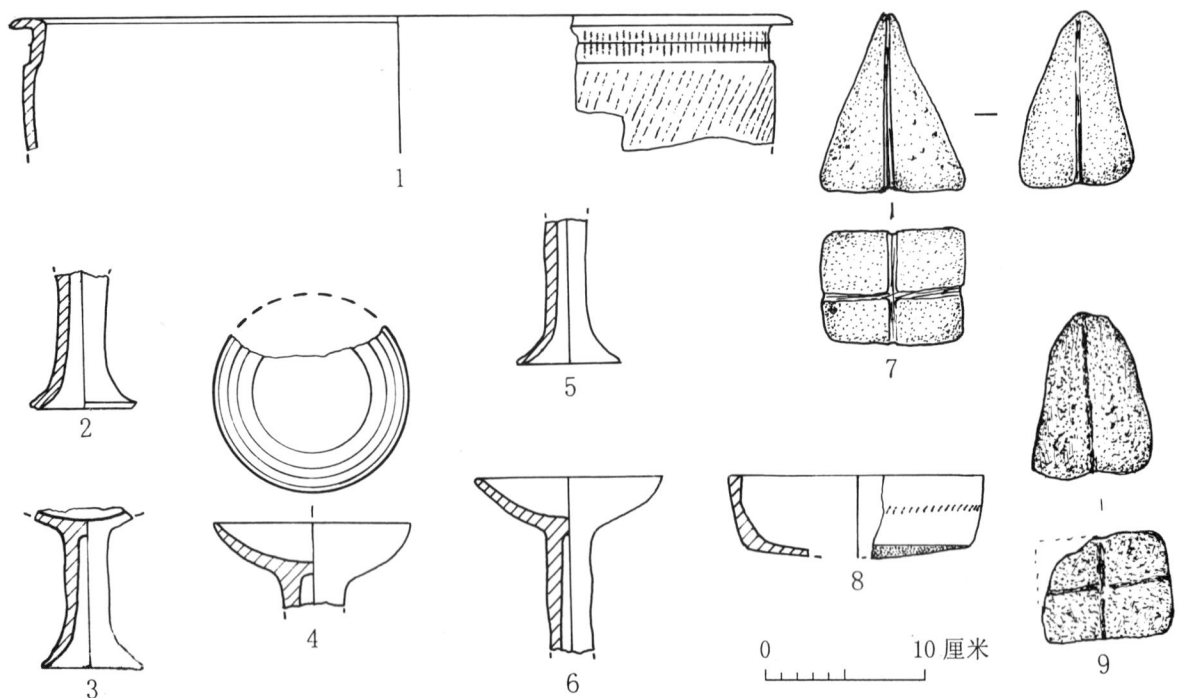

图一二三　IT0505 出土陶盆、豆、盂，泥质垂线球

1.Ⅱ式盆（IT0505④:32）　2.Ⅴ式豆（IT0505④:39）　3、4.Ⅵ式豆（IT0505④:34、IT0505④:37）　5.Ⅷ式豆（IT0505④:36）　6.Ⅸ式豆（IT0505④:35）　7.Ⅰa式泥质垂线球（IT0505④:30）　8.小盂（IT0505④:40）　9.Ⅱ式泥质垂线球（IT0505④:38）

　　IT0505④:39（Ⅴ式），器柄、座部。泥质灰陶。柄较高，矮喇叭座内弧，座沿外翘，柄中空。素面（图一二三，2）。

　　IT0505④:34（Ⅵ式），器柄、座部。泥质红陶。矮粗柄，喇叭座微外弧，柄中空。素面（图一二三，3）。IT0505④:37（Ⅵ式），豆盘部。泥质红陶。盘较浅，圆唇，鼓腹。盘内饰圆圈形暗纹（图一二三，4）。

　　IT0505④:36（Ⅷ式），器柄、座部。泥质浅灰陶。细柄较高，喇叭座较矮，座沿微上翘，柄中空。素面（图一二三，5）。

　　IT0505④:35（Ⅸ式），盘、柄部。泥质深灰陶。浅盘，圆唇，鼓腹，柄较高。素面（图一二三，6）。

　　小盂

　　IT0505④:40，器底残。泥质浅灰陶。口微敛，沿面平，浅腹，平底。腹部饰绳纹（图一二三，8）。

　　筒瓦

　　标本 IT0505④:4（A型Ⅲ式），瓦头部。泥质红陶。罐形口，颈微束，斜弧肩较高。瓦头及肩部凸面饰隐绳纹，凹面素饰（图一二四，1）。

　　标本 IT0505④:5（A型Ⅳ式），瓦头部。泥质红陶。罐形口，束颈，斜弧肩较矮。肩部凸面饰

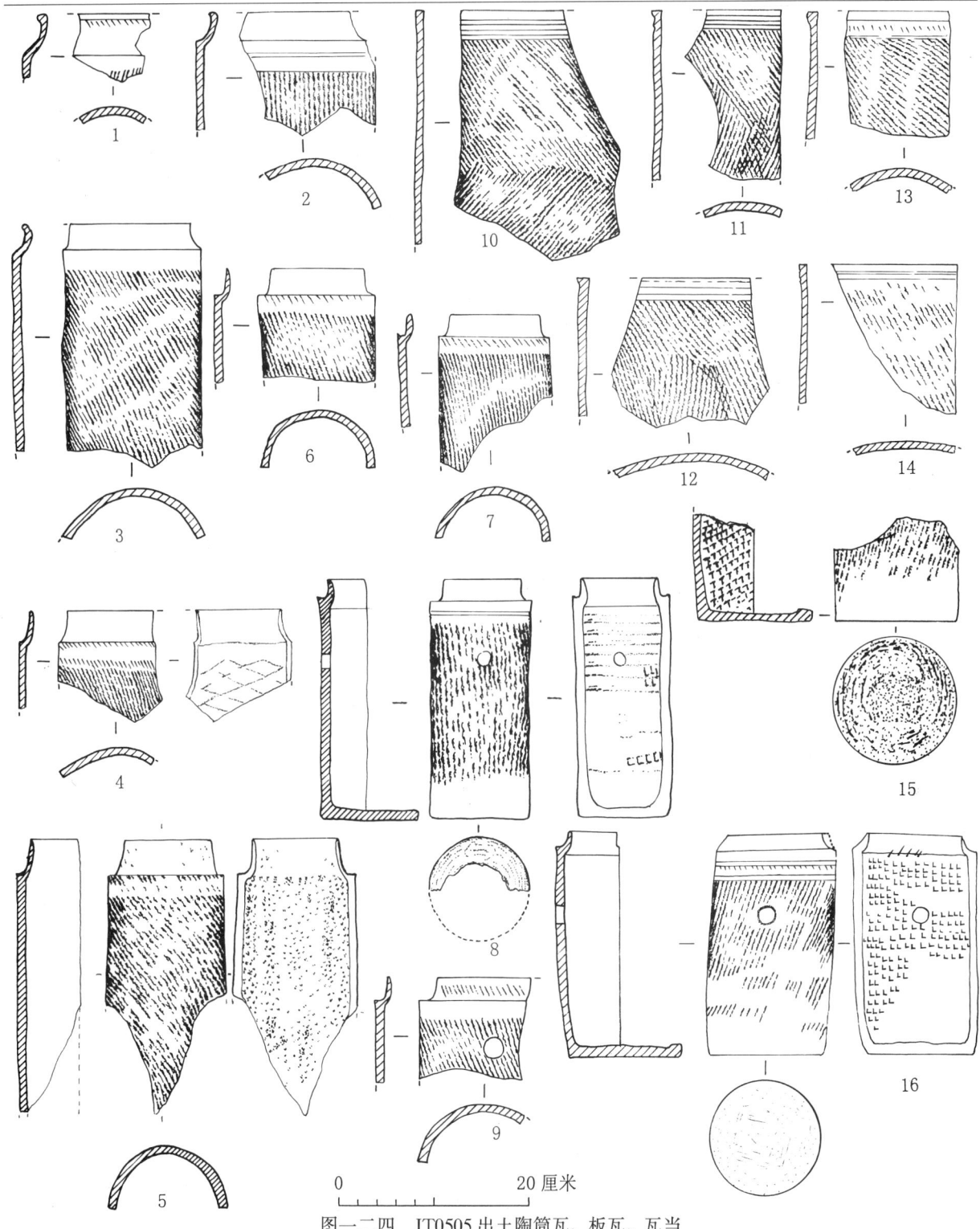

图一二四　IT0505出土陶筒瓦、板瓦、瓦当

1.A型Ⅲ式筒瓦（IT0505④:4）　2.A型Ⅳ式筒瓦（IT0505④:5）　3.A型Ⅴ式筒瓦（IT0505④:1）　4.A型Ⅵ式筒瓦（IT0505④:9）　5.A型Ⅷ式筒瓦（IT0505④:11）　6.A型Ⅸ式筒瓦（IT0505④:12）　7.A型Ⅹ式筒瓦（IT0505④:21）　8.B型Ⅺ式筒瓦（IT0505④:8）　9.B型Ⅹ式板瓦（IT0505④:22）　10.A型Ⅵ式板瓦（IT0505④:24）　11.A型Ⅸ式板瓦（IT0505④:23）　12.A型Ⅹ式板瓦（IT0505④:19）　13.A型Ⅺ式板瓦（IT0505④:18）　14.A型Ⅻ式板瓦（IT0505④:16）　15.A型Ⅳ式瓦当（IT0505④:30）　16.A型Ⅺ式瓦当（IT0505④:17）

旋纹；瓦身凸面饰中绳纹，凹面素饰（图一二四，2）。

标本 IT0505④：1（A 型 V 式），瓦头部。泥质红陶。口微侈，矮斜肩，束颈。瓦身凸面饰中绳纹，凹面素饰（图一二四，3）。

标本 IT0505④：9（A 型 VI 式），瓦头部。泥质浅灰陶。口微侈，尖唇，直颈内斜，矮斜肩。肩部饰隐绳纹。瓦身凸面饰中绳纹，凹面饰菱形纹（图一二四，4）。

标本 IT0505④：11（A 型 VIII 式），瓦头部。泥质浅灰陶。口微侈，直颈内斜，矮直肩。瓦头及肩部凸面饰隐绳纹；瓦身凸面饰中绳纹，凹面饰麻点纹（图一二四，5）。

标本 IT0505④：12（A 型 IX 式），瓦头部。泥质浅灰陶。口微侈，尖唇，直颈微内斜，直肩较高。肩部凸面饰隐绳纹；瓦身凸面饰中绳纹，凹面素饰（图一二四，6）。

标本 IT0505④：21（A 型 X 式），瓦头部。泥质深灰陶。口微侈，直颈，高直肩微内凹。肩部凸面饰隐绳纹；瓦身凸面饰中绳纹，凹面素饰（图一二四，7）。

标本 IT0505④：8（B 型 XI 式），器形完整。泥质深灰陶。口微侈，尖唇，直颈内斜，高直肩内凹。瓦身中脊近头部有一圆孔；瓦尾接一圆瓦当（残）。肩部凸面饰一道旋纹；瓦身凸面饰中绳纹，凹面饰方格纹（图一二四，8）。

标本 IT0505④：22（B 型 X 式），瓦头部。泥质深灰陶。瓦头肩部特征与 A 型 X 式同。距肩 4 厘米处的凸脊中部有一直径 2 厘米的圆孔。瓦头凸面饰隐绳纹；瓦身凸面饰粗绳纹，凹面素饰（图一二四，9）。

瓦当

标本 IT0505④：41（A 型 II 式），器形较完整。泥质红陶。胎较薄，形体较小，正面纹饰不清，中间方块状图案微凹。饰黑彩（彩版二四，3）。

标本 IT0505④：30（A 型 IV 式），器形完整。泥质浅灰陶，胎较厚。瓦当较大。中间微凹，图案纹饰不清（图一二四，15）。

标本 IT0505④：27（A 型 IX 式），瓦当残。泥质红陶，胎较厚。瓦当较大，正面中间微凹，有明显的模印纹，具体图案不清（彩版二四，4）。

标本 IT0505④：17（A 型 XI 式），器形完整。泥质深灰陶。瓦当较小，正面饰印纹，中间方框形纹较明显，图案不清（图一二四，16）。

板瓦

标本 IT0505④：24（A 型 VI 式），瓦头部。泥质红陶。瓦头凸面饰多道旋纹；瓦身凸面饰中绳纹，凹面素饰（图一二四，10）。

标本 IT0505④：23（A 型 IX 式），瓦头部。泥质浅灰陶。直口，平沿，圆唇外侈。瓦头凸面饰二道凸旋纹及隐绳纹；瓦身凸面饰中绳纹，凹面素饰（图一二四，11）。

标本 IT0505④：19（A 型 X 式），瓦头部。泥质深灰陶。直口，圆唇外侈。瓦头凸面饰一道凹旋纹；瓦身凸面饰中绳纹，凹面素饰（图一二四，12）。

标本 IT0505④：18（A 型 XI 式），瓦头部。泥质深灰陶。直口，唇外侈。瓦头凸面饰一道旋纹，肩部凸面饰隐绳纹；瓦身凸面饰中绳纹，凹面素饰（图一二四，13）。

标本 IT0505④：16（A 型 XII 式），瓦头部。泥质深灰陶。瓦头凸面饰一道细凹旋纹；瓦身凸面饰中绳纹，凹面素饰（图一二四，14）。

泥质垂线球

标本 IT0505④：30（Ⅰa式），红色。四棱锥形，顶端呈尖状，四面呈三角形，底部方形。四面及顶、底部有绳痕（图一二三，7）。

标本 IT0505④：38（Ⅱ式），红色。四棱锥形，顶端呈圆锥形，底部方形，四面及底部有绳痕（图一二三，9）。

IT0506

东壁文化层（图一二五）

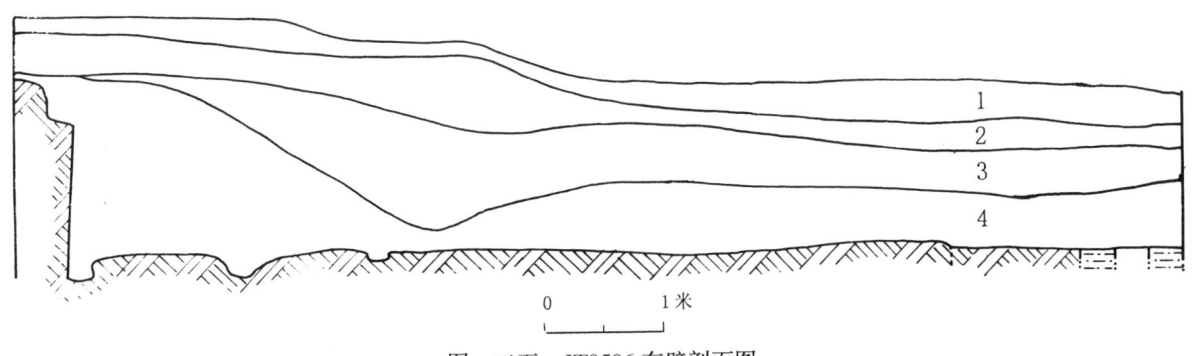

图一二五　IT0506 东壁剖面图

第 1 层：耕土层。厚 10～35 厘米。

第 2 层：分布全方。灰黄土，土质较疏松。深 10～30、厚 15～60 厘米。包含物有青花瓷碗。

第 3 层：分布于探方南侧。灰红土，土质较坚硬，内含红烧土块。深 30～70、厚 0～90 厘米。包含物有筒瓦、板瓦等陶片和青瓷碗底。

第 4 层：分布全方。黄红土，土质较板结，内含大量红烧土块。深 45～150、厚 5～160 厘米。包含物有陶鬲、盂、罐、豆、盆、瓦片以及铜箭镞、门环和铜器残片（见综述文化遗物部分）等。此层叠压晚期夯土台基。

第 4 层文化遗物

陶器

鬲足

IT0506④：33（Ⅴ式），夹砂红陶。柱足呈椭圆形，足窝较浅。内侧有削痕，外侧饰绳纹，足窝较浅（图一二六，5）。

盂

IT0506④：29（Ⅷ式），口沿部。泥质红陶。仰折沿，方唇，矮束颈，肩部起棱。素面（图一二六，6）。

罐

IT0506④：30（A型Ⅸ式），口沿部。泥质浅灰陶。平折沿，斜方唇。颈部饰绳纹（图一二六，7）。

IT0506④：27（A型Ⅻ式），口沿及颈部。泥质深灰陶。仰折沿，直颈，溜肩。颈部饰隐绳纹，肩部饰斜中绳纹（图一二六，8）。IT0506④：31（A型Ⅻ式），口沿部。泥质深灰陶。仰折沿，圆

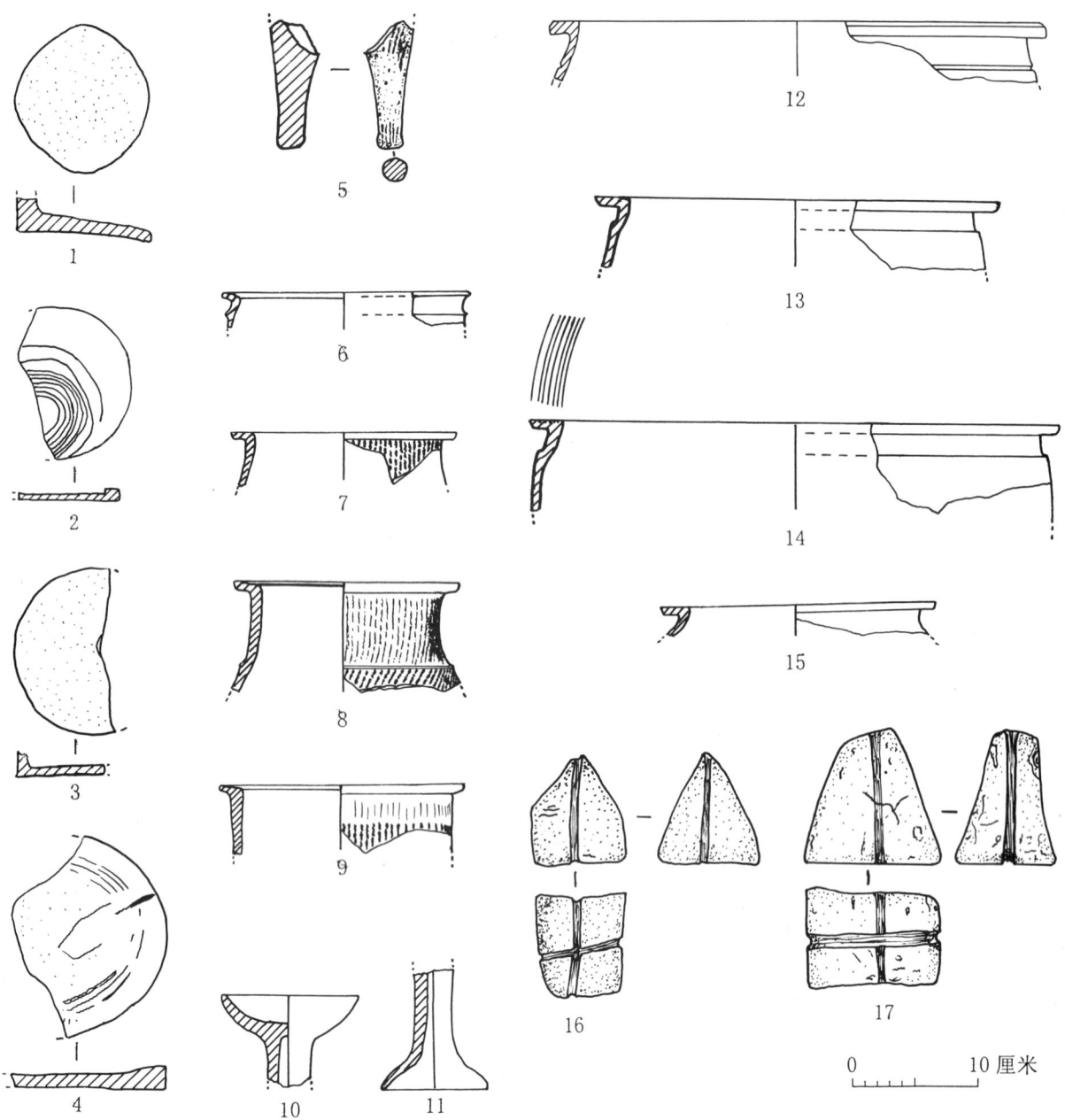

图一二六　IT0506 出土陶瓦当、鬲足、罐、豆、盆、瓮，泥质垂线球

1.A型Ⅴ式瓦当（IT0506④:90）　2.A型Ⅵ式瓦当（IT0506④:97）　3.A型Ⅶ式瓦当（IT0506④:98）　4.A型Ⅺ式瓦当（IT0506④:99）　5.Ⅴ式鬲足（IT0506④:33）　6.Ⅷ式盂（IT0506④:29）　7.A型Ⅸ式罐（IT0506④:30）　8、9.A型Ⅻ式罐（IT0506④:27、IT0506④:31）　10、11.Ⅵ式豆（IT0506④:38、IT0506④:42）　12.Ⅳ式盆（IT0506④:24）　13、14.Ⅵ式盆（IT0506④:25、IT0506④:22）　15.Ⅺb式瓮（IT0506④:32）　16.Ⅰa式泥质垂线球（IT0506④:76）　17.Ⅲ式泥质垂线球（IT0506④:35）

唇，直颈。颈部饰隐绳纹和绳纹（图一二六，9）。

　　豆

　　IT0506④:38（Ⅵ式），豆盘部。泥质浅灰陶。圆唇，弧腹，盘较浅，柄较粗，柄内中空。素面（图一二六，10）。IT0506④:42（Ⅵ式），柄、座部。泥质浅灰陶。细柄，喇叭形座上弧，柄内中空。素面（图一二六，11）。

盆

IT0506④:24（Ⅳ式），口沿部。泥质浅灰陶。平折沿，方唇，矮束颈，溜肩。肩部饰一道凹旋纹（图一二六，12）。

IT0506④:25（Ⅵ式），口沿部。泥质浅灰陶。平折沿，斜方唇，矮束颈，溜肩。素面（图一二六，13）。IT0506④:22（Ⅵ式），口沿部。泥质浅灰陶。平折沿，斜方唇，矮束颈，溜肩，弧腹。沿面饰五道旋纹（图一二六，14）。

瓮

IT0506④:32（Ⅺb式），口沿部。泥质深灰陶。平折沿，斜方唇，矮束颈。素面（图一二六，15）。

筒瓦

标本IT0506④:13（A型Ⅳ式），瓦头部。泥质浅灰陶。罐形口，圆唇，束颈，斜折肩。瓦头及肩部凸面饰隐绳纹；瓦身凸面饰中绳纹，凹面素饰（图一二七，1）。标本IT0506④:12（A型Ⅳ式），瓦头部。泥质浅灰陶。罐形口，束颈，斜折肩。肩部凸面饰隐绳纹；瓦身凸面饰中绳纹，凹面素饰（图一二七，2）。

标本IT0506④:14（A型Ⅴ式），瓦头部。泥质浅灰陶。罐形口，颈微束，斜折肩较高。瓦头及肩部凸面饰隐绳纹；瓦身凸面饰中绳纹，凹面素饰（图一二七，3）。

标本IT0506④:17（A型Ⅵ式），瓦头部。泥质浅灰陶。口微侈，尖唇，直颈内斜，矮斜肩。瓦头及肩部凸面饰隐绳纹；瓦身凸面饰中绳纹，凹面素饰（图一二七，4）。标本IT0506④:15（A型Ⅵ式），瓦头部。泥质浅灰陶。口微侈，尖唇，直颈，矮斜肩。肩部凸面饰隐绳纹；瓦身凸面饰中绳纹，凹面素饰（图一二七，5）。

标本IT0506④:54（A型Ⅶ式），瓦头部。泥质浅灰陶。口微侈，尖唇，直颈内斜，矮斜肩。瓦身凸面饰中绳纹，凹面素饰（图一二七，6）。

标本IT0506④:18（A型Ⅷ式），瓦头部。泥质浅灰陶。口微侈，尖唇，直颈，矮直肩。瓦头凸面饰二道凸旋纹；瓦身凸面饰中绳纹，凹面素饰（图一二七，7）。

标本IT0506④:21（A型Ⅹ式），瓦头部。泥质深灰陶。口微侈，圆唇，直颈，高直肩。瓦头凸面饰二道凸旋纹；瓦身凸面饰中绳纹，凹面素饰（图一二七，9）。

标本IT0506④:19（A型Ⅺ式），瓦头部。泥质深灰陶。口微侈，尖唇，直颈，高直肩内凹。肩部凸面饰五道凸旋纹；瓦身凸面饰中绳纹，凹面素饰（图一二七，10）。

标本IT0506④:20（Ba型Ⅷ式），瓦头部。泥质浅灰陶。口微侈，尖唇，直颈，矮直肩，距瓦头6.8厘米处的凸脊中部有一直径1.2厘米的圆孔。瓦身凸面饰细绳纹，凹面素饰（图一二七，8）。

瓦当

IT0506④:87（A型Ⅲ式），器残。泥质红黄陶。当部较大较薄。正面饰有凹凸不平的模印纹（彩版二四，5）。

标本IT0506④:90（A型Ⅴ式），器形完整。泥质灰陶。当部较小较厚。当面饰凹凸不平的印

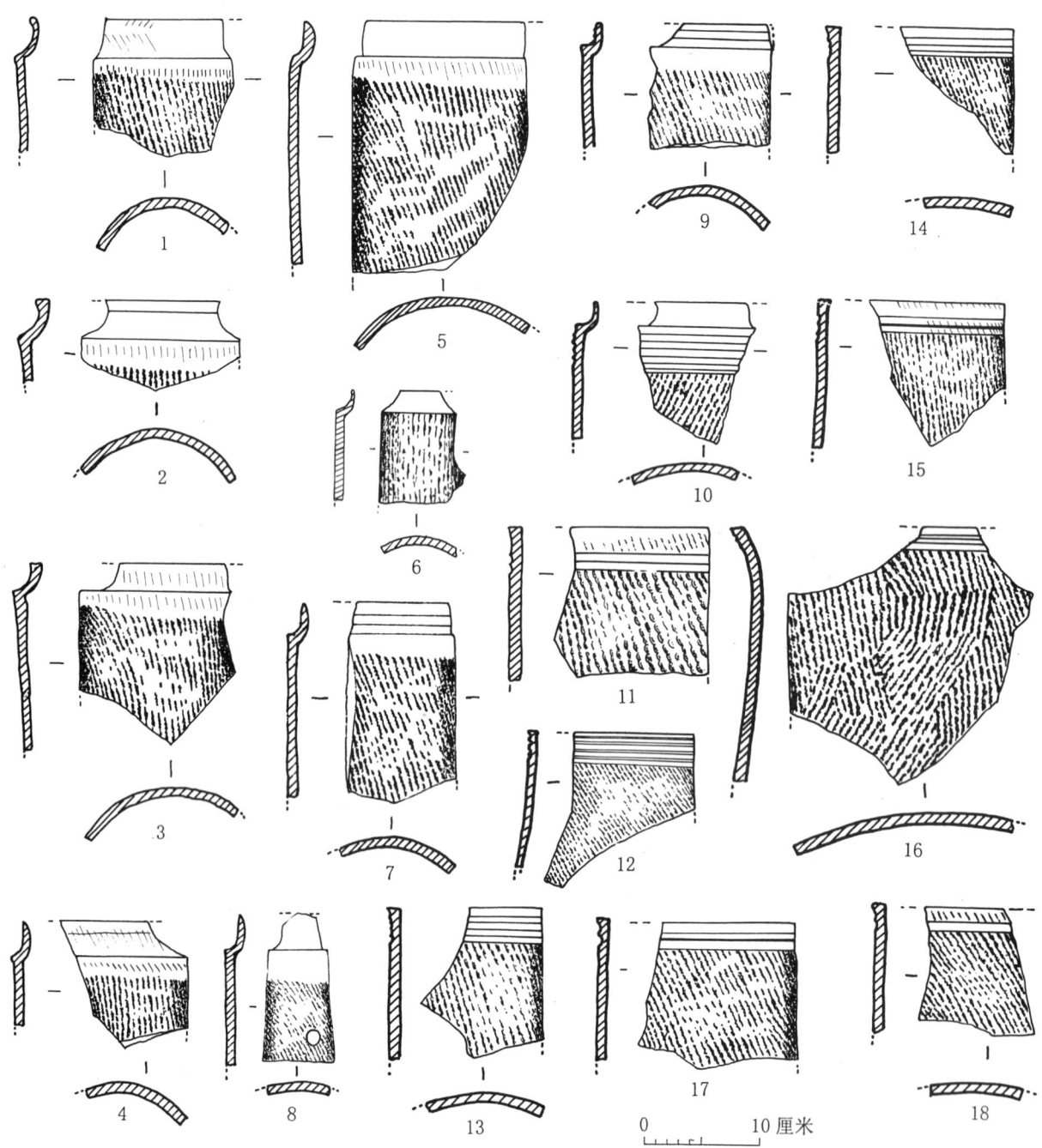

图一二七　IT0506 出土陶筒瓦、板瓦

1、2.A 型Ⅳ式筒瓦（IT0506④：13、IT0506④：12）　3.A 型 V 式筒瓦（IT0506④：14）　4、5.A 型 Ⅵ 式筒瓦（IT0506④：17、IT0506④：15）　6.A 型Ⅶ式筒瓦（IT0506④：54）　7.A 型Ⅷ式筒瓦（IT0506④：18）　8.Ba 型Ⅷ式筒瓦（IT0506④：20）　9.A 型 Ⅹ式筒瓦（IT0506④：21）　10.A 型Ⅺ式筒瓦（IT0506④：19）　11.A 型Ⅵ式板瓦（IT0506④：9）　12、13.A 型Ⅸ式板瓦（IT0506④：56、IT0506④：44）　14、15.A 型 Ⅹ式板瓦（IT0506④：43、IT0506④：10）　16、17.A 型Ⅺ式板瓦（IT0506④：7、IT0506④：11）　18.A 型Ⅻ式板瓦（IT0506④：17）

纹（图一二六，1）。

标本 IT0506④:97（A 型Ⅵ式），器残。泥质浅灰陶。当部较小较薄。正面左上部饰同心圆绳纹（图一二六，2）。

标本 IT0506④:98（A 型Ⅶ式），器残。泥质灰陶。当部较大较厚。当面凹凸不平（图一二六，3）。

标本 IT0506④:5（A 型Ⅹ式），器残。泥质灰陶。当部较大较厚。当面边缘饰有凹凸不平的模印纹，中部可见一方框，框内隐约可见凤鸟纹（彩版二四，6）。标本 IT0506④:99（A 型Ⅹ式），器残。泥质灰陶。当部较小较厚。当面边缘饰凹凸不平的印纹，中部可见方框模印（图一二六，4）。

板瓦

标本 IT0506④:9（A 型Ⅵ式），瓦头部。泥质浅灰陶。瓦头微上仰，直口，尖唇。瓦头凸面绳纹稍抹并饰二道凹旋纹；瓦身凸面饰中绳纹，凹面素饰（图一二七，11）。

标本 IT0506④:56（A 型Ⅸ式），瓦头部。泥质浅灰陶。瓦头微上仰，直口，平沿。瓦头凸面饰四道凹旋纹；瓦身凸面饰斜中绳纹，凹面素饰（图一二七，12）。标本 IT0506④:44（A 型Ⅸ式），瓦头部。泥质浅灰陶。瓦头微上仰，平沿，尖唇外侈。瓦头凸面饰四道凹旋纹；瓦身凸面饰斜中绳纹，凹面素饰（图一二七，13）。

标本 IT0506④:43（A 型Ⅹ式），瓦头部。泥质红陶。直口，平沿，尖唇外侈。瓦头凸面饰三道凹旋纹；瓦身凸面饰斜中绳纹，凹面素饰（图一二七，14）。标本 IT0506④:10（A 型Ⅹ式），瓦头部。泥质深灰陶。瓦头外仰，平沿，方唇。瓦头凸面绳纹稍抹，饰三道凹旋纹；瓦身凸面饰中绳纹，凹面素饰（图一二七，15）。

标本 IT0506④:7（A 型Ⅺ式），瓦头部。泥质深灰陶。瓦头上扬，尖唇外侈。瓦头凸面绳纹稍抹，饰三道凹旋纹；瓦身凸面饰中绳纹，凹面素饰（图一二七，16）。标本 IT0506④:11（A 型Ⅺ式），瓦头部。泥质深灰陶。直口，平沿，尖唇外侈。瓦头凸面饰二道凹旋纹；瓦身凸面饰斜中绳纹，凹面素饰（图一二七，17）。

标本 IT0506④:17（A 型Ⅻ式），瓦头部。泥质红陶。瓦头微上扬，直口，圆唇外侈。瓦头凸面饰一道凹旋纹和隐绳纹；瓦身凸面饰中绳纹，凹面素饰（图一二七，18）。

泥质垂线球

标本 IT0506④:76（Ⅰa 式），器形完整。红色。四棱锥形，底部方形。四面及底部有系绳痕（图一二六，16）。

标本 IT0506④:35（Ⅲ式），红色。四棱锥形，锥尖平。四面及底部有系绳痕（图一二六，17）。

IT0507

北壁文化层（图一二八）

第1层：耕土层。厚 0～45 厘米。

第2层：分布全方。灰黄土。土质较疏松。深 0～45、厚 5～180 厘米。包含物有青花瓷碗残片等。

第4层：零星分布于柱洞和第5层的低洼地带。黄红土，土质板结，内含红烧土块。深 60～

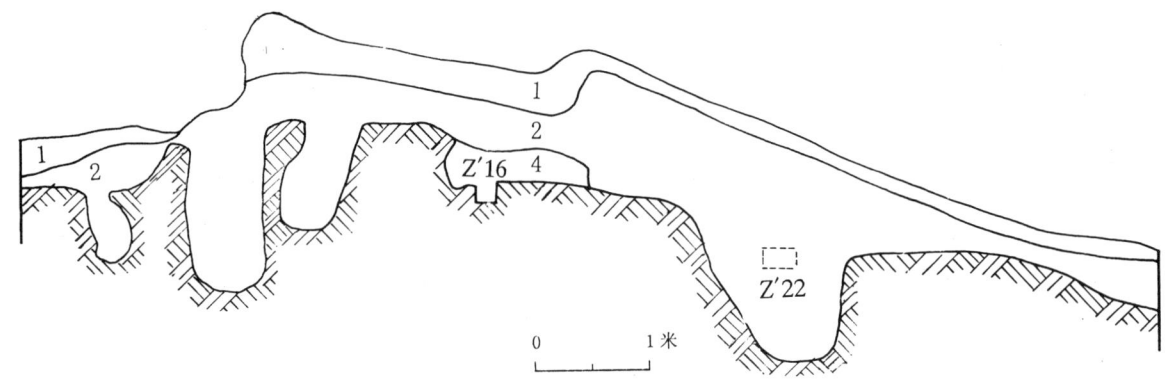

图一二八　IT0507北壁剖面图

100、厚0～45厘米。包含物有陶筒瓦、板瓦等。此层下叠压晚期夯土台基。

第4层文化遗物

陶器

筒瓦

标本IT0507④:3（A型Ⅷ式），瓦头部。泥质浅灰陶。口微侈，尖唇，直颈，矮直肩。瓦身凸面饰斜中绳纹，凹面素饰（图一二九，1）。

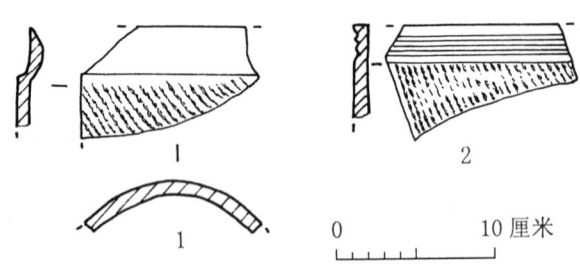

图一二九　IT0507出土陶筒瓦、板瓦

1.A型Ⅷ式筒瓦（IT0507④:3）　2.A型Ⅹ式板瓦（IT0507④:10）

板瓦

标本IT0507④:10（A型Ⅹ式），瓦头部。泥质深灰陶。直口，平沿，圆唇外侈。瓦头饰多道凹旋纹；瓦身凸面饰斜中绳纹，凹面素饰（图一二九，2）。

IT0508

北壁文化层（图一三〇）

第1层：耕土层。厚10～20厘米。

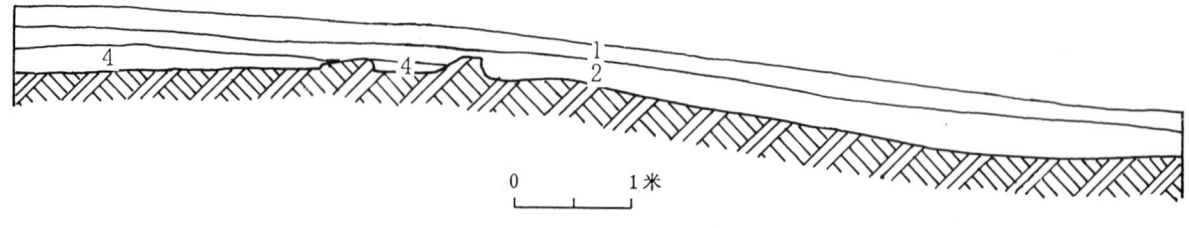

图一三〇　IT0508北壁剖面图

第2层：分布全方。灰黄土，土质较疏松。深10～20、厚5～30厘米。包含物有青花瓷碗等残片。

第4层：零星分布于柱洞和第5层的低洼地带。黄红土，土质板结，内含红烧土块。深35、厚0～20厘米。包含物有陶筒瓦、板瓦残片及铜门环（见综述文化遗物部分）。此层下叠压晚期夯土台基。

第4层文化遗物

陶器

筒瓦

标本 IT0508④:1（A 型Ⅷ式），瓦头部。泥质红陶。口微侈，尖唇，直颈，矮斜肩。瓦身凸面饰斜中绳纹，凹面素饰（图一三一，1）。

板瓦

标本 IT0508④:3（A 型Ⅹ式），瓦头部。泥质红陶。直口，平沿，方唇外侈。瓦头凸面饰二道凹旋纹；瓦身凸面饰斜中绳纹，凹面素饰（图一三一，2）。

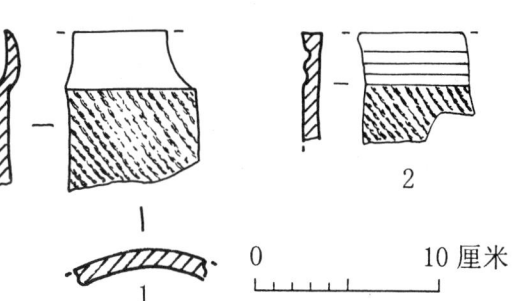

图一三一　IT0508 出土陶筒瓦、板瓦

1.A 型Ⅷ式筒瓦（IT0508④:1）　2.A 型Ⅹ式板瓦（IT0508④:3）

IT0509

西壁文化层（图一三二）

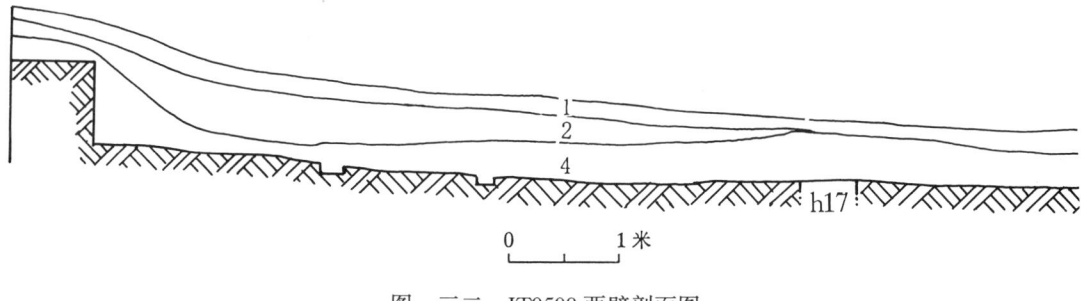

图一三二　IT0509 西壁剖面图

第1层：耕土层。厚 10～20 厘米。

第2层：分布于探方南部。灰黄土，土质较疏松。深 10～20、厚 0～40 厘米。包含物有瓷片等。

第4层：分布全方。黄红土，土质较板结，内含大量红烧土块。深 10～60、厚 5～80 厘米。包含物有铜门环（见综述文化遗物部分）及陶筒瓦、板瓦残片等。此层下叠压晚期夯土台基。

第4层文化遗物

陶器

筒瓦

标本 IT0509④:1（A 型Ⅵ式），瓦头部。泥质红陶。口微侈，尖唇，直颈，矮斜肩。瓦身凸面饰中绳纹，凹面素饰（图一三三，1）。标本 IT0509④:2（A 型Ⅵ式），瓦头部。泥质红陶。口微侈，尖唇，直颈，矮斜肩。瓦身凸面饰中绳纹，凹面素饰（图一三三，2）。

标本 IT0509④:3（A 型Ⅷ式），瓦头部。泥质红陶。口微侈，尖唇，直颈，矮直肩。瓦身凸面饰斜中绳纹，凹面素饰（图一三三，3）。

板瓦

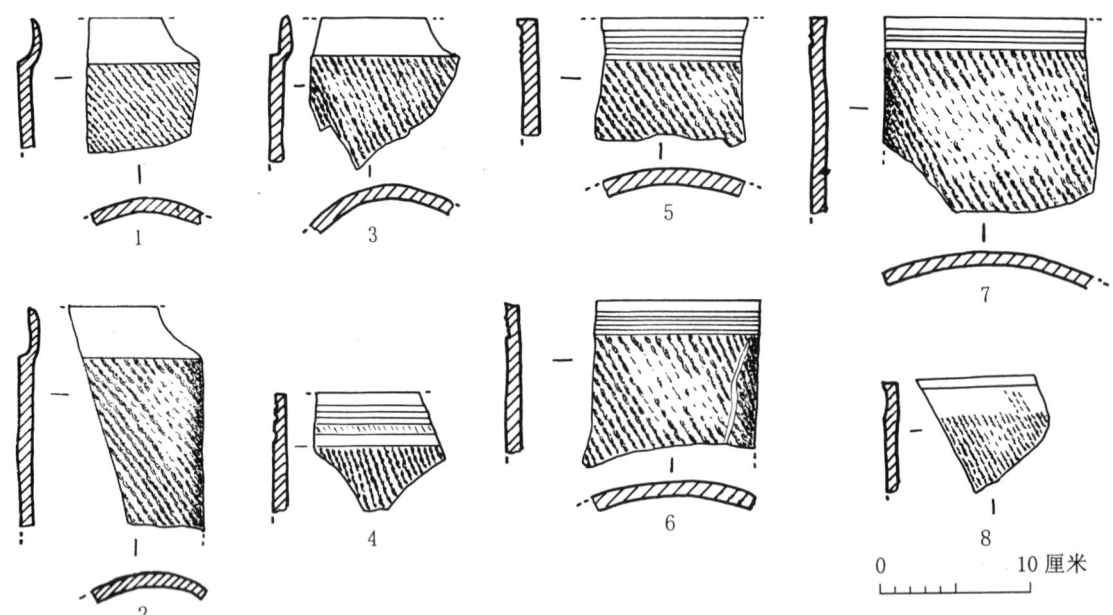

图一三三　IT0509 出土陶筒瓦、板瓦

1、2.A 型 Ⅵ 式筒瓦（IT0509④:1、IT0509④:2）　3.A 型 Ⅷ 式筒瓦（IT0509④:3）　4.A 型 Ⅷ 式板瓦（IT0509④:5）

5.A 型 Ⅸ 式板瓦（IT0509④:6）　6.A 型 Ⅹ 式板瓦（IT0509④:7）　7.A 型 Ⅺ 式板瓦（IT0509④:9）　8.A 型 Ⅻ 式板瓦

（IT0509④:10）

标本 IT0509④:5（A 型 Ⅷ 式），瓦头部。泥质红陶。直口，平沿，尖唇。瓦头凸面饰三道凹旋纹间隐绳纹；瓦身凸面饰斜中绳纹，凹面素饰（图一三三，4）。

标本 IT0509④:6（A 型 Ⅸ 式），瓦头部。泥质浅灰陶。直口，平沿，圆唇外侈。瓦头凸面饰多道凹旋纹；瓦身凸面饰斜中绳纹，凹面素饰（图一三三，5）。

标本 IT0509④:7（A 型 Ⅹ 式），瓦头部。泥质红陶。直口，沿内斜，尖唇。瓦头凸面饰多道凹旋纹；瓦身凸面饰斜中绳纹，凹面素饰（图一三三，6）。

标本 IT0509④:9（A 型 Ⅺ 式），瓦头部。泥质深灰陶。直口，平沿，尖唇。瓦头凸面饰数道凹旋纹；瓦身凸面饰斜中绳纹，凹面素饰（图一三三，7）。

标本 IT0509④:10（A 型 Ⅻ 式），瓦头部。泥质红陶。直口，平沿，圆唇外侈。瓦头凸面饰隐绳纹；瓦身凸面饰斜中绳纹，凹面素饰（图一三三，8）。

IT0605

北壁文化层（图一三四）

第 1 层：耕土层。厚 10～40 厘米。

第 2 层：分布全方。灰黑土，土质较松散，含草木灰。深 10～40、厚 20～60 厘米。包含物有青花瓷片，陶罐、缸残片。此层下叠压 M6、M7、M8，均打破第 3、4 层。

第 3 层：分布全方。灰褐土，土质较坚硬，含草木灰。深 32～95、厚 10～70 厘米。包含物有黑釉陶片，黑瓷片、高足碗底等。

第 4 层：分布全方。灰黄土，土质较松散，内含大量红烧土和炭灰。深 95～130、厚 35～100

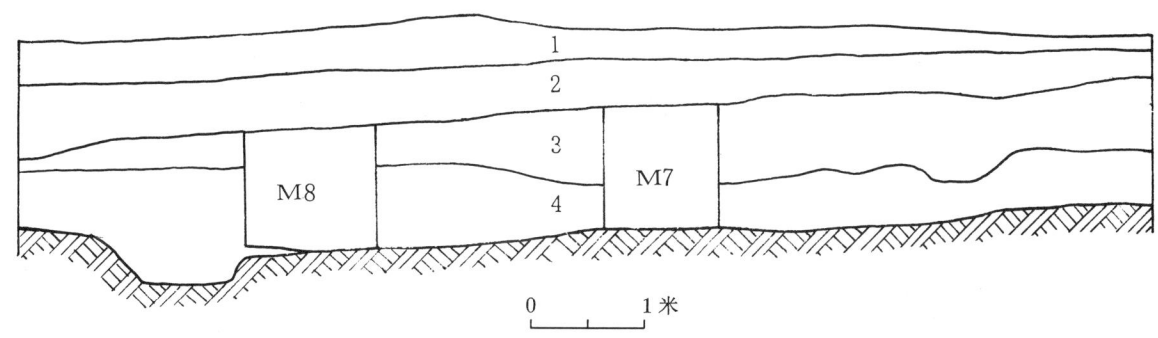

图一三四　IT0605 北壁剖面图

厘米。包含物有石斧（见综述文化遗物部分）和陶筒瓦、瓦当、板瓦残片。此层下叠压 IH3、IH2 和早期夯土台基。

第 4 层文化遗物

陶器

筒瓦

标本 IT0605④:4（A 型 II 式），瓦头部。泥质红陶。罐形口，矮弧肩，直颈微束。瓦身凸面饰中绳纹，凹面素饰（图一三五，1）。

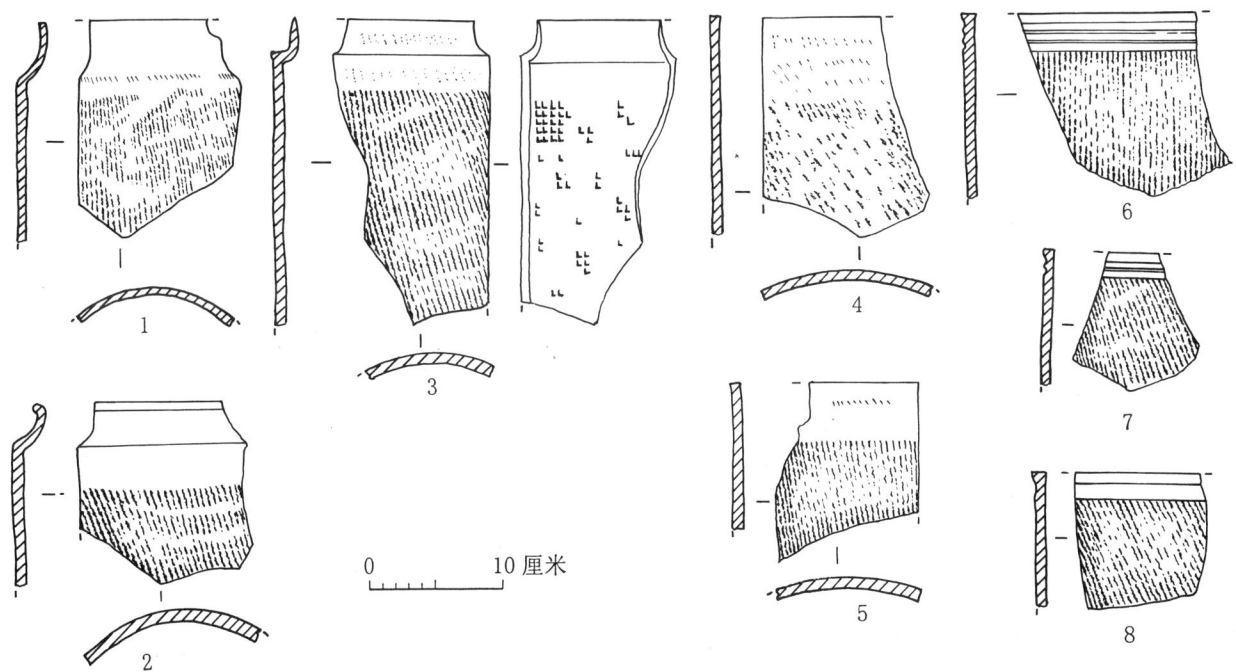

图一三五　IT0605 出土陶筒瓦、板瓦

1.A 型 II 式筒瓦（IT0605④:4）　2.A 型 V 式筒瓦（IT0605④:5）　3.A 型 X 式筒瓦（IT0605④:8）　4.A 型 II 式板瓦（IT0605④:2）　5.A 型 III 式板瓦（IT0605④:3）　6.A 型 IV 式板瓦（IT0605④:6）　7.A 型 X 式板瓦（IT0605④:10）　8.A 型 XI 式板瓦（IT0605④:12）

标本 IT0605④:5（A 型 V 式），瓦头部。泥质红陶。罐形口，折斜肩较高，束颈。瓦身凸面饰

中绳纹，凹面素饰（图一三五，2）。

标本 IT0605④:8（A 型 X 式），瓦头部。泥质深灰陶。口微侈，尖唇，直颈，高直肩。瓦头及肩部凸面饰隐绳纹；瓦身凸面饰中绳纹，凹面饰方格纹（图一三五，3）。

瓦当

标本 IT0605④:13（A 型Ⅶ式），器残。泥质红陶。瓦当较大。当面中间方框纹清晰，当面凹凸不平的印纹。直径 14、厚 1 厘米（彩版二五，1）。

板瓦

标本 IT0605④:2（A 型Ⅱ式），瓦头部。泥质红陶。瓦头和瓦身有明显分界。瓦头凸面饰隐绳纹；瓦身凸面饰中绳纹，凹面素饰（图一三五，4）。

标本 IT0605④:3（A 型Ⅲ式），瓦头部。泥质红陶。瓦头上扬。瓦头凸面饰隐绳纹。瓦身凸面饰细绳纹，凹面素饰（图一三五，5）。

标本 IT0605④:6（A 型Ⅳ式），瓦头部。泥质浅灰陶。瓦头微上扬，平沿，唇外侈。瓦头凸面饰多道旋纹；瓦身凸面饰中绳纹，凹面素饰（图一三五，6）。

标本 IT0605④:10（A 型 X 式），瓦头部。泥质深灰陶。平沿，唇外侈。瓦头凸面饰一道凸旋纹；瓦身凸面饰中绳纹，凹面素饰（图一三五，7）。

标本 IT0605④:12（A 型Ⅺ式），瓦头部。泥质深灰陶。直口，唇外侈。瓦头凸面饰一道旋纹；瓦身凸面饰中绳纹，凹面素饰（图一三五，8）。

IT0606

东壁文化层（图一三六）

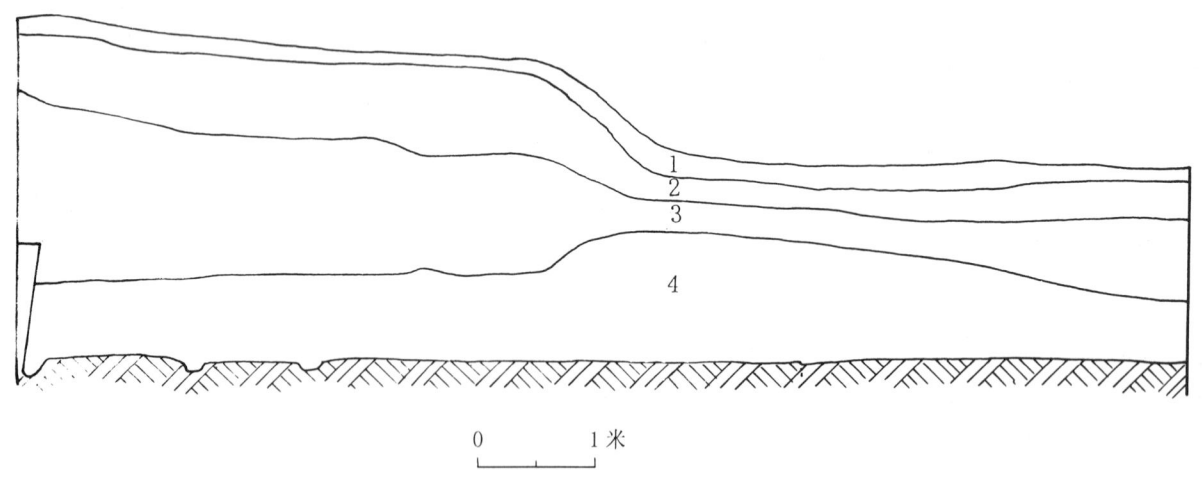

0　　　1 米

图一三六　IT0606 东壁剖面图

第 1 层：耕土层。厚 10～20 厘米。

第 2 层：分布全方。灰黄土，土质较疏松。深 10～20、厚 20～75 厘米。包含物有陶瓦片等。此层下叠压 M3、M4、M7、M8。M3、M7、M8 打破第 3、4 层，M4 打破第 3、4 层及晚期夯土台基。

第 3 层：分布全方。灰红土，土质坚硬。深 30～85、厚 25～150 厘米。包含物有青瓷片等。

第4层：分布全方。黄红土，土质坚硬，内含大量红烧土块。深65~230、厚50~110厘米。包含物有铜鼎残片、镞（见综述文化遗物部分）、陶豆、筒瓦、瓦当、板瓦等残片。此层下叠压早、晚期夯土台基。

第4层文化遗物

陶器

豆

IT0606④:9（Ⅴ式），盘、柄部。泥质浅灰陶。圆唇，敞口，盘较深，弧腹壁，矮柄较粗，柄内中空至盘底。素面（图一三七，1）。

IT0606④:8（Ⅹ式），豆盘部。泥质浅灰陶。敞口，盘较深，弧腹壁。豆盘内有一"十"字形刻划纹（图一三七，2）。

筒瓦

标本IT0606④:1（A型Ⅳ式），器形完整。泥质红陶。罐形口，口微侈，沿面平，折斜肩，束颈内斜。瓦身凸面饰中绳纹，凹面素饰（图一三七，3；图版五〇，1）。标本IT0606④:3（A型Ⅳ式），瓦头部。泥质红黄陶。罐形口，口微侈，束颈，折斜肩较高。瓦身凸面饰中绳纹，凹面素饰（图一三七，4）。

标本IT0606④:4（A型Ⅴ式），瓦头部。泥质红黄陶。口微侈，沿面外弧，颈内斜，折斜肩。瓦头凸面饰隐绳纹；瓦身凸面饰中绳纹，凹面素饰（图一三七，5）。

标本IT0606④:16（A型Ⅵ式），瓦头部。泥质浅灰陶。侈口，尖唇，直颈，矮斜肩。肩部凸面饰隐绳纹；瓦身凸面饰斜中绳纹，凹面素饰（图一三七，6）。

标本IT0606④:17（A型Ⅶ式），瓦头部。泥质浅灰陶。侈口，尖唇，直颈内斜，矮斜肩。瓦身凸面饰斜中绳纹，凹面素饰（图一三七，7）。

标本IT0606④:18（A型Ⅷ式），瓦头部。泥质浅灰陶。口微侈，圆唇，直颈，矮直肩。瓦身凸面饰斜中绳纹，凹面素饰（图一三七，8）。

标本IT0606④:19（A型Ⅸ式），瓦头部。泥质浅灰陶。口微侈，尖唇，直颈微内斜，直肩较高。肩部凸面饰隐绳纹；瓦身凸面饰中绳纹，凹面饰方格纹（图一三七，9）。

瓦当

标本IT0606④:54（A型Ⅲ式），器残。泥质浅灰陶。当部较小较薄，正面饰凹凸不平的模印纹。施红彩（图一三七，10；彩版二五，2）。

标本IT0606④:55（A型Ⅵ式），器残。泥质浅灰陶。当部较小较薄，正面饰同心圆绳纹（图一三七，11）。

标本IT0606④:56（A型Ⅶ式），器残。泥质浅灰陶。当部较大较薄，正面凹凸不平（图一三七，12）。

板瓦

标本IT0606④:5（A型Ⅲ式），瓦头部。泥质红黄陶。直口，平沿。瓦身凸面饰斜中绳纹，凹面素饰（图一三七，13）。

标本IT0606④:20（A型Ⅹ式），瓦头部。泥质红陶。口微侈，平沿，圆唇外侈。瓦头凸面饰多道凹旋纹；瓦身凸面饰斜中绳纹，凹面素饰（图一三七，14）。

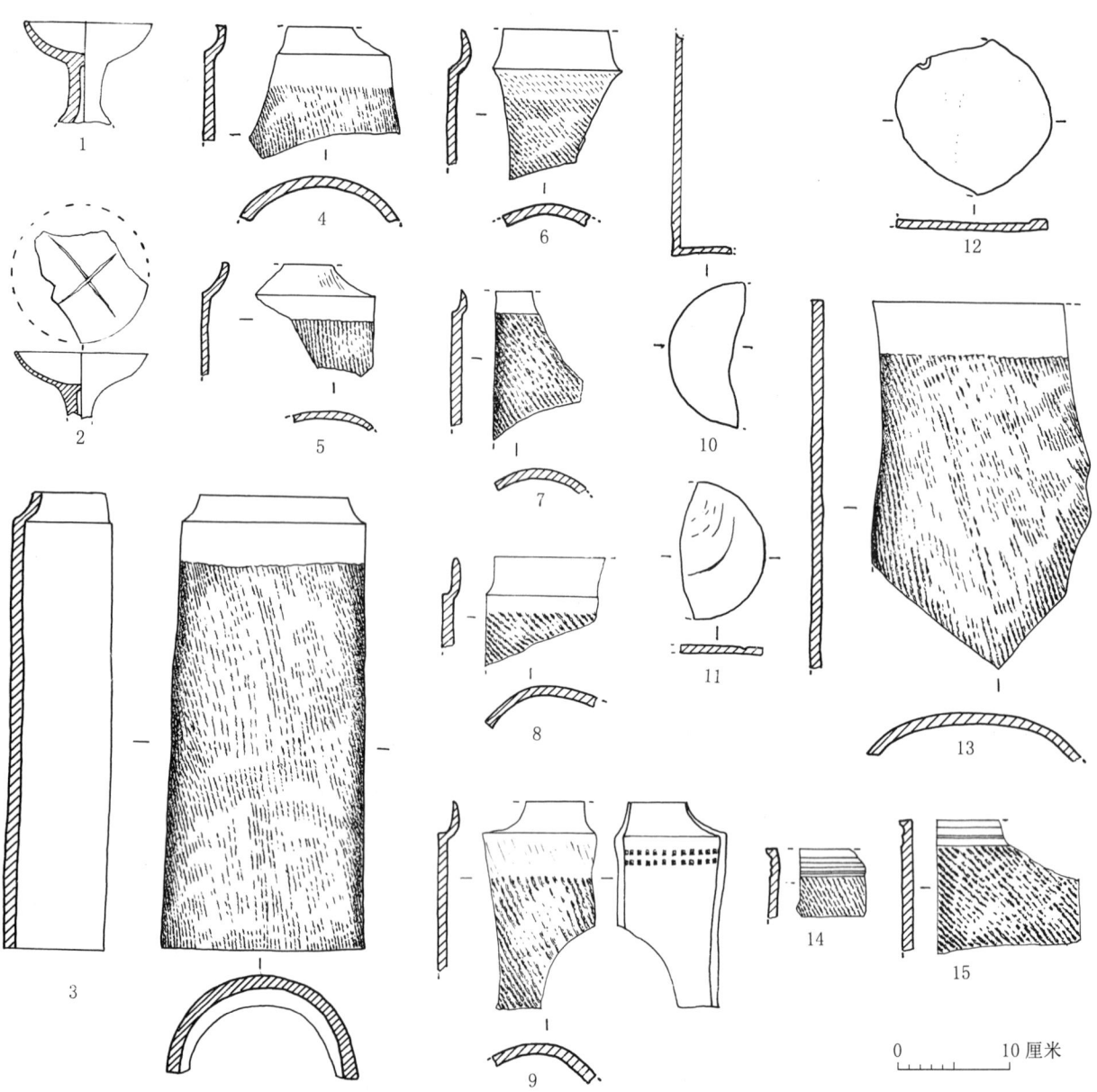

图一三七　IT0606 出土陶豆、筒瓦、板瓦、瓦当

1. V 式豆（IT0606④:9）　2. X 式豆（IT0606④:8）　3、4.A 型 Ⅳ式筒瓦（IT0606④:1、IT0606④:3）　5.A 型 V 式筒瓦
（IT0606④:4）　6.A 型 Ⅵ式筒瓦（IT0606④:16）　7.A 型 Ⅶ式筒瓦（IT0606④:17）　8.A 型 Ⅷ式筒瓦（IT0606④:18）　9.A 型
Ⅸ式筒瓦（IT0606④:19）　10.A 型 Ⅲ式瓦当（IT0606④:54）　11.A 型 Ⅵ式瓦当（IT0606④:55）　12.A 型 Ⅶ式瓦当（IT0606④:
56）　13.A 型 Ⅲ式板瓦（IT0606④:5）　14.A 型 X 式板瓦（IT0606④:20）　15.A 型 Ⅺ式板瓦（IT0606④:21）

标本 IT0606④:21（A 型 Ⅺ式），瓦头部。泥质红陶。直口，平沿，尖圆唇外侈。瓦头凸面饰
数道凹旋纹；瓦身凸面饰斜中绳纹，凹面素饰（图一三七，15）。

IT0607

北壁文化层（图一三八）

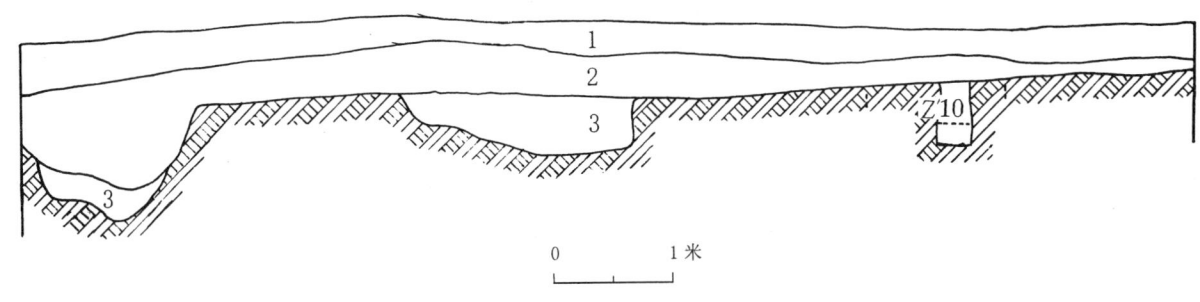

图一三八 IT0607 北壁剖面图

第1层：耕土层。厚16～40厘米。

第2层：分布全方。灰黄土，土质较疏松。深20～45、厚5～90厘米。包含物有青花瓷碗残片。此层下叠压M3、M4，M3打破第3层，M4打破第3层及晚期夯土台基。

第3层：零星分布。灰红土，土质坚硬。深55～125、厚0～50厘米。包含物有宋代青瓷碗残片等。此层下叠压晚期夯土台基。

IT0608

东壁文化层（图一三九）

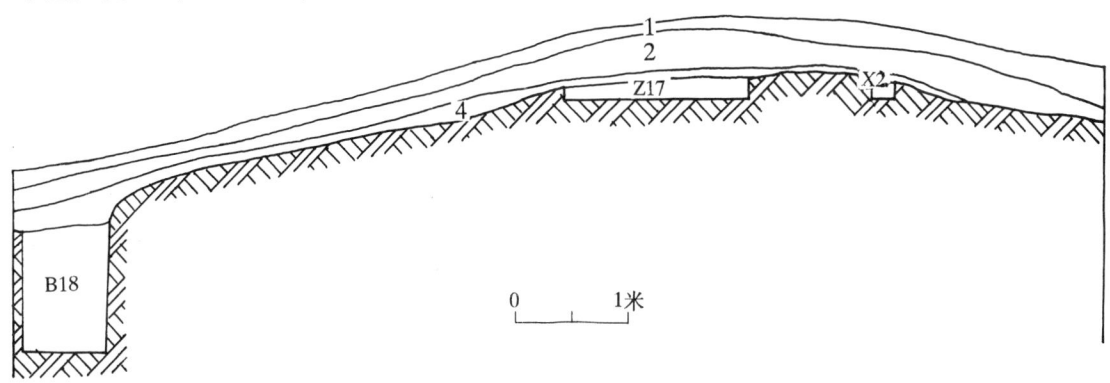

图一三九 IT0608 东壁剖面图

第1层：耕土层。厚10～30厘米。

第2层：分布全方。灰黄土，土质较疏松。深10～30、厚10～30厘米。包含物有青花瓷片等。

第4层：分布于探方的西北部。黄红土，土质较板结，内含较多的红烧土块和瓦片。深20～45、厚0～30厘米。包含物有陶筒瓦、板瓦片等。此层下叠压晚期夯土台基。

第4层文化遗物

陶器

筒瓦

标本IT0608④:5（A型Ⅵ式），瓦头部。泥质浅灰陶。口微侈，尖唇，直颈内斜，矮斜肩。肩部凸面饰隐绳纹；瓦身凸面饰斜中绳纹，凹面素饰（图一四〇，1）。

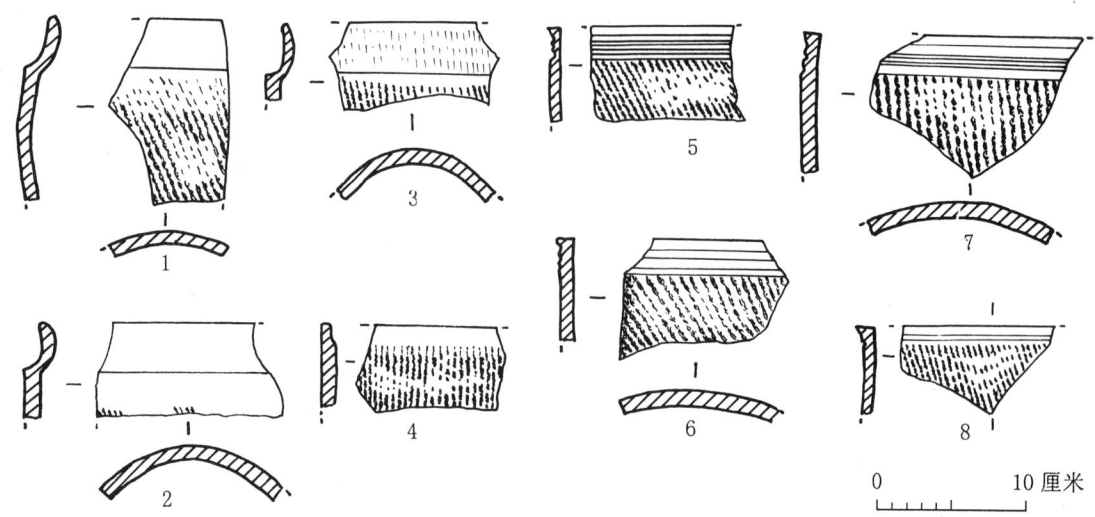

图一四〇　IT0608 出土陶筒瓦、板瓦

1.A 型Ⅵ式筒瓦（IT0608④：5）　2.A 型Ⅶ式筒瓦（IT0608④：2）　3.A 型Ⅸ式筒瓦（IT0608④：7）　4.A 型Ⅳ式板瓦
（IT0608④：8）　5~7.A 型Ⅹ式板瓦（IT0608④：9、IT0608④：11、IT0608④：12）　8.A 型Ⅺ式板瓦（IT0608④：13）

标本 IT0608④：2（A 型Ⅶ式），瓦头部。泥质红陶。口微侈，尖唇，直颈，斜肩较高。瓦身凸面饰中绳纹，凹面素饰。（图一四〇，2）。

标本 IT0608④：7（A 型Ⅸ式），瓦头部。泥质红陶。侈口，尖唇，直颈，矮直肩。肩部凸面饰隐绳纹，凹面素饰（图一四〇，3）。

板瓦

标本 IT0608④：8（A 型Ⅳ式），瓦头部。泥质红陶。口外侈。瓦头凸面饰隐绳纹；瓦身凸面饰直列中绳纹，凹面素饰（图一四〇，4）。

标本 IT0608④：9（A 型Ⅹ式），瓦头部。泥质红陶。直口，平沿，尖唇外侈。瓦头凸面饰三道凹旋纹；瓦身凸面饰中绳纹，凹面素饰（图一四〇，5）。标本 IT0608④：11（A 型Ⅹ式），瓦头部。泥质红陶。直口，平沿，尖唇外侈。瓦头凸面饰三道凹旋纹；瓦身凸面饰斜中绳纹，凹面素饰（图一四〇，6）。标本 IT0608④：12（A 型Ⅹ式），瓦头部。泥质深灰陶。直口，沿面内斜，尖唇外侈。瓦头凸面饰数道凹旋纹；瓦身凸面饰斜粗绳纹，凹面素饰（图一四〇，7）。

标本 IT0608④：13（A 型Ⅺ式），瓦头部。泥质红陶。直口微上仰，平沿，尖唇外侈。瓦头凸面饰一道凹旋纹；瓦身凸面饰中绳纹，凹面素饰（图一四〇，8）。

IT0609

南壁文化层（图一四一）

第 1 层：耕土层。厚 10~20 厘米。

第 2 层：分布于探方的西南部。灰黄土，土质较疏松。深 10~20、厚 0~35 厘米。包含物有青花瓷片等。

第 3 层：分布全方。灰红土，土质较板结。深 20~55、厚 0~80 厘米。包含物有瓷片、陶瓦片等。

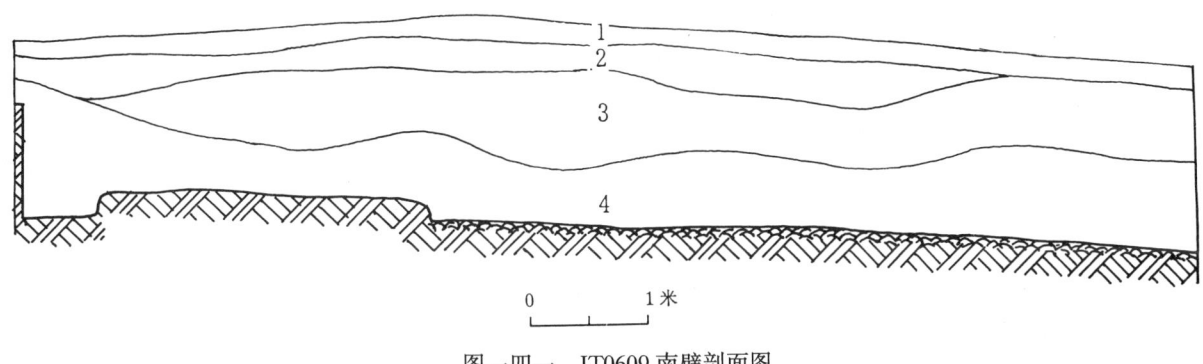

图一四一　IT0609 南壁剖面图

第 4 层：分布全方。黄红土，土质较坚硬，内含大量红烧土块。深 30～125、厚 35～110 厘米。包含物有陶筒瓦、瓦当、板瓦等。此层下叠压晚期夯土台基。

第 4 层文化遗物

陶器

筒瓦

标本 IT0609④:1（A 型Ⅵ式），瓦头部。泥质浅灰陶。口微侈，尖唇，直颈内斜，矮斜肩。瓦身凸面饰斜中绳纹，凹面饰菱形纹（图一四二，1）。

标本 IT0609④:2（A 型Ⅶ式），瓦头部。泥质红黄陶。口微侈，尖唇，直颈内斜，斜肩较高。瓦身凸面饰斜中绳纹，凹面素饰（图一四二，2）。

标本 IT0609④:5（A 型Ⅸ式），瓦头部。泥质红陶。口微侈，尖唇，直颈内斜，直肩较高。瓦身凸面饰中绳纹，凹面素饰（图一四二，3）。

标本 IT0609④:7（A 型Ⅹ式），瓦头部。泥质深灰陶。口微侈，尖唇，直颈内斜，高直肩。瓦身凸面饰斜中绳纹，凹面素饰（图一四二，4）。

IT0609④:22（Bb 型），残存瓦钉部。泥质浅灰陶。瓦身凸面饰中绳纹，凹面有一锥形瓦钉，钉长 3 厘米，瓦钉旁有一孔，已残（图版五〇，2）。

瓦当

标本 IT0609④:59（A 型Ⅶ式），器形完整。泥质浅灰陶。瓦当较小较薄。正面饰同心圆绳纹（图一四二，10）。

标本 IT0609④:60（A 型Ⅷ式），器形完整。泥质浅灰陶。瓦当较大较厚。当面饰细绳纹（图一四二，11）。

板瓦

标本 IT0609④:8（A 型Ⅷ式），瓦头部。泥质浅灰陶。直口，内斜沿。瓦头凸面饰四道凹旋纹；瓦身凸面饰斜中绳纹，凹面素饰（图一四二，5）。

标本 IT0609④:11（A 型Ⅸ式），瓦头部。泥质红陶。直口，内斜沿。瓦头凸面饰数道凹旋纹；瓦身凸面饰斜中绳纹，凹面素饰（图一四二，6）。

标本 IT0609④:12（A 型Ⅹ式），瓦头部。泥质深灰陶。直口，平沿，方唇外侈。瓦头凸面饰数道凹旋纹；瓦身凸面饰斜中绳纹，凹面素饰（图一四二，7）。

标本 IT0609④:10（A 型Ⅺ式），瓦头部。泥质红陶。直口，平沿，方唇外侈。瓦头凸面饰数

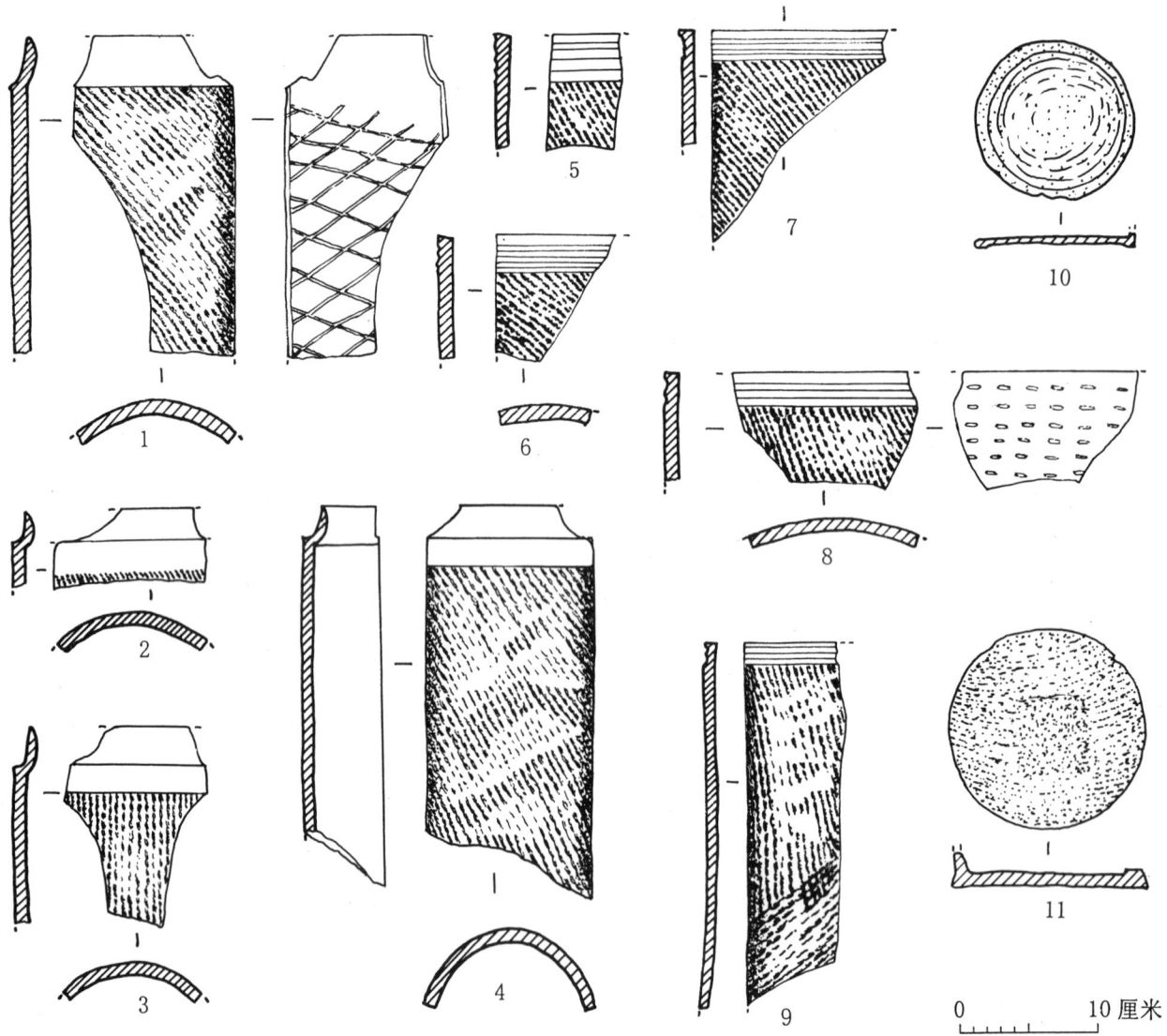

图一四二　IT0609 出土陶筒瓦、板瓦、瓦当

1.A 型Ⅵ式筒瓦（IT0609④：1）　2.A 型Ⅶ式筒瓦（IT0609④：2）　3.A 型Ⅸ式筒瓦（IT0609④：5）　4.A 型Ⅹ式筒瓦（IT0609④：
7）　5.A 型Ⅷ式板瓦（IT0609④：8）　6.A 型Ⅸ式板瓦（IT0609④：11）　7.A 型Ⅹ式板瓦（IT0609④：12）　8.A 式Ⅺ式板瓦
（IT0609④：10）　9.A 型Ⅻ式板瓦（IT0609④：13）　10.A 型Ⅶ式瓦当（IT0609④：59）　11.A 型Ⅷ式瓦当（IT0609④：60）

道凹旋纹；瓦身凸面饰斜中绳纹，凹面饰篮纹（图一四二，8）。

标本 IT0609④：13（A 型Ⅻ式），瓦头部。泥质深灰陶。直口，平沿，圆唇外侈。瓦头凸面饰
数道凹旋纹；瓦身凸面饰斜中粗绳纹，凹面素饰（图一四二，9）。

IT0610（只发掘一个小方）

南壁文化层（图一四三）

第 1 层：耕土层。厚 8～15 厘米。

第 2 层：分布于探方中东部。灰黑土，土质较松散。深 8～15、厚 0～25 厘米。包含物有陶瓦

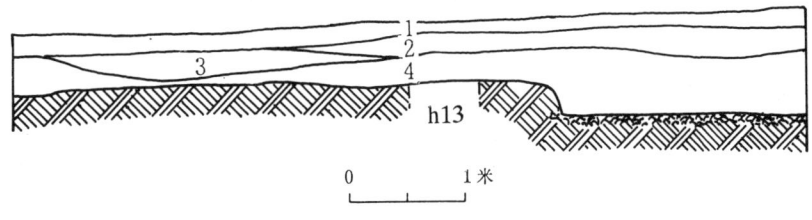

图一四三　IT0610南壁剖面图

片，白瓷片，青花瓷片，陶缸、罐残片等。

第3层：分布于探方西部。灰褐土，土质较疏松，内含少量红烧土和草木灰。深15～30、厚0～25厘米。包含物有少量陶瓦片，釉瓷和影青瓷碗、盘、碟残片。

第4层：分布全方。灰黄土，土质较板结易散，内含红烧土和木炭。深15～40、厚5～52厘米。包含物有陶筒瓦、瓦当、板瓦残片及泥质垂线球等。此层下叠压晚期夯土台基。

第4层文化遗物

陶器

筒瓦

标本IT0610④:47（A型Ⅶ式），瓦头部。泥质浅灰陶。口微侈，尖唇，直颈，斜肩较高。瓦身凸面饰中绳纹，凹面素饰（图一四四，1）。

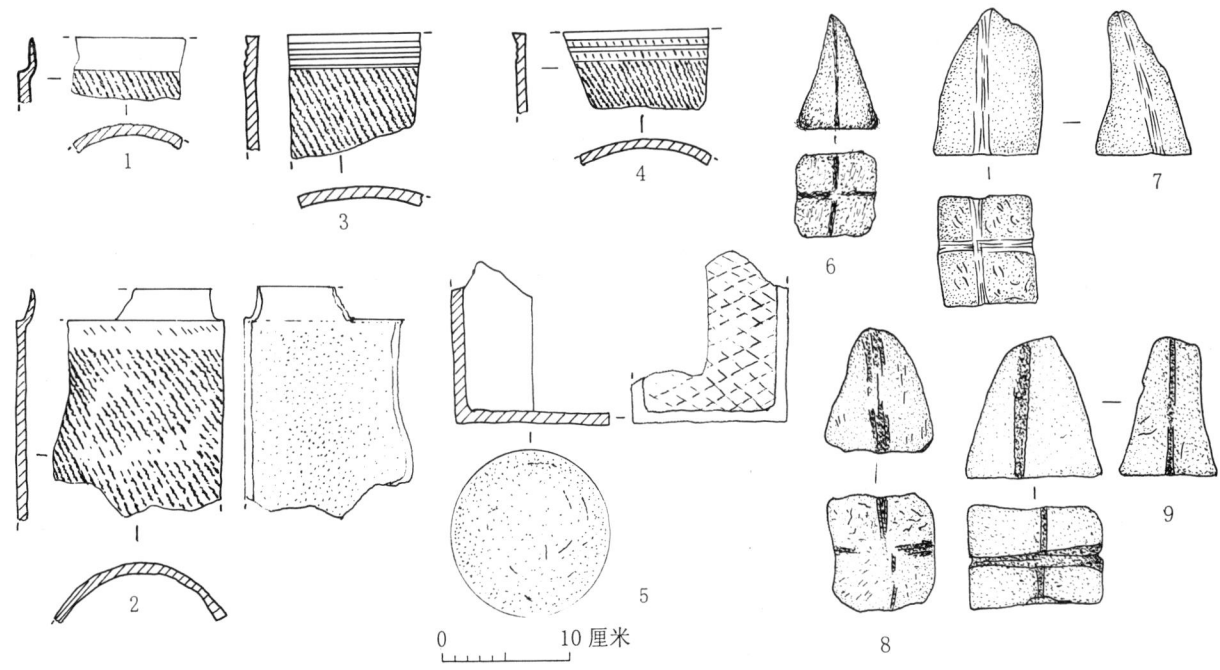

图一四四　IT0610出土陶筒瓦、板瓦，泥质垂线球

1.A型Ⅶ式筒瓦（IT0610④:47）　2.A型Ⅷ式筒瓦（IT0610④:41）　3.A型Ⅹ式板瓦（IT0610④:45）　4.A型Ⅺ式板瓦（IT0610④:46）　5.A型Ⅹ式瓦当（IT0610④:58）　6.Ⅰa式泥质垂线球（IT0610④:49）　7.Ⅰb式泥质垂线球（IT0610④:50）　8.Ⅱ式泥质垂线球（IT0610④:56）　9.Ⅲ式泥质垂线球（IT0610④:55）

IT0610④:41（A型Ⅷ式），瓦头部。泥质浅灰陶。尖唇，直颈内斜，矮直肩。瓦肩部凸面饰隐绳纹；瓦身凸面饰中绳纹，凹面饰麻点纹（图一四四，2）。

瓦当

标本IT0610④:58（A型Ⅹ式），泥质红陶。瓦当较小，正面有较明显的模印纹，具体图案不清（图一四四，5）。

板瓦

标本IT0610④:45（A型Ⅹ式），瓦头部。泥质深灰陶。直口，唇微侈。瓦头凸面饰二道凸旋纹；瓦身凸面饰中绳纹，凹面素饰（图一四四，3）。

标本IT0610④:46（A型Ⅺ式），瓦头部。泥质深灰陶。平沿，唇外侈。瓦头凸面饰一道凸旋纹间绳纹；瓦身凸面饰中绳纹，凹面素饰（图一四四，4）。

泥质垂线球

标本IT0610④:49（Ⅰa式），器形完整。红色。四棱锥钵，顶部呈尖状，底部方形，四边均为三角形。顶、底及四面有绳痕（图一四四，6）。

标本IT0610④:50（Ⅰb式），较完整。红色。四棱锥体，顶端呈尖状，底部方形。四面及顶、底均有绳痕（图一四四，7）。

标本IT0610④:56（Ⅱ式），残。红色。四棱锥体，顶端呈圆形，底部方形。四面及底、顶端有绳痕（图一四四，8）。

标本IT0610④:55（Ⅲ式），较完整。红色。四棱锥体，顶端呈"一"字形斧口状，底部为方形，宽面呈梯形，两窄面为三角形。四面、顶及底部有绳痕（图一四四，9）。

IT0705（只发掘一个小方）

西壁文化层（图一四五）

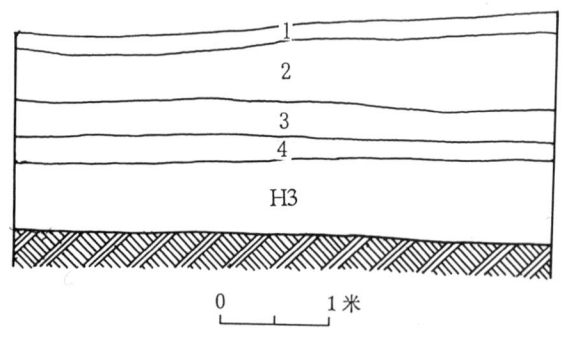

图一四五 IT0705西壁剖面图

第1层：耕土层。厚15～18厘米。

第2层：分布全方。灰黑土，土质较疏松，内含草木灰。深15～18、厚40～65厘米。包含物有白瓷、青花瓷、粉彩瓷器残片。

第3层：分布全方。灰褐土，土质较松散，内含草木灰和少量红烧土。深55～83、厚25～30厘米。包含物有影青瓷片，陶盆、壶等残片。

第4层：分布全方。灰黄土，土质较坚硬。内含炭灰及大量红烧土块。深86～113、厚15～25厘米。包含物有陶筒瓦、瓦当和板瓦等片。此层下叠压H2、H3及早期夯土台基。

第4层文化遗物

陶器

筒瓦

标本IT0705④:8（A型Ⅲ式），瓦头部。泥质红陶。罐形口，斜弧肩较高，束颈。瓦身凸面饰交叉中绳纹，凹面素饰（图一四六，1）。

标本 IT0705④：1（A 型 V 式），瓦头部。泥质红陶。口微侈，沿面外斜，唇微侈，折斜肩，直颈微束。瓦身凸面饰中绳纹，凹面素饰（图一四六，2）。

标本 IT0705④：13（A 型 VI 式），瓦头部。泥质浅灰陶。口微侈，尖唇，直颈，矮斜肩。瓦身凸面饰中绳纹，凹面素饰（图一四六，3）。

标本 IT0705④：17（A 型 VII 式），瓦头部。泥质浅灰陶。口微侈，尖唇，直颈，斜肩较高。瓦身凸面饰中绳纹，凹面素饰（图一四六，4）。

标本 IT0705④：3（A 型 VIII 式），瓦头部。泥质浅灰陶。口微侈，尖唇，直颈内斜，矮直肩。瓦身凸面饰中绳纹，凹面饰圆点纹（图一四六，5）。

标本 IT0705④：4（A 型 IX 式），瓦头部。泥质浅灰陶。尖唇，直颈内斜，直肩较高。瓦身凸面饰中绳纹，凹面素饰（图一四六，6）。

标本 IT0705④：9（Ba 型 V 式），瓦头部。泥质红陶。口微侈，沿面外弧，唇微侈，斜肩，束颈。距肩 2 厘米处的凸脊中间有一圆孔，已残。瓦身凸面饰中绳纹，凹面素饰（图一四六，7）。

标本 IT0705④：7（Ba 型 IX 式），瓦头部。泥质浅灰陶。尖唇，直颈内斜，高直肩。距肩 5 厘米处的凸脊中部有一个圆孔，已残缺。瓦身凸面饰中绳纹，凹面素饰（图一四六，8）。

瓦当

标本 IT0705④：28（A 型 IX 式），瓦当残。泥质浅灰陶。胎较厚，瓦当较大。当面中间微凹饰印纹，图案不清（图一四六，13）。

标本 IT0705④：2（A 型 XII 式），器形完整。泥质深灰陶。瓦当较小，厚薄均匀。正面中间有方块形印纹（图一四六，14）。

板瓦

标本 IT0705④：24（A 型 VII 式），瓦头部。泥质红陶。瓦头微上扬，直口，平沿，尖唇外侈。瓦头凸面饰多道凸旋纹；瓦身凸面饰中绳纹，凹面素饰（图一四六，9）。标本 IT0705④：27（A 型 VII 式），瓦头部。泥质浅灰陶。直口，沿面平，尖唇外侈。瓦头凸面饰多道旋纹；瓦身凸面饰中绳纹，凹面素饰（图一四六，10）。

标本 IT0705④：25（A 型 IX 式），瓦头部。泥质浅灰陶。直口，平沿，唇外侈。瓦头凸面饰多道凸旋纹；瓦身凸面饰中绳纹，凹面素饰（图一四六，11）。

标本 IT0705④：26（A 型 XI 式），瓦头部。泥质深灰陶。直口，平沿，尖唇外侈。瓦头凸面饰多道凸旋纹；瓦身凸面饰中绳纹，凹面素饰（图一四六，12）。

泥质垂线球

标本 IT0705④：57（I a 式），器残。红色。四棱锥体，顶部尖状，底部方形。四面及顶、底部均有绳痕（图一四六，15）。

标本 IT0705④：56（I b 式），器形完整。红色。四棱锥体，顶部尖状，底部方形，四面呈三角形。四面及顶、底部有绳痕（图一四六，16）。

标本 IT0705④：61（III 式），器残。红色。四棱锥体，顶部呈"一"字形斧口状，底部方形，二宽面呈梯形，二窄面为三角形。四面、顶及底部均有绳痕（图一四六，17）。

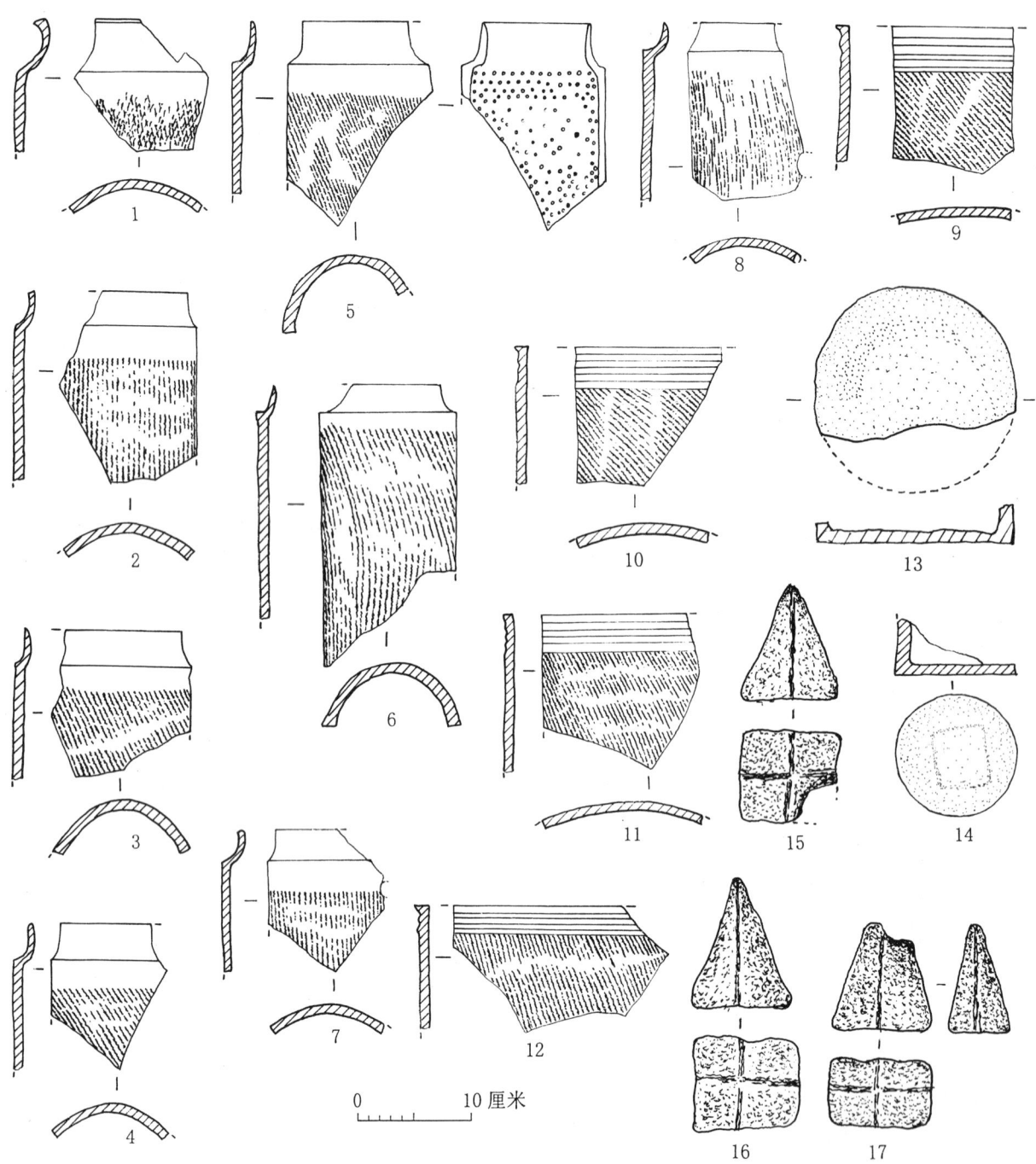

图一四六　IT0705 出土陶筒瓦、板瓦、瓦当，泥质垂线球

1.A 型Ⅲ式筒瓦（IT0705④:8）　2.A 型Ⅴ式筒瓦（IT0705④:1）　3.A 型Ⅵ式筒瓦（IT0705④:13）　4.A 型Ⅶ式筒瓦（IT0705④:17）　5.A 型Ⅷ式筒瓦（IT0705④:3）　6.A 型Ⅸ式筒瓦（IT0705④:4）　7.Ba 型Ⅴ式筒瓦（IT0705④:9）　8.Ba 型Ⅸ式筒瓦（IT0705④:7）　9、10.A 型Ⅶ式板瓦（IT0705④:24、IT0705④:27）　11.A 型Ⅸ式板瓦（IT0705④:25）　12.A 型Ⅺ式板瓦（IT0705④:26）　13.A 型Ⅸ式瓦当（IT0705④:28）　14.A 型Ⅻ式瓦当（IT0705④:2）　15.Ⅰa 式泥质垂线球（IT0705④:57）　16.Ⅰb 式泥质垂线球（IT0705④:56）　17.Ⅲ式泥质垂线球（IT0705④:61）

IT0706

东壁文化层（图一四七）

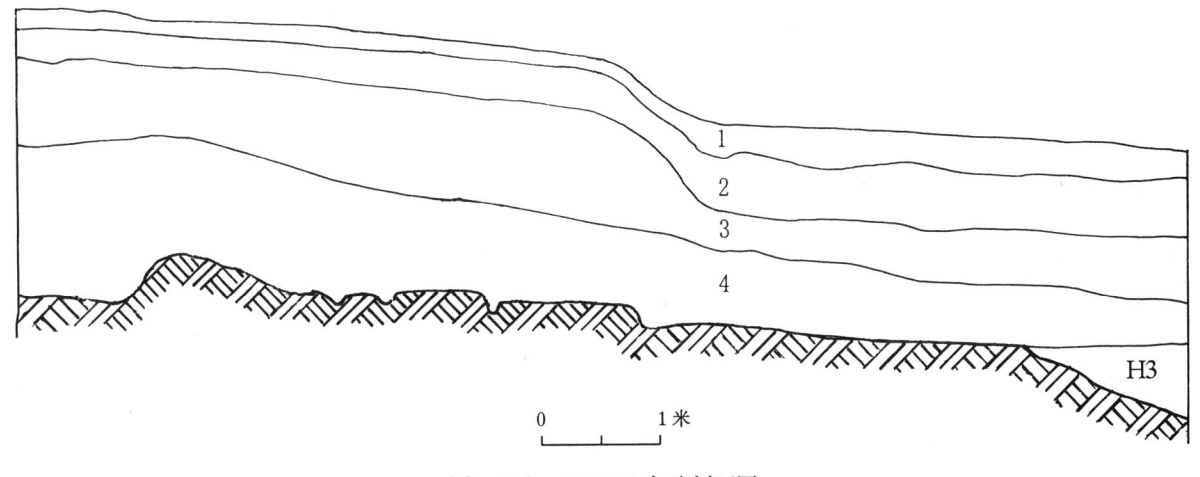

图一四七　IT0706 东壁剖面图

第1层：耕土层。厚 10～30 厘米。

第2层：分布全方。灰黑土，土质较疏松，内含草木灰。深 10～30、厚 20～50 厘米。包含物有白瓷、青花瓷片，陶罐、缸残片及少量陶瓦片。此层下压的 M1、M4 打破第3、4层和晚期夯土台基。

第3层：分布全方。灰褐土，土质较松散。深 35～80、厚 30～85 厘米。包含物有高足瓷碗、黑釉碟、青瓷片和黑釉三耳壶。

第4层：分布全方。灰黄土，土质较坚硬，内含红烧土块。深 95～130、厚 35～165 厘米。包含物有陶筒瓦和板瓦残片。此层下叠压 H3 和早、晚期夯土台基。

第4层文化遗物

陶器

筒瓦

IT0706④:11（A 型Ⅲ式），瓦头部。泥质红陶。罐形口，斜弧肩较高，束颈。瓦头、肩凸面素饰（图一四八，1）。

标本 IT0706④:6（A 型Ⅵ式），瓦头部。泥质浅灰陶。口微侈，尖唇，直颈内斜，矮斜肩。瓦身凸面饰中绳纹，凹面素饰（图一四八，2）。

标本 IT0706④:5（A 型Ⅶ式），瓦头部。泥质浅灰陶。口微侈，尖唇，颈内斜，斜肩较高。瓦身凸面饰中绳纹，凹面素饰（图一四八，3）。

标本 IT0706④:4（A 型Ⅷ式），瓦头部。泥质浅灰陶。口微侈，尖唇，直颈内斜，矮直肩。瓦身凸面饰中绳纹，凹面素饰（图一四八，4）。

标本 IT0706④:9（A 型Ⅹ式），瓦头部。泥质深灰陶。口微侈，尖唇，直颈内斜，高直肩。肩部凸面饰隐绳纹；瓦身凸面饰中绳纹，凹面素饰（图一四八，5）。

标本 IT0706④:8（Ba 型Ⅷ式），瓦头部。泥质浅灰陶。矮直肩，颈内斜。距肩 9 厘米处的凸

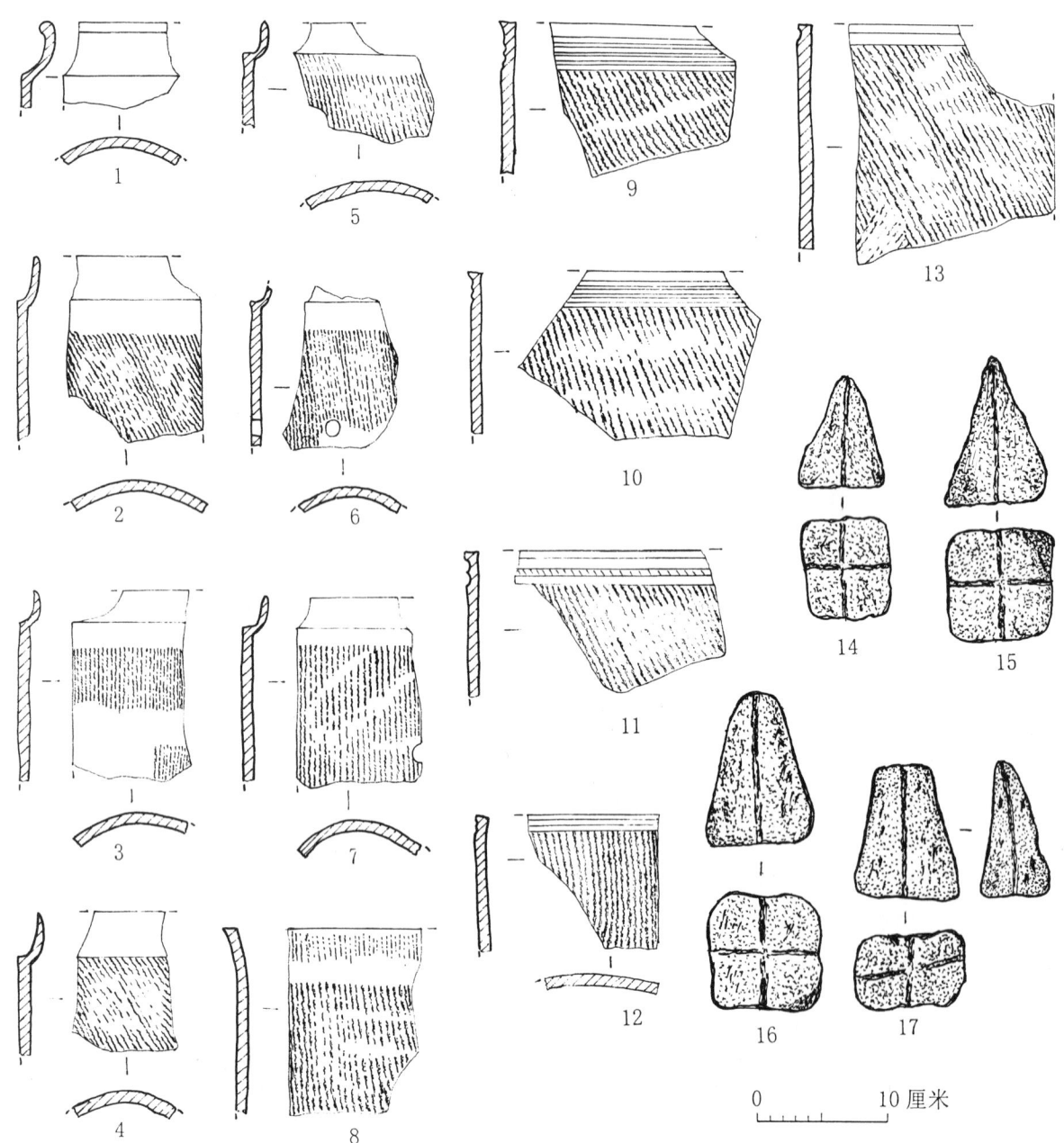

图一四八　IT0706 出土陶筒瓦、板瓦，泥质垂线球

1.A 型Ⅲ式筒瓦（IT0706④∶11）　2.A 型Ⅵ式筒瓦（IT0706④∶6）　3.A 型Ⅶ式筒瓦（IT0706④∶5）　4.A 型Ⅷ式筒瓦
（IT0706④∶4）　5.A 型Ⅹ式筒瓦（IT0706④∶9）　6.Ba 型Ⅷ式筒瓦（IT0706④∶8）　7.Ba 型Ⅸ式筒瓦（IT0706④∶7）　8.A
型Ⅲ式板瓦（IT0706④∶12）　9.A 型Ⅷ式板瓦（IT0706④∶22）　10.A 型Ⅸ式板瓦（IT0706④∶23）　11.A 型Ⅹ式板瓦
（IT0706④∶15）　12.A 型Ⅺ式板瓦（IT0706④∶17）　13.A 型Ⅻ式板瓦（IT0706④∶20）　14.Ib 式泥质垂线球（IT0706④∶57）
15.Ia 式泥质垂线球（IT0706④∶56）　16.Ⅱ式泥质垂线球（IT0706④∶53）　17.Ⅲ式泥质垂线球（IT0706④∶54）

脊中间有一圆孔，直径 1.2 厘米。瓦身凸面饰细绳纹，凹面素饰（图一四八，6）。

　　标本 IT0706④∶7（Ba 型Ⅸ式），瓦头部。泥质灰陶。口微侈，尖唇，直颈内斜，直肩较高。
距肩 8 厘米处的凸脊中间有一圆孔，已残。瓦身凸面饰直线中绳纹，凹面素饰（图一四八，7）。

瓦当

标本 IT0706④:50（A 型），瓦当残。泥质深灰陶。瓦当较小，胎较薄。瓦当正面有较明显的模印纹饰，具体图案不清（图版五〇，4）。

板瓦

标本 IT0706④:12（A 型Ⅲ式），瓦头部。泥质红陶。瓦头上扬，平沿，尖唇外侈。瓦头凸面饰隐绳纹；瓦身凸面饰中绳纹，凹面素饰（图一四八，8）。

标本 IT0706④:22（A 型Ⅷ式），瓦头部。泥质红陶。直口，平沿，尖唇外侈。瓦头凸面饰多道旋纹；瓦身凸面饰中绳纹，凹面素饰（图一四八，9）。

标本 IT0706④:23（A 型Ⅸ式），瓦头部。泥质红陶。直口，平沿，圆唇外侈。瓦头凸面饰二道凸旋纹；瓦身凸面饰粗绳纹，凹面素饰（图一四八，10）。

标本 IT0706④:15（A 型Ⅹ式），瓦头部。泥质深灰陶。直口，平沿，唇外侈。瓦头凸面饰二道凹旋纹间绳纹；瓦身凸面饰中绳纹，凹面素饰（图一四八，11）。

标本 IT0706④:17（A 型Ⅺ式），瓦头部。泥质深灰陶。敛口，内斜沿。瓦头凸面饰二道凹旋纹；瓦身凸面饰中绳纹，凹面素饰（图一四八，12）。

标本 IT0706④:20（A 型Ⅻ式），瓦头部。泥质深灰陶。直口，平沿，圆唇外侈。瓦头凸面饰一道旋纹；瓦身凸面饰中绳纹，凹面素饰（图一四八，13）。

泥质垂线球

标本 IT0706④:56（Ⅰa 式），器形完整。红色。形体较大。四棱锥体，顶端尖状，底呈方形，四面呈三角形。四面、顶及底部有绳印（图一四八，15）。

标本 IT0706④:57（Ⅰb 式），器形完整。红色。形体较小。四棱锥体，顶端尖状，底部方形，四面三角形。四面及顶、底部有绳印（图一四八，14）。

标本 IT0706④:53（Ⅱ式），器形完整。红色。四棱锥体，顶端呈圆形，底部方形，四面呈不规整的三角形。四面及顶、底均有绳印（图一四八，16）。

标本 IT0706④:54（Ⅲ式），器形完整。红色。四棱锥体，顶端呈"一"形斧口状，底部方形，四面近似三角形。四面、顶及底部均有绳印（图一四八，17）。

IT0707

南壁文化层（图一四九）

第 1 层：耕土层。厚 8～25 厘米。

第 2 层：分布全方。黄灰土，土质松软。深 8～25、厚 20～80 厘米。包含物有白瓷片、陶瓦等。此层下叠压 M1、M2，两墓打破第 3、4 层和晚期夯土台基。

第 3 层：分布全方。褐黄土，土质较紧密，易散。深 40～100、厚 40～80 厘米。包含物有陶瓦、影青瓷片等。

第 4 层：分布全方。灰红土，土质坚硬，内含较多的红烧土块。深 100～180、厚 35～160 厘米。包含物有陶筒瓦、瓦当、板瓦残片及泥质垂线球等。此层下叠压晚期夯土台基。

第 4 层文化遗物

陶器

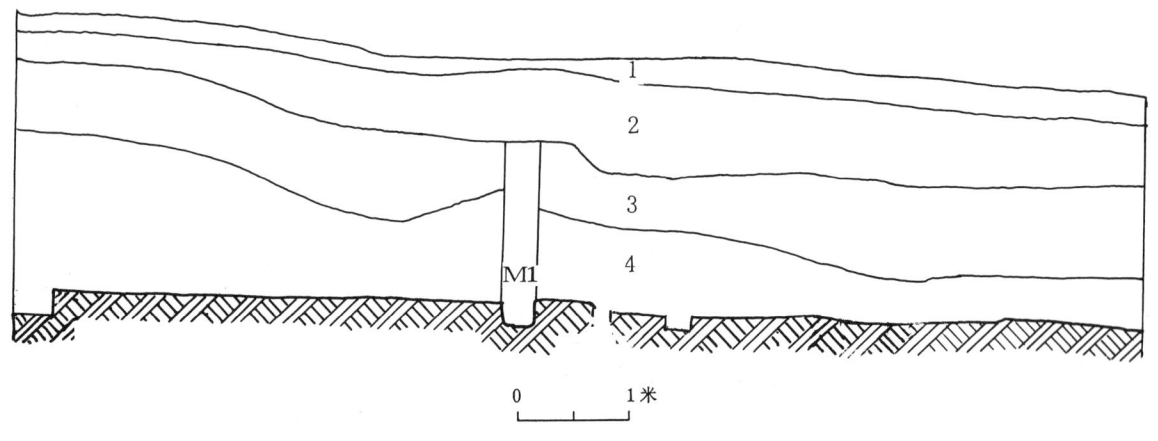

图一四九　IT0707南壁剖面图

筒瓦

标本IT0707④:7（A型Ⅲ式），瓦头部。泥质浅灰陶。罐形口，斜弧肩较矮。瓦头凸面饰隐绳纹（图一五〇，1）。

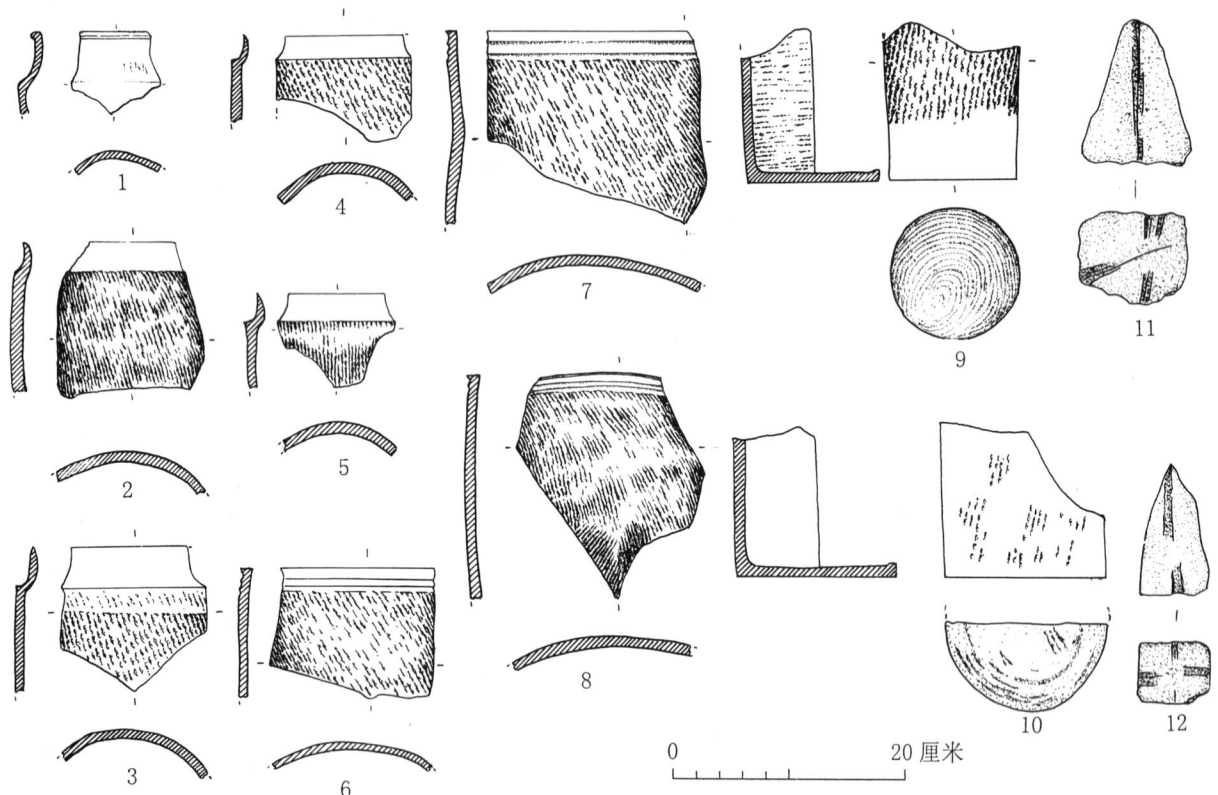

图一五〇　IT0707出土陶筒瓦、板瓦、瓦当，泥质垂线球

1.A型Ⅲ式筒瓦（IT0707④:7）　2.A型Ⅶ式筒瓦（IT0707④:10）　3.A型Ⅷ式筒瓦（IT0707④:8）　4.A型Ⅸ式筒瓦（IT0707
④:29）　5.A型Ⅹ式筒瓦（IT0707④:9）　6.A型Ⅹ式板瓦（IT0707④:1）　7.A型Ⅺ式板瓦（IT0707④:11）　8.A型Ⅻ式板瓦
（IT0707④:4）　9.A型Ⅵ式瓦当（IT0707④:46）　10.A型Ⅸ式瓦当（IT0707④:45）　11.Ⅰa式泥质垂线球（IT0707④:47）
12.Ⅰb式泥质垂线球（IT0707④:44）

标本IT0707④:10（A型Ⅶ式），瓦头部。泥质红陶。口微侈，尖唇，直颈微束，矮斜肩。瓦身凸面饰中绳纹，凹面素饰（图一五〇，2）。

标本IT0707④:8（A型Ⅷ式），瓦头部。泥质浅灰陶。口微侈，尖唇，直颈内斜，矮直肩。肩部凸面饰隐绳纹；瓦身凸面饰中绳纹，凹面素饰（图一五〇，3）。

标本IT0707④:29（A型Ⅸ式），瓦头部。泥质深灰陶。口微侈，尖唇，直颈内斜，直肩较高。瓦身凸面饰中绳纹，凹面素饰（图一五〇，4）。

标本IT0707④:9（A型Ⅹ式），瓦头部。泥质深灰陶。口微侈，尖唇，直颈，高直肩。瓦身凸面饰中绳纹，凹面素饰（图一五〇，5）。

瓦当

标本IT0707④:46（A型Ⅵ式），泥质深灰陶。瓦当较小较薄，正面饰漩涡状绳纹（图一五〇，9；图版五〇，4）。

标本IT0707④:45（A型Ⅸ式），残存半边。泥质红陶。瓦当较大，正面方框模糊，周边有模印纹，彩绘已脱落（图一五〇，10；图版五一，1）。

板瓦

标本IT0707④:1（A型Ⅹ式），瓦头部。泥质红陶。直口，平沿，尖唇外侈。瓦头凸面饰二道凸旋纹；瓦身凸面饰中绳纹，凹面素饰（图一五〇，6）。

标本IT0707④:11（A型Ⅺ式），瓦头部。泥质深灰陶。瓦头上扬，平沿，尖唇外侈。瓦头凸面饰二道凸旋纹间绳纹；瓦身凸面饰中绳纹，凹面素饰（图一五〇，7）。

标本IT0707④:4（A型Ⅻ式），瓦头部。泥质红陶。直口，平沿，尖唇外侈。瓦头凸面饰一道凸旋纹；瓦身凸面饰中绳纹，凹面素饰（图一五〇，8）。

泥质垂线球

标本IT0707④:47（Ⅰa式），器形完整。红色。形体较大。四棱锥体，顶端呈尖锥状，底部平整。四面及顶、底部有三至四道绳痕（图一五〇，11）。

标本IT0707④:44（Ⅰb式），红色。形体较小。四棱锥体，顶端呈尖状。四面及顶、底部有绳痕（图一五〇，12）。

IT0708

东壁文化层（图一五一）

第1层：耕土层。厚8～35厘米。

第2层：局部分布。灰褐土，土质疏松。深8～35、厚0～65厘米。出有少量青瓷片。

第3层：局部分布。灰红土，内含少量红烧土颗粒。深20～40、厚0～80厘米。出土物有陶筒瓦、板瓦残片和黑釉瓷碗等。

第4层：局部分布。红褐土，内含大量红烧土块。深27～115、厚0～125厘米。包含物有陶筒瓦、瓦当、板瓦残片及铜镜残片（见综述文化遗物部分）。此层下叠压晚期夯土台基。

第4层文化遗物

陶器

筒瓦

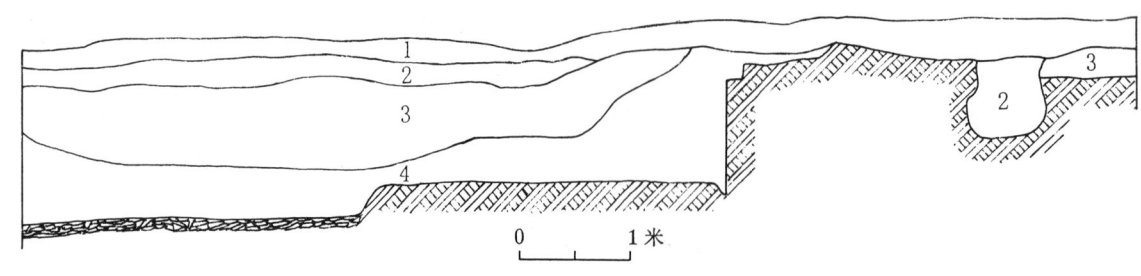

图一五一   IT0708 东壁剖面图

标本 IT0708④:5（A 型Ⅶ式），瓦头部。泥质浅灰陶。口微侈，尖唇，直颈内斜，斜肩较矮。肩部凸面饰隐绳纹；瓦身凸面饰中绳纹，凹面素饰（图一五二，1）。

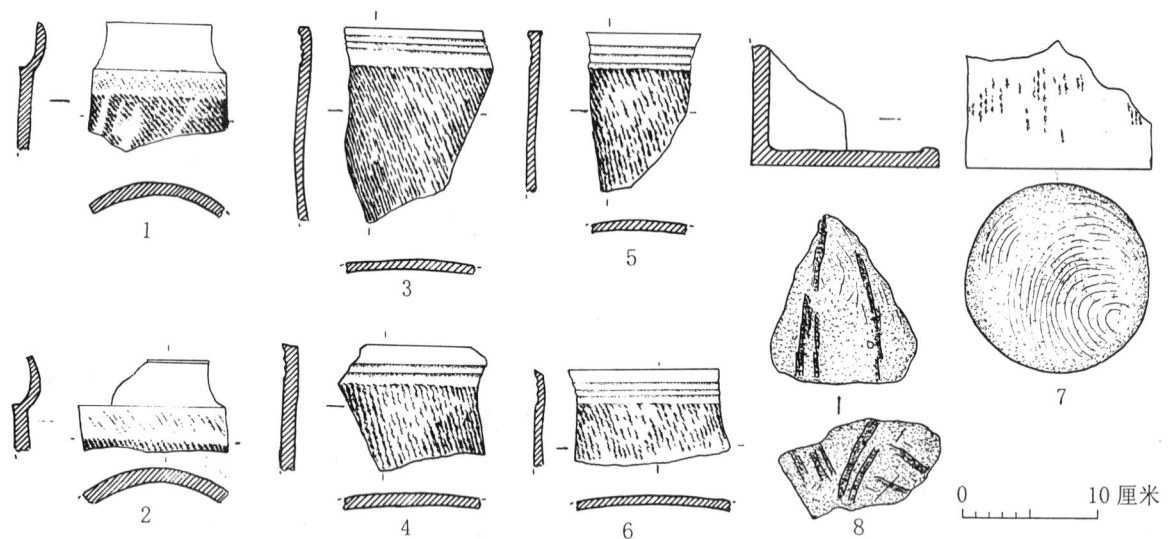

图一五二   IT0708 出土陶筒瓦、瓦当，泥质垂线球

1.A 型Ⅶ式筒瓦（IT0708④:5）   2.A 型Ⅹ式筒瓦（IT0708④:8）   3、4.A 型Ⅹ式板瓦（IT0708④:13、IT0708④:15）

5、6.A 型Ⅺ式板瓦（IT0708④:19、IT0708④:22）   7.A 型Ⅸ式瓦当（IT0708④:26）   8.Ⅰa 式泥质垂线球（IT0708④:25）

标本 IT0708④:8（A 型Ⅹ式），瓦头部。泥质深灰陶。侈口，圆唇，直颈内斜，直肩较高。肩部凸面饰隐绳纹，瓦身凸面饰中绳纹，凹面素饰（图一五二，2）。

瓦当

标本 IT0708④:26（A 型Ⅸ式），器形完整。泥质红陶。瓦当厚，较大。正面饰旋涡状绳纹（图一五二，7；图版五一，2）。

板瓦

标本 IT0708④:13（A 型Ⅹ式），瓦头部。泥质浅灰陶。直口，平沿，圆唇外侈。瓦头凸面饰三道凸旋纹间绳纹；瓦身凸面饰中绳纹，凹面素饰（图一五二，3）。标本 IT0708④:15（A 型Ⅹ式），瓦头部。泥质深灰陶。直口，斜沿，尖唇外侈。瓦头凸面饰二道凸旋纹间绳纹；瓦身凸面饰粗绳纹，凹面素饰（图一五二，4）。

标本 IT0708④:19（A 型Ⅺ式），瓦头部。泥质红陶。直口，平沿，圆唇外侈。瓦头凸面饰三道凸旋纹间绳纹；瓦身凸面饰中绳纹，凹面素饰（图一五二，5）。

标本 IT0708④:22（A型Ⅺ式），瓦头部。泥质深灰陶。瓦头上扬，侈口。瓦头凸面饰三道旋纹间绳纹；瓦身凸面饰中绳纹，凹面素饰（图一五二，6）。

泥质垂线球

标本 IT0708④:25（Ⅰa式），器形完整。红色。形体较大，四棱锥体，顶部呈尖锥状，底部较平，形状不规则。四面及顶、底部有系绳痕（图一五二，8；图版五一，3）。

IT0709

南壁文化层（图一五三）

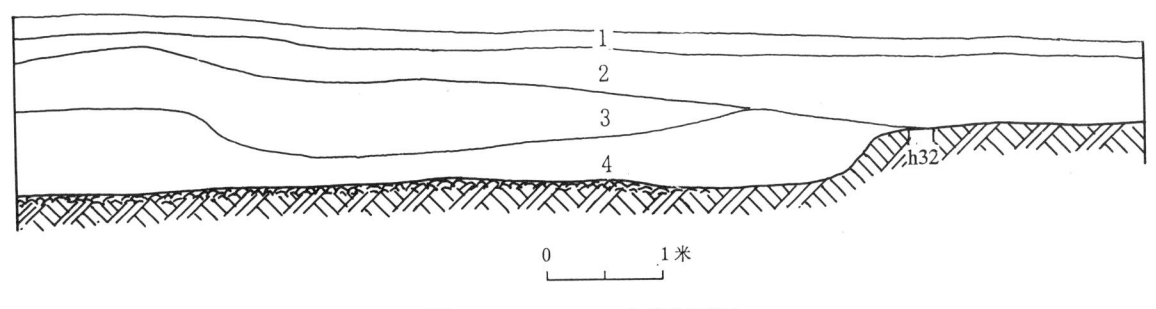

图一五三　IT0709南壁剖面图

第1层：耕土层。厚10～15厘米。

第2层：分布全方。灰黑土，土质较松散，内含草木灰。深10～15、厚10～60厘米。包含物有白瓷、青花瓷碗，陶缸、罐等器物残片。

第3层：分布于探方西南部。灰褐土，土质较疏松。深25～65、厚0～65厘米。包含物有青瓷、影青瓷片，陶盆、壶、钵等器物残片及少量陶瓦片。

第4层：分布于探方中西部。灰黄土，土质较硬易散，内含红烧土和炭灰。深65～110、厚0～70厘米。包含物有陶筒瓦、板瓦残片及泥质垂线球。此层下叠压晚期夯土台基。

第4层文化遗物

陶器

筒瓦

标本 IT0709④:42（A型Ⅲ式），瓦头部。泥质红陶。罐形口，颈内束，口微侈，沿面平，圆唇外侈，斜弧肩较高。瓦身凸面饰中绳纹，凹面素饰（图一五四，1）。

标本 IT0709④:33（A型Ⅵ式），瓦头部。泥质浅灰陶。口微侈，尖唇，矮斜肩，直颈内斜。瓦身凸面饰中绳纹，凹面素饰（图一五四，2）。

标本 IT0709④:36（A型Ⅷ式），瓦头部。泥质红陶。口微侈，尖唇，直颈内斜，矮直肩。瓦身凸面饰中绳纹，凹面素饰（图一五四，3）。

标本 IT0709④:34（A型Ⅸ式），瓦头部。泥质深灰陶。尖唇，直颈微内斜，直肩较高。肩部凸面饰隐绳纹；瓦身凸面饰粗绳纹，凹面素饰（图一五四，4）。

标本 IT0709④:37（A型Ⅹ式），瓦头部。泥质深灰陶。尖唇，直颈内斜，高直肩。瓦头及肩部凸面饰隐绳纹；瓦身凸面饰粗绳纹，凹面饰麻点纹（图一五四，5）。

标本 IT0709④:35（A型Ⅺ式），瓦头部。泥质深灰陶。直颈内斜，高直肩内凹。肩部凸面饰

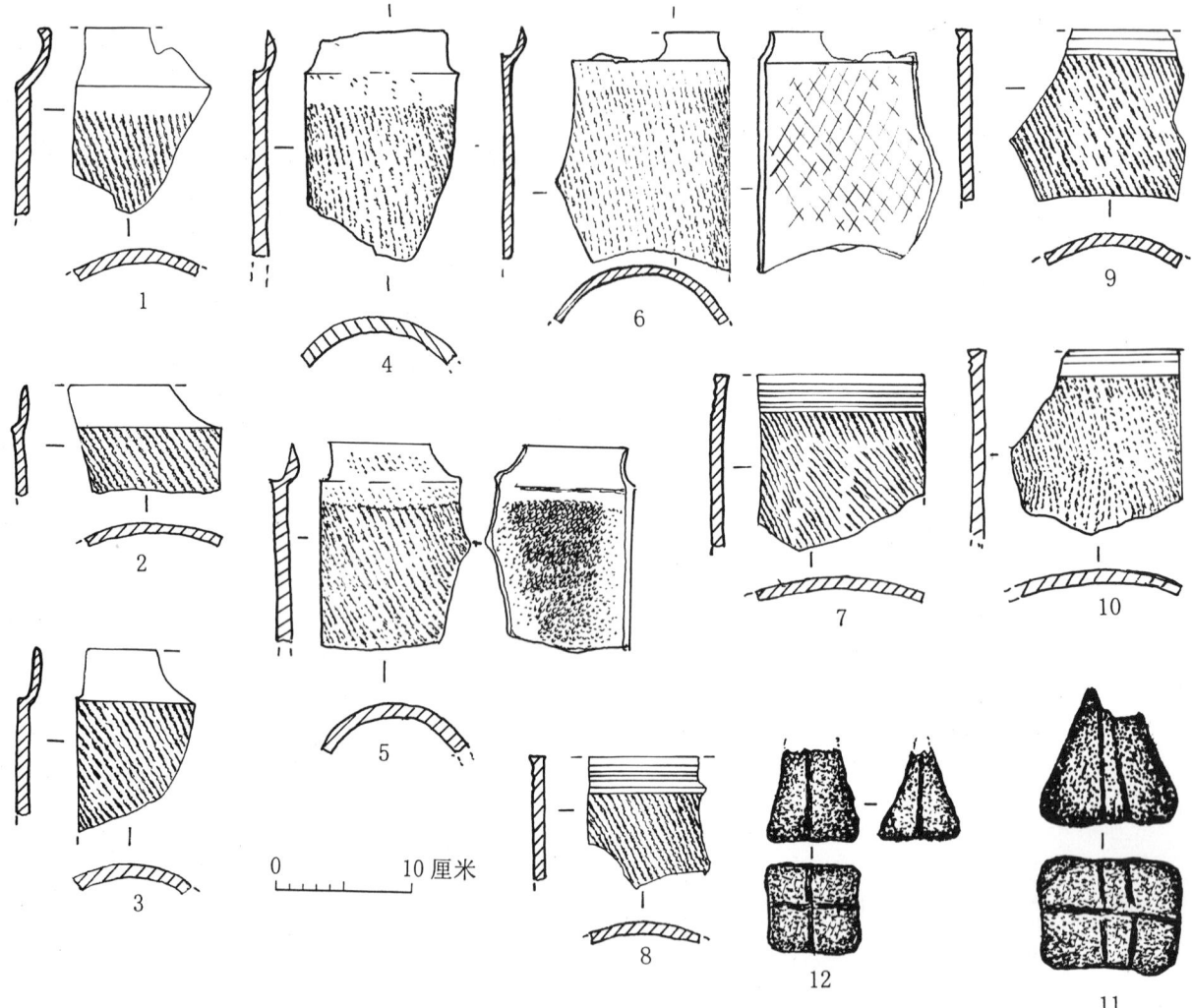

图一五四　IT0709 出土陶筒瓦、板瓦，泥质垂线球

1.A 型Ⅲ式筒瓦（IT0709④:42）　　2.A 型Ⅵ式筒瓦（IT0709④:33）　　3.A 型Ⅷ式筒瓦（IT0709④:36）　　4.A 型Ⅸ式筒瓦（IT0709④:34）　　5.A 型Ⅹ式筒瓦（IT0709④:37）　　6.A 型Ⅺ式筒瓦（IT0709④:35）　　7.A 型Ⅸ式板瓦（IT0709④:43）　　8.A型Ⅹ式板瓦（IT0709④:40）　　9.A 型Ⅺ式板瓦（IT0709④:41）　　10.A 型Ⅻ式板瓦（IT0709④:30）　　11.Ⅰa 式泥质垂线球（IT0709④:46）　　12.Ⅲ式泥质垂线球（IT0709④:44）

隐绳纹；瓦身凸面饰中绳纹，凹面饰菱形纹（图一五四，6）。

板瓦

标本 IT0709④:43（A 型Ⅸ式），瓦头部。泥质红陶。直口，方唇外侈。瓦头凸面饰凸旋纹；瓦身凸面饰中绳纹，凹面素饰（图一五四，7）。

标本 IT0709④:40（A 型Ⅹ式），瓦头部。泥质红陶。直口，平沿，圆唇外侈。瓦头凸面饰二道凸旋纹；瓦身凸面饰中绳纹，凹面素饰（图一五四，8）。

标本 IT0709④:41（A 型Ⅺ式），瓦头部。泥质红陶。直口，平沿，圆唇外侈。瓦头凸面饰一道凸旋纹；瓦身凸面饰中绳纹，凹面素饰（图一五四，9）。

标本 IT0709④:30（A 型Ⅻ式），瓦头部。泥质深灰陶。直口。瓦头凸面饰一道凸旋纹；瓦身凸面饰中绳纹，凹面素饰（图一五四，10）。

泥质垂线球

IT0709④:46（Ⅰa式），顶部已残。红色。形体较大，四棱锥体，底部方形。四面及底部有绳痕（图一五四，11）。

标本 IT0709④:44（Ⅲ式），器残。红色。体形较小，四棱扁锥体，两宽面呈梯形，两窄面呈三角形，底部呈方形。四面及底部有绳痕（图一五四，12）。

IT0807

南壁文化层（图一五五）

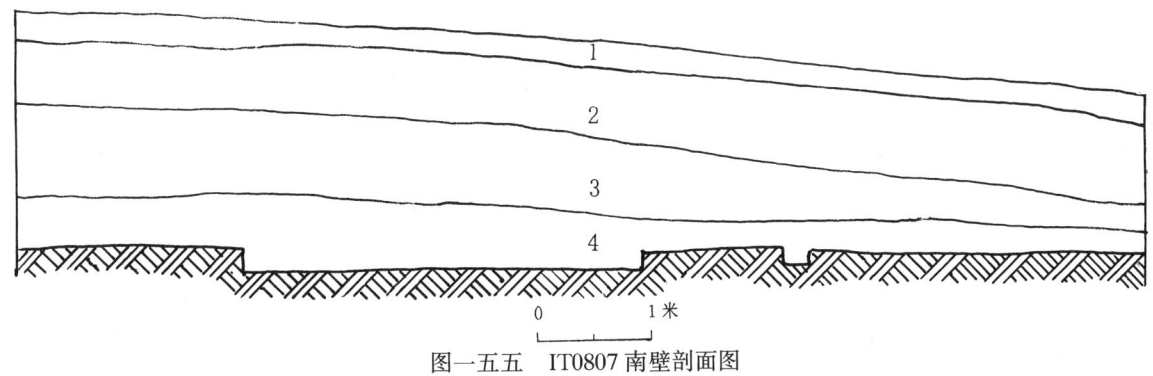

图一五五　IT0807南壁剖面图

第1层：耕土层。厚15～25厘米。

第2层：分布全方。灰褐土，土质疏松。深15～25、厚50～70厘米。出有青花瓷片、陶瓦等。

第3层：分布全方。褐灰土，土质较紧密。深75～95、厚20～80厘米。包含物有大量陶瓦、擂钵、瓦当等。

第4层：局部分布。灰土，土质较硬，内含大量红烧土块。深115～155、厚20～65厘米。出土陶筒瓦、板瓦残片。此层下叠压晚期夯土台基。

第4层文化遗物

陶器

筒瓦

标本 IT0807④:4（A型Ⅴ式），瓦头部。泥质浅灰陶。罐形口，口微侈，矮斜肩，束颈。肩部凸面饰隐绳纹；瓦身凸面饰中绳纹，凹面饰方格纹（图一五六，1）。

标本 IT0807④:2（A型Ⅵ式），瓦头部。泥质浅灰陶。口微侈，尖唇，矮斜肩，直颈微束。瓦身凸面饰中绳纹，凹面素饰（图一五六，2）。

标本 IT0807④:5（A型Ⅶ式），瓦头部。泥质浅灰陶。口微侈，尖唇，直颈内斜，矮斜肩。肩部凸面绳纹稍抹；瓦身凸面饰中绳纹，凹面素饰（图一五六，3）。

标本 IT0807④:13（A型Ⅷ式），瓦头部。泥质浅灰陶。口微侈，尖唇，直颈，矮直肩。瓦头凸面饰隐绳纹；瓦身凸面饰中绳纹，凹面饰麻点纹（图一五六，4）。

标本 IT0807④:15（A型Ⅸ式），瓦头部。泥质红陶。口微侈，尖唇，直颈，直肩较高。瓦肩部凸面饰隐绳纹；瓦身凸面饰斜向中绳纹，凹面素饰（图一五六，5）。

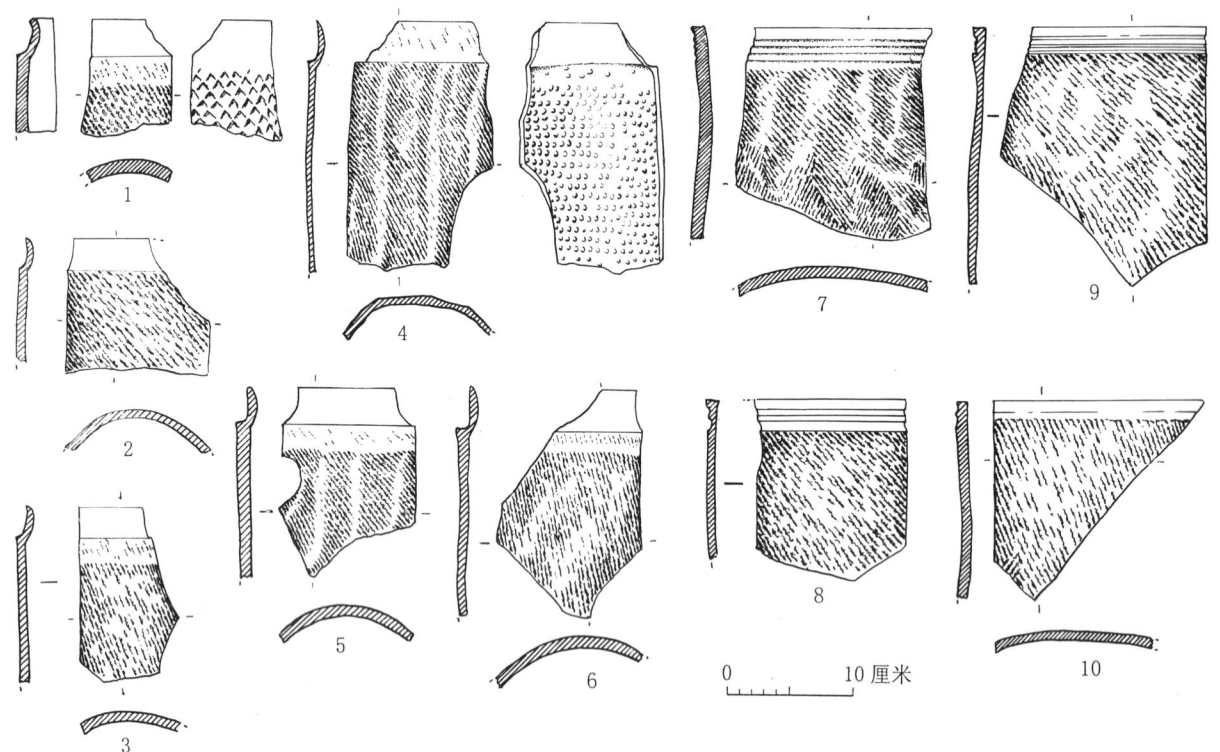

图一五六　IT0807 出土陶筒瓦、板瓦

1. A 型 V 式筒瓦（IT0807④:4）　2. A 型 VI 式筒瓦（IT0807④:2）　3. A 型 VII 式筒瓦（IT0807④:5）　4. A 型 VIII 式筒瓦（IT0807④:13）　5. A 型 IX 式筒瓦（IT0807④:15）　6. A 型 XI 式筒瓦（IT0807④:7）　7. A 型 IX 式板瓦（IT0807④:22）　8. A 型 X 式板瓦（IT0807④:12）　9. A 型 XI 式板瓦（IT0807④:29）　10. A 型 XII 式板瓦（IT0807④:25）

标本 IT0807④:7（A 型 XI 式），瓦头部。泥质深灰陶。口微侈，尖唇，直颈，高直肩。瓦肩部凸面饰隐绳纹；瓦身凸面饰中绳纹，凹面素饰（图一五六，6）。

板瓦

标本 IT0807④:22（A 型 IX 式），瓦头部。泥质红陶。瓦头上扬，直口外仰，平沿。瓦头凸面饰三道凹旋纹；瓦身凸面饰交错中绳纹，凹面素饰（图一五六，7）。

标本 IT0807④:12（A 型 X 式），瓦头部。泥质红陶。直口，平沿，尖唇外侈。瓦头凸面饰三道凸旋纹；瓦身凸面饰中绳纹，凹面素饰（图一五六，8）。

标本 IT0807④:29（A 型 XI 式），瓦头部。泥质深灰陶。口微敛，平沿，圆唇。瓦头凸面饰二道凸旋纹；瓦身凸面饰粗绳纹，凹面素饰（图一五六，9）。

标本 IT0807④:25（A 型 XII 式），瓦头部。泥质深灰陶。直口，平沿。瓦头凸面饰一道凸旋纹；瓦身凸面饰中绳纹，凹面素饰（图一五六，10）。

IT0808

南壁文化层（图一五七）

第 1 层：耕土层。厚 12～25 厘米。

第 2 层：分布全方。灰黑土，土质松散。深 12～25、厚 50～75 厘米。出有少量陶瓦、铜钱、

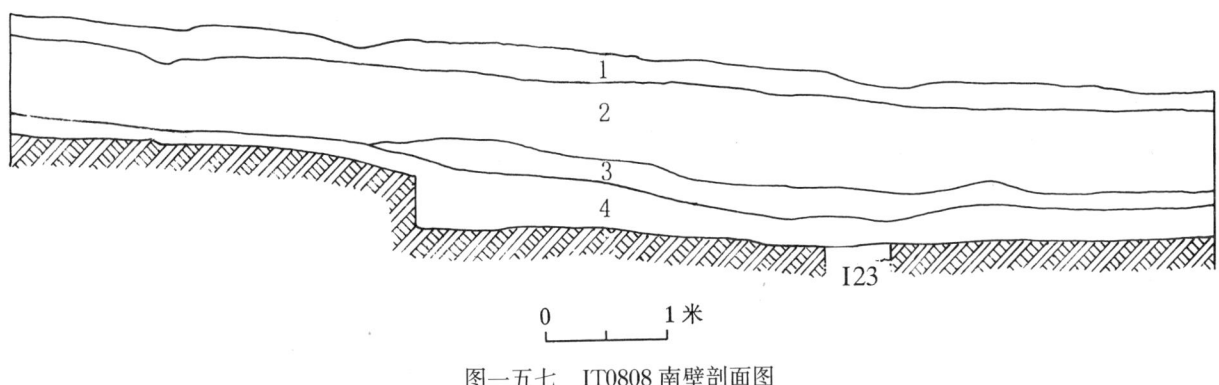

图一五七　IT0808南壁剖面图

青花瓷片。

第3层：局部分布。灰红土，土质板结，内含少量红烧土。深75～95、厚0～25厘米。出土物有影青瓷片等。

第4层：分布全方。灰黄褐土，土质坚硬，内含大量红烧土。深75～120、厚10～50厘米。出土有陶筒瓦、板瓦残片和铜插销（见综述文化遗物部分）等。此层下叠压晚期夯土台基。排水管在台基内10厘米处，因排水原因，夯土呈灰色。排水管上的台基夯土已破坏。

第4层文化遗物

陶器

筒瓦

标本IT0808④:10（A型Ⅳ式），瓦头部。泥质浅灰陶。罐形口微侈，沿面平，折斜肩，束颈。瓦身凸面饰中绳纹，凹面素饰（图一五八，1）。

标本IT0808④:1（A型Ⅴ式），瓦头部。泥质浅灰陶。罐形口微侈，沿面外斜，圆唇，折斜肩，束颈。瓦身凸面饰中绳纹，凹面素饰（图一五八，2）。

标本IT0808④:6（A型Ⅵ式），瓦残。泥质浅灰陶。口微侈，直颈外斜，矮斜肩。肩部凸面饰隐绳纹；瓦身凸面饰中绳纹，凹面素饰（图一五八，3）。

标本IT0808⑤:27（A型Ⅶ式），器形完整（排水管用瓦）。泥质浅灰陶。口微侈，尖唇，颈微束，斜肩较矮。瓦头凸面饰隐绳纹；近肩部饰二道旋纹；瓦身凸面饰中绳纹，凹面素饰（图一五八，4；图版五一，4）。

标本IT0808④:8（A型Ⅷ式），瓦头部。泥质浅灰陶。口微侈，尖唇，直颈，直肩较矮。瓦身凸面饰中绳纹，凹面素饰（图一五八，5）。

标本IT0808④:25（A型Ⅸ式），瓦头部。泥质浅灰陶。口微侈，尖唇，束颈，直肩较高。瓦身凸面饰中绳纹，凹面素饰（图一五八，6）。

标本IT0808④:24（A型Ⅹ式），瓦头部。泥质深灰陶。口微侈，尖唇，直颈内斜，高直肩。瓦身凸面饰细绳纹，凹面素饰（图一五八，7）。

板瓦

标本IT0808④:80（A型Ⅶ式），瓦头部。泥质红陶。直口，平沿，瓦头凸面饰二道凸旋纹间绳纹；瓦身凸面饰零星中绳纹，凹面素饰（图一五八，8）。

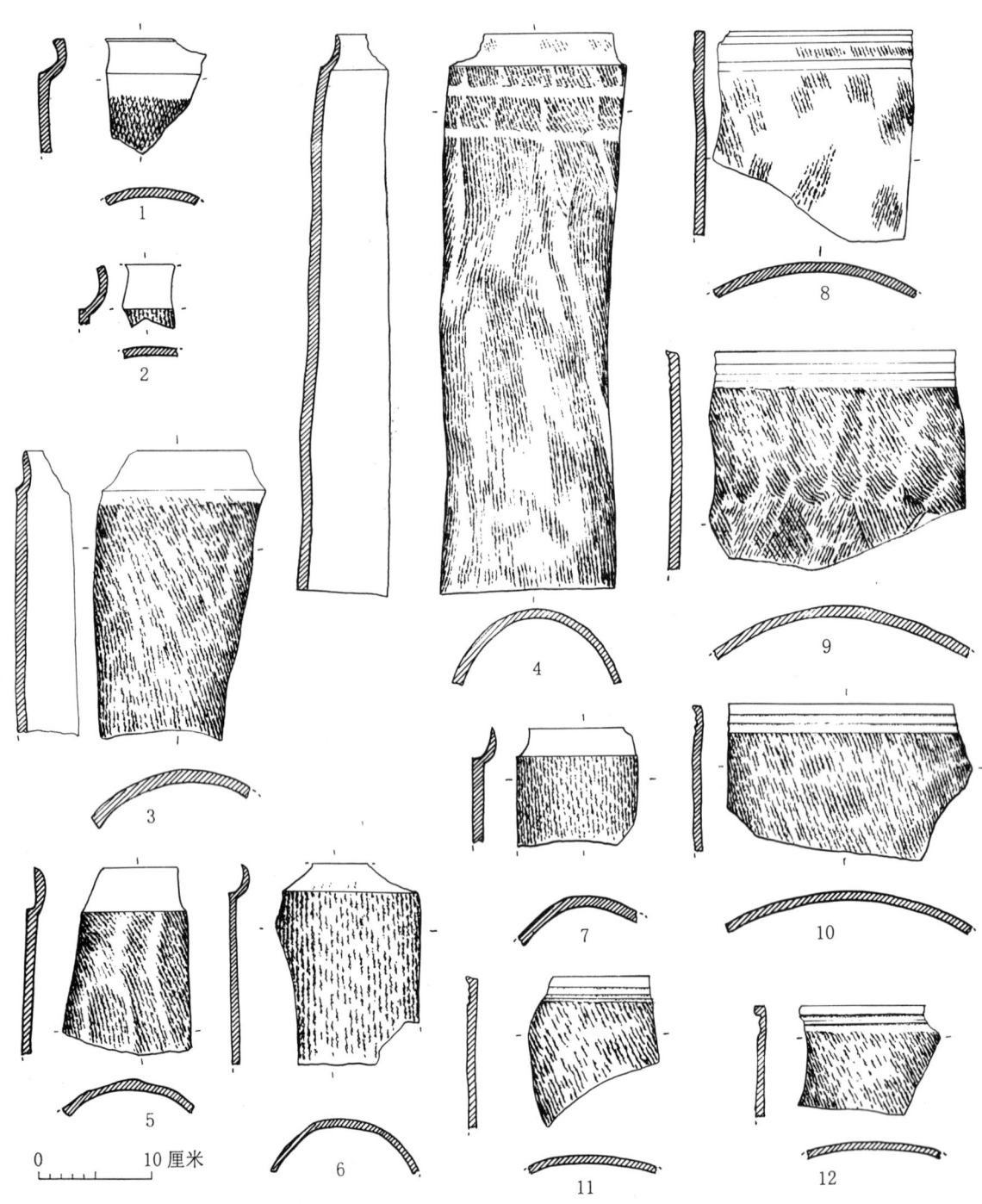

图一五八　IT0808 出土陶筒瓦、板瓦

1.A型Ⅳ式筒瓦（IT0808④:10）　2.A型Ⅴ式筒瓦（IT0808④:1）　3.A型Ⅵ式筒瓦（IT0808④:6）　4.A型Ⅶ式筒瓦（IT0808⑤:27）　5.A型Ⅷ式筒瓦（IT0808④:8）　6.A型Ⅸ式筒瓦（IT0808④:25）　7.A型Ⅹ式筒瓦（IT0808④:24）　8.A型Ⅶ式板瓦（IT0808④:80）　9.A型Ⅷ式板瓦（IT0808④:12）　10.A型Ⅹ式板瓦（IT0808④:42）　11.A型Ⅺ式板瓦（IT0808④:14）　12.A型Ⅻ式板瓦（IT0808④:15）

标本 IT0808④:12（A 型Ⅷ式），瓦头部。泥质浅灰陶。瓦头微仰，沿外斜，尖唇外侈。瓦头凸面饰三道凸旋纹；瓦身凸面饰中绳纹，凹面素饰（图一五八，9）。

标本 IT0808④:42（A 型Ⅹ式），瓦头部。泥质深灰陶。直口，平沿，尖唇外侈。瓦头凸面饰二道凸旋纹；瓦身凸面饰斜线中绳纹，凹面素饰（图一五八，10）。

标本 IT0808④:14（A 型Ⅺ式），瓦头部。泥质深灰陶。直口，平沿内斜，圆唇外侈。瓦头凸面饰三道凸旋纹；瓦身凸面饰中绳纹，凹面素饰（图一五八，11）。

标本 IT0808④:15（A 型Ⅻ式），瓦头部。泥质深灰陶。直口，平沿，方唇。瓦头凸面饰一道凸旋纹；瓦身凸面饰中绳纹，凹面素饰（图一五八，12）。

IT0809

南壁文化层（图一五九）

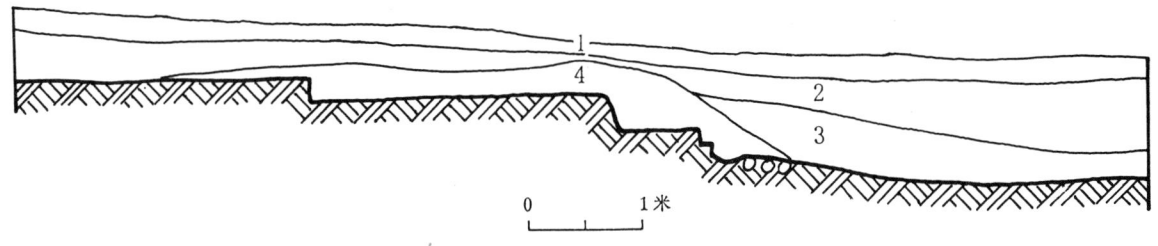

图一五九　IT0809 南壁剖面图

第 1 层：耕土层。厚 10~20 厘米。

第 2 层：分布全方。灰黑土，土质较疏松。深 10~20、厚 5~60 厘米。包含物有青瓷碗、红釉瓷盘、白瓷、青花瓷片。

第 3 层：分布于探方东北部。灰褐土，土质较松散，内含草木灰。深 35~80、厚 0~45 厘米。包含物有影青瓷碗、黑釉平底瓷碟、灰陶网坠、红胎黑釉罐等残片。

第 4 层：分布于探方中部。灰黄土，土质较紧密，内含炭灰和红烧土。深 15~93、厚 0~55 厘米。包含物有陶筒瓦、板瓦残片和泥质垂线球。此层下叠压晚期夯土台基。

第 4 层文化遗物

陶器

筒瓦

标本 IT0809④:2（A 型Ⅲ式），瓦头部。泥质红陶。罐形口，颈内束，弧肩较高。瓦头及肩部凸面饰隐绳纹；瓦身凸面饰中绳纹，凹面素饰（图一六〇，1）。

标本 IT0809④:1（A 型Ⅳ式），瓦头部。泥质红陶。罐形口，矮折斜肩，束颈。瓦头及肩部凸面饰隐绳纹；瓦身凸面饰中绳纹，凹面素饰（图一六〇，2）。

标本 IT0809④:7（A 型Ⅵ式），瓦头部。泥质浅灰陶。口微侈，尖唇，颈内斜，矮斜肩。瓦身凸面饰中绳纹，凹面素饰（图一六〇，3）。

标本 IT0809④:6（A 型Ⅷ式），瓦头部。泥质红陶。直颈，矮直肩。瓦身凸面饰中绳纹，凹面素饰（图一六〇，4）。

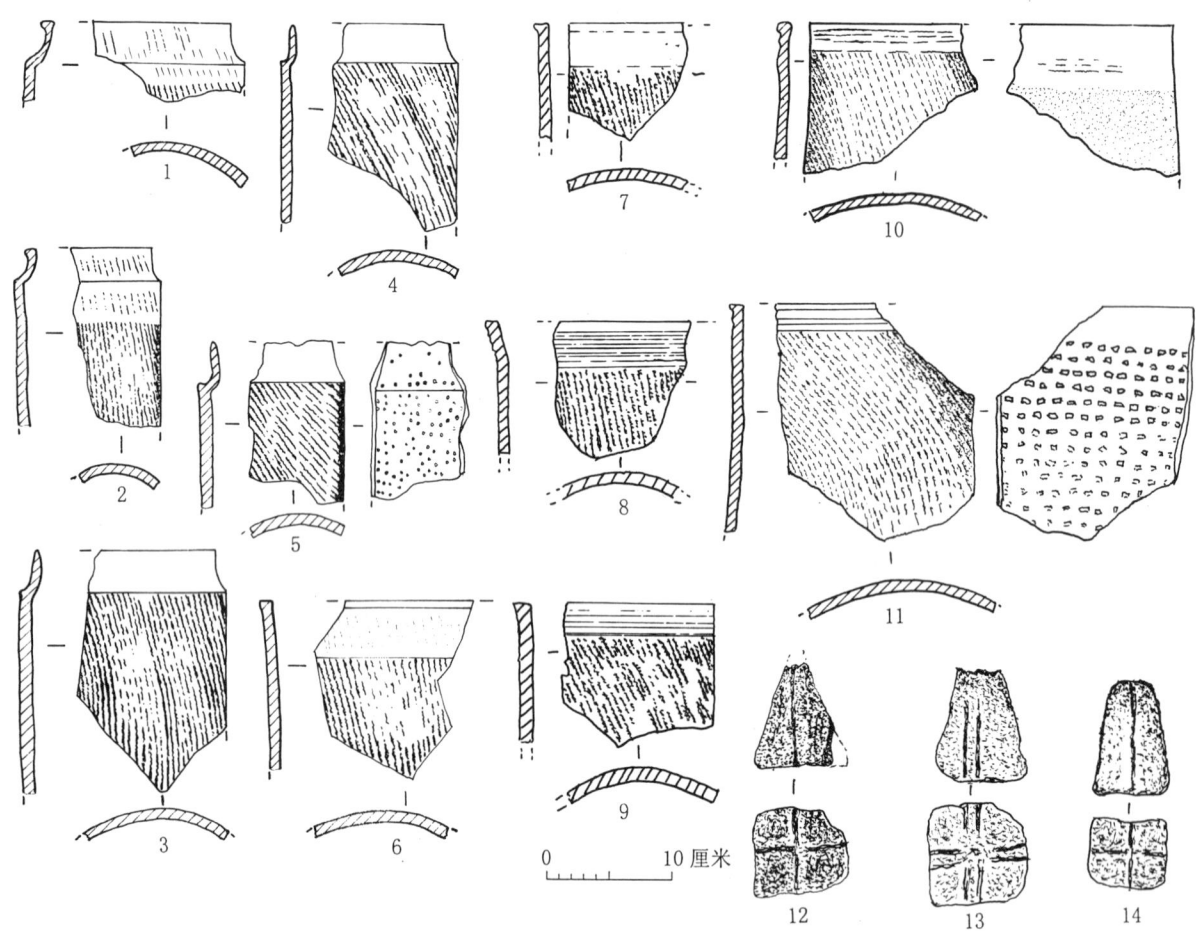

图一六〇 IT0809 出土陶筒瓦、板瓦，泥质垂线球

1.A型Ⅲ式筒瓦（IT0809④:2） 2.A型Ⅳ式筒瓦（IT0809④:1） 3.A型Ⅵ式筒瓦（IT0809④:7） 4.A型Ⅷ式筒瓦（IT0809④: 6） 5.A型Ⅸ式筒瓦（IT0809④:9） 6.A型Ⅳ式板瓦（IT0809④:12） 7.A型Ⅵ式板瓦（IT0809④:13） 8.A型Ⅷ式板瓦 （IT0809④:11） 9.A型Ⅸ式板瓦（IT0809④:14） 10.A型Ⅹ式板瓦（IT0809④:18） 11.A型Ⅺ式板瓦（IT0809④:19） 12. Ⅰb式泥质垂线球（IT0809④:50） 13.Ⅰa式泥质垂线球（IT0809④:51） 14.Ⅱ式泥质垂线球（IT0809④:54）

标本 IT0809④:9（A型Ⅸ式），瓦头部。泥质浅灰陶。口微侈，尖唇，直肩较高。瓦身凸面饰中绳纹，凹面饰麻点纹（图一六〇，5）。

板瓦

标本 IT0809④:12（A型Ⅳ式），瓦头部。泥质红陶。瓦头微上扬，平沿，唇外侈。瓦头凸面饰隐绳纹；瓦身凸面饰中绳纹，凹面素饰（图一六〇，6）。

标本 IT0809④:13（A型Ⅵ式），瓦头部。泥质浅灰陶。直口，平沿，圆唇外侈。瓦头凸面饰隐绳纹；瓦身凸面饰中绳纹，凹面素饰（图一六〇，7）。

标本 IT0809④:11（A型Ⅷ式），瓦头部。泥质浅灰陶。瓦头凸面饰多道旋纹；瓦身凸面饰中绳纹，凹面素饰（图一六〇，8）。

标本 IT0809④:14（A型Ⅸ式），瓦头部。泥质浅灰陶。瓦头上扬，直口，沿面内斜，尖唇外侈。瓦头凸面饰凸旋纹；瓦身凸面饰中绳纹，凹面素饰（图一六〇，9）。

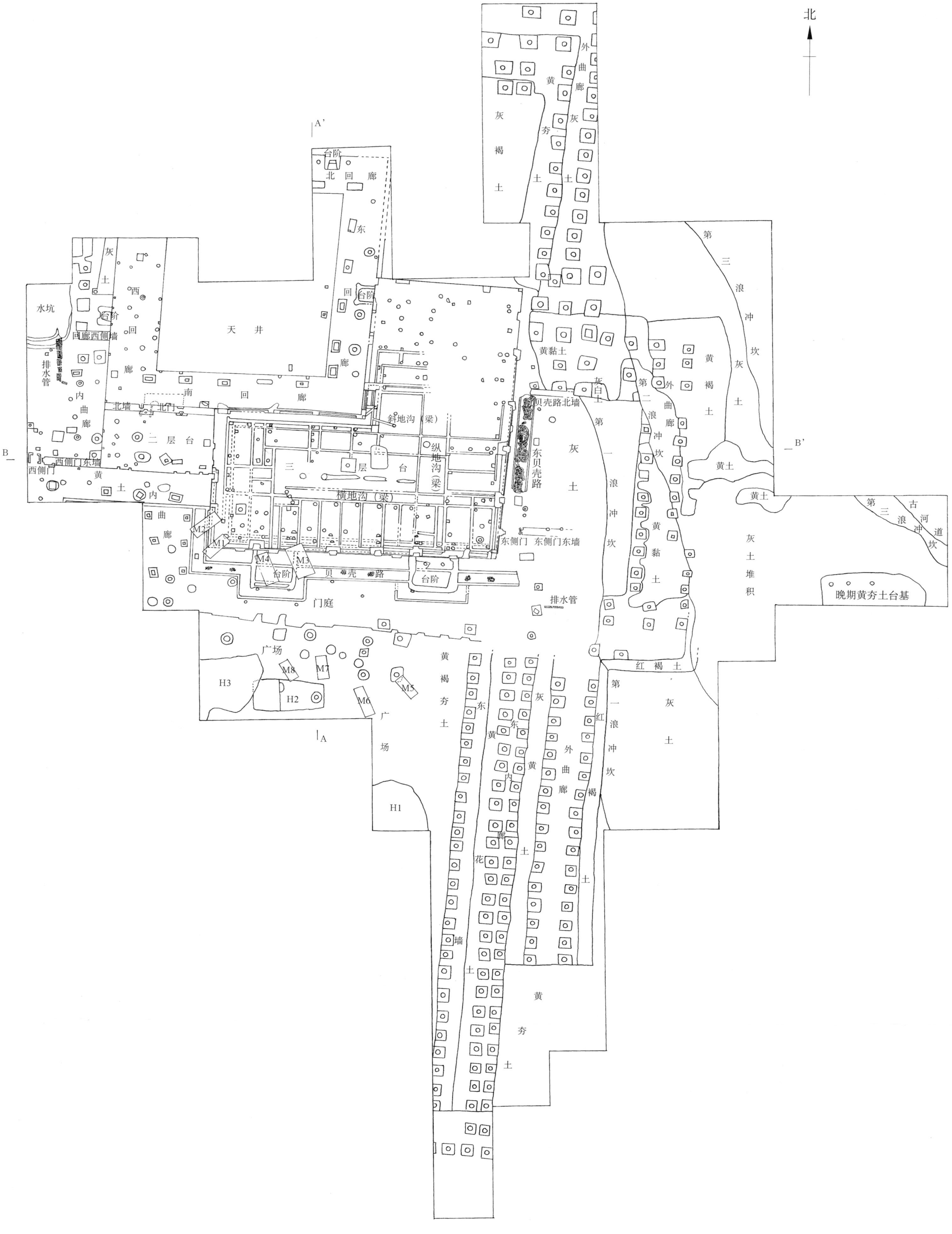

图一六一 F1平面图

北

12 米

0

晚期黄夯土台基

古河道坎

第三浪冲坎

灰土堆积

黄土

黄褐土

第三浪冲坎

灰土

黄褐土

外曲廊

第二浪冲坎

灰褐土

红褐土

第一浪冲坎

外曲廊

黄褐土

贝壳路北墙

第一浪冲坎

东贝壳路

东侧门东墙

排水管

灰土

东

外

曲

廊

黄

褐

土

灰

黄褐夯土

夯

土

东墙

外曲廊

黄黏土

灰褐土

黄褐夯土

黄褐土

灰褐土

夯土

黄夯土

灰褐土

纵地沟(梁)

台

北回廊

东回廊

台阶

黄褐夯土东墙

M5

横地沟(梁)

贝壳路

门庭

广场

M6

H1

天

井

积地沟

第三层

M3

台阶

M7

A

第二层

M4

M2

广场

M8

H2

内曲廊

M1

第一层

M12

H3

南台

北墙

南门

第三层

黄土

内曲廊

内门

西回廊

北墙西端

西侧门西墙

灰土

水坑

排水管

内曲廊

西侧门东墙

北侧门

B

排水管

标本 IT0809④:18（A 型 X 式），瓦头部。泥质深灰陶。直口，沿面平，圆唇外侈。瓦头凸面饰凸旋纹；瓦身凸面饰中绳纹，凹面饰麻点纹（图一六〇，10）。

标本 IT0809④:19（A 型 XI 式），瓦头部。泥质深灰陶。直口，平沿，尖唇外侈。瓦头凸面饰凸旋纹；瓦身凸面饰中绳纹，凹面饰篮纹（图一六〇，11）。

泥质垂线球

标本 IT0809④:51（I a 式），器残。红色。形体较大。顶部残，底部方形，四棱锥体，四面及底部有二道绳痕（图一六〇，13）。

IT0809④:50（I b 式），器残。红色。四棱锥体，顶部残，底部方形。四面及顶、底有绳痕（图一六〇，12）。

IT0809④:54（II 式），器形完整。红色。四棱锥体，顶部呈圆形，底部为方形。四面及底部、顶部均有绳痕（图一六〇，14）。

2．遗迹

IF1　宫殿基址（图一六一、一六二）

面积 13000 平方米，揭露面积 3608 平方米。基址分布于四十五个 10×10 米探方内。共包括三层台。一层台东西长约 130、南北宽约 100 米。其上分布有二层台、三层台、贝壳路、外曲廊、东内廊、内曲廊、回廊、天井、台阶、广场、侧门、夯土墙、门庭、排水设施及水坑等遗迹。二层台建筑在一层台上，高出一层台约 0.5～0.9 米，发掘面积东西长 9.45、南北宽 6.2 米，面积 58.59 平方米，主要建筑遗迹有北墙、北门、台内及周边壁柱洞。三层台高出一层台约 1～3.5 米。呈"凸"形，面积 467.5 平方米。台内分布有纵横交错的地沟和柱洞，台周边有 28 个大型壁柱洞。因宫殿毁于大火，整个台基周边被烧成红砖色烧土，故建筑遗迹现象大多尚可辨析。

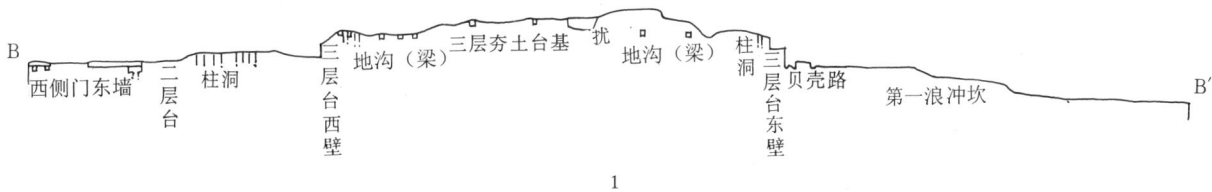

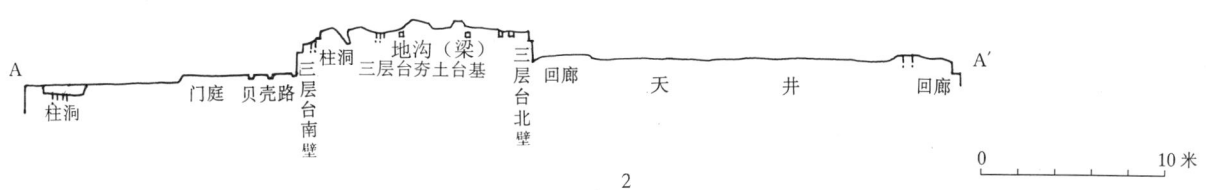

图一六二　IF1 纵、横剖面图

1．IF1IT0807（B）～IF1IT0207（B′）探方北壁横剖面图　　　2．IF1IT0605（A）～IF1IT0610（A′）探方西壁纵剖面图

IF1①①

IF1①已揭露面积3081.91平方米（发掘总面积减二、三层台面积），为黄色夯土台基。经局部解剖证实，一层台是在早期灰色夯土台基上，先挖基槽再填黄黏土夯筑而成的。台呈长方形，由南至北渐高，可分为四小层。第一小层位于台基的南面，灰黄土，分布有外曲廊南段、东内廊、东墙、广场及H1、H2、H3三个灰坑，均直接建在早期夯土台基上。第二小层位于第一小层的北面、三层夯土高台的东面、西面和南面，高出第一小层0.2米，为有斑点纹（含有白膏泥）的黄黏土建成。在第二小层上分布有贝壳路、东侧门、门庭、土墙、内曲廊南段、外曲廊中段及登上三层高台的两个大台阶。第三小层位于第二小层的北面，二、三层台东、西两侧及回廊西侧，高出第二小层0.35米，为有斑点纹的黄黏土建成。该层台上的主要建筑遗迹有内曲廊、夯土墙、西侧门、小台阶、排水管、水坑等。高台东侧的第三小层因被水冲毁，分布不清。第四小层位于第二、三层高台的北面，高出第三小层0.5米，为有斑点纹的黄黏土建成。该层台呈"回"字形，分布有回廊、天井及小台阶。

IF1①夯土台基南低北高，南北落差1.05米。一层台地势最低，平整开阔，二、三层台建在一层台的中部，一层台上的建筑为二、三层台的附属建筑，有环高台的外曲廊、东内廊、内曲廊、广场、庭院、回廊、天井及登台台阶等。

下面介绍主要建筑遗迹：

（1）贝壳路

位于一层台第二小层上，共有三条，环绕于三层台的东、南、西三侧，现已暴露总长53.2米（彩版二六）。

东贝壳路位于三层台的东侧，南北走向，长9.9、宽1.1米，西侧与三层台东壁平行，路面高出两侧地面0.2米，南端正对着东侧门，北抵东贝壳路北墙。路两侧有嵌木板的沟槽，沟槽宽0.1～0.13、深0.1～0.15米。路面由贝壳嵌砌而成。贝壳较厚，大小不一，大的长15、宽7厘米，小的长7、宽4厘米。贝壳呈白色，口朝下，背朝上，扣合在路基细土中，排列得紧密整齐，呈横"人"字纹。在高台垮塌时贝壳路局部遭到破坏（图一六三；彩版二七，1、2）。

南贝壳路位于三层台南侧，东西走向，路面高出两侧地面0.2米，贝壳路东起东内廊北端西侧，北与三层台南壁平行，环绕高台南侧的东西台阶，西端连接西贝壳路。全长37.1、宽0.9～1米。路两侧有嵌木板的沟槽，沟槽宽0.1～0.15、深0.15～0.2米。因建筑物焚毁和高台垮塌，贝壳多已烧成黑炭，仅存少量贝壳（图一六四，1～3；彩版二八，1）。

西贝壳路位于三层高台的西南侧，南北走向，长6.2、宽0.93米，路东侧与三层台西壁平行，路面高出两侧地面0.2米，南端与南侧贝壳路连接，北端通向二层台南的内曲廊。路两侧有嵌木板的沟槽，沟槽宽0.15、深0.12～0.2米。因建筑物焚毁和高台垮塌，贝壳多烧成黑炭，仅保存少量贝壳（图一六四，1；彩版二八，2）。

（2）侧门

一层台上共发现2个侧门，均位于一层台第二小层，分别在三层台的东侧和二层台的西侧，

---

① Ⅰ为区号。F1代表1号宫殿基址。①、②、③代表IF1的一、二、三层台。

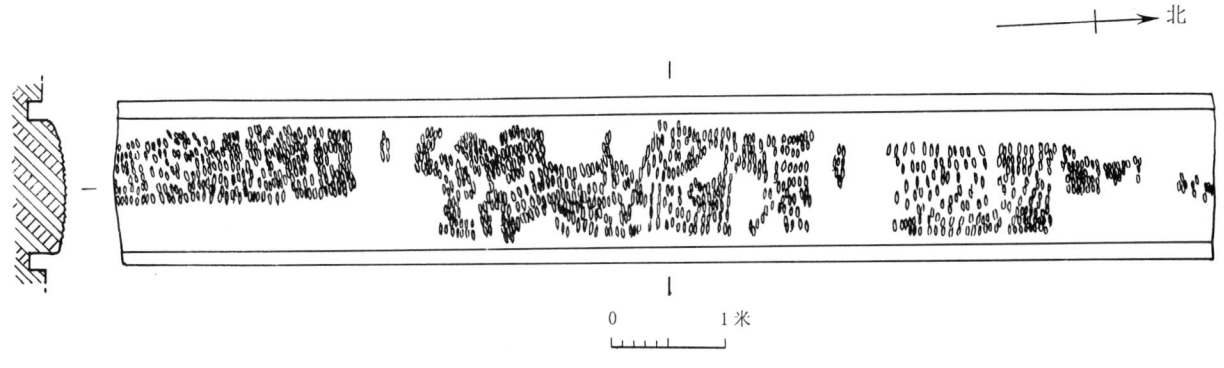

图一六三 IF1①东贝壳路平、剖面图

故称东侧门和西侧门。

东侧门位于三层台东侧南端，门已烧毁，仅存两侧门垛。门道宽 1.3 米，南北通向（彩版二九）。东侧门西侧门垛与三层台东壁相连，残高 1.1、东西宽 0.5、南北厚 0.6 米，与门结合部南侧呈双曲尺形，垛北面呈曲尺形。东侧门垛残高 0.9 米，东与夯土墙连接，南北厚 0.65 米，与门结合部南北两侧面均呈曲尺形。东侧门垛的南侧面有一方形柱洞，长 13、宽 13、深 20 厘米，北侧有一近圆形柱洞，直径 20、深 18 厘米（彩版三〇，1）。根据两侧门垛的形状和东侧门垛两边的柱洞推测，东侧门垛南北两侧均应安有门，门轴在东面，门由西向东开（图一六五；彩版三〇，2）。

西侧门位于二层台的西侧，在一层台第三小层上，与二层台南壁平行，门已烧毁，仅存门垛。门道宽 1.3 米，南北通向。西侧门垛暴露在探方西壁上，残高 0.25、宽 0.45 米（因往西未发掘，其结构尚不清楚）。东侧门垛与西侧门东墙连接，残高 0.25、南北厚 0.8 米，与门结合部的南北两侧均呈曲尺形。门道上有二条沟槽，沟槽壁烧成红色，南北向，东边的沟槽宽 0.05、长 0.9、深 0.05 米，两端呈方形，宽 0.15～0.2 米。西边的沟槽呈曲尺形，长 1.05、宽 0.1、深 0.05 米，北端向东拐弯，长 0.3、宽 0.2 米，应为木结构烧毁后的遗迹。因西侧门垛未发掘，门的安装情况不明（图一六六；彩版三一，1、2）。

（3）外曲廊

外曲廊位于一层台东侧，环绕三层台的东南、东、东北面，南起一层台东南角，北端尚未至尽头，目前仅发掘到一层台东北角。柱洞分二行对应排列，现已发现排列有序的柱洞 115 个，总长 105 米，行距 2～4 米（表三〇）。由于被水冲毁，三段高低不一。中段较高，南、北两段较低。外曲廊北段和南段基本上在一条直线上，中段向东凸出，拐角呈直角。为叙述方便，现将外曲廊分为三段，即南段、中段和北段。

外曲廊南段位于一层台第一小层上，南北向。柱洞分东、西两行排列。廊长 26、宽 3.5 米，柱洞间距 1～1.5 米，行距 2.5～2.8 米。共有大小柱洞 32 个，由南自北编号① 为 W1～W32。东

---

① 遗迹内柱洞、沟槽等的编号，一层台以遗迹名称第一个字或第二个字的第一个字母为代号。二层台柱洞以"Z"为代号。三层台的台壁柱洞以"B"为代号，台内柱洞根据形状分类，以形状的第一个字的第一个字母为代号，沟槽以方向分类编号的第一个字第一个字母为代号。因"Z"字母重复，改用"Z′"。代号字母用大写，代号与考古常用字母相同的，用小写字母。

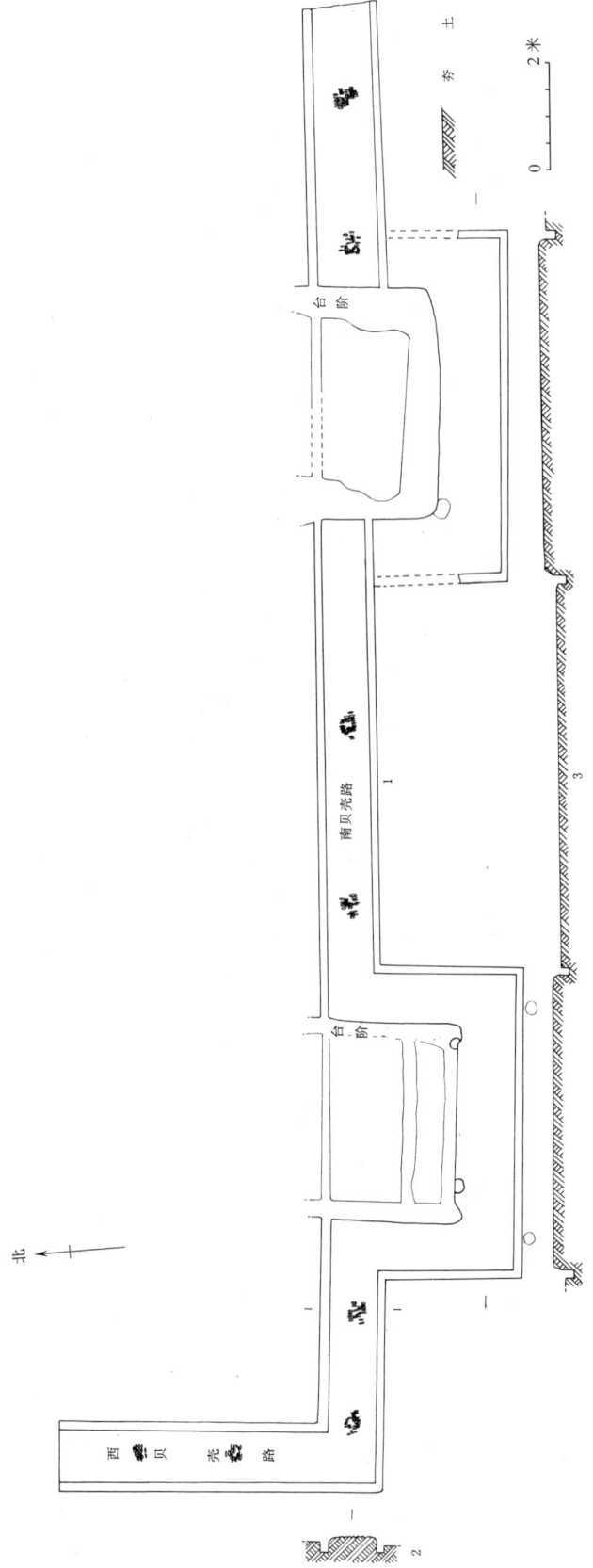

图一六四　1F1①南贝壳路、西贝壳路平、剖面图

1. 南贝壳路、西贝壳路平面图　2. 南贝壳路横剖图　3. 南贝壳路纵剖图

廊柱东侧为红褐色夯土墙基，西廊柱西侧为灰黄色夯土墙基。每个柱洞均有柱坑，柱坑呈方形，柱洞呈圆形，柱坑长、宽在 95×82 至 132×95 厘米之间。柱洞直径 35～40、钻探深 75～105 厘米。柱坑内填灰黄色花斑土和黄色花斑土，土质坚硬纯净。经局部解剖，得知廊的建造方法大致是在原来老台基上规划出廊的建筑用地，向下挖至 50～60 厘米，再用黄土夯筑，然后再挖柱坑，夯筑立柱。柱洞内填灰褐土，土质较松散，内含少量红烧土、瓦片和炭灰。出土遗物有较小的绳纹筒瓦及板瓦陶片（图一六一、一六七；彩版三二）。

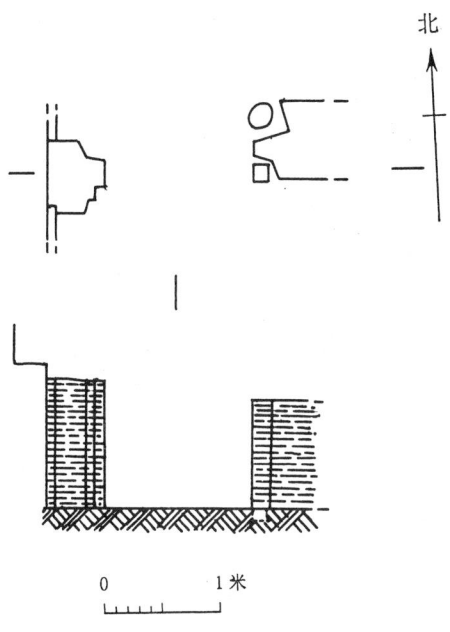

图一六五　IF1①东侧门平、剖面图

柱洞举例：

W1　方柱坑，圆柱洞。坑长 132、宽 95 厘米。柱洞直径 35 厘米。柱坑内填灰黄色花斑土，经夯实。洞内堆积灰褐土，土质较松散，内含红烧土、炭灰和陶瓦片。未发掘到底，深度不详（彩版三三，1）。

W14　方柱坑，圆柱洞。坑长 95、宽 82 厘米。柱洞直径 36 厘米。柱坑内填灰黄色花斑土，经夯实。洞内堆积灰褐土，土质较松散，内含红烧土、炭灰和陶瓦片。钻探深度 80 厘米（彩版三三，2）。

表三〇　　　　　　　　　　IF1①外曲廊柱坑、柱洞统计表

柱洞编号	柱坑形状、尺寸（厘米）、填土					柱洞形状、尺寸（厘米）、堆积及包含物					
	形状	长	宽	直径	钻探深	填土	形状	长	宽	直径	钻探深	堆积及包含物
W1	方形	132	95			灰黄色花斑土	圆形			35		灰褐土，炭灰，红烧土，陶瓦片
W2	方形	105	95			灰黄色花斑土	圆形			35		灰褐土，炭灰，红烧土，陶瓦片
W3	方形	118	95		85	灰黄色花斑土	圆形			35	85	灰褐土，炭灰，红烧土，陶瓦片
W4	方形	105	100		80	灰黄色花斑土	圆形			35	80	灰褐土，炭灰，红烧土，陶瓦片
W5	方形	110	82		80	灰黄色花斑土	圆形			38	80	灰褐土，炭灰，红烧土，陶瓦片
W6	方形	100	77		80	灰黄色花斑土	圆形			35	80	灰褐土，炭灰，红烧土，陶瓦片
W7	方形	105	82		85	灰黄色花斑土	圆形			35	85	灰褐土，炭灰，红烧土，陶瓦片
W8	方形	120	120		80	灰黄色花斑土	圆形			35	80	灰褐土，炭灰，红烧土，陶瓦片
W9	方形	120	71		75	黄色花斑土	圆形			35	75	灰褐土，炭灰，红烧土，陶瓦片
W10	方形	120	82		80	黄色花斑土	圆形			35	80	灰褐土，炭灰，红烧土，陶瓦片
W11	方形	105	95		75	黄色花斑土	圆形			35	75	灰褐土，炭灰，红烧土，陶瓦片
W12	方形	100	89		70	黄色花斑土	圆形			35	70	灰褐土，炭灰，红烧土，陶瓦片

续表三〇

柱洞编号	柱坑形状、尺寸（厘米）、填土						柱洞形状、尺寸（厘米）、堆积及包含物					
	形状	长	宽	直径	钻探深	填土	形状	长	宽	直径	钻探深	堆积及包含物
W13	方形	120	80		80	黄色花斑土	圆形			38	80	灰褐土,炭灰,红烧土,陶瓦片
W14	方形	95	82		80	黄色花斑土	圆形			36	80	灰褐土,炭灰,红烧土,陶瓦片
W15	方形	135	95		80	黄色花斑土	圆形			38	80	灰褐土,炭灰,红烧土,陶瓦片
W16	方形	105	80		75	黄色花斑土	圆形			35	75	灰褐土,炭灰,红烧土,陶瓦片
W17	方形	115	100		80	黄色花斑土	圆形			40	80	灰褐土,炭灰,红烧土,陶瓦片
W18	方形	110	100		90	黄色花斑土	圆形			38	90	灰褐土,炭灰,红烧土,陶瓦片
W19	方形	120	90		85	黄色花斑土	圆形			38	85	灰褐土,炭灰,红烧土,陶瓦片
W20	方形	105	85		90	黄色花斑土	圆形			38	90	灰褐土,炭灰,红烧土,陶瓦片
W21	方形	110	75		85	黄色花斑土	圆形			35	85	灰褐土,炭灰,红烧土,陶瓦片
W22	方形	110	100		80	黄色花斑土	圆形			36	80	灰褐土,炭灰,红烧土,陶瓦片
W23	方形	110	95		90	黄色花斑土	圆形			35	90	灰褐土,炭灰,红烧土,陶瓦片
W24	方形	110	95		90	黄色花斑土	圆形			38	90	灰褐土,炭灰,红烧土,陶瓦片
W25	方形	110	90		105	黄色花斑土	圆形			37	90	灰褐土,炭灰,红烧土,陶瓦片
W26	方形	110	75		80	黄色花斑土	圆形			38	80	灰褐土,炭灰,红烧土,陶瓦片
W27	方形	100	90		85	黄色花斑土	圆形			40	85	灰褐土,炭灰,红烧土,陶瓦片
W28	方形	100	85		90	黄色花斑土	圆形			40	90	灰褐土,炭灰,红烧土,陶瓦片
W29	方形	105	100		85	黄色花斑土	圆形			40	85	灰褐土,炭灰,红烧土,陶瓦片
W30	方形	125	100		90	黄色花斑土	圆形			40	90	灰褐土,炭灰,红烧土,陶瓦片
W31	方形	110	90		95	黄色花斑土	圆形			38	90	灰褐土,炭灰,红烧土,陶瓦片
W32	方形	105	110		90	黄色花斑土	圆形			40	90	灰褐土,炭灰,红烧土,陶瓦片
W33	方形	100	80		85	灰黄色花斑土	圆形			35	85	灰褐土,炭灰,红烧土,陶瓦片
W34	方形	125	80		85	灰黄色花斑土	圆形			36	85	灰褐土,炭灰,红烧土,陶瓦片
W35	方形	90	85			灰黄色花斑土	圆形			40		灰褐土,炭灰,红烧土,陶瓦片
W36	方形	100	80			灰黄色花斑土	圆形			40		灰褐土,炭灰,红烧土,陶瓦片
W37	方形	100	85			灰黄色花斑土	圆形			40		灰褐土,炭灰,红烧土,陶瓦片
W38	方形	110	75		95	灰黄色花斑土	圆形			38	95	灰褐土,炭灰,红烧土,陶瓦片
W39	方形	110	105		70	灰黄色花斑土	圆形			50	70	灰褐土,炭灰,红烧土,陶瓦片
W40	方形	75	70		70	灰黄色花斑土	圆形			40	70	灰褐土,炭灰,红烧土,陶瓦片
W41	方形	90	70			灰黄色花斑土	圆形			40		灰褐土,炭灰,红烧土,陶瓦片
W42	方形	90	60		100	灰黄色花斑土	圆形			35	100	灰褐土,炭灰,红烧土,陶瓦片
W43	方形	90	75			灰黄色花斑土	圆形			40		灰褐土,炭灰,红烧土,陶瓦片

续表三〇

柱洞编号	柱坑形状、尺寸（厘米）、填土						柱洞形状、尺寸（厘米）、堆积及包含物					
	形状	长	宽	直径	钻探深	填土	形状	长	宽	直径	钻探深	堆积及包含物
W44	方形	100	90			灰黄色花斑土	圆形			45		灰褐土，炭灰，红烧土，陶瓦片
W45	方形	100	95			灰黄色花斑土	圆形			45		灰褐土，炭灰，红烧土，陶瓦片
W46	方形	95	90			灰黄色花斑土	圆形			45		灰褐土，炭灰，红烧土，陶瓦片
W47	方形	110	95			灰黄色花斑土	圆形			48		灰褐土，炭灰，红烧土，陶瓦片
W48	方形	105	100			灰黄色花斑土	圆形			45		灰褐土，炭灰，红烧土，陶瓦片
W49	方形	90	90			灰黄色花斑土	圆形			45		灰褐土，炭灰，红烧土，陶瓦片
W50	方形	85	80		75	灰黄色花斑土	不清				75	灰褐土，炭灰，红烧土，陶瓦片
W51	方形	110	100		45	灰黄色花斑土	圆形			45	45	灰褐土，炭灰，红烧土，陶瓦片
W52	方形	90	85		55	灰黄色花斑土	方形	60	60		55	灰褐土，炭灰，红烧土，陶瓦片
W53	方形	90	85		45	灰黄色花斑土	方形	35	35		45	灰褐土，炭灰，红烧土，陶瓦片
W54	方形	85	85		45	灰黄色花斑土	方形	45	30		45	灰褐土，炭灰，红烧土，陶瓦片
W55	方形	85	85		65	灰黄色花斑土	圆形			45	65	灰褐土，炭灰，红烧土，陶瓦片
W56	方形	90	80			灰黄色花斑土	圆形			45		灰褐土，炭灰，红烧土，陶瓦片
W57	方形	95	90		70	灰黄色花斑土	圆形			50	70	灰褐土，炭灰，红烧土，陶瓦片
W58	方形	120	95		50	灰黄色花斑土	圆形			50	50	灰褐土，炭灰，红烧土，陶瓦片
W59	方形	100	90			灰黄色花斑土	圆形			50		灰褐土，炭灰，红烧土，陶瓦片
W60	方形	90	85			灰黄色花斑土	圆形			45		灰褐土，炭灰，红烧土，陶瓦片
W61	方形	80	80			灰黄色花斑土	圆形			45		灰褐土，炭灰，红烧土，陶瓦片
W62	方形	100	90			灰黄色花斑土	圆形			40		灰褐土，炭灰，红烧土，陶瓦片
W63	方形	100	90			灰黄色花斑土	圆形			45		灰褐土，炭灰，红烧土，陶瓦片
W64	方形	105	100			灰黄色花斑土	圆形			43		灰褐土，炭灰，红烧土，陶瓦片
W65	方形	140	105			灰黄色花斑土	圆形			45		灰褐土，炭灰，红烧土，陶瓦片
W66	方形	80	60			灰黄色花斑土	不清					灰褐土，炭灰，红烧土，陶瓦片
W67	方形	115	110			灰黄色花斑土	圆形			40		灰褐土，炭灰，红烧土，陶瓦片
W68	方形	130	105			灰黄色花斑土	圆形			40		灰褐土，炭灰，红烧土，陶瓦片
W69	方形	125	95			灰黄色花斑土	圆形			43		灰褐土，炭灰，红烧土，陶瓦片
W70	方形	155	135			灰黄色花斑土	方形	80	65			灰褐土，炭灰，红烧土，陶瓦片
W71	方形	140	125			灰黄色花斑土	圆形			45		灰褐土，炭灰，红烧土，陶瓦片
W72	方形	140	130			灰黄色花斑土	圆形			50		灰褐土，炭灰，红烧土，陶瓦片
W73	方形	145	130			灰黄色花斑土	圆形			50		灰褐土，炭灰，红烧土，陶瓦片
W74	方形	120	90			灰黄色花斑土	圆形			50		灰褐土，炭灰，红烧土，陶瓦片

续表三〇

柱洞编号	柱坑形状、尺寸（厘米）、填土						柱洞形状、尺寸（厘米）、堆积及包含物					
	形状	长	宽	直径	深	填土	形状	长	宽	直径	深	堆积及包含物
W75	方形	125	120			灰黄色花斑土	圆形			45		灰褐土,炭灰,红烧土,陶瓦片
W76	方形	175	110			灰黄色花斑土	圆形			50		灰褐土,炭灰,红烧土,陶瓦片
W77	方形						不清					灰褐土,炭灰,红烧土,陶瓦片
W78	方形	75	75			灰黄色花斑土	圆形			45		灰褐土,炭灰,红烧土,陶瓦片
W79	方形	165	130			灰黄色花斑土	圆形			55		灰褐土,炭灰,红烧土,陶瓦片
W80	方形	155	150			灰黄色花斑土	圆形			60		灰褐土,炭灰,红烧土,陶瓦片
W81	方形	135	110			灰黄色花斑土	圆形			50		灰褐土,炭灰,红烧土,陶瓦片
W82	方形	160	125			灰黄色花斑土	圆形			60		灰褐土,炭灰,红烧土,陶瓦片
W83	方形	160	145			灰黄色花斑土	圆形			55		灰褐土,炭灰,红烧土,陶瓦片
W84	方形	135	125			灰黄色花斑土	圆形			45		灰褐土,炭灰,红烧土,陶瓦片
W85	方形	125	110			灰黄色花斑土	圆形			55		灰褐土,炭灰,红烧土,陶瓦片
W86	方形	115	100			灰黄色花斑土	圆形			48		灰褐土,炭灰,红烧土,陶瓦片
W87	方形	120	115			灰黄色花斑土	圆形			50		灰褐土,炭灰,红烧土,陶瓦片
W88	方形	120	105			灰黄色花斑土	圆形			48		灰褐土,炭灰,红烧土,陶瓦片
W89	方形	130	125			灰黄色花斑土	圆形			50		灰褐土,炭灰,红烧土,陶瓦片
W90	方形	130	110			灰黄色花斑土	圆形			48		灰褐土,炭灰,红烧土,陶瓦片
W91	方形	125	120			灰黄色花斑土	圆形			50		灰褐土,炭灰,红烧土,陶瓦片
W92	方形	135	130		80	灰黄色花斑土	圆形			48	80	灰褐土,炭灰,红烧土,陶瓦片
W93	方形	130	120			灰黄色花斑土	圆形			55		灰褐土,炭灰,红烧土,陶瓦片
W94	方形	110	110			灰黄色花斑土	圆形			50		灰褐土,炭灰,红烧土,陶瓦片
W95	方形	110	110			灰黄色花斑土	圆形			52		灰褐土,炭灰,红烧土,陶瓦片
W96	方形	130	115			灰黄色花斑土	圆形			55		灰褐土,炭灰,红烧土,陶瓦片
W97	方形	130	?			灰黄色花斑土	圆形			55		灰褐土,炭灰,红烧土,陶瓦片
W98	方形	140	125			灰黄色花斑土	圆形			57		灰褐土,炭灰,红烧土,陶瓦片
W99	方形	115	?			灰黄色花斑土	圆形			50		灰褐土,炭灰,红烧土,陶瓦片
W100	方形	140	115			灰黄色花斑土	圆形			57		灰褐土,炭灰,红烧土,陶瓦片
W101	方形	140	?			灰黄色花斑土	圆形			?		灰褐土,炭灰,红烧土,陶瓦片
W102	方形	115	105			灰黄色花斑土	圆形			48		灰褐土,炭灰,红烧土,陶瓦片
W103	方形	105	100			灰黄色花斑土	圆形			48		灰褐土,炭灰,红烧土,陶瓦片
W104	方形	150	140			灰黄色花斑土	圆形			50		灰褐土,炭灰,红烧土,陶瓦片
W105	方形	125	?			灰黄色花斑土	圆形			52		灰褐土,炭灰,红烧土,陶瓦片

续表三〇

柱洞编号	柱坑形状、尺寸（厘米）、填土					柱洞形状、尺寸（厘米）、堆积及包含物					
	形状	长	宽	直径	深	填土	形状	长	宽	直径	深	堆积及包含物
W106	方形	145	?			灰黄色花斑土	圆形			55		灰褐土,炭灰,红烧土,陶瓦片
W107	方形	120	?			灰黄色花斑土	圆形			55		灰褐土,炭灰,红烧土,陶瓦片
W108	方形	?	?			灰黄色花斑土	圆形			50		灰褐土,炭灰,红烧土,陶瓦片
W109	方形	140	140			灰黄色花斑土	圆形			50		灰褐土,炭灰,红烧土,陶瓦片
W110	方形	125	120		120	青灰色花斑土	圆形			50	100	灰褐土,炭灰,红烧土,陶瓦片
W111	方形	140	140			灰黄色花斑土	圆形			50		灰褐土,炭灰,红烧土,陶瓦片
W112	方形	120	?			青灰色花斑土	圆形			?		灰褐土,炭灰,红烧土,陶瓦片
W113	方形	140	130			灰黄色花斑土	圆形			55		灰褐土,炭灰,红烧土,陶瓦片
W114	方形	135	135			灰黄色花斑土	圆形			48		灰褐土,炭灰,红烧土,陶瓦片
W115	方形	140	115			灰黄色花斑土	圆形			55		灰褐土,炭灰,红烧土,陶瓦片

外曲廊中段位于一层台第二小层东面，呈"彐"字形。柱洞分两行排列，廊长42、宽4～7米，柱洞间距1～1.5、行距2.2～4米。拐角处基本垂直，南拐角与南段连接，北拐角与北段连接，拐角的南、北两段，分布有东西向3至4排柱洞，似乎还建有亭阁。中段共有大小柱洞46个，由南至北依次编号为W33～W78。除W50、W66、W77三个坑洞分不清外，其他柱洞柱坑均较清楚。柱坑方形，长、宽分别为75×70至145×130厘米，因未解剖到底，深度不详（部分柱洞的深度为钻探深）。柱洞有4个（W52、W53、W54、W70）方柱洞，39个圆柱洞。方柱洞长宽为35×35至80×65厘米，圆柱洞直径35～50厘米。柱坑内填灰黄色花斑土，土质紧密，经夯实。柱洞内填灰褐土，土质较疏松，内含炭灰和红烧土等。遗物有陶瓦残片（图一六一、一六八；彩版三四）。

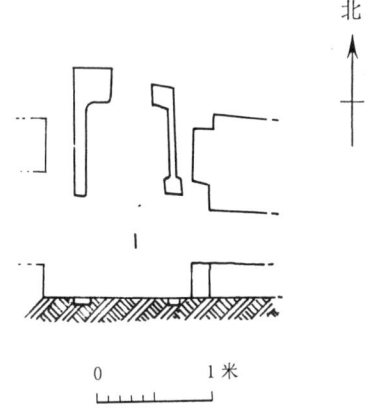

北

图一六六　IF1①西侧门平、剖面图

柱洞举例：

W53　方柱坑、方柱洞。坑长90、宽85厘米，洞长、宽均为35厘米。钻探深度45厘米。柱坑内填灰黄色花斑土，夯实。柱洞内填灰褐土，土质较松散，内含炭灰、红烧土、陶瓦片（彩版三五，1）。

W54　方柱坑，方柱洞。坑长、宽均为85厘米，洞长45、宽30厘米。钻探深度45厘米。柱坑内填灰黄色花斑土，夯实。柱洞内填灰褐土，土质较松散，内含炭灰、红烧土、陶瓦片（彩版三五，2）。

外曲廊北段位于一层台第四小层东北部，在三层台的东北侧。南北走向，已暴露长37米，37个柱洞并列两排，编号为W79～W115。曲廊北端向西、向北延伸。柱坑均呈方形，长、宽分别为

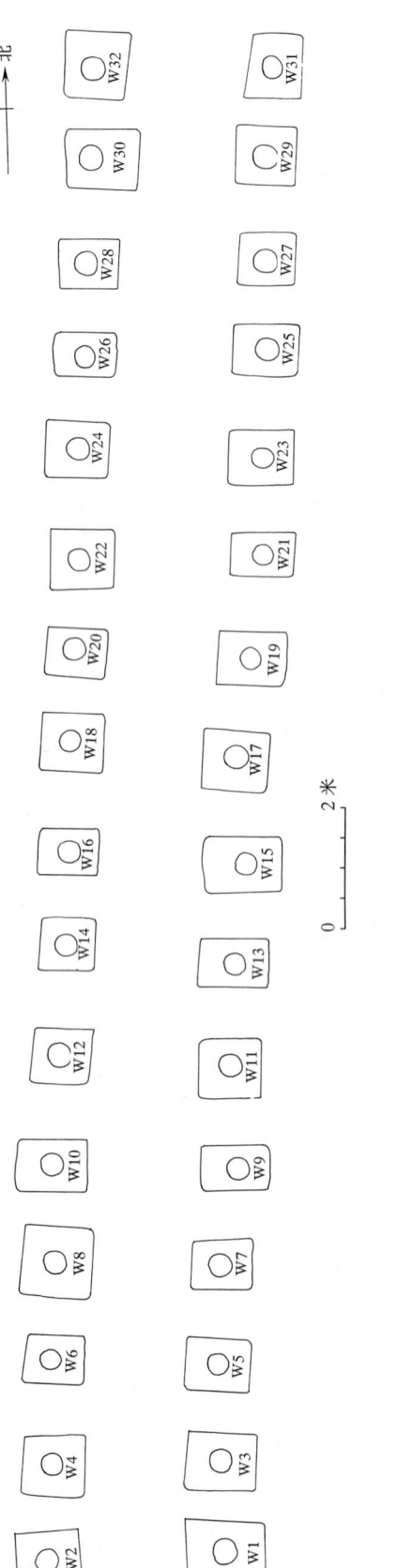

图一六七　IF1①外曲廊南段平面图

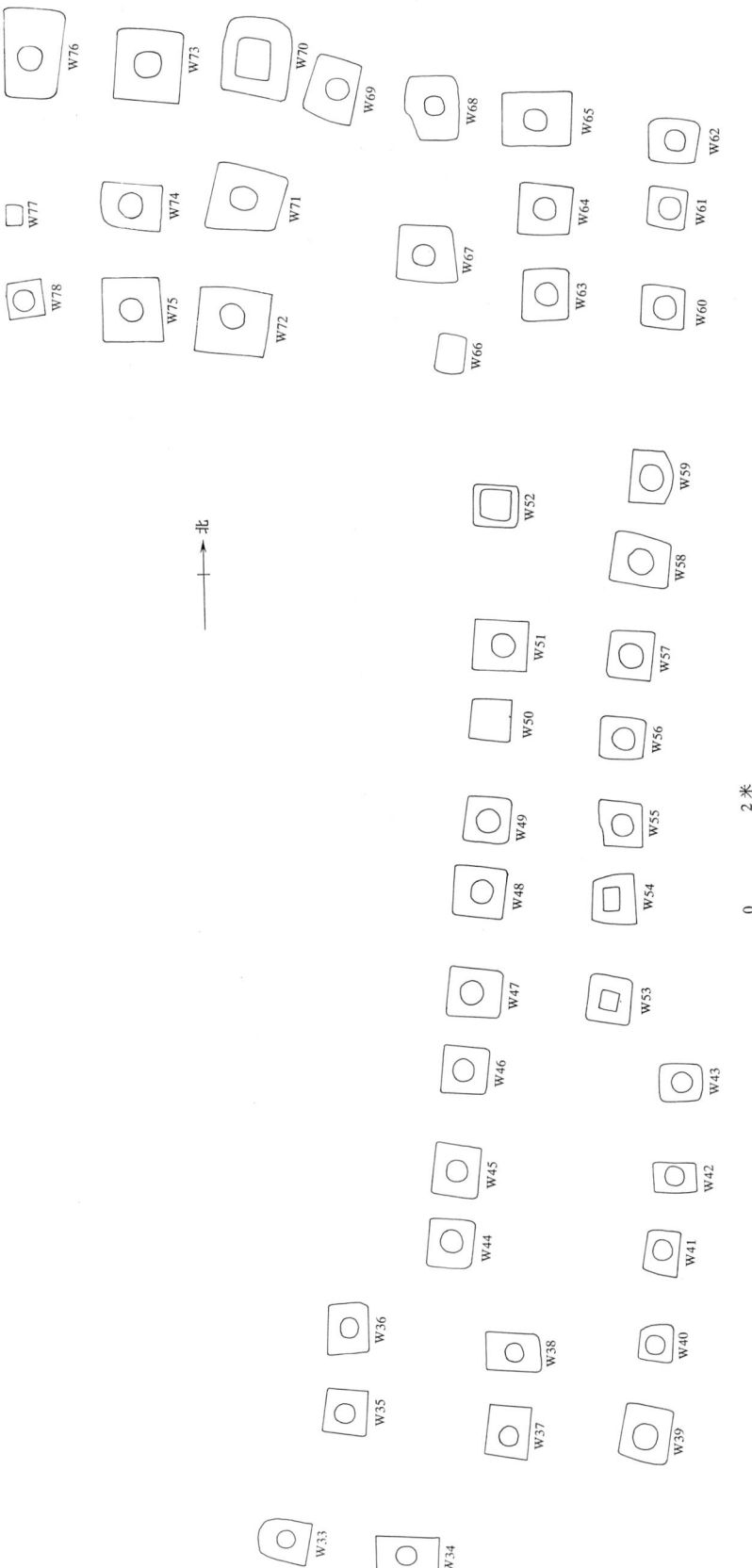

图一六八　IF1①外曲廊中段平面图

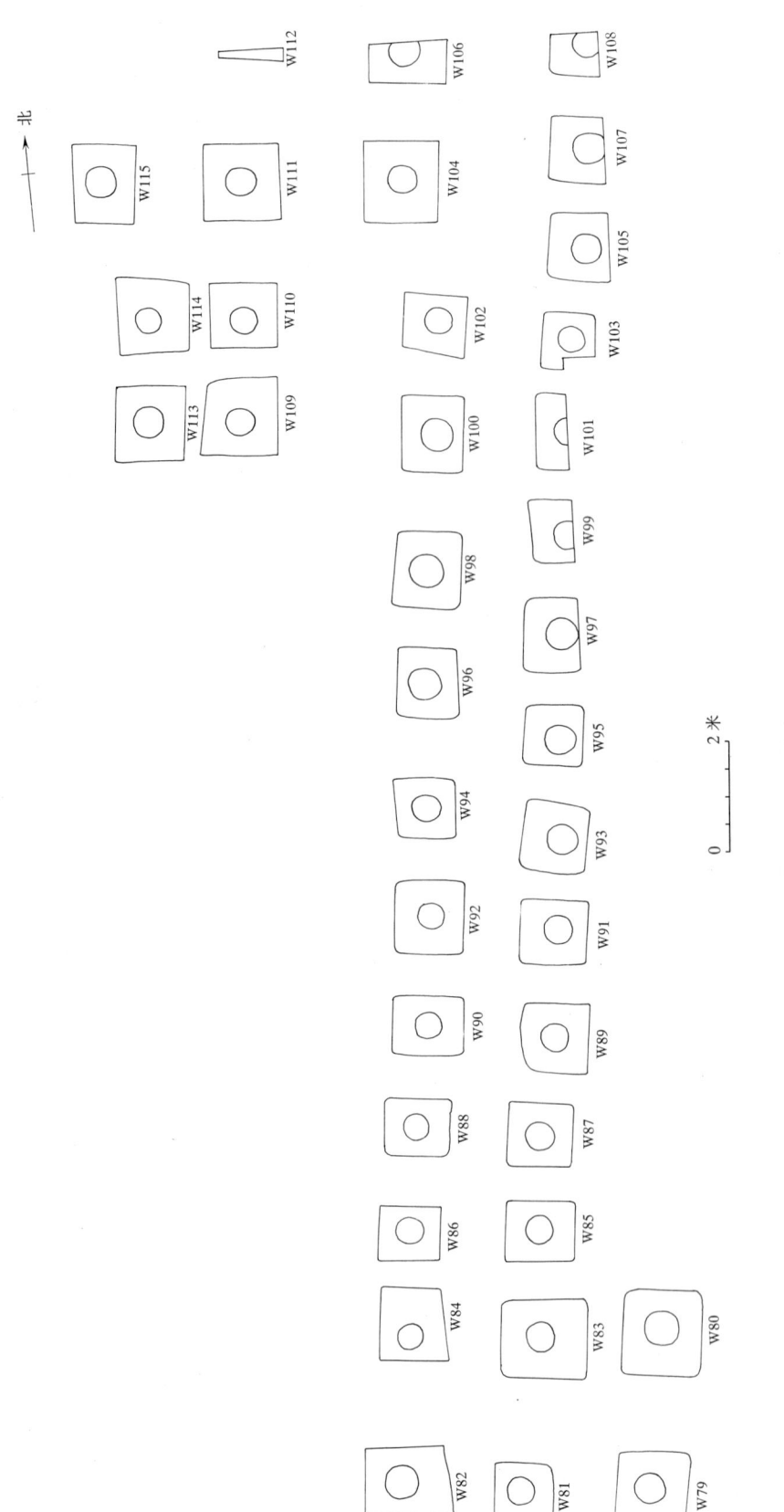

图一六九　IF1①外曲廊北段平面图

105×100 至 160×145 厘米；柱洞呈圆形，直径 45～60 厘米，钻探深 80～100 厘米。柱洞和柱坑的结构、挖筑方法、土质土色与南段和中段相同（图一六一、一六九；彩版三六，1、2）。

柱洞举例：

外曲廊柱洞的深度大都是经过钻探得到的，仅在北段解剖了两个柱洞即 W92、W110，现将解剖情况记录于下。

W92　方柱坑，圆柱洞。柱坑口长 135、宽 130、深 80 厘米，略呈斗状。柱洞直径 48、深 80厘米，洞壁上下垂直。柱坑内填灰黄色花斑土，土质较硬，经夯实。柱洞内填灰褐土，土质较疏松，内含少量红烧土、炭灰、陶瓦片（图一七〇，1；彩版三七，1）。

W110　方柱坑，圆柱洞。坑长 125、宽120、深 120 厘米，坑壁略斜。柱洞直径 50、深100 厘米，洞壁较垂直。柱坑内填灰黄色花斑土，土质较硬，经夯实。柱洞内堆积灰褐土，土质较松散，内含少量红烧土、炭灰、陶瓦片（图一七〇，2；彩版三七，2）。

（4）东内廊

东内廊位于一层台第一小层东南部。南北走向。东与外曲廊南段平行，与外曲廊共用灰黄土墙。东内廊北起东侧门，南至一层台东南角向西拐弯处。现发掘出柱洞 56 个（表三一），分两行对称排列，通长 48.5、宽 2.5～3 米，柱洞间距 1.3～1.9 米左右、行距 0.9～1.4 米。柱坑方形，柱洞圆形，大小基本一致。柱坑长、

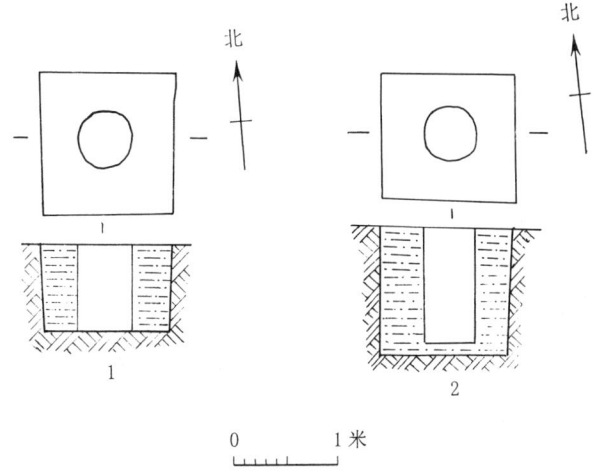

图一七〇　IF1①外曲廊柱洞平、剖面图
1.W92　　2.W110

宽为 80×80 至 120×118 厘米，柱洞直径 35～45 厘米。柱坑内填灰黄色花斑土，经夯实。柱洞内堆积灰褐土，内含红烧土、炭灰和陶瓦片（图一六一、一七一；彩版三八）。

表三一　　　　　　　　　IF1①东内廊柱坑、柱洞统计表

柱洞编号	柱坑形状、尺寸（厘米）、填土					柱洞形状、尺寸（厘米）、堆积及包含物				
	形状	长	宽	直径	深	填土	形状	长	宽	直径	深	堆积及包含物
D1	方形	115	105			灰黄色花斑土	圆形			40		灰褐土,红烧土,陶瓦片
D2	方形	105	100			灰黄色花斑土	圆形			40		灰褐土,红烧土,陶瓦片
D3	方形	115	105			灰黄色花斑土	圆形			40		灰褐土,红烧土,陶瓦片
D4	方形	100	100			灰黄色花斑土	圆形			38		灰褐土,红烧土,陶瓦片
D5	方形	120	95			灰黄色花斑土	圆形			45		灰褐土,红烧土,陶瓦片
D6	方形	95	95			灰黄色花斑土	圆形			42		灰褐土,红烧土,陶瓦片
D7	方形	100	105			灰黄色花斑土	圆形			42		灰褐土,红烧土,陶瓦片
D8	方形	95	90			灰黄色花斑土	圆形			45		灰褐土,红烧土,陶瓦片
D9	方形	110	85			灰黄色花斑土	圆形			35		灰褐土,红烧土,陶瓦片
D10	方形	100	95			灰黄色花斑土	圆形			35		灰褐土,红烧土,陶瓦片

续表三一

柱洞	柱坑形状、尺寸（厘米）、填土					柱洞形状、尺寸（厘米）、堆积及包含物					
编号	形状	长	宽	直径	深	填土	形状	长	宽	直径	深	堆积及包含物
D11	方形	115	100			灰黄色花斑土	圆形			40		灰褐土,红烧土,陶瓦片
D12	方形	105	80			灰黄色花斑土	圆形			40		灰褐土,红烧土,陶瓦片
D13	方形	110	95			灰黄色花斑土	圆形			40		灰褐土,红烧土,陶瓦片
D14	方形	100	100			灰黄色花斑土	圆形			40		灰褐土,红烧土,陶瓦片
D15	方形	115	95			灰黄色花斑土	圆形			40		灰褐土,红烧土,陶瓦片
D16	方形	100	95			灰黄色花斑土	圆形			38		灰褐土,红烧土,陶瓦片
D17	方形	105	95			灰黄色花斑土	圆形			40		灰褐土,红烧土,陶瓦片
D18	方形	105	95			黄色花斑土	圆形			40		灰褐土,红烧土,陶瓦片
D19	方形	115	105			黄色花斑土	圆形			45		灰褐土,红烧土,陶瓦片
D20	方形	100	95			黄色花斑土	圆形			45		灰褐土,红烧土,陶瓦片
D21	方形	110	100			黄色花斑土	圆形			40		灰褐土,红烧土,陶瓦片
D22	方形	120	100			黄色花斑土	圆形			40		灰褐土,红烧土,陶瓦片
D23	方形	120	100			黄色花斑土	圆形			45		灰褐土,红烧土,陶瓦片
D24	方形	120	105			黄色花斑土	圆形			42		灰褐土,红烧土,陶瓦片
D25	方形	100	100			黄色花斑土	圆形			43		灰褐土,红烧土,陶瓦片
D26	方形	110	100			黄色花斑土	圆形			40		灰褐土,红烧土,陶瓦片
D27	方形	115	105			黄色花斑土	圆形			42		灰褐土,红烧土,陶瓦片
D28	方形	110	95			黄色花斑土	圆形			40		灰褐土,红烧土,陶瓦片
D29	方形	120	118			黄色花斑土	圆形			43		灰褐土,红烧土,陶瓦片
D30	方形	110	105			黄色花斑土	圆形			40		灰褐土,红烧土,陶瓦片
D31	方形	115	100			黄色花斑土	圆形			40		灰褐土,红烧土,陶瓦片
D32	方形	110	95			黄色花斑土	圆形			40		灰褐土,红烧土,陶瓦片
D33	方形	105	105			黄色花斑土	圆形			35		灰褐土,红烧土,陶瓦片
D34	方形	95	95			黄色花斑土	圆形			40		灰褐土,红烧土,陶瓦片
D35	方形	100	95			黄色花斑土	圆形			35		灰褐土,红烧土,陶瓦片
D36	方形	95	95			黄色花斑土	圆形			40		灰褐土,红烧土,陶瓦片
D37	方形	105	100			黄色花斑土	圆形			37		灰褐土,红烧土,陶瓦片
D38	方形	105	100			黄色花斑土	圆形			35		灰褐土,红烧土,陶瓦片
D39	方形	105	105			黄色花斑土	圆形			40		灰褐土,红烧土,陶瓦片
D40	方形	110	105			黄色花斑土	圆形			40		灰褐土,红烧土,陶瓦片
D41	方形	115	105			黄色花斑土	圆形			40		灰褐土,红烧土,陶瓦片
D42	方形	100	100			黄色花斑土	圆形			40		灰褐土,红烧土,陶瓦片

续表三一

柱洞编号	柱坑形状、尺寸（厘米）、填土					柱洞形状、尺寸（厘米）、堆积及包含物				
	形状	长	宽	直径	深	填土	形状	长	宽	直径	深	堆积及包含物
D43	方形	115	115			黄色花斑土	圆形			40		灰褐土,红烧土,陶瓦片
D44	方形	100	95			黄色花斑土	圆形			40		灰褐土,红烧土,陶瓦片
D45	方形	100	95			黄色花斑土	圆形			40		灰褐土,红烧土,陶瓦片
D46	方形	80	80			黄色花斑土	圆形			35		灰褐土,红烧土,陶瓦片
D47	方形	100	85			黄色花斑土	圆形			35		灰褐土,红烧土,陶瓦片
D48	方形	110	90			黄色花斑土	圆形			35		灰褐土,红烧土,陶瓦片
D49	方形	115	95			黄色花斑土	圆形			35		灰褐土,红烧土,陶瓦片
D50	方形	105	95			黄色花斑土	圆形			35		灰褐土,红烧土,陶瓦片
D51	方形	100	90			黄色花斑土	圆形			38		灰褐土,红烧土,陶瓦片
D52	方形	90	85			黄色花斑土	圆形			35		灰褐土,红烧土,陶瓦片
D53	方形	105	95			黄色花斑土	圆形			35		灰褐土,红烧土,陶瓦片
D54	方形	100	90			黄色花斑土	圆形			35		灰褐土,红烧土,陶瓦片
D55	方形	110	105			黄色花斑土	圆形			40		灰褐土,红烧土,陶瓦片
D56	方形	105	?			黄色花斑土	圆形			?		灰褐土,红烧土,陶瓦片

柱洞举例：

D29　方柱坑，圆柱洞。坑长 120、宽 118 厘米。柱洞直径 43 厘米。柱坑内填黄色花斑土，经夯实，土质纯净。柱洞内填灰褐土，内含红烧土和陶瓦片。未发掘到底，深度不详（图一七二；彩版三九，1）。

D46　方柱坑，圆柱洞。坑长、宽均为 80 厘米。柱洞直径 35 厘米。柱坑内填黄色花斑土，土质纯净，经夯实。柱洞内填灰褐土，内含红烧土和陶瓦片。未发掘到底，深度不详（彩版三九，2）。

（5）夯土墙

一层台共发现 5 道夯土墙，分别为东侧门东墙、东贝壳路北墙、东墙、西侧门东墙和回廊西侧墙。除东侧门东墙和东贝壳路北墙被火烧成红色，其他均为灰白土墙。

东侧门东墙（图一七三；彩版四〇）

东侧门东墙位于一层台第二小层上，与东侧门东门垛连成一体。墙体呈东西向，毁坏严重。残存部分东西长 4.3、南北墙宽 0.7、残高 0.9 米，往东渐矮。墙体经火烧烤呈红砖色，夯层清晰可见。墙北壁有二个直径 30 厘米的圆柱洞，柱洞深 25 厘米，两柱洞相距 80 厘米，柱洞一半嵌入墙体，一半外露，柱洞也被烧成红色。

东贝壳路北墙（图一七四）

东贝壳路北墙位于一层台第三小层上，西起东贝壳路北面，东向外曲廊延伸。东西残长 3.25、南北墙厚 0.53 米。墙体呈红色。墙南壁底部有一条宽 0.1、深 0.1 米的红烧土沟槽。墙的东面为外曲廊，南面有东侧门东墙，三面合围形成庭院。

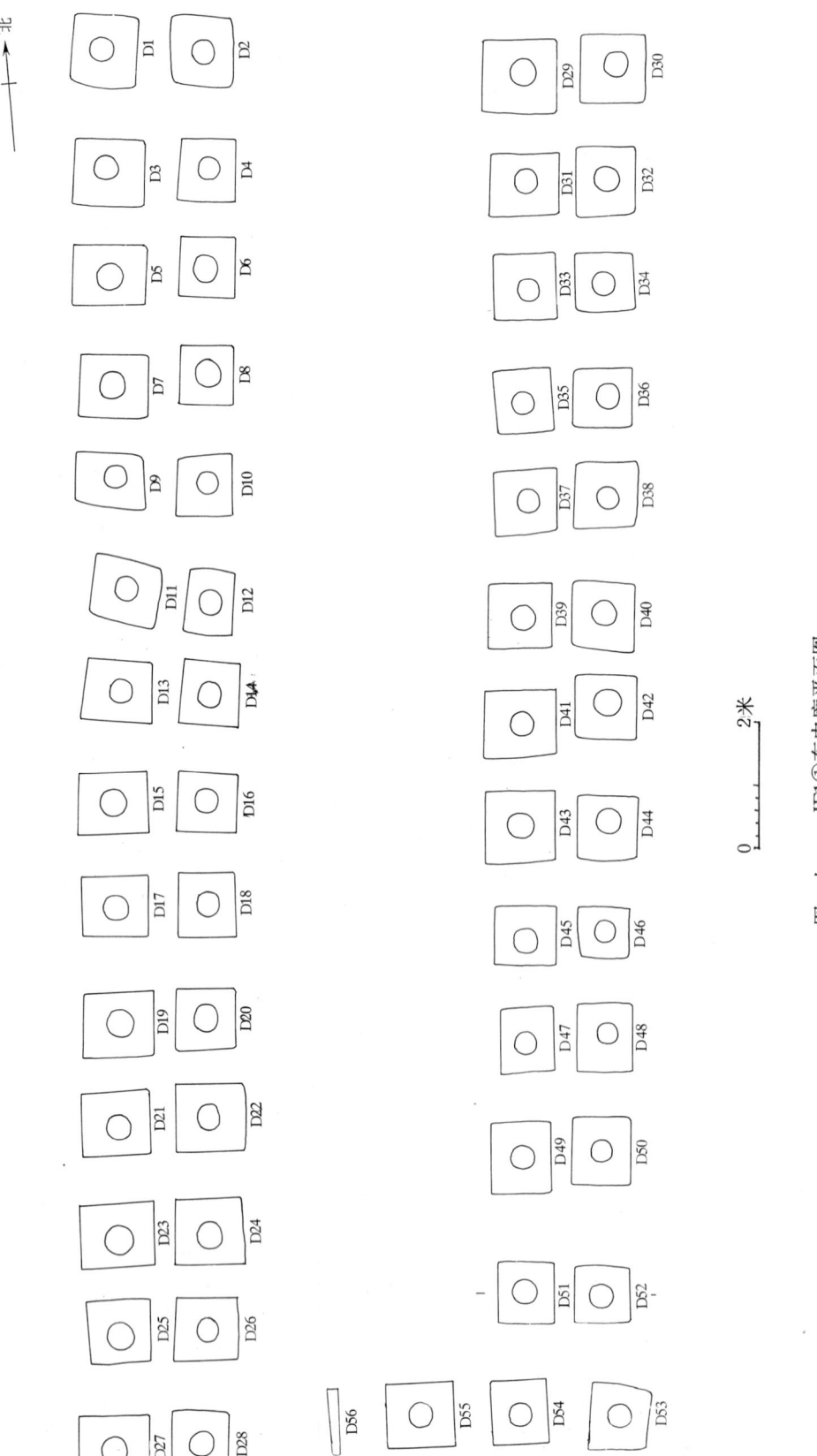

图一七一　IF1①东内廊平面图

东墙（图一七五；彩版四一，1）

东墙位于一层台第一小层的东部。北接门庭南壁，南止东内廊东南拐角，全长 41.7 米。墙体呈南北向，北端保存较好，宽 0.6、残高 0.3 米。墙体东侧邻东内廊，西侧是广场。墙体分布有一排 26 个柱洞（表三二）。柱坑方形，长、宽 86×95 至 125×110 厘米。柱洞圆形，直径 35～45 厘米。经局部解剖发现，柱坑内填灰黄色花斑土，土质较硬，纯净。柱洞内堆积灰褐土，内含少量炭灰、红烧土块和陶瓦片。除 q11 外，深度不详（表三二）。

东墙在古籍中称为"序"。《尔雅》："东西墙谓之序。"郭注："所以序别内外。"杨鸿勋先生在《宫殿考古通论》中论述："古籍称堂的东西有序，东称东序，西称西序。"东墙的作用可能是将宫殿主体建筑与东边长廊等附属建筑分开，以别内外。

柱洞举例：

q11　方柱坑，圆柱洞。坑长、宽均为 95 厘米，柱洞直径 40 厘米。

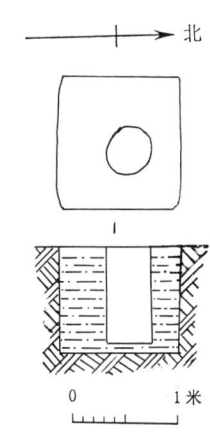

图一七二　IF1①东内廊 D29 平、剖面图

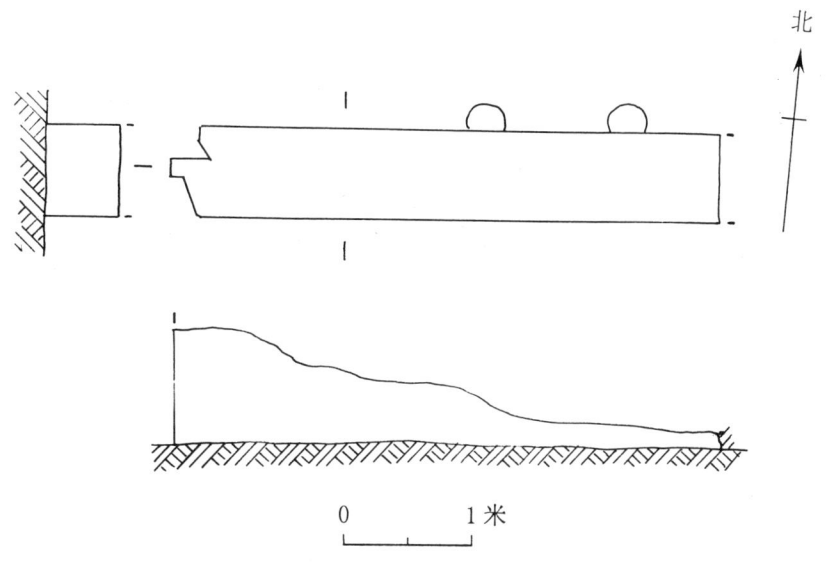

图一七三　IF1①东侧门东墙平、剖面图

柱坑内填灰黄色花斑土，经夯实。柱洞内堆积灰褐土、炭灰、红烧土和陶瓦片。钻探深度 75 厘米（彩版四一，2）。

q15　方柱坑，圆柱洞。坑长 130、宽 120 厘米，柱洞直径 45 厘米。柱坑内填灰黄色花斑土，经夯实。柱洞内堆积灰褐土、炭灰、红烧土和陶瓦片。未发掘到底，深度不详（彩版四一，3）。

西侧门东墙（图一七六；彩版四二）

西侧门东墙位于一层台的第三小层上。西起西侧门东侧垛，东与二层台的西南角相连接，并与台南壁平行。东西向，南北侧均为内曲廊。墙体用灰白土板筑而成。东西长 5.62 米、墙体宽 0.72～0.81、残高 0.3～0.37 米。墙南侧紧贴墙壁有一个长方形柱洞，洞宽 20、长 70、深 15 厘

北

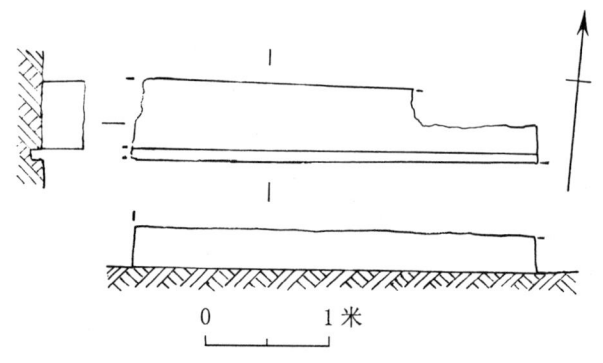

图一七四 IF1①东贝壳路北墙平、剖面图

米。墙体内有一长方形柱洞，长20、宽15、深45厘米（彩版四三，1）。两侧墙壁均被烧成红色。柱洞内堆积灰土，内含红烧土和陶瓦片。

回廊西侧墙（图一七七；彩版四三，2）

回廊西侧墙位于一层台第三小层上，东西向，西起水坑东侧，东与回廊西壁连接。灰白土夯筑而成。东西残长2.72、南北墙宽0.78、残高0.36米。墙的南北侧均为内曲廊，北侧东端紧靠回廊西台阶。回廊西侧墙与西侧门墙相距11.2米，两墙平行（图一六一）。

表三二 IF1①东墙和门庭柱坑、柱洞统计表

柱洞编号	柱坑形状、尺寸（厘米）、填土					柱洞形状、尺寸（厘米）、堆积及包含物					
	形状	长	宽	直径	深	填土	形状	长	宽	直径	钻探深	堆积及包含物
q1	方形	115	105			灰黄色花斑土	圆形			40		灰褐土,炭灰,红烧土,陶瓦片
q2	方形	110	105			灰黄色花斑土	圆形			40		灰褐土,炭灰,红烧土,陶瓦片
q3	方形	105	105			灰黄色花斑土	圆形			40		灰褐土,炭灰,红烧土,陶瓦片
q4	方形	95	95			灰黄色花斑土	圆形			40		灰褐土,炭灰,红烧土,陶瓦片
q5	方形	105	110			灰黄色花斑土	圆形			40		灰褐土,炭灰,红烧土,陶瓦片
q6	方形	105	95			灰黄色花斑土	圆形			35		灰褐土,炭灰,红烧土,陶瓦片
q7	方形	86	95			灰黄色花斑土	圆形			38		灰褐土,炭灰,红烧土,陶瓦片
q8	方形	86	100			灰黄色花斑土	圆形			35		灰褐土,炭灰,红烧土,陶瓦片
q9	方形	105	100			灰黄色花斑土	圆形			35		灰褐土,炭灰,红烧土,陶瓦片
q10	方形	110	95			灰黄色花斑土	圆形			40		灰褐土,炭灰,红烧土,陶瓦片
q11	方形	95	95			灰黄色花斑土	圆形			40	75	灰褐土,炭灰,红烧土,陶瓦片
q12	方形	100	100			灰黄色花斑土	圆形			40		灰褐土,炭灰,红烧土,陶瓦片
q13	方形	95	95			灰黄色花斑土	圆形			40		灰褐土,炭灰,红烧土,陶瓦片
q14	方形	95	105			灰黄色花斑土	圆形			40		灰褐土,炭灰,红烧土,陶瓦片
q15	方形	130	120			灰黄色花斑土	圆形			45		灰褐土,炭灰,红烧土,陶瓦片
q16	方形	110	105			灰黄色花斑土	圆形			40		灰褐土,炭灰,红烧土,陶瓦片
q17	方形	105	95			灰黄色花斑土	圆形			40		灰褐土,炭灰,红烧土,陶瓦片
q18	方形	105	85			灰黄色花斑土	圆形			40		灰褐土,炭灰,红烧土,陶瓦片
q19	方形	125	115			灰黄色花斑土	圆形			45		灰褐土,炭灰,红烧土,陶瓦片
q20	方形	125	110			灰黄色花斑土	圆形			40		灰褐土,炭灰,红烧土,陶瓦片

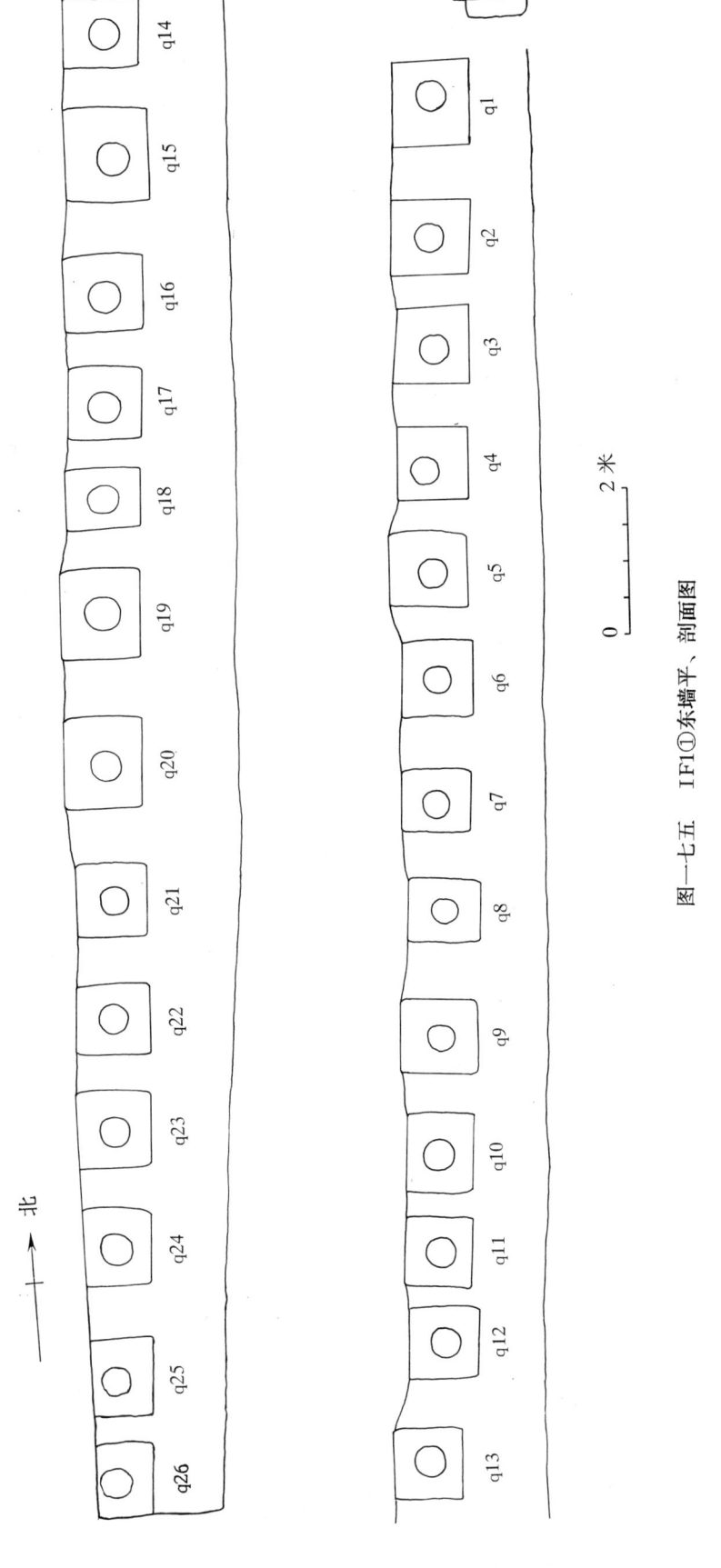

图一七五　1F1①东墙平、剖面图

续表三二

柱洞编号	柱坑形状、尺寸（厘米）、填土						柱洞形状、尺寸（厘米）、堆积及包含物					
	形状	长	宽	直径	深	填土	形状	长	宽	直径	钻探深	堆积及包含物
q21	方形	100	95			灰黄色花斑土	圆形			40		灰褐土,炭灰,红烧土,陶瓦片
q22	方形	105	95			灰黄色花斑土	圆形			40		灰褐土,炭灰,红烧土,陶瓦片
q23	方形	105	105			灰黄色花斑土	圆形			40		灰褐土,炭灰,红烧土,陶瓦片
q24	方形	105	?			灰黄色花斑土	圆形			40		灰褐土,炭灰,红烧土,陶瓦片
q25	方形	105	?			灰黄色花斑土	圆形			40		灰褐土,炭灰,红烧土,陶瓦片
q26	方形	?	?			灰黄色花斑土	圆形			40		灰褐土,炭灰,红烧土,陶瓦片
m1	方形	121	100			灰黄色花斑土	圆形			50		灰土,炭灰,红烧土,陶瓦片
m2	方形	100	88			灰黄色花斑土	圆形			55		灰土,炭灰,红烧土,陶瓦片
m3	方形					灰黄色花斑土	半圆形			30		灰土,炭灰,红烧土,陶瓦片
m4	方形					灰黄色花斑土	半圆形			50		灰土,炭灰,红烧土,陶瓦片
m5	方形					灰黄色花斑土	半圆形			20		灰土,炭灰,红烧土,陶瓦片
m6	方形					灰黄色花斑土	圆形			30		灰土,炭灰,红烧土,陶瓦片
m7	方形					灰黄色花斑土	圆形			30		灰土,炭灰,红烧土,陶瓦片
m8	方形					灰黄色花斑土	圆形			20		灰土,炭灰,红烧土,陶瓦片
m9	方形					灰黄色花斑土	圆形			20		灰土,炭灰,红烧土,陶瓦片
m10	圆形			95		灰黄色花斑土	圆形			60		灰土,炭灰,红烧土,陶瓦片

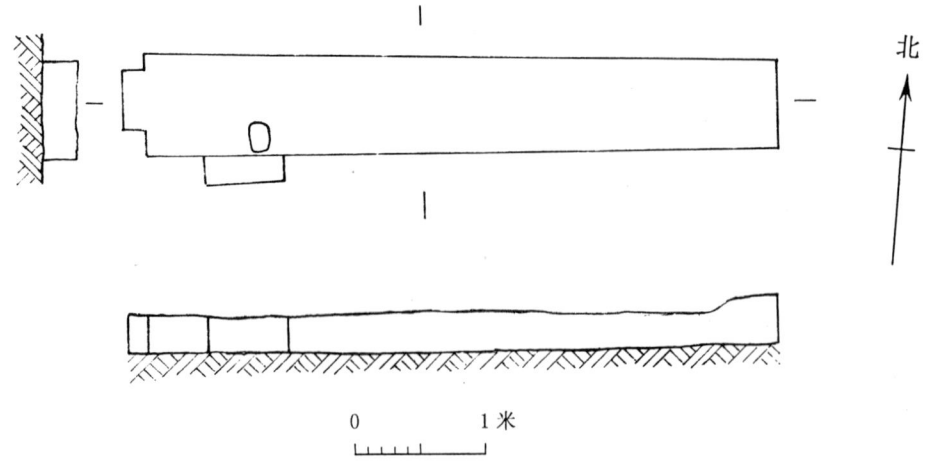

图一七六　IF1①西侧门东墙平、剖面图

（6）门庭（图一七八；彩版四四）

门庭位于三层台以南的一层台第二小层上，北接三层台南壁，南临广场，东起东内廊西侧，西至内曲廊东侧，长27、宽6.2～7.6米，高出南面广场0.2米。门庭南侧台壁有6个伸入台内的方形壁槽。槽宽50～60、伸入台内20厘米，壁槽相距140～170厘米。门庭南台壁东侧的壁槽保存较好，呈红色。门庭内分布有南贝壳路、东西大台阶等重要建筑遗迹，还分布着排列有序的大小柱洞10个。其中m1、m2为方坑圆柱洞。m1坑长121、宽100厘米，柱洞直径50厘米；m2坑长100、宽88厘米，柱洞直径55厘米。m3、m5为半圆柱洞，紧靠庭南壁，直径分别为30、20厘米。m4也是半圆柱洞，直径50厘米。m6～m9为圆形柱洞，直径20～30厘米。m10是圆坑圆柱洞，

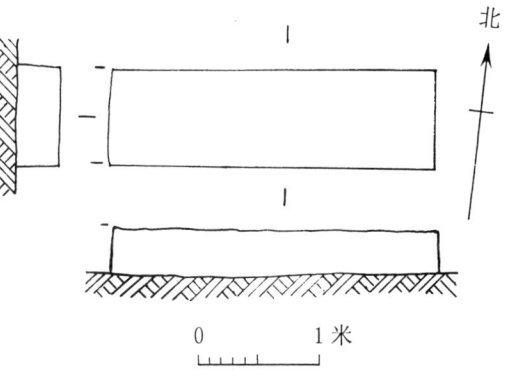

图一七七　IF1①回廊西侧墙平、剖面图

坑直径95厘米，洞直径60厘米。柱坑内填灰黄色花斑土，柱洞内堆积灰褐土，土质较松散，内含陶瓦片、炭灰和红烧土，柱洞壁呈红色（表三二）。

（7）台阶

一层台上共发现5个台阶，为门庭东台阶、西台阶，回廊东侧台阶、西侧台阶、北侧台阶均呈阶梯形。除南面两个台阶（彩版四五）的形制、大小基本一致外，其他三个台阶各不相同，下面分别介绍：

门庭东台阶（图一七九；彩版四六，1）

门庭东台阶位于一层台第二小层上，北接三层台南壁。南北向。台阶南北长3.6、东西宽4.37、高出贝壳路0.1～0.3米。台阶西南角有一个柱洞，近圆形，直径约35厘米。台阶内距三层台南壁0.45米处，分布有二个圆柱洞，直径均40厘米，两柱洞间距1.1米。台阶的东、南、西三面有嵌木板的"凹"形沟槽，沟壁呈红色。东面沟槽北端与三层台台壁柱洞连接。沟槽长3.5、宽0.36～0.9、残深0.2米。南面沟槽长4.31、宽0.5～0.7、残深0.15～0.2米。西面沟槽北端与三层台台壁柱洞连接，南端接南面沟槽。沟槽长3.5、宽0.25～1、残深0.15～0.3米。台阶中间有一条南北向沟槽，沟宽0.2、深0.25米，与东西两条沟槽相连。沟槽内填红烧土、炭灰和陶瓦片，沟槽壁呈红砖色，结实坚硬。台阶用纯细灰土筑成，经夯实。沟槽内垒砌方木，以固定夯土台阶。

门庭西台阶（图一六一、一八〇，彩版四六，2）

门庭西台阶位于三层台南侧的一层台第二小层上，北与三层台南壁连接，南临南贝壳路北侧，并与东台阶平行，两台阶相距9.5米。南北向。台阶南北长4.06、东西宽3.75、残高0.6米。台阶的东、南、西三面有嵌木板的"凹"形沟槽。东面沟槽北端与三层台台壁柱洞连接，南端与南面沟槽相连，沟槽长4、宽0.25～0.42、残深0.15米。南面沟槽两端与东、西沟槽连接，沟槽长3、宽0.25、残深0.15米。西面沟槽北与三层台台壁柱洞连接，南与南沟槽相连，沟槽长4.06、宽0.35、深0.2米。台阶内有二条东西向沟槽与东、西沟槽连接，北侧沟槽长3.12、宽0.16、残深0.2米；南侧沟槽长3.06、宽0.2、残深0.1米。台阶与三层台南壁连接处有一个方形柱坑，坑长80、宽35、残深15厘米。南沟槽南侧的东、西两端分布二个对应的圆形柱洞，柱洞直径均40、深30厘米。所有沟槽内均填灰褐土，土质较松散，内含红烧土和陶瓦片，沟槽的壁、底坚硬呈红

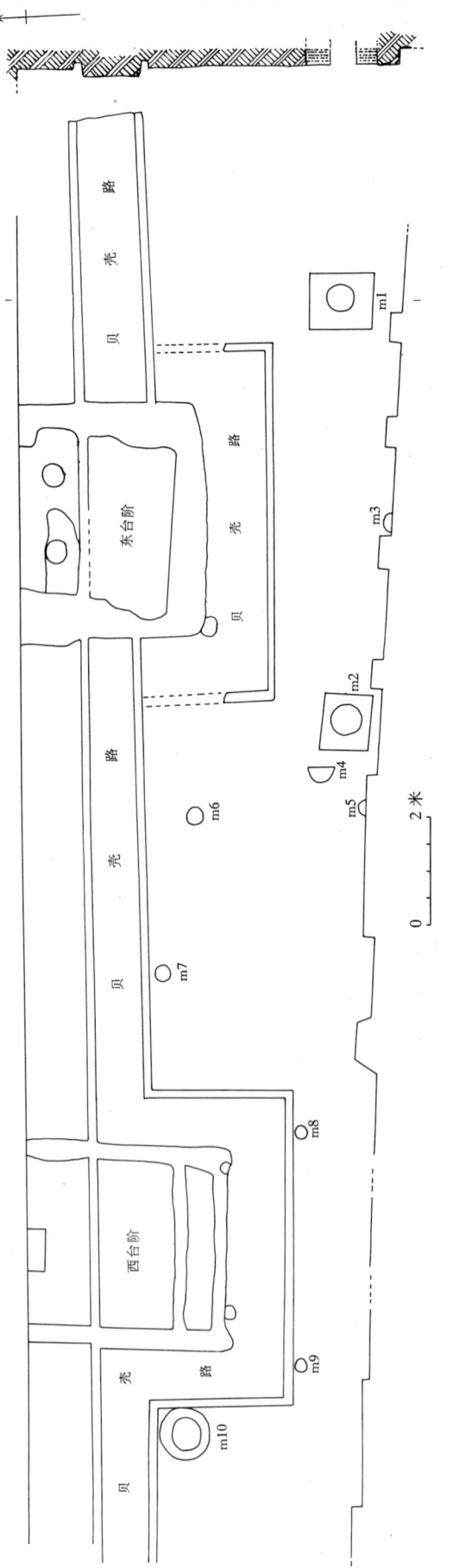

图一七八　1F1①门庭平、剖面图

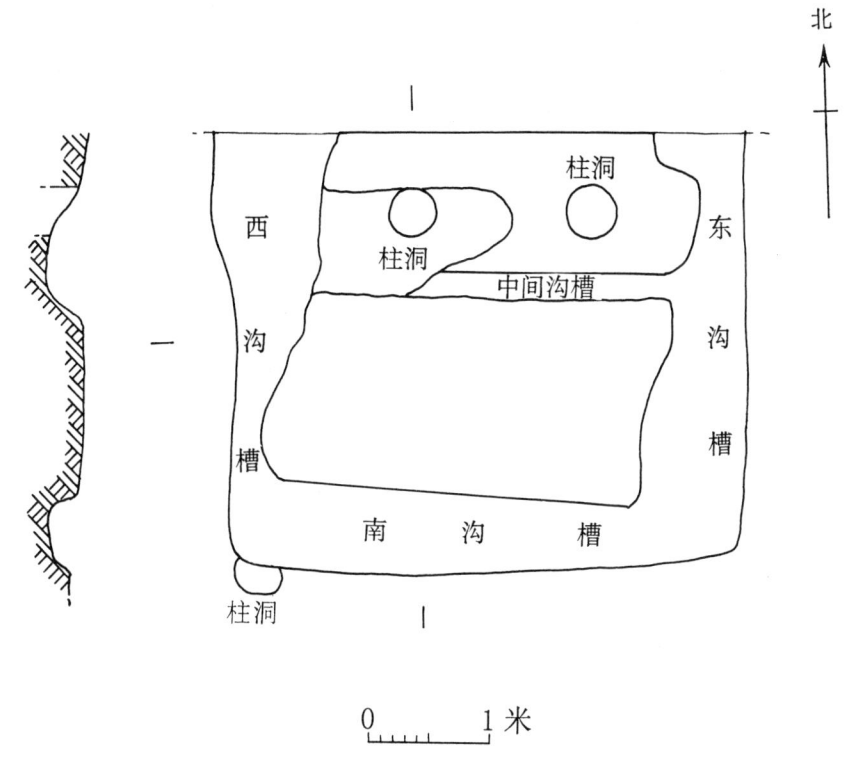

图一七九　IF1①南门庭东台阶平、剖面图

砖色。台阶用灰色夯土筑成，土质纯净而细腻。

回廊东侧台阶（图一六一、一八一；彩版四七，1）

回廊东侧台阶位于一层台第四小层的回廊东侧，与三层台西壁北段连接，是回廊上三层台的台阶。东西向。台阶东西长1.5、南北宽1.8米。台阶的南、北、西三面均有"凹"形沟槽。北面沟槽东西长1.46、南北宽0.25、残深0.1米，沟槽东端与三层台西壁北段连接，西端与西面沟槽连接。西面沟槽连接南北沟槽，沟槽南北长1.8、东西宽0.15、残深0.05米。南面沟槽东端与三层台西壁北段连接，西端与西面沟槽连接，东西长1.5、南北宽0.2、残深0.1米。台阶为灰黄土夯筑。沟槽的壁底呈红砖色。

回廊西侧台阶（图一六一、一八二；彩版四七，2）

回廊西侧台阶位于一层台第三小层的内曲廊上，东连回廊西侧壁，系内曲廊上回廊的台阶。台阶东西长1.1、南北宽1.63米。东西向，台阶的南、西、北面有一周呈"凹"字形的沟槽。南面沟槽东西长1.26、南北宽0.35、深0.1米，东端嵌入回廊西侧台壁内0.16米。西面沟槽南北长0.75、东西宽0.1、残深0.05米，沟槽两端分别与南北沟槽连接。北面沟槽东西长1.26、南北宽0.4、深0.05米，西端与西沟槽连接，东端嵌入回廊西侧台壁内0.16米。台阶由灰土夯筑，周边用方木垒砌。沟槽壁底呈红砖色。

回廊北侧台阶（图一六一、一八三；彩版四八，1、2）

回廊北侧台阶位于一层台第四小层的回廊北侧。它位于回廊内，是将回廊下挖形成的台阶。南北向，东西宽1.23、南北长1.27米。台阶内东、西二面有沟槽。东沟槽南北长1.27、东西宽

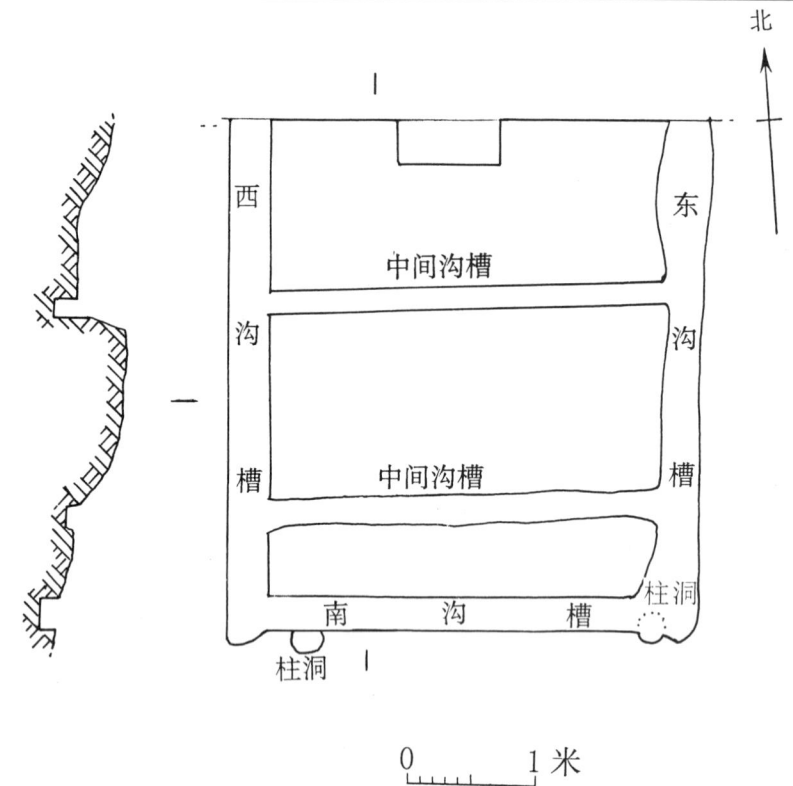

图一八〇　IF1①南门庭西台阶平、剖面图

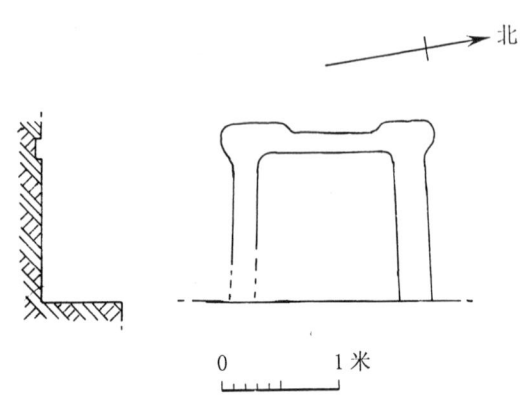

图一八一　IF1①回廊东侧台阶平、剖面图

0.15～0.35（北宽南窄）、深 0.4 米；西沟槽南北长 1.27、东西宽 0.15～0.35（北宽南窄）、深 0.4 米。中间阶梯平面呈"八"字形，有二级台阶，北宽 0.5、南宽 0.85、高 0.45 米。台阶两侧各有一个圆形柱洞，直径均 35 厘米，内填灰褐土、陶瓦片和红烧土。柱洞距回廊北侧边缘 0.4 米，东侧柱洞距台阶东壁 0.55 米，西侧柱洞距台阶西壁 0.35 米。

（8）内曲廊（图一六一、一八四）

现已暴露的内曲廊位于一层台的第二、三小层上，南起西贝壳路西侧、绕二层台南壁南侧、西侧门东墙的南侧，再经西侧门、西侧门东墙北侧、二层台西壁西侧、回廊西侧向北（未尽头）。内曲廊呈"凵"形，已暴露长 41.2、宽 3～4 米。内曲廊上分布有各种形状的柱洞 39 个（表三三）。其中坑、洞不清的柱洞 18 个，包括圆形 13 个（直径 25～85 厘米）、方形 5 个（长、宽为 25×20 至 85×55 厘米）。有柱坑的柱洞 21 个，其中坑、洞均为圆形的 4 个、圆坑方柱洞的 2 个，方坑圆柱洞的 5 个，坑、洞均为方形的 10 个。柱坑内填灰黄色花斑土，经夯筑。柱洞表层有一层含炭灰的红烧土，土质较坚硬，洞内堆积灰褐土，土质较松散，内含炭灰、红烧土和陶瓦片。柱坑均未解剖，深度不清（彩版四九）。

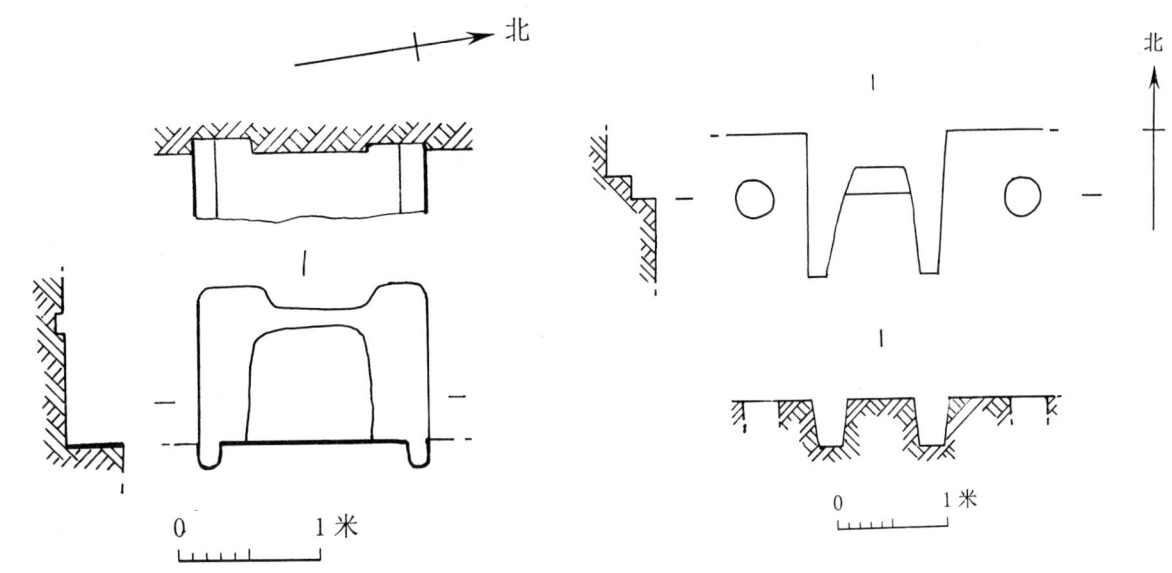

图一八二　IF1①回廊西侧台阶平、剖面图　　　　图一八三　IF1①回廊北侧台阶平、剖面图

表三三　　　　　　　　　　　　　IF①内曲廊柱坑、柱洞统计表

柱洞编号	柱坑形状、尺寸（厘米）、填土						柱洞形状、尺寸（厘米）、堆积及包含物					
	形状	长	宽	直径	深	填土	形状	长	宽	直径	解剖深	堆积及包含物
I1	圆形			85		黄色花斑土	圆形			30		灰褐土,炭灰,红烧土,陶瓦片
I2							圆形			75	30	灰褐土,炭灰,红烧土
I3	圆形			80		黄色花斑土	圆形			40		灰褐土,炭灰,红烧土,陶瓦片
I4	方形	90	75			黄色花斑土	方形	60	40			灰褐土,炭灰,红烧土,陶瓦片
I5	方形	70	55			黄色花斑土	方形	37	33			灰褐土,炭灰,红烧土,陶瓦片
I6							圆形			85	25	灰褐土,炭灰,红烧土,陶瓦片
I7	方形	70	60			灰黄色花斑土	方形	40	40		20	灰褐土,炭灰,红烧土,陶瓦片
I8	方形	65	65			灰黄色花斑土	方形	39	39			灰褐土,炭灰,红烧土,陶瓦片
I9	方形	60	60			灰黄色花斑土	方形	35	32			灰褐土,炭灰,红烧土,陶瓦片
I10	方形	65	55			灰黄色花斑土	方形	35	35		35	灰褐土,炭灰,红烧土,陶瓦片
I11	方形	110	75			灰黄色花斑土	方形	90	50			灰褐土,炭灰,红烧土,陶瓦片
I12							椭圆形			105～80		灰褐土,炭灰,红烧土,陶瓦片
I13							圆形			50		灰褐土,炭灰,红烧土,陶瓦片
I14	圆形			105		黄色花斑土	方形	60	55		40	灰褐土,炭灰,红烧土,陶瓦片
I15	方形	90	65				方形	65	40			灰褐土,炭灰,红烧土,陶瓦片
I16							圆形			45		灰褐土,炭灰,红烧土,陶瓦片
I17							圆形			45	20	灰褐土,炭灰,红烧土,陶瓦片

续表三三

柱洞编号	柱坑形状、尺寸（厘米）、填土						柱洞形状、尺寸（厘米）、堆积及包含物					
	形状	长	宽	直径	深	填土	形状	长	宽	直径	解剖深	堆积及包含物
I18	圆形			115		灰黄色花斑土	方形	65	65			灰褐土,炭灰,红烧土,陶瓦片
I19							圆形			45		灰褐土,炭灰,红烧土,陶瓦片
I20							圆形			25		灰褐土,炭灰,红烧土,陶瓦片
I21							方形	25	20			灰褐土,炭灰,红烧土,陶瓦片
I22							方形	45	40			灰褐土,炭灰,红烧土,陶瓦片
I23							方形	60	45			灰褐土,炭灰,红烧土,陶瓦片
I24							圆形			25		灰褐土,炭灰,红烧土,陶瓦片
I25	方形	90	90			灰黄色花斑土	椭圆			5～25	86	灰褐土,炭灰,红烧土,陶瓦片
I26	方形	100	80			灰黄色花斑土	圆形			25		灰褐土,炭灰,红烧土,陶瓦片
I27	方形	110	100			灰黄色花斑土	方形	110	100		40	灰褐土,炭灰,红烧土,陶瓦片
I28	圆形			50		灰黄色花斑土	圆形			25		灰褐土,炭灰,红烧土,陶瓦片
I29							方形	85	55			灰褐土,炭灰,红烧土,陶瓦片
I30							圆形			30		灰褐土,炭灰,红烧土,陶瓦片
I31							方形	50	45			灰褐土,炭灰,红烧土,陶瓦片
I32	方形	60	50			灰黄色花斑土	圆形			20		灰褐土,炭灰,红烧土,陶瓦片
I33							圆形			45		灰褐土,炭灰,红烧土,陶瓦片
I34							圆形			35	30	灰褐土,炭灰,红烧土,陶瓦片
I35							圆形			30		灰褐土,炭灰,红烧土,陶瓦片
I36	椭圆形			45～60		灰黄色花斑土	椭圆形			25/20		灰褐土,炭灰,红烧土,陶瓦片
I37	方形	95	55			灰黄色花斑土	方形	60	35			灰褐土,炭灰,红烧土,陶瓦片
I38	方形	105	90			灰黄色花斑土	圆形			40		灰褐土,炭灰,红烧土,陶瓦片
I39	方形	120	93	95		灰黄色花斑土	圆形			30		灰褐土,炭灰,红烧土,陶瓦片

柱洞举例：

I1　圆柱坑，圆柱洞。柱坑直径85厘米，柱洞直径30厘米，深度不详（彩版五〇，1）。

I2　圆柱洞。柱洞直径75厘米，解剖深30厘米。柱洞内堆积6厘米厚的红烧土，并填有灰褐土、炭灰和陶瓦片（图一八五，1）。

I7　方柱坑，方柱洞。柱坑长70、宽60厘米，深度不清。柱洞长40、宽40、深20厘米。柱坑内填灰黄色花斑土，较坚硬，土质纯净，经夯实。柱洞上层堆积厚10厘米的红烧土和灰褐土，内含炭灰及陶瓦片（图一八五，2；彩版五〇，2）。

I14　圆柱坑，方柱洞。柱坑直径105厘米，深度不清。柱洞长60、宽55、深40厘米。柱坑内填灰黄色花斑土，经夯实。柱洞上层堆积5厘米含炭灰的红烧土，并填有灰褐土、红烧土、炭

图一八四 ⅠF1①内曲廊平面图

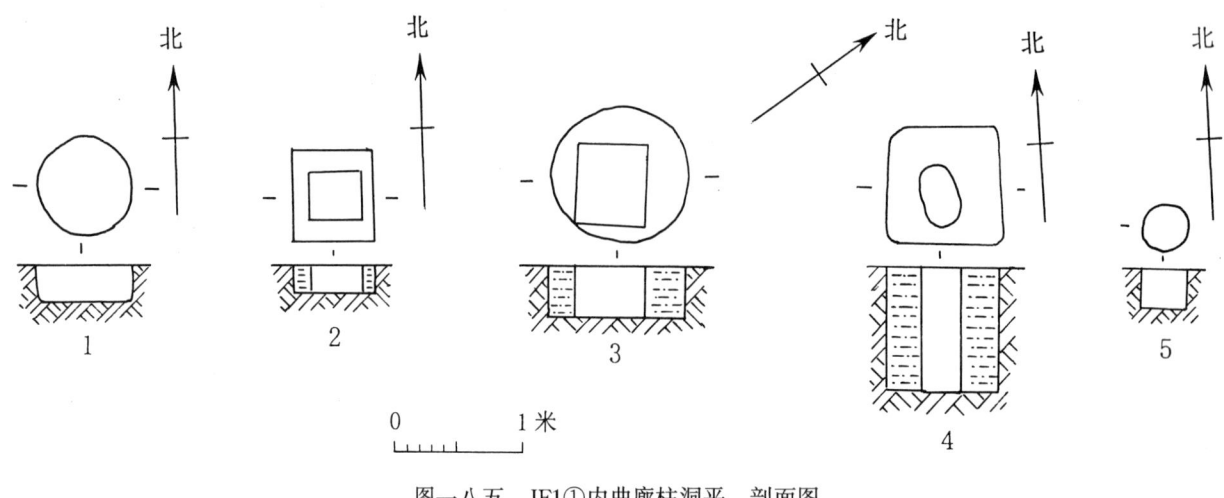

图一八五　IF1①内曲廊柱洞平、剖面图

1. I2　2. I7　3. I14　4. I25　5. I34

灰和陶瓦片（图一八五，3）。

I25　方柱坑，椭圆形柱洞。柱坑长、宽均为90厘米，深度不清。柱洞呈椭圆形，直径25～50、深86厘米。柱坑未解剖到底。柱坑内填灰黄色花斑土，经夯实。柱洞内堆积较松散的灰褐土，内含红烧土、陶炭灰和陶瓦片（图一八五，4）。

I34　圆柱洞。柱洞直径35、深30厘米。柱洞上层堆积厚5厘米的红烧土，下层堆积灰褐土，土质较松散，内含炭灰、红烧土和陶瓦片（图一八五，5）。

（9）排水管和水坑（彩版五一，1）

排水管

在一层台上发现2处排水管，一处位于一层台东侧的第二小层上（图一六一；彩版五一，2）。排水管埋在黄夯土台内，为二块陶制筒瓦扣合而成。排水管上面的黄夯土呈青灰色。现暴露长1.5米，东西走向，西高东低。另一处位于一层台西侧的第三小层上，在水坑南侧、内曲廊西侧。三条并列的陶制排水管呈南北向排列（二条保存较好，一条已残），残长4.9米。每条排水管由十节（二十块）两两扣合、首尾相套的筒瓦组成（图一八六；彩版五二，1）。排水管南高北低，埋在黄夯土台下0.1米处。南端向东拐弯，北端连接水坑（彩版五二，2）。

水坑

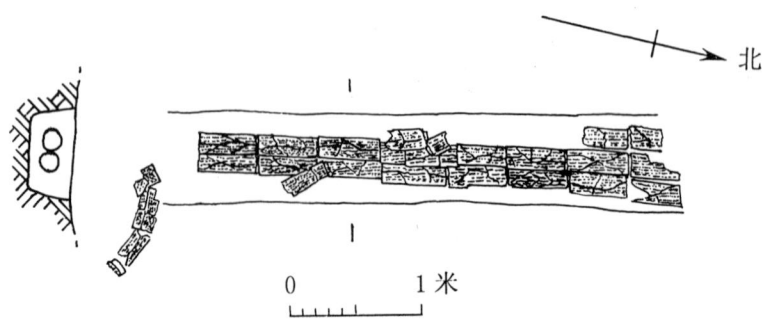

图一八六　IF1①西侧排水管平、剖面图

水坑位于一层台的西北部，在排水管北侧、内曲廊西侧。现暴露面积 25 平方米，深 2.8 米。坑壁为红砖色，呈阶梯状。故推断坑边原嵌有木护壁。因仅局部发掘，水坑的形状、大小无法判断。推测其为宫殿群中的水榭部分（图一六一；彩版五三）。

（10）回廊和天井（图一八七）

回廊和天井位于一层台北面第四小层上，高出第三小层台基 0.5 米。回廊呈"回"字形，东西宽 21.8、南北长 23 米，回廊的东、南、北三面宽 3.2～3.4、西回廊宽 4.2 米。回廊上分布有二至三排柱洞，已暴露各式柱洞 50 个。这些柱洞均未钻探和解剖，深度不清（表三四；图一六一、一八七；彩版五四）。

表三四　　　　　　　　　　　IF①回廊柱坑、柱洞统计表

柱洞编号	柱坑形状、尺寸（厘米）、填土					柱洞形状、尺寸（厘米）、堆积及包含物				
	形状	长	宽	直径	深	填土	形状	长	宽	直径	深	堆积及包含物
h1	方形	？	65			黄色花斑土	不清					红烧土，炭灰，陶瓦片
h2	方形	135	70			黄色花斑土	不清					灰土，红烧土，炭灰，陶瓦片
h3	方形	120	65			黄黏土	方形	25	25			灰土，红烧土，炭灰，陶瓦片
h4	方形	120	65			黄黏土	圆形			40		灰土，红烧土，炭灰，陶瓦片
h5	方形	120	70			黄黏土	方形	65	40			灰土，红烧土，炭灰，陶瓦片
h6	方形	115	65			黄黏土	方形	95	50			灰土，红烧土，炭灰，陶瓦片
h7	方形	120	75			黄黏土	方形	70	50			灰土，红烧土，炭灰，陶瓦片
h8	方形	115	50			黄黏土	方形	40	30			灰土，红烧土，炭灰，陶瓦片
h9	方形	140	40			黄黏土						灰土，红烧土，炭灰，陶瓦片
h10	方形	110	65			黄黏土	方形	50	30			灰土，红烧土，炭灰，陶瓦片
h11	方形	125	60			黄黏土	方形	35	30			灰土，红烧土，炭灰，陶瓦片
h12	方形	125	75			黄黏土	方形	85	28			灰土，红烧土，炭灰，陶瓦片
h13							方形	70	70			灰土，红烧土，炭灰，陶瓦片
h14							圆形			40		灰土，红烧土，炭灰，陶瓦片
h15							圆形			35		灰土，红烧土，炭灰，陶瓦片
h16	圆形			50		黄黏土	圆形			40		灰土，红烧土，炭灰，陶瓦片
h17	圆形			90		黄黏土	圆形			50		灰土，红烧土，炭灰，陶瓦片
h18							圆形			25		灰土，红烧土，炭灰，陶瓦片
h19	圆形			88		黄色花斑土	圆形			35		灰土，红烧土，炭灰，陶瓦片
h20	圆形			105		黄色花斑土	圆形			40		灰土，红烧土，炭灰，陶瓦片
h21							圆形			53		灰土，红烧土，炭灰，陶瓦片
h22							圆形			45		灰土，红烧土，炭灰，陶瓦片
h23							半圆			40		灰土，红烧土，炭灰，陶瓦片
h24							半圆			30		灰土，红烧土，炭灰，陶瓦片

续表三四

柱洞	柱坑形状、尺寸（厘米）、填土					柱洞形状、尺寸（厘米）、堆积及包含物					
编号	形状	长	宽	直径	深	填土	形状	长	宽	直径	深	堆积及包含物
h25							方形	40	20			红烧土，炭灰
h26							半圆			20		红烧土，炭灰
h27							半圆			50		红烧土，炭灰，陶瓦片
h28							半圆			50		红烧土，炭灰，陶瓦片
h29							方形	15	12			红烧土，炭灰
h30							方形	25	20			红烧土，炭灰
h31							圆形			25		红烧土，炭灰
h32							圆形			40		红烧土，炭灰
h33							圆形			20		红烧土，炭灰，陶瓦片
h34							方形	20	20			红烧土，炭灰
h35							圆形			20		红烧土，炭灰
h36							圆形			25		红烧土，炭灰
h37							方形	20	20			红烧土，炭灰
h38							方形	65	60			红烧土，炭灰，陶瓦片
h39							方形	20	15			红烧土，炭灰
h40							圆形			20		红烧土，炭灰
h41							方形	15	15			红烧土，炭灰
h42							方形	15	12			红烧土，炭灰，陶瓦片
h43							圆形			40		红烧土，炭灰，陶瓦片
h44							圆形			45		红烧土，炭灰
h45							圆形			35		红烧土，炭灰
h46							圆形			30		红烧土，炭灰
h47							圆形			30		红烧土，炭灰
h48							圆形			35		红烧土，炭灰
h49	圆形			30		黄色花斑土	圆形			15		红烧土，炭灰
h50							圆形			25		红烧土，炭灰

　　东回廊　宽 3.2 米，柱洞分为二排，共有 12 个。东侧 4 个圆坑圆柱洞（h16、h17、h19、h20），柱坑直径 50～105 厘米，柱洞直径 25～53 厘米。圆柱洞 2 个（h18、h21），直径为 25 和 53 厘米。有五个柱洞在一条直线上，间距 1.9～5.25 米。西侧分布六个柱洞，包括 4 个方坑方柱洞（h3、h5～h7），一个方坑圆柱洞（h4），一个圆柱洞（h22）。柱坑长、宽分别为 115×65 至 120×75 厘米，柱洞长、宽分别为 25×25 至 95×50 厘米。柱洞间距 1.5～3 米，圆柱洞直径 45 厘米（图一八七；彩版五五）。

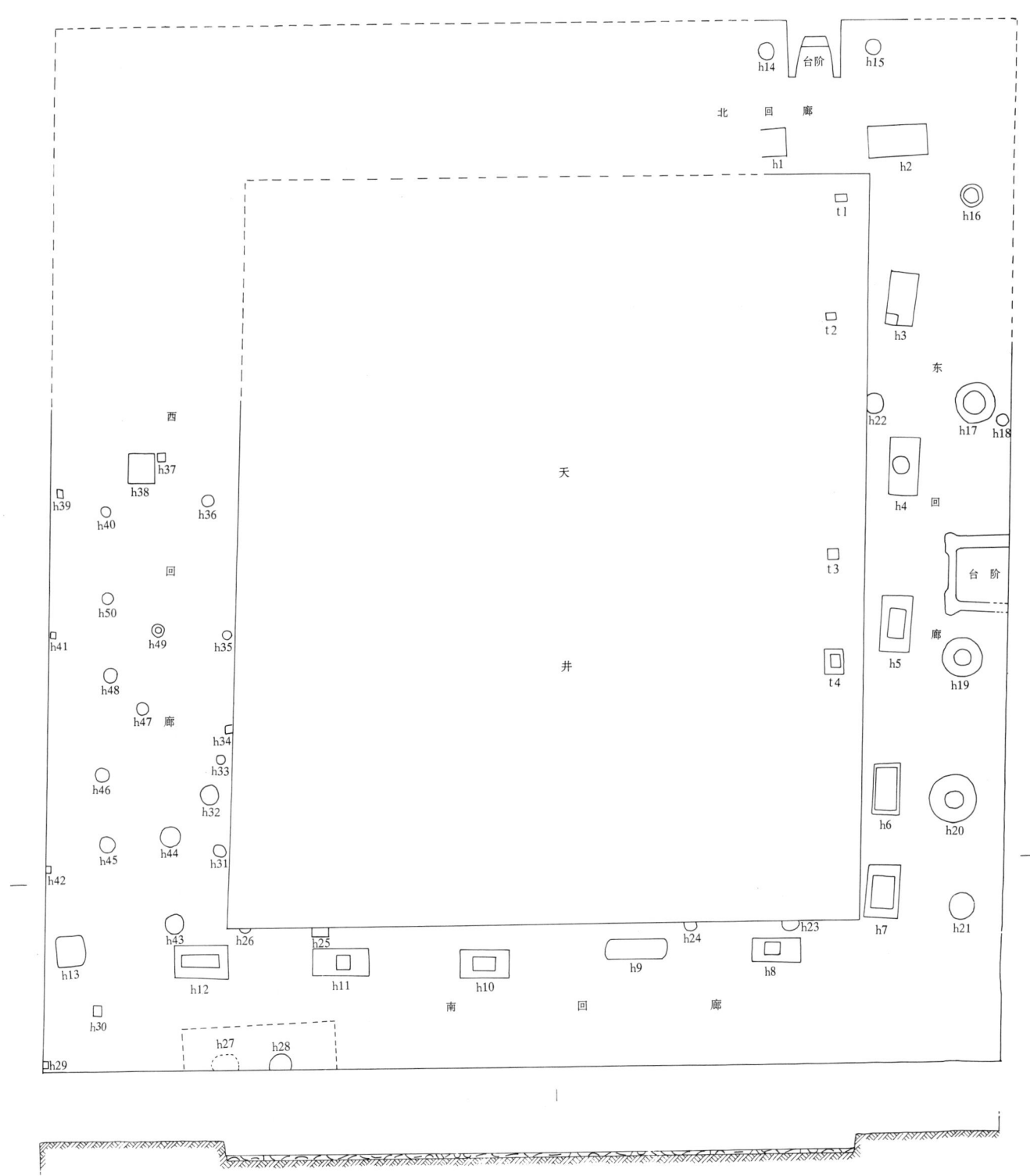

图一八七　IF1①回廊和天井平、剖面图

北回廊　宽 3.33 米，仅发掘小部分，暴露长 5.7 米。回廊北侧有 1 个台阶、2 个圆柱洞（h14、h15），直径分别为 40、35 厘米。回廊南侧有 2 个方柱洞（h1、h2。柱坑方形，柱洞形状不明），h1 宽 65，长度不明，h2 长 135、宽 70 厘米（图一八七；彩版五六，1）。

南回廊　宽 3.1 米，共发现二排 11 个柱洞。h8～h12 为方坑方柱洞（h9 为坑洞不清）。柱坑长、宽分别为 115×50 至 125×75，柱洞长、宽分别为 35×30 至 85×28 厘米。方柱洞基本上排在一条直线上，间距 2.25～2.7 米。回廊北侧边缘分布的 4 个小柱洞编号为 h23～h26。其中三个半圆柱洞直径 20～50 厘米，一个半方柱洞长 40、宽 20 厘米。回廊南侧与二层台结合处有 2 个半圆柱洞（h27、h28），直径均为 50 厘米（图一八七；彩版五六，2）。

西回廊　宽 4.2 米，已揭露南段长 14.5 米。共发现大小柱洞 23 个（h13、h29～h50）。其中有 9 个方柱洞（h13、h29、h30、h34、h37～h39、h41、h42），七个长、宽分别为 15×12 至 65×60 厘米，回廊内 h13、h38 为大型方柱洞，长、宽分别为 70×70 和 65×60 厘米。14 个圆柱洞（h31～h33、h35、h36、h40、h43～h50）的直径为 15～45 厘米。其中 h49 为圆柱坑圆柱洞，其中有 13 个为坑洞不清（图一八七；彩版五七）。

柱洞举例：

h7　方坑，方柱洞。柱坑长 120、宽 75 厘米，柱洞长 70、宽 50 厘米。柱坑内填黄黏土，柱洞内填灰土，内含红烧土、炭灰和陶瓦片。未发掘到底（图一八七；彩版五八，1）。

回廊上分布的柱洞排列有序，从布局结构看。南回廊只有一排大柱洞与二、三层台的主体建筑连为一体，屋面可能为一坡水，水流向天井。北面发掘面积较小，结构不明。东、西回廊柱洞较密集，可能为两坡水。因发掘面积小，其结构和布局尚不清楚。

天井　位于回廊的中间，方形，东西宽 14.37、南北长 16.4 米，天井低于回廊 0.3～0.35 米。天井内满铺陶瓦片，瓦片厚 8～10 厘米（彩版五八，2）。在天井的东侧、东回廊的西侧发现 4 个方形柱洞，编号为 t1～t4，柱洞与东回廊西侧相距 0.4～0.65 米。柱洞长 25～30、宽 15～28 厘米（表三五），可能为回廊挑檐柱洞（图一六一、一八七；彩版五九）。

表三五　　　　　　　　　　　IF①天井柱坑、柱洞统计表

柱洞编号	柱坑形状、尺寸（厘米）、填土					柱洞形状、尺寸（厘米）、堆积及包含物				
	形状	长	宽	直径	深	填土	形状	长	宽	直径	深	堆积及包含物
t1							方形	25	15			灰褐土，红烧土，陶瓦片
t2							方形	25	15			灰褐土，红烧土，陶瓦片
t3							方形	25	25			灰褐土，红烧土，陶瓦片
t4	方形	55	40			黄黏土	方形	30	28			灰褐土，红烧土，陶瓦片

（11）IF1①出土遗物

陶筒瓦

标本 IF1①W92:2（A 型Ⅷ式），瓦头部。泥质浅灰陶。尖唇，颈内斜，矮直肩。瓦身凸面饰中绳纹，凹面饰篮纹（图一八八，1）。

标本 IF1①Ⅰ10:1（A 型Ⅸ式），瓦头部。泥质浅灰陶。颈内斜，直肩较高。瓦身凸面饰中绳

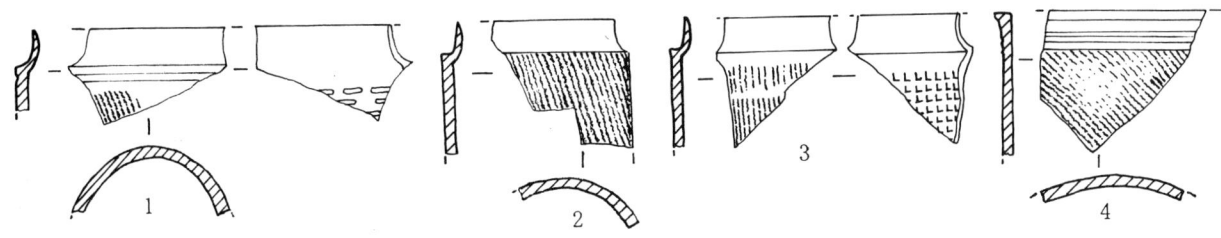

图一八八　IF1①出土陶筒瓦、板瓦

1.A 型Ⅷ式筒瓦（IF1①W92:2）　2.A 型Ⅸ式筒瓦（IF1①I10:1）　3.A 型Ⅹ式筒瓦（IF1①I 14:1）　4.A 型Ⅸ式板瓦（IF1①I2:1）

纹，凹面素饰（图一八八，2）。

标本 IF1①Ⅰ14:1（A 型Ⅹ式），瓦头部。泥质灰陶。颈内斜，高直肩。瓦身凸面饰中绳纹，凹面饰方格纹（图一八八，3）。

陶板瓦

标本 IF1①I2:1（A 型Ⅸ式），瓦头部。泥质浅灰陶。直口，平沿，圆唇外侈。瓦头凸面饰凸旋纹；瓦身凸面饰中绳纹，凹面纹饰不清（图一八八，4）。

IF1②

二层台位于三层台西北侧的一层台上，紧靠三层台西北部，其东墙与三层台西墙北段同体。台基呈长方形，东西长 9.45、南北宽 6.2 米，面积 58.59 平方米。现高出一层台 0.5~0.9 米。台基周边陡直。其东、西、南壁呈红色。台体用灰黄土夯筑而成，夯层厚 8~10 厘米。夯窝直径 5~6 厘米。台上分布有夯土墙、柱洞等遗迹（表三六；图一六一、一八九；彩版六〇）。

表三六　　　　　　　　　　IF1②柱坑、柱洞统计表

柱洞编号	柱坑形状、尺寸（厘米）、填土						柱洞形状、尺寸（厘米）、堆积及包含物					
	形状	长	宽	直径	深	填土	形状	长	宽	直径	深	堆积及包含物
Z1							方形	15	12		50	红烧土，炭灰，陶瓦片
Z2							方形	15	15			红烧土，炭灰，陶瓦片
Z3							方形	32	20		25	红烧土，炭灰，陶瓦片
Z4							方形	26	20		50	红烧土，炭灰，陶瓦片
Z5							方形	20	10		75	红烧土，炭灰，陶瓦片
Z6							方形	35	15		65	红烧土，炭灰，陶瓦片
Z7							方形	25	15		65	红烧土，炭灰，陶瓦片
Z8							方形	35	10		60	红烧土，炭灰，陶瓦片
Z9							方形	40	10		75	红烧土，炭灰，陶瓦片
Z10							方形	60	15		65	红烧土，炭灰，陶瓦片
Z11							方形	40	32		40	红烧土，炭灰，陶瓦片
Z12							方形	45	26		80	红烧土，炭灰，陶瓦片

续表三六

柱洞编号	柱坑形状、尺寸（厘米）、填土						柱洞形状、尺寸（厘米）、堆积及包含物					
	形状	长	宽	直径	深	填土	形状	长	宽	直径	深	堆积及包含物
Z13	凸形	120	30～53.8		23	黑灰黄土	圆形			18	30	红烧土，炭灰，陶瓦片
Z14	凸形	90	23～38.5		15	黑灰黄土	圆形			18	30	红烧土，炭灰，陶瓦片
Z15							圆形			45		红烧土，炭灰，陶瓦片
Z16							圆形			18		红烧土，炭灰，陶瓦片
Z17							圆形			50	75	红烧土，炭灰，陶瓦片
Z18							圆形			22	10	红烧土，炭灰，陶瓦片
Z19							圆形			35	10	红烧土，炭灰，陶瓦片
Z20							方形	40	33			红烧土，炭灰，陶瓦片
Z21							方形	35	20		15	红烧土，炭灰，陶瓦片
Z22							方形	15	15			红烧土，炭灰，陶瓦片
Z23							方形	90	50			红烧土，炭灰，陶瓦片
Z24							方形	60	35			红烧土，炭灰，陶瓦片
Z25							方形	70	60			红烧土，炭灰，陶瓦片
Z26	方形	110	85		25	灰黄土	方形	40	40		25	红烧土，炭灰，陶瓦片
Z27	圆形			116～160		五花土	圆形			55	25	红烧土，炭灰，陶瓦片
Z28	圆形			90		五花土	圆形			50～60	25	红烧土，炭灰，陶瓦片

（1）北墙

位于二层台北部，东西向，东端接三层台北壁西段，西端与回廊西壁平齐。系灰褐土夯筑而成。墙东西长 9.16、南北宽 0.65、残高 0～0.75 米，墙中部开有双扇门（图一九○；彩版六一）。

（2）北门

位于北墙中部。墙的内外两侧各有对称的二个柱洞（Z11～Z14）。墙北侧的两个柱洞为 Z11、Z12。Z11 长 40、宽 32、深 40 厘米。Z12 长 45、宽 26、深 80 厘米，两洞相距 2.85 米。北墙南侧的二个柱洞为 Z13、Z14，均呈"凸"字形，凸出部分嵌入墙体。Z13 长 120、宽 30、深 23 厘米，嵌入墙体的"凸"出部分长 38、宽 20 厘米。Z14 长 90、宽 25、深 15 厘米，嵌入墙体的"凸"出部分长 30、宽 15 厘米。两洞相距 2 米。两柱洞底部各有一直径 18、深 30 厘米的小柱洞。靠西侧柱洞底部有两条呈南北向，分别长 120 和 100、直径均 10 厘米的沟槽，平行横穿于墙体基部，间距 65 厘米，推测是门框底部的横垫木。柱洞内堆积红烧土和炭灰、陶瓦片等（图一九一；彩版六二，1、2；彩版六三，1）。

（3）西壁

位于二层台西侧。墙体呈红色。南北向。其南端与南墙相连，北端与北墙连接。两端残高

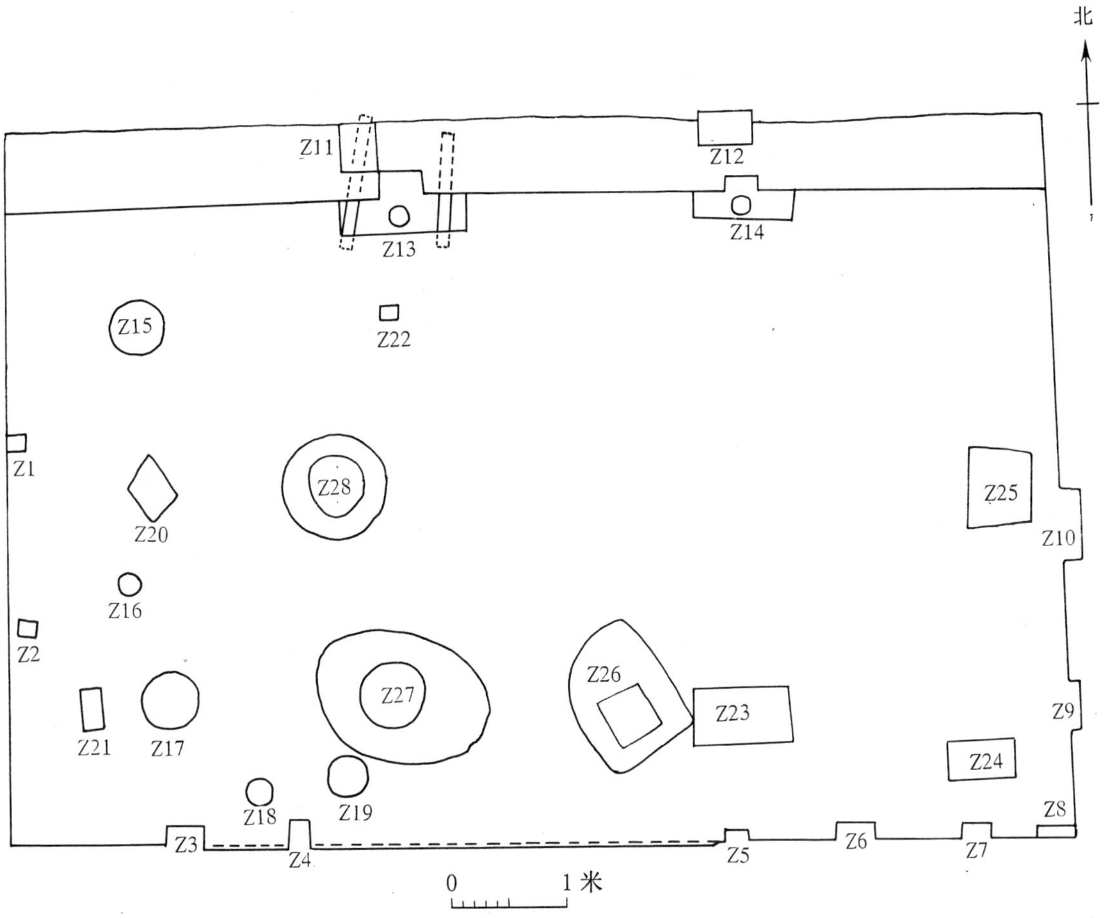

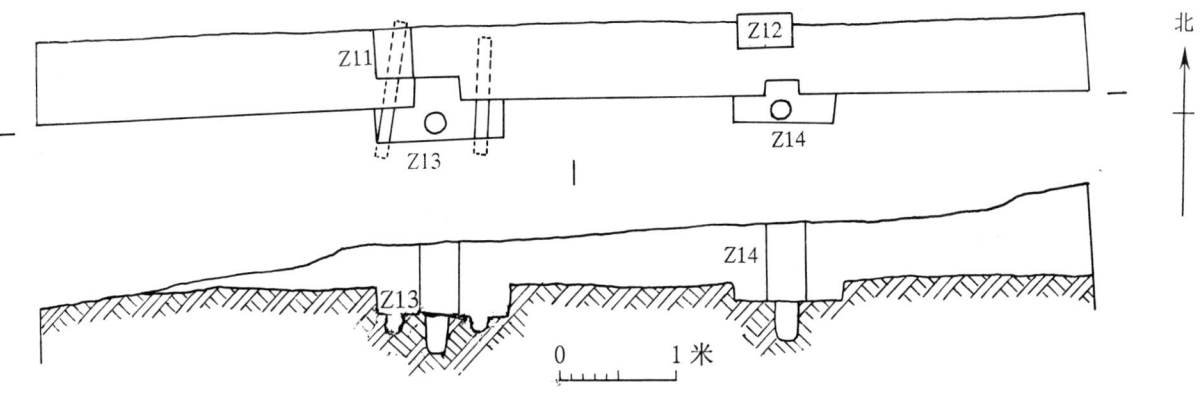

图一八九　IF1②平面图

图一九〇　IF1②北墙平、剖面图

0.3、高出一层台 0.5 米。西壁中段靠近壁边有 1 个长 15、宽 12 厘米的方柱洞（Z1），洞内堆积炭灰、红烧土和陶瓦片等（图一九二；彩版六三，2）。

　　（4）东壁（三层台西壁北段）

　　位于二层台东侧。墙体呈红褐色。南北向。北端残高与北墙平，南端残高 0.9 米。东壁上有 2 个半明暗方柱洞（Z9、Z10），Z9 长 40、宽 10、深 75 厘米（三层台编号 t6），Z10 长 60、宽 15、深 65 厘米（三层台编号为 B25）。洞内堆积均为红烧土、炭灰和陶瓦片等（图一九三；彩版六四，1）。

（5）南壁

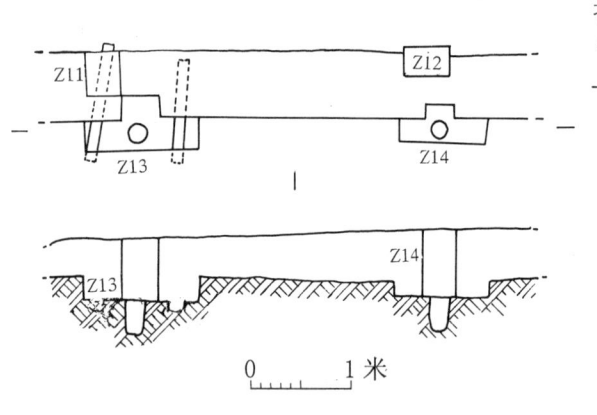

图一九一　IF1②北门平、剖面图

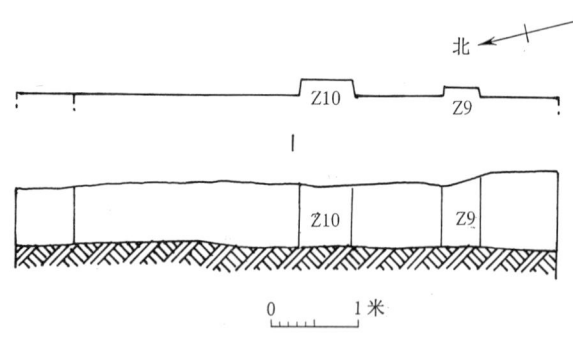

图一九二　IF1②西壁平、剖面图

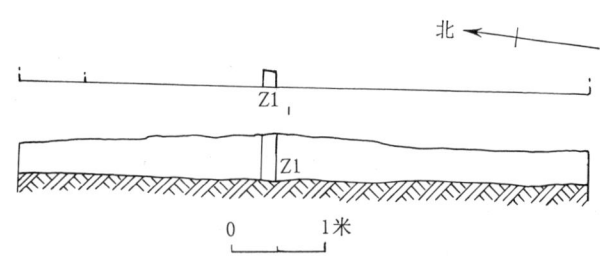

图一九三　IF1②东壁平、剖面图

位于二层台南侧。墙体呈红褐色。东西向。西端与西侧门东墙相连成一条直线，东端与三层台西壁相连。西端残高 0.3 米，东端残高 0.55 米。南壁长 9.45 米，壁上分布有 6 个半明暗方柱洞（Z3～Z8），大小间距不等，深至台基底部，系二层台的壁柱洞。柱洞均呈红色，洞内堆积红烧土、炭灰和陶瓦片。柱洞的大小从西向东依次为 Z3 长 32、宽 20、深 25 厘米。Z4 长 26、宽 20、深 50 厘米。Z5 长 20、宽 10、深 75 厘米。Z6 长 35、宽 15、深 65 厘米。Z7 长 25、宽 15、深 65 厘米。Z8 为二层台与三层台相连接的拐角柱洞，南壁部分长 35、宽 10、深 60 厘米（图一九四；彩版六四，2）。

（6）台内柱洞

按其形状分为圆形柱洞和长方形柱洞等。共 14 个，编号为 Z15～Z28。

圆柱洞　5 个（Z15～Z19），主要分布在二层台的西部。柱洞深 10～75、直径 22～50 厘米。洞壁呈红褐色，洞内堆积炭灰、红烧土和陶瓦片等。

方柱洞　6 个（Z20～Z25），分布在二层台四周，大小不一，排列无规律，间距不等。长宽分别为 15×15 至 50×90 厘米。未解剖，深度不详。洞壁大多呈红褐色。洞内堆积炭灰和红烧土等。

方柱坑，方柱洞　1 个（Z26），位于二层台中南部。柱坑长、宽为 110×85、深 25 厘米；柱洞长、宽均为 40 厘米，深 25 厘米。柱坑内填灰黄土，经夯筑。柱洞内土质松散，含红烧土、炭灰和瓦片等（图一八九；图一九五，1；彩版六四，3）。

圆柱坑，圆柱洞　2 个（Z27、Z28），位于二层台中部偏西。柱坑直径分别为 160×116、100×90 厘米，柱洞直径 50～60 厘米，深 25 厘米。柱坑内填五花土，经夯实。柱洞内堆积灰土，内含红烧土块。

柱洞举例：

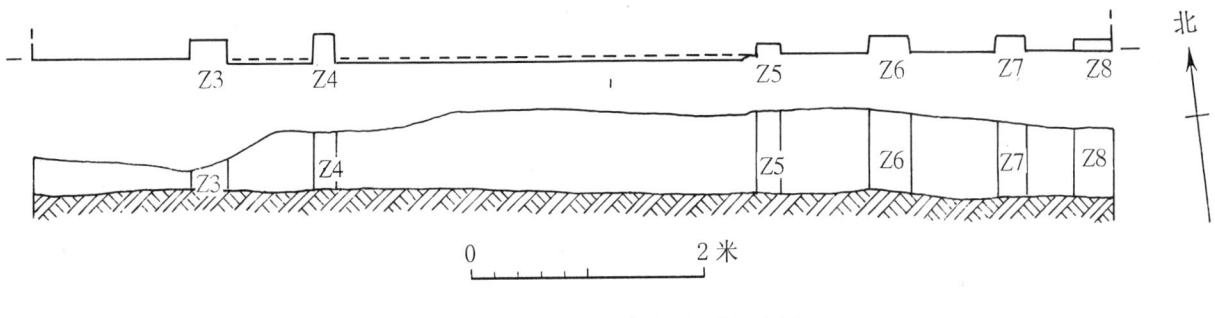

图一九四　IF1②南壁平、剖面图

Z27　圆柱坑，圆柱洞　柱坑直径为 160×110 厘米，坑内填五花土，经夯实。柱洞直径 55、深 25 厘米。洞内堆积灰土，内含炭灰、陶瓦片和红烧土等（图一九五，2；彩版六四，4）。

（7）IF1②出土遗物

陶板瓦

标本 IF1②Z26:2（A 型Ⅸ式），瓦头部。泥质深灰陶。直口，平沿，尖唇外侈。瓦头凸面饰三道凸旋纹间绳纹；瓦身凸面饰中绳纹，凹面素饰（图一九六，1）。

标本 IF1②Z27:1（A 型Ⅺ式），瓦头部。泥质灰陶。平沿，尖圆唇外侈。瓦头凸面饰三道凸旋纹；瓦身凸面饰斜向中绳纹，凹面素饰（图一九六，2）。

标本 IF1②Z27:2（A 型Ⅻ式），瓦头部。泥质深灰陶。直口，平沿，尖唇。瓦头凸面饰一道凸旋纹；瓦身凸面饰中绳纹，凹面素饰（图一九六，3）。

IF1③

三层台位于放鹰台 1 号宫殿基址的中东部，坐北朝南，方向 186°。它的东面是外曲廊和贝壳路，南面是门庭和宽阔的广场，西连二层台及内曲廊，北俯回廊、天井，是 1 号宫殿基址群的主体建筑。三层台平面呈"凸"形，面积为 467.5 平方米（图一九七；彩版六五～六八）。整个三层台用纯净细腻（经筛选）的灰土夯筑而成，夯层厚约 6～10 厘米，夯窝呈圆形，直径 5～7 厘米、深约 1 厘米（彩版六九，1、2）。夯筑方法是分块板筑。夯土分为灰黄色和灰褐色二种，板筑面积一般为 1～1.5 米见方。整个三层台保存较好，台的南壁、东壁南段、西壁北段南部、西壁南段、北壁西段均保存较好。南壁和西壁南段现仍高出一层台台基 1.5～2.5 米。因宫殿毁于大火，所以三层台的六面台壁、壁柱洞及台内柱洞、地沟壁均呈红色，且坚硬似红砖（在发掘初期，不少专家认为是红砖垒砌的墙壁）。

（1）台壁及壁柱洞

三层台有六面台壁，周长 99.6 米，现暴露有 28 个壁柱洞（因北壁破坏严重，部分柱洞形制不清）。柱

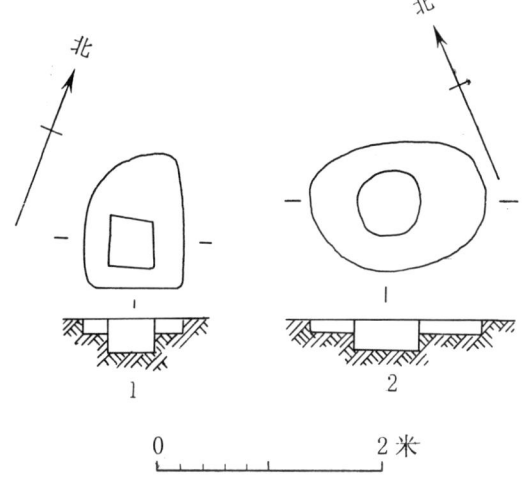

图一九五　IF1②柱洞平、剖面图
1.Z26　2.Z27

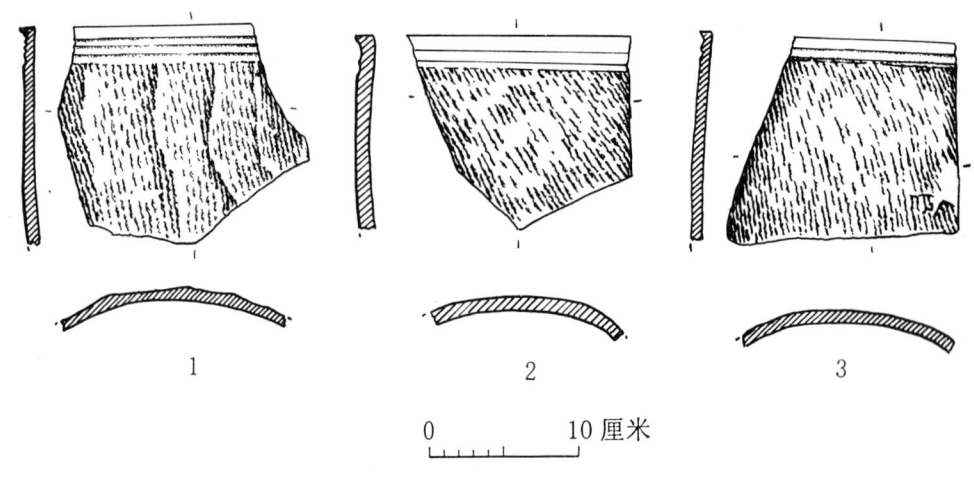

0   10 厘米

图一九六　IF1②出土陶板瓦

1.A型Ⅸ式（IF1②Z26:2）　2.A型Ⅺ式（IF1②Z27:1）　3.A型Ⅻ式（IF1②Z27:2）

洞一面与台壁平，三面嵌入台内，故称"半明暗壁柱洞"。壁柱洞运用了木结构中的榫卯结构原理，即双肩套榫和双翼拴榫结构。柱洞上大、下小，中部设二层台。

南壁及壁柱洞（图一九八；彩版七〇，1）：

南壁长 24.9 米，残高 1.5～2.5 米，分布有 7 个半明暗壁柱洞（B1～B7）。其中 B1～B6 为双肩套榫结构，平面呈"回"形，剖面呈"凵"形。柱洞上口长 110～140、宽 45～80、深 20～30 厘米；柱洞下口长 58～75、宽 10～40、深 65～105 厘米，深至一层台台基；B7 为单肩套榫，平面呈"コ"形。柱间距分别为 2.6、2.8、3、2.75、2.55、3.15 米。

东壁及壁柱洞（图一九九；彩版七〇，2）：

东壁长 24.9 米，残高 1～1.95 米，分布有 6 个半明暗壁柱洞（B8～B13）。其中 B8、B9 为双肩套榫，平面呈"回"形，剖面呈"凵"形。柱洞上口长 125～145、宽 66～75、深 25～35 厘米；下口长 55～60、宽 30～34、深 80～90 厘米，深至一层台台基。B10～B13 由于肩台部已破坏，仅存柱洞下口部，长 35～73、宽 24～55、深 12～105 厘米，深至一层台台基。柱间距分别为 4.1、3.85、4、2.6、1.5 米。

北壁东段及壁柱洞（图二〇〇）：

北壁东段长 12.45 米，破坏严重，残高 0.1～0.55 米。残存有 3 个壁柱洞（B14～B16）。肩台部已残损，仅存柱洞底部，长 33～120、宽 25～60、深 15～65 厘米，深至一层台台基。柱间距分别为 6.35、1.5 米。

北壁西段及柱洞（图二〇一；彩版七一，1）：

北壁西段长 12.45 米，残高 0.65～1.55 米，分布有 4 个半明暗壁柱洞（B21～B24）。其中，B21 为单翼拴榫结构，剖面呈"凸"形；B22 为双翼拴榫，剖面呈"凸"形；B23 为双肩套榫，剖面呈"凵"形；B24 为单肩套榫，剖面呈"凵"形。各柱间距分别为 3.12、3.25、3.6 米。

西壁北段及壁柱洞（图二〇二；彩版七一，2）：

西壁北段长 12.25 米，残高 0.65～2.16 米。分布有四个半明暗壁柱洞（B17～B20）。其中 B17 为双肩套榫，剖面呈"凵"形。B18、B19 为无肩套榫。B20 为单翼拴榫。柱洞间距分别为

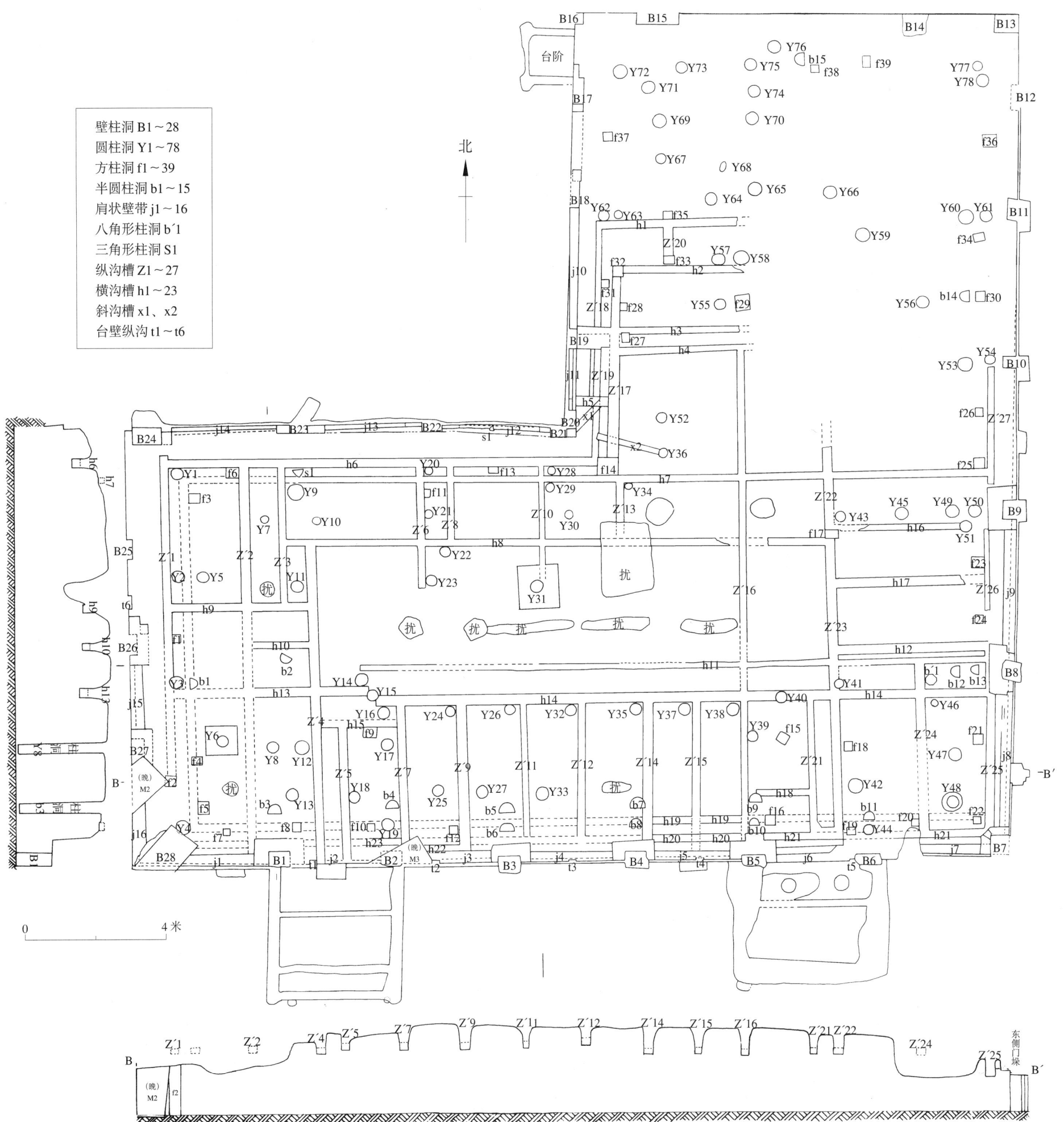

壁柱洞 B1～28
圆柱洞 Y1～78
方柱洞 f1～39
半圆柱洞 b1～15
肩状壁带 j1～16
八角形柱洞 b´1
三角形柱洞 S1
纵沟槽 Z1～27
横沟槽 h1～23
斜沟槽 x1、x2
台壁纵沟 t1～t6

北

0   4 米

图一九七　IF1③平、剖面图

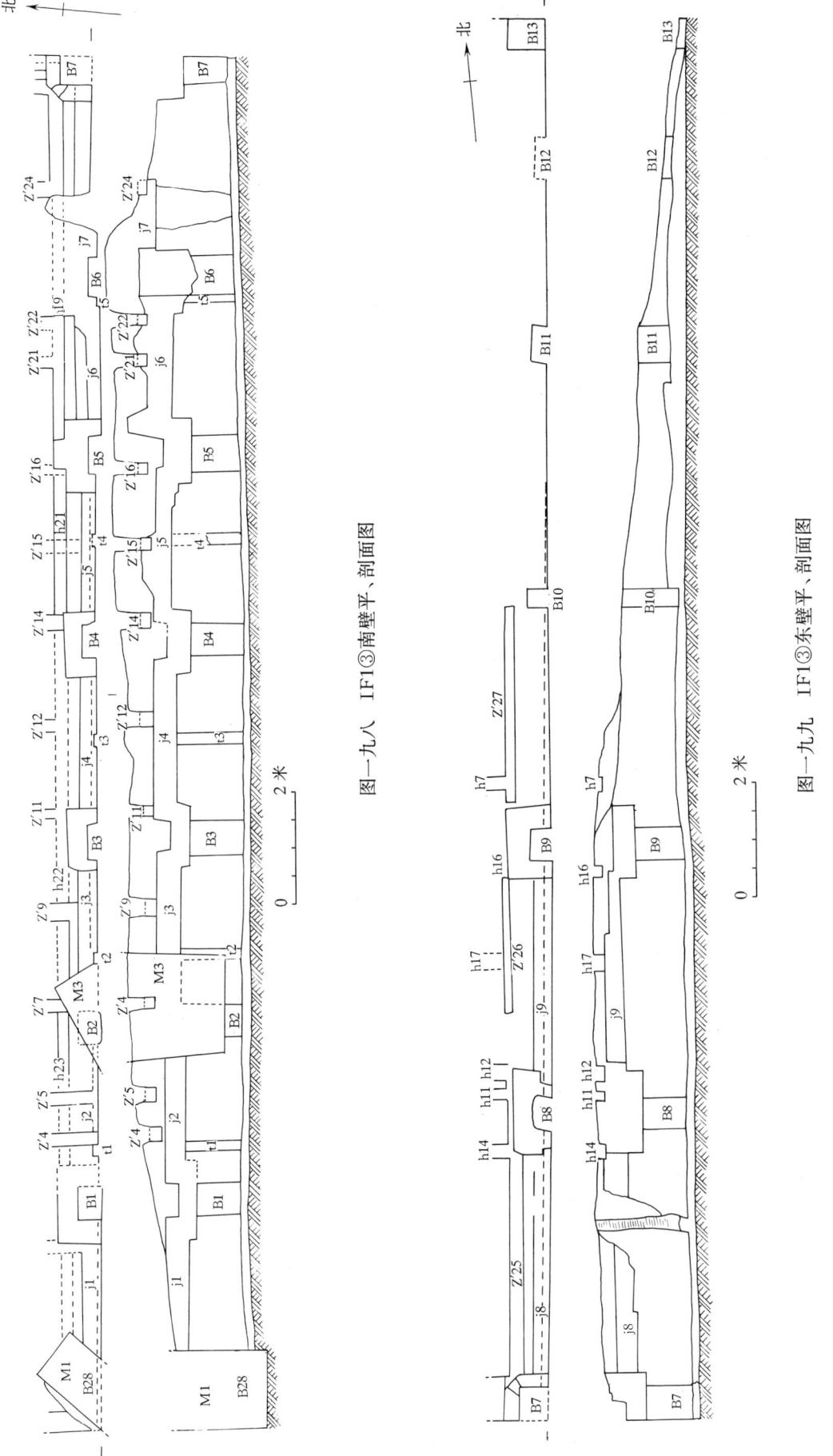

图一九八 IF1③南壁平、剖面图

图一九九 IF1③东壁平、剖面图

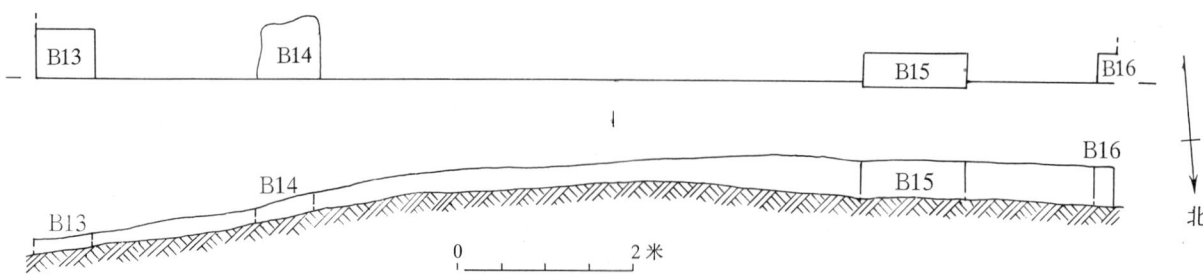

图二○○　IF1③北壁东段及壁柱洞平、剖面图

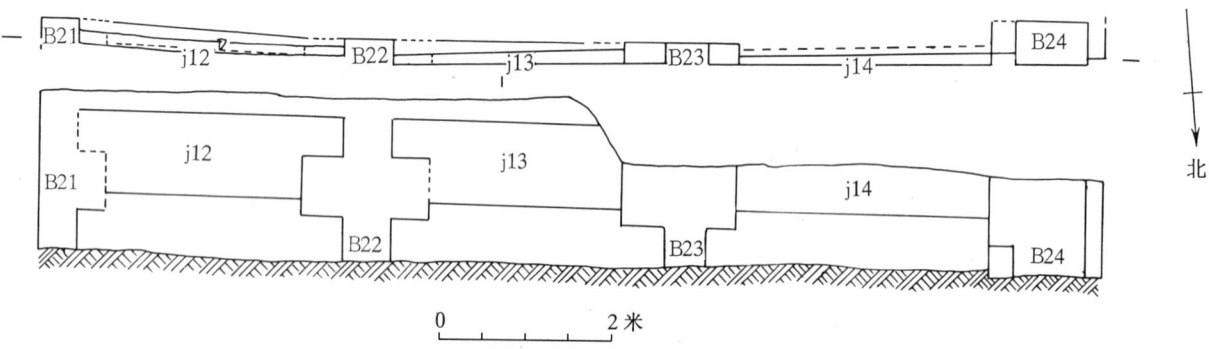

图二○一　IF1③北壁西段及壁柱洞平、剖面图

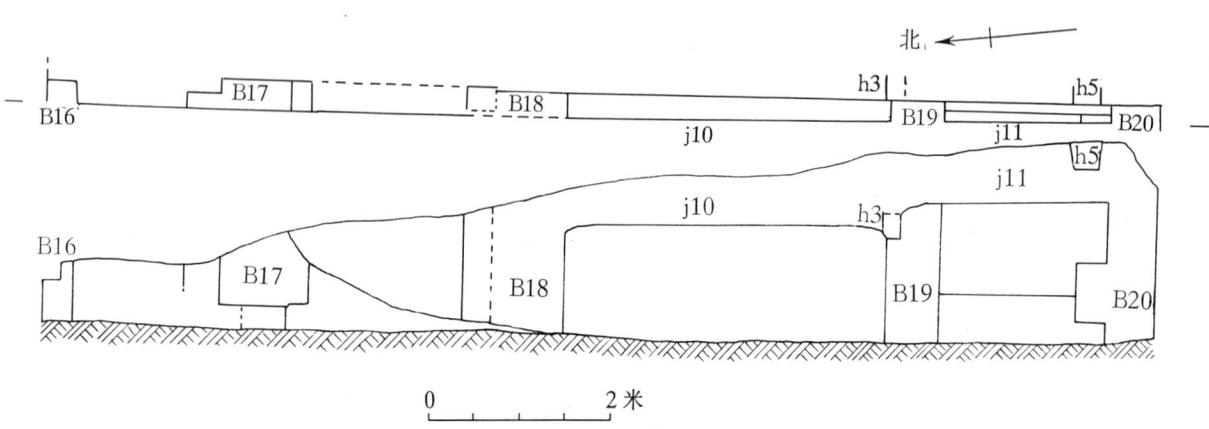

图二○二　IF1③西壁北段及壁柱洞平、剖面图

2.25、3.55、1.85 米。

西壁南段及柱洞（图二○三；彩版七二，1）：

西壁南段呈南北向，边长 12.65 米，残高 0.65～1.2 米，分布有 4 个半明暗壁柱洞（B25～B28）。B25 为平面呈长方形的无肩套榫结构；B26、B27 为双肩套榫结构；B28 由于被明代墓葬所打破形状不明。各柱洞间距分别为 2.22、2.45 米。

二十八个台壁方柱洞中双肩套榫的柱洞 12 个（B1～B6、B8、B9、B17、B23、B26、B27）；双翼拴榫和单翼拴榫的柱洞 3 个（B20～B22）；单肩套榫柱洞 2 个（B7、B24）；其中，B7 平面呈

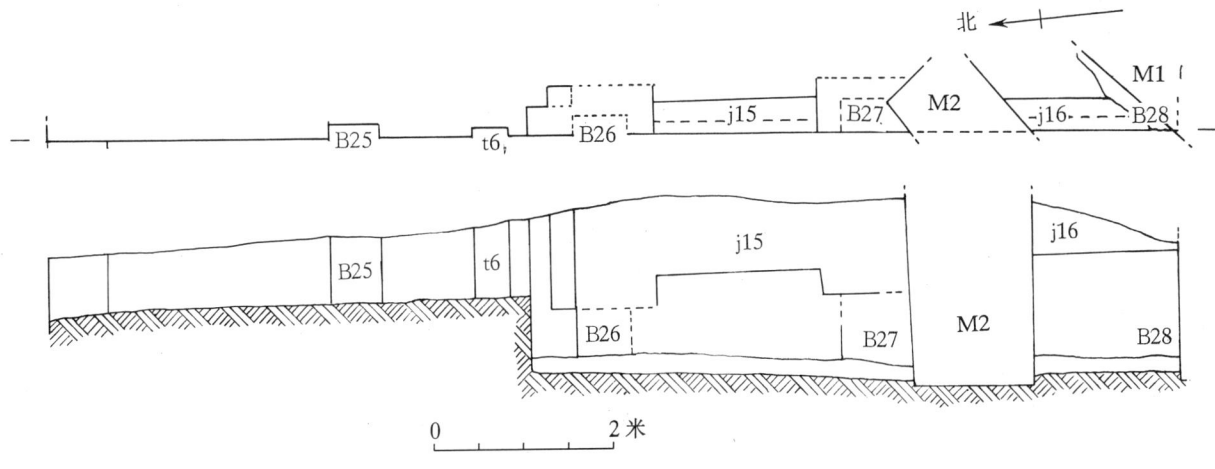

图二〇三　IF1③西壁南段及壁柱洞平、剖面图

"⌐"形，系用于拐角部位；平面呈长方形的无肩套榫柱洞3个（B18、B19、B25）；形制不清的柱洞8个（表三七）。

台壁柱洞举例：

B4　位于南壁中部。双肩套榫结构，"冂"形肩台面长120、宽55、深30厘米。柱洞下部长55、宽25、深98厘米，深至一层台台基。洞内堆积为红烧土、炭灰、陶瓦片和泥质垂线球等（图二〇四，1；彩版七二，2）。

B5　位于南壁中东部。双肩套榫结构，"冂"字形肩台面长127、宽50、深25厘米。柱洞下部长65、宽10、深85厘米，深至一层台台基。洞内堆积为红烧土、炭灰、陶瓦片和泥质垂线球等（图二〇四，2；彩版七三，1）。

B7　位于南壁与东壁的拐角处。单肩套榫结构，长80、宽85、肩台距洞口深40厘米，肩台宽30厘米。柱洞下部长50、宽50、深75厘米，深至一层台台基。洞内堆积为红烧土、炭灰、陶瓦片和泥质垂线球等（图二〇四，9；彩版七三，2）。

B8　位于东壁南部。双肩套榫结构，"冂"字形的肩台台面长145、宽66、深25厘米。柱洞下部长60、宽34、深80厘米，深至一层台台基。洞内堆积为红烧土、炭灰、陶瓦片和泥质垂线球等（图二〇四，3；彩版七四，1）。

B18　位于西壁北段的中部。无肩套榫结构，长74、宽26、深100厘米，深至一层台台基。洞内堆积为红烧土、炭灰、陶瓦片等（图二〇四，10；彩版七四，2）。

B19　位于西壁北段的南部。无肩套榫结构，长57、宽24、深145厘米，深至一层台台基。洞内堆积为红烧土、炭灰、陶瓦片等（图二〇四，11；彩版七五，1）。

B20　位于西壁北段与北壁西段拐角处。单翼拴榫结构，平面呈长方形，长55、宽20、深150厘米，深至一层台台基。在距开口65厘米处向北延伸一个长33、宽60厘米的长方形龛状翼。龛深20厘米。洞内堆积为红烧土、炭灰和陶瓦片（图二〇四，4）。

B21　位于北壁西段与西壁北段拐角处，单翼拴榫结构，长45、宽23、深159厘米，在距开口45厘米处向西延伸一个长35、宽67厘米的长方形龛状翼。龛深23厘米。洞内堆积为红烧土、炭灰和陶瓦片（图二〇四，5；彩版七五，2）。

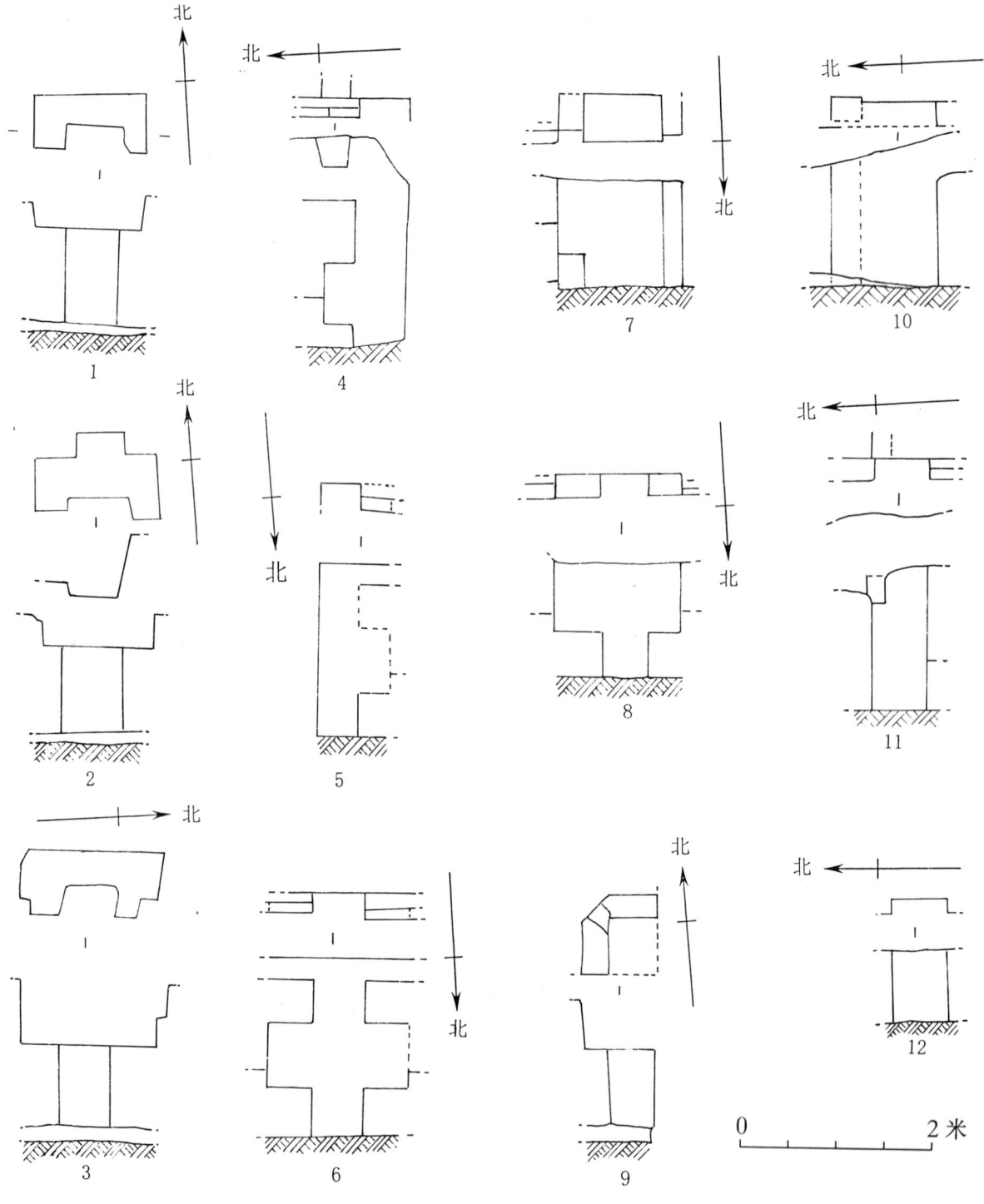

图二〇四　IF1③台壁柱洞平、剖面图

1.B4　2.B5　3.B8　4.B20　5.B21　6.B22　7.B24　8.B23　9.B7　10.B18　11.B19　12.B25

B22　位于北壁西段，双翼拴榫结构，长55、宽20、深165厘米，深至一层台台基。在距开口45～40厘米处向东、西各延伸一个长50、宽65厘米的肩台。肩台深20厘米。洞内堆积为红烧土、炭灰、陶瓦片和泥质垂线球等（图二〇四，6；彩版七六，1）。

表三七　　　　　　　　　　　　　　IF1③台壁柱洞统计表

编号	形状	尺寸（厘米）						深	洞内堆积及包含物	彩版
		上口			下口					
		长	宽	深	长	宽	深			
B1	双肩套榫	140	80	20	62	40	80	100	红烧土，炭灰，陶瓦片，泥质垂线球	
B2	双肩套榫				58	35	105	105	红烧土，炭灰，陶瓦片	
B3	双肩套榫	110	45	20	62	15	95	115	红烧土，炭灰，陶瓦片	
B4	双肩套榫	120	55	30	55	25	98	128	红烧土，炭灰，陶瓦片，泥质垂线球	七二，2
B5	双肩套榫	127	50	25	65	10	85	110	红烧土，炭灰，陶瓦片，泥质垂线球	七三，1
B6	双肩套榫				75	17	65	65	红烧土，炭灰，陶瓦片，泥质垂线球	
B7	单肩套榫	80	85	40	50	50	75	115	红烧土，炭灰，陶瓦片，泥质垂线球	七三，2
B8	双肩套榫	145	66	25	60	34	80	105	红烧土，炭灰，陶瓦片，泥质垂线球	七四，1
B9	双肩套榫	125	75	35	55	30	90	125	红烧土，炭灰，陶瓦片，泥质垂线球	
B10	不清				35	38	105	105	红烧土，炭灰，陶瓦片	
B11	不清				65	25	60	60	红烧土，炭灰，陶瓦片	
B12	不清				73	24	20	20	红烧土，炭灰，瓦片，泥质垂线球	
B13	不清				70	55	12	12	红烧土，炭灰，陶瓦片	
B14	不清				65	60	20	20	红烧土，炭灰，陶瓦片	
B15	不清				120	34	35	35	红烧土，炭灰，陶瓦片	
B16	不清				33	25	45	45	红烧土，炭灰，陶瓦片	
B17	双肩套榫	105	25	50	50	30	20	65	红烧土，炭灰，陶瓦片	
B18	无肩套榫				74	26	100	100	红烧土，炭灰，陶瓦片	七四，2
B19	无肩套榫				57	24	145	145	红烧土，炭灰，陶瓦片	七五，1
B20	单翼拴榫	55	20	65	88	20	60	155	红烧土，炭灰，陶瓦片	
B21	单翼拴榫	45	23	45	80	23	67	159	红烧土，炭灰，陶瓦片	七五，2
B22	双翼拴榫	55	20	45	155	20	70	165	红烧土，炭灰，陶瓦片，泥质垂线球	七六，1
B23	双肩套榫	135	25	75	50	25	40	110	红烧土，炭灰，陶瓦片，泥质垂线球	七六，2
B24	单肩套榫	112	38	78	85	38	40	110	红烧土，炭灰，陶瓦片，泥质垂线球	七七，1
B25	无肩套榫				57	15	75	75	红烧土，炭灰，陶瓦片，泥质垂线球	
B26	双肩套榫	120	55	35	60	24	50	85	红烧土，炭灰，陶瓦片	
B27	双肩套榫	100	60	28	50	38	72	100	红烧土，炭灰，陶瓦片	
B28	不清								红烧土、炭灰，陶瓦片	

B23　位于北壁西段的中西部。双肩套榫结构，长135、宽25、深110厘米，深至一层台台基。洞内堆积为红烧土、炭灰、陶瓦片和泥质垂线球等（图二〇四，8；彩版七六，2）。

B24　位于北壁西段的西部。单肩套榫结构，长112、宽38、深110厘米，深至一层台台基。洞内堆积为红烧土、炭灰、陶瓦片和泥质垂线球等（图二〇四，7；彩版七七，1）。

B25　位于西壁南段中部。无肩套榫结构，长57、宽15、深75厘米，深至二层台台基。洞内堆积红烧土、炭灰、陶瓦片和泥质垂线球等（图二〇四，12）。

尽管木柱已被大火烧毁，柱洞略有变形，但基本形制保存了下来。柱洞的肩台面与木柱套合，无疑极大地增强了柱与台之间的亲和力。同时，"肩台"也分散了立柱底部的重量，因此柱坑底部无柱础，这样大的壁柱洞应为加固台周壁的台柱洞。

（2）台内柱洞

共134个。形状有圆形、方形、半圆形、八边形、三角形五种。多数柱洞壁及其周围都经火烧烤。柱洞内堆积疏松，包含有红烧土、炭灰、陶瓦片和泥质垂线球等。柱洞均深至一层台台基。由于柱洞面积较小，解剖困难，仅解剖了一部分，大部分是勘探深度。

圆柱洞

78个（表三八），占三层台台内柱洞总数的58.2%，编号为Y1～Y78。主要分布于三层台台壁周边或较中心的部位。直径一般在20～45厘米之间，以直径35厘米左右的柱洞居多。这些圆形柱洞有的是高台建筑的梁柱或脊柱，如Y24、Y26、Y32、Y35、Y37、Y38等柱洞；有的是用于固定地梁的，如Y28～Y30等柱洞。在圆柱洞的发掘中，发现柱洞Y6、Y31周围有方形板筑痕迹，长、宽分别为90×85厘米和120×126厘米（彩版七七，2；彩版七八，1）。

表三八　　　　　　　　　　　　　　　IF1③圆形柱洞统计表

编号	形状	尺寸（厘米）		洞内堆积及包含物	彩版	备　注
		直径	深			
Y1	圆形	35		红烧土，炭灰，陶瓦片		
Y2	圆形	35		红烧土，炭灰，陶瓦片		
Y3	圆形	35		红烧土，炭灰，陶瓦片		
Y4	圆形	45		红烧土，炭灰，陶瓦片		
Y5	圆形	32		红烧土，炭灰，陶瓦片		
Y6	圆形	31		红烧土，炭灰，陶瓦片	七七，2	板筑痕长90、宽85厘米
Y7	圆形	20		红烧土，炭灰，陶瓦片		
Y8	圆形	32	245	红烧土，炭灰，陶瓦片		
Y9	圆形	45		红烧土，炭灰，陶瓦片		
Y10	圆形	25	210	红烧土，炭灰，陶瓦片		
Y11	圆形	35		红烧土，炭灰，陶瓦片		
Y12	圆形	40		红烧土，炭灰，陶瓦片		
Y13	圆形	35		红烧土，炭灰，陶瓦片		

续表三八

编号	形状	尺寸（厘米）		洞内堆积及包含物	彩版	备　注
		直径	深			
Y14	圆形	36		红烧土，炭灰，陶瓦片		
Y15	圆形	35		红烧土，炭灰，陶瓦片，炭灰		
Y16	圆形	35		红烧土，炭灰，陶瓦片，泥质垂线球		
Y17	圆形	34		红烧土，炭灰，陶瓦片		
Y18	圆形	35		红烧土，炭灰，陶瓦片		
Y19	圆形	35		红烧土，炭灰，陶瓦片		
Y20	圆形	25		红烧土，炭灰，陶瓦片		
Y21	圆形	24		红烧土，炭灰，陶瓦片		
Y22	圆形	30		红烧土，炭灰，陶瓦片		
Y23	圆形	32		红烧土，炭灰，陶瓦片		
Y24	圆形	28		红烧土，炭灰，陶瓦片，泥质垂线球		
Y25	圆形	30		红烧土，炭灰，陶瓦片		
Y26	圆形	30		红烧土，炭灰，陶瓦片		
Y27	圆形	34		红烧土，炭灰，陶瓦片		
Y28	圆形	24		红烧土，炭灰，陶瓦片		
Y29	圆形	26		红烧土，炭灰，陶瓦片		
Y30	圆形	25		红烧土，炭灰，陶瓦片		
Y31	圆形	38		红烧土，炭灰，陶瓦片	七八，1	板筑痕长120、宽126厘米
Y32	圆形	30		红烧土，炭灰，陶瓦片		
Y33	圆形	40		红烧土，炭灰，陶瓦片		
Y34	圆形	20		红烧土，炭灰，陶瓦片		
Y35	圆形	34		红烧土，炭灰，陶瓦片		
Y36	圆形	25		红烧土，炭灰，陶瓦片		
Y37	圆形	36		红烧土，炭灰，陶瓦片		
Y38	圆形	35		红烧土，炭灰，陶瓦片		
Y39	圆形	30		红烧土，炭灰，陶瓦片		
Y40	圆形	30		红烧土，炭灰，陶瓦片		
Y41	圆形	25		红烧土，炭灰，陶瓦片		
Y42	圆形	43		红烧土，炭灰，陶瓦片		
Y43	圆形	30		红烧土，炭灰，陶瓦片		
Y44	圆形	30		红烧土，炭灰，陶瓦片		
Y45	圆形	38		红烧土，炭灰，陶瓦片		

续表三八

编号	形状	尺寸（厘米）		洞内堆积及包含物	彩版	备　　注
		直径	深			
Y46	圆形	20		红烧土，炭灰，陶瓦片		
Y47	圆形	41		红烧土，炭灰，陶瓦片		
Y48	圆形	35、60		红烧土，炭灰，陶瓦片		柱坑60、柱洞35
Y49	圆形	40		红烧土，炭灰，陶瓦片		
Y50	圆形	35		红烧土，炭灰，陶瓦片		
Y51	圆形	35		红烧土，炭灰，陶瓦片		
Y52	圆形	30		红烧土，炭灰，陶瓦片		
Y53	圆形	45		红烧土，炭灰，陶瓦片		
Y54	圆形	30		红烧土，炭灰，陶瓦片		
Y55	圆形	30		红烧土，炭灰，陶瓦片		
Y56	圆形	36		红烧土，炭灰，陶瓦片		
Y57	圆形	36		红烧土，炭灰，陶瓦片		
Y58	圆形	46	110	红烧土，炭灰，陶瓦片	七八，2	
Y59	圆形	40		红烧土，炭灰，陶瓦片		
Y60	圆形	45		红烧土，炭灰，陶瓦片		
Y61	圆形	35		红烧土，炭灰，陶瓦片		
Y62	圆形	32		红烧土，炭灰，陶瓦片		
Y63	圆形	25		红烧土，炭灰，陶瓦片		
Y64	圆形	35		红烧土，炭灰，陶瓦片		
Y65	圆形	40		红烧土，炭灰，陶瓦片		
Y66	圆形	35		红烧土，炭灰，陶瓦片		
Y67	圆形	30		红烧土，炭灰，陶瓦片		
Y68	椭圆形	18～31		红烧土，炭灰，陶瓦片		
Y69	圆形	40		红烧土，炭灰，陶瓦片		
Y70	圆形	38		红烧土，炭灰，陶瓦片		
Y71	圆形	35		红烧土，炭灰，陶瓦片		
Y72	圆形	40		红烧土，炭灰，陶瓦片		
Y73	苯圆形	35		红烧土，炭灰，陶瓦片		
Y74	圆形	33		红烧土，炭灰，陶瓦片		
Y75	圆形	35		红烧土，炭灰，陶瓦片		
Y76	圆形	40		红烧土，炭灰，陶瓦片		
Y77	圆形	35		红烧土，炭灰，陶瓦片		
Y78	圆形	28		红烧土，炭灰，陶瓦片		

方柱洞

39 个（表三九），占三层台台内柱洞总数的 29.1%，编号为 f1～f39。主要分布于台壁附近或地沟附近。平面呈正方形的 15 个，边长在 20～55 厘米之间；平面呈长方形的 24 个，长 15～45，宽 20～35 厘米。

表三九　　　　　　　　　　　　IF1③方形柱洞统计表

编号	形状	尺寸（厘米）			洞内堆积及包含物	彩版	备　　注
		长	宽	深			
f1	正方形	23	23		红烧土，炭灰，陶瓦片		
f2	正方形	32	32	150	红烧土，炭灰，陶瓦片	七九，1	
f3	长方形	32	28		红烧土，炭灰，陶瓦片		
f4	长方形	32	25		红烧土，炭灰，陶瓦片		
f5	长方形	30	35		红烧土，炭灰，陶瓦片		
f6	长方形	35	31		红烧土，炭灰，陶瓦片		
f7	正方形	20	20		红烧土，炭灰，陶瓦片		
f8	长方形	25	27		红烧土，炭灰，陶瓦片		
f9	长方形	40	30		红烧土，炭灰，陶瓦片		
f10	正方形	24	24		红烧土，炭灰，陶瓦片		
f11	长方形	15	25		红烧土，炭灰，陶瓦片		
f12	正方形	25	25	210	红烧土，炭灰，陶瓦片		
f13	长方形	28	20		红烧土，炭灰，陶瓦片		
f14	正方形	55	55	265	红烧土，炭灰，陶瓦片		
f15	长方形	30	26		红烧土，炭灰，陶瓦片		
f16	正方形	30	30		红烧土，炭灰，陶瓦片		
f17	长方形	37	26		红烧土，炭灰，陶瓦片		
f18	长方形	25	30	240	红烧土，炭灰，陶瓦片		
f19	正方形	25	25		红烧土，炭灰，陶瓦片		
f20	正方形	20	22	155	红烧土，炭灰，陶瓦片	七九，2	
f21	正方形	30	30	190	红烧土，炭灰，陶瓦片	八〇，1	
f22	正方形	23	23		红烧土，炭灰，陶瓦片		
f23	长方形	35	32		红烧土，炭灰，陶瓦片		
f24	正方形	25	25		红烧土，炭灰，陶瓦片		
f25	长方形	30	33		红烧土，炭灰，陶瓦片		
f26	长方形	27	20		红烧土，炭灰，陶瓦片		
f27	长方形	30	22		红烧土，炭灰，陶瓦片		
f28	长方形	20	23		红烧土，炭灰，陶瓦片		
f29	长方形	45	35		红烧土，炭灰，陶瓦片		
f30	长方形	30	27		红烧土，炭灰，陶瓦片		
f31	正方形	23	23		红烧土，炭灰，陶瓦片		

续表三九

编号	形状	尺寸（厘米）			洞内堆积及包含物	彩版	备　注
		长	宽	深			
f32	长方形	33	30		红烧土，炭灰，陶瓦片		
f33	长方形	30	25		红烧土，炭灰，陶瓦片		
f34	长方形	35	25		红烧土，炭灰，陶瓦片		
f35	正方形	26	25		红烧土，炭灰，陶瓦片		
f36	长方形	40	38		红烧土，炭灰，陶瓦片		
f37	正方形	28	28		红烧土，炭灰，陶瓦片		
f38	长方形	25	23		红烧土，炭灰，陶瓦片		
f39	长方形	33	23		红烧土，炭灰，陶瓦片		

半圆柱洞

15 个（表四〇），占三层台内柱洞总数的 11.2%，编号为 b1～b15。主要分布在台壁方柱洞的后面，直径 28～45 厘米之间。

八边形柱洞

1 个，编号为 b′1 号（表四〇）。占三层台内柱洞的 0.75%。

三角形柱洞

1 个，编号为 S1（表四〇）。占三层台内柱洞的 0.75%。

表四〇　　　　　　　　IF1③半圆形、菱形、三角形柱洞统计表

编号	形状	尺寸（厘米）		洞内堆积及包含物	彩版	备　注
		直径	深			
b1	半圆形	32		红烧土，炭灰，陶瓦片		
b2	半圆形	33		红烧土，炭灰，陶瓦片		
b3	半圆形	40	235	红烧土，炭灰，陶瓦片	八〇，2	
b4	半圆形	37		红烧土，炭灰，陶瓦片		
b5	半圆形	45		红烧土，炭灰，陶瓦片		
b6	半圆形	43		红烧土，炭灰，陶瓦片		
b7	半圆形	40	230	红烧土，炭灰，陶瓦片		
b8	半圆形	35		红烧土，炭灰，陶瓦片		
b9	半圆形	35		红烧土，炭灰，陶瓦片		
b10	半圆形	30		红烧土，炭灰，陶瓦片		
b11	半圆形	30		红烧土，炭灰，陶瓦片		
b12	半圆形	33		红烧土，炭灰，陶瓦片		
b13	半圆形	28		红烧土，炭灰，陶瓦片		
b14	半圆形	35		红烧土，炭灰，陶瓦片		
b15	半圆形	40		红烧土，炭灰，陶瓦片		
b′1	八边形	边长 16	165	红烧土，炭灰，陶瓦片		
S1	三角形	边长 30	220	红烧土，炭灰，陶瓦片		

台内柱洞举例：

Y58 位于三层台的西北部。平面呈圆形，直径 46、深 110 厘米，下深至一层台台基。洞内堆积为红烧土、炭灰、陶瓦片等（图二〇五，1；彩版七八，2）。

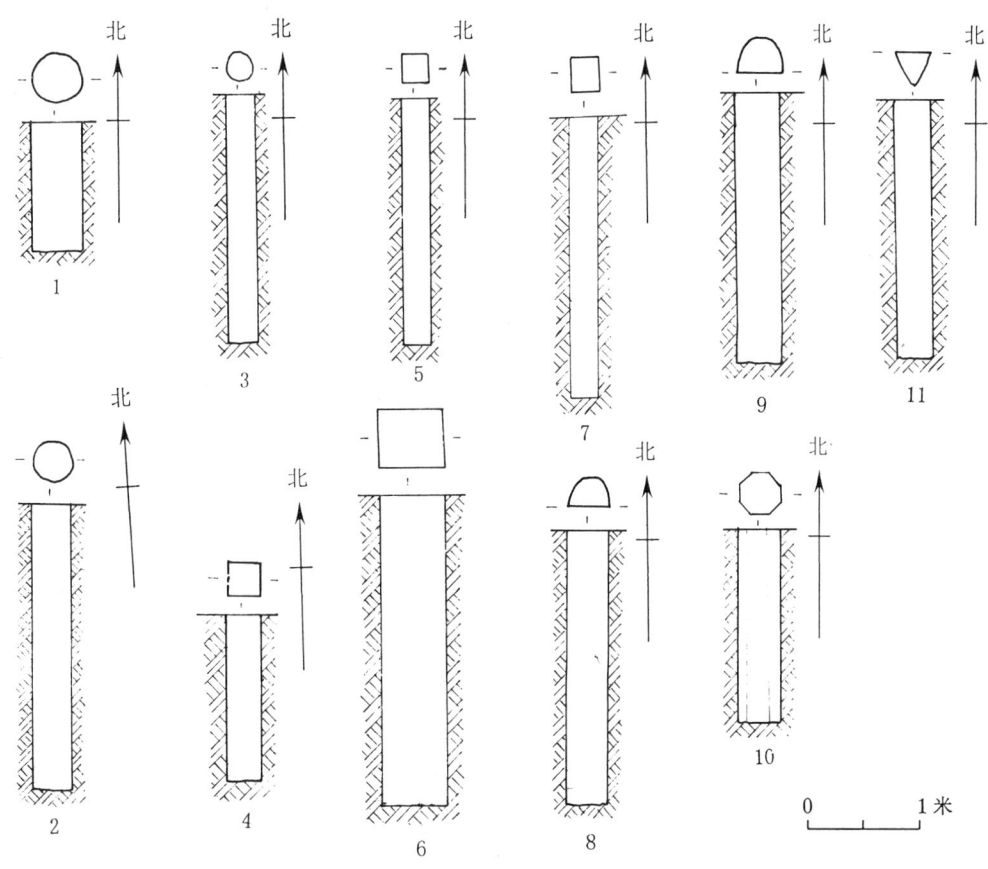

图二〇五 IF1③台内柱洞平、剖面图

1.Y58 2.Y8 3.Y10 4.f2 5.f12 6.f14 7.f18 8.b3 9.b7 10.b′1 11.S1

Y8 位于三层台的西南部。平面呈圆形，直径 32、深 245 厘米，下深至一层台台基。洞内堆积为红烧土、炭灰、瓦片等（图二〇五，2）。

Y10 位于三层台的西部。平面呈圆形，直径 25、深 210 厘米，下深至一层台台基。洞内堆积为红烧土、炭灰、陶瓦片等（图二〇五，3）。

f2 位于三层台的西南部。平面呈正方形，边长 32、深 150 厘米，下深至一层台台基。洞内堆积为红烧土、炭灰、陶瓦片等（图二〇五，4；彩版七九，1）。

f12 位于三层台台的南中部。平面呈正方形，边长 25、深 210 厘米，下深至一层台台基。洞内堆积为红烧土、炭灰、陶瓦片等（图二〇五，5）。

f14 位于三层台北壁中段与北壁拐角处。平面呈正方形，边长 55、深 265 厘米，下深至一层台台基。洞内堆积为红烧土、炭灰、陶瓦片等（图二〇五，6）。

f18 位于三层台东南部。平面呈长方形，长 25、宽 30、深 240 厘米，下深至一层台台基。洞内堆积为红烧土、炭灰、陶瓦片等（图二〇五，7）。

f20 位于三层台东南角。平面近似正方形。长 20、宽 22、深 155 厘米，下深至一层台台基。

洞内堆积为红烧土、炭灰、陶瓦片等（彩版七九，2）。

f21 位于三层台东南角。平面呈正方形，边长30、深190厘米。洞内堆积为红烧土、炭灰、陶瓦片等（彩版八〇，1）。

b3 位于三层台西南部。平面呈半圆形，直径40、深235厘米，下深至一层台台基。洞内堆积为红烧土、炭灰、陶瓦片等（图二〇五，8；彩版八〇，2）。

b7 位于三层台南面中部。平面呈半圆形，直径40、深230厘米，下深至一层台台基。洞内堆积为红烧土、炭灰、陶瓦片等（图二〇五，9）。

b′1 位于三层台东南部。平面呈八边形。边长16、深165厘米，下深至一层台台基。洞内堆积为红烧土、炭灰、陶瓦片等（图二〇五，10）。

S1 位于三层台西北部。平面呈三角形。边长30、深220厘米，下深至一层台台基。洞内堆积为红烧土、炭灰、陶瓦片等（图二〇五，11）。

（3）台内地沟

三层台内已暴露纵（南北向）横（东西向）交错的地沟共计52条，其中横地沟23条（h1～h23），纵地沟27条（Z′1～Z′27），斜地沟2条（X1、X2）。地沟横截面呈方形，边长20～30厘米。沟壁均被火烧烤，上壁被破坏，仅存两侧壁及底部，壁面为褐红色，坚硬光洁。沟内堆积红烧土和炭灰，并相伴出土少量碎陶瓦片和泥质垂线球等。地沟是地梁烧毁后留下的痕迹。建造时先建木骨地梁，然后填筑夯土台基，在夯土台基保存完好的情况下，地沟是暴露不出来的。台基内有多少地沟目前尚无法知晓，现在统计的仅是顶部已被破坏的地（梁）沟（表四一；彩版八一；彩版八二，1、2）。

地沟有主次之分。主地（梁）沟较粗，且与多条地沟连接，如h14地沟（图二〇六，1；彩版八三，1）截面呈长方形，高30、宽28厘米，全长17.4米，分别与Z′7、Z′9、Z′11、Z′12、Z′14、Z′15、Z′16、Z′21、Z′22、Z′24、Z′25地沟相连接；次地沟较主地沟（梁）窄、矮，且仅两沟相连，如h12地沟（图二〇六，2）仅与Z22地沟相连。同时地沟还与立柱相接，如h14地沟（彩版八三，1）分别与Y15、Y16、Y24、Y26、Y32、Y35、Y37、Y38、Y40号柱洞相连接，这样使地梁、立柱与夯土台基成为一个整体，增加了台基的稳定性（彩版八三，2）。

地沟举例：

h7 横地沟。位于三层台的中部。横截面呈长方形，长22、宽18厘米，全长19.5米，分别与Z′3、Z′6、Z′8、Z′10、Z′13、Z′16、Z′23、Z′27地沟相连接（图二〇六，3）。

h6 横地沟。位于三层台的中部。横截面呈正方形，边长25厘米，全长12.2米，分别与Z1～Z3、Z6、Z8、Z10、Z19地沟连接（图二〇六，4）。

h11 横地沟。位于三层台中南部。横截面呈长方形，长20、宽15厘米，全长17.9米，分别与Z′16、Z′22、Z′24、Z′25地沟和B8相连接（图二〇六，5；彩版八四，1）。

Z′16 纵地沟。位于三层台中东部。横截面呈正方形，边长20厘米，全长14.35米，分别与h4、h7、h8、h11、h14、h20、h21地沟连接（图二〇六，6）。

Z′14 纵地沟。位于三层台南中部。横截面呈长方形，长27、宽18厘米，全长4米，分别与h14、h20、h21地沟连接（图二〇六，7）。

X1 斜地沟。位于三层台西壁北段与北壁西段拐角处。截面呈正方形，边长18厘米，全长1

米，分别与 h5、Z′19 及 B20 连接（图二○六，8）。

　　X2　西北、东南向斜地沟。位于三层台西壁北段与北壁西段拐角处。截面呈正方形，边长 17
厘米，全长 1.8 米，分别与 Z′17、Z′19 和 Y36 相连接（图二○六，9）。

表四一　　　　　　　　　　　　　　　　IF1③地沟统计表

编号	平面形状	尺寸（厘米）			相连接的地沟号	沟内堆积及包含物
		长	宽	通长		
h1	正方形	26	26	380	Z′18、Z′20	红烧土，炭灰，陶瓦片
h2	正方形	22	22	345	Z′17	红烧土，炭灰，陶瓦片
h3	长方形	20	25	460	Z′17、Z′18	红烧土，炭灰，陶瓦片
h4		20		350	Z′16、Z′17	红烧土，炭灰，陶瓦片
h5	正方形	30	30	90	Z′17、Z′19、X1	红烧土，炭灰，陶瓦片
h6	正方形	25	25	1220	Z′1、Z′2、Z′3、Z′6、Z′8、Z′10、Z′19	红烧土，炭灰，陶瓦片，泥质垂线球
h7	长方形	22	18	1950	Z′3、Z′6、Z′8、Z′10、Z′13、Z′16、Z′23、Z′27	红烧土，炭灰，陶瓦片
h8		22		1560	Z′3、Z′4、Z′6、Z′8、Z′10、Z′13、Z′16、Z′22	红烧土，炭灰，陶瓦片
h9	长方形	23	20	385	Z′1、Z′2、Z′3、Z′4	红烧土，炭灰，陶瓦片
h10	长方形	20	22	160	Z′4	红烧土，炭灰，陶瓦片
h11	长方形	20	15	1790	Z′16、Z′22、Z′24、Z′25、B8	红烧土，炭灰，陶瓦片
h12	长方形	28	16	425	Z′22、Z′25	红烧土，炭灰，陶瓦片，泥质垂线球
h13	长方形	28	23	320	Z′2、Z′4	红烧土，炭灰，陶瓦片
h14	长方形	30	28	1740	Z′7、Z′9、Z′11、Z′12、Z′14、Z′15、Z′16、Z′21、Z′22、Z′24、Z′25	红烧土，炭灰，陶瓦片，泥质垂线球
h15		22		215	Z′4、Z′5、Z′7	红烧土，炭灰，陶瓦片
h16	长方形	18	16	350	Z′23	红烧土，炭灰，陶瓦片
h17	长方形	28	18	420	Z′26、Z′22	红烧土，炭灰，陶瓦片
h18		20		150	Z′21	红烧土，炭灰，陶瓦片
h19		20		220	Z′21、Z′22	红烧土，炭灰，陶瓦片
h20		22		250	Z′14、Z′15、Z′16	红烧土，炭灰，陶瓦片
h21		20		250	Z′14、Z′15、Z′16	红烧土，炭灰，陶瓦片
h22		17		135	Z′9	红烧土，炭灰，陶瓦片
h23		20		105	Z′7	红烧土，炭灰，陶瓦片
Z′1		25		650	h6、h9	红烧土，炭灰，陶瓦片
Z′2		28		425	h6、h9	红烧土，炭灰，陶瓦片
Z′3		20		796	h6、h7、h9、h8	红烧土，炭灰，陶瓦片
Z′4	长方形	20~29	20	925	h8、h9、h10、h13、h15	红烧土，炭灰，陶瓦片

续表四一

编号	平面形状	尺寸（厘米）			相连接的地沟号	沟内堆积及包含物
		长	宽	通长		
Z′5	长方形	24	17	390	h15	红烧土，炭灰，陶瓦片
Z′6		22		355	h6、h7、h8	红烧土，炭灰，陶瓦片
Z′7	长方形	24	18	400	h14、h15、h23	红烧土，炭灰，陶瓦片
Z′8		20		210	h6、h7、h8	红烧土，炭灰，陶瓦片
Z′9	长方形	30	18	410	h14、h22	红烧土，炭灰，陶瓦片
Z′10		18		285	h6、h7、h8	红烧土，炭灰，陶瓦片
Z′11	长方形	18	20	365	h14	红烧土，炭灰，陶瓦片
Z′12	长方形	20	24	385	h14	红烧土，炭灰，陶瓦片
Z′13		20～25		120	h7	红烧土，炭灰，陶瓦片
Z′14	长方形	27	18	400	h14、h20、h21	红烧土，炭灰，陶瓦片
Z′15	长方形	25	19	335	h14、h20、h21	红烧土，炭灰，陶瓦片
Z′16	正方形	20	20	1435	h4、h7、h8、h11、h14、h20、h21	红烧土，炭灰，陶瓦片
Z′17		30		525	h2、h3、h4、h5、X2	红烧土，炭灰，陶瓦片
Z′18		18		310	h1、h3	红烧土，炭灰，陶瓦片
Z′19		20		320	h5、X2、h6	红烧土，炭灰，陶瓦片
Z′20		27		80	h1	红烧土，炭灰，陶瓦片
Z′21	正方形	20	20	380	h14、h18、h19	红烧土，炭灰，陶瓦片
Z′22	长方形	27	21	835	h8、h11、h12、h14、h17、h19	红烧土，炭灰，陶瓦片
Z′23		26		245	h7、h16	红烧土，炭灰，陶瓦片
Z′24		26		480	h11、h14、h19	红烧土，炭灰，陶瓦片
Z′25	长方形	25	20	500	h11、h12、h14、h19	红烧土，炭灰，陶瓦片
Z′26		15		235	h17	红烧土，炭灰，陶瓦片
Z′27		20		350	h7	红烧土，炭灰，陶瓦片
X1	正方形	18	18	100	h5、Z′19、B20	红烧土，炭灰，陶瓦片
X2	正方形	17	17	180	Z19、Z17、Y36	红烧土，炭灰，陶瓦片

台内不同层面均有地沟，由于三层台不能发掘，地沟的整体状况不明。

（4）肩状壁带（图一九八、一九九、二〇一～二〇三）

三层台六面壁的中上部，每个大型壁柱洞之间，都有肩状壁带，其中南壁、东壁南段、西壁北段南部、北壁西段、西壁南段的肩状壁带保存较好，共 16 个（j1～j16）。肩状壁带中，南壁、东壁南段、西壁南段的肩状壁带均高出一层台 1.15～1.52 米，肩状壁带宽（伸入台壁内）25～35、高 20～45 厘米。西壁北段南端及北壁西段的肩状壁带高出一层台 0.5～0.7 米，肩状壁带宽 16～18、高 55～95 厘米（表四二）。

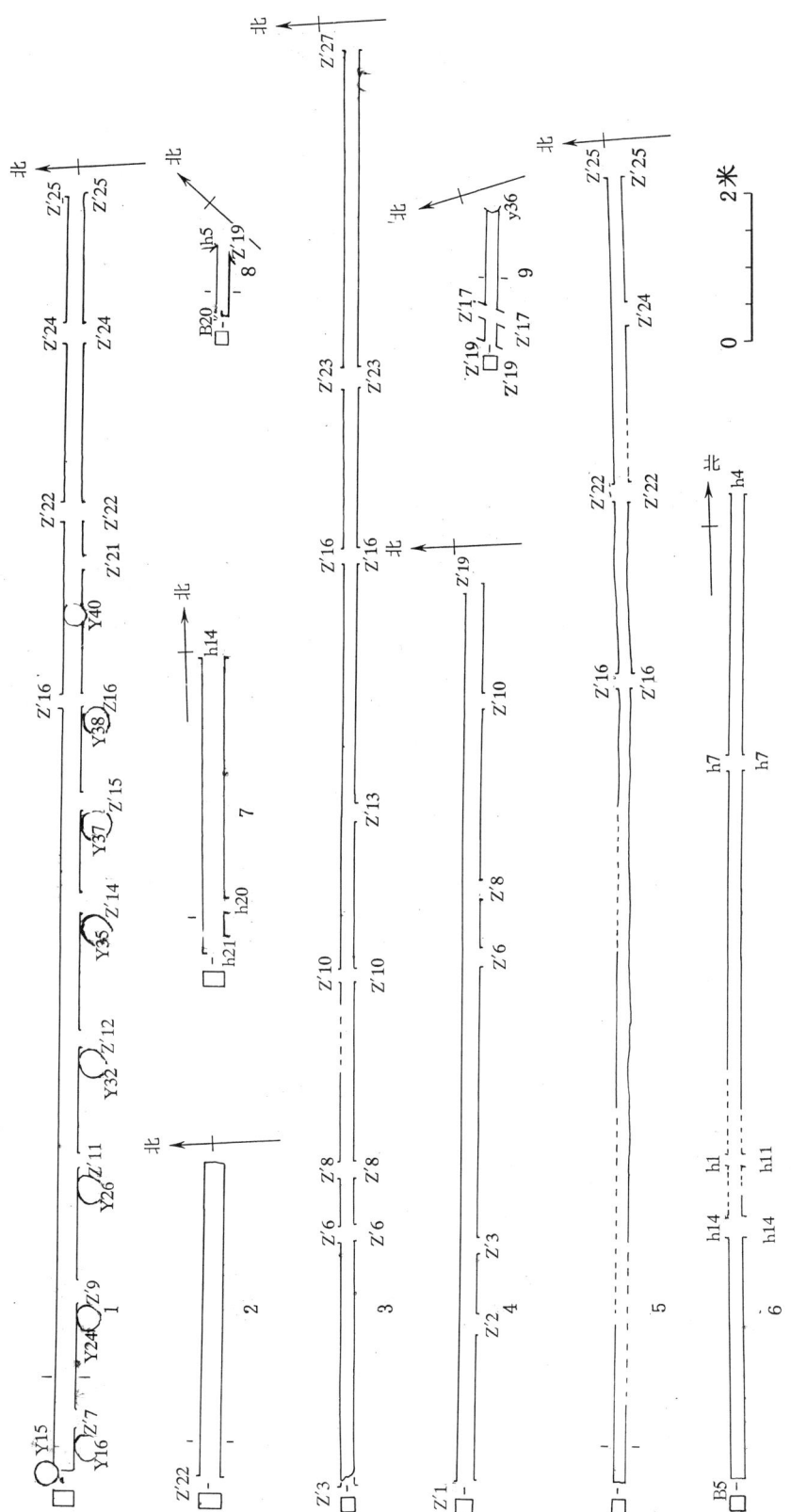

图二〇六　IF1③台内地沟平、剖面图

1. h14　　2. h12　　3. h7　　4. h6　　5. h11　　6. Z'16　　7. Z'14　　8. X1　　9. X2

分段	形状	尺寸（厘米）			距一层台基高（厘米）	堆积包含物	彩版	备注
		宽	高	长				
j1	肩状台面	35	24～42	200	110～120	红烧土，陶瓦片		
j2	肩状台面	35	38	190	118	红烧土，陶瓦片		
j3	肩状台面	35	45	160	127	红烧土，陶瓦片		
j4	肩状台面	31	42	230	121	红烧土，陶瓦片	八四，2	
j5	肩状台面	25	25～32	230	142	红烧土，陶瓦片		
j6	肩状台面	25	45	190	135	红烧土，陶瓦片		
j7	肩状台面	28		168	152	红烧土，陶瓦片		
j8	肩状台面	24	38～45	390	118～126	红烧土，陶瓦片		
j9	肩状台面	33	20～35	330	135	红烧土，陶瓦片		
j10	肩状台面	25	40～80	352	120	红烧土，陶瓦片		
j11	肩状台面	12	100	150	50	红烧土，陶瓦片		
j12	肩状台面	10	95	230	68	红烧土，陶瓦片		
j13	肩状台面	10	95	221	65	红烧土，陶瓦片	八五，1	
j14	肩状台面	15	50～55	296	60	红烧土，陶瓦片		
j15	肩状台面	35		190	110～115	红烧土，陶瓦片		
j16	肩状台面	35		168	132	红烧土，陶瓦片		

表四二　　　　　　　　　　　IF1③肩状壁带统计表

肩状壁带举例：

j4　位于三层台南壁中部，距一层台台基1.21米。宽31、高42、长230厘米（图二〇七，1；彩版八四，2）。

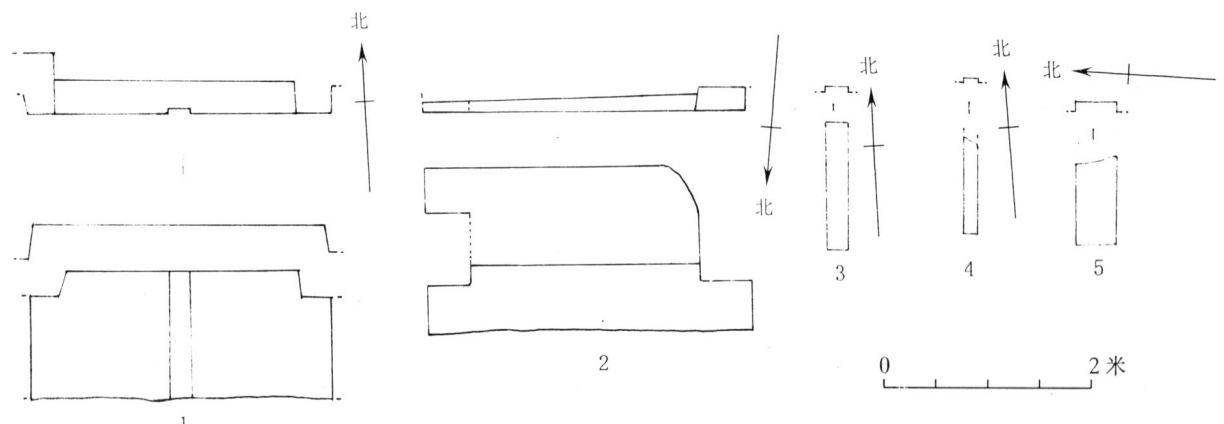

图二〇七　IF1③肩状壁带及纵沟平、剖面图

1. j4　2. j13　3. t3　4. t4　5、6. t6

j13　位于三层台北壁西段中部，距一层台台基0.68米。宽10、高95、长221厘米（图二〇七，2；彩版八五，1）。

（5）台壁纵沟

三层台的南壁和西壁南段分布有 6 条纵向壁沟。沟壁呈红褐色，坚硬光平。其中南壁有 5 条（t1～t5），西壁有 1 条（t6）。平面均呈长方形，宽 0.15～0.23、内凹深 0.05～0.12、高 0.75～1.28 米，下深至一层台台基或二层台台基。间距分别为 3.3、3.75、3.37、4.16 米。这些纵沟槽分布较有规律，推测是嵌木条用的沟槽，用以固定包壁木板（表四三）。

表四三 IF1③台壁纵沟统计表

编号	形状	尺寸（米）			备 注
		宽	深	高	
t1	长方形	0.2	0.12	1	深至一层台台基
t2	长方形	0.22	0.12	1.1	深至一层台台基
t3	长方形	0.2	0.05	1.28	深至一层台台基
t4	长方形	0.23	0.05	1.18	深至一层台台基
t5	长方形	0.15	0.07	0.8	深至一层台台基
t6	长方形	0.38	0.12	0.75	深至二层台台基

台壁纵沟举例：

t3 位于南壁中部。宽 0.2、深 0.05、高 1.28 米，下深至一层台台基（图二〇七，3；彩版八五，2）。

t4 位于南壁东部。宽 0.15、深 0.07、高 0.8 米，下深至一层台台基（图二〇七，4；彩版八五，2）。

t6 位于西壁南段中部。宽 0.38、深 0.12、高 0.75 米，下深至二层台台基（图二〇七，5）。

（6）台壁底部外侧地沟

一层台上，环三层台台壁底部外侧有一道宽 0.1～0.2 米的地沟，其中南壁、东壁、西壁北段、北壁西段和西壁南段底部的地沟保存较好。壁呈红褐色，坚硬光平。全长 80.69 米。推断是包壁木板被火烧后的印迹。

台壁底部外侧地沟举例：

南壁底部外侧地沟 沟壁、沟底呈红褐色，双壁陡直，平整光洁。宽 0.1～0.12、深 0.08～0.1 米，全长 23.55 米。沟内堆积红烧土、残陶瓦片等（彩版八六，1）。

北壁西段底部外侧地沟 沟壁呈红褐色。宽 0.1～0.15、深 0.08～0.1 米，全长 12.55 米（彩版八六，2）。

（7）台壁涂层

三层台台壁的壁面上，有 1～1.2 厘米厚的红黄色细泥涂层，现仅存南壁、东壁南段、北壁西段、西壁南段的壁面。从脱落的壁面观察，系建造时先用钝器砍砸夯土壁，使之不光滑。然后再用羼有麻或草类纤维物的细泥涂抹，使之平整光滑（彩版八五，2）。

（8）IF1③出土遗物

陶筒瓦

标本 IF1③B9:3（A型Ⅷ式），瓦头部。泥质浅灰陶。口微侈，尖唇，直颈，矮直肩。瓦头凸面饰隐绳纹；瓦身凸面饰中绳纹，凹面饰网格纹（图二〇八，1）。

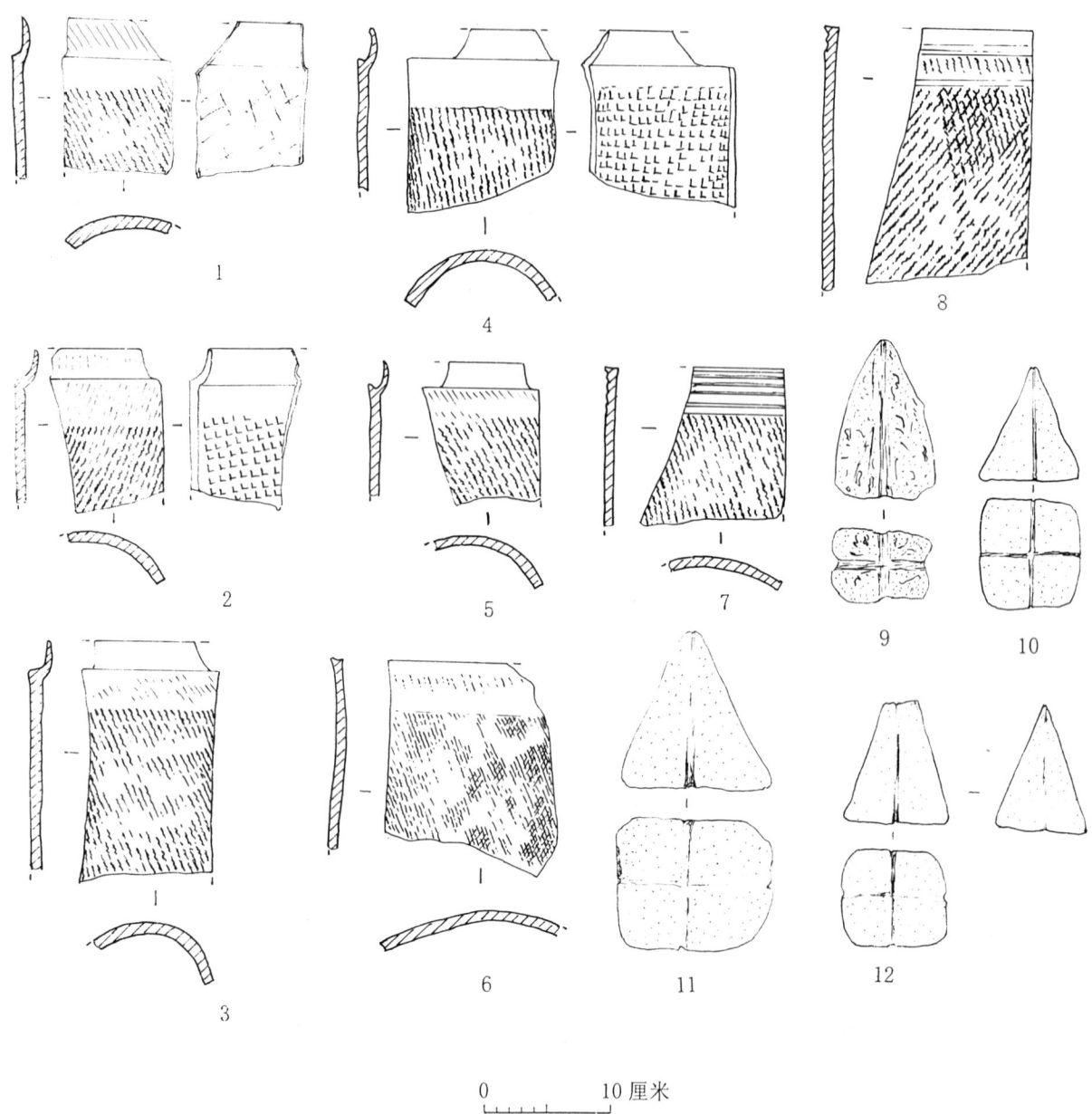

0 _____ 10 厘米

图二〇八　IF1③出土陶筒瓦、板瓦，泥质垂线球

1.A型Ⅷ式筒瓦（IF1③B9:3）　2.A型Ⅸ式筒瓦（IF1③B13:1）　3.A型Ⅹ式筒瓦（IF1③B12:4）　4.A型Ⅺ式筒瓦（IF1③B5:5）
5.A型Ⅻ式筒瓦（IF1③B14:3）　6.A型Ⅲ式板瓦（IF1③Z14:5）　7.A型Ⅵ式板瓦（IF1③B12:2）　8.A型Ⅺ式板瓦（IF1③B4:
1）　9.Ⅰa式泥质垂线球（IF1③B5:2）　10.Ⅰb式泥质垂线球（IF1③B4:2）　11.Ⅱ式泥质垂线球（IF1③B23:8）　12.Ⅲ式泥质垂
线球（IF1③B22:2）

标本 IF1③B13:1（A型Ⅸ式），瓦头部。泥质深灰陶。口微侈，尖唇，直颈内斜，直肩较高。瓦头和肩部凸面饰隐绳纹；瓦身凸面饰中绳纹，凹面饰方格纹（图二〇八，2）。

标本 IF1③B12:4（A 型 Ⅹ 式），瓦头及瓦身残部。泥质深灰陶。口微侈，尖唇，直颈微内斜，高直肩。肩部凸面饰隐绳纹；瓦身凸面饰中绳纹，凹面素饰（图二〇八，3）。

标本 IF1③B5:5（A 型 Ⅺ 式），瓦头部。泥质深灰陶。侈口，尖唇，颈微束，高直肩内凹。瓦身凸面饰粗绳纹；凹面饰方格纹（图二〇八，4）。

标本 IF1③B14:3（A 型 Ⅻ 式），瓦头部。泥质深灰陶。侈口，尖唇，束颈内斜，高直肩内凹。肩部凸面饰隐绳纹；瓦身凸面饰中斜绳纹，凹面素饰（图二〇八，5）。

板瓦

标本 IF1③Z14:5（A 型 Ⅲ 式），瓦头部。泥质红黄陶。瓦头上扬，口微敞，沿外侈。瓦头凸面饰隐绳纹；瓦身凸面饰中斜绳纹，凹面素饰（图二〇八，6）。

标本 IF1③B12:2（A 型 Ⅵ 式），瓦头部。泥质浅灰陶。瓦头微上扬，直口，唇外侈。瓦头凸面饰四道凹旋纹；瓦身饰斜粗绳纹，凹面素饰（图二〇八，7）。

标本 IF1③B4:1（A 型 Ⅺ 式），瓦头部。泥质深灰陶。直口，平沿，尖唇外侈。瓦头凸面饰三道凹旋纹；瓦身凸面饰斜中绳纹，凹面素饰（图二〇八，8）。

泥质垂线球

标本 IF1③B5:2（Ⅰa 式），器形完整。红色。形体较大。四棱锥体，顶端呈尖锥状。五面均有系绳痕（图二〇八，9）。

标本 IF1③B4:2（Ⅰb 式），器形完整。红色。形体较小。四棱锥体，顶端呈尖锥状，底部平。五面均有系绳痕（图二〇八，10）。

标本 IF1③B23:8（Ⅱ 式），器形较完整。红色。四棱锥体，顶部呈锥状，较钝，底部较平。五面均有系绳痕（图二〇八，11）。

标本 IF1③B22:2（Ⅲ 式），器形较完整。红色。四棱锥体，顶部呈"一"字形斧口状，底部较平。五面均有系绳痕（图二〇八，12）。

3.灰坑

在一层台第一小层，即三层台南面的广场上，分布 3 个灰坑，编号为 IH1～IH3，除 IH2 已发掘完，IH1、IH3 仅局部发掘。

IH1

灰坑自深 90 厘米，已暴露长 475、宽 470 厘米，平面呈扇形，坑底较平，坑壁较陡，不光滑，无挖凿痕迹。坑内填灰褐土，土质较松散，内含大量红烧土块和草木灰。文化遗物有陶筒瓦、板瓦残片（图二〇九）。

文化遗物

陶器

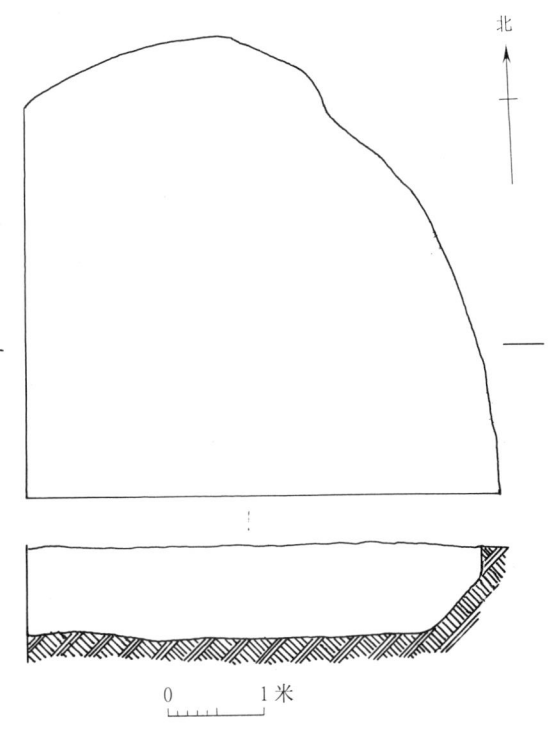

北

0　　1米

图二〇九　IH1 平、剖面图

筒瓦

标本 IH1：7（A 型 X 式），瓦头部。泥质深灰陶。口微侈，尖唇，直颈，直肩较高。瓦头及肩部凸面饰隐绳纹；瓦身凸面饰粗绳纹，凹面素饰（图二一〇，1）。

标本 IH1：9（A 型 XI 式），瓦头部。泥质深灰陶。颈内斜，口微侈，尖唇，直肩较高内凹。瓦身凸面饰粗绳纹，凹面饰方格纹（图二一〇，2）。

标本 IH1：4（B 型 IX 式），瓦头部。泥质深灰陶。高直肩。瓦身近瓦头部凸脊处有一直径 1.2 厘米的圆孔。肩部凸面饰隐绳纹；瓦身凸面饰中绳纹，凹面素饰（图二一〇，3）。

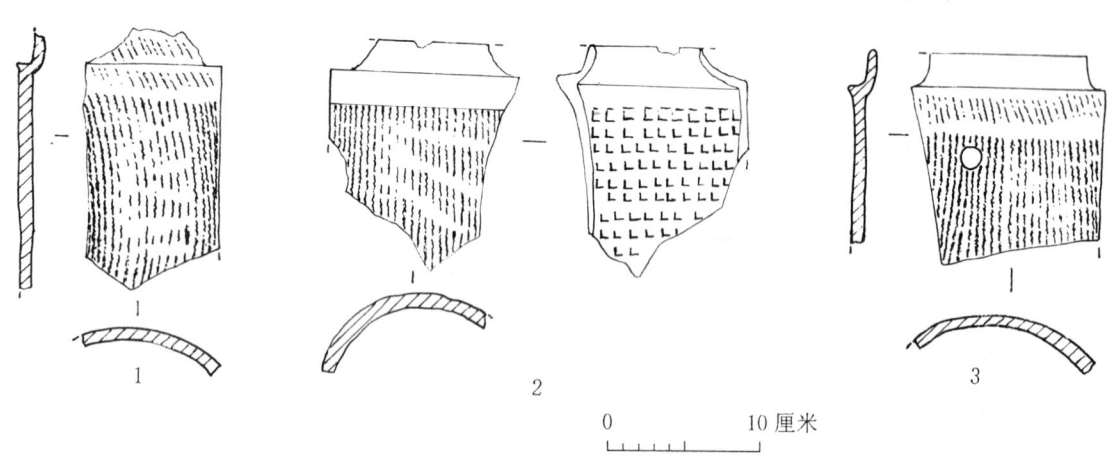

0　　　　　　10 厘米

图二一〇　IH1 出土陶筒瓦

1.A 型 X 式（IH1：7）　2.A 型 XI 式（IH1：9）　3.B 型 IX 式（IH1：4）

IH2

平面呈长方形，坑壁斜，底较平，东部浅，西部深，东西部分界线清楚，呈斜坡状。口长 635、宽 270、自深 5～35 厘米。坑内堆积为灰褐土，土质较松散，内含草木灰和红烧土块。遗物有陶筒瓦和板瓦残片。I H2 西侧被 I H3 打破，并叠压二个柱洞。其中，圆柱洞 1 个，柱洞直径 68 厘米，柱洞直径 25 厘米，半圆柱洞 1 个，直径 80 厘米。深度均不清（图二一一）。

文化遗物

陶器

筒瓦

标本 IH2：1（A 型 VIII 式），瓦头部。泥质红陶。口微侈，尖唇，直颈内斜，矮直肩。肩部凸面饰隐绳纹；瓦身凸面饰中绳纹，凹面素饰（图二一二，1）。

标本 IH2：2（A 型 IX 式），瓦头部。泥质深灰陶。直颈内斜，直肩较高。瓦身凸面饰中绳纹，凹面素饰（图二一二，2）。

标本 IH2：4（B 型），瓦身部。泥质深灰陶。瓦身近肩部 6 厘米的凸脊中部有一直径 1.6 厘米的圆孔。瓦尾接一圆形瓦当，瓦当大部分已残缺。瓦身凸面饰中绳纹，凹面素饰（图二一二，3）。

板瓦

标本 IH2：6（A 型 IX 式），瓦头部。泥质深灰陶。直口，平沿，圆唇外侈。瓦头凸面饰凸旋

北

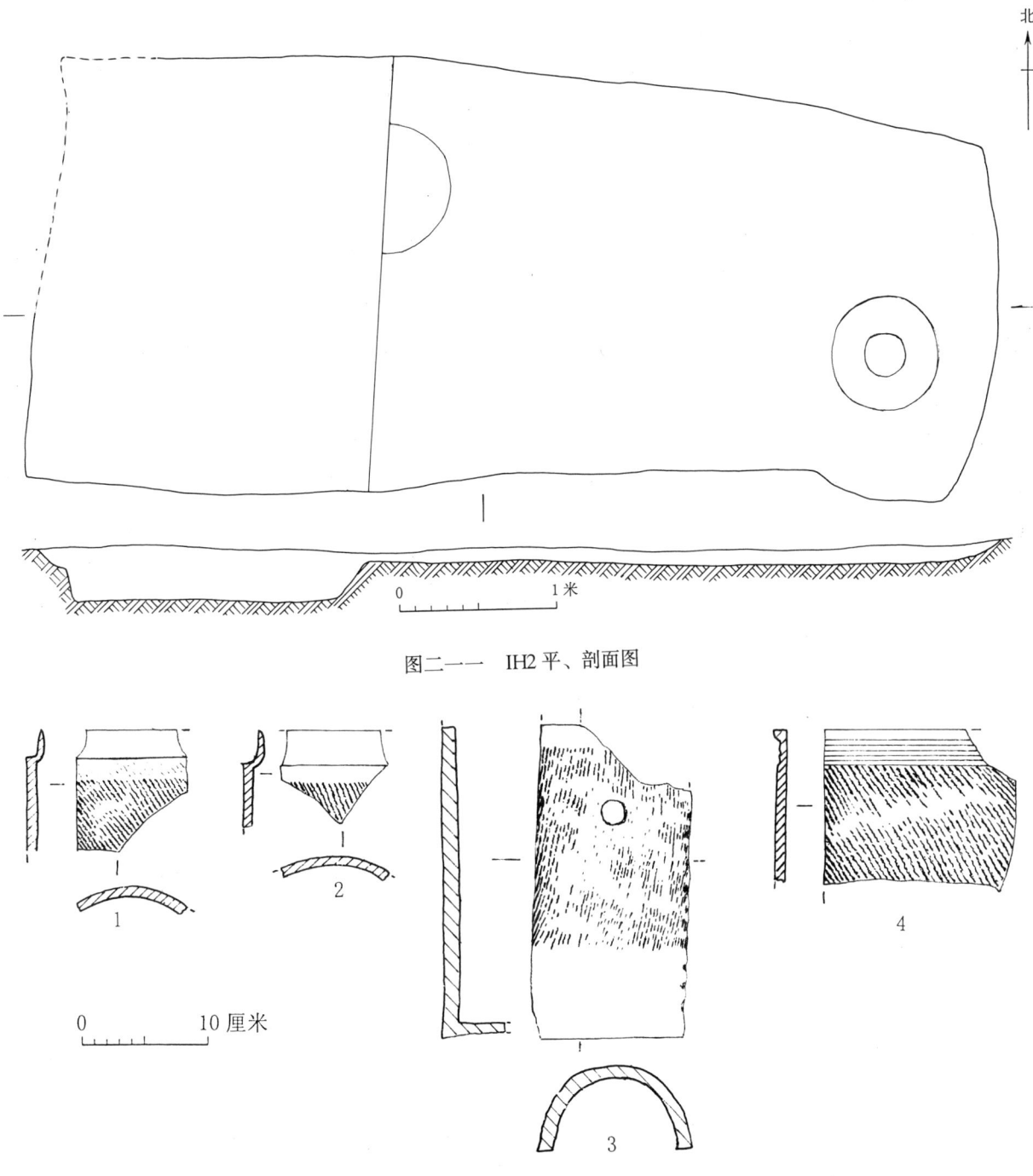

图二一一　IH2 平、剖面图

图二一二　IH2 出土陶筒瓦、板瓦

1.A型Ⅷ式筒瓦（IH2:1）　2.A型Ⅸ式筒瓦（IH2:2）　3.B型筒瓦（IH2:4）　4.A型Ⅸ式板瓦（IH2:6）

纹；瓦身凸面饰中绳纹，凹面素饰（图二一二，4）。

IH3

IH3东侧打破IH2西壁，因局部发掘，形状不明。坑壁较陡，底较平。已揭露部分长540、宽500厘米，自深60～70厘米。坑内堆积灰红土（三层台垮塌堆积），土质较松散，内含炭灰和

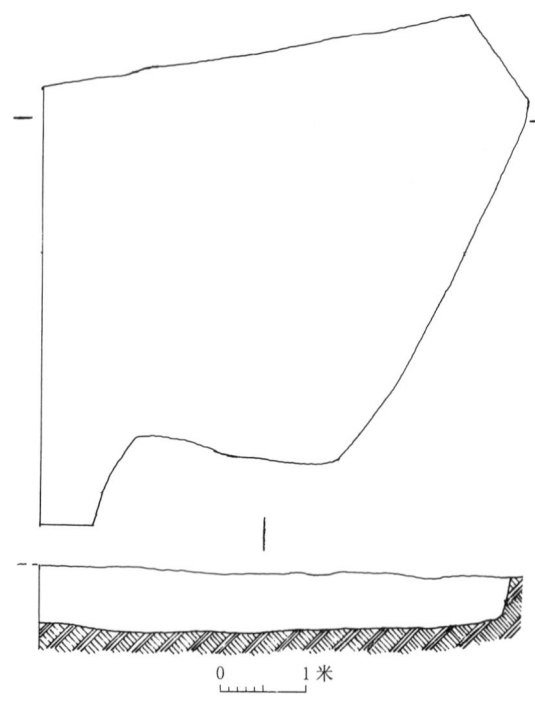

图二一三　IH3平、剖面图

红烧土块。遗物主要为陶筒瓦和板瓦残片（图二一三）。

文化遗物

陶器

筒瓦

标本 IH3:2（A型Ⅸ式），瓦头部。泥质深灰陶。口微侈，尖唇，直颈内斜，直肩较高。肩部凸面饰隐绳纹；瓦身凸面饰中绳纹，凹面饰小方格纹（图二一四，1）。

标本 IH3:1（A型Ⅹ式），瓦头部。泥质深灰陶。口微侈，尖唇，直颈内斜，直肩较高，肩面微凹。肩部凸面饰隐绳纹；瓦身凸面饰中绳纹，凹面饰方格纹（图二一四，2）。

板瓦

标本 IH3:6（A型Ⅸ式），瓦头部。泥质深灰陶。直口，平沿，圆唇外侈。瓦头饰多道旋纹；瓦身凸面饰中绳纹，凹面素饰（图二一四，3）。

标本 IH3:5（A型Ⅹ式），瓦头部。泥质深灰陶。

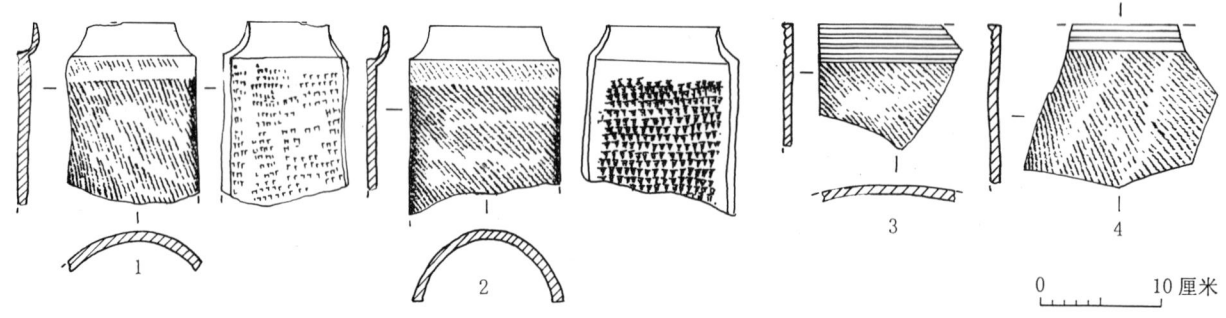

图二一四　IH3出土陶筒瓦、板瓦

1.A型Ⅸ式筒瓦（IH3:2）　2.A型Ⅹ式筒瓦（IH3:1）　3.A型Ⅸ式板瓦（IH3:6）　4.A型Ⅹ式板瓦（IH3:5）

直口，尖唇外侈。瓦头凸面饰二道凹旋纹；瓦身凸面饰中绳纹，凹面素饰（图二一四，4）。

4．小结

放鹰台1号宫殿基址群是本次发掘的主要区域，发掘面积达3608平方米，发掘时间前后跨十余年，暴露出的建筑遗迹现象复杂，出土文物丰富。但1号台目前的发掘面积只占其总面积的四分之一，所以1号宫殿基址的全貌目前仍不清楚，一些建筑迹象也未完全明了。

（1）放鹰台1号台基的年代

根据发掘情况，放鹰台1号台基的地层堆积分为六层，第1至3层为唐宋以后时期的堆积，第4层多为第5层高台垮塌物及其稍后（战国中晚期）人们破坏时的堆积；第5层为晚期夯土台基，包括一、二、三层台；第 6 层为早期夯土台基。第 5、6 层基本上未发掘。至于第 6 层以下是否还叠压有更早的文化层，目前尚不清楚。就出土遗物而言，1 号台基出土的周代遗物主要是陶质瓦类，数量极多，约近 10 万片，分为筒瓦、瓦当和板瓦。经整理研究，三类瓦均分为六期十二段，即自西周晚期至战国中期，每期分早晚两段。Ⅰ式至Ⅵ式瓦出土数量少，多出自早期台基上层，或被扰乱了的晚期台基下层；Ⅶ式瓦出自第 5 层夯土台基内，为地下排水管用瓦；Ⅷ式至Ⅻ式瓦出土数量多，且都出自第 4 层内。所以放鹰台 1 号台基的时代定为西周晚期至战国中期，其中早期台基的年代约为西周晚期至春秋中期，即一至三期（1～6 段）。晚期台基的年代为春秋晚期至战国中期，即四至六期（7～12 段）。1 号台基的地层堆积和出土遗物情况，得到了与 1 号台晚期建筑同时代的放鹰台 3 号台的地层堆积与出土遗物情况的证实。3 号台宫殿基址上叠压有战国早中期的地层堆积（第 5 层），宫殿基址下叠压有春秋中期（第 8 层）至西周晚期的地层堆积及文化遗迹（Ⅲj1 和第 9、10 层）。

（2）放鹰台 1 号晚期宫殿基址的建造、使用和废弃年代

根据 1 号台的地层堆积和陶瓦的分期情况，1 号台晚期宫殿基址的建造年代当为春秋晚期早段。第 4 层（高台垮塌的红烧土堆积）中出土的铜器残件有铜鼎足、鼎盖和镜片等，从形制上看，均为战国时期的器形特征；铜镜花纹及铜鼎片内壁阴刻铭文的风格也是战国时期所流行的。红烧土层中还有少量陶容器残片，如鬲、盆、盂、罐等的口沿片，时代均属战国早中期。另外，与放鹰台 1 号晚期宫殿基址同时代的小黄家台宫殿基址（ⅩⅩⅣ区）上埋有大量战国晚期楚墓。据此，放鹰台 1 号晚期宫殿基址废弃年代的下限，最晚不过战国中期晚段。使用年代为春秋晚期至战国中期晚段。

（3）放鹰台 1 号晚期宫殿基址的主要特点

首先是建筑规模宏大，结构复杂。就规模而言，一是面积大。经钻探，台基南北长约 130、东西宽 100 米，面积约 13000 余平方米；二是"土木之崇高"①。土之崇高表现在一层夯土台高出周围地面 2～3 米，二层台高出一层台 0.5～0.9 米，三层高出一层台 1.2～3.5 米，这些都是现在已被破坏了的高度，在当时各层台基肯定还会更高。就结构复杂而论，它不是一座简单的殿堂建筑，而是一座由道路、廊庑、天井、回廊、庭院、水榭和高台殿堂等组成的结构完整的建筑群体。建筑结构虽然复杂，但主次分明。第三层高台建筑是建筑群体中的主体，其他如贝壳路、外曲廊、东内廊、台阶、回廊、天井都环绕高台而建，是高台的配套工程。

其次是建筑规格高，建筑技术先进。古代的宫室建筑多为高台建筑，但一般都是一层高台，如同放鹰台 1 号基址的一层台。而 1 号台为三层台的层台建筑，这是建筑规格高的重要体现。三面环台贝壳路的铺设，显现出了御道的高规格。土木结构的高台建筑，更是高规格的重要体现。修筑土木结构高台，首先需要精心设计，而设计的重点是高台木骨架。它包括台内立柱、纵横地梁、台周壁的大型台柱和护壁方木（肩状壁带）等。它们之间的关系是立柱拴锁纵横地梁，地梁拴锁台周边的大型壁柱、护壁方木以及主次地梁的互相拴锁。在木骨架建造中，还使用了垂线球技术，使高台立柱从下至上保持高度垂直，这是楚人的发明创造。当木骨台基形成后，再在台内进行分块板筑，台内夯土与木骨是相互依存的关系。没有木骨，夯土高台就筑不起来；而没有夯

① 《国语·楚语》，《四库全书》影印本 406 册，上海古籍出版社，1987 年。

土填筑，木骨台基就不稳固。只有两者结合，才能营建如此高大稳固的高台建筑。土木结构的高台建筑技术是楚人的一项重大发明，是楚国建筑领域高科技应用的集中体现。

再次是建筑风格独特。一是它与传统的古建筑风格完全不同。传统的宗庙、殿堂建筑讲究以南北为轴线，前堂后室，左右侧室对称。而1号宫殿基址群，只有一座高台主体建筑，且位于所有建筑群体的东侧，它与其他建筑群体不在一条中轴线上。二是突出主体高台建筑。为了显现高台的高大雄伟，特意降低正（南）面一层台的高度，致使一层台的南北高差达1米多。高台正面东西高大台阶的设置，更显高台之雄伟。同时，为了突出高台，在高台周围设置道路和低层廊庑建筑。此高台形制特殊，平面呈"凸"形，在缺角处设置了天井和回廊。如此设计，一是为了高台的采光、通风；二是高台由四面体变为六面体，既缩小了高台体积，又在视觉上相应增加了高台的高度，使登高台者，犹入云霄，心旷神怡；三是从现有发掘资料看，1号宫殿基址的建筑风格，似乎是高台（包括二层台）、廊庑、庭院、道路四者结合，组成一个建筑群体。高台是主体，但建筑面积并不大；廊庑、庭院、道路为附属，但建筑面积却很大，如天井、回廊的面积（501.4平方米）大于第三层高台面积（467.5平方米），至于廊庑的建筑面积更是数倍于高台的面积。另外，贝壳路三面环绕高台，内曲廊纵横穿梭于二、三层台之间。台基的东、东南、东北三面为大河（可能是汉水流入长江的古河道）所环抱，台内有水榭通向大河。综合全部建筑风格，可初步认定这里是一处楚王休闲、游猎、娱乐的离苑别宫。

（4）晚期宫殿基址与楚章华台

楚章华台又名章华宫，是目前所见我国先秦时期第一座层台建筑，也是我国最早的一座大型皇家宫苑。

章华宫的修建年代，据《左传·昭公七年》记载，楚灵王"及即位，为章华之宫"。又记，"楚子成章华之台，愿与诸侯落之"。楚灵王即位于公元前540年，灵王六年即公元前535年，可见楚灵王用了六年时间修建章华台。史书记载的章华台修建时代与放鹰台1号晚期宫殿基址的修建年代基本吻合，即春秋晚期早段。它的废弃年代，如前文所述，应为秦将白起拔郢之年，即公元前278年，也就是战国中期后段。所以章华台自建成、使用，到被大火焚毁，共经历了二百五十七个春秋。

关于楚章华台的地望，历来史学界至少有五种说法，潜江说是其中之一。根据复旦大学教授、历史地理学家谭其骧先生考证章华台在"潜江县西南"这一论断，考古人员于1984年文物普查中，在潜江西南的龙湾镇瞄新村发现了大型楚遗址，经勘探试掘，又发现了二十余处夯土台基，这样就彻底解决了章华台的地望问题。

楚章华台的建筑规模。据郦道元《水经注·沔水》记述："章华台，高十丈，基广十五丈。"用楚制计算，十丈约合二十三米，十五丈约合三十四米。就基广而言，现存三层高台的台基边长为24.9×24.9米，加上四周附属建筑的基址，如南侧的台阶及门庭，东、西侧的贝壳路，北侧的回廊，其基广可达34～35米，与十五丈基本吻合。就台高而论，现存的三层台基高约1.2～3.5米，推测高台上还应有三层木构建筑，每层按3米计算，再加大屋顶，高约12～13米，与"十丈"也相差无几。由于章华台规模宏大，所以营建工程浩大，工期漫长。据楚灵王近臣伍举所言："今君（灵王）为此台也，国民罢焉，财用尽焉，年谷败焉，百官烦焉，举国留之，数年乃成。"（《国语·楚语》）现已查明的放鹰台楚宫殿基址达22座，可证当年营建规模之浩大。

楚章华台的建筑风格，文献记载不多，《国语·楚语》记楚灵王问及"台美乎"！伍举对曰：臣"不闻其以土木之崇高，彤镂为美。"意即章华台之美主要体现在高台雄伟，装饰豪华。这里的"台"应是主体建筑，即第三层高台。高台上的木构建筑已不知晓，但屋顶盖的彩色瓦和彩绘瓦当依旧保存。土木结构的夯土台基确实高大雄伟，而且台壁周边均用木板包装，再油漆、彩绘，当即"彤镂为美"。文献记载只对主台进行概括描绘，未提及附属建筑。文献记载中，章华宫又名"细腰宫"，《战国策·楚策》记："昔者先君灵王好小要（腰），楚士约食。"民间传说"楚王好细腰，宫中多饿死。"又据《古文尚书·尹训》云，楚王经常在章华台"恒舞于宫，酣歌于室"。这些都从一个侧面说明楚灵王修建章华宫的初衷，确实是为了娱乐、休闲、游猎之用。可见文献记载与现有考古发掘资料均证实，章华台是一处楚王行宫。

1999 年 12 月，在潜江市召开的"潜江龙湾楚宫殿基址学术论证会"上，参加会议的考古学家、古建筑专家一致认定，潜江龙湾楚宫殿基址群可定为"楚章华台宫苑群落基址"。

（二）Ⅲ区（放鹰台 3 号宫殿基址）

1．探方

Ⅲ T1

文化层见综述部分。

第 5 层文化遗物

陶器

鬲

标本ⅢT1⑤:1（A 型Ⅺ式），器残。夹砂深灰陶。折沿外翻，尖唇，矮颈，溜肩，腹微鼓。腹饰直列中绳纹，腹中部加饰一道凹旋纹（图二一五，1）。

盂

标本ⅢT1⑤:6（Ⅷ b 式），器残。泥质浅灰陶。口微敛，平折窄沿，斜方唇，矮颈，腹微鼓。腹饰二道凹旋纹（图二一五，2）。

罐

标本ⅢT1⑤:4（A 型Ⅷ式），口沿部。泥质浅灰陶。敞口，平折沿，方圆唇，束颈较高。沿面饰数道凹旋纹（图二一五，3）。

标本ⅢT1⑤:5（B 型Ⅷ式），口沿部。泥质红陶。口微侈，平折窄沿，圆唇，颈较矮，溜肩。颈部饰直列细绳纹（图二一五，4）。

豆

ⅢT1⑤:7（Ⅲ式），器柄、座部。泥质红陶。柄较矮，喇叭形座，座面内弧，座沿上翘，柄中空近盘底。素面（图二一五，5）。

盆

ⅢT1⑤:2（Ⅳ式），口沿部。泥质浅灰陶。敛口，平折沿，斜方唇下弧，弧腹。沿面饰五道凹旋纹，腹饰粗绳纹（图二一五，6）。

标本ⅢT1⑤:3（Ⅷ式），器残。泥质红陶。折沿外斜，圆唇，弧腹。腹上部饰二道凹旋纹（图

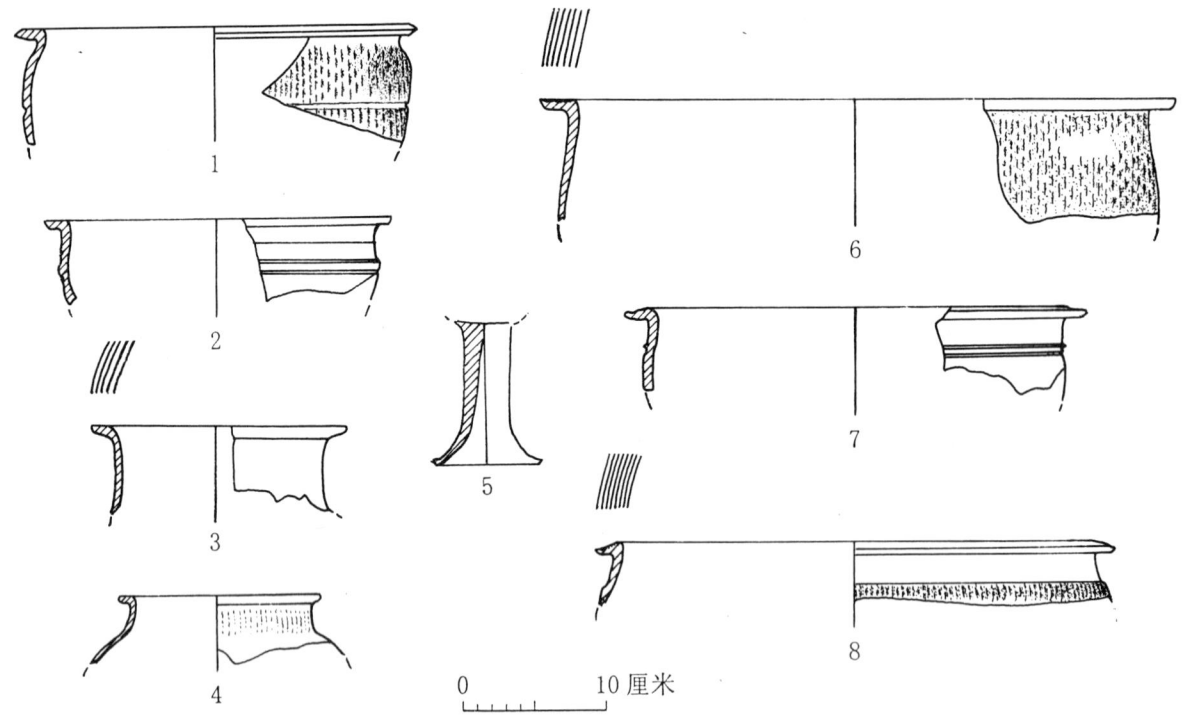

图二一五　ⅢT1第5层出土陶鬲、盂、罐、豆、盆、甑

1.A型Ⅺ式鬲（ⅢT1⑤:1）　2.Ⅷb式盂（ⅢT1⑤:6）　3.A型Ⅷ式罐（ⅢT1⑤:4）　4.B型Ⅷ式罐（ⅢT1⑤:5）
5.Ⅲ式豆（ⅢT1⑤:7）　6.Ⅳ式盆（ⅢT1⑤:2）　7.Ⅶ式盆（ⅢT1⑤:3）　8.Ⅷ式甑（ⅢT1⑤:9）

二一五，7）。

甑

ⅢT1⑤:9（Ⅷ式），口沿部。泥质深灰陶。敛口，翻折沿，尖圆唇，矮颈，溜肩。沿面饰数道细凹旋纹，肩饰直列中绳纹（图二一五，8）。

第6层文化遗物

见遗迹天井部分出土遗物。

第8层文化遗物

陶器

鬲足

标本ⅢT1⑧:11（Ⅰ式），夹砂褐陶。深足窝，圆柱足矮小。素面（图二一六，1）。

标本ⅢT1⑧:13（Ⅳ式），夹砂红陶。足窝较深，棱形柱足。下部有削痕，上部饰绳纹（图二一六，2）。

标本ⅢT1⑧:9（Ⅴ式），夹砂红陶。棱形柱足。足内侧有削痕，外侧饰绳纹（图二一六，3）。

罐

标本ⅢT1⑧:25（A型Ⅴ式），口沿部。泥质红陶。敞口，卷沿，沿面上仰微凹，斜弧唇，束颈较高。颈部饰隐绳纹（图二一六，4）。

ⅢT1⑧:7（A型Ⅶ式），口沿部。泥质浅灰陶。侈口，仰折沿，斜方唇，束颈较高。颈部饰隐

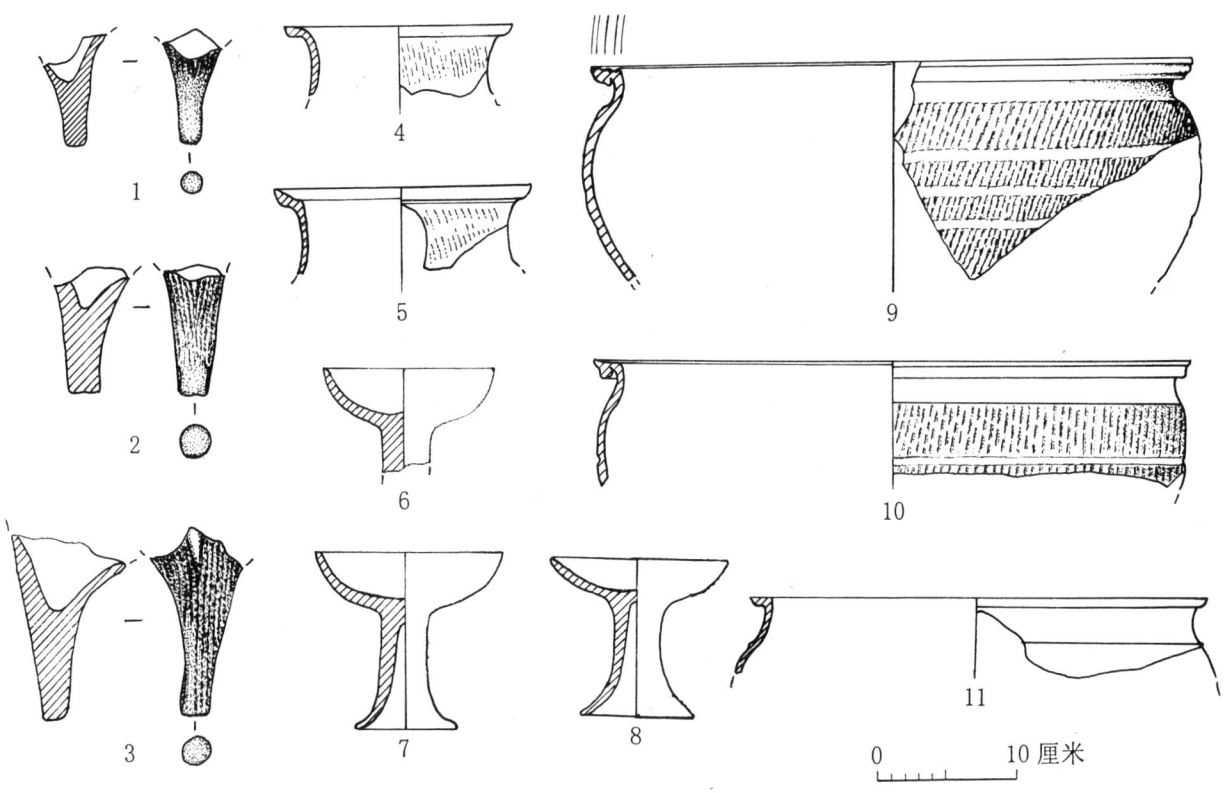

图二一六　ⅢT1第8层出土陶鬲足、罐、豆、甑、盆

1. Ⅰ式鬲足（ⅢT1⑧:11）　2. Ⅳ式鬲足（ⅢT1⑧:13）　3. Ⅴ式鬲足（ⅢT1⑧:9）　4. A型Ⅴ式罐（ⅢT1⑧:25）

5. A型Ⅶ式罐（ⅢT1⑧:7）　6、7. Ⅳ式豆（ⅢT1⑧:14、ⅢT1⑧:10）　8. Ⅴ式豆（ⅢT1⑧:26）　9、10. Ⅱ式盆

（ⅢT1⑧:27、ⅢT1⑧:28）　11. Ⅳ式甑（ⅢT1⑧:2）

绳纹（图二一六，5）。

豆

标本ⅢT1⑧:14（Ⅳ式），器残。泥质红陶。盘较深，敞口，圆唇，圜腹壁，柄较细。素面（图二一六，6）。标本ⅢT1⑧:10（Ⅳ式），器形完整，泥质浅灰陶。盘深，敞口，圆唇，圜腹壁，柄较细矮，喇叭形座较高，座面内弧，柄内中空至盘底。素面（图二一六，7；图版五二，1）。

标本ⅢT1⑧:26（Ⅴ式），器形完整。泥质红陶。盘较深，敞口，圆唇，斜弧壁，细矮柄，高喇叭形座，座面微内弧，柄内中空至盘底。素面（图二一六，8）。

盆

标本ⅢT1⑧:27（Ⅱ式），口沿部。泥质红陶。侈口，卷沿，沿面有二道凹槽，双叠斜弧唇下勾，矮束颈，溜肩，腹微鼓。腹饰斜列中绳纹及三道凹旋纹（图二一六，9）。标本ⅢT1⑧:28（Ⅱ式），口沿部。泥质浅灰陶。形制基本与ⅢT1⑧:27相同（图二一六，10）。

甑

标本ⅢT1⑧:2（Ⅳ式），口沿部。泥质浅灰陶。敛口，平窄折沿，斜方唇，颈较高，上腹微鼓。肩部饰一道凸旋纹（图二一六，11）。

第9层文化遗物

陶器

豆

ⅢT1⑨:1（Ⅲ式），见综述陶容器部分。

ⅢT2

北壁、东壁文化层（图二一七）

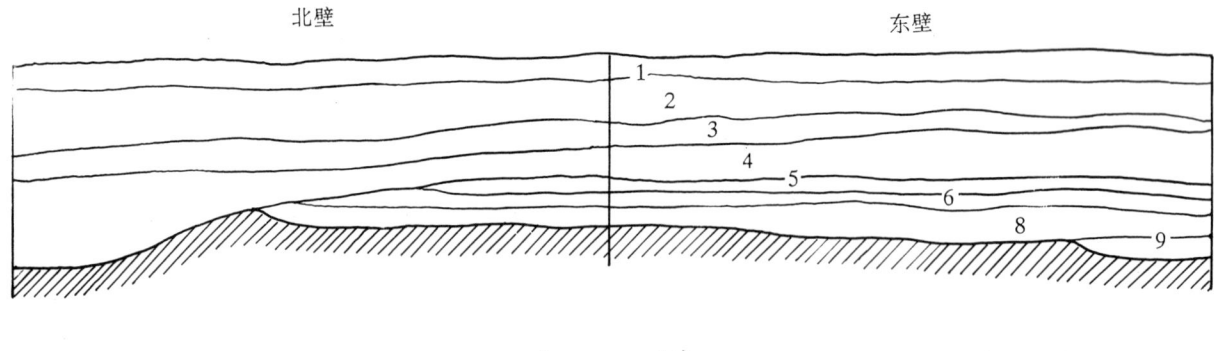

图二一七　ⅢT2北壁、东壁剖面图

第1层：耕土层。厚15～25厘米。

第2层：分布全方。灰褐土，土质松软。深15～25、厚25～55厘米。出土有青花瓷片、陶布纹瓦等。

第3层：分布全方。灰黄土，土质较硬，内含红烧土块。深50～70、厚10～25厘米。出土遗物有影青瓷片、陶布纹瓦等。

第4层：分布全方。黑灰土，土质松散，内含大量草木灰等。深60～95、厚20～95厘米。遗物有影青瓷碗、釉陶罐等器物残片。此层西部叠压褐色生土层。

第5层：局部分布。褐灰土，土质较硬易散。深100～110、厚0～15厘米。出土遗物有陶豆等。此层下叠压Ⅲ号宫殿基址的天井瓦砾层。

第6层：分布于探方东部。黑灰土，土质较纯，内含少量黑泥土。深110～120、厚0～16厘米。出土遗物有陶筒瓦、板瓦残片和陶豆等。

第8层：局部分布。灰白土，土质坚硬易散。深115～130、厚0～30厘米。此层无遗物。该层下叠压H2。

第9层：局部分布。黄灰土，土质较硬较黏，内含草木灰等。深150～155、厚0～15厘米。无遗物。此层下叠压褐色生土层。

第5层文化遗物

陶器

豆

标本ⅢT2⑤:2（Ⅷ式），器形完整。泥质红陶。盘较浅，敞口，圆唇，弧腹壁，柄下部中空，喇叭座呈"八"字形。素面（图二一八；图版五二，2）。

第6层文化遗物

见遗迹天井部分。

ⅢT3

北壁、东壁文化层（图二一九）

第1层：耕土层。厚10～25厘米。

第2层：分布全方。灰褐土，土质松软。深10～25、厚15～32厘米。出土遗物有陶布纹瓦、青花瓷片等。

第3层：分布全方。灰黄土，土质较硬。深30～50、厚25～70厘米。出土遗物有影青瓷片、陶瓦等。此层东部叠压第7层即Ⅲ号宫殿基址回廊。

第4层：局部分布。深75～95、厚0～25厘米。黑灰土，土质松散，内含大量草木灰等。出土遗物有釉陶罐等残片。

第5层：局部分布。褐灰土，土质较硬易散。深95～100、厚0～10

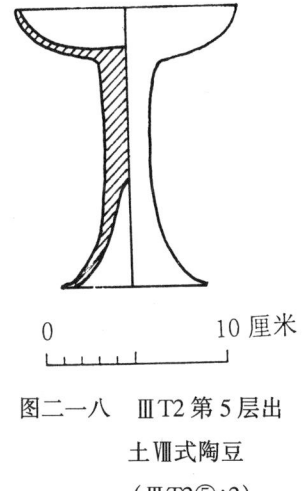

图二一八　ⅢT2第5层出土Ⅷ式陶豆（ⅢT2⑤:2）

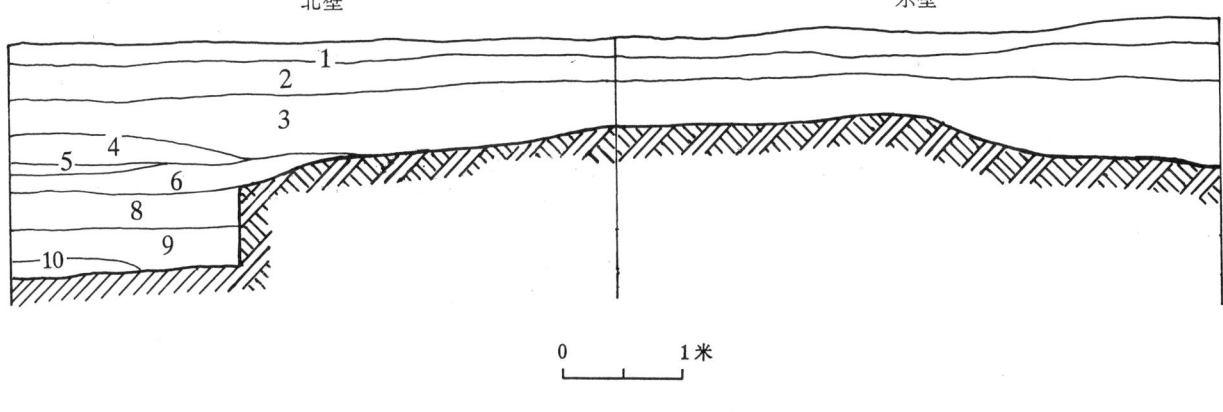

图二一九　ⅢT3北壁、东壁剖面图

厘米。出土遗物有陶鬲、豆、甑、甗、瓮及筒瓦等。此层下叠压第6层，即Ⅲ号宫殿基址天井瓦片层。

第6层：分布于探方西部。瓦砾层。内含少量黑灰色泥土。深90～110、厚0～25厘米。出土遗物有陶鬲、盂、盆、甑、甗、豆及筒瓦、板瓦残片。

第7层：分布于探方东部。黄夯土，土质较硬较黏。深70～120厘米。未发掘，厚度不清。

第8层：局部分布。灰白土，土质坚硬易散。深118～125、厚25～35。出土遗物有陶鬲、豆、罐、盆及筒瓦、板瓦等。

第9层：局部分布。灰黄土，土质较硬较黏，内含草木灰等。深150、厚25～35厘米。出土遗物有陶鬲、盂等。

第10层：局部分布。黄褐土，土质较硬易散，内含红烧土粒，属早期翻动过的熟土。深175～185、厚0～8厘米。无遗物。此层下叠压褐色生土层。

第5层文化遗物

陶器

鬲

标本ⅢT3⑤:4（A型Ⅹ式），口沿部。夹砂红陶。口微侈，平折窄沿，斜方唇，矮束颈，溜肩。肩饰绳纹（图二二〇，1）。

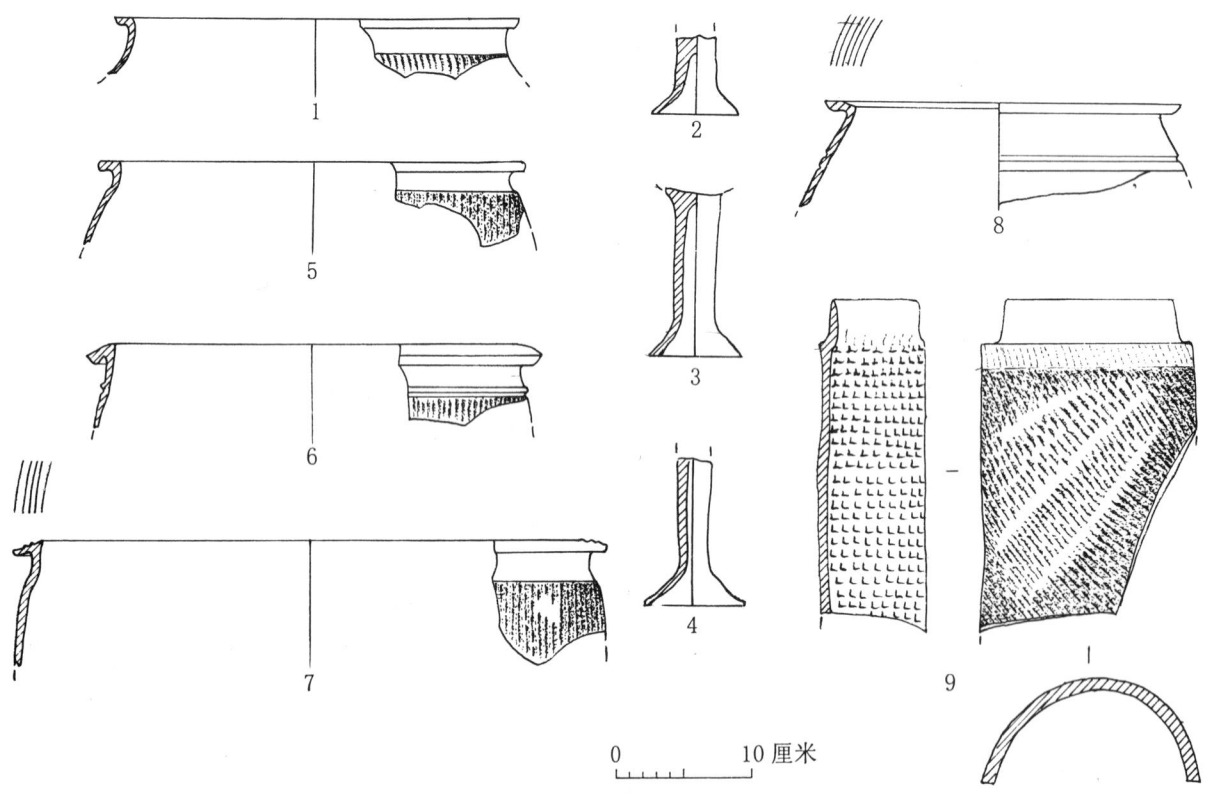

图二二〇　ⅢT3第5层出土陶鬲、豆、甑、瓹、瓮、筒瓦

1.A型Ⅹ式鬲（ⅢT3⑤:4）　　2、3.Ⅸ式豆（ⅢT3⑤:9、ⅢT3⑤:8）　　4.Ⅹ式豆（ⅢT3⑤:7）　　5.Ⅵ式甑（ⅢT3⑤:5）　　6.Ⅸ式甑
（ⅢT3⑤:6）　　7.Ⅸ式瓹（ⅢT3⑤:10）　　8.Ⅵ式瓮（ⅢT3⑤:3）　　9.A型Ⅷ式筒瓦（ⅢT3⑤:1）

豆

标本ⅢT3⑤:9（Ⅸ式），器柄、座部。泥质深灰陶。喇叭形座微外弧，柄下部中空。素面（图二二〇，2）。标本ⅢT3⑤:8（Ⅸ式），器柄、座部。泥质深灰陶。柄较高，矮喇叭形座，座面略外弧，柄内中空至盘底。素面（图二二〇，3）。

标本ⅢT3⑤:7（Ⅹ式），器柄、座部。泥质深灰陶。细柄较高，喇叭形座较高，座面斜直，柄内中空。素面（图二二〇，4）。

甑

标本ⅢT3⑤:5（Ⅵ式），口沿部。泥质浅灰陶。口微侈，平折沿，方圆唇，矮束颈，溜肩。腹饰直列粗绳纹（图二二〇，5）。

标本ⅢT3⑤:6（Ⅸ式），口沿部。泥质深灰陶。口微敛，折沿外翻，斜方唇，矮颈，溜肩。肩部饰一道凸旋纹，腹饰直列中绳纹（图二二〇，6）。

瓹

标本ⅢT3⑤:10（Ⅸ式），口沿部。泥质深灰陶。直口，折沿外翻，方圆唇，矮束颈，溜肩，腹微鼓。沿面饰凹旋纹，腹饰直列中绳纹（图二二〇，7）。

瓮

标本ⅢT3⑤:3（Ⅵ式），口沿部。泥质浅灰陶。敛口，折沿上仰，尖唇，束颈，溜肩。沿面施五道凹旋纹，肩部饰浅凹旋纹（图二二〇，8）。

筒瓦

标本ⅢT3⑤:1（A型Ⅷ式），瓦残。泥质浅灰陶。矮斜肩，颈内斜，尖唇。肩部凸面饰隐绳纹；瓦身凸面饰斜中绳纹，凹面饰方格纹（图二二〇，9）。

第6层文化遗物

见遗迹天井出土遗物。

第8层文化遗物

陶器

鬲

标本ⅢT3⑧:15（A型Ⅵ式），口沿、腹部。夹砂红陶。侈口，仰折窄沿，斜方唇，束颈较高，溜肩，上腹微鼓，下腹内收。颈饰隐绳纹，腹饰斜中绳纹和浅凹旋纹（图二二一，1）。

鬲足

标本ⅢT3⑧:23（Ⅴ式），夹砂红陶。足窝较浅，棱形柱足较粗。内侧有削痕，外侧饰绳纹（图二二一，6）。

罐

标本ⅢT3⑧:5（A型Ⅵ式），口沿部。泥质红陶。侈口，窄折沿微仰，斜方唇，束颈较高。颈部饰隐绳纹（图二二一，2）。

豆

标本ⅢT3⑧:12（Ⅳ式），泥质红黄陶。口微敛，圆唇，弧腹壁，柄较粗，喇叭座较高，座面内弧，座沿上翘，柄内中空至盘底。素面（图二二一，3；图版五二，3）。标本ⅢT3⑧:4（Ⅳ式）、ⅢT3⑧:16（Ⅳ式），形制与ⅢT3⑧:12基本相同（图二二一，4、5；图版五二，4；五三，1）。

盆

标本ⅢT3⑧:17（Ⅲ式），口沿部。泥质红陶。敛口，仰折沿，圆弧唇，颈较矮，溜肩。肩部饰二道凹旋纹（图二二一，7）。

筒瓦

标本ⅢT3⑧:9（A型Ⅶ式），泥质浅灰陶。矮斜肩，颈内斜。瓦头凸面饰浅凹旋纹间绳纹；瓦身凸面饰斜中绳纹，凹面素饰（图二二一，8）。

板瓦

标本ⅢT3⑧:3（A型Ⅴ式），泥质红陶。直口，平沿，圆唇外侈。瓦头凸面绳纹稍抹；瓦身凸面饰斜列中绳纹，凹面素饰（图二二一，9；图版五三，2）。

第9层文化遗物

陶器

鬲

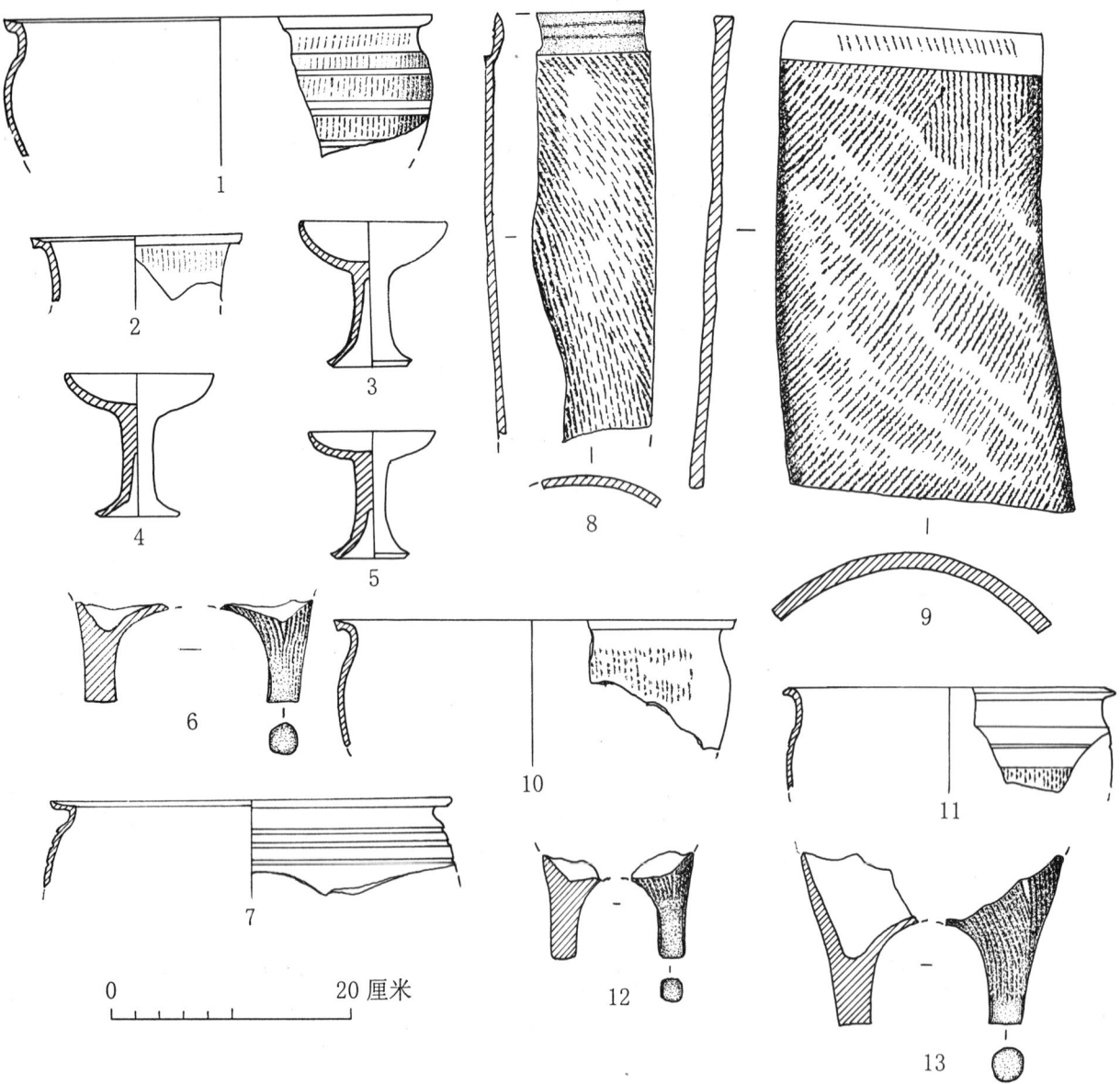

图二二一　Ⅲ T3 第 8、9 层出土陶鬲、罐、豆、鬲足、盆、筒瓦、板瓦、盂

1.A 型Ⅵ式鬲（Ⅲ T3⑧:15）　2.A 型Ⅵ式罐（Ⅲ T3⑧:5）　3～5.Ⅳ式豆（Ⅲ T3⑧:12、Ⅲ T3⑧:4、Ⅲ T3⑧:16）　6.Ⅴ式鬲足
（Ⅲ T3⑧:23）　7.Ⅲ式盆（Ⅲ T3⑧:17）　8.A 型Ⅶ式筒瓦（Ⅲ T3⑧:9）　9.A 型Ⅴ式板瓦（Ⅲ T3⑧:3）　10.A 型Ⅳ式鬲（Ⅲ T3
⑨:5）　11.Ⅱ式盂（Ⅲ T3⑨:4）　12.Ⅱ式鬲足（Ⅲ T3⑨:17）　13.Ⅳ式鬲足（Ⅲ T3⑨:13）

标本Ⅲ T3⑨:5（A 型Ⅳ式），口沿、腹部。夹砂红陶。口微侈，卷沿，斜方唇下勾，束颈，溜肩，腹微鼓。肩饰直列中绳纹（图二二一，10）。

鬲足

标本Ⅲ T3⑨:17（Ⅱ式），夹砂红陶。棱形柱足有削痕（图二二一，12）。

标本Ⅲ T3⑨:13（Ⅳ式），夹砂红陶。棱形柱足，高裆，足窝深。足、裆部饰绳纹，柱足下部有削痕（图二二一，13）。

盂

标本ⅢT3⑨：4（Ⅱ式），口沿部。泥质褐陶。侈口，卷沿，窄沿面外斜，尖唇，束颈较高，溜肩，深腹微鼓。腹上部饰一道凹旋纹，中部饰直列中绳纹（图二二一，11）。

ⅢT4

西壁、北壁文化层（图二二二）

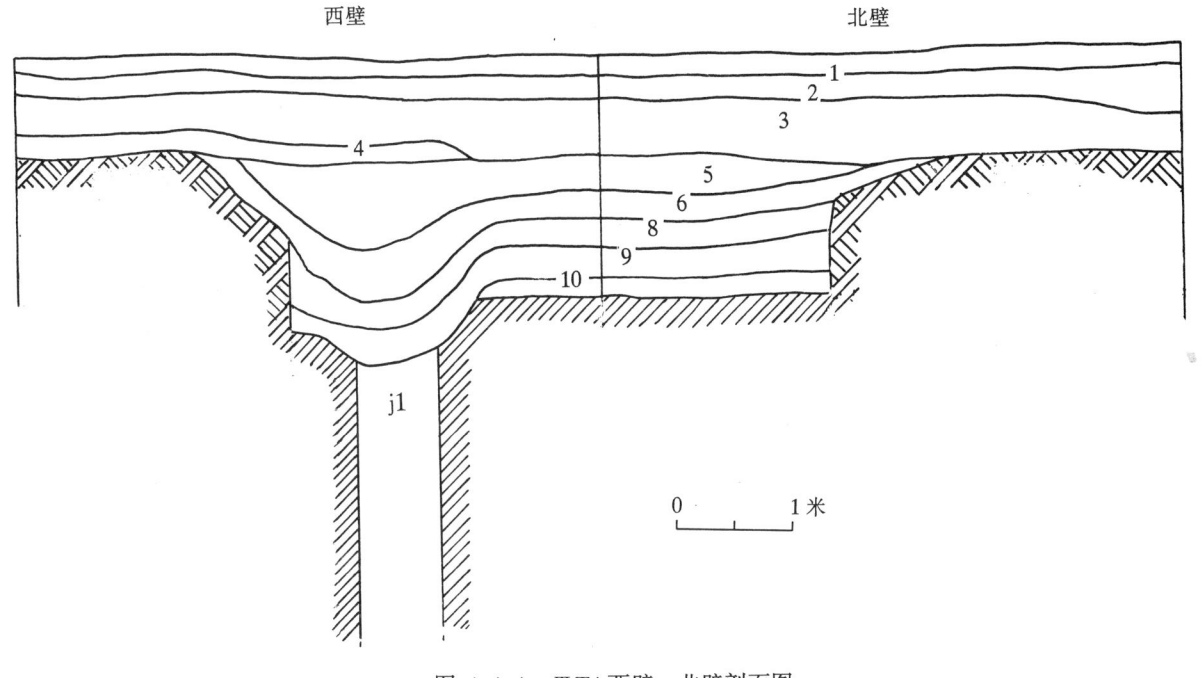

图二二二　ⅢT4西壁、北壁剖面图

第1层：耕土层。厚12～20厘米。

第2层：分布全方。灰褐土，土质松散。深12～20、厚15～40厘米。出土青花瓷片等。

第3层：分布全方。灰黄土，土质较硬。深30～55、厚30～55厘米。出土遗物有陶瓦等。此层的东北部叠压第5层、第6层（Ⅲ号宫殿基址天井瓦片层）和第7层（回廊）。

第4层：局部分布。黑灰土，土质较硬。深65～80、厚0～20厘米。出土遗物有釉陶罐等残片。

第5层：局部分布。灰褐土，土质较硬易散。深80～95、厚0～75厘米。出土遗物有陶鬲、甗、甑、豆、瓮及筒瓦、板瓦等。

第6层：分布于西北角。灰黑土，内含少量淤土。深85～156、厚0～40厘米。出土遗物有陶鬲、盂、盆、甑、甗、豆及筒瓦、板瓦残片等。

第7层：分布于东南部。黄夯土台基，未发掘。

第8层：局部分布。灰白土，土质坚硬易散。深120～200、厚10～30厘米。出土遗物有陶罐、豆、甑、盆、鬲足及筒瓦等。

第9层：局部分布。黄灰土，土质较硬较黏，内含草木灰等。深145～220、厚10～30厘米。出土遗物有陶鬲、甗、盂、罐、豆等。此层下叠压ⅢJ1。

第10层：局部分布。黄褐土，土质较硬易散。内含红烧土（属早期翻动过的熟土）。深175～190、厚0～18厘米。无遗物。此层下叠压褐色生土层。

第5层文化遗物

陶器

鬲

标本ⅢT4⑤:4（A型Ⅷ式），口沿部。夹砂浅灰陶。敛口，折沿微仰，沿面较宽，双叠唇下勾，颈较矮，溜肩。颈部绳纹稍抹，肩饰直列粗绳纹（图二二三，1）。

鬲足

标本ⅢT4⑤:9（Ⅰ式），夹砂红陶。柱足矮小，圆形，深足窝。素面（图二二三，2）。

标本ⅢT4⑤:6（Ⅵ式），夹砂红陶。浅足窝，棱形柱足，有削痕。饰绳纹（图二二三，3）。

标本ⅢT4⑤:15（Ⅶ式），夹砂红陶。矮裆，浅足窝，粗柱足较高。饰绳纹（图二二三，4）。

瓿

标本ⅢT4⑤:32（Ⅵ式），器残。泥质红陶。侈口，平折沿，斜弧唇下勾，颈较高，溜肩，上腹微鼓，下腹收。肩、腹饰斜粗绳纹，腹上部饰三道细浅凹旋纹（图二二三，5）。

标本ⅢT4⑤:11（Ⅸ式），口沿部。泥质红陶。侈口，折沿外翻，方唇，颈较高，溜肩。颈饰隐绳纹，肩饰斜粗绳纹（图二二三，6）。标本ⅢT4⑤:17（Ⅸ式），口沿部。泥质红陶。直口，折沿外翻，沿面微凹，方圆唇，矮颈，溜肩。肩部饰二道凹旋纹（图二二三，7）。

甄

标本ⅢT4⑤:13（Ⅴ式），口沿部。泥质红陶。侈口，折沿外翻，方唇，矮颈，溜肩。肩饰直列中绳纹（图二二三，8）。

标本ⅢT4⑤:14（Ⅸ式），口沿部。泥质红陶。敛口，折沿外翻，方唇，矮颈，溜肩，腹微鼓。沿面饰多道凹旋纹，颈饰隐绳纹，肩饰直列中绳纹（图二二三，9）。

豆

标本ⅢT4⑤:12（Ⅸ式），柄、座部。泥质红陶。柄较矮，喇叭形座微外弧，柄下部中空。素面（图二二三，11）。

标本ⅢT4⑤:22（Ⅹ式），器形完整。泥质红陶。盘较深。圆唇，圜腹壁，细柄较高，喇叭座较高，座面外鼓，柄下部中空。素面（图二二三，10；图版五三，3）。

瓮

标本ⅢT4⑤:16（Ⅴb式），口沿部。泥质红陶。敛口，仰折沿，尖唇，束颈，广肩。素面（图二二三，12）。

筒瓦

标本ⅢT4⑤:1（A型Ⅶ式），瓦头部。泥质浅灰陶。直颈内斜，矮斜肩。瓦身凸面饰斜粗绳纹，凹面素饰（图二二三，13）。

板瓦

标本ⅢT4⑤:2（A型Ⅷ式），瓦头部。泥质浅灰陶。平沿，尖唇外侈。瓦头凸面饰三道凹旋纹；瓦身凸面饰交错中绳纹，凹面素饰（图二二三，14）。

标本ⅢT4⑤:3（A型Ⅹ式），瓦头部。泥质浅灰陶。平沿，尖唇外侈。瓦头凸面饰二道凹旋

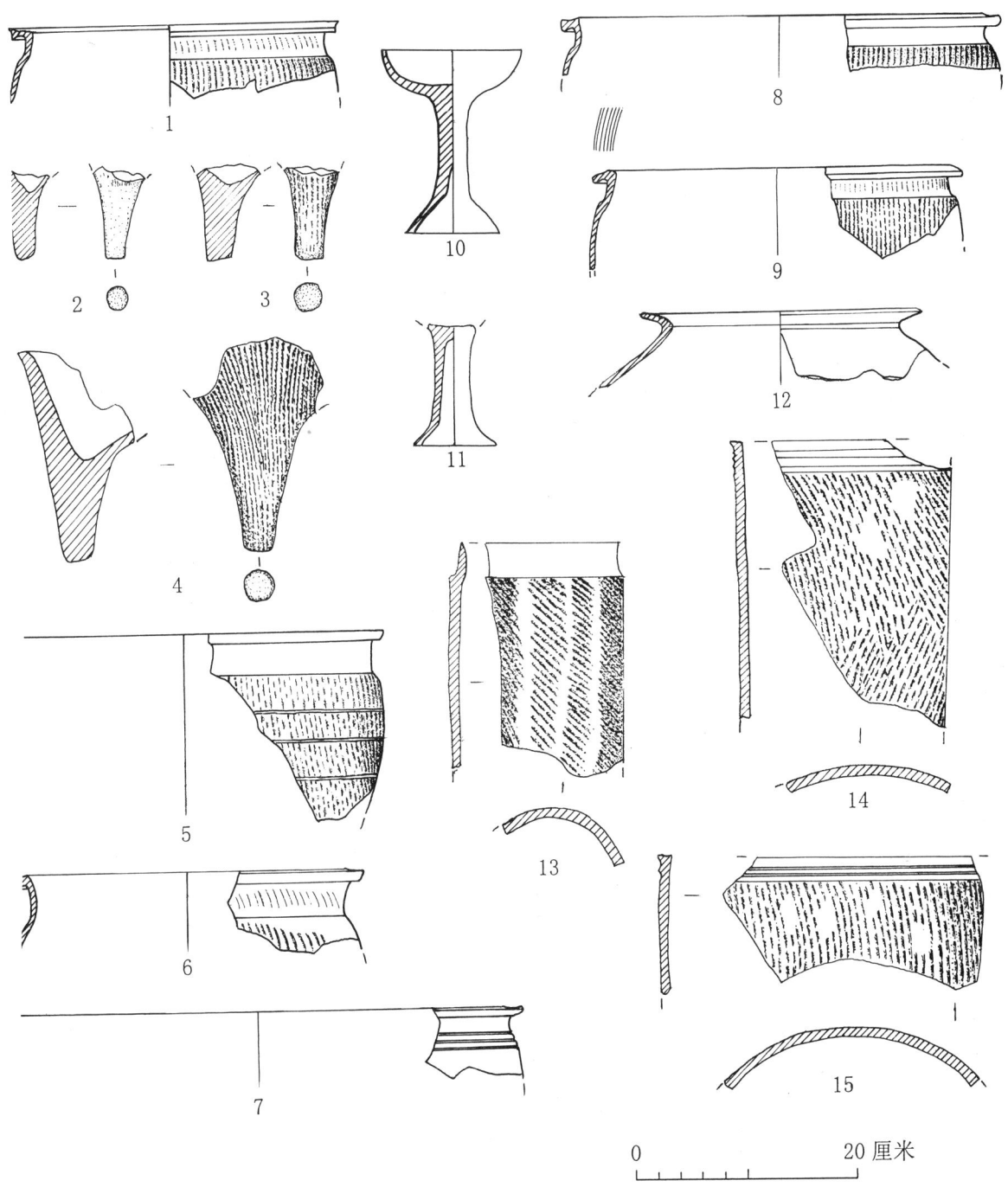

图二二三　ⅢT4 第 5 层出土陶鬲、鬲足、甗、甑、豆、瓮、筒瓦、板瓦

1.A 型Ⅷ式鬲（ⅢT4⑤:4）　2.Ⅰ式鬲足（ⅢT4⑤:9）　3.Ⅵ式鬲足（ⅢT4⑤:6）　4.Ⅶ式鬲足（ⅢT4⑤:15）　5.Ⅵ式甗（ⅢT4⑤:32）　6、7.Ⅸ式甗（ⅢT4⑤:11、ⅢT4⑤:17）　8.Ⅴ式甑（ⅢT4⑤:13）　9.Ⅸ式甑（ⅢT4⑤:14）　10.Ⅹ式豆（ⅢT4⑤:22）　11.Ⅸ式豆（ⅢT4⑤:12）　12.Ⅴb 式瓮（ⅢT4⑤:16）　13.A 型Ⅶ式筒瓦（ⅢT4⑤:1）　14.A 型Ⅷ式板瓦（ⅢT4⑤:2）　15.A 型Ⅹ式板瓦（ⅢT4⑤:3）

纹；瓦身凸面饰斜粗绳纹；凹面素饰（图二二三，15）。

第6层文化遗物

见天井部分。

第8层文化遗物

陶器

罐

标本ⅢT4⑧：5（A型Ⅵ式），口沿部。泥质红陶。侈口，仰折沿，斜方唇，束颈较高。颈部饰隐绳纹（图二二四，1）。

标本ⅢT4⑧：4（A型Ⅷ式），口沿部。泥质浅灰陶。口微侈，仰折沿近平，斜弧唇，束颈较高，溜肩。肩饰直列中绳纹（图二二四，2）。

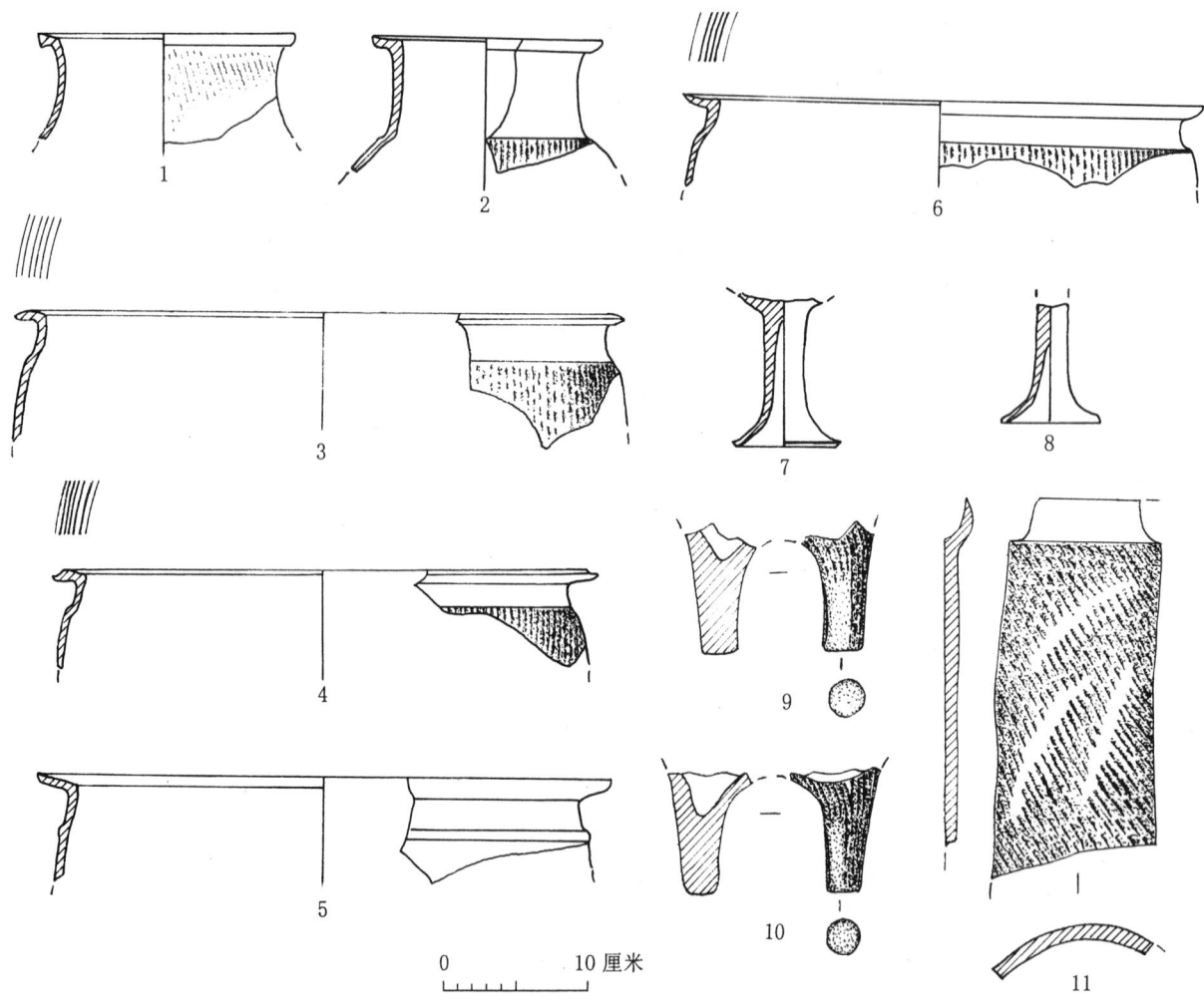

图二二四　ⅢT4第8层出土陶罐、甑、盆、豆、鬲足、筒瓦

1.A型Ⅵ式罐（ⅢT4⑧：5）　2.A型Ⅷ式罐（ⅢT4⑧：4）　3、4.Ⅲ式甑（ⅢT4⑧：7、ⅢT4⑧：6）　5.Ⅱ式盆（ⅢT4⑧：2）　6.Ⅲ式盆（ⅢT4⑧：1）　7.Ⅳ式豆（ⅢT4⑧：11）　8.Ⅴ式豆（ⅢT4⑧：13）　9、10.Ⅴ式鬲足（ⅢT4⑧：16、ⅢT4⑧：15）　11.A型Ⅴ式筒瓦（ⅢT4⑧：10）

甑

标本ⅢT4⑧:7（Ⅲ式），口沿部。泥质浅灰陶。仰折沿，沿面上弧，圆唇，束颈，溜肩。沿面饰数道旋纹，肩饰直列中绳纹（图二二四，3）。标本ⅢT4⑧:6（Ⅲ式），口沿部。泥质浅灰陶。敛口，仰折沿，沿外侧翻，尖唇，矮束颈，溜肩。沿面饰数道旋纹，肩饰直列中绳纹（图二二四，4）。

盆

标本ⅢT4⑧:2（Ⅱ式），口沿部。泥质浅灰陶。敛口，仰折沿较宽，斜方唇，束颈较高，溜肩。肩部饰一周凸棱（图二二四，5）。

标本ⅢT4⑧:1（Ⅲ式），口沿部。泥质浅灰陶。敛口，仰折沿，尖唇，束颈较矮，溜肩。沿面饰数道凹旋纹，肩饰直列中绳纹（图二二四，6）。

豆

标本ⅢT4⑧:11（Ⅳ式），柄、座部。豆盘残。泥质红陶。细柄较矮，喇叭形座较高，座面内弧，座沿微上翘，柄内中空至盘底。素面（图二二四，7）。

标本ⅢT4⑧:13（Ⅴ式），柄、座部。泥质红陶。细柄，喇叭形座，座面内弧，柄下部中空。素面（图二二四，8）。

鬲足

标本ⅢT4⑧:16（Ⅴ式），夹砂红陶。棱形柱足，足窝较深。足内侧有削痕，外侧饰绳纹（图二二四，9）。标本ⅢT4⑧:15，形制与ⅢT4⑧:16基本相同（图二二四，10）。

筒瓦

标本ⅢT4⑧:10（A型Ⅵ式），瓦头部。泥质浅灰陶。尖唇，直颈内斜，矮斜肩。瓦身凸面饰斜粗绳纹，凹面素饰（图二二四，11）。

第9层文化遗物

陶器

鬲

标本ⅢT4⑨:7（A型Ⅳ式），口沿部。夹砂红陶。侈口，卷沿，方唇，束颈较高，溜肩，腹微鼓。肩饰直列中绳纹，腹上部饰一道凹旋纹（图二二五，1）。标本ⅢT4⑨:9（A型Ⅳ式），口沿部。夹砂红陶。侈口，仰折沿，方唇，唇面内弧，束颈较矮，溜肩，瘦腹微鼓。颈部绳纹稍抹，肩饰直列粗绳纹，腹饰一道凹旋纹（图二二五，2）。

鬲足

标本ⅢT4⑨:14（Ⅱ式），夹砂褐陶。足窝较深，棱形柱足较高。足部有削痕（图二二五，7）。

标本ⅢT4⑨:15（Ⅳ式），夹砂褐陶。足窝较深，高柱足。足根部有削痕，根部以上饰绳纹（图二二五，8）。

盂

标本ⅢT4⑨:11（Ⅳ式），口沿、腹部。泥质红陶。侈口，卷沿，沿面上仰，方唇，束颈较高，溜肩，腹微鼓，下腹折收。肩、腹部饰数道凹旋纹，下腹饰斜中绳纹（图二二五，5）。

罐

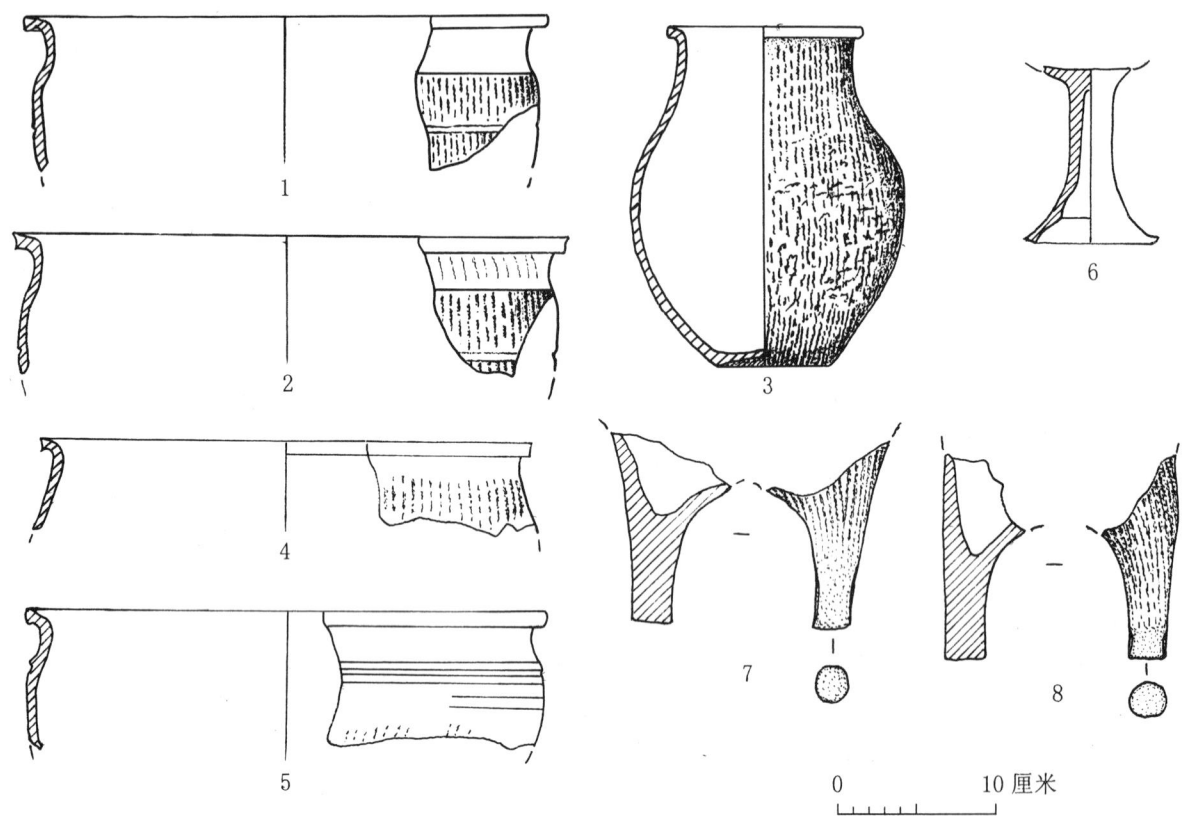

图二二五　ⅢT4 第 9 层出土陶鬲、罐、甋、盂、豆、鬲足

1、2.A 型Ⅳ式鬲（ⅢT4⑨:7、ⅢT4⑨:9）　3.A 型Ⅱ式罐（ⅢT4⑨:18）　4.Ⅲ式甋（ⅢT4⑨:8）　5.Ⅳ式盂（ⅢT4⑨:11）
6.Ⅱ式豆（ⅢT4⑨:16）　7.Ⅱ式鬲足（ⅢT4⑨:14）　8.Ⅳ式鬲足（ⅢT4⑨:15）

标本ⅢT4⑨:18（A 型Ⅱ式），器形完整。泥质褐陶。口微侈，卷沿，沿面窄，方圆唇，颈较粗，溜肩，上腹微鼓，下腹内收，凹圜底。器身饰直列中绳纹（图二二五，3；图版五三，4）。

豆

标本ⅢT4⑨:16（Ⅱ式），柄、座部。泥质褐陶。柄较矮，高喇叭形座，座面内弧，座沿上翘，柄内中空至盘底。素面（图二二五，6）。

甋

标本ⅢT4⑨:8（Ⅲ式），口沿部。泥质褐陶。侈口，卷沿，沿面上仰，方唇，束颈，溜肩。肩饰直列粗绳纹（图二二五，4）。

2．遗迹

ⅢF3

现已暴露的遗迹有回廊、柱洞和天井（图二二六）。

（1）回廊

已暴露出东回廊南北长 10、东西宽 2.1 米，南回廊东西长 10、南北宽 1.5 米，东回廊与南回廊的拐角呈弧线 90 度。回廊与天井结合部呈斜坡状，天井的瓦片叠压在斜坡上。回廊由黄黏土夯

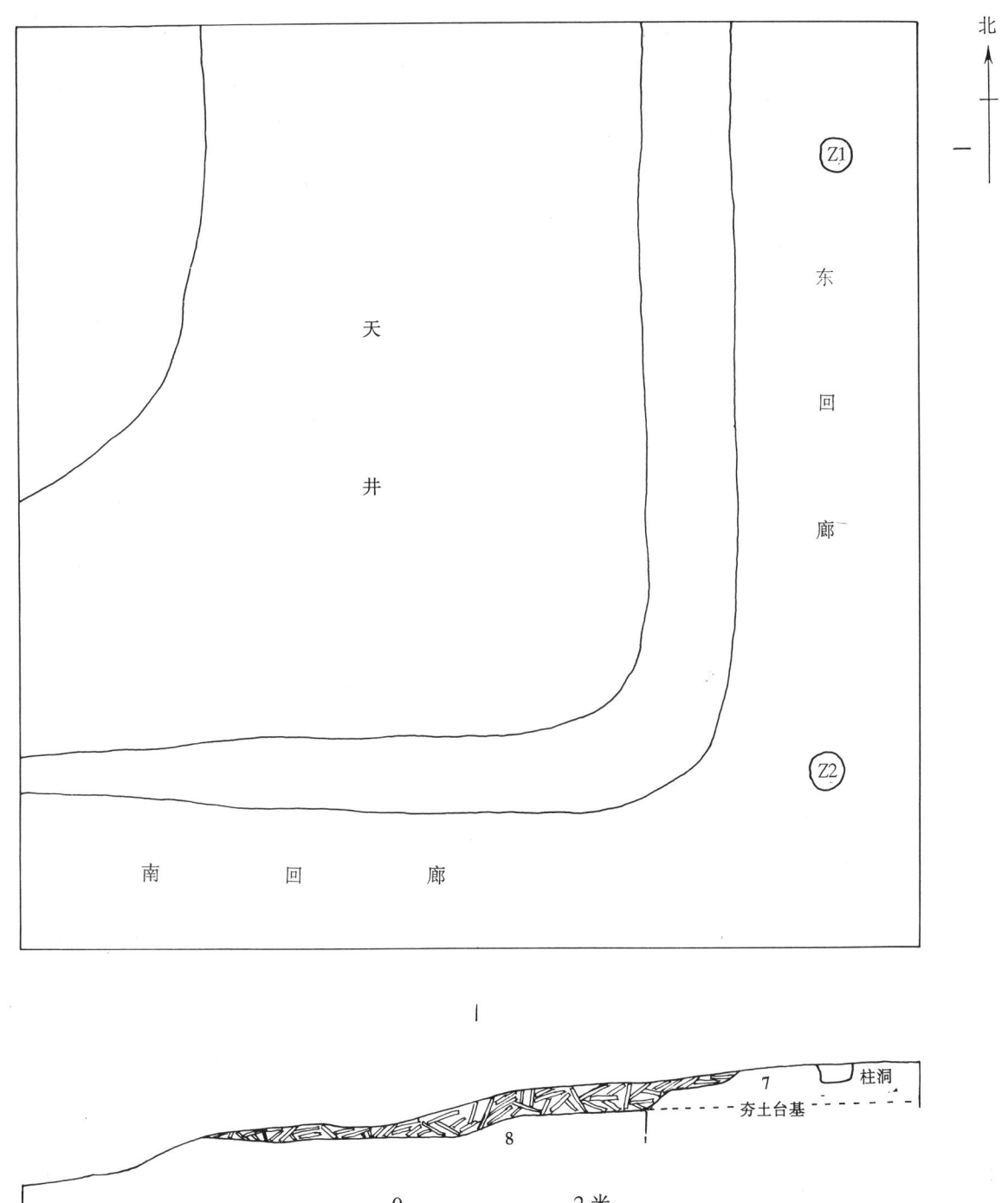

图二二六 ⅢF3 平、剖面图

筑而成，未发掘。

（2）柱洞

东回廊中部有二个圆形柱洞，编号 Z1、Z2，两洞间距 6.2 米，大小基本相同。直径 40、深 20 厘米。柱洞内填满红烧土块、灰烬及残陶瓦片等。

（3）天井

天井已暴露东西长 7.9、南北宽 8.5 米，面积 67.2 平方米。天井地面上铺垫有 10～30 厘米厚的瓦片，瓦片层很纯，只夹杂少量泥土和部分生活器皿残片。天井与回廊交界处的瓦片层叠压在回廊斜坡上。天井下叠压第 8、9、10 层。

文化遗物（出土于柱洞和天井部分）

陶器

鬲

ⅢF3：24（A 型Ⅸ式），口沿部。夹砂深灰陶。口微敛，仰折沿近平，双叠唇，矮束颈。肩以下饰斜中绳纹（图二二七，1）。

鬲足

标本ⅢF3：16（Ⅳ式），夹砂红陶。深足窝，棱形柱足，足根部有削痕，以上饰绳纹（图二二七，2）。标本ⅢF3：19（Ⅳ式），形制与ⅢF3：16 基本相同（图二二七，3）。

盂

标本ⅢF3：1（Ⅷ式），口沿部。泥质深灰陶。敛口，平折窄沿，沿面微外斜，方圆唇，矮束颈，溜肩。颈部饰隐绳纹，肩部饰一道凹旋纹（图二二七，8）。

甗

ⅢF3：10（Ⅴ式），口沿部。夹砂浅灰陶。敛口，仰折沿，沿面外斜，靠外侧有一周凸棱，双叠圆唇，束颈较矮，溜肩。颈部绳纹稍抹，肩部饰绳纹（图二二七，4）。

ⅢF3：2（Ⅵ式），口沿部。夹砂浅灰陶。口微侈，折沿外翻，双叠唇，束颈较矮，溜肩。肩饰斜中绳纹（图二二七，5）。

ⅢF3：12（Ⅶ式），口沿部。夹砂浅灰陶。口微侈，平折窄沿，方唇，束颈，溜肩。肩饰直列粗绳纹（图二二七，6）。

瓿

标本ⅢF3：13（Ⅳ式），口沿部。泥质浅灰陶。敛口，平折沿，斜方唇，矮束颈，溜肩。肩饰直列中绳纹（图二二七，7）。

盆

标本ⅢF3：11（Ⅳ式），口沿部。泥质浅灰陶。直口，平折窄沿，斜方唇下弧，矮束颈，溜肩。沿面饰二道凹旋纹，肩部饰数道凹旋纹（图二二七，9）。标本ⅢF3：9（Ⅳ式），形制与ⅢF3：11 基本相同（图二二七，10）。

豆

ⅢF3：8（Ⅵ式），器型完整。泥质浅灰陶。盘较浅，敞口，圜腹壁，矮柄较粗，喇叭形座上鼓，柄下部中空。素面（图二二七，11；图版五四，1）。ⅢF3：21（Ⅵ式），器型完整。泥质浅灰陶。盘较深，敞口，圜腹壁，粗柄较矮，喇叭形座较矮，座面上鼓，柄内中空至盘底。素面（图二二七，12；图版五四，2）。

筒瓦

标本ⅢF3：36（A 型Ⅶ式），瓦头部。泥质浅灰陶。侈口，尖唇，直颈内斜，高斜肩。瓦身凸面饰斜列中绳纹，凹面素饰（图二二七，13）。

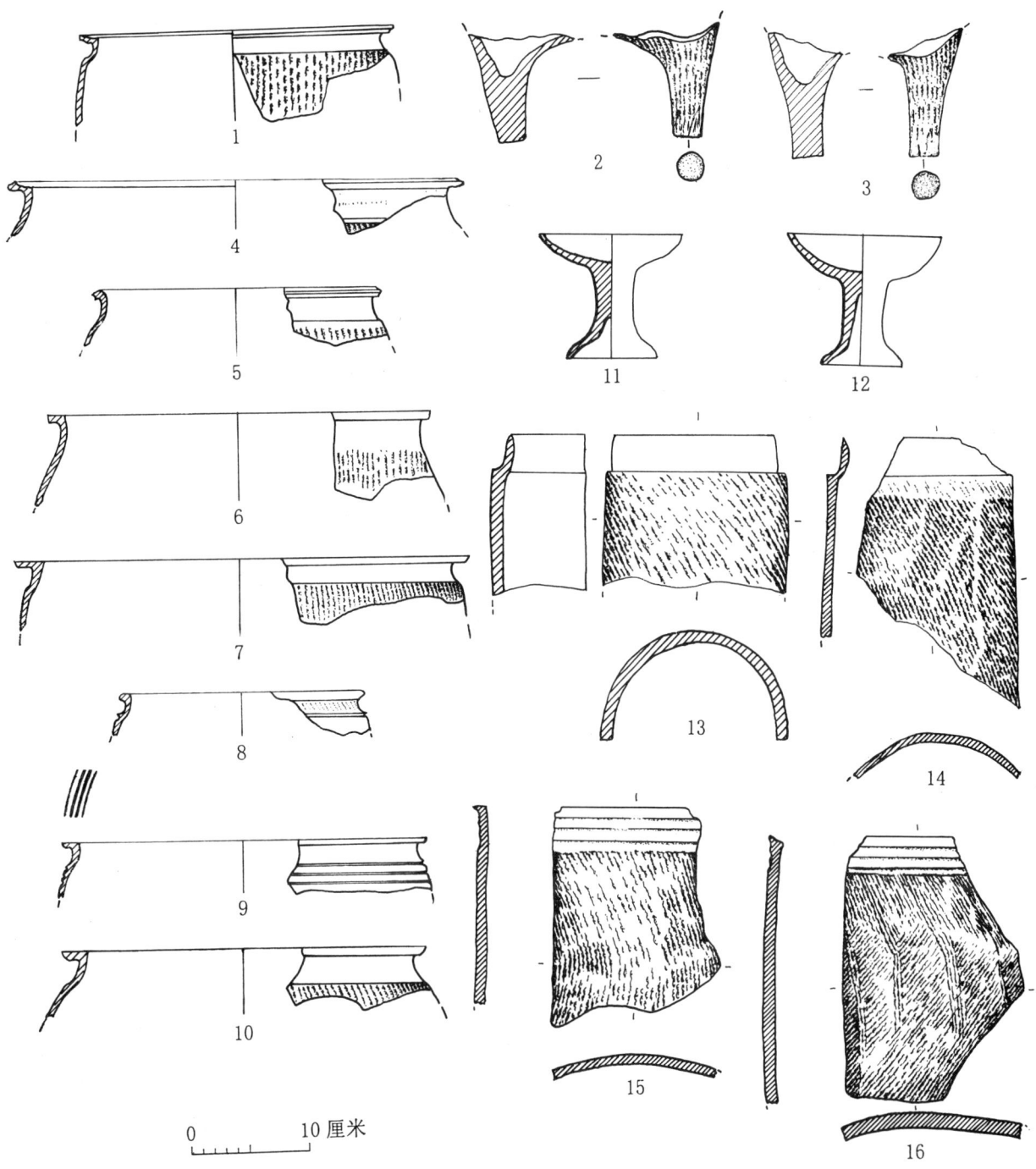

图二二七　ⅢF3（回廊、天井）出土陶鬲、甗、甑、盂、盆、豆、筒瓦、板瓦

1. A型Ⅸ式鬲（ⅢF3：24）　　2、3. Ⅳ式鬲足（ⅢF3：16、ⅢF3：19）　　4. Ⅴ式甗（ⅢF3：10）　　5. Ⅵ式甗（ⅢF3：2）　　6. Ⅶ式甗（ⅢF3：12）
7. Ⅳ式甑（ⅢF3：13）　　8. Ⅷ式盂（ⅢF3：1）　　9、10. Ⅳ式盆（ⅢF3：11、ⅢF3：9）　　11、12. Ⅵ式豆（ⅢF3：8、ⅢF3：21）　　13. A型Ⅶ式
筒瓦（ⅢF3：36）　　14. A型Ⅷ式筒瓦（ⅢF3：29）　　15. A型Ⅶ式板瓦（ⅢF3：35）　　16. A型Ⅷ式板瓦（ⅢF3：38）

标本ⅢF3:29（A型Ⅷ式），瓦头部。泥质深灰陶。侈口，尖唇，直颈内斜，矮直肩。肩部凸面绳纹稍抹；瓦身凸面饰斜列中绳纹，凹面素饰（图二二七，14）。

板瓦

标本ⅢF3:35（A型Ⅶ式），瓦头部。泥质深灰陶。直口，平沿，尖唇外侈。瓦头凸面饰三道旋纹；瓦身凸面饰斜列中绳纹，凹面素饰（图二二七，15）。

标本ⅢF3:38（A型Ⅷ式），瓦头部。泥质深灰陶。口微敛，斜沿，尖唇。瓦头凸面饰三道旋纹间隐绳纹；瓦身凸面饰斜列中绳纹，凹面素饰（图二二七，16）。

水井

ⅢJ1

位于ⅢT1东部和ⅢT4西部。井口距地面深2、井底距地面深9.9、自深7.9米（图二二二、二二八）。井口平面呈方形，长、宽均为0.7米。井壁上下垂直，井底长、宽也均为0.7米，井底呈锅底形，未见地下泉眼，属渗水井。井圈结构：上层为方形木井圈，下层为藤条编织的方井圈。井口向下至5.7米一段，井壁四周用厚约2.8～3厘米的木板制成方形井圈，紧贴水井四壁安装（因木板已腐烂，仅存痕迹，其结构不清）。井自深5.7米以下，用直径1～2厘米粗的藤条为经、以直径0.5～1厘米的荆条为纬编制成方形藤条井圈，紧贴水井四壁安装。这种井圈可利于渗水。井内堆积可分二层，第一层堆积为灰黄土，土质较硬，厚5.7米，内含零星绳纹陶片。第二层为灰色淤泥，土质稀软，厚2.2米。此层内出土了一批较完整的陶质器皿和一件铜斧（见综述文化遗物部分）。

文化遗物

陶器

罐

ⅢJ1②:4（A型Ⅱ式），器形完整。泥质褐陶。侈口，折沿外斜，尖唇，高束颈较粗，腹微鼓，体瘦长，凹圜底。肩饰二道旋纹，上腹饰直列中绳纹，下腹饰斜绳纹（图二二九，1；图版五四，3）。

ⅢJ1②:5（A型Ⅲa式），器形完整。泥质红陶。口微侈，平折沿，方圆唇，束颈粗高，溜肩，腹较鼓，圜底上凹。肩以下饰直列绳纹和斜中绳纹，腹上部饰二道凹旋纹（图二二九，2；图版五四，4）。

ⅢJ1②:6、ⅢJ1②:10，均残存腹、底部。泥质褐陶。腹微鼓，凹圜底。外饰交错中绳纹（图二二九，3、4）。

豆

均残。标本ⅢJ1②:12（Ⅱ式），器盘。泥质褐陶。浅盘，敞口，细柄内空。素面（图二二九，5）。标本ⅢJ1②:9（Ⅱ式），器盘。泥质红陶。柄实。盘内饰"十"字划纹（图二二九，6）。

灰坑

ⅢH1

坑口平面呈椭圆形，坑底略呈锅底状。坑口距地面深153～172厘米，直径276、自深80厘

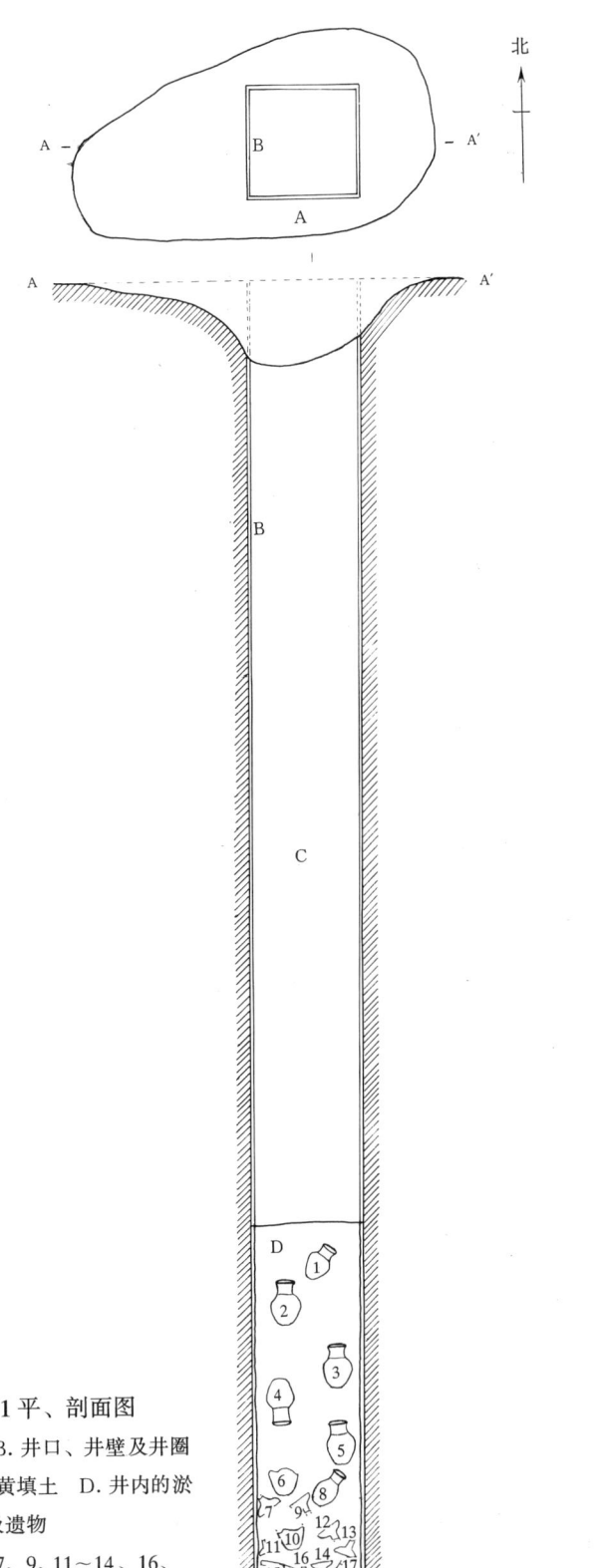

图二二八　ⅢJ1 平、剖面图

A. 被后期破坏的井坑口　B. 井口、井壁及井圈
的腐朽痕迹　C. 井内的灰黄填土　D. 井内的淤
泥层、藤条井圈腐朽痕迹及遗物

1~6、8、10. 陶汲水罐　7、9、11~14、16、
17. 陶豆　15. 铜斧

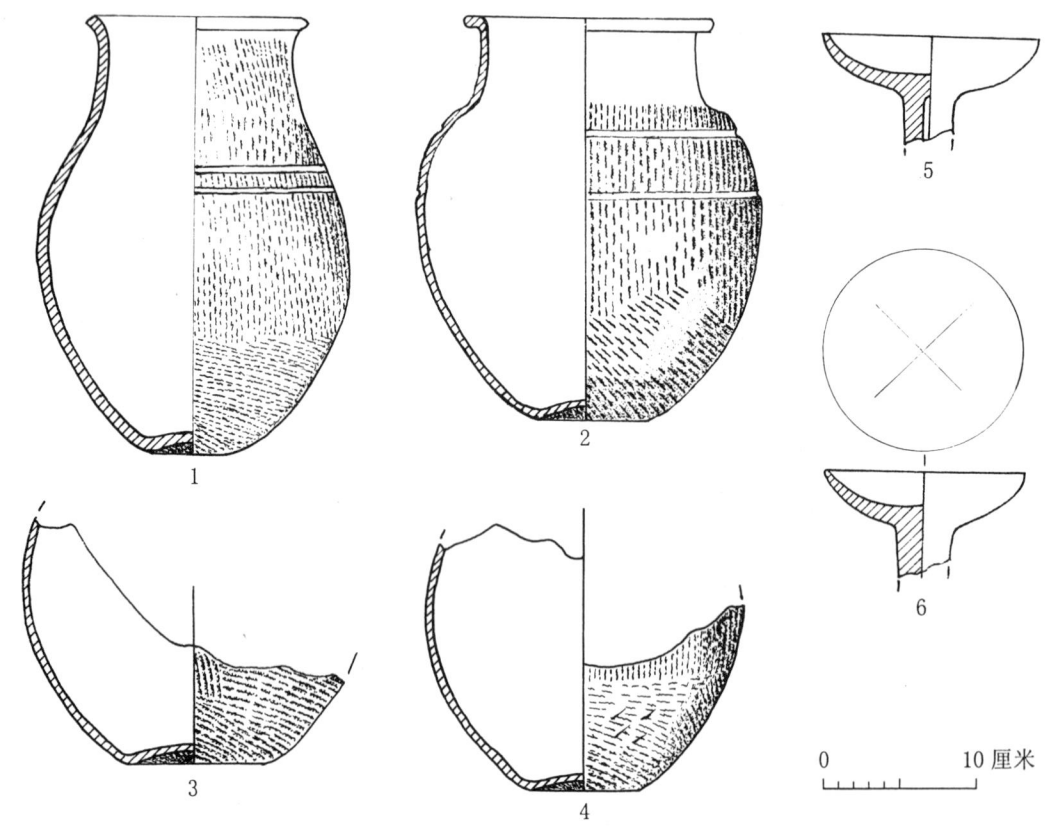

图二二九　ⅢJ1 出土陶罐、豆

1.A型Ⅱ式罐（ⅢJ1②:4）　2.A型Ⅲa式罐（ⅢJ1②:5）　3、4.罐（ⅢJ1②:6、ⅢJ1②:10）　5、6.Ⅱ式豆（Ⅲ
J1②:12、ⅢJ1②:9）

米。坑内填含草木灰的灰褐土。灰坑壁一边较斜，一边较陡，无挖凿痕迹（图二三〇）。出土遗物
有陶鬲、罐、瓮等。

文化遗物

陶器

鬲

ⅢH1:2（A型Ⅱ式），口沿部。夹砂褐陶。敞口，卷沿，沿面上仰内凹，内斜方唇下勾，颈较
高，溜肩。颈饰隐绳纹，肩饰斜中绳纹及附加堆纹（图二三一，1）。ⅢH1:1（A型Ⅱ式），口沿
部。夹砂褐陶。敞口，卷沿，沿面内凹，斜方唇外侈，束颈较高，溜肩，深腹微鼓。颈以下饰直
列粗绳纹，手摸有齿状感，腹部饰一道凹旋纹（图二三一，2）。

罐

ⅢH1:3（A型Ⅱ式），口沿部。泥质褐陶。侈口，卷沿，斜方双叠唇，束颈较高。颈饰隐绳纹
（图二三一，3）。

瓮

ⅢH1:5（Ⅱa式），口沿部。泥质褐陶。侈口，卷沿，内斜方唇，束颈较矮，广肩。素面（图
二三一，4）。

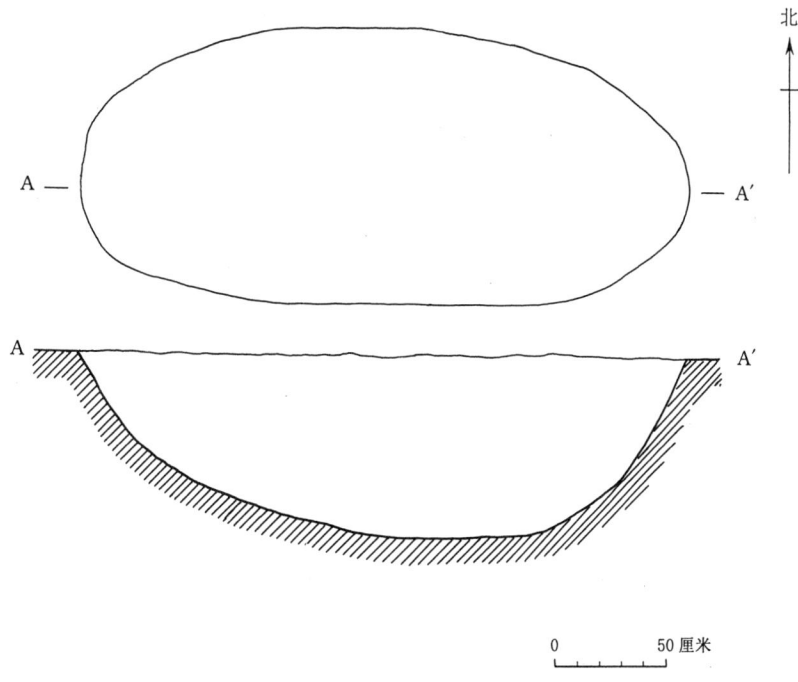

0　　　　　　50 厘米

图二三〇　ⅢH1 平、剖面图

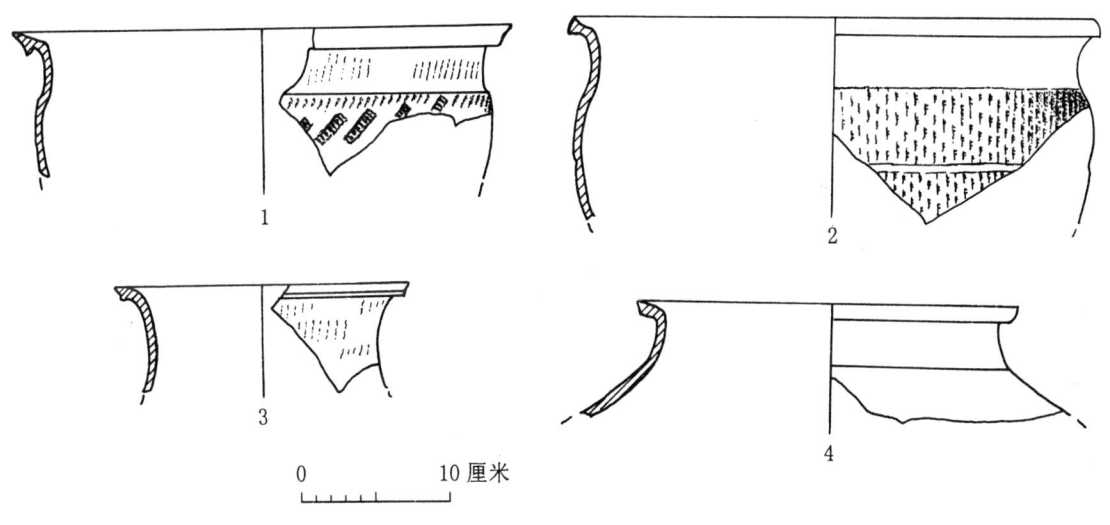

0　　　　　　10 厘米

图二三一　ⅢH1 出土陶鬲、罐、瓮

1.A 型Ⅱ式鬲（ⅢH1：2）　2.A 型Ⅱ式鬲（ⅢH1：1）　3.A 型Ⅱ式罐（ⅢH1：3）　4.Ⅱa 式瓮（ⅢH1：5）

ⅢH2

坑口平面呈不规则长方形，坑壁斜缓规整，坑底较平。坑口距地面深 148～170 厘米，长 270、宽 240、自深 50 厘米（图二三二）。出土遗物有陶鬲、罐等残片。

文化遗物

陶器

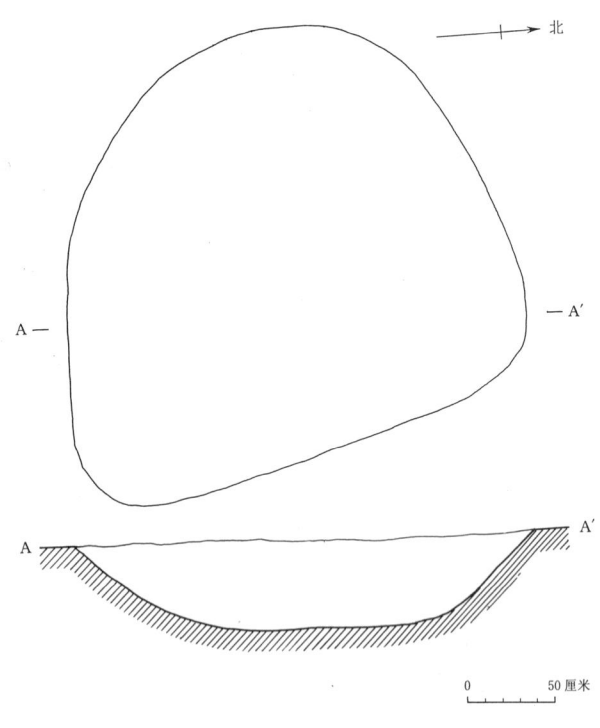

图二三二　ⅢH2平、剖面图

鬲

ⅢH2∶3（A型Ⅲ式），口沿部。夹砂红陶。敞口，卷沿，沿面上仰微凹，斜方唇微下勾，高颈微束，溜肩。颈部绳纹稍抹，肩饰直列粗绳纹（图二三三，1）。

ⅢH2∶1（A型Ⅳ式），口沿、腹部。夹砂红陶。侈口，卷沿，斜方唇，束颈较矮，溜肩，深腹微鼓。肩饰直列粗绳纹，腹上部饰二道浅凹旋纹（图二三三，2）。标本ⅢH2∶4（A型Ⅳ式）、ⅢH2∶2（A型Ⅳ式），口沿部。形制均与ⅢH2∶1基本相同（图二三三，3、4）。

鬲足

ⅢH2∶6（Ⅲ式），夹砂红陶。深足窝，棱形矮柱足较粗。上部有削痕，下部饰绳纹（图二三三，5）。

罐

ⅢH2∶5（A型Ⅱ式），口沿部。泥质红陶。卷沿，沿面微仰，双叠斜方唇下勾，束颈较高。颈部饰隐绳纹（图二三三，6）。

3．小结

通过对放鹰台3号台基的解剖性发掘，并对出土器物进行分期排比，对各层的时代有了一个基本的认识。第1至4层为现代至宋明时期堆积。第5层为战国早中期堆积。第6层系ⅢF3天井部分，第7层系ⅢF3回廊建筑，时代为春秋晚期。第8层为春秋中期。第9层为春秋早期。另外，灰坑H1为西周晚期遗存，H2为春秋早期遗存，水井J1的年代为西周晚期至春秋早期。

经钻探得知，本次所揭露的ⅢF3回廊、天井等建筑遗迹系3号宫殿基址的北部，与1号宫殿基址的回廊、天井的建筑格局大致相同。推测3号宫殿基址可能为二层台建筑，时代也与1号宫殿基址一致，故推断它们是同一时代的一个建筑群体。

（三）ⅩⅣ区（水章台遗址）

1．探方

ⅩⅣT1

南壁、西壁文化层（图二三四）

第1层：耕土层。厚20～35厘米。

第2层：局部分布。灰黑色淤积土，土质较板结而有黏性。深20～35、厚0～60厘米。包含

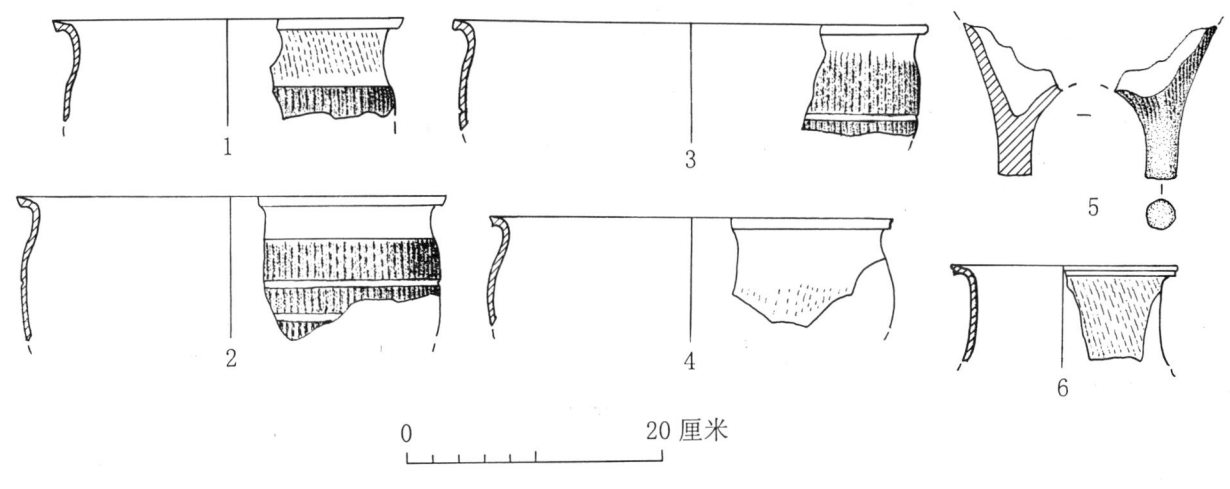

图二三三　ⅢH2 出土陶鬲、罐

1.A型Ⅲ式鬲（ⅢH2:3）　2～4.A型Ⅳ式鬲（ⅢH2:1、ⅢH2:4、ⅢH2:2）　5.Ⅲ式鬲足（ⅢH2:6）　6.A型Ⅱ式罐（ⅢH2:5）

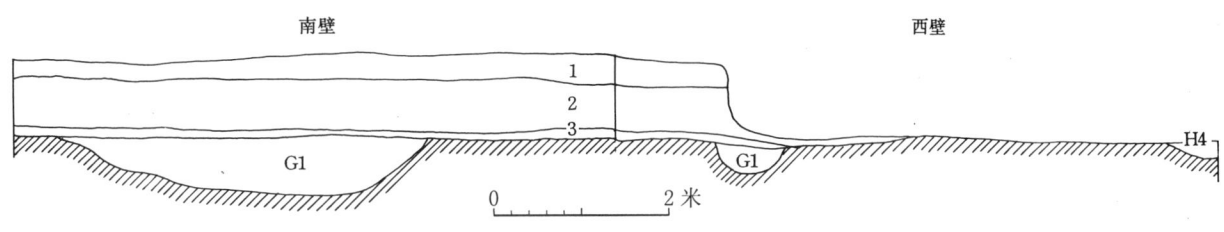

图二三四　ⅩⅣT1南壁、西壁剖面图

物极少，仅出土少量瓷片。

第3层：局部分布。黄褐土，土质较硬而板结。深 90、厚 10 厘米。包含物有陶鬲、罐、瓮、甑、豆及铜砝码等（见综述文化遗物部分）。此层下叠压 G1、H4、H5。

第3层文化遗物

陶器

鬲

ⅩⅣT1③:39（A型Ⅳ式），器形完整。夹砂红黄陶。侈口，卷沿，沿面上扬，斜方唇微下勾，束颈，溜肩，腹微鼓，足窝较深，裆较高，棱形柱状足。颈部饰隐绳纹，腹饰斜线中绳纹，足饰绳纹（图二三五，1；图版五五，1）。

ⅩⅣT1③:49（A型Ⅴ式），口沿部。泥质红陶。侈口，卷沿上扬，斜方唇下勾，颈较矮。肩饰中绳纹（图二三五，2）。

标本ⅩⅣT1③:41（A型Ⅵ式），口沿部。泥质红黄陶。侈口，仰折沿，沿面内凹，方唇下勾，矮颈。颈饰隐绳纹（图二三五，3）。

罐

标本ⅩⅣT1③:43（A型Ⅴ式），口沿部。泥质浅灰陶。侈口，卷沿，斜方唇下弧，颈较细，溜肩。颈饰隐绳纹，肩饰中绳纹（图二三五，4）。

标本ⅩⅣT1③:42（A型Ⅵ式），口沿部。泥质浅灰陶。敞口，折沿上仰，双叠圆唇，束颈。颈

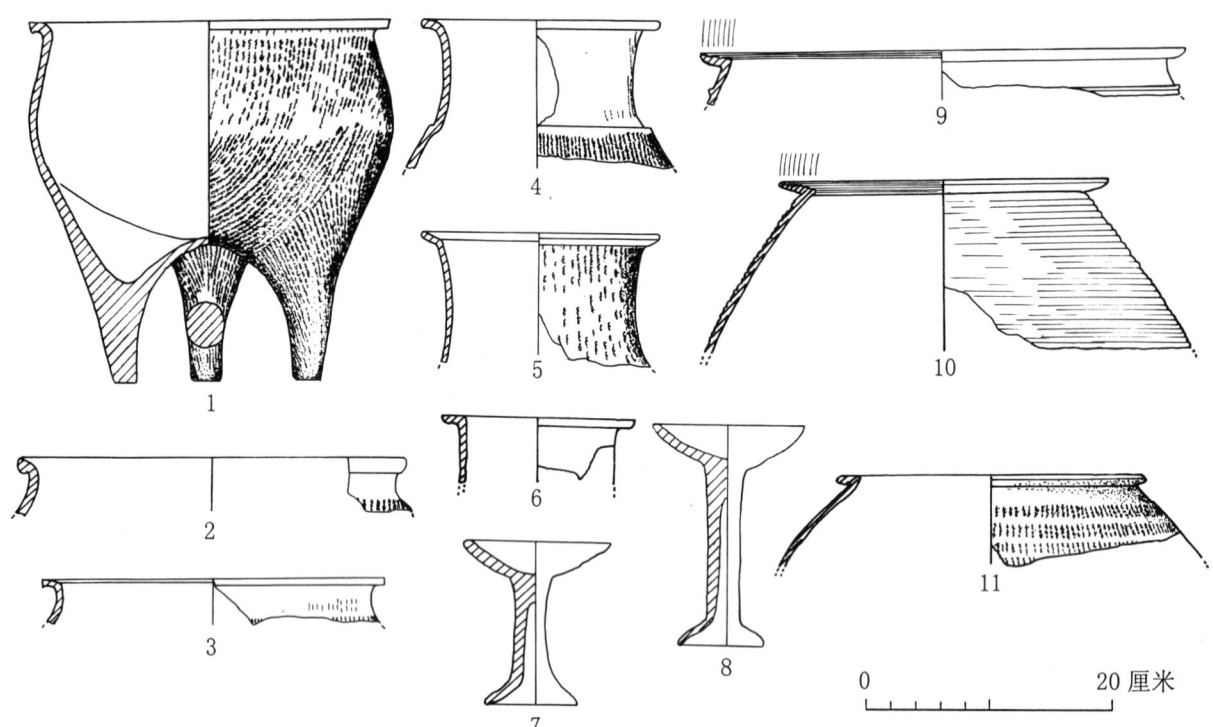

图二三五　ⅩⅣT1 第 3 层出土陶鬲、罐、豆、甗、瓮

1.A 型Ⅳ式鬲（ⅩⅣT1③:39）　2.A 型Ⅴ式鬲（ⅩⅣT1③:49）　3.A 型Ⅵ式鬲（ⅩⅣT1③:41）　4.A 型Ⅴ式罐（ⅩⅣT1③:43）　5.A 型Ⅵ式罐（ⅩⅣT1③:42）　6.A 型Ⅹ式罐（ⅩⅣT1③:2）　7.Ⅸ式豆（ⅩⅣT1③:44）　8.Ⅹ式豆（ⅩⅣT1③:46）　9.Ⅲ式甗（ⅩⅣT1③:47）　10.Ⅺ式瓮（ⅩⅣT1③:27）　11.Ⅻ式瓮（ⅩⅥT1③:37）

饰隐绳纹（图二三五，5）。

标本ⅩⅣT1③:2（A 型Ⅹ式），口沿部。泥质深灰陶。侈口，平折沿，方圆唇下弧，直颈较高。素面（图二三五，6）。

豆

标本ⅩⅣT1③:44（Ⅸ式），器形完整。泥质浅灰陶。敞口，浅盘，高柄上细下粗，柄内空一半，喇叭形座较高，座壁外斜。素面（图二三五，7；图版五五，2）。

标本ⅩⅣT1③:46（Ⅹ式），器形完整。泥质深灰陶。敞口，圆唇，浅盘，高柄上粗下细，矮喇叭座外弧。素面（图二三五，8，图版五五，3）。

甗

标本ⅩⅣT1③:47（Ⅲ式），口沿部。泥质浅灰陶。敛口，折沿微仰，圆弧唇，束颈。沿面饰数道旋纹，肩饰一道凸旋纹（图二三五，9）。

瓮

标本ⅩⅣT1③:27（Ⅺ式），口沿、腹部。泥质浅灰陶。敛口，仰折沿，沿面微弧，尖圆唇，溜肩。沿面及肩、腹部均饰旋纹（图二三五，10）。

标本ⅩⅣT1③:37（Ⅻ式），口沿部。泥质深灰陶。敛口，折沿微下翻，方圆唇，束颈，溜肩。肩饰绳纹间旋纹（图二三五，11）。

ⅩⅣT2

南壁、西壁文化层（图二三六）

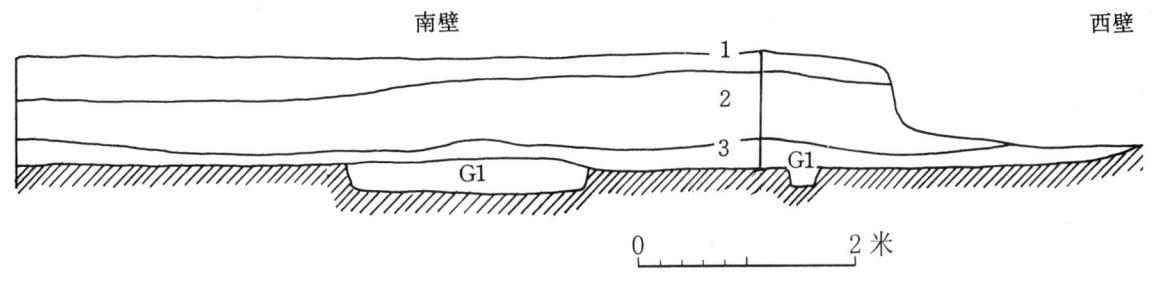

图二三六　ⅩⅣT2南壁、西壁剖面图

第1层：耕土层。厚0～40厘米。

第2层：局部分布。灰黑色淤泥，土质板结。深0～40、厚0～68厘米。此层出土了少量的明清瓷片等。

第3层：局部分布。黄褐土，土质板结。深0～88、厚0～20厘米。出土器物有陶鬲、盂、罐、豆、瓮等残片。此层下叠压H1、H2、H3、G1及J1。

第3层文化遗物

陶器

鬲

ⅩⅣT2③:6（A型Ⅴ式），口沿部。夹砂红陶。侈口，卷沿微上扬，沿面较窄，外斜方唇，束颈较高，弧肩。肩饰中绳纹（图二三七，1）。

盂

标本ⅩⅣT2③:3（Ⅷa式），口沿部。泥质浅灰陶。敞口，平折沿，双叠唇，颈较高，溜肩。肩饰四道旋纹（图二三七，2）。

标本ⅩⅣT2③:12（Ⅺ式），口沿部。泥质深灰陶。敞口，折沿外翻，矮束颈，溜肩。沿面及肩部均饰旋纹（图二三七，3）。

罐

ⅩⅣT2③:9（A型Ⅺ式），口沿、腹部。泥质深灰陶。敞口，仰折沿，尖圆唇，高颈，溜肩，圆鼓腹。颈饰隐绳纹，肩、腹饰中绳纹（图二三七，4）。

豆

ⅩⅣT2③:8（Ⅴ式），器形完整。泥质浅灰陶。盘较浅，弧腹壁，矮粗柄，喇叭形座。座壁内弧，柄内部半空。素面（图二三七，5；图版五五，4）。

ⅩⅣT2③:13（Ⅸ式），器形完整。泥质浅灰陶。敞口，浅盘，弧腹壁，柄较高，柄内空至盘底，喇叭形座较矮，座面外弧。素面（图二三七，6；图版五六，1）。

盆

标本ⅩⅣT2③:4（Ⅶ式），口沿部。泥质红陶。口微侈，平折沿，方唇，沿面较窄，矮颈微束，溜肩。素面（图二三七，7）。

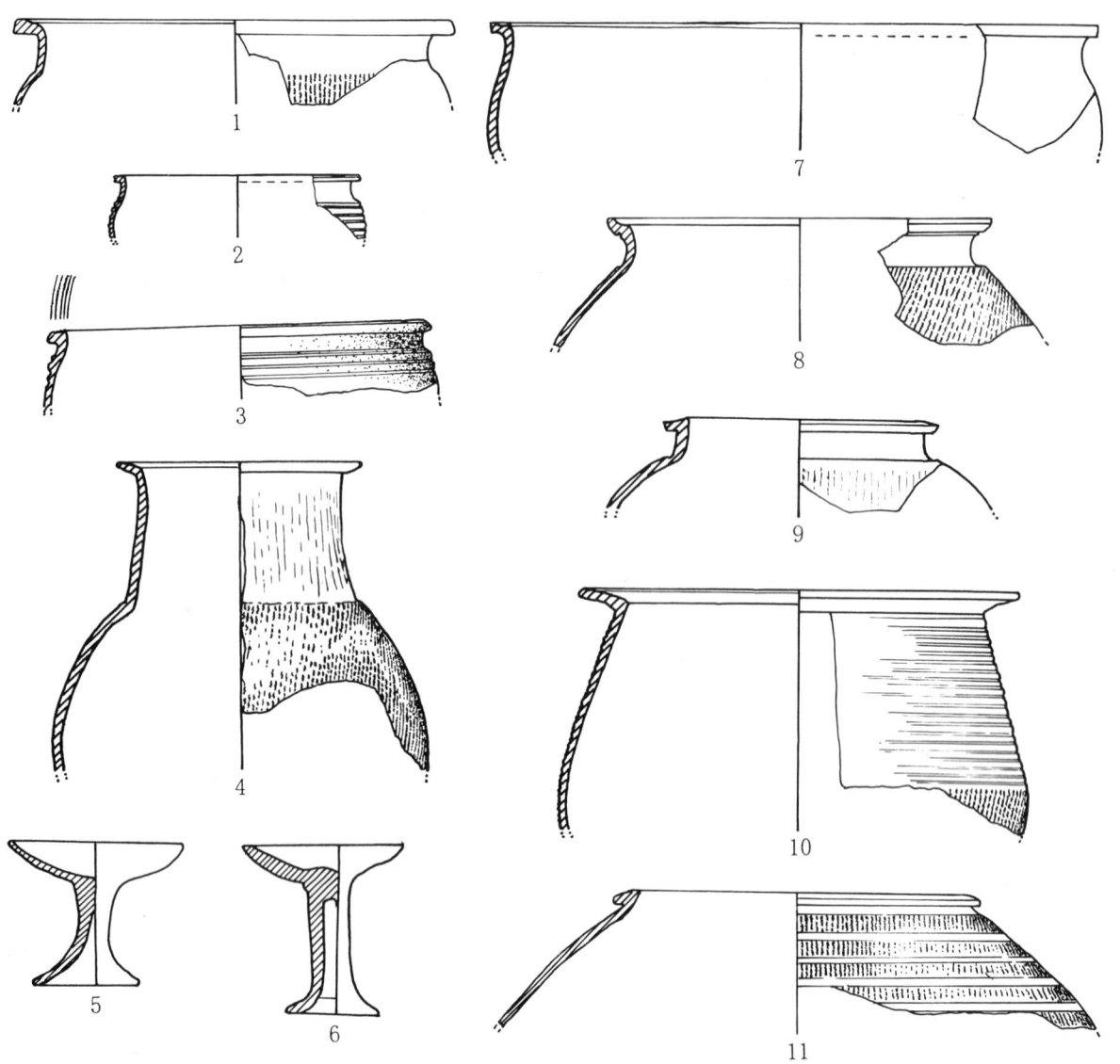

图二三七　XIVT2 第 3 层出土陶鬲、盂、罐、豆、甑、瓮

1. A型V式鬲（XIVT2③:6）　2. Ⅷa式盂（XIVT2③:3）　3. XI式盂（XIVT2③:12）　4. A型XI式罐（XIVT2③:9）　5. V式豆（XIV
T2③:8）　6. IX式豆（XIVT2③:13）　7. Ⅶ式盆（XIVT2③:4）　8. Ⅱ式瓮（XIVT2③:1）　9. Ⅲ式瓮（XIVT2③:16）　10. XI式瓮
（XIVT2③:10）　11. XⅡ式瓮（XIVT2③:11）

瓮

标本XIVT2③:1（Ⅱ式），口沿部。泥质浅灰陶。侈口，卷沿，沿面上仰微内凹，斜方唇，靠颈部有凹槽，颈微束，溜肩。肩、腹部饰中绳纹（图二三七，8）。

标本XIVT2③:16（Ⅲ式），口沿部。泥质浅灰陶。直口，折沿外斜，斜方唇，束颈，溜肩，腹微鼓。肩饰隐绳纹（图二三七，9）。

标本XIVT2③:10（XI式），口沿、腹部。泥质深灰陶。敛口，仰折沿较宽，圆唇，肩外斜。上腹饰旋纹，下腹饰中绳纹（图二三七，10）。

标本ⅩⅣT2③:11（Ⅻ式），口沿部。泥质深灰陶。敛口，折沿外翻，圆方唇，束颈，溜肩。肩饰中绳纹间宽旋纹（图二三七，11）。

ⅩⅣT3

文化层见综述部分。
第3层文化遗物
陶器
鬲
标本ⅩⅣT3③:2（A型Ⅷ式），口沿部。夹砂红陶。侈口，仰折窄沿，双叠唇下勾，束颈，溜肩。肩饰中绳纹（图二三八，1）。

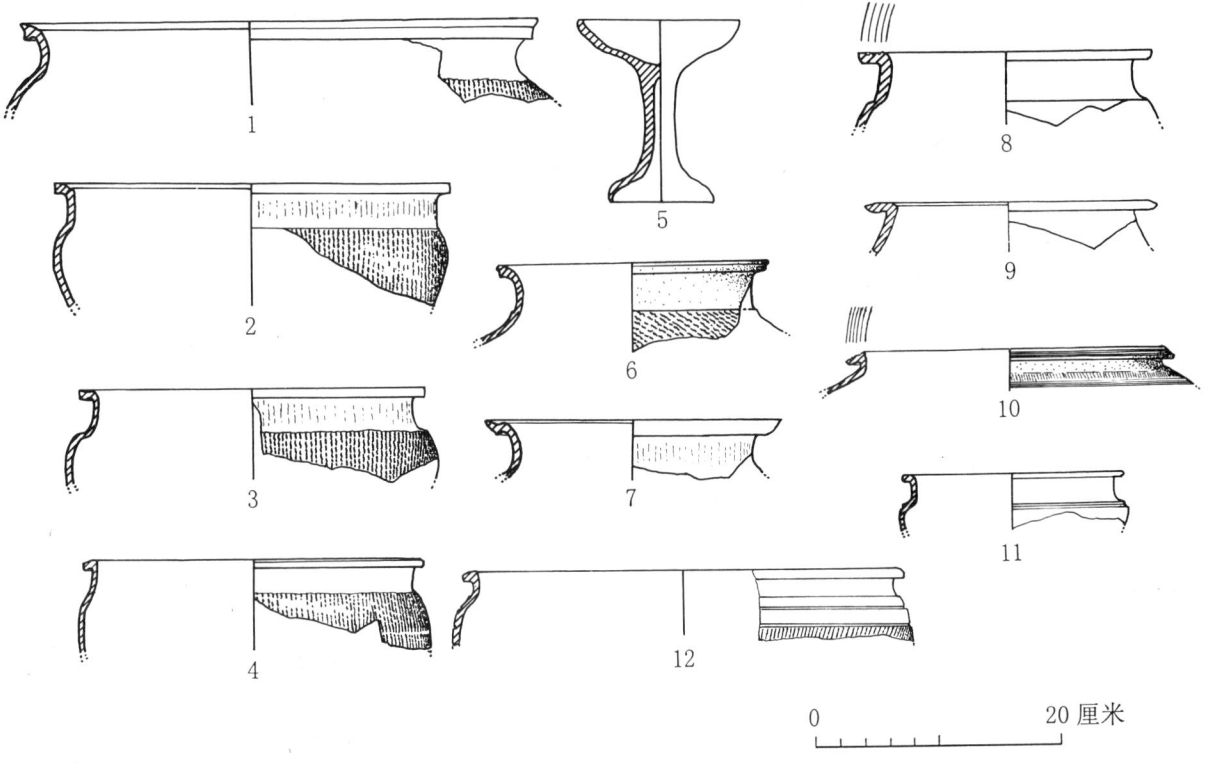

图二三八　ⅩⅣT3 第3层出土陶鬲、豆、瓮、盂
1.A型Ⅷ式鬲（ⅩⅣT3③:2）　2.A型Ⅸ式鬲（ⅩⅣT3③:25）　3.A型Ⅹ式鬲（ⅩⅣT3③:26）　4.A型Ⅺ式鬲（ⅩⅣT3③:18）
5.Ⅺ式豆（ⅩⅣT3③:15）　6.Ⅰ式瓮（ⅩⅣT3③:5）　7.Ⅱ式瓮（ⅩⅣT3③:7）　8.Ⅸ式瓮（ⅩⅣT3③:20）　9.Ⅺ式瓮（ⅩⅣT3③:8）　10.Ⅻ式瓮（ⅩⅣT3③:24）　11.Ⅻb式盂（ⅩⅣT3③:10）　12.Ⅺ式盂（ⅩⅣT3③:22）

标本ⅩⅣT3③:25（A型Ⅸ式），口沿部。夹砂红陶。口微侈，平折窄沿，沿面微凹，方唇，颈较高，溜肩。下残。颈饰隐绳纹，肩、腹饰中绳纹（图二三八，2）。
标本ⅩⅣT3③:26（A型Ⅹ式），口沿部。夹砂深灰陶。口微敞，平折窄沿，方唇，束颈，溜肩。颈饰隐绳纹，肩饰中绳纹（图二三八，3）。
标本ⅩⅣT3③:18（A型Ⅺ式），口沿部。夹砂深灰陶。直口，窄折沿外翻，方唇，颈较矮，溜肩。肩饰中绳纹间旋纹（图二三八，4）。

豆

标本ⅩⅣT3③:15（Ⅺ式），器形完整。泥质深灰陶。敞口，浅盘，细高柄，矮喇叭座上鼓，柄内空至盘底。素面（图二三八，5）。

瓮

标本ⅩⅣT3③:5（Ⅰ式），口沿部。泥质红陶。侈口，卷沿，双叠斜方唇，束颈，广肩。颈饰隐绳纹，肩饰中绳纹（图二三八，6）。

标本ⅩⅣT3③:7（Ⅱ式），口沿部。泥质浅灰陶。侈口，卷沿，沿面上仰内凹，斜方唇下勾，矮束颈。颈饰隐绳纹（图二三八，7）。

标本ⅩⅣT3③:20（Ⅸ式），口沿部。泥质浅灰陶。侈口，平折沿，斜方唇，颈较直，溜肩。沿面饰三道旋纹（图二三八，8）。

标本ⅩⅣT3③:8（Ⅺ式），口沿部。泥质深灰陶。敛口，折沿微外斜，沿面较宽，尖唇，束颈。素面（图二三八，9）。

标本ⅩⅣT3③:24（Ⅻ式），口沿部。泥质深灰陶。直口，折沿外翻，矮束颈，方圆唇，广肩。沿面饰四道旋纹，颈饰隐绳纹（图二三八，10）。

盂

标本ⅩⅣT3③:10（Ⅶb式），口沿部。泥质红陶。敞口，平折沿，圆方唇，颈较长，肩微突。肩饰一道旋纹（图二三八，11）。

标本ⅩⅣT3③:22（Ⅺ式），口沿部。泥质红陶。口微敞，折沿外翻，圆唇，矮束颈，溜肩。肩饰隐绳纹间旋纹，腹饰中绳纹（图二三八，12）。

ⅩⅣT4

南壁、西壁文化层（图二三九）

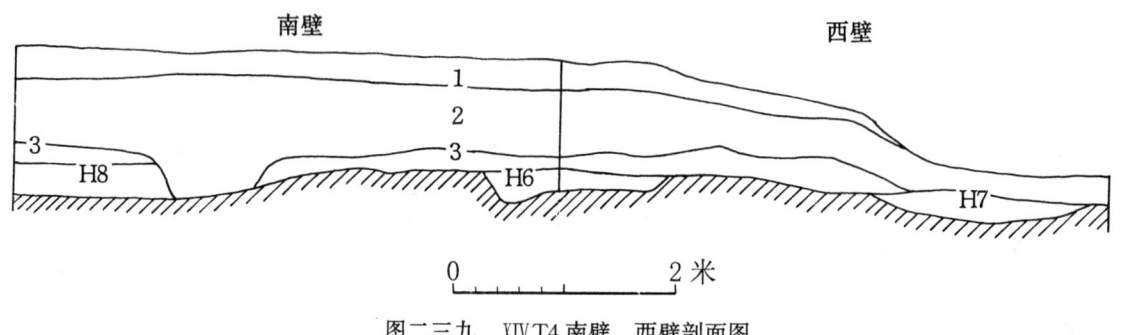

图二三九　ⅩⅣT4南壁、西壁剖面图

第1层：耕土层。厚0～25厘米。

第2层：分布全方。灰黑色淤泥，土质较板结。深0～25、厚20～105厘米。包含物有少量瓷片。

第3层：局部分布。黄褐土，土质较板结。深35～120、厚0～30厘米。出土器物有陶鬲、甑、瓮、井圈、筒瓦等残片。该层下叠压H8、H7、H6。

第3层文化遗物

陶器

鬲

标本ⅩⅣT4③:11（A型Ⅴ式），口沿部。夹砂浅灰陶。侈口，卷沿微上扬，沿面较窄，斜方唇，束颈。肩饰粗绳纹（图二四〇，1）。

标本ⅩⅣT4③:10（A型Ⅵ式），口沿部。夹砂浅灰陶。侈口，卷沿微上扬，沿面较窄，斜方唇，弧肩。肩饰粗绳纹（图二四〇，2）。

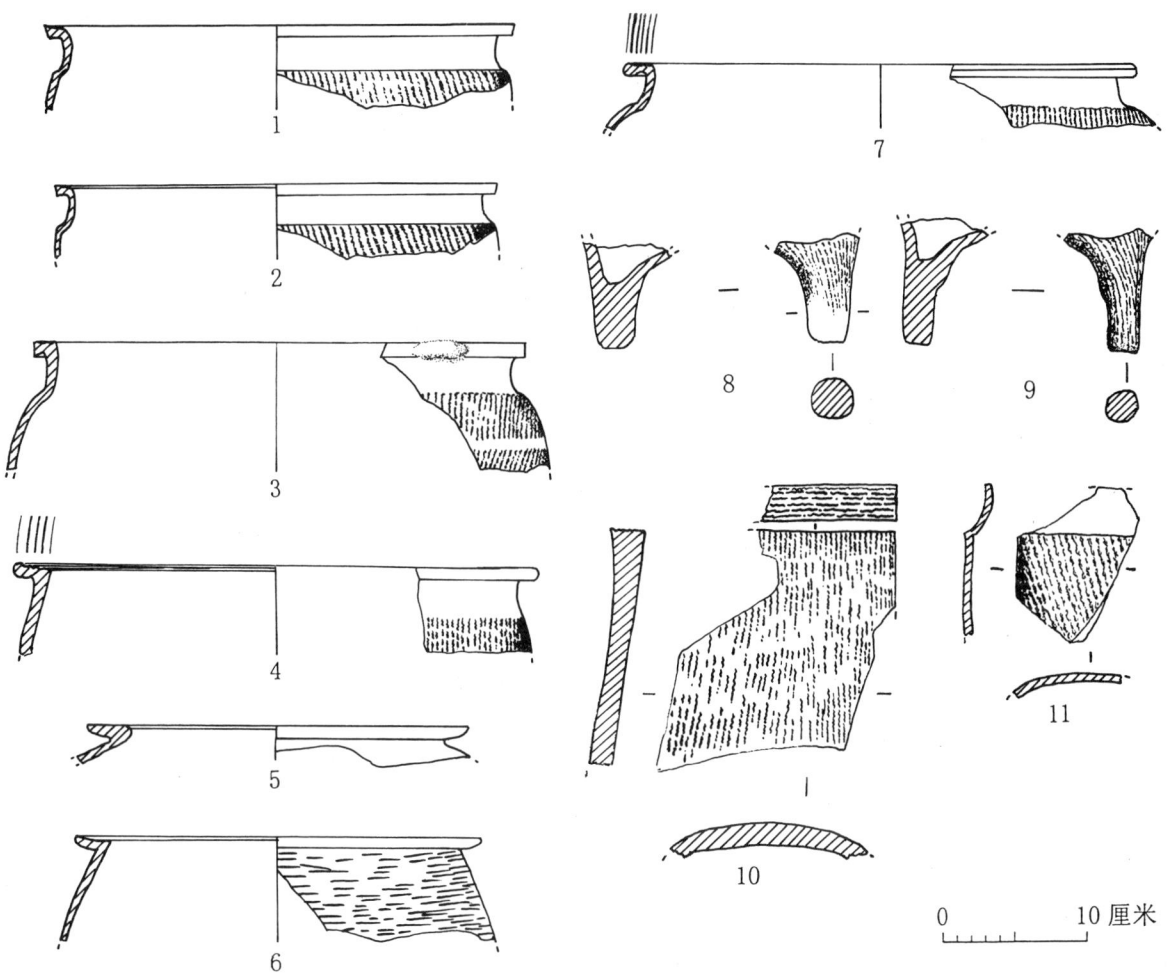

图二四〇　ⅩⅣT4 出土陶鬲、甑、瓮、井圈、筒瓦

1.A型Ⅴ式鬲（ⅩⅣT4③:11）　2.A型Ⅵ式鬲（ⅩⅣT4③:10）　3.Ⅴ式甑（ⅩⅣT4③:4）　4.Ⅵ式甑（ⅩⅣT4③:6）　5.Ⅹ式瓮（ⅩⅣT4③:9）　6.Ⅺ式瓮（ⅩⅣT4③:5）　7.Ⅻ式瓮（ⅩⅣT4③:1）　8.Ⅳ式鬲足（ⅩⅣT4③:8）　9.Ⅵ式鬲足（ⅩⅣT4③:7）　10.井圈（ⅩⅣT4③:2）　11.A型Ⅵ式筒瓦（ⅩⅣT4③:3）

鬲足

标本ⅩⅣT4③:8（Ⅳ式），夹砂红陶。足窝较深，棱形柱状足较粗矮，足上部饰绳纹，根部有削痕（图二四〇，8）。

标本ⅩⅣT4③:7（Ⅵ式），夹砂红陶。棱形柱状足。饰绳纹（图二四〇，9）。

甑

标本ⅩⅣT4③:4（Ⅴ式），口沿部。泥质浅灰陶。口微敞，平折沿，方唇微下勾，束颈较矮，溜肩，腹微鼓。肩饰中绳纹间一道旋纹（图二四〇，3）。

标本ⅩⅣT4③:6（Ⅵ式），口沿部。泥质浅灰陶。口微敛，折沿微仰，圆弧唇，颈微束，溜肩。沿面饰三道旋纹，肩饰中绳纹（图二四〇，4）。

瓮

标本ⅩⅣT4③:9（Ⅹ式），口沿部。泥质深灰陶。敛口，折沿微仰，沿面较宽，尖唇下弧，束颈，广肩。素面（图二四〇，5）。

标本ⅩⅣT4③:5（Ⅺ式），口沿部。泥质深灰陶。敛口，折沿微仰，沿面较宽，圆唇下弧，斜腹。上腹饰横中绳纹（图二四〇，6）。

标本ⅩⅣT4③:1（Ⅻ式），口沿部。泥质深灰陶。口微敞，平折沿，圆唇下弧，束颈，广肩。沿面饰旋纹，肩饰中绳纹（图二四〇，7）。

井圈

标本ⅩⅣT4③:2，泥质浅灰陶，陶胎较厚。沿部饰横中绳纹，身部饰直列中绳纹（图二四〇，10）。

筒瓦

ⅩⅣT4③:3（A型Ⅵ式），瓦头部。泥质浅灰陶。尖唇，矮斜肩，颈内斜。瓦身凸面饰中绳纹，凹面素饰（图二四〇，11）。

2. 遗迹

水井

ⅩⅣJ1

J1为圆形竖井（图二四一），它的建造方法较为原始。先挖一个直径为170厘米的圆形土坑，坑中间置井圈，然后在井圈周围层层夯筑直至井口。夯层厚15～17厘米，夯窝直径5～6厘米。井口向下发掘至250厘米处，发现紧贴井壁的藤编井圈。井圈呈圆形，系用十六组粗藤条为径（三根粗藤条并列为一组），以较细的藤条作纬线绕过径藤条来回编织制成的。井口向下250厘米以上可能为陶井圈（邻近探方内出土有陶井圈残片），以下为藤条井圈。藤条井圈直径80厘米，圈壁厚4～5厘米，已知高为160厘米。由于井壁土质松软，加之地下水位高，挖至410厘米深处时，严重塌方，发掘工作被迫停止。在井内堆积土及井外夯土中出土了陶罐和鬲足的残片。

文化遗物

陶器

罐

标本ⅩⅣJ1:4（A型Ⅴ式），口沿部。泥质红陶。侈口，卷沿上扬，内斜方唇下勾，束颈，溜肩。饰隐绳纹（图二四二，1）。

鬲足

标本ⅩⅣJ1:3（Ⅳ式），夹砂红陶。棱形柱足，足窝较深。足上部饰绳纹（图二四二，2）。

标本ⅩⅣJ1:2（Ⅴ式），夹砂红陶。足窝较深。棱形柱足，内侧有削痕，外侧饰绳纹（图二四二，3）。

灰沟

ⅩⅣG1

G1平面呈长条状，形状不规则，宽窄差别很大。沟的东部伸出探方外，未发掘。斜壁，平底，西端向北拐而变窄。已暴露沟长11、宽0.1～1.44、深0.55米（图二四三）。出土器物有陶鬲、鬲足、盂、罐、豆、盖豆、瓿、瓮、鼎、甗。

文化遗物

陶器

鬲

标本ⅩⅣG1：32（A型Ⅸ式），口沿部。夹砂浅灰陶。口微侈，平折沿，斜方唇下勾，矮束颈，溜肩。肩饰绳纹间一道旋纹（图二四四，1）。

标本ⅩⅣG1：53（A型Ⅺ式），口沿部。夹砂深灰陶。口微侈，折沿外翻，内斜方唇下勾，矮束颈，溜肩。肩饰中绳纹（图二四四，2）。

标本ⅩⅣG1：33（B型Ⅸ式），口沿部。夹砂深灰陶。侈口，平折沿，圆唇，束颈较高，溜肩。腹饰粗绳纹（图二四四，3）。

鬲足

标本ⅩⅣG1：57（Ⅵ式），夹砂红陶。足窝较深，棱形柱状足。饰绳纹（图二四四，4）。

标本ⅩⅣG1：58（Ⅶ式），夹砂浅灰陶。扁状足，足窝较浅。饰绳纹（图二四四，5）。

盂

标本ⅩⅣG1：50（Ⅹ式），口沿部。泥质深灰陶。侈口，平折沿，圆弧唇下勾，束颈较高，溜肩。肩饰一道旋纹（图二四四，6）。

罐

标本ⅩⅣG1：10（A型Ⅸ式），口沿部。泥质浅灰陶。侈口，平折沿，双叠微下勾，束颈较高，溜肩。肩饰一道旋纹和中绳纹（图二四四，7）。

标本ⅩⅣG1：2（A型Ⅹ式），泥质深灰陶。侈口，折沿微外斜，斜方唇下勾，斜直颈，溜肩。器残。沿饰四道旋纹，肩饰中绳纹间三道旋纹（图二四

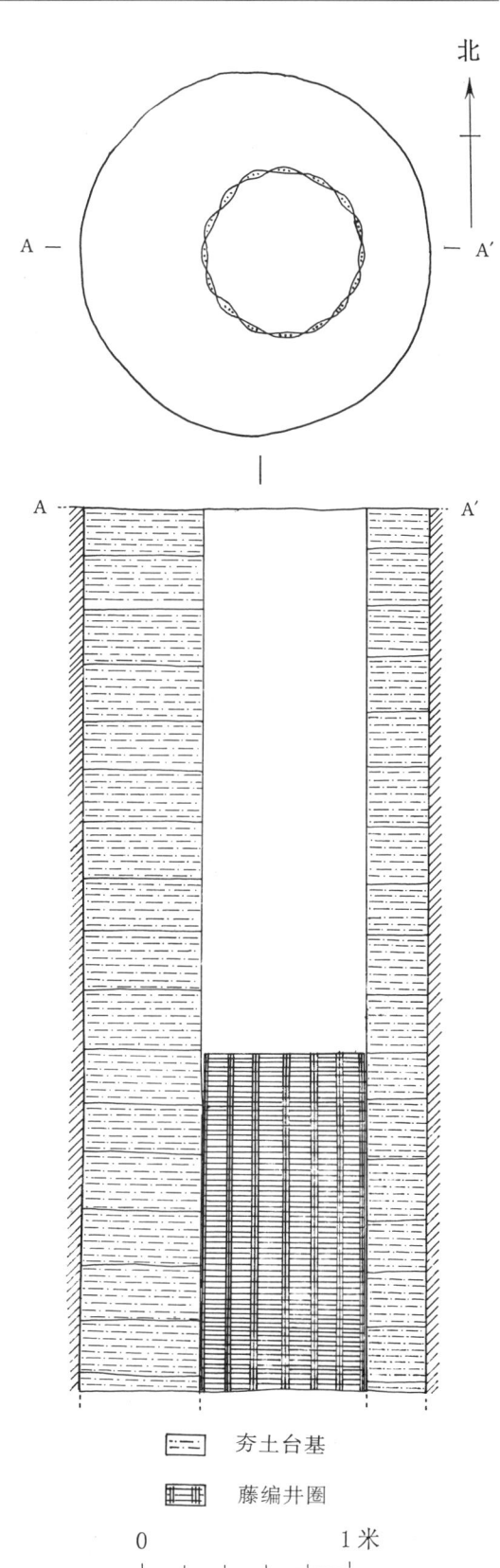

北

夯土台基

藤编井圈

0　　　　　　　1米

图二四一　ⅩⅣJ1平、剖面图

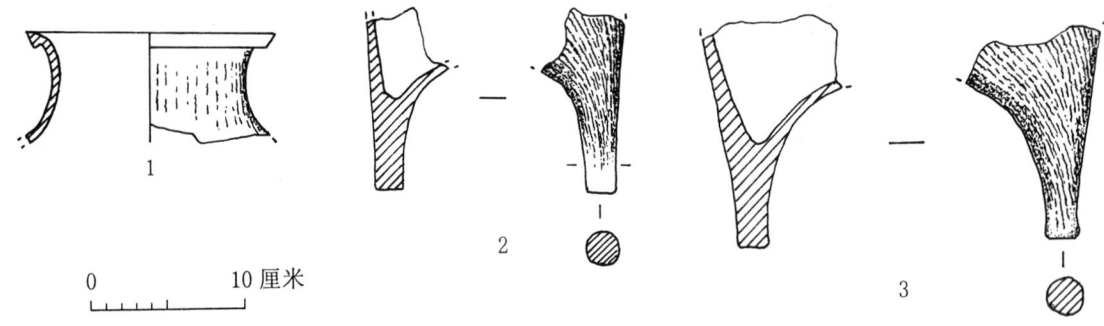

图二四二　ⅩⅣJ1 出土陶罐、鬲足
1.A 型Ⅴ式罐（ⅩⅣJ1：4）　2.Ⅳ式鬲足（ⅩⅣJ1：3）　3.Ⅴ式鬲足（ⅩⅣJ1：2）

北

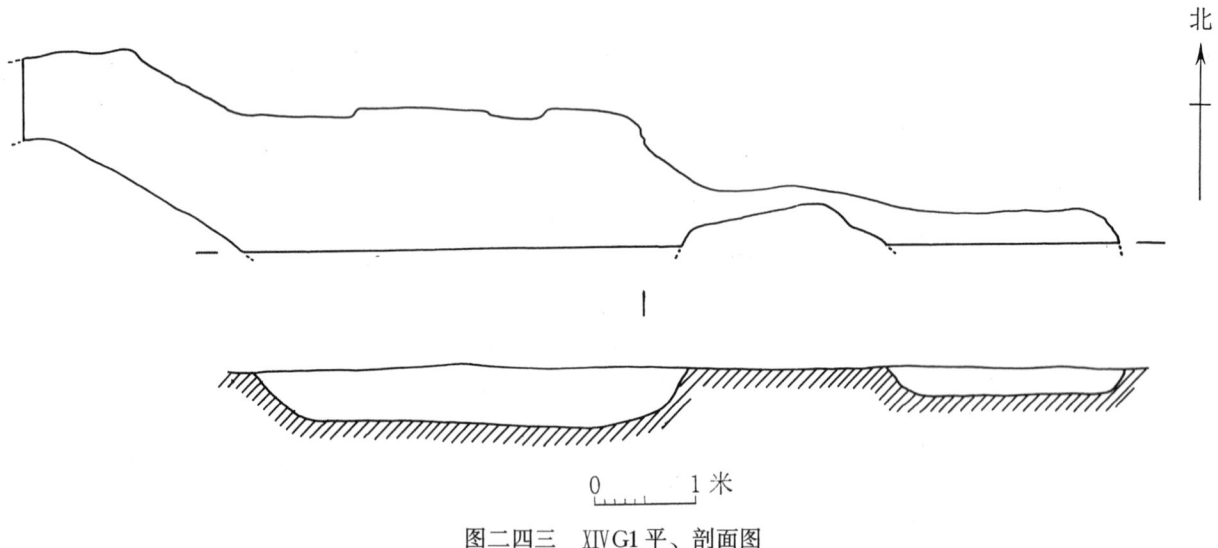

图二四三　ⅩⅣG1 平、剖面图

四，8）。

标本ⅩⅣG1：46（B 型Ⅷ式），口沿部。泥质深灰陶。口微侈，折沿外斜，圆方唇，束颈较矮，肩微凸。颈饰隐绳纹，肩饰旋纹，腹饰中绳纹（图二四四，9）。

豆

标本ⅩⅣG1：20（Ⅷ式），器形完整。泥质红陶。敞口，盘较浅，弧腹壁，矮柄较粗，柄内半空，矮喇叭座壁斜直，座面上凸。素面（图二四四，10；图版五六，2）。

标本ⅩⅣG1：17（Ⅸ式），器形完整。夹砂浅灰陶。敞口，浅盘，高柄，柄内空近盘底，矮喇叭座壁外弧。素面（图二四四，11；图版五六，3）。

盖豆

标本ⅩⅣG1：30（Ⅳ式），器残。泥质深灰陶。子口内敛，圆腹较深。上腹饰二道旋纹（图二四四，12）。

豆盖

标本ⅩⅣG1：31，泥质浅灰陶。盖顶弧形，纽残。敛口。素面（图二四四，13）。

甑

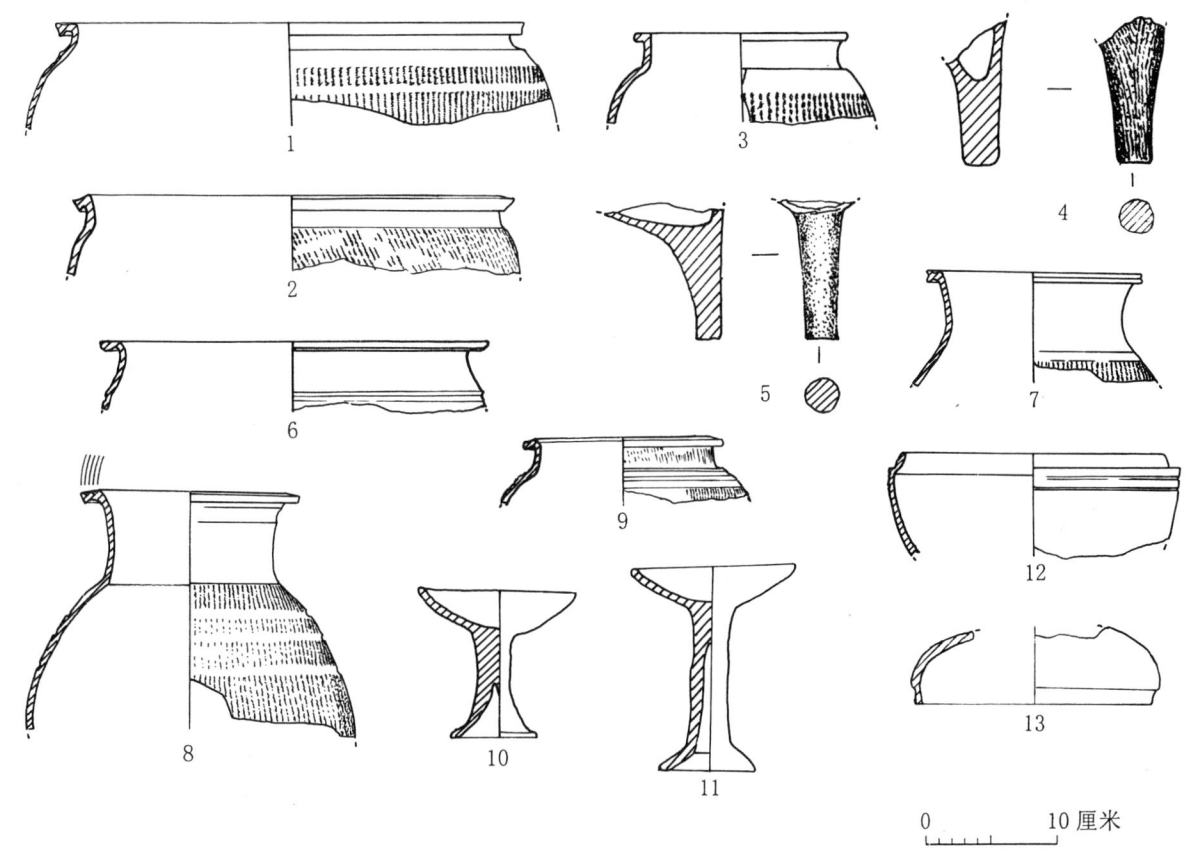

图二四四　ⅩⅣG1 出土陶鬲、鬲足、盂、罐、豆、盖豆

1.A 型Ⅸ式鬲（ⅩⅣG1:32）　2.A 型Ⅺ式鬲（ⅩⅣG1:53）　3.B 型Ⅸ式鬲（ⅩⅣG1:33）　4.Ⅵ式鬲足（ⅩⅣG1:57）　5.Ⅶ式鬲足（ⅩⅣG1:58）　6.Ⅹ式盂（ⅩⅣG1:50）　7.A 型Ⅸ式罐（ⅩⅣG1:10）　8.A 型Ⅹ式罐（ⅩⅣG1:2）　9.B 型Ⅷ式罐（ⅩⅣG1:46）　10.Ⅷ式豆（ⅩⅣG1:20）　11.Ⅸ式豆（ⅩⅣG1:17）　12.Ⅳ式盖豆（ⅩⅣG1:30）　13.豆盖（ⅩⅣG1:31）

标本ⅩⅣG1:10（Ⅵ式），泥质浅灰陶。口微侈，平折沿，沿边起凸棱，斜方唇，矮束颈，溜肩，上腹微鼓，下腹内收，凹圜底，底周边有九个长条形箅孔，呈放射状排列。沿面饰数道凹旋纹，腹饰中绳纹间二道凹旋纹（图二四五，1；图版五六，4、5）。

标本ⅩⅣG1:5（Ⅶ式），口沿部。泥质浅灰陶。口微敞，窄折沿外翻，尖弧唇下勾，颈较高，溜肩。颈饰隐绳纹，肩饰中绳纹（图二四五，2）。

瓮

标本ⅩⅣG1:44（Ⅸ式），口沿部。泥质红陶。敛口，折沿外翻，方圆唇，矮束颈，溜肩。肩饰旋纹（图二四五，3）。

标本ⅩⅣG1:28（Ⅹ式），口沿部。泥质深灰陶。口微侈，折沿外斜，圆唇，束颈，斜肩。肩饰绳纹间旋纹（图二四五，4）。

鼎

标本ⅩⅣG1:42（B 型Ⅲ式），口沿部。夹砂红陶。子口内敛，凸肩，肩部有附耳的痕迹。腹饰细绳纹（图二四五，5）。

甋

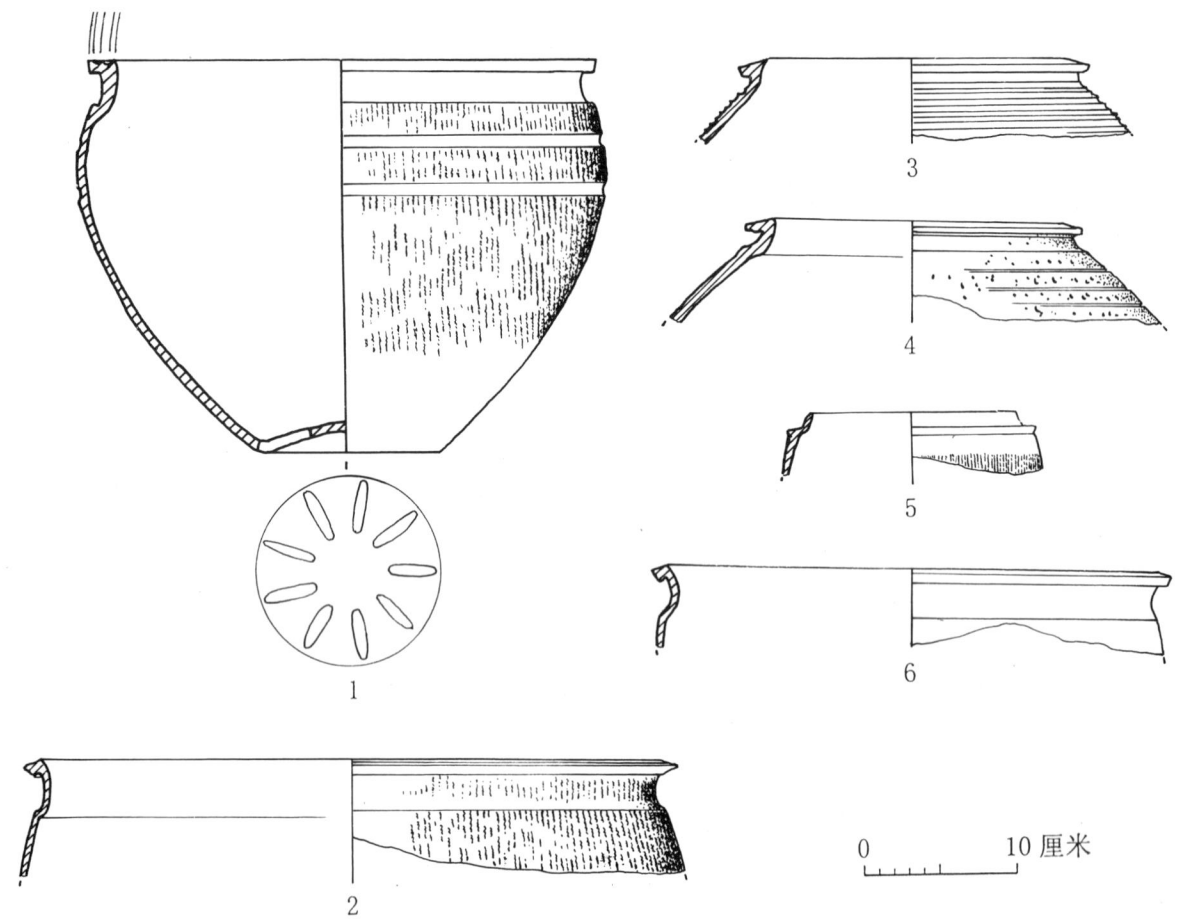

图二四五　ⅪⅤG1 出土陶甑、瓮、鼎、瓲

1.Ⅵ式甑（ⅪⅤG1：10）　2.Ⅶ式甑（ⅪⅤG1：5）　3.Ⅸ式瓮（ⅪⅤG1：44）　4.Ⅹ式瓮（ⅪⅤG1：28）　5.B型Ⅲ式鼎
（ⅪⅤG1：42）　6.Ⅶ式瓲（ⅪⅤG1：49）

标本ⅪⅤG1：49（Ⅶ式），口沿部。夹砂深灰陶。侈口，平折沿外斜，方唇下勾，束颈，溜肩。素面（图二四五，6）。

灰坑

ⅪⅤH1

ⅪⅤH1 呈不规则椭圆形，口大底小，斜壁较整齐，底近平。坑内堆积为夹杂草木灰的灰黑土。口长 105、宽 67 厘米，底长 44、宽 60 厘米，自深 35 厘米。出土遗物仅见陶鬲足（图二四六）。

文化遗物

陶器

鬲足

ⅪⅤH1：1（Ⅲ式），夹砂红陶。较粗短，足窝较深，足呈棱柱形。上部饰绳纹，下部有削痕（图二四七，4）。

ⅪⅤH2

ⅪⅤH2 位于 J1 之上，覆盖全部井口。呈不规则圆形，斜壁较陡，底近平。口长 205、宽 190 厘米，底长 190、宽 180 厘米，自深 20 厘米。出土遗物有陶盂、罐、鬲足等器物残片（图二四八）。

文化遗物

陶器

盂

ⅪⅤH2：1（Ⅸ式），口沿、肩部。泥质浅灰陶。敞口，平折沿，方唇，唇面有凹槽，束颈，溜肩，上腹微鼓。肩部饰数道旋纹（图二四七，1）。

罐

ⅪⅤH2：4（B 型Ⅷ式），口沿部。泥质红陶。侈口，平折沿，

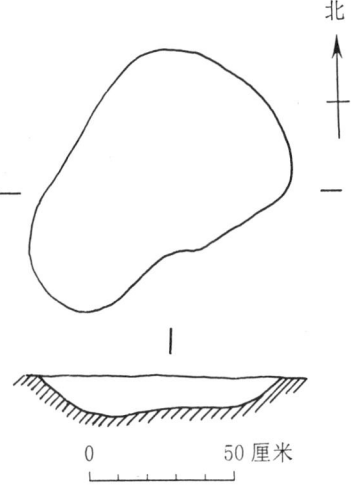

图二四六　ⅪⅤH1 平、剖面图

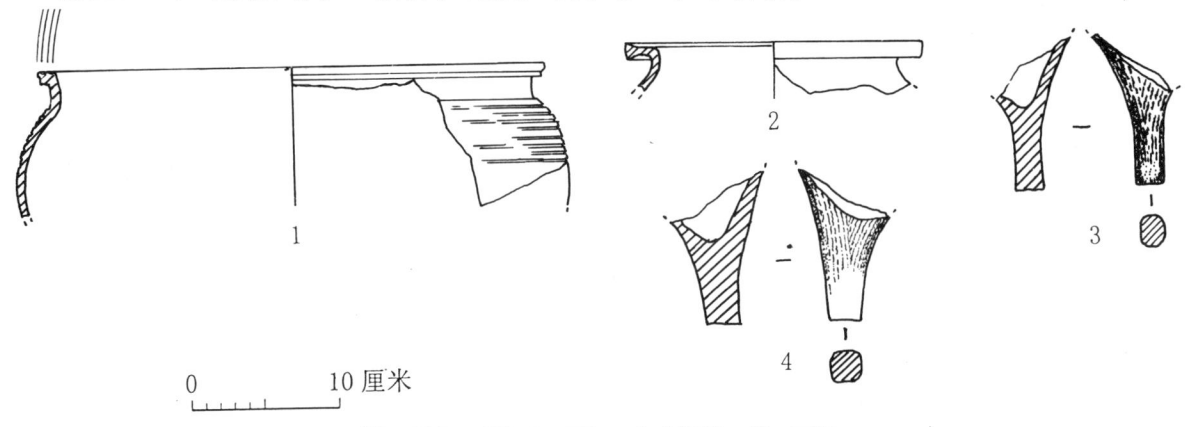

图二四七　ⅪⅤH2、ⅪⅤH1 出土陶盂、罐、鬲足

1.Ⅸ式盂（ⅪⅤH2：1）　2.B 型Ⅷ式罐（ⅪⅤH2：4）　3.Ⅵ式鬲足（ⅪⅤH2：2）　4.Ⅲ式鬲足（ⅪⅤH1：1）

沿边起凸棱，方唇微下勾，束颈较矮。素面（图二四七，2）。

鬲足

标本ⅪⅤH2：2（Ⅵ式），夹砂红陶。棱形足，足窝较浅。饰绳纹至足根部（图二四七，3）。

ⅪⅤH3

ⅪⅤH3 呈不规则椭圆形，斜壁，圜底，壁和底较光滑平整。口长 430、宽 250、自深 40 厘米。出土遗物有陶鬲、鬲足、盂、罐、豆、盖豆、甑、瓮、鼎足、器耳及铁斧（见综述文化遗物部分）（图二四九）。

文化遗物

陶器

鬲

标本ⅪⅤH3：61（A 型Ⅹ式），口沿部。夹砂红陶。侈口，平折窄沿，方唇，颈较高，溜肩。肩饰中绳纹（图二五〇，1）。

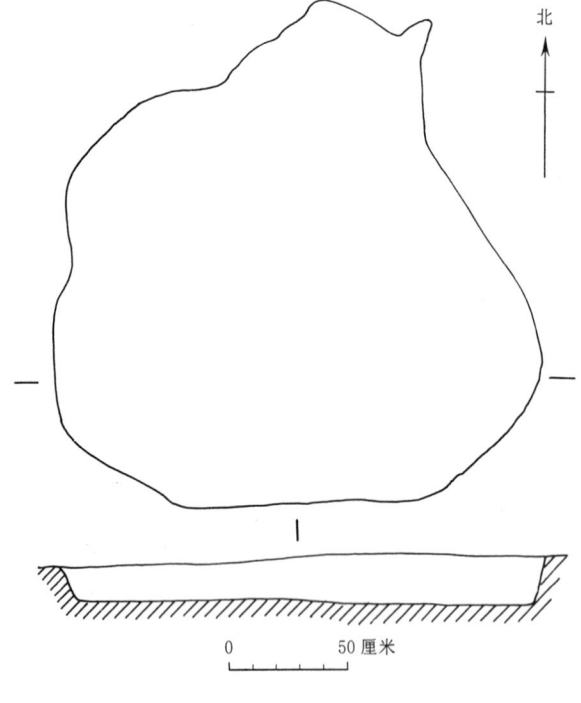

图二四八　ⅩⅣH2平、剖面图

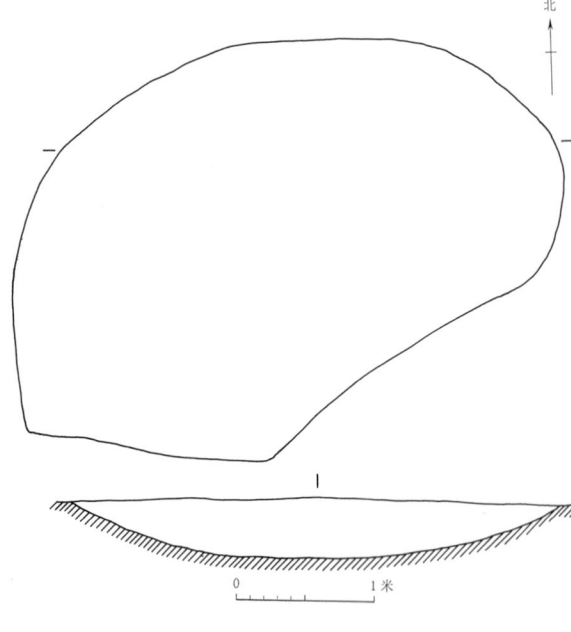

图二四九　ⅩⅣH3平、剖面图

鬲足

ⅩⅣH3：28（Ⅴ式），夹砂浅灰陶。棱形柱足，足窝较浅。外侧饰中绳纹，内侧有削痕（图二五〇，2）。

盂

标本ⅩⅣH3：1（Ⅷa式），器形完整。泥质红黄陶。侈口，平折沿，双叠唇下勾，颈较高，溜肩，上腹微鼓，下腹内收，凹圜底。肩饰隐绳纹间四道旋纹，上腹饰中绳纹，下腹、底均饰交错绳纹（图二五〇，3；图版五七，1）。

标本ⅩⅣH3：2（Ⅷa式），器形完整。泥质红黄陶。口微敞，平折沿，双叠唇下勾，颈较矮，溜肩，上腹微鼓，下腹内收，凹圜底残。肩饰五道凹旋纹，下腹、底均饰交错绳纹（图二五〇，4；图版五七，2）。

罐

标本ⅩⅣH3：3（A型Ⅶ式），器形较完整。泥质灰陶。口微侈，仰折沿，方唇，颈微束，溜肩，上腹微鼓，下腹斜收。颈饰隐绳纹，上腹饰直列中绳纹，下腹饰交错中绳纹（图二五〇，5）。

标本ⅩⅣH3：6（A型Ⅷ式），口沿部。泥质红陶。口微敞，平折沿，方唇，颈微束，溜肩。颈饰隐绳纹（图二五〇，6）。

豆

标本ⅩⅣH3：5（Ⅵ式），器形完整。泥质红陶。敞口，盘较浅，矮柄，柄内半空，喇叭形座外弧。素面（图二五〇，7；图版五七，3）。标本ⅩⅣH3：6（Ⅵ式），器形完整。泥质浅灰陶。敞口，盘较浅，矮粗柄，柄内空至盘底，喇叭形座外弧。素面（图二五〇，8；图版五七，4）。标本 ⅩⅣH3：16（Ⅵ式），器形完整。泥质浅灰陶。敞口，浅盘，粗高柄，柄内空至盘底，喇叭形座外弧。素面（图二五〇，9；图版五八，1）。

标本ⅩⅣH3：79（Ⅶ式），泥质浅灰陶。敞口，浅盘，高柄，柄实，矮喇叭座斜直。盘内饰放射形刻划纹（图二五〇，10；图版五八，2）。

盖豆

标本ⅩⅣH3：67（Ⅲ式），口沿部。泥质浅灰陶。子口内敛，凸肩。素面（图二五〇，11）。

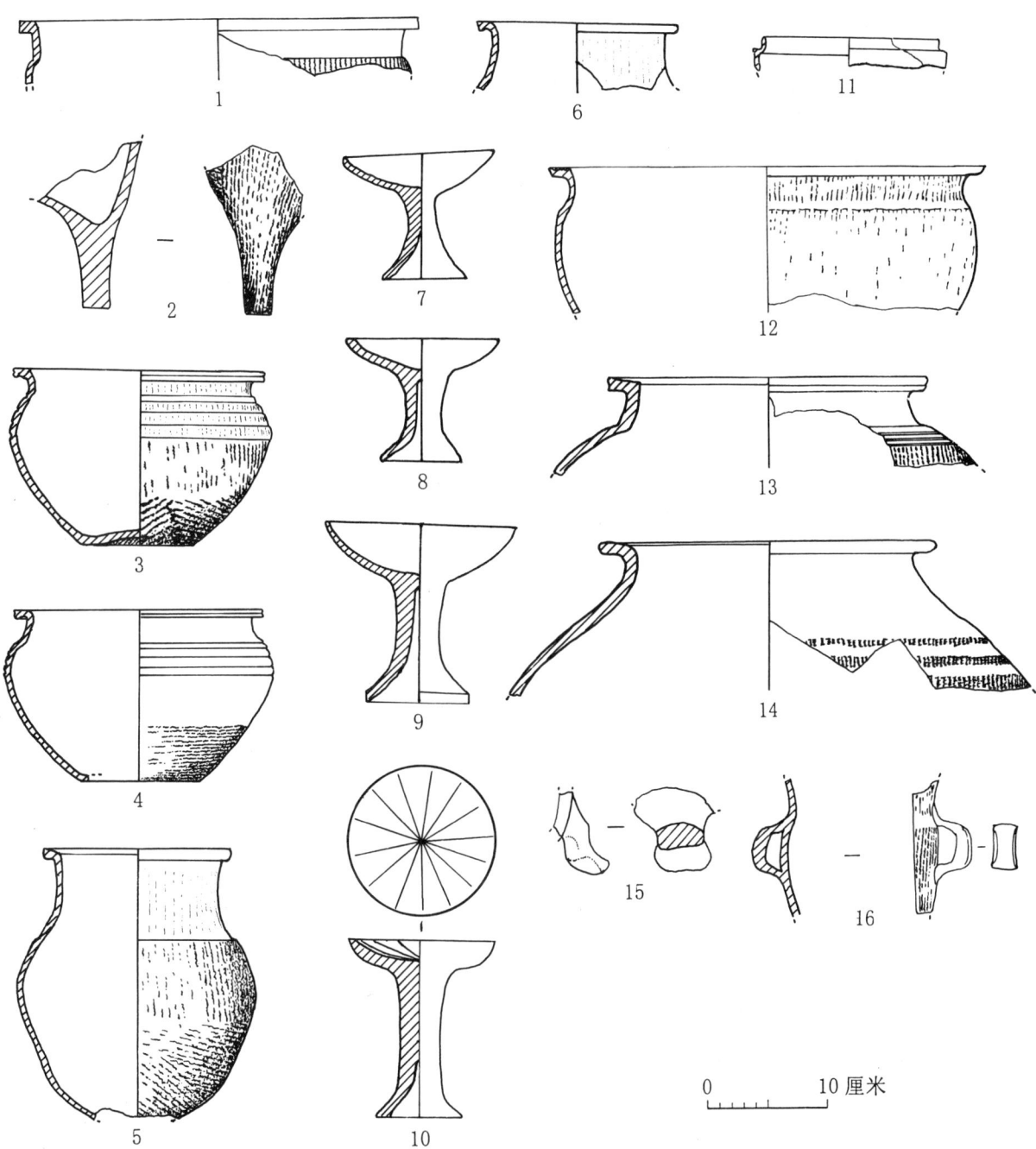

图二五〇 ⅩⅣH3 出土陶鬲、鬲足、盂、罐、豆、盖豆、甑、瓮、鼎足、器耳

1.A型Ⅹ式鬲（ⅩⅣH3:61） 2.Ⅴ式鬲足（ⅩⅣH3:28） 3、4.Ⅷa式盂（ⅩⅣH3:1、ⅩⅣH3:2） 5.A型Ⅶ式罐（ⅩⅣH3:3） 6.A型Ⅷ式罐（ⅩⅣH3:6） 7~9.Ⅵ式豆（ⅩⅣH3:5、ⅩⅣH3:6、ⅩⅣH3:16） 10.Ⅶ式豆（ⅩⅣH3:79） 11.Ⅲ式盖豆（ⅩⅣH3:67） 12.Ⅴ式甑（ⅩⅣH3:21） 13.Ⅶ式瓮（ⅩⅣH3:64） 14.Ⅷ式瓮（ⅩⅣH3:20） 15.A型Ⅱ式鼎足（ⅩⅣH3:35） 16.器耳（ⅩⅣH3:34）

甑

标本ⅪⅤH3:21（Ⅴ式），泥质浅灰陶。口微敞，平折沿，斜方唇，矮束颈，溜肩，腹微鼓。底残。颈、肩饰隐绳纹（图二五〇，12）。

瓮

标本ⅪⅤH3:64（Ⅶ式），口沿部。泥质浅灰陶。侈口，折沿微仰，双叠唇，束颈，溜肩。肩饰旋纹，肩下饰细绳纹（图二五〇，13）。

标本ⅪⅤH3:20（Ⅷ式），口沿部。泥质浅灰陶。敛口，仰折沿，圆唇，矮束颈，溜肩。肩饰间断中绳纹（图二五〇，14）。

鼎足

标本ⅪⅤH3:35（A型Ⅱ式），夹砂浅灰陶。蹄形足，较细较矮。素面（图二五〇，15）。

器耳

ⅪⅤH3:34，仅存一耳，泥质灰陶。附于器肩部。饰细绳纹（图二五〇，16）。

ⅪⅤH4

ⅪⅤH4平面呈不规整圆形，斜壁，圜底，壁、底较光滑，均附有一层草木灰。口长320、宽284、自深32厘米。出土遗物有陶鬲、盂、罐、豆、盖豆、盖纽、拍等（图二五一）。

文化遗物

陶器

鬲

标本ⅪⅤH4:8（Ⅸ式），口沿、腹部。夹砂浅灰陶。侈口，折沿微上扬，沿面微凹，内斜方唇微勾，颈较高，弧肩微突，腹较鼓。肩、腹饰中绳纹间一道旋纹（图二五二，1）。

标本ⅪⅤH4:15（A型Ⅹ式），口沿部。夹砂红黄陶。口微侈，平折沿，内斜方唇下勾，颈较矮，溜肩。肩饰中绳纹（图二五二，2）。

盂

标本ⅪⅤH4:20（Ⅷb式），泥质红陶。敞口，折沿微仰，内斜方唇下勾，束颈较矮，上腹微鼓。底残。肩饰一道旋纹（图二五二，3）。

标本ⅪⅤH4:3（Ⅸ式），器形完整。泥质红陶。敞口，平折沿，方圆唇，颈较高，肩微凸，上腹鼓，下腹斜收，凹圜底。肩饰三道旋纹，上腹饰中绳纹，下腹及底部饰交错绳纹（图二五二，4）。

罐

标本ⅪⅤH4:4（B型Ⅶ式），器形完整。泥质浅灰陶。口微侈，平折沿，方唇下弧，矮颈，溜肩，上腹微鼓，下腹斜收，凹圜底。上腹饰粗绳纹，下腹、底饰交错中绳纹（图二五二，5；图版五八，3）。

标本ⅪⅤH4:13（B型Ⅷ式），泥质浅灰陶。侈口，沿内侧凸起，面外斜，尖唇，束颈，溜肩，鼓腹，下腹斜收。颈饰隐绳纹，上腹饰中绳纹，下腹饰交错中绳纹（图二五二，6）。

豆

标本ⅪⅤH4:6（Ⅵ式），器形完整。泥质浅灰陶。敞口，盘较浅，弧腹壁，柄较细，柄内空至

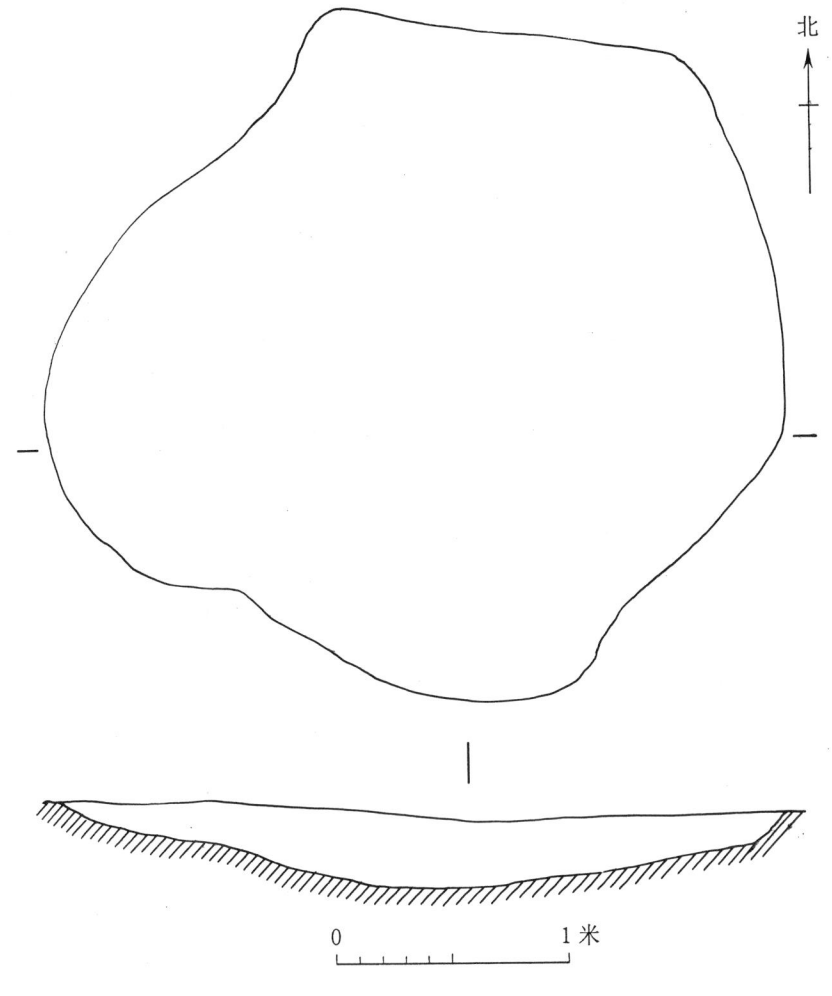

图二五一　ⅩⅣH4 平、剖面图

盘底，矮喇叭座微外弧。素面（图二五二，7；图版五八，4）。

盖豆

ⅩⅣH4：12（Ⅱ式），泥质浅灰陶。口微敛，凸肩，腹壁较直。底残。腹饰二道旋纹（图二五二，8）。

盖纽

标本ⅩⅣH4：29，器形完整。泥质浅灰陶。圆形，中空。素面（图二五二，9）。

拍

标本ⅩⅣH4：1，夹砂灰陶。面呈圆弧形，柄呈盖纽状，内空，顶部有一直径为 0.7 厘米的小圆孔（图二五二，10）。

ⅩⅣH5

ⅩⅣH5 平面呈椭圆形，斜壁，圜底，壁、底均较光洁，附有一层草木灰。口长 310、宽 264、自深 62 厘米。出土遗物有陶鬲、鬲足、盂、罐、豆、瓮及筒瓦、板瓦残片（图二五三）。

文化遗物

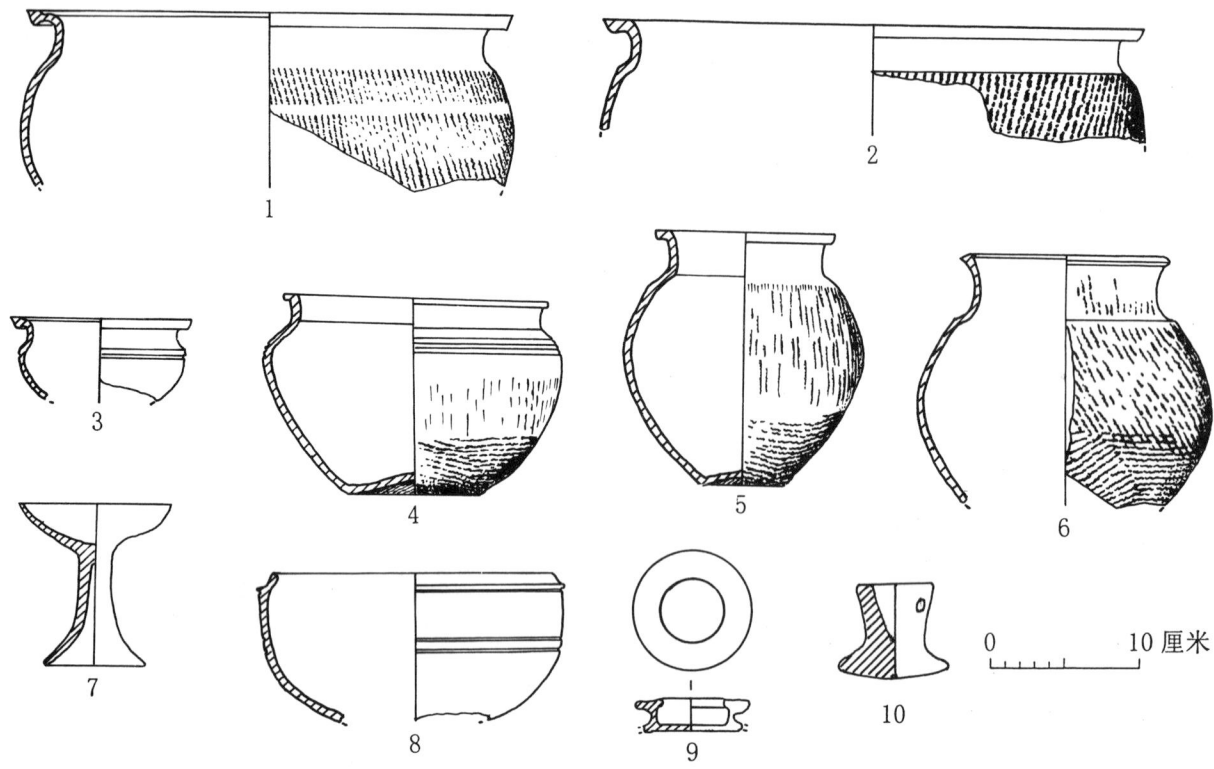

图二五二　XⅣH4 出土陶鬲、盂、罐、豆、盖豆、盖纽、拍

1.A型Ⅸ式鬲（XⅣH4：8）　2.A型Ⅹ式鬲（XⅣH4：15）　3.Ⅷb式盂（XⅣH4：20）　4.Ⅸ式盂（XⅣH4：3）　5.B型Ⅶ式罐（XⅣH4：4）　6.B型Ⅷ式罐（XⅣH4：13）　7.Ⅵ式豆（XⅣH4：6）　8.Ⅱ式盖豆（XⅣH4：12）　9.盖纽（XⅣH4：29）　10.拍（XⅣH4：1）

陶器

鬲

XⅣH5：93（A型Ⅷ式），口沿、腹部。夹砂红黄陶。侈口，仰折沿，沿面微凹，斜方唇微下勾，矮颈，溜肩，上腹微鼓。颈饰隐绳纹，肩饰中绳纹（图二五四，1）。

鬲足

XⅣH5：34（Ⅴ式），夹砂红陶。棱形柱足较矮，足窝较深。足内侧有削痕，外侧饰绳纹（图二五四，2）。

盂

标本XⅣH5：54（Ⅹ式），口沿部。泥质深灰陶。口微侈，平折沿，圆方唇，束颈，溜肩。颈、肩饰粗绳纹（图二五四，3）。

罐

标本XⅣH5：89（A型Ⅶ式），泥质浅灰陶。口微侈，仰折沿，斜方唇，颈较高，溜肩，鼓腹。下腹及底残。颈饰隐绳纹，上腹饰中绳纹间二道旋纹，下腹饰交错绳纹（图二五四，4）。

标本XⅣH5：15（A型Ⅸ式），口沿部。泥质浅灰陶。敞口，平折沿，方唇，颈较高，溜肩。肩饰中绳纹（图二五四，5）。标本XⅣH5：23（A型Ⅸ式），口沿、腹部。泥质浅灰陶。口微侈，平折沿，圆弧唇，溜肩，鼓腹。颈饰隐绳纹，腹饰中绳纹间一道旋纹（图二五四，6）。

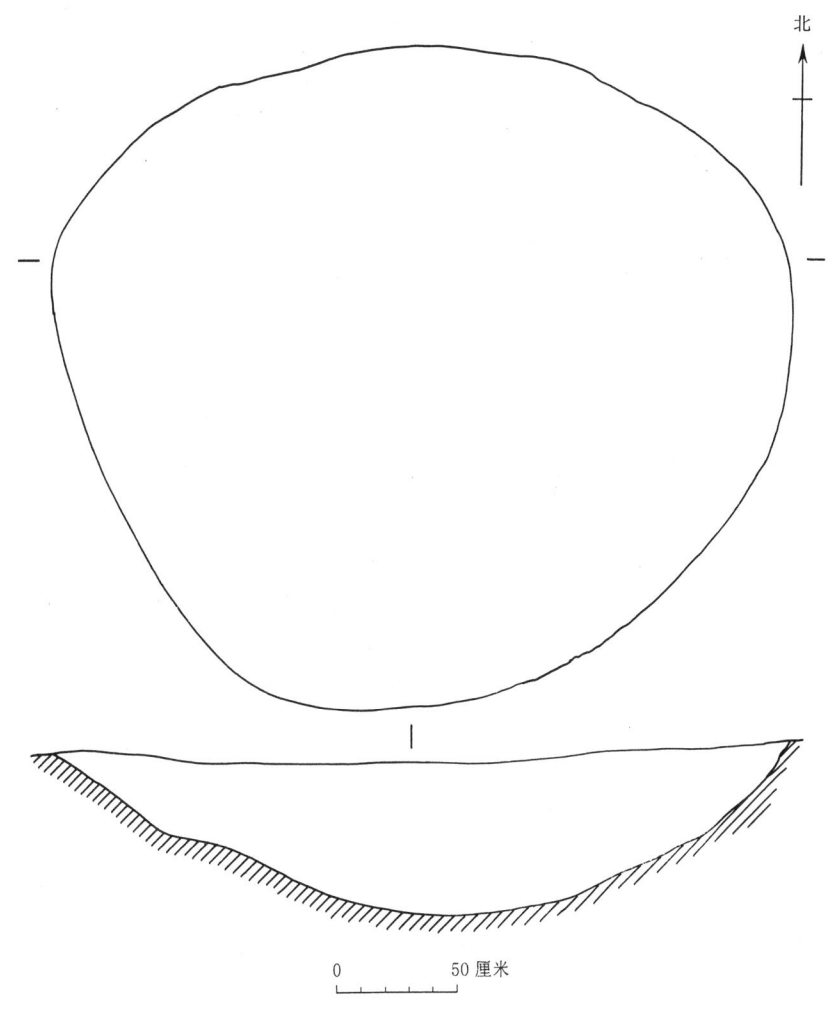

图二五三　ⅩⅣH5平、剖面图

豆

标本ⅩⅣH5：67（Ⅶ式），器形完整。泥质红陶。敞口，盘较浅，柄较粗，矮喇叭座微外鼓，柄内中空至盘底。素面（图二五四，7；图版五九，1）。

标本ⅩⅣH5：81（Ⅷ式），器形完整。泥质红陶。敞口，浅盘，弧腹壁，柄较高，喇叭座。柄内空一半。素面（图二五四，8；图版五九，2）。

瓮

标本ⅩⅣH5：7（Ⅸ式），口沿、腹部。泥质浅灰陶。敛口，平折沿，沿面较宽，斜方唇，束颈，溜肩，斜腹。颈、肩饰隐绳纹间旋纹，腹饰中绳纹间旋纹（图二五四，9）。

标本ⅩⅣH5：46（Ⅹ式），口沿部。泥质深灰陶。敛口，平折沿，斜方唇，束颈，广肩。肩饰中绳纹（图二五四，10）。

筒瓦

标本ⅩⅣH5：50（A型Ⅹ式），口沿部。泥质浅灰陶。口微侈，尖唇，直颈，高直肩。肩部凸面饰中绳纹，凹面素饰（图二五四，11）。

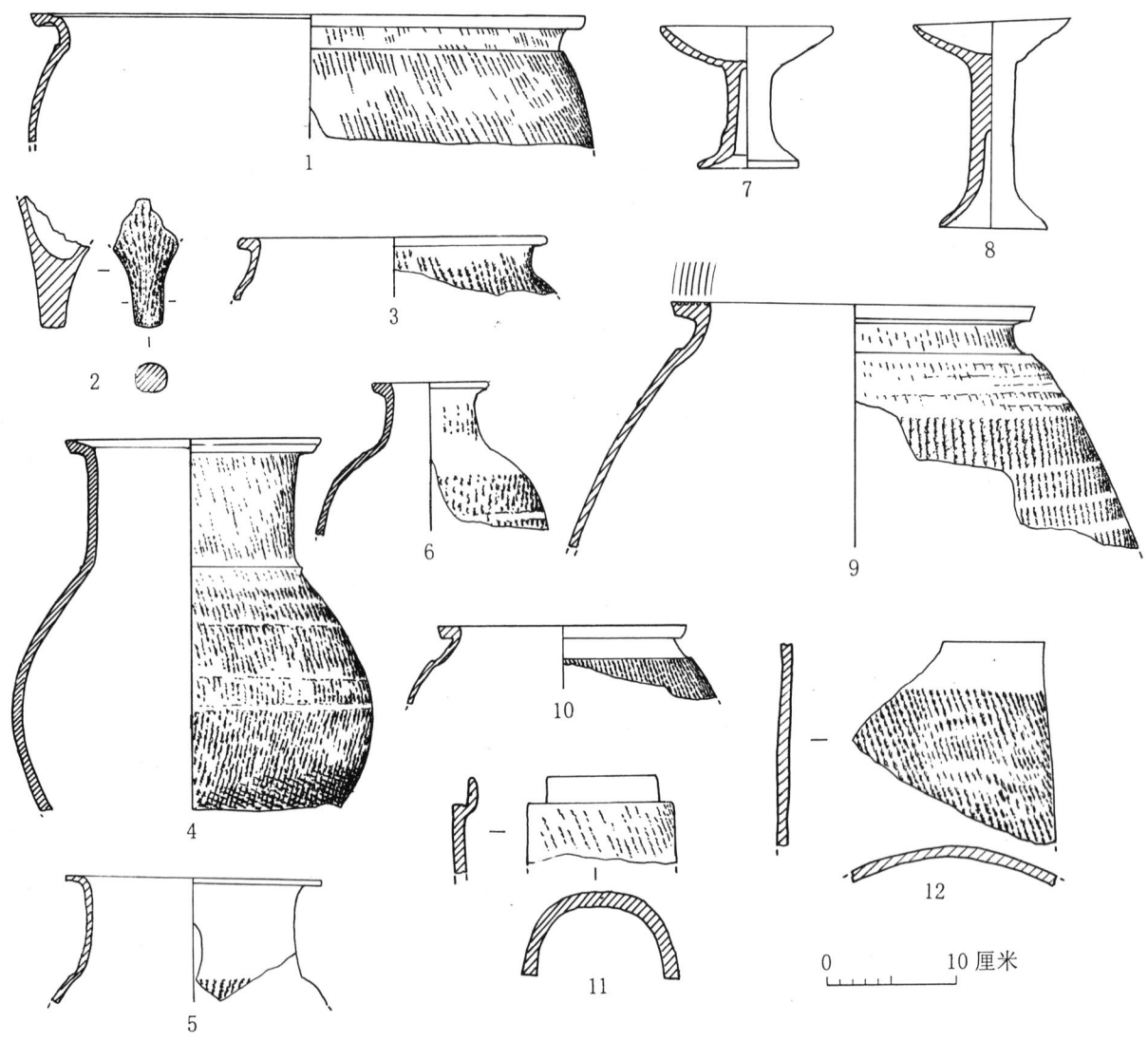

图二五四　ⅩⅣH5出土陶鬲、鬲足、盂、罐、豆、瓮、筒瓦、板瓦

1.A型Ⅷ式鬲（ⅩⅣH5：93）　2.Ⅴ式鬲足（ⅩⅣH5：34）　3.Ⅹ式盂（ⅩⅣH5：54）　4.A型Ⅷ式罐（ⅩⅣH5：89）　5、6.A型Ⅸ式罐（ⅩⅣH5：15、ⅩⅣH5：23）　7.Ⅶ式豆（ⅩⅣH5：67）　8.Ⅷ式豆（ⅩⅣH5：81）　9.Ⅸ式瓮（ⅩⅣH5：7）　10.Ⅹ式瓮（ⅩⅣH5：46）　11.A型Ⅹ式筒瓦（ⅩⅣH5：50）　12.A型Ⅶ式板瓦（ⅩⅣH5：51）

板瓦

ⅩⅣH5：51（A型Ⅶ式），口沿部。泥质浅灰陶。直口，平沿内凹。瓦身凸面饰粗绳纹，凹面素饰（图二五四，12）。

ⅩⅣH6

发掘平面为不规则长方形，坑壁斜，无加工痕迹，坑底南高北低，坑南北两边伸出探方外，形状不明。已发掘坑长500、宽310、自深44厘米（图二五五）。出土遗物有陶鬲、盂、罐、豆、瓮、甗、鼎残片及陶马、铜矛（见综述文化遗物部分）。

文化遗物

北 ←——

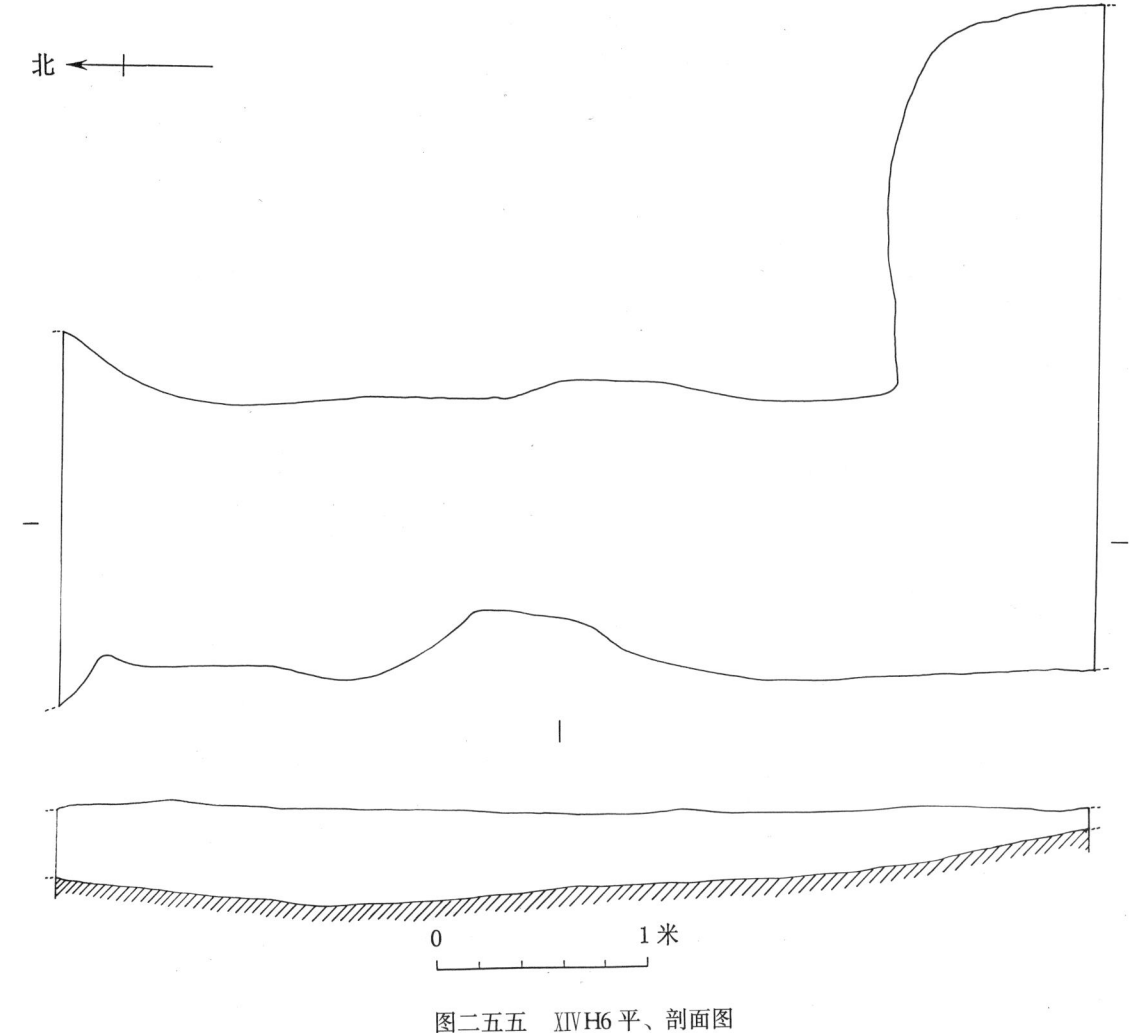

0　　　　　　1米

图二五五　ⅩⅣH6平、剖面图

陶器

鬲

标本ⅩⅣH6：10（A型Ⅶ式），口沿、腹部。夹砂浅灰陶。侈口，仰折沿，方唇微下勾，颈较高，溜肩。肩饰中绳纹和一道旋纹（图二五六，1）。标本ⅩⅣH6：17（A型Ⅶ式），口沿部。夹砂浅灰陶。侈口，仰折沿，方唇下勾，溜肩。肩饰中绳纹，腹饰斜向中绳纹和附加堆纹（图二五六，2）。

标本ⅩⅣH6：7（A型Ⅷ式），口沿部。夹砂红陶。侈口，仰折沿，沿面内凹，双叠唇下勾，颈较长，溜肩。肩饰中绳纹（图二五六，3）。

标本ⅩⅣH6：31（B型Ⅵ式），口沿部。夹砂红陶。直口，平折沿，斜方唇微下勾，束颈，肩微突。颈饰隐绳纹，肩饰三道旋纹间绳纹，腹饰中绳纹（图二五六，4）。

鬲足

ⅩⅣH6：49（Ⅴ式），夹砂浅灰陶。棱形柱状足，足窝较深，裆较高。足内侧有削痕，外侧饰绳纹（图二五六，5）。

盂

标本ⅩⅣH6：115（Ⅵ式），口沿、腹部。泥质红陶。敞口，仰折沿，方唇，束颈较高，溜肩。

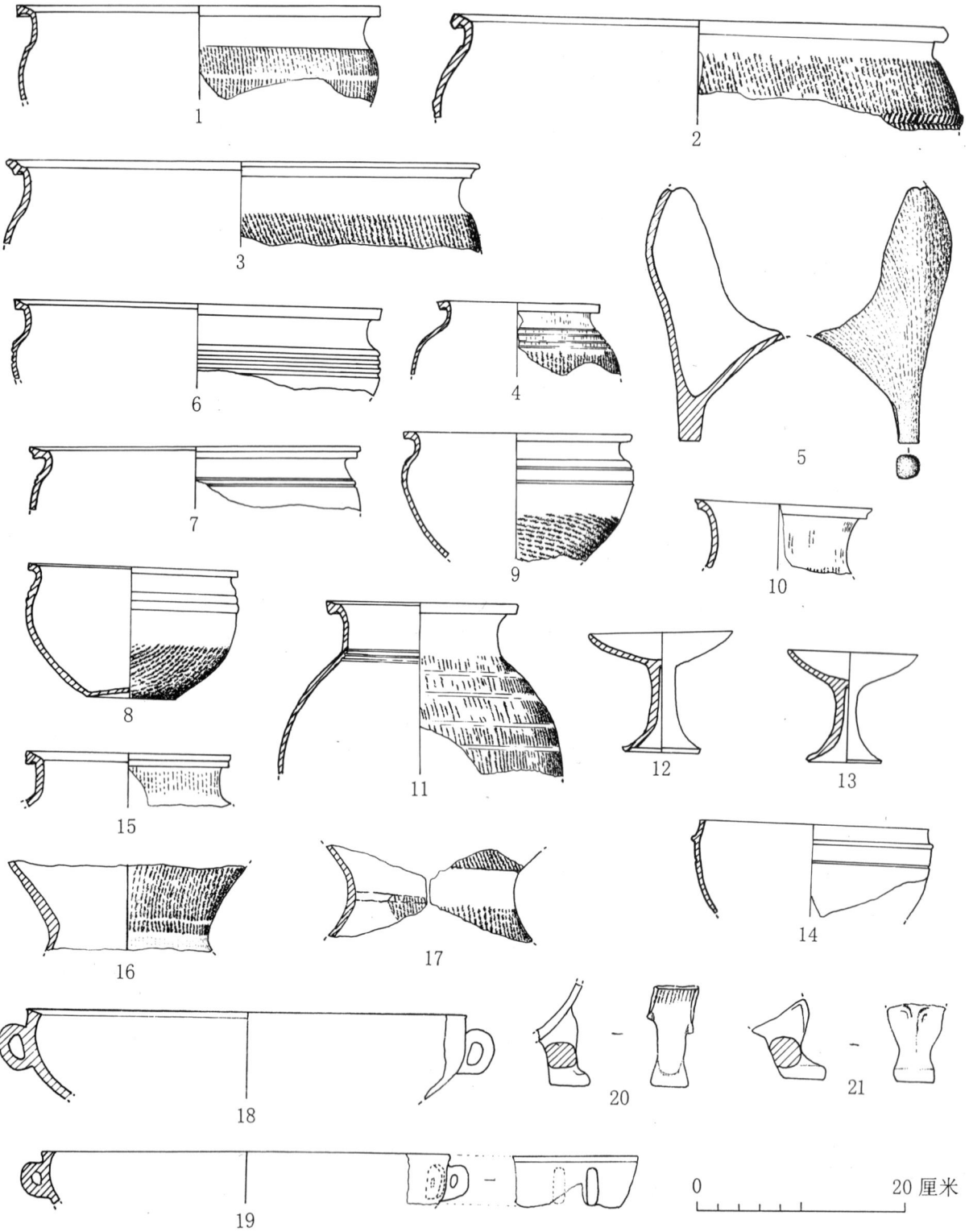

图二五六　ⅩⅣH6 出土陶鬲、鬲足、盂、罐、豆、瓮、瓶、鼎、盖豆

1、2.A 型Ⅶ式鬲（ⅩⅣH6：10、ⅩⅣH6：17）　3.A 型Ⅷ式鬲（ⅩⅣH6：7）　4.B 型Ⅵ式鬲（ⅩⅣH6：31）　5.Ⅴ式鬲足（ⅩⅣH6：49）
6.Ⅵ式盂（ⅩⅣH6：115）　7.Ⅶa 式盂（ⅩⅣH6：114）　8.Ⅶb 式盂（ⅩⅣH6：138）　9.Ⅶc 式盂（ⅩⅣH6：126）　10.A 型Ⅴ式罐（ⅩⅣ
H6：54）　11.A 型Ⅵ式罐（ⅩⅣH6：23）　12.Ⅴ式豆（ⅩⅣH6：3）　13.Ⅵ式豆（ⅩⅣH6：5）　14.Ⅰ式盖豆（ⅩⅣH6：44）　15.Ⅴ式瓮
（ⅩⅣH6：93）　16、17.瓶腰（ⅩⅣH6：47、ⅩⅣH6：48）　18.A 型Ⅰ式鼎（ⅩⅣH6：30）　19.A 型Ⅱ式鼎（ⅩⅣH6：46）　20.A 型Ⅰ式
鼎足（ⅩⅣH6：34）　21.A 型Ⅱ式鼎足（ⅩⅣH6：33）

肩饰三道旋纹（图二五六，6）。

标本ⅪⅤH6：114（Ⅶa式），口沿部。泥质红黄陶。敞口，仰折沿，内斜方唇下勾，唇面微凹，颈较矮，溜肩。肩饰旋纹（图二四六，7）。

标本ⅪⅤH6：138（Ⅶb式），器形完整。泥质浅灰陶。敞口，仰折沿，方唇，颈较矮，溜肩，上腹微鼓，下腹斜收，凹圜底。颈饰二道旋纹，下腹、底饰交错绳纹（图二五六，8；图版五九，3）。

标本ⅪⅤH6：126（Ⅶc式），泥质浅灰陶。敞口，平折沿，方唇，束颈，溜肩，上腹微鼓，下腹内收。底残。肩饰二道旋纹，下腹饰交错绳纹（图二五六，9）。

罐

标本ⅪⅤH6：54（A型Ⅴ式），口沿部。泥质红陶。敞口，卷沿，内斜方唇，束颈。颈饰隐绳纹（图二五六，10）。

标本ⅪⅤH6：23（A型Ⅵ式），口沿、腹部。泥质红陶。敞口，仰折沿，沿面内凹，方唇，束颈，溜肩。肩饰隐绳纹，上腹饰中绳纹间四道旋纹（图二五六，11）。

豆

标本ⅪⅤH6：3（Ⅴ式），器形完整。泥质浅灰陶。敞口，盘较深，弧腹壁，柄较矮，柄内空至盘底，矮喇叭座内弧。素面（图二五六，12；图版五九，4）。

标本ⅪⅤH6：5（Ⅵ式），器形完整。泥质浅灰陶。敞口，盘较浅，弧腹壁，矮柄，柄内空至盘底，喇叭形座微外弧。素面（图二五六，13；图版六〇，1）。

盖豆

标本ⅪⅤH6：44（Ⅰ式），泥质浅灰陶。口内敛，凸肩，圆鼓腹。上腹饰一道旋纹（图二五六，14）。

瓮

ⅪⅤH6：93（Ⅴ式），口沿部。泥质浅灰陶。侈口，仰折沿，双叠唇微下勾，颈较直，溜肩。颈饰隐绳纹（图二五六，15）。

甑（仅存甑腰）

标本ⅪⅤH6：47，夹砂红陶。束腰。上腰部饰中绳纹（图二五六，16）。标本ⅪⅤH6：48，夹砂浅灰陶。束腰，内侧附加泥条，上、下抹平，形成箅托。上腰部饰中绳纹，下部饰粗绳纹（图二五六，17）。

鼎

标本ⅪⅤH6：30（A型Ⅰ式），器残。夹砂红陶。口微敛，折沿内斜，圜腹，上腹两侧附对称环耳（图二五六，18）。

标本ⅪⅤH6：46（A型Ⅱ式），口沿部。夹砂红陶。敛口，平沿，上腹两侧附对称环耳。素面（图二五六，19）。

鼎足

标本ⅪⅤH6：34（A型Ⅰ式），夹砂红陶。椭圆形蹄足。素面（图二五六，20）。

标本ⅪⅤH6：33（A型Ⅱ式），夹砂浅灰陶。矮蹄足，内侧平，扁圆形，蹄较粗大，正面呈鬼脸状（图二五六，21）。

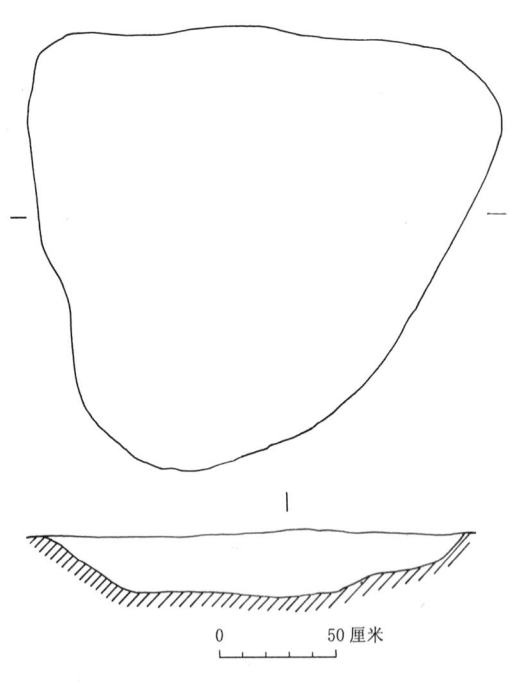

图二五七　ⅩⅣH7 平、剖面图

XⅣH7

平面呈不规则圆形，斜壁，圜底，坑壁不平整。口径 200、自深 28 厘米。出土遗物有陶鬲、鬲足、盖豆、甂（图二五七）。

文化遗物

陶器

鬲

XⅣH 7：6（A 型 Ⅷ 式），口沿部。夹砂红陶。侈口，仰折沿，方唇微下勾，束颈较高。颈饰斜中绳纹（图二五八，1）。

XⅣH 7：3（B 型 Ⅴ 式），口沿部。夹砂红陶。口微侈，窄折沿外斜，尖唇，束颈较高，肩微突。肩饰中绳纹（图二五八，2）。

鬲足

标本 XⅣH7：1（Ⅴ 式），夹砂红陶。棱形柱状足，足窝较深，内侧有削痕，外侧饰绳纹（图二五

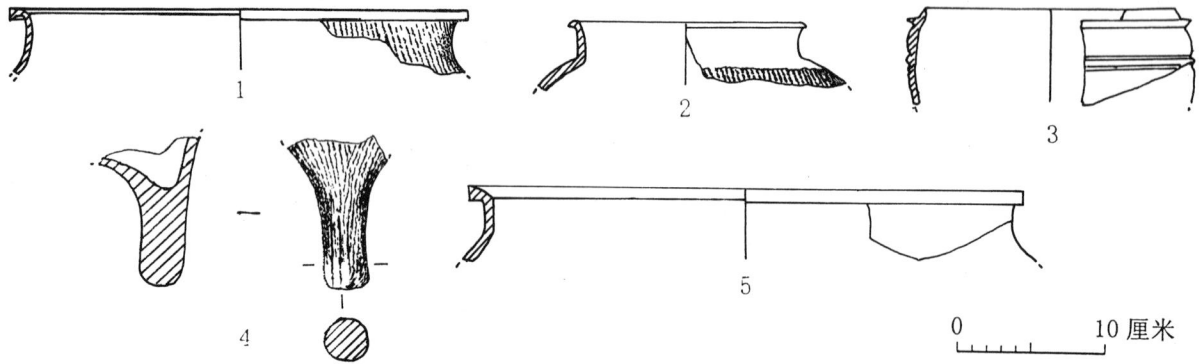

图二五八　ⅩⅣH7 出土陶鬲、盖豆、甂

1.A 型 Ⅷ 式鬲（ⅩⅣH7:6）　2.B 型 Ⅴ 式鬲（ⅩⅣH7:3）　3.Ⅱ 式盖豆（ⅩⅣH7:5）　4.Ⅴ 式鬲足（ⅩⅣH7:1）　5.Ⅳ 式甂（ⅩⅣH7:4）

八，4）。

盖豆

XⅣH7：5（Ⅱ式），口沿部。泥质浅灰陶。口内敛，腹壁较直。腹饰二道凹旋纹（图二五八，3）。

甂

XⅣH7：4（Ⅳ式），口沿部。泥质浅灰陶。侈口，仰折沿，方唇，沿面较窄，颈较高，溜肩（图二五八，5）。

XⅣH8

XⅣH8 因东壁、北壁伸出探方外，形状不明。坑壁斜，底较平，北高南低。已发掘部分长 380、

宽130、自深35厘米。出土遗物有陶鬲、盂、罐、豆、盖豆、鼎足及板瓦等残片（图二五九）。

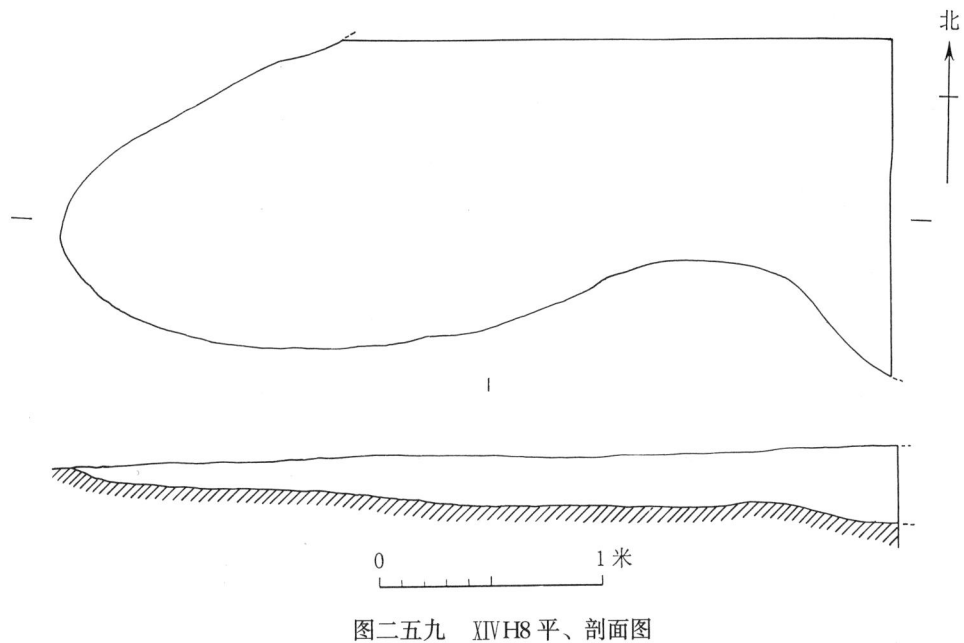

图二五九　ⅪⅤH8平、剖面图

文化遗物

陶器

鬲

标本ⅪⅤH8∶13（A型Ⅸ式），口沿部。夹砂浅灰陶。侈口，仰折沿，斜方唇下勾，束颈，弧肩微凸。肩饰三道凸旋纹（图二六〇，1）。

标本ⅪⅤH8∶15（A型Ⅹ式），口沿部。夹砂红陶。口微侈，平折沿，方唇，矮束颈，溜肩。颈饰隐绳纹，肩、腹饰中绳纹间一道旋纹（图二六〇，2）。

鬲足

ⅪⅤH8∶4（Ⅵ式），夹砂灰陶。棱形柱状足，足窝较浅。饰绳纹（图二六〇，3）。

盂

标本ⅪⅤH8∶16（Ⅷb式），口沿部。泥质红陶。口微侈，平折沿，斜方唇下弧，矮束颈，溜肩。肩饰三道旋纹（图二六〇，4）。

ⅪⅤH8∶11（Ⅸ式），口沿、腹部。泥质浅灰陶。敛口，平折沿，尖唇，矮束颈，肩微凸，弧腹斜收。上腹饰四道旋纹（图二六〇，5）。

罐

标本ⅪⅤH8∶12（A型Ⅷ式），口沿部。泥质浅灰陶。侈口，平折沿，方唇，颈微束，溜肩。颈饰隐绳纹，肩、上腹饰中绳纹间旋纹（图二六〇，6）。

豆

标本ⅪⅤH8∶5（Ⅶ式），器形完整。泥质浅灰陶。敞口，浅盘，弧腹壁，粗高柄，柄内空至盘底，矮喇叭座壁上弧。素面（图二六〇，7）。

盖豆

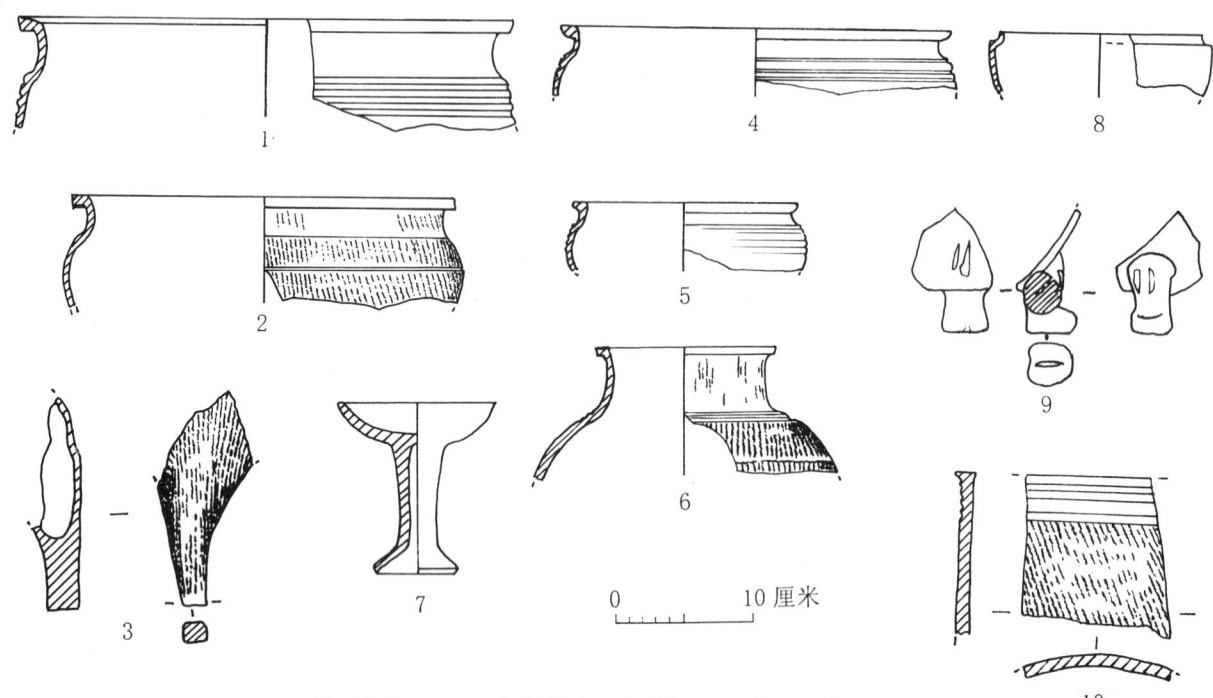

图二六○　ⅪⅤH8 出土陶鬲、盂、罐、豆、盖豆、鼎足、瓦

1.A 型Ⅸ式鬲（ⅪⅤH8：13）　2.A 型Ⅹ式鬲（ⅪⅤH8：15）　3.Ⅵ式鬲足（ⅪⅤH8：4）　4.Ⅷb式盂（ⅪⅤH8：16）　5.Ⅸ式盂（ⅪⅤH8：11）　6.A 型Ⅷ式罐（ⅪⅤH8：12）　7.Ⅶ式豆（ⅪⅤH8：5）　8.Ⅱ式盖豆（ⅪⅤH8：21）　9.A 型Ⅲ式鼎足（ⅪⅤH8：6）　10.A 型Ⅶ式板瓦（ⅪⅤH8：10）

标本ⅪⅤH8：21（Ⅱ式），口沿、腹部。泥质红陶。口内敛，腹内收。素面（图二六○，8）。

鼎足

标本ⅪⅤH8：6（A 型Ⅲ式），夹砂红陶。椭圆形，矮蹄足，蹄正面外凸，并刻有二道竖向划纹，内侧也同样刻二道竖向划纹，足底部刻一道划纹（图二六○，9）。

板瓦

标本ⅪⅤH8：10（A 型Ⅶ式），瓦头部。泥质浅灰陶。直口，平沿，尖唇外侈。瓦头凸面饰数道旋纹；瓦身凸面饰中绳纹，凹面素饰（图二六○，10）。

ⅪⅤH9

ⅪⅤH9 形状不明（南壁、西壁伸出探方外），已暴露部分呈长方形，坑壁较陡，呈台阶状，底西高东低，已发掘坑口长 170、宽 110、深 100 厘米，自深 85 厘米。出土遗物有陶鬲、盂、罐、盖豆、瓮及板瓦残片（图二六一）。

文化遗物

陶器

鬲

标本ⅪⅤH9：6（A 型Ⅸ式），口沿、腹部。夹砂浅灰陶。口微侈，仰折窄沿，沿面微凹，斜方唇下勾，直颈较高，溜肩，腹微鼓。肩、上腹饰中绳纹间三道旋纹（图二六二，1）。

标本ⅩⅣH9∶26（A型Ⅹ式），口沿、腹部。夹砂深灰陶。口微侈，仰折窄沿，方唇，矮颈，溜肩。肩饰中绳纹间旋纹（图二六二，2）。

鬲足

标本ⅩⅣH9∶10（Ⅴ式），夹砂红陶。棱形柱状足，足窝较深。足内侧有削痕，外侧饰绳纹（图二六二，3）。

标本ⅩⅣH9∶11（Ⅵ式），夹砂灰陶。椭圆形柱状足。足饰绳纹（图二六二，4）。

盂

标本ⅩⅣH9∶14（Ⅶc式），口沿、腹部。泥质浅灰陶。敞口，仰折沿，方唇，束颈，肩微凸。肩饰二道旋纹（图二六二，5）。

标本ⅩⅣH9∶18（Ⅸ式），口沿、腹部。泥质红陶。敞口，平折沿，斜方唇下勾，溜肩。肩饰旋纹（图二六二，6）。

罐

标本ⅩⅣH9∶2（A型Ⅶ式），口沿部。泥质浅灰陶。侈口。平折沿，斜方唇下勾，颈微束，溜肩。肩饰细绳纹（图二六二，7）。

标本ⅩⅣH9∶9（A型Ⅷ式），口、腹部。泥质浅灰陶。侈口，平折沿，沿面较宽，方唇，高束颈，溜肩。颈饰二道旋纹，肩饰中绳纹（图二六二，8）。

盖豆

ⅩⅣH9∶1（Ⅲ式），器残。泥质红陶。口内敛，圜腹，下腹内收。肩腹饰四道旋纹（图二六二，9）。

瓮

ⅩⅣH9∶8（Ⅶ式），口沿部。泥质浅灰陶。敛口，平折沿，方圆唇，束颈，广肩。肩饰三道凹旋纹（图二六二，10）。

板瓦

标本ⅩⅣH9∶24（A型Ⅵ式），瓦头部。泥质浅灰陶。瓦头上扬，直口，平沿，尖唇外侈。瓦头凸面饰旋纹；瓦身凸面饰中绳纹，凹面素饰（图二六二，11）。

标本ⅩⅣH9∶25（A型Ⅶ式），瓦头部。泥质浅灰陶。瓦头微上扬，平沿，唇外侈。瓦头凸面饰数道旋纹；瓦身凸面饰中绳纹，凹面素饰（图二六二，12）。

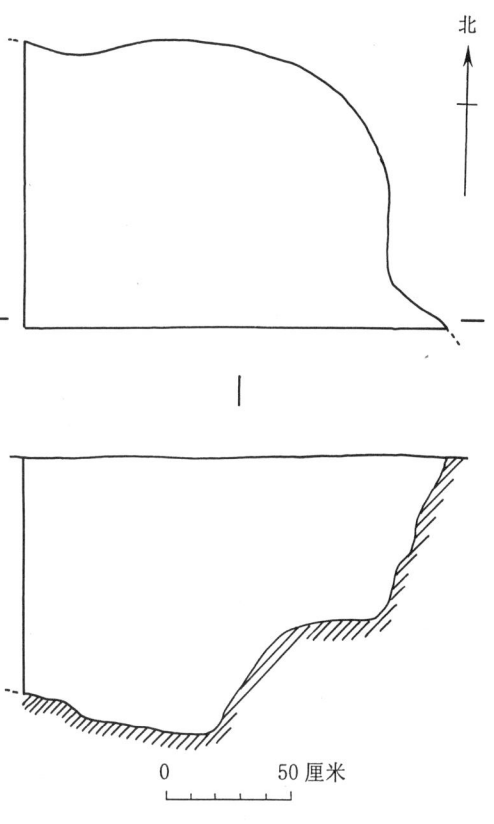

图二六一 ⅩⅣH9 平、剖面图

3. 小结

第ⅩⅣ发掘区位于龙湾遗址东区放鹰台遗址群中部，它的东面是放鹰台宫殿基址群，北面是水章台1、2号宫殿基址群，西面是郑家台宫殿基址群，南面是打鼓台宫殿基址群，它处于宫殿基址群的包围之中，是宫殿群中的间隙区。

从ⅩⅣ区文化堆积情况看，第1层是现代耕土层，第2层是近代淤积层，第3层是战国早中期

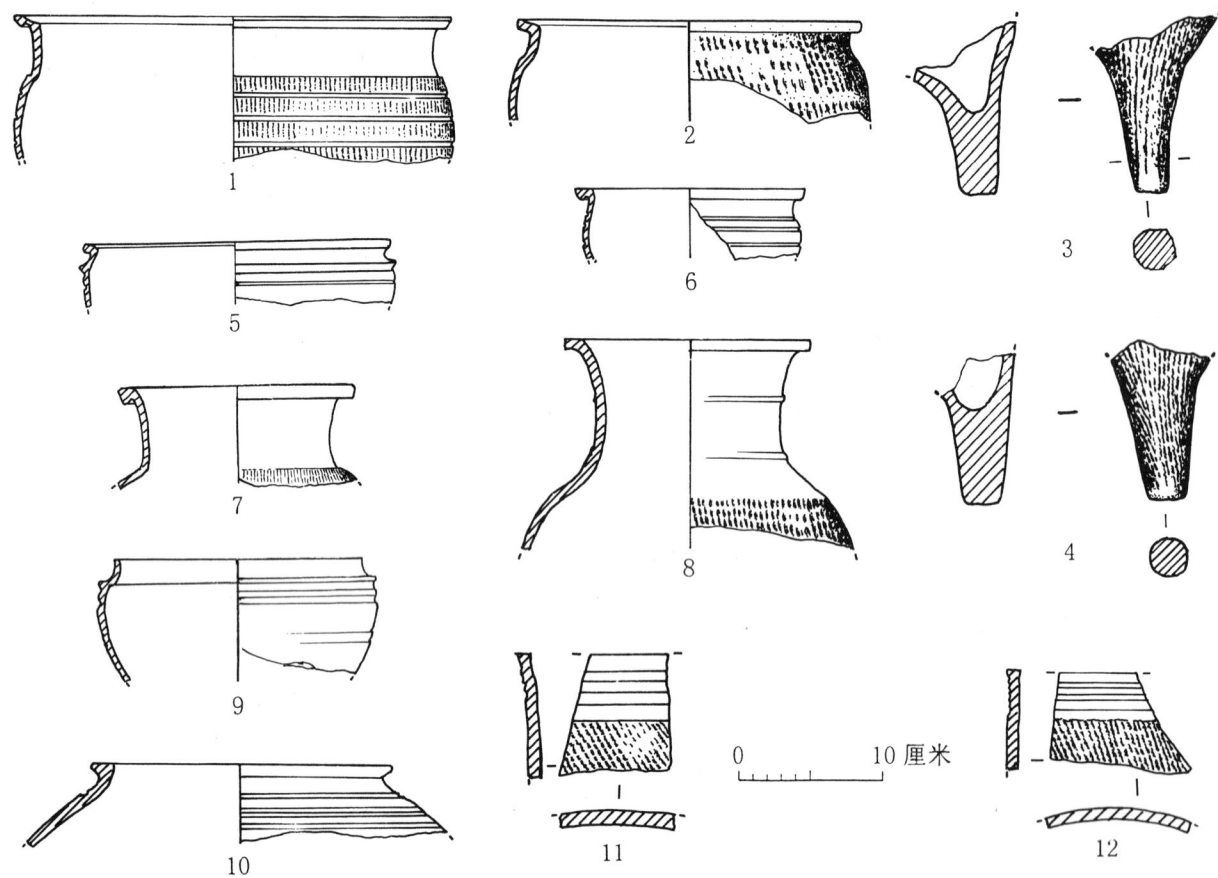

图二六二　ⅩⅣH9 出土陶鬲、盂、罐、盖豆、瓮、瓦

1.A 型Ⅸ式鬲（ⅩⅣH9:6）　2.A 型Ⅹ式鬲（ⅩⅣH9:26）　3.Ⅴ式鬲足（ⅩⅣH9:10）　4.Ⅵ式鬲足（ⅩⅣH9:11）　5.Ⅶc 式盂
（ⅩⅣH9:14）　6.Ⅸ式盂（ⅩⅣH9:18）　7.A 型Ⅶ式罐（ⅩⅣH9:2）　8.A 型Ⅷ式罐（ⅩⅣH9:9）　9.Ⅲ式盖豆（ⅩⅣH9:1）
10.Ⅶ式瓮（ⅩⅣH9:8）　11.A 型Ⅵ式瓦（ⅩⅣH9:24）　12.A 型Ⅶ式瓦（ⅩⅣH9:25）

文化层，堆积很薄，只有 10 厘米左右，此层可能是宫殿使用后期及废弃后的堆积。从出土文物情况看，时代跨度较大，可能为后期扰乱所致。从文化遗迹分布情况而言，这里的灰坑分布密集，但未发现宫殿建筑基址，它与四周宫殿区邻近，可能是宫殿区中生活废弃物的堆积区。

　　ⅩⅣ区遗迹分布密集，在 148 平方米的发掘区内，有水井 1 口、灰坑 9 个、灰沟 1 条，说明东周时期这里人口密集，人类活动频繁，遗迹的时代为春秋早期至战国中期，它与放鹰台 1、3 号宫殿基址的时代大致相同。

　　由此看来，水章台遗址从春秋早期到战国中期，一直为宫殿基址区的重要组成部分。

（四）ⅩⅥ 区（郑家湖遗址）

1. 探方

ⅩⅥAT1

文化层见综述部分。

第2层文化遗物

陶器

甗

标本ⅩⅥAT1②：3（Ⅲ式），口沿部。泥质浅灰陶。侈口，宽折沿微仰，沿边起棱，圆弧唇，靠颈部内凹，颈较高，溜肩。沿面饰数道旋纹，颈饰隐绳纹，肩饰中绳纹，（图二六三，1）。

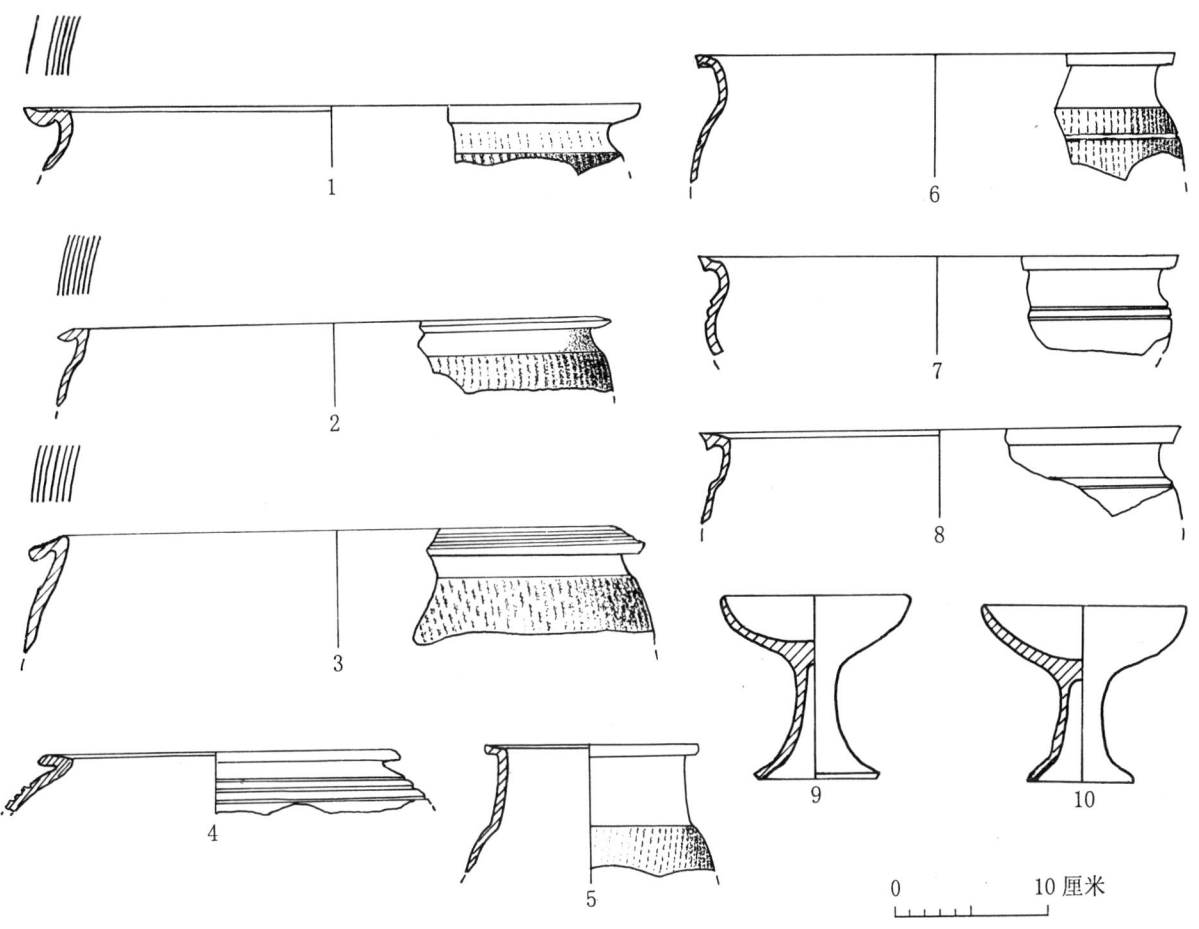

图二六三　ⅩⅥAT1第2、3层出土陶甗、瓮、罐、鬲、盂、豆

1.Ⅲ式甗（ⅩⅥAT1②：3）　2.Ⅷ式甗（ⅩⅥAT1②：4）　3.Ⅸ式甗（ⅩⅥAT1②：5）　4.ⅩⅠb式瓮（ⅩⅥAT1②：7）　5.A型Ⅶ式罐（ⅩⅥAT1②：6）　6.A型Ⅲ式鬲（ⅩⅥAT1③：2）　7.Ⅳ式盂（ⅩⅥAT1③：3）　8.Ⅵ式盂（ⅩⅥAT1③：4）　9.Ⅳ式豆（ⅩⅥAT1③：35）　10.Ⅵ式豆（ⅩⅥAT1③：1）

标本ⅩⅥAT1②：4（Ⅷ式），口沿部。泥质深灰陶。敛口，平折沿外翻，尖唇，颈较矮，溜肩。沿面饰五道旋纹，肩饰直列中绳纹（图二六三，2）。

标本ⅩⅥAT1②：5（Ⅸ式），口沿部。泥质深灰陶。敛口，翻折沿，圆唇，矮颈，溜肩，腹微鼓。沿面施五道凹旋纹，肩饰斜中绳纹（图二六三，3）。

瓮

标本ⅩⅥAT1②：7（ⅩⅠb式），口沿部。泥质深灰陶。敛口，仰折沿，圆唇，矮束颈，广肩。肩饰三道浅凹旋纹（图二六三，4）。

罐

标本ⅩⅥAT1②:6（A型Ⅶ式），口沿部。泥质浅灰陶。口微侈，折沿微仰，斜方唇，束颈较高，溜肩。肩饰斜中绳纹（图二六三，5）。

第3层文化遗物

陶器

鬲

标本ⅩⅥAT1③:2（A型Ⅲ式），口沿部。夹砂红陶。敞口，卷沿，沿面上仰，斜方唇微下勾，束颈较高，溜肩，上腹微鼓。肩饰直列粗绳纹间一道凹旋纹（图二六三，6）。

盂

标本ⅩⅥAT1③:3（Ⅳ式），口沿、腹部。泥质红陶。敞口，卷沿，沿面上仰内凹，斜方唇微下勾，束颈较高，肩微凸，上腹微鼓。肩饰二道凹旋纹（图二六三，7）。

标本ⅩⅥAT1③:4（Ⅵ式），口沿部。泥质红陶。口微侈，仰折沿，斜方唇下勾，颈较高，溜肩。肩部饰一道凹旋纹（图二六三，8）。

豆

标本ⅩⅥAT1③:35（Ⅳ式），器形完整。泥质红陶。盘较浅，口微侈，圜腹壁，细矮柄，喇叭座较矮，座面内弧，柄内中空至盘底。素面（图二六三，9；图版六〇，2）。

标本ⅩⅥAT1③:1（Ⅵ式），器形完整。泥质红陶。盘较深，敞口，弧腹壁，柄较矮粗，喇叭座较高，座面外弧，柄内中空至盘底。素面（图二六三，10）。

ⅩⅥAT2

文化层见综述部分。

第2层文化遗物

陶器

盂

ⅩⅥAT2②:8（Ⅺ式），口沿部。泥质深灰陶。口微侈，翻折沿，尖唇，束颈较矮，溜肩，上腹微鼓。肩饰二道凹旋纹（图二六四，1）。

豆

标本ⅩⅥAT2②:16（Ⅸ式），器形完整。泥质深灰陶。浅盘，敞口，斜弧腹壁，细柄较高，矮喇叭座外弧，柄下部中空。素面（图二六四，2；图版六〇，3）。

瓿

标本ⅩⅥAT2②:7（Ⅶ式），口沿部。泥质红陶。口微侈，平折窄沿，方唇，颈较矮，溜肩，腹微鼓。颈部饰隐绳纹（图二六四，3）。

甑

标本ⅩⅥAT2②:3（Ⅷ式），口沿部。泥质红陶。敛口，平折沿，尖唇，唇下沿靠颈部内凹，颈较矮，溜肩，腹微鼓。沿面饰数道细凹旋纹，颈部饰隐绳纹，肩饰斜中绳纹（图二六四，4）。

瓮

标本ⅩⅥAT2②:4（Ⅷ式），口沿部。泥质浅灰陶。口微侈，平折窄沿，尖圆唇。束颈较矮，

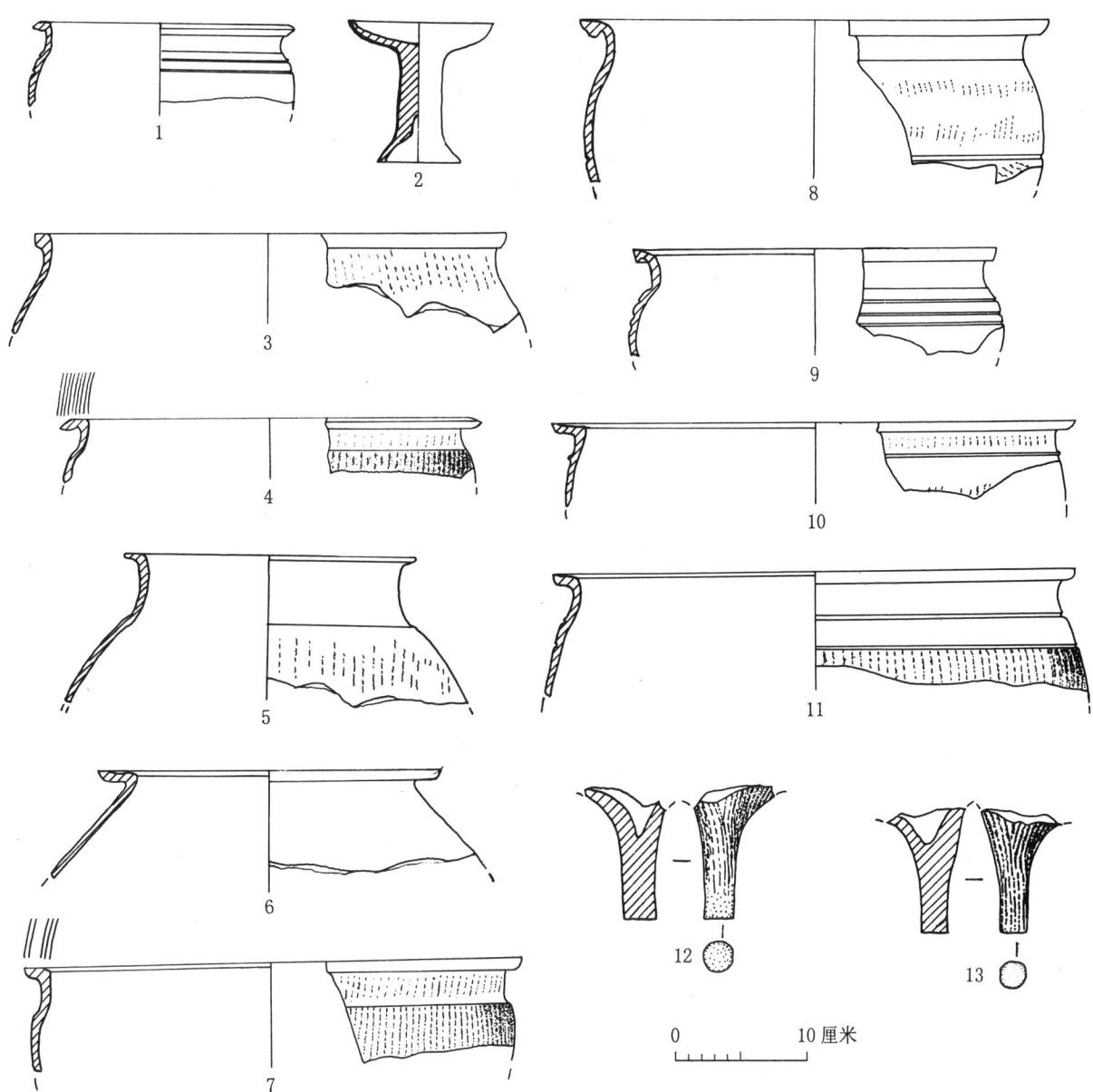

图二六四 ⅩⅥAT2第2、3层出土陶盂、豆、甗、甑、瓮、盆、鬲

1.ⅩⅠ式盂（ⅩⅥAT2②:8） 2.Ⅸ式豆（ⅩⅥAT2②:16） 3.Ⅶ式甗（ⅩⅥAT2②:7） 4.Ⅷ式甑（ⅩⅥAT2②:3） 5.Ⅷ式瓮（ⅩⅥAT2②:4） 6.ⅩⅠa式瓮（ⅩⅥAT2②:5） 7.Ⅲ式盆（ⅩⅥAT2②:6） 8.A型Ⅳ式鬲（ⅩⅥAT2③:1） 9.Ⅳ式盂（ⅩⅥAT2③:4） 10.Ⅱ式盆（ⅩⅥAT2③:6） 11.Ⅲ式盆（ⅩⅥAT2③:5） 12.Ⅳ式鬲足（ⅩⅥAT2③:8） 13.Ⅵ式鬲足（ⅩⅥAT2③:7）

溜肩。腹饰直列粗绳纹（图二六四，5）。

标本ⅩⅥAT2②:5（ⅩⅠa式），口沿部。泥质深灰陶。敛口，仰折沿，沿面较宽，尖唇，束颈，广肩。素面（图二六四，6）。

盆

标本ⅩⅥAT2②:6（Ⅲ式），口沿部。泥质浅灰陶。口微侈，折沿微仰，斜方唇，束颈，肩微突，上腹微鼓。颈部绳纹稍抹，肩饰中绳纹（图二六四，7）。

第 3 层文化遗物

陶器

鬲

标本 ⅩⅥ AT2③：1（A 型Ⅳ式），口沿、腹部。夹砂红陶。口微侈，卷沿，斜方唇下勾，束颈，溜肩。肩饰隐绳纹，腹中部饰一道凹旋纹（图二六四，8）。

鬲足

标本 ⅩⅥ AT2③：8（Ⅳ式），夹砂红陶。棱形柱足，足窝较浅。深足窝。足根部有削痕（图二六四，12）。

标本 ⅩⅥ AT2③：7（Ⅵ式），夹砂红陶。棱形柱足，足窝较浅。足部饰绳纹（图二六四，13）。

盂

标本 ⅩⅥ AT2③：4（Ⅳ式），口沿、腹部。泥质红陶。敞口，卷沿，沿面上仰内凹，斜方唇下勾，束颈较高，溜肩，上腹微鼓。肩饰三道凹旋纹（图二六四，9）。

盆

标本 ⅩⅥ AT2③：6（Ⅱ式），口沿部。泥质红陶。敛口，仰折沿，斜方唇，束颈，溜肩。颈饰隐绳纹，肩饰一道凸棱（图二六四，10）。

标本 ⅩⅥ AT2③：5（Ⅲ式），口沿、腹部。泥质红陶。敛口，仰折沿，斜方唇，束颈，溜肩，腹微鼓。肩饰二道旋纹，腹饰中绳纹（图二六四，11）。

ⅩⅥ AT3

北壁、东壁文化层（图二六五）

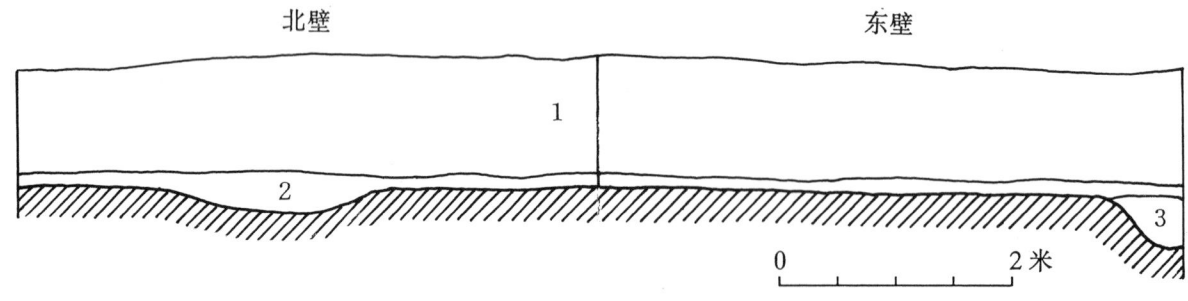

图二六五　ⅩⅥ AT3 北壁、东壁剖面图

第 1 层：淤泥层。厚 82～95 厘米。

第 2 层：分布全方。灰黑土，土质较硬。深 82～95、厚 7～35 厘米。出土遗物有陶鬲、盂、甑、盆等。

第 3 层：局部分布。灰黄土，土质较硬易散。深 105～140、厚 0～43 厘米。出土遗物有陶鬲、盂、罐、瓮及纺轮（见综述文化遗物部分）等。此层下叠压褐色生土。

第 2 层文化遗物

陶器

鬲

标本ⅩⅥAT3②:7（A型Ⅺ式），口沿部。夹砂红陶。直口，折沿外翻，圆唇，矮颈，溜肩。沿面饰数道凹旋纹，肩饰直列粗绳纹（图二六六，1）。标本ⅩⅥAT3②:8（A型Ⅺ式），口沿部。夹砂深灰陶，形制与AT3②:7基本相同（图二六六，2）。

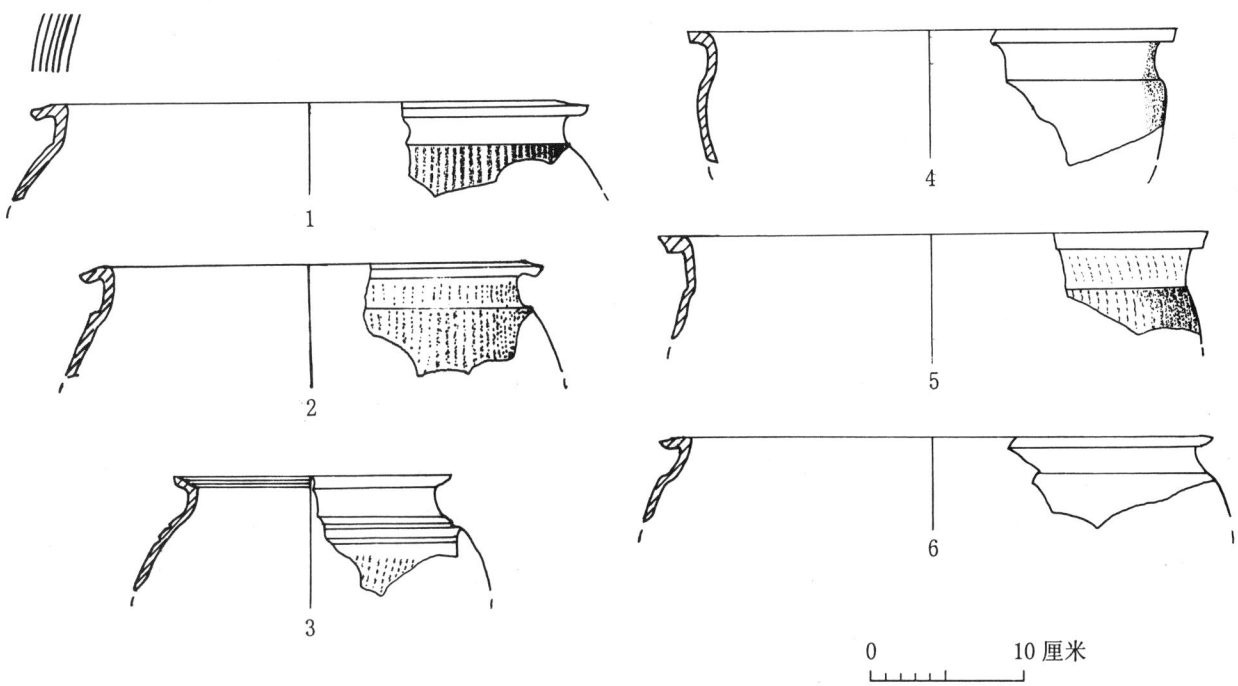

0　　　　　10 厘米

图二六六　ⅩⅥAT3 第 2 层出土陶鬲、盂、甑、盆

1、2.A型Ⅺ式鬲（ⅩⅥAT3②:7、ⅩⅥAT3②:8）　3.B型Ⅷ式鬲（ⅩⅥAT3②:5）　4.Ⅴa式盂（ⅩⅥAT3②:1）　5.Ⅵ式甑（ⅩⅥAT3②:6）　6.Ⅴ式盆（ⅩⅥAT3②:4）

标本ⅩⅥAT3②:5（B型Ⅷ式），口沿、腹部。夹砂红陶。敛口，宽仰折沿，斜方唇，矮束颈，溜肩，鼓腹。肩饰凹旋纹，腹饰斜粗绳纹（图二六六，3）。

盂

标本ⅩⅥAT3②:1（Ⅴa式），口沿部。泥质浅灰陶。敞口，卷沿，沿面上仰，斜方唇，颈较矮，溜肩，上腹微鼓。素面（图二六六，4）。

甑

标本ⅩⅥAT3②:6（Ⅵ式），口沿部。泥质浅灰陶。口微侈，平折沿，斜方唇，颈矮，溜肩。颈饰隐绳纹，肩饰直列中绳纹（图二六六，5）。

盆

标本ⅩⅥAT3②:4（Ⅴ式），口沿部。泥质浅灰陶。敛口，折沿稍外翻，尖唇，束颈。素面（图二六六，6）。

第 3 层文化遗物

陶器

鬲

标本ⅩⅥAT3③:16（A型Ⅲ式），口沿部。夹砂红陶。敞口，卷沿，沿面上仰内凹，双叠唇，颈较高，溜肩。肩饰直列中绳纹间一道凹旋纹（图二六七，1）。

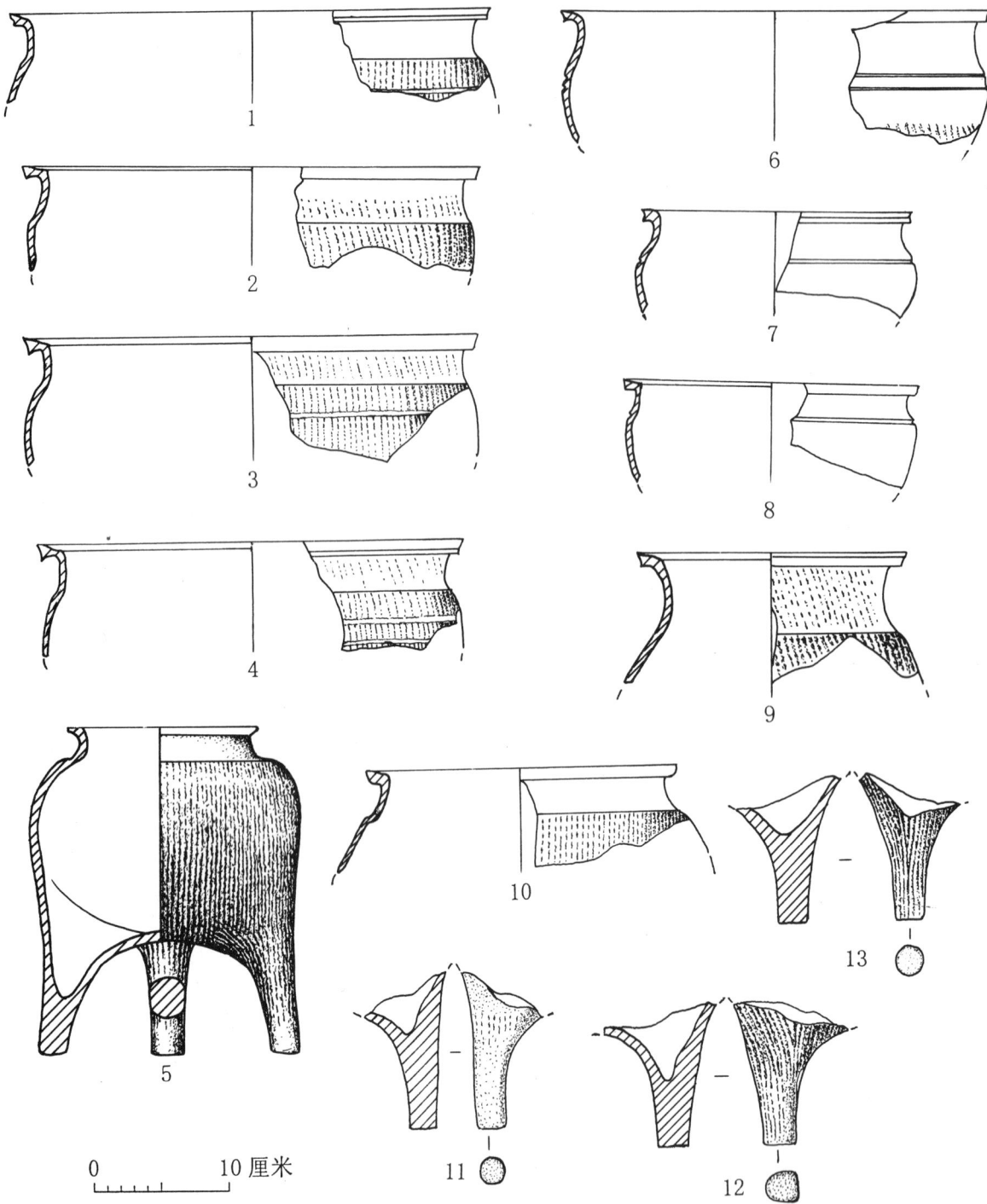

图二六七　ⅩⅥAT3 第 3 层出土陶鬲、盂、罐、瓮

1.A型Ⅲ式鬲（ⅩⅥAT3③:16）　2.A型Ⅵ式鬲（ⅩⅥAT3③:17）　3.A型Ⅶ式鬲（ⅩⅥAT3③:19）　4.A型Ⅷ式鬲（ⅩⅥAT3③:21）　5.B型Ⅵ式鬲（ⅩⅥAT3③:3）　6.Ⅱ式盂（ⅩⅥAT3③:12）　7.Ⅲ式盂（ⅩⅥAT3③:11）　8.Ⅶc式盂（ⅩⅥAT3③:15）　9.A型Ⅵ式罐（ⅩⅥAT3③:27）　10.Ⅱb式瓮（ⅩⅥAT3③:2）　11.Ⅰ式鬲足（ⅩⅥAT3③:24）　12.Ⅴ式鬲足（ⅩⅥAT3③:25）　13.Ⅵ式鬲足（ⅩⅥAT3③:6）

标本ⅩⅥAT3③:17（A型Ⅵ式），口沿部。夹砂红陶。口微侈，仰折沿，沿面微凹，斜方唇微下勾，颈较高，溜肩。颈部绳纹稍抹，颈以下饰直列中绳纹（图二六七，2）。

标本ⅩⅥAT3③:19（A型Ⅶ式），口沿部。夹砂红陶。口微侈，仰折沿，沿面微凹，斜方唇下勾，颈较高，溜肩，上腹微鼓。颈饰隐绳纹，肩饰直列中绳纹间一道凹旋纹（图二六七，3）。

标本ⅩⅥAT3③:21（A型Ⅷ式），口沿、腹部。夹砂红陶。口微侈，仰折沿，沿面微凹，双叠唇下勾，颈较高，溜肩，腹微鼓。颈饰隐绳纹，肩饰直列中绳纹，上腹饰二道浅凹旋纹（图二六七，4）。

标本ⅩⅥAT3③:3（B型Ⅵ式），器形完整。夹砂浅灰陶。口微侈，平折沿，斜方唇，矮束颈，凸肩，上腹鼓，腹较深，下腹略收，弧裆较高，三柱足略外撇，足窝较深。肩以下饰直列中绳纹（图二六七，5；图版六〇，4）。

鬲足

标本ⅩⅥAT3③:24（Ⅰ式），夹砂红陶。足窝较深，圆形柱足矮小。素面（图二六七，11）。

标本ⅩⅥAT3③:25（Ⅴ式），夹砂红陶。棱形柱足。内侧有削痕，外侧饰绳纹（图二七六，12）。

标本ⅩⅥAT3③:6（Ⅵ式），夹砂红陶。棱形柱足。有削痕，饰绳纹（图二六七，13）。

盂

标本ⅩⅥAT3③:12（Ⅱ式），口沿、腹部。泥质浅灰陶。侈口，卷沿上仰，斜方唇，高颈，溜肩。肩饰二道凹旋纹，腹饰直列粗绳纹（图二六七，6）。

标本ⅩⅥAT3③:11（Ⅲ式），口沿、腹部。泥质红陶。侈口，卷沿，沿面上仰，双叠唇微下勾，颈较高，溜肩，上腹微鼓。肩部饰一道凹旋纹（图二六七，7）。

标本ⅩⅥAT3③:15（A型Ⅶc式），口沿、腹部。泥质红陶。侈口，仰折窄沿，斜方唇，颈较高，上腹微鼓。肩饰一道凹旋纹（图二六七，8）。

罐

标本ⅩⅥAT3③:27（A型Ⅵ式），口沿部。泥质红陶。敞口，折沿，沿面上仰，双叠唇，束颈较粗矮，溜肩。颈部绳纹稍抹，肩饰斜中绳纹（图二六七，9）。

瓮

标本ⅩⅥAT3③:2（Ⅱb式），口沿部。泥质红陶。口微侈，卷沿，斜圆弧唇，束颈，溜肩。肩饰直列中绳纹（图二六七，10）。

ⅩⅥAT4

北壁、东壁文化层（图二六八）

第1层：淤泥层。厚70～90厘米。

第2层：分布全方。灰黑土，土质较硬。深70～90、厚15～25厘米。出土遗物有陶盂、豆、甑、盆、鬲足等。

第3层：局部分布。灰黄土。土质坚硬易散。深95～105、厚0～40厘米。出土遗物有陶鬲、盂、罐、豆、甑、甗及筒瓦等。此层下叠压褐色生土。

第2层文化遗物

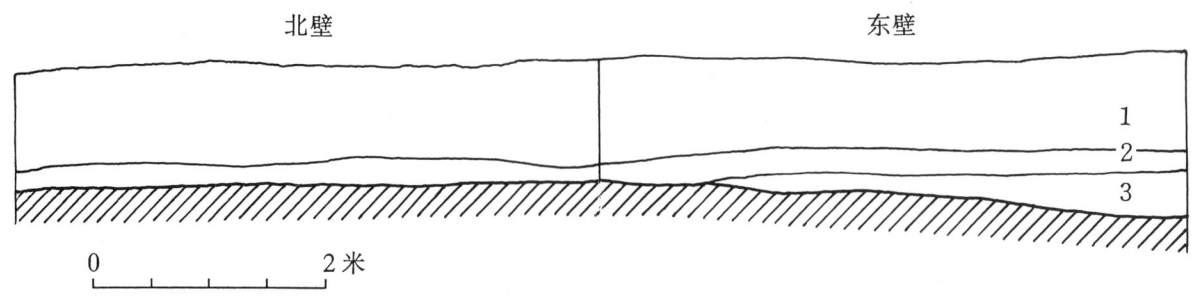

图二六八　ⅩⅥAT4 北壁、东壁剖面图

陶器

盂

标本ⅩⅥAT4②:4（Ⅷb式），口沿、腹部。泥质红陶。口微侈，平折窄沿，方圆唇，束颈较矮，溜肩，腹微鼓。肩饰一道浅细凹旋纹，腹饰斜细绳纹（图二六九，1）。

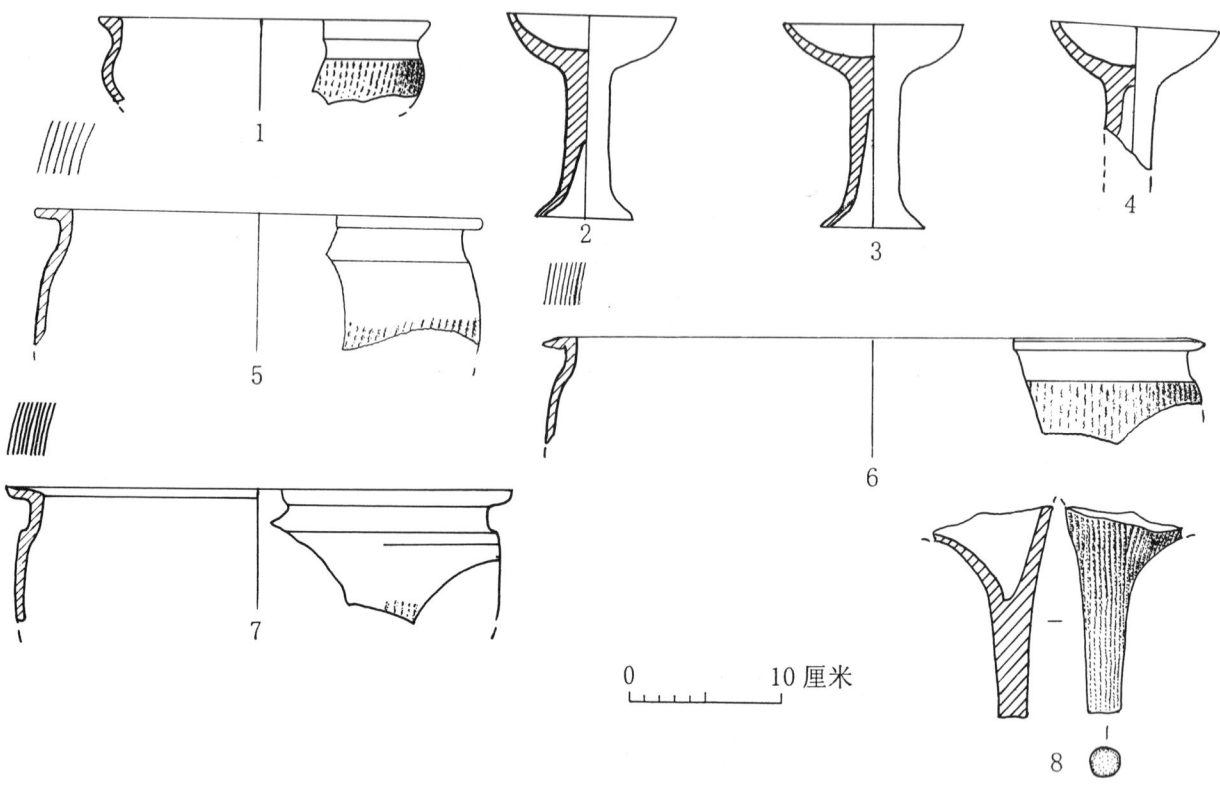

图二六九　ⅩⅥAT4 第 2 层出土陶盂、豆、甑、盆、鬲足

1.Ⅷb式盂（ⅩⅥAT4②:4）　2.Ⅸ式豆（ⅩⅥAT4②:15）　3.Ⅹ式豆（ⅩⅥAT4②:1）　4.Ⅺ式豆（ⅩⅥAT4②:19）　5.Ⅳ式甑（ⅩⅥAT4②:12）　6.Ⅷ式甑（ⅩⅥAT4②:13）　7.Ⅲ式盆（ⅩⅥAT4②:7）　8.Ⅶ式鬲足（ⅩⅥAT4②:22）

豆

标本ⅩⅥAT4②:15（Ⅸ式），器形完整。泥质红陶。浅盘，敞口，圜腹壁，细柄较高，喇叭座外弧，柄下部中空。素面（图二六九，2；图版六一，1）。

标本ⅩⅥAT4②:1（Ⅹ式），泥质深灰陶。敞口，盘较浅，弧腹壁，柄较粗，喇叭座外弧，柄内大部分中空。素面（图二六九，3；图版六一，2）。

标本 ⅩⅥAT4②:19（Ⅺ式），盘、柄部。泥质深灰陶。敞口，浅盘，斜弧腹壁，柄内中空至盘底。素面（图二六九，4）。

甗

标本 ⅩⅥAT4②:12（Ⅳ式），口沿部。泥质浅灰陶。敛口，平折沿，方圆唇，颈较矮，溜肩，腹微鼓。沿面饰四道凹旋纹，腹饰斜中绳纹（图二六九，5）。

标本 ⅩⅥAT4②:13（Ⅷ式），口沿部。泥质深灰陶。敛口，翻折沿，尖唇，颈较矮，溜肩。沿面饰凹旋纹，肩饰斜中绳纹（图二六九，6）。

盆

标本 ⅩⅥAT4②:7（Ⅲ式），口沿、腹部。泥质浅灰陶。敛口，仰折沿，沿边起棱，圆弧唇，束颈较高，溜肩。沿面饰数道凹旋纹，腹饰斜中绳纹（图二六九，7）。

鬲足

标本 ⅩⅥAT4②:22（Ⅶ式），夹砂红陶。矮裆，柱足粗高。足饰绳纹（图二六九，8）。

第 3 层文化遗物

陶器

鬲

标本 ⅩⅥAT4③:15（A 型Ⅲ式），口沿部。夹砂红陶。侈口，卷沿，沿面上仰，斜方唇下勾，束颈较高，溜肩，上腹微鼓。颈饰隐绳纹，肩饰直列细绳纹（图二七○，1）。

标本 ⅩⅥAT4③:18（A 型Ⅵ式），口沿部。夹砂红陶。口微侈，仰折沿，斜方唇，束颈较矮，溜肩，上腹微鼓。腹部饰直列中绳纹（图二七○，2）。

标本 ⅩⅥAT4③:19（A 型Ⅶ式），口沿、腹部。夹砂红陶。口微侈，仰折沿，沿面微凹，斜方唇微下勾，颈较高，溜肩，上腹微鼓。腹饰直列细绳纹（图二七○，3）。

标本 ⅩⅥAT4③:21（A 型Ⅷ式），口沿、腹部。夹砂红陶。侈口，仰折窄沿，沿面微凹，双叠唇下勾，束颈较高，溜肩，上腹微鼓。肩、腹饰直列粗绳纹，上腹饰一道凹旋纹（图二七○，4）。

标本 ⅩⅥAT4③:9（B 型Ⅵ式）。口沿、腹部。夹砂红陶。口微侈，平折沿，双叠唇，束颈，溜肩，腹微鼓。颈部绳纹稍抹，肩、腹饰直列中绳纹，上腹饰二道凹旋纹（图二七○，5）。

鬲足

标本 ⅩⅥAT4③:36（Ⅲ式），夹砂红陶。形体细矮，足窝深，棱形柱足。足上部饰绳纹，下部有削痕（图二七○，11）。

标本 ⅩⅥAT4③:37（Ⅳ式），夹砂红陶。足窝较深，棱形柱足。饰绳纹，根部有削痕（图二七○，12）。

盂

ⅩⅥAT4③:29（Ⅵ式），口沿部。泥质红陶。侈口，仰折沿，沿面微凹，斜方唇下勾，颈较高，溜肩。颈饰隐绳纹，肩饰二道凹旋纹（图二七○，6）。

罐

ⅩⅥAT4③:27（A 型Ⅳa 式），口沿部。泥质红陶。敞口，卷沿，沿面上仰内凹，斜方唇下勾，颈较粗矮。颈饰隐绳纹（图二七○，7）。

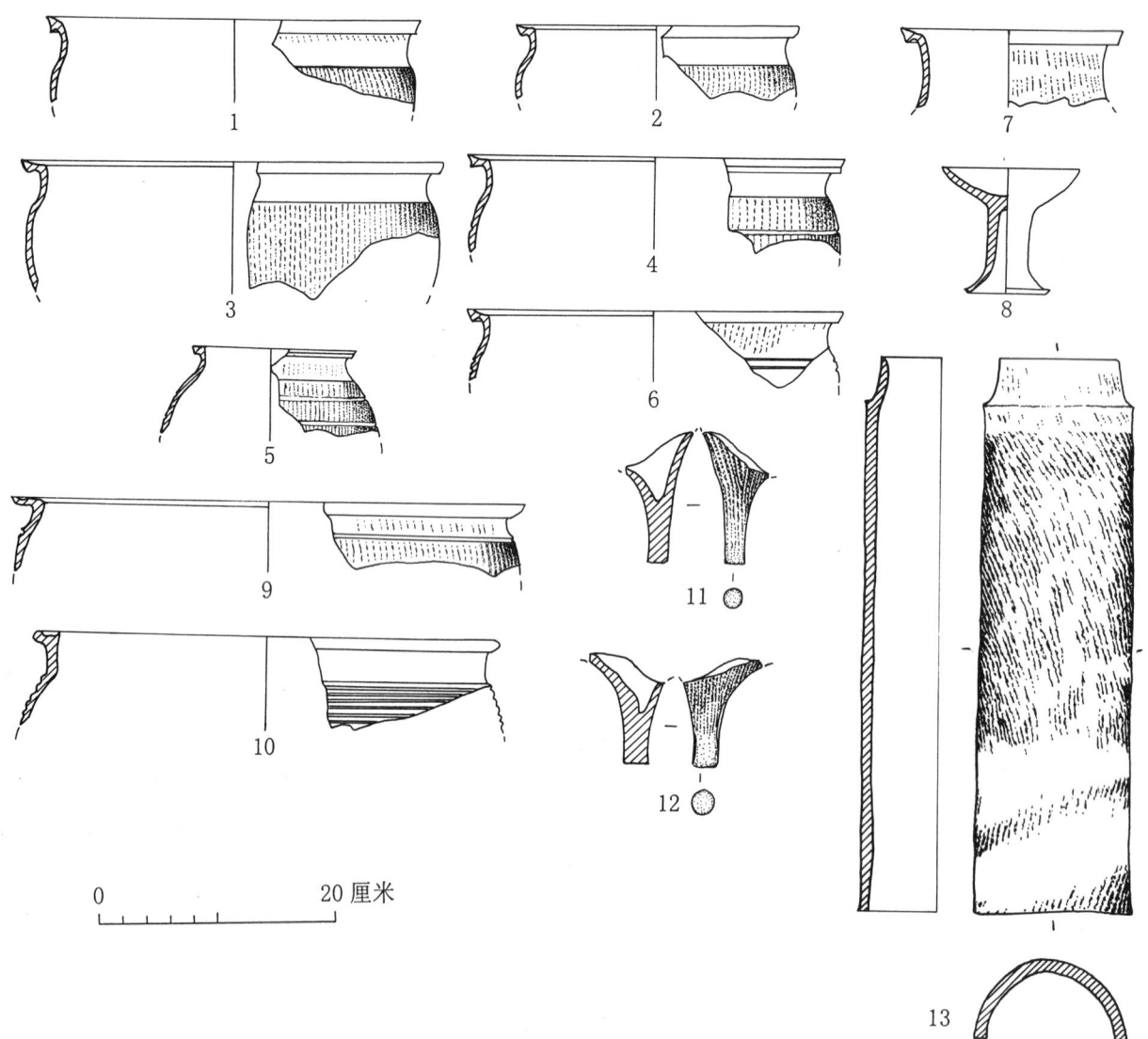

图二七〇　ⅩⅥAT4 第 3 层出土陶鬲、盂、罐、豆、甑、瓿、筒瓦

1.A 型Ⅲ式鬲（ⅩⅥAT4③:15）　2.A 型Ⅵ式鬲（ⅩⅥAT4③:18）　3.A 型Ⅶ式鬲（ⅩⅥAT4③:19）　4.A 型Ⅷ式鬲（ⅩⅥAT4③:21）
5.B 型Ⅵ式鬲（ⅩⅥAT4③:9）　6.Ⅵ式盂（ⅩⅥAT4③:29）　7.A 型Ⅳa 式罐（ⅩⅥAT4③:27）　8.Ⅴ式豆（ⅩⅥAT4③:12）　9.Ⅲ
式甑（ⅩⅥAT4③:4）　10.Ⅶ式瓿（ⅩⅥAT4③:34）　11.Ⅲ式鬲足（ⅩⅥAT4③:36）　12.Ⅳ式鬲足（ⅩⅥAT4③:37）　13.A 型Ⅵ式
筒瓦（ⅩⅥAT4③:39）

豆

标本ⅩⅥAT4③:12（Ⅴ式），器形完整。泥质浅灰陶。敞口，盘较浅，弧腹斜收，柄粗矮，矮喇叭座内弧，柄内中空至盘底。素面（图二七〇，8；图版六一，3）。

甑

标本ⅩⅥAT4③:4（Ⅲ式），口沿部。泥质红陶。敛口，折沿微仰，沿面边沿起棱，圆唇，束颈，溜肩。颈部绳纹稍抹，肩饰直列中绳纹间一道凹旋纹（图二七〇，9）。

瓿

标本ⅩⅥAT4③:34（Ⅶ式），口沿部。泥质红陶。直口，平折沿，沿面有凹槽。斜方唇，直颈较高，溜肩。肩部饰数道凹旋纹（图二七〇，10）。

筒瓦

ⅩⅥAT4③：39（A型Ⅵ式），器形完整。泥质浅灰陶。口微侈，尖唇，颈内斜，矮斜肩。瓦头、肩绳纹稍抹；瓦身凸面饰斜中绳纹，凹面素饰（图二七〇，13；图版六一，4）。

ⅩⅥAT5

东壁、北壁文化层（图二七一）

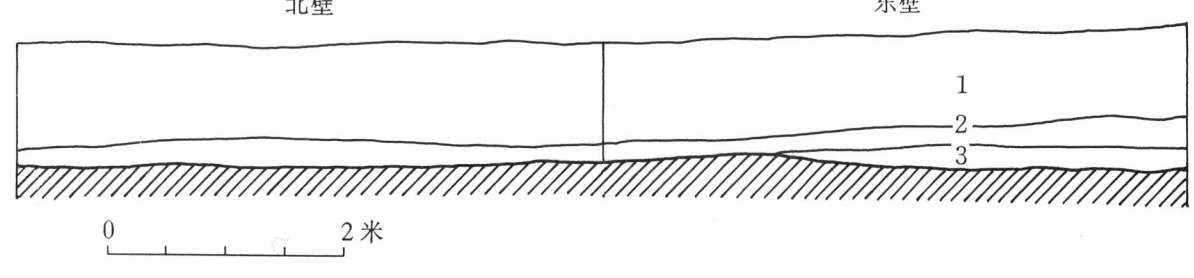

图二七一　ⅩⅥAT5东壁、北壁剖面图

第1层：淤泥层。厚70～90厘米。

第2层：局部分布。灰黑土，土质较硬。深70～90、厚10～25厘米。出土遗物有陶豆、甗、瓮、鬲足等。此层部分叠压褐色生土。

第3层：局部分布。灰黄土，土质较硬易散。深95～105、厚0～20厘米。出土遗物有陶鬲、盂、瓮等。此层叠压褐色生土。

第2层文化遗物

陶器

豆

标本ⅩⅥAT5②：9（Ⅵ式），柄、座部。泥质红陶。柄和喇叭座均较矮，座面外弧，柄下部中空。素面（图二七二，1）。

标本ⅩⅥAT5②：8（Ⅹ式），柄、座部。泥质红陶。柄较高，高喇叭座，座面稍内弧，柄下部中空。素面（图二七二，2）。

甗

标本ⅩⅥAT5②：1（Ⅷ式），口沿部。泥质深灰陶。敛口，折沿外斜，沿面上弧，斜方唇，矮颈，溜肩。沿面饰五道凹旋纹，肩饰斜细绳纹（图二七二，3）。

标本ⅩⅥAT5②：2（Ⅸ式），口沿部。泥质深灰陶。口微侈，翻折沿，圆唇，颈较矮，肩微凸。沿面饰六道凹旋纹，肩饰直列中绳纹（图二七二，4）。

瓮

标本ⅩⅥAT5②：5（Ⅶ式），口沿部。泥质浅灰陶。直口，平折窄沿，方圆唇，束颈较高，广肩。腹饰直列粗绳纹（图二七二，5）。

鬲足

标本ⅩⅥAT5②：3（Ⅷ式），夹砂红陶。足窝浅，柱足较高较粗。满饰绳纹（图二七二，6）。

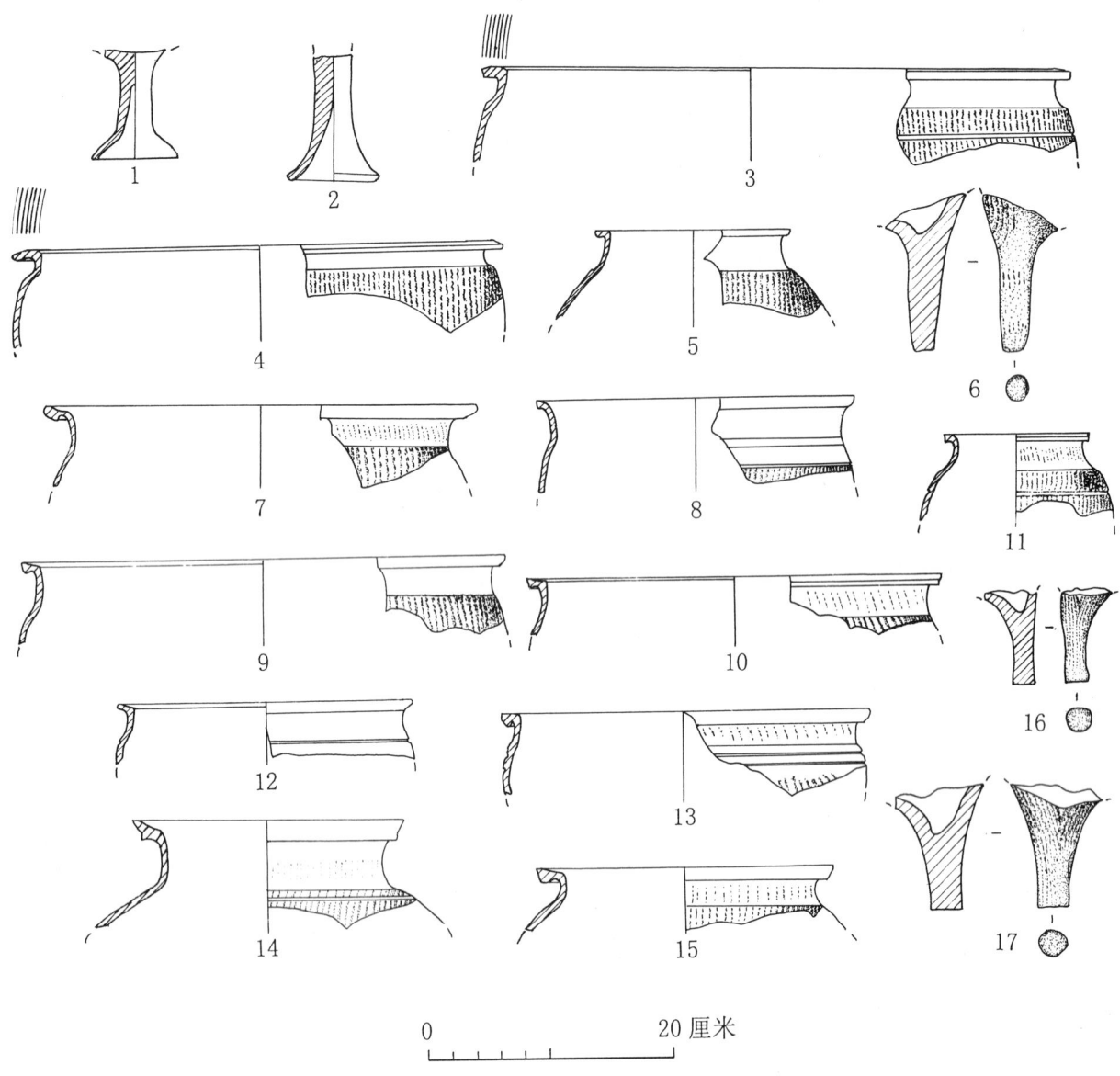

0   20 厘米

图二七二 ⅩⅥAT5 第 2、3 层出土陶豆、甑、瓮、鬲、盂

1.Ⅵ式豆（ⅩⅥAT5②:9） 2.Ⅹ式豆（ⅩⅥAT5②:8） 3.Ⅷ式甑（ⅩⅥAT5②:1） 4.Ⅸ式甑（ⅩⅥAT5②:2） 5.Ⅶ式瓮（ⅩⅥAT5②:5） 6.Ⅷ式鬲足（ⅩⅥAT5②:3） 7.A 型Ⅱ式鬲（ⅩⅥAT5③:8） 8.A 型Ⅰ式鬲（ⅩⅥAT5③:5） 9.A 型Ⅵ式鬲（ⅩⅥAT5③:6） 10.A 型Ⅷ式鬲（ⅩⅥAT5③:9） 11.B 型Ⅶ式鬲（ⅩⅥAT5③:1） 12.Ⅶb 式盂（ⅩⅥAT5③:15） 13.Ⅷa 式盂（ⅩⅥAT5③:2） 14.Ⅱa 式瓮（ⅩⅥAT5③:12） 15.Ⅱb 式瓮（ⅩⅥAT5③:13） 16.Ⅳ式鬲足（ⅩⅥAT5③:16） 17.Ⅴ式鬲足（ⅩⅥAT5③:17）

第 3 层文化遗物

陶器

鬲

标本ⅩⅥAT5③:5（A 型Ⅰ式），口沿部。夹砂红陶。侈口，卷沿，斜方唇，束颈较高，溜肩。颈饰二道凹旋纹，肩饰斜中绳纹（图二七二，8）。

标本ⅩⅥAT5③:8（A 型Ⅱ式），口沿部。夹砂红陶。敞口，卷沿，沿面上仰内凹，斜方唇下勾，唇下沿宽薄紧贴沿面，束颈较高，溜肩。颈饰隐绳纹，肩饰直列中绳纹（图二七二，7）。

标本ⅩⅥAT5③:6（A型Ⅵ式），口沿部。夹砂红陶。口微侈，仰折窄沿，斜方唇微下勾，束颈较高，溜肩。肩饰直列中绳纹（图二七二，9）。

标本ⅩⅥAT5③:9（A型Ⅷ式），口沿部。夹砂红陶。侈口，仰折窄沿，双叠唇下勾，颈较高，溜肩。颈饰隐绳纹，肩饰直列中绳纹（图二七二，10）。

标本ⅩⅥAT5③:1（B型Ⅶ式），口沿部。夹砂红陶。口微侈，平折窄沿，双叠方唇，束颈较高，肩微凸，腹微鼓。颈饰隐绳纹，肩饰斜中绳纹间一道凹旋纹（图二七二，11）。

鬲足

标本ⅩⅥAT5③:16（Ⅳ式），夹砂红陶。棱形柱足。足上部饰绳纹，根部有刮削痕迹（图二七二，16）。

标本ⅩⅥAT5③:17（Ⅴ式），夹砂红陶。足窝较深，棱形粗柱足。内侧有刮削痕迹，外侧饰绳纹（图二七二，17）。

盂

标本ⅩⅥAT5③:15（Ⅶb式），口沿部。泥质红陶。侈口，仰折窄沿，圆方唇，颈较高，溜肩。肩部饰一道凹旋纹（图二七二，12）。

标本ⅩⅥAT5③:2（Ⅷa式），口沿部。泥质红陶。口微敛，平折窄沿，斜方唇下勾，束颈较矮，溜肩，腹微鼓。颈饰隐绳纹，肩饰三道凹旋纹，腹饰直列粗绳纹（图二七二，13）。

瓮

标本ⅩⅥAT5③:12（Ⅱa式），口沿部。泥质红陶。侈口，卷沿，沿面上仰内凹，斜方唇内凹，束颈较高，广肩。肩饰中绳纹及一道凹旋纹（图二七二，14）。

标本ⅩⅥAT5③:13（Ⅱb式），口沿部。泥质红陶。侈口，卷沿，沿面微上仰，斜方唇靠颈部有凹槽，束颈较矮，广肩。颈饰隐绳纹，肩饰中绳纹（图二七二，15）。

ⅩⅥBT1

文化层见综述部分。

第2层文化遗物

陶器

甑

标本ⅩⅥBT1②:2（Ⅷ式），口沿部。泥质深灰陶。敛口，翻折沿，尖唇，唇下靠颈部有凹槽，颈较矮，肩微凸。沿面饰凹旋纹，腹饰直列细绳纹（图二七三，1）。

瓮

ⅩⅥBT1②:3（Ⅹ式），口沿部。泥质深灰陶。敛口，平折沿，斜方唇，矮颈，溜肩。肩饰直列细绳纹（图二七三，2）。

鬲足

标本ⅩⅥBT1②:4（Ⅶ式），夹砂红陶。矮裆，柱足较高粗。足饰绳纹（图二七三，3）。

第3层文化遗物

陶器

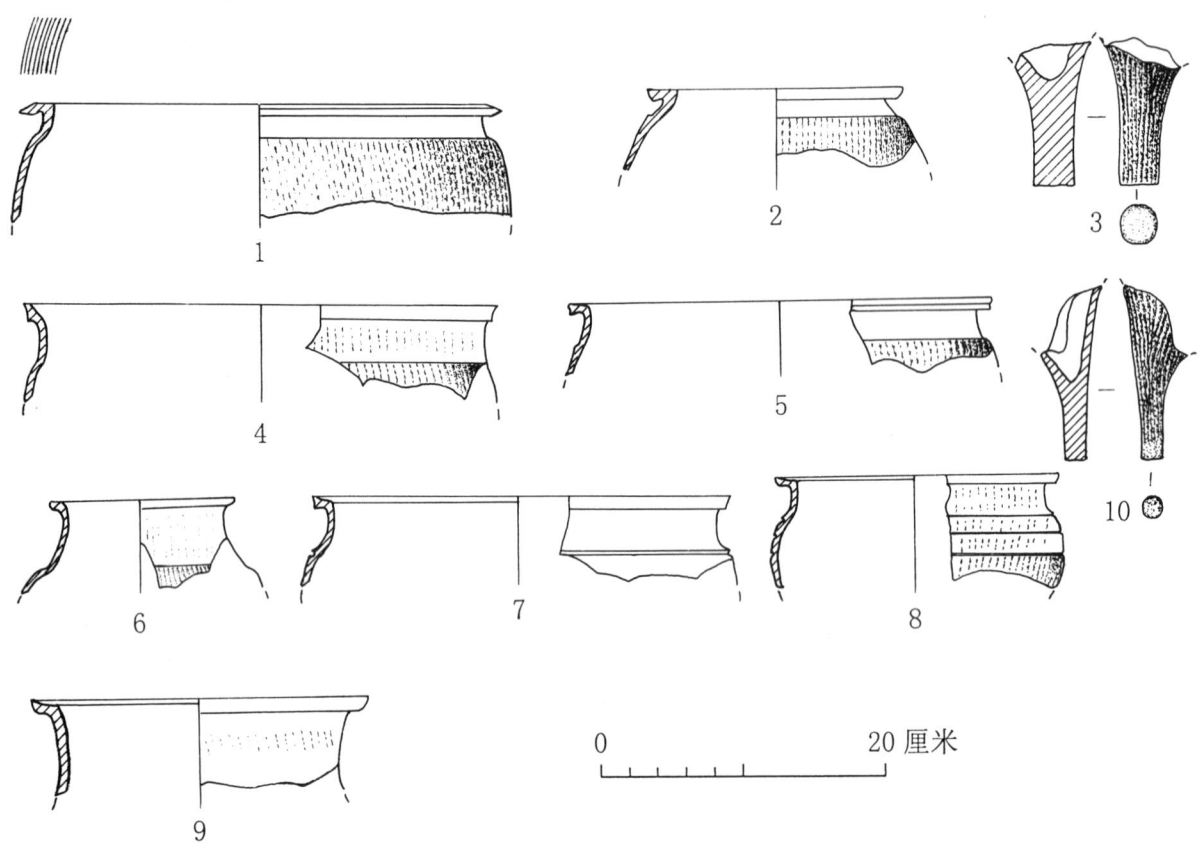

图二七三　ⅩⅥBT1 第 2、3 层出土陶甑、瓮、鬲、盂、罐

1. Ⅷ式甑（ⅩⅥBT1②:2）　2. Ⅹ式瓮（ⅩⅥBT1②:3）　3. Ⅶ式鬲足（ⅩⅥBT1②:4）　4. A型Ⅱ式鬲（ⅩⅥBT1③:10）　5. A型Ⅷ式鬲（ⅩⅥBT1③:3）　6. B型Ⅶ式鬲（ⅩⅥBT1③:1）　7. Ⅵ式盂（ⅩⅥBT1③:11）　8. Ⅷb式盂（ⅩⅥBT1③:9）　9. A型Ⅶ式罐（ⅩⅥBT1③:7）　10. Ⅳ式鬲足（ⅩⅥBT1③:13）

鬲

标本ⅩⅥBT1③:10（A型Ⅱ式），口沿部。夹砂红陶。敞口，卷沿，沿面上仰微内凹，斜方唇，唇沿宽薄紧贴沿面，颈较高，溜肩。颈部绳纹稍抹，肩饰直列粗绳纹（图二七三，4）。

标本ⅩⅥBT1③:3（A型Ⅷ式），夹砂红陶。侈口，平折窄沿，双叠唇微下勾，颈较高。肩饰直列中绳纹（图二七三，5）。

标本ⅩⅥBT1③:1（B型Ⅶ式），口沿部。夹砂浅灰陶。口微侈，平折窄沿，圆唇，束颈较高，肩微凸。颈饰隐绳纹，肩饰直列中绳纹（图二七三，6）。

鬲足

标本ⅩⅥBT1③:13（Ⅳ式），夹砂红陶。足窝较深，棱形柱足。根部有削痕，根部以上饰绳纹（图二七三，10）。

盂

标本ⅩⅥBT1③:11（Ⅵ式），口沿部。泥质红陶。口微侈，仰折窄沿，沿面内凹，斜方唇微下勾，颈较直，溜肩，上腹微鼓。肩部饰一道凹旋纹（图二七三，7）。

标本ⅩⅥBT1③:9（Ⅷb式），口沿、腹部。泥质红陶。口微侈，折沿微仰，斜方唇，束颈，溜肩，上腹微鼓。颈部绳纹稍抹，肩饰三道凹旋纹间隐绳纹，腹饰直列中绳纹（图二七三，8）。

罐

标本ⅩⅥBT1③:7（A型Ⅶ式），口沿部。泥质浅灰陶。侈口，仰折沿，沿面微凹，斜方唇下弧，束颈较高。颈饰隐绳纹（图二七三，9）。

ⅩⅥBT2

北壁文化层（图三六）

第1层：淤泥层。厚75～95厘米。

第2层：分布全方。灰黑土，土质较硬。深75～95、厚10～20厘米。出土遗物有陶鬲、豆、甑等。

第3层：局部分布。灰黄土，土质较硬易散。深100～110、厚20～45厘米。出土遗物有陶鬲、鬲足和铜刀（见综述文化遗物部分）等。此层下叠压褐色生土和ⅩⅥH7、ⅩⅥH8、ⅩⅥH9。

第2层文化遗物

陶器

鬲

ⅩⅥBT2②:7（A型Ⅵ式），口沿部。夹砂红陶。口微侈，仰折窄沿，斜方唇，颈较矮，溜肩。腹饰直列中绳纹（图二七四，1）。

豆

标本ⅩⅥBT2②:5（Ⅵ式），柄、座部。泥质浅灰陶。矮粗柄，喇叭形座，座面外弧，柄内中空至盘底。素面（图二七四，2）。标本ⅩⅥBT2②:1（Ⅵ式），器形完整。泥质浅灰陶。盘较浅，圜腹壁，粗矮柄，矮喇叭座外弧，柄内中空至盘底。素面（图二七四，3；图版六二，1）。

标本ⅩⅥBT2②:4（Ⅸ式），柄、座部。泥质深灰陶。柄较高，斜直喇叭形座，座沿上凸，柄下部中空。素面（图二七四，4）。

甑

标本ⅩⅥBT2②:2（Ⅷ式），口沿部。泥质深灰陶。敛口，折沿外翻，尖圆唇，矮颈，溜肩，上腹微鼓。沿面饰五道旋纹，肩饰斜中绳纹（图二七四，5）。

第3层文化遗物

陶器

鬲

标本ⅩⅥBT2③:5（A型Ⅳ式），口沿部。夹砂红陶。侈口，卷沿，沿面上仰，斜方唇，束颈较高，溜肩。颈饰隐绳纹，肩饰直列中绳纹（图二七四，6）。

标本ⅩⅥBT2③:2（A型Ⅷ式），器形完整。夹砂红陶。侈口，仰折沿，沿面微凹，双叠唇，颈较矮，弧肩微凸，上腹微鼓，下腹微收，裆近平，足窝较浅，三柱足直立。肩以下饰直列粗绳纹，裆部饰横粗绳纹（图二七四，7；图版六二，2）。ⅩⅥBT2③:1（A型Ⅷ式），口沿部。夹砂红陶。侈口，仰折窄沿，双叠唇下勾，颈较高，溜肩。颈饰隐绳纹，肩饰直列中绳纹（图二七四，8）。

鬲足

标本ⅩⅥBT2③:8（Ⅴ式），夹砂红陶。棱形柱足，足窝较浅。内侧有削痕，外侧饰绳纹（图二

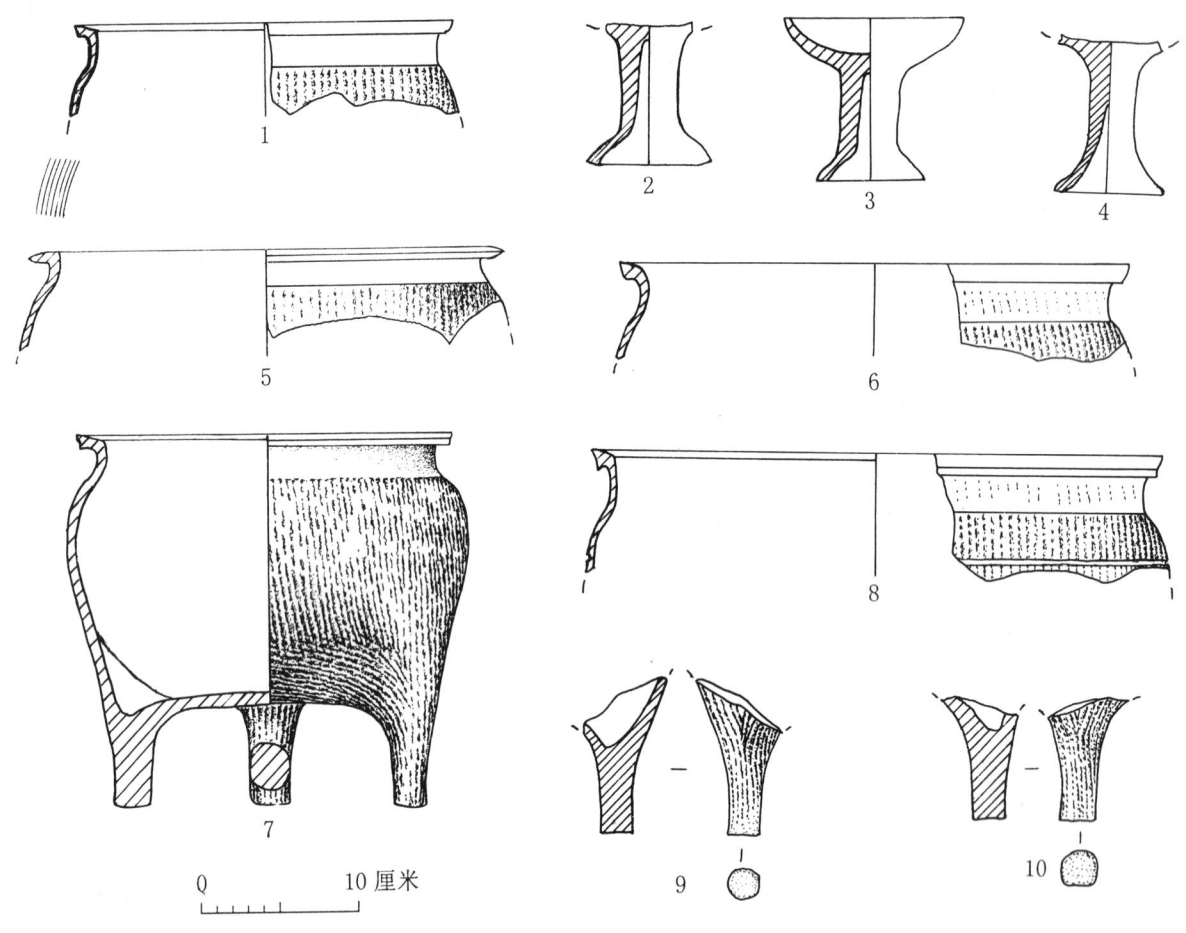

图二七四　ⅩⅥBT2 第 2、3 层出土陶鬲、豆、甑

1.A 型Ⅵ式鬲（ⅩⅥBT2②：7）　2、3.Ⅵ式豆（ⅩⅥBT2②：5、ⅩⅥBT2②：1）　4.Ⅸ式豆（ⅩⅥBT2②：4）　5.Ⅷ式甑（ⅩⅥBT2②：2）　6.A 型Ⅳ式鬲（ⅩⅥBT2③：5）　7、8.A 型Ⅷ式鬲（ⅩⅥBT2③：2、ⅩⅥBT2③：1）　9.Ⅴ式鬲足（ⅩⅥBT2③：8）　10.Ⅵ式鬲足（ⅩⅥBT2③：7）

七四，9）。

标本ⅩⅥBT2③：7（Ⅵ式），夹砂红陶。棱形柱足，足窝较浅。足满饰绳纹（图二七四，10）。

ⅩⅥBT3

北壁文化层（图二七五）

第 1 层：淤泥层。厚 75～95 厘米。

第 2 层：分布全方。灰黑土，土质较硬。深 75～95、厚 8～35 厘米。出土遗物有陶鬲、罐、瓮、筒瓦等。

第 3 层：分布全方。灰黄土，土质较硬易散。深 95～110、厚 20～40 厘米。该层叠压ⅩⅥH10和生土。出土遗物有陶鬲、盂、甗等。

第 2 层文化遗物

陶器

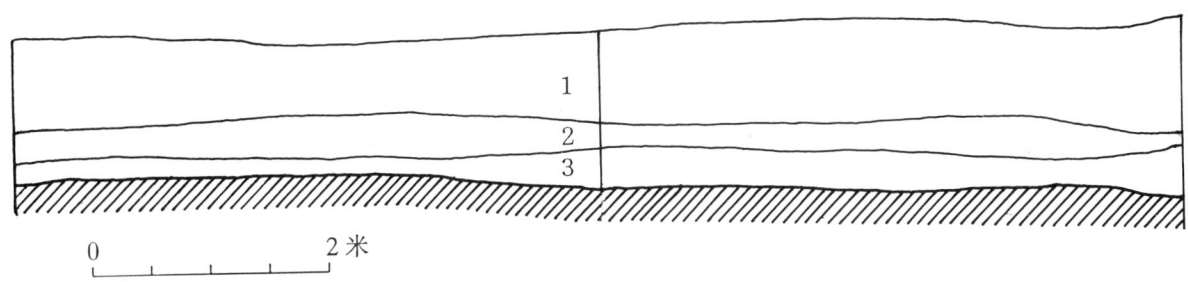

图二七五　ⅩⅥBT3（右）、BT4（左）北壁剖面图

鬲

标本ⅩⅥBT3②:4（A型Ⅷ式），口沿、腹部。夹砂红陶。口微侈，仰折沿近平，斜方唇微下勾，颈较高，溜肩。肩饰直列粗绳纹，上腹饰一道凹旋纹（图二七六，1）。

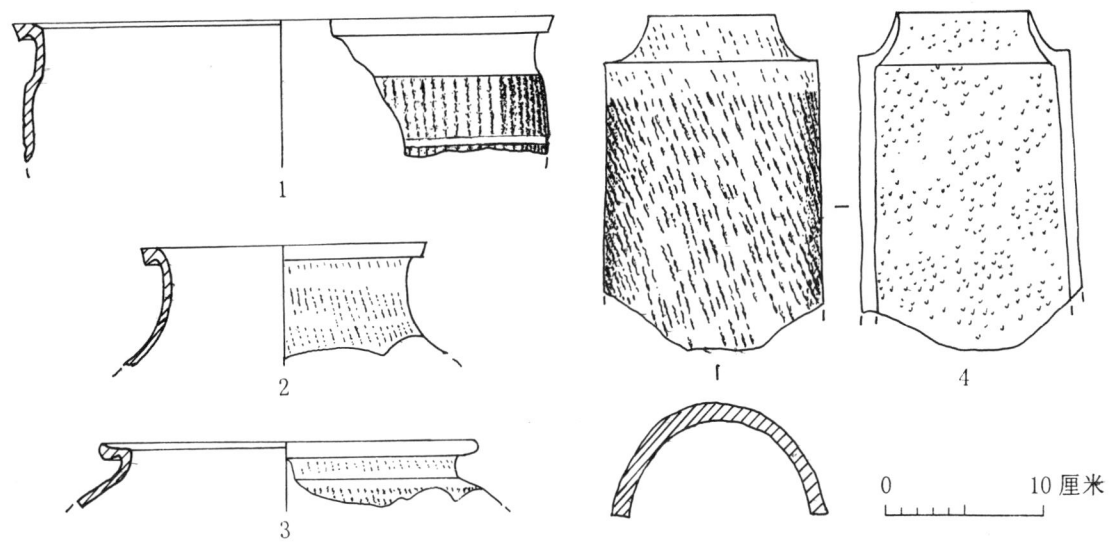

图二七六　ⅩⅥBT3第2层出土陶盉、罐、瓮、筒瓦

1.A型Ⅷ式鬲（ⅩⅥBT3②:4）　2.A型Ⅷ式罐（ⅩⅥBT3②:1）　3.Ⅵ式瓮（ⅩⅥBT3②:3）　4.A型Ⅹ式筒瓦（ⅩⅥBT3②:5）

罐

标本ⅩⅥBT3②:1（A型Ⅷ式），口沿部。泥质浅灰陶。侈口，平折窄沿，斜方唇下勾，束颈较高。颈饰斜隐绳纹（图二七六，2）。

瓮

标本ⅩⅥBT3②:3（Ⅵ式），口沿部。泥质浅灰陶。敛口，折沿微仰，外侧沿边起棱，方圆唇，束颈较矮，广肩。颈饰隐绳纹，肩饰中绳纹（图二七六，3）。

筒瓦

标本ⅩⅥBT3②:5（A型Ⅹ式），瓦头部。泥质深灰陶。高直肩，颈内斜，侈口，尖唇。瓦头、肩部纹饰稍抹；瓦身凸面饰斜列中绳纹，凹面饰麻点纹（图二七六，4）。

第3层文化遗物

陶器

鬲

标本ⅩⅥBT3③:13（A型Ⅵ式），口沿部。夹砂红陶。口微侈，仰折沿，沿面微凹，斜方唇微下勾，颈较高，溜肩。颈饰隐绳纹，肩饰斜细绳纹及一道凹旋纹（图二七七，1）。

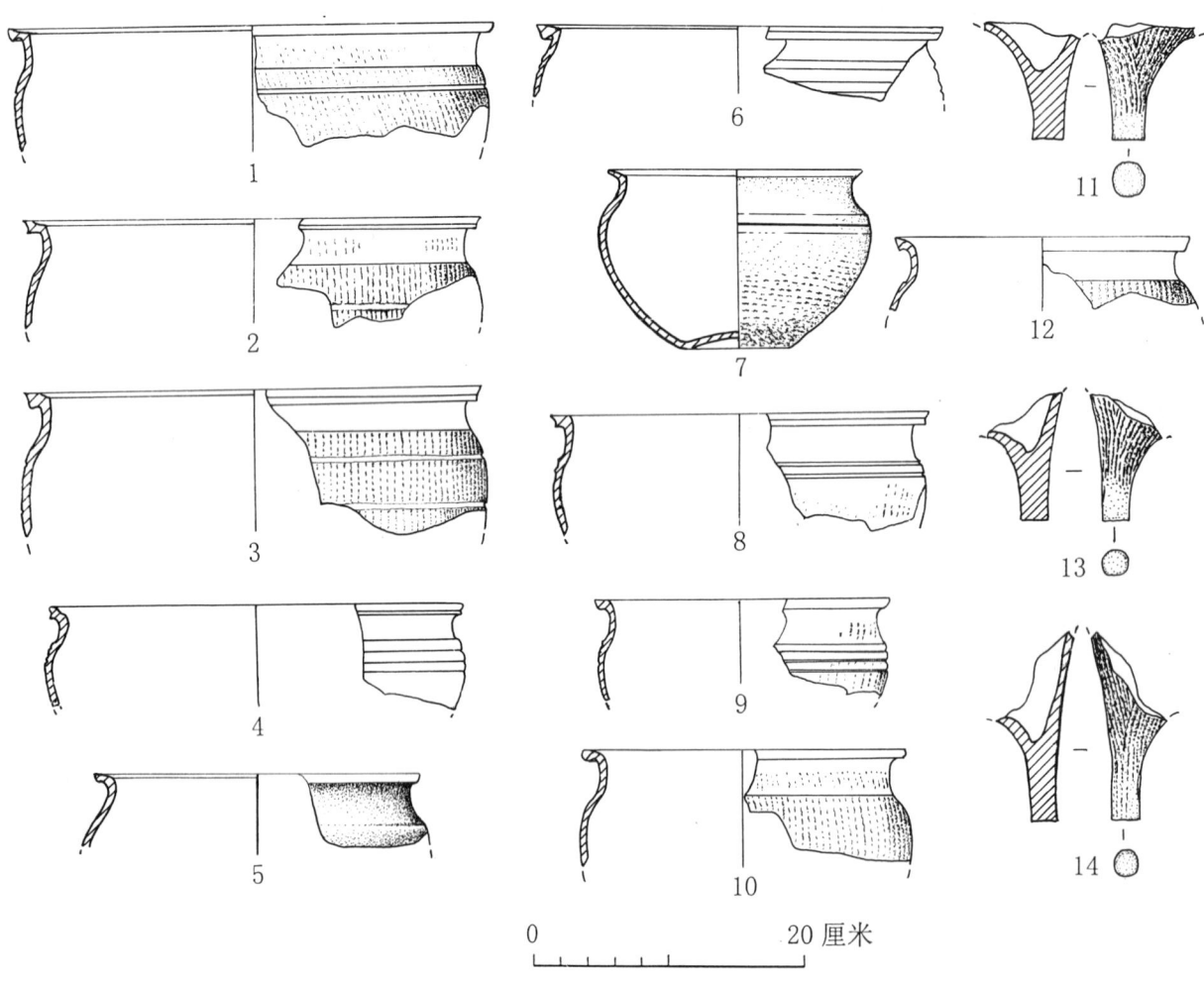

图二七七　ⅩⅥBT3 第 3 层出土陶鬲、盂、甗

1.A型Ⅵ式鬲（ⅩⅥBT3③:13）　2、3.A型Ⅷ式鬲（ⅩⅥBT3③:17、ⅩⅥBT3③:15）　4.Ⅲ式盂（ⅩⅥBT3③:2）　5.Ⅴb式盂（ⅩⅥBT3③:3）　6.Ⅶa式盂（ⅩⅥBT3③:7）　7.Ⅶc式盂（ⅩⅥBT3③:1）　8.Ⅷa式盂（ⅩⅥBT3③:4）　9.Ⅷb式盂（ⅩⅥBT3③:6）　10.Ⅱ式甗（ⅩⅥBT3③:20）　11.Ⅲ式鬲足（ⅩⅥBT3③:27）　12.Ⅲ式甗（ⅩⅥBT3③:19）　13.Ⅳ式鬲足（ⅩⅥBT3③:26）　14.Ⅴ式鬲足（ⅩⅥBT3③:28）

标本ⅩⅥBT3③:17（A型Ⅷ式），口沿部。夹砂红陶。侈口，仰折沿，沿面微凹，双叠唇下勾，颈较高，溜肩。颈饰隐绳纹，肩饰直列中绳纹间一道凹旋纹（图二七七，2）。标本ⅩⅥBT3③:15（A型Ⅷ式），口沿部。夹砂红陶。侈口，仰折窄沿，沿外侧有平面，沿内侧微凹，双叠唇下勾，颈较高，溜肩。肩以下饰直列粗绳纹及二道凹旋纹（图二七七，3）。

鬲足

标本ⅩⅥBT3③:27（Ⅲ式），夹砂红陶。棱形柱足，足窝较深。足上部饰绳纹，下部有削痕

（图二七七，11）。

标本ⅩⅥBT3③：26（Ⅳ式），夹砂红陶。棱形柱足，足窝较深。足上部饰绳纹，根部有削痕（图二七七，13）。

标本ⅩⅥBT3③：28（Ⅴ式），夹砂红陶。棱形柱足，足窝较深。足内侧有削痕，外侧饰绳纹（图二七七，14）。

盂

标本ⅩⅥBT3③：2（Ⅲ式），口沿、腹部。泥质红陶。侈口，卷沿，沿面上仰，双叠唇下勾，束颈较矮，溜肩，上腹微鼓。肩部饰四道浅凹旋纹（图二七七，4）。

标本ⅩⅥBT3③：3（Ⅴb式），口沿部。泥质红陶。口微侈，卷沿，斜方唇，束颈，溜肩。素面（图二七七，5）。

标本ⅩⅥBT3③：7（Ⅶa式），口沿部。泥质红陶。侈口，仰折沿，双叠唇下勾，束颈，溜肩。肩饰四道凹旋纹（图二七七，6）。

标本ⅩⅥBT3③：1（Ⅶc式），器形完整。泥质红陶。侈口，仰折窄沿，沿面微内凹，尖圆唇，颈较高，腹微鼓，下腹内收，凹圜底。肩饰三道旋纹，下腹饰横交错中绳纹。（图二七七，7；图版六二，3）。

标本ⅩⅥBT3③：4（Ⅷa式），口沿、腹部。泥质红陶。口微侈，平折沿，双叠唇下勾，束颈较高，溜肩，上腹微鼓。肩饰二道凹旋纹，腹部饰斜粗绳纹（图二七七，8）。

标本ⅩⅥBT3③：6（Ⅷb式），口沿、腹部。泥质红陶。口微侈，平折窄沿，斜方唇，束颈较高，溜肩，腹微鼓。颈部绳纹稍抹，肩饰直列粗绳纹及三道凹旋纹（图二七七，9）。

瓶

标本ⅩⅥBT3③：20（Ⅱ式），口沿、腹部。夹砂红陶。口微侈，卷沿，圆唇，颈较高，溜肩，上腹微鼓。颈饰隐绳纹，肩饰直列中绳纹（图二七七，10）。

标本ⅩⅥBT3③：19（Ⅲ式），口沿部。夹砂红陶。口微侈，卷沿，斜方唇微下勾，颈较高，肩微突。肩部饰直列中绳纹（图二七七，12）。

ⅩⅥBT4

北壁文化层（图二七五）

第1层：淤泥层。厚58～77厘米。

第2层：分布全方。灰黑土，土质较硬。深58～77、厚20～35厘米。出土遗物有陶罐、盂、豆、盆、瓮等。

第3层：分布全方。灰黄土，土质坚硬易散。深95～100、厚15～30厘米。出土遗物有陶鬲、盂、罐、豆、瓮、盆，纺轮（见综述文化遗物部分）等。此层叠压褐色生土及ⅩⅥH10、ⅩⅥH11。

第2层文化遗物

陶器

罐

标本ⅩⅥBT4②：2（A型Ⅴ式），颈、腹。泥质红陶。颈微束，溜肩，深腹微鼓。颈部饰隐绳纹，上腹饰斜粗绳纹，下腹饰横粗绳纹（图二七八，1）。

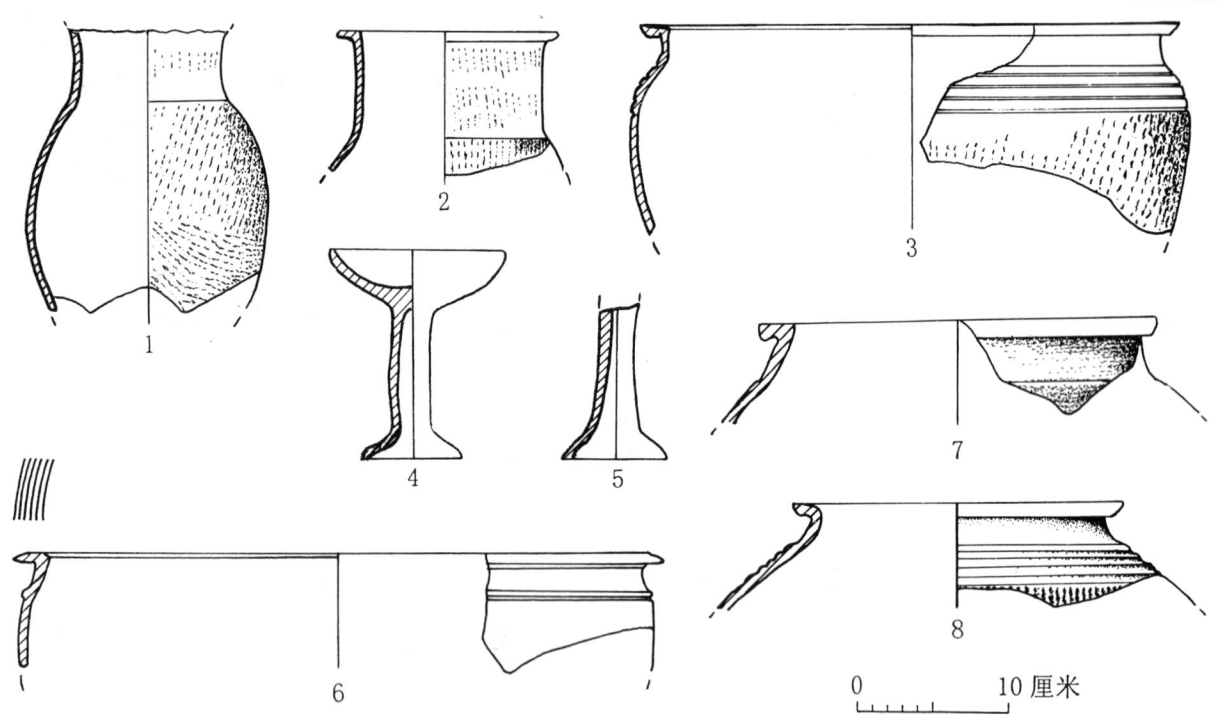

图二七八　ⅩⅥBT4 第 2 层出土陶罐、盂、豆、盆、瓮

1. A 型 Ⅴ式罐（ⅩⅥBT4②:2）　2. A 型 Ⅺ式罐（ⅩⅥBT4②:6）　3. Ⅷb式盂（ⅩⅥBT4②:3）　4. Ⅶ式豆（ⅩⅥBT4②:12）　5. Ⅸ式豆（ⅩⅥBT4②:9）　6. Ⅵ式盆（ⅩⅥBT4②:4）　7. Ⅶ式瓮（ⅩⅥBT4②:1）　8. Ⅸ式瓮（ⅩⅥBT4②:7）

标本ⅩⅥBT4②:6（A 型 Ⅺ式），口沿部。泥质深灰陶。直口，平折沿，方圆唇，高直颈，溜肩。颈饰隐绳纹，腹饰直列细绳纹（图二七八，2）。

盂

标本ⅩⅥBT4②:3（Ⅷb式），口沿、腹部。泥质红陶。敛口，折沿微仰，斜方唇，束颈较矮，溜肩，上腹微鼓，下腹收。肩饰四道凹旋纹，腹饰斜粗绳纹（图二七八，3）。

豆

标本ⅩⅥBT4②:12（Ⅶ式），器形完整。泥质浅灰陶。盘较深，敞口，斜弧腹壁，细柄较高，矮喇叭座壁上弧，柄内中空至盘底。素面（图二七八，4；图版六二，4）。

标本ⅩⅥBT4②:9（Ⅸ式），柄、座部。泥质深灰陶。柄较细，矮喇叭座壁外弧，柄内中空至盘底。素面（图二七八，5）。

盆

标本ⅩⅥBT4②:4（Ⅵ式），口沿部。泥质浅灰陶。敛口，折沿微仰，沿面上弧，尖唇，矮束颈，溜肩。沿面饰六道旋纹，肩饰一道凹旋纹（图二七八，6）。

瓮

标本ⅩⅥBT4②:1（Ⅶ式），口沿部。泥质红陶。敛口，平折沿，方唇，束颈，溜肩。素面（图二七八，7）。

标本ⅩⅥBT4②:7（Ⅸ式），口沿部。泥质红陶。口微侈，平折沿，斜方唇，矮束颈，溜肩。肩部饰数道凹旋纹，腹饰直列中绳纹（图二七八，8）。

第 3 层文化遗物

陶器

鬲

标本ⅩⅥBT4③:3（A 型Ⅳ式），口沿、腹部。夹砂红陶。侈口，卷沿，斜方唇下勾，束颈较高，溜肩，上腹微鼓。腹饰直列细绳纹（图二七九，1）。

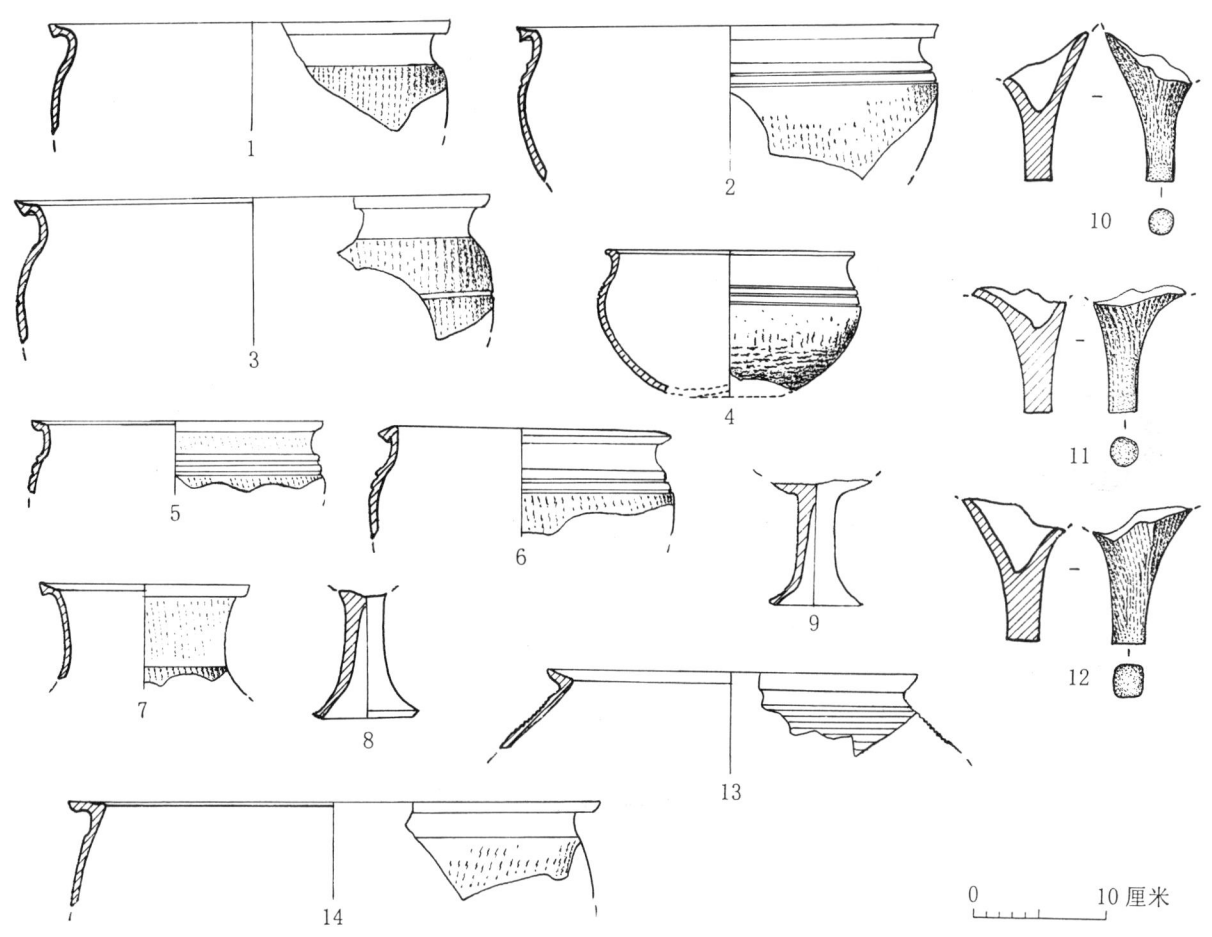

图二七九　ⅩⅥBT4 第 3 层出土陶鬲、盂、罐、豆、瓮、盆

1.A 型Ⅳ式鬲（ⅩⅥBT4③:3）　2.A 型Ⅴ式鬲（ⅩⅥBT4③:8）　3.A 型Ⅵ式鬲（ⅩⅥBT4③:4）　4.Ⅶb 式盂（ⅩⅥBT4③:2）　5.Ⅶc 式盂（ⅩⅥBT4③:6）　6.Ⅹ式盂（ⅩⅥBT4③:7）　7.A 型Ⅵ式罐（ⅩⅥBT4③:9）　8.Ⅱ式豆（ⅩⅥBT4③:10）　9.Ⅲ式豆（ⅩⅥBT4③:12）　10.Ⅳ式鬲足（ⅩⅥBT4③:17）　11.Ⅴ式鬲足（ⅩⅥBT4③:16）　12.Ⅵ式鬲足（ⅩⅥBT4③:14）　13.Ⅴb 式瓮（ⅩⅥBT4③:13）　14.Ⅲ式盆（ⅩⅥBT4③:1）

标本ⅩⅥBT4③:8（A 型Ⅴ式），口沿、腹部。夹砂红陶。侈口，卷沿，窄沿面微凹，斜方唇微下勾，颈较矮，溜肩，上腹微鼓。肩饰二道凹旋纹，腹饰直列中绳纹（图二七九，2）。

标本ⅩⅥBT4③:4（A 型Ⅵ式），口沿、腹部。夹砂红陶。侈口，仰折沿，斜方唇下勾，束颈较高，溜肩，腹微鼓。肩饰直列中绳纹及一道凹旋纹（图二七九，3）。

鬲足

标本ⅩⅥBT4③:17（Ⅳ式），夹砂红陶。棱形柱足，足窝较深。根部有削痕，根部以上饰绳纹

（图二七九，10）。

标本ⅩⅥBT4③:16（Ⅴ式），夹砂红陶。棱形柱足，足窝较浅。足内侧有削痕，外侧饰绳纹（图二七九，11）。

标本ⅩⅥBT4③:14（Ⅵ式），夹砂红陶。棱形柱足，足窝较浅。足部满施绳纹（图二七九，12）。

盂

标本ⅩⅥBT4③:2（Ⅶb式），底残。泥质红陶。直口，仰折窄沿，圆唇，束颈较矮，溜肩，上腹微鼓，下腹收。肩饰三道凹旋纹，腹饰中绳纹（图二七九，4；图版六三，1）。

标本ⅩⅥBT4③:6（Ⅶc式），口沿部。泥质红陶。口微侈，仰折窄沿，斜弧唇，上腹微鼓。颈饰隐绳纹，肩饰二道凹旋纹，腹饰中绳纹（图二七九，5）。

标本ⅩⅥBT4③:7（Ⅹ式），口沿部。泥质红陶。口微侈，折沿外翻，斜方唇下勾，束颈较矮，腹微鼓。肩饰二道凹旋纹，腹饰直列粗绳纹（图二七九，6）。

罐

标本ⅩⅥBT4③:9（A型Ⅵ式），口沿部。泥质浅灰陶。侈口，仰折沿，斜方唇，束颈较高，溜肩。颈饰隐绳纹，肩饰直列中绳纹（图二七九，7）。

豆

标本ⅩⅥBT4③:10（Ⅱ式），柄、座部。泥质红陶。细矮柄，高喇叭座内弧，座沿上翻，柄内中空至盘底。素面（图二七九，8）。

标本ⅩⅥBT4③:12（Ⅲ式），柄、座部。泥质红陶。柄较细矮，喇叭座内弧，柄内中空至盘底。素面（图二七九，9）。

瓮

标本ⅩⅥBT4③:13（Ⅴb式），口沿部。泥质浅灰陶。敛口，仰折沿，尖唇，束颈，广肩。肩饰数道凹旋纹（图二七九，13）。

盆

标本ⅩⅥBT4③:1（Ⅲ式），口沿部。泥质浅灰陶。敛口，仰折沿近平，沿面较宽，斜方唇，颈较高，溜肩。肩饰斜中绳纹（图二七九，14）。

ⅩⅥBT5

北壁文化层（图二八〇）

第1层：淤泥层。厚75～100厘米。

第2层：分布全方。灰黑土，土质较硬。深75～100、厚25～40厘米。出土遗物有陶甑、罐、盆、豆、瓮等。

第3层：局部分布。灰黄土，土质较硬易散。深100～135、厚10～30厘米。出土遗物有陶鬲、盂、罐、豆、筒瓦及铜带钩、器足（见综述文化遗物部分）等。此层下分别叠压褐色生土层和ⅩⅥH11、ⅩⅥH12。

第2层文化遗物

陶器

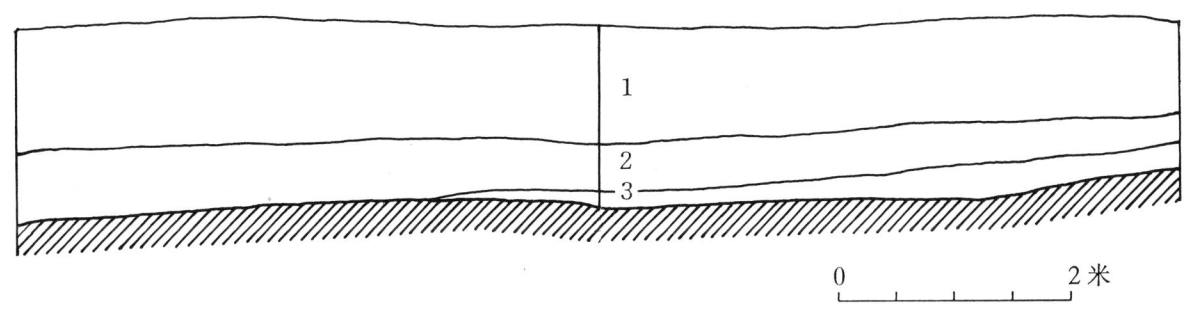

图二八○　ⅩⅥBT5（右）、ⅩⅥBT6（左）北壁剖面图

甑

标本ⅩⅥBT5②:7（Ⅵ式），口沿部。泥质红陶。敛口，平折沿，斜方唇，颈较矮，肩微凸。颈部绳纹稍抹，肩饰中绳纹（图二八一，1）。

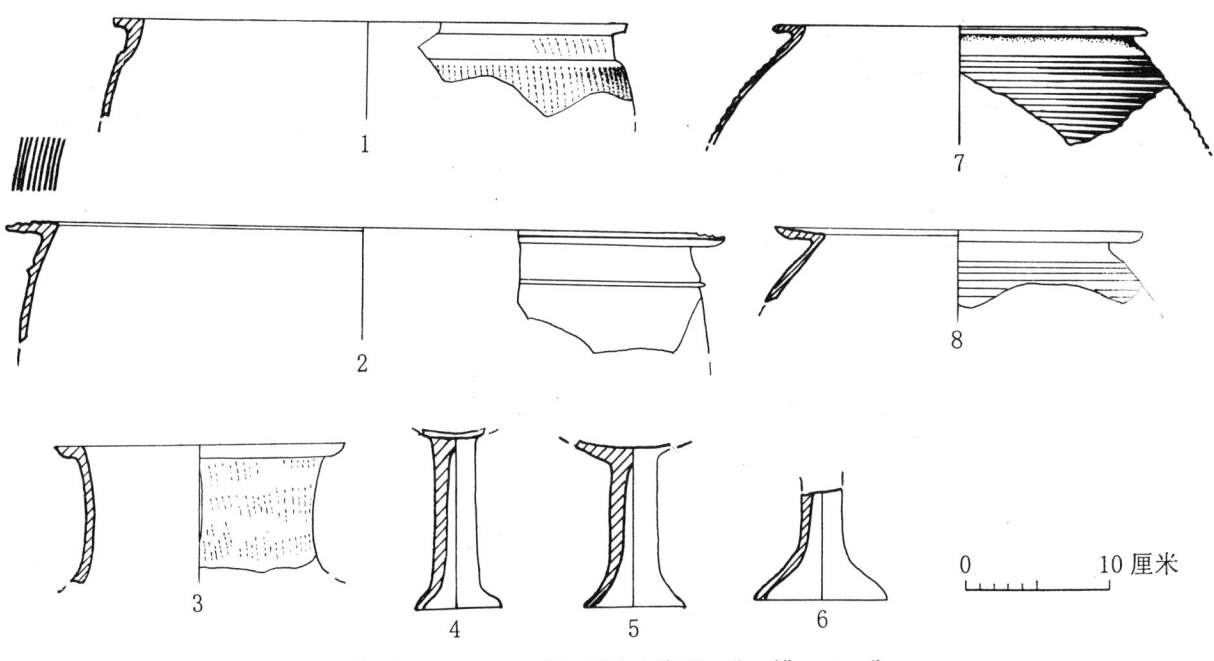

图二八一　ⅩⅥBT5第2层出土陶甑、盆、罐、豆、瓮

1. Ⅵ式甑（ⅩⅥBT5②:7）　　2. Ⅶ式盆（ⅩⅥBT5②:4）　　3. A型Ⅷ式罐（ⅩⅥBT5②:1）　　4. Ⅸ式豆（ⅩⅥBT5②:11）

5. Ⅹ式豆（ⅩⅥBT5②:10）　　6. Ⅺ式豆（ⅩⅥBT5②:3）　　7. Ⅻ式瓮（ⅩⅥBT5②:9）　　8. Ⅴb式瓮（ⅩⅥBT5②:2）

盆

标本ⅩⅥBT5②:4（Ⅶ式），口沿部。泥质浅灰陶。敛口，宽折沿外斜，尖唇，束颈，溜肩，腹微鼓。沿面饰数道凹旋纹，肩饰一道凸棱（图二八一，2）。

罐

标本ⅩⅥBT5②:1（A型Ⅷ式），口沿部。泥质浅灰陶。侈口，平折沿，斜方唇下弧，高颈。颈饰隐绳纹（图二八一，3）。

豆

标本ⅩⅥBT5②:11（Ⅸ式），柄、座部。泥质红陶。细柄较高，喇叭座较矮，座壁外弧，柄内中空至盘底。素面（图二八一，4）。

标本ⅩⅥBT5②:10（Ⅹ式），柄、座部。泥质深灰陶。柄较高，喇叭形座壁斜直，柄内中空至盘底。素面（图二八一，5）。

标本ⅩⅥBT5②:3（Ⅺ式），器、座部。泥质深灰陶。矮喇叭座壁外弧，柄内中空。素面（图二八一，6）。

瓮

标本ⅩⅥBT5②:2（Ⅴb式），口沿部。泥质浅灰陶。敛口，仰折沿，沿面较宽，尖唇下弧，束颈，广肩。肩饰数道凹旋纹（图二八一，8）。

标本ⅩⅥBT5②:9（Ⅻ式），口沿部。泥质深灰陶。敛口，平折沿，圆唇，矮束颈，溜肩。肩饰数道旋纹（图二八一，7）。

第3层文化遗物

陶器

鬲

标本ⅩⅥBT5③:7（A型Ⅲ式），口沿部。夹砂红陶。侈口，卷沿，斜方唇，束颈，溜肩。颈饰隐绳纹，肩饰直列中绳纹（图二八二，1）。

标本ⅩⅥBT5③:6（A型Ⅵ式），口沿、腹部。夹砂红陶。侈口，折沿微仰，沿面微凹，斜方唇下勾，束颈，溜肩，上腹微鼓，下腹收。肩以下饰斜粗绳纹，上腹饰二道凹旋纹（图二八二，2）。

标本ⅩⅥBT5③:9（A型Ⅷ式），口沿部。夹砂红陶。口微侈，卷沿，沿面上仰内凹，斜方唇下勾，颈较矮，溜肩。颈饰隐绳纹，腹饰直列细绳纹，腹上部饰一道凹旋纹（图二八二，3）。标本ⅩⅥBT5③:8（A型Ⅷ式），口沿部。夹砂红陶。侈口，仰折窄沿，斜方唇微下勾，束颈较高，溜肩。颈饰隐绳纹，肩饰斜中绳纹，上腹饰一道浅凹旋纹（图二八二，4）。

鬲足

标本ⅩⅥBT5③:20（Ⅲ式），夹砂红陶。棱形柱足，足窝较深。足上部饰绳纹，下部有削痕（图二八二，11）。

标本ⅩⅥBT5③:21（Ⅵ式），夹砂红陶。棱形柱足，足饰绳纹（图二八二，12）。

标本ⅩⅥBT5③:22（Ⅶ式），夹砂红陶。足窝浅，矮裆，圆形柱足。足部满饰绳纹（图二八二，13）。

盂

ⅩⅥBT5③:5（Ⅷb式），器形完整。泥质红陶。口微侈，平折窄沿，方唇，束颈较矮，肩微凸，上腹微鼓，下腹收，圈底上凹。肩饰一道凹旋纹，腹饰直列和横列粗绳纹（图二八二，5；图版六三，2）。

罐

ⅩⅥBT5③:11（A型Ⅵ式），口沿部。泥质红陶。侈口，折沿微仰，斜方唇下勾，束颈较高，溜肩。颈部绳纹稍抹，肩饰直列中绳纹（图二八二，6）。

豆

标本ⅩⅥBT5③:12（Ⅰ式），豆盘部。泥质红陶。深盘，圜腹壁。盘内饰射线暗纹（图二八二，7）。

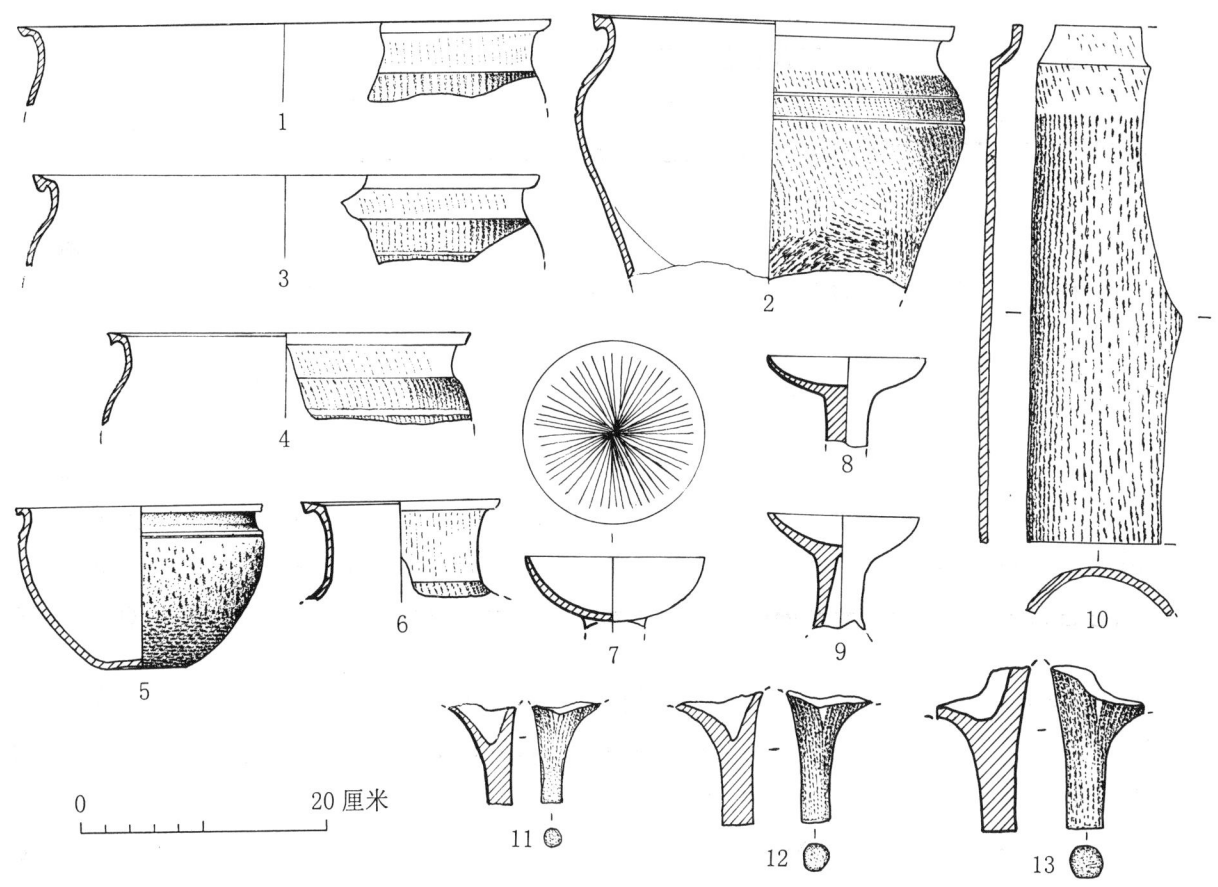

图二八二　ⅩⅥBT5 第 3 层出土陶鬲、盂、罐、豆、筒瓦

1.A 型Ⅲ式鬲（ⅩⅥBT5③:7）　2.A 型Ⅵ式鬲（ⅩⅥBT5③:6）　3、4.A 型Ⅷ式鬲（ⅩⅥBT5③:9、ⅩⅥBT5③:8）　5.Ⅷb 式盂（ⅩⅥBT5③:5）　6.A 型Ⅵ式罐（ⅩⅥBT5③:11）　7.Ⅰ式豆（ⅩⅥBT5③:12）　8.Ⅳ式豆（ⅩⅥBT5③:13）　9.Ⅵ式豆（ⅩⅥBT5③:15）　10.A 型Ⅳ式筒瓦（ⅩⅥBT5③:26）　11.Ⅲ式鬲足（ⅩⅥBT5③:20）　12.Ⅵ式鬲足（ⅩⅥBT5③:21）　13.Ⅶ式鬲足（ⅩⅥBT5③:22）

　　标本ⅩⅥBT5③:13（Ⅳ式），器盘部。泥质红陶。盘较深。敞口，圜腹壁，盘底近平，柄较细，柄下部中空。素面（图二八二，8）。

　　标本ⅩⅥBT5③:15（Ⅵ式），盘、柄部。盘较深，敞口，弧腹壁，粗柄，中空至盘底。素面（图二八二，9）。

　　筒瓦

　　标本ⅩⅥBT5③:26（A 型Ⅳ式），口沿、身部。泥质浅灰陶。矮斜肩，颈内斜微束。瓦头、肩部凸面饰隐绳纹；瓦身凸面饰直列中绳纹，凹面素饰（图二八二，10）。

　　ⅩⅥBT6

　　北壁文化层（图二八〇）

　　第 1 层：淤泥层。厚 95～105 厘米。

　　第 2 层：分布全方。灰黑土，土质较硬。深 95～105、厚 38～55 厘米。出土遗物有陶鬲、罐、筒瓦等。

第3层：分布全方。灰黄土，土质较硬易散。深135～142、厚0～10厘米。出土遗物有陶鬲、盆、甑和筒瓦（见综述文化遗物部分）等。

第2层文化遗物

陶器

鬲

ⅩⅥBT6②:2（B型Ⅷ式），口沿部。夹砂红陶。敛口，仰折沿，方唇下勾，矮束颈，肩微突。肩饰直列中绳纹（图二八三，6）。

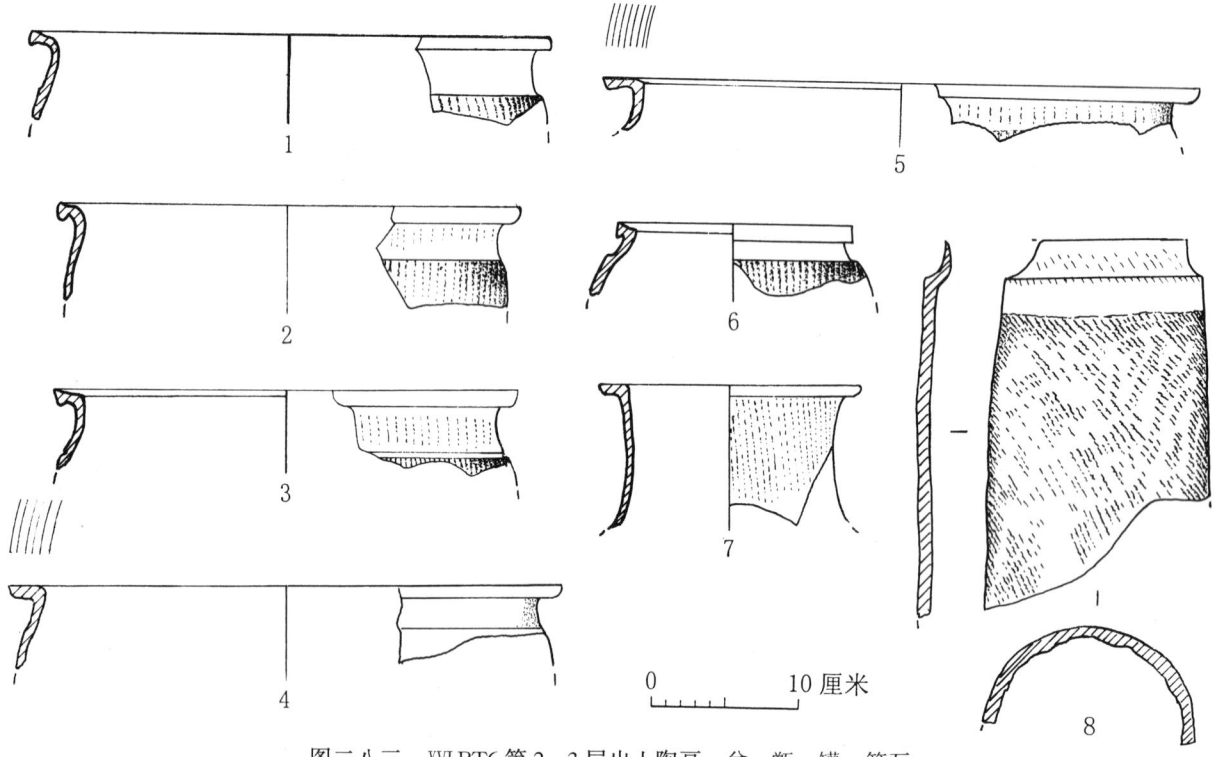

图二八三　ⅩⅥBT6 第2、3层出土陶鬲、盆、甑、罐、筒瓦

1.A型Ⅳ式鬲（ⅩⅥBT6③:5）　2.A型Ⅴ式鬲（ⅩⅥBT6③:1）　3.A型Ⅷ式鬲（ⅩⅥBT6③:2）　4.Ⅰ式盆（ⅩⅥBT6③:4）

5.Ⅰ式甑（ⅩⅥBT6③:3）　6.B型Ⅷ式鬲（ⅩⅥBT6②:2）　7.A型Ⅺ式罐（ⅩⅥBT6②:1）　8.A型Ⅶ式筒瓦（ⅩⅥBT6②:4）

罐

ⅩⅥBT6②:1（A型Ⅺ式），口沿部。泥质红陶。侈口，平折沿，方圆唇，高颈。颈饰隐绳纹（图二八三，7）。

筒瓦

ⅩⅥBT6②:4（A型Ⅶ式），口沿部。泥质浅灰陶。口微侈，尖唇，颈内斜，矮斜肩。瓦头凸面饰隐绳纹；瓦身凸面饰斜中绳纹，凹面素饰（图二八三，8）。

第3层文化遗物

陶器

鬲

标本ⅩⅥBT6③:5（A型Ⅳ式），口沿部。夹砂红陶。侈口，卷沿，斜方唇，束颈，溜肩。肩饰斜粗绳纹（图二八三，1）。

标本ⅩⅥBT6③∶1（A型Ⅴ式），口沿部。夹砂红陶。口微侈，卷沿，沿面微凹，斜方唇微下勾，颈较直，溜肩。颈饰隐绳纹，肩饰一道凹旋纹（图二八三，2）。

标本ⅩⅥBT6③∶2（A型Ⅷ式），口沿部。泥质红陶。口微侈，仰折沿，沿面微凹，斜方唇微下勾，颈较高，溜肩。颈饰隐绳纹，肩饰一道凹旋纹及中绳纹（图二八三，3）。

盆

标本ⅩⅥBT6③∶4（Ⅰ式），口沿部。泥质红陶。敛口，卷沿，斜方唇，颈较高，溜肩。沿面饰五道凹旋纹。素面（图二八三，4）。

甑

标本ⅩⅥBT6③∶3（Ⅰ式），口沿部。泥质褐陶。口微侈，折沿微仰，斜方唇，束颈较矮，溜肩。沿面饰六道凹旋纹，颈饰隐绳纹（图二八三，5）。

ⅩⅥBT7

北壁、西壁文化层（图二八四）

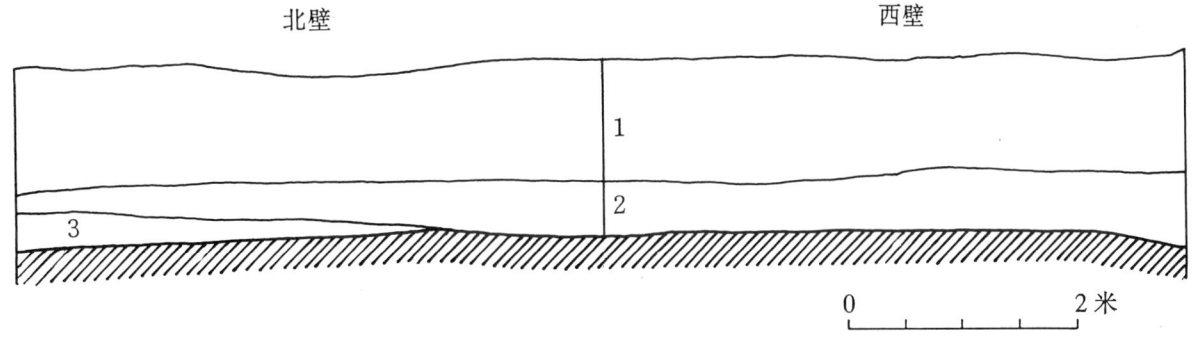

图二八四　ⅩⅥBT7北壁、西壁剖面图

第1层：淤泥层。厚90～110厘米。

第2层：分布全方。灰黑土，土质较硬。深90～110、厚15～60厘米。出土遗物有陶鬲残片。

第3层：局部分布。灰黄土，土质较硬易散。深120～125、厚0～30厘米。出土遗物有陶鬲、盆等。

第2层文化遗物

陶器

鬲

标本ⅩⅥBT7②∶1（B型Ⅷ式），口沿部。夹砂红陶。敛口，仰折沿，圆唇，矮束颈，溜肩。颈饰隐绳纹，肩饰中绳纹（图二八五，1）。

第3层文化遗物

陶器

鬲

标本ⅩⅥBT7③∶5（A型Ⅱ式），口沿、腹部。夹砂褐陶。侈口，卷沿，斜方唇，唇面内弧，束颈较高，溜肩，上腹微鼓。颈部绳纹稍抹，肩、腹饰粗绳纹及三道凹旋纹（图二八五，2）。

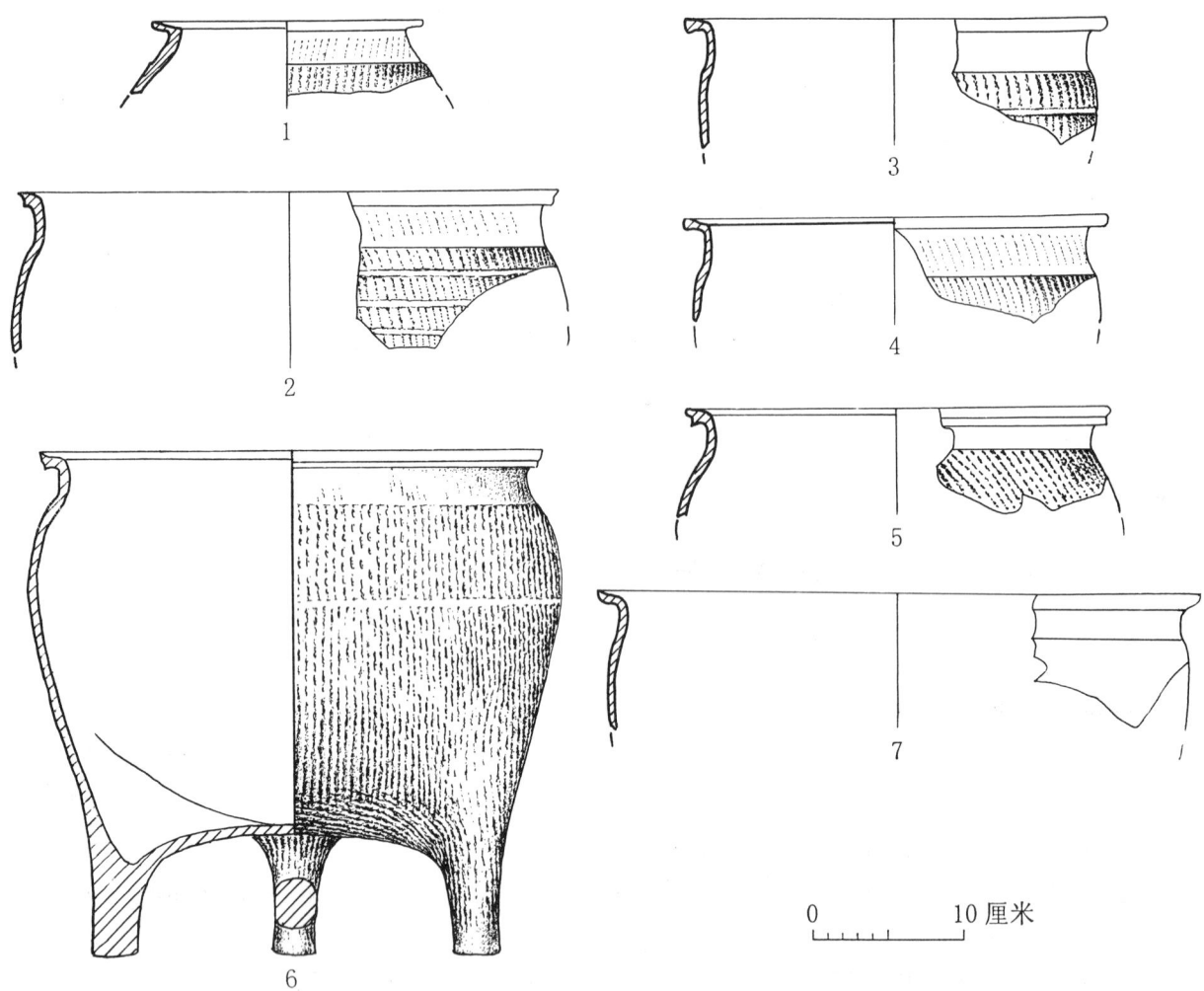

图二八五 ⅩⅥBT7 第 2、3 层出土陶鬲、盆

1.B型Ⅷ式鬲（ⅩⅥBT7②:1） 2.A型Ⅱ式鬲（ⅩⅥBT7③:5） 3.A型Ⅳ式鬲（ⅩⅥBT7③:6） 4.A型Ⅵ式鬲（ⅩⅥBT7③:4）

5、6.A型Ⅷ式鬲（ⅩⅥBT7③:7、ⅩⅥBT7③:2） 7.Ⅰ式盆（ⅩⅥBT7③:3）

标本ⅩⅥBT7③:6（A型Ⅳ式），口沿、腹部。夹砂红陶。侈口，卷沿，方唇，束颈较高，溜肩，上腹微鼓。肩饰粗绳纹，上腹饰一道凹旋纹（图二八五，3）。

标本ⅩⅥBT7③:4（A型Ⅵ式），口沿部。夹砂红陶。口微侈，仰折窄沿，沿面微凹，方唇，束颈较高，溜肩，腹微鼓。颈部绳纹稍抹，肩饰斜粗绳纹（图二八五，4）。

标本ⅩⅥBT7③:7（A型Ⅷ式），口沿部。夹砂红陶。侈口，仰折窄沿，双叠唇下勾，颈较高，溜肩，腹微鼓。腹饰斜中绳纹（图二八五，5）。标本ⅩⅥBT7③:2（A型Ⅷ式），器形完整。夹砂浅灰陶。侈口，仰折窄沿，沿面微凹，双叠唇下勾，颈较高，弧肩，上腹微鼓，下腹内收，裆较矮，足窝较浅，三柱足直。肩以下饰直列粗绳纹，腹上部饰一道凹旋纹，裆部饰横粗绳纹（图二八五，6；图版六三，3）。

盆

标本ⅩⅥBT7③:3（Ⅰ式），口沿部。泥质红陶。口微侈，卷沿，沿边起棱，斜方唇下弧，颈较高，溜肩，上腹近直。素面（图二八五，7）。

ⅩⅥ CT1

北壁、东壁文化层（图二八六）

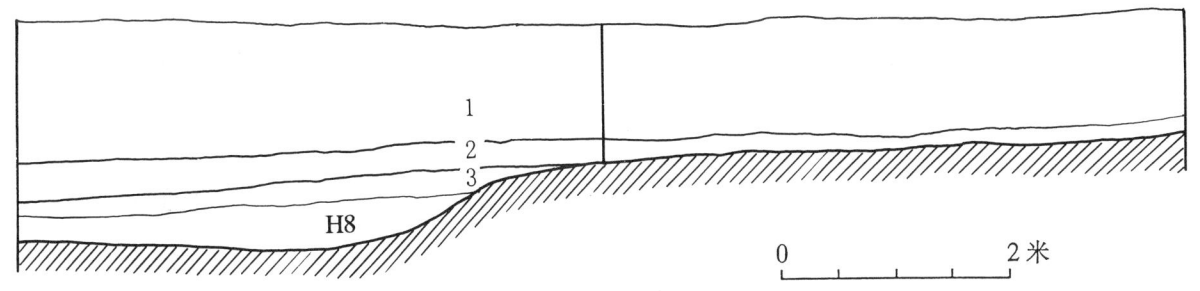

图二八六　ⅩⅥ CT1 北壁、东壁剖面图

第1层：淤泥层。厚90～115厘米。

第2层：分布全方。灰黑土，土质较硬。深90～115、厚10～35厘米。出土遗物有陶罐、盂、鬲足等。

第3层：局部分布。灰黄土。土质较硬易散。深125～150、厚0～15厘米。本层无遗物。此层下叠压ⅩⅥ H8 及褐色生土层。

第2层文化遗物

陶器

罐

标本ⅩⅥ CT1②：1（B型Ⅳ式），口沿部。泥质红陶。口微侈，仰折沿，斜方唇，束颈较矮。素面（图二八七，1）。

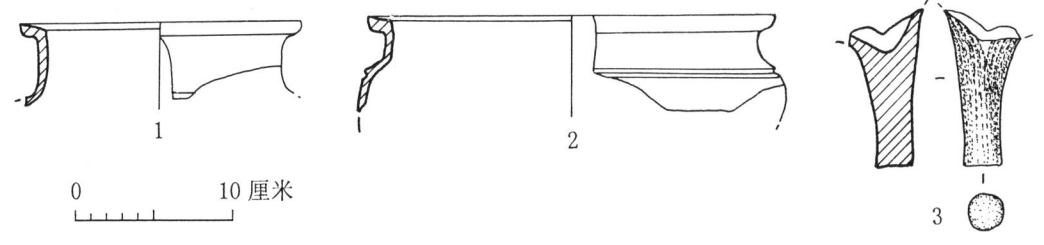

图二八七　ⅩⅥ CT1 第2层出土陶罐、盂、鬲足

1.B型Ⅳ式罐（ⅩⅥ CT1②：1）　2.Ⅵ式盂（ⅩⅥ CT1②：2）　3.Ⅵ式鬲足（ⅩⅥ CT1②：3）

盂

标本ⅩⅥ CT1②：2（Ⅵ式），口沿部。泥质红陶。侈口，仰折沿，斜方唇，束颈较高，肩微凸，腹微鼓。肩部饰一道凹旋纹（图二八七，2）。

鬲足

标本ⅩⅥ CT1②：3（Ⅵ式），夹砂红陶。棱形柱足，足窝较浅。足部饰绳纹（图二八七，3）。

ⅩⅥCT2

文化层见综述部分。

第2层文化遗物

陶器

盂

标本ⅩⅥCT2②：1（Ⅴa式），泥质红陶。口微侈，卷沿，束颈较矮，溜肩，上腹微鼓，下腹收。底残。肩部饰二道凹旋纹，上腹饰直列中绳纹，下腹饰横列中绳纹（图二八八，1；图版六三，4）。

标本ⅩⅥCT2②：5（Ⅷb式），泥质浅灰陶。口微侈，平折窄沿，尖唇，束颈较矮，肩微凸，上腹微鼓，下腹斜收。底残。肩饰一道浅凹旋纹，下腹饰交错中绳纹（图二八八，2；图版六四，1）。

标本ⅩⅥCT2②：6（Ⅸ式），泥质浅灰陶。口微侈，平折窄沿，方唇，束颈较矮，肩微凸，弧腹斜收。底残。下腹饰交错中绳纹（图二八八，3；图版六四，2）。

豆

标本ⅩⅥCT2②：19（Ⅸ式），柄、座部。泥质深灰陶。粗柄较高，矮喇叭座壁外弧，柄内中空。素面（图二八八，4）。

瓿

标本ⅩⅥCT2②：20（Ⅸ式），口沿部。泥质深灰陶。敛口，折沿外翻，方圆唇，束颈较矮，溜肩，上腹微鼓。沿面饰二道凹旋纹，肩饰直列中绳纹（图二八八，5）。

鬲足

标本ⅩⅥCT2②：22（Ⅰ式），夹砂红陶。形体矮小，圆形柱足。素面（图二八八，14）。

标本ⅩⅥCT2②：18（Ⅳ式），夹砂红陶。棱形柱足，足窝较深，裆较高。足根部有削痕，其上饰绳纹（图二八八，13）。

标本ⅩⅥCT2②：23（Ⅴ式），夹砂红陶。棱形柱足。内侧有削痕，外侧饰绳纹（图二八八，15）。

第3层文化遗物

陶器

鬲

标本ⅩⅥCT2③：8（A型Ⅲ式），口沿部。夹砂红陶。侈口，卷沿，方圆唇，束颈较高，溜肩，上腹微鼓。颈部绳纹稍抹，肩饰直列中绳纹（图二八八，6）。

标本ⅩⅥCT2③：9（A型Ⅳ式），口沿部。夹砂红陶。侈口，卷沿，沿边起棱，斜方唇，束颈较高，溜肩。腹饰直列中绳纹（图二八八，7）。

标本ⅩⅥCT2③：3（A型Ⅴ式），口沿、腹部。夹砂红陶。侈口，卷沿，窄沿面微凹，斜方唇下勾，颈较矮，肩微耸，深腹内收。肩以下饰直列中绳纹，肩部饰一道浅凹旋纹（图二八八，8）。

标本ⅩⅥCT2③：10（A型Ⅷ式），口沿部。夹砂浅灰陶。侈口，仰折窄沿，沿面微凹，双叠唇下勾，颈较直，溜肩。颈部绳纹稍抹，肩饰斜中绳纹（图二八八，9）。

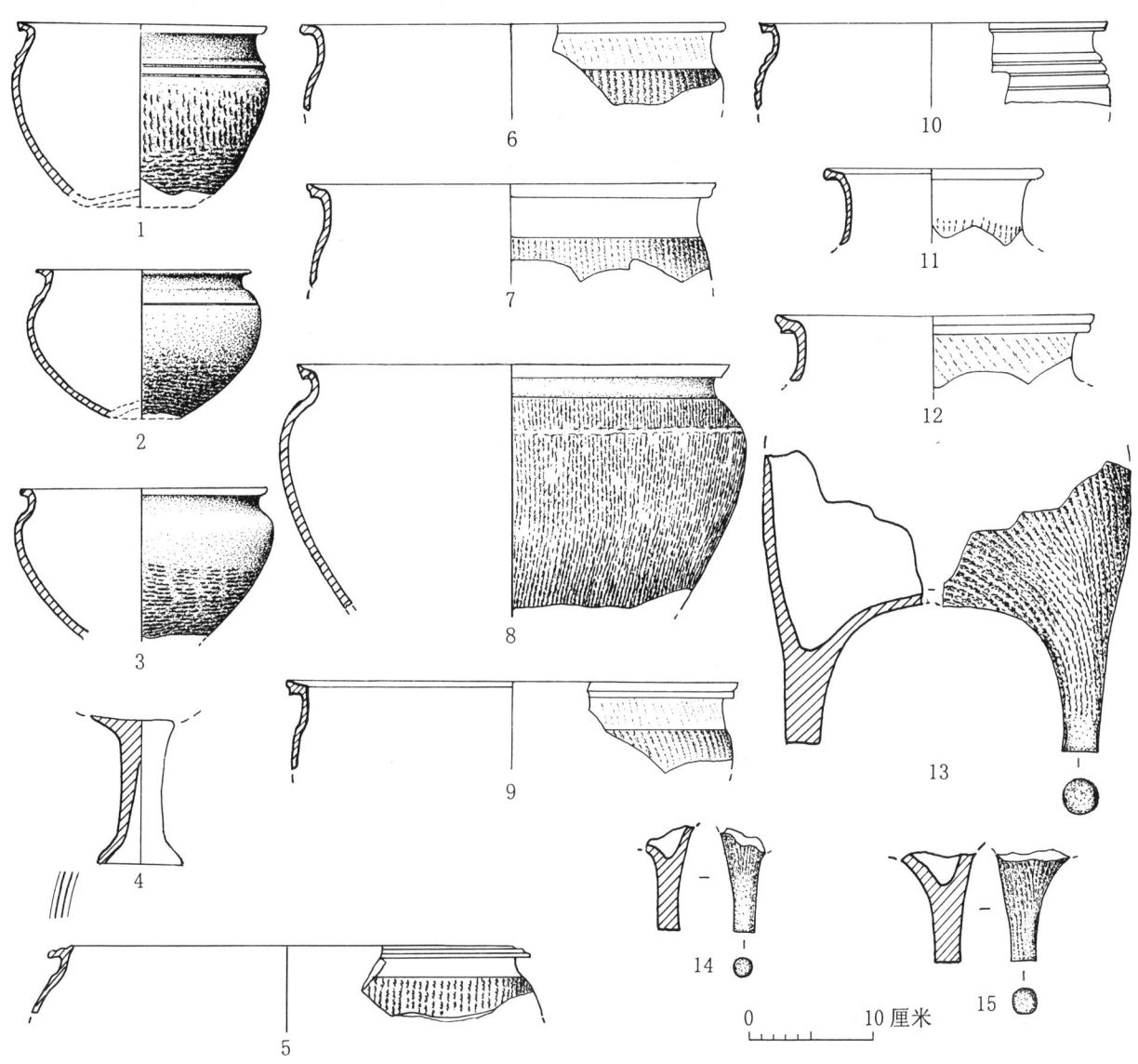

图二八八　XVI CT2 第 2、3 层出土陶盂、豆、甑、鬲、罐、瓮

1. V a 式盂（XVI CT2②:1）　2. Ⅷ b 式盂（XVI CT2②:5）　3. Ⅸ式盂（XVI CT2②:6）　4. Ⅸ式豆（XVI CT2②:19）　5. Ⅸ式甑（XVI CT2②:20）　6. A 型Ⅲ式鬲（XVI CT2③:8）　7. A 型Ⅳ式鬲（XVI CT2③:9）　8. A 型Ⅴ式鬲（XVI CT2③:3）　9. A 型Ⅷ式鬲（XVI CT2③:10）　10. Ⅷa 式盂（XVI CT2③:13）　11. A 型Ⅵ式罐（XVI CT2③:15）　12. Ⅳ式瓮（XVI CT2③:16）　13. Ⅳ式鬲足（XVI CT2②:18）　14. Ⅰ式鬲足（XVI CT2②:22）　15. Ⅴ式鬲足（XVI CT2②:23）

盂

标本 XVI CT2③:13（Ⅷa 式），口沿、腹部。泥质红陶。口微侈，平折沿，沿面微凹，双叠唇微下勾，束颈较矮，肩微突，上腹微鼓。肩饰三道凹旋纹（图二八八，10）。

罐

标本 XVI CT2③:15（A 型Ⅵ式），口沿部。泥质红陶。侈口，仰折沿，方圆唇，束颈较高，溜肩。肩部饰直列中绳纹（图二八八，11）。

瓮

标本ⅩⅥCT2③:16（Ⅳ式），口沿部。泥质红陶。侈口，卷沿，沿面上仰内凹，双叠唇下勾，束颈较矮，广肩。颈饰隐绳纹（图二八八，12）。

ⅩⅥCT3

北壁、东壁文化层（图二八九）

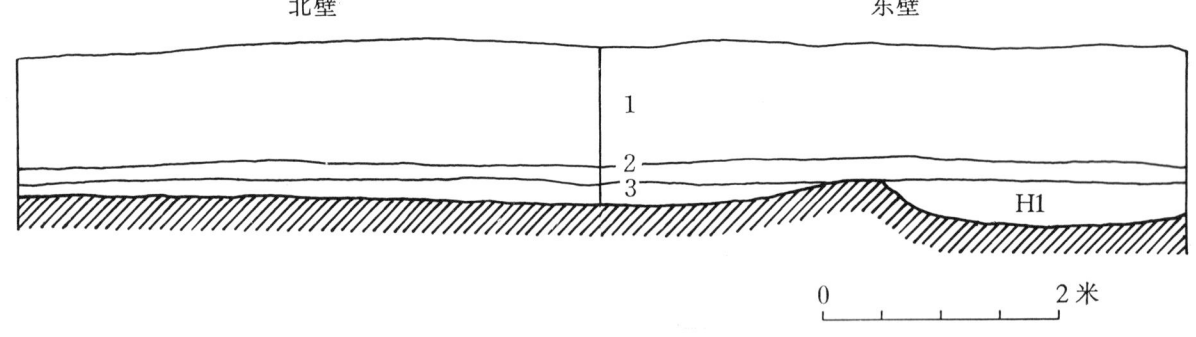

图二八九　ⅩⅥCT3北壁、东壁剖面图

第1层：淤泥层。厚90～105厘米。

第2层：分布全方。灰黑土，土质较硬。深90～105、厚10～20厘米。出土遗物有陶盂、罐、豆、瓮、甑等。此层下叠压ⅩⅥH1、ⅩⅥH2。

第3层：局部分布。灰黄土，土质较硬。深105～118、厚0～20厘米。出土遗物有陶鬲、盂、罐、豆、瓮及鼎足等。此层下叠压褐色生土。

第2层文化遗物

陶器

盂

标本ⅩⅥCT3②:4（Ⅸ式），口沿、腹部。泥质浅灰陶。直口，平折窄沿，方圆唇，束颈较矮，上腹微鼓，下腹内收。肩部饰三道凹旋纹，下腹饰横中绳纹（图二九〇，1）。

罐

标本ⅩⅥCT3②:9（A型Ⅸ式），口沿部。泥质红陶。侈口，折沿微外斜，斜方唇，束颈较高。颈饰隐绳纹（图二九〇，2）。标本ⅩⅥCT3②:3（A型Ⅸ式），口沿部。泥质浅灰陶。侈口。宽折沿微仰，尖弧唇，高颈。颈饰隐绳纹（图二九〇，3）。

标本ⅩⅥCT3②:14（B型Ⅷ式），器形完整。泥质红陶。侈口，平折窄沿，方圆唇，束颈较矮，上腹鼓，下腹斜收，凹圜底。上腹饰直列粗绳纹，下腹饰横粗绳纹（图二九〇，4；图版六四，3）。

豆

标本ⅩⅥCT3②:12（Ⅵ式），柄、座部。泥质红陶。柄较细矮，喇叭形座壁微外弧，柄内中空至盘底。素面（图二九〇，5）。

标本ⅩⅥCT3②:13（Ⅸ式），柄、座部。泥质浅灰陶。细高柄，矮喇叭座外弧，柄下部中空。素面（图二九〇，6）。标本ⅩⅥCT3②:7（Ⅸ式），器形完整。泥质深灰陶。盘较浅，敞口，弧腹

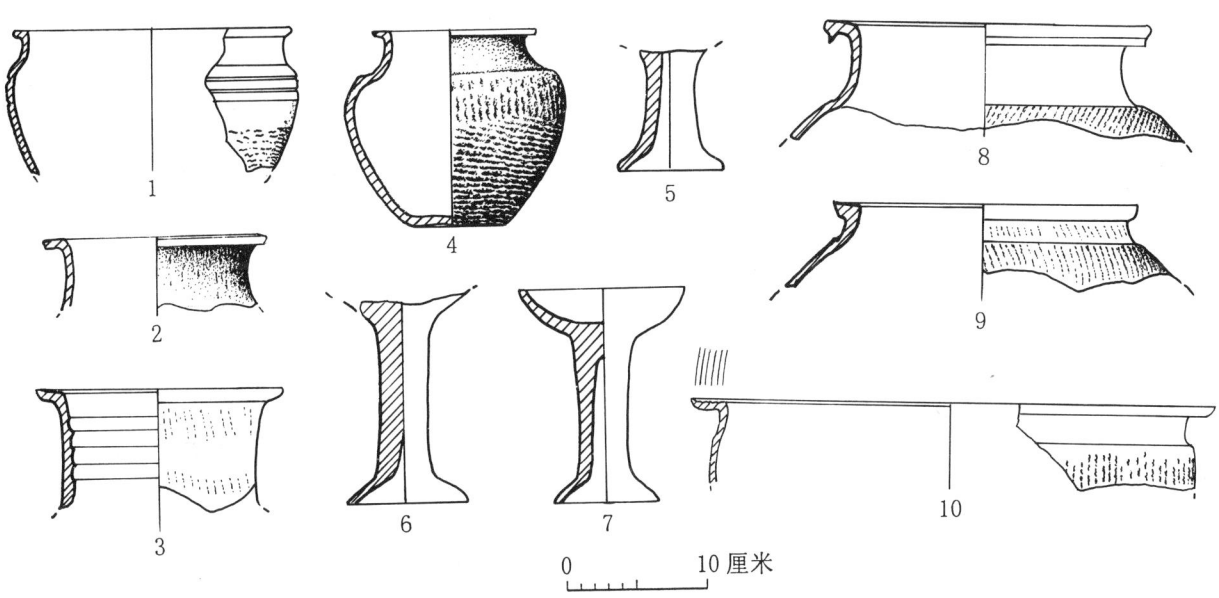

图二九〇　ⅩⅥCT3 第 2 层出土陶盉、罐、豆、瓮、甑

1.Ⅸ式盉（ⅩⅥCT3②：4）　2、3.A 型Ⅸ式罐（ⅩⅥCT3②：9、ⅩⅥCT3②：3）　4.B 型Ⅷ式罐（ⅩⅥCT3②：14）　5.Ⅵ式豆

（ⅩⅥCT3②：12）　6、7.Ⅸ式豆（ⅩⅥCT3②：13、ⅩⅥCT3②：7）　8.Ⅵ式瓮（ⅩⅥCT3②：2）　9.Ⅶ式瓮（ⅩⅥCT3②：1）

10.Ⅱ式甑（ⅩⅥCT3②：6）

壁，粗柄较高，矮喇叭座外弧，柄内中空至盘底。素面（图二九〇，7；图版六四，4）。

瓮

标本ⅩⅥCT3②：2（Ⅵ式），口沿部。泥质浅灰陶。口微侈，折沿微仰，双叠唇下勾，束颈较高，广肩。肩饰斜细绳纹（图二九〇，8）。

标本ⅩⅥCT3②：1（Ⅶ式），口沿部。泥质浅灰陶。口微敛，折沿微仰，斜方唇，束颈较矮，溜肩。颈饰隐绳纹，肩饰斜中绳纹（图二九〇，9）。

甑

标本ⅩⅥCT3②：6（Ⅱ式），口沿部。泥质红陶。口微敛，折沿微仰，沿边起棱，斜弧唇，矮束颈，溜肩。沿面饰六道凹旋纹，肩饰中绳纹（图二九〇，10）。

第 3 层文化遗物

陶器

鬲

标本ⅩⅥCT3③：26（A 型Ⅲ式），下残。夹砂褐陶。侈口，卷沿，沿面微内凹，斜方唇微下勾，束颈较高，溜肩，深腹微鼓。肩以下饰直列粗绳纹，腹饰二道浅凹旋纹（图二九一，1）。标本ⅩⅥCT3③：1（A 型Ⅲ式），下残。夹砂褐陶。形制与ⅩⅥCT3③：26 基本相同。沿面饰二道凹旋纹，腹饰直列粗绳纹（图二九一，2）。

标本ⅩⅥCT3③：13（A 型Ⅳ式），口沿部。夹砂红陶。侈口，卷沿，沿面上仰内凹，斜方唇下勾，束颈，溜肩。颈饰隐绳纹，肩饰直列粗绳纹及二道凹旋纹（图二九一，3）。标本ⅩⅥCT3③：5（A 型Ⅳ式），口残。夹砂红陶。上腹微鼓，下腹瘦瘪，弧裆较高，足窝较深，三柱足略外撇。腹

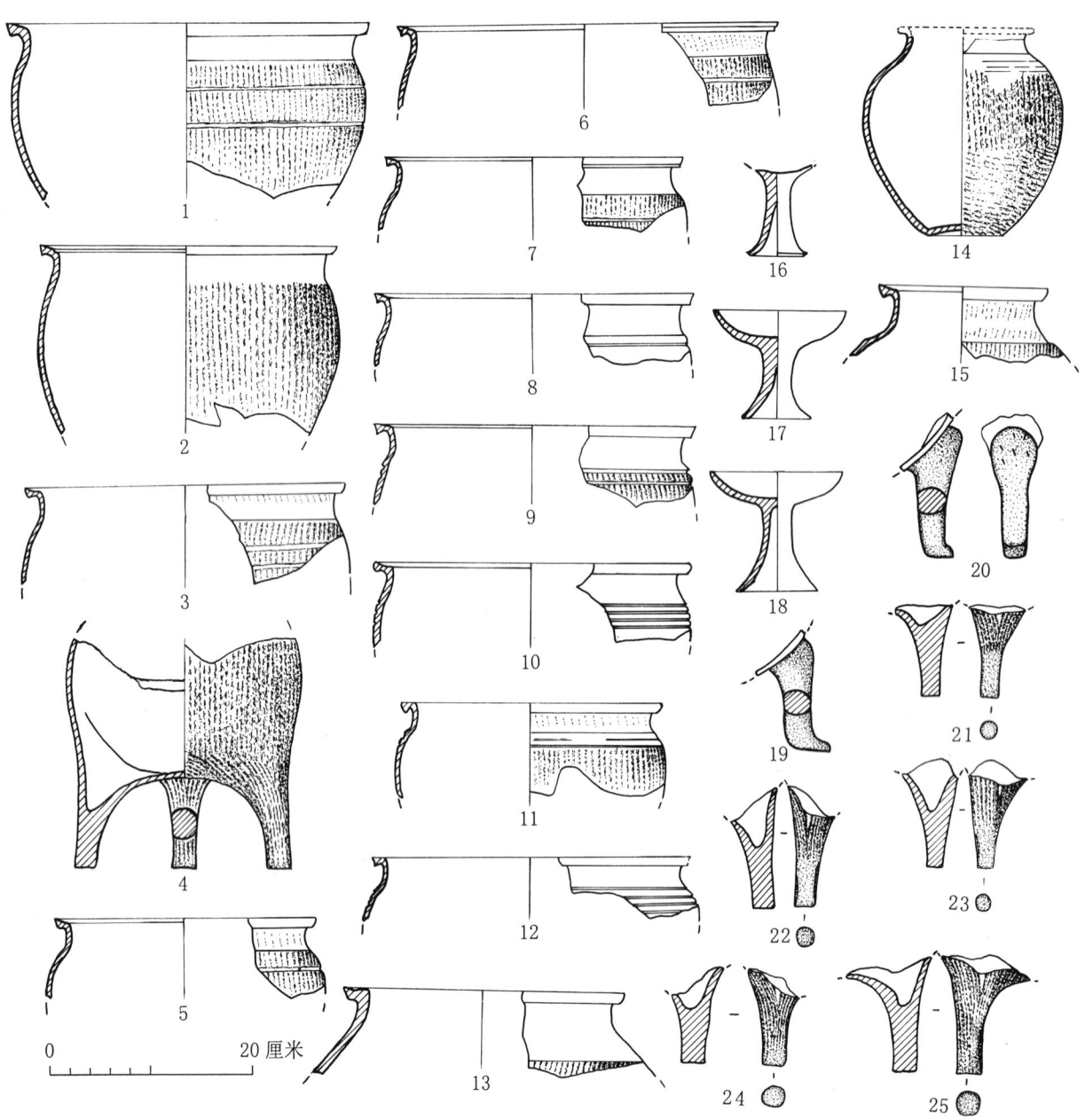

图二九一　ⅩⅥCT3 第 3 层出土陶鬲、鬲足、盂、瓮、罐、豆、鼎足

1、2.A 型Ⅲ式鬲（ⅩⅥCT3③:26、ⅩⅥCT3③:1）　3、4.A 型Ⅳ式鬲（ⅩⅥCT3③:13、ⅩⅥCT3③:5）　5.A 型Ⅵ式鬲（ⅩⅥCT3③:14）　6、7.A 型Ⅷ式鬲（ⅩⅥCT3③:31、ⅩⅥCT3③:15）　8、9.Ⅵ式盂（ⅩⅥCT3③:27、ⅩⅥCT3③:35）　10.Ⅶc 式盂（ⅩⅥCT3③:17）　11.Ⅷa 式盂（ⅩⅥCT3③:21）　12.Ⅷb 式盂（ⅩⅥCT3③:18）　13.Ⅶ式瓮（ⅩⅥCT3③:22）　14、15.B 型Ⅳ式罐（ⅩⅥCT3③:2、ⅩⅥCT3③:28）　16.Ⅰ式豆（ⅩⅥCT3③:23）　17、18.Ⅳ式豆（ⅩⅥCT3③:7、ⅩⅥCT3③:9）　19、20.B 型Ⅲ式鼎足（ⅩⅥCT3③:8、ⅩⅥCT3③:3）　21.Ⅰ式鬲足（ⅩⅥCT3③:37）　22.Ⅱ式鬲足（ⅩⅥCT3③:46）　23.Ⅲ式鬲足（ⅩⅥCT3③:44）　24.Ⅳ式鬲足（ⅩⅥCT3③:47）　25.Ⅴ式鬲足（ⅩⅥCT3③:48）

以下饰粗绳纹（图二九一，4）。

标本ⅩⅥCT3③：14（A型Ⅵ式），口沿部。夹砂红陶。口微侈，仰折沿，沿面微凹，斜方唇，颈较高，溜肩，腹微鼓。颈部绳纹稍抹，肩饰粗绳纹和一道凹旋纹（图二九一，5）。

标本ⅩⅥCT3③：31（A型Ⅷ式），口沿部。夹砂浅灰陶。侈口，仰折沿，沿面微凹，双叠唇下勾，颈较高，溜肩，上腹微鼓。肩饰直列中绳纹和一道凹旋纹（图二九一，6）。标本ⅩⅥCT3③：15（A型Ⅷ式），口沿部。夹砂浅灰陶。仰折沿，双叠唇下勾。肩饰直列中绳纹及一道凹旋纹（图二九一，7）。

鬲足

标本ⅩⅥCT3③：37（Ⅰ式），夹砂红陶。形体矮小，圆形柱足。素面（图二九一，21）。

标本ⅩⅥCT3③：46（Ⅱ式），夹砂红陶。形体矮小，棱形柱足。有削痕（图二九一，22）。

标本ⅩⅥCT3③：44（Ⅲ式），夹砂红陶。棱形柱足。足上部饰绳纹，下部有削痕（图二九一，23）。

标本ⅩⅥCT3③：47（Ⅳ式），夹砂红陶。棱形柱足。上部饰绳纹，根部有削痕（图二九一，24）。

标本ⅩⅥCT3③：48（Ⅴ式），夹砂红陶。棱形柱足。内侧有削痕，外侧饰绳纹（图二九一，25）。

盂

标本ⅩⅥCT3③：27（Ⅵ式），口沿部。泥质红陶。口微侈，仰折窄沿，斜方唇微下勾，束颈较高，溜肩。肩饰一道凹旋纹（图二九一，8）。标本ⅩⅥCT3③：35（Ⅵ式），口沿部。泥质红陶。形制与ⅩⅥCT3③：27基本相同。肩饰二道凹旋纹及直列中绳纹（图二九一，9）。

标本ⅩⅥCT3③：17（Ⅶc式），口沿部。泥质红陶。口微侈，仰折沿，沿面微凹，方圆唇，颈较高，溜肩，上腹微鼓。肩饰四道凹旋纹（图二九一，10）。

标本ⅩⅥCT3③：21（Ⅷa式），口沿部。泥质红陶。口微侈，平折沿，斜方唇下勾，颈较高，溜肩，上腹微鼓。颈部绳纹稍抹，肩饰三道凹旋纹，腹饰直列中绳纹（图二九一，11）。

标本ⅩⅥCT3③：18（Ⅷb式），口沿部。泥质红陶。口微侈，平折窄沿，斜方唇微下勾，束颈较矮，溜肩。肩部饰四道凹旋纹（图二九一，12）。

罐

标本ⅩⅥCT3③：2（B型Ⅳ式），口沿残。泥质红陶。矮束颈，溜肩，上腹微鼓，下腹斜收，凹圜底。肩部饰三道浅凹旋纹，上腹饰直列粗绳纹，下腹及底部饰横列粗绳纹（图二九一，14）。标本ⅩⅥCT3③：28（B型Ⅳ式），口沿部。泥质红陶。侈口，仰折沿，斜弧唇下勾，束颈较高，溜肩。颈饰隐绳纹，肩饰直列细绳纹（图二九一，15）。

豆

标本ⅩⅥCT3③：23（Ⅰ式），柄、座部。泥质褐陶。矮细柄，高喇叭形座，座面内弧，座沿微上翘，柄下中空。素面（图二九一，16）。

标本ⅩⅥCT3③：7（Ⅳ式），器形完整。泥质红陶。盘较深，敞口，圜腹壁，粗矮柄，喇叭形座较高，座面斜直，柄下部中空。素面（图二九一，17；图版六五，1）。标本ⅩⅥCT3③：9（Ⅳ式），器形完整。泥质红陶。形制与ⅩⅥCT3③：7基本相同。柄内中空至盘底。素面（图二九一，18；图版六五，2）。

瓮

标本ⅩⅥCT3③:22（Ⅶ式），口沿部。泥质浅灰陶。敛口，平折沿，斜方唇，矮束颈，溜肩。肩饰中绳纹（图二九一，13）。

鼎足

ⅩⅥCT3③:8（B型Ⅲ式），夹砂红陶。椭圆形瘦高实蹄足。素面（图二九一，19）。ⅩⅥCT3③:3（B型Ⅲ式），形制与ⅩⅥCT3③:8基本相同。仅足上部有戳印纹（图二九一，20）。

ⅩⅥCT4

文化层见综述部分。

第2层文化遗物

陶器

盂

标本ⅩⅥCT4②:2（Ⅹ式），口沿、腹部。泥质浅灰陶。口微侈，折沿微外斜，斜方唇微下勾，束颈较高，肩微凸，上腹微鼓，下腹收。下腹饰直列粗绳纹（图二九二，1）。

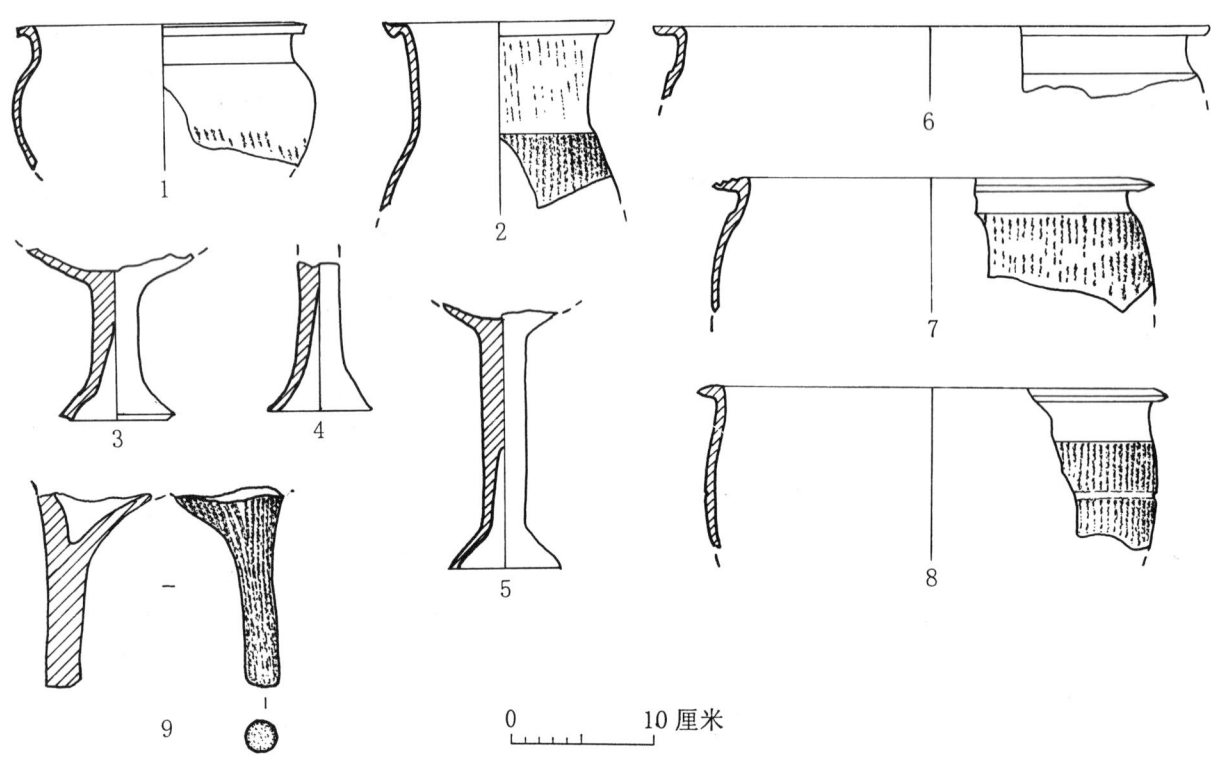

图二九二　ⅩⅥCT4第2层出土陶盂、罐、豆、甑、鬲足

1. Ⅹ式盂（ⅩⅥCT4②:2）　2. A型Ⅸ式罐（ⅩⅥCT4②:3）　3. Ⅵ式豆（ⅩⅥCT4②:6）　4. Ⅷ式豆（ⅩⅥCT4②:7）　5. Ⅹ式豆（ⅩⅥCT4②:8）　6. Ⅳ式甑（ⅩⅥCT4②:10）　7、8. Ⅷ式甑（ⅩⅥCT4②:4、ⅩⅥCT4②:5）　9. Ⅶ式鬲足（ⅩⅥCT4②:9）

罐

标本ⅩⅥCT4②:3（A型Ⅸ式），口沿部。泥质浅灰陶。侈口，宽平折沿，沿边起棱，斜方唇，

下唇靠颈部内凹，高颈上粗下细，溜肩。颈饰隐绳纹，肩饰中绳纹（图二九二，2）。

豆

标本ⅩⅥCT4②:6（Ⅵ式），柄、座部。泥质红陶。柄较粗矮，喇叭形座较矮，座面外弧，柄下部中空。素面（图二九二，3）。

标本ⅩⅥCT4②:7（Ⅷ式），柄、座部。泥质红陶。细柄较高，喇叭形座斜直，柄下部中空。素面（图二九二，4）。

标本ⅩⅥCT4②:8（Ⅹ式），柄、座部。泥质浅灰陶。细高柄，矮喇叭座较高，座面外弧，柄下部中空。素面（图二九二，5）。

甗

标本ⅩⅥCT4②:10（Ⅳ式），口沿部。泥质红陶。口微侈，平折沿，斜方唇下弧，颈较矮，溜肩。素面（图二九二，6）。

标本ⅩⅥCT4②:4（Ⅷ式），口沿、腹部。泥质浅灰陶。敛口，折沿外翻，尖唇，颈较矮，腹微鼓。沿面饰三道凹旋纹，腹饰斜中绳纹（图二九二，7）。标本ⅩⅥCT4②:5（Ⅷ式），口沿、腹部。泥质浅灰陶。口微侈，翻折沿，尖唇，颈较矮，溜肩，腹微鼓。腹饰直列中绳纹，上腹饰一道凹旋纹（图二九二，8）。

鬲足

标本ⅩⅥCT4②:9（Ⅶ式），夹砂红陶。高圆形柱足。通饰绳纹（图二九二，9）。

第3层文化遗物

陶器

鬲

标本ⅩⅥCT4③:6（A型Ⅲ式），口沿部。夹砂褐陶。侈口，卷沿，沿面上仰内凹，斜方唇下勾，束颈较矮，溜肩。肩饰直列粗绳纹（图二九三，1）。

标本ⅩⅥCT4③:9（A型Ⅳ式），口沿部。夹砂红陶。侈口，卷沿，方弧唇微下勾，束颈较矮，溜肩。颈饰隐绳纹及隐旋纹，上腹饰直列中绳纹（图二九三，2）。标本ⅩⅥCT4③:7（A型Ⅳ式），口沿部。夹砂红陶。形制与ⅩⅥCT4③:9相同（图二九三，3）。

标本ⅩⅥCT4③:8（A型Ⅷ式），口沿部。夹砂红陶。口微侈，仰折窄沿，斜方唇微下勾，颈较高，溜肩，上腹微鼓。腹饰直列中绳纹（图二九三，4）。标本ⅩⅥCT4③:10（A型Ⅷ式），口沿部。夹砂红陶。侈口，仰折窄沿，双叠唇微下勾，颈较高，腹微鼓。颈饰隐绳纹，肩饰直列中绳纹，上腹饰一道浅凹旋纹（图二九三，5）。

标本ⅩⅥCT4③:4（B型Ⅳ式），口沿部。夹砂红陶。侈口，卷沿，斜方唇微下勾，束颈较高，溜肩。颈饰隐绳纹，肩饰直列中绳纹（图二九三，6）。

鬲足

标本ⅩⅥCT4③:17（Ⅳ式），夹砂红陶。足窝较深，柱足近方形。根部有削痕，其上饰绳纹（图二九三，17）。

标本ⅩⅥCT4③:25（Ⅴ式），夹砂红陶。棱形柱足。内侧有削痕，外侧饰绳纹（图二九三，18）。

标本ⅩⅥCT4③:24（Ⅵ式），夹砂红陶。棱形柱足。足饰绳纹（图二九三，19）。

盂

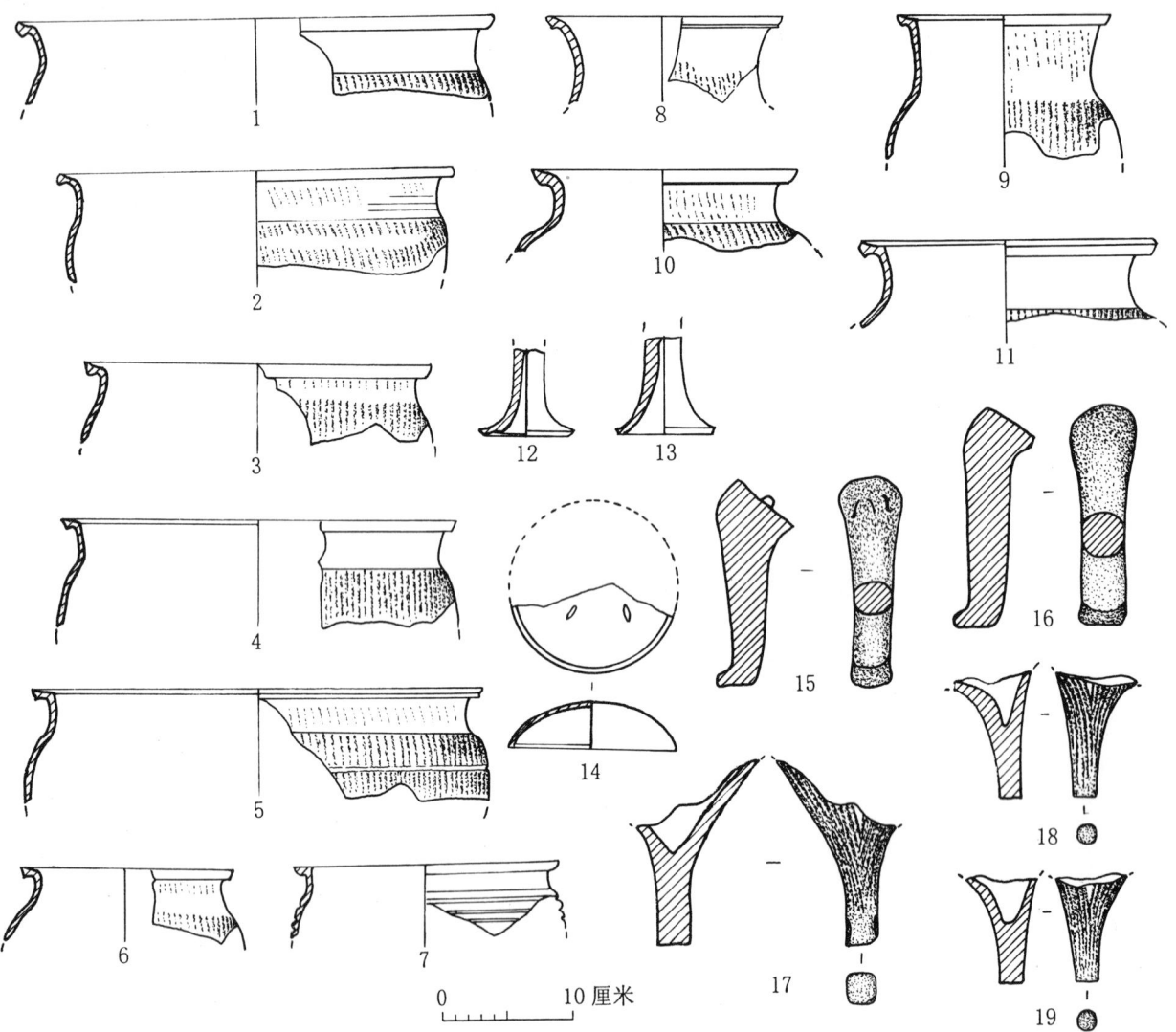

图二九三　ⅩⅥCT4第3层出土陶鬲、盂、罐、瓮、豆、甗箅、鼎足、鬲足

1.A型Ⅲ式鬲（ⅩⅥCT4③:6）　2、3.A型Ⅳ式鬲（ⅩⅥCT4③:9、ⅩⅥCT4③:7）　4、5.A型Ⅷ式鬲（ⅩⅥCT4③:8、ⅩⅥCT4③:10）
6.B型Ⅳ式鬲（ⅩⅥCT4③:4）　7.Ⅷb式盂（ⅩⅥCT4③:13）　8.A型Ⅳa式罐（ⅩⅥCT4③:14）　9.A型Ⅶ式罐（ⅩⅥCT4③:15）
10.Ⅱa式瓮（ⅩⅥCT4③:12）　11.Ⅴa式瓮（ⅩⅥCT4③:19）　12.Ⅲ式豆（ⅩⅥCT4③:16）　13.Ⅴ式豆（ⅩⅥCT4③:18）　14.Ⅱ
式甗箅（ⅩⅥCT4③:5）　15、16.B型Ⅲ式鼎足（ⅩⅥCT4③:21、ⅩⅥCT4③:22）　17.Ⅳ式鬲足（ⅩⅥCT4③:17）　18.Ⅴ式鬲足
（ⅩⅥCT4③:25）　19.Ⅵ式鬲足（ⅩⅥCT4③:24）

标本ⅩⅥCT4③:13（Ⅷb式），口沿部。泥质浅灰陶。直口，平折窄沿，斜方唇下弧，束颈较矮，肩微凸，上腹微鼓。肩饰三道凹旋纹（图二九三，7）。

罐

标本ⅩⅥCT4③:14（A型Ⅳa式），口沿部。泥质红陶。敞口，卷沿，沿面上仰，双叠唇下勾，束颈，溜肩。肩饰直列中绳纹（图二九三，8）。

标本ⅩⅥCT4③:15（A型Ⅶ式），口沿、腹部。泥质红陶。侈口，窄折沿上仰，沿面微凹，斜方唇下勾，束颈较高，溜肩，上腹微鼓。颈饰隐绳纹，肩饰直列中绳纹（图二九三，9）。

瓮

标本ⅩⅥCT4③:12（Ⅱa式），口沿部。泥质褐陶。侈口，卷沿，沿面上仰，斜方唇，束颈较矮，广肩。颈饰隐绳纹，肩饰斜中绳纹（图二九三，10）。

标本ⅩⅥCT4③:19（Ⅴa式），口沿部。泥质红陶。侈口，仰折沿，沿面微凹，斜方唇下勾，束颈较矮，溜肩。肩饰斜中绳纹（图二九三，11）。

豆

标本ⅩⅥCT4③:16（Ⅲ式），柄、座部。泥质红陶。细柄，喇叭座较矮，座面内弧，座沿上翘，柄内中空。素面（图二九三，12）。

标本ⅩⅥCT4③:18（Ⅴ式），柄、座部。泥质红陶。喇叭座较矮，座面微内弧，柄内中空。素面（图二九三，13）。

甑箅

标本ⅩⅥCT4③:5（Ⅱ式），器残。泥质红陶。圆钵形（残存小半部），上有二个椭圆形孔。素面（图二九三，14）。

鼎足

标本ⅩⅥCT4③:21（B型Ⅲ式），夹砂红陶。形体瘦高，圆实马蹄足，足上端有插榫。蹄足上部有三道划痕（图二九三，15）。标本ⅩⅥCT4③:22（B型Ⅲ式），夹砂红陶。形体瘦高，圆实马蹄足。素面（图二九三，16）。

ⅩⅥCT5

东壁、北壁文化层（图二九四）

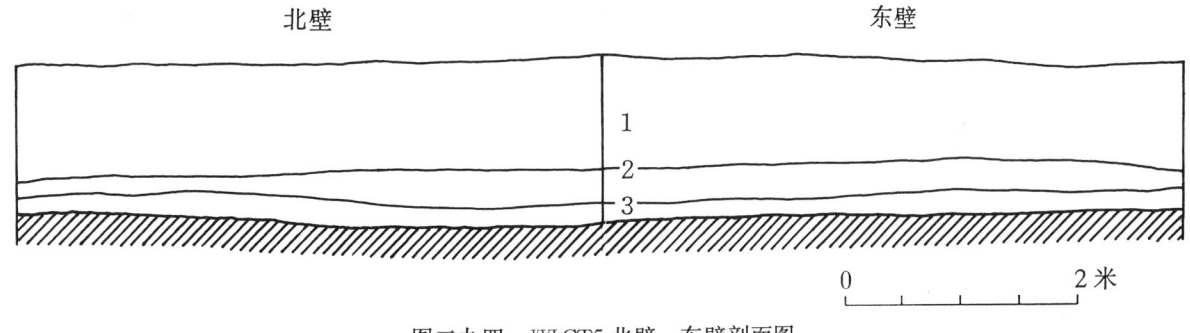

图二九四　ⅩⅥCT5北壁、东壁剖面图

第1层：淤泥层。厚82～95厘米。

第2层：分布全方。灰黑土，土质较硬。深82～95、厚12～30厘米。出土遗物有陶鬲、豆等。

第3层：分布全方。灰黄土，土质较硬易散。深110～123、厚13～20厘米。出土遗物有陶鬲、鬲足、盂、罐及马（见综述文化遗物部分）等。此层下叠压褐色生土层。

第2层文化遗物

陶器

鬲

　　标本ⅩⅥCT5②:10（A型Ⅷ式），口沿部，夹砂红陶。口微侈，仰折窄沿近平，方唇下勾，颈较矮，溜肩。颈饰隐绳纹，肩饰直列中绳纹（图二九五，1）。

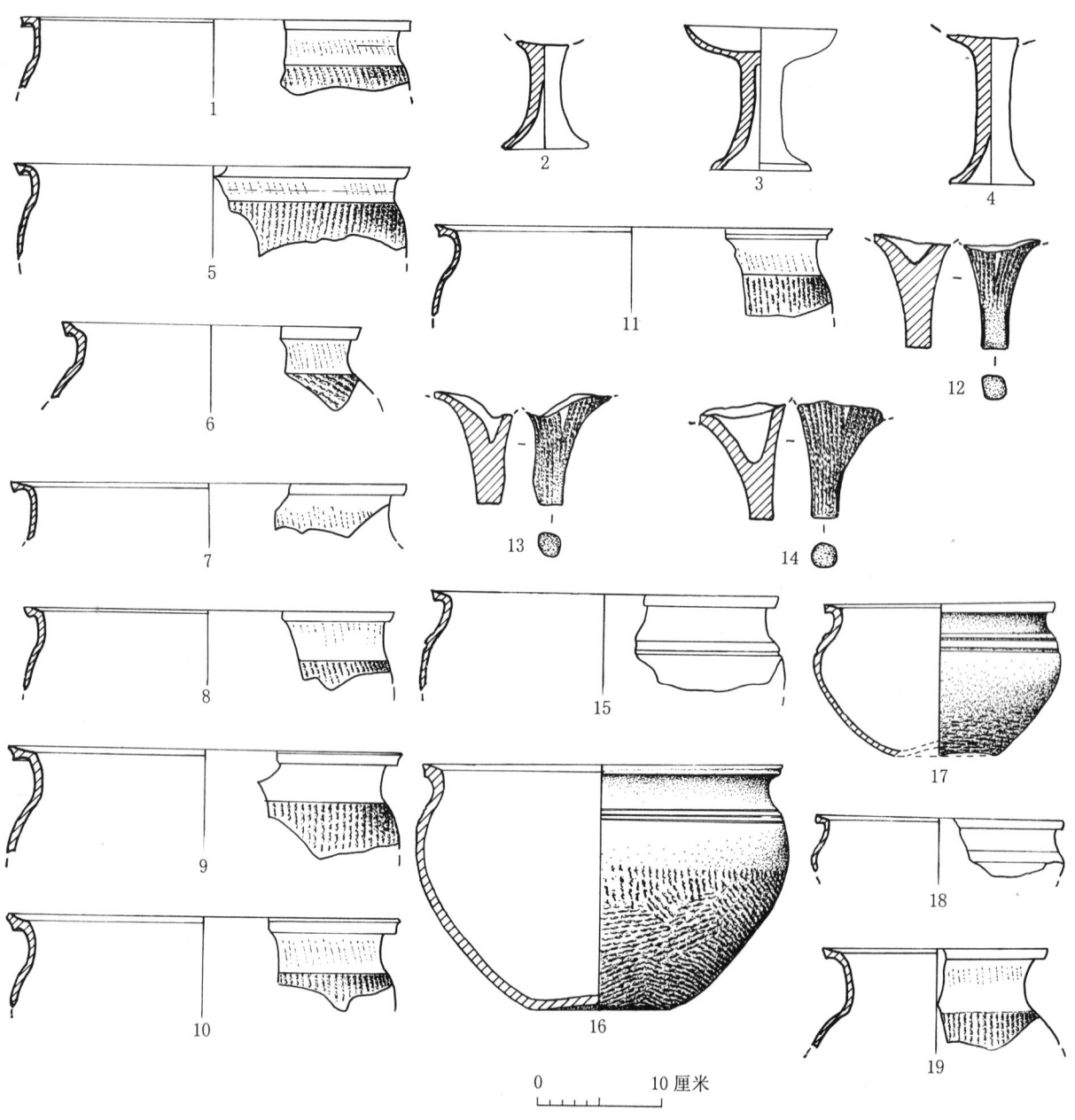

图二九五　ⅩⅥCT5第2、3层出土陶鬲、豆、盂、瓮

1.A型Ⅷ式鬲（ⅩⅥCT5②:10）　2.Ⅳ式豆（ⅩⅥCT5②:3）　3.Ⅵ式豆（ⅩⅥCT5②:2）　4.Ⅷ式豆（ⅩⅥCT5②:6）　5、6.A型Ⅲ式鬲（ⅩⅥCT5③:10、ⅩⅥCT5③:12）　7、8.A型Ⅵ式鬲（ⅩⅥCT5③:13、ⅩⅥCT5③:14）　9～11.A型Ⅷ式鬲（ⅩⅥCT5③:16、ⅩⅥCT5③:15、ⅩⅥCT5③:11）　12.Ⅲ式鬲足（ⅩⅥCT5③:20）　13.Ⅴ式鬲足（ⅩⅥCT5③:21）　14.Ⅵ式鬲足（ⅩⅥCT5③:22）　15.Ⅳ式盂（ⅩⅥCT5③:19）　16、17.Ⅶa式盂（ⅩⅥCT5③:2、ⅩⅥCT5③:3）　18.Ⅶc式盂（ⅩⅥCT5③:6）　19.A型Ⅵ式罐（ⅩⅥCT5③:17）

　　豆

　　标本ⅩⅥCT5②:3（Ⅳ式），柄、座部。泥质红陶。细矮柄，喇叭形座较高，座面内弧，柄下部

中空。素面（图二九五，2）。

标本ⅩⅥCT5②:2（Ⅵ式），器形完整。泥质浅灰陶。敞口，圜腹壁，粗柄较高，喇叭形座较高，座面上凸，柄内中空至盘底。素面（图二九五，3；图版六五，3）。

标本ⅩⅥCT5②:6（Ⅷ式），柄、座部。泥质浅灰陶。细柄较高，喇叭形座较矮，座面微内弧，柄下部中空。素面（图二九五，4）。

第3层文化遗物

陶器

鬲

标本ⅩⅥCT5③:10（A型Ⅲ式），口沿部。夹砂红陶。侈口，卷沿，斜方唇下勾，束颈较高，溜肩，腹微鼓。颈饰隐绳纹，肩饰斜粗绳纹（图二九五，5）。标本ⅩⅥCT5③:12（A型Ⅲ式），口沿部。形制与ⅩⅥCT5③:10基本相同（图二九五，6）。

标本ⅩⅥCT5③:13（A型Ⅵ式），口沿部。夹砂红陶。侈口，仰折沿，方唇微下勾，束颈较高。颈饰隐绳纹（图二九五，7）。标本ⅩⅥCT5③:14（A型Ⅵ式），口沿部。夹砂红陶。侈口，仰折沿，斜方唇，束颈较高，溜肩。颈饰隐绳纹，腹饰中绳纹（图二九五，8）。

标本ⅩⅥCT5③:16（A型Ⅷ式），口沿部。夹砂浅灰陶。侈口，仰折沿，沿面微凹，双叠唇下勾，颈较高，溜肩，上腹微鼓。肩饰直列粗绳纹（图二九五，9）。标本ⅩⅥCT5③:15（A型Ⅷ式），口沿部。形制与ⅩⅥCT5③:16基本相同（图二九五，10）。标本ⅩⅥCT5③:11（A型Ⅷ式），口沿部。夹砂红陶。侈口，仰折沿，沿面微凹，双叠唇下勾，颈较高，溜肩，腹微鼓。颈饰隐绳纹，肩饰直列中绳纹（图二九五，11）。

鬲足

标本ⅩⅥCT5③:20（Ⅲ式），夹砂红陶。棱形柱足。足上部饰绳纹，下部有削痕（图二九五，12）。

标本ⅩⅥCT5③:21（Ⅴ式），夹砂红陶。棱形柱足。足内侧有削痕，外侧饰绳纹（图二九五，13）。

标本ⅩⅥCT5③:22（Ⅵ式），夹砂红陶。棱形柱足。足饰绳纹（图二九五，14）。

盂

标本ⅩⅥCT5③:19（Ⅳ式），口沿、腹部。泥质红陶。敞口，卷沿，沿面微凹，斜方唇微下勾，束颈较矮，溜肩，上腹微鼓。肩饰二道凹旋纹（图二九五，15）。

标本ⅩⅥCT5③:2（Ⅶa式），器形完整。泥质红陶。侈口，仰折沿，双叠斜方唇，颈较矮，溜肩，上腹微鼓，下腹内收，圜底上凹。肩饰三道凹旋纹，下腹饰横中绳纹（图二九五，16；图版六五，4）。标本ⅩⅥCT5③:3（Ⅶa式），器形较完整。泥质红陶，器形与CT5③:2基本相同（图二九五，17；图版六六，1）。

ⅩⅥCT5③:6（Ⅶc式），口沿部，泥质红陶。敛口，仰折窄沿，方唇，矮颈，肩微凸，上腹微鼓。肩饰二道凹旋纹（图二九五，18）。

罐

标本ⅩⅥCT5③:17（A型Ⅵ式），口沿部。泥质红陶。侈口，折沿上仰，斜方唇微下勾，束颈较高，溜肩。颈饰隐绳纹，肩饰直列粗绳纹（图二九五，19）。

ⅩⅥCT6

北壁、东壁文化层（图二九六）

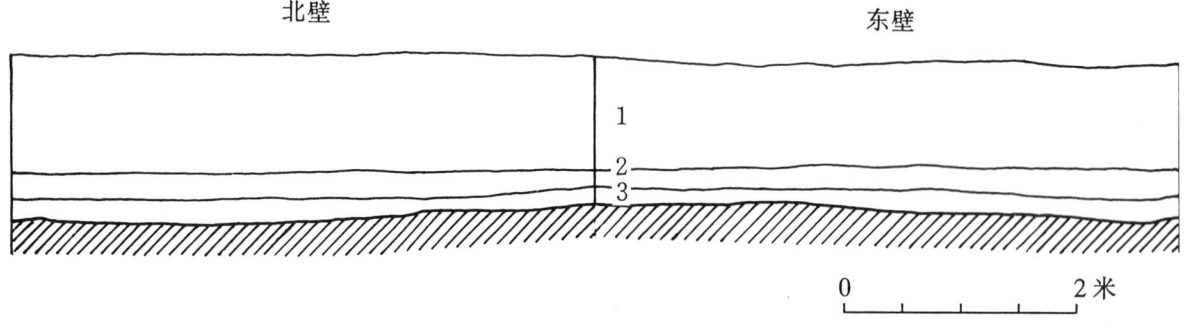

图二九六　ⅩⅥCT6北壁、东壁剖面图

第1层：淤泥层。厚85～100厘米。

第2层：分布全方。灰黑土，土质较硬，深85～100、厚15～25厘米。此层无遗物。

第3层：分布全方。灰黄土，土质较硬易散。深105～120、厚10～20厘米。出土遗物有陶罐、鬲足等。

第3层文化遗物

陶器

罐

标本ⅩⅥCT6③：1（A型Ⅱ式），口沿部。泥质褐陶。侈口，卷沿，斜方唇微下勾，束颈较高。颈饰隐绳纹（图二九七，1）。

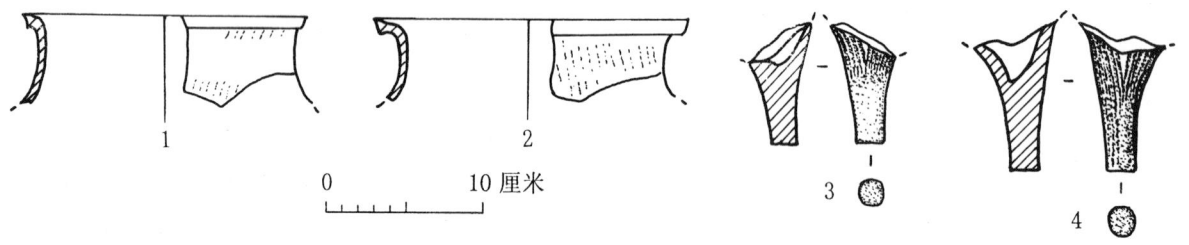

图二九七　ⅩⅥCT6第3层出土陶罐、鬲足

1.A型Ⅱ式罐（ⅩⅥCT6③：1）　2.A型Ⅳa式罐（ⅩⅥCT6③：2）　3.Ⅱ式鬲足（ⅩⅥCT6③：4）　4.Ⅴ式鬲足（ⅩⅥCT6③：3）

标本ⅩⅥCT6③：2（A型Ⅳa式），口沿部。泥质红陶。侈口，卷沿，斜方唇微下勾，束颈较高。颈饰隐绳纹（图二九七，2）。

鬲足

标本ⅩⅥCT6③：4（Ⅱ式），夹砂红陶。柱足呈圆角方形。足部有刮削痕（图二九七，3）。

标本ⅩⅥCT6③：3（Ⅴ式），夹砂红陶。棱形柱足。足内侧有削痕，外侧饰绳纹（图二九七，4）。

ⅩⅥT1（探沟）

北壁文化层（图二九八）

北壁

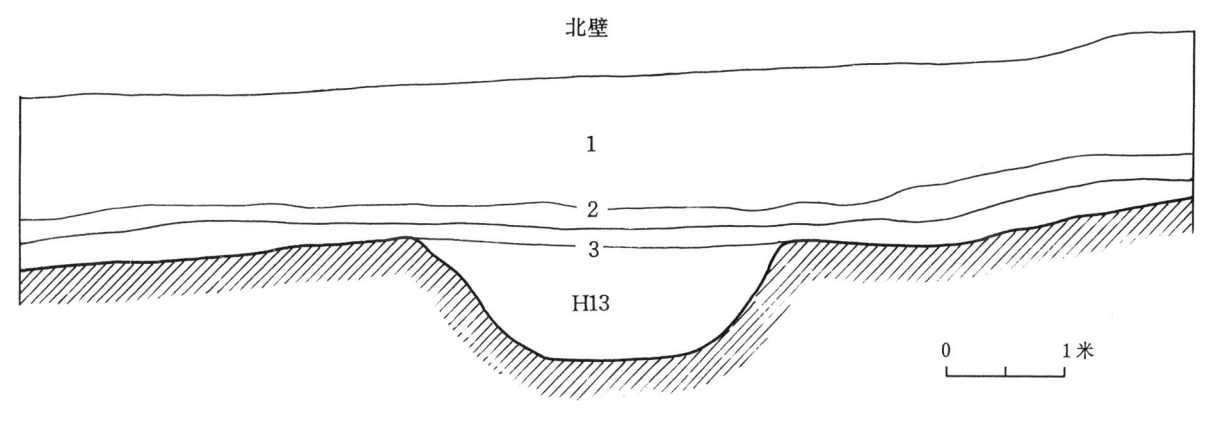

1

2

3

H13

0　　　　1米

图二九八　ⅩⅥT1北壁剖面图

第1层：淤泥层。厚88～118厘米。

第2层：分布全方。灰黑土，土质较硬。深88～118、厚12～30厘米。出土遗物有陶鬲、罐、豆、甑及鼎足等。

第3层：分布全方。灰黄土，土质较硬易散。深106～130、厚13～28厘米。出土遗物有陶鬲、盂、罐、豆及筒瓦等。此层下叠压ⅩⅥH13及生土。

第2层文化遗物

陶器

鬲

标本ⅩⅥT1②：6（A型Ⅲ式），口沿部。夹砂褐陶。口微侈，卷沿，沿面微凹，斜方唇，颈较矮，溜肩，上腹微鼓。肩饰斜中绳纹（图二九九，1）。

标本ⅩⅥT1②：7（A型Ⅵ式），口沿部。夹砂浅灰陶。仰折窄沿，方唇下勾，唇面内弧，颈较高，溜肩，上腹微鼓。颈饰隐绳纹，肩饰直列中绳纹（图二九九，2）。标本ⅩⅥT1②：15（A型Ⅵ式），口沿、腹部。夹砂红陶。形制与ⅩⅥT1②：7基本相同。肩部及腹上部饰四道凹旋纹，腹饰直列中绳纹（图二九九，3）。

鬲足

标本ⅩⅥT1②：10（Ⅵ式），夹砂红陶。足窝较深，棱形柱足。足部内有削痕，外饰绳纹（图二九九，4）。

罐

标本ⅩⅥT1②：1（A型Ⅹ式），口沿部。泥质深灰陶。侈口，平折沿，方圆唇，束颈较高，肩微凸。颈饰三道旋纹，肩饰直列中绳纹及一道凹旋纹（图二九九，5）。

豆

标本ⅩⅥT1②：2（Ⅴ式），座残。泥质浅灰陶。盘较深，弧腹壁，细矮柄，柄内中空至盘底。素面（图二九九，6）。

标本ⅩⅥT1②：16（Ⅵ式），柄、座部。泥质浅灰陶。矮粗柄，矮喇叭形座外弧，柄内中空至盘底。素面（图二九九，7）。

标本ⅩⅥT1②：13（Ⅷ式），豆盘。泥质浅灰陶。盘较浅。敞口，圜腹壁，细柄。素面（图二九

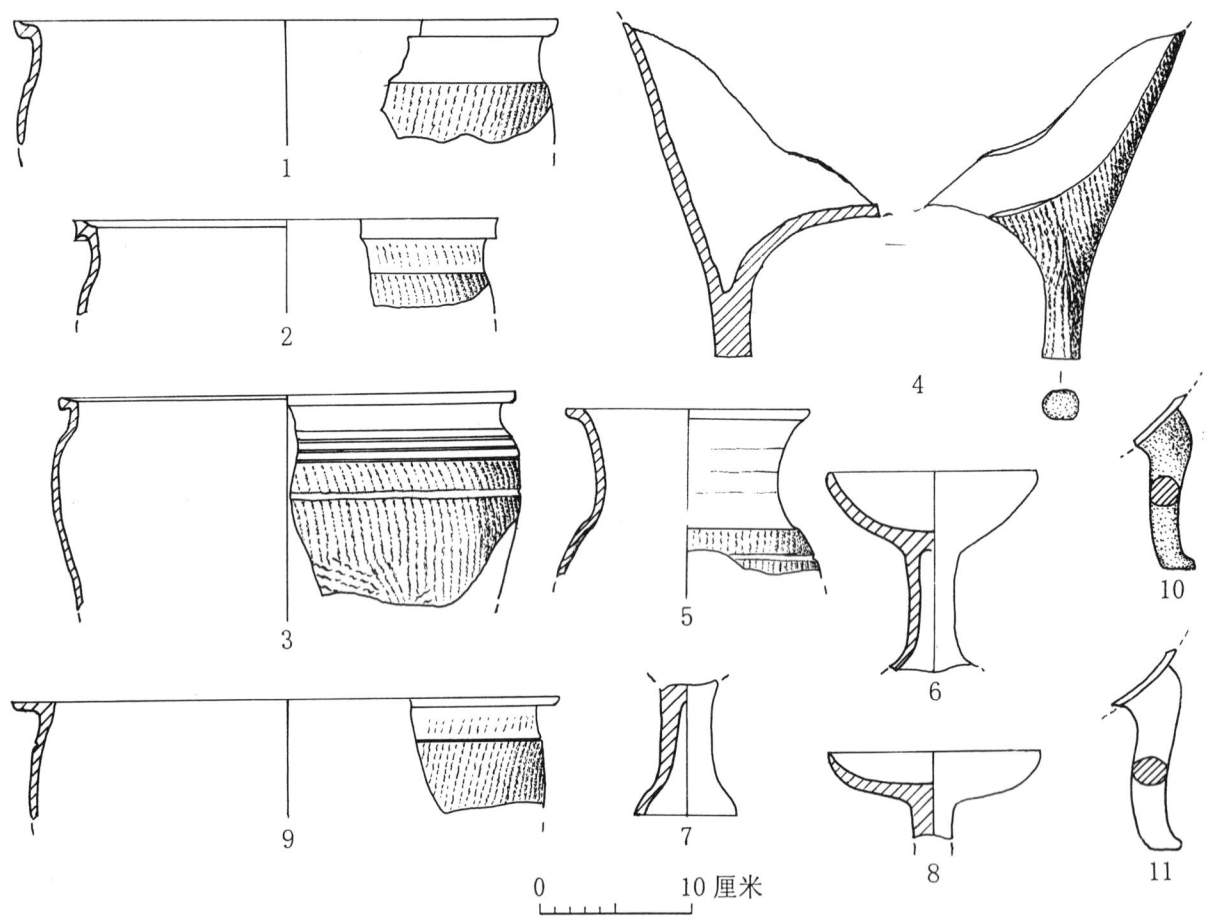

图二九九　ⅩⅥT1 第 2 层出土陶鬲、罐、豆、甑、鼎足

1.A 型Ⅲ式鬲（ⅩⅥT1②:6）　2、3.A 型Ⅵ式鬲（ⅩⅥT1②:7、ⅩⅥT1②:15）　4.Ⅵ式鬲足（ⅩⅥT1②:10）　5.A 型Ⅹ式罐（ⅩⅥT1②:1）　6.Ⅴ式豆（ⅩⅥT1②:2）　7.Ⅵ式豆（ⅩⅥT1②:16）　8.Ⅷ式豆（ⅩⅥT1②:13）　9.Ⅳ式甑（ⅩⅥT1②:8）　10、11.B 型Ⅲ式鼎足（ⅩⅥT1②:4、ⅩⅥT1②:3）

九，8）。

甑

标本ⅩⅥT1②:8（Ⅳ式），口沿部。泥质浅灰陶。敛口，平折沿，斜方唇下弧，颈较矮，溜肩。颈饰隐绳纹，肩饰斜中绳纹（图二九九，9）。

鼎足

标本ⅩⅥT1②:4（B 型Ⅲ式），夹砂红陶。瘦高实蹄足。素面（图二九九，10）。标本ⅩⅥT1②:3（B 型Ⅲ式），夹砂红陶。形制基本与ⅩⅥT1②:4 相同（图二九九，11）。

第 3 层文化遗物

陶器

鬲

ⅩⅥT1③:8（A 型Ⅲ式），口沿、腹部。夹砂褐陶。敞口，卷沿，沿面上仰内凹，斜方唇下勾，颈较高，溜肩，上腹微鼓。颈饰隐绳纹，腹饰直列粗绳纹及一道凹旋纹（图三〇〇，1）。ⅩⅥT1③:9

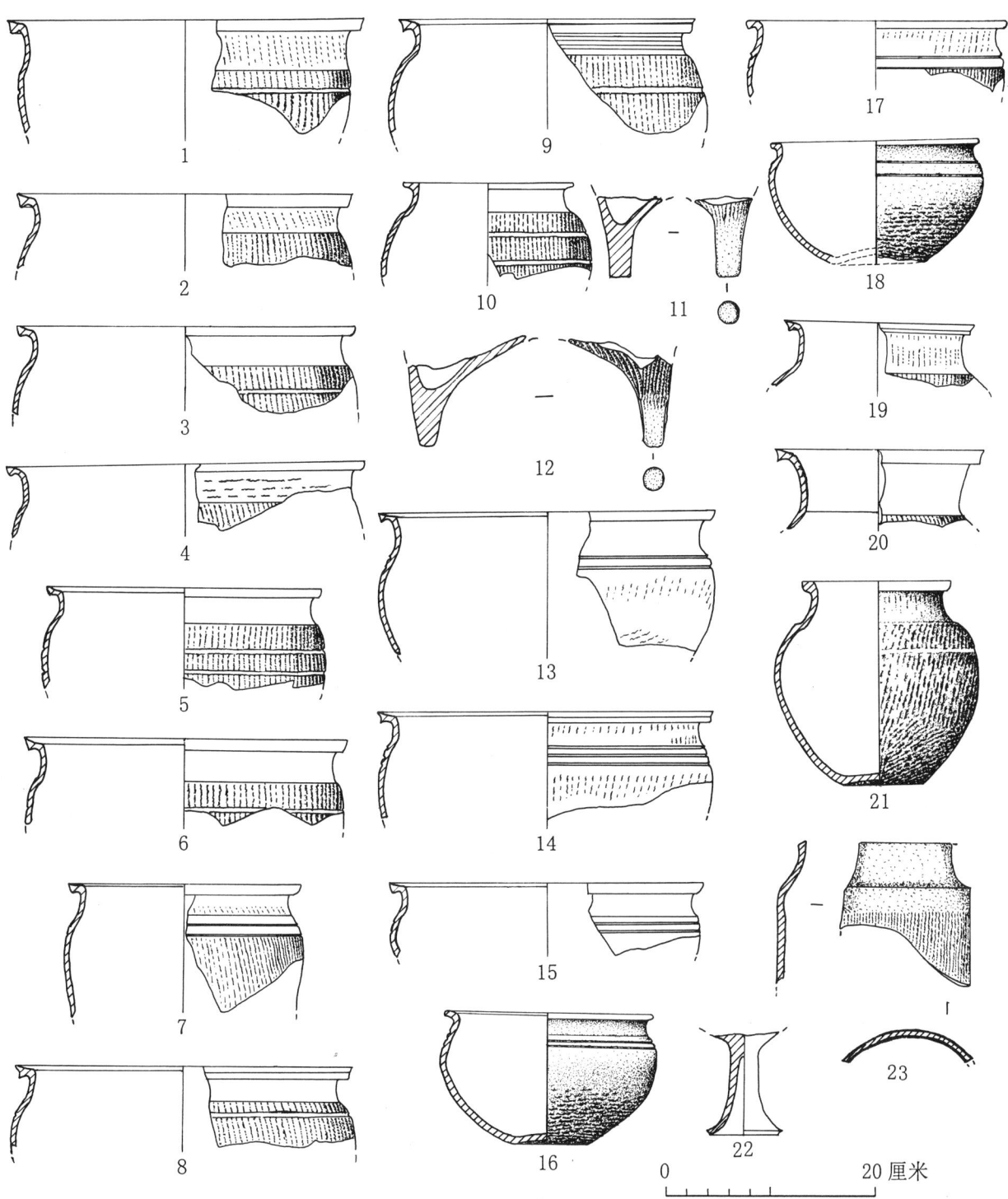

图三〇〇　ⅩⅥT1第3层出土陶鬲、盂、罐、豆、筒瓦

1、2.A型Ⅲ式鬲（ⅩⅥT1③:8、ⅩⅥT1③:9）　3、4.A型Ⅳ式鬲（ⅩⅥT1③:11、ⅩⅥT1③:13）　5~7.A型Ⅵ式鬲（ⅩⅥT1③:15、ⅩⅥT1③:17、ⅩⅥT1③:18）　8、9.A型Ⅷ式鬲（ⅩⅥT1③:19、ⅩⅥT1③:20）　10.B型Ⅵ式鬲（ⅩⅥT1③:5）　11.Ⅰ式鬲足（ⅩⅥT1③:42）　12.Ⅲ式鬲足（ⅩⅥT1③:40）　13.Ⅵ式盂（ⅩⅥT1③:30）　14.Ⅶa式盂（ⅩⅥT1③:26）　15.Ⅶb式盂（ⅩⅥT1③:24）　16.Ⅶc式盂（ⅩⅥT1③:2）　17、18.Ⅷb式盂（ⅩⅥT1③:28、ⅩⅥT1③:7）　19、20.A型Ⅳa式罐（ⅩⅥT1③:35、ⅩⅥT1③:36）　21.B型Ⅵ式罐（ⅩⅥT1③:3）　22.Ⅴ式豆（ⅩⅥT1③:38）　23.A型Ⅲ式筒瓦（ⅩⅥT1③:45）

（A 型Ⅲ式），形制与ⅩⅥ T1③:8 基本相同（图三○○，2）。

标本ⅩⅥ T1③:11（A 型Ⅳ式），口沿部。夹砂红陶。侈口，卷沿，方圆唇微勾，束颈较高，溜肩，上腹微鼓。肩饰直列粗绳纹及一道凹旋纹（图三○○，3）。标本ⅩⅥ T1③:13，形制基本与ⅩⅥ T1③:11 相同（图三○○，4）。

标本ⅩⅥ T1③:15（A 型Ⅵ式），口沿、腹部。夹砂红陶。侈口，仰折窄沿，沿面内凹，斜方唇，束颈较高，溜肩，瘦腹微鼓。肩饰直列粗绳纹，上腹饰二道凹旋纹（图三○○，5）。标本ⅩⅥ T1③:17（A 型Ⅵ式），口沿部。形制基本与 T1③:15 相同（图三○○，6）。标本ⅩⅥ T1③:18（A 型Ⅵ式），口沿部。形制与ⅩⅥ T1③:15 基本相同。颈饰隐绳纹，肩饰三道凹旋纹，腹饰直列中绳纹（图三○○，7）。

标本ⅩⅥ T1③:19（A 型Ⅷ式），口沿部，夹砂浅灰陶。侈口，仰折窄沿，沿面微凹，双叠唇下勾，颈较高，肩微突，上腹微鼓。肩饰粗绳纹及一道凹旋纹（图三○○，8）。标本ⅩⅥ T1③:20（A 型Ⅷ式），形制基本与ⅩⅥ T1③:19 相同，颈饰四道浅细凹旋纹，肩饰粗绳纹及一道旋纹（图三○○，9）。

标本ⅩⅥ T1③:5（B 型Ⅵ式），口沿、腹部。夹砂红陶。直口，平折沿，圆方唇，束颈较高，肩微凸，腹微鼓。肩腹饰直列中绳纹间二道凹旋纹（图三○○，10）。

鬲足

标本ⅩⅥ T1③:42（Ⅰ式），夹砂红陶。深足窝，柱足矮小。素面（图三○○，11）。

标本ⅩⅥ T1③:40（Ⅲ式），夹砂红陶。足窝较深，棱形柱足。足上部饰绳纹，下部有削痕（图三○○，12）。

盂

标本ⅩⅥ T1③:30（Ⅵ式），器残。泥质红陶。侈口，仰折窄沿，斜方唇下勾，颈较高，溜肩，腹微鼓。肩饰二道凹旋纹，腹饰斜粗绳纹（图三○○，13）。

标本ⅩⅥ T1③:26（Ⅶa式），口沿部。泥质红陶。侈口，仰折沿，沿面内凹，双叠唇下勾，颈较高，溜肩，腹微鼓。颈饰隐绳纹，肩饰三道凹旋纹，腹饰斜粗绳纹（图三○○，14）。

标本ⅩⅥ T1③:24（Ⅶb式），口沿部。泥质红陶。侈口，仰折沿，沿面微凹，斜方唇下勾，颈较高，溜肩，腹微鼓。肩饰三道凹旋纹（图三○○，15）。

标本ⅩⅥ T1③:2（Ⅶc式），器形完整。泥质红陶。口微侈，仰折沿，方圆唇，束颈较矮，溜肩，上腹微鼓，下腹收，圜底上凹。肩饰三道凹旋纹，下腹饰交错粗绳纹（图三○○，16；图版六六，2）。

标本ⅩⅥ T1③:28（Ⅷb式），口沿部。泥质红陶。口微侈，平折窄沿，圆方唇，束颈较矮，腹微鼓。颈部绳纹稍抹，肩饰二道凹旋纹，腹饰直列中绳纹（图三○○，17）。标本ⅩⅥ T1③:7（Ⅷb式），底残。泥质红陶。平折沿，圆方唇，上腹微鼓，下腹内收。肩饰二道凹旋纹，腹饰交错中绳纹（图三○○，18；图版六六，3）。

罐

标本ⅩⅥ T1③:35（A 型Ⅳa式），口沿部。泥质红陶。敞口，卷沿，沿面上仰，双叠唇下勾，束颈较矮，溜肩。颈饰隐绳纹，肩饰直列中绳纹（图三○○，19）。标本ⅩⅥ T1③:36（A 型Ⅳa式），口沿部。泥质红陶。敞口，卷沿，斜方唇下勾，束颈较高，溜肩。肩饰直列细绳纹（图三○

○，20）。

标本ⅩⅥT1③：3（B型Ⅵ式），器形完整。泥质红陶。侈口，平折窄沿，方唇，颈较高，溜肩，鼓腹，下腹收，圜底上凹。颈部绳纹稍抹，肩饰一道凹旋纹，腹、底饰斜粗绳纹（图三〇〇，21；图版六六，4）。

豆

标本ⅩⅥT1③：38（Ⅴ式），柄、座部。泥质红陶。柄较细矮，喇叭座较高，座面内弧，座沿微上翘，柄内中空至盘底。素面（图三〇〇，22）。

筒瓦

标本ⅩⅥT1③：45（A型Ⅲ式），瓦头部。泥质红陶。沿面微外斜，唇微侈，直颈内斜微束，矮弧肩。瓦头凸面绳纹稍抹；瓦身凸面饰细绳纹，凹面素饰（图三〇〇，23）。

2．遗迹

灰坑

ⅩⅥH1

形制不清。已发掘部分呈不规则圆形，斜坡状壁，底呈锅底形，无挖凿痕迹，壁较粗糙不平。口径256～335、自深40厘米（图三〇一）。坑内堆积含草木灰的黑灰土。出土遗物有陶鬲足、罐、豆、瓮、盆、甑及铁斧（见综述文化遗物部分）等。

文化遗物

陶器

鬲足

标本ⅩⅥH1：7（Ⅷ式），夹砂红陶。足窝浅，柱足较高较粗。足饰绳纹（图三〇二，1）。标本ⅩⅥH1：8，形制基本与ⅩⅥH1：7相同（图三〇二，2）。

罐

标本ⅩⅥH1：25（A型Ⅻ式），口沿部。泥质深灰陶。侈口，折沿外翻，斜方唇，颈较高，广肩。颈饰隐绳纹，肩饰直列细绳纹（图三〇二，3）。标本ⅩⅥH1：20（A型Ⅻ式），形制基本与ⅩⅥH1：25相同（图三〇二，4）。

豆

标本ⅩⅥH1：3（Ⅹ式），器形完整。泥质深灰陶。盘较浅，敞口，弧腹壁，柄较高，矮喇叭形座外弧，柄实。素面（图三〇二，5；图版六七，1）。标本ⅩⅥH1：29（Ⅹ式），器形完整。形制基本与ⅩⅥH1：3相同（图三〇二，6）。

盆

标本ⅩⅥH1：15（Ⅶ式），口沿部。泥质浅灰陶。敛口，翻折沿，沿面较宽，尖圆方唇，矮束颈，肩微突，上腹微鼓。肩饰斜中绳纹（图三〇二，7）。

甑

标本ⅩⅥH1：21（Ⅷ式），口沿部。泥质深灰陶。侈口，折沿微翻，斜方唇，唇下边靠颈部有凹槽，矮束颈，溜肩。肩饰直列中绳纹（图三〇二，8）。标本ⅩⅥH1：23（Ⅷ式），口沿部。泥质深灰

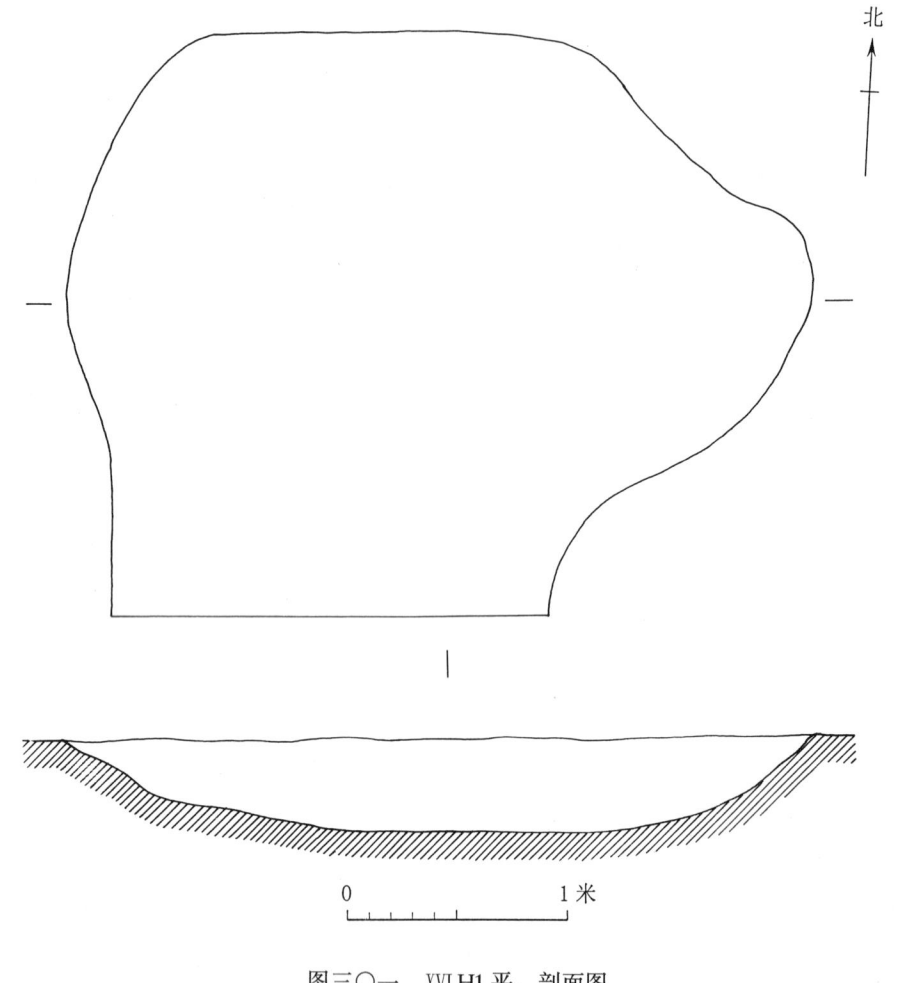

北

图三〇一　ⅩⅥ H1 平、剖面图

陶。敛口，翻折沿，尖唇，颈较矮，溜肩。沿面饰七道旋纹，肩饰中绳纹（图三〇二，9）。

ⅩⅥ H2

平面呈椭圆形，斜坡状壁，底较平，坑壁较光滑。口径 120～170、自深 36 厘米（图三〇三）。坑内填灰褐土，内含草木灰。出土遗物有陶鬲、盂、罐、盆、甑、豆及铜镞（见综述文化遗物部分）等。

文化遗物

陶器

鬲

标本ⅩⅥ H2：9（A型Ⅸ式），口沿部。夹砂深灰陶。口微侈，仰折沿近平，斜方唇微下勾，颈较矮，溜肩。肩饰二道凹旋纹及斜中绳纹（图三〇四，1）。

盂

标本ⅩⅥ H2：17（Ⅷa式），底残。泥质红陶。体较偏矮。直口，平折窄沿，斜方唇下勾，颈较矮，溜肩，上腹微鼓，下腹内收。肩饰二道凹旋纹，腹下部饰交错粗绳纹（图三〇四，2；图版六七，2）。

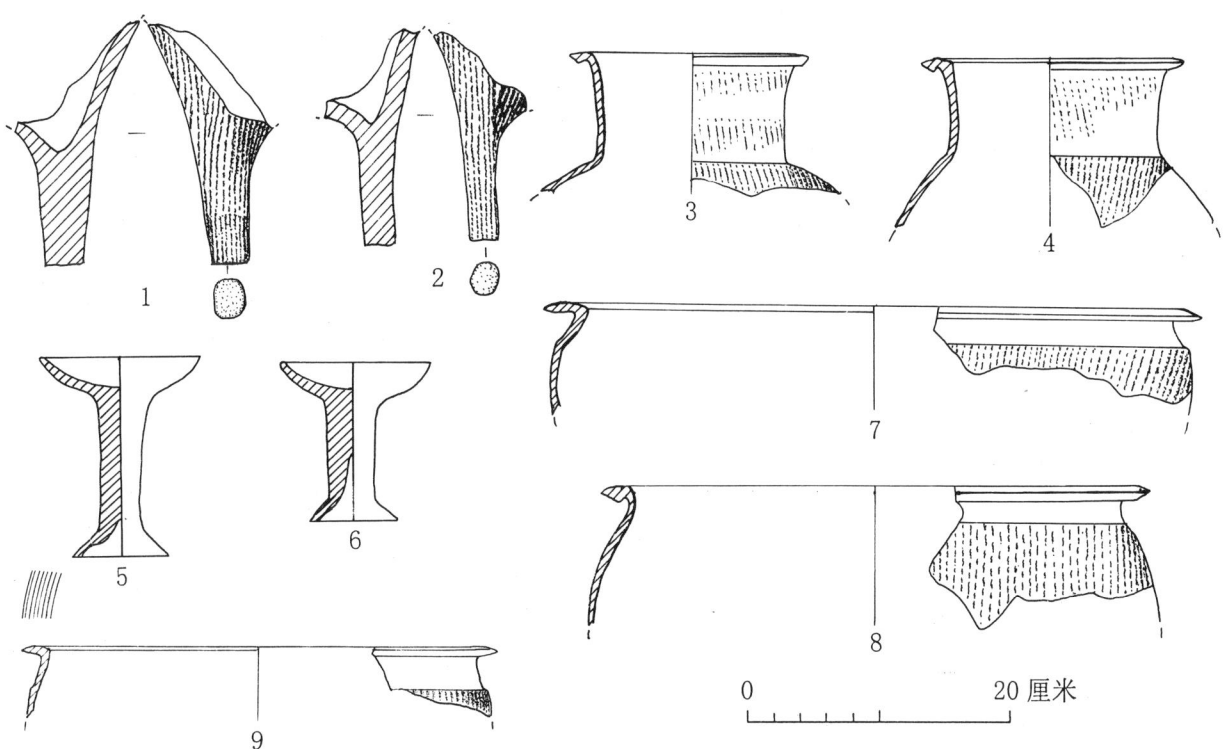

图三〇二 ⅩⅥH1 出土陶鬲足、罐、豆、盆、甑

1、2.Ⅷ式鬲足（ⅩⅥH1∶7、ⅩⅥH1∶8） 3、4.A型Ⅻ式罐（ⅩⅥH1∶25、ⅩⅥH1∶20） 5、6.Ⅹ式豆（ⅩⅥH1∶3、ⅩⅥH1∶29） 7.Ⅶ式盆（ⅩⅥH1∶15） 8、9.Ⅷ式甑（ⅩⅥH1∶21、ⅩⅥH1∶23）

标本ⅩⅥH2∶12（Ⅷb式），底残。泥质红陶。口微侈，平窄沿，尖圆唇，束颈较矮，腹微鼓。肩饰二道凹旋纹及粗绳纹（图三〇四，3）。标本ⅩⅥH2∶13（A型Ⅷb式），形制基本与ⅩⅥH2∶12相同（图三〇四，4）。

罐

标本ⅩⅥH2∶6（A型Ⅷ式），口沿部。泥质浅灰陶。侈口，平折沿，方圆唇内弧，束颈较高。颈饰隐绳纹（图三〇四，5）。

盆

标本ⅩⅥH2∶4（Ⅳ式），口沿部。泥质浅灰陶。口微侈，平折沿，尖斜弧唇，矮颈微束，溜肩。颈饰隐绳纹，腹饰斜列中绳纹（图三〇四，6）。

甑

标本ⅩⅥH2∶1（Ⅳ式），口沿部。泥质浅灰陶，口微侈，平折沿，斜方唇，矮束颈，溜肩。沿面饰四道凹旋纹，肩饰直列中绳纹（图三〇四，7）。

标本ⅩⅥH2∶2（Ⅴ式），口沿部。泥质浅灰陶。口微敛，平折沿，沿边起棱，斜方唇，颈较矮，腹微鼓。沿面饰四道凹旋纹，颈部绳纹稍抹，肩饰斜中绳纹（图三〇四，8）。

豆

标本ⅩⅥH2∶18（Ⅵ式），器形完整。泥质红陶。敞口，盘较深，圜腹壁，柄较粗矮，矮喇叭座壁外弧，柄内中空至盘底。素面（图三〇四，9；图版六七，3）。标本ⅩⅥH2∶32（Ⅵ式），柄、座部。形制

北 ←—┼—

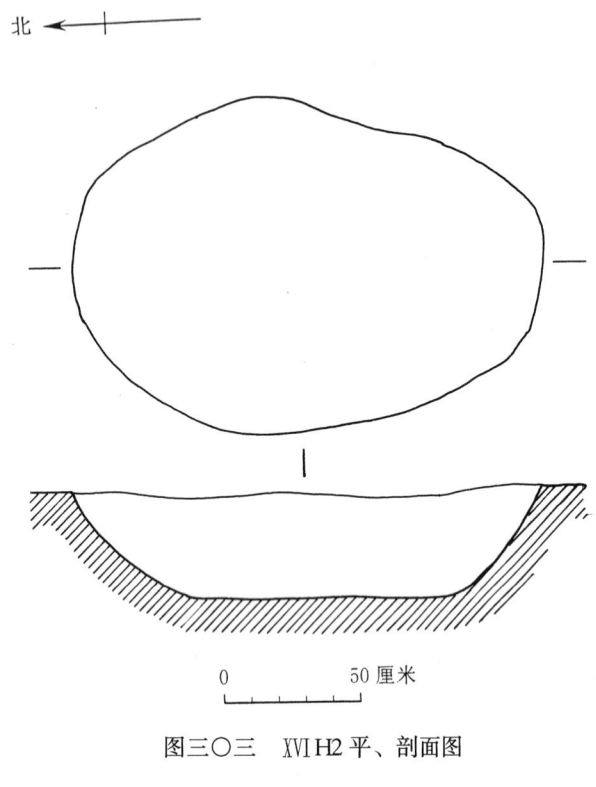

图三〇三　ⅩⅥH2平、剖面图

豆

标本ⅩⅥH3:3（Ⅸ式），柄、座部。泥质深灰陶。矮柄上细下粗，矮喇叭座座面微外弧，柄内中空至盘底。素面（图三〇六，3）。

ⅩⅥH4

已发掘坑口平面近似三角形，因未发掘完，形状不清。坑底较平，坑壁斜较光滑。已发掘坑口长228、宽70～210、自深30厘米（图三〇七）。坑内填夹草木灰的灰黑土。出土遗物有陶盂、罐、豆、甗、甂、瓮、鬲足及流等。

文化遗物

陶器

盂

标本ⅩⅥH4:18（Ⅻ式），口沿、腹部。泥质深灰陶。口微侈，折沿外斜，斜方唇，矮束颈，肩微凸，上腹微鼓。肩饰二道凹旋纹，腹饰直列中绳纹（图三〇八，1）。

罐

标本ⅩⅥH4:17（A型Ⅻ式），口沿、腹部。泥质深灰陶。侈口，仰折沿，尖圆唇，高颈，溜肩，椭圆腹。颈部饰七道细旋纹，腹饰直列细绳纹及二道凹旋纹（图三〇八，2）。标本ⅩⅥH4:9（A型Ⅻ式），口沿部，泥质深灰陶。侈口，仰折沿外斜，沿面上弧，尖圆唇，高颈上粗下细，广肩。颈饰隐绳纹（图三〇八，3）。

豆

与ⅩⅥH2:18基本相同。素面（图三〇四，10）。

ⅩⅥH3

坑口平面呈长方形，坑壁斜，较光滑，坑底较平。长196、宽80～95、自深20厘米（图三〇五）。坑内堆积褐色土，内夹草木灰。出土遗物有陶鬲、盆、豆及铜箭镞和铁斧（见综述文化遗物部分）等。

文化遗物

陶器

鬲

标本ⅩⅥH3:4（A型Ⅹ式），口沿部。泥质深灰陶。口微侈，平折窄沿，斜方唇，颈较矮，溜肩，上腹微鼓。肩饰斜粗绳纹（图三〇六，1）。

盆

标本ⅩⅥH3:2（Ⅵ式），口沿部。泥质浅灰陶。敛口，折沿外翻，圆唇，束颈较矮。肩饰一道凸棱（图三〇六，2）。

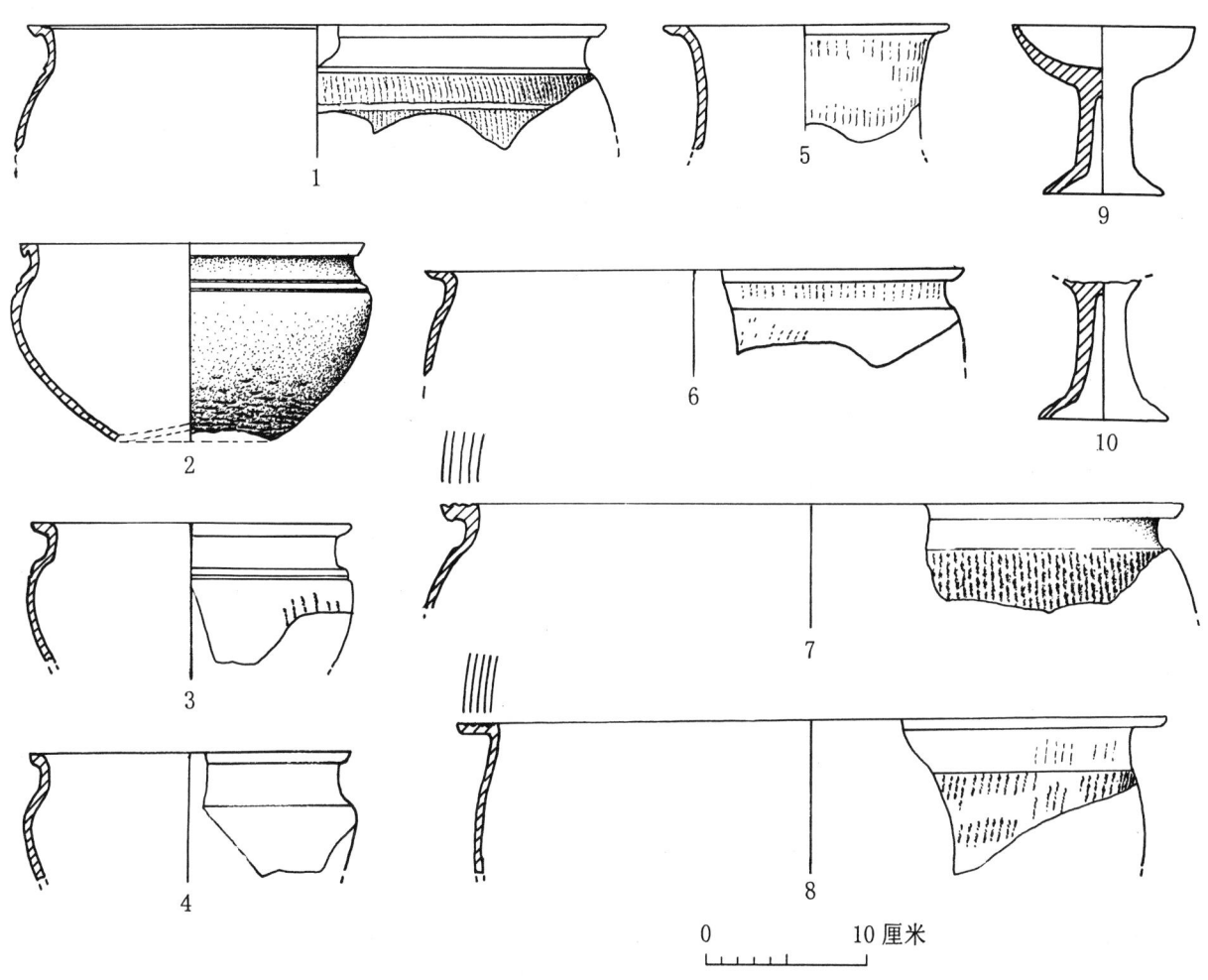

图三〇四　ⅩⅥH2 出土陶鬲、盂、罐、盆、甗、豆

1. A型Ⅸ式鬲（ⅩⅥH2:9）　2. Ⅷa式盂（ⅩⅥH2:17）　3、4. Ⅷb式盂（ⅩⅥH2:12、ⅩⅥH2:13）　5. A型Ⅷ式罐（ⅩⅥH2:6）
6. Ⅳ式盆（ⅩⅥH2:4）　7. Ⅳ式甗（ⅩⅥH2:1）　8. Ⅴ式甗（ⅩⅥH2:2）　9、10. Ⅵ式豆（ⅩⅥH2:18、ⅩⅥH2:32）

标本ⅩⅥH4:16（Ⅹ式），柄、座部。泥质红陶。柄较细，喇叭座较矮，座面外弧，柄内中空。素面（图三〇八，4）。

标本ⅩⅥH4:19（Ⅺ式），柄、座部。泥质深灰陶。喇叭座壁斜直，柄内中空。素面（图三〇八，5）。

甗

标本ⅩⅥH4:1（Ⅷ式），口沿部。泥质深灰陶。敛口，平折沿，斜弧唇，颈较高，溜肩。沿面饰旋纹，颈饰隐绳纹，肩饰斜中绳纹（图三〇八，6）。

标本ⅩⅥH4:2（Ⅸ式），口沿部。泥质深灰陶。敛口，折沿外翻，尖唇，矮颈微束，溜肩。沿面饰数道旋纹，肩饰直列粗绳纹（图三〇八，7）。

甗

标本ⅩⅥH4:11（Ⅷ式），口沿部。泥质红陶。口微敛，平折沿，沿面微凹，斜方唇下勾，矮颈微束，溜肩。肩饰斜列中绳纹（图三〇八，8）。

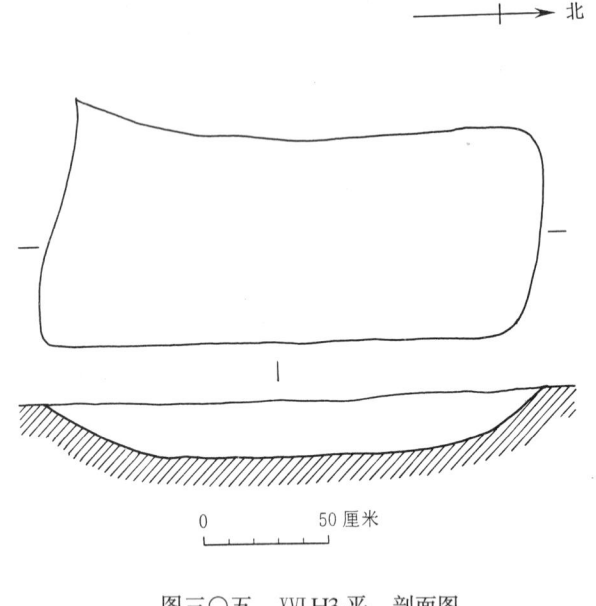

北

0   50 厘米

图三○五   ⅩⅥ H3 平、剖面图

瓮

标本ⅩⅥ H4：8（Ⅺ b 式），口沿部。泥质深灰陶。敛口，折沿微仰，沿面较宽，方圆唇，束颈，溜肩。沿面饰四道凹旋纹，颈饰隐绳纹，肩饰斜中绳纹及二道凹旋纹（图三○八，9）。

鬲足

标本ⅩⅥ H4：7（Ⅶ式），夹砂红陶。柱足较高较粗，足窝较浅。足饰绳纹（图三○八，10）。

流

ⅩⅥ H4：14，器形完整。夹砂浅灰陶，胎厚，质硬。椭圆锥形。一端尖，一端平，内空。素面（图三○八，11；图版六七，4）。

ⅩⅥ H5

坑口平面呈不规则圆形，坑壁斜，较光滑，

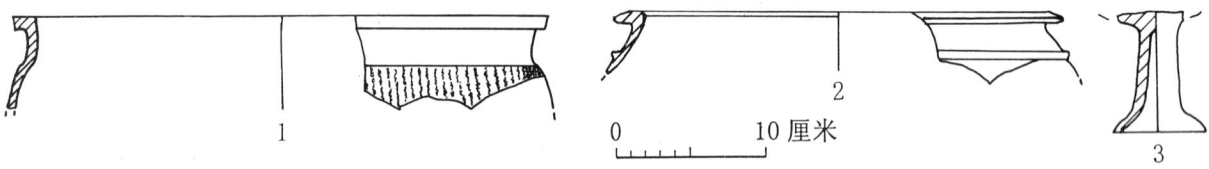

0   10 厘米

图三○六   ⅩⅥ H3 出土陶鬲、盆、豆
1.A 型 Ⅹ式鬲（ⅩⅥ H3：4）   2.Ⅵ式盆（ⅩⅥ H3：2）   3.Ⅸ式豆（ⅩⅥ H3：3）

底较平。直径 230～310、自深 33 厘米（图三○九）。坑内填夹草木灰的黑褐土。出土遗物有陶鬲、盂及网坠、环，石斧、铲、凿，铜鱼钩、削刀（见综述文化遗物部分）等。

文化遗物

陶器

鬲

标本ⅩⅥ H5：5（A 型Ⅱ式），口沿部。夹砂褐陶。敞口，卷沿，沿面上仰内凹，斜方唇，高颈微束，溜肩。颈部饰隐绳纹，肩部饰一道凹旋纹及斜中绳纹（图三一○，1）。标本ⅩⅥ H5：7（A 型Ⅱ式），形制基本与ⅩⅥ H5：5 相同（图三一○，2）。

盂

标本ⅩⅥ H5：9（Ⅱ式），器形较完整。泥质褐陶。侈口，卷沿上仰，方唇，高束颈，溜肩，上腹微鼓，下腹弧收。腹中部饰直列粗绳纹，下腹饰横列粗绳纹（图三一○，3；图版六八，1）。标本ⅩⅥ H5：13（Ⅱ式），口沿部。泥质褐陶，形制基本与ⅩⅥ H5：9 相同（图三一○，4）。

ⅩⅥ H6

ⅩⅥ H6 东北角在探方外，未发掘，形制不清。已发掘坑口平面近似长方形，坑壁斜，较光滑，坑底较平。长 434、宽 186、自深 50 厘米（图三一一）。坑内填含草木灰的灰褐土，出土遗物有陶鬲、盂、罐、豆、瓮等。

文化遗物

陶器

鬲

标本 ⅩⅥ H6∶31（A 型 Ⅲ 式），口沿部。夹砂褐陶。侈口，卷沿，沿面上仰内凹，斜方唇微下勾，束颈较高，溜肩，上腹微鼓。肩饰直列中绳纹（图三一二，1）。标本 ⅩⅥ H6∶28（A 型 Ⅲ 式），口沿部。形制基本与 ⅩⅥ H6∶31 相同。颈饰隐绳纹，肩饰斜中绳纹及一道凹旋纹（图三一二，2）。

标本 ⅩⅥ H6∶6（A 型 Ⅳ 式），器形完整。夹砂红陶。侈口，卷沿，斜方唇，束颈较矮，溜肩，腹微鼓，弧裆较高，三柱足直立，足窝较深。肩以下饰直列中绳纹，足下部有削痕（图三一二，3；图版六八，2）。标本 ⅩⅥ H6∶20（A 型 Ⅳ 式），口沿部。夹砂红陶。侈口，卷沿，窄沿面微仰，斜方唇微勾，束颈较矮，溜肩，上腹微鼓。肩饰直列粗绳纹（图三一二，4）。标本 ⅩⅥ H6∶18（A 型 Ⅳ 式），口沿部。夹砂红陶。形制基本与 ⅩⅥ H6∶20 相同（图三一二，5）。

标本 ⅩⅥ H6∶3（B 型 Ⅱ 式），口残。夹砂红陶。溜肩，腹微鼓，弧裆较高，足窝较深，三柱足较直，根部有削痕。肩部饰一道凹旋纹，腹、裆部饰粗绳纹（图三一二，6）。

盂

标本 ⅩⅥ H6∶13（Ⅱ 式），底残。泥质褐陶。侈口，卷沿，斜方唇，束颈较高，溜肩，上腹微鼓，下腹内收。肩、腹各饰二道凹旋纹，下腹饰中绳纹（图三一二，7）。标本 ⅩⅥ H6∶19（Ⅱ 式），口沿部。形制基本与 ⅩⅥ H6∶13 相同（图三一二，8）。

标本 ⅩⅥ H6∶29（Ⅲ 式），口沿部。泥质褐陶。敞口，卷沿，沿面上仰，双叠唇下勾，高颈，溜肩，上腹微鼓。肩饰一道凹旋纹（图三一二，9）。标本 ⅩⅥ H6∶17（Ⅲ 式），口沿部。夹砂褐陶，形制基本与 ⅩⅥ H6∶29 相同（图三一二，10）。

罐

标本 ⅩⅥ H6∶24（B 型 Ⅱ 式），口沿部。泥质褐陶。敞口，卷沿，沿面上仰，斜方唇下勾，束颈较高，溜肩。颈饰隐绳纹，肩饰直列中绳纹（图三一二，11）。

豆

标本 ⅩⅥ H6∶12（Ⅰ 式），器形完整。泥质褐陶。盘较深。矮粗柄，高喇叭座，座面内弧，座沿微上翘，柄内中空至盘底。素面（图三一二，12；图版六八，3）。标本 ⅩⅥ H6∶26（Ⅰ 式），柄、座部。形制基本与 ⅩⅥ H6∶12 相同（图三一二，13）。

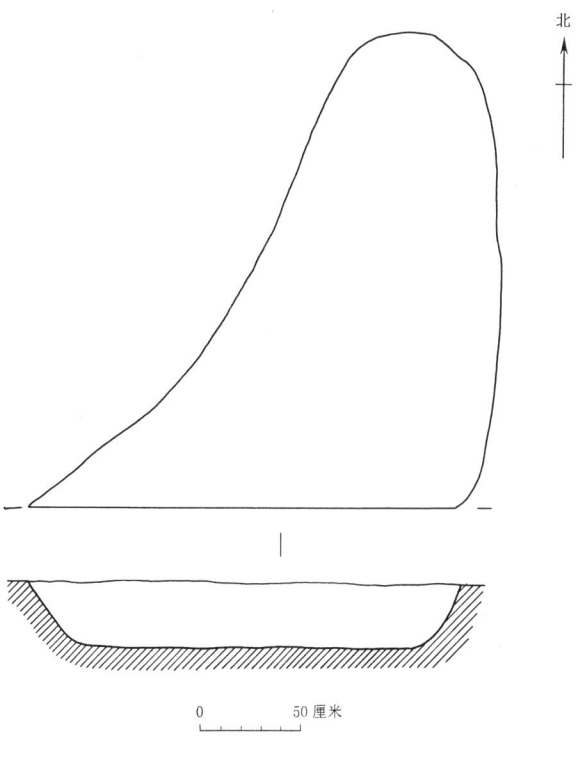

北

0　　　50 厘米

图三〇七　ⅩⅥ H4 平、剖面图

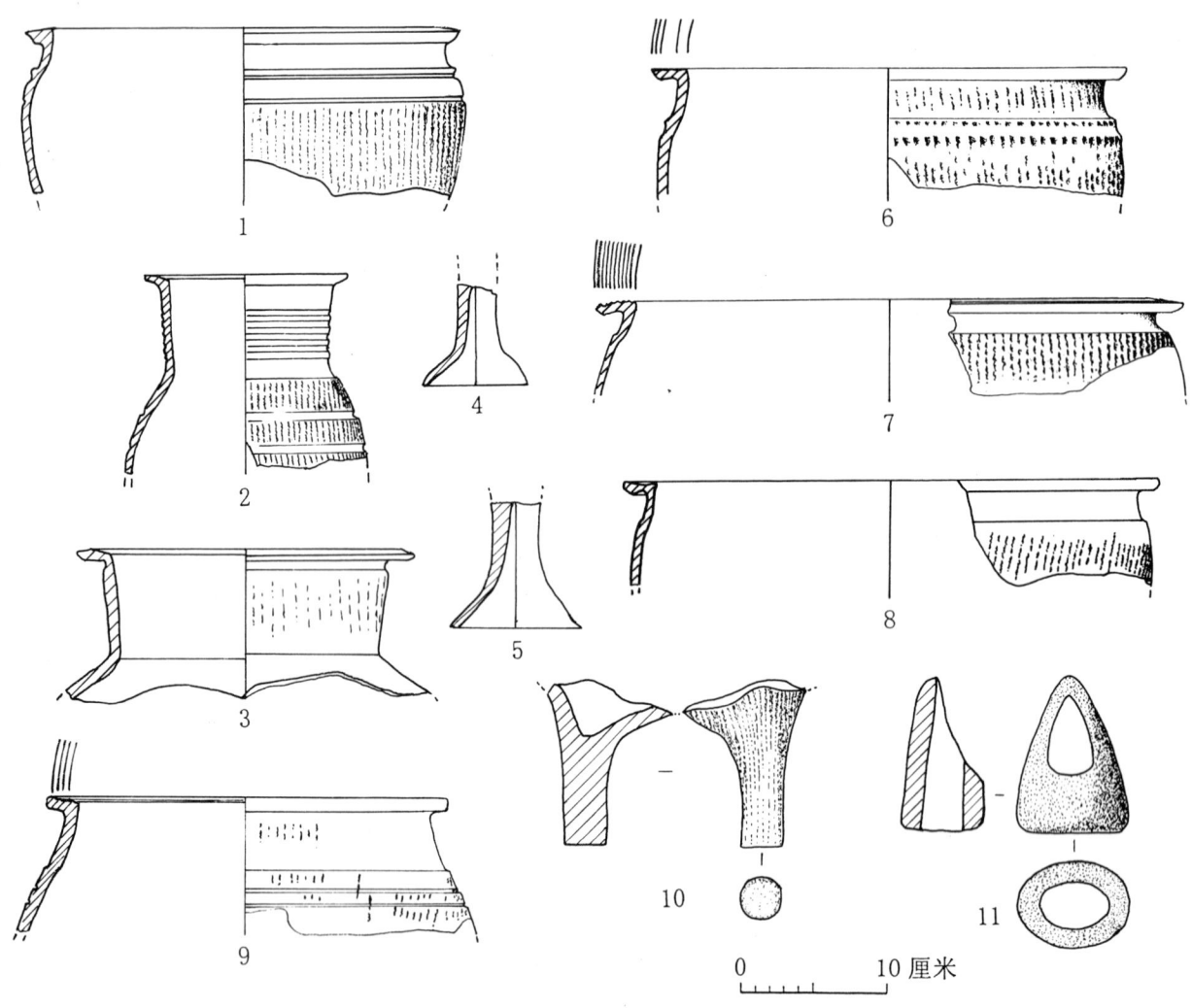

图三〇八　XVIH4 出土陶盂、罐、豆、甑、瓶、瓮、流

1. XII式盂（XVIH4:18）　2、3. A型XII式罐（XVIH4:17、XVIH4:9）　4. X式豆（XVIH4:16）　5. XI式豆（XVIH4:19）　6. VIII式甑（XVIH4: 1）　7. IX式甑（XVIH4:2）　8. VIII式瓶（XVIH4:11）　9. XIb式瓮（XVIH4:8）　10. VII式鬲足（XVIH4:7）　11. 流（XVIH4:14）

瓮

标本XVIH6:2（I式），器形较完整。泥质褐陶。侈口，外斜沿，尖唇外侈，束颈，深腹微鼓，圜底。腹、底饰直列细绳纹，上腹饰四道凹旋纹（图三一二，14）。

标本XVIH6:1（IIa式），口沿部。泥质红陶。侈口，卷沿，沿面上仰，斜方唇，矮束颈，溜肩。肩饰斜中绳纹（图三一二，15）。

标本XVIH6:8（IIb式），口沿部。泥质红陶。侈口，卷沿，沿面微上仰，斜方唇下勾，束颈较高，广肩。肩以下饰斜粗绳纹（图三一二，16）。

XVIH7

坑口平面呈不规则长方形，坑壁斜坡形，较光滑，底近平。长340～360、宽120～186、自深45厘米（图三一三）。坑内填含草木灰的黑灰土。出土遗物有陶鬲、盂、罐、豆、瓮、盆、甑、瓶

北 ←—+—

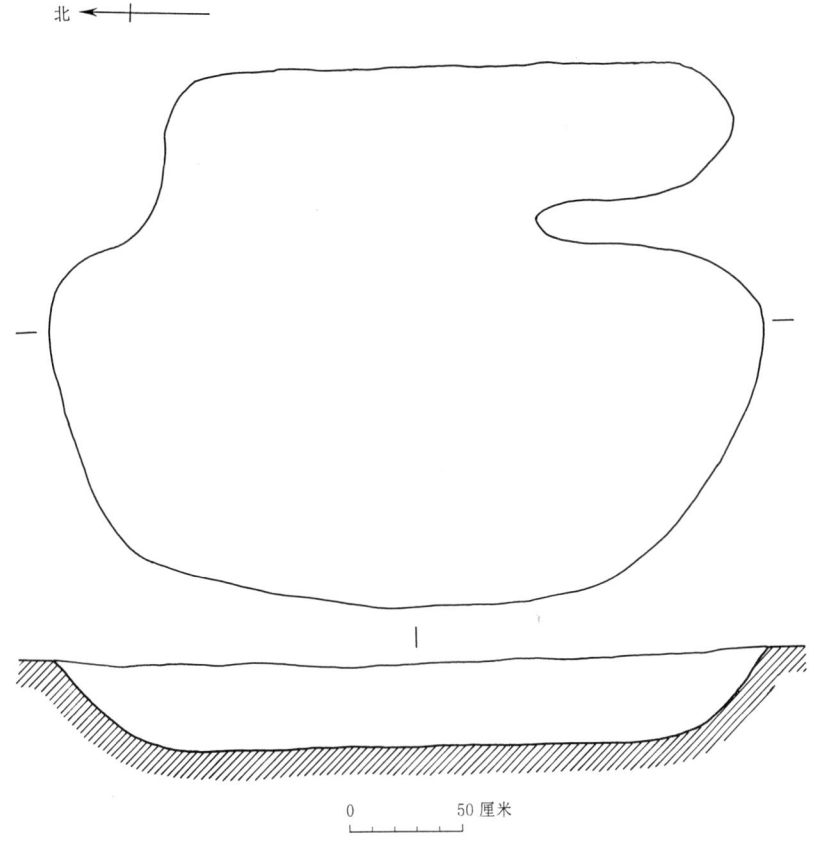

0   50 厘米

图三〇九 ⅩⅥH5平、剖面图

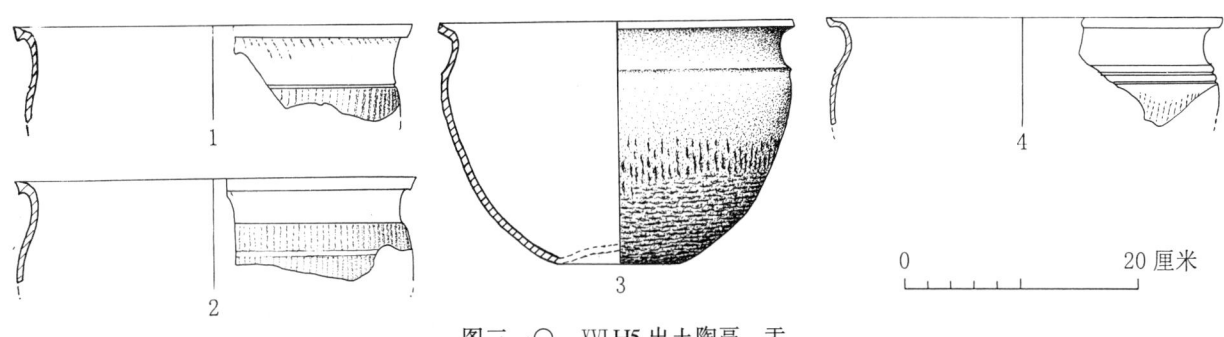

0   20 厘米

图三一〇 ⅩⅥH5出土陶鬲、盂

1、2.A型Ⅱ式鬲（ⅩⅥH5∶5、ⅩⅥH5∶7）   3、4.Ⅱ式盂（ⅩⅥH5∶9、ⅩⅥH5∶13）

及鼎足等。

文化遗物

陶器

鬲

标本ⅩⅥH7∶51（A型Ⅷ式），口沿部。夹砂红陶。侈口，仰折窄沿，双叠唇下勾，颈较高，溜肩，上腹微鼓。颈饰隐绳纹，肩饰直列粗绳纹（图三一四，1）。标本ⅩⅥH7∶47（A型Ⅷ式），形制基本与ⅩⅥH7∶51相同（图三一四，2）。

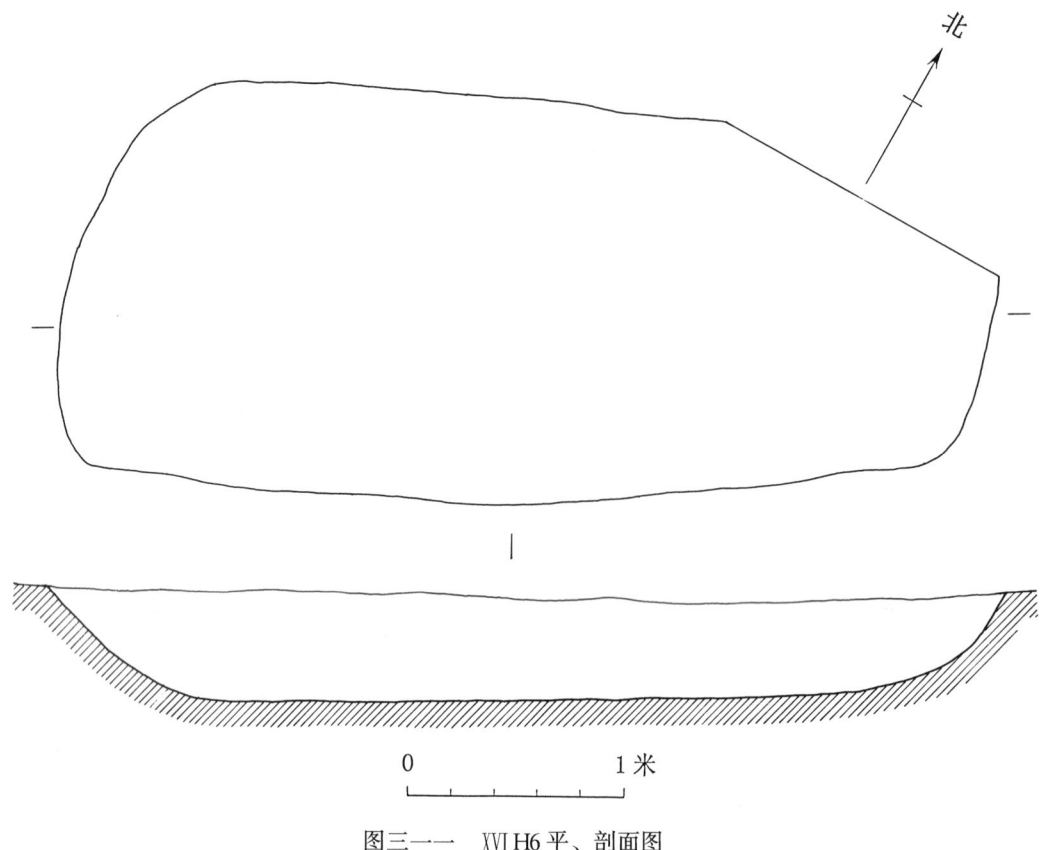

图三一一　ⅩⅥ H6 平、剖面图

标本ⅩⅥ H7：13（B型Ⅵ式），口沿部。夹砂红陶。口微侈，平折沿，斜弧唇，束颈较高，肩微凸，腹微鼓。肩饰直列粗绳纹（图三一四，3）。

盂

标本ⅩⅥ H7：44（Ⅶa式），口沿部。泥质红陶。侈口，仰折窄沿，双叠唇下勾，颈较矮，溜肩，上腹微鼓。颈部绳纹稍抹，肩饰粗绳纹和三道凹旋纹（图三一四，4）。

标本ⅩⅥ H7：9（Ⅶb式），器形较完整。泥质浅灰陶。侈口，仰折窄沿，双叠唇，颈较高，溜肩，上腹微鼓，下腹内收。凹圜底残。肩饰二道凹旋纹，下腹饰横中绳纹（图三一四，5；图版六八，4）。标本ⅩⅥ H7：50（Ⅶb式），口沿部。泥质浅灰陶。侈口，仰折窄沿，双叠唇下勾，颈较高，溜肩，上腹鼓。肩饰一道凹旋纹（图三一四，6）。标本ⅩⅥ H7：43（Ⅶb式），形制基本与ⅩⅥ H7：50相同（图三一四，7）。

标本ⅩⅥ H7：10（Ⅶc式），器形完整。泥质红陶。侈口，窄折沿微仰，方圆唇，束颈较高，溜肩，鼓腹，下腹内收，圜底上凹。腹、底饰交错粗绳纹（图三一四，8；图版六九，1）。标本ⅩⅥ H7：12（Ⅶc式），底残。形制与ⅩⅥ H7：10基本相同（图三一四，9）。标本ⅩⅥ H7：41（Ⅶc式），底残。泥质浅灰陶。口微侈，仰折窄沿，方圆唇，束颈较矮，溜肩，上腹微鼓，下腹斜收。肩饰二道凹旋纹，下腹饰横列中绳纹（图三一四，10）。标本ⅩⅥ H7：54（Ⅶc式），口沿部。形制基本与ⅩⅥ H7：41相同（图三一四，11）。

罐

标本ⅩⅥ H7：35（A型Ⅵ式），口沿部。泥质红陶。侈口，折窄沿上仰，沿面内凹，方圆唇，束

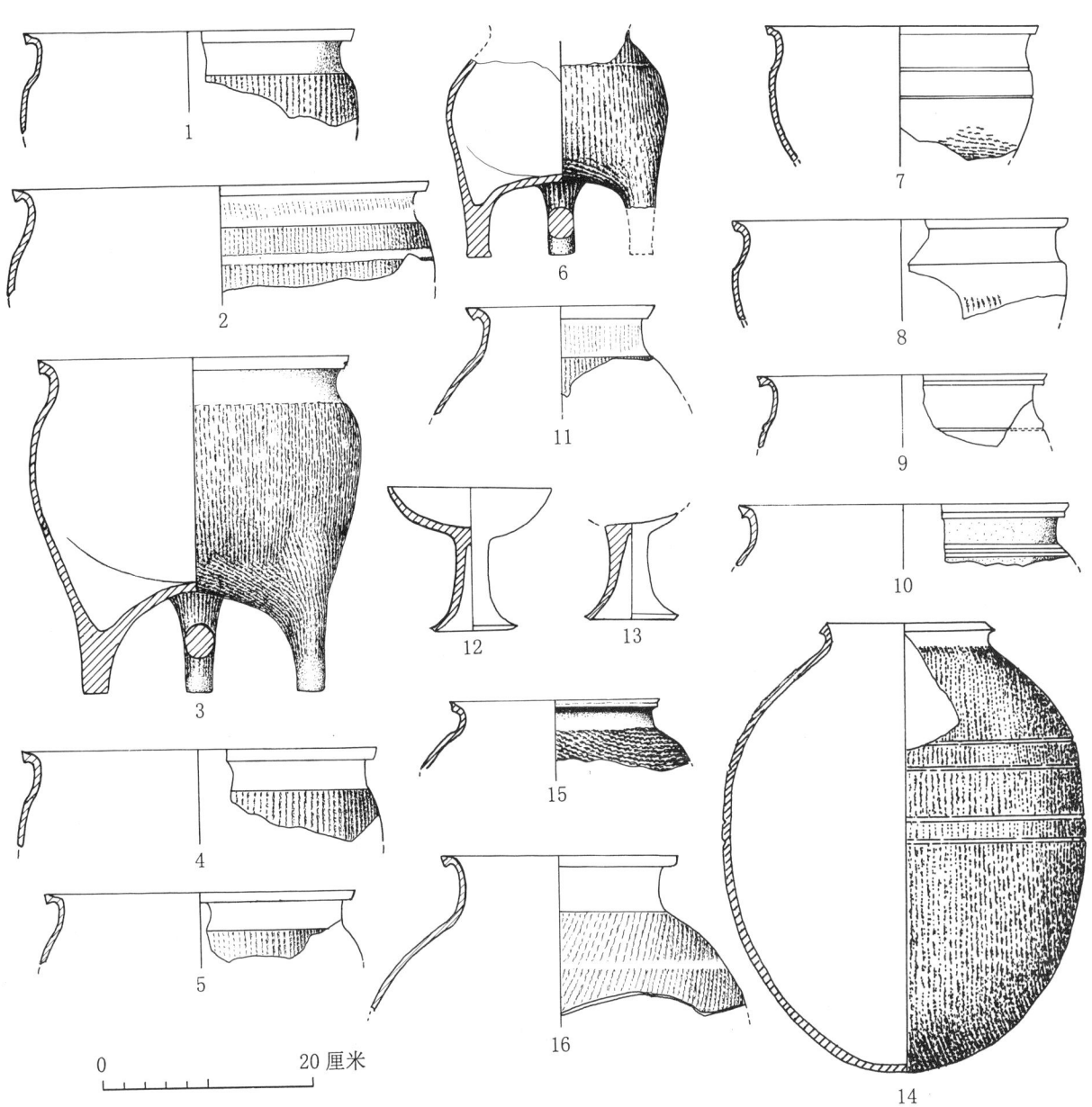

图三一二　ⅩⅥH6 出土陶鬲、盂、罐、豆、瓮

1、2.A 型Ⅲ式鬲（ⅩⅥH6：31、ⅩⅥH6：28）　　3～5.A 型Ⅳ式鬲（ⅩⅥH6：6、ⅩⅥH6：20、ⅩⅥH6：18）　　6.B 型Ⅱ式鬲（ⅩⅥH6：3）　　7、8.Ⅱ式盂（ⅩⅥH6：13、ⅩⅥH6：19）　　9、10.Ⅲ式盂（ⅩⅥH6：29、ⅩⅥH6：17）　　11.B 型Ⅱ式罐（ⅩⅥH6：24）　　12、13.Ⅰ式豆（ⅩⅥH6：12、ⅩⅥH6：26）　　14.Ⅰ式瓮（ⅩⅥH6：2）　　15.Ⅱa 式瓮（ⅩⅥH6：1）　　16.Ⅱb 式瓮（ⅩⅥH6：8）

颈较高，溜肩。肩饰直列中绳纹及一道凹旋纹（图三一四，12）。标本ⅩⅥH7：4（A 型Ⅵ式），口沿部。泥质红陶。侈口，仰折窄沿，沿面内凹，双叠唇下勾，粗束颈较高，溜肩。颈饰隐绳纹，肩饰斜中绳纹（图三一四，13）。标本ⅩⅥH7：36（A 型Ⅵ式），口沿部。形制与ⅩⅥH7：4 基本相同（图三一四，14）。

豆

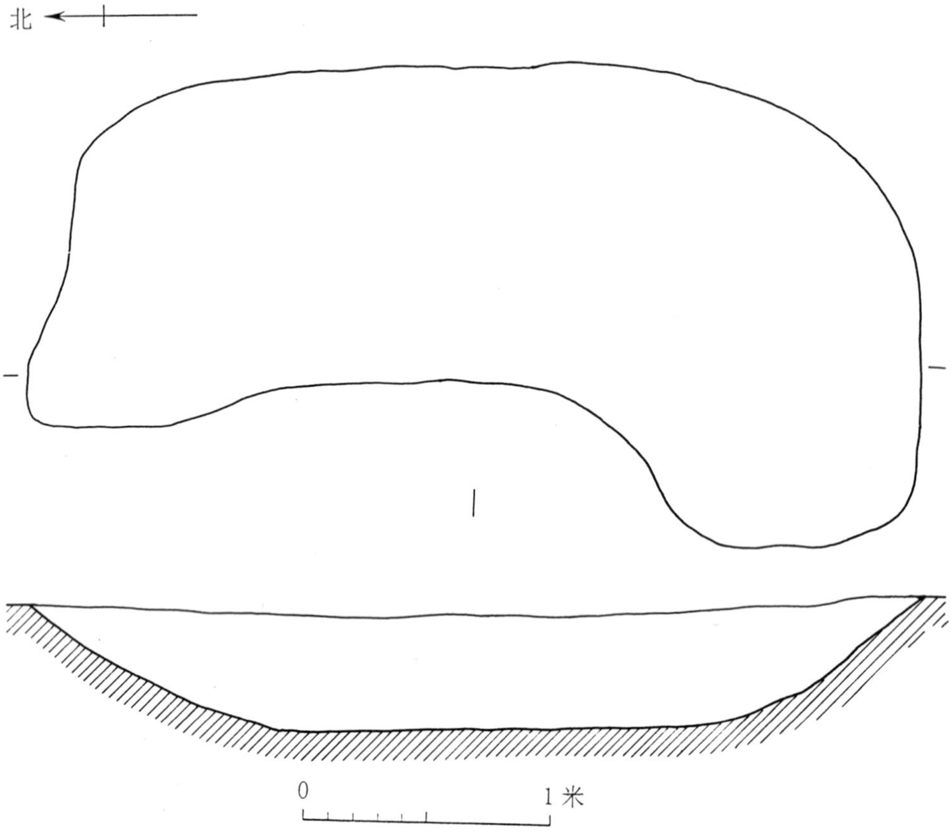

图三一三 XVI H7平、剖面图

标本XVI H7:34（Ⅳ式），柄、底部。泥质红陶。细柄较矮，喇叭座较高，座面内弧，座沿上翘。柄下部中空。素面（图三一四，15）。

标本XVI H7:17（Ⅴ式），器形完整。泥质红陶。敞口，盘较浅，圜腹壁，柄较高，喇叭形座壁微内弧，柄内中空至盘底。素面（图三一四，16；图版六九，2）。

瓮

标本XVI H7:1（Ⅴa式），口沿部。泥质红陶。侈口，仰折沿，双叠唇微凹，矮束颈，溜肩。肩以下饰直列中绳纹（图三一四，17）。

标本XVI H7:57（Ⅴb式），器残。泥质红陶。侈口，仰折沿，方圆唇，束颈，溜肩。上腹饰旋纹，下腹饰直列间断中绳纹（图三一四，18）。

盆

标本XVI H7:25（Ⅱ式），口沿部。泥质红陶。敛口，折沿微仰，斜方唇，颈较高，溜肩，上腹近直。素面（图三一四，19）。

甑

标本XVI H7:16（Ⅲ式），口沿部。泥质红陶。敛口，折沿微仰，尖唇，颈较高。沿面饰五道凹旋纹，颈部绳纹稍抹，肩饰直列中绳纹（图三一四，20）。

甗

标本XVI H7:30（Ⅲ式），口沿部。夹砂红陶。口微侈，卷沿，圆唇，矮颈，溜肩。肩部饰粗绳

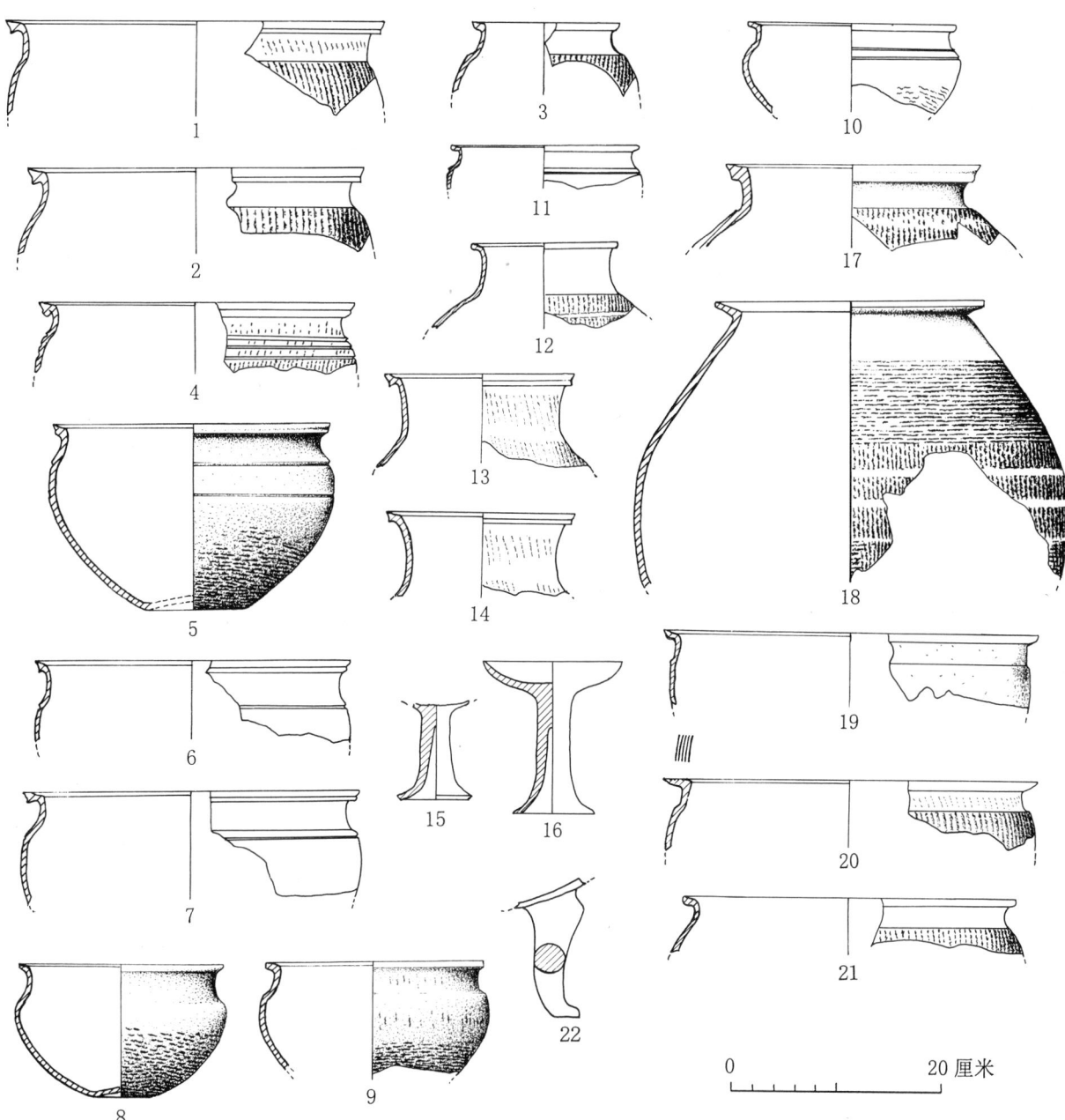

图三一四　ⅩⅥH7 出土陶鬲、盂、罐、豆、瓮、盆、甑、甗、鼎
1、2.A 型Ⅷ式鬲（ⅩⅥH7：51、ⅩⅥH7：47）　3.B 型Ⅵ式鬲（ⅩⅥH7：13）　4.Ⅶa 式盂（ⅩⅥH7：44）　5～7.Ⅶb 式盂（ⅩⅥH7：9、
ⅩⅥH7：50、ⅩⅥH7：43）　8～11.Ⅶc 式盂（ⅩⅥH7：10、ⅩⅥH7：12、ⅩⅥH7：41、ⅩⅥH7：54）　12～14.A 型Ⅵ式罐（ⅩⅥH7：35、ⅩⅥ
H7：4、ⅩⅥH7：36）　15.Ⅳ式豆（ⅩⅥH7：34）　16.Ⅴ式豆（ⅩⅥH7：17）　17.Ⅴa 式瓮（ⅩⅥH7：1）　18.Ⅴb 式瓮（ⅩⅥH7：57）
19.Ⅱ式盆（ⅩⅥH7：25）　20.Ⅲ式甑（ⅩⅥH7：16）　21.Ⅲ式甗（ⅩⅥH7：30）　22.B 型Ⅲ式鼎足（ⅩⅥH7：23）

纹（图三一四，21）。

鼎足

标本ⅩⅥH7：23（B 型Ⅲ式），夹砂红陶。圆形马蹄足（图三一四，22）。

ⅩⅥ H8

坑口平面呈不规则长方形，坑壁斜，较光滑，坑底较平。长 470、宽 150～236、自深 38 厘米（图三一五）。坑内堆积含草木灰的黑灰土。出土遗物有陶鬲、盂、豆、瓮及碾轮（见综述文化遗物部分）等。

文化遗物

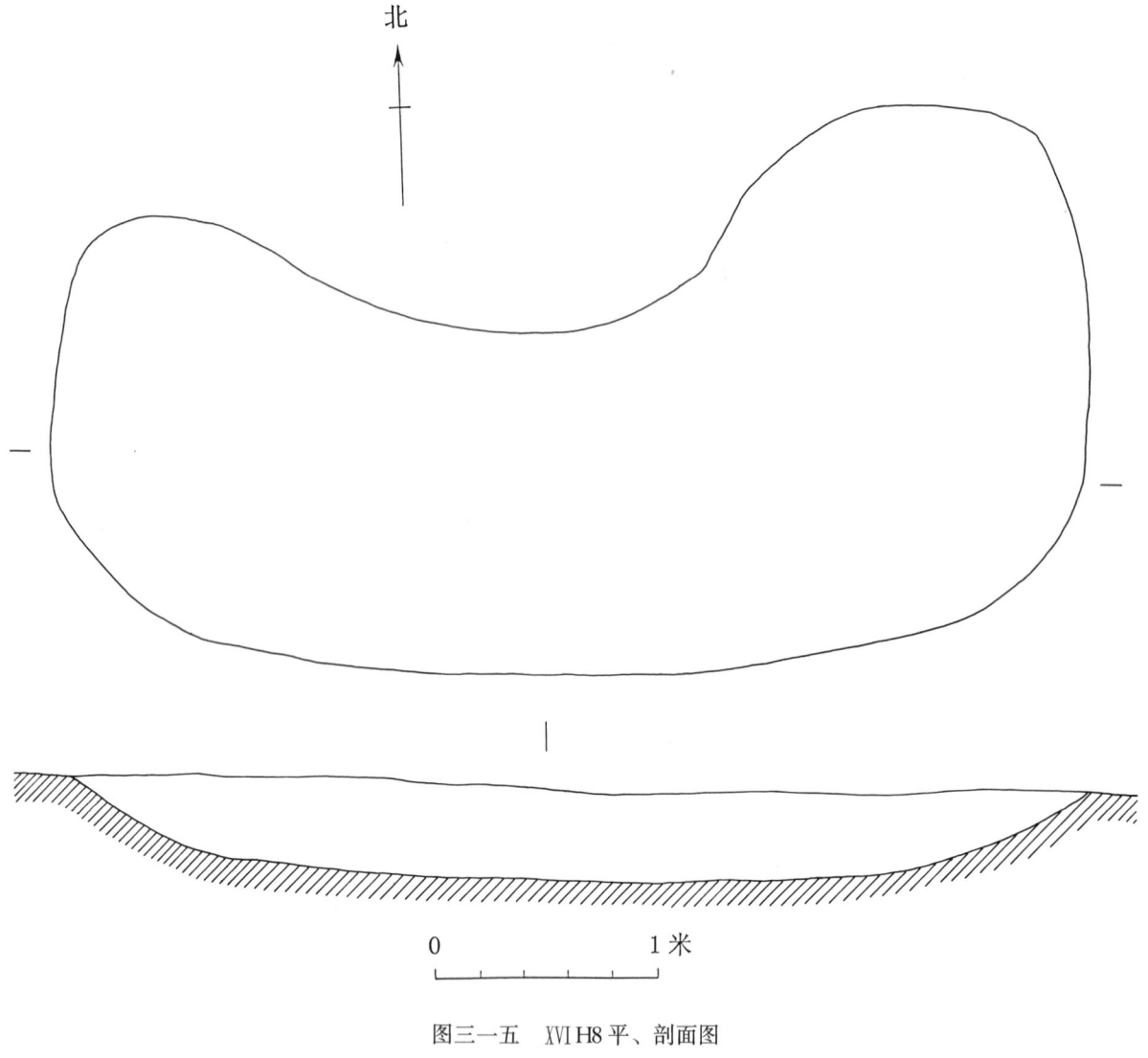

图三一五　ⅩⅥ H8 平、剖面图

陶器

鬲

标本ⅩⅥ H8：17（A 型Ⅴ式），口沿部。夹砂红陶。侈口，卷沿，沿面微凹，斜方唇下勾，颈较矮，溜肩，腹微鼓。肩饰三道凹旋纹，腹饰斜中绳纹（图三一六，1）。标本ⅩⅥ H8：15（A 型Ⅴ式），口沿部。夹砂红陶。形制与ⅩⅥ H8：17 相同（图三一六，2）。标本ⅩⅥ H8：18（A 型Ⅴ式），口沿部。夹砂红陶。侈口，卷沿，斜方唇下勾，颈较矮，溜肩，上腹微鼓。肩饰直列中绳纹（图三一六，3）。

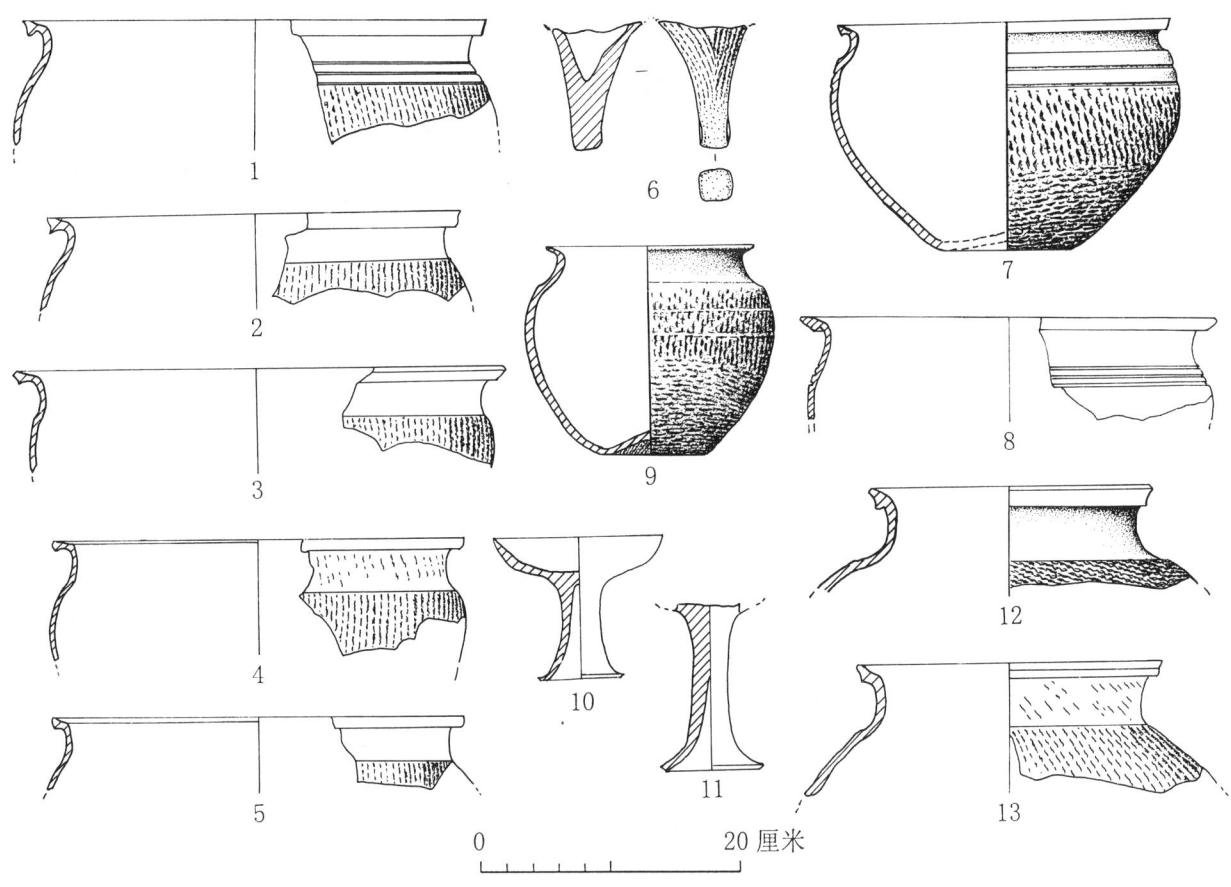

图三一六　ⅩⅥH8出土陶鬲、盂、豆、瓮

1~3.A型Ⅴ式鬲（ⅩⅥH8:17、ⅩⅥH8:15、ⅩⅥH8:18）　4、5.A型Ⅵ式鬲（ⅩⅥH8:14、ⅩⅥH8:13）　6.Ⅳ式鬲足（ⅩⅥH8:22）
7、8.Ⅳ式盂（ⅩⅥH8:29、ⅩⅥH8:25）　9.Ⅴb式盂（ⅩⅥH8:26）　10.Ⅱ式豆（ⅩⅥH8:5）　11.Ⅲ式豆（ⅩⅥH8:22）　12、13.Ⅲ
式瓮（ⅩⅥH8:3、ⅩⅥH8:4）

标本ⅩⅥH8:14（A型Ⅵ式），口沿部。夹砂红陶。口微侈，仰折窄沿，方唇微下勾，束颈较高，溜肩，上腹微鼓。颈饰隐绳纹，肩饰直列中绳纹（图三一六，4）。标本ⅩⅥH8:13（A型Ⅵ式），口沿部。形制与ⅩⅥH8:14基本相同（图三一六，5）。

鬲足

标本ⅩⅥH8:22（Ⅳ式），夹砂红陶。足窝较深，棱形柱足。足根部有削痕。根以上饰绳纹（图三一六，6）。

盂

标本ⅩⅥH8:29（Ⅳ式），器形完整。泥质红陶。侈口，卷沿，沿面上仰，斜方唇下勾，束颈较高，溜肩，腹深，上腹微鼓，下腹内收，圜底上凹。肩饰二道凹旋纹，腹饰粗绳纹（图三一六，7；图版六九，3）。标本ⅩⅥH8:25（Ⅳ式），口沿部。泥质红陶。敞口，卷沿，斜方唇下勾，束颈较高，溜肩，上腹微鼓。肩饰三道凹旋纹（图三一六，8）。

标本ⅩⅥH8:26（Ⅴb式），器形完整。泥质红陶。敞口，卷沿，沿面上仰，方圆唇，束颈较矮，肩微凸，上腹微鼓，下腹弧收，圜底上凹。上腹饰中绳纹及二道凹旋纹，下腹及底饰横交错绳纹（图三一六，9；图版六九，4）。

豆

标本ⅩⅥH8：5（Ⅱ式），器形完整。泥质红陶。敞口，盘较深，圜腹壁，粗矮柄，高喇叭形座，座壁内弧，座沿略上翘，柄内中空至盘底。素面（图三一六，10；图版七〇，1）。

标本ⅩⅥH8：22（Ⅲ式），柄、座部。泥质红陶。细柄较高，喇叭座壁内弧，座沿上翘，柄下部中空。素面（图三一六，11）。

瓮

标本ⅩⅥH8：3（Ⅲ式），口沿部。泥质红陶。侈口，卷沿，沿面上仰，斜方唇微下勾，束颈，广肩。肩以下饰绳纹（图三一六，12）。标本ⅩⅥH8：4（Ⅲ式），口沿部。泥质红陶。侈口，卷沿，沿面上仰内凹，双叠唇，束颈较矮，广肩。颈部绳纹稍抹，肩饰斜粗绳纹（图三一六，13）。

ⅩⅥH9

坑口平面呈不规则三角形，坑壁斜，较光滑，底较平。长390、宽200、自深32厘米（图三一七）。坑内填含草木灰的黑灰土。出土遗物有陶鬲、盂、罐、豆、瓮、甑、鼎足及碾轮（见综述文化遗物部分）等。

文化遗物

陶器

鬲

标本ⅩⅥH9：19（A型Ⅶ式），口沿、腹部。夹砂红陶。口微侈，仰折沿，斜方唇微下勾，束颈较高，溜肩，腹微鼓。颈以下饰直列粗绳纹，上腹饰二道凹旋纹（图三一八，1）。标本ⅩⅥH9：5（A型Ⅶ式），口沿部。形制与ⅩⅥH9：19基本相同（图三一八，2）。

标本ⅩⅥH9：17（A型Ⅷ式），口沿部。夹砂红陶。侈口，仰折窄沿，沿面微凹，双叠唇微下勾，颈较高，溜肩，腹微鼓。颈部绳纹稍抹，颈以下饰直列中绳纹，上腹饰一道凹旋纹（图三一八，3）。标本ⅩⅥH9：13（A型Ⅷ式），形制基本与ⅩⅥH9：17相同（图三一八，4）。标本ⅩⅥH9：22（A型Ⅷ式），口沿部。夹砂红陶。口微侈，仰折窄沿，沿面微凹，斜方唇下勾，颈较矮。素面（图三一八，5）。

盂

标本ⅩⅥH9：29（Ⅵ式），口沿、腹部。泥质红陶。侈口，仰折沿，斜方唇下勾，束颈较高，肩微突，腹内收。肩部饰一道凹旋纹，下腹饰直列中绳纹（图三一八，6）。标本ⅩⅥH9：32（A型Ⅵ式），口沿部。形制与ⅩⅥH9：29基本相同（图三一八，7）。

标本ⅩⅥH9：9（Ⅶb式），底残。泥质红陶。侈口，仰折窄沿，斜弧唇，束颈较高，肩微凸，上腹微鼓，下腹斜收。肩饰二道凹旋纹，腹饰交错中绳纹（图三一八，8）。标本ⅩⅥH9：24（Ⅶb式），底残。形制与ⅩⅥH9：9基本相同（图三一八，9；图版七〇，2）。

罐

标本ⅩⅥH9：28（B型Ⅵ式），器形完整。泥质红陶。口微侈，平折沿，斜方唇，束颈较高，溜肩，上腹微鼓，下腹弧收，圜底上凹。颈饰隐绳纹，肩、上腹饰直列粗绳纹间二道凹旋纹，下腹饰交错绳纹（图三一八，10；图版七〇，3）。

豆

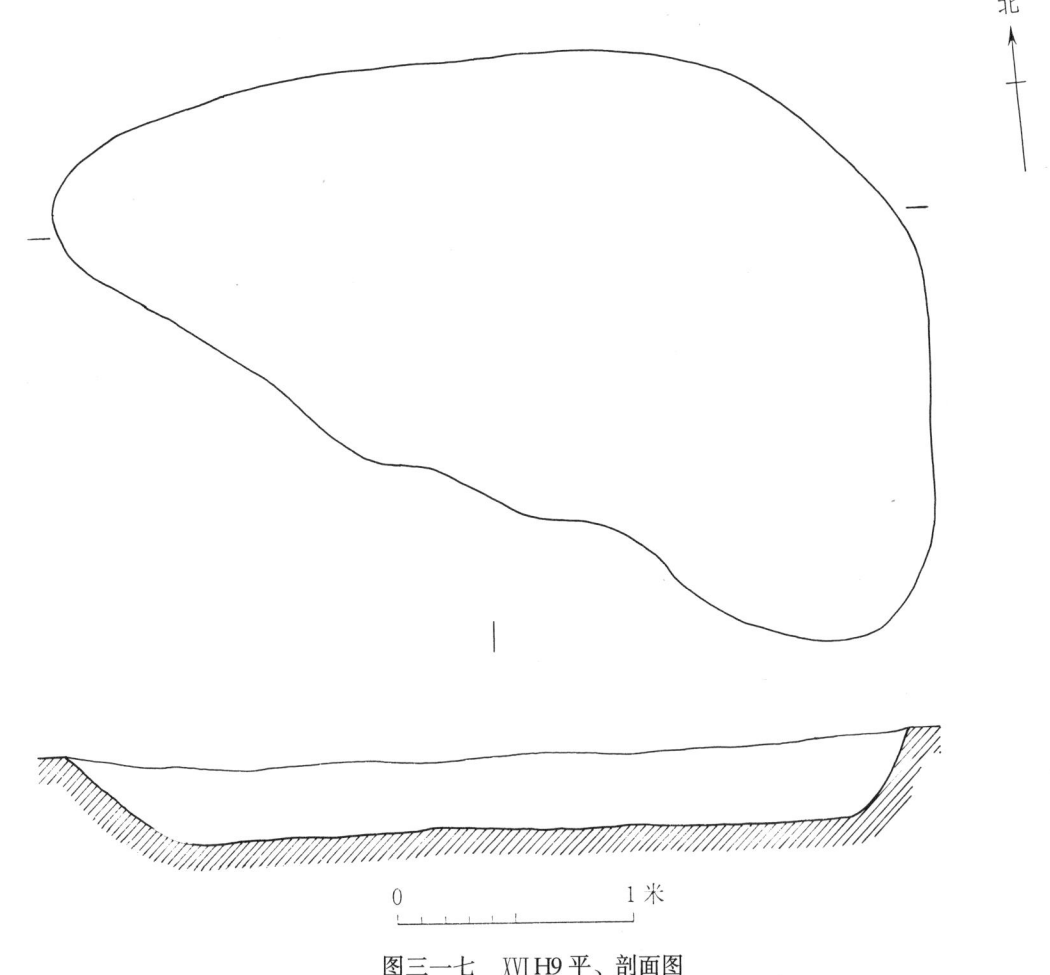

北

0　　　　　　　　　1米

图三一七　XVI H9平、剖面图

标本 XVI H9:8（Ⅳ式），柄、座部。泥质红陶。柄较矮，喇叭座较高，座面内弧，座沿微上翘，柄内中空至盘底。素面（图三一八，11）。标本 XVI H9:7（Ⅳ式），柄、座部。形制基本与标本 XVI H9:8 相同（图三一八，12）。

瓮

标本 XVI H9:27（Ⅵ式），口沿部。泥质红陶。侈口，仰折沿，双叠唇下勾，束颈较矮，广肩。肩饰三道细凹旋纹（图三一八，13）。

甗

标本 XVI H9:4（Ⅲ式），口沿部。泥质红陶。敛口，仰折沿，尖唇，矮束颈，溜肩。沿面饰凹旋纹，颈饰隐绳纹，肩饰中绳纹（图三一八，14）。

鼎足

标本 XVI H9:26（B 型Ⅱ式），夹砂红陶。实蹄足较矮粗。素面（图三一八，15）。

XVI H10

坑口平面呈不规则长方形，坑壁较缓，规整光洁，坑底较平。长 565、宽 82～200、自深 37 厘米（图三一九）。坑内填含草木灰的黑灰土。出土遗物有陶鬲、罐及铜斧（见综述文化遗物部

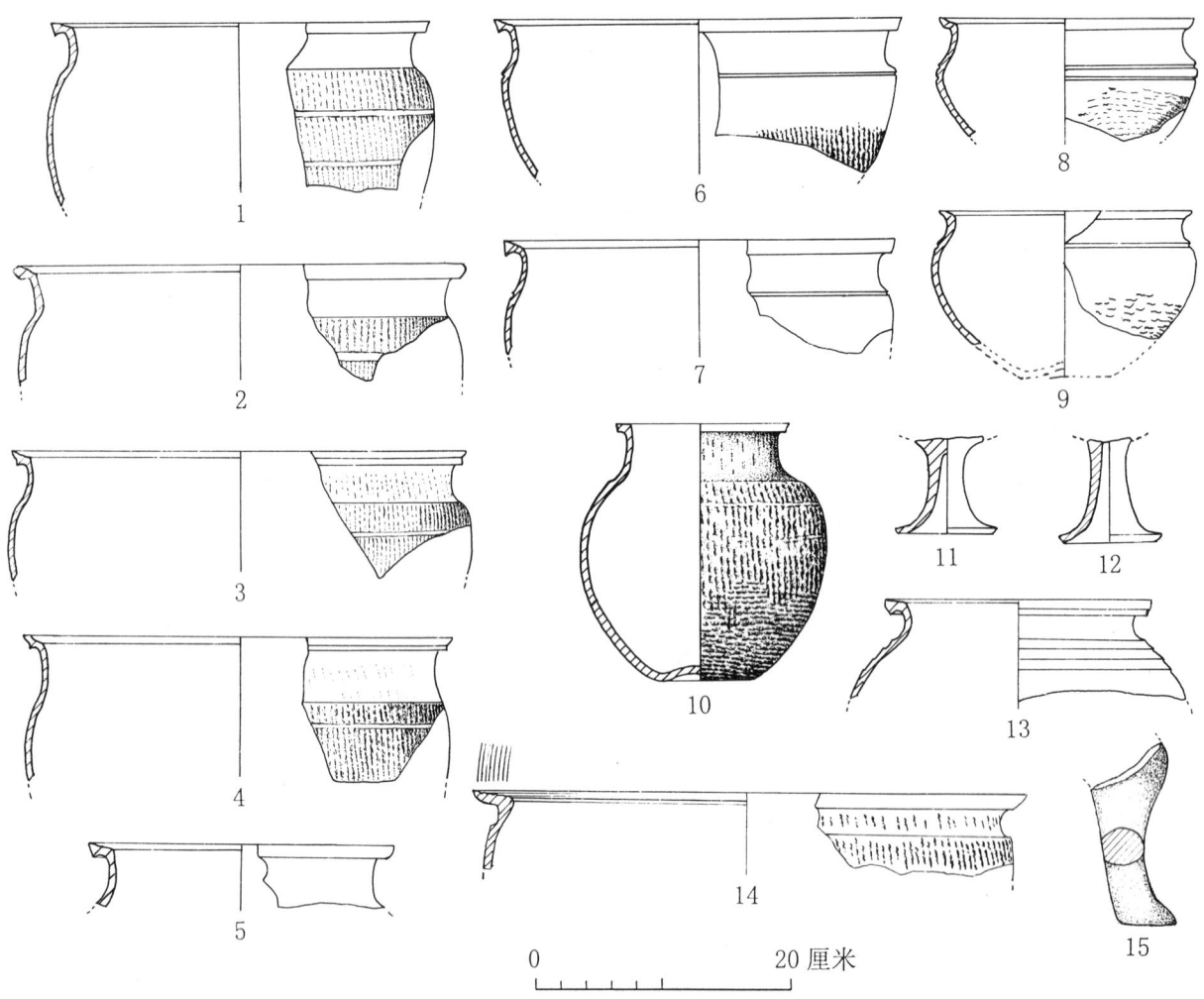

图三一八　ⅩⅥ H9 出土陶鬲、盉、罐、豆、瓮、甑、鼎足

1、2.A 型Ⅶ式鬲（ⅩⅥ H9：19、ⅩⅥ H9：5）　3～5.A 型Ⅷ式鬲（ⅩⅥ H9：17、ⅩⅥ H9：13、ⅩⅥ H9：22）　6、7.Ⅵ式盉（ⅩⅥ H9：29、ⅩⅥ H9：32）　8、9.Ⅶb 式盉（ⅩⅥ H9：9、ⅩⅥ H9：24）　10.B 型Ⅵ式罐（ⅩⅥ H9：28）　11、12.Ⅳ式豆（ⅩⅥ H9：8、ⅩⅥ H9：7）　13.Ⅵ式瓮（ⅩⅥ H9：27）　14.Ⅲ式甑（ⅩⅥ H9：4）　15.B 型Ⅱ式鼎足（ⅩⅥ H9：26）

分）等。

文化遗物

陶器

鬲

标本ⅩⅥ H10：5（A 型Ⅴ式），口沿部。夹砂红陶。侈口，卷沿，斜方唇下勾，颈较矮，溜肩。颈饰隐绳纹，肩饰直列中绳纹间一道旋纹（图三二〇，1）。标本ⅩⅥ H10：6（A 型Ⅴ式），口沿部。形制基本与ⅩⅥ H10：5 相同（图三二〇，2）。

标本ⅩⅥ H10：8（A 型Ⅵ式），口沿部。夹砂红陶。口微侈，仰折窄沿，斜方唇微下勾，束颈较矮，溜肩。腹饰直列中绳纹（图三二〇，3）。标本ⅩⅥ H10：10（A 型Ⅵ式），形制与ⅩⅥ H10：8 基本相同（图三二〇，4）。

标本ⅩⅥ H10：14（B 型Ⅲ式），口沿部。夹砂红陶。口微侈，卷沿，斜方唇，束颈较高。颈饰

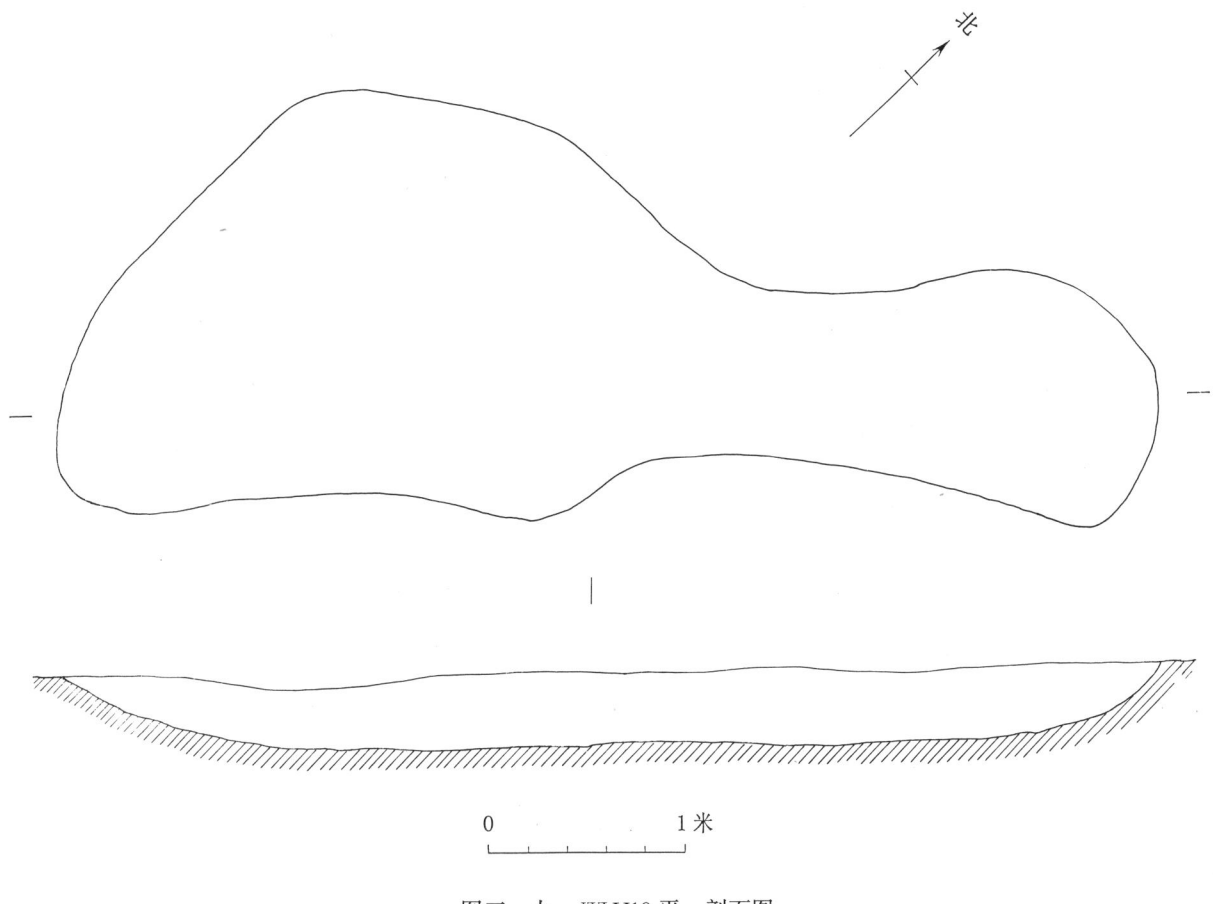

图三一九　ⅩⅥH10 平、剖面图

隐绳纹（图三二〇，5）。

标本ⅩⅥH10：2（B 型Ⅳ式），口沿部。夹砂红陶。侈口，卷沿，方圆唇，束颈较矮，溜肩，腹微鼓。颈部绳纹稍抹，肩饰直列细绳纹，腹饰二道凹旋纹（图三二〇，6）。标本ⅩⅥH10：13（B 型Ⅳ式），口沿部。夹砂红陶。侈口，卷沿上仰，斜方唇，束颈较高，溜肩，上腹微鼓。颈饰隐绳纹，肩饰直列中绳纹（图三二〇，7）。

鬲足

标本ⅩⅥH10：1（Ⅳ式），夹砂红陶。棱形柱足，足窝较深。根部有削痕，其上饰绳纹（图三二〇，8）。

罐

标本ⅩⅥH10：26（A 型Ⅳa 式），口沿部。泥质红陶。敞口，卷沿，沿面上仰，双叠唇下勾，束颈较粗，溜肩。颈饰隐绳纹，肩饰直列中绳纹（图三二〇，9）。标本ⅩⅥH10：27（A 型Ⅳa 式），形制与ⅩⅥH10：26 基本相似（图三二〇，10）。标本ⅩⅥH10：30（A 型Ⅳa 式），口沿、腹部。泥质红陶。敞口，卷沿，溜肩。颈部绳纹稍抹，肩饰二道凹旋纹，肩、腹饰斜粗绳纹（图三二〇，11）。

ⅩⅥH11

坑口平面呈不规则长方形，坑壁斜，较光滑，北壁较陡，南壁斜，坑底较平缓。坑口长 578、

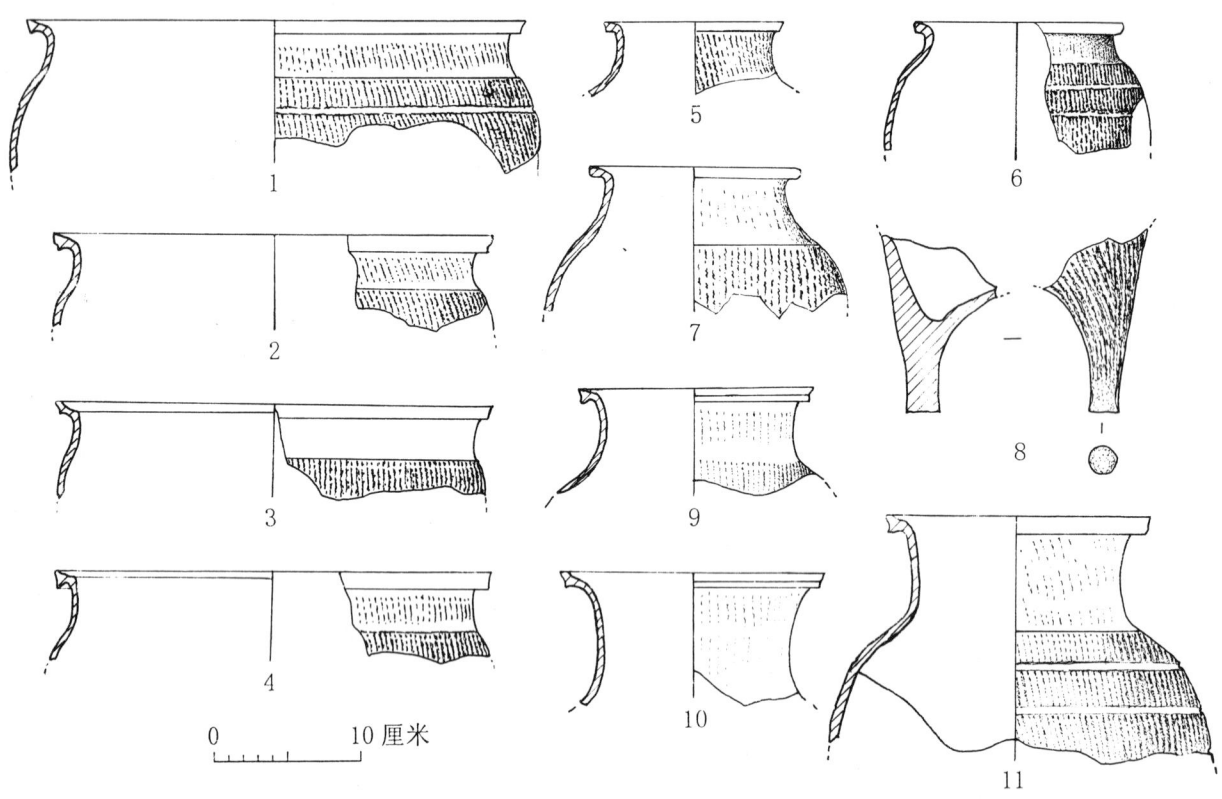

图三二〇　ⅩⅥH10 出土陶鬲、罐

1、2.A型Ⅴ式鬲（ⅩⅥH10：5、ⅩⅥH10：6）　3、4.A型Ⅵ式鬲（ⅩⅥH10：8、ⅩⅥH10：10）　5.B型Ⅲ式鬲（ⅩⅥH10：14）　6、7.B
型Ⅳ式鬲（ⅩⅥH10：2、ⅩⅥH10：13）　8.Ⅳ式鬲足（ⅩⅥH10：1）　9～11.A型Ⅳa式罐（ⅩⅥH10：26、ⅩⅥH10：27、ⅩⅥH10：30）

宽 340、自深 46 厘米（图三二一）。坑内填含草木灰的褐灰土。出土遗物有陶鬲、罐、筒瓦及网
坠，石锛、镰（见综述文化遗物部分）等。

文化遗物

陶器

鬲

标本ⅩⅥH11：10（A型Ⅲ式），口沿部。夹砂褐陶。侈口，卷沿，沿面内凹，方圆唇，束颈较
高，溜肩，上腹微鼓。颈饰隐绳纹，腹饰斜中绳纹（图三二二，1）。标本ⅩⅥH11：13（A型Ⅲ式），
口沿部。形制与ⅩⅥH11：10基本相同（图三二二，2）。标本ⅩⅥH11：12（A型Ⅲ式），底残。夹砂
褐陶。侈口，卷沿，沿面上仰内凹，斜方唇，束颈高，溜肩，深腹微鼓。腹饰直列中绳纹，上腹
饰一道凹旋纹（图三二二，3）。

标本ⅩⅥH11：15（A型Ⅳ式），口沿、腹部。夹砂褐陶。卷沿，侈口，沿面上仰内凹，斜方唇，
束颈较高，溜肩。颈饰隐绳纹，腹饰直列中绳纹间二道凹旋纹（图三二二，4）。

标本ⅩⅥH11：3（B型Ⅱ式），口沿部。夹砂红陶。侈口，卷沿，斜方唇，束颈较高。颈部饰隐绳纹
（图三二二，5）。标本ⅩⅥH11：4（B型Ⅱ式），口沿部。形制与ⅩⅥH11：3基本相同（图三二二，6）。

鬲足

标本ⅩⅥH11：2（Ⅱ式），夹砂红陶。深足窝，棱形柱足，有削痕（图三二二，7）。标本ⅩⅥ

图三二一　ⅩⅥ H11 平、剖面图

H11:1（Ⅱ式），形制与ⅩⅥ H11:2 基本相同（图三二二，8）。

标本ⅩⅥ H11:8（Ⅲ式），夹砂红陶。足窝较深，棱形柱足，足上部饰绳纹，下部有削痕（图三二二，9）。

罐

标本ⅩⅥ H11:11（A型Ⅱ式），口沿部。泥质褐陶。敞口，卷沿，沿面上仰，双叠唇下勾，束颈较粗矮。颈饰隐绳纹（图三二二，10）。

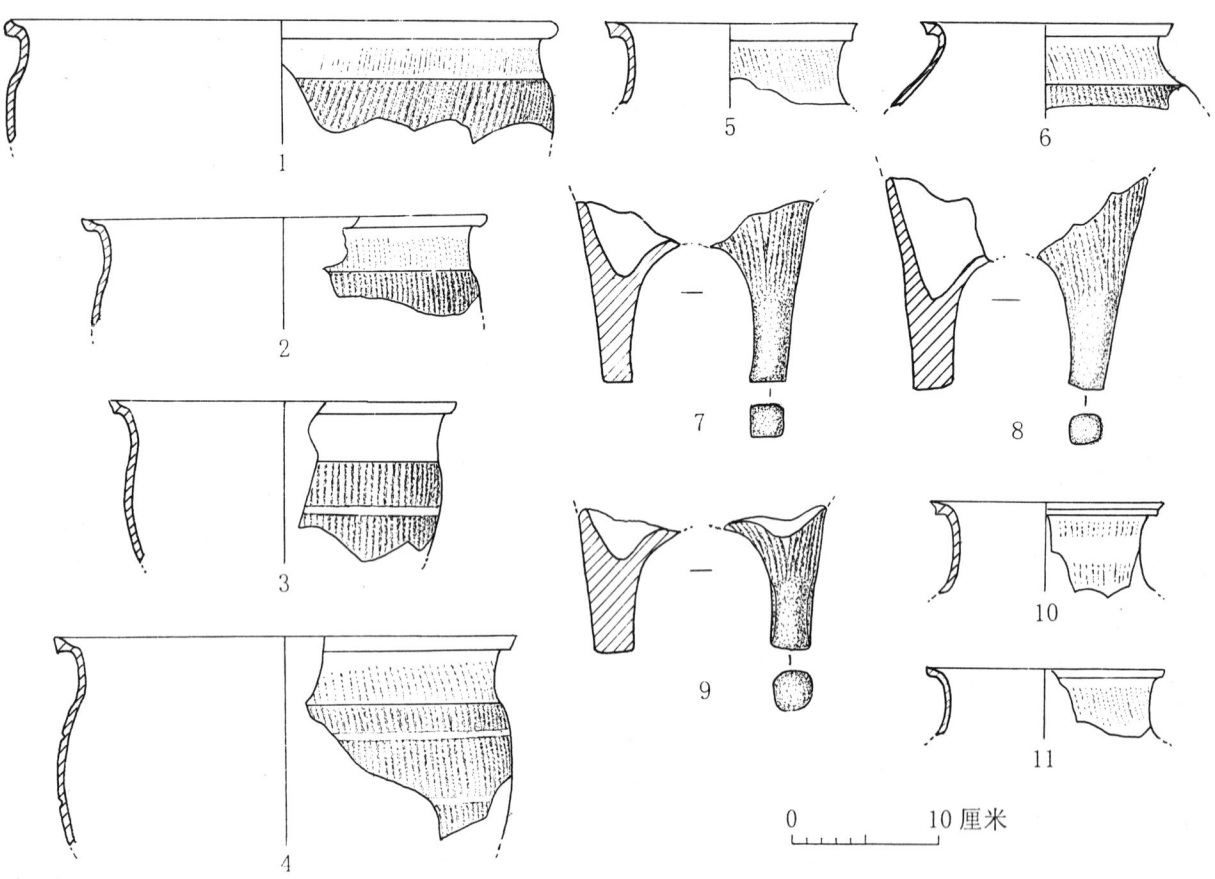

图三二二　ⅩⅥH11 出土陶鬲、罐

1～3.A型Ⅲ式鬲（ⅩⅥH11：10、ⅩⅥH11：13、ⅩⅥH11：12）　　4.A型Ⅳ式鬲（ⅩⅥH11：15）　　5、6.B型Ⅱ式鬲（ⅩⅥH11：3、ⅩⅥH11：4）
7、8.Ⅱ式鬲足（ⅩⅥH11：2、ⅩⅥH11：1）　　9.Ⅲ式鬲足（ⅩⅥH11：8）　　10.A型Ⅱ式罐（ⅩⅥH11：11）　　11.B型Ⅲ式罐（ⅩⅥH11：14）

标本ⅩⅥH11：14（B型Ⅲ式），口沿部。泥质红陶。侈口，卷沿，方唇，束颈较高。颈部饰隐绳纹（图三二二，11）。

筒瓦

标本ⅩⅥH11：24（A型Ⅳ式），器形完整。泥质红陶。罐形口，斜肩较矮。瓦身凸面。饰中绳纹，凹面素饰（图版七〇，4）。

ⅩⅥH12

坑口平面呈弧线三角形，坑边较斜，光滑，坑底平坦。坑口长490、宽270、自深40厘米（图三二三）。坑内填含草木灰的灰褐土。出土遗物有陶鬲、豆及铜鱼钩（见综述文化遗物部分）等。

文化遗物

陶器

鬲

标本ⅩⅥH12：2（B型Ⅲ式），口沿、腹部。夹砂红陶。侈口，卷沿，沿面上仰，方圆唇，束颈较矮，肩微凸，腹微鼓。肩以下饰直列粗绳纹，上腹饰一道凹旋纹（图三二四，1）。

标本ⅩⅥH12:6（B型Ⅳ式），口沿、腹部。夹砂红陶。口微侈，卷沿，方唇，束颈较矮，溜肩。颈部绳纹稍抹，肩饰直列粗绳纹，肩下部饰一道凹旋纹（图三二四，2）。

豆

标本ⅩⅥH12:14（Ⅲ式），器形完整。泥质红陶。侈口，盘较深，底近平，腹壁近折，粗柄较矮，喇叭形座，座面内弧，座沿微上翘，柄内中空至盘底。素面（图三二四，3；图版七一，1）。

ⅩⅥH13

坑南、北两端未发掘，形状不清。坑壁东边较陡，西边较缓，壁较光滑，底略呈锅底状。已发掘南北长200、东西宽257、自深85厘米（图三二五）。坑内堆积含草木灰的黑土。出土遗物有陶鬲、盂、豆、瓮、甑及鼎足等。

文化遗物

陶器

鬲

标本ⅩⅥH13:10（A型Ⅹ式），口沿部。夹砂深灰陶。口微侈，平折沿，方圆唇，矮颈，溜肩，上腹微鼓。肩饰直列中绳纹，腹饰一道凹旋纹（图三二六，1）。

盂

标本ⅩⅥH13:27（Ⅷb式），口沿、腹部。泥质浅灰陶。口微侈，平折沿，圆唇，束颈较矮，上腹微鼓，下腹收。肩饰二道宽凹旋纹（图三二六，2）。

标本ⅩⅥH13:11（Ⅹ式），口沿、腹部。泥质深灰陶。口微敛，折沿外翻，斜方唇，束颈较矮，上腹微鼓。肩饰二道凹旋纹（图三二六，3）。标本ⅩⅥH13:23（Ⅹ式），底残。形制基本与ⅩⅥH13:11相同。肩饰四道凹旋纹，腹饰直列粗绳纹（图三二六，4）。

豆

标本ⅩⅥH13:4（Ⅵ式），器形完整。泥质浅灰陶。敞口，盘较深，圆唇，圜腹壁，粗矮柄，矮喇叭座稍上鼓，柄内中空至盘底。素面（图三二六，5；图版七一，2）。标本ⅩⅥH13:2、ⅩⅥH13:31（Ⅵ式），形制与ⅩⅥH13:4基本相同（图三二六，6、7；图版七一，3、4）。

瓮

标本ⅩⅥH13:20（Ⅶ式），口沿部。泥质红陶。敛口，平折沿，方唇下勾，束颈较高，广肩。肩饰直列粗绳纹及一道凹旋纹（图三二六，8）。

甑

标本ⅩⅥH13:1（Ⅳ式），口沿部。泥质红陶。侈口，平折沿，尖唇，束颈较高，溜肩。沿面饰二道凹旋纹，肩饰直列中绳纹及一道旋纹（图三二六，11）。标本ⅩⅥH13:13（Ⅳ式），口沿部。泥质红陶。形制与ⅩⅥH13:1基本相同（图三二六，12）。

标本ⅩⅥH13:7（Ⅴ式），口沿部。泥质浅灰陶。敛口，平折沿，斜方唇，颈较矮，溜肩，腹微鼓。肩饰直列中绳纹（图三二六，13）。

鼎足

标本ⅩⅥH13:24（B型Ⅲ式），夹砂红陶。瘦高实蹄足。素面（图三二六，9）。标本ⅩⅥH13:25（B型Ⅲ式），夹砂红陶。瘦高实蹄足。素面（图三二六，10）。

北

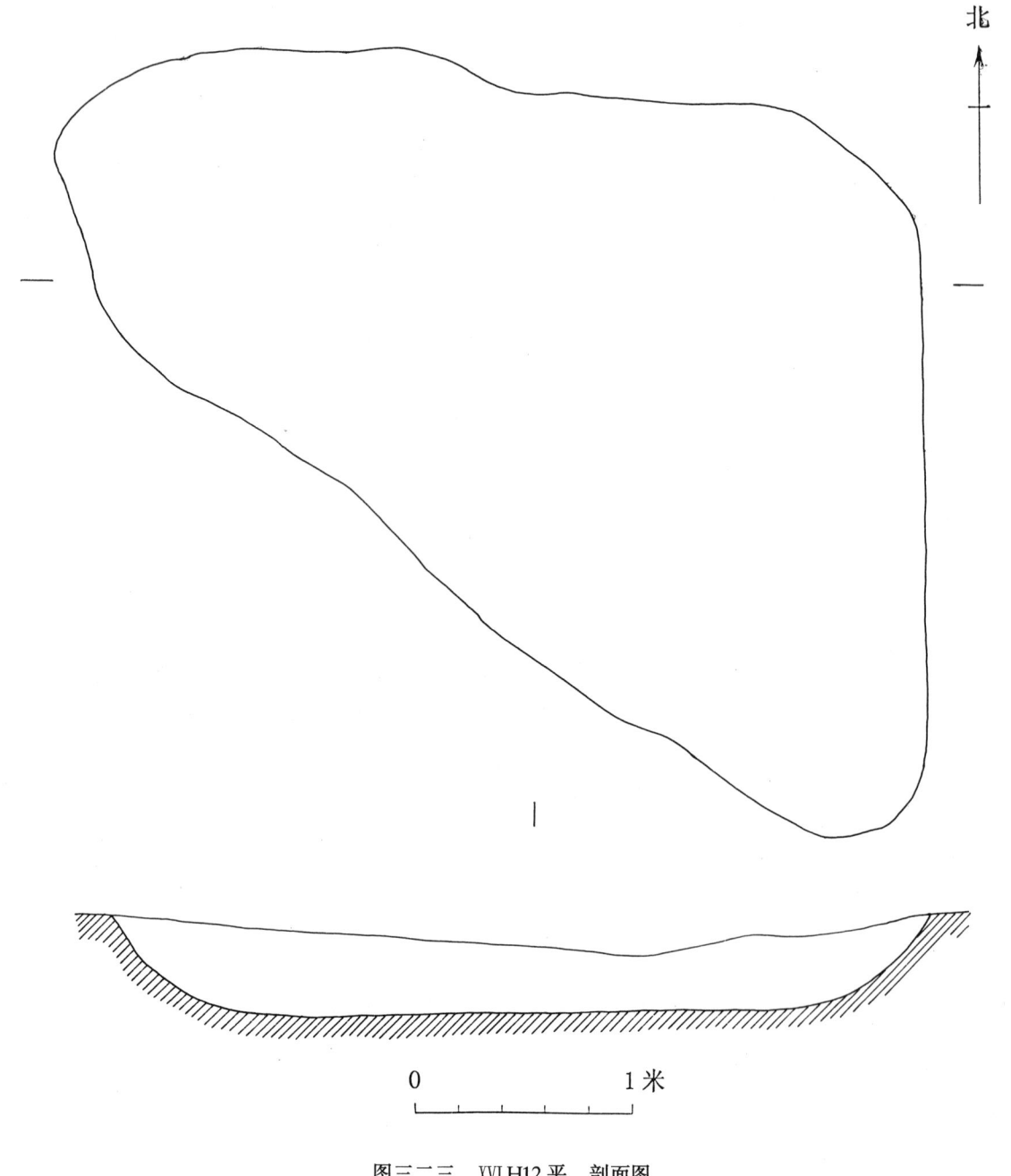

0　　　　　　　　1米

图三二三　ⅩⅥ H12 平、剖面图

3. 小结

第ⅩⅥ发掘区位于龙湾遗址东区中部，原属湖泊，地势较低。其东面是水章台宫殿基址群，西面、南面是郑家台和娘娘坟宫殿基址群，它正处于宫殿基址群中间的空旷区。

从文化堆积情况看，第 1 层属近代淤积，淤泥较厚。第 2 层是春秋晚期至战国中期文化层，堆积很薄，只有 10 厘米左右，且不连续。第 3 层系西周晚期至春秋中期的文化层，堆积较厚，且连成大片。从文化遗迹分布情况看，这里灰坑分布较密集，但没有发现宫殿建筑基址，因其与周

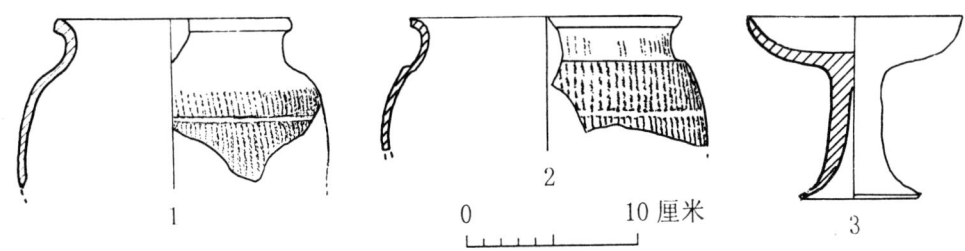

图三二四　ⅩⅥ H12 出土陶鬲、豆

1.B 型Ⅲ式鬲（ⅩⅥ H12：2）　2.B 型Ⅳ式鬲（ⅩⅥ H12：6）　3.Ⅲ式豆（ⅩⅥ H12：14）

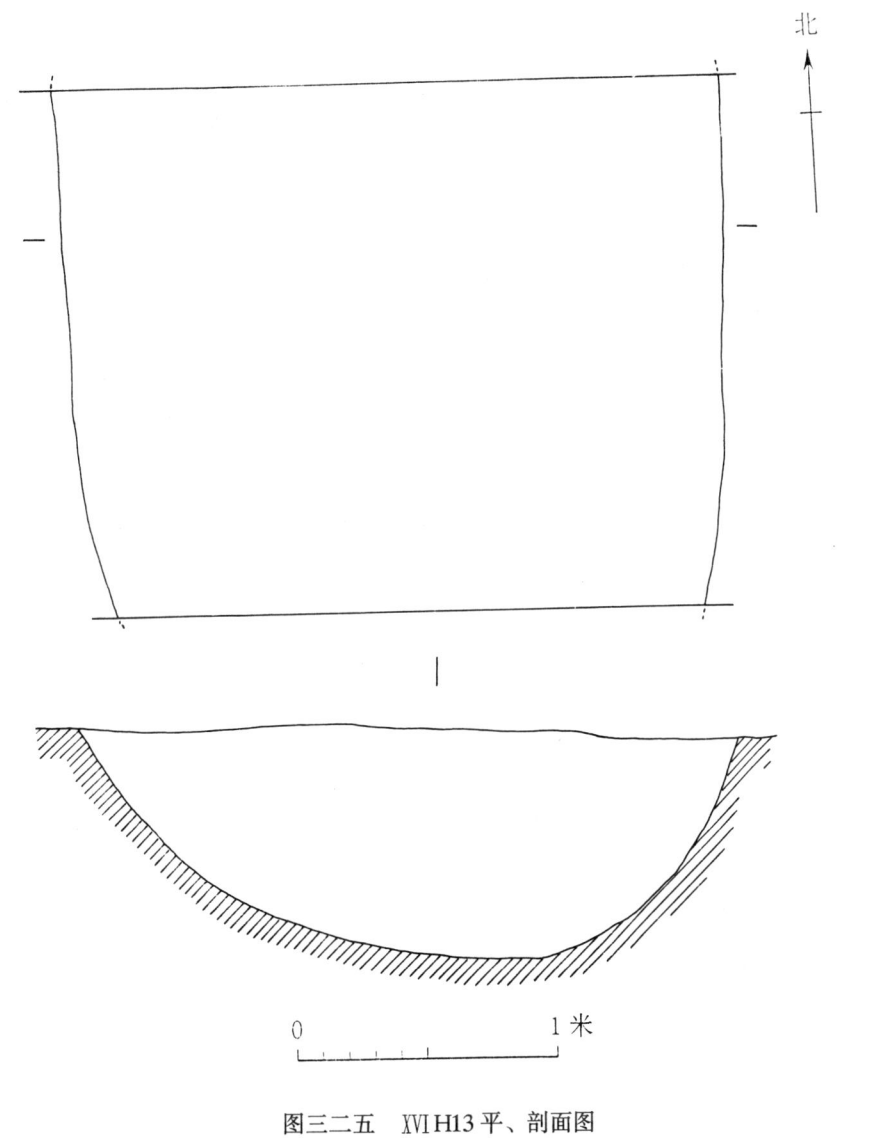

图三二五　ⅩⅥ H13 平、剖面图

边宫殿区邻近，推测它可能属于宫殿区中的生活废弃物堆积区或庶民生活区。

从出土遗物的时代看，西周晚期至春秋晚期的遗物出土数量较多，约占 80％，战国时期的遗物

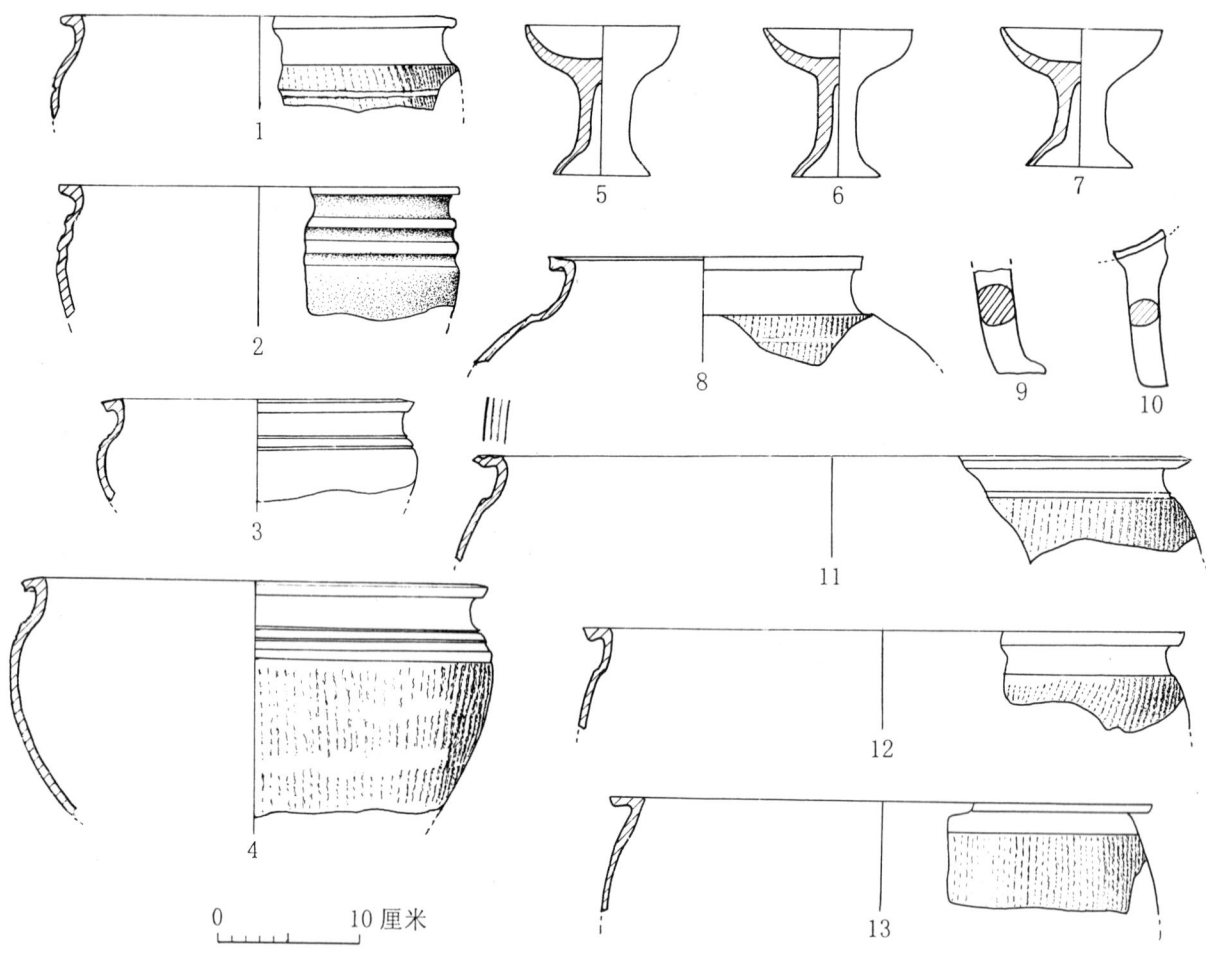

图三二六　ⅩⅥH13 出土陶鬲、盂、豆、瓮、鼎足、甑

1.A 型 X 式鬲（ⅩⅥH13：10）　2.Ⅷb 式盂（ⅩⅥH13：27）　3、4.X 式盂（ⅩⅥH13：11、ⅩⅥH13：23）　5～7.Ⅵ式豆（ⅩⅥH13：4、ⅩⅥH13：2、ⅩⅥH13：31）　8.Ⅶ式瓮（ⅩⅥH13：20）　9、10.B 型Ⅲ式鼎足（ⅩⅥH13：24、ⅩⅥH13：25）　11、12.Ⅳ式甑（ⅩⅥH13：1、ⅩⅥH13：13）　13.Ⅴ式甑（ⅩⅥH13：7）

较少。大量早期遗物的出土，为西周晚期至春秋晚期时段的考古学分期断代提供了重要实物资料。

第二节　墓葬

一　综述

（一）墓地位置及层位关系

1. 墓地及发掘区位置

龙湾遗址东区现已发现两处墓地，一处位于ⅩⅩⅣ区（小黄家台），一处位于ⅩⅩⅥ区（长章台）

遗址的北部。小黄家台墓地位于宫殿基址群的西南部，西抵龙沱公路、南邻解放渠。现已探出东周墓葬 34 座。编号为ⅩⅩⅣ M1～ⅩⅩⅣ M16、ⅩⅩⅣ M18～ⅩⅩⅣ M32、ⅩⅩⅣ M35～ⅩⅩⅣ M37（ⅩⅩⅣ M17、ⅩⅩⅣ M33、ⅩⅩⅣ M34 为明墓），墓葬分布在小黄家台及其周边（图三二七）。长章台墓地位于龙湾遗址东区西部，北临长章台居民点、南临幸福渠。在遗址发掘区内仅发现东周墓 1 座。墓葬位于长章台遗址北部，编号为ⅩⅩⅥ M1。1988 年，农民在小黄家台墓地西部的鱼池清淤过程中发现 6 座楚墓，有的墓遭严重破坏，我们及时进行了抢救性清理，墓葬编号为ⅩⅩⅣ M1～ⅩⅩⅣ M6。1998 年秋，在对长章台新石器时代遗址的清理过程中，对已暴露的ⅩⅩⅥ M1 一并进行了清理（图三二八）。2001 年，为配合龙湾遗址考古调查工作，在墓地的中部、北部又试掘了四座楚墓，编号为ⅩⅩⅣ M25～ⅩⅩⅣ M27、ⅩⅩⅣ M32。

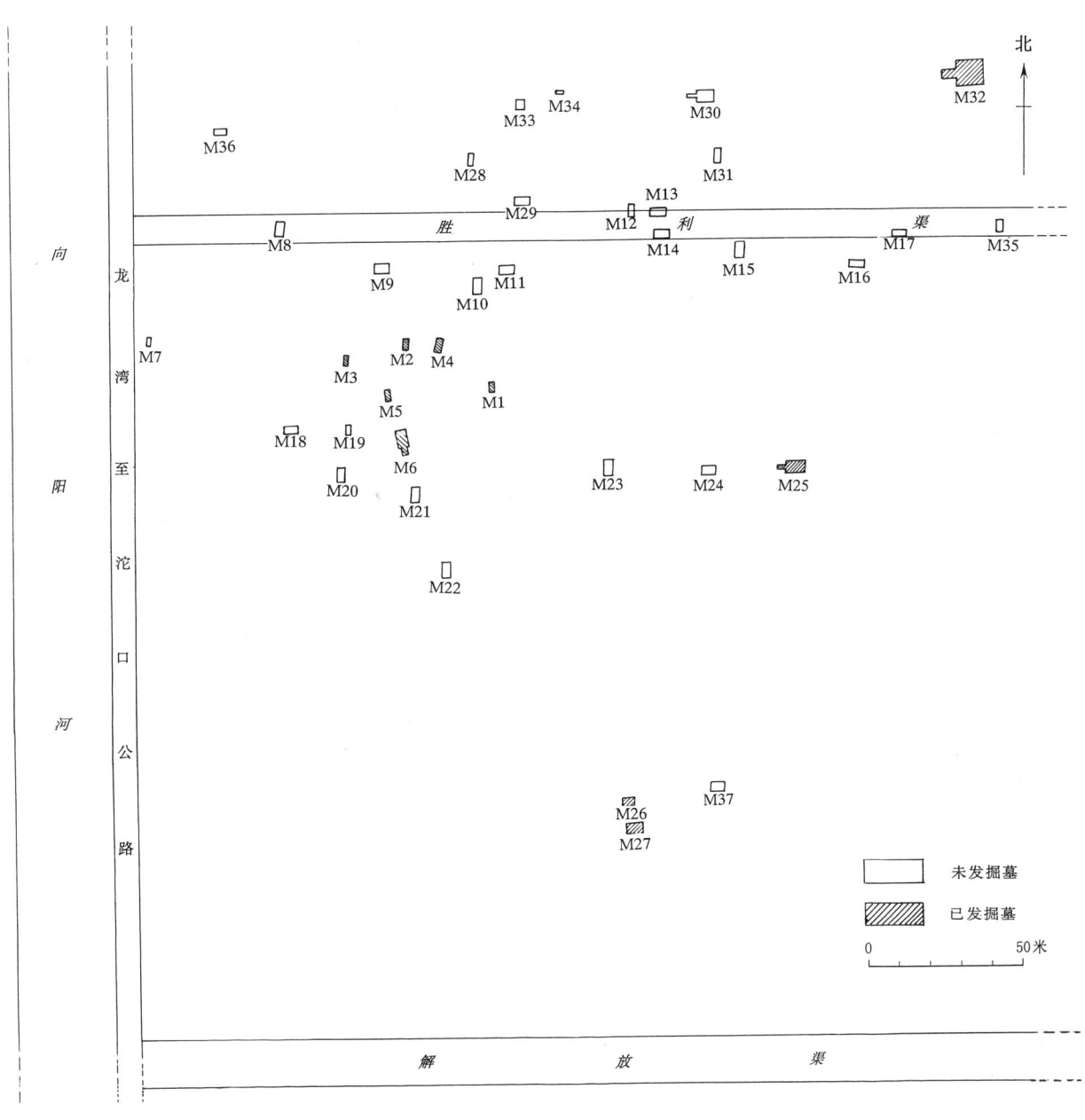

图三二七 ⅩⅩⅣ区（小黄家台）墓葬分布图

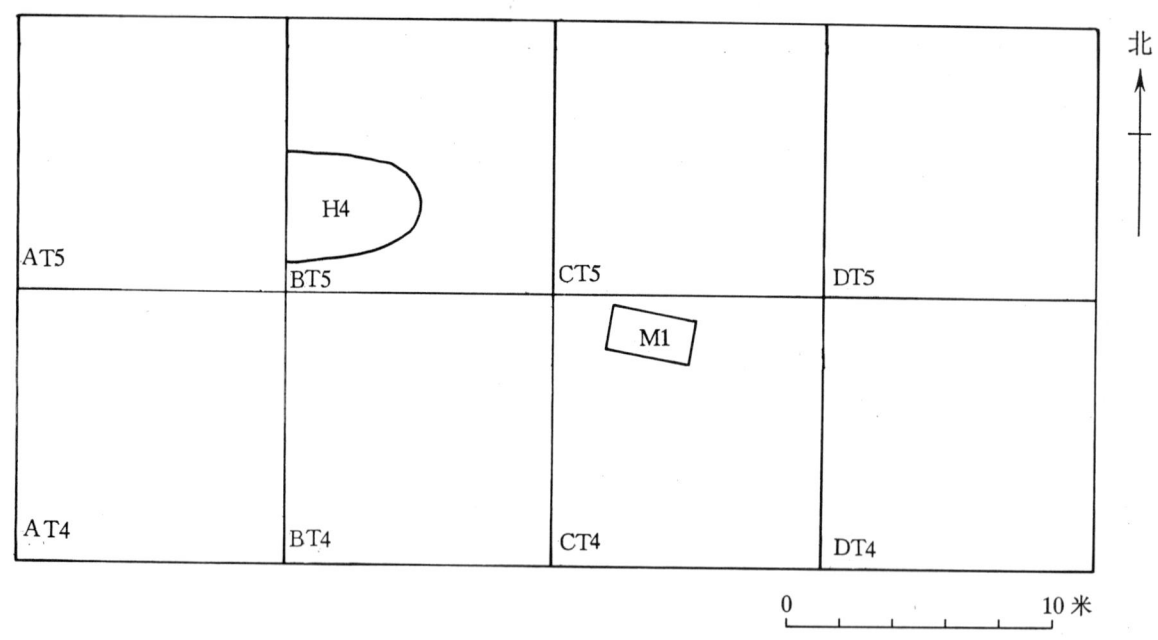

图三二八　XXVI M1 位置图

2．墓葬的层位关系

XXIV M1～XXIV M6 的墓坑已遭严重破坏，仅存墓坑底部，墓葬的层位关系不清。XXIV M32 开口在耕土层下，打破生土，墓口距地表深 20～60 厘米。XXIV M25～XXIV M27 的墓口在耕土层下，打破早期黄夯土台基和生土，墓口距地表深 20～40 厘米。XXVI M1 位于新石器时代遗址内，墓口遭严重破坏，现存墓坑开口在生土层。

3．墓葬的分布与排列

XXVI 区仅发现一座东周墓，其墓葬的分布情况和排列规律尚不清楚。东周墓主要集中在 XXIV 区，共 34 座，已清理发掘十座。即 XXIV M1～XXIV M6、XXIV M25～XXIV M27、XXIV M32。从分布情况看，一是墓葬多分布在地势较高的岗地上，二是墓葬分布密度不大，墓与墓之间有较大的空隙。在墓葬排列方面似有一定规律，有夫妻异穴并葬墓，如 XXIV M25、XXIV M26 等；也有夫妻同穴合葬墓（XXIV M6）。

（二）墓葬形制

1．墓坑

十一座墓的墓坑形制均为长方形土坑竖穴墓。墓口大于墓底。墓口至葬具顶部的墓壁呈斜坡状，葬具顶至墓底一段垂直。墓坑四壁较平整。墓口距地表一般深 20～60 厘米。墓底距地表深 284～548 厘米。坑内填五花土，经夯实。椁室周围填土呈青灰色。

十一座墓葬中，头向东的墓有五座，XXIV M25、XXIV M26、XXIV M27、XXIV M32，XXVI M1，方向在 77°～100°之间；头向南的墓三座，XXIV M2、XXIV M3、XXIV M6，方向在 176°～190°之间；头向北

的墓三座，ⅩⅩⅣM1、ⅩⅩⅣM4、ⅩⅩⅣM5，方向在350°～355°之间。

墓口较大的是ⅩⅩⅣM32，长910、宽800厘米；一般的墓口长470～610、宽380～430厘米；如ⅩⅩⅣM25，墓口长610、宽430厘米；ⅩⅩⅣM27，墓口长470、宽380厘米；较小的墓，如ⅩⅩⅥM1，墓口长310、宽172厘米（表四四）。

表四四　　　　　　　　　　　墓葬统计表

墓号	方向	墓坑长×宽－深（厘米）	棺椁长×宽×高（厘米）	葬式	随　葬　品
ⅩⅩⅣM1	350°				陶鼎BⅢ2，壶AⅢ2，簠Ⅱ1、Ⅲ1，豆Ⅱ2，斗1；漆木梳Ⅱ1（残），剑1（残），镇墓兽1（残）
ⅩⅩⅣM2	185°	底220×80－？			
ⅩⅩⅣM3	190°	底244×90－？			
ⅩⅩⅣM4	355°	口400×238－？底316×156－400	椁270×134×118棺200×63×80		陶鼎AⅢ2，簠Ⅲ2，壶AⅢ2，豆Ⅲ2；漆木梳Ⅰ1（残）、镇墓兽1（残）
ⅩⅩⅣM5	352°	底274×160－？	椁234×80×55棺？		陶豆1（残）
ⅩⅩⅣM6	176°	口474×402－？底418×346－294	椁280×242×136东棺205×68×76西棺205×68×76	仰（二具）	陶鼎AⅢ4，簠Ⅱ4，壶AⅡ4，豆Ⅰ1、Ⅱ2，盘Ⅱ3，匜Ⅱ；漆木镇墓兽2，梳Ⅱ2、剑1
ⅩⅩⅣM25	87°	口610×430－20底420×210－439	椁288×112×100棺188×58×56		陶鼎AⅡ2，簠Ⅰ2，壶BⅠ2，豆Ⅰ1、Ⅲ1，小口鼎Ⅱ1（残）；铜剑1，马衔2，车舍2，箭镞13；漆木镇墓兽1，剑鞘1；竹弓1（残）
ⅩⅩⅣM26	77°	口352×267－20底296×170－266	椁256×122×90棺172×58×58		陶鼎BⅡ2，簠Ⅰ2，壶BⅠ2，小口鼎Ⅲ1；漆木镇墓兽1，梳Ⅰ1
ⅩⅩⅣM27	83°	口470×380－20底392×300－264	椁274×144×84棺180×52×？		陶鼎BⅠ2，簠Ⅰ2，壶BⅡ2，匜1，盘Ⅰ1，小口鼎Ⅱ1；铜箭镞4；漆木镇墓兽1；玉璧1
ⅩⅩⅣM32	85°	口910×800－20底450×195－528	椁410×180×160棺204×90×84		陶鼎AⅠ2，簠Ⅱ1，壶AⅠ2，豆Ⅱ2，小口鼎Ⅰ2，勺1（残）；铜盘1，匜1，镞8，剑1，车舍（附辖）1，戈（附戈柲）1，马衔2，环1（残）；漆木镇墓兽1，豆3，盾柄1，梳Ⅰ1，龙形器1，豆盖1，绕线棒3，博具1，瑟1，扇柄1，伞柄1，剑盒1，剑鞘1，马冠饰1，兽头饰4；骨指套1，马镳4；竹弓1，笥2（残）
ⅩⅩⅥM1	100°	口310×172－？底250×120－194	椁痕212×106－50棺痕188×50－？		青铜剑Ⅱ1，器盖1（锈蚀）；玉璧1（残）

2．墓道

有墓道的墓三座，包括三层台阶有墓道的墓一座、一层台阶有墓道的墓一座、无台阶有墓道的墓一座。其中二座墓的墓道设在墓室的东壁，一座墓的墓道设在墓室的南壁。墓道呈缓坡状，坡度在11°～45°之间。ⅩⅩⅣM32的墓道上口长314、宽240厘米，下口长498、宽200厘米，坡长548厘米，坡度11°（图版七二，1）。ⅩⅩⅣM25，墓道上口长372、宽222厘米，下口长460、宽170厘米，坡长496厘米，坡度25°，下底距墓口深176厘米（图版七二，2）。ⅩⅩⅣM6墓道上口残长160、宽192厘米，下口残长180、宽160厘米，坡度45°，墓道底距墓口深158厘米。墓道底部较光滑。ⅩⅩⅣM6、ⅩⅩⅣM25、ⅩⅩⅣM32墓道底部均略高于葬具。

3．台阶

有台阶的墓2座。一座为三层台阶（ⅩⅩⅣM32），一座为一层台阶（ⅩⅩⅣM25）。ⅩⅩⅣM32墓坑为长方形，形状较规整。壁较陡，设有三层台阶。上面的二层台阶环绕四壁，宽、高均为90厘米；第三层台阶分设在南、西、北三面，宽50、高90厘米。ⅩⅩⅣM25设一层台阶，台阶环绕四壁，宽50、高125厘米。

（三）葬具

清理的十一座墓葬中，有三座墓的葬具毁坏严重，仅可识别出有棺、椁，形制不清。另有七座墓为一椁一棺，一座为一椁二并棺。

1．椁

椁室平面呈"工"形的墓六座，呈"π"形的墓一座。椁由盖板、两边墙板、两头挡板、底板和横垫木组成，平面呈"π"形的是在"工"形制基础上再加一个"丁"形的头箱。其埋葬方法是先在坑底放置两根长方形的横垫木，垫木上竖向铺设椁底板，在底板的四周用厚方木垒砌椁室的四壁，即墙板和挡板。椁室内用隔梁、隔板分成头箱、棺室或边箱，以放置棺和随葬品，有的在头箱、棺室或边箱上设置分板，在分板之上再纵向铺设椁盖板。椁盖板上有的铺篾席（表四五）。

2．棺

均为悬底弧形棺。棺由弧形盖板、两侧弧形墙板、两头平直挡板和底板组成。两头挡板嵌入两侧墙板内侧槽内，底板较薄且悬空，嵌入两墙板内侧中下部榫槽内。盖板与墙板、挡板相互扣合。

（四）葬式

多数墓葬中的尸骨已腐朽，葬式不清。其中一座墓保存有二具人骨架，为仰身直肢葬（表四四）。

（五）随葬器物

十一座墓中，九座墓有随葬器物，共计163件，按器物质料，可分为陶器（73件，其中勺1

件已残朽）、漆木竹器（42 件，其中竹笥 2 件残朽）、青铜器（41 件，其中器盖、环已腐朽）及玉石骨器（7 件）。其放置位置，一椁一棺墓中，随葬的仿铜陶礼器、漆木器一般放置在头箱，铜兵器、车马器一般放置在棺外两侧的椁室内，玉石器等装饰品一般放置在棺内。

表四五 棺椁结构统计表

名称\数量\墓号	椁室结构						棺制
	盖板	壁板（每边）	底板	垫木	隔梁	隔板	
XXIV M1	残						
XXIV M2	残						
XXIV M3	残						
XXIV M4	残	2	3	2			弧形棺
XXIV M5	残		3	2			弧形棺
XXIV M6	9	2	6	3	2	1	弧形棺 2
XXIV M25	残	2	3	2			弧形棺
XXIV M26	残	2	3	2			弧形棺
XXIV M27	残	3	4	2			弧形棺
XXIV M32	12	4	3	2	10		弧形棺
XXVI M1	残						

1. 陶器

73 件（其中勺 1 件已朽），出土于八座墓。均为仿铜陶礼器。器类有鼎、壶、簠、盘、匜、斗、豆等。

均为泥质深灰陶，陶土经过淘洗，土质很细，不加羼和料，火候较低，质地较差。

陶器的制作方法有轮制、模制和手制三种。主要以轮制为主，后两种方法次之。如鼎、壶、豆类器物，主体部分均为轮制，附在器上的耳、环、足等为手制或模制；簠以模制为主；手制器物主要是器形较小的斗、匜等。

器物的主要纹饰有暗纹、旋纹、绳纹、兽面纹、几何纹、圆圈纹等，也有部分器物为素面。其中暗纹呈射线状，常见于豆盘。旋纹有凸旋纹和凹旋纹之分，常见于轮制器物上。凸旋纹多见于鼎盖及器身；凹旋纹多见于鼎、壶的器身。绳纹常饰于鼎、壶的腹下及底部。圆圈纹见于鼎、壶的盖部及壶的腹中部。几何纹仅见饰于鼎耳。兽面纹则常见于鼎足膝部。

鼎 16 件。出自七座墓。分为二型。

A 型 10 件。分别出自四座墓。深腹壁直，口沿外侧有一周凸棱，盖上有三兽形纽。根据器物口、腹、腿等部分的变化分为三式。

I 式 2 件。泥质灰陶。鼎身盒状，口沿外侧凸棱承盖。盖面隆起，有三圈凸旋纹和圆圈纹，盖顶有一衔环桥形纽，盖沿部有三个兽形纽。鼎口敛，深腹，腹壁直，最大腹径在腹中部偏下。

方附耳微外撇，环底，三蹄足直立，截面为椭圆形，实蹄足。腹部饰一周凸旋纹，膝部饰圆圈纹。

　　ⅩⅩⅣM32∶1，通高 39.4、口径 29.6、腹径 33.6 厘米(图三二九，1；图版七三，1)。ⅩⅩⅣM32∶2，形制同ⅩⅩⅣM32∶1，通高 39.3、口径 29.6、腹径 33.6 厘米（图版七三，2）。

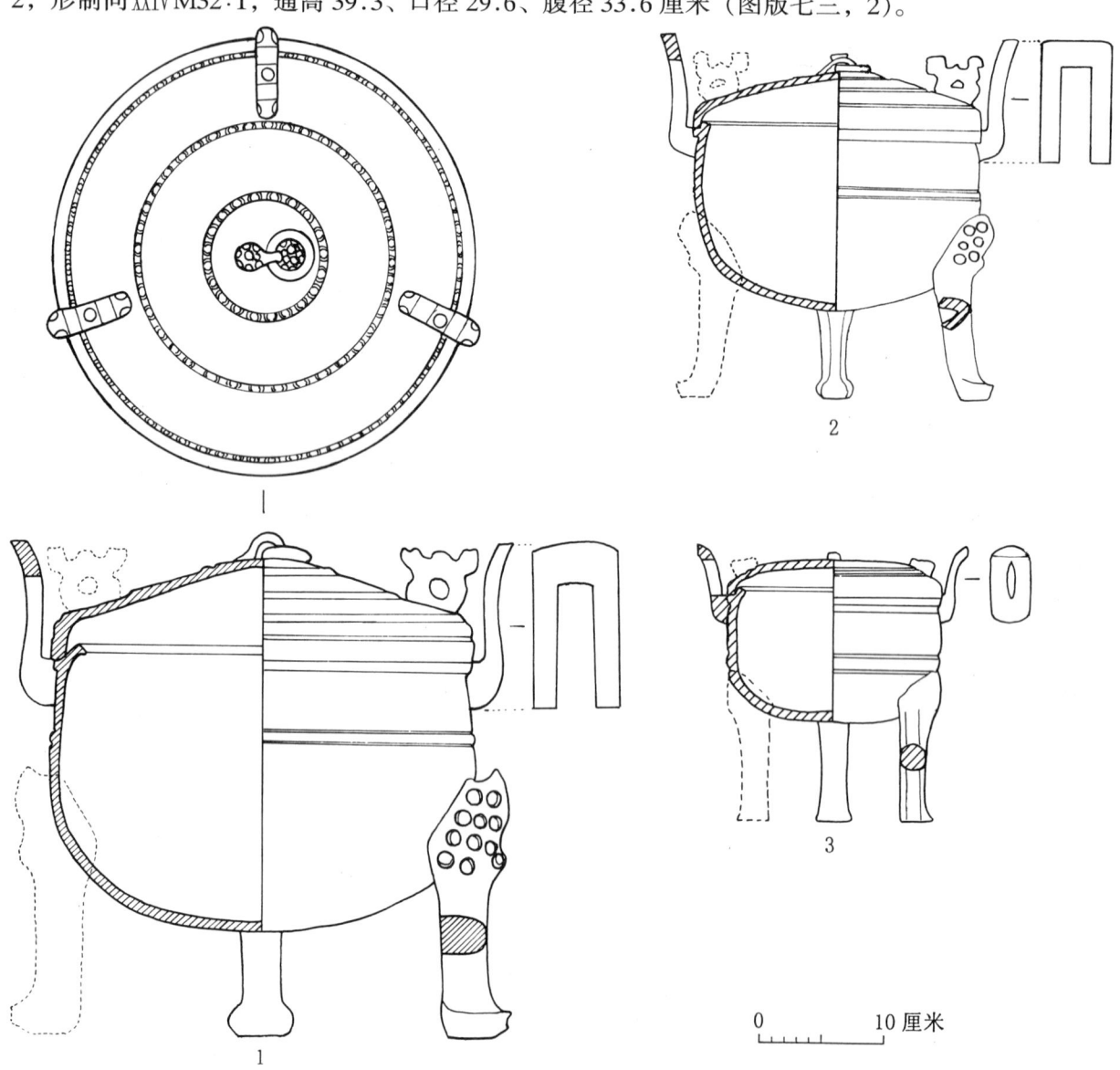

图三二九　ⅩⅩⅣM6、ⅩⅩⅣM25、ⅩⅩⅣM32 出土陶鼎

1.A 型Ⅰ式（ⅩⅩⅣM32∶1）　2.A 型Ⅱ式（ⅩⅩⅣM25∶3）　3.A 型Ⅲ式（ⅩⅩⅣM6∶东 1）

　　Ⅱ式　2 件。泥质灰陶。鼎身呈盒状，口沿外侧凸棱承盖。盖面微隆，饰三圈凸旋纹。盖沿部有三个兽形纽，顶部饰衔环桥纽。口微敛，壁近直，腹较深，最大腹径在腹中部。方附耳微外撇，蹄足外撇，截面较圆，足内侧平，空蹄足。腹部饰二道凸旋纹，膝部饰兽面纹。

　　ⅩⅩⅣM25∶3，通高 26.4、口径 22、腹径 22.4 厘米（图三二九，2；图版七三，3）。ⅩⅩⅣM25∶4，形制同ⅩⅩⅣM25∶3，通高 26.5、口径 22、腹径 22.5 厘米（图版七三，4）。

　　Ⅲ式　6 件。泥质灰陶。口沿外侧凸棱承盖，盖近平，盖上三长方形凸纽，深腹，壁微直，圈底。方附耳外撇较甚，棱形实蹄足直立。盖和腹上均有数周凹旋纹。

标本ⅩⅩⅣM6：东1，通高21、口径16.2、腹径17厘米（图三二九，3；图版七四，1）。标本ⅩⅩⅣM6：东7，形制同ⅩⅩⅣM6：东1，通高21、口径16.1、腹径16.9厘米（图版七四，2）。标本ⅩⅩⅣM6：西8，形制同ⅩⅩⅣM6：东1，通高21、口径16.2、腹径16.9厘米（图版七四，3）。

B型　6件。分别出自三座墓。子口承盖，盖上三圜纽，腹壁圜。分三式。

Ⅰ式　2件。泥质灰陶。盖顶较平，盖周有三凸纽。盖和腹饰凹旋纹。方附耳直立，正反面饰几何纹。子口承盖，腹较深，圜底，五棱形细高柱足微外撇。

ⅩⅩⅣM27：3，通高24、口径16.8、腹径20厘米（图三三〇，1；图版七四，4）。ⅩⅩⅣM27：4，形制同ⅩⅩⅣM27：3，通高24、口径17、腹径20厘米（图版七五，1）。

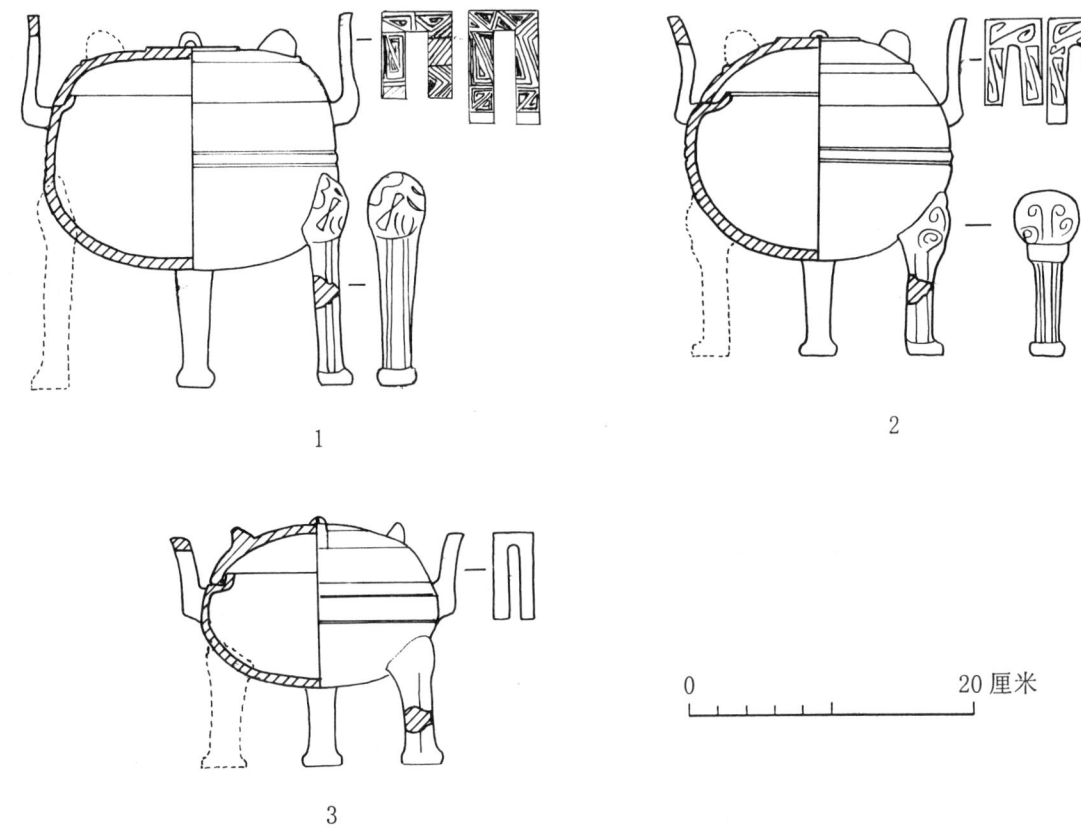

1

2

3

图三三〇　ⅩⅩⅣM1、ⅩⅩⅣM26、ⅩⅩⅣM27出土陶鼎

1.B型Ⅰ式（ⅩⅩⅣM27：3）　2.B型Ⅱ式（ⅩⅩⅣM26：2）　3.B型Ⅲ式（ⅩⅩⅣM1：1）

Ⅱ式　2件。泥质灰陶。整器呈圆盒状。弧形盖，盖周饰三凸纽，盖顶一环纽。方附耳外撇，正反面饰几何纹。子口承盖，腹较浅，圜腹。棱形实柱足，断面呈六棱形。腹部施凹旋纹，足膝部饰兽面纹。

标本ⅩⅩⅣM26：2，通高22、口径12.8、腹径18.4厘米（图三三〇，2；图版七五，2）。

Ⅲ式　2件。泥质灰陶。子口承盖，盖面圜，周边饰四个对称凸纽，顶中间饰一小环纽。敛口，双附耳外撇，腹扁圆，浅腹，圜壁。三棱形实蹄足外撇。盖和腹饰凹旋纹。

ⅩⅩⅣM1：1，通高16.8、口径12.8、腹径16.3厘米（图三三〇，3；图版七五，3）。ⅩⅩⅣM1：2，形制同ⅩⅩⅣM1：1，通高16.7、口径12.8、腹径16.1厘米（图版七五，4）。

壶　16 件，分属于七座墓。根据器物口沿、纽、腹部的区别，分为二型。

A 型　10 件。出自四座墓。圆鼓腹，盖、腹饰环纽，口沿外侧饰一周凸棱。根据器底及腹部变化情况，分为三式。

Ⅰ式　2 件。泥质灰陶。盖隆起，边沿饰四个环纽并饰两周圆圈纹，顶部亦饰圆圈纹。口沿外侧凸棱承盖。颈粗短，圆鼓腹，腹部饰三周凹旋纹。圈足较矮，底近平。肩部饰对称二环纽。

ⅩⅩⅣM32:7，通高 41.2、腹径 27.5、圈足高 1 厘米（图三三一，1；图版七六，1）。ⅩⅩⅣM32:8，形制同 ⅩⅩⅣM32:7，通高 41、腹径 26.8、圈足高 1.1 厘米（图版七六，2）。

Ⅱ式　4 件。形体相同。泥质褐陶。盖微隆，盖沿外侧饰三个对称长形凸纽。颈较粗短，腹呈椭圆形，最大径在腹中部，圜底近平，圈足外侈。肩饰对称环纽，腹中部饰二道凹旋纹。

标本 ⅩⅩⅣM6:西 13，通高 33、腹径 19.2、圈足高 1.6 厘米（图三三一，3；图版七六，3）。标本 ⅩⅩⅣM6:西 11，器形与 ⅩⅩⅣM6:西 13 相同。腹下饰有绳纹。通高 33.6、腹径 20、圈足高 1.6 厘米（图三三一，4；图版七六，4）。标本 ⅩⅩⅣM6:东 8，形制同 ⅩⅩⅣM6:西 13，通高 26.8、腹径 15.3、圈足高 1.6 厘米（图版七七，1）。

Ⅲ式　4 件。泥质灰陶。盖微隆，盖沿饰四个凸纽，中间饰一环纽。直口承盖，颈较长，椭圆腹，最大径在腹中部，腹饰对称凸纽，圜底下凹，圈足较高，外侈。

标本 ⅩⅩⅣM1:8，通高 24.8、腹径 14、圈足高 2.2 厘米（图三三一，2；图版七七，2）。

B 型　6 件。出自三座墓。腹椭圆形，肩饰对称衔环铺首，母口承盖。根据器形不同分二式。

Ⅰ式　4 件。泥质灰陶。盖弧形，盖周饰三个兽形纽。束颈细长，溜肩，椭圆腹，肩部饰二个对称的衔环铺首，底上凹，圈足较高。颈、腹饰凹旋纹。

标本 ⅩⅩⅣM26:3，通高 31.2、腹径 16.8、圈足高 2 厘米（图三三一，5；图版七七，3）。标本 ⅩⅩⅣM26:6，形制同 ⅩⅩⅣM26:3，高 31.18、腹径 14、圈足高 1.95 厘米（图版七七，4）。

Ⅱ式　2 件。泥质灰陶。母口承盖，盖弧形，盖周饰三兽状纽。长颈微束，椭圆腹，圜底下凹，高圈足。盖顶中部饰勾连云纹。肩、腹饰多道凹旋纹。

标本 ⅩⅩⅣM27:6，通高 40.8、腹径 22、圈足高 2.7 厘米（图三三一，6；图版七八，1）。

簠　15 件。体呈长方盒形，盖、身形制相同。根据足和器身的变化，分三式。

Ⅰ式　6 件。形制相同。泥质灰陶。腹较深，矩形足，足纽侈出器身外。腹壁折，下壁内收。

标本 ⅩⅩⅣM26:1，通高 20.8、口长 18.8、宽 13.8 厘米（图三三二，1；图版七八，2）。标本 ⅩⅩⅣM26:4，形制同 ⅩⅩⅣM26:1，通高 19.9、口长 19、宽 13.75 厘米（图版七八，3）。标本 ⅩⅩⅣM25:9，形制同 ⅩⅩⅣM26:1，通高 19、口长 19.5、宽 13.8 厘米（图版七八，4）。

Ⅱ式　5 件。泥质灰陶。腹较浅，腹壁直，长方盒形。矩形足、纽收至器壁内。

标本 ⅩⅩⅣM32:5，通高 24.4、口长 32、宽 22.7 厘米（图三三二，2；图版七九，1）。标本 ⅩⅩⅣM6:东 3，形制同 ⅩⅩⅣM32:5，通高 11.5、口长 19.2、宽 12.3 厘米（图版七九，2）。标本 ⅩⅩⅣM6:东 4，形制同 ⅩⅩⅣM32:5，通高 11.5、口长 19.2、宽 12.5 厘米（图版七九，3）。

Ⅲ式　4 件。泥质灰陶。浅腹，直壁。长方盒形，矩形足、纽矮小，内缩在器底。

标本 ⅩⅩⅣM1:3，通高 8、口长 14、宽 8.1 厘米（图三三二，3；图版七九，4）。标本 ⅩⅩⅣM1:6，形制同 ⅩⅩⅣM1:3，通高 8.1、口长 12.5、宽 8.2 厘米（图版八〇，1）。

标本 ⅩⅩⅣM4:2，形制同 ⅩⅩⅣM1:3，通高 9.5、口长 13.5、宽 9.2 厘米（图版八〇，2）。

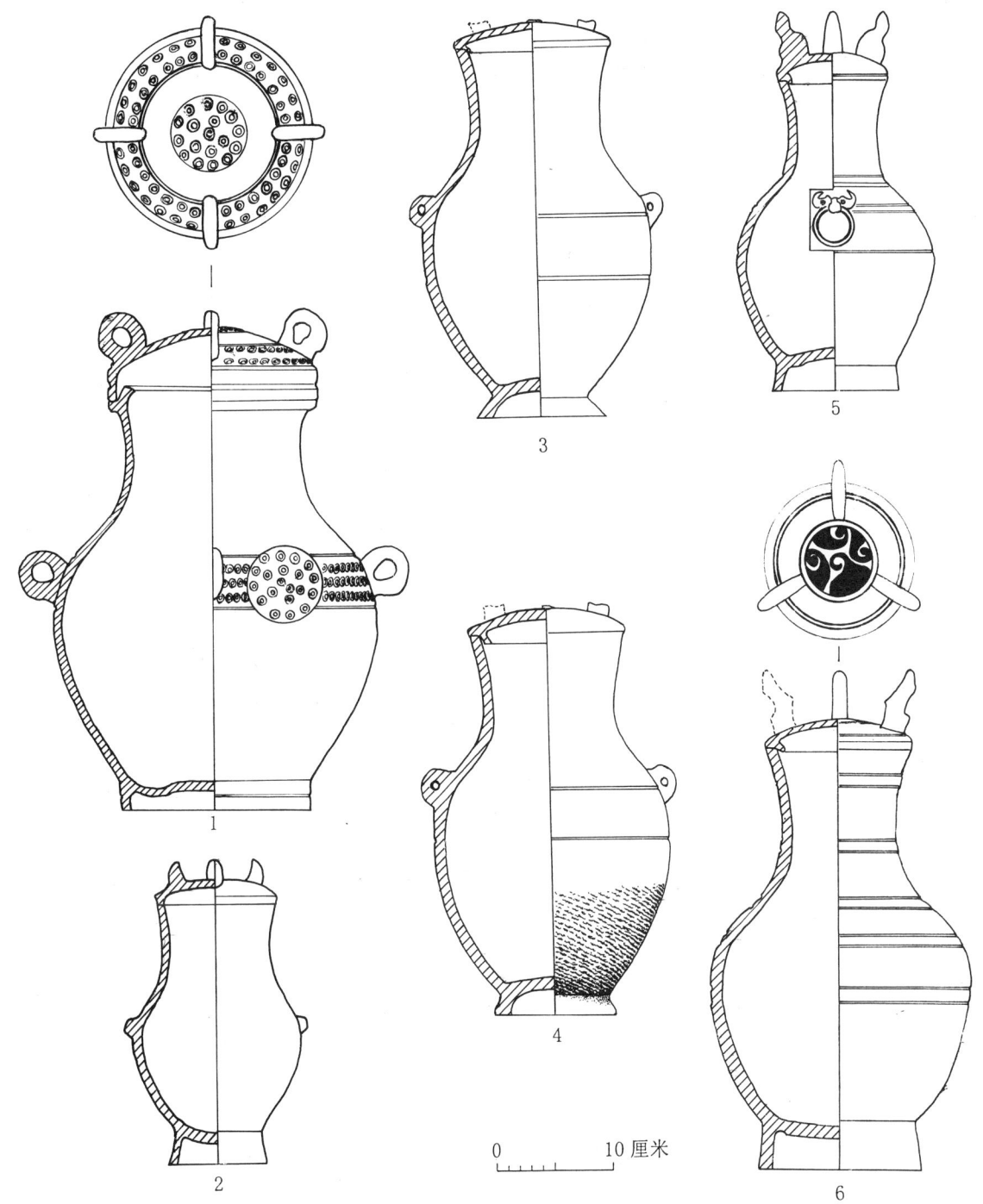

图三三一　ⅩⅩⅣM6、ⅩⅩⅣM26、ⅩⅩⅣM27、ⅩⅩⅣM32 出土陶壶

1. A 型Ⅰ式（ⅩⅩⅣM32:7）　2. A 型Ⅲ式（ⅩⅩⅣM1:8）　3、4. A 型Ⅱ式（ⅩⅩⅣM6:西 13、ⅩⅩⅣM6:西 11）

5. B 型Ⅰ式（ⅩⅩⅣM26:3）　6. B 型Ⅱ式（ⅩⅩⅣM27:6）

盘　4 件。分二式。

Ⅰ式　1 件。敞口，斜壁，浅腹，小平底。

ⅩⅩⅣM27:2，高 3.2、口径 14.8 厘米（图三三二，5；图版八〇，3）。

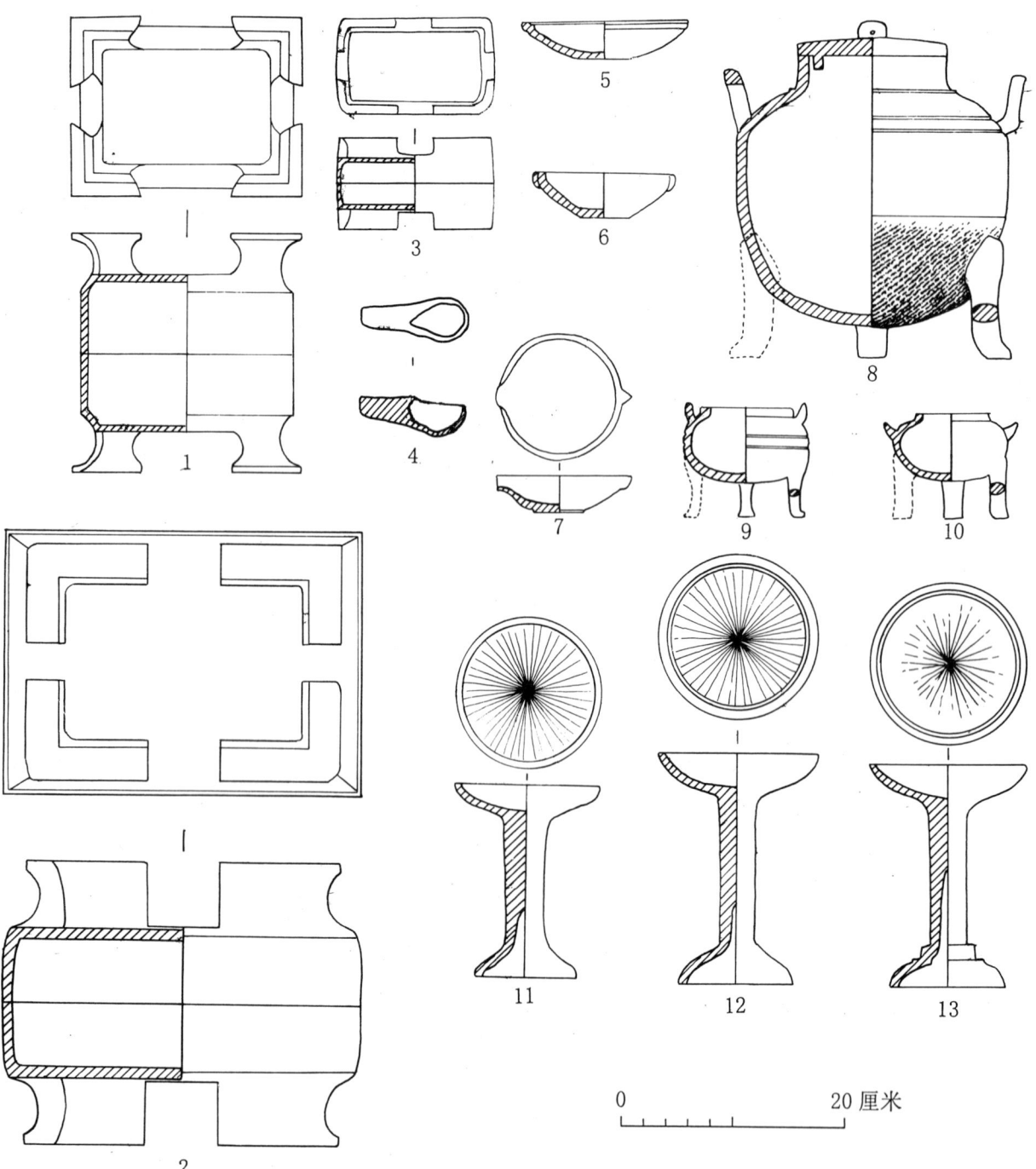

图三三二 ⅩⅩⅣM1、ⅩⅩⅣM6、ⅩⅩⅣM4、ⅩⅩⅣM25～ⅩⅩⅣM27、ⅩⅩⅣM32 出土陶簠、盘、匜、小口鼎、斗、豆

1.Ⅰ式簠（ⅩⅩⅣM26∶1） 2.Ⅱ式簠（ⅩⅩⅣM32∶5） 3.Ⅲ式簠（ⅩⅩⅣM1∶3） 4.斗（ⅩⅩⅣM1∶9） 5.Ⅰ式盘（ⅩⅩⅣM27∶2） 6.Ⅱ式盘（ⅩⅩⅣM6∶西5） 7.匜（ⅩⅩⅣM6∶西15） 8.Ⅰ式小口鼎（ⅩⅩⅣM32∶15） 9.Ⅱ式小口鼎（ⅩⅩⅣM27∶13） 10.Ⅲ式小口鼎（ⅩⅩⅣM26∶7） 11.Ⅰ式豆（ⅩⅩⅣM25∶1） 12.Ⅱ式豆（ⅩⅩⅣM1∶11） 13.Ⅲ式豆（ⅩⅩⅣM4∶3）

Ⅱ式　3件。口微敛，腹较深，厚斜壁。沿外一对称实纽，小平底。

标本ⅩⅩⅣM6：西5，通高4、口径11.8厘米（图三三二，6；图版八〇，4）。

匜　3件。平面呈圆形，短流，浅腹，小平底。

标本ⅩⅩⅣM6：西15，通高3、口径10.8厘米（图三三二，7；图版八一，1）。

小口鼎　5件。依据器物口、腹、足的特征，分为三式。

Ⅰ式　2件。泥质灰陶。母口承盖。盖近平，顶部饰一扁方纽。小口，高颈，斜肩，肩部饰对称双耳，两耳外侈，腹较深，环底。矮实足，略外撇。下腹、底部饰绳纹，肩部饰三道凹旋纹。

ⅩⅩⅣM32：15，通高29.2、口径13.2、腹径24、足高10厘米（图三三二，8；图版八一，2）。

Ⅱ式　2件。泥质灰陶。敛口，浅腹，扁球形，最大径在腹中部，双耳外侈，三蹄足圆实。腹部饰二周凹旋纹。

标本ⅩⅩⅣM27：13，高9.2、口径8、腹径11.2、足高2.8厘米（图三三二，9；图版八一，3）。

Ⅲ式　1件。泥质灰陶。敛口，扁球腹，最大径在腹部，腹上部饰对称双耳，两耳外侈，圆实柱足。

ⅩⅩⅣM26：7，通高8.8、腹径10、口径6.4、足高3.6厘米（图三三二，10）。

斗　1件。泥质灰陶。斗与柄略成直线，斗圆，敛口，圜壁，柄圆实。

ⅩⅩⅣM1：9，斗长10、斗深3厘米（图三三二，4；图版八一，4）。

豆　12件（其中一件残，无法分清式）。分属于五座墓。根据盘、柄、座的变化，分为三式。

Ⅰ式　2件。浅盘，圜壁，柄实较粗，柄座较矮，座壁微上鼓。盘内饰射线暗纹。

ⅩⅩⅣM25：1，通高16.4、盘深2.2厘米（图三三二，11；图版八二，1）。ⅩⅩⅣM25：2，形制同ⅩⅩⅣM25：1，通高16.3、盘深2.2厘米（图版八二，2）。

Ⅱ式　4件。盘较深，圜壁，柄实、较细长，矮座，座壁上鼓。盘内饰射线暗纹。

标本ⅩⅩⅣM1：11，通高20、盘深3厘米（图三三二，12；图版八二，3）。标本ⅩⅩⅣM6：东10，形制同ⅩⅩⅣM1：11，通高16.7、盘深2.4厘米（图版八二，4）。

Ⅲ式　3件。盘较浅，圜壁，柄上实下空、较细长，柄座较矮，座壁上鼓。座上饰一道凸棱，盘内饰射线暗纹。

标本ⅩⅩⅣM4：3，通高19.2、盘深2.4厘米（图三三二，13；图版八三，1）。标本ⅩⅩⅣM4：8，形制同ⅩⅩⅣM4：3，通高18.2、盘深2.4厘米（图版八三，2）。

2．青铜器

共41件（含车辖1件，另有器盖和环各1件已腐朽）。有生活用具、乐器、兵器、车马器。

①生活用具

共2件。

盘　1件。

ⅩⅩⅣM32：12，整器较大，器壁较薄。口微敛，腹较深，圜壁，平底，口沿外侧有二个对称的环纽，纽中套环。素面。高9.7、口径36厘米（图三三三，1；图版八三，3）。

匜　1件。

ⅩⅩⅣM32：14，器形似瓢状。深腹，弧壁，小平底。流较短、微上翘，器尾饰一环纽。素面。

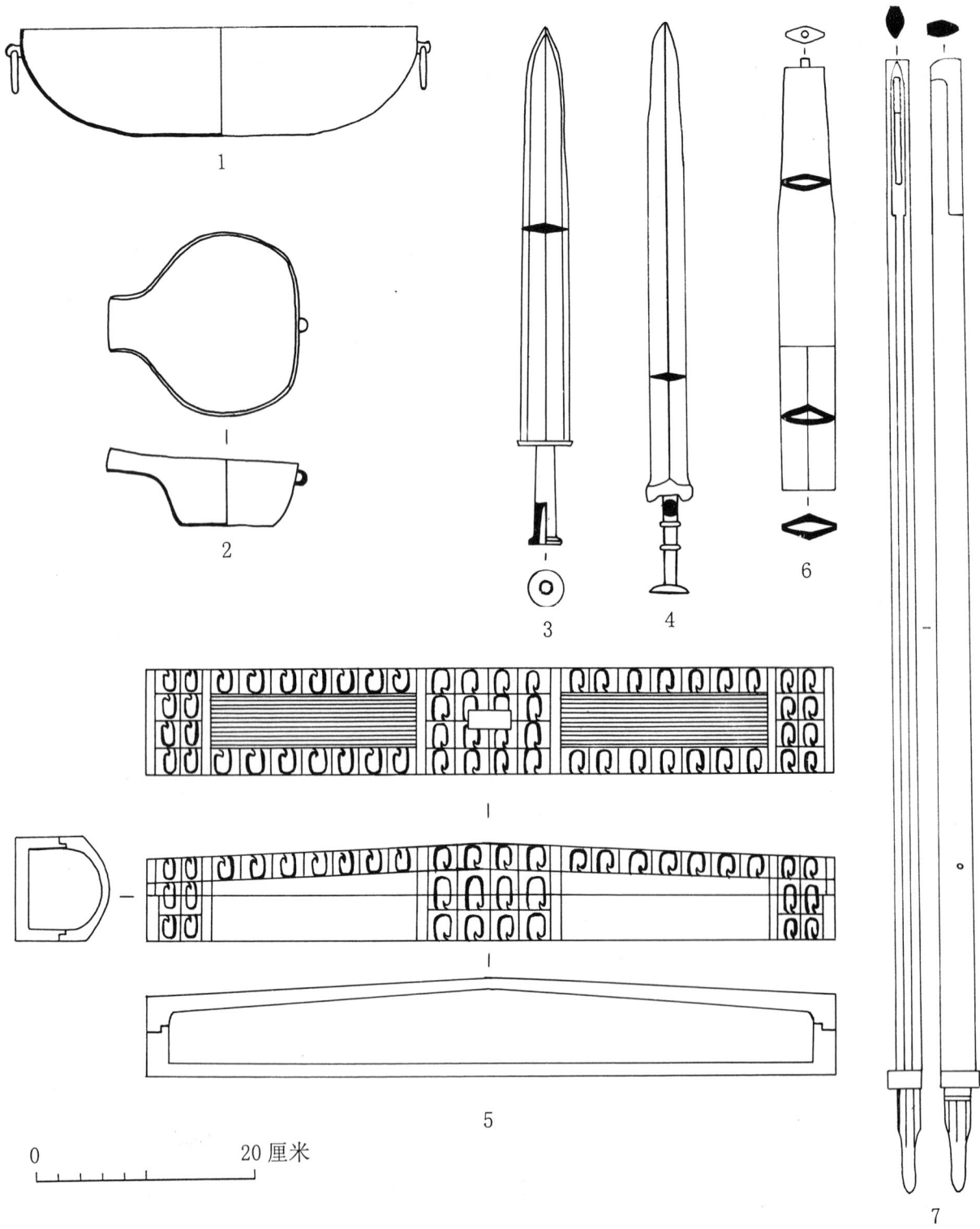

图三三三　ⅩⅩⅣM32、ⅩⅩⅣM1 出土铜盘、匜、剑，漆木剑盒、鞘、戈柲

1. 铜盘（ⅩⅩⅣM32:12）　2. 铜匜（ⅩⅩⅣM32:14）　3.A 型铜剑（ⅩⅩⅣM32:20－1）　4.B 型铜剑（ⅩⅩⅥM1:1）　5. 漆木剑盒（ⅩⅩⅣ M32:20－2）　6. 漆木剑鞘（ⅩⅩⅣM32:20－3）　7. 漆木戈柲（ⅩⅩⅣM32:29－2）

流长 4.5、腹深 6、口径 16×17.2 厘米（图三三三，2；图版八三，4）。

②兵器

共 29 件。有剑、镞、戈。这些器物出土时大都保存较好。

剑　3 件（附剑盒、鞘）。出土于三座墓中，根据器形的不同，分为二型。

A 型（空首剑）　2 件。

ⅩⅩⅣM32:20－1，剑出土时套有鞘，装在剑盒内。剑身前窄后稍宽，锋尖利，锋后微束。棱脊，浅从，双刃较直，窄格。茎前端圆实，首端稍粗且中空，首圆形。通长 46、身宽 4.4、脊厚 0.8 厘米（图三三三，3；图版八四，1）。ⅩⅩⅣM25:10，通长 42.4、脊厚 0.8 厘米（图版八四，2）。

B 型（实茎双箍剑）　1 件。

ⅩⅩⅥM1:1，体较细长，前锋弧尖，锋厚微束，剑身中脊起棱，浅从，广格，茎实，双箍。通长 50.4、身宽 3.2、脊厚 0.8 厘米（图三三三，4；图版八四，3）。

镞　25 件。出土时有的带有竹制箭竿。根据镞头的形状，分为四型。

A 型　4 件。

标本ⅩⅩⅣM32:13－1，镞身扁棱形，棱脊铤，两叶如翼，两翼前端斜直相交成尖锋，后略束，后锋与关平齐，尾圆柱形。通长 20.6、身长 7.4、刃宽 1.4 厘米（图三三四，1；图版八四，4）。标本ⅩⅩⅣM32:13－2，通长 18.6、身长 6.7、刃长 6 厘米（图版八四，5）。

B 型　3 件。

ⅩⅩⅣM25:13－1，两刃斜直前聚成锋，棱形脊，无铤，关作圆銎，尾残。身长 6.3、锋宽 1.6 厘米（图三三四，9；图版八五，1）。ⅩⅩⅣM25:13－13，身长 6.6、锋宽 1.9 厘米（图版八五，2）。ⅩⅩⅣM25:13－12，身长 6.3、锋宽 1.6 厘米（图版八五，3）。

C 型　6 件。根据镞身和铤的不同分为二式。

Ⅰ式　1 件。

ⅩⅩⅣM32:13－3，隆脊，三棱形刃，三刃前聚成锋，锋后微内弧，刃较长，铤圆实，长尾。通长 19.5、身长 6.7、刃长 6 厘米（图三三四，3；图版八五，4）。

Ⅱ式　5 件。

标本ⅩⅩⅣM25:13－2，中脊隆起，三棱形刃，刃微弧，前锋尖锐，铤圆形，尾作三棱形。通长 17.2、身长 4.8、刃宽 0.6 厘米（图三三四，5；图版八五，5）。标本ⅩⅩⅣM25:13－3，通长 16.4、身长 4.6、刃宽 0.5 厘米（图版八六，1）。标本ⅩⅩⅣM25:13－4，通长 17.2、身长 4.6、刃宽 0.5 厘米（图版八六，2）。

D 型　12 件。平头镞。根据镞身的形状分为三式。

Ⅰ式　3 件。

标本ⅩⅩⅣM27:10－1，镞前锋平钝，体作前细后束腰圆柱状，无铤，圆柱形尾较粗，尾上残存竹制箭竿。残长 13.6、身长 8.2 厘米（图三三四，2；图版八六，3）。标本ⅩⅩⅣM27:10－2，残长 14.2、身长 8.2 厘米（图版八六，4）。

Ⅱ式　1 件。

ⅩⅩⅣM32:13－4，镞头平齐，镞身作束腰状，椭圆形柱体，无铤，尾呈前粗后细的扁圆体。通长 17、身长 9.6 厘米（图三三四，6；图版八六，5）。

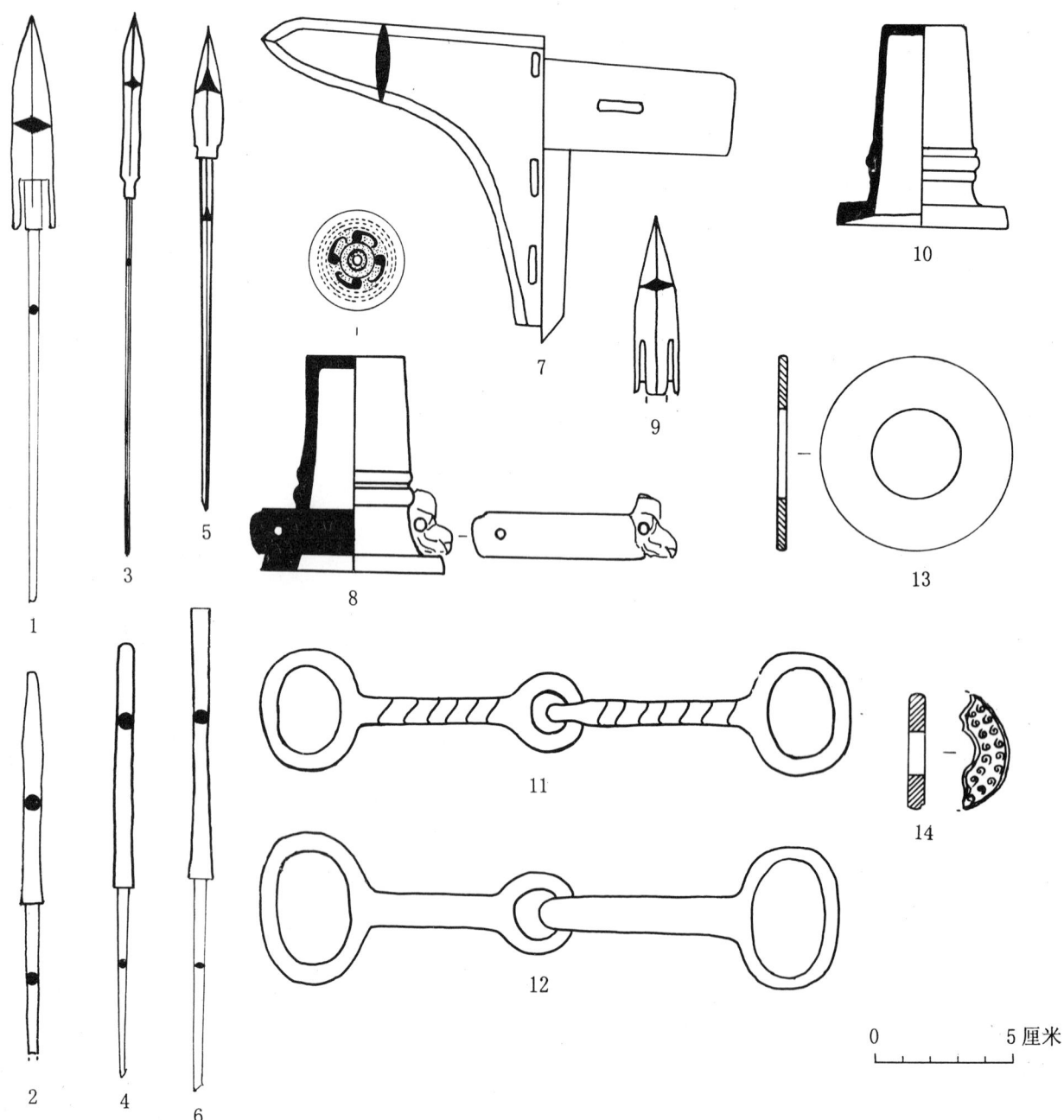

图三三四　ⅩⅩⅣM25、ⅩⅩⅣM27、ⅩⅩⅣM32、ⅩⅩⅥM1 出土铜箭镞、戈、车舍、马衔，玉璧

1.A 型箭镞（ⅩⅩⅣM32:13-1）　2.D 型Ⅰ式箭镞（ⅩⅩⅣM27:10-1）　3.C 型Ⅰ式箭镞（ⅩⅩⅣM32:13-3）　4.D 型Ⅲ式箭镞（ⅩⅩⅣM32:35-1）　5.C 型Ⅱ式箭镞（ⅩⅩⅣM25:13-2）　6.D 型Ⅱ式箭镞（ⅩⅩⅣM32:13-4）　7.戈（ⅩⅩⅣM32:29-1）　8.Ⅰ式车舍和辖（ⅩⅩⅣM32:31）　9.B 型箭镞（ⅩⅩⅣM25:13-1）　10.Ⅱ式车舍（ⅩⅩⅣM25:14-1）　11.Ⅰ式马衔（ⅩⅩⅣM25:11）　12.Ⅱ式马衔（ⅩⅩⅣM32:33-1）　13、14.玉璧（ⅩⅩⅣM27:12、ⅩⅩⅥM1:3）

Ⅲ式　8件。

标本 ⅩⅩⅣM32:35-1，镞头平齐，镞体呈圆柱状，无铤，尾为扁圆柱（或棱状）形。通长15.4、身长8.8厘米（图三三四，4；图版八六，6）。标本 ⅩⅩⅣM32:35-2，残长15.8、身长8.9厘米（图版八七，1）。标本 ⅩⅩⅣM32:35-3，残长15.8、身长9厘米（图版八七，2）。标本 ⅩⅩⅣ

M32：35－4，残长10、身长8.4厘米（图版八七，3）。

戈　1件。

ⅩⅩⅣM32：29－1，出土时附柲，保存较好。上援微上仰，锋弧形较尖，弧脊无棱，胡较长，钝角，栏侧有三穿。内为长方形，上有一穿。通长17.2、援长10.4、援宽2.8、援厚0.6、内长6.6厘米（图三三四，7；图版八七，4）。

③车马器

共8件。主要有车軎、车辖、马衔等。

车軎　3件。ⅩⅩⅣM32出土1件（附辖1件），ⅩⅩⅣM25出土2件。根据器形不同分为二式。

Ⅰ式　1件（附辖）。

ⅩⅩⅣM32：31，器身呈圆筒杯状，壁厚，末端细，首端粗。中段有二圈凸棱，末端饰旋涡纹和细点纹。首端平沿，近首端两侧有对穿，穿内套一辖。辖首呈兽头状，辖身为扁条形，末端有圆形插销孔。高7.6、首径6.6、顶径3.6厘米（图三三四，8；图版八八，1）。

Ⅱ式　2件。

ⅩⅩⅣM25：14－1，器身呈圆筒杯状，壁较薄，首端沿内斜，顶端平。近首端起一道凸棱。近棱处两侧有对穿辖孔。素面。高7、首径6.2、顶径3厘米（图三三四，10；图版八八，2左）。ⅩⅩⅣM25：14－2，形制与ⅩⅩⅣM25：14－1完全一样（图版八八，2右）。

马衔　4件。出于二座墓，每墓二件。由两节青铜短圆杆相套而成。每节铜杆两端各有一大一小的环。两小环相套。两大环呈扁圆形，圈内套马镳。根据铜杆的不同分为二式。

Ⅰ式　2件。

标本ⅩⅩⅣM25：11，两节铜杆呈绳索状，截面为扁圆形。通长21.6、径0.8厘米（图三三四，11；图版八八，3）。

Ⅱ式　2件。

ⅩⅩⅣM32：33－1，铜杆素面，截面微扁。通长21、径1.2厘米（图三三四，12；图版八八，4左）。ⅩⅩⅣM32：33－2，形制与ⅩⅩⅣM32：33－1完全一样（图版八八，4右）。

3. 漆木、竹器

十一座墓葬中，有七座墓出土了漆木器和竹器，共42件。其中漆木器38件，竹器4件（其中2件竹笥残朽）。漆木器中有生活用具、乐器、兵器、车马器、葬俗用品和其他类。生活用具有豆、梳、扇柄、伞柄；乐器有瑟；兵器和车马器有弓、剑、盾柄、剑盒、剑鞘、戈柲、马冠饰；葬俗用品有镇墓兽；其他类有绕线棒、兽头饰、龙形器、博具。上述漆木器多数残破，保存较差。有的漆木器已腐烂，无法修复。多数漆木器放置于棺椁间的头向一端，少数放在棺椁间的侧边。

漆木器的外表均髹黑漆，再以红、黄等色加以彩绘。有的器物只髹黑漆，不进行彩绘。

漆木器的制作工艺主要是根据器物的特点，采取雕刻、斫制和旋制等不同的制作方法。

①生活用具

共12件。

豆　3件。同出一墓，其中ⅩⅩⅣM32：11残。

标本ⅩⅩⅣM32：32，木胎，旋制。整器由豆盘、柄、座三部分组成。柄上下两端凿榫头与盘、座的榫眼相接。盘口微侈，壁微斜，浅盘。柄圆实，较粗，中部有三道凸棱。喇叭形座较高。器内髹红漆，外表髹黑漆。盘外壁绘绳索纹和变形鸟纹；柄上端绘方块纹，下端绘曲线纹。通高22.4、盘径16、盘深2厘米（图三三五，1；图版八九，1）。标本ⅩⅩⅣM32:21，形制与ⅩⅩⅣM32:32相同（图版八九，2）。

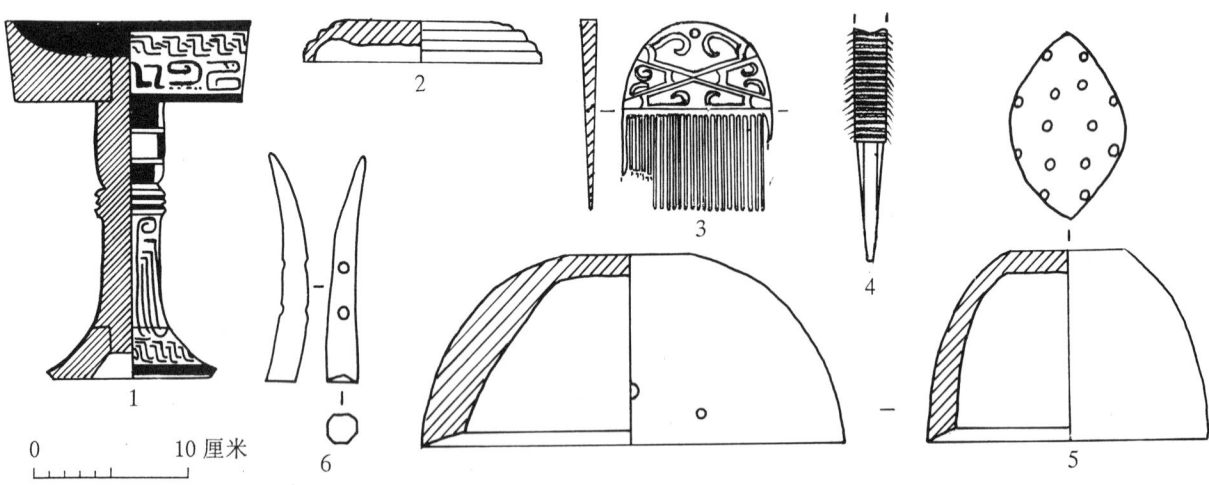

图三三五　ⅩⅩⅣM32、ⅩⅩⅣM6 出土骨马镳，漆木豆、豆盖、梳、马冠饰

1.漆木豆（ⅩⅩⅣM32:32）　2.漆木豆盖（ⅩⅩⅣM32:19）　3.Ⅱ式木梳（ⅩⅩⅣM6:东11）　4.漆木扇柄（ⅩⅩⅣM32:30）

5.漆木马冠饰（ⅩⅩⅣM32:42）　6.骨马镳（ⅩⅩⅣM32:39）

豆盖　1件。

ⅩⅩⅣM32:19，木质，全器髹黑漆，无纹饰。盖径16、盖深1.2厘米（图三三五，2）。

梳　6件。其中四件残。上段呈半月形，下端梳齿一般为19~24齿。根据柄部有无孔分为二式。

Ⅰ式　3件。胎较薄。

标本ⅩⅩⅣM32:17，19齿（残），柄中部有一小孔。柄部髹黑漆，并绘有卷云纹。长8.8、宽6、背厚1厘米（图三三六，1；图版九〇，1）。

Ⅱ式　3件。胎较薄。

标本ⅩⅩⅣM6:东11，24齿，柄部髹黑漆，绘有三角形花瓣状云纹。长12.5、宽10.5、背厚1.2厘米（图三三五，3）。

扇柄　1件。

ⅩⅩⅣM32:30，残。木质。前端呈尖状，柄端宽扁并缠有竹篾。残长14.8厘米（图三三五，4；图版九〇，2）。

伞柄　1件。残。

ⅩⅩⅣM32:27，圆柱状，粗细相间，上端有一长方形孔，中部有两个并列的长方形孔。外髹黑漆。残长28.4、直径7.2厘米（图三三七，1）。

②乐器

瑟　1件。已残。

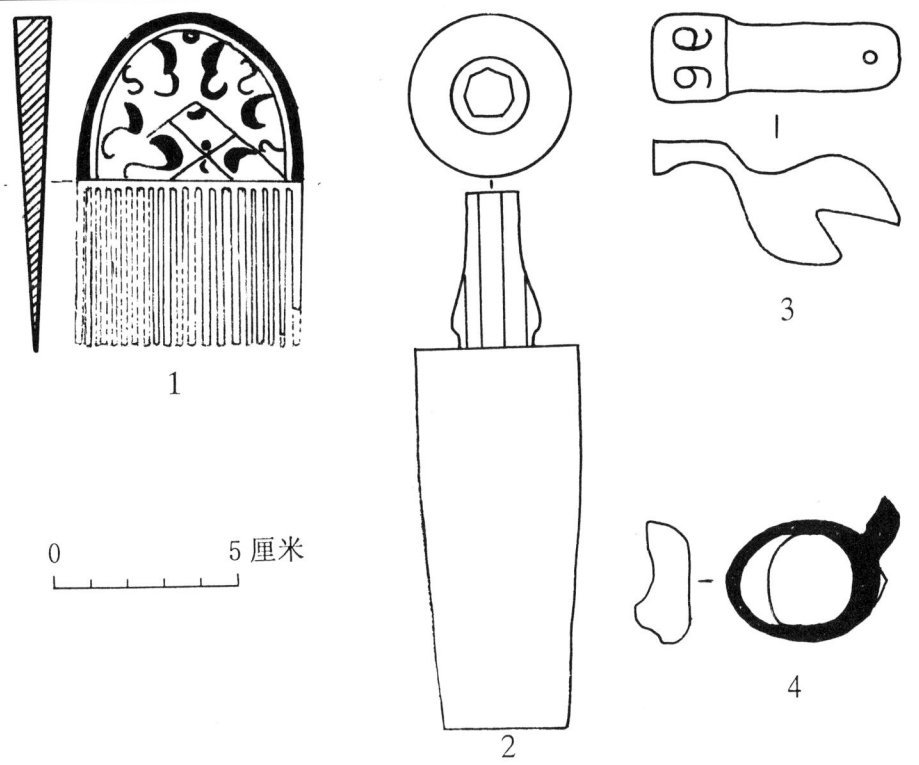

图三三六　ⅩⅩⅣM32 出土漆木绕线棒、梳、龙形器，骨指套

1. Ⅰ式漆木梳（ⅩⅩⅣM32：17）　　2. 漆木绕线棒（ⅩⅩⅣM32：36）　　3. 漆木兽头饰（ⅩⅩⅣM32：43）

4. 骨指套（ⅩⅩⅣM32：44）

ⅩⅩⅣM32：28，长方形。由瑟面、底板及四周侧板拼合而成。二十三弦被三条尾岳分为三组：外九弦，中五弦，内九弦，并有四个调弦圆形纽。瑟面四周髹黑漆，尾岳雕刻有云纹。长97、宽44.2、高9.6厘米（图三三八；图版九〇，3）。

③兵器、车马器

共 10 件。

剑　2 件。两件形体相近，已残。

标本ⅩⅩⅣM1：6，木质。剑身较窄，锋残。中脊起棱，茎扁圆，前粗后细，首前宽后窄，有格。残长 35、宽 2、脊厚 0.9 厘米（图三三七，2）。

弓　2 件。均残。根据不同形制分为二式。

Ⅰ式　1 件。

ⅩⅩⅣM25：15，由两块竹片叠合捆绑而成。中段较宽厚，两头较细窄。残长 36、宽 2.8 厘米（图三三七，3）。

Ⅱ式　1 件。

ⅩⅩⅣM32：22，用一块竹片制成。两头较细窄，中间略宽厚。残长 52、宽 2.6 厘米（图三三七，4）。

盾柄　1 件。出土时已残。

ⅩⅩⅣM32：16，用一整木制成，中间凹形握柄，两端较厚呈倒勾状，以固盾牌。盾柄长 40、高 6 厘米（图三三七，6；图版九一，1）。

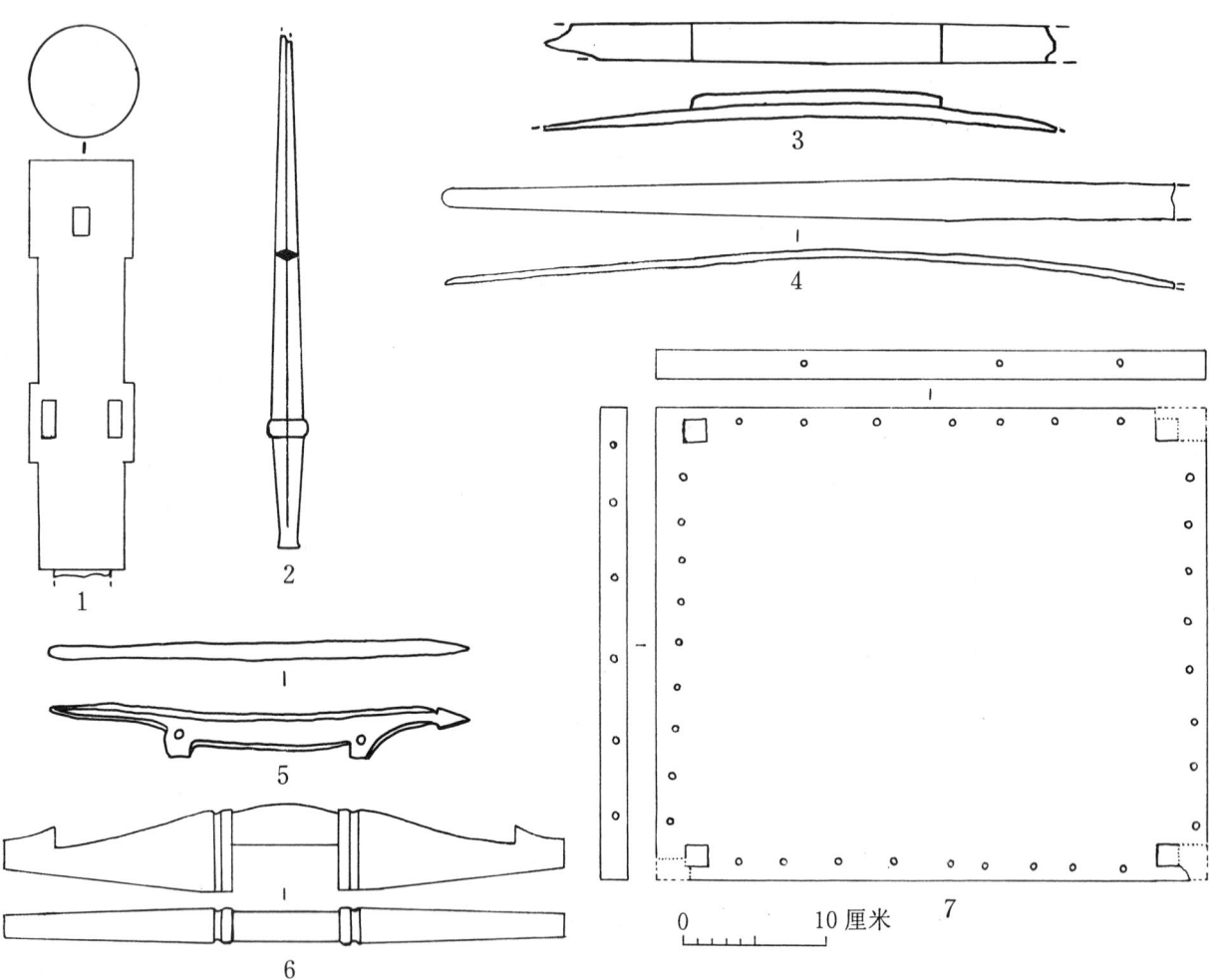

图三三七　XXIVM1、XXIVM25、XXIVM32 出土漆木龙形器、博具、剑、盾柄、伞柄，竹弓

1. 漆木伞柄（XXIVM32:27）　2. 漆木剑（XXIVM1:6）　3. I 式竹弓（XXIVM25:15）　4. II 式竹弓（XXIVM32:22）　5. 漆木龙形器（XXIVM32:18）　6. 漆木盾柄（XXIVM32:16）　7. 漆木博具（XXIVM32:26）

剑盒　1件。

标本XXIVM32:20-2，出土时内装有套鞘的剑。由盖、身组成。子口承盖，盖顶弧形。盒身呈长方形，平底。盒盖、身均由一整木凿成。盒内外均髹黑漆，盖面及盒身雕刻有涡云纹和直线纹。盒长62.8、宽9.2、高8.6厘米（图三三三，5；图版九一，2）。

剑鞘　2件，一件残。形制相同。

标本XXIVM32:20-3，出土时保存较好，放置在剑盒内，鞘内套剑。鞘由二块薄木片胶合而成。鞘口端较宽且略内凹，鞘前后端截面呈菱形，中段呈扁弧形。器表髹黑漆，通身有丝线缠绕痕迹。长38、宽5.2厘米（图三三三，6；图版九一，3）。

戈柲　1件。

XXIVM32:29-2，出土时附有戈。用一根整木制成，断面呈扁圆形。前端凿有浅槽与戈内套合，柄端制成樽形，通体髹黑漆。长100、径2~3厘米（图三三三，7；图版九一，4）。

1

2

0　　　　　　　　20 厘米

图三三八　XXIV M32 出土漆木瑟（XXIV M32：28）

1. 瑟面　2. 底板

马冠饰 1件。

ⅩⅩⅣ M32：42，扁圆盒状。顶部有内外两圈共14个小圆孔，供插冠饰用。冠外髹黑漆。口径27.6、器高12厘米（图三三五，5；图版九二，1）。

④葬俗用品

共8件镇墓兽。出自七座墓中。均放置于椁内棺的头向一端（头箱）。由鹿角、身、座三部分组成，两只鹿角插在头顶部的方孔内，身与座用方榫套合。其中三件仅残存底座，四件为单头镇墓兽，一件为双头镇墓兽。

单头镇墓兽 4件。

标本ⅩⅩⅣ M6：西6，单头，面部方形，无舌无颈，眉目不清。身高25.2、连鹿角和座残高62厘米（图三三九）。

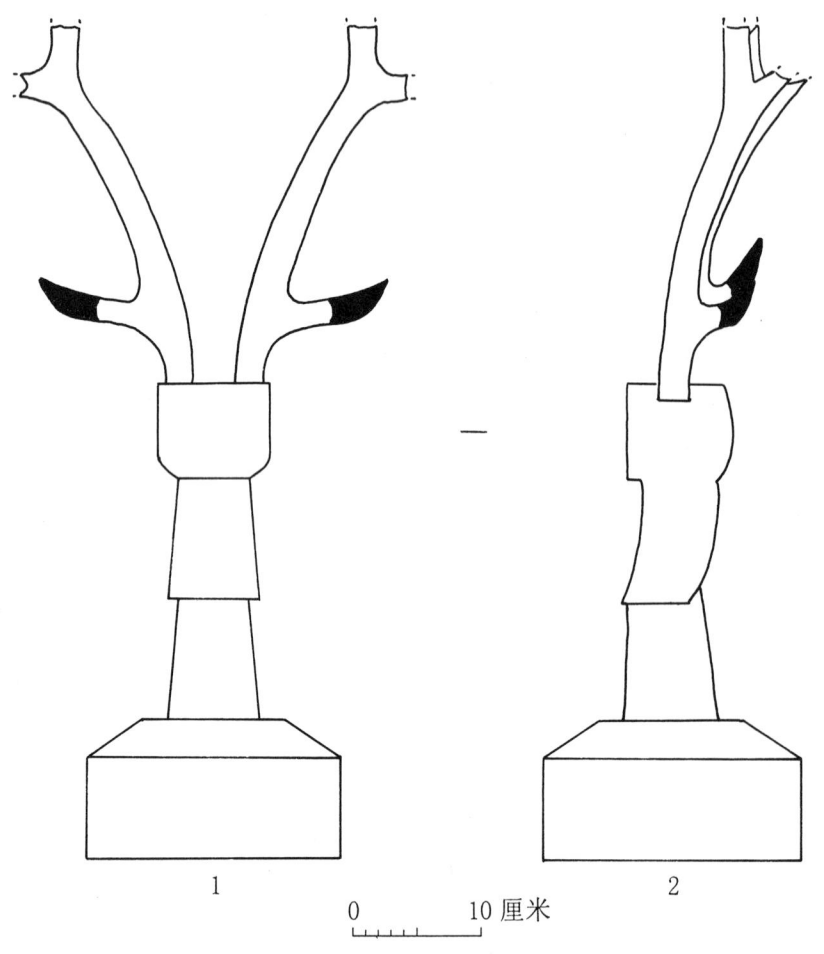

图三三九 ⅩⅩⅣ M6：西6出土漆木单头镇墓兽
1.正视图 2.侧视图

双头镇墓兽 1件。

ⅩⅩⅣ M32：10，双头与双身套榫结合，梯形方座。双头各插一对鹿角，兽面方形，眉目不清，无舌。通身髹黑漆地色，用黄色绘三角云纹，方座四面也饰三角云纹（纹饰大部分脱落）。身高

30.4、连鹿角和座通高 96.4 厘米（图三四〇；图版九二，2）。

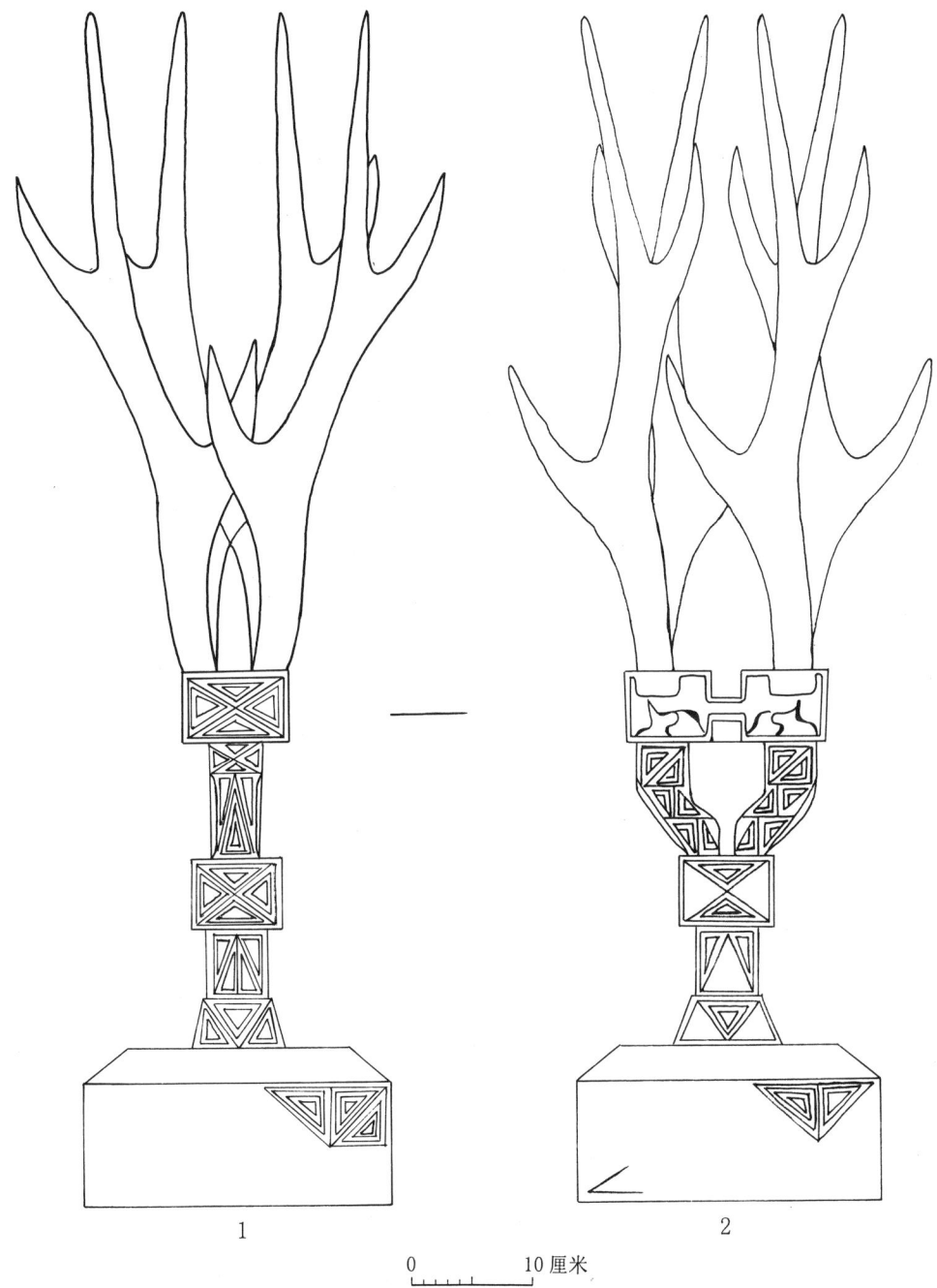

图三四〇 ⅩⅩⅣM32 出土漆木双头镇墓兽（ⅩⅩⅣM32∶10）

1. 侧视图 2. 正视图

⑤其他

共 11 件（其中竹笥 2 件残腐）。

绕线棒 3 件。同出一墓，保存较差。柄、柱用整木制成，柄的断面呈多边形或圆形。柄和柱通体髹黑漆。

标本ⅩⅩⅣM32：36，由柄和绕线柱组成，柄横断面呈七边形。柄和柱通体髹黑漆，素面。出土时柱上缠有丝线。柱高10.2、柱直径4.4、通高14.5厘米（图三三六，2；图版九二，4）。标本ⅩⅩⅣM32：24，形制与ⅩⅩⅣM32：36相同，柱高10、柱直径4.4、通高14.6厘米（图版九二，3）。

兽头饰　4件。同出于ⅩⅩⅣM32，形制相同。

标本ⅩⅩⅣM32：43，平面呈圆角长条形，侧视呈兽头状。器底上端有一小圆孔，通体髹黑漆（图三三六，3；图版九二，5）。

龙形器　1件。

ⅩⅩⅣM32：18，首尾呈龙形，两足与龙身间各有一小圆孔。通体髹黑漆。通长30、高3.3、厚1.1厘米（图三三七，5；图版九三，1）。

博具　1件。残。

ⅩⅩⅣM32：26，盘平面呈长方形，四角凿有四个小方孔，四周有33个小圆孔，四侧均有不对称的小圆孔。盘面下沿面和右沿面已腐烂。面髹黑漆。长38.8、宽32.6、厚1.6厘米（图三三七，7；图版九三，2）。

4．玉、骨器

共7件。出土于二座墓葬。

①生活用具　3件。

璧　2件。玉质。制作较粗糙，薄厚不均。

ⅩⅩⅣM27：12，圆形，体薄，扁平，中心一圆孔。素面。外径7.1、内径3.2、厚0.3厘米（图三三四，13；图版九三，3）。ⅩⅩⅥM1：3，已残。圆形，饰卷云纹。外径4.2、内径1.4、厚0.6厘米（图三三四，14）。

指套　1件。

ⅩⅩⅣM32：44，骨质。椭圆形，中空，孔径一面大，一面小，一侧凸出一近长方形柄。套径3～4.2厘米（图三三六，4；图版九三，4）。

②车马器　4件。

马镳　4件。骨质。形状相同。

ⅩⅩⅣM32：39，黑色，牛角状。断面呈不规则圆形，有刀削痕，中部有二个圆孔。长14厘米（图三三五，6；图版九三，5右）。ⅩⅩⅣM32：38，长14厘米（图版九三，5左）；ⅩⅩⅣM32：41，残长13.6厘米（图版九三，6左）；ⅩⅩⅣM32：40，长18厘米（图版九三，6右）。

二　分述

清理的十一座墓均为长方形土坑竖穴墓，其中三座已毁坏，棺椁形制不清，一座墓仅见棺椁痕迹。六座为一椁一棺墓，一座为一椁二并棺墓。椁室平面呈"Ⅱ"形的六座，呈"Ⅲ"形的一座。十一座墓中有一座仅见青铜器和玉器（ⅩⅩⅥM1），八座随葬仿铜陶礼器，二座无随葬品。

（一）随葬青铜器墓

1座。

ⅩⅩⅥM1 长方形土坑竖穴墓，墓口长 310、宽 172 厘米，墓底长 250、宽 120 厘米，墓深 194 厘米。方向 100°。墓坑四壁较光滑，上段呈斜坡状。葬具已朽，仅存棺椁痕迹。椁痕长 212、宽 106、高 50、棺痕长 188、宽 50 厘米（图三四一）。

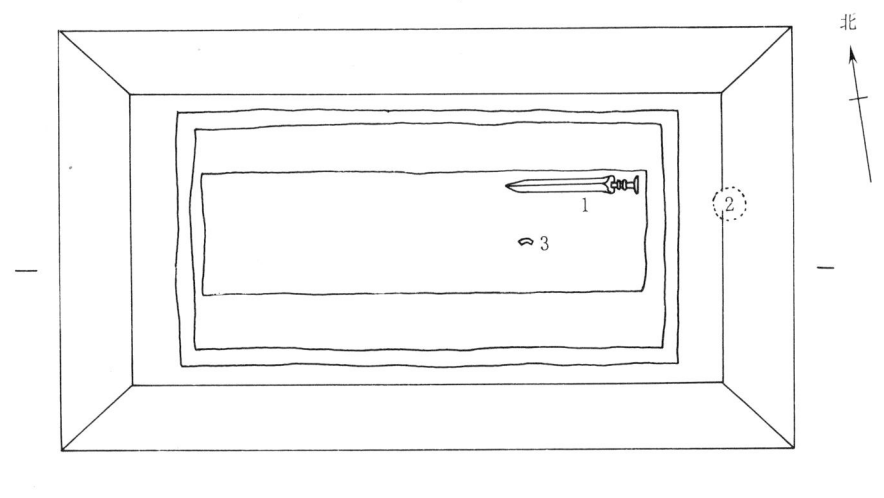

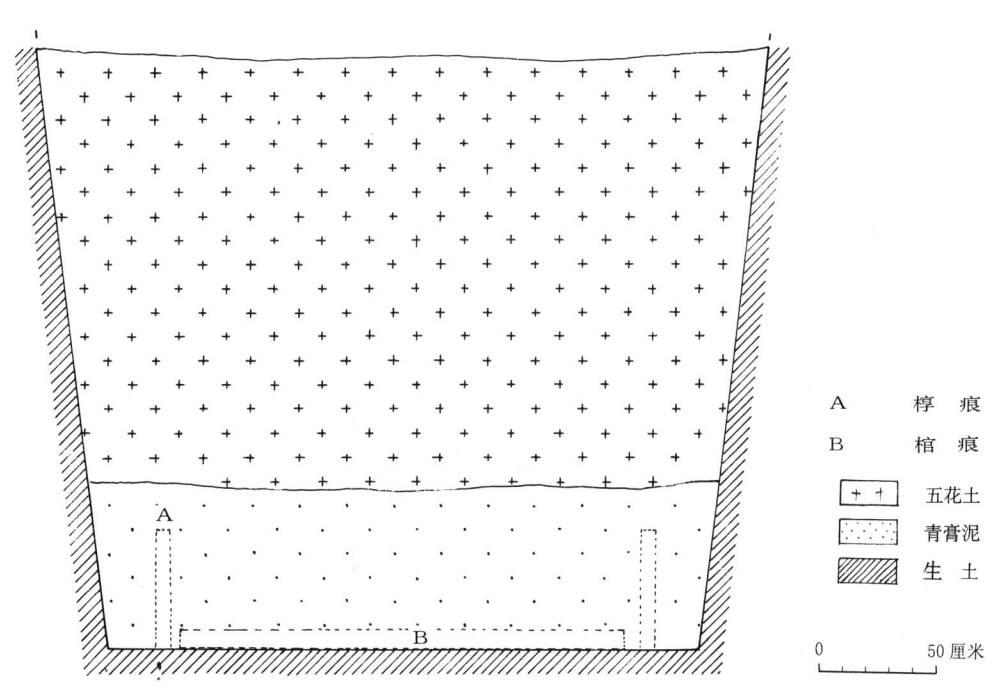

图三四一 ⅩⅩⅥM1 平、剖面图

1. 铜剑 2. 铜器盖（锈蚀） 3. 玉璧（残）

墓中随葬青铜剑（Ⅱ式）1 件，铜器盖 1 件（已锈蚀），玉璧 1 件（已残）。

（二）随葬仿铜陶礼器墓

8 座，其中有墓道有台阶的墓 2 座，有墓道无台阶的墓 1 座，其余皆土坑竖穴墓。

1．有墓道和台阶的一椁一棺墓

2 座（M32、M25）。

ⅩⅩⅣ M32（图三四二～三四四）。

长方形一椁一棺墓，有台阶和墓道。方向 85°。坑上部填五花土，坑下部及椁室四周填青膏泥。坑内填土经人工夯筑，夯层厚 8～10 厘米。坑壁上段斜直，下段垂直。墓口距地表深 20 厘米，墓口长 910、宽 800 厘米，墓底长 450、宽 195 厘米，墓坑深 528 厘米。墓坑四周设三级台阶，第一、二层台阶均宽 90、高 90 厘米，环绕四壁。第三层台阶宽 50、垂直高 90（斜坡高 106）厘米，设在墓的南壁、西壁和北壁。东壁中间为墓道。墓道上口长 314、宽 240 厘米，下口长 498、宽 200 厘米，坡度 11°，底长 548 厘米。

葬具为一椁一棺，椁室高 160、长 410、宽 180 厘米。椁盖板上有竹席痕迹。椁盖板长 180、宽 30～35、厚 25 厘米。由十二块方木横铺而成。墙板、挡板分别由三至四块方木垒砌而成，墙板套入挡板浅槽内。挡板槽深 4 厘米。头箱底部高出椁室底部 25 厘米。椁室底板由三块方木纵向平铺，头箱底板由三块方木纵铺。椁底板下设二根横垫木，两垫木相距 164 厘米。横垫木为正方形，边长 24 厘米（图三四三、三四四）。

棺为悬底弧形棺（棺在椁室内已侧翻），棺长 204、宽 90、高 84 厘米；底板厚 4 厘米，下深 24 厘米。棺内四周髹红漆，棺挡板与墙板套榫结合，盖与墙板、挡板子母口相扣。

葬式　人骨保存较好，用竹席包裹，因棺侧翻，葬式不清。

墓中随葬陶鼎 2 件、豆 2 件、簠 1 件、勺 1 件（残）、壶 2 件、小口鼎 2 件。铜盘 1 件、匜 1 件、戈（附戈柲）1 件、剑 1 件、车舌 1 件（附辖）、马衔 2 件、镞 8 件、铜环 1 件（残）。漆木镇墓兽 1 件、豆 3 件、盾柄 1 件、梳 1 件、龙形器 1 件、豆盖 1 件、绕线棒 3 件、博具 1 件、瑟 1 件、扇柄 1 件、伞柄 1 件、剑盒 1 件、剑鞘 1 件、兽头饰 4 件、马冠饰 1 件。竹弓 1 件、竹笥 2 件（残）。骨指套 1 件、马镳 4 件。

ⅩⅩⅣ M25（图三四五～三四七）

长方形土坑竖穴墓，有墓道和台阶。方向 87°。墓口距地表深 20 厘米，墓口长 610、宽 430 厘米，墓底长 420、宽 210 厘米，墓坑深 439 厘米。墓坑四边设有一级台阶，台阶宽 50 厘米，距墓口深 125 厘米。坑壁上段较陡，中段斜直，下段垂直。墓道设在墓室东壁，上口长 372、宽 222 厘米，下口长 460、宽 170 厘米，下底距墓口深 176 厘米，底长 496 厘米，坡度 25°。上口较下底略宽，底部平滑。墓坑内填五花土及青膏泥。

椁室长 288、宽 112、高 100 厘米，由盖板、墙板、底板、挡板、横垫木组成。盖板由方木横铺而成，部分已腐朽，每块盖板长 120、宽 10～32、厚 20 厘米。墙板和挡板均由两块厚木板垒砌，挡板凿浅槽与墙板套接。挡板、墙板均高 60、厚 20 厘米，墙板长 254、挡板长 112 厘米。底板由三块方木直铺而成，长 316、宽 110 厘米，每块底板宽 36、厚 20 厘米。底板下设二根横垫木，横垫木为正方形，边长 20 厘米。两垫木相距 180 厘米。

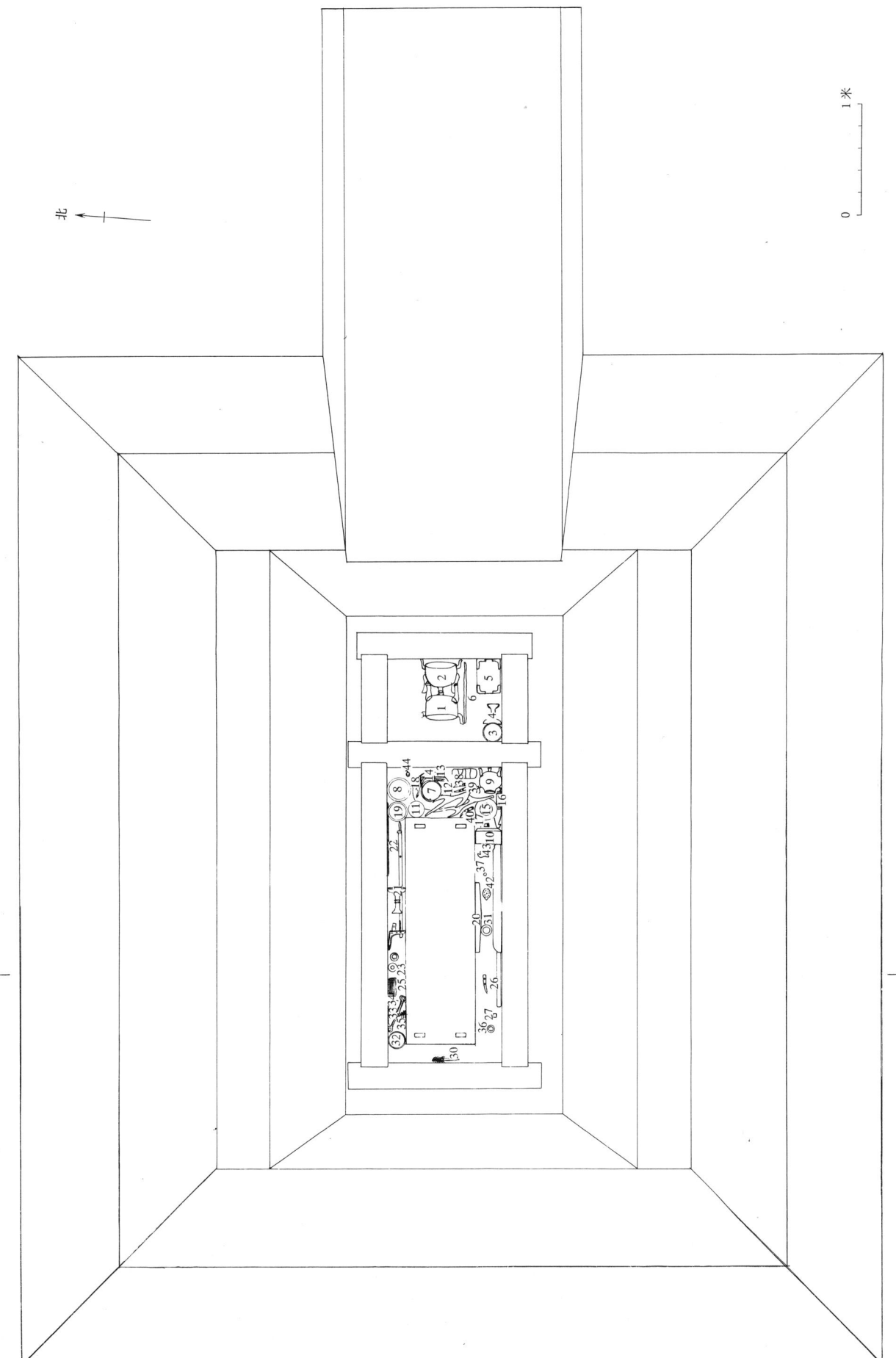

北

0 1 米

图三四二 XⅢM32 平面图

1、2.陶鼎 3、4.陶豆 5.陶簋 6.陶勺 7、8.陶壶 9、15.陶小口鼎 10.漆木镇墓兽（庵角） 11.漆木豆 12.铜盘 13.铜箭镞（4件） 14.铜匜 16.漆木盾柄
17.漆木梳 18.漆木龙形器 19.漆木豆盖 20.漆木剑盒（内含铜剑及铜鞘） 21、32.漆木豆 22.竹弓 23、24、36.漆木绕线棒 25、34.竹丝（筲） 26.漆木博具
27.漆木伞柄 28.漆木瑟 29.铜戈 30.漆木戈柄 31.漆木车舌 33.铜马衔（2件） 35.漆木箭镞（4件） 37.铜环 38~41.骨马镳 42.漆木马冠饰
43.漆木兽头饰 44.骨柲指套

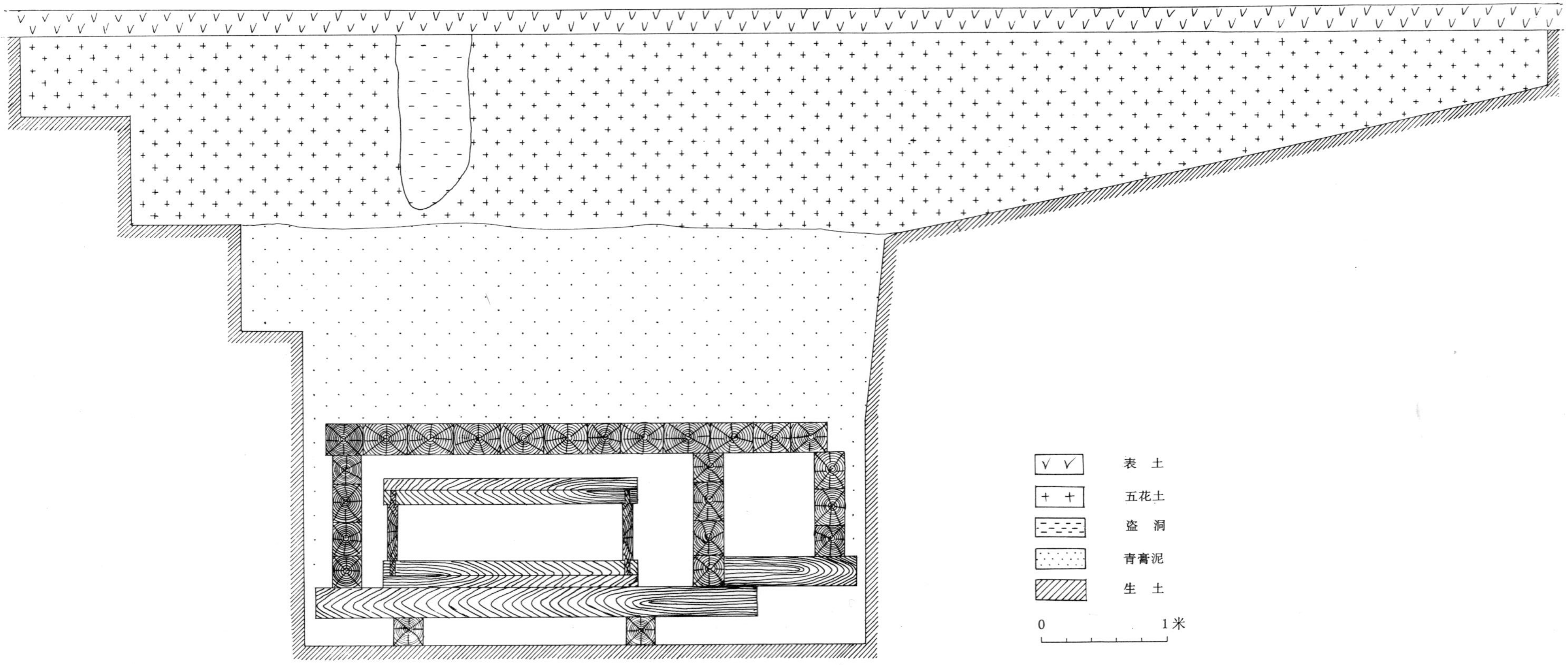

图三四三　XⅢM32 纵剖面图

表　土
五花土
洞
青膏泥
生　土

0　　　　1米

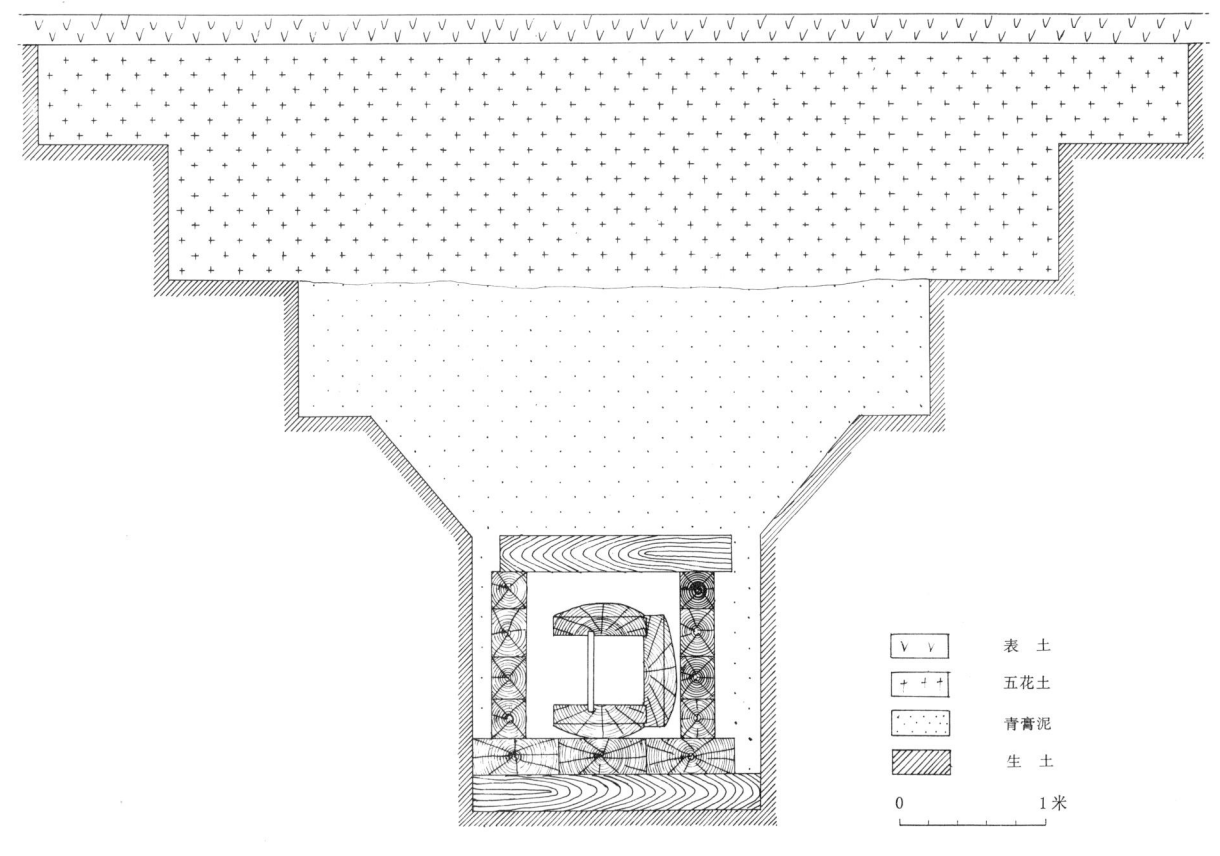

图三四四　XXIV M32 横剖面图

　　棺为悬底弧形棺，长 188、宽 58、高 56 厘米，上深 24、下深 20 厘米，底板厚 6、盖板厚 8 厘米。盖板与壁板子母口结合，墙板与挡板之间为半肩透榫结合。底板四边套合在墙板和挡板中部的浅槽内，形成悬底。底板下横垫木已腐朽。

　　葬式不明。

　　随葬品有陶豆 2 件、鼎 2 件、壶 2 件、小口鼎 1 件（残片）、簋 2 件（残），铜剑 1 件、马衔 2 件、镞 13 件、车舌 2 件，漆木镇墓兽 1 件（残），竹弓 1 件（残）、剑鞘 1（残）。

　　2. 有墓道无台阶的一椁二并棺墓

　　1 座（XXIV M6，图三四八）。

　　墓坑上口已被挖掉。形制为有墓道的长方形土坑竖穴木椁墓。方向 176°。墓口长 474、宽 402 厘米，墓底长 418、宽 346 厘米，墓坑残深 294 厘米。墓道设在坑南壁，呈斜坡状。上口残长 160、宽 192 厘米，下底残长 180、宽 160 厘米，底长 232 厘米，坡度 45°，下底距墓口深 158 厘米。墓道下底低于椁盖板。坑上部填五花土，椁室四周与墓壁之间填青膏泥。

　　葬具为一椁两并棺。椁室近正方形，长 280、宽 242、高 136 厘米。由盖板、挡板、墙板、底板、横垫木组成。盖板由九块木板横铺而成（中部塌陷）。墙板每边各三块，均长 242、宽 28～42、厚 13 厘米。南北挡板各三块，长 247、宽 28～40、厚 14 厘米。墙板、挡板垒砌在椁底板四周，构成椁室。挡板两端和中部各有一凹槽，宽 14、深 3 厘米，墙板两端套进挡板两端凹槽。底

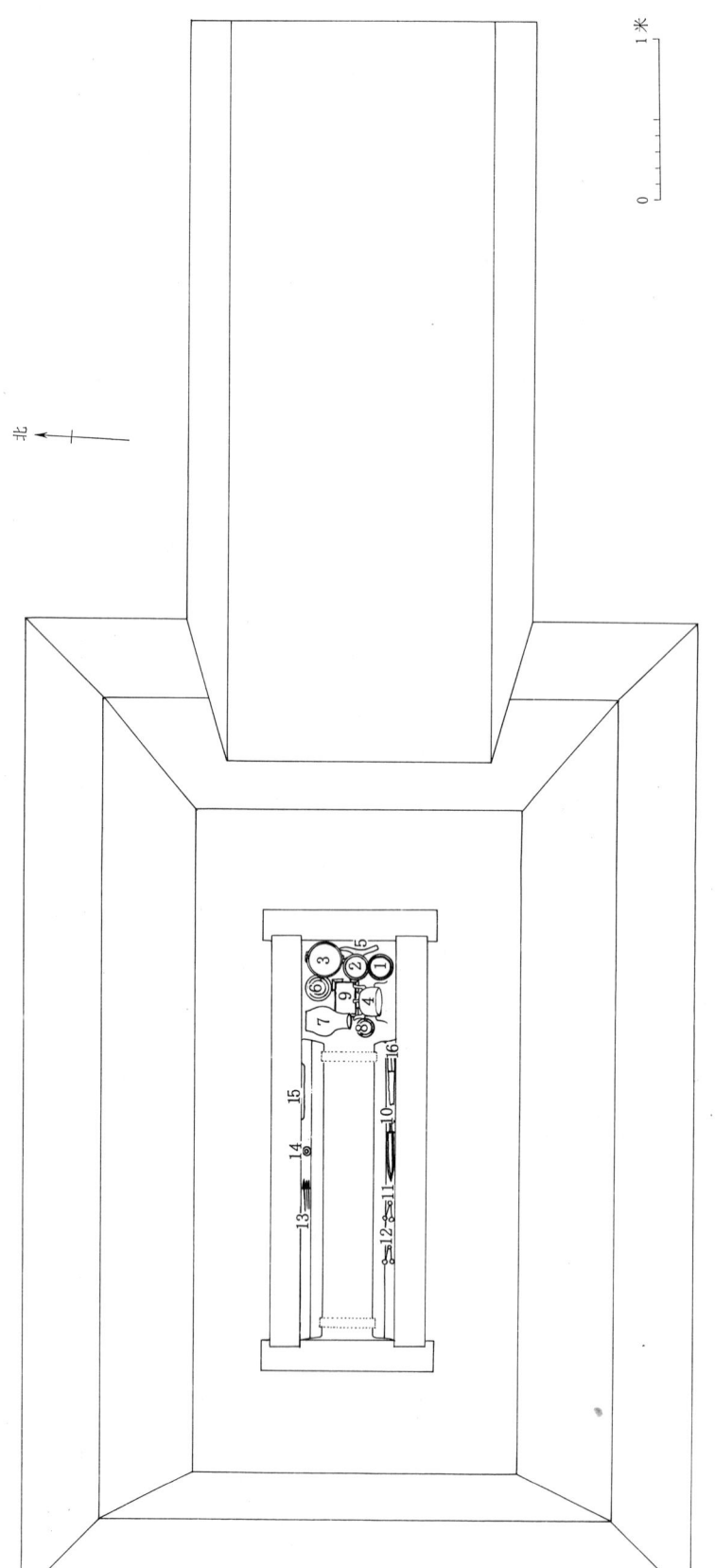

北

0　　　　　　　　　　1 米

图三四五　ⅩⅣ M25 平面图

1、2. 陶豆　3、4. 陶鼎　5. 漆木镇墓兽（鹿角）　6、7. 陶壶　8. 陶小口鼎　9. 陶壶　10. 铜剑　11、12. 铜剑　11、12. 马衔　13. 铜箭镞（13 支）　14. 铜车舄（2 件）　15. 竹弓　16. 剑鞘

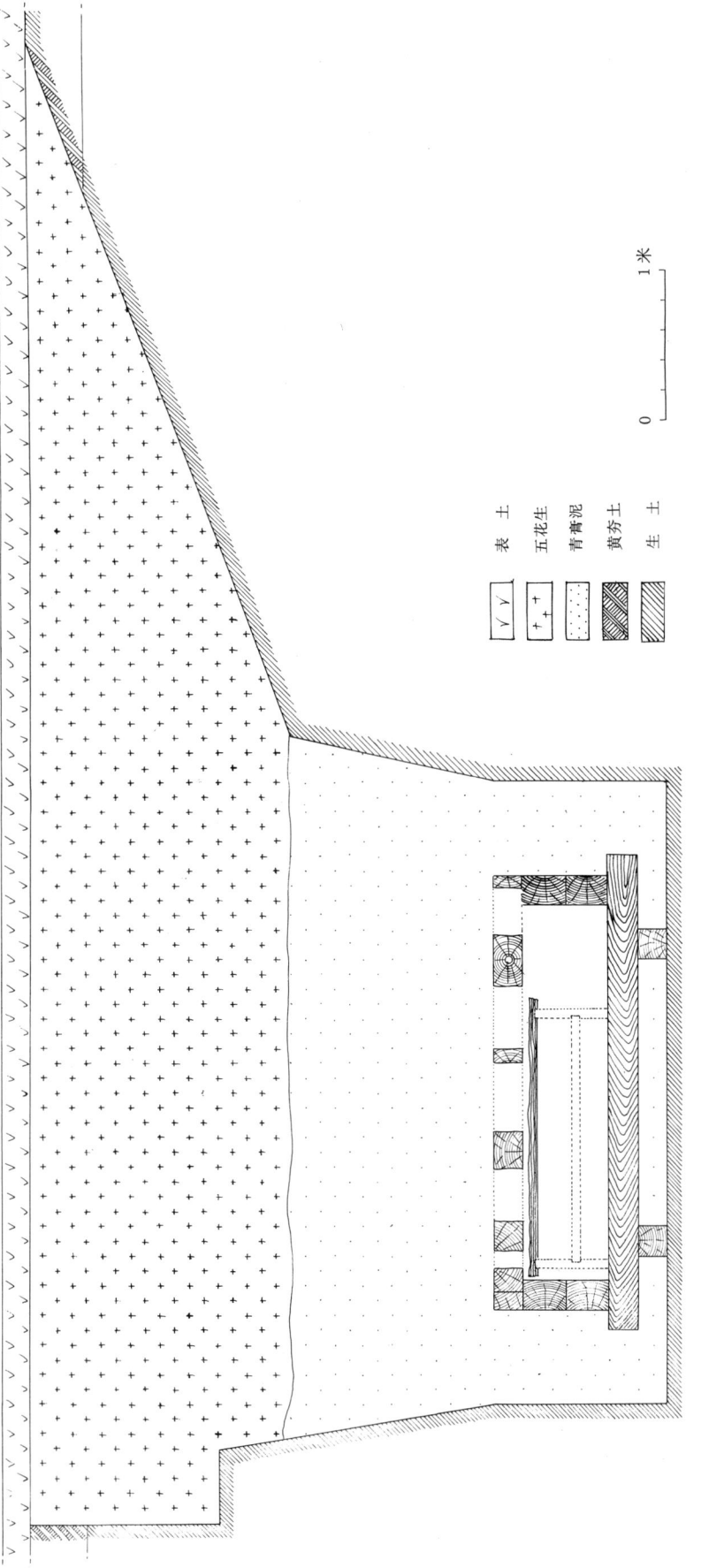

表　土

五花生

青膏泥

黄夯土

生　土

0　　　　　1米

图三四六　XXIV M25 纵剖面图

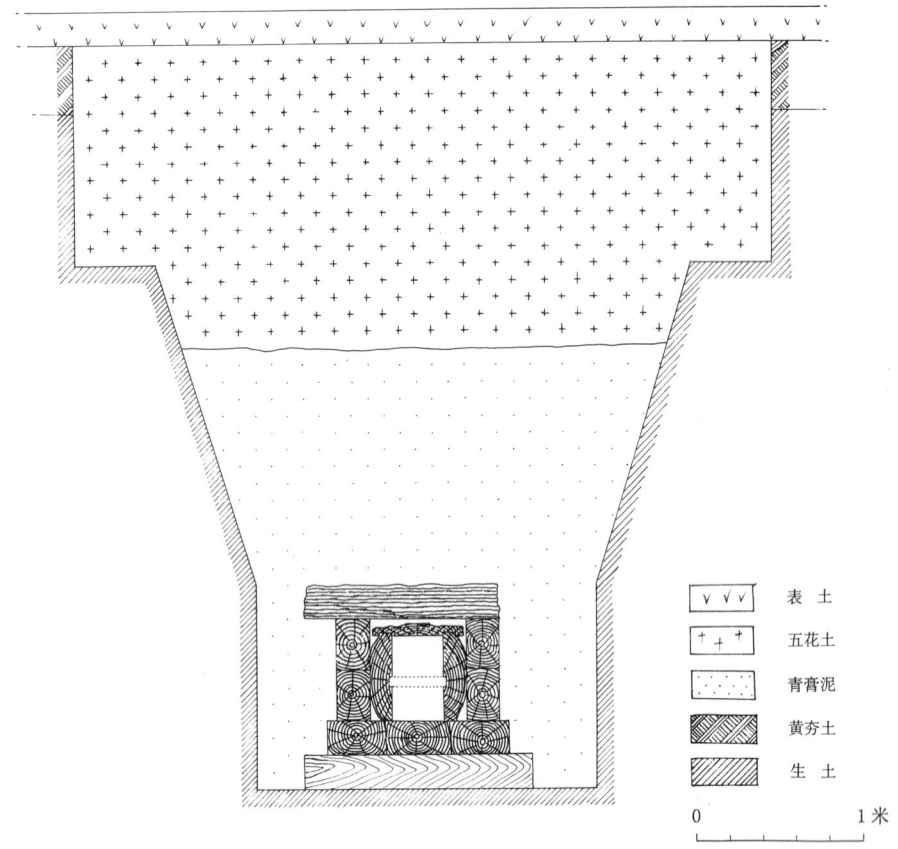

	表 土
	五花土
	青膏泥
	黄夯土
	生 土

0 ————————— 1 米

图三四七　XXIV M25 横剖面图

板由六块木板横铺而成（每块木板由两块木板竖接），均长 247、宽 32～58、厚 14 厘米。底板下置南北向三根纵垫木，每根长 280、宽 30、厚 14 厘米。其中一根垫木置于两块底板的拼接处，两根分别置于椁底板两边。椁室中部上端和下端置隔梁，两隔梁间置隔板，将椁室分成两半。隔梁、隔板两端与椁挡板凹槽套合，上下两隔梁大小相同，长 242、宽 14、高 20 厘米，隔板厚 5、高 72 厘米。

椁内两室分别置一悬底弧形棺，两棺的大小、结构相同。以东侧棺为例，棺由盖板、挡板、墙板、底板、横垫木组成。墙板与挡板为半肩套榫结合。棺长 205、宽 68、高 76 厘米，墙板内平外弧，墙板与挡板上口内侧的四周边缘有宽 10、长 3 厘米的子榫和棺盖板内侧母槽扣合。棺口至悬底深 30、悬底厚 5 厘米（悬底下深 24 厘米）。底板四周套进棺墙、挡板中部深 3 厘米的凹槽内，底板下置两根横垫木，以支撑悬底。横垫木长 34、宽 24、厚 8 厘米。

棺内各残存一骨架，用篾席包裹，均为仰身直肢。

随葬品的放置位置为：两棺南端与棺椁间隙处置仿铜陶礼器（东 11 件，西 14 件），其中东室有陶鼎 2 件、簠 2 件、壶 2 件、豆 1 件、盘 1 件、匜 1 件，漆镇墓兽（鹿角）1 件、梳 1 件。西室有陶豆 2 件、簠 2 件、鼎 2 件、盘 2 件、壶 2 件、匜 1 件，漆木梳 1 件（残）、镇墓兽（鹿角）1件、剑 1 件。两棺随葬同类器的形制大小基本相同。

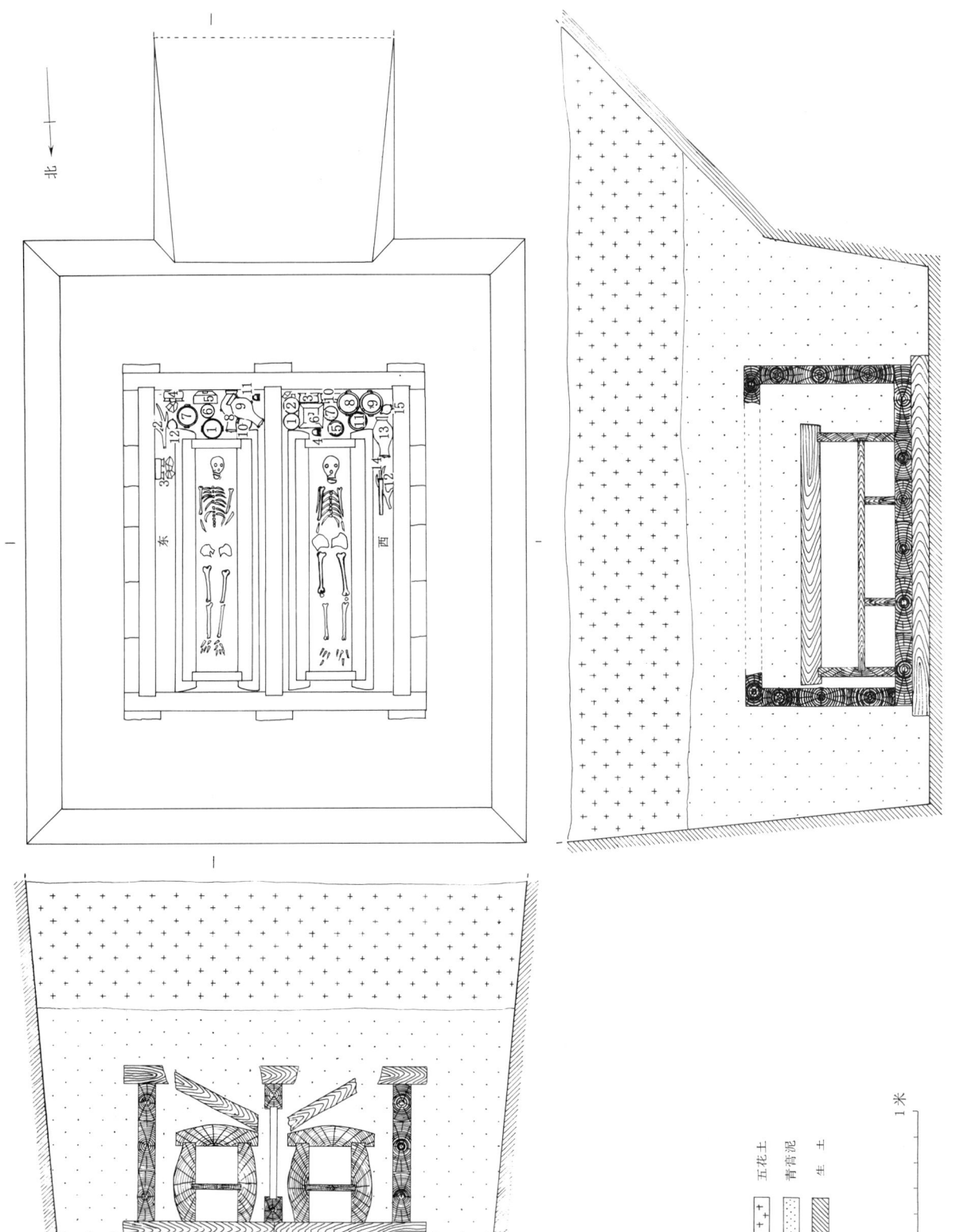

图三四八 ⅩⅣ M6 平、剖面图

东室: 1、7. 陶鼎 2. 鹿角 3、4. 陶簋 5. 漆木镇墓兽 6. 陶盘 7. 陶盘 8. 漆木梳 9. 陶豆 10. 陶壶 11. 陶匜 12. 陶匜

西室: 1. 陶豆 2. 陶豆 3. 陶簋 4. 漆木梳 5、7. 陶盘 6. 漆木镇墓兽 8. 陶鼎 9. 陶鼎 10. 陶壶 11. 鹿角 12. 鹿角 13. 陶壶 14. 木剑 15. 陶匜

3．土坑竖穴一椁一棺墓

共 7 座，即 XXIV M1～XXIV M5、XXIV M26、XXIV M27。其中 XXIV M1～XXIV M3、XXIV M5，因破坏严重，棺椁形制不清。

XXIV M4（图三四九）

长方形土坑竖穴墓。方向 355°。墓口上部被破坏，现存墓口长 400、宽 238 厘米，坑底长316、宽 156 厘米，墓坑深 400 厘米。坑内上部填五花土，下部及椁室周围填青膏泥。

葬具为一椁一棺，椁室由盖板（被毁坏）、墙板、挡板、底板及横垫木构成。底板下两端各置一横垫木。椁室两墙板和两挡板各由两块木板垒砌在椁底板上。墙板长 270、挡板长 134 厘米，挡板两端有宽 12、深 3 厘米的凹槽，墙板两端套入槽内。底板由三块长度相同的木板直铺而成，木板厚 13 厘米。椁内置悬底弧形棺，棺长 200、宽 63、高 80 厘米，由墙板、挡板、盖板、底板及垫木组成。墙板与挡板用套榫结合。棺口至悬底深 40 厘米，悬底厚 6 厘米，悬底下空 26 厘米。悬底四周套进棺墙板和挡板 3 厘米深的浅槽内。悬底下两头各置一横垫木，长 42、宽 26、厚 6 厘米。

棺内人骨已朽，葬式不明。

椁室南端随葬有陶鼎 2 件、簠 2 件、壶 2 件、豆 2 件，漆木梳 1 件、镇墓兽 1 件。

XXIV M26（图三五○）

长方形土坑竖穴墓。方向 77°。墓口距地表深 20 厘米，打破早期黄夯土台基。墓口长 356、宽267 厘米，墓底长 296、宽 170 厘米，墓坑深 266 厘米。坑壁上段斜直，下段四壁垂直。坑内填五花土和青膏泥。

葬具为一椁一棺。椁长 256、宽 122、高 90 厘米。由盖板、墙板、挡板、底板及横垫木组成。垫木二根，均为方木，长 122、厚 10 厘米，横置于底部。底板三块，纵向平铺于垫木上，底板宽84、长 276、厚 12 厘米。两端挡板和两侧墙板各由两块长方木上下垒砌，两块长方木高 66、厚 12厘米。挡板凿浅槽与墙板套接。墙板长 234、挡板长 120 厘米。椁盖板（部分残）由长方形木板横向平铺于椁室上。盖板长 120、宽 21.2～6.1、厚 12 厘米。

棺为悬底弧形棺，盖板、两墙板呈弧形。棺长 172、宽 58、高 58 厘米。棺由盖板、挡板、墙板、底板构成。墙板凿浅槽，挡板与墙板套榫相接。盖板与墙板、挡板半肩套榫结合。底板残。

棺内人骨已朽，葬式不清。

墓中随葬器物有陶鼎 2 件、簠 2 件、壶 2 件、小口鼎 1 件，漆木梳 1 件、镇墓兽 1 件。

XXIV M27（图三五一）

长方形土坑竖穴墓。方向 83°。墓口距地表深 20 厘米，打破早期黄夯土台基。墓口长 470、宽380 厘米，墓底长 392、宽 300 厘米，墓坑深 264 厘米。墓坑四壁平整光滑，坑口至葬具一段的墓壁斜直，椁盖至坑底一段墓壁垂直。墓坑内填五花土和青膏泥。

葬具为一椁一棺。椁室长 274、宽 144、高 84 厘米。由椁盖板（已塌陷）、墙板、挡板、底板、横垫木构成。横垫木两根，方形，长 142、宽 8 厘米，横置于坑底。底板为四块木板纵向平铺于垫木上，底板宽 118、长 292、厚 6 厘米。两端挡板和两侧墙板均由三块厚木板垒砌，每块宽 20～30、厚6 厘米。挡板两端凿浅槽与墙板套接。墙板长 264、挡板长 144 厘米。椁盖板已朽。

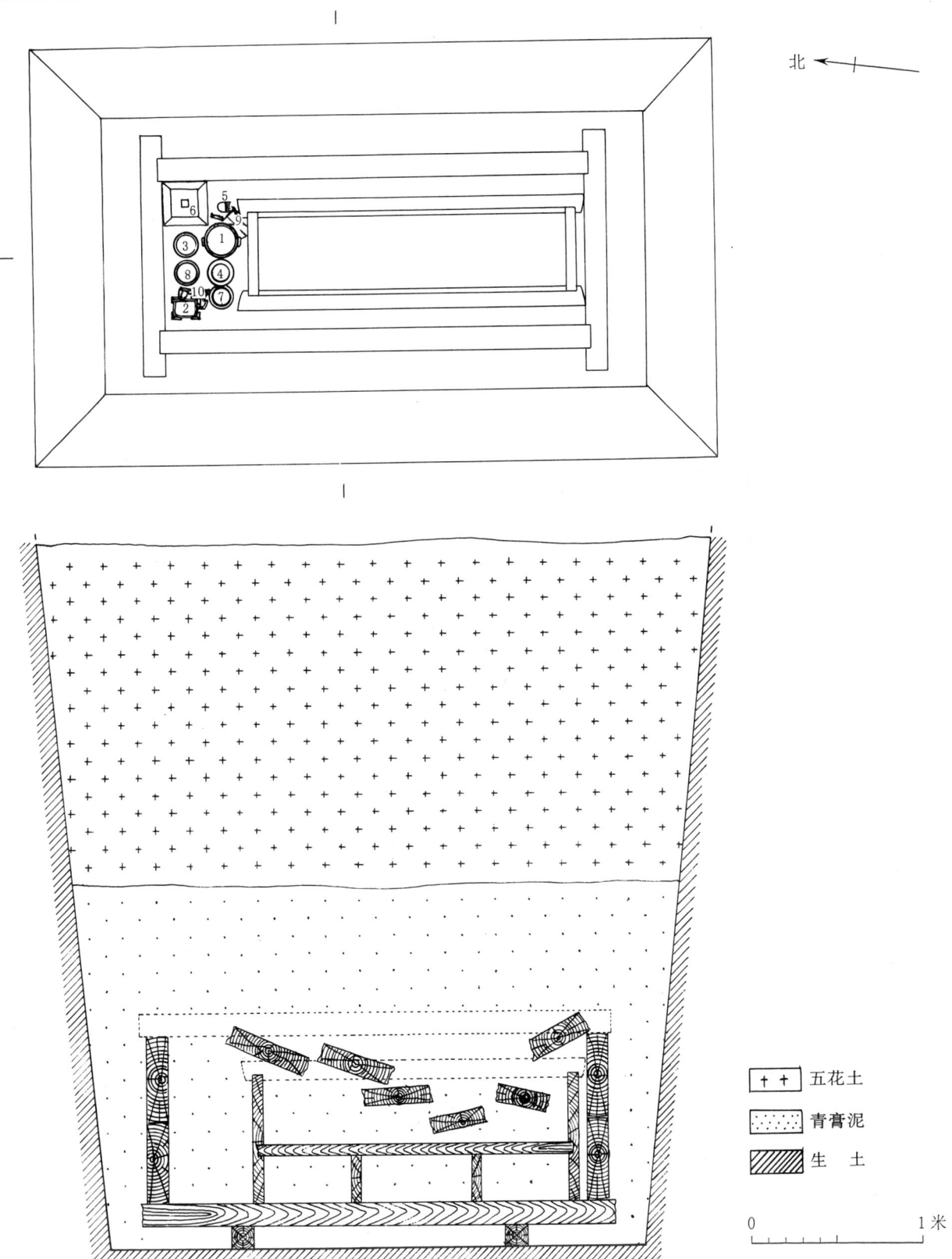

图三四九　XXIV M4 平、剖面图

1、9.陶鼎　2、10.陶簋　3、8.陶豆　4、7.陶壶　5.漆木梳　6.漆木镇墓兽

北

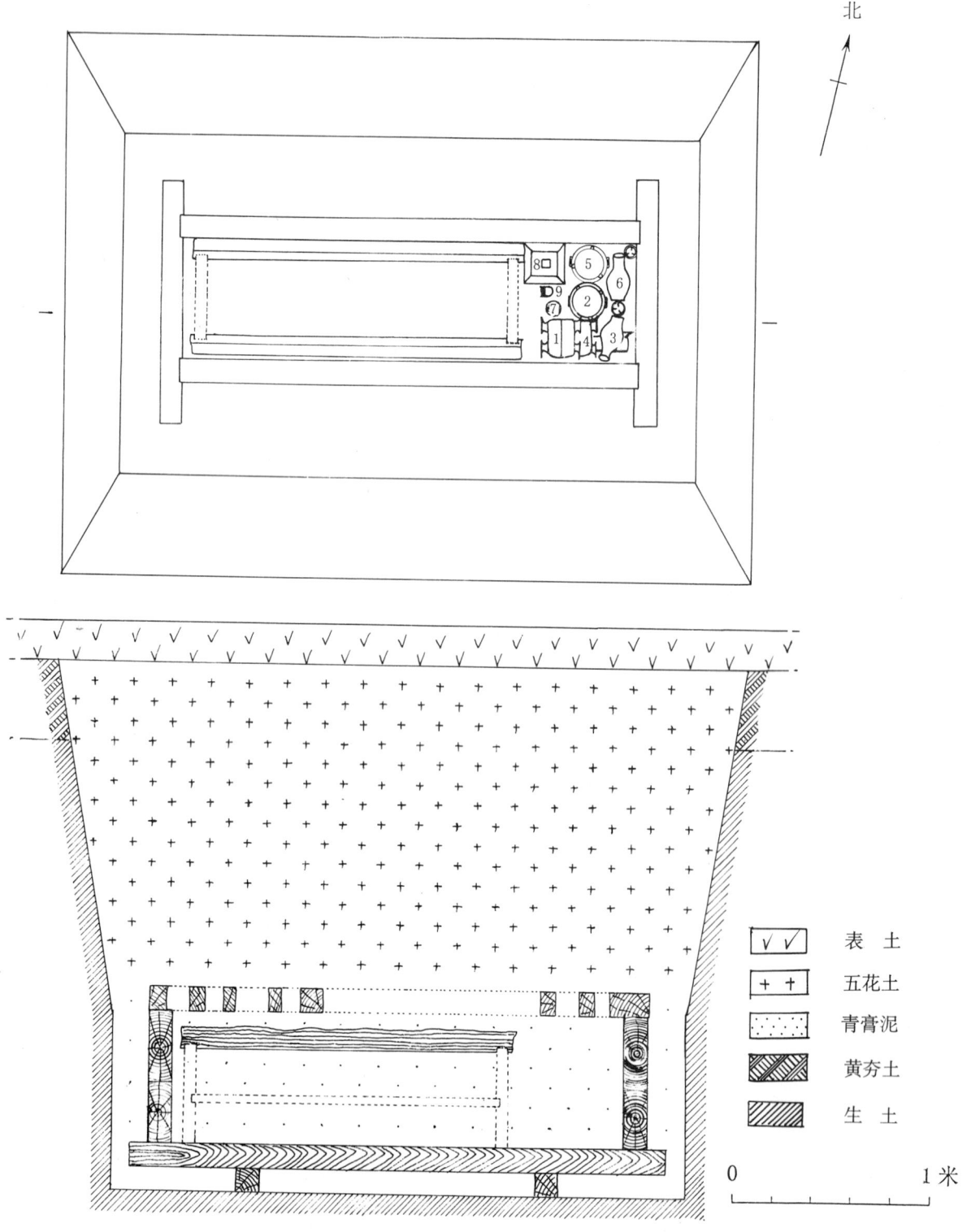

	表　土
	五花土
	青膏泥
	黄夯土
	生　土

0　　　　　　　　1 米

图三五〇　XXIV M26 平、剖面图

1、4.陶簠　2、5.陶鼎　3、6.陶壶　7.陶小口鼎　8.漆木镇墓兽　9.漆木梳

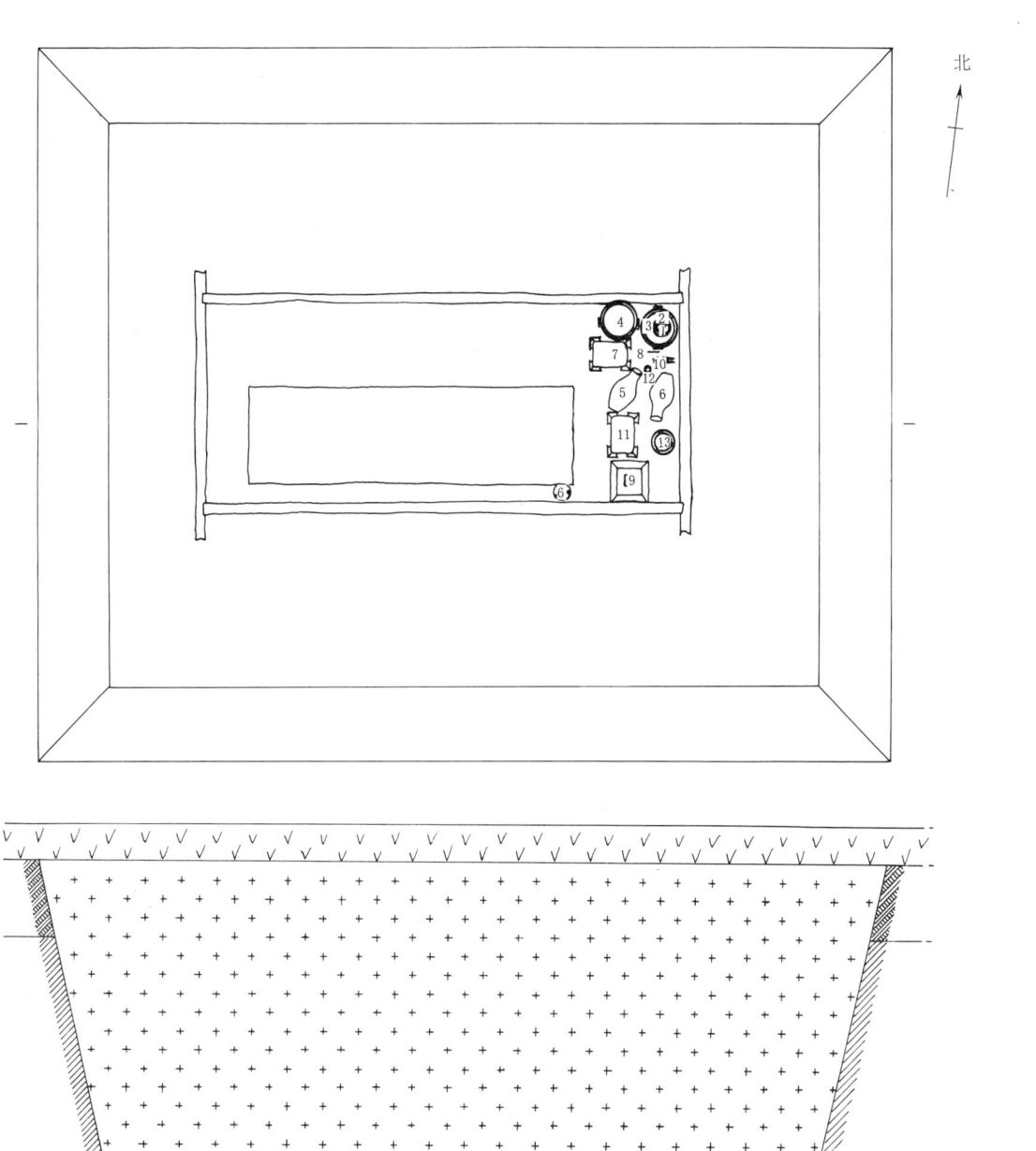

图三五一　ⅩⅩⅣM27 平、剖面图

1.陶匜　2.陶盘　3、4.陶鼎　5、6.陶壶　7、11.陶簠　8、10.铜箭镞（共4件）

9.漆木镇墓兽　12.玉璧　13.陶小口鼎

棺置于椁室内，已腐朽塌陷。棺长 180、宽 52 厘米。其高度和结构不清。

棺内人骨已朽，葬式不清。

墓中随葬陶匜 1 件、盘 1 件、鼎 2 件、壶 2 件、簠 2 件、小口鼎 1 件，铜箭镞 4 件，玉璧 1 件，漆镇墓兽 1 件。均放置于头端椁室内。

（三）小结

1. 分期与年代

十一座墓，一座墓仅出土铜剑、器盖（形制不清）和玉璧（ⅩⅩⅥM1），七座墓出土仿铜陶器（ⅩⅩⅣM1、ⅩⅩⅣM4、ⅩⅩⅣM6、ⅩⅩⅣM25～ⅩⅩⅣM27、ⅩⅩⅣM32），一座墓出土陶豆（ⅩⅩⅣM5），另有二座墓未出土文物（ⅩⅩⅣM2、ⅩⅩⅣM3）。因此能进行分期的墓仅七座出土仿铜陶礼器的墓。

七座仿铜陶礼器墓，随葬器物组合均为鼎、簠、壶。根据据器物的分型分式，可分为三组：

（1）A 型 Ⅰ 式鼎，Ⅱ 式簠，A 型 Ⅰ 式壶（ⅩⅩⅣM32）。

（2）A 型 Ⅱ 式、B 型 Ⅰ 式、B 型 Ⅱ 式鼎，Ⅰ 式簠，B 型 Ⅰ 式、Ⅱ 式壶（ⅩⅩⅣM25～ⅩⅩⅣM27）。

（3）A 型 Ⅲ 式、B 型 Ⅲ 式鼎，Ⅱ 式、Ⅲ 式簠，A 型 Ⅱ 式、A 型 Ⅲ 式壶（ⅩⅩⅣM1、ⅩⅩⅣM4、ⅩⅩⅣM6）。

以上述三组陶器组合序列为依据，将七座出仿铜陶礼器墓分为三期。三期的年代大致如下：

第一期：1 座墓（ⅩⅩⅣM32）。该墓位于小黄家台夯土台基北侧、娘娘坟夯土台基西侧，墓口开在生土上，与两个宫殿基址均有一段距离。从出土器物形制观察，A 型 Ⅰ 式陶鼎的形制较早，与《江陵雨台山楚墓》A 型 Ⅱ 式陶鼎（M157）相近（战国早期）。A 型 Ⅰ 式陶壶形制亦较早，与江陵雨台山 A 型 Ⅰ 式（M99）陶壶相似（战国早期）。Ⅱ 式陶簠的形制较晚，与雨台山楚墓 Ⅳ 式陶簠（M176）相近，时代为战国中期晚段。因此，ⅩⅩⅣM32 的年代大致为战国中期后段，即公元前 278 年前后。

第二期：3 座墓（ⅩⅩⅣM25～ⅩⅩⅣM27）。三座墓均位于墓地东中部，打破小黄家台夯土台基。随葬器物中，A 型 Ⅱ 式鼎与雨台山楚墓 A 型 Ⅲ 式鼎（M183）相近（战国中期早段），B 型 Ⅰ 式鼎与雨台山楚墓 B 型 Ⅱ 式鼎（M245）相近（战国中期晚段），B 型 Ⅱ 式鼎与雨台山楚墓 B 型 Ⅲ 式鼎（M231）相近（战国晚期早段）。B 型 Ⅰ 式壶与雨台山楚墓 B 型 Ⅳ 式壶（M245）相近（战国中期晚段）。Ⅰ 式簠的形制较早，与雨台山楚墓 Ⅲ 式簠（M159）相近（战国中期早段）。所以，第二期三座墓的时代大致可定在战国晚期前段。

第三期：3 座墓（ⅩⅩⅣM1、ⅩⅩⅣM4、ⅩⅩⅣM6）。三墓均位于墓地西部，打破小黄家台夯土台基。随葬器物中，B 型 Ⅲ 式鼎，体扁圆、蹄足较矮的特征与《江陵九店东周墓》B 型 Ⅶ 式鼎（M45：1）相近（战国晚期晚段）。A 型 Ⅲ 式鼎，足呈柱状的特征与九店墓 A 型 Ⅶa 式鼎（M430：18）相似（战国晚期早段），但足部形制更晚。A 型 Ⅱ 式、A 型 Ⅲ 式壶，与九店墓出土 Ⅵb 式壶（M55：3）形制相近，时代为战国晚期。Ⅲ 式簠矩形足直立，收缩于器底内，是簠的最晚形制，雨台山楚墓、九店墓中均未见。故第三期三座墓的时代当为战国晚期后段（图三五二）。

2. 墓葬特点

墓地的时代约为公元前 278 年前后至公元前 221 年前后，时段约有六十年左右。即战国中期

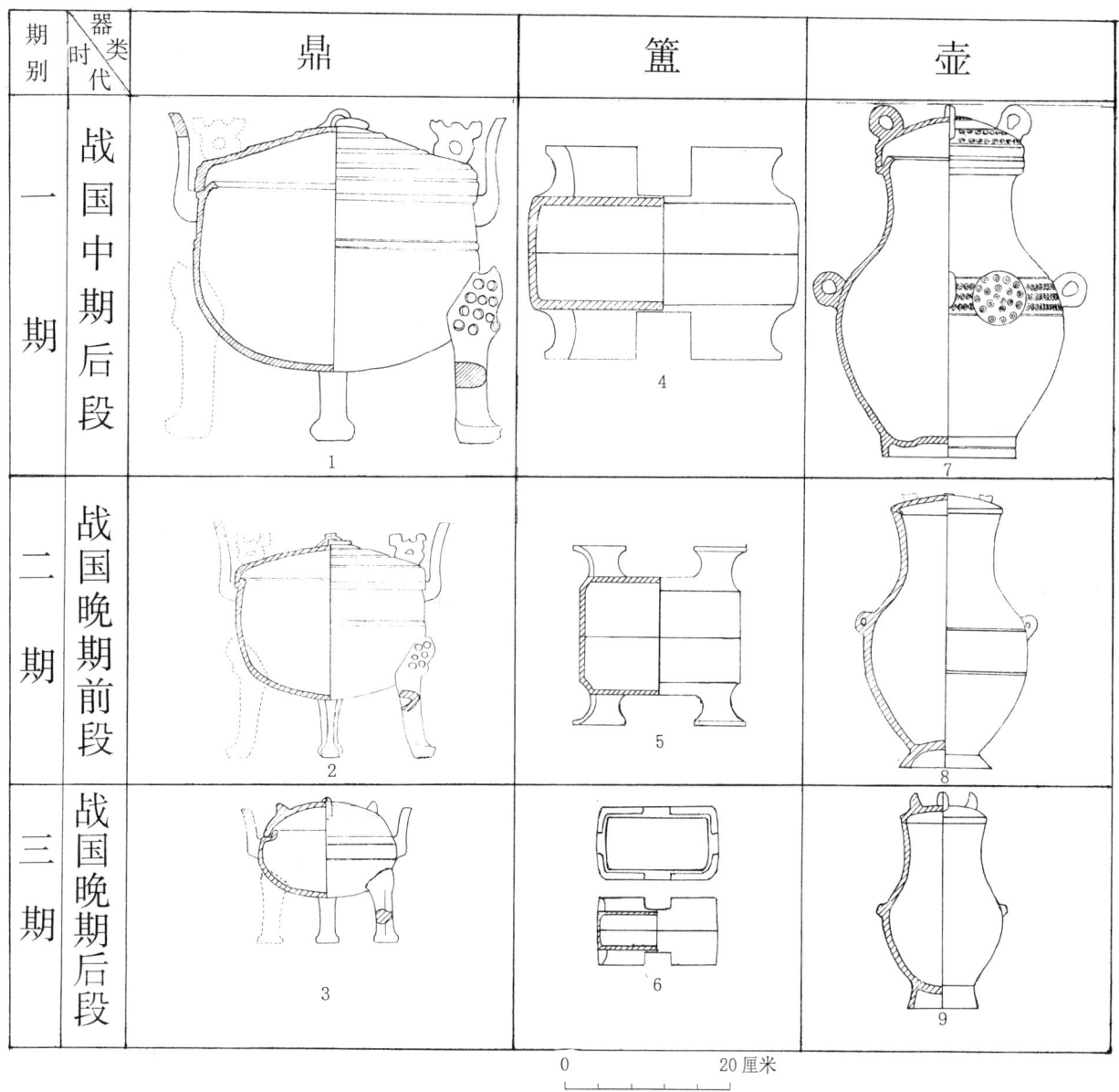

图三五二　ⅩⅩⅣ区墓葬分期图

1.A型Ⅰ式鼎（ⅩⅩⅣM32：1）　2.A型Ⅱ式鼎（ⅩⅩⅣM25：3）　3.B型Ⅲ式鼎（ⅩⅩⅣM1：1）　4.Ⅱ式簠（ⅩⅩⅣM32：5）　5.Ⅰ式簠（ⅩⅩⅣ
M26：1）　6.Ⅲ式簠（ⅩⅩⅣM1：3）　7.A型Ⅰ式壶（ⅩⅩⅣM32：7）　8.A型Ⅱ壶（ⅩⅩⅣM6：西13）　9.B型Ⅲ式壶（ⅩⅩⅣM1：8）

后段至战国晚期。墓葬分布的早晚顺序，初步判断是由北向南，从东向西排列。因为墓地的使用时间较短，所以墓葬数量较少，分布较疏。从墓葬形制和随葬器物组合、器形特征等方面观察，墓地的楚风甚浓，与楚墓地无任何区别，由此可判断这个墓地当是楚人家族墓地。

　　就墓葬等级而言，经勘探和试掘，墓地中的楚墓均为一椁一棺墓，其中少数为有墓道有台阶的墓，大多数为无墓道、无台阶的土坑墓。随葬器物中大多为仿铜陶礼器，个别墓随葬有青铜盘、匜。尽管墓主人的身份等级不完全一致，但他们都属于士一级阶层，即统治阶级的最下层，这些人可能是原章华台的卫士及其后裔，所以在葬制方面遵从楚国的风俗就不难理解了。

　　小黄家台楚墓与荆州楚墓相比也不尽完全一样，在墓坑方面，小的一椁一棺墓，荆州楚墓一般深4～5米，最深达7米多（雨台山M555），小黄家台楚墓一般深2～3米，最深5米（XXIV M32）。在随葬仿铜陶礼器方面，荆州楚墓仿铜陶礼器组合多样，有鼎、簠、壶，鼎、敦、壶，鼎、盒、壶、钫等，而小黄家台楚墓的仿铜陶礼器组合仅鼎、簠、壶一种。鼎、簠、壶组合在楚墓中是出现最早、延续时间最长的仿铜陶礼器组合，可见小黄家台墓地的主人是他们祖先传统的继承者。

第四章 结语

第一节 龙湾新石器时代文化遗址

现已查明的龙湾遗址区域内的新石器时代遗址有长章台、塔章台、张家台、黄罗岗、西刘家台、东刘家台等处，另外在古湖台、打鼓台等地也采集到一批新石器时代石器。已发掘的新石器时代遗址仅ⅩⅩⅥ区（长章台），揭露出新石器时代的房子、水井、灰坑等遗迹及大量文化遗物。发掘资料表明，长章台遗址的时代为长江中游石家河文化中晚期。同时，在ⅩⅩⅣ区（张家台遗址）采集了数量较多的大溪—屈家岭文化的石器和陶片。可见长江中游，江汉平原上的新石器时代文化在龙湾遗址区域内均有分布，从而证实在公元前6000年至公元前4000年间，龙湾遗址区域就是人类生息繁衍理想的地方，这里有灿烂的原始文化。

第二节 龙湾楚文化遗址的分期与年代

龙湾遗址东区楚文化居住址的发掘面积达3608平方米。分为建筑基址区（Ⅰ、Ⅲ区）和生活废弃物堆积区（ⅩⅣ、ⅩⅥ区）。四个发掘区探方的文化层位关系相互串联，出土遗物相互排比、印证，得出了一个比较全面且客观可靠的分期结论。

第三章第一节综述所举典型探方的文化层，是全部探方文化层中的代表，它们概括了楚文化的各个期段。根据典型探方文化层所制作的典型探方文化层期段表（表四六）是全部发掘区探方文化层的缩写。根据探方文化层期段表中典型单位出土的代表性文物制作的楚文化遗址主要陶器分期表（表四七）、典型单位出土陶器器类统计表（表四八）及分期图（图三五三、三五四），将探方文化层各期段与探方各期段文化层的出土文物有机地结合在一起，为全面客观地进行楚文化的分期断代工作打下了坚实的基础。

如文化层期段表和主要陶器分期表所示，楚文化遗址典型探方文化层和典型遗迹单位可分为六期十二段，每期二段。西周从晚期开始，分为一期二段；春秋分为三期六段；战国分为二期四段。从图中可以看出，期与期之间变化比较明显，段与段之间仅限于局部，有的单位两段器形同出。所以，对全部遗址的断代只注明了期别，未详至段别。

表四六　　　　　　　　　　楚文化遗址典型探方文化层期段表

期段 \ 单位	IIIT1	XVICT4	XVIAT1	IT0306	XVIBT1	XVIAT2	XVICT2	XIVT3
西周晚期 1	⑩	H5						
西周晚期 2	H1　　J1							
春秋早期 3	⑨	H11	H6			H6		
春秋早期 4								
春秋中期 5	⑧			⑥	H8			
春秋中期 6								
春秋晚期 7	⑦			⑤		H7		H6　　H7
春秋晚期 8	⑥	③	③		③	③	③	
战国早期 9							H3	H9
战国早期 10								
战国中期 11							H1　　H4	
战国中期 12	⑤	②	②	④	②	②	②	③

表四七　　　　　　　　　　　楚文化遗址主要陶器分期表

期	段	型式	筒瓦	瓦当	板瓦	鬲 A型	鬲 B型	盂	罐 A型	罐 B型	豆
一期	西周晚期	1	Ⅰ	Ⅰ	Ⅰ	Ⅰ		Ⅰ	Ⅰ		
		2	Ⅱ	Ⅱ	Ⅱ	Ⅱ		Ⅱ	Ⅱ		Ⅰ
二期	春秋早期	3	Ⅲ	Ⅲ	Ⅲ	Ⅲ	Ⅰ	Ⅲ	Ⅲ	Ⅰ	Ⅱ
		4	Ⅳ	Ⅳ	Ⅳ	Ⅳ	Ⅱ	Ⅳ	Ⅳ	Ⅱ	Ⅲ
三期	春秋中期	5	Ⅴ	Ⅴ	Ⅴ	Ⅴ	Ⅲ	Ⅴ	Ⅴ	Ⅲ	Ⅳ
		6	Ⅵ	Ⅵ	Ⅵ	Ⅵ	Ⅳ	Ⅵ	Ⅵ	Ⅳ	Ⅴ
四期	春秋晚期	7	Ⅶ	Ⅶ	Ⅶ	Ⅶ	Ⅴ	Ⅶ	Ⅶ	Ⅴ	Ⅵ
		8	Ⅷ	Ⅷ	Ⅷ	Ⅷ	Ⅵ	Ⅷ	Ⅷ	Ⅵ	Ⅶ
五期	战国早期	9	Ⅸ	Ⅸ	Ⅸ	Ⅸ	Ⅶ	Ⅸ	Ⅸ	Ⅶ	Ⅷ
		10	Ⅹ	Ⅹ	Ⅹ	Ⅹ	Ⅷ	Ⅹ	Ⅹ	Ⅷ	Ⅸ
六期	战国中期	11	Ⅺ	Ⅺ	Ⅺ	Ⅺ	Ⅸ	Ⅺ	Ⅺ		Ⅹ
		12	Ⅻ	Ⅻ	Ⅻ	Ⅹ		Ⅻ	Ⅻ		Ⅺ

表四八　　　　　　　　　楚文化遗址典型单位出土陶器器类统计表（单位%）

期别		段别	单位	鬲（鬲足）	盂	罐	豆	盆	瓢	甑	瓮	壶	壺	鼎	碟	其他
一期	西周晚期	1	ⅩⅦH5	22.23	22.22											55.55
		2	ⅢH1	50		25					25					
二期	春秋早期	3	ⅢH2	83.33		16.67										
		4	ⅩⅦH6	37.5	25	6.25	12.5				18.75					
三期	春秋中期	5	ⅩⅦH8	42.86	21.43		14.28				14.29				7.14	
		6	ⅩⅦH10	61.54		23.07										15.39
四期	春秋晚期	7	ⅩⅣH6	23.81	19.05	9.52	14.28			9.52		4.76		19.06		
		8	ⅩⅦH9	33.33	26.66	6.66					6.66	6.66		6.66		13.37
五期	战国早期	9	ⅩⅣH4	20	20	20	20									20
		10	ⅩⅦH13	25	25		16.67				25	8.33				
六期	战国中期	11	ⅩⅦH1	18.18		18.18	27.27	9.09			18.18					9.10
		12	ⅩⅦH4	8.33	8.33	16.66	16.66			8.33	16.66	8.33				16.7

一 分 期

分期的主要依据是探方的文化层及其各层位（包括典型灰坑、水井等遗迹单位）出土的具有代表性的遗物。遗物分二类：一是大量出土的陶制瓦类，包括筒瓦、瓦当、板瓦。二是陶制生活容器类，以出土数量最多、变化特征最明显、时代延续最长的鬲、盂、罐、豆为主线，以盆、甗、甑、瓮、壶等其他陶容器为补充，对楚文化遗址文化层及遗迹单位的出土器物，进行了期、段界定，以求较全面地识别楚文化各类器物的时代特征。

（一）瓦类分期

陶瓦，包括筒瓦、瓦当、板瓦的分期，如表四七、图三五三所示，共分为六期十二段。每期二段，各期段瓦类在陶质、陶色、形制、纹饰等方面的发展演变情况，于各类瓦的综述中已作了较详细的描述。

（二）主要陶容器分期

主要陶容器，包括数量较多、延续时间较长、发展变化规律较清晰的陶鬲、盂、罐、豆四类。如文化层期段表和主要陶器分期表及图三五四所示，主要陶容器分为六期十二段，每期二段。A型鬲分为六期十一段，B型鬲分为五期十段，盂分为六期十二段，A型罐分为六期十二段，B型罐分为四期八段，豆分为六期十一段。鬲、盂、罐、豆四类器物在陶质、陶色、形制、纹饰等方面的变化情况在陶容器类综述中，已作了较详细的说明。

二 年 代

（一）瓦类的年代

从文化层方面，如表四七和图三五三所示，瓦类出土数量多，探方文化层可靠，1～6段的筒瓦、瓦当、板瓦，大多出自Ⅰ区探方第6层，即早期夯土台基或早期文化层内，推测其年代大致为西周晚期至春秋中期。第7段筒瓦标本出自Ⅰ区第5层，即晚期夯土台基内（排水管用瓦），第8～12段，均出自Ⅰ区探方第4层；即台基废弃后堆积。IF1（第5层）的始建年代为春秋晚期早段，废弃年代为战国中期。所以第7至12段的时代定为春秋晚期至战国中期。

西周至东周时期是我国制瓦业从发明、发展到规范成熟期，发掘出土的这一时期的瓦类资料公开发表的数量不太多，且较零碎。较为集中的有两批，一批是陕西扶风召陈西周建筑群遗址[①]，发掘简报指出："瓦的发明可能在西周初期或更早，西周中期已是瓦的发展时期，板瓦型号增多，瓦钉加长，筒瓦不仅型号多，还出现了瓦舌、斜口、瓦钉，有了扣脊瓦。西周晚期瓦变薄、变小，向规范化过渡。"IF1出土的Ⅰ、Ⅱ式瓦的特征与扶风召陈西周建筑群基址出土的西周晚期瓦的

① 陕西周原考古队：《扶风召陈西周建筑群基址发掘简报》，《文物》1981年第3期。

形制特征基本一致。另一批是荆州纪南城出土的瓦①，主要出土地点是纪南城西垣北边门、纪南城南垣水门、纪南城松柏 30 号台基、纪南城古井、窑址、古河道等，综合各地点出土瓦的形制，基本上与 IF1 出土的Ⅶ至Ⅻ式瓦相近。

综合瓦类出土的地层情况，各地层出土瓦类的形制特征，并参照同一时期瓦类的出土资料，将龙湾遗址出土瓦类分为六期十二段，每期二段。其年代为西周晚期至战国中期。

（二）主要陶容器的年代

主要陶容器种类全，数量多。根据表四六、四七，对各期文化层及出土器物情况，分别叙述如下：

第一期，西周晚期。

分为二段，即一期 1、2 段（表四八～五○）。

典型探方文化层及遗迹单位有Ⅲ T1～T4⑩、Ⅲ J1、H1，ⅩⅥ H5。因Ⅲ T1～T4⑩未出土器物，故本期器物较少，种类也较少（表四七、四八）。陶容器主要为鬲、盂、罐、豆。鬲、盂的数量较多。陶色以褐红陶居多，约占总数的 60% 以上；红陶次之，红黄陶较少。陶质以泥质陶居多，夹砂陶次之。陶胎较薄，器形较大。纹饰以中绳纹为主，约占 50% 以上，细绳纹及旋纹、素面较少。在器物形制方面，均为卷沿，沿面较宽，部分鬲、盂等器的沿面内凹。口沿与颈部之间的夹角大。鬲、盂、罐的口沿外侧贴一圈泥，形成宽而薄的斜方唇或斜方唇下勾。

表四九　　　ⅩⅥ H5 陶器陶质、陶色、纹饰统计表

陶片数量/陶色/纹饰 \ 陶质	夹砂					泥质					合计	
	褐红	红	红黄	浅灰	深灰	褐红	红	红黄	浅灰	深灰	陶片数量	%
粗绳纹	101	13	5			97	46	6			268	32.52
中绳纹	124	76	6			168	59	5			438	53.15
细绳纹	7	6				4	3				20	2.43
旋纹	12	8				9	7				36	4.37
堆纹	3	5				8	3				19	2.31
暗纹												
素面						28	15				43	5.22
合计 陶片数量	247	108	11			314	133	11			824	
合计 %	29.98	13.11	1.33			38.11	16.14	1.33				
	44.42					55.58						

---

① 湖北省博物馆：《楚都纪南城的勘探与发掘》，《考古学报》1982 年第 3、4 期。

表五〇 ⅢH1 陶器陶质、陶色、纹饰统计表

纹饰 \ 陶色 \ 陶质	夹砂					泥质					合计	
	褐红	红	红黄	浅灰	深灰	褐红	红	红黄	浅灰	深灰	陶片数量	%
粗绳纹	14	14	2			17	7	3			57	14.84
中绳纹	73	26	3			105	35	18			260	67.71
细绳纹兼旋纹	3	3				5	2	1			14	3.65
中绳纹兼旋纹	6	9				12	4	2			33	8.59
划纹												
素面	2	5	1			8	3	1			20	5.21
合计 陶片陶量	98	57	6			147	51	25			384	
合计 %	25.52	14.85	1.56			38.28	13.28	6.51				
	41.93					58.07						

第二期，春秋早期。

分为二段，即二期 3、4 段（表四八、五一、五二）。

典型探方文化层和遗迹单位有Ⅲ区 T1～T4 的第 9 层、H2、J1，ⅩⅣ区 H1，ⅩⅥ区 H6、H 11。陶容器类主要有鬲、盂、罐、豆、瓮，鬲的数量较多。陶色以褐红居多，占总数的 50% 以上；红陶次之，红黄陶较少。陶质以泥质陶居多，占 55% 以上；夹砂陶次之。陶胎较第一期略厚。纹饰以中绳纹为主，粗绳纹和细绳纹次之，旋纹较少，素面陶比例增加。器物均为卷沿、且沿面较宽，鬲、盂、罐、瓮多数沿面内凹，沿面与颈部之间夹角较大，斜方唇较厚，普遍出现斜方唇下勾，开始出现双叠唇。

表五一 ⅢH2 陶器陶质、陶色、纹饰统计表

纹饰 \ 陶色 \ 陶质	夹砂					泥质					合计	
	褐红	红	红黄	浅灰	深灰	褐红	红	红黄	浅灰	深灰	陶片数量	%
粗绳纹	18	12	3			22	8	5			68	21.94
中绳纹	58	18	4			65	50	6			201	64.84
细绳纹	4	3				3	2				12	3.87
旋纹	5					4					9	2.90
堆纹												
暗纹												
素面						11	9				20	6.45
合计 陶片数量	85	33	7			105	69	11			310	
合计 %	27.42	10.64	2.26			33.87	22.26	3.55				
	40.32					59.68						

表五二　　　　　　　　　　　　ⅩⅥ H6 陶器陶质、陶色、纹饰统计表

陶质 陶片数量 陶色 纹饰	夹　砂					泥　质					合　计	
	褐红	红	红黄	浅灰	深灰	褐红	红	红黄	浅灰	深灰	陶片 数量	%
粗绳纹	35	31	2			82	44	11			205	21.07
中绳纹	135	123	15			172	152	15			612	62.90
细绳纹	15	12				14	18				59	6.06
旋　纹	11					17	10				38	3.91
堆　纹												
暗　纹												
素　面						47	12				59	6.06
合计　陶片数量	196	166	17			332	236	26			973	
合计　%	20.14	17.06	1.75			34.12	24.26	2.67				
	38.95					61.05						

第三期，春秋中期。

分为二段，即三期 5、6 段（表四八、五三、五四）。

典型探方文化层和遗迹单位有Ⅰ区第 6 层，Ⅲ区第 8 层，ⅩⅥ区 H8、H 10、H 12，ⅩⅣ区 J1。陶容器类主要有鬲、盂、罐、豆、瓮，出现碟等。其中鬲的数量仍占器物总数的 40％以上。陶色以红陶为主，占 70％以上；红黄陶次之，占 10％以上；褐红陶占 10％以下。陶质以泥质陶为主，占 60％左右；夹砂陶次之。纹饰以中绳纹居多，占 60％以上；粗绳纹次之；细绳纹、旋纹、素面较少。器物形制方面，沿面有卷沿和仰折沿之分，斜方唇下勾的器类较多，沿面与颈部之间的夹角较小。

表五三　　　　　　　　　　　　ⅩⅥ H8 陶器陶质、陶色、纹饰统计表

陶质 陶片数量 陶色 纹饰	夹　砂					泥　质					合　计	
	褐红	红	红黄	浅灰	深灰	褐红	红	红黄	浅灰	深灰	陶片 数量	%
粗绳纹	9	62	14			8	158	34			285	23.53
中绳纹	16	254	54			18	446	36			824	68.04
细绳纹	5					6	10				21	1.74
旋　纹		8	6			2	17	8			41	3.39
堆　纹												
暗　纹												
素　面							23	17			40	3.30
合计　陶片数量	30	324	74			34	654	95			1211	
合计　%	2.48	26.75	6.11			2.81	54	7.85				
	35.34					64.66						

表五四　　　　　　　　　　　　ⅩⅥH10 陶器陶质、陶色、纹饰统计表

陶质 陶片数量 陶色 纹饰	夹　砂					泥　质					合　计	
	褐红	红	红黄	浅灰	深灰	褐红	红	红黄	浅灰	深灰	陶片数量	%
粗绳纹	15	85	22			17	105	31			275	20.57
中绳纹	22	210	74			20	470	94			890	66.56
细绳纹	7	11	8			5	9	7			47	3.52
旋　纹	7	10	8			4	11	7			47	3.52
堆　纹												
暗　纹												
素　面						25	46	7			78	5.83
合计 陶片数量	51	316	112			71	641	146			1337	
合计 %	3.81	23.64	8.38			5.31	47.94	10.92				
	35.83					64.17						

第四期，春秋晚期。

分为二段，即四期 7、8 段（表四八、五五、五六）。

典型探方文化层和遗迹单位有Ⅰ区第 5 层，Ⅲ区 T1～T4 的第 6、7 层（ⅢF3），ⅩⅣ区 H3、H6、H7，ⅩⅥ区全部探方第 3 层，H2、H7、H9。陶容器仍然以鬲、盂、罐、豆为主，其中鬲的数量约占容器总数的 30% 左右。甑、甗大量出现，仿铜陶鼎开始流行。陶色以红黄陶居多，约占总数的 60% 以上；浅灰陶次之，约占 20% 以上；红陶较少，约占 10% 以下。陶质以泥质陶居多，约占 60% 以上；夹砂陶次之，约占 30% 左右。纹饰以中绳纹为主，约占 70% 左右；粗绳纹减少，约占 10% 左右；细绳纹、旋纹、素面各占 5% 以上。在器物形制方面，均为仰折沿，沿面与颈部之间的夹角进一步变小，沿面较窄，斜方唇下勾，双叠层下勾器数量减少。

表五五　　　　　　　　　　　　ⅩⅣH6 陶器陶质、陶色、纹饰统计表

陶质 陶片数量 陶色 纹饰	夹　砂					泥　质					合　计	
	褐红	红	红黄	浅灰	深灰	褐红	红	红黄	浅灰	深灰	陶片数量	%
粗绳纹	8	45	15			6	126	36			236	5.20
中绳纹	33	909	73			31	1954	259			3259	71.78
细绳纹	6	41	12			8	96	32			195	4.30
旋　纹	5	15	120			18	4	102			264	5.81
堆　纹												
暗　纹												
素　面		5	22	22		15	256	265			585	12.89
刻划纹								1			1	0.02
合计 陶片数量	57	1032	242			78	2437	694			4540	
合计 %	1.26	22.73	5.33			1.72	53.67	15.29				
	29.32					70.68						

表五六 XVI H9 陶器陶质、陶色、纹饰统计表

陶片数量 纹饰＼陶质陶色	夹砂					泥质					合计	
	褐红	红	红黄	浅灰	深灰	褐红	红	红黄	浅灰	深灰	陶片数量	%
粗绳纹	4	30	10			6	42	11			103	12.58
中绳纹	18	127	54			15	280	82			576	70.33
细绳纹	4	7	3			18	7	5			44	5.37
旋纹	3	8	5			3	16	13			48	5.86
堆纹												
暗纹												
素面						5	27	16			48	5.86
合计 陶片数量	29	172	72			47	372	127				
合计 %	3.54	21	8.79			5.74	45.42	15.51			819	
	33.33					66.67						

第五期，战国早期。

分为二段，即五期 9、10 段（表四八、五七、五八）。

本期典型遗迹单位较多，XIV 区 H2～H4、H5、H8、H9、G1，XVI 区 H2、H3、H13。陶容器以鬲、盂、罐、豆、甑数量最多，其中鬲的数量已下降，甑的数量大幅增加。陶色以浅灰陶居多，约占 50％；红黄陶次之，约占 40％；深灰陶较少，约占 10％左右。陶质以泥质陶为主，约占 70％左右；夹砂陶次之，约占 25％左右。纹饰以中绳纹为主，约占 70％左右；粗绳纹和细绳纹较少；素面陶增加，约占 15％左右。器物形制方面，口沿有仰折沿和平折沿之分，沿面较窄，部分罐、甑、甗口沿外侧边沿有凸棱，盆、甑、甗口沿多饰旋纹。

表五七 XIV H4 陶器陶质、陶色、纹饰统计表

陶片数量 纹饰＼陶质陶色	夹砂					泥质					合计	
	褐红	红	红黄	浅灰	深灰	褐红	红	红黄	浅灰	深灰	陶片数量	%
粗绳纹			4	5				8	13		30	4.70
中绳纹			69	43	8			204	112	8	444	69.59
细绳纹			3	6				6	8		23	3.61
旋纹			3	17	3			7	16	2	48	7.52
堆纹												
暗纹												
素面			1	3		5		25	50	9	93	14.58
刻划纹												
合计 陶片数量			80	74	11	5		250	199	19		
合计 %			12.54	11.60	1.72	0.78		39.19	31.19	2.98	638	
	25.86					74.14						

表五八　　　　　　　　XVI H13 陶器陶质、陶色、纹饰统计表

陶片数量＼陶质＼陶色＼纹饰	夹砂					泥质					合计	
	褐红	红	红黄	浅灰	深灰	褐红	红	红黄	浅灰	深灰	陶片数量	%
粗绳纹			3	4	2			2	4	3	18	5.49
中绳纹			7	28	8			90	78	5	216	65.85
细绳纹				2	2			3	2		9	2.74
旋　纹			2	5	3			5	7	4	26	7.93
堆　纹												
暗　纹												
素　面			3	8	5			17	26		59	17.99
刻划纹												
合计　陶片数量			15	47	20			117	117	12		
合计　%			4.57	14.33	6.10			35.67	35.67	3.66	328	
	25					75						

第六期，战国中期。

分为二段，即六期 11、12 段（表四八、五九、六○）。

表五九　　　　　　　　XVI H1 陶器陶质、陶色、纹饰统计表

陶片数量＼陶质＼陶色＼纹饰	夹砂					泥质					合计	
	褐红	红	红黄	浅灰	深灰	褐红	红	红黄	浅灰	深灰	陶片数量	%
粗绳纹												
中绳纹			35	180	29			55	603	180	1082	69.40
细绳纹												
旋　纹				6				3	85	9	103	6.61
堆　纹												
暗　纹												
素　面			1	110	21				220	22	374	23.99
刻划纹												
合计　陶片数量			36	296	50			58	908	211		
合计　%			2.31	18.99	3.21			3.72	58.24	13.53	1559	
	24.51					75.49						

　　本期典型探方文化层和遗迹单位有Ⅰ区 T1～T45 第 4 层，H1～H3，Ⅲ区 T1～T4 第 5 层，ⅩⅣ区 T1～T4 第 3 层、G1，ⅩⅥ区全部探方第 2 层、H1、H4。本期主要陶容器鬲、盂、罐、豆继续流行，但数量减少，而盆、甑的数量增加较多。陶色以浅灰陶为主，约占 46%～70% 以上；深灰陶次之，约占 16%～50% 左右。陶质以泥质陶为主，约占 75% 左右；夹砂陶次之。纹饰以中绳纹为主，约占 60% 以上；粗绳纹、旋纹较少；素面陶数量增加，约占 20% 以上。器物形制方面，形体普遍较大，胎薄，火候高，大多为窄折沿外翻（鬲、盂），小部分为平折窄沿（罐），沿面多饰有旋纹，唇面多为斜方唇、方唇，少量圆唇、尖唇。鬲、盂、矮领罐的颈均变矮，唯独高领罐

的颈仍较高。

表六〇　　　　　　　　　　　ⅩⅥ H4 陶器陶质、陶色、纹饰统计表

陶片数量／陶质・陶色／纹饰	夹砂					泥质					合计	
	褐红	红	红黄	浅灰	深灰	褐红	红	红黄	浅灰	深灰	陶片数量	%
粗绳纹					2				3	2	7	5.74
中绳纹			3	8	6				25	32	74	60.65
细绳纹												
旋　纹			2	1	1				2	5	11	9.02
堆　纹												
暗　纹												
素　面				2	2				15	11	30	24.59
刻划纹												
合计　陶片数量			5	11	11				45	50	122	
合计　%			4.10	9.02	9.02				36.88	40.98		
	22.14					77.86						

　　龙湾遗址所分六期十二段的绝对年代，约为西周晚期至战国中期。其中，西周晚期至春秋晚期，每期约 100 年；战国早期和中期，每期约 80 年。具体年代约为公元前 800 年至前 278 年，时间跨度约五百余年。

　　有关分期断代的参数资料，主要有陕西扶风召陈西周建筑遗址[①]，楚都纪南城遗址[②]，江陵梅槐桥遗址[③]，江陵张家山遗址[④]，江陵荆南寺遗址[⑤]，秭归官庄坪遗址[⑥]，当阳磨盘山西周遗址[⑦]，当阳冯山、杨木岗遗址[⑧]，江陵纪南城摩天岭遗址[⑨]，当阳赵家湖楚墓[⑩]，江陵雨台山楚墓[⑪]，江陵九店东周墓[⑫]。

①　陕西周原考古队：《扶风召陈西周建筑群基址发掘简报》，《文物》1981 年第 3 期。
②　湖北省博物馆：《楚都纪南城的勘探与发掘》，《考古学报》1982 年第 3、4 期。
③　北京大学考古系、荆州博物馆：《江陵梅槐桥遗址试掘简报》，《考古》1990 年第 9 期。
④　陈贤乙：《江陵张家山遗址的试掘与探索》，《江汉考古》1980 年第 2 期。
⑤　荆州博物馆：《江陵荆南寺遗址发掘简报》，《考古》1989 年第 8 期。
⑥　湖北省博物馆：《秭归官庄坪遗址试掘简报》，《江汉考古》1984 年第 3 期。
⑦　宜昌地区博物馆：《当阳磨盘山西周遗址试掘简报》，《江汉考古》1984 年第 2 期。
⑧　湖北省博物馆、武汉大学历史系考古专业：《当阳冯山、杨木岗遗址试掘简报》，《江汉考古》1983 年第 1 期。
⑨　湖北省博物馆、江陵工作站：《江陵县纪南城摩天岭遗址试掘简报》，《江汉考古》1988 年第 2 期。
⑩　湖北省宜昌地区博物馆、北京大学考古学系：《当阳赵家湖楚墓》，文物出版社，1992 年。
⑪　湖北省荆州地区博物馆：《江陵雨台山楚墓》，文物出版社，1984 年。
⑫　湖北省考古研究所：《江陵九店东周墓》，科学出版社，1995 年。

第三节　龙湾楚文化遗址与楚文化研究

一　龙湾楚文化遗址的主要特点

（一）面积大，建筑规模宏伟

龙湾周代遗址面积之大、内涵之丰富，居楚国大遗址之首。在龙湾遗址发现之前，荆州楚都纪南城遗址居楚国大遗址之首，城址面积约 16 平方公里。龙湾遗址东西长约 12、南北宽约 9 公里，面积约 108 平方公里。它涵盖了古城址区、宫殿基址区和多个墓葬区等。现有勘探、发掘资料显示，东区宫殿建筑基址群规模宏大，现已发现夯土台基 22 座，面积达 30 余万平方米，其面积是目前所见楚国建筑基址群中最大的。如此浩大的建筑工程，除了楚国王室工程外，不可能是其他民居工程。

（二）建筑规格高

发掘资料显示，放鹰台 1 号宫殿基址的建筑规格很高。这首先表现在它是一个建筑群体，其建筑面积达 13000 平方米。主要由高台、廊庑、庭院、道路、广场、水榭等多个建筑体组成。在建筑风格方面，它讲究东西高低错落，南低北高，贝壳路三面环绕高台，内曲廊穿梭于一、二、三层台之间，北有回廊—天井组合的幽静庭院，南有宽阔的迎宾广场，周边为亭廊结合的廊庑环绕，东有大河奔流，南有楚家湖漾波，好一派南国水乡的离宫风光，堪称中国第一皇家陵苑。其次，台高三层的高台建筑群在全国东周遗址中是首次发现。"土木之崇高"是章华台最显著的特征。再次，土木结构的高台建筑是楚先民智慧和高科技的结晶，是楚国建筑领域高科技应用的集中体现，它开创了先秦高台建筑的先河。第四，贝壳路的设计与修建是楚人奇思异想与浪漫情趣的生动展现。贝壳洁白如玉，纹如鱼鳞，是高雅纯洁的象征。第五，彩色瓦和印纹彩绘瓦当在全国周代遗址中为首次发现，它们使章华台更加艳丽多彩。

（三）时代早，延续时间长

龙湾遗址的时代之早、延续时间之长，在楚文化遗址中当属罕见。根据前面对遗址的分期断代，龙湾周代遗址的时代上限为西周晚期（约公元前 800 年），下限为公元前 278 年，延续时间达五百余年，涵盖了楚国历史的大部分时段，跨西周、春秋、战国时期。它为楚文化考古学的分期断代提供了重要依据。

二　龙湾楚文化遗址对楚文化研究的重大贡献

（一）龙湾遗址对楚文化研究在时、空及内涵方面的突破

在时段方面，半个多世纪以来，楚文化研究的文物资料，多数属战国时期文物，如战国墓中

出土的青铜器、漆木器和丝织物等，而春秋中期以前至西周时期的楚文物出土很少，更谈不上进行系统研究。龙湾遗址出土的西周至春秋阶段的陶容器、瓦类及宫殿建筑群址，正好填补了早中期楚文化研究的空白。在楚文化分布的空间方面，过去一直以沮漳河为轴线，以其东西两侧为重点，寻找早期楚文化遗址，探索楚文化渊源，寻觅早期楚郢都。龙湾遗址的发现，开阔了楚文化领域的新空间，过去被认为是云梦泽的沼泽地带，居然发现了楚国早中期大型宫殿基址群及古城址，使早期楚文化探索区由沮漳河流域转移到了"江汉间"。在楚文化研究的内涵方面，过去研究的重点是楚墓及出土文物，而对楚王宫殿、城址等资料很少涉及。龙湾遗址的发掘与研究，将研究领域扩展到楚王活动的中心，即楚王宫殿基址（章华台）及城址，为楚国史和楚文化研究提供了直接的文物资料，这是楚文化研究内涵中的重大突破。

（二）龙湾东区宫殿遗址群与楚国行宫章华台

龙湾楚宫殿基址群的发现与发掘，为全面复原楚国行宫章华台的历史面貌奠定了坚实的基础。通过历史地理学家的史籍考证和考古学者的调查、勘探、发掘和研究，认定了龙湾东区楚宫殿基址群即为"楚章华台宫苑群落"遗址。在艰苦细致的发掘、研究工作中，解决了章华台的地望、宫名与台名，始建与废弃年代、规模、规格和建筑风格等历史上有关章华台悬而未决的问题。

（三）龙湾西区古城遗址与早期楚郢都探索

龙湾西区黄罗岗古城遗址位于放鹰台西南约 10 公里处，西北距楚都纪南城约 40 公里，南距长江约 50 公里，北濒汉水约 35 公里。城址平面略呈长方形，面积达 1.7 平方公里。遗址的上下限年代、文化内涵与东区一致，在地域上与东区连成一片，两区的地形地貌也完全相同。龙湾遗址面积如此之大，时代如此之早，延续时间如此之长，规格如此之高，必定有其深刻的历史背景。据《史记·楚世家》记述："熊渠生子三人。当周夷王之时，王室微，诸侯或不朝，相伐。熊渠甚得江汉间民和……乃立其长子康为句亶王，中子红为鄂王，少子执疵为越章王，皆在江上楚蛮之地。"《史记·楚世家集解》引张莹云：（句）"今江陵也"。上述史料告诉我们，其一，熊渠三子均封在"江上楚蛮之地"，"江"即长江，"楚蛮之地"即楚国领土，说明早在公元前 900 多年的周夷王时，楚国已占据了夔（秭归）至鄂（鄂州）的长江中游地区。其二，"熊渠甚得江汉间民和"，且"立长子康为句亶王"居江陵。长子是王位继承人，说明熊渠的统治中心在"江汉间"，长子康的都城在江汉间的"江陵"（现在的江陵不在江汉间，而在长江北岸）。黄罗岗古城址正位于南临长江，北濒汉水的"江汉间"，自古以来为江陵所辖。目前黄罗岗城址的考古工作尚未正式启动，城垣的年代、城内布局等尚不清楚。龙湾遗址是考古学者从事楚文化研究的梦想大舞台，在这个大舞台上我们有两个梦，一是楚国行宫章华台梦，我们已圆了此梦。第二个梦是早期楚都梦，我们相信在不久的将来，此梦也一定会梦想成真。

龙湾遗址的发现、发掘与研究，对整个楚文化、特别是早期楚文化研究具有重要价值。它为楚文化考古学分期断代提供了重要标尺；为楚国行宫章华台的研究、复原提供了内涵丰富而珍贵的资料；黄罗岗古城址的发现，为寻找楚国早期都城提供了探索方向和重要坐标点。龙湾遗址的发掘与研究，是当前楚文化研究中的一项重大课题，是目前楚文化研究中的一个重大突破点。

附录

Ⅰ区明代墓葬

一 墓葬概况

1999年至2001年冬,全面揭露Ⅰ区楚宫殿基址时,在台基的西南部清理明墓8座,编号为IM1~IM8(图三五五)。

(一)层位关系

本区八座墓葬均被第2层(即近代文化层)所叠压,打破第3、4层及5层(宫殿基址)。

(二)墓葬形制

墓葬的封土均被挖掉。八座墓均属小型长方形土坑竖穴,无墓道,无台阶,少数墓葬有头龛。墓葬方向为东北或西北。墓坑最大的是IM3,长318.8、宽150、深195厘米。最小的是IM8,长196、宽80、深62厘米。壁龛一般设在墓壁头向正中靠底部,有的与墓底平,有的高出墓底约20厘米。龛体形状均为长方形。IM2壁龛最大,长74、宽32、高80~120厘米。墓坑内均填五花土,比较松散。葬具、人骨架均腐朽无存,从墓坑规格和部分残存的棺痕判断,八座墓均为单棺墓(表六一)。

(三)随葬器物

随葬品一般置于棺头向一端或头龛,多为二碗一罐。多数棺内头部或棺内周边置有1~8块灰色陶瓦,并在头部或腰部置一灰色陶质方形墓志铭(字迹均脱落)。八座墓中共出土器物59件。按质地分为陶器、石器、瓷器、铜器。陶器中有罐8件、楼1件、瓦23件、墓志铭6件;石器有买地券1件;瓷器有碗16件;铜器有簪4件。

二 分述

八座墓中,IM2、IM3、IM4头向一端设有壁龛,其余五座墓无壁龛。

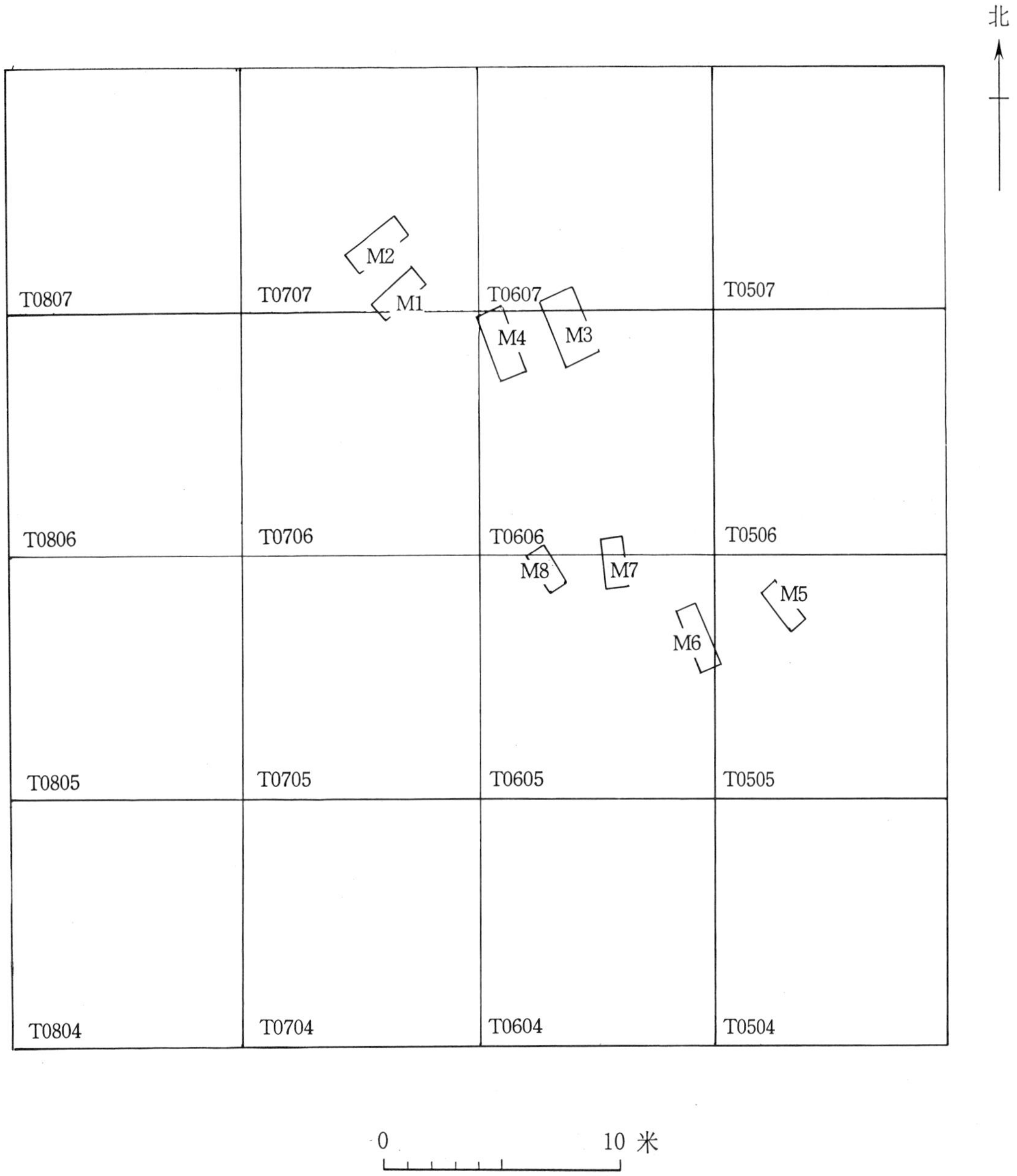

北

T0807　　　　　　T0707　　　　　　T0607　　　　　　T0507

M2

M1

M4　M3

T0806　　　　　　T0706　　　　　　T0606　　　　　　T0506

M8　　M7

M5

M6

T0805　　　　　　T0705　　　　　　T0605　　　　　　T0505

T0804　　　　　　T0704　　　　　　T0604　　　　　　T0504

0　　　　　　　　10 米

图三五五　Ⅰ区明代墓葬分布图

（一）设头龛的长方形土坑竖穴墓

ⅠM2

墓葬形制：

墓坑的口、底同大。墓口长 268、宽 138 厘米，墓坑自深 162 厘米，墓底距地面深 220 厘米。方向 54°。墓坑四壁陡直，平整光滑。墓壁头向一端正中靠底部设长方形头龛。龛长 74、宽 32、高 80～120 厘米，龛底与坑底平，龛内放置随葬器物。坑内填较松散的五花土。棺木已腐朽，仅

见痕迹和锈铁棺钉。棺痕长 250、宽 54 厘米。棺底铺垫一层厚 4 厘米的草木灰。人骨已腐朽，葬
式不清（图三五六）。

表六一　　　　　　　　　　**Ⅰ区明墓统计表**

墓号	方向	墓葬形制（单位：厘米）	随葬器物	葬式
M1	48°	坑：250×106－190 棺痕：180×60－？	陶罐 1 件、墓志铭 1 件、瓦 8 件，瓷碗 2 件	不清
M2	54°	坑：268×138－162 棺痕：250×54－？ 壁龛：74×32－（80～120）	陶罐 1 件、瓦 3 件、楼 1 件、墓志铭 1 件、石质买地券 1 件，瓷碗 2 件	不清
M3	340°	坑：318.8×150－195 棺痕：？ 壁龛：50×30－（56～80）	陶罐 1 件、墓志铭 1 件，瓷碗 2 件	不清
M4	342°	坑：302×118－152 棺痕：210×50－？ 壁龛：60×26－（34～60）	陶罐 1 件、墓志铭 1 件、瓦 6 件，瓷碗 2 件	不清
M5	321°	坑：228×80－100 棺痕：178×48－？	陶罐 1 件、墓志铭 1 件、瓦 5 件，瓷碗 2 件	不清
M6	340°	坑：225×88－86 棺痕：？	陶罐 1 件，瓷碗 2 件，铜簪 4 件	不清
M7	350°	坑：230×100－158 棺痕：？	陶罐 1 件、瓦 1 件，瓷碗 2 件	不清
M8	329°	坑：196×80－62 棺痕：？	陶罐 1 件、墓志铭 1 件，瓷碗 2 件	不清

随葬器物：

棺内头向一端置 3 件陶瓦，腰部置一件陶质墓志铭，壁龛内置石质买地券及陶楼、罐和瓷碗
（图版九四，1）。

1. 陶器

楼　1 件。

IM2：1，泥质红陶，外饰褐彩。形制为两层一顶。底层平，立面呈长方形；二层立面呈梯形；
顶部为四坡形。底层正面有门，一、二层顶部四角有鸟吻，四边有层檐。楼四面分别刻划云纹、
网格纹等。底座长 16、宽 9、通高 28.8 厘米（图三五七，2；图版九四，2）。

罐　1 件。

IM2：5，红褐陶，外施黄釉。口微侈，圆唇，矮束颈，溜肩，腹微鼓，下腹收，平底，矮圈
足。器身饰花草纹及浅旋纹。口径 8.8、腹径 14.8、底径 9.6、高 16.4 厘米（图三五七，3；图版
九四，3）。

墓志铭　1 件。

IM2：8，泥质灰陶。长方形，两面用朱砂书写的文字已模糊不清。长 28、宽 26.8、厚 4 厘米
（图三五七，5；图版九五，1）。

瓦　3 件。

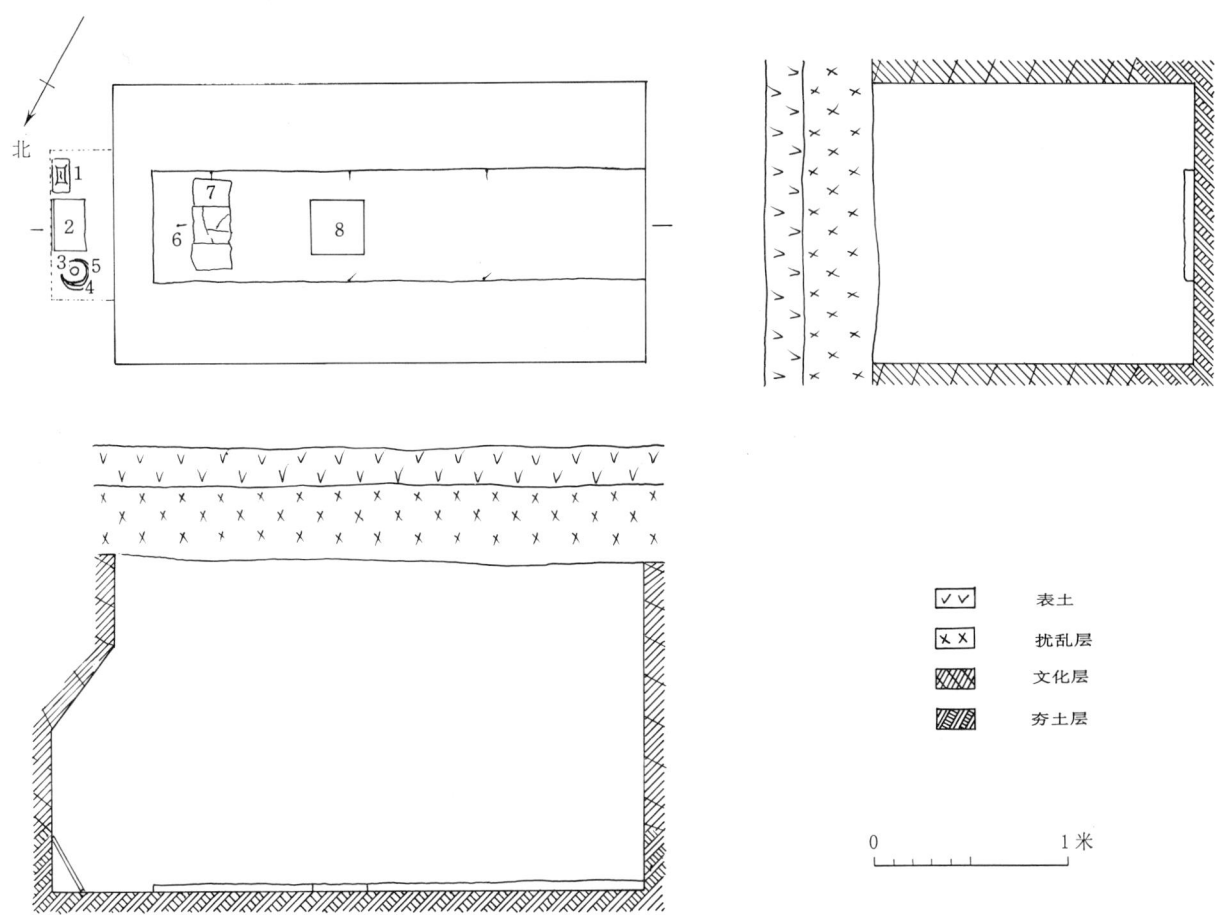

图三五六　IM2 平、剖面图

1. 陶楼　2. 石买地券　3、4. 瓷碗　5. 釉陶罐　6. 铁棺钉（锈蚀）　7. 陶瓦（3 件）　8. 陶墓志铭

标本 IM2：7，泥质灰陶。头宽尾窄。凹面饰粗布纹，凸面素饰。瓦头宽 20、尾宽 17.6、长 19、厚 1~1.2 厘米（图三五七，6；图版九五，2）。

2. 石器

买地券　1 件。

IM2：2，青石质。由方形薄石片磨制而成，光滑平整，厚薄均匀。正面阴刻有竖条格，格内朱书文字已无法辨认，周边有藤幔纹。反面阴刻"金玉满堂"四字，四角及中部分别对衬刻有云纹、草叶纹和花枝纹等。长 25.6、宽 24、厚 0.8 厘米（图三五七，1；图版九六，1、2）。

3. 瓷器

碗　2 件。形制相同。

标本 IM2：3，白胎，影青釉。敞口，圆唇，斜弧腹，平底，矮圈足。碗腹四周饰四条对衬青花鱼，碗底饰花草纹。口径 12、高 5.2 厘米（图三五七，4；图版九五，3）。

IM3

墓葬形制：

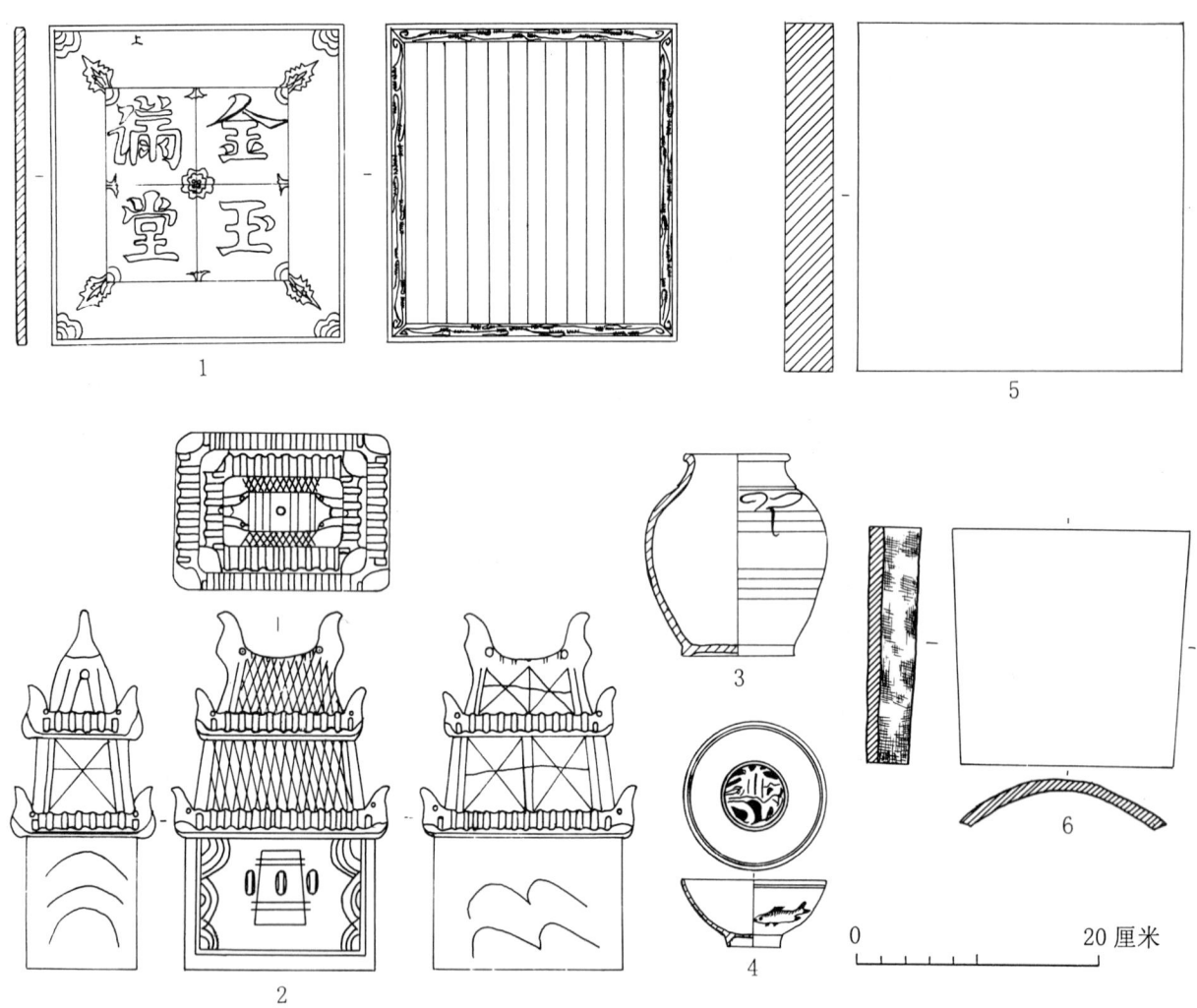

图三五七　IM2 出土石买地券，陶楼、罐、墓志铭、瓦，瓷碗

1. 石买地券（IM2：2）　2. 陶楼（IM2：1）　3. 陶罐（IM2：5）　4. 瓷碗（IM2：3）　5. 陶墓志铭（IM2：8）　6. 陶瓦（IM2：7）

　　墓口略大于墓底。墓口长 318.8、宽 150 厘米，墓底长 311、宽 142 厘米，墓底距地面深 240、墓坑自深 195 厘米。方向 340°。墓坑四壁略呈斗状，平整光滑。头向一端正中靠底部设有长方形头龛。龛长 50、宽 30、高 56～80 厘米，龛内放置随葬品。墓坑内填较松散的五花土。棺木及人骨架腐朽无存，仅见数枚锈铁棺钉和棺环。葬式不清（图三五八）。

　　随葬器物：

　　壁龛内置一陶罐、二瓷碗和一陶墓志铭。

　　1. 陶器

　　罐　1件。

　　IM3：4，夹砂红陶，上腹饰浅红釉。口微侈，平沿，矮直颈微束，溜肩，上腹微鼓，下腹斜收，小平底。腹饰凹旋纹。口径 12.4、腹径 20、底径 8、高 20.8 厘米（图三五九，1；图版九六，3）。

　　墓志铭　1件。

　　IM3：1，泥质灰陶。方形。不见朱砂文字。长、宽各 25.2 厘米，厚 4 厘米（图三五九，3）。

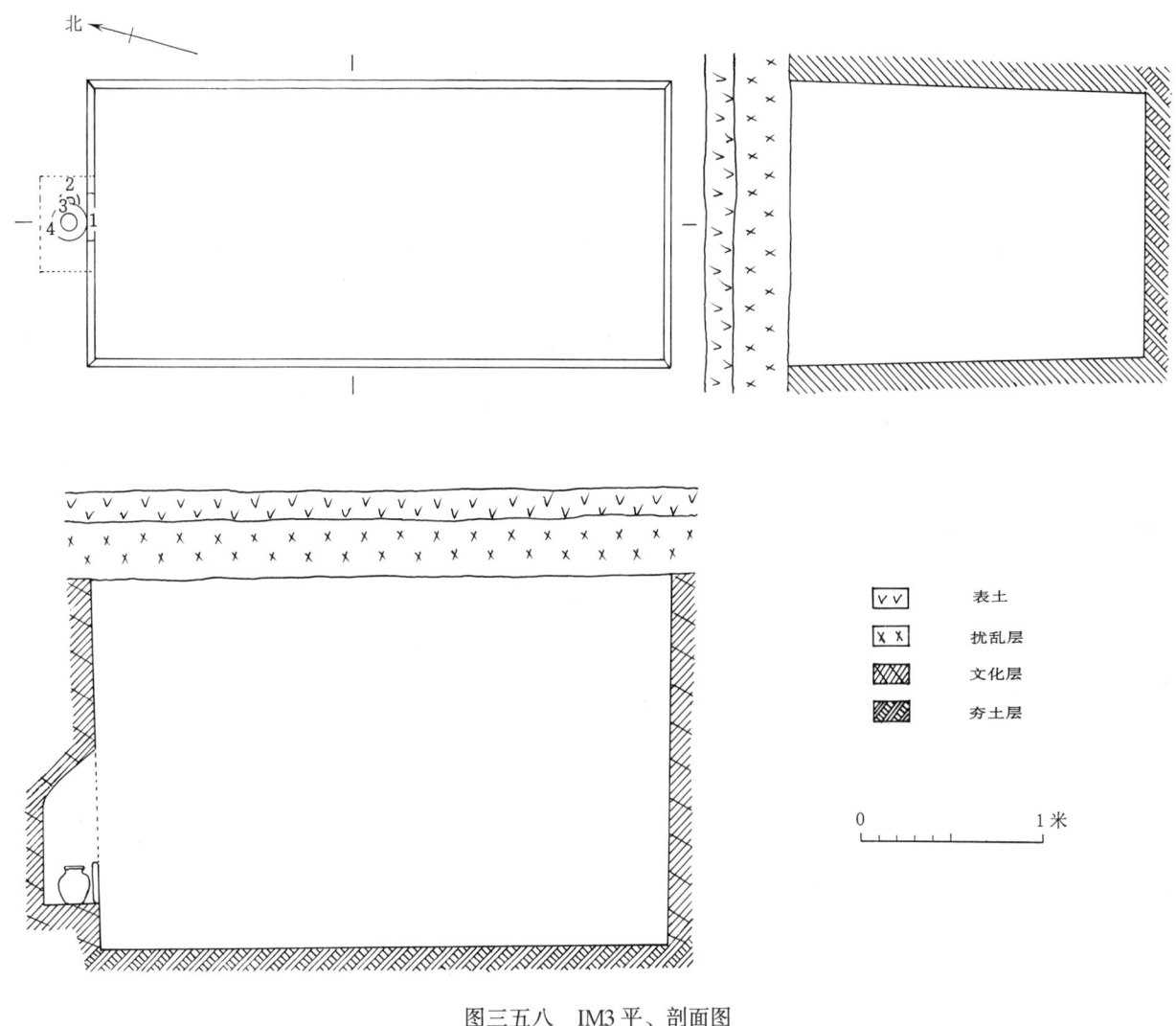

图三五八　IM3 平、剖面图

1. 陶墓志铭　2、3. 瓷碗　4. 陶罐

2. 瓷器

碗　2 件。形制相同。

标本 IM3:2，红褐胎，影青釉开片瓷，足部未施釉。口微敛，腹较深，斜弧腹，平底，圈足较高。口径 13.2、高 7.2 厘米（图三五九，2；图版九六，4）。

IM4

墓葬形制：

墓坑的口、底同大。墓口长 302、宽 118 厘米，墓坑自深 152、墓底距地面深 220 厘米。方向 342°。墓坑四壁陡直，平整光滑。墓坑头壁正中靠底部设一长方形壁龛。长 60、宽 26、高 34~60 厘米。坑内填较松散的五花土。棺木腐朽无存，仅见坑底灰色棺木朽痕和少量锈铁棺钉。棺痕长 210、宽 50 厘米（图三六○、图版九七，1）。

随葬器物：

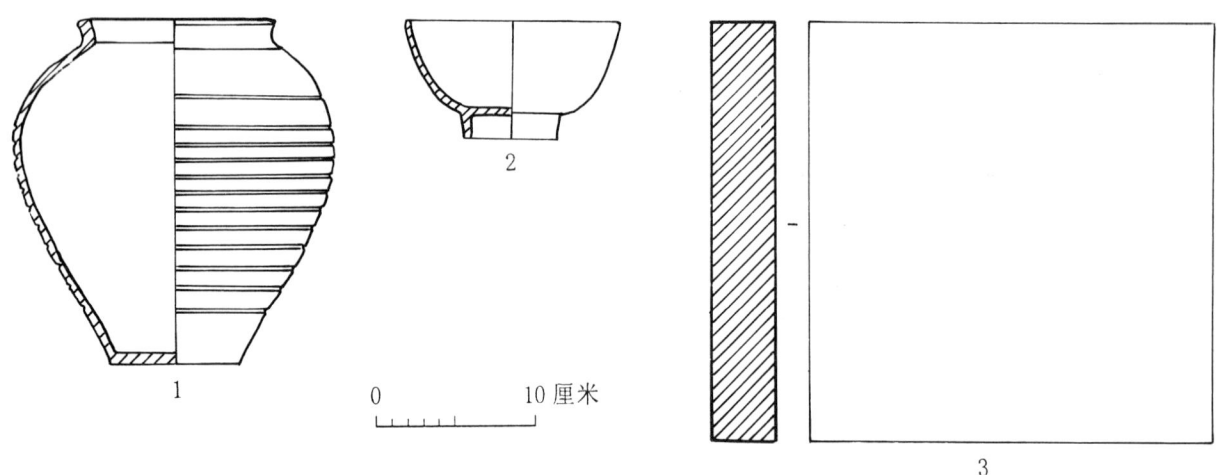

图三五九　IM3 出土陶罐、墓志铭，瓷碗

1. 陶罐（IM3:4）　2. 瓷碗（IM3:2）　3. 陶墓志铭（IM3:1）

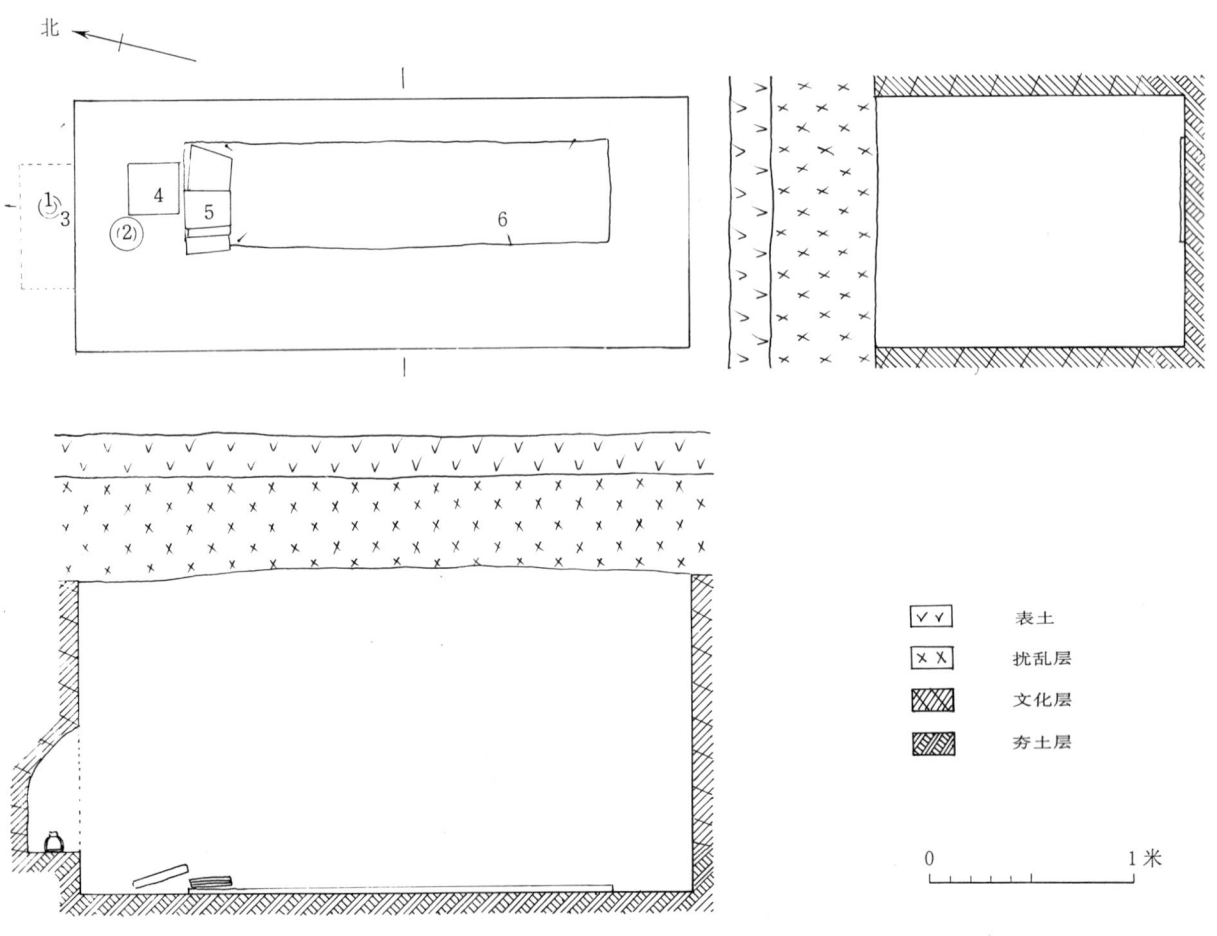

图三六〇　IM4 平、剖面图

1、3. 瓷碗　2. 陶罐　4. 陶墓志铭　5. 陶瓦（6件）　6. 铁棺钉（锈蚀）

棺内头向一端置 6 件陶瓦，墓坑头向一端置 1 件陶墓志铭和 1 件陶罐，壁龛内置 2 件瓷碗（图版九七，1）。

1. 陶器

罐 1 件。

IM4:2，夹砂灰褐胎，赭褐釉。口微侈，卷沿，方唇微凹，矮颈微束，溜肩，腹微鼓，下腹斜收，平底。腹部饰篮纹间抽象鸟状纹。口径 11.6、腹径 19.2、底径 11.2、高 22 厘米（图三六一，1；图版九七，2）。

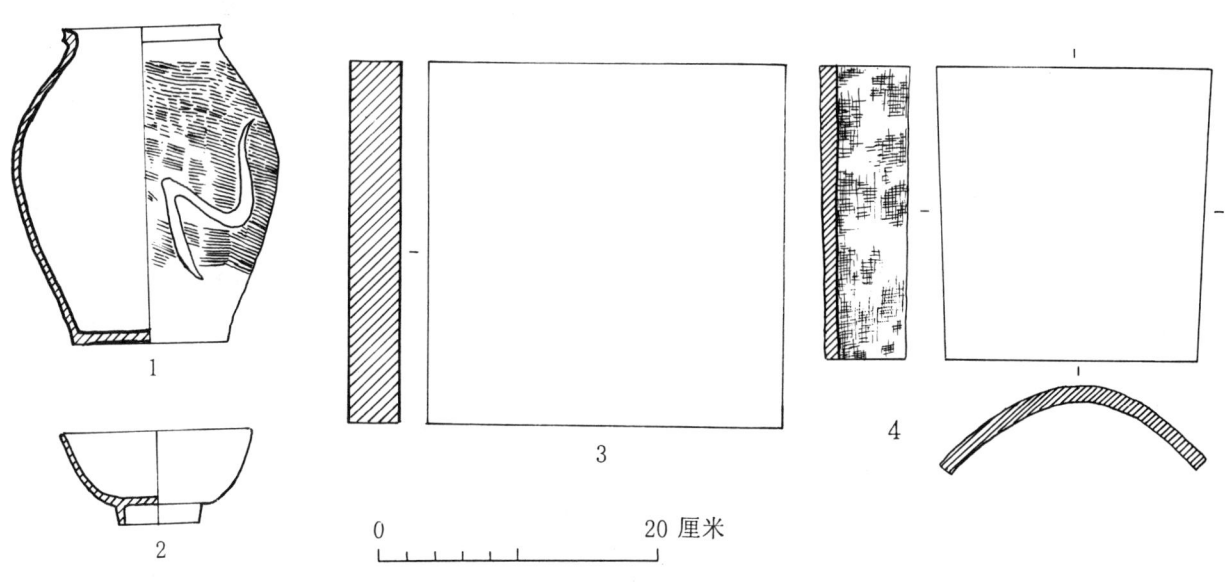

图三六一 IM4 出土陶罐、墓志铭、瓦，瓷碗

1. 陶罐（IM4:2） 2. 瓷碗（IM4:1） 3. 陶墓志铭（IM4:4） 4. 陶瓦（IM4:5）

墓志铭 1 件。

IM4:4，泥质灰陶。正方形。不见朱砂文字。边长 25.2、厚 3.6 厘米（图三六一，3；图版九七，3）。

瓦 6 件。形制相同。

标本 IM4:5，泥质灰陶。头宽尾窄。凹面施粗布纹，凸面素饰。瓦头宽 20、尾宽 18.4、长 20.4 厘米（图三六一，4；图版九八，1）。

2. 瓷器

碗 2 件。形制相同。

标本 IM4:1，灰白胎，满施影青釉。口微敞，方圆唇外斜，斜弧腹，圈足较高。口径 14、高 6.4 厘米（图三六一，2；图版九八，2）。

（二）无龛长方形土坑墓

IM1

墓葬形制：

坑口略大于底。墓口长 250、宽 106 厘米，墓底长 248、宽 102 厘米，墓坑自深 190、墓底距地面深 230 厘米。方向 48°。墓坑略呈斗状，四壁平整光滑。坑内填五花土，土质较松散。棺木已朽，仅见数块腐朽棺木和锈铁棺钉。棺痕长 180、宽 60 厘米。人骨架腐朽无存，葬式不清（图三六二）。

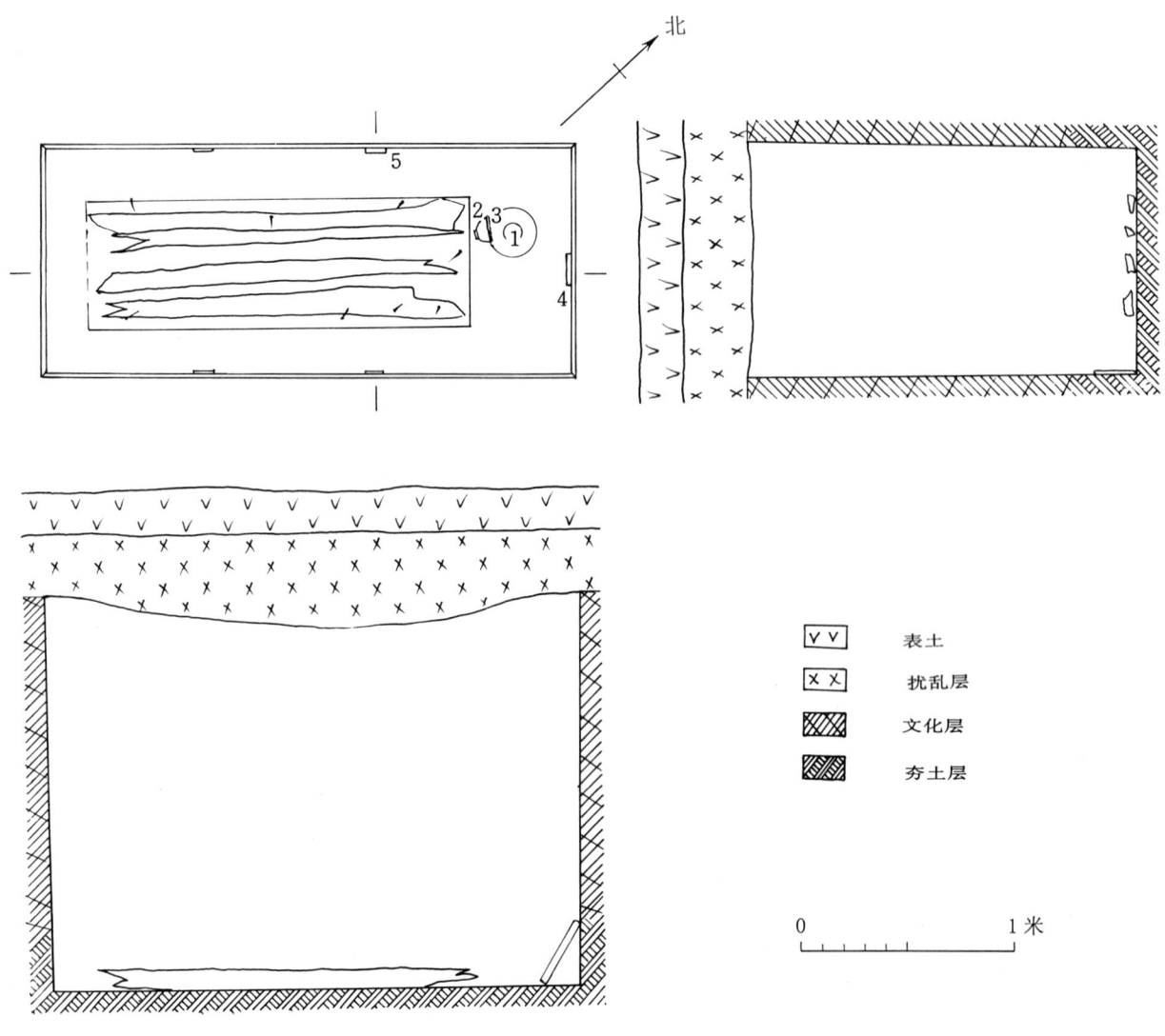

图三六二　IM1 平、剖面图

1. 陶罐　2、3. 瓷碗　4. 陶墓志铭　5. 陶瓦（8 件）

随葬器物：

墓坑底部四角及两侧壁中部对应放置 8 件陶瓦，头向一端置 1 件陶罐、2 件青花瓷碗和 1 件墓志铭。

1. 陶器

罐　1 件。

IM1:1，灰白胎，下腹以上施黄绿釉。口微侈，圆唇，矮束颈，溜肩，腹微鼓，下腹收，平底外侈。腹中部饰花叶纹。口径 10.4、腹径 18、底径 10、高 22 厘米（图三六三，1；图版九八，3）。

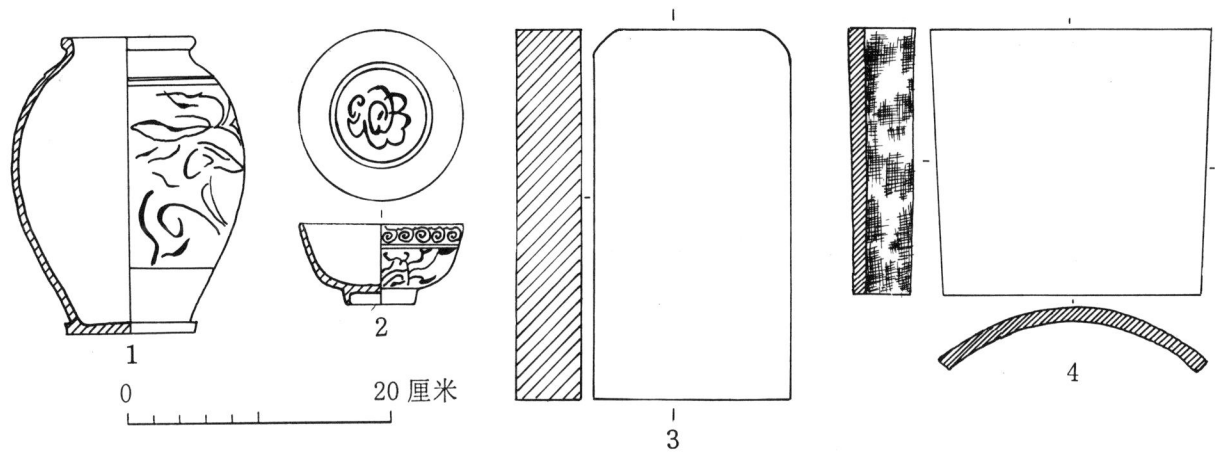

图三六三　IM1 出土陶罐、墓志铭、瓦，瓷碗

1. 陶罐（IM1:1）　2. 瓷碗（IM1:2）　3. 陶墓志铭（IM1:4）　4. 陶瓦（IM1:5）

墓志铭　1件。

IM1:4，泥质灰陶。出土时两面呈赤色，系朱砂所染，但字迹已无法辨认。长方形。长 27.5、宽 15.2、厚 5 厘米（图三六三，3；图版九八，4）。

瓦　8件。形制相同。

标本 IM1:5，泥质灰陶。头宽尾窄。凸面素饰，凹面饰粗布纹。瓦头宽 21.6、尾宽 20、长 19.6、厚 1～1.2 厘米（图三六三，4）。

2. 瓷器

碗　2件。形制相同。

标本 IM1:2，灰白胎，碗身施影青釉。敞口，腹壁斜直，矮圈足，口沿部饰云纹，碗底及下腹饰花瓣纹。口径 12.4、高 6 厘米（图三六三，2；图版九八，5）。

IM5

墓葬形制：

墓坑口大底小。墓口长 228、宽 80 厘米，底长 216、宽 64 厘米，墓底距地面深 140、墓坑自深 100 厘米。方向 321°。墓坑较窄，呈斗状，四壁平整光滑。坑内填五花土，土质较松散。棺木已腐朽，仅见灰色棺痕，长 178、宽 48 厘米。人骨已朽，葬式不清（图三六四；图版九九，1）。

随葬器物：

棺内头端置 5 件陶瓦，棺外头向一端置 1 件陶罐、2 件瓷碗和 1 件陶墓志铭（图版九九，1）。

1. 陶器

罐　1件。

IM5:1，夹砂赭灰陶，腹上部施褐酱釉。直口，平沿，矮直颈微束，耸肩，上腹微鼓，下腹斜收，小平底。腹部饰数道凹旋纹。口径 12、腹径 16.4、底径 7.8、高 16.4 厘米（图三六五，1；图版九九，2）。

墓志铭　1件。

北

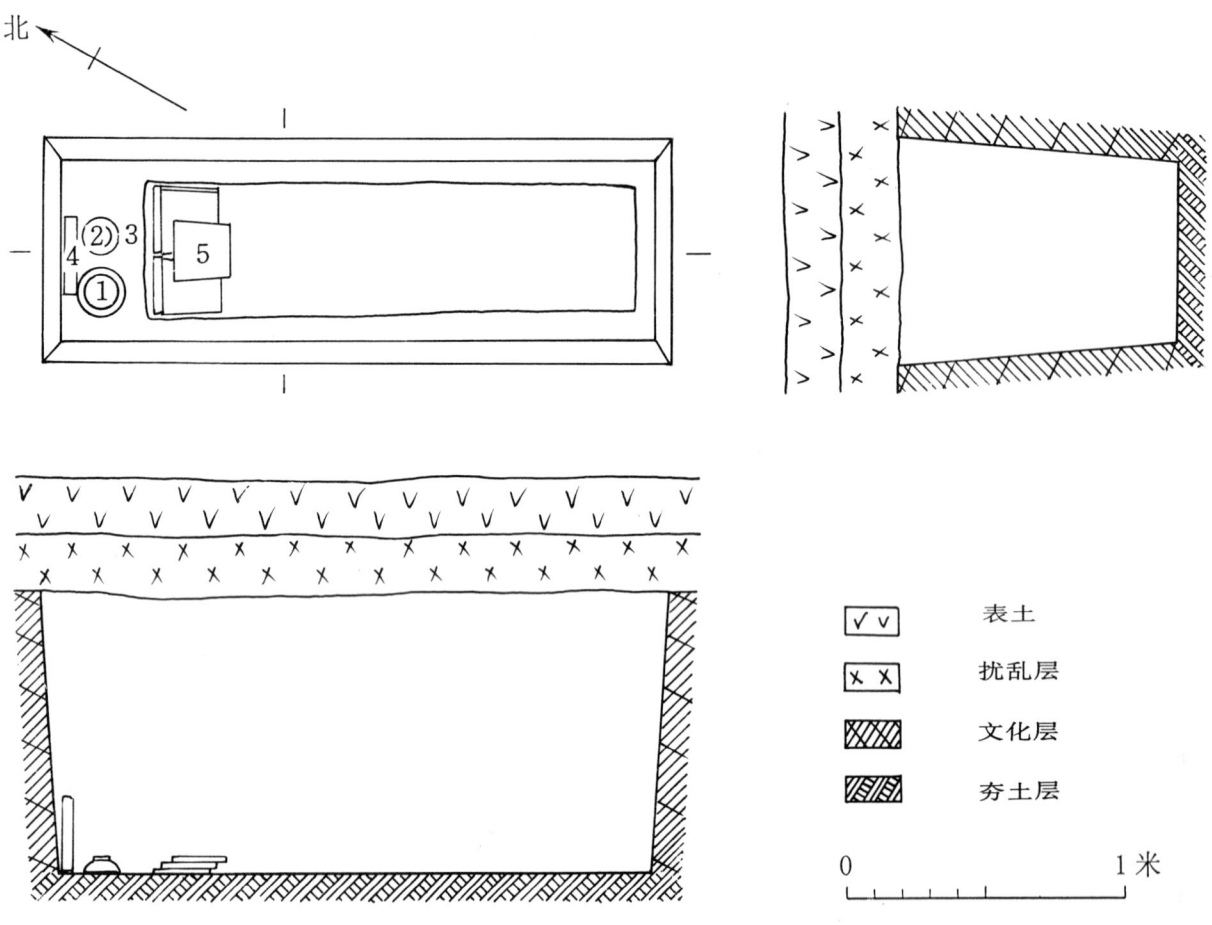

	表土
	扰乱层
	文化层
	夯土层

0   1 米

图三六四　IM5 平、剖面图

1.陶罐　2、3.瓷碗　4.陶墓志铭　5.陶瓦（5件）

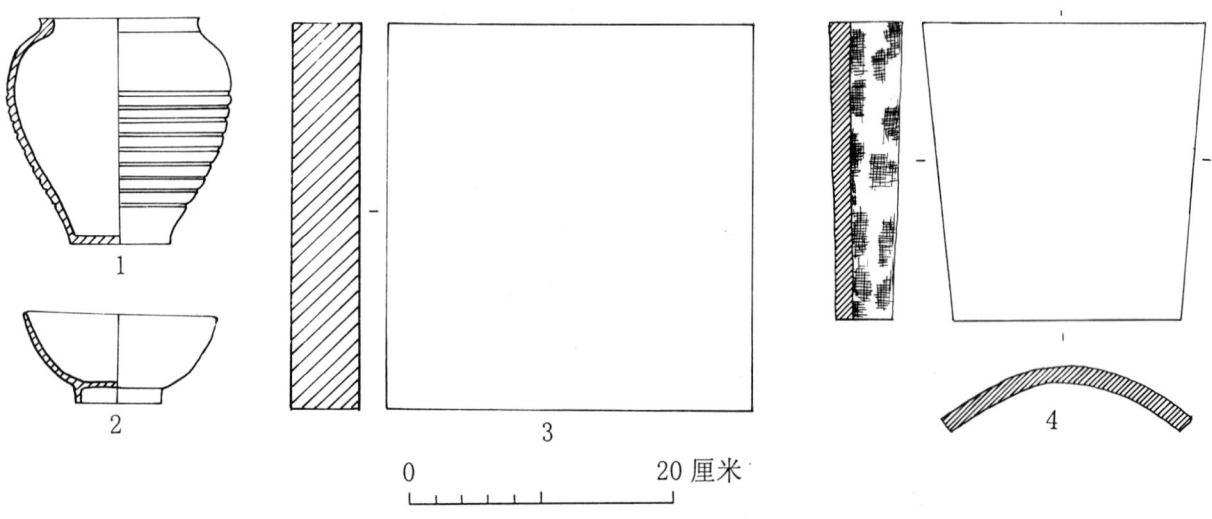

0   20 厘米

图三六五　IM5 出土陶罐、墓志铭、瓦，瓷碗

1.陶罐（IM5:1）　2.瓷碗（IM5:2）　3.陶墓志铭（IM5:4）　4.陶瓦（IM5:5）

IM5:4，泥质灰陶。方形。不见朱砂字迹。长28、宽27.6、厚5.2厘米（图三六五，3）。

瓦　5件。形制相同。

标本 IM5:5，泥质灰陶。头宽尾窄。凸面素饰，凹面施粗布纹。瓦头宽21.2、尾宽17、长21.3、厚1.2～1.6厘米（图三六五，4）。

2. 瓷器

碗　2件。形制相同。

标本 IM5:2，灰白胎，影青釉。口微敞，圆唇，腹壁较斜，平底，圈足较矮。口径14.4、高6.8厘米（图三六五，2；图版九九，3）。

IM6

墓葬形制：

墓坑口、底同大。墓口长225、宽88厘米，墓坑自深86、墓底距地面深136厘米。方向340°。墓坑较窄小，四壁陡直光滑。坑内填较松散的五花土。棺木已朽，人骨已腐，葬式不清（图三六六；图版一〇〇，1）。

随葬器物：

墓坑头向一端放置1件釉陶罐、2件瓷碗和4件铜簪（图版一〇〇，1）。

1. 陶器

罐　1件。

IM6:1，灰白胎，浅绿白釉。口微侈，平沿，矮束颈，耸肩，圆鼓腹，下腹内收，凹圈底。素面。口径8.8、腹径12.4、底径5.6、高12厘米（图三六七，1；图版一〇〇，2）。

2. 瓷器

碗　2件。形制相同。

标本 IM6:2，白胎，白釉。喇叭口，腹壁斜，下腹内收，平底，矮圈足。素面。口径13.6、高6厘米（图三六七，2；图版一〇〇，3）。

3. 铜器

簪　4件。形制相同。

标本 IM6:4，青铜质。簪前端呈圆锥状，尾端有一半圆铜帽。帽顶饰云纹。通长14、锥径0.05～0.4、帽径1.2厘米（图三六七，3）。

IM7

墓葬形制：

墓坑口、底同大。墓口长230、宽100厘米，墓坑自深158、墓底距地面深218厘米。方向350°。坑壁陡直，四壁平整光滑，内填五花土，土质较松散。棺木及人骨架腐朽无存，葬式不清（图三六八）。

随葬器物：

墓坑头向一端随葬1件釉陶罐、2件瓷碗和1件陶瓦。

1. 陶器

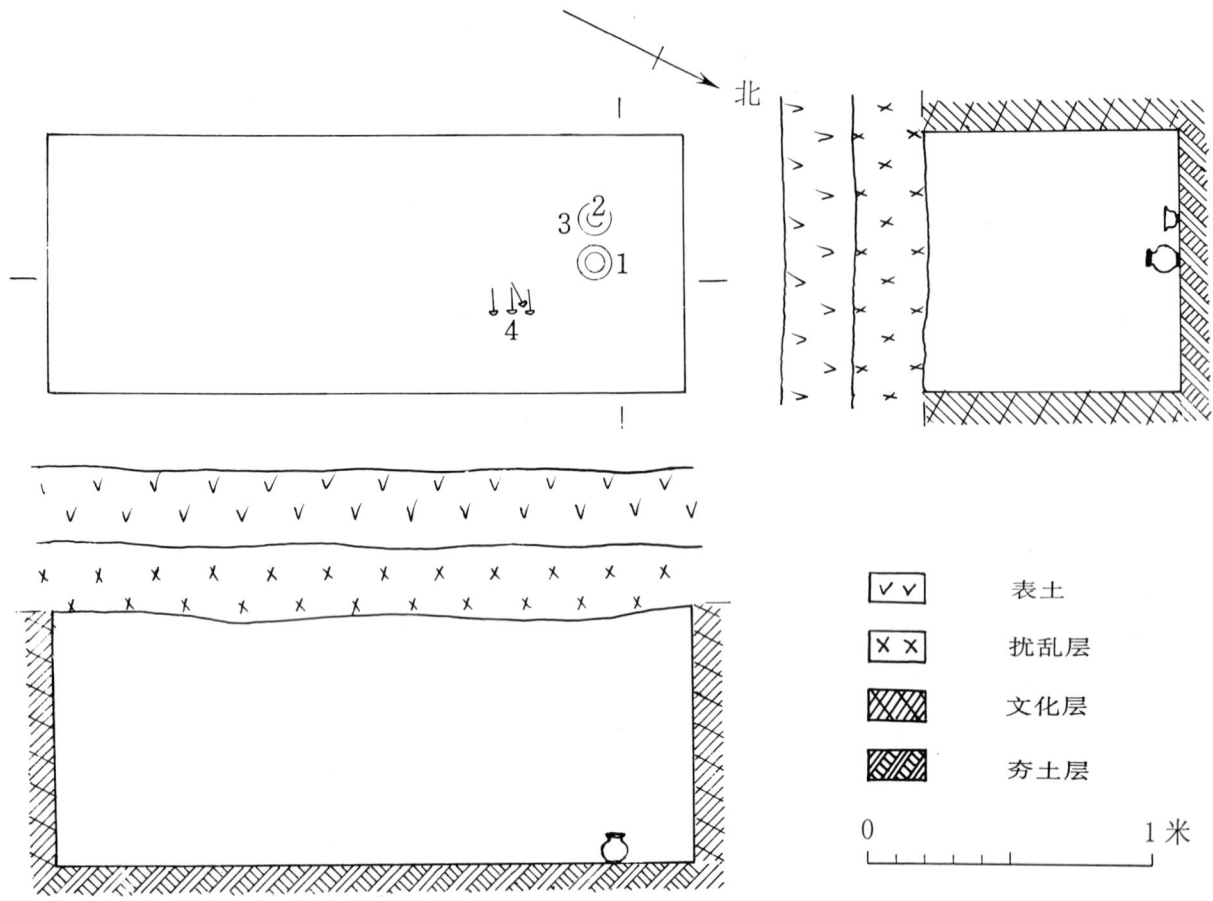

图三六六　IM6 平、剖面图

1. 釉陶罐　2、3. 瓷碗　4. 铜簪

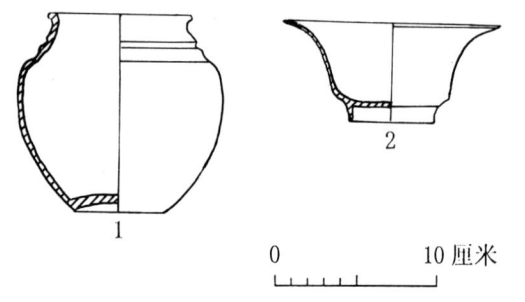

图三六七　IM6 出土陶罐，瓷碗，铜簪

1. 陶罐（IM6∶1）　2. 瓷碗（IM6∶2）　3. 铜簪（IM6∶4）

碗　2件。形制相同。

标本 IM7∶3，白胎，影青釉。敞口，圆唇，腹壁斜直，矮圈足。口沿外侧及碗底饰弧线云纹，腹饰对称四奔马纹。口径 13.6、高 6.4 厘米（图三六九，2；图版一〇一，2）。

罐　1件。

IM7∶1，灰白胎，赭黄釉。口微敞，圆唇，矮颈微束，溜肩，腹微鼓，平底，矮圈足外侈。颈、腹饰旋纹。口径 9.2、腹径 15.2、底径 10、高 16.4 厘米（图三六九，1；图版一〇一，1）。

瓦　1件。

IM7∶4，泥质灰陶。头宽尾窄。凸面素饰，凹面饰粗布纹。瓦头宽 19.6、尾宽 17.6、长 20.4、厚 0.8～1 厘米（图三六九，3）。

2. 瓷器

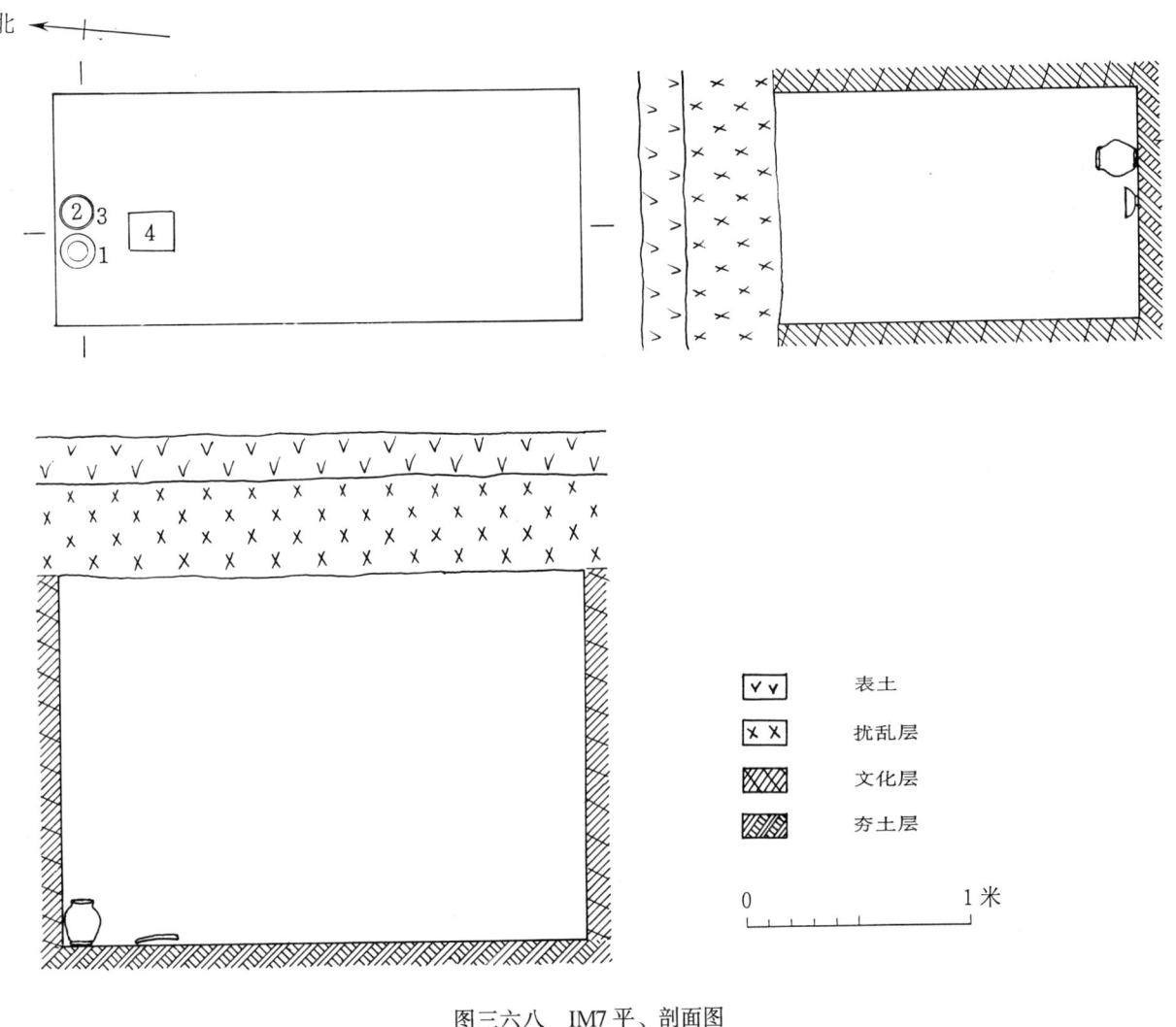

图三六八　IM7平、剖面图

1. 陶罐　2、3. 瓷碗　4. 陶瓦

IM8

墓葬形制：

墓坑较窄小，口大于底。墓口长196、宽80厘米，墓底长178、宽60厘米，墓坑自深62、墓底距地面深110厘米。方向329°。墓坑呈斗状，四壁平整光滑，坑内填五花土，土质较松散。棺木及人骨架均已腐朽，葬式不清（图三七○）。

随葬器物：

坑内头向一端放置1件陶罐、2件瓷碗和1件陶墓志铭。

1. 陶器

罐　1件。

IM8:3，赭红胎，酱红釉。直口，矮直颈，广肩，上腹外鼓，下腹斜收，小平底外侈。肩腹部饰卷叶纹。口径9.6、腹径16.8、底径8、高16厘米（图三七一，1；图版一○一，3）。

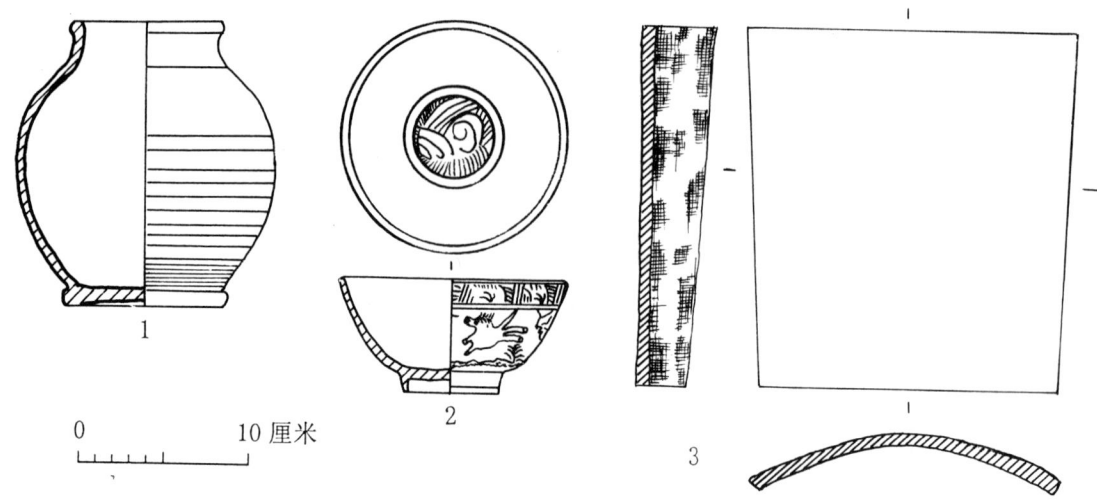

1
2
3
0
10 厘米

图三六九　IM7 出土陶罐、瓦，瓷碗

1. 陶罐（IM7:1）　2. 瓷碗（IM7:3）　3. 陶瓦（IM7:4）

北
1
2
3
4
表土
扰乱层
文化层
夯土层
0
1 米

图三七〇　IM8 平、剖面图

1、2. 瓷碗　3. 陶罐　4. 陶墓志铭

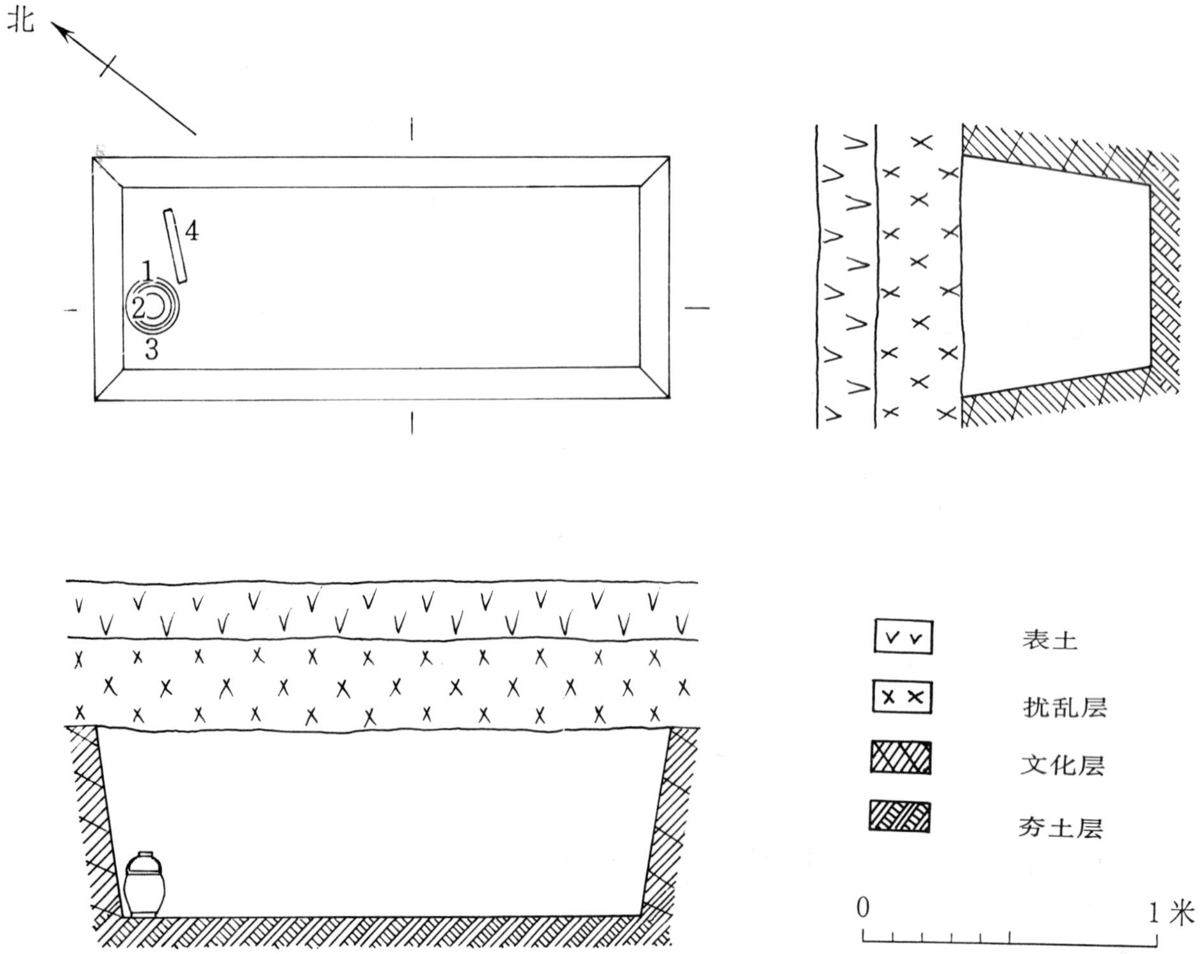

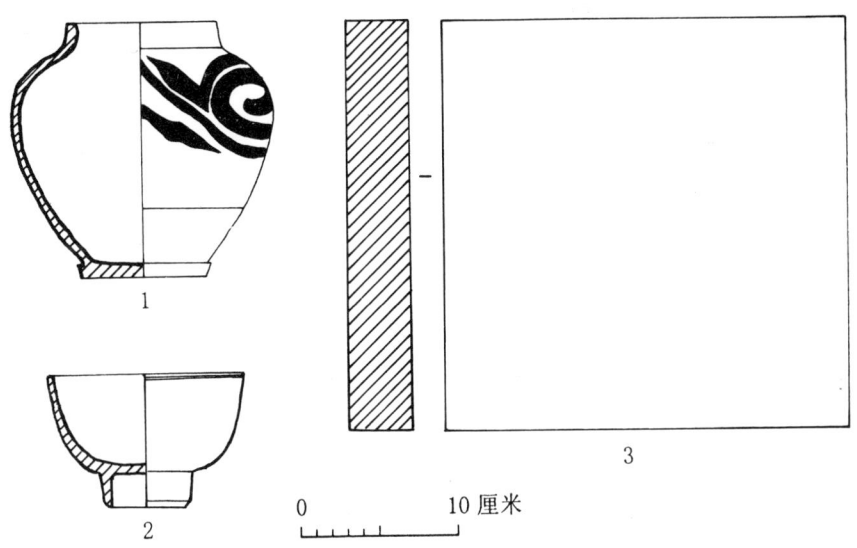

图三七一　IM8 出土陶罐、墓志铭，瓷碗

1. 陶罐（IM8：3）　2. 瓷碗（IM8：1）　3. 陶墓志铭（IM8：4）

墓志铭　1 件。

IM8：4，泥质灰陶。正方形，朱砂已脱落，字迹不清。宽 25.6、长 26、厚 4 厘米（图三七一，3）。

2. 瓷器

瓷碗　2 件。形制相同。

标本 IM8：1，灰白胎较厚，施影青釉。口微敞，腹壁斜直，平底，高圈足。口沿外侧饰二道细兰线花边。口径 12.8、高 8.4 厘米（图三七一，2；图版一〇一，4）。

三　小结

汉江地区宋明墓葬发掘并见诸报道的较少，本区发掘的这批墓葬规模小，保存情况一般，出土器物较少。从墓葬形制和随葬器物看，这批墓葬有如下特征：第一，葬制相似。同为小型土坑竖穴木棺墓，近半数带有壁龛；方向一致，头向均朝北。其中 M1 与 M2、M3 与 M4 并列而葬，可能为夫妻并葬墓。第二，随葬器物基本相同。八座墓葬中都随葬有二碗一罐，其中五座墓棺的头向一端置陶瓦，六座墓中有陶墓志铭，一座墓中有买地券和陶楼。同处一墓地，同一埋葬方式，当属同一时代的家族墓地。

墓葬年代，随葬器物中无一有纪年文字，由于墓志铭和买地券均系朱砂书写，已脱落，其年代关系只能依据器物形制和相关资料来判断。所出釉陶罐均为矮颈，上腹微鼓，下腹斜收，小平底；瓷碗均口微敞，斜弧腹，圈足较矮。这些特征与宜城小河乡营村曹家楼遗址明墓[①] 所出同类器物极为相似，尤其是石质买地券更是如出一辙。曹家楼遗址明墓买地券为阴刻铭文，明确记载了墓主人的下葬年代为明万历年间。因此，本区这批墓葬的大致年限当在明代。

---

① 武、襄、宜：《宜城詹营村明墓清理简报》，《江汉考古》1988 年第 1 期。

Longwan of Qianjiang

Excavation Report of the Longwan Site 1987 – 2001

(Abstract)

Ⅰ. Introduction

Longwan site is located at Qianjiang of Hubei province, in the middle west of the Jianghan Plain. It is about 15km to the northeast of Qianjiang, 50km to the northwest of Jinan, the earlier capital city of the ancient Chu state. The Yangtze River is 50km to the south of the site, and the Hanshui River is 35km to its north. The central point of the site lies on E112°12', N30°14'.

The site covers an area of 108 square kilometers. It is 12km from east to west, and 9km from north to south. The entire area is divided into an eastern and a western quarter. The eastern quarter features Fangyingtai Palace site, which consists 22 rammed earth bases; while the western quarter is the ancient city site of Huangluogang at Zhangjin Town. The Zhou dynasty remains and tomb sites at the western quarter form a cluster of Huangluogang Chu State Cultural Sites. The two quarters are similar in terms of geology, landform and cultural contents that they constitute a united whole.

Longwan Site was first discovered in 1984. In 1987, the first experimental excavation was carried out at palace site No. 1 at Fangyingtai, with an excavated area of 500 square meters. In the meantime, a rescue excavation was carried out at Zhengjiahu site prior to a hydraulic project. The excavated area is 470 square meters. In 1988, 6 Chu tombs were cleared in a fish pond project. And in 1998, a Neolithic site at Changzhangtai was excavated in another fish pond project, the excavated area being 600 square meters. At the same time, a Chu tomb was cleared, the excavated area being 100 square meters. Also excavated were an area of 100 square meters at rammed earth base No.3 at Fangyingtai, and 1,000 square meters at palace site No.1 at Fangyingtai. Another two excavations of palace site No.1 at Fangyingtai were conducted respectively in 2000 and 2001 on an area of 1,000 square meters. In 2001, 4 Chu tombs were excavated at Xiaohuangjiatai.

Ⅱ. Important Findings

The Chu palace site cluster was discovered and investigated in the eastern quarter of Longwan Site. Twenty – two rammed earth palace bases were discovered within an area of 4 square kilometers. The total area of these bases amounts over 300 thousand square meters. The palace bases at Fangyingtai are composed of 6 rammed earth terraces, connected with passages. The largest one is 38, 250 square meters (No. 6), while the smallest one is 2, 250 square meters (No. 4).

Huangluogang ancient city site was discovered and investigated in the western quarter. The site lies on a plan of a roughly elongated square. The eastern city wall is 1, 250 meters, the southern wall 1, 300 meters, the western wall 1, 335 meters, and the northern wall 1, 265 meters. The area within the city walls is about 1.7 square kilometers. The rammed loess city wall is as thick as 70 – 80 meters.

The palace base No. 1 at Fangyingtai in the eastern quarter of the site is 1, 300 square meters, the excavated area being 3, 500 square meters. Excavated on the site was a three -tier structure, the third or upmost tier of earth-and-timber structure of which was now unearthed, together with large post holes round the terrace, passages paved with shells, eastern and western side doors, southern steps, round-the-courtyard corridor, large ducts and cisterns, the eastern winding corridors and inner corridors, and the winding corridors inside the terrace, all being the first case found in the Zhou dynasty building base sites.

Among the nearly 100 thousand pieces of tiles unearthed from the palace site No. 1, there are painted tiles and painted tile-ends with impressed designs. These are the only known painted tile-ends of the Zhou dynasty unearthed in China. Before their discovering, it had been long believed that colors were not applied to tile-ends in the Chu state.

Ⅲ. Contents and Main Research Results of This Report

This report includes all materials about the sites and tombs excavated during 1987 – 2001, and arranges them in the temperal sequence: the Neolithic site at Changzhangtai, palace bases Nos. 1 and 3 at Fangyingtai, Shuizhangtai, the Zhou dynasty site at Zhangjiahu, the Warring States tombs at Xiaohuangjiatai. The sites yielded much more materials, which are concentrated in the Chu culture during the Zhou dynasty, with only a few of the Neolithic period, than the tombs. Therefore, the cultural remains of the Chu state in the Zhou dynasty constitute the main body of this report.

There is a general survey and a detailed study of some unearthed remains from the Zhou dynasty sites. The detailed study describes and analyzes the remains in terms of their excavation areas, pits, and strata. Almost all unearthed pieces are included in the report, except for the tiles, which are too numerous to be exclusively included here.

Comparative studies are conducted to pottery vessels and tiles unearthed from sections I (palace base No. 1 at Fangyingtai), Ⅲ (palace base No. 3 at Fangyingtai), ⅩⅣ (Zhuizhangtai) and ⅩⅥ (Zhengjiahu). The pottery vessels and tiles are classified in 12 phases in 6 stages respectively, covering the late Western Zhou to the middle Warring States periods. The classification provides a sound scale for the dating of the Chu sites.

The report contains detailed descriptions of all materials of the sites, according to the excavation areas. In particular, each of the remains of the palace on the first, second and third tiers of the palace base at Fangyingtai is studied for preliminary explorations into their date, layout, and style. Rich and precious materials have been gathered for further study of Zhanghuatai tower and tiered buildings in the Chu state.

Longwan Site is important, for it contains remains of large buildings in an early time that covers a large area and a long period. Its discovery, excavation and the publication of the excavation report will greatly facilitate the studies of the Chu culture. It provides an important frame of reference for the dating of the Chu culture, and a rich pool of materials for studying and restoring the Zhanghuatai Tower of the Chu state. The discovery of the ancient city site at Huangluogang provides important clues for the search of the earlier capital city of the Chu state.

潜 江 龙 湾

1987~2001年龙湾遗址发掘报告

下

湖北省潜江博物馆
湖北省荆州博物馆

文 物 出 版 社

Longwan of Qianjiang

Excavation Report of the Longwan Site 1987 – 2001

（Ⅱ）

（*WITH AN ENGLISH ABSTRACT*）

Museum of Qianjiang，Hubei Province
Museum of Jingzhou，Hubei Province

Cultural Relics Publishing House

彩版目录

图 版 目 录

1. 考古专家考察龙湾楚宫殿基址现场

2. 考古专家及省市领导考察龙湾楚宫殿基址现场

考古专家及省市领导考察龙湾楚宫殿基址现场

1．"潜江龙湾楚宫殿基址学术论证会"会场

2．市政府领导考察楚宫殿基址现场

"潜江龙湾楚宫殿基址学术论证会"会场、市政府领导考察楚宫殿基址现场

1．XXVI（长章台）发掘区现场（由西向东）

2．XXVI F1全景（由东向西）

XXVI（长章台）发掘区现场和XXVI F1全景

1. XXVI F1 出土器物现场（由北向南）

2. XXVI J1（由南向北）

XXVI F1 出土器物现场和 XXVI J1

Ⅰ区楚宫殿基址发掘前全景（由东向西）

1. 1987年 I 区探方发掘现场（由东向西）

2. 1987年 I 区楚宫殿基址发掘现场（由南向北）

1987年 I 区发掘现场

1999 年 I 区探方发掘现场（由西向东）

1999 年 I 区楚宫殿基址三层台发掘全景（由南向北）

1．2000年Ⅰ区探方发掘现场（由南向北）

2．2000年Ⅰ区楚宫殿基址发掘现场（由北向南）

2000年Ⅰ区发掘现场

2001 年Ⅰ区探方发掘现场（由西向东）　　　　2001 年Ⅰ区楚宫殿基址发掘全景鸟瞰（上北下南）

1．Ⅲ区发掘现场（由西北向东南）

2．Ⅲ区地层堆积（由西向东）

Ⅲ区发掘现场和地层堆积

1. XIV区发掘现场（由北向南）

2. I区楚宫殿基址地层堆积（由南向北）

XIV区发掘现场和 I 区楚宫殿基址地层堆积

1．Ⅲ J1 发掘现场（俯视）

2．ⅩⅣ J1（由北向南）

Ⅲ J1 发掘现场和 ⅩⅣ J1

1．A型Ⅲ式（ⅠT0609④：31）

2．A型Ⅷ式（ⅠT0206④：73）

3．A型Ⅵ式（ⅠT0207④：117）

4．A型Ⅹ式（ⅠT0408④：64）

楚文化陶瓦当

1. A 型 XI 式（I T0506 ④：99）

2. A 型 I 式（I T0504 ④：14）

3. A 型 II 式（I T0505 ④：28）

4. A 型 IV 式（I T0505 ④：26）

1．A 型 Ⅴ 式（ⅠT0207④：118）

2．A 型 Ⅶ 式（ⅠT0411④：45）

3．A 型 Ⅸ 式（ⅠT0609④：30）

4．A 型 Ⅹ 式（ⅠT0408④：30）

楚文化陶瓦当

1. A 型 XI 式（I T0506 ④：2）

2. A 型 XII 式（I T0207 ④：116）

3. B 型 X 式（I T0306 ④：4）

4. B 型 XI 式（I T0410 ④：1）

1. 鼎残片（ⅠT0406④：14）

2. 器足（XVIBT5③：4）

3. Ⅰ式带钩（XVIBT5③：1）

楚文化铜鼎残片、器足、带钩

1. 鱼钩（XVIH5：104）

2. 鱼钩（XVIH12：12）

3. 门环（ⅠT0408④：41）

4. 门环（ⅠT0408④：42）

楚文化铜鱼钩、门环

1. Ⅰa式（ⅠT0506④：39）

2. Ⅰb式（ⅠT0707④：41）

3. Ⅱ式（ⅠT0707④：43）

4. Ⅲ式（ⅠT0707④：42）

楚文化泥质垂线球

1. A型Ⅷ式（IT0107④：7）

2. A型Ⅴ式瓦当（IT0308④：60）

3. A型Ⅹ式（IT0308④：61）

4. A型Ⅳ式（IT0407④：376）

楚文化陶瓦当

1．A型Ⅵ式（ⅠT0408④∶60）

2．A型Ⅹ式（ⅠT0408④∶64）

3．A型Ⅳ式（ⅠT0409④∶53）

4．A型Ⅴ式（ⅠT0409④∶25）

1. A型Ⅵ式（ⅠT0409④：24）

2. A型Ⅻ式（ⅠT0504④：50）

3. A型Ⅱ式（ⅠT0505④：41）

4. A型Ⅸ式（ⅠT0505④：27）

5. A型Ⅲ式（ⅠT0506④：87）

6. A型Ⅹ式（ⅠT0506④：5）

1. A型Ⅶ式
　（ⅠT0605 ④：13）

2. A型Ⅲ式
　（ⅠT0606 ④：54）

楚文化陶瓦当

楚宫殿基址ⅠF1 ①贝壳路全景（由东南向西北）

1. 东贝壳路（由南向北）

2. 东贝壳路（局部）

楚宫殿基址 I F1 ①东贝壳路

1. 南贝壳路（由东向西）

2. 西贝壳路（由西南向东北）

楚宫殿基址 I F1 ① 贝壳路

楚宫殿基址 IF1 ①东侧门（由南向北）

1．东侧门（由北向南）

2．东侧门西侧门垛（由东向西俯视）

楚宫殿基址 I F1 ① 东侧门

1．西侧门全景（由南向北俯视）

2．西侧门东侧门垛（由西北向东南俯视）

楚宫殿基址ⅠF1①西侧门

楚宫殿基址ⅠF1①外曲廊南段（由北向南）

1. W1（由东向西）

2. W14（由北向南）

楚宫殿基址 ⅠF1 ①外曲廊柱洞

楚宫殿基址ⅠF1 ①外曲廊中段（由东向西）

1. W53（由南向北）

2. W54（由南向北）

楚宫殿基址ⅠF1 ① 外曲廊柱洞

1. 北段（由南向北）

2. 北段拐角（由南向北）

楚宫殿基址 ⅠF1 ① 外曲廊北段

1．W92（由北向南解剖俯视）

2．W110（由西向东解剖俯视）

楚宫殿基址 ⅠF1 ① 外曲廊柱洞

楚宫殿基址 I F1 ①东内廊全景（由北向南）

1．D29（由南向北）

2．D46（由东向西）

楚宫殿基址 ⅠF1 ①柱洞

楚宫殿基址 I F1 ①东侧门东墙（由西南向东北）

1．东墙（由北向南）

2．q11（由南向北）

3．q15（由东向西）

楚宫殿基址 Ⅰ F1 ①东墙

楚宫殿基址 I F1 ①西侧门东墙（由西南向东北）

1. 西侧门东墙内柱洞
   （俯视）

2. 回廊西侧墙
   （由西南向东北）

楚宫殿基址 ⅠF1 ①西侧门东墙内柱洞、回廊西侧墙

楚宫殿基址 Ⅰ F1 ①门庭（由西向东）

楚宫殿基址ⅠF1 ①门庭东、西台阶全景（由东向西俯视）

1. 门庭东台阶（由东南向西北）

2. 门庭西台阶（由南向北）

楚宫殿基址 I F1 ①台阶

1．回廊东侧台阶（由西向东）

2．回廊西侧台阶（由西向东）

楚宫殿基址 ⅠF1 ①回廊

1. 回廊北侧台阶（由北向南）

2. 回廊北侧台阶东侧柱洞（俯视）

楚宫殿基址ⅠF1 ①回廊北侧台阶

楚宫殿基址ⅠF1 ①内曲廊全景（由东向西俯视）

1. I1（由北向南俯视）

2. I7（由西向东俯视）

楚宫殿基址 I F1 ①内曲廊柱洞

1. 排水管及水坑
（由北向南）

2. 东侧排水管
（由南向北俯视）

楚宫殿基址 IF1 ①排水管及水坑

1. 西侧排水管（由西向东）

2. 排水管（修复）

楚宫殿基址 I F1 ①排水管

楚宫殿基址ⅠF1 ① 水坑南壁剖面（由北向南）

楚宫殿基址 I F1 ①回廊、天井全景（由西南向东北）

楚宫殿基址 I F1 ① 东回廊（由北向南）

1. 北回廊局部（由北向南）

2. 南回廊（由北向南）

楚宫殿基址 I F1 ①回廊

楚宫殿基址 I F1 ①西回廊（由北向南）

1. 东回廊柱洞h7（由西南向东北）

2. 天井局部（由西北向东南）

楚宫殿基址 I F1 ①东回廊柱洞、天井（局部）

楚宫殿基址ⅠF1①天井全景（由西向东）

楚宫殿基址 I F1 ②全景（由东向西俯视）

楚宫殿基址 I F1 ②北墙（由南向北）

1. 北门（由南向北）

2. 北门东门斗及柱洞（俯视）

楚宫殿基址 ⅠF1 ②北门

1．西门斗及柱洞（由南向北俯视）

2．西壁（由西南向东北）

楚宫殿基址 ⅠF1 ②北门西门斗及柱洞、西壁

1. 东壁（由西向东）

2. 南壁（由南向北）

3. Z26（由东向西俯视）　　　　　　　　　　4. Z27（俯视）

楚宫殿基址ⅠF1②东壁、南壁、柱洞

楚宫殿基址 I F1 ③ （由东南向西北）

楚宫殿基址ⅠF1 ③（由西南向东北）

楚宫殿基址 Ⅰ F1 ③ （由南向北）

楚宫殿基址ⅠF1③（由西向东）

1．ⅠF1③夯窝（俯视）

2．ⅠF1③东壁夯窝（由东向西）

楚宫殿基址ⅠF1③夯窝

1. 北壁西段（由北向南）

2. 西壁北段（由西向东）

楚宫殿基址 ⅠF1 ③北壁西段、西壁北段

1. 西壁南段（由西向东）

2. ⅠF1③B4（由南向北）

楚宫殿基址ⅠF1③西壁南段、柱洞

1. B5（由南向北）

2. B7（由东南向西北）

楚宫殿基址 I F1 ③柱洞

1. B8（由东向西）

2. B18（由西向东）

楚宫殿基址ⅠF1③柱洞

1. B19（由西向东）

2. B21（由北向南）

楚宫殿基址 I F1 ③柱洞

1．B22（由北向南）

2．B23（由北向南）

楚宫殿基址 I F1 ③柱洞

1．B24（由北向南）

2．Y6（由东北向西南俯视）

楚宫殿基址 I F1 ③柱洞

1. Y31（由东向
西俯视）

2. Y58（由西向
东俯视）

楚宫殿基址 I F1 ③柱洞

1．f2（由西向东俯视）

2．f20（由南向北）

楚宫殿基址 I F1 ③柱洞

1. f21（由东向西）

2. b3（由西向东俯视）

楚宫殿基址 I F1 ③柱洞

楚宫殿基址ⅠF1 ③地沟（由南向北）

1. 东南部地沟（由北向南）

2. 西南部地沟（由北向南）

楚宫殿基址 I F1 ③地沟

1．h14（由北向南）

2．地沟与立柱
（由北向南）

楚宫殿基址 I F1 ③地沟、立柱

1．地沟h11、h12局部（由西向东）

2．肩状壁带j4（由南向北）

楚宫殿基址 ⅠF1 ③地沟、肩状壁带

1. 肩状壁带 j13（由北向南）

2. 台壁纵沟 t3、t4（由南向北）

楚宫殿基址ⅠF1③肩状壁带、台壁纵沟

1. 南壁底部外侧地沟（由东南向西北俯视）

2. 北壁西段底部外侧地沟（由西北向东南）

楚宫殿基址 I F1 ③地沟

1. 豆（ⅩⅩⅥT1④：6）

2. 器盖（ⅩⅩⅥT1④：10）

3. 钵（ⅩⅩⅥCT1④：1）

4. 高圈足杯（ⅩⅩⅥCT1⑤：1）

石家河文化陶豆、器盖、钵、高圈足杯

1．XXVIT1④：11

2．XXVIT1④：8

3．XXVIBT2⑤：1

4．XXVICT1⑤：4

5．XXVICT1⑤：3

6．XXVIDT1④：12

石家河文化陶纺轮

1. 陶斧（XXVIT1④：9）

2. 陶斧（XXVIBT1⑤：7）

3. 石锛（XXVIBT2⑤：3）

4. 石锛（XXVIBT2⑤：2）

5. 陶刮削器（XXVIDT1④：13）

石家河文化陶斧、刮削器，石锛

1. 碗（XXVIDT1④：6）

2. 喇叭形杯（XXVIDT1④：14）

3. 高圈足杯（XXVIDT1⑤：2）

4. 器盖（XXVIDT1⑤：3）

石家河文化陶碗、喇叭形杯、高圈足杯、器盖

1. 陶钵（XXVIH2：4）

2. 陶纺轮（XXVIDT1④：11）

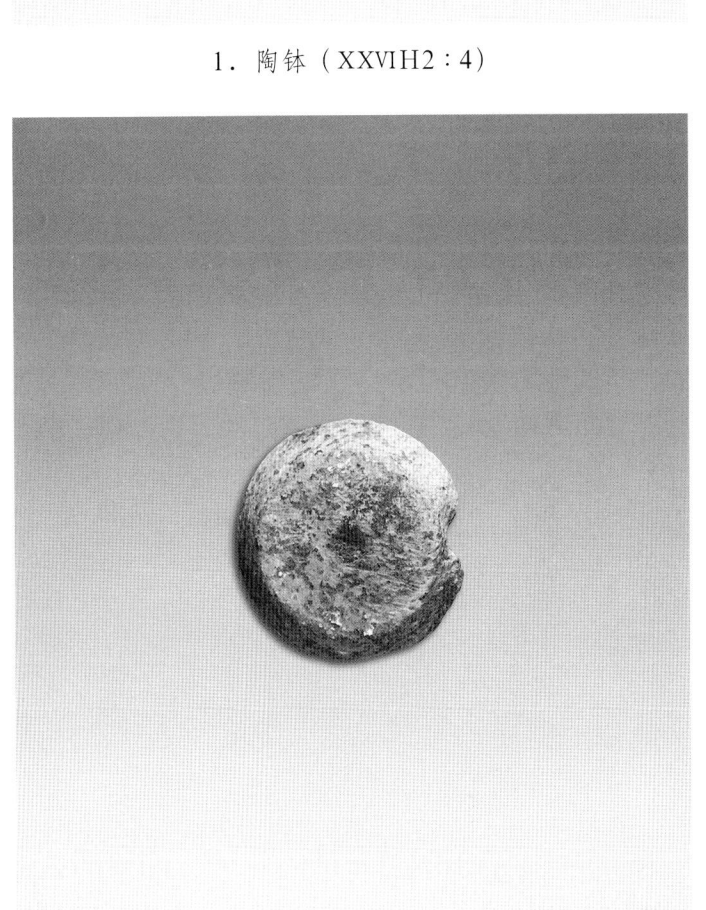

3. 陶纺轮（XXVIH2：1）

4. 石锛（XXVIF1：6）

石家河文化陶钵、纺轮，石锛

1. 拍（XXVIH3∶1）

2. 器盖（XXVIH4∶1）

3. 壶形器（XXVIF1∶2）

4. 豆（XXVIF1∶5）

石家河文化陶拍、器盖、壶形器、豆

XVI区（郑家湖遗址）发掘现场（由东向西）

1. A 型 I 式（XVIH5：1）

2. A 型 III 式（XVIH11：6）

3. A 型 IV 式（XVIH11：10）

4. A 型 VI 式（XVIH8：27）

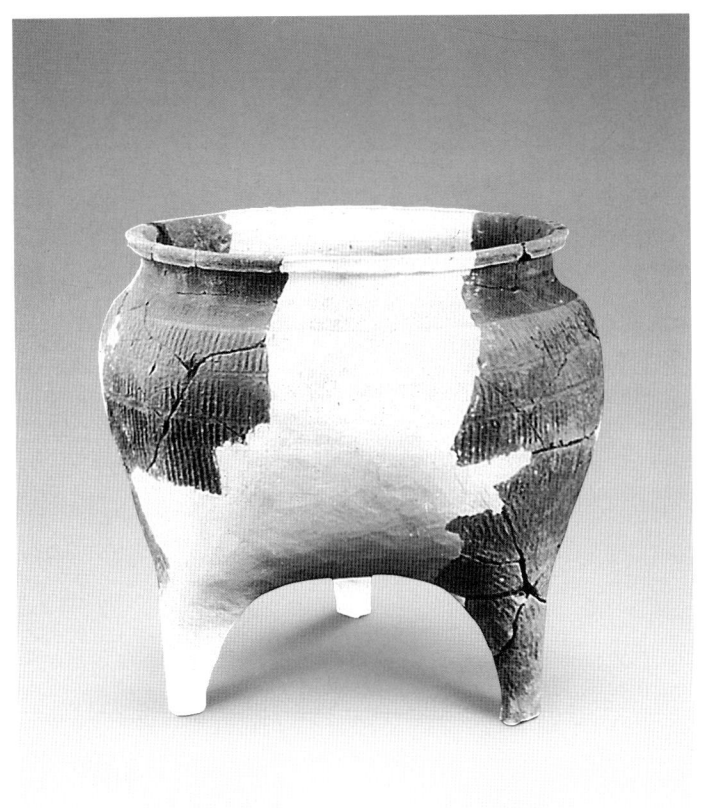

1. A 型Ⅷ式（ⅩⅥCT4③：2）

2. A 型Ⅸ式（ⅩⅥAT2②：1）

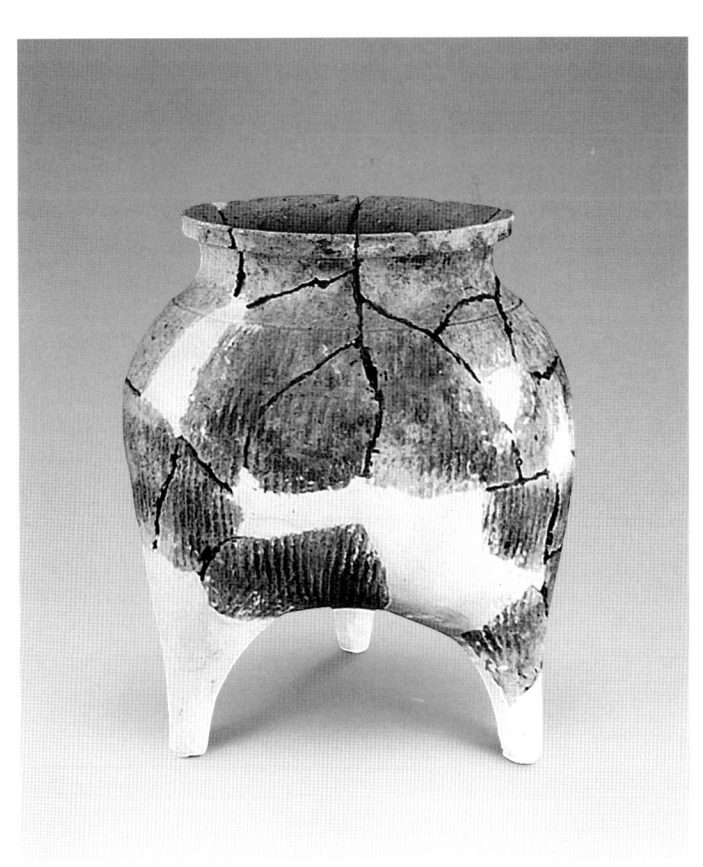

3. A 型Ⅹ式（ⅩⅥCT2②：25）

4. B 型Ⅱ式（ⅢH2：9）

1. B 型 IV 式（XVIH8：9）

2. B 型 V 式（XVIH7：55）

3. B 型 VI 式（XVIAT4③：6）

4. B 型 VII 式（XVIH2：10）

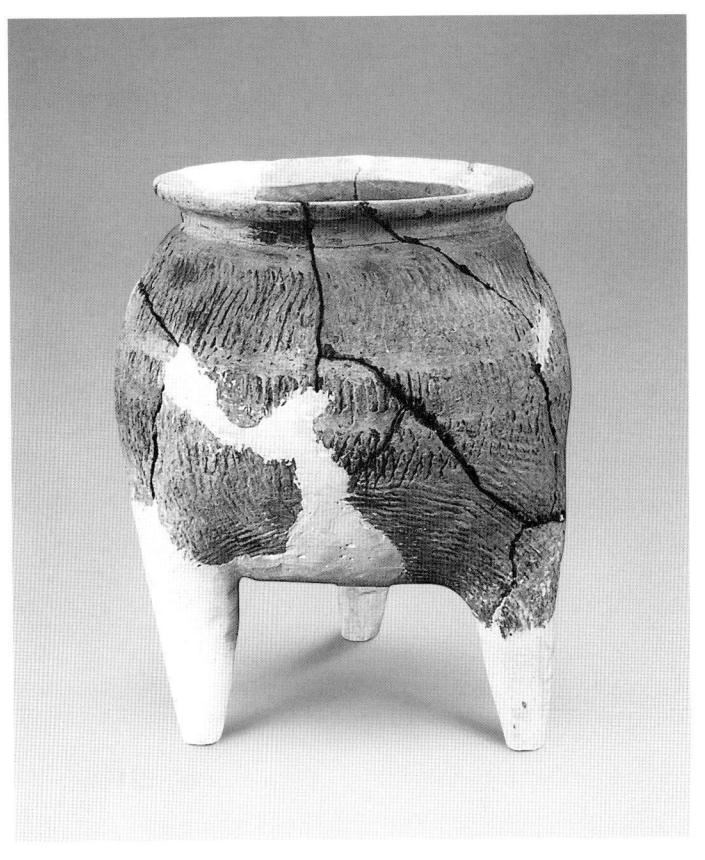

1. B 型 Ⅷ 式（ⅪⅤH5：86）

2. B 型 Ⅸ 式（ⅪⅤG1：13）

3. B 型 Ⅹ 式（ⅩⅥH4：4）

4. C 型（ⅩⅥH7：29）

1. Ⅱ式（ⅩⅥH6：13）

2. Ⅲ式（ⅩⅥH6：4）

3. Ⅳ式（ⅩⅥCT5③：5）

4. Ⅴa式（ⅩⅥBT7③：1）

楚文化陶盂

1. Ｖb 式（ⅩⅥH8：6）

2. Ⅶa 式（ⅩⅥH4③：5）

3. Ⅶb 式（ⅩⅥH7：11）

3. Ⅶc 式（ⅩⅥCT4③：1）

1. Ⅷa式（ⅩⅥH2：7）

2. Ⅷb式（ⅩⅥCT5 ③：4）

3. Ⅸ式（ⅩⅥH13：18）

4. Ⅹ式（ⅩⅥH3：6）

1. XI式（XVIT1②：5）

2. XIIa式（XVIBT2②：6）

3. XIIb式（XVIH1：2）

4. XIIb式（XVIH1：1）

楚文化陶盂

1．Ⅰ式（ⅩⅥH11：9）

2．Ⅱ式（ⅩⅥCT5③：8）

3．Ⅲ式（ⅩⅥAT4③：13）

4．Ⅳ式（ⅩⅥH7：8）

楚文化陶小盂

1. V式（XVIH7：56）

2. A型I式（ⅢJ1②：8）

3. A型Ⅱ式（ⅢJ1②：3）

4. A型Ⅲa式（ⅢJ1②：2）

楚文化陶小盂、罐

1. A型Ⅲb式（ⅢJ1②：1）

2. A型Ⅴ式（ⅩⅥH9：30）

3. A型Ⅵ式（ⅩⅥH9：31）

4. A型Ⅶ式（ⅩⅥH2：10）

楚文化陶罐

1. A 型Ⅻ式（ⅩⅥAT4②：3）

2. B 型Ⅰ式（ⅢT1⑨：12）

3. B 型Ⅳ式（ⅩⅥH10：26）

4. B 型Ⅴ式（ⅩⅥH8：21）

楚文化陶罐

1．B型Ⅵ式（ⅩⅥT1③：6）

2．B型Ⅶ式（ⅩⅥH7：24）

3．B型Ⅷ式罐（ⅩⅥCT5②：8）

4．C型罐（ⅩⅣT1③：12）

1．Ⅰ式（ⅩⅥH6：11）

2．Ⅱ式（ⅩⅥH8：1）

3．Ⅲ式（ⅢT1⑨：1）

4．Ⅳ式（ⅩⅥAT2③：1）

楚文化陶豆

1. V式（XVIAT1③：5）

2. VI式（XVIAT4③：2）

3. VII式（XVIH13：8）

4. VIII式（XVIAT1②：1）

1. IX式豆（XVIAT4②∶14）

2. X式豆（XVICT3②∶8）

3. XI式豆（XVIH1∶4）

4. III式盖豆（XVIH3∶7）

楚文化陶豆、盖豆

1. 豆盖（XVICT5②：1）

2. I式瓮（XVIH6：32）

3. Va式瓮（XVIH7：2）

4. VIII式盆（XVIAT1②：5）

楚文化陶豆盖、瓮、盆

1. Ⅴ式（ⅩⅣH3：19）

2. Ⅵ式（ⅩⅣG1：11）

3. Ⅵ式（ⅩⅣG1：11）

楚文化陶瓿

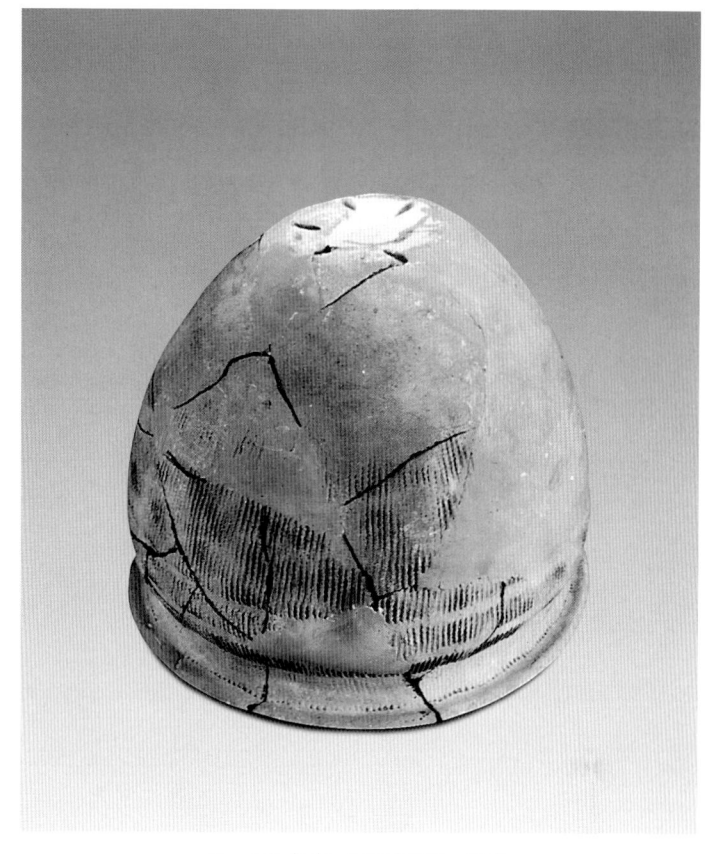

1．Ⅶ式甗（ⅩⅣH5：88）　　　　　　　　2．Ⅶ式甗（ⅩⅣH5：88）

3．A型Ⅰ式鼎（ⅩⅥCT2③：2）　　　　　4．A型Ⅱ式鼎（ⅩⅥH7：20）

楚文化陶甗、鼎

1. A 型Ⅲ式鼎（XVIH13：27）

2. A 型Ⅳ式鼎（XVIG1：23）

3. B 型Ⅲ式鼎（XVIAT4③：1）

4. Ⅱ式长颈壶（XVIH7：21）

楚文化陶鼎、长颈壶

1. 壶盖（XVIH1∶5）

2. 碟（XVIH8∶5）

3. 碟（XVIH7∶40）

4. Ⅰ式甑箅（XVIBT2③∶3）

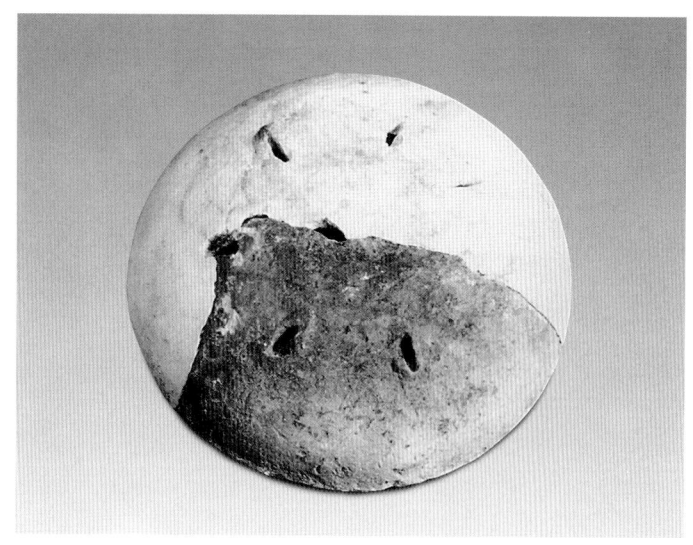

5. Ⅱ式甑箅（XVIAT5③∶3）

6. Ⅲ式甑箅（XVIH10∶15）

楚文化陶壶盖、碟、甑箅

1. 粗方格纹

2. 中方格纹

3. 细方格纹

4. 大菱形纹

5. 中菱形纹

6. 小菱形纹

7. 大菱形纹

楚文化陶筒瓦、板瓦凹面纹饰

1. 大麻点纹

2. 小麻点纹

3. 圆形麻点纹

4. 麻绳纹

5. 篮纹

6. 篮纹

楚文化陶筒瓦、板瓦凹面纹饰

1. 泥条盘纹

2. A型Ⅳ式（XⅥBT5 ③：23）

3. A型Ⅴ式（ⅠT0306 ④：29）

4. A型Ⅵ式（XⅥAT4 ③：38）

楚文化陶筒瓦纹饰

1．A型Ⅶ式（ⅠT0808 ⑤：28）

2．A型Ⅷ式（ⅠT0808 ④：18）

3．A型Ⅸ式（ⅩⅥBT6 ②：3）

4．Ba型Ⅰ式（ⅢT4 ⑨：10）

楚文化陶筒瓦

1. Ba 型Ⅲ式（ⅠT0207 ④：2）

2. Ba 型Ⅲ式（ⅠT0504 ④：27）

3. Ba 型Ⅳ式（ⅩⅥBT5 ③：25）

4. Ba 型Ⅳ式（ⅠT0411 ④：2）

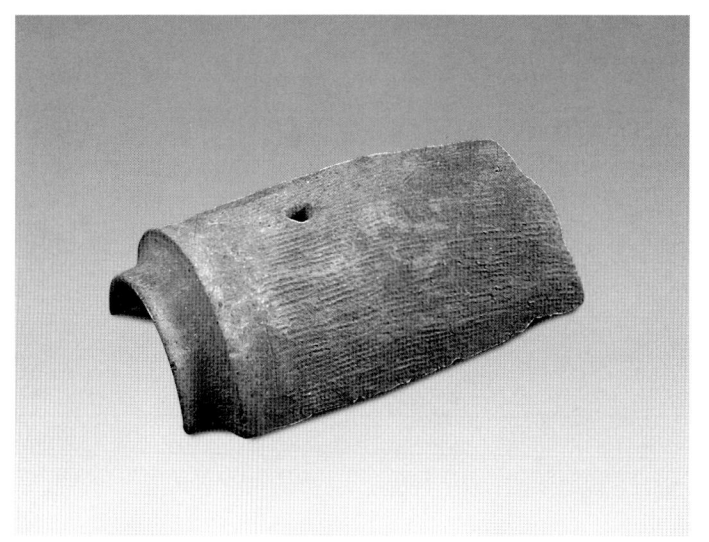

5. Ba 型Ⅴ式（ⅠT0505 ④：6）

6. Ba 型Ⅵ式（ⅠT0206 ④：31）

1．Ba 型Ⅶ式（ⅠT0308 ④：23）

2．Ba 型Ⅺ式（ⅠT0506 ④：1）

3．Ba 型Ⅻ式（ⅠT0206 ④：35）

4．Bb 型（ⅠT0207 ④：121）

5．Bb 型（ⅠT0206 ④：40）

6．Bb 型（ⅠT0308 ④：54）

1. Bb 型筒瓦（ⅠT0506④：55）

2. Bb 型筒瓦（ⅠT0506④：54）

3. Bb 型筒瓦（ⅠT0407④：372）

4. Bb 型Ⅸ式筒瓦（ⅠT0207④：41）

5. Bb 型Ⅸ式筒瓦（ⅠH3：1）

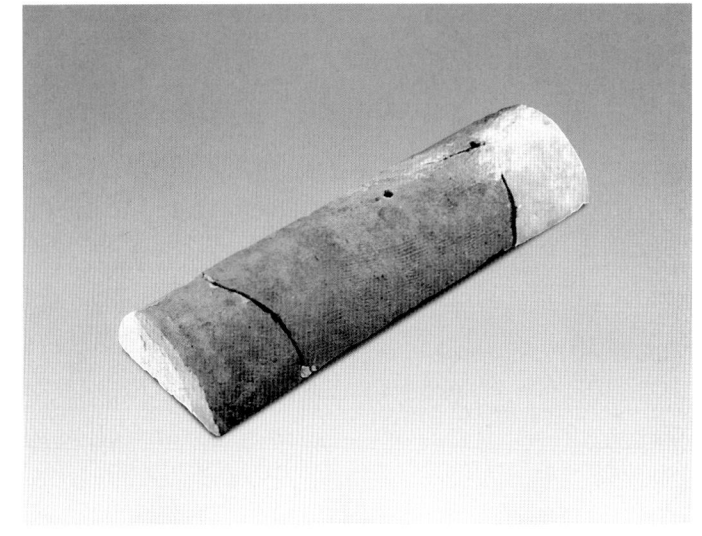

6. B 型Ⅰ式瓦当（ⅢT4⑨：10）

楚文化陶筒瓦、瓦当

1．B型Ⅱ式瓦当（ⅠT0504④：15）

4．A型Ⅰ式板瓦（ⅠT0207④：119）

2．B型Ⅲ式瓦当（ⅠT0505④：25）

5．A型Ⅱ式板瓦（ⅠT0207④：122）

3．B型Ⅳ式瓦当（XVⅠBT5③：25）

楚文化陶瓦当、板瓦

1．B 型 II 式（I T0206 ④：71）

2．B 型 III 式（I T0206 ④：45）

3．B 型 III 式（I T0206 ④：46）

4．B 型 IV 式（I T0408 ④：43）

5．B 型 V 式（I T0504 ④：13）

6．B 型 VI 式（I T0206 ④：47）

楚文化陶板瓦

1. A型X式黑衣筒瓦凸面（ⅠT0207④：131）

2. A型X式黑衣筒瓦凹面（ⅠT0207④：131）

3. A型X式黑衣瓦当凸面（ⅠT0506④：5）

4. A型X式黑衣瓦当凹面（ⅠT0506④：5）

5. A型X式黑衣板瓦凸面（ⅠT0308④：62）

6. A型X式黑衣板瓦凹面（ⅠT0308④：62）

楚文化陶筒瓦、瓦当、板瓦

1. I 式纺轮（XVIAT3③：30）

2. I 式纺轮（XVIBT4③：11）

3. II 式纺轮（XVIAT2③：2）

4. II 式纺轮（XVIBT1③：4）

5. II 式纺轮（XVICT1②：4）

6. 碾轮（XVIH9：23）

楚文化陶纺轮、碾轮

1. 碾轮（XVIH8：12）

2. I 式网坠（XVIH11：21）

3. I 式网坠（XVIH5：19）

4. I 式网坠（XVIH5：18）

5. II 式网坠（XVIH6：112）

6. II 式网坠（XVIH5：20）

楚文化陶碾轮、网坠

1. Ⅲ式陶网坠（ⅩⅥH5：17）

2. 陶马（ⅩⅥCT5③：23）

3. 陶马（ⅩⅣH6：139）

4. 陶环（ⅩⅥH5：21）

5. 石斧（ⅠT0306②：22）

6. 石斧（ⅩⅥH5：25）

楚文化陶网坠、马、环，石斧

1. 石斧（ⅠT0606④：10）

2. 石凿（XⅥH5：24）

3. 石锛（XⅥH11：27）

4. 石铲（XⅥH5：23）

5. 石镰（XⅥH11：26）

6. 铜鼎足（XⅥH10：24）

楚文化石斧、凿、锛、铲、镰，铜鼎足

1. 鼎盖（ⅠT0406④：20）

2. 鼎口沿残片（ⅠT0606④：14）

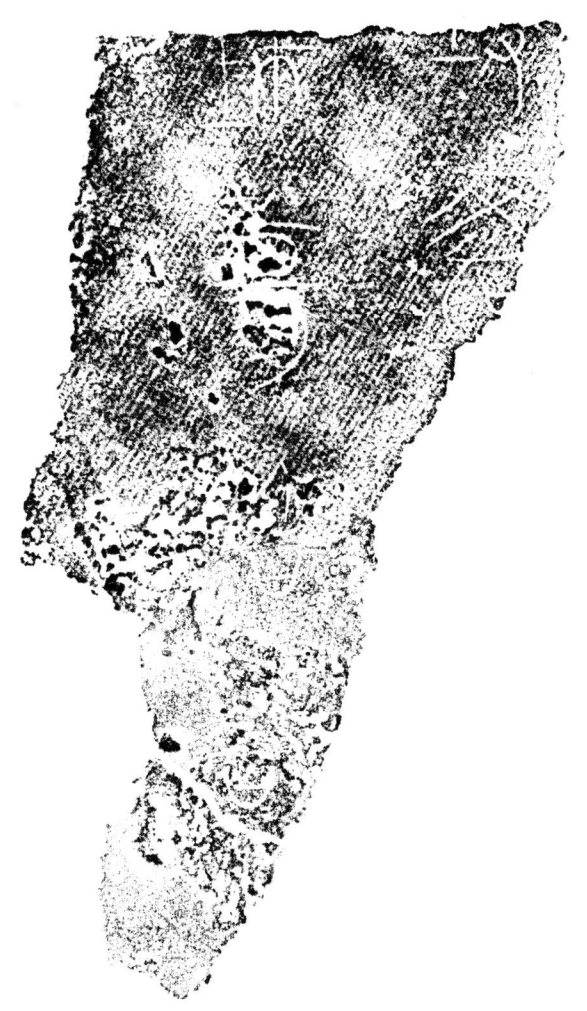

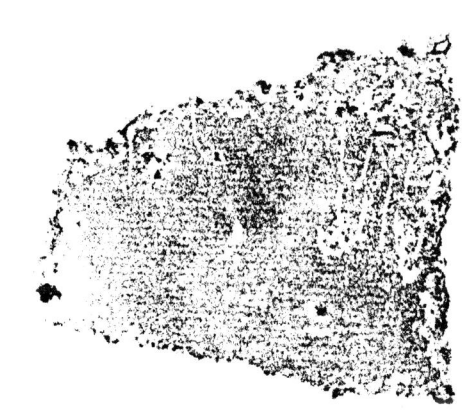

4. 腹部残片（拓片）

3. 鼎口沿残片（拓片）

5. 带钩（XVIBT5③：2）

楚文化铜鼎盖、鼎口沿及腹部残片、带钩

1. 带钩（XVIBT5 ③：3）

2. 锛（XVIH10：25）

3. 斧（ⅢJ1：15）

4. 削刀（XVIH11：25）

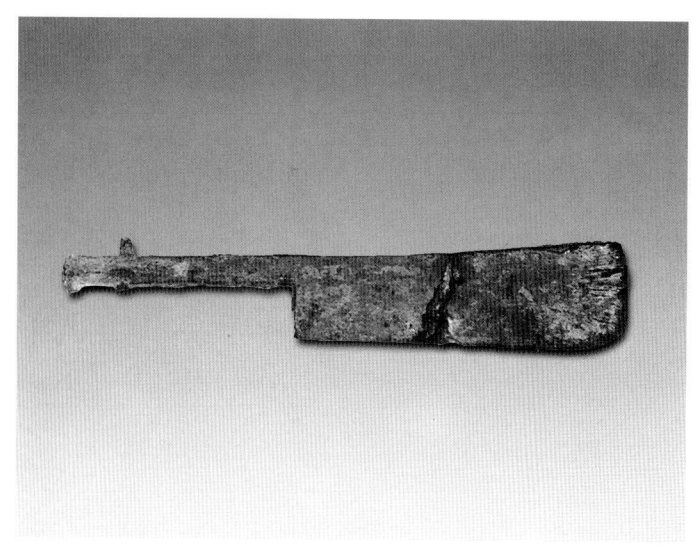

5. 削刀（XVIBT2 ③：9）

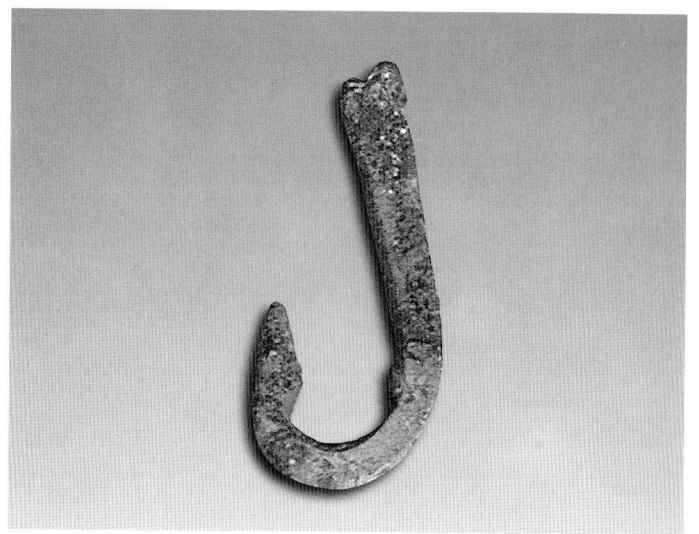

6. 鱼钩（XVIH5：105）

楚文化铜带钩、锛、斧、削刀、鱼钩

1．砝码（XIVT1 ③：24）

2．砝码（XIVT1 ③：38）

3．矛（XIVH6：140）

4．箭镞（XVIH3：81）

5．箭镞（ⅠT0506 ④：13）

6．箭镞（XVIH2：13）

楚文化铜砝码、矛、箭镞

1. 门环（IT0506④：53）

2. 门环（IT0506④：54）

3. 门环（IT0409④：40）

4. 门环（IT0508④：5）

5. 门环（IT0509④：17）

6. 插销（IT0808④：79）

楚文化铜门环、插销

1. 铜器残片（IT0506④：51）

2. 铜器残片（IT0506④：50）

3. 铜器残片（IT0505④：42）

4. 铜镜残片（IT0506④：52）

5. 铁斧（XVIH1：26）

6. 铁斧（XVIH3：10）

7. 铁斧（XIVH3：83）

楚文化铜器、镜残片，铁斧

1. A型X式瓦当（ⅠT0206④：72）

2. A型Ⅱ式瓦当（ⅠT0206⑥：7）

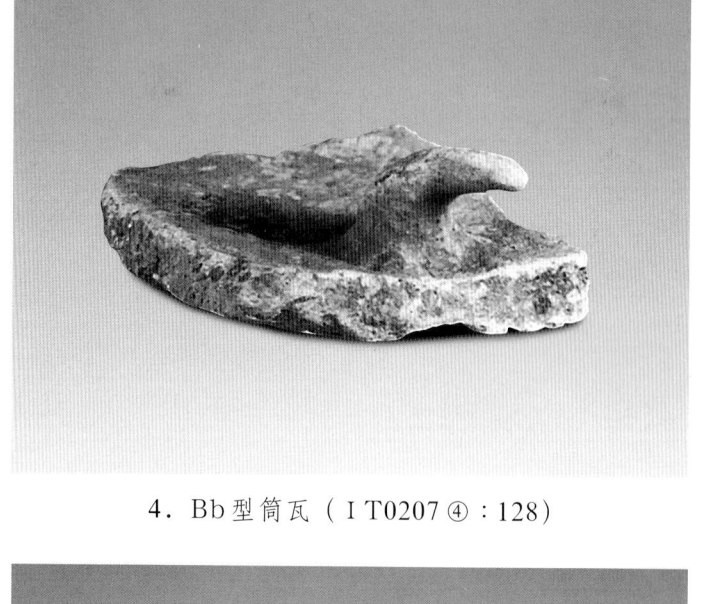

4. Bb型筒瓦（ⅠT0207④：128）

3. A型Ⅸ式筒瓦（ⅠT0207④：13）

5. A型Ⅷ式瓦当（ⅠT0208④：29）

1．Ⅰa式泥质垂线球（ⅠT0208④：27）

2．Ⅰa式泥质垂线球（底）（ⅠT0208④：27）

3．B型Ⅲ式陶板瓦（ⅠT0408④：65）

4．Ba型Ⅺ式陶筒瓦（ⅠT0408④：26）

5．B型Ⅲ式陶板瓦（ⅠT0408④：66）

楚文化泥质垂线球，陶筒瓦、板瓦

1. A型Ⅳ式筒瓦（IT0606④：1）

2. Bb型筒瓦（IT0609④：22）

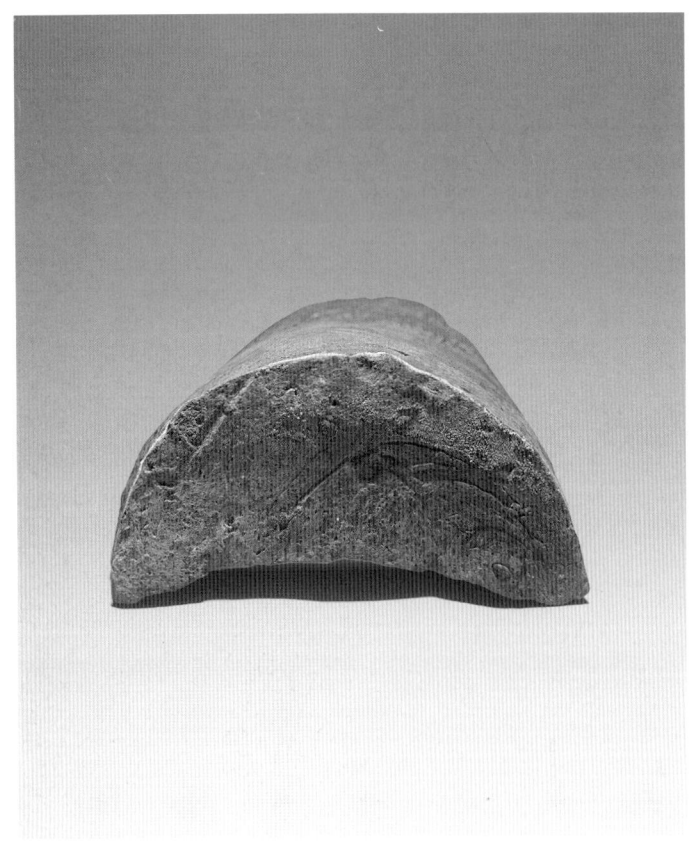

3. A型瓦当（IT0706④：50）

4. A型Ⅵ式瓦当（IT0707④：46）

楚文化陶筒瓦、瓦当

1. A型Ⅸ式陶瓦当（IT0707④：45）

2. A型Ⅸ式陶瓦当（IT0708④：26）

3. Ⅰa式泥质垂线球（IT0708④：25）

4. A型Ⅶ式陶筒瓦（IT0808④：27）

楚文化陶瓦当、筒瓦，泥质垂线球

1. Ⅳ式（ⅢT1⑧：10）

2. Ⅷ式（ⅢT2⑤：2）

3. Ⅳ式（ⅢT3⑧：12）

4. Ⅳ式（ⅢT3⑧：4）

楚文化陶豆

1. Ⅳ式（ⅢT3⑧：16）

2. A型Ⅶ式板瓦（ⅢT3⑧：3）

3. Ⅹ式豆（ⅢT4⑤：22）

4. A型Ⅱ式罐（ⅢT4⑨：18）

楚文化陶豆、板瓦、罐

1．Ⅵ式豆（ⅢF3：8）

2．Ⅵ式豆（ⅢF3：21）

3．A型Ⅱ式罐（ⅢJ1②：4）

4．A型Ⅲa式罐（ⅢJ1②：5）

楚文化陶豆、罐

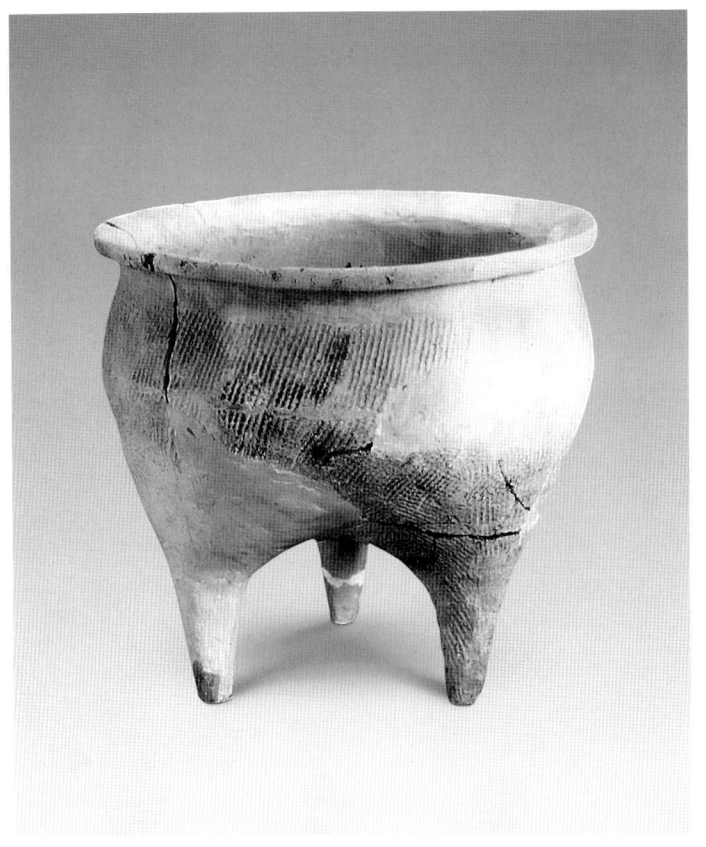

1. A型Ⅳ式鬲（ⅩⅣT1 ③：39）

2. Ⅸ式豆（ⅩⅣT1 ③：44）

3. Ⅹ式豆（ⅩⅣT1 ③：46）

4. Ⅴ式豆（ⅩⅣT2 ③：8）

楚文化陶鬲、豆

1．Ⅸ式豆（ⅩⅣT2③：13）

2．Ⅷ式豆（ⅩⅣG1：20）

3．Ⅸ式豆（ⅩⅣG1：17）

4．Ⅵ式甑（ⅩⅣG1：10）

5．Ⅵ式甑（ⅩⅣG1：10）

楚文化陶豆、甑

1．Ⅷa 式盂（ⅪⅤH3：1）

2．Ⅷa 式盂（ⅪⅤH3：2）

3．Ⅵ式豆（ⅪⅤH3：5）

4．Ⅵ式豆（ⅪⅤH3：6）

楚文化陶盂、豆

1. Ⅵ式豆（ⅩⅣH3：16）

2. Ⅶ式豆（ⅩⅣH3：79）

3. B型Ⅶ式罐（ⅩⅣH4：4）

4. Ⅵ式豆（ⅩⅣH4：6）

楚文化陶豆、罐

1. Ⅵ式豆（ⅩⅣH5：67）

2. Ⅸ式豆（ⅩⅣH5：81）

3. Ⅶb式盂（ⅩⅣH6：138）

4. Ⅴ式豆（ⅩⅣH6：3）

楚文化陶豆、盂

1. Ⅵ式豆（ⅩⅣH6：5）

2. Ⅳ式豆（ⅩⅣAT1③：35）

3. Ⅸ式豆（ⅩⅥAT2②：16）

4. B型Ⅵ式鬲（ⅩⅥAT3③：3）

楚文化陶豆、鬲

1. IX式豆（XVIAT4②：15）

2. X式豆（XVIAT4②：1）

3. V式豆（XVIAT4③：12）

4. A型VI式筒瓦（XVIAT4③：39）

楚文化陶豆、筒瓦

1. Ⅵ式豆（XVIBT2②：1）

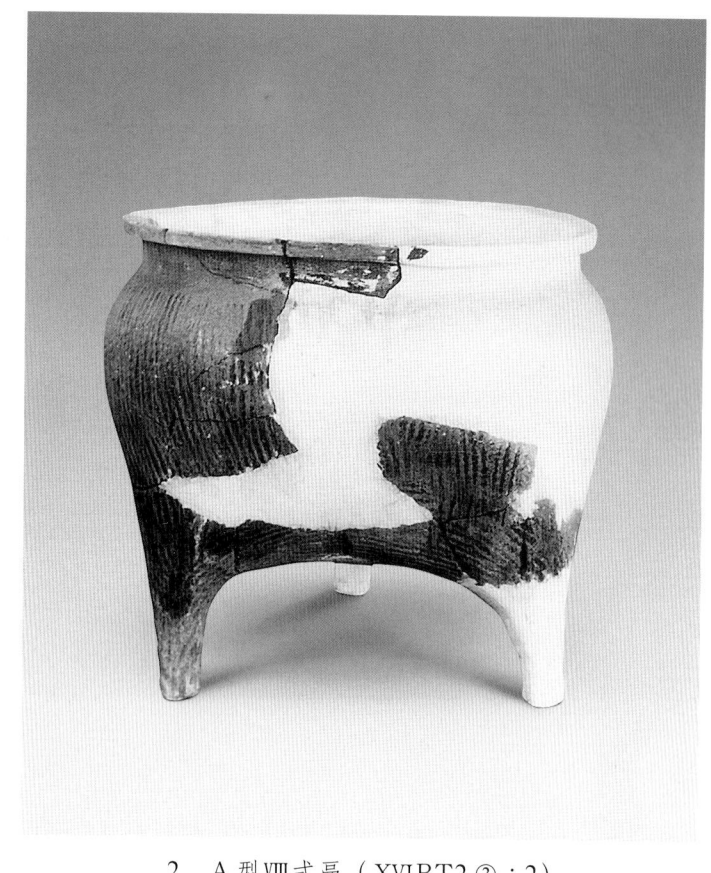

2. A型Ⅷ式鬲（XVIBT2③：2）

3. Ⅶc式盂（XVIBT3③：1）

4. Ⅶ式豆（XVIBT4②：12）

1. Ⅶb 式盂（XⅥBT4③：2）

2. Ⅷb 式盂（XⅥBT5③：5）

3. A 型Ⅷ式鬲（XⅥBT7③：2）

4. Ⅴa 式盂（XⅥCT2②：1）

楚文化陶盂、鬲

1．Ⅷb式盂（XⅥCT2②：5）

2．Ⅸ式盂（XⅥCT2②：6）

3．B型Ⅷ式罐（XⅥCT3②：14）

4．Ⅸ式豆（XⅥCT3②：7）

楚文化陶盂、罐、豆

1. Ⅳ式豆（XⅥCT3③：7）

2. Ⅳ式豆（XⅥCT3③：9）

3. Ⅵ式豆（XⅥCT5②：2）

4. Ⅶa式盂（XⅥCT5③：2）

楚文化陶豆、盂

1. Ⅶa 式盂（XⅥCT5 ③：3）

2. Ⅶc 式盂（XⅥT1 ③：2）

3. Ⅷb 式盂（XⅥT1 ③：7）

4. B 型 Ⅵ式罐（XⅥT1 ③：3）

楚文化陶盂、罐

1. X式豆（XVIH1：3）

2. Ⅷa式盂（XVIH2：17）

3. Ⅵ式豆（XVIH2：18）

4. 流（XVIH4：14）

楚文化陶豆、盂、流

1．Ⅱ式盂（ⅩⅥH5：9）

2．A型Ⅳ式鬲（ⅩⅥH6：6）

3．Ⅰ式豆（ⅩⅥH6：12）

4．Ⅶb式盂（ⅩⅥH7：9）

楚文化陶盂、鬲、豆

1. VIIc 式盂（XVIH7：10）

2. V 式豆（XVIH7：17）

3. IV 式盂（XVIH8：29）

4. Vb 式盂（XVIH8：26）

楚文化陶盂、豆

1. Ⅱ式豆（ⅩⅥH8：5）

2. Ⅶb式盂（ⅩⅥH9：24）

3. B型Ⅵ式罐（ⅩⅥH9：28）

4. A型Ⅳ式筒瓦（ⅩⅥH11：24）

楚文化陶豆、盂、罐、筒瓦

1. Ⅲ式（XVⅡH12：14）　　　　　　　　2. Ⅵ式（XVⅡH13：4）

3. Ⅵ式（XVⅡH13：2）　　　　　　　　4. Ⅵ式（XVⅡH13：31）

楚文化陶豆

1. XXIVM32墓坑（由东向西）

2. XXIVM25墓坑（由东向西）

1．A 型 I 式（XXIVM32：1）

2．A 型 I 式（XXIVM32：2）

3．A 型 II 式（XXIVM25：3）

4．A 型 II 式（XXIVM25：4）

楚文化陶鼎

1. A 型 Ⅲ 式（ⅩⅩⅣM6：东 1）

2. A 型 Ⅲ 式（ⅩⅩⅣM6：东 7）

3. A 型 Ⅲ 式（ⅩⅩⅣM6：西 8）

4. B 型 Ⅰ 式（ⅩⅩⅡM27：3）

楚文化陶鼎

1. B型Ⅰ式（ⅩⅩⅣM27：4）

2. B型Ⅱ式（ⅩⅩⅣM26：2）

3. B型Ⅲ式（ⅩⅩⅣM1：1）

4. B型Ⅲ式（ⅩⅩⅣM1：2）

楚文化陶鼎

1．A型Ⅰ式（XXⅣM32∶7）

2．A型Ⅰ式（XXⅣM32∶8）

3．A型Ⅱ式（XXⅣM6∶西13）

4．A型Ⅱ式（XXⅣM6∶西11）

楚文化陶壶

1. A型Ⅱ式（ⅩⅩⅣM6：东8）

2. A型Ⅲ式（ⅩⅩⅣM1：8）

3. B型Ⅰ式（ⅩⅩⅣM26：3）

4. B型Ⅰ式（ⅩⅩⅣM26：6）

1．B型Ⅱ式壶（XXIVM27：6）

2．Ⅰ式簠（XXIVM26：1）

3．Ⅰ式簠（XXIVM26：4）

4．Ⅰ式簠（XXIVM25：9）

楚文化陶壶、簠

4．Ⅱ式（ⅩⅩⅣM32：5）

2．Ⅱ式（ⅩⅩⅣM6：东3）

3．Ⅱ式（ⅩⅩⅣM6：东4）

1．Ⅲ式（ⅩⅩⅣM1：3）

1. Ⅲ式簠（XXⅣM1∶6）

2. Ⅲ式簠（XXⅣM4∶2）

3. Ⅰ式盘（XXⅣM27∶2）

4. Ⅱ式盘（XXⅣM6∶西5）

楚文化陶簠、盘

1．匜（XXIVM6：西15）

2．Ⅰ式小口鼎（XXIVM32：15）

3．Ⅱ式小口鼎（XXIVM27：13）

4．斗（XXIVM1：9）

楚文化陶匜、小口鼎、斗

1. I式（XXIVM25：1）

2. I式（XXIVM25：2）

3. II式（XXIVM1：11）

4. II式（XXIVM6：东10）

1. Ⅲ式豆（XXⅣM4∶3）

2. Ⅲ式豆（XXⅣM4∶8）

3. 铜盘（XXⅣM32∶12）

4. 铜匜（XXⅣM32∶14）

楚文化陶豆，铜盘、匜

1. A型剑（ⅩⅩⅣM32：20-1）

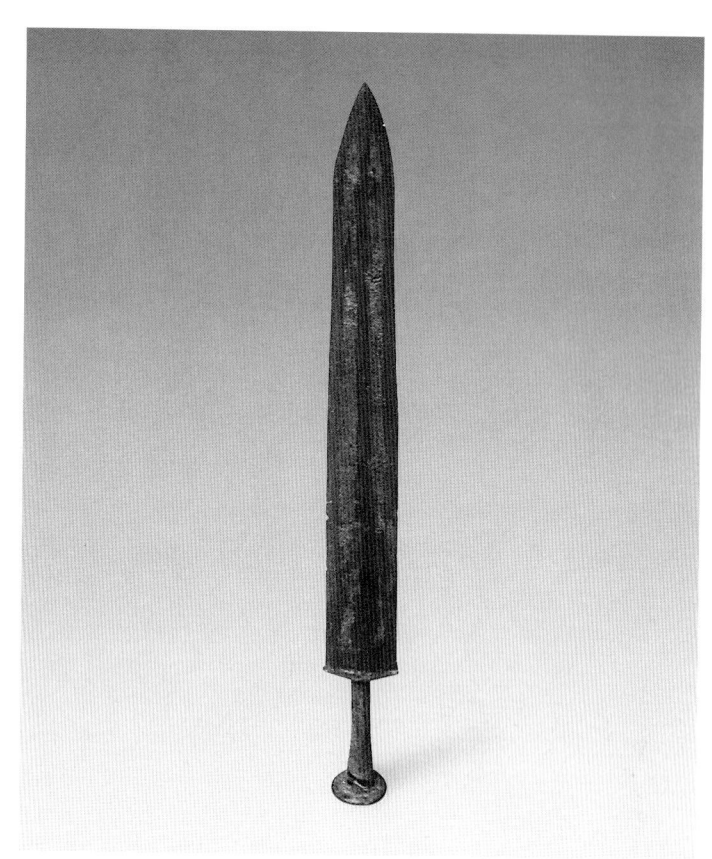

2. A型剑（ⅩⅩⅣM25：10）

3. B型剑（ⅩⅩⅥM1：1）

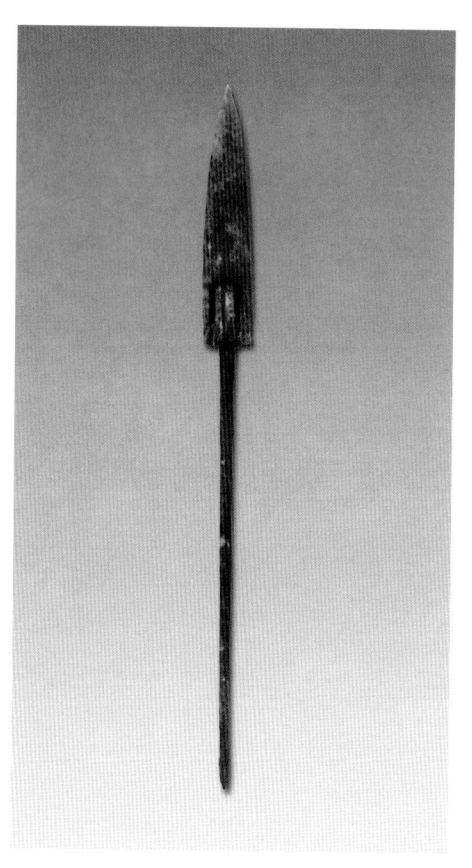

4. A型镞（ⅩⅩⅣM32：13-1）

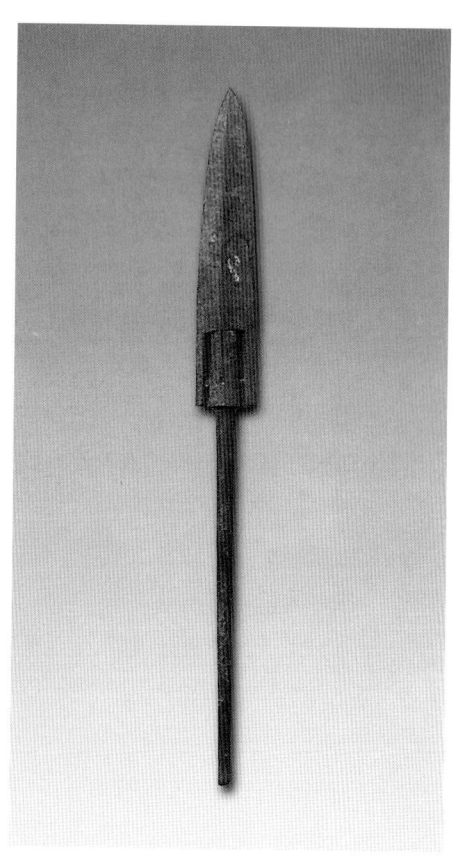

5. A型镞（ⅩⅩⅣM32：13-2）

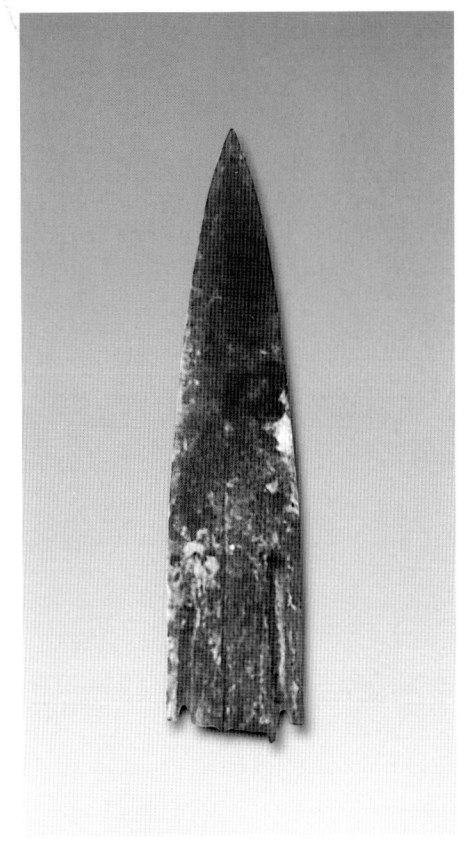  

1. B型（XXIVM25∶13-1）　　2. B型（XXIVM25∶13-13）　　3. B型（XXIVM25∶13-12）

 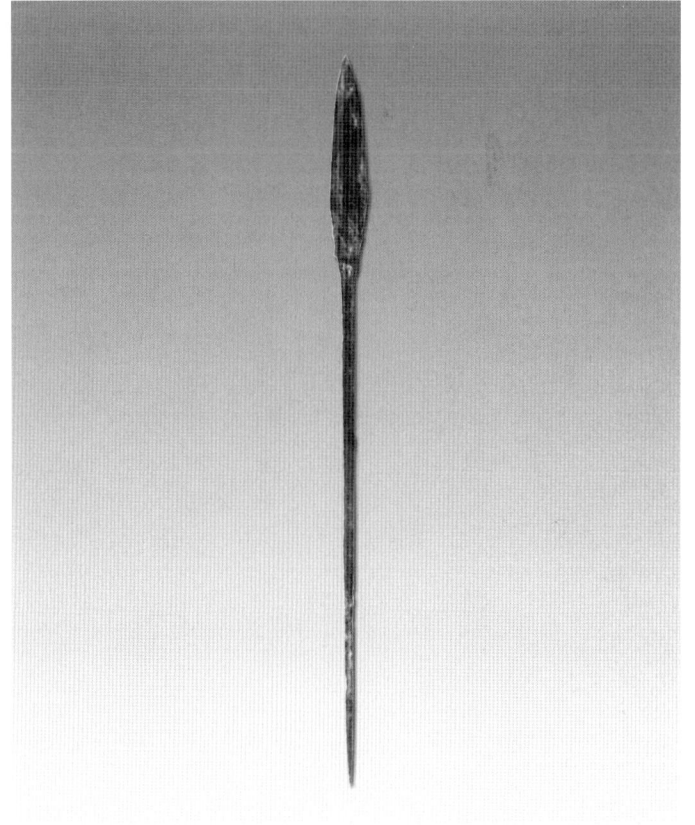

4. C型Ⅰ式（XXIVM32∶13-3）　　　　　　5. C型Ⅱ式（XXIVM25∶13-2）

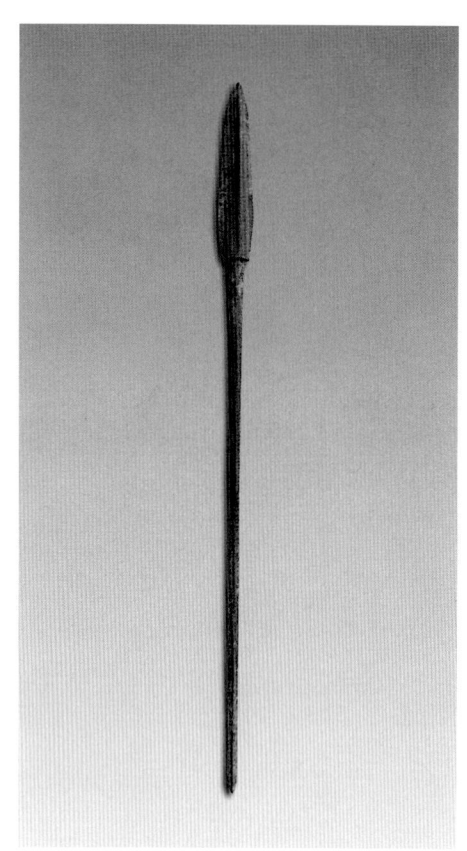
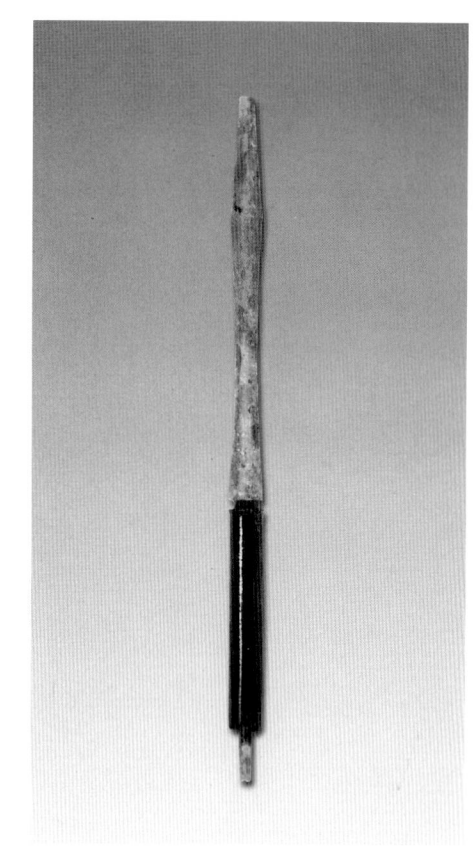

1. C 型 II 式（XXIVM25：13－3）　　2. C 型 II 式（XXIVM25：13－4）　　3. D 型 I 式（XXIVM27：10－1）

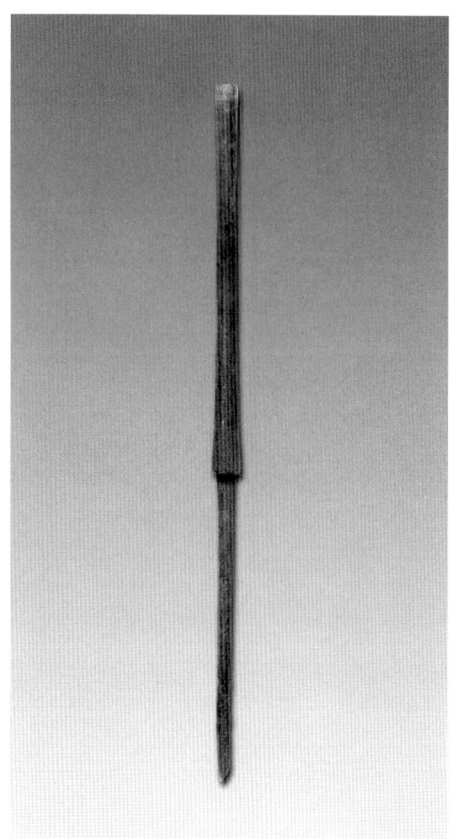
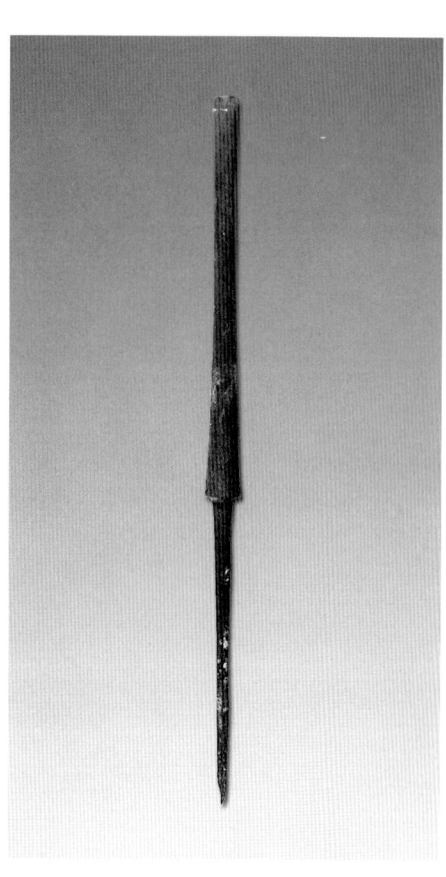

4. D 型 I 式（XXIVM27：10－2）　　5. D 型 II 式（XXIVM32：13－4）　　6. D 型 III 式（XXIVM32：35－1）

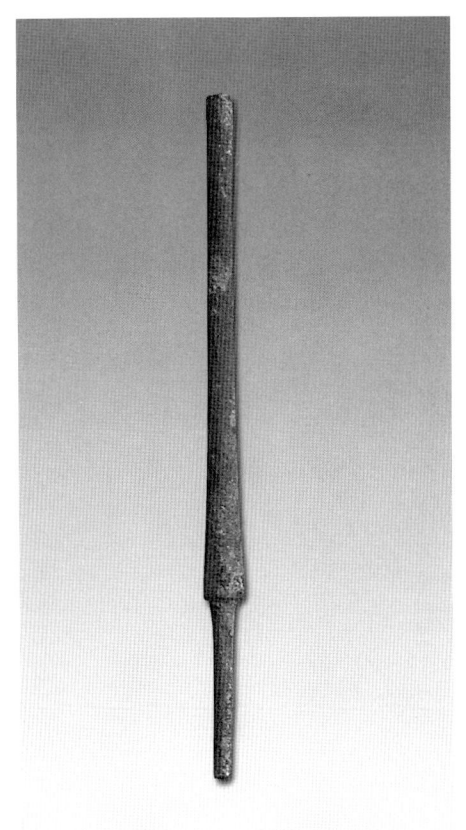

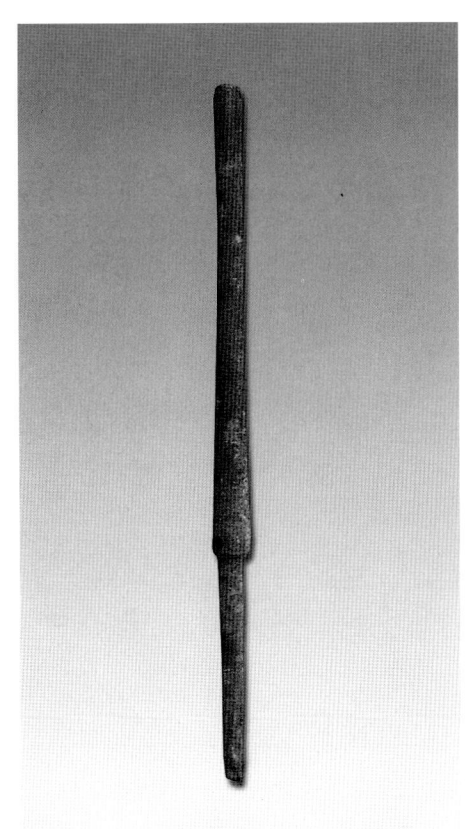

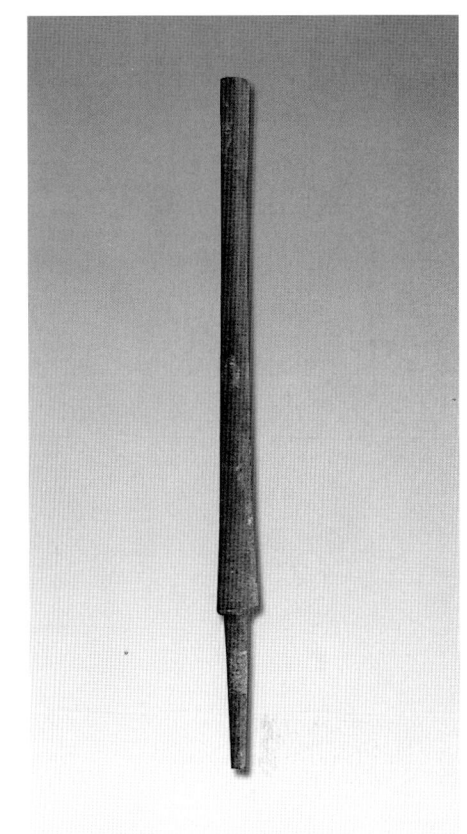

1．D型Ⅲ式镞（XXIVM32：35-2）　　2．D型Ⅲ式镞（XXIVM32：35-3）　　3．D型Ⅲ式镞（XXIVM32：35-4）

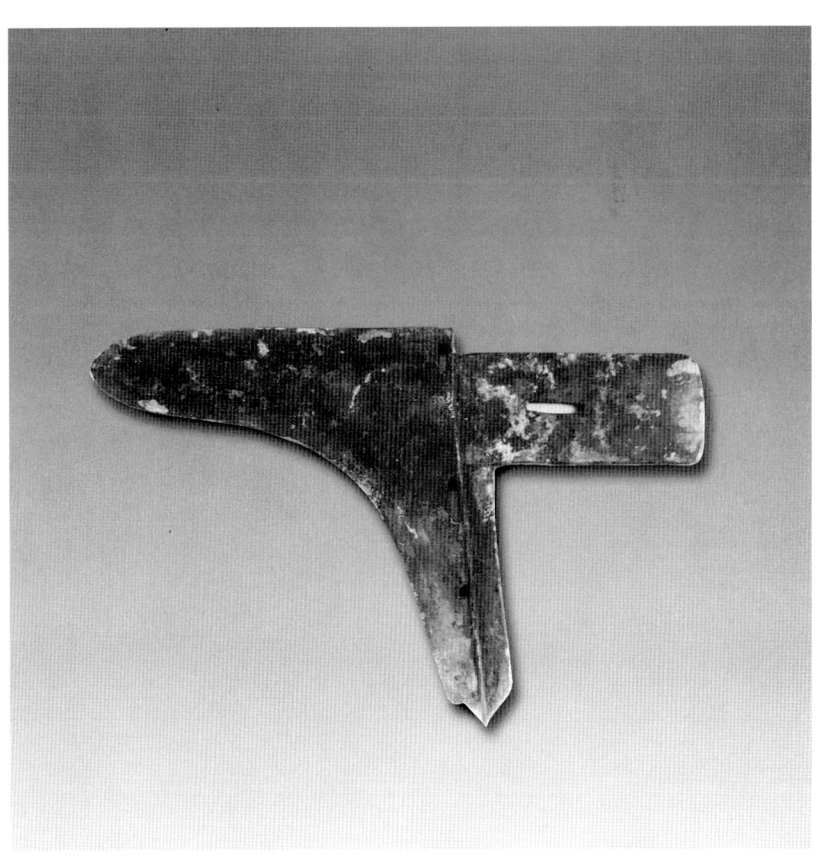

4．戈（XXIVM32：29-1）

1. Ⅰ式辖（附辖）（XXIVM32：31）

2. Ⅱ式辖（XXIVM25：14-1，XXIVM25：14-2）

3. Ⅰ式马衔（XXIVM25：11）

4. Ⅱ式马衔（XXIVM32：33-1、XXIVM32：33-2）

1. Ⅰ式 ⅩⅩⅣM32：32

2. Ⅰ式 ⅩⅩⅣM32：21

楚文化漆木豆

1. Ⅰ式木梳（XXⅣM32：17）

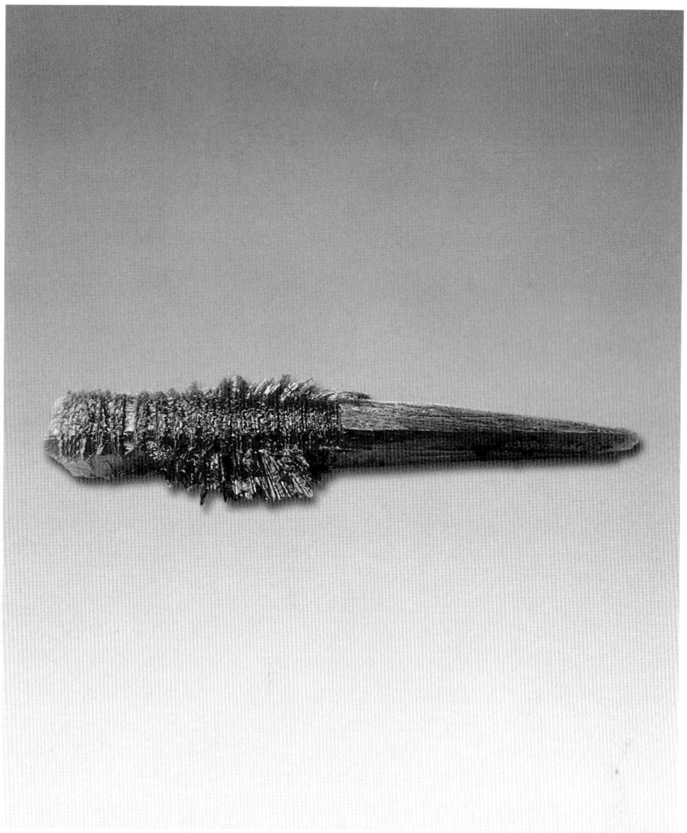

2. 扇柄（XXⅣM32：30）

3. 瑟（XXⅣM32：28）

楚文化漆木梳、扇柄、瑟

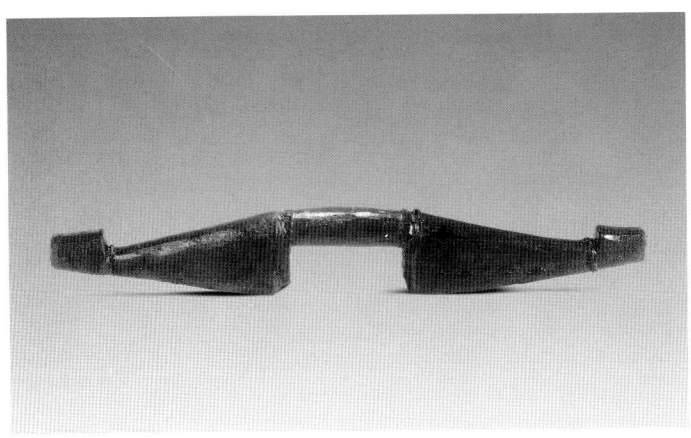

1．盾柄（XXIVM32：16）

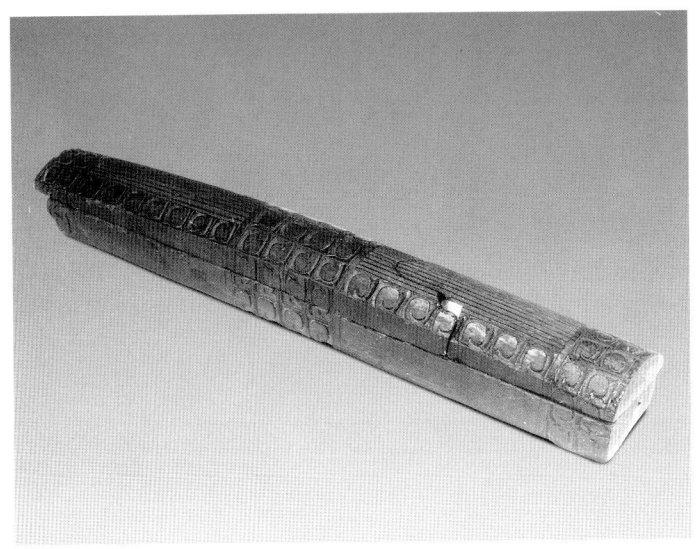

2．剑盒（XXIVM32：20-2）

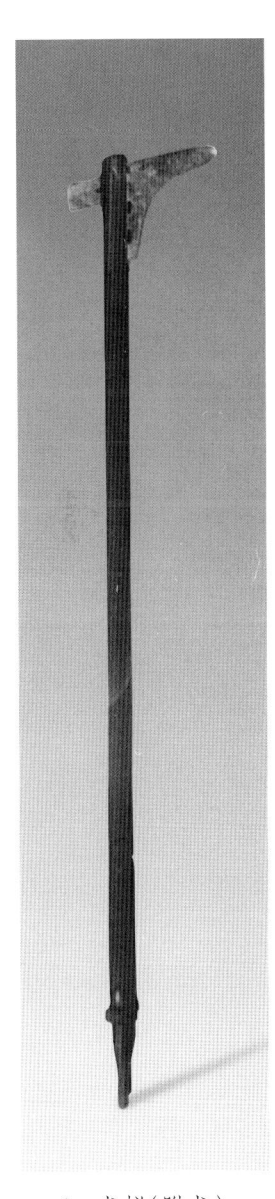

3．剑鞘（XXIVM32：20-3）

4．戈柲(附戈)
（XXIVM32：29-2）

楚文化漆盾柄、剑盒、剑鞘、戈柲(附戈)

1. 马冠饰（XXIVM32：42）

2. 双头镇墓兽（XXIVM32：10）

3. 绕线棒
（XXIVM32：24）

4. 绕线棒
（XXIVM32：36）

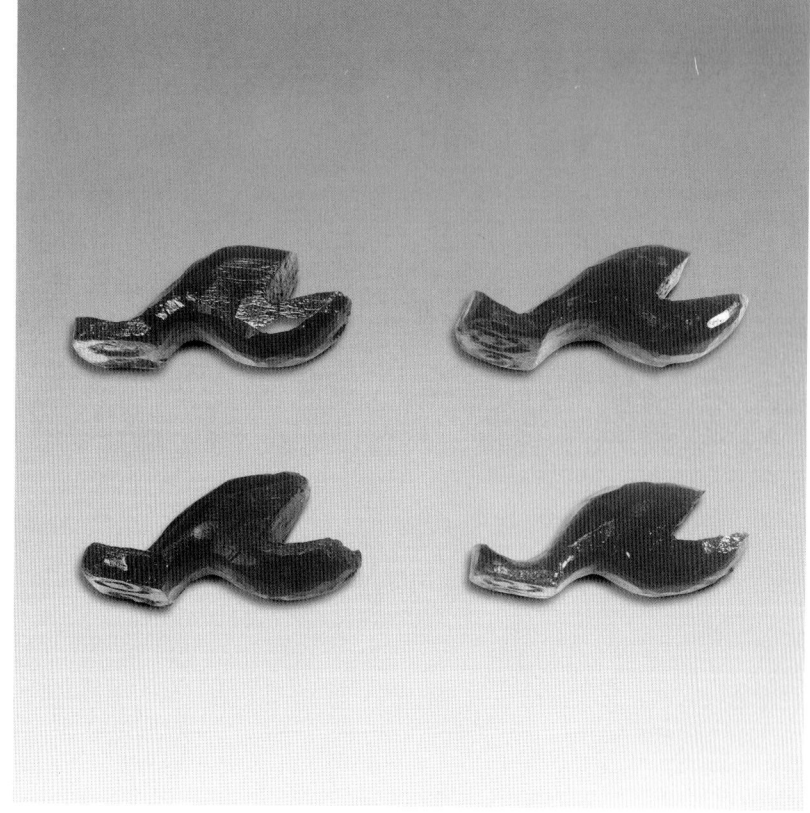

5. 兽头饰（XXIVM32：43-1～XXIVM32：43-4）

楚文化漆木马冠饰、镇墓兽、绕线棒、兽头饰

1．漆木龙形器（XXIVM32：18）

2．漆木博具（XXIVM32：26）

3．玉璧（XXIVM27：12）

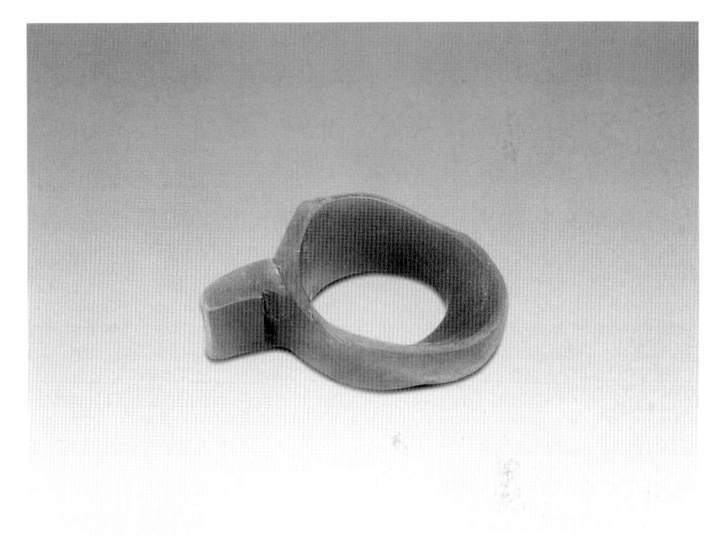

4．骨指套（XXIVM32：44）

5．骨马镳（XXIVM32：38、XXIV32：39）

6．骨马镳（XXIV32：41、XXIVM32：40）

楚文化漆木龙形器、博具，玉璧，骨指套、马镳

1. IM2出土器物现场

2. 陶楼（IM2：1）

3. 陶罐（IM2：5）

明代墓葬 IM2 出土器物现场和陶楼、罐

1. 陶墓志铭（ⅠM2：8）

2. 陶瓦（ⅠM2：7）

3. 瓷碗（ⅠM2：3）

明代墓葬ⅠM2出土陶墓志铭、瓦，瓷碗

1. 石买地券（ⅠM2：2）（正面）

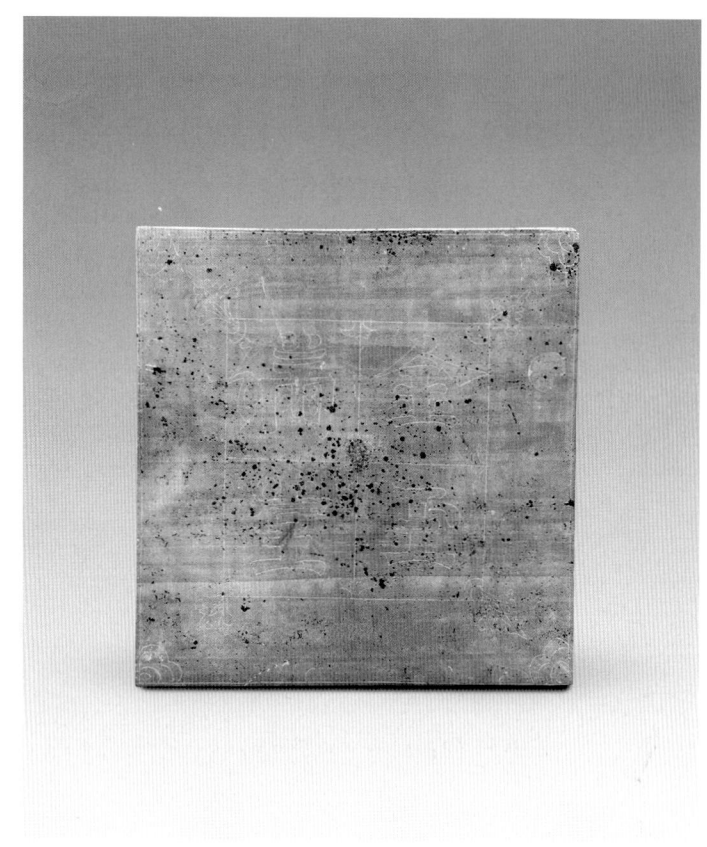

2. 石买地券（ⅠM2：2）（反面）

3. 陶罐（ⅠM3：4）

4. 瓷碗（ⅠM3：2）

明代墓葬ⅠM2出土石买地券和ⅠM3出土陶罐，瓷碗

1. IM4出土器物现场

2. 陶罐（IM4：2）

3. 陶墓志铭（IM4：4）

明代墓葬 IM4 出土器物现场及陶罐、墓志铭

1．陶瓦（IM4：5）

2．瓷碗（IM4：1）

3．陶罐（IM1：1）

4．陶墓志铭（IM1：4）

5．瓷碗（IM1：2）

明代墓葬 IM4 出土陶瓦，瓷碗及 IM1 出土陶罐、墓志铭，瓷碗

1. IM5出土器物现场

2. 陶罐（IM5：1）

3. 瓷碗（IM5：2）

明代墓葬 IM5 出土器物现场及出土陶罐，瓷碗

1. IM6出土器物现场

2. 陶罐（IM6：1）

3. 瓷碗（IM6：2）

明代墓葬 IM6 出土器物现场及出土陶罐，瓷碗

1. 陶罐（IM7：1）

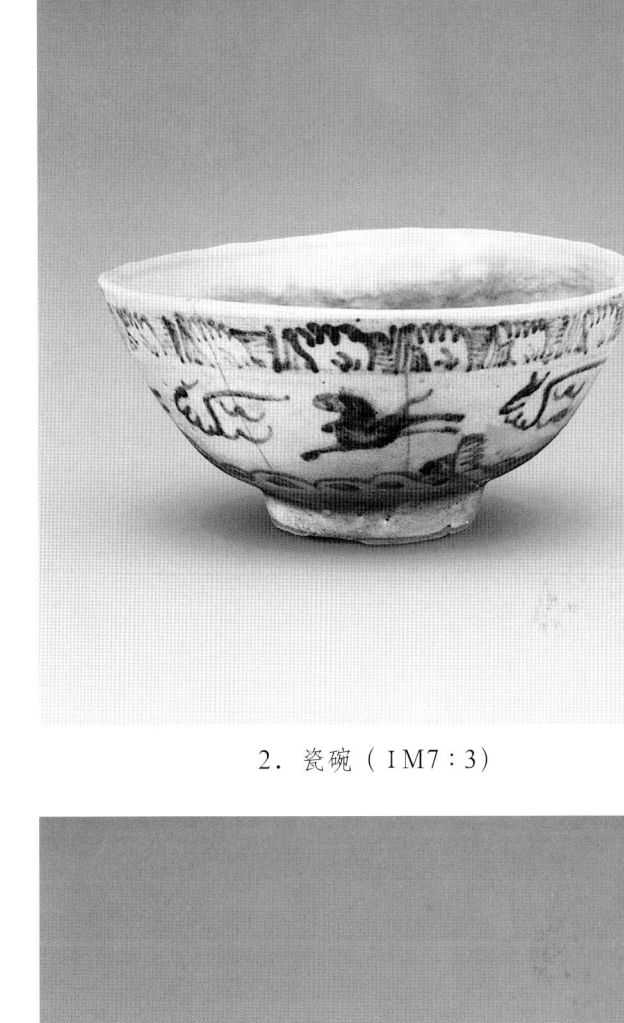

2. 瓷碗（IM7：3）

3. 陶罐（IM8：3）

4. 瓷碗（IM8：1）

明代墓葬 IM7 出土陶罐，瓷碗和 IM8 出土陶罐，瓷碗